인간 본성의 역사

The History of Human Nature

교 에피파니Epiphany는 진리의 현현과 계시 혹은 정신과 문화의 황홀경 체험을 나타내는 말로, '책의 영원성'과 '인간의 불멸성'에 대한 '오래된 새로운' 믿음으로 태어난 고급 인문·문학·예술 브랜드의 새 이름입니다.

홍일립 지음

인간 본성의 역사

The History of Human Nature

요프

박임돌, 채정숙

두 여인을 그리워하며

책머리에

　나는 누구인가? 우리는 어디에서 와서 어디로 가는가? 이 물음은 인류가 탄생한 이래 지금까지 변함없이 이어져 온 보편적인 관심사이다. 많은 이들이 그러했듯이, 나 역시도 이 궁금증을 떨치지 못하고 인간의 본질이나 우주의 원리를 알고 싶어 했던 호기심 많은 소년이었다. 나는 동네 친구나 급우들과 어울리면서 자연스럽게 나와 타인이 동류同類라는 의식을 깨우쳤고, 동시에 내가 다른 아이들과 구별되는 고유한 존재라는 사실을 자각했다. 또한 어린 눈으로 어른의 세계를 바라보면서 이 세상을 나름대로 이해하기도 했다. 내가 본 어른들의 행동은 절반 정도는 이해가 되었지만, 나머지 절반 정도에 대해서는 그들이 왜 저러는지 수긍할 수 없었고, 종종 그들에 대한 심한 반감을 억누를 수 없었다. 학창 시절 여러 분야의 서적을 읽으면서 어느 정도의 지식을 갖게 되었지만, 인간에 관한 근본적인 물음들은 늘 나를 흥미진진한 관념의 세계로 이끌었다. 청년이 되고 나서도 나의 심각한 취향은 그대로였다. 온갖 관념들 속에 파묻혀 자

　　　　　　　　　　　인간 본성의 역사

족적인 쾌락을 느끼며 좀 더 깊이 파고드는 즐거움에 빠져 들었다. 돌이켜 보면, 루소의 말처럼 '인간을 탐구하는 일은 아름다운 광경'이었고 또한 그리운 시절이었다.

그러나 머지 않아 나를 둘러싼 주변 상황은 점점 더 심상 치 않게 돌아가고 있었고, '아름다운 광경' 속에서 노닐 수 있는 나만의 한가로움에서 벗어나야만 했다. 사회적 부조 리와 모순이 인간사에 붙어다니는 불가분적 속성이라는 것 을 일찍부터 알고 있었지만, 그것이 개체가 아닌 집단의 차 원에서 광범위하게 발현될 때 낭만주의적 사색은 사치스럽 고 초라한 것으로 퇴색한다. 역사의 한 국면에서 다수의 인 간이 기초적인 생존 조건을 위협받을 때, 추상적 인간의 본 질에 관한 사색이나 탐구보다는 동종同種의 동료들의 힘겨 운 삶을 똑바로 바라보고 동류의식에 바탕한 무언가의 구체 적인 실천이 선행한다고 나는 믿었다. 탐욕과 위선으로 가 득 찬 광인들이 미쳐 날뛰는 광란의 시대에 나만의 공부가 무슨 의미를 갖겠는가? 나는 그러한 상황에서는 칸트적 일상보다는 마르크스적 실천이 우선한다고 확신했다. 이 땅에서 살아가는 한 청년에게는 '세계를 해석하는 일보다 세계를 변혁하는 것'이 훨씬 더 중요했다. 우리가 청춘을 예찬할 수 있다면, 아마도 순수한 감성, 옳고 그름에 대한 정직한 태도, 그리고 솟구쳐 오르는 열정 때문이 아닐까 한다.

그리고 긴 시간이 흘렀다. 이러저런 일상사 속에서 한참의 세월을 보내고 난 뒤 나는 2003년 스탠퍼드 대학에서 1년 동안 안식의 시간을 갖게 되었다. 그 참에 평소 미루어 두었던 몇 권의 책들을 집어 들 수 있었다. 그중 하나가 에드워드 윌슨의 『인간 본성에 대하여On Human Nature』이다. 윌슨은 생물학자로서는 보기 드물게 인간 본성 문제를 탐구 대상으로 삼은 열정적인 과학자이다. 이 책은 현대과학적 지식의 바탕 위에서 유려한 문장과 화려한 수사로 인문학과 과학 간의 경계를 넘나들며 인간 본성에 관한 흥미롭고 신선한 이야기들을 들려주었다. 더욱이 이 책은, 오래전인 1978년에 출간된 점을 감안하면, 수준급의 역작으로 보였다 (그는 이 책으로 퓰리처상을 수상했고, 우리 말로는 2000년에 소개되었다). 그러나 다른 한편으로 이 책에는 쉽게 수긍하기 힘든 많은 주장이 담겨 있었고, 더군다나 확신에 찬 그의 편협한 신념은 도가 지나쳤을 뿐만 아니라 불쾌하게까지 느껴졌다. 과학이 어느새 종교가 되어 버린 시대에 일종의 인식론적인 착각이라고나 할까? 다 읽고 난 후 언젠가 시간이 나면 짤막하나마 간단한 논평을 쓰고 싶다는 생각이 스쳐 갔다.

그리고 나서 또 10여 년의 세월이 흘렀고 여유로운 시간이 찾아왔다. 나는 다시 윌슨의 책들을 빼내어 그의 견해에 동의할 수 없는 부분에 관해 작은 책을 쓰기로 마음먹었다. 이것이 이 책을 쓰게 된 발단이다. 소일삼아 가볍게 시작한 작업은 순조롭게 진행되는 듯했다. 그러나 한 달이 지나고 두 달이 지나면서 할 일이 점점 더 많아지고 작업이 원래

의도했던 바와는 다른 방향으로 흘러가고 있었다. 어느 늦은 봄날 탄천 변을 걸으면서 작업을 중단할까 말까를 망설이다가 1년의 시한을 정하는 것으로 내 마음의 타협책을 찾았다. 그러나 1년은 어느새 지나갔고, 나는 좀 더 깊은 수렁으로 빠져들고 있었다. 나는 수차례에 걸쳐 책의 구성을 수정했고, 그에 맞게 작업 일정을 변경했다. 윌슨에 대한 비평을 1개의 장으로 작게 축소시켰고, 옛 추억을 떠올리며 다시금 플라톤, 흄, 마르크스 등을 세밀하게 들여다보기로 했다. 그리고 다윈에 큰 비중을 두어 한 부 전체를 할애했고, 현대생물학과 신경과학 분야에서 세를 불리고 있는 이른바 '인간 본성의 과학'의 정당성을 따져 보는 데도 강조점을 두었다. 결과적으로 이 책은 다소 복잡하고 긴 작업의 여정을 거치면서 당초의 소박한 글쓰기와는 전혀 다른 두툼한 연구서가 되고 말았다.

초고가 완성되었을 무렵 안도감이 찾아들었다. 그러나 그

즐거움은 잠시일 뿐, 나는 나의 글에 만족하지 못했다. 읽어야 할 책과 제반 자료는 산더미처럼 쌓여 갔고, 매일매일 시간에 쫓기고 있었다. 결국 나는 순리에 따르면서 마음의 평온을 찾는 길을 택했다. 하룻밤의 꿈이 지나가면 햇살이 빛나고 새들이 지저귀는 아침이 온다. 매우 단조로운 일상을 규칙적으로 반복하는 가운데 글쓰기 작업은 조금씩 진전되었고, 그러던 중 어느 날 나는 이 작업에서 손을 뗄 수 있었다. 이런 과정을 뒤돌아보면, 이 책은 아마도 자연적 시간의 흐름 속에서 우연이 만들어 낸 산물이 아닐까 한다. 학문을 직업으로 하지 않은 내게 이 책은 큰 의미가 있는 것은 아니며, 또한 그다지 특별한 책도 아니다. 굳이 의미를 찾는다면, 인간 본성에 관한 연구 목록에 '하나의 연구(A Study)'를 보탠 정도일 듯 싶다.

　이 책은 "인간 본성은 무엇인가?"라는 물음에 관한 많은 사상가와 과학자의 생각을 다루고 있다. 한마디로 말하면,

인간 본성의 관념을 통시적으로 고찰하는 '하나의 연구'이다. 즉, 인간 본성의 관념을 주제로 하여 고대 동서양의 걸출한 사상가, 서양 근대 초기와 계몽기의 독창적인 철학자, 근현대사회과학의 몇몇 선구자, 그리고 현대의 생물학 및 신경과학 연구자들의 견해를 살펴보는 것이 이 책의 주된 내용이다. 그리고 마지막 제7부에서는 이들 견해에 대한 평가와 아울러 나의 생각을 밝히고 있다. 책의 구성과 내용으로 볼 때, 책의 제목은 '인간 본성 관념의 역사'로 하는 게 적당할 것이나, '관념'이라는 용어를 빼도 무방하다 싶어 '인간 본성의 역사'로 줄였다. 이 책의 구성은 인간 본성의 관념사를 들여다보는 하나의 특징적인 방식을 보여 주지만, 다른 한편으로는 그러한 구성 방식으로 인하여 불가피하게 다루지 못한 사상가들도 많다. 또한 상대적으로 비중 있게 다룬 사상가들이 있는가 하면, 비교적 간략하게 언급한 이들도 있다. 이러한 아쉬움은 저자의 개인적 취향이라고 말하는 편이 맞을 성 싶다.

이 책은 평범한 일반 독자를 염두에 두고 쓴 글이 아니다. 이 주제에 관심을 갖고 공부하려는 학생이나 연구자에게는 다소 도움이 될지 모르겠다. 그렇다 하더라도 책의 두께도 그러하거니와 또한 책 곳곳에 여러 분야에 걸쳐서 전문적인 논의가 심심치 않게 나오는가 하면, 비전공자에게는 낯선 학술 용어도 빈번하게 등장한다. 따라서 처음부터 끝까지 읽기에는 상당한 인내가 요구될 것이다. 이 책을 효과적으로 접하려면, 각 부 또는 장별로 관심 있는 부분만을 따로 읽는 것도 좋은 방법이다.

　이 책이 나오기까지 많은 이들이 이러저러한 수고를 아끼지 않았다. 이 모든 이들에게 내 마음에 있는 그대로의 고마움을 전한다.

2017년을 맞으며
홍일립

차 례

3부　근대적 인간

5부　　다윈의 '동물로서의 인간'

왜 다시 '인간 본성'인가?

르미유와 고갱의 경우

존재에 대한 의문

인간이면 누구나 살아가면서 한 번쯤은 자신이 어떤 존재인지에 대해 의문을 갖게 된다. 개념미술가 아네트 르미유Annette Lemieux도 그러했나 보다. 그녀는 자기 존재에 대한 물음을 마치 철자법 외우듯이 단어로 나열하면서 되뇐다. 나는, 너는, 그는, 그녀는, 그들은, 우리는 모두 어디에 있는가? 우리는 누구이고, 무엇을 위해, 왜 있는가? 르미유는 인간 본질에 관한 주제를 종잇장에 낙서하듯 직접적인 화법으로 차갑게 되풀이해서 묻는 방식을 택했다. 그러나 그녀의 작품에는 근본적인 문제 제기가 있을 뿐 어떠한 답의 실마리도 드러나 있지 않다.

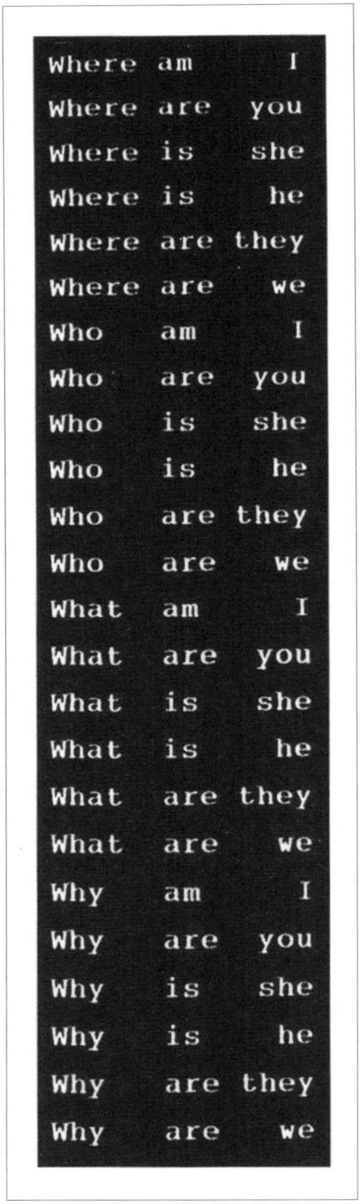

〈그림 1〉 르미유, 나는 어디에 있는가 *Where am I*
1988, 캔버스 위에 라텍스, 304.8 86.4 10.2cm, 개인 소장

인간 본성의 역사

한 세기 전에 고갱Paul Gauguin은 르미유보다 더 진지한 방식으로 같은 물음에 도전했다. 고갱은 순탄치 않은 삶을 살았던 사람이다. 파리에서 태어나 어린 시절을 페루에서 보낸 고갱은, 평생 뿌리칠 수 없는 방랑벽으로 이국의 세계를 떠돌아다녔다. 그는 주식중개인을 하다가 아마추어 화가로 전업했고, 예술가로서 대부분의 시간 동안 빈곤에서 벗어나질 못해 종종 막노동 등의 임시직으로 생계를 연명했어야 했다. 그러면서도 그는 자신만의 예술세계를 추구하려 했던 열정적인 성격의 소유자였다. 고갱은 피사로Camille Pissaro와 드가Edgar Degas 등과 친교를 나누면서 인상주의 대열에 합류하기도 했고, 프랑스 남부 아를Arles에서 두어 달 동안 반 고흐와 같이 지내면서 그 유명한 스캔들을 일으키기도 했다. 그러나 그는 나비파, 상징주의, 추상미술의 영역으로 끊임없는 변신을 꾀하면서 자신의 실험을 멈추지 않았다.

원시사회에 대한 동경

무엇보다 화가 고갱의 삶과 예술에서 뿜어져 나오는 강렬한 에네르기의 원천은 원시사회에 대한 동경이었다. 고갱의 독창성이 드러나기 시작한 「예배 뒤의 환상*La Vision aprés le sermon*」 등 브르타뉴Bretagne 시절이나 말년에 타히티Tahiti에서 그려낸 작품들은 원초성에 대한 탐닉을 보여 준다. 브르타뉴는 프랑스의 다른 어느 곳보다도 근대정신에 강하게 저항한 곳이었다. 르낭Ernest Renan의 느낌처럼 '기독교의 배후에 이교도 정신이 숨어 있는 원시세계'였던 그곳은 고갱을 매료시켰다. 고갱이 이국적이고 원시성이 살아 숨을 쉬는 장소를

〈그림 2〉 고갱, 우리는 어디서 왔으며 우리는 무엇이며 우리는 어디로 가는가 *D'où Venons Nous Que Sommes Nous Où Allons Nous*
1897, 캔버스에 유화, 미국 보스톤 미술관 소장.

인간 본성의 역사

찾아다녔던 데는 그 나름의 이유가 있었다. 그는 문명세계에서 뼈저리게 겪은 좌절과 절망에서 벗어나 탈출구를 찾고 싶어 했다. 그는 어린 시절부터 꿈꿔온 원시 낙원에 대한 동경을 항시 마음속에 담고 있었다. 고갱이 궁극적으로 돌아가고자 했던 이상향은 '고상한 야만인'들이 자연과 하나가 되어 뛰노는 세계였다. 스스로를 미개인과 동일시했던 고갱은 유럽의 지식인들에게 '일종의 철학적 아틀란티스Atlantis'로 여겨졌던 신비스러운 땅, 타히티를 향한다. 그곳에서 그는 삶의 경로와 생사의 수수께끼를 다룬 「우리는 어디서 왔으며 우리는 무엇이며 우리는 어디로 가는가D'où Venons Nous Que Sommes Nous Où Allons Nous」를 완성한다. 이 작품은, "여태까지 그린 그림 가운데 최고이며 앞으로도 이것에 근접하는 그림을 그릴 자신이 없다"[1]고 자평했듯이, 그가 오랫동안 방황하고 고뇌한 끝에 얻어낸 최후의 결실이다. 그는 인간의 기원과 정체성, 그리고 사후의 미래에 대해 자문한다.

〈그림 2〉를 보면, 오른쪽 아래에는 잠든 아기와 쪼그려 앉은 세 여인이 있다. 하얀 천을 걸친 두 여인은 묘한 표정으로 어딘가를 응시하고 있다. 그 옆에 크게 그려진 검은 피부의 여인은 놀란 듯이 두 여인을 바라보고 있다. 상징적이고 신비스럽게 그려진 출렁이는 파도와 녹색 초원은 삶과 죽음의 배경화면이다. 가운데 인물은 과일을 따고 있고, 그

---

[1] Françoise Cachin(1989), *Gauguin; "Ce malgré moi de Sauvage"*, 『고갱: 고귀한 야만인』, 이희재 옮김, 시공사, 1996, 112쪽.

앞에는 한 아이와 고양이 두 마리, 암염소 한 마리가 공존한다. 율동감 있는 포즈로 양팔을 들어 올린 신상神像은 사후 다가올 다음 세계를 암시하는 듯하다. 왼쪽 끝에는 죽음을 앞둔 노파가 괴로워하는 표정을 짓고 있다. 무언가 음산하고 어색하고 낯선 부조화를 조형함으로써 고갱은 불가사의한 세계에 대한 느낌을 전달한다.

위대한 예술가는 자연을 단순하게 복사하지 않는다. 고갱은 삶과 죽음의 갈림길에 놓인 의문투성이의 것들을 늘어놓는다. 그가 그려낸 화면 조각들은 근원을 알 수 없는 모순들로 엮어져 있다. 거기에는 필경 거칠고 힘겨웠던 삶의 여정에 대한 회한, 회색빛 감정, 죽음에 대한 두려움, 그리고 미지 세계에 대한 무지에서 오는 불안 등이 스며들어 있었을 것이다. 고갱은 인간 본성과 문명이라는 강요된 허식 사이의 모순을 감지한 최초의 인물은 아니었지만, 모든 인간에게는 미개한 영혼이 숨겨져 있다는 믿음을 가졌던 것 같다. 그러나 그가 표현할 수 있는 것은, 알 수 없는 '어떤 것'에 대한 물음일 뿐 그에 대한 어떠한 답변도 아니다.

두 예술가는 한 세기의 시간 간격만큼이나 달라진 표현 방식의 차이에도 불구하고 '도대체 나는 누구인가'라는 근본문제 앞에서 자신을 대면한다. 그들의 작품은 우리로 하여금 인간 정체성에 관한 물음으로 빠져들게끔 하지만, 그 다음 문제 풀이에서는 어떠한 대답도 들려주지 않는다. 허버트 리드Herbert Reed에 따르면 "예술은 사상에 선행한다"[2]고 하지만, 예술은 인간적 사태에 관련한 특정한 느낌이나 모종의 자극을 전달할 뿐 그 전모를 밝혀 주지 않는다. 인간의 탄생과 소멸에 걸쳐 있는 나의 정체성에 관한 의문은 예술적 육감으로 단번에 그려지지 않는다. 왜냐하면 그 물음은 헉슬리Thomas H. Huxley가 말한 바의 "인간 삶의 드라마에서 영원한 비극"과 관련된 '질문 중의 질문'이었기 때문이다.[3]

질문 중의 질문

'인간 본성' 관념의 역사

우리는 역사가 시작된 이래 우리 자신을 탐구대상으로 삼고 그 본질을 독해하려는 시도를 끊임없이 해왔다. 인간 의식의 자각이 두드러지게 표출되면서 동서양의 지리적 경계를 넘어 주요 문명이 발아했던 '기축시대(Axial Age)'[4] 이래 수많은 사상가들은 인간 정체성에 관한 무수한 사변과 논증을 쏟아냈다. 특히 B.C.5세기 전후 동서의 고전은, 2,000여 년이 지난 현재의 지식과 정보의 기반 위에서 보면 부정합한 대목도 눈에 띄지만, 인류의 문화적 유산으로 남아 여전

---

2 Read, Herbert(1955), *Icon and Idea*, 『도상과 사상』, 김병익 옮김, 열화당, 2002, 10쪽.
3 Huxley, Thomas H.(1894), *Evolution and Ethics*, 『진화와 윤리』, 김기윤 옮김, 지만지, 2009, 51쪽.
4 야스퍼스는 B.C.800 ~ B.C.200년 사이를 '기축의 시대'로 명명하며, 이 시기에 인류는 최초로 높은 초월성과 깊은 주관적 인식을 표출했다고 지적한 바 있다. Jaspers, Karl(1953), *The Origin and Goal of History*, 『역사의 기원과 목표』, 백승균 옮김, 이화여자대학교 출판부, 1986.

히 '보는 방식(Ways of Seeing)'의 젖줄이자 사상적 논증의 준거로 활용된다. 공자孔子-맹자孟子-순자荀子로 이어지는 유학의 전통과 소크라테스Socrates-플라톤Plato-아리스토텔레스Aristoteles로 연결되는 고대 그리스 철학의 계보도는 체계적 사유의 연속성 측면에서 우연의 일치로 볼 수밖에 없는 유사성을 보여 준다. 고대의 인간학에서 우리는 우주 내에서 인간의 존재적 위치, 인간과 절대자 사이의 관계, 인간 본성의 불변성-가변성 여부, 인간 본성의 내용, 사회적 행동양식과 규범 문제, 그리고 이상적인 정체政體의 구성과 운용 등 인간 사회에 관한 포괄적인 물음들을 확인할 수 있다. 서양의 철학적 흐름을 "플라톤에 대한 일련의 주석"[5]으로 특징짓거나 공·맹의 사상이 중국철학의 보고寶庫로 숭상되는 것은 이와 무관하지 않을 것이다. 고대의 선구적 사상가들이 풍부한 인간학적 교의를 남겼음에도 불구하고, 후대의 많은 사상가들에게 '인간'은 여전히 탐구의 주제어였고 오늘날에도 변함이 없다. 시대와 장소에 따라 사고방식이 변하고 표현 방식이 달라졌을지라도, 인간이 어떠한 존재인가에 대한 의문은 인류사의 '항구적인 물음(Perennial Question)'[6]이었다.

인간 본성의 논의는 오랜 연원을 갖는다. 고대 중국에서 인간 본성에 대한 본격적인 논의는 맹자의 성선性善 논증으

5 Whitehead, Alfred North(1979), *Process and Reality*, Free Press, p.39.
6 Baumer, Franklin L.(1977), *Modern European Thought*, 『유럽근현대지성사』, 조호연 옮김, 현대지성사, 1999, 26~38쪽.

로부터 시작된다. 공자가 성性에 관한 체계적인 언급을 하지 않은 점을 감안하면, 맹자는 고자告者와의 논쟁이나 순자의 성선설 비판에서 보듯이 유가儒家 성론性論의 정점에 위치하는 인물이다. 맹자의 성 개념은 고자나 순자와는 달리 '인간다움'의 속성만을 지칭한다는 점에서 독특하다. 그는 몇 대목 되지 않는 짧은 대화로 구성된 고자와의 논쟁에서 인간은 '본연의 성本然之性'으로서 선단善端이 온전하게 발현될 경우 도덕적 완성에 이를 수 있다는 낙관주의적 인간관을 표명했다. 반면에 순자의 경우 성을 식색食色의 본능에서 비롯되는 무절제한 욕구와 이기심으로 규정하고 위偽에 의한 성의 개조를 인간화 과정으로 파악한다. 한편 유가에 비판적인 도가道家 계열의 은자隱者 양주楊朱는 복잡한 추론 없이도 자연으로 주어진 성의 온전한 보존이 삶의 최고의 가치라고 가르친다. 공자의 성삼품론을 위시하여 선진先秦기 전후 제기된 10여 가지의 성론性論은 인간 본성에 관한 주요한 쟁점들을 망라함으로써 다양한 시선에서 인간을 바라볼 수 있게 해준다.

비슷한 시기 서양의 사상가들에게서도 인간학적 탐구의 흔적을 찾을 수 있으나, 아쉽게도 밀레토스Miletus의 '최초의 철학자들'이나 아테네 전성기의 소피스트들은 거의 기록을 남겨놓지 않았다. '인간은 만물의 척도'라는 유명한 명제를 제시한 프로타고라스Protagoras도 여러 편의 저술을 한 것으로 알려져 있으나, 모두가 소실되고 일부 저술의 제목만이

인간 본성의 역사

전해지고 있을 뿐이다. 따라서 우리는 아쉽게도 '철학의 시대'를 개막한 이들이 인간을 어떻게 바라보았는지를 자세하게는 알 길이 없다. 방대한 저술을 거의 온전하게 남긴 이는 플라톤이고, 그는 서양철학의 실질적인 시조인 셈이다. 플라톤은 '동굴의 비유(Idola Specus)'를 통해 진리의 빛을 보지 못하는 한, 인간은 속견(Doxa)에 사로잡혀 죄수와 같은 삶을 살 수밖에 없는 존재라고 설파했다. 그는 우리가 신체의 감옥으로부터 벗어날 수 있을 때 온전한 인간으로 거듭날 수 있다고 믿었고, 이성이 인도하는 이데아의 세계가 우리의 본성을 낳게 한 원래의 고향이라고 생각한, 다분히 종교적인 사상가였다. 반면 그의 제자였던 아리스토텔레스는 플라톤의 정신주의를 계승하면서도, 스승과는 달리 영혼을 육체에서 분리시키는 이원론적 딜레마를 해소하기 위해 심신일원론을 주창했다. 그는 육체 없는 영혼은 존재하지 않으며, 영혼 없는 육체는 무생명의 물질일 뿐이라고 보고, '영혼과 육체의 유기적 합일체'로서의 인간 개념을 정립했다. 플라톤이 제기하고 아리스토텔레스가 수정해서 다듬은 '심신문제(Mind-Body Problem)'는 2,000여 년의 장구한 세월이 흐르는 동안 서양철학이 매달려 온 주된 탐구주제의 하나로, 오늘날에도 여전히 도전적인 과제로 남아 있다.[7]

심신문제
Mind-Body Problem

---

7 최근 논의로는 다음의 것들을 참조. Westphal, Jonathan(2016), *The Mind-Body Problem*, The MIT Press; 백도형(2014), 『심신 문제: 인간과 자연의 형이상학』, 아카넷; Bennett, M. R. & Hacker, P. M. S.(2003), *Philosophical Foundations of Neuroscience*, 『신경 과학의 철학-신경 과학의 철학적 문제와 분석』, 이을상 외 옮김, 사이언스북스, 2013.

서양사의 시대 구분에 따르면, 고대에서 근대로 접어들기 이전에 1,000여 년이라는 긴 시간의 중세를 거친다. 약 4세기부터 16세기 무렵까지의 중세는 기독교의 시대이다. 근대의 일부 사상가들이 '암흑의 시대'라는 편파적인 판정을 즐겼을지라도 중세를 살았던 사람들이 자신들의 정체성에 대해 아무런 고민 없이 지냈으리라고는 상상하기 힘들다. 초기의 성 아우구스티누스St. Augustinus와 중기의 안셀무스Anselmus Cantuariensis, 13세기의 보나벤투라Bonaventura와 성 토마스St. Thomas, 그리고 스코투스Johanes Duns Scotus와 오컴 William of Ockham에 이르기까지 걸출한 종교사상가들은 하나님 세계에서 평온을 찾는 인간의 모습을 심도 있게 조명했다. 그러나 성 토마스의 종합에서 보는 것처럼, 중세의 인간은 '원죄로 인한 병든 영혼'과 '하나님의 구원'이라는 이원론적 교리의 틀을 벗어나지 않는다.

근대는 중세라는 긴 터널을 뚫고 나온 새 시대이다. 새 시대는 새로운 언어로 새로운 사고를 표현한다. 근대의 독창적인 사상가들은 놀라운 상상력으로 '최초의 인간'에 관한 몇 가지 전형을 만들어 냈다. 비록 데카르트와 로크가 신의 은총을 찬미하는 중세적 유산을 간직하고 있었을지라도, '근대적 인간'은 더 이상 하나님이 보호하는 울타리 속에서 안주하는 존재가 아니다. 근대인은 나, 자아, 개인, 자유인, 그리고 시민 등 여러 옷을 번갈아 입고 출현한다. 마키아벨리, 데카르트, 홉스, 로크, 흄David Hume, 그리고 루소

'최초의 인간'

는 각기 다른 디오라마Diorama 속에 여러 유형의 주연을 창출한다. '근대적 인간'의 전형(Prototype)은 홉스와 데카르트, 그리고 흄이 의도적으로 자연과학의 방법론에 기초한 인간학적 탐구를 추구했다 하더라도, 기본적으로는 시대를 배경화면으로 한 '사고실험', 다시 말해서 그 시대의 에피스테메Epistēmē[8]를 반영하는 상상력의 산물이다. '자연상태'에 대한 추론에서 홉스, 로크, 그리고 루소는 조금씩 다른 상상력을 발휘했다. 그 결과로 그들이 얻어낸 '최초의 인간'에 대한 묘사는 각기 달랐던 시대적 상황과 긴밀히 연관되어 있다. 또한 이들에게서 이성의 역할에 대한 뚜렷한 온도차를 감지할 수 있고, 정통적 신학의 과제가 인간학의 영역으로 옮겨지는 변화도 포착된다. 한동안 친분을 맺고 지내던 사이였던 루소와 흄 두 사람 모두 공교롭게도 '인간 본성의 철학자'를 자임했다. 루소는 "인간을 연구하고, 그 본성·의무·목적을 알아내는 것"[9]을 제일의 과제로 삼았고, 흄은 인간학을 "모든 학문들을 위한 유일하게 견고한 토대"[10]라고 선언했다. 특히 '횡설수설의 형이상학'을 내팽개치고 '이성의 독단'

8　푸코는 에피스테메를 "어느 주어진 시대에 특정 학문 분야의 등장을 가능하게 하는 담론의 양태들을 연결하는 관계 전체, 담론의 질서, 사상사나 과학사의 선험적 여건"이라고 정의한다. Foucault, Michel(1966), *Les Mots et les Choses: Une Achéologie des Sciences Humaines*, 『말과 사물』, 이규현 옮김, 민음사, 2012, 17쪽. 그는 또, 에피스테메는 "언표들 총체의 공통 토대"로서, 그는 "여러 과학 사이에서의 혹은 다양한 과학적 영역 내에서의 상이한 담론들 간의 관계" 또는 "일종의 숨겨진 거대 이론이 아니라 분산의 공간이고 무한한 기술이 가능한 열린 장"이라고도 표현한다. Ottaviani, Didier(2008), *L'humanisme de Michel Foucault*, 『미셸 푸코의 휴머니즘』, 심세광 옮김, 열린책들, 2010, 36쪽.

9　Rousseau, J. J.(1762), *Émile*, 『에밀』, 김중현 옮김, 한길사, 2003, 218쪽.

10　Hume, David, *A Treatise of Human Nature*, ed. by Lewis A. Selby-Bigge and Peter H. Nidditch, Oxford, Clarendon Press, 1980, 『오성에 관하여』, 이준호 옮김, 서광사, 1994, 21쪽.

을 거부한 흄의 '자연주의 프로그램'은 근대의 시공에 갇히지 않고 오늘날에도 주목의 대상이다.

19세기에 접어들면서 '항구적인 물음'은 철학의 영역에서 사회, 문화, 심리, 그리고 역사의 분야로 퍼져 나갔다. 사회과학 제 분과의 출현과 더불어 그 선구자들에 의해 고안된 이론적 모형들은 인간학적 지평을 확장시켰다. 사회과학의 창시자들은 근대의 사상가들과는 달리 사고실험에 의존하는 방식에서 탈피했다. 그들은 초기 인류의 흔적과 유물을 찾는 작업 속에서, 또는 사회구조 및 역사적 변동을 고려하면서, 그리고 심리적 현상에 대한 관찰과 실험을 통하여, 인간 본성을 조명하는 방법을 선보였다. 그것은 사회와 역사, 문화와 종교가 개인이 아닌 집단의 산물인 한, 살아 움직이는 개인의 속성을 역동적 집합체 안에서 찾으려는 노력이었다. 데카르트에서처럼 '나'를 파고든다고 '나'의 정체가 밝혀지는 것이 아니다. 사회과학의 관심은 개인 또는 개체에서 집단 또는 전체로 옮겨 갔다.

인간 본성 개념을 사회변혁이라는 거대 담론의 틀에서 독해한 선각자는 마르크스Karl Heinrich Marx였다. 그는 '유적類的 존재' 위에 '인간 고유의 힘'을 덧붙여서 인간 본성의 불변적 요소와 가변적 요소 간의 상호작용에 인류의 희망을 걸었다. 반면 에밀 뒤르켐Emile Durkheim은 두 요소 간의 상호작용을 다른 방식으로 풀이했다. 뒤르켐의 '이중인二重人(Homo

Duplex)' 개념은 본래적인 생물학적 속성에 사회화 과정에서 획득되는 사회성이 더해져서 만들어졌다. 한편 문화인류학의 개척자 프란츠 보아스Franz Boas는 사회의 자리에 문화를 대입시킴으로써 뒤르켐과 유사한 결론을 도출했고, 마거릿 미드Margaret Mead 등 보아스의 추종자들은 "고정된 인간 본성은 존재하지 않으며 개별 사회의 독특한 문화양식이 인성을 얼마든지 변화시킬 수 있다"는 강경한 문화결정론을 전파했다.

다른 한편 심리학의 발전 과정은 여타의 분과와는 사정이 달랐다. 사회 또는 문화에 의한 결정론적 관념은 심리학이 발흥했던 초기에는 별 인기를 끌지 못했다. 19세기 후반에서 20세기 초중반에 이르러서야 2개의 상반된 견해, 본능론과 환경주의의 뚜렷한 대비를 볼 수 있었다. 프로이트와 제임스William James 등의 본능론자들은 본능의 개념을 정립하고 인간 본성의 불변성을 확신하였으나, 왓슨John Watson과 스키너Burrhus F. Skinner의 행동주의는 인성의 발달과 성장 과정에서 환경과 교육 등 외적 자극에 따라 변화될 수 있는 가소성의 측면을 부각시켰다. 결과적으로 19세기 이래 사회과학의 분기적 번성은 인간 본성 관념의 스펙트럼을 다양하게 펼쳐 놓았다. '유적 존재'(포이어바흐), '사회적 관계의 총체'(마르크스), '무정형의 재료'(뒤르켐), '잔기殘基'(파레토), '이드-자아-초자아'(프로이트), 그리고 '내부인과 외부인'(스키너) 등의 새로운 개념도구들은, 철학적 인간학에서는 찾아볼 수 없었던, 우리 안에 내재한 숨은 동력을 부각시키는 방법론적 전환을 의미했다.

본능론과 환경주의

이렇듯 인간 탐구의 긴 역사가 남긴 성과는 인간 지성이 쌓아올린 기념비 같은 유산으로서 '항구적인 물음'에 대한 다양한 대답을 들려준다. 2,000여 년이 지난 오늘에도 우리는 『향연』을 읽으면서 소크라테스의 삶에 감동받고, 『논어』를 암송하며 선비의 삶을 그린다. 데카르트의 '코기토Cogito 명제'는, 과학자들에게는 믿기 어려운 공상과 같은 오류로 치부되지만, 철학자들에게는 여전히 더 살펴보아야 할 사색의 주제로 간주되고 있다. 루소가 묘사한 원초적 인간들의 '자연상태'는 전적으로 추론의 산물이지만, 인류가 꿈꾸는 한 폭의 이상향으로 동경하는 사람들이 적지 않다. 프로이트의 '마음이론'은 과학적으로 검증할 수 없다는 비난에 시달리지만, 많은 현대인들에게는 인문학적 상상력을 촉발하는 교양 목록의 하나로 여전히 인기가 높다. 그렇다면 도대체 '인간이 무엇이길래' 이렇듯 끊이지 않는 말들이 이어져 온 것일까? 이들이 들려주는 여러 종류의 매혹적인 이야기들은 어디까지가 사실인가? 이러한 의구심은 인간 본성이 왜 오늘날 다시 공론장의 주제로 떠오르게 되었는지에 관한 상황과도 깊은 관련이 있다.

'인간 본성의 과학'의 출현

인간 본성의 문제가 오늘날 새삼스럽게 지식세계의 흥미를 끄는 뜨거운 주제로 떠오른 데는 그만한 이유가 있다.

2002년 출간된 스티븐 핑커Steven Pinker의 『빈 서판』은 그 이유를 설명해 준다.[11] 핑커는 인간 본성에 관한 고전적 이론들을 폭넓게 점검하면서, '인간 본성에 관한 낡은 개념의 오류'를 타파할 것을 주장한다. 그는 데카르트의 심신이원론이나 로크의 '빈 서판(tabula rasa)'론, 그리고 루소의 '고상한 야만인' 관념 등을 과학적 근거가 없는 '낡고도 위험천만한 공식이론'의 본보기로 꼽는다. 그는 인간 본성 개념은 이미 입증되었거나 검증 가능한 과학적 사실들만으로 구성되어야 한다고 역설한다. 핑커의 목표는 과학의 영역에서 지식의 네 경계—마음, 뇌, 유전자, 진화—를 허물고 통합적 접근에서 발견한 '새로운 지식들'을 바탕으로 하여, 인간 본성에 대한 '새로운 이해'를 정립하고, 이를 통하여 과거 인간학의 '낡은 성벽'을 돌파하는 데 있다. 그가 말하는 '낡은 성벽'이란, '기계 속의 유령' 같은 인간 본성에 관한 공론적空論的 철학 개념들이거나 아직도 '빈 서판'을 옹호하는 정통적인 '표준적 사회과학 모델(The Standard Social Science Model)'들이고, '새로운 지식'이란 현대 과학이 공인하는 생물학적 원리에 입각한 지식들이다. 핑커는 이 '새로운 지식들'에 입각한 '새로운 인간 이해'를 '인간 본성의 과학'이라고 명명한다. 그리고 '인간 본성의 과학'의 임무는 '인간 본성의 인문학'의 용도를 폐기하고 인간 본성의 문제를 '과학'이라는 새로운 무대 위에 올려놓는 것이다. 핑커와 견해를 같이 하는

---

11 Pinker, Steven(2002), *Blank Slate*, 『빈 서판: 인간은 본성을 타고 나는가』, 김한영 옮김, 사이언스북스, 2004.

진화심리학자 투비John Tooby와 코스미데스Lada Cosmides는 '새로운 인간 이해'가 표준적 사회과학 모델을 대체할 '통합적 인과 모델(Integrated Causal Model)'의 토대 위에서 이루어져야 한다고 주장한다.[12] 이 모델에 따르면, 인간의 마음은 신경체계에 예시된 것처럼 진화된 정보 처리 메커니즘의 집합물이고, 이 기제는 장기간에 걸친 자연선택에 의해 만들어진 적응의 산물이다. 따라서 이들이 보기에, 과거의 사상가들이 논구한 인간 본성에 관한 담론은, 이 같은 생물학적 원리를 고려하지 못한 것이므로, 대부분 근거가 없는, 틀린 얘기들이라는 것이다.

핑커의 '정신주의적 인간학의 폐기' 주장은 그만의 생각은 아니다. 그보다 이미 50여 년 전에 하버드 대학의 동물학자 에드워드 윌슨Edward Osborne Wilson이 '사회생물학 제창'을 통하여 이 주제를 선점한 바 있다. 그 이후 인간의 모든 행동을 생물학적 원리에 의해 규명할 수 있다는 믿음은 논란을 거듭하는 가운데서도 어느새 진화심리학과 신경과학 등 다윈주의적 과학 분야에서 폭넓은 지지를 획득했다. 이른바 생물학주의로 총칭되는 견해에 따르면, 인간 본성은 인간종의 진화에서 획득한 생물학적 형질들의 집합에 지나지 않는다. 이들이 보기에는, "인간이 왜 '털 없는 원숭이'인지"를 밝히는 게 중요

정신주의적 인간학의 폐기

---

12 Tooby, John & Cosmides, Leda(1992a), "The Psychological Foundations of Culture", in *The Adapted Mind: Evolutionary Psychology and the Generation of Culture*, (eds., Barkow, J. H & Tooby, John & Cosmides, Leda), Oxford University Press, pp.12~13.

하다.[13] 인간 본성의 생물학적 기원을 무시한 채 사유와 도덕에서 인간다움의 본질을 찾으려는 철학적 논증들은 헛되다는 것이다. 윌슨은 한걸음 더 나아가 인간 사회에도 곤충과 같은 '진사회성 동물'사회에 대한 분석양식을 적용할 수 있다고 주장했다. 그는 1971년에 출간된 『곤충들의 사회』에서, "동물 집단 및 행동에 관한 생물학에서 최고의 원리들을 뽑아낸다면 단일하고 성숙한 인간 과학으로 발전될 수 있다"[14]고 역설한 후, 4년 뒤 『사회생물학』에서는 인간에 관한 탐구에서 인문학과 사회과학을 생물학의 특수 분과들로 축소시켜 영장류종의 사회생물학으로 통합시켜야 한다는 급진적인 주장을 들고 나왔다. 그의 주장은 과학계 안팎에서 커다란 반향을 불러 일으켜 '사회생물학 논쟁'을 뜨겁게 달구었지만, 윌슨은 이에 개의치 않았다. 그는 기존의 철학적 인간학이나 '표준적 사회과학 모델'의 기존의 탐구를 과학적 근거를 갖지 못한 '정신주의'의 소산으로 간주하며, '반분야反分野'라는 조어까지 붙여가며 공격했다. 그의 견해로는, 정신을 신체와 구분되는 실체로 여기는 온갖 관념론은 배격되어야 하고, 인간 정신을 생존과 번식을 위한 장치로서의 뇌 활동의 산물로 보는 편이 온당하다. 인간은 태생적으로 유전자에 속박되어 있으며, 유전자는 뇌를 지배한다. 결국 인간 정신은 오로지 생물학적 수단만을 선택할 수 있도록 구성되어 있다는 것이다.

인간 본성의 생물학

---

13 Wilson, E. O.(1975), *Sociobiology: The New Synthesis*, 『사회생물학』, 이병훈·박시룡 옮김, 민음사, 1992, 166쪽.
14 Wilson, E. O.(1971), *The Insect Societies*, Harvard University Press, p.460.

핑커나 윌슨의 '아래로부터의 인간학'은 다윈의 공동조상 이론에 전적으로 의존한 것이다. 다윈 스스로는 '인간 본성의 과학'이라는 용어를 사용한 바 없지만, 오늘날 인간학의 공론장에서 지배자처럼 활보 중인 인물들 중 다수는 다윈주의자들이다. 생물학자 조지 심슨George G. Simpson은 지난 2,000여 년 동안 철학과 신학에서 핵심을 차지했던 주제인 '인간이란 무엇인가'라는 질문과 관련하여, 『종의 기원』이 출간된 "1859년 이전에 나온 해답은 모든 가치를 상실했다"[15]고 선언하며 다윈의 혁명성을 찬양한다. 생물학주의는 '비천한 과거의 흔적'에서 인간의 유래를 찾은 다윈에 원적을 두고 크게 번성했다. 다윈이 제시한 '흔적'은 인류학적 유전학의 '유전자 절대 연대 추정(Absolute Genetic Dating)' 방법에 의해 상당 부분 확인되었다. 이제 인간 본성에 얽힌 수수께끼는 유전자의 비밀을 푸는 데서 실마리를 찾을 수 있다는 믿음은 '인간 본성의 과학' 저변에 넓게 퍼져 있다. 이른바 '인간 본성의 과학'은 상상과 추론으로 얽혀진 제반 인간학적 담론의 허약한 토대를 문제 삼는다는 점에서 새로운 인간학의 지평을 열어 놓는 듯하다. 특히 '인간의 유래'에 관한 다윈의 논증에 의거함으로써, '위로부터의 인간학'에 내재된 형이상학적 거품을 제거하고 인간 본성의 진화적 기원을 파헤치려는 노력은 그 주요한 공적의 일부일 수 있다. 더군다나 일부 과학자들은 유전자 혁명으로 '심신문제'의 실

---

15 Simpson, George G.(1966), "The Biological Nature of Man", *Science, vol. 152*, no.3721, p.472.

마리를 푸는 데 다가갈 수 있는 유효한 수단이 생겼다는 기대감으로 과학적 인간학의 출현을 반긴다.

그렇다면 '인간 본성의 과학'은 인간 본성에 관한 기존의 철학적·인문학적 담론을 대체할 수 있는 새로운 패러다임이 될 수 있을까? 핑커나 윌슨의 주장대로 과연 고대로부터 이어져 온 수많은 인간학적 탐구는 과학적 근거가 없다고 해서 무용지물로 폐기되어야 하는가? '새로운 지식'이나 '새로운 이해'에 기반을 둔 '인간 본성의 과학'은 오랜 기간 동안 수많은 사상가들이 미처 알아차리지 못했던 새로운 사실을 얼마만큼 밝혀냈는가? 동물 행동의 분석에 사용하는 척도를 인간 행동에 동일하게 적용해서 얻어낸 결실은 무엇인가? "약 5,000세대 전의 1만 명 인간들의 유전자가 지금 우리 유전자와 99%가 같다"[16]고 해서 '인류의 심적 동일성'은 확증되는 것인가? '사냥꾼 남성(Man the Hunter)'과 '채집인 여성(Woman the Gatherer)' 가설에는 오늘날을 살아가는 우리의 본질과 관련하여 얼마나 유의미한 함의가 담겨 있는가? 윌슨이 강변하는 인간과 사회에 관한 제반 학문의 '생물학화'가 이성과 정념으로 얽힌 인간 정신의 수수께끼를 풀 수 있는 유일한 접근법이 될 수 있는가? 생물학주의는 도덕, 문화, 그리고 종교 등 인간 사회의 고유한 현상을 제대로 설명할 수 있는가? '인간 본성의 과학'이 성립하기 위해서는 이

---

16 Gazzaniga, Michael S.(2005), *The Ethical Brain: The Science of Our Moral Dilemmas*, 『윤리적 뇌』, 김효은 옮김, 바다출판사, 2008, 213~214쪽.

같은 물음들을 해명할 수 있는 점검의 절차를 거쳐야 할 것이다. 이를 점검하는 하나의 방법은 고대로부터 현재에 이르기까지 걸출한 사상가들이 펼쳐 보인 인간 본성에 관한 독창적인 관념들을 되짚어 보면서, '인간 본성의 과학'이 이것들과 얼마나 다른 것인지를 따져 보는 것이다. 이를 통하여 우리는 '항구적인 물음'에 관한 해답 찾기가 어디쯤에 와 있는지를 가늠해 볼 수 있을 것이다. 이것이 이 책이 의도하는 바이다.

이 책의 관점

이 책은 B.C.5~6세기부터 오늘날에 이르기까지 인간 본성의 제 관념들을 통시적으로 고찰하는 해석적 서술의 성격을 갖는다. 관념에 대한 해석적 서술은 단순히 해당 사상가의 견해를 이해하고 요약하는 데 그치는 것이 아니라 서술자 자신의 해석과 평가가 주가 되는 작업이다. 그러므로 텍스트에 대한 충분한 이해를 전제로 한다면, 서술자가 어떠한 관점에서 해석하는가에 따라 그 결과와 평가는 달라질 수 있다. 예컨대, 플라톤에 대한 포퍼Karl Popper의 해석과 톰슨George D. Thomson의 그것은 다르다. 포퍼는 플라톤을 '전체주의 정치를 최초로 기획한 음울한 장본인'이라고 낙인찍고, 톰슨은 '상층 계급의 기존 질서를 옹호한 복고풍의 보수주의자'라고 비판한다. 두 사람의 견해는 각기 다른 렌즈를 통해 플라톤을 관찰한 결과이지만, 나는 이 두 사람의 해석에 동의하지 않는다. 관점이 다르기 때문이다. 관점은 사물과 현상을 '보는 방식'이다. 해석자의 관점은 해석자 개인의 주관적 체험과, 사회경제적 존재 조건 등을 배경으로 하는 사상적 경향성과, 그리고 해석자의 시점을 담지한다. 따라서 어떠한 해석 작업에서든 통상적 의미의 '엄밀한 객관성'은 보장되지 않으며, 해석의 결과는 수용자의 태도에 따라 다르게 받아들여질 수 있다. 이 책은 인간 본성의 관념사를 바라보는 하나의 시각을 제공한다. 이 책에서 채택하고 있는 관점은 다음과 같다.

① 관념은 특정한 사물이나 현상을 보고 생각한 결과물 및 그 언어적 표현이다. 관념은 지식의 일부분을 구성할 수는 있으나, 그 자체가 반드시 사실은 아니다. 관념에는 사실 이외에 느낌, 인상, 상상, 추정, 예측, 은유, 비유, 유추, 그리고 신념 등이 개입되어 있다. 인간 본성의 관념을 해석하는 데서 우선적으로 고려해야 할 사항은 '… 이다'와 '아마도 … 일 것이다' 또는 '… 일지도 모른다'는 언술의 구별, 즉 사실에 의존한 언술과 추정에 의한 언술을 구별하는 일이다. 사실이 무엇인가의 문제는 별도의 논의를 요하는 주제이기는 하지만, 여기에서 통상적인 의미로 사용한다면, 사실은 "시간상 그리고 공간상 실재하는 것으로 발견되는 존재 또는 사건"[17]을

17 http://terms.naver.com/entry.nhn?docId=510962&cid=50291&categoryId=50291.

의미한다. 사실은 '… 이다'의 언술로 표현되는 반면, '아마
도 … 일 것이다'의 언술은 사건이나 사태의 개연성만을 지
시한다. 그것은 곧 어떤 사건이 사실일 수도 있고 아닐 수
도 있다는 불확실성이다. 예를 들어, 플라톤에게서 보는 '레
테Lēthe의 강' 신화는 명백히 상상력의 산물이며, 홍적세洪積
世 우리 조상들의 행동양식에 관한 진화심리학적 여러 가설
들은 일부 증거들의 조합을 통한 추론의 결과이다. 이 모두
는 사건의 개연성만을 암시할 뿐 사실을 지시하지 않는다.
인간 본성에 관한 모든 논의에서 나타나는 '… 이다'와 '아
마도 … 일 것이다'의 혼합은 담론적 질서를 교란케 하는 주
된 요인의 하나이다. 따라서 나는 '… 일 것이다'의 언술들로
짜인 논증에 대해서는 '있을 법한 이야기'로 간주하며, 그 논
증의 진위 여부를 끊임없이 의심할 것이다.

　② '… 이다'와 '아마도 … 일 것이다' 간의 구분이 갖는
중요성에 못지않게, '… 이다'와 '… 이어야 한다'의 구분도
중요하다. 흄에 따르면, '… 이어야 한다'의 언술은 '… 이다'
의 언술에서 도출될 수 없다. '… 이다'가 사실의 서술이라
면, '… 이어야 한다'는 신념적 진술이다. 무어George E. Moore
는 사실어와 가치어의 혼동에서 비롯되는 이러한 문제를
'자연주의적 오류(Naturalistic Fallacy)'라고 명명했고, 실증주
의자들은 이를 논증의 정합성을 가늠하는 척도로 간주한다.
나는 사실의 영역과 가치의 영역 간의 관계 및 상호작용에

사실의 영역과
가치의 영역

　　　　　　　　　　　　　인간 본성의 역사

대해서 '흄의 재단기'[18]를 예외 없이 적용할 수 있다는 주장에는 동의하지는 않지만, '… 이다'와 '… 이어야 한다'는 명백히 구분됨은 물론 '… 이어야 한다'의 진술은 사실을 지시하지 않는다는 점에는 동의한다. 윤리에 관한 자기신념적 저술들에서 자주 볼 수 있는 '… 이어야 한다'의 언술은, 쉽게 말하면 하나의 주장이다. 가령 플라톤의 이상국가, 맹자의 덕치와 순자의 예치, 홉스의 리바이어던, 칸트의 정언명령, 그리고 마르크스의 공산주의적 유토피아 등의 개념은, 각기 다른 인간 본성의 관념에 기초한 것이지만, 모두 사실과 무관한 신념적 진술의 표현이다. 주로 도덕주의자들의 논증에서 흔히 나타나는 신념의 표출은, 개인의 도덕적 지향을 표출하기 위해서든 아니면 타인들에 대한 계몽적 목적으로 사용되든 간에, 논증의 객관성을 확보하는 데서 저해요인으로 작용한다. 나는 이 책에서 '아마도 … 일 것이다'와 마찬가지로 '… 이어야 한다'의 신념적 언술들로 꾸며진 여러 논증들에 대해서는 하나의 견해로 간주하고 '차가운 시선'을 견지할 것이다.

③ 모든 관념은 특정한 맥락 속에서 생성된다. 사상가 개인은 누구나 할 것 없이 특정한 시대의 자식들이다. 관념의 생성자로서 그들은 자기가 살았던 시대의 역사적 조건과 사회적 환경 속에서 보고 느끼고 사유한다. 헤겔의 말처럼 "철

---

18 Black, Max(1964), "The Gap between Is and Should", *The Philosophical Review, vol. 73*, no. 2, pp. 165~181.

학은 그 시대의 특징을 사상으로 나타낸 것"이다. 마르크스
는 이를 "존재가 사유를 구속한다"는 명제로 정식화했다. 만
하임Karl Mannheim은 이 명제를 더욱 구체화하여, "이론으로
칭하는 관념들의 체계적 구성물이나 그 파생체는 그것을 생
성시키고, 또한 그것을 일부로 하고 있는 집단들 및 총체적
상황의 전형과 밀접히 연관되어 있다"[19]고 풀이한 바 있다.
만하임의 지식사회학적 관점은, "(사유의) 주체가 표현하는
관념들을 그의 (사회적) 존재의 기능들"로 간주하며, "특정의
역사적 순간에서 지적 활동이 해당 시기의 사회정치적 세력
들과 어떠한 형태로 관련되어 있는지"를 살피는 것에 주안
점을 둔다. 독일의 사회학자 베르너 슈타크Werner Stark는 이
같은 '사유와 사회적 존재 간의 내적 연관'에 대해서 지식의
'사회적 결정성의 원리(The Principle of Social Determination)'
로 적용할 것을 요청한다.[20] 이 원리에 따르면, 특정한 사상
이나 이론에 대한 해석에는, 그 사상이나 이론의 실질적 내
용에 집중하는 내부(ab intra) 관찰과 그것이 배태되고 숙성된
폭넓은 배경과의 관계를 고려하는 외부(ab extra) 관찰을 병
행하고 결합하는 방식이 요구된다.

   예컨대『국가』는 플라톤 개인의 사상과 감정은 물론 당대
의 사회적 배경, 그리고 동시대 타자들과의 교호적인 삶 속
에서 조명되지 않는 한 제대로 이해될 수 없다. 이 맥락에

---

19 Mannheim, Karl(1936), *Ideology and Utopia: An Introduction to the Sociology of Knowledge*,『이데올로기와 유토피아』, 황성모 옮김, 삼성출판사, 1982, 314~324쪽.
20 Stark, Werner(1958), *The Sociology of Knowledge: Toward a Deeper Understanding of the History of Ideas*,『지식사회학』, 임영일 옮김, 한길사, 1987, 81쪽; 273~443쪽.

서 플라톤 개인은 "사회적 존재가 지식의 형성에 영향을 미치는 매개체" 또는 "항상 구체적인 사회적 삶 속에서 살면서 그 맥락 속에서 생각하는 인간"의 범주로 존재하는 것이다.[21] 『국가』의 곳곳에 표출된 에토스는, 오늘날을 살아가는 우리의 정서상 낯설게 느껴질 수는 있겠지만, 그리스 도시국가의 현실이 함께 어우러져 해당 현실을 반영하는 관념의 형성과 불가분한 구조를 이루고 있는 것이다. 이러한 점을 감안한다면, 포퍼나 톰슨은 물론 러셀Bertrand Russell이나 아렌트Hannah Arendt가 2,000여 년이나 지난 시점에서 플라톤에 대해 퍼부은 편파적인 공격 또한 관념 형성의 조건과 배경에 관한 '맥락적 이해(Contextual Understanding)'를 결여한 해석으로 볼 수 있다. 왜냐하면 전체주의를 주조한 장본인이든 부르주아 질서의 옹호자든, 그 어느 것도 플라톤의 전체 사상을 특징짓는 해석이 아닐뿐더러 오히려 해석자 자신의 존재 상황에서 자신들의 자유주의적(포퍼, 아렌트 등) 또는 마르크스주의적(톰슨) 신념을 투영한 결과이기 때문이다. 같은 이유에서 나는 마키아벨리를 '악의 교사'로 규정한 레오 스트라우스Leo Strauss의 해석에도 동의하지 않으며, 데카르트의 심신이원론에 대한 라일Gilbert Ryle과 핑커의 신랄한 조롱이나 신경과학자 다마지오Antonio Damasio의 '데카르트의 오류' 비판도 온당한 것으로 보지 않는다. 이런 류의 해석들은 자기 시대의 에피스테메에 입각한 논리적 정합성만을 평가

---

21   Stark, Werner(1958), 187~188쪽.

의 척도로 삼는다. 특정한 사상가의 관념은 해당 시기 동시대인들이 공유했던 지식의 총합 위에서 생성된다. 다시 말해서, 관념은 시공간적 제약 속에서 만들어진다. 그렇다면 제반 관념들을 해석함에 있어서 그 사회적 제약성을 충분히 고려하는 '맥락적 이해'를 우선으로 하는 것은 무엇보다 중요하다고 할 수 있을 것이다. 이러한 이해의 방법은 인간 본성의 사상가들을 들여다보는 데서, 어쩌면 '너그러운 관점'으로 작용할지도 모르겠다.

맥락적 이해

④ 보편자로서의 인간 본성을 개체 수준으로 환원하면 '나'의 본성이 된다. 나의 본성은 나의 내재적 속성이지만, 절대자, 자연, 사회, 문화, 국가와의 상호작용을 통해서 표출된다. 이 책의 구성이 보여 주는 것처럼, 인간 관념의 변천사는 인간 의식의 자각(플라톤 등), 신의 피조물로서 구속적 위상(성 토마스 등), 근대적 자아의 발견(데카르트 등), 사회적 존재로서의 보편적 특질(마르크스 등), 문화의 축소형(보아스 등), 그리고 우리 몸에 새겨진 비천한 흔적(다윈) 등으로 확장되는 과정을 밟아 왔다. 인간 본성의 문제는 철학과 종교의 전유물에서 벗어나서 심리학, 인류학, 사회학, 경제학, 정치학 등 사회과학의 주요한 탐구 주제로 다루어져 왔음은 물론이고, 오늘날에 와서는 동물행동학, 유전체학, 신경과학, 생명과학 등 과학 분야에 종사하는 사람들이 더 큰 목소리를 낼 수 있는 무대 위로 올려지고 있다. 뿐만 아니라 이러한 다양한 접근법은 실천적 영역으로도 전이되어, 정치체제의 방향

성과 결부되기도 하고, 경제 이론의 다양한 갈래와 연접시키려는 시도와도 접목되며[22], 교육·사회정책의 목표를 수정하는 준거가 되기도 하며[23], 종교적 신념의 차이를 설명하는 배경이론이 되기도 한다. 인간 행위의 숨겨진 동기와 외현화된 결과를 다양한 여러 층위에서 조명할 수 있다면, 인간 본성에 얽힌 복합적인 문제들을 풀어가는 데 유용한 지침을 얻을 수도 있을 것이다. 인간 본성의 문제가 특정 분야에 한정된 특수 과제가 아닌 이상, 철학적 성찰에 의한 것이든 표준 사회과학적 모형에 준거한 것이든, 혹은 동물 행동에 대한 관찰과 유추의 방법을 활용하든, 분자적 수준의 환원주의적 접근법을 동원하든, 그 어느 것에도 귀를 닫을 이유는 없다. '두 문화(Two Cultures)'[24] 사이의 전통적인 간극은 물론이고 학제 간의 장벽을 뛰어넘는 '통합적 접근'은 인간 본성의 전모에 근접할 수 있는 가장 효과적인 수단이 될 것이다.

⑤ 끝으로 '인간 본성'의 용어 문제와 관련하여 간략한 설명이 필요할 것 같다. 인간의 정체성에 대한 물음은 통상 '인간 본성'에 대한 규정으로 답변되어 왔다. '인간 본성'이라는 용어는 "인간이 적어도 필요, 욕구, 그리고 상황에 대한 정상적인 반응 등에서 기본적이면서 중요한 유사성을 공유

---

22 Laurent, John(eds.), *Evolutionary Economics and Human Nature*, Northampton, Edward Elgar Publishing, 2003.

23 Somit, Albert and Peterson, Steven A.(eds.), ***Human Nature and Public Policy: An Evolutionary Approach***, New York, Macmillan, 2003.

24 Snow, C. P.(1959), *The Two Cultures and the Scientific Revolution*, 『두 문화』, 오영환 옮김, 사이언스북스, 2001.

하고 있음"[25]을 함축한다. '인간 본성'은 "종종 시간과 장소에 상관없이 불변하는 보편적인 인간 본질이라는 고전적인 목적론적 개념으로 이해"[26]되거나, "우리 인간종의 모든 구성원의 공통적 특성, 단일하고 고정되어 있으며 유전된 특성"[27]이라는 생물학적 관념으로도 풀이되기도 한다. 그러나 대부분의 논변에서 '인간 본성'의 용어는 흔히 인간의 '조건', '속성', '본질', 그리고 '본능' 등의 용어와 혼용되어 왔다. 이 용어들을 구별하자면, '조건', '속성', 그리고 '본질'은 사물의 특징이나 성질을 지칭하는 일반 명사인데 비해, '본능'과 '본성'은 개념어적 성격을 갖는다. 사전적辭典的 의미로 본능은 "외부 환경이나 학습의 영향과는 독립적인 '종-특징적(Species-specific)' 행동 유형"[28]으로 정의된다. 예컨대 모성 본능, 귀소 본능, 철새의 이동 본능 등은 그 실례이다. 다윈이나 로렌츠Konrad Lorenz에서 보듯이, 생물학자들은 동물에 특유한 생득적 행동 능력으로서 본능의 개념을 인간에게도 예외 없이 적용했다. 오늘날 유전자선택론의 관점에서 볼 때, '본능'이란 "선천적이고 유전적으로 결정된 장치에 뿌리를 둔 종-전형적(Species-typical) 행동 유형"이다.

25 Trigg, Roger(1982), *The Shaping of Man*, 『인간 본성과 사회생물학』, 김성한 옮김, 궁리, 2007, 145쪽.
26 Sandal, Michael(1982), *Liberalism and the Limits of Justice*, Cambridge University Press, p.50.
27 Ehrlich, Paul R.(2001), *Human Natures: Genes, Cultures and the Human Prospect*, 『인간의 본성들: 인간의 본성을 만드는 것은 유전자인가 문화인가?』, 전방욱 옮김, 이마고, 2008, 32쪽.
28 http://terms.naver.com/entry.nhn?docId=655820&cid=48639&categoryId=48639.

'본능'이 선천적 행동 유형의 생리적·물리적 특성을 지칭하는 비교적 명확한 개념인 것에 비하면, '본성'은 보다 포괄적이고 모호한 개념이다. 한 백과사전의 정의에 따르면, 본성은 "개별 존재자가 그 시원始原에서부터 타고나는 본질적 특성으로, 하나의 개체가 생존하는 과정의 역동적 계기, 생성과 소멸의 원리, 그리고 능동적이고 수동적인 변화의 내적 근거"[29]이다. '본성'이라는 두 글자를 한층 더 이해하기 어렵게 만드는 이 같은 정의는 화자에 따라 다른 용법으로 사용되는 제 관념들을 뭉뚱그린 데서 빚어진 해프닝일 것이다.

인간 본성의 관념사에서 "인간은 무엇인가, 또는 어떤 존재인가?"라는 물음과 "인간을 인간이게 만드는 성질이나 속성은 무엇인가?"라는 물음은 명확하게 구별됨이 없이 혼용되어 왔다. 이를테면 맹자와 고자의 성 개념은 전혀 다르며, 현대의 '본성 대 양육 논쟁'에서도 유전자와 환경 개념의 차이로 인해 본성 개념의 의미론적 혼란은 수시로 발생한다. '본성'이 인간이 타고난 모든 성질을 말하는 것인지, 아니면 인간을 인간이게 하는 고유한 속성을 의미하는지에 따라 담론의 성격과 구성이 달라질 수밖에 없다.[30] 이 책에서는 인간 본성에 관한 별도의 정의를 사용하지 않으며, 기존의 개념들 간의 의미론적 차이를 구별하는 데 초점을 맞춘다. 인간 본

인간은 어떤 존재인가하는 물음과 인간을 인간이게 만드는 속성은 무엇인가 하는 물음.
그 두 물음의 차이

---

[29] http://terms.naver.com/entry.nhn?docId=1171221&cid=40942&categoryId=31531.
[30] Prinz, Jesse J.(2012), *Beyond Human Nature*, New York, W. W. Norton & Company Ldt., pp.365~368.

성이 타고나는지 아니면 만들어지는지, 혹은 불변적인지 가변적인지, 그리고 시대가 바뀌면 사람도 달라지는지 아니면 그대로인지 등의 주요한 쟁점들은 본성 개념의 차이에서도 비롯될 수 있음을 미리 숙지할 필요가 있다.

이 책은 '목차'에서 확인할 수 있듯이 인간 본성의 관념사를 통시적으로 다루고 있다. 이 책은 크게 보아 세 부분으로 나누어 볼 수 있다. 첫 부분은 1부에서 4부까지로, B.C.5~6세기부터 20세기 중반에 이르기까지 동서양의 대표적인 사상가들의 인간학적 담론을 검토한다. 다음으로 두 번째 부분은 5부와 6부로, 다윈의 논증을 포함하여 유전자 선택론 및 사회생물학 등 생물학적 인간학을 살펴보게 될 것이다. 맹·순孟荀의 성론이나 홉스, 프로이트, 스키너를 예외로 하면, 첫 부분은 통상 우리가 문화주의 또는 정신주의로 통칭하는 전통을 잇는 담론들인 데 비해, 두 번째 부분은 생물학주의 또는 물리주의의 접근법을 대변한다고 할 수 있다. 이 점을 염두에 두면서 '위로부터의 인간학'과 '아래로부터의 인간학'이 어떻게 다른지를 비교하고 평가하는 것은 이 책을 효과적으로 읽는 하나의 방법이 될 수 있을 것이다. 그리고 7부는 인간 본성의 관념사를 총결하는 마지막 부분이다. 여기에서는 제 논변상의 주요한 쟁점들, 그리고 동일한 쟁점들이 반복됨으로써 유사한 논란들을 빚게 되는 원인, '인간 본성의 과학'이 갖는 문제점과 한계, 그리고 '인간 본성의 딜레마'에 얽힌 과제들을 점검하게 될 것이다.

이 책에서는 기독교나 불교, 이슬람교 등 주요한 종교의 인간 해석을 다루지 않는다. 오늘날 세계 인구의 절반 이상이 신앙인으로서의 삶을 영위하고 있다는 사실을 고려한다면, 종교적 인간학의 현실적 중요성은 간과할 수 없을 것이다. 그러나 특정한 종교적 교리에 입각한 인간학적 담론은 신념적 영역의 것이지 사실적 탐구의 대상으로 보기는 어렵다. 이 때문에 이 책에서는 아쉽게도 스콜라철학의 인간관을 다루지 않고, 서양 중세의 긴 시기를 건너뛴다. 다른 한편으로 이 책에서는 '인간의 유래 및 도덕성의 진화에 관한 다윈의 긴 논증'을, 한 부 전체에 할애하여 비중 있게 다루고 있다. 다윈의 인간학을 세밀하게 들여다보고자 하는 것은, 그가 오랜 기간 서양사상을 지배했던 전통적 세계관의 전복자이자 현대 생물학주의의 시조라는 점에 큰 의미를 부여하기 때문이기도 하지만, 이와 더불어서 그의 논증으로 인해 파생된 과학 세계 내외의 복합적 문제들을 심도 있게 점검할 필요가 있다고 생각하기 때문이다. '다윈의 논증'이 던져준 '충격'과 '효과'는 사실과 가치의 구별 및 그 상호 관계에 관한 논란, 과학과 종교는 어떻게 상충 또는 상보되는지, 과학적 연구 프로그램이 어떤 과정을 거쳐서 정상과학으로 발돋움하게 되는지, 그리고 특정한 과학이 사회적 맥락 속에서 어떻게 변용될 수 있는지 등과 같은 어렵고도 복합적인 문제들을 제기한다. 그리고 이러한 문제들은 우리가 갖고 있는 인간적 지식이 얼마만큼 보편타당한 것인지에 대해 다시금 생각하게끔 하는 기회를 제공하리라고 믿는다.

리프킨Jeremy Rifkin은 최근의 한 저서에서 "인간 본성을 다시 생각한다는 것은 인간 여정의 참된 의미를 재고하고, 우리의 삶을 선택하는 방법에 관해서 가장 소중히 여겨온 믿음을 재고한다는 것을 의미한다"[31]고 근사하게 표현한 바 있다. 인류의 지적 자산으로 전승된 걸출한 사상가들의 관념 꾸러미들은 다양한 수사를 통해 인간에 관해 많은 이야기를 들려주었고, 일부 과학자들은 현대 과학의 위세를 앞세워 이미 발견된 확정적 지식에 곱절 이상의 추정을 보태서 '새로운 인간과학'이라는 또 하나의 깃발을 세우려 한다. 이 모든 것들은 한편으론 오늘을 살아가는 많은 이들에게 인간 문제에 관한 지식의 풍성한 숲이 되어 지혜로운 삶의 등불 역할을 할 수도 있겠지만, 다른 한편으론 무수한 말들의 성찬 속에서 그 진위를 가늠할 수 없는 지적 혼란의 늪으로 우리를 몰고 갈 수도 있을 것이다. 이 점을 염두에 두면서, 이제 인간 본성에 얽힌 실타래를 풀어 보려는 자세로 긴 탐색의 여정을 시작해 보자.

---

[31]   Rifkin, Jeremy(2009), *The Empathic Civilization: The Race to Global Consciousness in a World in Crisis*, 『공감의 시대』, 이경남 옮김, 민음사, 2010, 169~170쪽.

1부

선악의 문제

예로부터 인간에 관한 논란거리 중의 하나는 사람이 본시 선한 존재인지 악마의 속성을 갖고 타고났는지 하는 물음과 관련되어 있다. 인간 본성을 선과 악, 두 쪽으로 나눠 보는 발상은 고대 중국인들에게 널리 유포되었던 보편관념이었다. 이 이야기들은 동서양을 넘어 마치 호랑이 담배 피던 시절의 우화처럼 전승되어 권선징악의 가르침을 들려준다. 인간의 본성을 간단하게 선이나 악으로 표시할 수 있다면 인간사의 수많은 문제들이 얼마나 쉽게 풀리겠는가마는, 단순해 보이는 성선과 성악의 두 관념이 어떠한 논증적 절차를 거쳐서 성립된 것이고, 거기에 어떠한 함의가 담겨져 있는지를 따져 보는 것은 녹록치 않은 일이다. 그리하고 나서도 결말 없는 논쟁은 계속될 수 있다.

무릇 사상 논쟁이 그러하듯, 사람의 성性을 놓고 '맹·순孟荀'이 보여 준 사유의 세계는 더군다나 수양론 및 통치론과 결부되어 있어서 그 복잡성을 증대시킨다. 그래서일까? 벤자민 슈워츠Benjamin Schwartz의 지적처럼, 현대의 해석가들은 한참이나 시간이 흐른 지금에도 "더 할 말이 여전히 남아" 몇몇 흥미로운 쟁점들 속에 빠져들고 있는지 모른다. 맹자와 순자의 상반된 성론性論은 상호 간의 논쟁을 통해 형성된 것은 아니다. 순자는 맹자의 만년 무렵에 출생하여 맹자 사후 60여 년 동안 활동한 후대의 인물이었으므로 맹자를 마주한 적이 없다. 따라서 '성性'의 선악 논변에서 맹자의 견해는 순자에 의해 일방적으로 평가되는, 상대적으로 불리한 지점에 놓여 있다. 만약 맹자가 순자와 동시대에 활동하였다면, 그리하여 순자의 비판에 대해 맞대응하는 방식의 논쟁으로 발전되었다면, 性에 관한 선악 양론이 보여 주는 사유의 지평은 더욱 넓게 펼쳐졌을 것이라는 아쉬움이 남는다.

제자백가가 활동했던 선진先秦 시기에 성론은 맹·순의 것 외에도 당시 지배적인 사조를 형성했던 도가와 묵가를 포함하여 여타의 다기多岐한 흐름을 나타냈던 것으로 전해진다. 선진 전후기에 유포되었던 성론은 공자에게서 시발하여 법가法家에 이르기까지 10여 가지에 이른다.[1] 성론性論의 구조

---

1 유택화劉澤華는 당시의 성론을 10여 가지로 열거한다. 1) "인성은 서로 비슷하지만 습관은 서로 차이가 난다"는 공자의 견해, 2) 도가의 인성자연설人性自然說, 3) 맹자의 성선설性善說, 4) 묵자墨子의 인성자리애설人性自利愛說, 5) 순자의 성악설性惡說, 6) 법가의 인성호리설人性好利說, 7) 『관자管子』 「수지편水地編」의 "인성은 물의 속성을 따른다"

와 내용도 복합적이다. 즉 고대 중국의 성론은 性이 무엇인
가에 대한 논란에서부터 본래의 性이 선한지 아니면 악한지
또는 性을 선 또는 악 중 일방으로 규정할 수 있는지의 여
부, 그리고 性의 규정에서 비롯되는 상이한 사회 윤리의 구
성 및 정치 체계로의 확장성 문제 등을 포괄하는 다층적 구
조를 이루고 있다. 이를테면, 중국 심성론心性論의 핵심범주
인 '천天'을 기준으로 헤아려 보면, '천'으로부터 품부稟賦 받
아 미리 방향이 정해진 선천성으로 보는 시각과 우리 마음
안의 잠재적인 경향성이 학습과 수양을 통해서 지속적으로
수정되고 발전해 가는 것으로 파악하는 관점이 대립하는 양
상도 살필 수 있다.[2] 전자가 『노자』의 '소박이론素朴理論' 등
도가류에서 보듯이 자연성自然性을 강조하는 것이라면, 후자
는 자연성의 억제와 조절을 통해 인간의 사회화와 도덕적
완성을 목표로 하는 유가의 사상적 경향성을 대변한다. 종
법사회宗法社會의 역사성과 구체성 속에서 때로는 상반되면

는 설, 8) 고자告子의 "인성은 선도 아니고 선이 아닌 것도 아니다"는 설, 9) 세석世碩의 선
악겸유설善惡兼有說, 10) 성품설性品說, 11) 성은 천명이라고 하는 설. 즉 인성은 신으로
부터 결정된다는 설 등. 10여 가지의 성론 중 맨 마지막의 천명설天命說을 빼고는 모두 춘
추전국 시대에 제기된 것들이다. 劉澤華(1987), 『中國傳統政治思想反思』, 『중국고대정치사
상』, 노승현 옮김, 예문서원, 1994, 66쪽.
2 '천天'은 중국 심성론의 핵심 범주이다. 중국 고대의 철학가들은 천은 인간과 만물의
근원 혹은 본체일 뿐만 아니라 유기체 혹은 전체라고 생각했다. B.C.4세기 문헌으로 추정
되는 『성자명출性自出』에 나오는 "性은 命으로부터 나오며, 命은 天으로부터 내려온다
性自命出 命自天降"라는 문구에서 보듯, 성의 기원은 천이다. 몽배원蒙培元은 중국 고대 심
성론의 기본적 특징을 '천인합일天人合一'의 학문으로 규정한다. 蒙培元, 「中國古代心性論
的特徵」, 「중국 고대 심성론의 특징」, 이강대 엮음, 『유가철학의 이해』, 이문출판사, 1999,
115쪽. 양적楊的은 중국인이 말하는 '천'을 실체상으로 말하면 두 가지 의미를 갖는다고
설명한다. "하나는 자연의 총칭, 즉 자연의 천이다. 둘째는 종교신학적 의미의 천이다. 후자
는 자연의 신화 혹은 인간이 자신의 특성을 자연에 투영하여 그것을 의인화한 것이기 때
문에 자연의 천을 신으로 만들어 놓은 것이다." 楊的(1991), 『東西人間論의 衝突』, 노승현
옮김, 백의, 1997, 132쪽.

서도 때로는 통합적으로 전개된 고대 중국의 성론은 인간의
주체적 인식 능력이 환경과의 상호작용을 통하여 이루어 낸
인류의 사상적 유산으로, 인간 본성에 관한 포괄적인 문제
의식을 표출한다.

인간 본성의 역사

1. 고대 중국 성론의 배경과 갈래

고대 중국의 성론은 시대가 낳은 역사적 산물이다. 이를 바르게 파악하기 위해서는 주의 깊은 독해법이 요구된다. 오늘날의 눈으로만 들여다볼 경우 텍스트 안의 문맥과 행간 도처에 숨어 있는 요체를 놓칠 수밖에 없다. 이 같은 오류에 빠지기 않기 위해서는 어원학적 이해나 텍스트의 의미 분석은 물론 당시의 정치경제적 시대 상황 및 이념적 맥락에서의 이해와, 현재의 문제와 연관 지어 살피는 비교해석학적 접근도 필요하다.[3] 이러한 의미에서 제가백가의 인성론에 관한 본격적인 논의에 앞서 사전적 절차로서 몇 가지 고려 사항을 숙지해 둘 필요가 있다.

---

3 이승환(1998), 『유가사상의 사회철학적 조명』, 고려대학교 출판부, i~v장.

1) 사회적 배경

공자로부터 발기된 유가사상을 비롯하여 제가백명諸家百鳴의 시기 동안 봇물처럼 쏟아져 나온 사상들은 기본적으로 사회철학 또는 정치사상의 성격을 띠고 있다. 공자는 선조 시기 주나라의 봉건 체계를 이상적 모델로 삼아 종법사회의 예법 질서 회복을 주장했던 복고주의풍의 사상가였다. 종법사회란 최고 통치자를 정점으로 여러 계층이 차등적으로 서열화된 질서 체계의 사회이다. 종법등급이 인간 사이의 지배와 복종 관계를 의미한다면, 인륜은 인간 사이의 자연적 관계에 대한 관습적 규율이다. 공자는 이 둘을 결합시킨다. 그는 사회윤리론적 관점에서 사람의 생각과 행동을 가정, 사회, 그리고 국가의 틀 안에서 설명한다. 공자의 가르침은 개체로서의 인간, 혈연으로 묶인 가정, 개인과 가족이 기본단위가 되는 사회, 그리고 이 모두를 통치대상으로 하는 국가와 통치자로 이어지는 위계적 층위를 전제하고, 사적이면서 공적인, 그리고 공과 사가 하나로 통합되는 윤리적 원리에 천착한다. 공자에게 개인은 사회와 국가로부터 분리된 독립적인 실체로서보다는 공중 영역 속에서 얽혀 서로를 규정하는 유기체적 존재로서 고려된다. 공자의 교의를 이어받은 유가의 사상이 사회윤리적이고 정치철학적인 성격을 갖는다는 사실은, 시대적 상황과 결부된 중국 특유의 보편관념을 반영하기 때문이다.

오패五覇와 칠웅七雄이 할거하고, 정치적 혼란과 사회적 불안이 끊이지 않았던 전국 시대에 맹자와 순자의 주된 관심은 전쟁과 혼란으로부터 벗어나 국가를 안정시키고 민民을 평화롭게 통치할 수 있는 방도가 무엇인가에 집중될 수밖에 없었다. 그러므로 두 사상가의 성론에서 인간이 어떠한 존재인가라는 물음은 어떠한 통치의 이념과 방도가 옳은 것인가 하는 문제와 직결되어 있었다. 맹자의 성선론이 인정仁政에 의한 왕도王道정치론의 초석이었다면, 순자의 성론의 최종 목적지는 '예禮' 중심의 절대군주제 확립에 맞추어져 있다.

고대 중국사상의 사회정치적 성격을 드러내는 증거는 중국의 사상가가 거의 대부분 선비나 사인士人, 즉 정치가나 관료였다는 사실에서 찾을 수 있다. 인도의 지식인이 바라문婆羅門 계급의 승려들이어서 강한 종교색을 나타냈다면, 중국의 지식세계는 정치현실과 깊이 연루되어 고급문화와 지식을 향유했던 사대부와 관리들에 의해 독점적으로 형성되었다. 특히 춘추전국의 혼란기에 '한 치의 혀를 생명으로 하는 지식인'으로서 소위 '유세객遊說客'들은 입신양명을 위해 여러 군주 주변에 즐비하게 늘어서 있었고, 열국의 통치자들 역시 천하제패를 목표로 치열한 경쟁 속에서 정경政經에 밝은 사대부를 발굴하고 중용하는 데 열을 올리고 있었다. 공자도 유세객이었다. 그는 주나라 무왕武王의 동생인 주공周公의 자손들에게 분봉分封된 나라인 노魯나라에서 출생하여 '예양禮讓으로써 나라를 다스린다'는 이상정치의 실현을 꿈꾸며, 30대 중반부터 고향을 떠나 제나라로 가서 8년간의 유세객 생활을 했으며, 본국에 귀환해서는 51세의 나이에 하급 관리로 일했던 것으로 전해진다. 노나라 인근의 소국 추鄒나라에서 태어난 맹자의 경우는 평생을 유세객으로 떠돌아다녔다고 해도 과언이 아니다. 맹자도 17년 동안이나 송宋나라에서 추鄒나라, 다시 등藤나라 등 여러 나라의 제왕에게 치국의 지혜를 설파했던 인물이다. 맹자는 유세 기간 동안 『맹자』의 첫 번째 장에 나오는 양혜왕은 물론이고, 그가 가장 많은 대화를 나눈 것으로 알려진 제선왕, 그리고 각별한 관계를 유지했던 등나라 문공 등을 만나며 왕도정치를 역설했다. 맹자보다 한 세대 뒤에 활동한 순자 역시 어린 시절 제齊나라에 유학하고 50대에 초楚나라에서 난릉령蘭陵令을 지낸 관료형 지식인이었다. 그는 오늘날의 국책연구기관의 총본산에 해당하는 제하직사齊下稷舍의 좨주祭酒를 세 번이나 지내며 당대의 이념적 지주로서 높은 지위에 올랐던 인물이다. 이외에 순자의 제자로서 법가를 이룬 한비자韓非子는 선진시대를 마감하고 중국 최초로 천하통일을 이룬 진시황 휘하에서 책사로 활약하다 모사에 휘말려 생을 마감한 불운아였고, 묵겸의 후예들은 반전反戰과 방어전을 위해 제국의 용병으로 뛰어들었던 집단으로 전해지고 있다. 유세객으로 큰 성공을 이룬 대표적인 사례로는 위魏 혜왕惠王의 재상이었던 명가名家의 혜시惠施, 초나라 사람으로 순자의 제자였다가 진시황의 재상으로서 분서갱유焚書坑儒를 단행한 이사李斯를 들 수 있겠다. 이와 같이 고대로부터 지식계급으로서 사인士人과 통치자 사이의 불가분적 관계는 제반 정치사상을 배태한 배경요인이었으며, 이러한 경향은 후대로도 지속적으로 이어져 중국 고유의 문화적 전통으로 굳어지게 되었다. 이에 따라 유학과 시문의 습득과 훈련이 관리 등용의 조건이 되었고, 이러한 조건은 '지식인이 곧 관료'라는 등식을 성립하게 하는 요인이 되었다.

중국 고대 사상에서 서양철학적 논리체계를 찾을 수 없다는 주장과 관련하여, 동서양의 문화적 차이에서 그 원인을 찾는 해석도 가능하다.[4] 고대 서양 문화는 고대 중국과는 다른 외부적 환경을 배경으로 한다. 고대 그리스는 지정학적 위치상 이미 고대 이집트와 메소포타미아의 풍부한 문화적 경험과 지적 유산을 전수받아 왔으며, 내적으로 아크로폴리스Acropolis나 공개재판 같은 제도의 형식은 논증의 기법을 발전시킬 수 있는 역사적 조건으로 작용했다. 이에 비해 중국의 사정은 크게 달랐다. 비슷한 시기 중국은 태평성대의 서주西周 시대가 마감되고 극심한 혼란과 분열이 판을 치는 동주東周 시대로 접어들면서, 지난날 문文, 무武, 선왕先王 시대를 동경하고 거기에서 난국 타개의 해법과 바른 치세의 지혜를 찾으려는 경향성은 유가儒家의 지배적인 흐름으로 현실화되었다. 『논어』와 『맹자』가 예시하는 모범적인 국가상이나 사회윤리의 척도가 대부분 주나라의 선례先例에서 찾아지는 데서 보듯, 고대 중국사상의 형성에서는 논리

---

4 양재혁(1987), 『동양사상과 마르크시즘』, 일월서각, 156~157쪽.

적 논거보다 '역사적 실례實例'가 중요한 증거로 채택되었으
며, 항상 역사상의 구체적인 사건들을 판단기준으로 활용하
는 전통이 중시되었다. 가령 기우杞憂나 영서연설郢書燕說 등
의 고사故事가 역사적 연원을 갖는 것이나, 천天의 관념이 중
국사상의 핵심범주로 항시 채용되었다는 사실은, 선대로부
터 전승되어 오는 습속과 전통이 숭상되고 선인들의 지혜를
사회적 삶의 양식으로 삼은 '고대존중론'이 사상 입론의 주
된 방법이었음을 말해 준다.

이처럼 고대 중국의 사상들은 기본적으로 사회철학적 성
격을 띠며, 출중한 유세객들의 주도적 역할은 이를 뒷받침
했다. 더불어 역사적 선례로부터 얻은 지혜가 기본 바탕이
됨으로써 담론의 구성이나 논변의 전개에서는 직접적이든
간접적이든 '옛것'에 대한 존중은 입론의 초석이 되었다. 이
같은 배경요인들은 제자백가의 성론이 성 자체에 대한 탐구
에 국한되지 않고 사회윤리적 규범의 공고화 및 바른 치세
의 해법을 찾는 데서 수양론 및 통치론과 결부됨으로써 대
부분의 경우 그 전제이거나 기초이론으로서의 특성을 보이
게 되는 이유를 설명해 준다.

2) 성론의 갈래와 쟁점

난세에는 백가가 쟁명하며 생각이 넘쳐난다. 전국 시대에

이르러 제가의 性 논의는 활발하게 전개된다. 그 배경에는 춘추시대를 거쳐 지속된 혼란상에서 비롯된 인간 삶에 대한 회의가 증폭되고, 크고 작은 제국諸國이 부상浮上하는 '민民'의 위상에 걸맞게 새로운 정치이념 구축을 경쟁적으로 모색하려는 사회정치적 정황이 깔려 있다. 또한 '천명'으로 상징되는 종교적이고 주술적인 세계관이 현실 사회의 문제를 설명하는 데서 한계를 드러냄으로써, 순자의 천론에서 보듯, 제가의 관심이 인간중심적 탐구로 옮겨가는 사상사적 전환과도 맞물려진 결과이기도 했다. 『맹자』에서 전하는 바에 따르면, 맹자 이전 시기에 性에 대한 여러 관념들이 논구되었음을 지시하는 대목이 있다. 맹자의 제자 공도자公都子가 고자告子[5]를 거명하며 스승에게 답을 구하는 물음이 그러하다.

> "① 고자는 '본성은 선한 것도 없고 선하지 않은 것도 없다性無善無不善'라고 말합니다. ② 어떤 사람은 '본성은 선하게도 될 수 있고 선하지 않게도 될 수 있는性可以爲善 可以爲不善' 까닭에 문왕文王이나 무왕武王이 일어났을 때 백성들은 선을 좋아하는 경향을 가졌고, 유왕幽王이나 여왕厲王이 일어났을 때는 잔인함을 좋아하는 경향을 가졌다'고 말합니다. ③ 또 다른 사람은 '본성이 선한 사람도 있고 선하지 않은 사람이 있는有性善有性不善' 까닭에 요와 같은 군주에게도 상과 같은 신

---

5 중국 전국 시대 제나라의 사상가로, 성은 고告 이름은 불해不害이며, 맹자(B.C.372~B.C.289)와 같은 시대의 사람이다. 맹자와의 대화는 『孟子』, 「告者 上」에 수록되어 있으며, 이를 통해서만 그의 존재를 확인할 수 있을 뿐이다. [편집자 주]

하가 있고, 고수와 같은 아버지에게도 순과 같은 아들이 있으며, 주와 같은 조카 겸 군주인 인물에게도 미의 자작인 계와 왕자 비간과 같은 사람이 있다'고 말합니다. ④ 이제 '본성이 선하다性善'고 하시니 그러면 그들은 모두 틀린 것입니까?"[6]

위에서 공도자가 열거한 내용을 보면, 인간 본성에 관한 관념은 네 부류로 나뉘어져 있다.

① 고자 : 인간 본성은 선한 것도 없고, 선하지 않은 것도 없다.

② 어떤 사람 : 본성은 선하게도 될 수 있고, 선하지 않게도 될 수 있다.

③ 또 다른 사람 : 본성이 선한 사람도 있고, 선하지 않은 사람도 있다.

④ 맹자 : 본성은 선하다.

①과 ④는 고자와 맹자의 견해로 드러나 있으나, ②와 ③의 주창자는 익명으로 제시되어 그가 누구였는지를 알 수가 없다. ②와 ③은 각기 다른 주장인데도 모두 역사적 사실에 근거를 두고 있다는 점이 공통점이다. ②와 ③의 의미를 풀

---

6 『孟子』, 「告子 上」, 公都子曰 告者曰 性無善無不善也 或曰 性可以爲善 可以爲不善 是故文武興 則民好善 幽厲興 則民好暴 或曰 有性善有性不善 是故以堯爲君而有象 是瞽瞍爲父而有舜 以紂爲兄之子 且以爲君 而有微子啓王子比干 今 性善 然則彼皆非與. * 원문자 번호는 필자의 임의 표시임.

인간 본성의 역사

어보면, ②'와 ③'이 된다.

②' 문왕과 무왕 시기의 인간과 유왕과 여왕 시기의 인간이
다른 것으로 보아, 인간 본성은 통치자가 어떻게 이끄느
냐에 따라 선해질 수도 있고 잔인하게 변할 수도 있다.

③' 선한 군주 아래 선하지 않은 신하가 있는가 하면, 선하지
않은 부친에게서 그와는 정반대의 선한 군주가 태어날 수
있는 것으로 보아, 선악의 성질은 사람마다 다르다.

공자의 견해

②의 견해, 즉 성가이위선가이위불선론性可以爲善可以爲不善
論은 "인간 본성은 빈 서판과 같아서 군주의 가르침에 따라
선 또는 악으로 다르게 표출될 수 있다"는 일종의 학습론에
해당된다. 공자는 인간 본성에 대해 직접적으로 언급한 바
는 없으나, 『논어』에는 ②에 가까운 견해를 암시하는 대목이
있다. 「양화陽貨」편의 "性은 서로 가깝고 습習은 서로 멀다性
相近也 習相遠也"는 언명은 인간이 선하게 익히면 선하게 되고
악하게 익히면 악하게 된다는 의미로 풀이되는데, 공자는
인간 본성이 선천적으로 선하거나 악한 것이 아니라 후천적
인 경험과 학습에 따라 변화될 수 있다고 생각한 듯하다. 이
와 유사한 견해는, 전한前漢기 사상가 왕충王充이 전하는 바,
주나라 사람 세석世碩의 입장에서도 드러난다.

"주나라 사람 세석은 인간의 본성에는 선과 악이 모두 있다고 생각했다. 만약 인간의 본성에서 선을 골라 보양을 통해 충분히 발전시키면 선이 자라고, 만일 악을 골라 보양을 통해 충분히 발전시키면 악이 자란다. … 이와 같다면 우리들 각자가 인성을 보양하는 데 따라 음과 양, 선과 악이 있게 된다. … 복자천宓子賤, 칠조개漆雕開, 공손니자公孫尼子와 같은 이들도 정情과 성性을 논했는데, 세석의 것과는 서로 차이가 있지만, 이들 모두는 인간의 본성에 선과 악이 있다고 말했다."[7]

이들에 따르면, 性은 가변적이다. 왕충이 인용한 세석은 물론 복자천, 칠조개, 그리고 공손니자는 모두 공자의 제자거나 재전제자再傳弟子들로 맹자 이전의 인물들이었던 사실에 미루어, 무선무불선론無善無不善論은 공자의 문하생들 사이에서 널리 수용되었던 견해였음을 알 수 있다.[8]

위의 분류 중 ③의 경우는 인간에게 보편적으로 존재하는 본성의 개념이 부정되고, 선함과 선하지 않음이 개별 인간의 차이로 간주되는, 선천적 불평등에 입각한 성론이라고 할 수 있다. 인간 개개인의 태생적인 性 차이로 선악을 구분하는 불평등론의 실마리는 공자에게서 찾아볼 수 있다. 공

---

7 『論衡』, 「本性」, 周人世碩 以爲人性有善有惡 擧人之善性 養而致之則善長 惡性 養而致之則惡長 如此則性各有陰陽 善惡在所養焉 故世子作養書一篇 宓子賤,漆雕開公孫尼子之徒 亦論情性與世子相出入 皆言性有善有惡.
8 홍원식(1994), 「인간의 본성에 관한 논쟁-고자와 맹자, 맹자와 순자간의 논쟁」, 중국철학연구회, 『논쟁으로 보는 중국철학』, 예문서원, 45쪽.

자는 사람의 등급을 나눌 수 있다는 발상을 수차례에 걸쳐 드러냈다.

> "'태어나면서부터 아는 자上知'는 으뜸이고, '배워서 아는 자'
> 는 그다음이며, '막혔으나 배우는 자'는 또 그다음이며, '막혔
> 으면서도 배우려고 하지 않는 자下愚'는 가장 못난 사람이다."⁹

> "오직 상지上知와 하우下愚만이 변화될 수 없다."¹⁰

> "중인中人 이상은 상上(높은 도리)을 말할 수 있으나, 중인 이하
> 는 상을 말할 수 없다."¹¹

성삼품론性三品論 이처럼 인간을 세 등급으로 분류하는 공자의 성삼품론性
三品論은 여러 논란을 야기시킨다. 성삼품론은 인간이 태어
나면서부터 우열이 결정된다는 숙명론 내지는 결정론이라
는 비판을 받을 수 있다. 보기에 따라서는, 공자의 차등적 등
급 구분과 『논어』의 '군군 신신 부부 자자君君 臣臣 夫夫 子子'의
언명을 결부시켜서, 기존의 계급 체계를 고정시키는 이데올
로기적 성격을 갖는 것으로 비쳐질 수 있다.¹² 공자를 옹호
하는 대부분의 유학자들은 공자의 일련의 언급이 인간성의

---

9   『論語』, 「系氏」, 孔子曰 生而知之者 上也 學而知之者 次也 因而學之 又其次也 困而不學 民
斯爲下矣.
10 『論語』, 「陽貨」, 子曰 唯上知與下愚不移.
11 『論語』, 「雍也」, 子曰 中人以上可以語上也 中人以下不可以語上也..
12 임헌규(1999), 「맹자의 인성론」, 『유가철학의 이해』, 이강대 엮음, 이문출판사, 134쪽.

자각에 초점을 맞춘 것이므로 수양론의 차원에서 이해하는 편이 옳다는 주석을 단다. 그럼에도 불구하고 몇 가지 의문은 여전히 남는다. 먼저 '나면서부터 아는 자'를 '상지上知'라고 하였을 때 과연 사람이 태어나면서부터 안다고 하는 것이 인식론적으로 가능한가의 여부이다.[13] 그렇지 않다고 한다면 '상지'의 개념은 환상에 지나지 않기 때문이다. 둘째로 '안다'고 할 때, 도대체 무엇을 안다는 것인지가 불분명하다. 공자가 의도한 바는 주례周禮로 대변되는 사회윤리를 강조하기 위함이었을 것이나, 과연 그것이 인간을 몇몇 등급으로 나눌 수 있을 만큼의 객관적 척도가 될 수 있는 것인지는 의문이다.

어찌되었든 공자의 차등적 인간관은 선천적 불평등을 전제로 한 성론 형성에 적지 않은 영향을 미친 점은 분명해 보인다. 후한後漢 이후 몇몇 사상가들은 ②와 ③을 혼합한 형태의 불평등론으로 발전시켰는데, 동중서董仲舒, 왕충王充, 그리고 한유韓愈 등의 성삼품론이 그러했다.[14] 이들에 의하면, 플라톤의 '금은동 핏줄에 따른 세 종족 관념'과 유사하게, 사람은 서로 다른 세 등급의 인성을 지닌 부류들로 구분된다. 서한西漢시대 동중서는 하늘의 음양을 풀어서 인간에게 적용하여 성의 요소를 탐貪과 인仁으로 보고, '성인의 性', '중민의 性', 그리고 '하층의 性' 등 세 등급으로 구분했다. 동한東

<차등적 인간관>

---

13 김원렬(2008), 『중국철학의 인간 개념 연구』, 한국학술정보, 77쪽.
14 方立天(1990), 『중국철학과 인성의 문제』, 박경환 옮김, 예문서원, 1998, 59~72쪽.

인간 본성의 역사

漢시대 왕충의 성삼품론도 동중서와 유사한 구조로, 性으로서의 선악은 품수稟受한 원기의 두터움과 얇음에 따라 달라진다. 그는 타고난 기가 어떻게 작용하는가에 따라 인간은 기 자체가 선한 선인善人, 선과 악으로 나누어지지 않아 개인의 노력 여하에 따라 선 또는 악으로 변화될 수 있는 중인中人, 그리고 악의 기를 가진 악인惡人 등 세 등급으로 나눌 수 있다고 주장했다. 왕충은 동중서가 관념론에 치중한 데 비하면 유물론적 사고를 병행하였던 인물로, 동중서와는 달리 교육 등 환경적 요인을 중시하고 인성의 가변성을 열어놓았다. 공자의 '상지上智'와 '하우下愚' 구분론에서 한대의 동중서, 왕충, 순열荀悅, 그리고 한유 등으로 이어지는 성삼품론은 성이 사람마다 다르다는 새로운 쟁점을 야기한다. 성삼품론에서의 性은 선악의 성질과 연관되어 사람에 따라 다르게 나타날 수 있는 차등적 속성이다,

핵심 쟁점

공도자의 물음으로 다시 돌아가서 『맹자』에서 열거된 성론을 요약하자면, 식색食色의 생존 기능만을 性으로 보는 고자의 생물학적 관점, 본성 내의 선악의 성질이 인위人僞에 따라 달리 발현될 수 있다는 주나라 사람 세석 등의 학습론적 관점, 性은 사람마다 다르게 타고난다는 설, 그리고 맹자의 성선설 등 네 갈래로 나누어진다. 여기에 순자는 맹자 비판을 통해 성악설을 더했고, 유가에 반대했던 도가는 선악의 속성을 초월한 자연성을 설파했다. 이밖에도 우리의 마음이

교육과 습관의 차이에 따라 다르게 물들 수 있다는 묵가의 '소염론所染論'은 로크의 '빈 서판tabula rasa'론을 연상하게 하며, 패권주의 시대에 맹위를 떨쳤던 한비는 순자의 성악을 호리오해好利惡害의 불변성으로 고정시켰다. 이처럼 다양한 성론은 시대적 상황과 맞물려 각기 다른 도덕이론과 통치관의 토대로 작용했다.

우선 고대 중국 성론에서 가장 먼저 눈에 띄는 쟁점은 性 개념의 차이이다. 性 개념의 다양한 용법은 논란을 낳는다. 고자의 '생지위성生之謂性'이나 순자의 '생지소이연자生之所以然者'에서 性은 '태어나면서부터 그러한 자연적인 것'이다. 순자나 한비자韓非子는 식색의 생물학적 속성에 이기심과 욕망 등의 심리적 속성까지도 포함시킨다. 이 같은 자연지성自然之性 개념은 그들 이전의 양주楊朱에게서도 찾아볼 수 있다. 양주는 性 개념을 도입한 최초의 인물이었다.[15] 그로부터 한참 후, 당대唐代의 한유가 "性이라는 것은 사람이 태어나면서부터 함께 생긴 것"이라고 한 것이나 북송대北宋代의 장재張載 이래 채택된 '기질지성氣質之性' 등도 동일한 사용법이다.

이들과는 달리 자연지성 개념에 반하는 입장을 대표하는 인물은 맹자이다. 그는 사람과 금수의 차이 또는 사람을 사람 되게 하는 성질만을 性으로 규정한다. 맹자에게 性은

性의 두 가지 용법

---

15 서복관에 의하면, 양주의 '위아'와 '귀기' 관념은 자기의 구체적 생명을 입각점으로 삼은 것으로서, 고자의 '생위지성生謂之性'은 양주의 영향을 받았을 것으로 추정한다. 徐復觀(1978), 『中國人性論史-先秦編』, 臺北, 商務印書館, 192쪽.

인간 본성의 역사

인간만이 갖는 고유한 유적 속성으로, 자아를 인식하고 자각할 수 있는 능력이자 우리의 내면에 자리하고 있는 도덕적 맹아이다. 한편 순자는 자연지성을 악으로 규정하면서도 '분分'과 '의義'를 '사람이 사람 되는 까닭', 즉 '인간다움'의 조건으로 봄으로써 도덕의 기원을 사회관계망 속에서 찾는다. 훗날 주희朱熹는, 정이程頤의 천명지성天命之性과 기질지성 구분을 따르면서, 맹자의 性을 본연지성本然之性으로, 고자와 순자, 그리고 양웅揚雄의 성을 기질지성으로 구분한 바 있다.[16]

　모종삼牟宗三은 전통 유가의 관점에서 중국의 性 개념을 세 갈래로 나눈다.[17] 하나는 오랜 전통의 천명天命·천도天道의 관념에서 『중용』에 이르는 '천명지위성天命之謂性'으로 집결된 노선이다. 두 번째의 것은 공자의 인과 지의 관념에 근거하여 마음에서 본성을 본 맹자의 성선 개념이다. 이 두 가지는 정통 유가의 관점을 대변한다. 마지막으로 고자의 '생지위성生之謂性'에서 시작하여, 순자와 동중서 그리고 왕충을 포함하여 유소劉昭의 『인물지』에 기술된 재성材性 등은 유가에서 벗어난 제3의 노선이다. 반면 장대년張岱年은 유물사관에 입각하여 고자와 순자의 性, 인지이어금수자人之異於禽獸者로서의 맹자의 性, 세계의 본원이 되는 리理를 性으로 본 정

16　조남호(2005), 『朱熹』, 태학사, 199쪽.
17　牟宗三(1974), 『中國哲學的特質』, 『중국철학 강의』, 김병채 외 옮김, 예문서원, 2011. 147쪽.

주학파程朱學派의 性, 그리고 청초淸初 왕부지王夫之가 내세운 성자생지리性者生之理 등 네 종류로 구분한다.[18] 앞의 세 가지 용법과는 다른 왕부지의 性에는 인류가 생활하면서 반드시 따라야 할 도덕적 원칙과 물질생활의 법칙이 모두 포함된다. 고대로부터 性에 대한 논의가 분분했던 데는 이처럼 각기 다른 것을 性으로 보는, 그 용법의 다양성에 기인한다.

性의 보편성과 차등성

둘째로, 性은 사람이면 누구나 동일한 것인지 아니면 사람마다 다른 것인지의 여부도 性의 보편성과 차등성 논란을 낳는다. 이를테면 순자가 "사람에게는 동일한 것이 있다"고 말할 때, '동일한 것'이란 곧 性이다. 또한 맹자와 순자가 "사람이면 누구나 요·순이 될 수 있다"고 주장할 때, "사람의 性은 누구의 것이나 같다"는 전제 위에서이다. 즉 맹·순에게 性이란 사람의 보편적 속성이다. 그러나 이들과는 달리 『맹자』에 나오는 "본성이 선한 사람도 있고, 선하지 않은 사람도 있다"고 한 어떤 사람의 견해나 공자의 '상지'와 '하우' 구분, 그리고 동중서 등의 성삼품론은 사람마다 性이 다르다는 관념을 기초로 한다. 이 경우 性은 차등적으로 품부된 속성으로 간주됨으로써 운명론적인 불평등 성론으로 귀결된다. 후대의 성리학자들이 본연지성 외에 기질지성의 범주를 도입했던 것도 이를 완화하기 위함이었다.

---

18 張岱年(2011), *Studies on Chinese Ethical Thought*, 『중국윤리사상 연구』, 박영진 옮김, 소명출판, 2012, 128쪽.

인간 본성의 역사

셋째로, 性을 선악 문제와 연관지어 보려는 경향도 고대 중국 성론의 주된 특징이다. 맹자와 순자는 각각 성선과 성악의 입각점을 달리했지만, 궁극적으로는 선의 구현이라는 목표를 지향한 점에서 일치했다. 性을 선악의 틀에서 이해하려는 경향성은 性에 대한 탐구가 수양론 및 통치론으로 연결되는 사상 체계의 전체적 맥락 속에서 의미를 갖기 때문이다. 선악을 척도로 한 성론들을 구분해서 보면, 맹자의 성선설과 순자의 성악설, 그리고 한비자의 '성악호리설性惡好利說' 외에 고자의 "性은 선도 아니고 선이 아닌 것도 아니다"는 '성무선무불선론性無善無不善論', "性은 선악이 없거나 넘어선 것이다"라는 도가의 성초선악론性超善惡論, 세석의 "性에는 선악이 뒤섞여 있다"는 '선악겸유설善惡兼有說'(또는 '선악혼재설善惡混在說'), "性에는 선한 것도 있고 불선한 것도 있다"는 '성유선유불선론性有善有不善論', 그리고 "性은 선하게 될 수도 있고 악하게 될 수도 있다"는 '성가이위선가이위악론性可以爲善可以爲惡論' 등 여러 갈래로 나뉜다.[19] 또한 『관자管子』「수지」편에서 性을 물의 성질에 비유한 것이나, 어느 쪽으로 물들이냐에 따라 性이 달리 나타날 수 있다는 『묵자墨子』의 소염론所染論은 '성가이위선가이위불선론性可以爲善可以爲不善論'에 가깝다. 이처럼 고자의 성론을 제외한 대부분의 성론에서는 선악의 내재적 속성은 性을 규정하는 주요한 척도였다.

---

19 성론 분류에 대해서는 다음을 참조. 張岱年(2011), 144쪽; 劉澤華(1987), 66쪽; 方立天(1990), 178쪽; 홍원식(1994), 44쪽.

끝으로 性의 불변성-가변성 여부를 놓고도 의견이 갈린
다. '천天'을 만물의 근원이자 우주의 본체로 믿었던 고대 중
국인의 일반 정서에 비추어 천리天理가 곧 性이라는 관념은
지배적이었다. 양주와 고자 등 자연성의 주창자들과 선단善
端에서 확충을 통한 성선의 완성을 주장한 맹자, 그리고 성
명性命을 불변으로 본 한비 등은 천성론자였다. 그러나 순자
의 성론은 복합적이다. 그는 자연지성의 선천성을 강조하면
서도 예에 의한 性의 개조를 동시에 주장한다. 이런 이유로
인해, 순자의 강조점이 성악보다는 인위에 놓여 있었음을
인정하더라도, 그의 논증은 논리적으로 모순된다는 지적을
받기도 한다.

공자 이래 10여 가지의 성론을 놓고 진위眞僞의 차원에
서 어느 것의 정부正否를 가리는 것은 여전히 어려운 일이다.
맹자나 순자의 성론, 그리고 여타의 성론들 가운데 어떤 것
이 논증의 정합성이나 체계성에서 우위를 갖는다 하더라도,
그 모두는 객관적 사실의 구성물이라기보다는 주관적 신념
에 의존하는 논변들이기 때문이다. 이 같은 한계를 용인한
다면, 다른 한편으로 고대 중국의 성론은 인간의 본질에 관
한 다양한 시선을 제공해 줄 뿐만 아니라 '항구적인 물음'에
얽힌 여러 핵심적인 쟁점을 담지하고 있다. 이러한 쟁점은
2,000여 년이 지난 오늘날에도 논란 중인 '본성 대 양육' 논
쟁의 핵심적 주제들과 본질적으로 다를 바가 없다. 설령 용
어, 표현, 그리고 설명방식이 달라졌다고 해도 말이다.

2. 양주의 귀기론

　　양주는 중국에서 性의 개념을 도입하여 개인의 자각을 촉구한 독창적인 사상가였다. 그럼에도 불구하고 그는 유가의 그늘에 가리어 제대로 조명받지도 평가받지도 못함으로써 오늘날에는 거의 잊힌 인물처럼 되어 있다. 이런 데는 그가 남긴 기록이라고 해봐야 몇 조각의 단편뿐이어서 그의 사상적 전모를 알아내기는 어렵다는 사정도 한 몫을 했다. 『여씨춘추呂氏春秋』 등 일부 문헌들에서 직간접적으로 전하는 바에 따르면, 양주는 '생명진본生命眞本', 즉 자연적 본성의 보존을 근본으로 삼아야 할 것을 역설한 은자隱者로 알려져 있다.[20] 양주의 실존 여부는 『여씨춘추』 외에 『맹자』, 『장

---

[20]　은자 일민은 모두 춘추시대 말기부터 전국 시대 초기에 걸쳐 몰락해온 귀족이었거나 그들과 밀접한 관계가 있던 지식인이었다. 이운구(2004), 『동아시아 비판사상의 뿌리』, 길, 40쪽.

지莊子』,『한비자』, 그리고 『회남자淮南子』 등에서 확인된다.
『장자』「응제왕應帝王」편, 및 「우언寓言」편에 나오는 양자거
陽子居는 곧 양주이며,『장자』「거협胠篋」편, 「천지天地」편, 「서
무귀西無鬼」편 등 각 편에 출현하는 양·묵楊墨은 맹자가 비
난한 양·묵과 동일하다.[21] 맹자는 "양주는 자기만을 위하는
입장을 취하여 털 한 올을 뽑아 천하가 이롭게 된다 하여도
하지 않는다"[22]고 하여 양주의 존재를 확인하고 있다. 한비
자도 「팔설八說」편에서 "양주와 묵적은 천하의 이치를 통찰
한 이들인데 세상의 혼란을 (구세하려 했지만) 끝내 해결할 수
없었다"[23]고 하여 양·묵을 묶어 다루고 있다.『회남자』에서
는 공자, 묵자, 양주, 그리고 맹자 순으로 앞선 이를 비판하
는 사상적 대립관계를 보여 주고 있다.[24] 양주는 위혜왕魏惠
王을 만난 적이 있었다는 기록으로 보아 고자보다도 앞 세대
의 인물로 전해진다.『장자』와 『한비자』는 양주를 노장老莊
과 같은 노선을 걸었던 도가의 큰 인물이자 다정다감하면서
너그러운 성품을 지녔던 은인隱人으로 묘사한다.[25]

---

21 徐復觀(1978), 193쪽.
22 『孟子』,「盡心 上」, 楊子取爲我 拔一毛而利天下 不爲也.
23 『韓非子』,「八說」, 楊朱墨翟 天下之所察也 千世 亂而卒不決.
24 맹자가 양주를 비판한 부분은 다음과 같다. "본성을 온전하게 하고 참됨을 보존하여
외물로 인해 자신의 신체가 속박되지 않게 하는 것은 양주가 주장한 것인데 맹자가 비판
하였다."『淮南子』,「氾論訓」, 全性葆眞 不以物累形 楊子之所 立也 而孟子非之.
25 張起鈞 吳怡(民國53(1964)),『中國哲學史話』,『중국철학사』, 송하경·오종일 옮김, 일지
사, 1984, 73~74쪽. 徐復觀은 "『莊子』에서 양주를 말한 것에서는 모두 양주가 긍지를 가
지고 분투하는 사람이지 제멋대로 방종하게 구는 사람이 아니었음"은 물론『荀子』「王霸」
편의 '양주가 갈림길에서 울었다'는 고사와『韓非子』「說林下」편의 양주가 그 아우에게 개
를 때리지 말라고 권한 고사 등을 제시하며 양주를 너그러운 인물로 묘사한다. 徐復觀
(1978), 211~213쪽.

1) 양주의 핵심 주장

양주는 천하대란의 와중에서 개인의 보존과 자아의 자각을 일깨워 준 생명사상의 선각자로, 춘추시대 말기의 은자 일민逸民의 사회의식을 대표한다. 따라서 그의 사상이 양주 개인의 것이라기보다는 당시 은자 세계에서 공유되었던 보편적 관념이었을 것이라는 추정도 가능하다.[26] 그는 제국 간의 전쟁으로 혼란이 난무한 상황에서 극기복례를 외치는 공자의 도덕주의를 허망한 것으로 냉소하고, 인간 본연의 존엄성 보존을 최우선의 과제로 삼을 것을 역설했다. 양주의 개인주의를 단적으로 드러내는 대목은 『열자』에서 전하는 양주와 묵자의 제자 금골리禽骨釐 간의 대화를 통해서이다.

> 양주가 말했다.
> "백성자고伯成子高는 터럭 한 오라기까지도 사물을 이롭게 하지 않으려 함으로써 자기 나라를 버리고 초야에 숨어서 논밭을 갈았고, 대우大禹는 천하를 위하여 자기 몸 하나만을 이롭게 하지 않으려 함으로써 그 한 몸이 지치고 수척해졌다. 옛 사람들은 터럭 한 오라기를 손상시켜 온 세상을 이롭게 한다 해도 그것을 내어놓지 않았으며, 천하로 다 자기 몸을 받든다 할지라도 그것을 취하지 않았던 것이다. 사람마다 한 오라기 터럭도 손상하지 않고, 사람마다 천하를 이롭게 하려들지 않

26 이운구(2004), 39쪽.

으면 천하는 절로 다스려질 것이다."

금골리가 양주에게 물었다.

"당신 몸의 털 하나를 뽑아서 온 세상을 구제한다면, 당신은 하겠습니까?"

양주가 대답했다. "세상은 본래 하나의 털로 구제할 수 있는 것이 아니오."

금골리가 말했다. "만약에 구제할 수 있다면, 당신은 하겠습니까?"

양주는 대답하지 않았다.[27]

양주의 제자 맹손양孟孫陽은 금골리에게 스승의 말뜻을 다음과 같이 풀어준다.

맹손양이 말했다. "털 하나는 살갗보다도 경미하며, 살갗은 또한 몸의 한 마디보다도 경미한 것은 분명합니다. 그러나 털 하나하나가 모여 살갗을 이루게 되고, 살갗이 하나하나 모여 몸의 한마디를 이루게 됩니다. 털 하나는 물론 신체의 만 분의 일에 해당하는 물질이지만, 그러나 어찌 그것을 가벼이 할 수 있겠습니까?"[28]

---

27 『列子』, 「楊朱」, 楊朱曰 佰成子高不以一毫利物 舍國而隱耕 大禹不以一身自利 一體偏枯 古之人損一毫利天下不與也 悉天下奉一身不取也 人人不損一毫 人人不利天下 天下治矣 禽滑釐問 楊朱曰 去子體之一毛以濟一世 汝爲之乎 楊朱曰 世固非一毛之所濟 禽滑釐曰 假濟 爲之乎 楊朱弗應.

28 『列子』, 「楊朱」, 孟孫陽曰 一毛微於肌膚 肌膚微於一節 省矣 然則積一毛以成肌膚 積肌膚以成一節 一毛固一體萬分中之一物 柰何輕之乎.

『여씨춘추』「귀생貴生」편에서는 "자신을 위하기 때문에 머리털 하나를 뽑아서 천하를 이롭게 하더라도 하지 않는다"는 언명의 의미를 "도의 참됨은 그것으로 인간의 신체를 유지하고, 그 나머지로 국가를 다스리며, 그 먼지와 잡초로는 천하를 다스린다"[29]의 뜻으로 풀이한다. 『회남자』「범론훈氾論訓」편에서는 "성명性命을 온전히 하여 인간의 참됨을 보존하고 사물로써 몸에 누를 끼치지 않는다"[30]는 생명 존중의 사상으로 해석한다. 양주가 주장하는 바는 하늘이 우리에게 내려준 性을 잘 지키고 하나의 개체로서 생명의 안녕을 추구하라는 것이다.

앞서 지적한 바, 양주는 性을 고대 중국에서 철학적 논의의 주제로 올려놓은 최초의 사상가이다. 그레이엄Angus C. Graham에 따르면, 인간 본성의 문제가 논쟁의 대상으로 활발하게 통용되기 시작한 것은 양주의 견해가 알려지면서부터였고, 性에 관한 최초의 믿을 만한 기록은 양주의 교의를 기술하는 주장들 속에서 발견된다는 것이다. 그레이엄은 『회남자』에서 양주의 것으로 생각되는 교의를 세 가지로 압축한다.[31] 첫째, 양주는 '전성全性'을 통하여 인간 본성이라는 개념을 중국철학 속으로 도입했다. 양주가 말하는 性은 "주로 부절제나 또는 외부적인 침해에 의해 손상될 수 있는, 하

---

29 『呂氏春秋』, 「貴生」, 故曰 道之眞 以持身 其緒餘 以爲國家 其土苴 以治天下.

30 『淮南子』, 「氾論訓」, 全性葆眞 不以物累形.

31 Graham, A. C.(1989), *Disputers of the TAO-Philosophical Argument in Ancient China*, 『도의 논쟁자들』, 나성 옮김, 새물결, 2001, 110~116쪽.

늘이 인간에게 정해준 수명을 다하는 능력"이다. 양주는 "물의 본성은 맑으나 흙은 이것을 더럽게 만든다"는 비유를 통하여 性과 외물外物의 관계를 설명한다. 그에 따르면, "외물이란 인간의 본성을 보양하는 것이지, 인간이 본성을 가지고 외물을 보양하는 것은 아니다."[32] 즉, "사물이란 하늘이 우리에게 주신 생명을 위한 수단에 불과"할 뿐 본성과는 무관하다. 양주의 두 번째 교의는 '보진保眞', 즉 자신을 참되게 보호하라는 것이다. 양주는 공자가 "지극히 정수적이며 지극히 성실한 것"으로서의 진眞보다는 의례를 앞세운 것을 탐탁지 않게 생각했던 것 같다. "의례는 세속이 만들어 낸 것이고, 진眞은 하늘로부터 받은 것으로 자연적인 것이며 바뀔 수 없는 것"[33]이기 때문이다. 따라서 "성인은 하늘을 본받고 眞을 귀하게 여기며 세속에 구애되지 않는다"는 것이다. 양주의 세 번째 가르침은 인간의 신체와 삶이 재물이나 권력 또는 명예 등 외물에 의해 속박받지 않아야 한다는 것이다. 군주와 도모하여 국가를 소유하거나 제국을 지배하려는 유세객들의 욕망은 외물과 관계함으로써 자신을 위험에 빠지게 한다. 양주는 외물에 대한 욕망으로 인하여 몸을 온전히 보존하지 못하거나 신체가 속박받는 일체의 것을 철저히 반대했다. 외물에 의해 몸과 마음이 속박당하는 삶은 양가楊家 계열의 인물 자화자子華子가 분류한 여러 형태의 삶 가운데서 최악의 것이다. 세 가지 교의를 종합컨대, 양주의 결론

---

32 『呂氏春秋』, 「本生」, 物也者 所以養性也 非所以性養也.
33 『呂氏春秋』, 「漁夫」, 禮者 世俗之所爲也 眞者 所以受於天也 自然不可易也.

인간 본성의 역사

은 "본성을 온전히 하여 참됨을 보전하고 외물로 자신을 해치지 않음全性保眞 不以物累形"으로써 "자기 자신을 귀하게 여기는 것貴근"이다. 인간의 자연적 생명보다 선행하는 가치는 없으며 그 온전한 보존이야말로 삶의 최대 목표여야 한다는 양주의 가르침은 공자로부터 시작된 유교적 세계관에 대한 심각한 도전이었다. 그레이엄은 이 사태를 B.C.4세기 중국 사상계에 던져진 '형이상학의 위기'라고 표현했다.[34]

2) 잘못된 해석 – 위아론과 쾌락주의

유가儒家에서는 종종 양주를 철두철미한 이기주의자로 묘사하곤 한다. 그런 류의 해석들을 낳게 한 장본인은 맹자이다. 맹자는 "천하를 이롭게 하는 데 한 올의 털도 내놓을 수 없다"고 한 "양주는 자기만을 위하니 이는 군주를 인정하지 않은" 인물이라고 비난함과 동시에, 묵자도 "차별 없는 사랑"을 주장함으로써 "아비를 인정하지 않은 것"이라며 양·묵을 묶어 아비와 군주를 인정하지 않는 '금수나 마찬가지'인 무리라고 비판했다.[35] '위아론爲我論'이라는 명칭은 맹자의 이 같은 비난에서 유래된 것이다. 그러나 여러 문헌 속에서 드러나는 양주의 모습은 서양적 이기주의와는 사뭇 다른 것이

---

34 Graham, A. C.(1989), 107~111쪽.
35 『孟子』, 「滕文公 上」, 楊氏爲我 是無君也 墨氏兼愛 是無父也 無父無君 是禽獸也.

다.[36] 『한비자』는 맹자의 양주 해석과는 전혀 다른 평가를 내린다. 『한비자』에서는 '한 올의 털…'에 관한 양주의 언명을 사실로 기록함과 동시에, "세상의 군주가 그(양주)를 따르고 경물중생經物重生 예로 대하며 그의 지혜를 귀하게 여기고 그의 행동을 고상하게 여겼다"고 전하면서, 그를 "외물을 가볍게 보고 생명을 중시하는 선비"로 높이 평가한다.[37] 맹자와 달리 한비자는 양주의 위아를 외물보다는 자기 자신의 삶을 중시하는 '경물중생經物重生'의 가르침으로 해석하고 있는 것이다.

다른 형태의 그릇된 해석은 양주의 사상을 일종의 쾌락주의적 세계관으로 다루는 것이다. 가령 『열자列子』에 나오는 공손조公孫操와 공손목公孫穆 형제의 일화는 주酒와 색色의 세계에 빠져들어 향락을 추구하는 데서 유한한 생의 의미를 찾는 모습을 보여 준다. 이를 두고 혹자는 양주의 귀결을 극단적 쾌락주의로 단순화하지만[38], 그것은 양주 본래의 의도와는 아무런 관련이 없어 보인다. 물론 『열자』 「양주」편에 기록된 삶과 죽음에 대한 인식은 보는 이에 따라 달리 해석될 수는 있다. 그러나 양주는 生의 유한성 때문에 쾌락이 삶의 최고의 가치가 될 수는 없다고 생각한 것 같다. 양주는 삶의 시간에 대하여 다음과 같이 말한다.

---

36 Graham, A. C.(1989), 118쪽. 이운구 역시 "양주의 개아個我와 이기利己는 엄격하게 구분되어야 마땅하다"고 지적한다. 이운구(2004), 49쪽.

37 『韓非子』, 「顯學」, 世主必從而禮之 貴其智而高其行 以爲輕物重生之士也.

38 馮友蘭에 의하면, Anton Forke 등 일부 서양 연구가들이 극단적 쾌락주의로 해석하는 것은 낡은 견해이며, 진한秦漢 시대 자료에는 쾌락주의로 낙인찍는 사례를 찾아볼 수 없다. 馮友蘭(1948), 『中國哲學史』, 정인재 옮김, 형설출판사, 1979, 96쪽.

인간 본성의 역사

"100살은 수명의 최대 한계로, 100살을 산 사람은 1,000명에 한 사람 꼴도 없다. 설사 한 사람이 있다고 해도 어린 아기로서 안겨 있는 때와 늙어 혼미昏迷에 이르는 때가 거의 그 반을 차지한다. 밤에 잠잘 때 흘러가 버린 시간과 낮에 깨어 있을 때 낭비하여 잃은 시간이 또한 거의 그 반을 차지한다. 아프고, 병들고, 슬퍼하고, 괴로워하며, 자기를 잃어버리고, 근심하고, 두려워하는 시간이 또한 거의 그 반을 차지한다. 남은 10여 년 동안을 헤아려보면, 즐겁고 만족하며 조금의 근심이 없는 때가 또한 잠시 동안도 없다."[39]

인생은 짧고 유한하다. 그마저도 태반 이상이 우리의 의지와 무관하게 흘러가 버린다. 실제로 우리에게 우리 자신만의 온전한 시간은 얼마 되지 않는다. 누구에게나 시간은 없는 것이다. 그렇다면 죽음은 삶에 대해 어떠한 대응적 의미를 갖는가?

"10년을 살아도 한 번은 죽어야 하고 100년을 살아도 한 번은 죽어야 한다. 성인도 한 번은 죽어야 하고, 명텅구리도 한 번은 죽어야 한다. 살았을 때에 요·순堯舜이지 죽고 나면 곧 말라빠진 뼈가 되며, 살았을 때에 걸·주桀紂이지 죽고 나면 곧 말라빠진 뼈가 되어 버린다. 그들이 모두 마른 뼈로 변한 다음

---

39 『列子』, 「楊朱」, 百年 壽之大齊 得百年子千無一焉 設有一子 孩抱以逮昏老 幾居其半矣 夜眠之所弭 晝覺之所遺 又幾居其半矣 痛疾哀苦 亡失憂懼 又幾居其半矣 量十數年之中 逌然而自得亡介焉之慮子 亦亡一時之中爾.

에 그들 간에 무엇이 다를 것이 있겠는가? 뉘라서 그것이 다르
다는 걸 알 것이며, 뿐만 아니라 당면한 삶에도 허둥대는데 어
찌 죽은 뒤까지 살필 여가가 있겠는가?"[40]

"이미 죽어버리고 나서야 어찌 내가 존재할 수 있으리오. 화장
도 좋고 수장도 좋고 땅 속에 묻혀도 좋고, 땅 위에 버려져도
좋고, 새끼로 묶여 시궁창 속에 매달려도 좋고, 비단옷에 휘
감겨 돌관 속에 놓여져도 좋다. 다만 죽을 때 당시의 경우에
따라서 형편대로 하면 그만인 거요."[41]

『열자』를 둘러싼 위작僞作 논란을 감안할 때 위의 언명들
이 모두 양주의 것인지는 확증하기 어렵다. 그러나 양주 류
의 언명에 담긴 공통적 메시지는 생명의 생성과 소멸에 관
한 간결한 원리이다. 요·순이든 걸·주든 간에 죽은 후에는
다 같은 한 줌의 재일 뿐이다. 양주의 생사 개념은 인간의
생물학적 속성을 직시하면서도 도가적 초월로 향한다. 그
는 "이른바 죽음이란, 여섯 가지 욕망을 알 도리가 없는 것
을 말하니, 그것들이 아직 태어나기 이전의 상태로 돌아가
는 것과 같다"[42]고 말한다. "삶이란 잠시 와서 머무는 것"이

---

40 『列子』,「楊朱」, 十年亦死 百年亦死 仁聖亦死 凶愚亦死 生則堯舜 死則腐骨 生則桀紂 死則
腐骨 腐骨一矣 孰知其異 且趣當生 奚遑死後.
41 『列子』,「楊朱」, 既死, 豈在我哉 焚之亦可 沈之亦可 瘞之亦可 露之亦可 衣薪而棄諸溝壑亦
可 袞衣繡裳而納諸石槨亦可 唯所遇焉. 이것은 양주가 아니라 제나라의 대부 안영晏嬰, 즉
안평중晏平仲이 관이오管夷吾, 즉 관중管仲과 나눈 대화 중에서 한 말임.
42 『呂氏春秋』,「貴生」, 所謂死者 無有所以知 復其未生也.

인간 본성의 역사

고 "죽음이란 잠시 가 있는 것"이다.[43] 양주의 생사 담론은 "이곳에서의 죽음이 저곳에서의 낳음"이라는 『장자』의 관념과 구별되지 않는다. 삶이란 곧 한순간이다.

> "하늘과 땅은 무궁하고, 인간의 죽음은 그 정해진 시간이 있다. 인간은 정해진 시간을 갖고 무궁한 공간의 사이에 잠시 맡겨졌으나, 그 삶은 천리마가 담장의 틈새를 달려 지나가는 것과 다름없이 순간적이다."[44]

삶이 본성의 발현이라면, 죽음은 본성의 상실이다. 그렇다면 우리는 살아갈 때에 무엇을 해야 하는가? 『열자』의 양주는 이어서 말한다.

> "그렇다면 사람이 살아갈 때에 무엇을 해야 하는가? 무엇을 즐겨야 하는가? 맛있는 음식과 좋은 옷을 즐기며, 음악과 여색女色을 즐겨야 한다. 그러나 맛있는 음식과 좋은 옷은 또 항상 만족될 수 있는 것이 아니며, 음악과 여색도 항상 즐기며 들을 수 있는 것이 아니다. 그리고 또 형벌과 포상으로 금지되기도 하고 권장되기도 하며, 명분名分과 예법禮法으로 구속받기도 한다. 허둥지둥대며 한때의 헛된 명예를 다투고, 죽고 난 뒤에 남게 되는 영광을 도모한다."[45]

---

43 『列子』, 「楊朱」, 生之暫來 死之暫往.
44 『莊子』, 「盜跖」 天與地無窮 人死者有時 操有時之具 而託於無窮之間 忽然無異騏驥之馳 過隙也.
45 『列子』, 「楊朱」, 則人之生也奚爲哉 奚樂哉 爲美厚爾 爲聲色爾 而美厚復不可常厭足 聲

"좋은 집과 아름다운 의복, 맛있는 음식과 섹시한 여자, 이 네 가지가 있는데 밖에서 무엇을 더 추구하는가? 이 네 가지가 있는데도 (외물을 더) 추구하는 것은 만족함이 없는 성품이다. 만족함이 없는 성품은 음양의 해충이다."[46]

음악과 여색 등 육욕六欲을 자연스럽게 즐기라는 주장은 쾌락주의를 연상시킨다. 그러나 인생이 덧없다 하여 살아생전에 실컷 감각적 쾌락을 즐겨야 한다는 주장이 아니다. 육욕의 과한 소모는 헛된 것이다. "기름진 고기와 맛좋은 술"은 "내장을 썩히는 음식"이요 "아름다운 여색"은 "목숨을 앗아가는 도끼"가 되기도 한다.[47] 즉, 자연적 본성으로 주어진 쾌락을 추구하되 그 자체가 목적은 아닌 것이다. 과도한 쾌락은 오히려 '음양의 해충'이다. 『여씨춘추』에서 양주계열의 일원으로 알려진 자화자가 말한 내용을 보면, 양주의 본의를 어림짐작할 수 있다. 자화자에 따르면, "육욕六欲이란 생生과 사死 및 이목구비耳目口鼻의 욕망"이다. 그는 삶의 가치 형태를 "생명을 보전하는 것全生이 가장 좋은 것이요, 생명을 훼손하는 것虧生이 그다음이요, 죽음死이 그다음이요, 생명이 억눌리는 것迫生이 가장 낮은 것"이라고 차등 구분한다.[48] "생명을 존중하는 것이란 바로 생명을 보전하는 것이다. 생

색不可常귀聞 乃復爲刑賞之所禁勸 名法之所進退 遑遑爾競一時之虛譽 規死後之餘榮 ….

46 『列子』,「楊朱」, 楊朱曰 豊屋美服厚味姣色 有此四者 何求於外 有此而求外者 無厭之生 無厭之生 陰陽之蟲.

47 『呂氏春秋』,「本生」, 肥肉厚酒 … 爛腸之食 ….

48 『呂氏春秋』,「貴生」, 全生爲上 虧生次之 死次之 迫生爲下.

명을 보전하는 것이란 육욕六欲이 모두 적절한 상태를 얻은 것이다."[49] 이에 반하여 "생명을 훼손하는 것이란 육욕 중 일부만 적절한 상태를 얻은 것"이다. 죽음은 그다음으로 나쁜 상태이며, 최악의 경우는 생명이 억눌리는 것이다. 그러한 삶은 육욕이 모두 적절한 상태를 얻지 못한 것, 육욕이 모두 아주 혐오하는 상태에 놓이는 것이다. 즉 최악의 삶이란 자연적 본성의 억압으로, 굴복과 치욕, 그리고 핍박의 삶이다. 자화자는 온전한 삶全生을 '육욕'이라 명명된 감성적 욕구를 온전히 충족하면서도 그것이 욕망의 방종 상태로 치닫는 종욕적 경향성에 대해서는 철저하게 절제하는 삶으로 규정한다. 그것은 궁극에는 극단적 쾌락주의를 지양하는 중도적 삶이며, 욕구의 끝없는 충족보다는 생명을 발아시켜 전개해 나가는 데 필요한 만큼의 적절한 외물만을 확보하는 가운데 내적인 충실을 기하는 삶이다.

양생養生의 의미를 종욕從欲으로 둔갑시켜 허무와 타락을 정당화하려는 경향성은 전국 시대 말기에 풍미한 사회적 풍조, 세기말적 의식형태와 관련이 있다. 종욕은 바로 시대와 인생에 대한 절망의 결과였다. 종욕을 품고 있던 자들은 양주의 대명大命을 빌려 자신들의 삶을 미화하는 데 오용했을 것이다.[50] 『열자』의 양학楊學이 감각적 욕구의 충족을 당연시하는 개인주의적 쾌락주의로 비추어진 데는 이 같은 배경이

---

49 『呂氏春秋』,「貴生」, 故所爲尊生者 全生之謂 所謂全生者 六欲皆得其宜也.
50 徐復觀(1978), 214~215쪽.

작용한 듯하다. 그러나 쾌락주의는 양주를 운위하는 일부 추종자들이 변용한 양주사상의 부회附會일 뿐, 양주 본래의 사상이 아니다.

3) 자연주의적 인간학

'한 올의 털'로 상징되는 '귀기貴己'는 외적 요인에 상관없이 천연의 본성을 보존하면서 자신의 삶을 귀히 여기라는 가르침이다. 양주의 '양생귀기養生貴己'는 난세의 사회적 환경을 배경으로 한다. 묵자가 목도한 전국 시대의 사회상은 말 그대로 무법천지로 "타국의 국경을 침입하여 곡식을 베어가고 수목을 베어 버리며 성곽을 부수고 성을 빙 둘러서 판호지를 메우며 가축을 빼앗고 조묘를 불질러 없애버리고 백성을 살육하고 노약자를 짓밟는" 아수라장이었다.[51] 장자는 혼란이 계속되면 "사람이 사람을 잡아먹는 일이 반드시 있게 된다"고 할 정도였다.[52] 생사불명의 전쟁상태에서 집단의 이익보다는 개인의 삶이, 국가의 존속보다는 나 자신의 생존이 우선시될 수밖에 없다. 이러한 상황에서 위아는 곧 자기 보존이다. '양생중기養生重己'가 당대 인민들에게 널리 수용된 생존 관념으로 자리 잡고 있었다면, "양주의 소극적

양생귀기養生貴己
양생중기養生重己

---

51 『墨子』,「非攻下」, 入其國家邊境 芟刈其禾稼 斬其樹木 墮其城郭 以湮其溝池 攘殺其牲牷 燔潰其祖廟 頸殺其萬民 覆其老弱.

52 『莊子』,「庚桑楚」, 千世之後 期必 有人與人相食者也.

인간 본성의 역사

구세주의는 염세사상에 빠져 있는 당시의 인심에 대하여 확실히 하나의 청량제가 되었을 것이다."[53]

양주 사상의 핵심은 『열자』의 '한 올의 털' 주장 외에 『회남자』의 "본성을 온전히 하여 참됨을 보전하고 외물로 자신을 해치지 않는다全性保眞 不以物累形"는 것, 그리고 『여씨춘추』의 "자기 자신을 귀하게 여긴다貴己"는 것으로 요약된다. 위아란 외물에 구애됨이 없이 한 올의 털일지라도 손상시키지 않은 채 본성을 온전하게 보존하는 것이다. 재물이나 명예든, 예나 인의든 외적이고 인위적인 요소들은 사람이 타고난 선천적 순수성을 왜곡하여 인간성을 손상시킨다는 것이다. 무엇보다 중요한 것은 개체의 생명과 그 보존이다. 개체들 간에는 상호 존중의 원칙이 적용될 수 있다. 우선 자신의 생명을 손상시키지 않고 온전히 유지하는 것이 제일이지만, 동시에 타인의 생명에 대해서도 동일한 원칙을 적용해야 한다.

양주의 교의는 "전국 시대라는 혼란의 시대에 개인의 생명이 어떤 이념이나 사회적 가치보다 중요하다"는 장주莊周의 메시지와 맥을 같이 한다. 공·맹은 인간을 도덕적 존재로 바로 세우기를 원하였지만, 양주는 인의예지仁義禮智 이전의 생물학적 본성을 자연이 준 그대로 보존할 것을 권고한다.

---

53 張起鈞 吳怡(民國53(1964)), 85쪽.

또한 공자와는 달리 禮보다 眞을 중시하는 양주의 인식은, 정치적 관점에서는 봉건 체계의 신분적 예규禮規에 의한 속박을 거부하는 저항의식을 반영한다. 인간의 본성은 어떠한 정치적·사회적·도덕적 명분으로도 억압되어서는 안 되며, 또한 그렇게 억압되지도 않는다는 것이다. 인간 본성은 자연의 속성일 뿐이며, 타 개체의 본성에 피해가 가지 않는 한 온전하게 실현될 필요가 있다. 양주의 성론은 근거 없는 신념적 진술을 최소화하는 가운데 몇 가지 분명한 사실들에 근거를 둔 자연주의를 표방한다. 이에 따른다면, 인간은 자연의 한 조각으로서 '세포의 자연사'라는 피할 수 없는 숙명을 가진 유한한 존재이며, 인간의 삶이란 자연의 원리에 순응하며 살아가는 과정의 처음과 끝이다.

자연주의 인간학

3. 고자 대 맹자 – 생물학주의 대 도덕주의

고대 중국 성론의 백미는 『맹자』에 담겨 있다. 맹자가 고자와 나눈 대화는 몇 대목에 불과한 간략한 형식의 것임에도 불구하고, 인간 본성에 관한 핵심적인 쟁점들을 망라한다. 양자 간의 쟁점은 세 가지이다. 즉 性의 개념 규정 문제, 인간 본성의 존재 여부, 그리고 본성의 내용 등의 쟁점을 놓고 양자는 대립한다.

고자에 대해서는 성은 고告, 이름은 불해不害라는 것 외에 신상에 대해 알려진 것이 없다. 그의 존재는 오직 『맹자』의 「고자 상告子上」편에 수록되어 있는 맹자와의 논쟁을 통해서만 알 수 있을 뿐이다. 일부 연구가들은 그가 유묵儒墨의 도를 익힌 제나라의 사상가로 맹자와 같은 시대를 살았을 것으로 보거나, '성무선무불선론性無善無不善論'을 주장한 것으로 미루어 볼 때 그도 양주처럼 은둔생활을 했을 것으로 추측한다. 「고자 상」편의 네 대목뿐인 단편적 기록만으로 고자의 성론을 가늠해 보는 데는 무리가 따를 수밖에 없다. 이런 연유로 그의 성론에서 나타나는 의문점에 대해서는 여러 추정을 낳게 한다.

1) 性 개념 차이

두 사람의 대화는 첫 머리부터 어긋난다. 그 까닭은 性의 개념을 달리 보기 때문이다.

> 고자 : "생生(타고난 것) 자체를 본성이라 한다."
>
> 맹자 : "타고난 것을 본성이라고 함은 흰 것을 희다고 말하는 것과 같은가?"
>
> 고자 : "그렇다."
>
> 맹자 : "흰 깃털의 흰 것은 흰 눈의 흰 것과 같고, 흰 눈의 흰 것은 흰 옥의 흰 것과 같은가?"
>
> 고자 : "그렇다."
>
> 맹자 : "그렇다면 개의 본성이 소의 본성과 같은 것과 마찬가지로, 소의 본성과 사람의 본성은 같은가?"[54]

54　『孟子』, 「告子 上」, 告者曰 生之謂性 孟子曰 生之謂性也 猶白之謂白與 曰 然 白羽之白也 猶白雪之白 白雪之白 猶白玉之白與 曰 然 然則犬之性 猶牛之性 牛之性 猶人之性與.

위 대화에서 고자는 性과 生을 동일시한다. 性은 타고난 그대로의 상태이다. '생위지성生謂之性'이 고자 개인의 생각인지 아니면 도가의 은자들이 공유했던 관념이었는지는 분명치 않으나,[55] 맹자의 거듭되는 물음에 '그렇다'고 답하고 있는 데서 알 수 있듯이, 고자는 개체가 타고나면서 갖는 객관적인 속성을 性으로 보고 있다. 반면에 맹자는 性이 흰 깃털이나 흰 눈에서 흰 것을 공통적인 속성으로 본다면 개나 소의 性과 사람의 性이 같은 것인지를 반문한다. 고자는 性을 인간과 동물 구별 없이 본래의 타고난 속성, 즉 생물학적 개념으로 파악하고 있다. 그러나 맹자의 性은 금수와는 구별되는 유적類的 존재로서의 인간 고유의 특성이다. 양자는 논쟁의 첫머리에서부터 性 개념을 달리 사용하고 있다.

위 대화에서 고자가 사물의 내적 속성으로 간주하는 '흰 것'에 대하여 맹자가 "개나 소의 본성과 사람의 본성이 같은가"라고 되묻는 것은 논리적 비약이다. 맹자는 고자의 말뜻을 이해하지 못했거나, 아니면 의도적으로 논점을 벗어났을지 모른다. 어떤 이는 "흰 깃털의 흰 것과 흰 눈의 흰 것…"에서 '흰 것'을 '희게 하는 것' 즉 '희다白'를 '희게 하다'로 풀이하면, 맹자의 논변이 고자의 생물학적 환원주의에 대한 정당한 반론이 될 수 있다고 맹자를 옹호하지만[56], 전체적

---

55 徐復觀은 맹자와의 논쟁에서 드러난 고자의 견해가 고자 개인 관념이라기보다는 도가 계열 은자들의 공통 개념을 대변했을 것으로 추정한다. 徐復觀(1978), 191쪽. 그럴 경우 고자와 맹자의 인성 논쟁은 유가 대 도가 간의 대립으로 이해될 수 있다.
56 임헌규(1999), 163~165쪽.

맥락을 보아 '흰 깃털'과 '흰 눈'이 개의 본성이나 소의 본성으로 전환하는 데서는 어떠한 논리적 연관도 찾을 수 없다. 다만 맹자는 고자가 말하는 性으로 인간의 性을 설명할 수 있는지에 관심을 두고 있음을 확인할 수 있을 뿐이다. 性의 의미를 둘러싼 두 사람 간의 개념적 차이는 두 번째 쟁점인 인간 본성의 유무 여부를 놓고도 되풀이된다.

> 고자 : "본성은 버드나무와 같다. 의로움은 버드나무로 만든 나무술잔과 같다. 인간의 본성을 어질고 의롭다고 하는 것은 마치 버드나무를 나무술잔으로 여기는 것과 같다."
>
> 맹자 : "그대는 버드나무의 본성을 따라서 나무술잔을 만든다고 생각하는가? 아니면 버드나무의 본성을 해쳐서 나무술잔을 만든다고 생각하는가? 만약 버드나무의 본성을 해쳐서 나무술잔을 만든다고 본다면, 또한 사람의 본성을 해쳐서 사람을 어질고 의롭게 만든다고 보는 것인가? 천하의 사람들을 이끌고서 어짊과 의로움을 해치는 것은 분명 그대의 말일 것이다."[57]

고자는 버드나무와 버드나무로 만든 술잔을 性과 '어짊과 의로움' 간의 관계에 비유함으로써, '인의仁義'를 인간 본

---

57 『孟子』, 「告子 上」, 告者曰 生猶杞柳也 義猶桮棬 以人性爲仁義 猶以杞柳爲桮棬 孟子曰 子能順杞柳之性 而以爲桮棬乎 將戕賊杞柳而後 以爲桮棬也 如將戕賊杞柳 而以爲桮棬 則亦將戕賊人 以爲仁義與 率天下之人 而化仁義者 必子之言夫.

인간 본성의 역사

성이 아닌 인위의 결과로 파악한다. 주희에 따르면, 고자의 견해는 性의 내용에서는 다소 차이가 있다하더라도 순자의 인위론과 동일한 주장이다. 고자는 버드나무가 나무술잔으로 가공되는 과정, 즉 '性'이 어떤 절차를 걸쳐 '인의'에 이를 수 있는지에 대해서는 설명하지 않았으나, '인의'의 도덕적 성향을 인간 본성과는 무관하게 외재하는 것으로 간주한다. 이 때문에 맹자는 '인의'가 性이 아니라면 그것이 인간 본성을 '해쳐서', 즉 性에 외부의 힘을 가해서 나오는 것인지를 물으며 인의의 출처를 추궁한다. 그리고는 다시 비약하여 고자의 주장이 인의에 반한다고 비난한다. 인의의 근원을 밝히지 않았기 때문에서인지 아니면 고자의 주장이 터무니없다고 생각해서인지는 알 수 없으나, 맹자의 심사는 편치 않다. 어찌되었든 고자는 인의가 "개별 유기체를 하나의 인간으로 변화시키는 독립된 자주 영역"[58]이라고 생각하고 있었음은 분명하다.

2) 性의 내용 차이 – '食色' 대 '仁義'

논쟁의 마지막 단계에서 고자는 인간 본성의 실질적 내용을 제시한다. 그는 性을 생존과 번식의 욕구로 규정한다. 하지만 그는 앞에서와는 달리 '인내의외仁內義外'라는 주장으로

---

58 Schwartz, Benjamin(1985), *The World of Thought in Ancient China*, 『중국 고대 사상의 세계』, 나성 옮김, 살림, 1996, 406쪽.

혼란을 야기시킨다. 마지막 단계의 논쟁은 세 단락으로 구
성되어 있다.

> 고자 : "식욕과 성욕은 본성이다食色性也. '인仁'은 내적인 것
> 이지 외적인 것이 아니며, '의義'는 외적인 것이지 내
> 적인 것이 아니다."
>
> 맹자 : "왜 仁은 내적이고 義는 외적이라고 하는가?"[59]

> 고자 : "만일 어떤 사람이 나이가 많아서 내가 그를 나이 많
> 은 이로 받든다면, 그것은 나이 많음이 내 안에 있어
> 서 그렇게 하는 것은 아니다. 이것은 어떤 것이 희기
> 때문에 내가 그것을 희다고 하는 것은 그 외부에 있
> 는 흰색을 따르는 것과 같은 것이다. 따라서 나는 그
> 것을 '외적'이라고 한다."
>
> 맹자 : "흰 말의 '흰 것'과 흰 사람의 '흰 것'은 다름이 없다.
> 잘 모르기는 하지만, 나이 많이 먹은 말의 '나이 많
> 음'과 나이 많이 먹은 사람의 '나이 많음'은 다르지 않
> 겠는가? 또 '나이 많음'이 義인가? 아니면 '나이 많음
> 을 받드는 것'이 義인가?"[60]

> 고자 : "나의 동생은 사랑하되 진나라 사람의 동생은 사랑

---

59 『孟子』,「告子 上」, 告者曰 食色性也 仁內也 非外也 義外也 非內也 孟子曰 何以謂仁內義外也.
60 『孟子』,「告子 上」, 曰 彼長而我長之 猶彼白而我白之 從其白於外也 故謂之外也 曰 異於白馬
之白也 無以異於白人之白也 不識 長馬之長也 無以異於長人之長與 且謂長者義乎 長之者義乎.

하지 않는다. 이것은 나 자신을 기준으로 기쁨을 삼기 때문이다. 따라서 나는 이것을 '내적'이라고 부른다. 나이 많은 초나라 사람을 나이 많은 사람으로 대접을 하고, 또한 내 가족 중의 나이 많은 사람을 나이 많은 사람으로 대접을 한다. 이것은 나이 많은 사람을 받듦을 기준으로 기쁨을 삼기 때문이다. 그러므로 나는 이것을 '외적'이라고 부른다."

맹자 : "진나라 사람이 구운 고기를 먹는 것은 내가 구운 고기를 먹는 것과 다를 바가 없다. 대체로 사물조차도 또한 그러한 것이다. 그렇다면 구운 고기를 즐기는 마음도 외적인 것인가?"[61]

생물학적 존재　　고자는 사람을 '타고나면서부터 생존과 번식의 속성을 갖는 생물학적 존재'로 규정한다. 그러나 그다음 '인내의외' 주장은 나무술잔에 비유한 '인의'가 性과는 무관하다는 앞에서의 언명과 모순된다. 고자는 '타인에 대한 호의와 배려仁'는 내부에서 비롯되지만 '사회적으로 규정된 인간관계義'는 본성에서 말미암지 않은 외부적인 것이라고 말함으로써 자신의 앞선 언명을 뒤집는다. 여기서의 '仁'의 의미가 앞선 주장과는 다른 의미로 사용되었다는 일부의 해석[62]도 있기는 하지만, 그렇다 하더라도 '인내仁內' 주장은 '식색성야食色

61　『孟子』,「告子 上」, 曰 吾弟則愛之 秦人之弟則不愛也 是以我爲悅者也 故謂之內 長楚人之長 亦長吾之長 是以長悅者也 故謂之外也 曰 嗜秦人之炙 無以異於嗜吾炙 夫物 則亦有然者也 然則嗜炙 亦有外與.
62　홍원식(1994), 49쪽.

性也'의 맥락에서 벗어나 있다. 따라서 맹자는 어째서 '義'가 외적인 것인지에 대해서 의아할 수밖에 없었다.

다음 단락에서 고자는 사물과 인간 구별 없이 '나이 많음'과 '흰 것'이 모두 '나'라는 존재 밖에 외재하는 것이라고 주장한다. 반면에 맹자는 사실과 가치의 영역을 나누어 '인간의 속성'과 '사물의 속성'을 구별한다. 그리고 마지막 단락에서 고자는 내적 속성과 외적 속성을 구분하는 근거를 제시한다. 고자는 '나'라고 하는 주관적 속성, 즉 '나의 동생을 사랑하는 것'은 내적인 것이지만, 후천적으로 형성된 도덕적 속성, 즉 '나이 많은 사람을 공경함'은 외적인 것이라고 말한다. 그러나 맹자의 생각은 다르다. 맹자는 비록 대상이 외부에 있다 하더라도 인간의 행동이 궁극적으로는 마음에서부터 나온다는 사실을 상기시킨다. 고자에게 "어떤 것의 내성 또는 외성에 대한 검토는 그 대상과 주체와의 관계에 따라 변하느냐, 아니면 외적인 차이에 따라 변하느냐에 달려 있는 데 반해, 맹자에게 다수의 내적 태도는 그 대상과 주체와의 관계에 따라 변하지 않는다."[63] 다시 말해서 맹자에게 내재적인 것과 외재적인 것의 구분은 인간 본성 안에서만 이루어진다. 따라서 맹자는 고자가 외부에 있는 대상에 중점을 두고 대상의 관점에서 '義'를 보게 됨으로써 '義'가 인간의 마음 안에서 표출되는 도덕적 판단이자 이로부터

---

[63] Graham, A. C.(1989), 225쪽.

수립된 행위의 준칙이라는 사실을 깨닫지 못했다고 판단한 것이다.[64]

3) 논쟁 아닌 논쟁

맹자는 고자와의 논쟁을 통해 "개별적 인간 유기체 내에 있는 선을 향한 잠재적 경향의 선천성에 대한 신념에 논리적 기초를 부여한 데서"[65] 의미를 찾았을지 모른다. 그러나 두 사람은 각기 다른 것을 性으로 규정함으로써 논점이 헛도는 대화를 반복했다. 고자는 性을 선악과 무관한 속성으로 보고, 인간을 본질적으로 동물과 구분되지 않는, 식욕과 성욕을 갖고 타고난 생물학적 존재로 규정했다. 이어서 그는 '식색'의 자연적 속성과 '인의'의 사회윤리적 속성을 구분했다. 그러나 상기의 논변만으로는 사람이 여타의 동식물들과 어떤 점에서 다른지에 대한 고자의 생각을 알 길이 없다. 즉 맹자가 인간과 동물 간의 근본적 차이로 본 마음의 작용과 도덕적 의식의 기원에 대해 고자가 남긴 기록은 없다. 유가에서는 고자의 성론을 '문제투성이'라고 비판한다. 이를테면 훗날 주희는 고자를 가리켜 "단지 자각 운동 등의 움직임

---

[64] 蔡仁厚(1994), 『孔孟荀哲學』, 『맹자의 철학』, 천병돈 옮김, 예문서원, 2000, 73쪽. 蔡仁厚의 해석은 "공경하는 바의 사람은 비록 외부에 있지만 마땅히 공경해야 함을 알아서 내 마음으로부터 나오는 공경심으로 공경하니, 외부에 있는 것이 아니다"라는 주희의 주석에 의존한다.

[65] Schwartz, Benjamin(1985), 406쪽.

에서 사람과 동물이 같다는 것만 알았을 뿐, 인의예지의 순수한 것에서 사람과 동물이 다르다는 것을 몰랐다"[66]고 비난했다. 고자의 논리로는 "왜 인간이 금수와 구별되어 인간다움을 지니고 있는가"에 대한 해답을 찾을 수 없다는 것이다. 유가의 관점에서 보면, 고자 성론은 가치 판단의 영역을 도외시함으로써 인간의 도덕적 행위를 설명하기가 거의 불가능하다는 단점을 갖는다.[67] 그러나 고자가 인간과 금수를 구별하지 못한 채 단순히 생리적 본능만으로 인간 본성의 내용물을 채우려 했다고 단정짓기는 어렵다. 고자는, '인내의외' 주장으로 논리적 혼란을 초래하기는 하였지만, 인의를 명백히 性과의 연관하에 고려하고 있기 때문이다. 따라서 고자의 성론에 대한 유가적 비판이 성립하기 위해서는 그에 관한 더 많은 자료가 있어야 한다.

대화에서 맹자는 생물학적 性에 대해서는 일체의 언급을 하지 않은 채, 금수와 구별되는 인간 고유의 속성만을 性으로 간주했다. 그는 물론 인간의 생물학적 본능을 인지하고 있었지만, 그것을 性으로 보지는 않았다. 맹자의 요점은 性이란 고자가 말하는 식색보다는 복합적인 의미를 갖는 '더 많은 어떤 것'이라고 주장하는 데 있다. 그는 줄곧 인간이 '인의'를 행할 수 있는 도덕적 능력을 타고난다는 점을 부각

---

66 『四書集註』, 「孟子 告子上」, 3章, 徒知知覺運動之蠢然者 人與物同 而不知仁義禮智之粹然者 人與物異也.

67 Wei-ming, Tu(1989), *Humanity and Self-Cultivation: Essays in Confucian Thought*, Singapore, The Institute of East Asian Philosophies, p.60.

인간 본성의 역사

시켰다. 결과적으로 양자 간의 논쟁은 性 개념을 달리함으로써 평행선을 달리듯 각자의 주장만을 되풀이하는 것으로 끝나고 말았다.

4. 맹자의 성선 논증

고자와의 논쟁에서 드러난 바, 생존과 번식의 동물적 본능은 애초부터 맹자의 관심 사항이 아니었다. 그렇다고 해서 맹자가 인간의 생물학적 속성을 부정한 것은 아니다. 맹자는 여러 곳에서 동물적 충동과 생리적 욕구에 관해 언급했다.

"입이 입맛을 아는 것과, 눈이 색깔을 아는 것과, 귀가 소리를 아는 것과, 코가 냄새를 아는 것과, 사지가 편안한 것을 아는 것은 사람의 본성이지만, 거기에는 명命이 개재되어 있으므로, 군자는 그것을 性이라고 부르지 않는다."[68]

---

[68] 『孟子』, 「盡心 下」, 孟子曰 口之於味也 目之於色也 耳之於聲也 鼻之於臭也 四肢於安佚也 性也 有命焉 君子 不謂性也.

命은 인간에게 태생적으로 주어진, 불가피한 요소이다. 사람이면 누구나 생존을 위한 동물적 속성을 갖지만, 거기에는 命이 개입되어 있다. 맹자는 '命이 개입된 性'과 '命이 개입되지 않은 性'을 구분하고, '命이 개입된 性', 즉 이목구비의 욕구를 진성眞性의 영역에서 제외시킨다.

> "仁이 부자 간에 베풀어지고, 義가 군신 간에 유지되고, 禮가 주인과 손님 간에 지켜지고, 지혜가 현자에 의해 밝혀지고, 성인이 하늘의 도를 행하는 것은 천명이기는 하나, 거기에는 인간의 본성이 게재되어 있다. 그러므로 군자는 그것을 천명이라고 부르지 않는다."[69]

인간다움의
규범적 측면

이처럼 맹자에게 性은 선천적으로 부여된 모든 속성이 아니다. "사람에게는 따라야 할 도가 있다. 배불리 먹고 따뜻하게 입고 편안히 쉬면서도 가르침이 없다면 금수와 가까워지게 된다"[70]는 언명에서 보듯이, 맹자에게 性이란 사람다움의 조건이다. 맹자의 性은 '사람을 사람이게 하는 性', 즉 '여타의 동물적 존재와 구별되게 하는 까닭의 性'으로서, 아리스토텔레스의 'essence'와 유사한 개념이다.[71] 그것은 천도天道를 따라 감성의 욕구를 통제할 수 있는 도덕적 이성으로서 '인의예지'의 단端이다. 자연의 性은 인간만의 고유한 성

---

69 『孟子』,「盡心 下」, 仁之於父子也 義之於君臣也 禮之於賓主也 智之於賢子也 聖人之於天道也 有性焉 故君子不謂命也.
70 『孟子』,「藤文公 上」, 人之有道也 飽食暖衣 逸居而無教 則近於禽獸.
71 勞思光(1967),『中國哲學史』,『중국철학사』, 정인재 옮김, 탐구당, 1986, 124~126쪽.

질은 아니므로 고자가 말하는 생물학적 성질은 어디까지나 인간다움의 규범적 측면에 종속시켜서 억제해야 할 요소에 불과하다는 것이다. 이 때문에 맹자는 욕慾의 제거가 아니라 과욕寡慾을 주장했다.

1) 성장하는 性

性이라는 용어는 고대 중국에서 B.C.4세기 이전까지 生과 구분되지 않았다. 性은 生에서 나온 파생어로, 생물의 삶에 걸쳐 있는 생성과 성장 그리고 궁극적인 소멸의 전 과정을 가리키게 되었다. 그레이엄은 生에서 파생된 性의 용법상의 의미를 상기시키면서, 맹자는 "性을 결코 生으로 회귀하는 것이 아니라 계속적인 성장으로 보았다"고 풀이한다.[72] 당군의唐君毅 역시 같은 맥락에서 맹자가 "性을 말할 때 중요한 것은 性의 실체가 무엇인가가 아니라 性의 방향이 무엇인가에 있다"고 이해하며, "性을 가지고 있다는 것은 다만 그것이 성장한다는 사실 뿐이다"[73]라고 거든다. 이렇게 본다면, 맹자의 性은 선천적이거나 선험적인 것에 제한되지 않고 공동체 속에서 획득될 수 있는 문화적 산물의 속성을 담

---

72 Graham, A. C.(1989), 231~233쪽; Graham, A. C.(1986), "The Background of the Mencius Theory of Human Nature", *Studies in Chinese Philosophy and Philosophical Literature*, Singapore, The institute of East Asian Philosophies.

73 Tang Junyi(1968), *Zhongguo Zhexue Yuanlun: Yuanxingpian*, Hong Kong, New Asia Press, p.10.

지한다. 즉 그것은 성장, 수양, 그리고 정제를 위한 성향이므로, 생산적이고 근본적인 변화를 촉발할 수 있는 능력이다. 요컨대 맹자가 말하는 性은, '태어날 때부터 존재하는, 즉 인간의 행위를 통해서 변할 수 없는 것' 또는 '유전적으로 주어지는 것'을 뜻하는 'nature'가 아니라, '아직은 완성되지 않은', '점진적으로 형성되어 가는' 'character'나 'personality' 또는 'constitution'에 가깝다.[74] 다시 말해서, 맹자의 性은 선천적으로 고정되어 있는 것이 아니라 도덕적으로 사회화·문화화되는 과정을 통해 발현되는 것이고, '그냥 있음(being)'의 존재에 머무는 것이 아니라 '행함(doing)'이나 '만듦(making)' 또는 그 결과로 '이루어진(done)' 생성을 통해 나타난다는 것이다.

2) 성선설의 개요

맹자의 性은 자연에 근원을 두고 있으나, 그 잠재력과 그것이 온전하게 실현되는 과정에 무게중심을 두고 있다. 맹

---

[74] Ames, Roger(1991), "The Mencian Conception of Ren Xing", 「맹자의 인성 개념」, 이강대 엮음, 『유가철학의 이해』, 이문출판사, 213~217쪽. 서양적 용법의 '性'으로서 'nature'는 '유전적으로 주어진 인간 본성'이다. 도널드 먼로의 정의에 따르면, 'nature'는 선천적인 것, 태어날 때부터 존재하는 것, 따라서 인간의 행위를 통해서 변할 수 없는 것이다, Munro, Donald J.(1979), *Concept of Man in Contemporary China*, Ann Arbor, University of Michigan Press, pp.19~20. 그러나 맹자의 性 개념은 이와는 전혀 다르다. 당군의는 "사물의 性을 말할 때 중요한 것은 性이라는 실체가 무엇인가가 아니라 性의 방향이 무엇인가를 말하는 데 있으며, 사물이 性을 가지고 있다는 것은 다만 그것이 성장한다는 사실 뿐이다"라고 말한다.

자는 '자연적인 性'과 인간의 형성 과정을 결정짓는 능력이나 기능, 그리고 그와 연관된 일련의 범주로서의 '도덕적인 性'을 구별하기를 원했다. 그가 보기에 금수와 구별되는 유적 존재의 고유한 속성은 우리 마음 안에 있는 선善의 맹아였다. 맹자는 공도자의 물음에 답하며 성선의 내용을 다음과 같이 밝힌다.

> "지금 누구든 어린아이가 막 우물에 빠지는 상황을 갑자기 보게 되면 모두 깜짝 놀라서 측은해하는 마음을 갖게 되는데, 그것은 그 아이의 부모와 교분을 맺으려고 해서도 아니고, 지역사회의 친구들에게서 칭찬을 바라서도 아니며, 그 아이의 울음소리를 듣기 싫어서도 아니다. 이러한 점을 살펴보면, 측은해하는 마음이 없으면 사람이 아니오, 부끄러워하고 미워하는 마음이 없으면 사람이 아니요, 사양하는 마음이 없으면 사람이 아니요, 옳고 그름을 가리는 마음이 없으면 사람이 아니다. 측은한 마음은 仁의 端이요, 부끄러워하고 미워하는 마음은 義의 端이요, 사양하는 마음은 禮의 端이요, 시비를 가리는 마음은 知의 端이다. 사람이 이 사단을 가진 것은 마치 사지를 가진 것과 같다."[75]

사람은 누구나 선한 감정의 단초인 사단四端을 갖고 태어

---

75 『孟子』, 「公孫丑 上」, 所以謂人皆有不忍人之心者 今人 乍見孺子將入於井 皆有怵惕惻隱之心 非所以內(納)交於孺子之父母也 非所以要譽於鄉黨朋友也 非惡其聲而然也 由是觀之 無惻隱之心 非人也 無羞惡之心 非人也 無辭讓之心 非人也 無是非之心 非人也 惻隱之心 仁之端也 羞惡之心 義之端也 辭讓之心 禮之端也 是非之心 知(智)之端也 人之有是四端也 猶其有四體也.

난다. 우리 마음의 가장 밑바닥에는 '측은지심惻隱之心'이 있다. 측은지심은 도덕적 정서의 근원이다. 뚜웨이밍이 기술하듯이, 맹자의 선단善端은 '외부적 영향을 결코 받을 수 없는 그 무엇', '학습되지 않는 것', 그리고 '天에 의해 부여된 천부적인 실체'이다.[76] 인간은 자신도 어찌할 수 없는 선한 마음을 내적 잠재성으로 보유하므로 현실태로서의 善을 지향하는 존재이다. 따라서 性이 선하다는 말은 도덕적 행위자로서 인간이 선악과 시비를 구분할 수 있는 능력을 갖고 태어남을 의미한다.

맹자는 인간과 금수의 차이를 '기희幾希'라고 표현했다. 인간은 인의예지의 사단이 있음으로 해서 금수와 구별된다. 사단이 없다면, "인간은 금수와 다른 점이 거의 없다."[77] 인간은 '미세한 차이'로 금수가 갖지 못한, '배우지 않고서도 할 수 있는 것良能'과 '사려하지 않고서도 아는 것良知'을 갖는다. 양능良能이 경험과 상관없이 태어날 때부터 선험적으로 지니고 있는 '도덕적 실행 능력'이라면, 양지良知는 경험하지 않고도 이미 알고 있는 선험적인 '도덕적 지식'이다. 따라서 양지와 양능 개념은 인간과 동물이 존재의 '현실태'가 아니라 '가능태'에서 차이가 있음을 함축한다.

---

76 Wei-ming, Tu(1979), "On the Mencian Perception of Moral Self-Development", *Human and Self-Cultivation*, Berkley, Asian Humanities Press, p.63.
77 『孟子』,「離婁 下」, 人之所以異於禽於獸者幾希.

맹자에게 사단은 인륜을 구성하는 기초단위이다. 모든 사람들은 사단을 갖고 태어남에도 불구하고 소인과 대인으로 갈릴 수 있다. 소인은 그 차이를 살리지 못하고 군자는 그대로 간직하기 때문이다.[78] 관건은 그것을 자각했는지의 여부에 달려 있다. 자각이란 '마땅히 해야 한다'는 것과 '하지 말아야 한다'는 것에 대한 깨달음이다. 맹자는 "행하였지만 나타나지 않고, 익혔지만 살피지 않으니 종신토록 해도 그 도를 알지 못하는 자가 많았다"[79]고 하여, 자각 여부에 따라 선단善端이 구현될 수도 그렇지 않을 수도 있음을 강조한다. 그는 이 차이를 다시 '우리의 몸 안에 있는 천한 부분과 귀한 부분, 작은 부분小者과 큰 부분大者'의 차이로 설명했다.

> "우리의 몸 안에는 천한 부분과 귀한 부분이 있고, 큰 부분과 작은 부분이 있는데, 작은 부분 때문에 큰 부분을 해치는 일은 없고, 천한 부분 때문에 귀한 부분을 해치는 일은 없다. 작은 부분을 기르는 사람은 소인小人이 되고 큰 부분을 기르는 사람은 대인大人이 되는 것이다."[80]

천한 부분이 식색이라면, 귀한 부분은 사단이다. 소자小者가 구복口腹이나 정욕情慾이라면, 대자大者는 도덕성을 향한 마음의 의지心志, 즉 심사예의心思禮義이다. 소인은 소자에 머

---

78 『孟子』,「離婁 下」, 庶民去之 君子存之. 맹자의 이러한 주장은 훗날 조선 후기의 호락논쟁에서 사람과 동물의 성이 다르다고 주장하는 호론湖論, 즉 인물성이론의 근거가 된다.
79 『孟子』,「盡心 上」, 行之而不著焉 習矣而不察焉 終身由之而不知其道者衆也.
80 『孟子』,「告子 上」, 體有貴賤 有大小 無以小害大 養其小者 爲小人 養其大者 爲大人.

인간 본성의 역사

물고 대인은 대자를 기른다. 이 작은 차이는 끝없이 영원할 수 있는데, 그것은 도덕성의 무한함 때문이다. 맹자는 소자와 대자, 소체小體와 대체大體, 소인과 대인을 대비시킴으로써 도덕적 실행 능력으로서의 性을 생성되고 운동 중인 것으로 파악함과 더불어 수양의 정도에 따라 소인과 대인의 문화엘리트주의 차등이 있을 수 있음을 강조한다. 에임스가 지적하듯이, 性을 기본적 조건과 성취적 개념 양면에서 보려는 맹자의 견해는 문화엘리트주의적 인간관의 일면을 보여 준다. 즉 맹자가 볼 때, "계발되지 않은 인간, 즉 '전혀 교육받지 못하고 수양되지 않은 인간'은 어떤 의미에서는 '인간'이 아닌 것이다."[81]

맹자의 논변에 따르면, 인간의 행위가 악으로 변질되지 않기 위해서는 善의 端을 잘 살려서 활성화시켜야 한다. 맹자는 선단善端의 활성화를 위해서는 性의 보존과 아울러 자기 수양의 노력이 필요하다고 강조했다. 사람은 선성의 징표인 사단을 지니고 있으므로 누구나 '확충擴充'하면 성인의 경지에 이를 수도 있다.

"무릇 나에게 있는 사단이 불이 처음 타오르는 것이나 샘물이 처음 흘러가는 것과 같이 모두 확충의 과정을 필요로 함을 알

---

[81] Ames, Roger(1991), 261쪽. "맹자에게 性은 문화적으로 고지된 사회에서 구성원들이 참여하고 기여하는 기호인 것이고 문화가 없다는 것은 인간 이하를 의미하는데, 왜냐하면 동물처럼 행동하는 인간은 비유적인 표현으로서가 아니라 글자 그대로 금수이기 때문이다."

겠다. 만약 자신을 확충할 수 있으면 사해四海를 보존할 수 있지만, 확충하지 못하면 자신의 부모조차도 섬길 수 없다."[82]

3) 성선론의 문제점

성선의 관념은 맹자의 창작물이 아니라 오래전부터 고대인들에게 널리 퍼져 있었던 일상의 정서였다. 『서경書經』 「고요모皐陶謨」편에 나오는 군신, 부자, 형제, 부부, 붕우의 관계에서 지켜야 할 모습으로서 '다섯 가지 상성常性'이나 『시경詩經』의 "선을 좋아하고 악을 미워함은 인간의 상도常道이며 인간의 천성"이라는 구절, 그리고 『춘추좌전春秋左傳』의 "백성은 천지의 중中을 받고 태어난다"는 문구는 모두 性은 하늘에 뿌리를 둔 선한 것이라는 관념을 표현한다. 그럼에도 불구하고, 맹자의 성선론이 유달리 주목받는 이유는 사람과 동물 간의 본질적인 구분, 인간만이 갖는 고유한 속성으로서 도덕적 실행 능력, 수양의 방도로서의 확충 제시 등을 통하여 인간 본성을 규명하고자 한, 중국 최초의 체계적인 논증이기 때문이다. 그는 공자의 仁을 발전·심화시키는 작업을 통하여 지식적 성격의 명제가 아닌 생명의 발전 방향에 관한 논증을 시도했다.[83] 맹자의 논증은 3단계로 이루어져 맹자의 논증

---

82 『孟子』, 「公孫丑 上」, 凡有四端於我者 知皆擴而充之矣 若火之始然 泉之始達 苟能充之 足以保四海 苟不充之 不足以事父母.
83 蔡仁厚(1994), 『맹자의 철학』, 46~51쪽.

있다. 첫 단계에서 맹자는 사람이 금수와 다름을 전제하고, 둘째 단계에서 본래적으로 선한 본성을 갖추고 있다고 논구한다. 성선을 지지하는 근거로는 본연지심本然之心, 측은지심, 양지, 양능, 그리고 양귀養貴 등의 개념을 제시한다. 그리고 마지막 단계에서 인간이면 누구나 요·순처럼 될 수 있다는 신념 아래 과욕寡慾과 존야기存夜氣, 양기養氣, 그리고 확충擴充의 의지적 노력을 강조한다.

맹자는 식색과 사단, 소체와 대체, 소인과 군자 간의 대비를 통하여 사람다움의 조건을 규정하고, 유적 존재로서의 도덕적 완성을 줄기차게 역설했다. 그의 성론은 목적의식적인 심지心志의 작용에 의존하는 수양론과 하나로 묶여 있다. 이에 따라 性에 관한 사실과 가치의 구별이 불분명할 뿐만 아니라 계몽적 차원에서 도덕적 훈계의 성격이 강하다. 그는 주관적인 심心의 작용을 확대하여 사회윤리적 인간형의 완성을 도모했다. 이러한 측면은 성선 논증의 객관성을 약화시키는 요인이기는 하지만, 그것이 곧 맹자의 성론에 대한 비판의 초점이 될 수는 없다. 왜냐하면 맹자는 애초부터 그런 류의 논증을 의도하지 않았기 때문이다.

악의 발생

성선론에 대해 제기되는 주된 쟁점은 악의 발생 문제이다. 인간이 네 가지 선단善端을 갖고 태어났다면, 현실세계에서 저질러지는 수많은 악행은 무엇 때문인가? 인간 본성 속에는 악은 없는가? 우리는 어떠한 상황에서 악을 행하게 되

는 것인가? 악이란 무엇인가? 맹자는 이런 물음들에 대해
다음과 같이 설명했다.

> "풍년이 든 해에는 젊은이들이 대부분 착실하지만, 흉년이 든
> 해에는 대부분 거칠어진다. 이것은 하늘이 내려준 재질이 그
> 처럼 다르게 하는 것이 아니라, 그들을 빠뜨리게 하는 것이
> 그렇게 한 것이다."[84]

> "비록 사람들에게 보존된 것인들 어찌 인의의 마음이 없겠는
> 가? 그 양심을 잃어버림이 도끼로 나무를 날마다 베는 것과
> 같으니, 이렇게 하고서도 어찌 아름답게 될 수 있겠는가? …
> 그러나 그 낮에 하는 행위가 맑은 기를 질곡하여 없어지게
> 한다. 그처럼 질곡하기를 반복하면 청명한 기가 보존될 수 없
> 고, 청명한 기가 보존될 수 없으면 금수와의 구별이 없어지게
> 된다. 사람들은 그 금수와 같은 행실만 보고서 아예 훌륭한
> 재질이 없다고 여기는데, 이것이 어찌 사람의 참된 실정이겠
> 는가?"[85]

이러한 언술을 요약하면, 인간이 본성이 선함에도 불구하
고 종종 악한 행위를 하게 되는 이유는 나쁜 환경 등 외부적

---

[84] 『孟子』, 「告者 上」, 孟子曰 富歲 子弟多賴 凶歲 子弟多暴 非天之降才爾殊也 其所以陷溺其
心者然也.

[85] 『孟子』, 「告者 上」, 雖存乎人者 豈無仁義之心哉 其所以放其良心者 亦猶斧斤之於木也 旦旦
而伐之 可以爲美乎 其日夜之所息 平旦之氣 其好惡與人相近也者幾希 則其旦晝之所爲 有梏亡
之矣 梏之反覆 則其夜氣不足以存 夜氣不足以存 則其違禽獸不遠矣 人見其禽獸也 而以爲未嘗
有才焉者 是豈人之情也哉.

　　　　　　　　　　인간 본성의 역사

인 조건에 휘둘리기 때문이라는 것이다. 맹자는 악행을 야기하는 외적 조건에 대하여 함닉陷溺, 곡망梏亡, 그리고 방실傍室 등 세 가지 경우로 나누어 설명했다.[86] '함닉'은 주위 환경의 제약에 의해 사람의 마음이 거기서 헤어나지 못함으로써 성선의 단초를 적절하게 드러내지 못하게 되는 상황이다. '곡망'은 인의의 마음이 일어나기는 하지만 사욕의 훼방으로 마음을 잘 보존하지도 배양하지도 못하고 오히려 소멸되는 경우이다. 그리고 '방실'은 반성할 줄을 몰라 마음을 보존하지 못함으로써 결국 양심이 작용하지 못하게 되는 상황이다. 악惡은 인간에게 품수稟受된 性을 온전히 실현하지 못하게 하거나 혹은 왜곡시키는 조건들과 관련되어 있다. 다시 말하면, 인간 본성은 환경의 차이에 의해 다르게 성숙될 있으나 종자가 달라서 그런 것은 아니라는 것이다. 따라서 본성의 선단善端이 활성 되도록 그 조건을 개선하면, 인간은 본성대로 자연히 선하게 될 수 있다. 이렇게 보면, 맹자에게 악은 선에 적대적으로 대칭되는 독자적인 성질의 것이 아니다. 악은 선이 불완전한 상태에 놓이게 될 때 나타나는 '불완전한 선'이거나 '선단의 미발현未發顯'을 의미한다. 요컨대 惡이란 선의 결핍 내지는 왜곡이다.[87] 이런 면에서 맹자의 惡 개념은 "인간은 자신의 본성을 손상시키거나 파괴한다는 사실을 알면서도 고의적으로 악을 행하지는 않으므로, 악행

---

86 『孟子』, 「告者上」, 7章, 8章, 11章.
87 勞思光(1967), 126쪽. 惡의 발생에 관한 맹자의 설명은 소크라테스의 견해와 유사하다. 이 책의 제2부 1장 '소크라테스의 주지주의' 부분 참조.

이란 선악에 대한 무지에서 비롯된다"고 보는 소크라테스의
견해와 유사하다.

　그러나 惡의 발생을 외부 환경에서 찾는 맹자의 견해는
惡의 원천에 대한 의문을 완전히 해소하지 못한다. 만약 인
간이 선단이 발현될 수 없는 환경의 변화로 인해 악에 빠진
다고 한다면, 결국 인간 본성 속에는 惡으로 향하는 성질이
있는 것은 아닌가? 인간이 惡으로 향하는 성질을 전혀 가지
고 있지 않다면, 인간은 설령 나쁜 환경에 놓인다 해도 악행
을 저지르지 않을 것이기 때문이다. 맹자의 옹호자들은 惡
의 기원에 대한 맹자의 아포리아Aporia를 해소하기 위해, 맹
자가 금수와 같은 속성으로 본 이목구비 등의 감각기관에
의한 욕망을 전술했음을 상기시킨다. 즉, 악행은 인간의 생
물적 욕구나 감정적 충동의 결과로 환원시킬 수 있다는 것
이다. 그러나 생존과 번식의 욕구가 종종 악행을 낳게 하는
하나의 원인일 수는 있으나, 그것이 모든 종류의 사악한 행
위들을 낳게 하는 유일한 원천이 될 수는 없다. 따라서 맹자
의 성론에서 惡의 기원 및 발생 원인은 여전히 미제로 남게 　악의 딜레마
된다. 훗날 주자가 맹자의 성선을 계승하면서도 정이程頤의
구분을 따라 본연의 性과 기질의 性으로 나누어 보고자 한
것은 바로 맹자의 성론에서 드러나는 惡의 딜레마를 해소하
기 위한 시도로 볼 수 있다.

5. 순자의 맹자 비판

　　맹자와 순자는 난세의 상황에서 모두 공구孔丘의 교리를 숭상한 바는 같았으나 그들이 경험한 바는 달랐다. 맹자가 왕도王道를 꿈꾸는 이상주의적 유세객으로서 제국의 군주들에게 덕치를 설파하며 권력 밖 지식인의 길을 걸었다면, 순자는 세 차례나 좨주祭酒를 오른 경력이 말해주듯 현실 권력의 지근거리에 있으면서 관학자로서 최고의 위치에까지 오른 인물이었다. 순자는 유세객으로 부유浮遊했던 맹자와는 달리, 안정된 통치 체계 내에서 실현 가능한 예치禮治의 방도를 찾으려 했던 관료적 지식인이었다. 두 사람이 살아온 사회적 삶의 다른 배경은 인간을 바라보는 시선의 차이로 표출된다.

1) 순자의 性 개념

성선의 대립가설인 순자의 성악론은 성악을 근거로 인위를 통한 인간 개조와 예치 중심의 통제주의적 정치론을 정립하기 위한 사전포석이다. 두 사람의 성론에서 뚜렷한 차이는 무엇보다 性 개념에 있다. 순자가 性을 어떻게 정의했는지는 여러 편의 글에 나타나 있다.

순자荀子의 성
고자告子의 성

> "性이란 자연적인 재질이다."[88]

> "나면서부터 본래 그러한 것을 性이라고 한다. 性의 조화에서 생긴 감각기관의 정령이 외부의 사물과 접촉하여 느끼고 반응하는데, 이러한 반응은 **자연적으로 그러한 것**이며, 이 역시 性이라고 한다."[89]

> "性이란 **선천적으로 이루어진 것**으로, 배워서 되는 것도 아니요, 행동해서 되는 것도 아니다. … **배우지 않고 행하지 않아도 인간에게 있는 것**을 性이라고 한다."[90]

간추려 보면, 순자의 性은 '자연적인 재질', '나면서부터 본래 그러한 것', '자연적으로 그러한 것', '선천적으로 이루어진 것', 그리고 '배우지 않고 행하지 않아도 인간에게 있는

심리적 성향이 포함된
인간 본성

---

88 『荀子』,「禮論」, 性者 本始材朴也.
89 『荀子』,「正名」, 生之所以然者 謂之性 性之和所生 精合感應 不事而自然 謂之性.
90 『荀子』,「性惡」, 凡性者 天之就也 不可學 不可事 … 不可學不可事而在人者 謂之性.

것'이다. 순자의 性은 고자의 '생지위성'의 性과 동일하다. 즉 性은 생득적인 자연지성이다. 그러나 순자는 고자보다는 性의 내용을 포괄적으로 정의한다. 그가 말하는 성에는 고자가 말한 '식색'의 동물적 본능은 물론 이기적인 심리적 성향까지도 포함된다.

> "대체로 **사람에게는 동일한 것이 있다.** 배고프면 배부르고자 하고, 추우면 따뜻하고자 하고, 힘들면 쉬고자 하고, 이익을 좋아하고 손해를 싫어한다. 이것은 인간이 나면서부터 가지고 있는 것이며, 다른 사람의 가르침을 기다릴 필요 없이 자연적으로 그러한 것이다. 이것은 우임금이나 걸임금이나 모두 같다. 눈은 흰 색과 검은 색, 아름다움과 추함을 구별하고, 귀는 소리의 맑음과 탁함을 구별하며, 입은 신맛, 짠맛, 단맛, 쓴맛을 구별하고, 코는 향기나 비린내를 구별하고, 피부는 추위와 더위, 아픔과 가려움을 구별한다. 이 또한 인간이 나면서부터 가지고 있는 것으로, 다른 사람의 가르침을 기다릴 필요도 없이 자연적으로 그러한 것이다. 이것은 우임금이나 걸임금이나 모두 같다."[91]

性은 '사람이면 누구에게나 있는 동일한 것'이다. 그에 의하면, 사람은 누구나 "일생 동안 귀와 눈의 사욕을 갖고 있

---

91 『荀子』, 「榮辱」, 凡人有所一同 飢而欲食 寒而欲煖 勞而欲息 好利而惡害 是人之所生而有也 是無待而然者也 是禹桀之所同也 目辨白黑美惡 而耳辨音聲淸獨 口辨酸鹹甘若 鼻辨芬芳腥臊 骨體膚理辨寒暑疾養 是又人之所常生而有也 是無待而然者也 是禹桀之所同也.

고, 좋은 소리와 색깔을 좋아하는 본능을 갖고 있으며", "배고프면 배불리 먹고자 하며, 추우면 따뜻하게 옷을 입고자 하며, 노동으로 피로가 쌓이면 휴식을 취하고자 하는" 생물학적 특성과 아울러 "재물과 이익을 좋아하는 본성을 갖고 있고", "명성을 좋아하고 치욕을 싫어하며", "일생 동안 질투하여 원망하는" 사회심리적 속성을 타고난다. 위에서 순자가 열거하고 있는 性의 내용은 세 가지로 구분된다. 첫째는 이목구비 등 감각기관에 의한 본능적 활동이며, 둘째는 생존과 번식을 위한 욕구이고, 셋째는 이해利害를 가려내려는 사회심리적 반응이다. 즉 순자의 性에는 생물적 본능과 생리적 욕구, 그리고 사회심리적 감정인 '성性·정情·욕欲'이 포함된다. 순자는 性·情·欲의 관계에 대해 「정명」편에서 "性은 선천적인 것이고, 감정은 性의 본질이며, 욕구는 감정이 반응한 것"이라고 설명했다.[92] 순자는 맹자가 무시했던 금수지성禽獸之性이나 이목지욕耳目之慾과 같은 생물 일반이 갖는 보편적인 속성을 性에 귀속시키지만, 맹자가 性의 본체로 여긴 선단의 도덕적 잠재력을 性과는 무관한 별도의 영역으로 구별한다. 라우D.C.Lau는 양자 간의 이 같은 性 개념 차이에 대해, "맹자는 (인간에게서만) 특수한 것을 찾는 데 반해서, 순자는 그것의 불가분한 것을 찾는다"[93]고 표현한다.

순자는 性·情·欲으로 구성된 인간 본성의 개념 규정을

92 『荀子』, 「正名」, 性者 天之就也 情者 性之質也 慾者 情之應也.
93 Lau, D. C.(1984), *Mencius*, Vol.1, Chinese University of Hong Kong Press, p.xx.

인간 본성의 역사

바탕으로 성악론을 본격적으로 전개한다. 그 요지는 性은 惡의, 善은 위偽의 결과라는 것이다.

"사람의 본성은 惡하니 그 善한 것은 僞이다. 사람의 본성은 나면서 이득을 좋아하게 되어 있다. 이를 따르기 때문에 쟁탈이 생기고 사양하는 마음이 없어진다. 나면서부터 시새우고 미워하게 되어 있다. 이를 따르기 때문에 잔악이 생기고 충직과 성실의 마음이 없어진다. 나면서부터 귀나 눈이 아름다운 소리나 색깔 보기를 좋아하게 되어 있다. 이를 따르기 때문에 음란이 생기고 예의·문리文理가 없어진다. 그래서 사람의 본성대로 따르고 사람의 감정대로 따른다면 반드시 쟁탈하는 데, 나아가 범절을 어기고 도리를 어지럽히는 데 알맞아 포악한 상태로 돌아갈 것이다. 그러므로 사법師法의 교화와 예의의 지도가 있은 연후라야 사양하는 데로 나아가 도리에 알맞고 다스려지는 데로 돌아갈 것이다. 이렇게 본다면 바로 사람의 본성이 악함은 분명하다. 그 선한 것은 僞이다."[94]

이렇듯 性을 惡으로 규정하는 한, 순자에게 맹자의 성선론은 수용하기 어려운 주장이다. 순자는 맹자가 "사람의 본성을 알지 못하고, 사람의 (자연적) 본성과 (후천적) 인위가 구

---

94 『荀子』, 「性惡」, 人之性惡 其善者僞也 今人之性 生而有好利焉 順是 故爭奪生 而辭讓亡焉 生而有疾惡焉 順是 故殘賊生 而忠信亡焉 生而有耳目之好聲色焉 順是 故淫亂生 而禮義文理 亡焉 然則從人之生 順人之情 必出於爭奪 合於犯分亂理 而歸於暴 故必將有師法之化禮義之道 然後出於辭讓 合於文理 而歸於治 用此觀之 然則人之性惡明矣 其善者僞也.

분됨을 헤아리지 못했기 때문"[95]에 성선의 오류에 빠져들었다고 비판한다. 순자의 맹자 비판은 자연의 性은 외부 환경에 의해 잃는 일이 없는, '나면서부터 본래 그러한 것生之所以然者'임에도 맹자가 후천적인 작위의 결과로서 생기는 善을 性으로 잘못 보았다는 데 초점이 맞추어져 있다.

그러나 이러한 비판을 온당한 것으로 보기 어렵다. 앞에서 본 바, 맹자는 性과 僞를 혼동하지 않았다. 맹자는 애초부터 순자가 말한 性·情·欲을 性으로 보지 않았기 때문에, 순자처럼 性과 僞를 구분할 필요가 없었다. 순자가 性이라 일컫는 자연지성을 금수지성으로, 그리고 이기심과 증오의 심리적 동요를 선단의 결핍이나 왜곡으로 간주했기 때문에, 性에 대응하는 별도의 범주로서 僞를 설정할 필요가 없었다. 요컨대, 맹자에게 'nature'와 'nurture'의 구분은 별 의미를 갖지 못했다. 순자의 토대주의적 관점은 맹자를 '재미없는 철학자'로 만들어 버리지만[96], 정작 맹자는 순자의 생각과 달리 우리의 본성이 자기 자신이 아니라 모든 인간에게 부여된 어떤 불변적이고 단일한 성질에 완전히 순응하고 복종하도록 되어 있다는 발상 자체를 거부했다.

이러한 사실을 감안한다면, 과연 순자가 『맹자』를 정확히 이해하고 있었는지 하는 의구심이 든다. 서복관이 지적했듯

---

95 『荀子』, 「性惡」, 是不及知人之性 而不察乎人之性僞之分者也.
96 Ames, Roger T.(2005), 『동양철학, 그 삶과 창조성』, 장원석 옮김, 유교문화연구소, 210쪽.

이, 순자는 『맹자』의 완성편을 직접 보지 않은 상태에서 막연히 맹자의 성선설만을 듣고 맹자를 비판했을 가능성이 매우 높다.[97] 아니면 성왕聖王과 예의禮義를 僞의 기준으로 미리 설정해둠으로써 굳이 맹자를 이해할 필요가 없었는지도 모른다. 따라서 맹자가 '태어나면서 부여받은 것'과 '의지적 활동의 결과'를 구별하지 못했다는 순자의 비판은 『맹자』에 대한 바른 이해에 기초하고 있지 않다. 맹자를 옹호하는 관점에서 보면, 순자는 생물적 본능, 생리적 욕구, 그리고 심리적 정서와 같은 자연적 본성만을 보았을 뿐 도덕적 이성을 인간 본성에서 빼뜨린 인물이다. 훗날 정이程頤는 "순자가 인성을 악하다고 본 것은 만물의 원리인 이理와 性이 직접적으로 연결되어 있음을 이해하지 못했기 때문"이라고 평했다.[98] 반면에 맹자는 性의 양면을 모두 보았으나 자연적 본성을 버리고 도덕적 이성을 취하는 비판적 선택을 함으로써 옳은 답을 찾았다는 것이다.

2) 화성기위론

순자에 따르면, 性은 곧 惡 자체이거나 惡을 유발하는 근원이므로 사람의 본성을 그대로 방치하면 대혼란이 야기된다. 그는 사람의 본성은 욕정을 그대로 좇으므로 "음란이 생

---

97 徐復觀(1978), 237쪽.
98 程頤, 『二程全書』, 孟子言人性善是也, 雖荀揚亦不知性, … 性卽是理.

겨서 예의의 형식과 이치가 사라지고," 본성에 따라 방종하
여 "성정을 좇으면 반드시 쟁탈이 일어나" 사회 등급의 구분
이 무너지며, "禮의 이치를 어지럽혀" 끝내는 폭동으로 귀결
된다고 말한다.[99] 본성의 방치는 자신의 이익 추구에 혈안이   본성의 방치
된 개체들 간의 욕망 충돌, 즉 무법천지를 불러 온다는 것이
다. 이 같은 주장은 홉스Thomas Hobbes의 '자연상태의 인간에
대한 생생한 기술'과 흡사하다. 차이가 있다면, 홉스가 이기
심을 잠재우는 공룡 같은 공포의 '리바이어던Leviathan'에서
자연상태의 탈출구를 찾았다면, 순자는 그 해결책을 性의
억제와 도덕적 개조에서 구하고 있다는 점이다.

순자가 주창한 화성기위化性起僞란 僞를 일으켜 性을 바꾸
어가는 인간 개조의 방법이다. 화성기위론은 몇 단계로 구
성된 논증이다. 우선 순자는 性과 僞를 구분한다. "性은 본
래 바탕으로서 가공되지 않은 것인데 반해, 僞는 인위적인
노력에 의한 것이다."[100] 性이 '배울 수 없고 일삼을 수 없어
도 사람에게 본래 있는 것'이라면, 僞는 '배울 수 있어서 능
히 할 수 있고 일삼을 수 있어서 이루게 되는 기능이 사람에
게 있는 것'이다. 性이 '어떤 것이 태어나게 된 수단', '태어
난 것을 조화시키는 본성', '자극된 것과 합치는 정수', 그리
고 '애써 힘씀이 없는 자연스러운 반응' 등을 포함한다면, 僞

99　『荀子』, 「性惡」, 今人之性 生而有好利焉 故爭奪生而辭讓亡焉 ……. 故淫亂生而禮義文理亡
焉, 然則從人之性 順人之情 必出於爭奪 合於犯分亂理 而歸於暴.

100　『荀子』, 「禮論」, 性者本始材朴也, 僞者文理隆盛也.

는 '마음의 사유에 의해 움직여진 능력'이며, '사유가 축적되고 능력이 습관이 된 후에 성숙된 것'을 일컫는다.[101] 요컨대 性은 있는 그대로의 소재나 질료 같은 자연적 상태이며, 僞는 性에 외적 힘을 가하여 아름답게 가공하는 공정을 의미한다. 그는 "굽은 나무는 반드시 도지개를 대고 쪄서 바로잡은 뒤에야 곧아지며, 무딘 쇠는 반드시 숫돌에 간 뒤에야 날카로워진다"[102]는 비유를 통해 굽은 나무와 무딘 쇠를 性에, 그것들을 도지개와 숫돌로 곧아지게 하고 날카롭게 만드는 과정을 僞에 등치시킨다. 즉 僞란 생물적 존재를 도덕적 존재로 바꾸는 인간화의 수단이다. 이러한 측면에 주목한 덥스Homer H. Dubs는 순자의 화성기위를 '유가 전통에서의 어거스틴적 전환'[103]으로 받아들인다.

마음의 사유

논증의 두 번째 단계는 性이 어떠한 절차를 거쳐 변환되는지를 밝히는 것이다. 순자는 性의 변환을 마음 안에서 이루어지는 절차적 과정으로 설명한다.

> ① '性'은 인간이 태어나면서부터 소유하고 있는 성질이다. '性'은 인간의 육체에 갖추어진 관능과 감각, 그리고 생리적 기관과 그것들에 의한 작용의 결과를 그 내용으로 한다.

---

101 『荀子』, 「正名」, 心慮而能爲之動 謂之僞 廬積焉 能習焉 而後成謂之謂.
102 『荀子』, 「性惡」, 拘木必將待檃括烝矯 然後直 鈍金必將待礱厲 然後利.
103 Dubs, Homer H.(1956), "Mencius and Sun-dz on Human Nature", *Philosophy East and West*, 6, pp.213~222.

② '性'이 발동할 때 자연스럽게 생겨나는 것을 '情'이라 하며, '정'은 호오희노애락好惡喜怒哀樂을 의미한다.

③ 한편 인간은 마음의 작용으로 움직이는 '정'을 선택하여 그것을 통제할 수 있다. 이러한 마음의 작용을 '려慮'라고 하며, '慮'를 구사할 수 있는 힘을 '능能'이라 한다. 인간만이 '려慮'와 '능能'을 자유롭게 움직일 수 있으며, 이것은 인간을 인간답게 한다.

④ '僞'란 바로 '慮'와 '能'을 자유롭게 움직일 수 있게 하는 인간의 행위이다.

⑤ 그리고 '僞'에는 이익을 지향하는 '事'와 윤리를 지향하는 '行'이 있다.

⑥ 또한 인간에게는 지각 작용을 하는 '知'가 있는데, 그것이 대상에 따라 적절히 움직이는 것을 '智'라고 부르며 그렇게 움직이는 힘을 '能'이라 한다.[104]

순자의 심론心論은 맹자에 비해 보다 구체적이면서 복합적이고 체계적인 구도로 짜여져 있다. 그에 따르면, 우리의

---

104 『荀子』, 「正名」, 生之所以然者 謂之性 性之和所生 精合感應 不事而自然 謂之性 性之好惡 喜怒哀樂 謂之情 情然而心爲之擇 謂之慮 心慮而能爲之動 謂之僞 慮積能習焉而後成 謂之僞 正利而爲 謂之事 正義而爲 謂之行 所以知之住人者 謂之知 知有所合 謂之知 所以能之住人者 謂之能 能有所合 謂之能.

마음 안에서 이루어지는 인위의 절차는, '性'과 性으로부터 발동한 '情'이, 마음의 작용으로서 '慮'와 '能', 지각의 작용으로서의 '知'와 '能'을 거쳐, '事'와 '行'의 '僞'에 이르는 과정이다. 그는 마음을 性·知·能의 세 측면으로 구별하고 그 각각에 두 가지 기능을 부여했다.[105] 性은 '인간이 가지고 태어난 욕망'慾뿐만 아니라 '자연스러운 감응'情까지를 포괄하며, 知에는 무엇인가를 알게 되는 인식 능력뿐만 아니라 '그것을 판별하는 능력'智도 포함한다. 그리고 能의 개념을 일상적 의미의 행동 능력과 도덕적 행위를 실행할 수 있는 능력, 두 용도로 사용한다. 따라서 순자의 심성론은 性·知·能의 개념을 통하여 가능태로서의 잠재적 능력과 현실태로서의 행위적 결과를 하나의 용어로 표현하는 이중 구조로 되어 있다.[106] 하나의 체계로 구성된 마음의 작용은 화성기위의 내재적 근거가 된다.

화성기위론의 세 번째 단계는 僞의 목표를 설정하는 것이다. "인간이 무엇을 목표로 개조되어야 하는가?"라는 물음에 대해 순자는 '예의'와 '법도'를 외재적 표준으로 삼는다.

"지금 사람의 본성이 악하다고 하는 것은 반드시 스승과 법

---

[105] 張其昀은 순자의 性·知·能을 지각, 감정, 작위로 보고, 영어의 knowing, feeling, doing에 부합된다고 해석한다. 張其昀, 『中國思想의 根源』, 중국 문화연구소 옮김, 문조사, 1984, 177쪽.
[106] 김승혜(1990), 『원시유교』, 민음사, 237쪽. 이에 대한 자세한 분석으로는 정인재(1981), 「荀子의 知識論」, 『東西哲學의 饗宴』, 이문사, 323~360쪽을 참조.

도가 있은 뒤에야 바르게 되고 예의를 얻은 뒤에야 다스려지기 때문이다. 지금 사람들에게 스승과 법도가 없다면 치우치고 음험해서 바르지 않게 될 것이고, 예의가 없다면 이치에 어긋나는 어지러운 짓을 해서 다스려지지 않을 것이다. 옛날 성왕께서는 사람들의 본성이 악하기 때문에 치우치고 음험하며 바르지 않고, 이치에 어긋나는 어지러운 짓을 해서 다스려지지 않는다고 생각했다. 그러므로 이를 위해 예의를 만들고 법도를 제정해서 사람들의 감정과 본성을 가꾸고 변화시킴으로써 이를 올바르게 인도했다. 비로소 사람들은 모두 잘 다스려지게 되었고, 도리에 맞는 행동을 하게 되었다. 지금 사람들은 스승과 법도에 교화된 학문을 쌓으며 예의를 실천하는 사람을 군자라고 하고, 본성과 감정을 멋대로 버려두고 멋대로 행동하는 데 안주하며 예의를 어기는 자를 소인이라고 한다."[107]

예의와 법도가 僞의 기준인 것은 사람이 사회적 동물이기 때문이다. 맹자와 순자가 '사람이면 누구나 같다'라고 말할 때의 근거는 다르다. 맹자에게 사람은 누구나 물리적인 사체四體가 있듯이 인의예지의 사단을 갖고 태어나 인의를 실천할 수 있는 도덕적 존재이다. 그러나 순자는 인간이 '선천적으로 그러한 것'으로서의 性을 갖는 생물학적인 존재이지만 동시에 혼자서는 살아갈 수 없는 사회적 존재이기도 하

생물학적 존재이면서
사회적 존재

---

107   『荀子』, 「性惡」, 今人之性惡 必將待師法然後正 得禮義然後治 今人無師法 則偏險而不正 無禮義 則悖亂而不治 古者聖王以人之性惡 以爲偏險而不正 悖亂而不治 是以爲之起禮義 制法度 以矯飾人之情性而正之 以擾化人之情性而導之也 始皆出於治 合於道者也….

인간 본성의 역사

다는 사실을 강조한다. 그는 사람이 '사람됨'의 까닭을 동물과 달리 '여럿이 힘을 합쳐 모여 살 수 있는 사회 조성 능력' 群[108]을 전제로 '집단 속에서 등급의 차이를 분별할 수 있는 능력'辨과 분分을 갖고 있다는 데서 찾는다.[109] 변辨은 부자, 남녀 등을 구별할 수 있는 능력이고 분分은 서열적인 사회 속에서 어떻게 행동해야 하는지를 아는 능력이다. 그는 "분별은 상하의 구분보다 큰 것이 없고, 상하의 구분은 禮보다 큰 것이 없다"[110]라고 말함으로써 禮를 分의 척도로 올려놓는다. 禮를 실천하는가 그렇지 못한가에 따라 '性이 변화된 자'와 '그렇지 못한 자', 군자와 소인이 구별된다.

그렇다면 예의와 법도는 어디에서 온 것인가? 순자는 도기와 목그릇이 도공과 목수에 의해 만들어졌듯이, 예의와 법도는 성인에 의해 만들어졌다고 말한다.

> "성인은 사려를 축적하고 인위를 습관화함으로써 예의와 법도를 만들었다. 그렇다면 예의와 법도는 성인의 인위에서 나온 것이지, 인간의 본성에서 나온 것이 아니다."[111]

순자는 僞의 기준을 예의와 법도로 설정하고, 그 표준이

---

108 『荀子』,「王制」, 而牛馬爲用 何也 日 人能群 彼不能群也 人何以能群 日 分 分何以能行 日 義.
109 『荀子』,「非相」, 人之所以爲人者 何已也 日 以其有辨也.
110 『荀子』,「非相」, 辨莫大於分 分莫大於禮 禮莫大於聖王.
111 『荀子』,「性惡」, 聖人之思慮 習僞故 以生禮義而起法度 然則禮義法度者 是生於聖人之僞 非故生於人之性也. ;『荀子』,「儒效」, 故有師法者人之大寶也 無師法者人之大殃也 人無師法則 隆性也 有師法則隆積也 而師法者所得乎積 非所受乎性.

사람의 마음에서 자연적으로 발생되는 것이 아니라 성인의 인위적 노력에 의해 만들어진 것이라고 주장한다. 즉, 예의와 법도는 성인이 마련한 일종의 도덕적 장치이다. 여기에서의 핵심은 '성인의 정체'이다. 그의 말대로라면, 도덕은 성인에게서 온 것이다. 그렇다면 도대체 성인은 누구인가? 그는 성인이란 "인의를 근본으로 하여 시비의 판단을 정확하게 내리고 언행을 한결같이 하여 티끌만큼도 어긋남이 없는 사람"[112]이라고 정의한다. 그러나 그는 그 성인이 구체적으로 누구인지, 그가 어떻게 성인이 되었는지, 그리고 성인이 무엇을 근거로 어떻게 禮의 표준과 척도를 만들 수 있었는지에 대해서는 아무런 설명이 없다. 성인의 정체가 이렇듯 모호하다면 도덕의 원천 역시 불확실한 것이 된다. 성인은 종교적 의미의 절대자인가? 아니라고 한다면 그는 어디로부터 온 존재인가? 성인의 모호성은 이 논증의 불완전성을 증폭시킨다.

한편 화성기위化性起偽론은 순자의 성론에서 성악의 결정성을 약화시키는 역할을 한다. 맹자에게 수양과 학습이 사람의 본성을 온전히 드러나게 하는 방법이라면, 순자에게 그것은 性의 자리에 도덕을 채워 넣는 본성 개조의 처방전 같은 것이다. 그는 性·情·欲의 자연지성과 '慮'와 '能'에 의한 마음의 작용을 사람에게 주어진 재질로 규정하면서도,

---

112 『荀子』, 「性惡」, 聖人者 人之所積而致也.

"사람이면 누구나 완전히 개조될 수 있다"는 '빈 서판론'으로 비약한다. 도덕적 완성을 위해서는 타고난 性보다는 학습과 수양이 더욱 중요하다는 것이다. 「영욕榮辱」편에 기술된 순자의 학습론은 20세기 행동주의의 창시자 존 왓슨John B. Watson의 극단적인 환경주의와 거의 유사하다.

> 순자 : "누구든 요임금·우임금이 될 수도 있고, 걸왕이나 도척이 될 수도 있으며, 목수나 공인이 될 수도 있고, 농사꾼이나 장사꾼이 될 수도 있다."[113]

> 왓슨 : '나에게 건강한 유아 10여명과 그 유아들을 키울 수 있는 특정한 조건이 주어진다면, 나는 어떤 아이라도 그의 재능, 취향, 버릇, 능력, 천성, 인종에 관계없이 의사, 변호사, 예술가, 기업가, 심지어 거지나 도둑까지도 포함하여, 내가 선택하는 어떤 유형의 전문가로도 만들 수 있다."[114]

이 같은 주장은 순자의 주된 관심이 性보다는 僞에 있었음을 지시한다. 실제로 그는 「성악性惡」편을 제외하고는 성악이라는 표현을 전혀 사용하지 않은 반면,[115] 「영욕」, 「정명」,

---

113 『荀子』, 「榮辱」, 可以爲堯禹 可以爲桀跖 可以爲工匠 可以爲農賈.
114 Watson, John B.(1924), *Behaviorism*, W. W. Norton & Company, Inc., 1970. pp.103-104.
115 「性惡」편은 순자 자신의 사상을 충실하게 반영한다기보다는 법가사상에 기울어진 그의 후학에 의해 쓰여 졌고, 후학들의 글을 모은 '잡편' 중의 하나로 『荀子』에 첨가되었을 가능성이 있다. 김승혜(1990), 245쪽.

「군자」 등 다른 여러 편에서 性과 僞를 구별하고 僞의 방도와
목표에 대하여 자세하게 설명했다. 그는 자연성의 욕망을 제
욕制慾하고 학습과 교화를 통해서 다스려 나갈 것을 반복해
서 강조했다. 따라서 그의 성론은 '惡' 자字에 방점이 찍힌 성
악론보다는 '성위지분性僞之分'에서 '僞' 자를 강조하는 인간
개조론에 가깝다. '성악'이 선험적으로 주어진 고정불변의 것
이 아니라 인간의 자연성과 사회성의 모순 사이에서 표출되
는 것이라면, '인지성악人之性惡'의 명제는 화성기위의 논증에
이르기 위한 수사학적 과장에 불과한 것이 된다.[116] 또한 "인
간은 악하다"는 주장은 "도덕을 행하는 선천적인 경향성이 인
간에게는 없다"는 명제로 등치될 수 있다.[117] 그렇다고 한다면,
순자의 맹자 비판인 "인성의 善과 惡의 논쟁은 실질상 善이
란 것이 본성이냐 아니면 작위이냐에 대한 쟁론, 즉 善에 관
한 본성과 작위의 논쟁"으로 재해석할 수도 있다.[118]

3) 성악론의 문제점

순자의 성론은 性과 僞 두 개념에 의거한 논증이다. 이 논

---

116 '性'이 삶의 보존 욕구에 지나지 않으므로 교정·도야를 가하지 않고 방치해둔다면, 그
무제한의 욕구 충족 때문에 결과적으로 악해진다는 것일 뿐이며, 인간의 본성이 악이라고
하는 반가치적 규정성을 인정한 것은 아니다. 이운구(2004), 31쪽; 劉澤華(1987), 72쪽.
117 Hutten, Eric(1999), "Does Xunzi have a consistent theory of human nature?", In
T.C. Kline III and P. Ivanhoe, *Virtue, Nature, and Moral Agency in the Xunzi*, Indiana, Hakett
Publishing Company, p.225.
118 錢遜(1991), 『先秦儒學』, 배종석 옮김, 학고방, 2008, 297쪽.

증을 통해 순자가 실천적 차원에서 의도하는 바는 두 가지이다. 우선 그는 인위를 자연보다 우위에 둠으로써 당시 만연했던 도가 사상에 대한 공격을 시도했다. 그리고 예의와 법도를 바로 선왕의 인정으로 연결시킴으로써, 자연스럽게 군주 중심의 정치질서 및 종법사회의 정통성을 공고히 하는 논리적 기반을 제공했다. 이 때문에 서복관은 순자의 성론은 "엄밀한 논증에서 나온 것이 아니라, 禮와 師와 법法 및 군주의 정치를 중시하려는 시대적 요구에서 배출된 것"[119]이라고 평가한다. 채인후는 한걸음 더 나아가 순자의 견해는 "조금만 방향을 바꾸면 법가의 생각이 되어 버린다"고 평하면서, 순자가 왜 오랜 기간 동안 정통 유가의 궤도에서 이탈한 인물로 여겨졌는지의 이유를 되짚어 본다.[120]

순자의 선악 구분이 결과론적이라는 비판도 타당한 지적이다. "무릇 예로부터 지금까지 세상 사람들이 善이라고 말한 것은 올바르고 질서 있고 공평하고 다스려진 것正理平治이었고, 惡이라고 하는 것은 치우치고 음험하고 어긋나고 혼란스러운 것偏險悖亂"[121]이라는 순자의 선악 개념 규정은 미리 僞의 목표, 즉 성왕과 예의를 전제한 다음에 그것을 기준으로 선악을 나누는 논리적 모순을 드러낸다. 또한 "무릇 사람이 善하기를 바라는 것은 본성이 惡하기 때문"이라는 주

---

119 徐復觀(1978), 234쪽.
120 蔡仁厚(1994), 『순자의 철학』, 88쪽.
121 『荀子』, 「性惡」, 凡古今天下之所謂善者 正理平治也 所謂惡者 偏險悖亂也.

장은 선악을 행위의 동기가 아니라 행위의 결과로 간주함으로써 논리적 선후관계가 뒤바뀐 명제이다.

 善의 출처도 모호하다. 사람의 본성이 악하다면 궁극적으로 善은 우리 마음 안에서 찾을 수 있는 성질의 것이 아니다. 또한 순자는 善과 惡을 性과 僞로 치환하고 성인을 등장시켜 僞의 근거로 삼지만, 이 경우에 '성인이 누구가 하는 문제'를 해결할 수 있어야 한다. 예의가 성인이 인위를 축적하는 것과 습관화로 이룩된 결과라고 한다면, 그것은 성인의 본래적 덕성이 아니라 재능적 측면에 해당되는 것이기 때문이다. 내재적인 본성과 외재적인 예의가 어떠한 연관을 갖지 않은 상태에서, '본성상 범인과 다를 바 없다는 성인'과 '僞의 기준을 만들어 낸 성인'이 어떻게 구별되는지를 알 수가 없다. 이 경우 후자의 성인은 예의와 법도의 창시자인, 인간 범주 밖의 절대적 존재자에 해당된다. 그러나 그 성인이 영구불변한 인도仁道를 완성할 수 있다는 근거는 어디에도 없다. 화성기위의 실질적인 근거가 무엇인지가 모호하다면, 인간의 생리적 욕구만을 보고 인성이 惡하다는 주장은 설명력이 빈약한 단순논리에 지나지 않는다. 예의의 내재적 근거가 무엇인지를 알 수 없다면, "성인의 僞란 결국은 허구에 불과한 것"으로 볼 수밖에 없기 때문이다.[122] 다시 말해서, 외재적 표준으로 禮의 근원을 알 수 없다면, 善의 보편적 필

---

122 김승혜(1990), 위의 책, 221쪽. 徐復觀, 牟宗三, 勞思光 등 유가 전통을 잇는 학자들은 한결같이 순자의 성악론을 부정적으로 평가한다.

인간 본성의 역사

연성은 어디에서도 추출되지 않는다. 단지 僞로써 善을 되풀이하는 것만으로는 善의 기원을 설명해낼 수 없기 때문이다. 결과적으로 맹자에게 惡의 근원이 아포리아였다면, 순자에게서는 역으로 善이 어디로부터 발생하는가에 대한 답을 얻을 수 없다. 이러한 문제점은 정통 유가의 노선을 지지하는 이들이 순자를 "단지 자연의 性만을 가지고 성악의 논지를 힘겹게 유지했던 실패한 유가"[123]라고 혹평하게끔 하는 빌미를 제공한다.

---

123 勞思光(1967), 345쪽.

6. 맹·순 사상 비교 – 다름과 비슷함

태사공太史公은 맹자와 순자를 가리켜 유가의 중추적 양대 대사兩大 大師라고 칭한 바 있다.[124] 맹·순은 유가 전통의 양대 산맥을 이루면서도 도덕주의 실현의 방법론에서는 견해를 달리했다. 두 사람은 성격이나 취향에서도 대조적이었다고 전해진다. 맹자의 성격은 호방하고 쾌활했던 반면, 순자는 신중하고 섬세한 성격의 인물이었다. 두 사람은 성격 차만큼이나 사상적 근간이 되는 개념들, 즉 性·心·禮, 그리고 天에 대한 인식에서도 큰 차이를 보였다.

---

[124] 『史記』, 券74, 「孟子荀卿列傳」.

인간 본성의 역사

1) 주정주의 대 주지주의

우선 맹자와 순자는 마음의 기능과 작용에 대해서 다르게 생각했다. 두 사람 모두 마음의 본래성을 말하고 있으나 그 의미는 달랐다. 맹자가 우리의 마음속에 담긴 선천적 도덕성에서 인류적 보편성의 근거를 찾았다면, 순자는 마음의 인지 능력과 작동 원리를 동질성의 기반으로 삼았다. 맹자가 말하는 心은 도덕심이다. 인의지심仁義之心, 사단지심四端之心, 불인인지심不忍人之心, 양심良心, 그리고 본심本心 등은 모두 情의 측면, 즉 도덕적 정서와 관련되어 있다. 순자의 心은 사물을 인지하고 시비를 분별하는 마음인 인지심認知心이고 지성의 주체이다. 순자의 心은 오관을 다스리는 육체의 주재자로서, 사고하고 구별하며 판단하고 선택하는 능력을 갖는다. 순자가 마음의 기능으로서 고안한 '장臧', '양兩', '동動'이나 마음의 특성으로서 '허虛', '일壹', '정靜'은, 도덕적 심과는 다른, 마음의 구조와 기능에 대한 객관적인 이해를 통해 얻어진 개념이다. 이러한 까닭에 슈워츠는 순자의 心을 'mind'로, 맹자의 心을 'heart'로 구별한다. 즉 순자의 心은 지식의 획득, 사유, 반성, 그리고 의식적 목표의 달성을 추구하는 지적 사유 능력인 반면에 맹자의 心은 비사유적 차원의 心, 자연적으로 타고나는 도덕적인 경향을 드러내는 心이라는 것이다.[125] 요컨대 맹자의 마음이 자아의 주관적 정

---

125 Schwartz, Benjamin(1985), 448쪽.

서를 표출하는 역할을 한다면, 순자의 마음은 사유 기능 전반을 관장하는 기관이다.

禮와 義의 개념도 다르다. 맹자에게 禮는 義가 실천으로 나타난 윤리적이고 정신적인 내용이다. 하지만 순자의 禮는 사회발전의 산물로서 윤리 체계의 총체이다. 순자의 禮는 맹자처럼 天과 연계되는 선천적 도덕관념이 아니라 인간과 사회의 필요에 의해 생성된 인위적인 사회규범이다. 순자는 禮의 기원에 대하여 '욕망을 충족하기 위한' 원천이라고 말한다. 禮는 물적 자원이 한정된 상황에서 개개인의 무한한 욕망을 제어하여 공통의 이해와 가치를 얻기 위한 사회적 장치라는 것이다. 따라서 禮의 실질적인 의미는 정치제도와 일상의 예의, 곧 봉건사회의 등급 제도이자 그것을 뒷받침하는 전체적인 윤리 관계의 표준적 지침이 된다. 순자는 禮의 세 가지 근본에 대해 "천지는 생명의 근본이요, 선조는 인류의 근본이며, 군주와 스승은 통치의 근본이다"[126]라고 말함으로써 禮를 '인간의 생사를 엄숙하게 처리하는' 사회적 규칙으로 규정한다. 그에게 "禮는 法의 근본인 동시에 관습의 근원이다."[127] 요컨대 "맹자의 禮의 목적이 금수와의 차별성을 통하여 인간 본연의 속성인 도덕의 구현이라면, 순자의 禮는 실질적으로는 군주 중심의 사회적 통합을 이루기

선천적 도덕관념인가 인위적 사회규범인가

126　『荀子』,「禮論」, 天地者生之本也 先祖者類之本也 君師者治之本也.
127　『荀子』,「勸學」, 禮者法之大分.

위한 이념적 장치이다."[128]

　두 사람은 義도 다른 의미로 사용했다. 두 사람은 모두
'仁에 살고 義를 따른다居仁由義'(맹자)거나 '禮를 높이고 義
를 귀히 여긴다隆禮貴義'(순자)는 언명으로 의의 중요성을 강
조한다. 그러나 義가 의미하는 바는 달라서, 맹자의 義는 仁
과 같이 주관성과 내재성을 갖는 반면, 순자의 義는 禮의 외
재성과 합쳐져 객관적 차원의 사회윤리를 지칭한다. 맹자의
인의는 情에 해당되는 것이고 순자의 예의는 知로부터 나오
는 것이므로, 情과 知는 그 성격이 다른 2개의 범주인 것이
다. 맹자는 성선을 인의의 근거로 보았고, 순자는 예의를 인
성을 개조하는 무기로 삼았다. "금수는 지각은 있지만 예의
가 없기에 인간이 될 수 없다"는 주장에서 드러나듯이, 순자
에게 예의는 인간과 동물을 구분하는 척도였다.

　하늘 天의 개념에서도 두 사람의 차이는 확연하다. 맹자
의 天은 인간과 분리되지 않는다. 인간의 性은 곧 천성이고,
천성은 善 자체이다. 맹자의 천론은 "性은 天에 따른다"는,
상고上古의 전통을 충실히 따르는 천일합일론이다. 그러나
순자의 天은 유가적 전통을 벗어난 개념이다. 天은 있는 그
대로 객관적 사물로서 존재한다. 순자는 「천론」에서 天의 성
격을 자연과학적 관점에서 바라봄으로써 기존의 천인관계론

---

[128] 윤무학(2004), 『荀子』, 성균관대출판부, 149쪽.

에 내재된 주술성을 부정했다. 그에 따르면, "하늘의 운행에는 영원히 변하지 않는 법칙이 있다."[129] 天은 일정불변의 자체 원칙에 따라 운행되는 자연일 뿐이라는 것이다. 天에는 의지도 이성도 인격도 없기 때문에 인간 세계의 일과는 아무런 상관관계가 없다. 그는 "천인감응이 무엇이며, 천의天意가 무엇이냐"고 반문하며 天을 신비화하는 미신성을 부정한다.

> "안정과 혼란은 하늘에 달린 것인가? 해, 달, 별, 절기는 우임금 때나 걸임금 때나 같았다. 그러나 우임금 때는 잘 다스려졌고, 걸임금 때는 어지러웠다. 이와 같이 안정과 혼란은 하늘에 달린 것이 아니다"[130]

하늘은 만물을 낳지만, 그 만물을 분별하는 것은 사람이다. 따라서 순자가 보기에 인간 세계의 문제를 하늘에 의지하여 풀어 보려는 시도는 허황된 것이다. 그는 자연의 일부로서 하늘의 존재를 받아들이지만, 하늘에 대해서는 더 이상 논할 필요가 없고 오히려 "하늘을 알려고 하지 않는 것이 하늘을 아는 것"[131]이라고까지 주장한다. "하늘과 인간의 직분은 구분天人相分"되기 때문이다. 그는 天과 인人을 분리하고, 天·地·人을 수평적으로 병렬시킨다. 순자에게 天은 객관적인 인식의 대상이면서 오히려 인간의 힘에 의해 이용해야

하늘을 알려고
하지 않는 것이
하늘을 아는 것

---

129 『荀子』, 「天論」, 天行有常.
130 『荀子』, 「天論」, 治亂 天邪 曰 日月星辰瑞歷 是禹桀之所同也 禹以治 桀以亂 治亂非天也.
131 『荀子』, 「天論」, 存而不論 … 不求知天 夫是之謂知天.

할 자연이므로, 인간은 '능참能參'하여 용천用天하고 제천制天할 필요가 있다. 이처럼 순자는 맹자의 천인합일天人合一을 천인지분天人之分, 천인상분天人相分으로 교정하고 天에 대한 인간의 우위 관념을 확고히 한다. 이러한 그의 인식은 그를 "인간적 욕구와 자연 사이의 갈등 내지 투쟁을 강조한, 중국 철학사상 상당히 예외적인 인물"[132]로 보게 만든다.

心과 禮에 관한 개념적 차이에서 본 것처럼, 맹자가 도덕의 연원을 마음 안의 타고난 정서에서 찾은 반면, 순자는 이 지理智에 의해 포착될 수 있는 성인의 인위에서 구한다. 순자는 인간을, 맹자에서처럼 도덕적 존재로서보다는, 직분의 등급 속에 놓인 사회적 존재로서 고려한다. 이러한 차이는 순자의 성론이 "맹자의 주정주의에 대비되는 주지주의"라거나 더 나아가 "정통 유가의 전통보다는 지식을 중시하는 서양 철학적 전통에 가깝다"는 평가를 낳게 한다.[133]

2) 도덕주의와 학습론

맹·순 성론은 공히 수양론(학습론)과 긴밀하게 연결되어 있다. 양인兩人은 각기 선단善端(맹자)과 性·情·欲(순자)을 본

---

132 李澤厚(1986), 『中國古代思想史論』, 人民出版社, 25~29쪽; 이장희(2002), 「중국철학사의 순자평가에 대한 연구」, 『東西哲學研究』, 제23호, 66쪽.
133 張其昀, 『中國思想의 根源』, 158쪽; 蔡仁厚(1994), 『순자의 철학』, 265쪽.

성의 내용으로 파악한 본성론자이면서 다른 한편으로는 의
지적 노력에 의한 자기 수양의 중요성을 강조하는 학습론의
관점을 병행했다. 맹·순은 모두 학습의 필요성과 욕망들 사
이의 중재자로서의 마음의 기능을 확신하는 가운데 모든 사
람이 성인이 될 수 있는 가능성까지도 열어 놓는다.

맹자 : "인간이면 누구나 다 요·순임금과 같이 될 수 있다."[134]

순자 : "거리에 있는 사람도 우임금과 같은 성인이 될 수
있다."[135]

인간이면 누구나 학습을 통하여 요·순이나 우왕처럼 될
수 있다는 진술은 "요·순도 보통사람과 같으며堯舜與人同耳",
"성인은 나와 같은 사람"이라는 인식[136], 즉 사람은 태어날
때는 누구나 같다는 유적 동일성을 전제로 한다. 그 전제 위
에서 맹자는 '선한 본성을 잊지 않고勿忘 조장하지 않으면勿
助長'이라는 단서를 달고, 순자는 '악한 본성을 개조하려는
목적의식적 노력과 학습을 통한다면'이라는 조건을 붙인다.
성인에 이르는 길은 맹자에게는 도덕적 본성의 완전한 구현
이며, 순자의 경우에는 자연의 性이 僞에 의해서 도덕적으

---

134 『孟子』, 「告子 上」, 人皆可以爲堯舜. 맹자는 「滕文公 上」편에서도 "순임금은 누구이고,
나는 누구인가? 누구든 노력하면 순임금처럼 될 것이다 舜何人也 子何人也 有爲者亦若是"
라고 말한다.
135 『荀子』, 「性惡」, 途之人可以爲禹.
136 『孟子』, 「離婁 下」, 堯舜與人同耳;『孟子』, 「告子 上」, 聖人與我同流者.

인간 본성의 역사

로 개조된 완성태에 도달하는 것이다. 이들에게 "성인이란
인류의 극치聖人人倫之至也"이고, 교육의 목적은 인류의 모든
것을 깨우치는 것이다. 따라서 사물과 현상에 대한 인식 상
의 차이 및 상이한 性 개념에도 불구하고, 두 사람의 성론의
지향점은 유가적 도덕주의의 실현으로 모아진다.

유가적 도덕주의는 인간 본성에서 출발하여 사회 윤리
의 완성에 이르는 계몽적 프로그램이다. 맹·순의 수양론은
선단의 발현(맹자)이나 악성의 인위적 개조(순자), 숙고와 성
찰, 도덕 의지의 함양 훈련, 그리고 그 실행계획 등을 지속적
으로 권장하고 추동한다. "누구나 성인이 될 수 있다"는 신
념적 진술은 그 절정의 표현이다. 그러나 맹·순의 도덕주의
는, 소크라테스의 주지주의나 칸트의 의무론적 도덕주의와
마찬가지로, 인간 일반의 도덕 능력이 제한적이라는 사실을
고려하지 않는다. 즉 '누구나 성인이 될 수 있다'는 교설은
'… 해야 한다'는 의무적 과제와 '… 할 수 있다'는 도덕 능력
의 범위와 한계를 구별하지 않는다. 그런 점에서 논리적으
로 가능한 '최대치의 도덕'주의의 과장된 수사일 수 있다. 이
들의 주장보다는 아마도 "누구나 성인이 될 수는 없다"는 진
술이 진실에 더 가까울 것이다. 그럼에도 불구하고 맹·순은
'최소치의 도덕' 이행에 급급한 사람들에게 '최대치의 도덕'
실현을 목표로 과잉 도덕을 주입시킨다. '최대치의 도덕' 이
론은, 절대 소수의 인간에게는 고상한 삶의 지침이 될 수 있
을지 몰라도 절대 다수의 인간에게는 감당하기 어려운 무거

운 짐이 된다. 이러한 점에서 맹·순의 계몽적 교의는 도덕의 철학을 '신 없는 종교'[137]의 지대로 몰고 가서 '도덕의 종교' 로 바꾸어 놓는다.

3) 성선과 성악은 용명의 차이일 뿐

성선과 성악의 극명해 보이는 수사학적 대비는, 순자가 맹자의 性을 정확히 이해하고 있지 못했다는 정황을 고려한 다면, 보다 순화될 수 있다. 맹자의 요점은 "인간이 천성적으로 도덕적 실행 능력을 잠재하고 있는 한, 인의에 부합하는 사회적 결과들을 성취할 수 있다는 것이었다."[138] 맹자는 개체적 차원의 본성적 근거를 인의에서 찾고, 그것에 기초한 도덕사회의 구현을 목표로 삼았다. 즉 인간의 본유적인 도덕적 성향에 대한 맹자의 강렬한 집착은 인정을 기반으로 하는 왕도의 확립과 밀접히 연결되어 있다. 그는 왕도를 "德을 바탕으로 仁을 실천하는 것"으로 정의하면서, "무력을 바탕으로 仁을 가장하는" 패도覇道의 타도를 외쳤다.[139] 그에 따르면, 성인의 德을 소유한 자가 천자天子의 위치에 오르는 것이 가장 바람직한 정체이며, 천자는 선왕의 법도를 받들어 백성을 위한 도덕군주로서의 소임을 다해야 한다는 것이다.

---

137 Ames, Roger T.(2005), 117쪽.
138 Schwartz, Benjamin(1985), 402쪽. 맹자의 성론에 대한 슈워츠의 평가에 대해서는 425~426쪽 참조.
139 『孟子』, 「公孫丑 上」, 以力假仁者 霸 以德行仁者 王.

한편 순자가 인간이 악하다고 보는 근거는 타고난 동물적인 본능 및 생리적 욕망에 국한되어 있다. 앞서 지적했듯이, 「성악」편을 제외한 다른 여러 편의 글들에서는 성악보다는 인위가 주된 초점이다. 僞의 외재적 표준을 예의와 법도로 삼고 성왕에 의한 통치를 최상의 정체政體로 정당화하는 순자의 예치 기획은 '군주전제주의를 묘사한 한 폭의 그림'[140]과도 같은 것이다. 요컨대 두 사람은 주례를 복원하고 왕도의 실현을 꿈꾸는 공자의 계승자라는 점에서 다르지 않았다. 그들은 공자의 가르침을 받들어 유가를 지켜내기 위해 적극적으로 임했다. 맹자가 당대 유가에 버금갈 정도로 큰 세를 이루었던 양·묵楊墨을 맹렬히 공격하고 나섰던 것이나, 순자가 「십이자」편에서 유가를 제외한 여타의 제가에 대해 혹독한 비판을 가했던 것은 양자가 동일한 사회정치적 목표를 향하고 있었기 때문이다.

따라서 순자를 복원하려는 청말 사상가들의 재평가는 두 사람의 사상적 차이를 유가적 틀 내의 방법론적 수준으로 끌어내린다. 이를테면 진대제陳大齊는 "양쪽에서 말하고 있는 성은 그 내용이 완전히 다르기 때문"에 "(맹자의) 성선과 (순자의) 성악은 다만 용명用名상으로만 다를 뿐 실질적으로 상반되는 것이 아닌 것"[141]으로 이해한다. 역사가 전대흔錢

---

140 劉澤華(1987), 윗 책, 87쪽. 덥스는 이에 대해 "순자로부터 중국사상의 권위주의적 주제가 개시되는 것"라고 평한다. Dubs, Homer H.(1956), pp.213~222.
141 張其昀, 『中國思想의 根源』, 171쪽.

大昕도 "맹자의 성선은 진심盡心·진성盡性으로 善을 행할 것을 요구하는 것이고, 순자의 성악은 인간으로 하여금 그 본성을 변화시켜 善으로 나아가게 하고자 하는 것"이므로 "두 사람의 설법이 비록 다르지만 사람들에게 善을 행하게 하는 것은 마찬가지"[142]였다고 평가한다. 장학성章學誠은 보다 단순하게 양자 간에는 "도술道術(공자의 도)은 같지만 취향의 차이가 있는 것"[143]이라고 했다. 이들과 마찬가지로 장기균도 "다만 문학상의 대립일 뿐 그 실질을 추구해 본다면 서로 상반되지 않을 뿐만 아니라 결국에는 대체로 서로 같다"[144]고 결론 내린다. 이처럼 순자의 성악론과 맹자의 성선론의 내용적 유사성을 지적하는 평들은 맹·순이 "외부 세계와의 교섭 속에서 형성된 성향이 善 또는 惡으로 향하는지"에 대해서 차이를 보였을 뿐 인성 논증의 최종 목적지가 같았다는 데 의견이 일치한다.

142　윤무학(2004), 276~277쪽.
143　윤무학(2004), 279쪽.
144　張其昀, 『中國思想의 根源』, 746쪽.

7. 한비자의 성악호리설

한비자는 이사와 함께 순자의 문하에서 수학한 제자로 스승의 유산을 일부 물려받았다. 한비자는 순자의 천인지분론을 따라 "듣고 보며 지혜로울 수 있는 것은 하늘이고, 움직이거나 멈추며 생각하는 것은 인간"[145]이라며 하늘과 인간을 따로 떼어놓는다. 한비자는 또한 스승의 성악 논리를 이어받아 인간을 '본성이 악하며 사욕과 이익만을 좇는 존재'로 규정한다. 그는 순자처럼 "편안하고 이익 되는 것을 취하고 위태롭고 해가 되는 것을 멀리하는 것이 사람의 실질"[146]이라고 말한다. 사람은 본성적으로 "득이 되는 것을 좋아하

---

145   『韓非子』,「解老」, 聰明叡智 天也 動靜思慮 人也.
146   『韓非子』,「姦劫弑臣」, 安利者就之 危害者去之 此人之情也.

고 해가 되는 것을 싫어한다".[147] 그는 사람이 호리好利에 빠져드는 원인을 물질적 조건에서 찾는다. 『한비자』의 「오두五蠹」편에 나오는 '재물은 한정되어 있는데 욕구는 넘쳐나기 때문에 필연적으로 다툼이 벌어진다'는 언술은 『순자』의 「영욕」편과 「성악」편에 기술된 온갖 분쟁의 근본 원인에 대한 순자의 생각과 똑같다.

> 순자 : "백성들은 같은 물건을 갖고 싶어한다. 욕구는 많고 물건은 적기 때문에 반드시 투쟁이 생긴다."

> 한비자 : "民은 많은데 재화는 적다. 부지런히 일해도 소득은 적다. 따라서 民은 서로 싸운다."

한비자는 인간사의 분란이 생물학적 욕구에서 비롯된다고 보는 데서 순자와 다를 바 없지만, 그 자체를 惡으로 단정하지는 않는다. 다만 그는 性의 불변성과 영속성을 강조한다. 그리고 역사 진화의 논리를 도입하여 이익 추구의 본성이 역사적 조건 속에서 강화되어 왔다는 논법을 전개한다.

性의 불변성과 영속성

> "(옛날에는) … 사람의 수가 적고 물자가 남아 백성들이 다투지 않았다. … 그러나 오늘날 백성들은 다섯 아들을 많다고 생각하지는 않지만 그 아들이 또 다섯 아들을 갖는다면 할아

---

147 『韓非子』, 「難二」, 好利惡害.

버지가 세상을 떠나기 이전에 벌써 스물다섯 명의 손자가 생긴다. 이리하여 백성은 많아지고 재화는 적어진다. 힘을 다해 수고롭게 일을 하여도 얻는 것은 적기 때문에 백성들이 서로 다툰다."[148]

이익 추구의 본성

인구의 증가 추이에 미치지 못하는 물질의 부족으로 불가피하게 생존 투쟁이 벌어질 수밖에 없다고 보는 한비자의 역사인식은 맬서스Thomas Robert Malthus의 『인구론』 요지와 거의 같다. 인간이 '타고난 사욕 덩어리'라는 한비자의 인성 호리설人性好利說은, 유가가 비난하는 것처럼 인성의 한쪽 면만을 본 데서 나온 것은 아니다. 왜냐하면 한비는 역사 속의 인간이 처한 물질적 생활 조건을 충분히 고려하는 유물론적 사고의 일면을 보여 주기 때문이다. 이익 추구의 본성은 생존을 위한 물질적 토대와 연관되어 있다. 그는 물질적 생활 방식이 어떠한가에 따라 인간의 도道도 끊임없이 변화한다고 말한다.

"고금古今은 속俗을 달리하며, 신고新古는 비備를 달리한다. 세世가 다르다면 사事도 달라야 한다. 사事가 다르다면 비備도 변해야 한다."[149]

---

148 『韓非子』, 「五蠹」, 人民小而財有餘 故民不爭 … 今人有五子不爲多 子又有五子 大父未死而有二十五孫 是以人民衆而貨財寡 使力勞而供養薄 故民爭.
149 『韓非子』, 「五蠹」, 夫古今異俗 新古異備 世異則事異.

그러므로 세상이 변했으면 거기에 적응하는 생존 방식이 요구된다. 만인 사이의 치열한 생존 투쟁이 일상이 된 상황에서 도덕은 성악을 제어할 수 있는 어떠한 지배력도 갖지 못한다. 하루 먹고살기도 힘든 백성에게 유가류儒家流의 도덕적 훈계는 인간 본성의 객관적 토대를 간과한 허망한 외침에 불과하다. 이익 추구의 본성을 각자가 알아서 이겨내고, '목숨을 버리고 의리를 취하라舍生取義'든가 '義를 중시하고 이익을 천시하라貴義賤利' 등의 유가적 설교는 아무런 감응도 일으킬 수 없는 것이다. 한비가 보기에, 사람의 본성이 의지적 노력으로 善하게 발현될 수 있다는 맹·순의 유가적 낙관주의는 물질을 놓고 다툴 필요가 없었던 태곳적에나 어울릴 법한 이야기일 뿐이지, 삭막한 전국 시대의 현실과는 동떨어진 공론에 불과했다.

한비자는 순자와는 달리 性이 고쳐질 수 있다고 생각하지 않는다. 그가 보기에, 타고난 악성을 성인의 가르침을 따라 개조해야 한다는 순자의 명제는 성립될 수 없다. 그 이유는 무엇보다 성은 고정불변이기 때문이다. 성명性命은 사람이 배운다 해도 달라지지 않기 때문에 이익 추구의 본성은 결코 변화되지 않는다. 따라서 그는 극기복례나 화성기위 등의 논법을 동원한 순자류의 도덕주의를 性의 불변성을 철저하게 인식하지 못한 순진무구한 발상으로 여긴다. 이익 추구가 본질인 인간에게 도덕적 자제를 권고하고 절욕을 요구하는 것은 무의미한 일이며, 더군다나 性을 도덕적으로 개조하겠다는 기획은 불필요할뿐더러 실현될 수도 없는 발상이다. 오히려 이익 추구의 본성은 인간 행위의 원천적 동기가 될 수도 있다. 그는 군신, 부자, 부부, 주인과 노예 간의 모든 사회적 관계를 현실적 이해관계로 규정하고, 이기利己의 원칙을 사회적 행위의 출발점으로 간주한다. 그가 「식사飾邪」편에서 말한 '이계합以計合'이란 쌍방의 '자위심自爲心'이 모두 만족을 얻는다는 조건하에서 상호결합한 인간관계를 말한다.[150] 이처럼 한비는 이익 추구의 동기에 어떠한 도덕적 판단을 부여하지 않는다. 그가 보기에, 善과 惡의 도덕적 가치를 선천적인 속성으로 설명할 필요가 없다. 인간은 자신의 이익을 추구할 뿐 도덕에 의존하는 존재가 아니다. 性은 사실의 문제일 뿐 가치평가의 대상이 아니므로, 그에게 성과 도덕은 별개의 범주이다.

한비는, 먼 훗날 서양의 마키아벨리Niccolò Machiavelli와 홉스가 그러했듯이, 성론을 통치론의 기본 전제로 삼는다. 그는 「팔경八經」편에서 "무릇 천하를 다스리는 데 있어서는 반드시 인간의 본질적인 것을 기초로 삼아야 한다"[151]고 말한다. 이익 추구의 욕망이 불변이고 만인이 사욕을 부린다면 세상은 어지러워질 수밖에 없다. 그는 인간을 무한히 의심한다. '인간이란 교묘하게 속이고 위선적인 존재'라는 마키아벨리의 말을 한비는 이미 10여 세기 전에 입버릇처럼 달고 다녔다.

---

150 김예호(2007), 『고대중국의 사상문화와 법치철학』, 한국학술정보, 235쪽.
151 『韓非子』, 「八經」, 凡治天下 必因人情.

"백성의 본성은 노고를 싫어하고 안일을 좋아한다. 안일하면 거칠어지며, 거칠면 다스려지지 않고, 다스리지 못하면 어지러워진다."[152]

"백성들이란 본시 사랑에는 교만하고 위압에는 따르는 것이다."[153]

한비는 이익 추구를 천연의 본성으로 하는 인간을 통제의 대상일 뿐 개조의 대상으로 보지 않는다. 성악은 법치의 준거이며, 법치는 성악에 대한 통제 방안이다. 만인이 성악이라면 만인에게 동일하게 적용되는 공적 통제가 불가피하다. 법만이 성악의 무분별한 발현을 제어할 수 있다. "저절로 곧은 화살대와 저절로 둥근 수레바퀴는 없다."[154] 법치는 '저절로 곧은 나무를 기다리지 않고 비틀어져 있는 것을 반듯하게 하여 화살을 만드는 장인의 일'과 같다. '굽은 나무를 바로잡고 반듯한 나무를 구부리는 도지게'가 순자에게 禮라면 한비에게는 法이다. 한비에 따르면, 法은 국가의 공공성을 목표로 한다. 공共은 사私를 등지게 하는 것이다. 정치는 곧 "共과 私의 구분을 명확히 하는 것"[155]이며, 法은 私의 이익을 통제하는 것이다. 法은 군주를 제외한 만인에게 평등하다. 그에 따르면, 法이란 나라 다스림의 유일한 기준이며,

---

152 『韓非子』, 「心度」, 夫民之性 惡勞而樂佚 佚則荒 荒則不治 不治則亂.
153 『韓非子』, 「五蠹」, 民固驕於愛 聽於威矣.
154 『韓非子』, 「顯學」, 自直之箭 自圜之木 百世無有一.
155 『韓非子』, 「五蠹」, 背私謂之公 公私之相背也;「飾邪」, 必明於公私之分.

나라를 지키는 도구이자, 국가 흥망성쇠의 원인이다. 요컨대 法은 이익 추구의 본성을 억제하고 만인 간의 이해 충돌을 조정함으로써 제도적 차원에서 共과 私의 대립을 해소시키는 역할을 한다.

성악에 대한 한비의 처방은 냉혹했다. 한비는 성악을 기초로 절대군주의 독재이론을 구축했다. 그는 군주에게 만인의 성악을 통제하기 위한 통치의 기본 수단으로 두 손잡이, 즉 상벌 메커니즘을 사용할 것을 권고한다. 이병二柄은 인민에 대한 생사여탈의 통제 수단이자 대중 정복의 필수조건이다. 한비는 "국가는 군주의 수레"이고, "세勢는 군주의 말"[156]이라고 비유한다. 이 같은 비유는 그가 국가를 군주의 사유물 정도로 여겼다는 비난을 불러 온다. 그의 말처럼, 국가가 교묘한 통치 기술을 법치의 수단으로 한다면, 과연 법치가 만인을 위한 공적인 善인지 아니면 오직 군주만을 위한 정치적 도구인지 분간하기가 힘들어진다. 이 때문에 한비의 성론은 결과적으로 전국戰國의 시대 상황에 맞춰진 '강한 군주론'의 도입부 수준에 머물고 만다.

유가적 관점으로 보면, 한비의 인간 개념은 의당 배척해야 할 대상이고, 한비의 법치는 패도의 한 형태이다. 순자는 한비를 가리켜 "私에 가리어 애愛를 모른다"고 비난했다. 주

156　『韓非子』, 「外儲說右上心度」, 國者 君之車也 勢者 君之馬也.

자는 한비의 사상을 공리지학功利之學 또는 사공지학事功之學이라며 철저히 배격했고, 정이천은 한층 격하게 "권모술수를 뒤섞은 잡론"이라고 혹평했다. 다시 말해서, 한비는 인간 본성의 이기적인 면만을 보았기 때문에 불건전한 폐단을 양산해 낸 최악의 인물이었다는 것이다. 그러나 이 같은 극단적인 비난은 한비 성론의 취약점을 인정하더라도, 한비 사상의 한쪽 면만을 편파적으로 공격하는 일방적인 평가일 수 있다. "좋은 정치란 유묵儒墨처럼 개인의 도덕적 탁월성에 근거하는 것이 아니라 건전한 제도의 기능에 근거한다"는 한비의 현실주의적 발상은 실재와 동떨어진 유가적 관념주의에 대한 반발이자 실사구시實事求是에 충실한 대안적 모색으로 평가될 수도 있기 때문이다. 한비의 눈에는, 맹자의 이상주의가 현실에 맞지 않게 '우활迂闊'하다고 보였을 것이다.[157] 슈워츠는 한비를 책략가 수준의 마키아벨리와는 비교 대상으로 보지 않는다. 그는 한비의 법가 사상을 "정치를 기술이 아닌 과학으로 접근한 포괄적인 사상적 담론"으로 받아들이며, "그 정신에 있어서 19~20세기의 특정한 사회과학적 모델 구축자들에 근접한 것"으로 높이 평가한다.[158] 한비의 이론을 가벼이 넘기지 않는 이들은 아마도 동서고금의 역사 속에서 과연 유가의 이상을 구현한 왕도가 존재한 적이 있었는지를 되물을 것이다.

---

157 황준연(2010), 『중국철학과 종교의 탐구』, 학고방, 184쪽.
158 Schwartz, Benjamin(1985), 529~530쪽.

인간 본성의 역사

고대 중국사상을 바라보는
서양의 여러 시각

　　고대 중국사상가들의 인성론人性論을 살펴봄에 있어, 중국 사상이 갖는 특수성과 보편성에 대한 사상사적 문법에 대해 언급해 둘 필요도 있겠다. 서양 철학의 견지에서 중국사상 또는 광의의 동양 사상을 접하게 될 때 갖는 당혹감은 "서양 세계에서 보편적으로 통용되는 개념 범주와 사유방식으로 는 동양 사상의 의미구조를 이해하기 어렵다"는 데서 비롯 된다. 서구 문화권에 속한 학자들에게 널리 유포된 통념 중 의 하나는, 인간과 사회, 사물이나 현상 등 동일한 주제에 관 한 탐구에서조차도 동양 사상에 등장하는 개념이나 논리적 범주 등은 서양 철학에서 정식화된 그것들과 대응관계를 만 들어내지 못할 뿐 아니라 서양 철학의 인식론적 틀이나 논 리구조 속에서 용해되지 않는다는 것이었다. 여기에 약간의 서양적 편견을 좀 더 섞으면, "중국사상에는 서양적 의미의 철학이 없다"는 주장으로 비약되기도 한다. 중국사상에는 서양 철학에서와 같은 논리체계가 없다는 지적도 마찬가지인데, 이러한 생각에는 이방의 낯선 문화 관념을 접했던 근대의 서양 사상가들 대부분이 동의하는 바였음은 물론이거니와 동양권의 일부 연구가들도 이에 동조하는 실정이다.[159] 중국사상에서 철학적·논리적 체계가 부재하다는 지적은 현상적으로는 두 문화 간의 다름에 대한 인식론적 차이로 객관화될 수도 있겠으나, 듣는 쪽의 입장에서는 유쾌하지 못한 가치담지적인 평가로 받아들여질 수 있다. 따라서 '다름'에 대한 공평무사한 서술이 이루어지려면, "중국사상에는 서양적 의미의 철학이 없다"는 진술에 덧붙여서 "서양 철학에는 동양적 의미의 사상이 없다"는 언명도 뒤따라야 마땅할 것이다. 동양과 서양의 두 문화 사이에 존재하는 간극과 차이를 순수한 의미의 '다름' 그 자체로 이해하는 것이야말로 각각 양방의 사유 내용과 관념 체계에 대해 바르게 접근하는 출발점이기 때문이다.

1) 중국사상에 대한 근대 서방의 시각

그러나 우리는 동서양 간의 사상문화적 수용 및 해석 과정에서 편견 없이 객관적 인식에 이르기까지 숱한 시행착오의 절차가 필요했음을 알고 있다. 서양 철학과 동양 사상 간의 차이를 '있는 그대로의 다름'으로 이해하지 못하고 우열

---

159 가령 일본의 동양사상사가 모리는 철학이 세계관을 기반으로 한다는 의미에서 중국사상 역시 철학의 한 유형으로 인정하지만, 중국 언어 구조상 논리체계는 결핍되어 있다고 주장한다. 森 三樹三郎(1984), 『중국사상사』, 임병덕 옮김, 온누리, 1986, 14~17쪽.

이나 장단으로 재단하려는 어설픈 해석들은 대체로 동일한 오류를 되풀이할 수밖에 없었다. 주로 서구에서 타방他邦에 대해 명백한 근거 없이 문화적 우월감을 갖게 된 것은 세계 자본주의적 질서의 구축과 맞물려 만연했던 소위 '유럽중심주의적 세계관'에 빠져 있었기 때문이다.[160] 에드워드 사이드Edward Said가 집중적으로 제기한 바 있듯이, 근대 서양은 세계체제에 편입하게 된 중국, 인도 등의 동양을 '타자他者'로 보는 시각에서 출발했다.[161] 근대 서구에서 낯선 '타자'에 대한 편파적인 시선은 서양 지성계에 만연된 상황이어서, 그로 인해 저질러졌던 어처구니없는 오해의 사례는 일일이 열거할 수 없을 정도였다. 그 가운데서도 전형적인 경우는 역사철학의 대가로 일컬어지는 헤겔Wilhelm Hegel의 언명 속에서 찾아볼 수 있다. 그는 아무런 근거 없이 스스로 고안해 낸 정신사적 발전의 단계론을 적용하여, 중국 문화는 가장 낮은 수준인 "정체에 빠져있는 유아기" 상태에 있다고 단정했다. 그리고는 중국사상에는 "내면성이라는 자유로운 토양과 이론적 사색을 낳는 진정한 학문적인 관심이 결여되어 있다"[162]며 중국사상을 19세기 초 철학사에서 제외시켰다. 독일 지성계에서 헤겔의 사상적 영향력은 지대한 것이어서, 20세기에 들어서도 그런 류의 엉뚱한 주장들은 그치질 않

---

160 Wallerstein, Immanuel(2006), *European Universalism: The Rhetoric of Power*, 『유럽적 보편주의: 권력의 레토릭』, 김재오 옮김, 창비, 2008.

161 Said, Edward(1979), *Orientalism*, 『오리엔탈리즘』, 박홍규 옮김, 교보문고, 2008.

162 Hegel, Wilhelm(1837), *Vorlesungen über Philosophie der Weltgeschichte*, 『역사철학 강의』, 김종호 옮김, 삼성출판사, 1982, 196쪽, 228쪽.

왔다. 19세기 말에서 20세기 초까지 독일의 중국 연구가이자 베를린 대학교수로 활동했던 그루베Wilhelm Grube는 중국사상을 나름대로 검토한 후 "중국인에게는 창조적 상상력이 없다"[163]는 근거 없는 주장을 펼쳤다. 제국 독일 시대에 중국사상의 권위자로 이름을 떨친 알프레드 포르케Alfred Forke는 "중국철학은 단순하고 원시적이어서" "아주 적게 진보할 수밖에 없었으며", "최근까지 중국인에게 순수철학 개념이 알려지지 않았다"[164]고 낮게 평가했다. 그는 또한 "중국사상과 가톨릭의 철학 사이에 유사성이 있다"고 잘못 해석하거나 "중국인의 정신구조는 지극히 비논리적으로 되어 있기 때문에 한 번도 논리체계를 형성하지 못하고 있다"[165]고 폄하하기도 했다. 중국사상에 호의적인 태도를 보였던 리카르트 빌헬름Richart Wilhelm도 중국사상에 신학적 공상을 끼워 넣거나 도가의 자연관에서 기독교적 세계관과의 유사성을 찾으려 했던 것으로 미루어, 그들의 타자에 대한 이해가 턱없이 부족했음을 확인할 수 있다.

다른 한편으로 동시대 다른 이들보다 일찌감치 중국사상에 주목했던 라이프니츠Gottfried Wilhelm Leibniz나 볼테르Voltaire 등은 극히 이례적인 경우에 해당된다. 라이프니츠는, 헤겔에 앞서 한 세대 전에 "서양이 중국보다 논리학, 형이상학, 수

---

163 양재혁(1998), 『동양사상: 서양철학과 어떻게 다른가』, 소나무, 31쪽.
164 Forke, Alfred(1927), *Geschichte der Alten Chinesischen Philosophie*, 『중국고대철학사』, 양재혁·최혜숙 옮김, 소명출판, 2004, 19~27쪽.
165 Forke, Alfred(1901), *The Chinese Sophists*, Kelly and Walsh, 2016, p.5.

인간 본성의 역사

학, 그리고 군사과학 등은 능가한다 할지라도, 중국은 윤리학적 생활 기초나 그 윤리생활의 실천을 위한 철학에 있어서 서양을 능가한다"는 생각을 갖고 있었다.[166] 그는 중국인들도 기독교의 신에 해당하는 개념은 물론 정신적인 실체에 대한 관념도 가지고 있다고 보고, 중국인의 생각은 자신의 철학과 양립할 수 있다고 믿었다. 라이프니츠는 이理의 개념을 모든 사물의 근거로 이해하면서 '근원적 모나드(Urmonade)'와 유사한 것으로 파악했다.[167] 그의 철학이 중국사상의 영향을 받았는가의 여부는 논란거리이지만[168], 그가 중국사상을 심도 있게 분석하고 높이 평가한 점은 분명하다. 그보다 한 세대 뒤의 프랑스 계몽철학자 볼테르는, "서양의 제국과 상인들이 동양에 욕심을 낸 것이 무엇보다 새로운 제물에 대한 풍요로움이었다면, 동양에서 새로운 자연이나 도덕적 세계를 발견"했다.[169] 그는 중국을 세계에서 가장 잘 조직화된 사회로 보았고, 특히 중국의 과거 제도를 칭송했다. 볼테르의 중국사상 찬양은 당시 유럽 지역의 상류층에 밀려들었던 '시누아즈리Chioniserie'[170]와 무관치는 않겠으나, 이는 당대를

---

166 Leibniz, Gottfried Wilhelm, 『라이프니츠가 만난 중국』, 이동희 옮김, 이학사, 2003.
167 Leibniz, Gottfried Wilhelm, 위의 책, 87쪽; 안종수(1998), 「라이프니츠와 중국철학」, 『인문사회과학논총』, 5, 1, 인제대학교 인문사회과학연구소, 31쪽.
168 이동희(2005), 「라이프니츠를 중심으로 본 유럽 계몽주의 시대에 있어 중국철학 수용 문제」, 『哲學論集』, 제10집, 서강대학교 철학연구소, 5~47쪽.
169 양재혁(1987), 『동양사상과 마르크시즘』, 일월서각, 154쪽에서 재인용.
170 '중국 취향' 또는 '중국풍'의 의미로 17세기의 후반부터 18세기 말까지 유럽의 후기 바로크·로코코 양식의 미술에 가미된 중국 취미의 미술품을 말한다. 주로 장식공예품으로 동양의 풍물을 제재로 한 장식용 회화와 조각 등이다. 유럽인의 중국 자기瓷器에 대한 흥미는 중세 말부터 엿보이나 16세기 말부터 중국의 공예품이 다량 수입되자 유럽의 왕후·귀족들이 다투어 수집하였다. 그 당시는 단순한 수집 대상에 지나지 않았으나 17세기의 후반부터는 이러한 동양의 공예품과 그 모방품을 실내 장식에 활용하는 '시누아支那

같이 살았던 페늘롱François Fènelon이나 몽테스키외Charles De Montesquieu, 그리고 루소Jean Jacques Rousseau 등이 취했던 중국 문화에 대한 부정적이고 냉담한 태도와는 대조되는 것이었다. 그렇다고 해서 그 시기에 중국사상에 대한 본격적인 탐구가 있었던 것은 아니다. 라이프니츠 등 서양의 일부 사상가들의 중국사상에 대한 관심은 자연, 사회조직, 그리고 윤리 등의 영역에서 중국 특유의 관념에 한정되어 있었기 때문에 기본적으로는 '타자'의 신선함을 호기심의 눈으로 바라본 피상적인 관찰의 수준을 넘지 못했다. 따라서 19세기가 종료될 무렵까지 서양에서 중국사상에 대한 이해는 초보적인 수준에 머물렀으며, 진독수陳獨秀나 임어당林語堂 등 개화기의 명망가들도 자신들의 사상과 문화를 서방 세계에 설득력 있게 설명해 내지 못했다.[171]

2) 중국어는 철학에 부적합하다?

서양에서 동양적 사고와 대면할 때 겪는 큰 어려움은 언어 문제이다. 중국사상의 본질을 중국어의 특수성과 연관하여 찾으려는 해석들은 이를 대변한다. 젊은 괴테의 선생이었던 헤르더Johann G. Herder는 고대 그리스와 달리 고대 중국에서 과학적 발견이 없었던 이유를 중국어의 특수성에

취미'가 유행하기 시작하였다. [편집자 주]
[171] "서구는 전쟁과 투쟁을 바탕으로 하고 동양은 평화와 조화를 추구한다"는 진독수의 주장이나 "중국 문화는 정신적이고 서구 문화는 물질문화"라는 호적의 논리는 근거없는 감정의 표현에 지나지 않았고, "임어당은 중국에는 서구적 의미의 과학적 방법이 없다"고 한탄했다. 양재혁(1998), 31~36쪽.

서 찾았다. 20세기에 들어서도 유사한 주장들은 되풀이되어서, 그루베는 중국어가 철학에 부적합한 언어라고 주장했고, "공자는 철학자라기보다는 도덕적 설교가로서 형이상학적 문제를 전혀 이해하지 못했으며, 중국인들의 가장 심원한 체계인 노자의 도가사상은 철학이기보다는 신비주의에 가깝다"[172]는 편향된 견해를 피력하기도 했다.

어떠한 사유체계이든 한 민족이나 집단에 속한 개인들이 해당 사회에서 보편적인 생활관습과 문화의 영향 아래서 형성되는 공통 개념을 바탕으로 삼는다고 할 때, 사유와 언어는 불가분의 관계에 놓일 수밖에 없다. 이와 관련하여 훔볼트Wilhelm Von Humboldt는 "언어의 문법적 구조는 그 언어를 사용하는 민족의 사유구조를 대표한다"는 명제로 이를 표현했다.[173] 게슈탈트 심리학자 베르트하이머Max Wertheimer 역시 자연 종족의 사유방법을 규명하기 위해서는 그 준비단계로 각 카테고리의 영역마다 언어 표현 양식에 대한 연구를 선행해야 한다고 주장했다.[174] 이러한 견해들은, "언어의 구조와 형식이 명백히 중국과 서양의 사유를 각각 다른 방향으로 이끌어 왔으며, 서로 각각 독립적인 거대한 체계를 이루는 지성적, 종교적 전통의 형성 발전에 초석이 되었다"[175]는

---

172 Zeller, Eduard(1971), *Grundriss der Geschichte der Griechischen Philosophie*, 『희랍철학사』, 이창대 옮김, 이론과 실천, 1991, 14쪽.

173 Humboldt, Wilhelm von(1836), *Humboldt: 'On Language': On the Diversity of Human Language Construction and its Influence on the Mental Development of the Human Species*, Michael Losonsky (ed.), Peter Heath (trs.), Cambridge University Press, 1999, pp.29~36.

174 Wertheimer, Max(1971), *Productive Thinking*, University of Chicago Press, 1982.

175 송영배(2004), 『동서 철학의 교섭과 동서양 사유방식의 차이』, 논형, 280쪽.

인식으로 요약된다. 훔볼트의 명제를 지지하는 이들은 중국 사상에 서양적 의미의 철학이 없는 원인을 중국어의 문법구조와 연관시킨다. 다시 말해서 "중국에서는 왜 논리적 사고가 발달하지 않았는가?"라는 서방식 물음과 관련하여, 중국어에는 동사의 어미변화나 접사가 없고 각 단어는 단지 관념을 표현할 뿐이어서 정밀한 논리체계 구성에는 적합하지 않았을 것이라고 추정하는 것이다. 그리고 중국어의 문법적 기능을 보면 문장이 주어의 위치에 의해서 결정되는 성질의 언어이므로 오히려 체험적 직관을 표현하는 데 적합하다고 평가한다. 훔볼트의 주장에서 나타나는 약간의 편파성을 무시한다면, 헤르더와 훔볼트 등의 해석은 근래에도 논란이 되고 있는 이른바 언어결정론의 시발로 간주될 수 있을 것이다. "한 문화의 사상은 그 언어 구조에 의해 발전되고 또한 제약된다"는 '워프의 가설(Whorf's Hypothesis)'은 상이한 언어가 현실의 이미지를 전혀 다르게 구체화할 수 있음을 지시한다.[176]

오늘날에도 중국어의 특성에 대한 논란은 그치지 않는다. 앙리 로즈몽Henri Rosemont은 중국 고문에서 "문어에 도대체 구문이 있는지의 여부는 심각한 회의대상이며,""문맥 밖에서 한자는 문법적 기능을 갖지 않으며""일정한 질서가 없고,""사실상 모든 구절은 모호하다"며 중국어의 특수성을

176 Whorf, Benjamin(1941), "Language and Logic", in *Language Thought and Reality: Selected Writings of Benjamin Whorf*, J. Carroll(ed.), MIT Press, 1943, pp.233~245.

강조한다.[177] 그러면서 그는 중국 고문에서 구문적으로 맞지만 의미론적으로는 이례적인 구절들은 전달이 불가능하다는 점을 들어 중국 고문은 인공적 언어라고 주장한다. 그라네Marcel Granet는 언어 연구가 언어를 전달하는 사고의 메커니즘을 분석하는 데 유용하듯이, 사고를 인도하는 여러 가지 원칙의 분석은 표현 수단의 분석에 도움이 된다는, 언어와 사유 간의 깊은 연관성을 전제하면서 '중국 사유'를 들여다본다.[178] 한편 에임즈Roger Ames는 "고대 한자가 서양 언어 보다 개념적으로 모호한 경향이 있는 것은 바로 이론과 실천의 분리를 원천적으로 거부하기 때문이라며, 한자에서 수사학적이고 조작적인 요소를 과도하게 고려하는 것에 대해 주의할 필요가 있다"[179]는 견해를 피력한다. 홀David L. Hall과 에임즈는 "중국 고문은 대부분의 서구 언어와는 달리 명사의 기능이 지배적이기 때문에 의미 있는 진술이 주어-술어 형태의 문장으로 제한되지 않는다"며 중국어의 특수성을 인정한다.

부언하면 한자어의 특수성을 중국사상에서 '서양적 의미의 철학'의 미흡이나 부재로 연결시키는 언어결정론은, 언어가 다르면 현실을 반영하는 관념이나 그 논리적 구성도 달라진다는 추론에 근거한다.

그러나 이에 대한 반론도 적지 않다. 분트Wilhelm Wundt에

---

177 Rosemont, Henry(1974), "On Representing Abstractions in Archaic Chinese", *Philosophy East and West, vol.24*, no.1, pp.80~83.
178 Granet, Marcel(1950), *La Pensée Chinoise*, 『중국사유』, 유병태 옮김, 한길사, 2010, 제1부.
179 Hall, David L. and Ames, Roger T.(1987), *Thinking Through Confucius*, State University of New York Press, p.298.

의하면, 문법적 범주와 논리적 범주는 반드시 일치하지 않는다. 그에 따르면, "문법적 범주는 여러 가지 심리적 동기에 따라서 변화하지만, 논리적 범주는 변화하지 않고 항상 존속한다."[180] 마르티Anton Marty의 '비평행설'도 분트의 관점을 지지한다. 그는 "사유와 언어는 동일체가 아니고, 사유는 반드시 언어보다 이전에 존재한다"고 주장했다.[181] 그레이엄에 따르면, 언어의 차이에 의한 중국사상의 특수성을 지지하는 어떠한 문법적 증거는 없다. 고대 중국사상을 독해하는 데서 한자어의 특수성 문제는 서방에서 끊이지 않는 논란거리이지만, 과연 그것이 중국사상의 본질과 어떠한 연관을 지을 수 있는지의 여부는 전혀 별개의 문제라는 것이다. 따라서 그레이엄은 "서구인에게 중요한 일부 개념, 예컨대 윤리, 권리, 철학, 문명, 과학, 그리고 예술 등의 개념이 없다는 것을 보여 주는 게임은 비록 여전히 유행하고 있지만 상당히 무의미하다"[182]고 말한다. 이보다 좀 더 쉬운 설명방식을 택하는 해석도 있다. 양재혁은 "인도 불교의 경전들이나 서양의 철학서들이 그동안 수없이 중국어로 번역되어도 단순한 의미의 전달은 물론이고 정교한 느낌마저도 충분히 읽어낼 수 있었다는 사실은 언어의 차이로 인해 철학적 개념의 정식화나 논리적 체계의 구축이 제약을 받는다는 가정을 뒤엎

---

180 Wundt, Wilhelm Max(1912), *Elements of Folk Psychology Outline of a Psychological History of the Development of Mankind*, Hardpress Publishing, 2016, p.10.

181 中村元(1966), 『東洋人の 思惟方法』, 『중국인의 사유방법』, 김지견 옮김, 까치, 1990, 10쪽에서 재인용.

182 Graham, A. C.(1989), 687쪽.

는 것이다"[183]라고 지적한다. 슈워츠 역시 중국 언어가 서양 언어와 철학적 개념과 사상 범주에서 일대일 대응관계를 맺지 않는다는 점은 인정하지만, 이러한 언어적 제한을 넘어서는 인류의 공동적 경험의 세계가 가능하다고 보며, 동서양의 상이한 문화전통에도 불구하고 보편적 관심의 문제가 존재한다는 사실을 더욱 중요하게 여긴다. 따라서 그는 중국 고어가 추상적인 사고의 표현에 부적합하다는 주장에 동의하지 않으며, 오히려 그 반대로 '仁'과 '義' 같은 단어들은 기본적으로 추상적인 사고 작용 속에서 논의된다는 점에서 진정한 추상적 개념이라고 설명한다.[184] 이 같은 반론은 언어의 특성을 들어 "중국사상에는 서양철학적 논리체계가 부재하다"는 편향적 시각의 교정을 요구한다. 서양식의 논리적 방법으로 중국의 전통적 사상문화를 이해하는 데 장애가 발생한다면, 그것은 중국 전통과 괴리된 세계관과 사고방식을 잘못 도입한 데 따른 결과인 것이지 중국어에 내재된 결함에서 비롯되는 중국사상의 내적 모순은 아니기 때문이다.[185]

3) 중국철학의 합법성 문제

무릇 사유가 존재의 반영인 한, 어떠한 사회와 집단도, 표현 방식을 달리할지언정, 해당 현실의 구체성과 역사성을 특

---

183 양재혁(1987), 156~157쪽.
184 Schwartz, Benjamin(1985), 23쪽.
185 Richards, I. A.(1932), *Mencius on Mind*, Kessinger Publishing, 2010, pp.86~94.

정한 관념이나 사상으로 표출한다. 모든 문화의 근원은 각기 나름의 세계에 관한 개념들이며, 각각에 고유한 기본적인 상징과 사유를 통하여 세계를 이해한다. 중국사상을 철학으로 용해하려는 노력은 20세기 들어 중국 연구가들에 의해 다양한 관점에서 시도되어 왔다. 후외려候外廬의 『중국사상통사』는 유물론적 시각으로 중국철학을 조망했고,[186] 중국철학의 맹아기를 자학시대自學時代로 규정한 풍우란馮友蘭의 『중국철학사』는 신실재론이라는 방법론적인 렌즈를 통해 중국사상에는 서양적 의미의 철학이 없다는 그의 지론을 펼쳐 보였다.[187] 풍우란에 따르면, 철학은 원래 서구 개념이므로 중국 철학사를 논할 때 중요한 작업은 중국 역사상 존재했던 여러 학문 가운데 서구에서 이야기하는 철학에 해당하는 것을 선택하여 기술하는 것이다.

그러나 중국철학의 특수성을 옹호하는 다른 연구가들은 풍우란의 해석 방식에 동의하지 않는다. 왜냐하면 철학과 사상을 구분하는 뚜렷한 기준은 없다고 보기 때문이다. 서복관徐復觀은 중국사상이 비록 지식적 구성에서 부족한 것이 있다 하더라도 그 본질은 여전히 '철학적'인 것이라고 주장한다. "본원적으로 사용하는 '철학사' 안에 '사상'이란 낱말을 더한 것은 절충을 나타내는 것이 아니라 신중함을 나타내는 것"이고, 중국 문화의 주류에 있어서 삶과 도덕 문제의 탐색 및 그것에서 얻은 결론은 당연히 '철학'이라 일컬

---

186 候外廬 主編(1957), 『中國思想通史』, 1-5卷, 人民出版社, 1978.
187 馮友蘭(1934), 『中國哲學思想』, 『중국철학사』, 박성규 옮김, 까치, 1999.

을 수 있다는 것이다.[188] 모종삼牟宗三의 입장은 더욱 단호하다. 그는 "서양 철학에 종사하는 사람들이 동서양의 철학이 갖고 있는 서로 다른 방향과 형태를 무시하고, 예로부터 모두 동양 철학을 무시하는 나쁜 습관을 가지고 있다"[189]고 비난한다. 그는 중국사상이 서양 사상과 다르다고 해서 서양 철학을 기준으로 취사取捨하는 것에 대해 못마땅해 한다. 그는 '서양철학은 객관적 지식을 추구하는 지식론을 방법론으로 하는 반면, 중국사상의 기본 골격은 수양론으로 이루어져 있다'는 식으로 양자 간의 형식론적 구분을 꾀하려는 풍우란의 절충적인 방식에 동의하지 않는다. 중국사상에서 논리학이나 지식론의 구성에서 일부 부족하거나 빈곤한 점이 발견된다 하더라도, 중국사상은 본질적으로 철학의 영역 안에 있다는 것이다. 그는 중국 고대 철학의 중심을 맹자의 주체성 사상에 두고, 중국사상은 서양 사상에 비해 '주체성'과 '내재한 도덕성'을 특히 중시한다는 점에서, 그리고 도덕 문제의 탐색에 집중하면서 그것으로부터 문화적 결론을 도출한다는 점에서 독창적인 철학이라고 주장한다.

근래 중국 연구가들 사이에서 벌어진 '중국철학의 합법성' 논쟁은 중국사상의 정체성에 대해 자체 내 비판적 성찰과 활로 모색을 시도한다는 점에서 주목을 받고 있다. 진래陳來와 정가동鄭家棟에 의해 촉발된 이 논쟁에서는 서양에서

---

188 徐復觀(1978), 『中國人性史』, 유일환 옮김, 을유문화사, 1995, 23쪽.
189 牟宗三(1974), 29~36쪽.

줄곧 문제로 제기한 "과연 중국에 철학이 있는가?" 또는 "중국사상이 철학인가"의 여부, 서양 철학의 형식을 표준으로 하는 '중국철학'의 재구성 문제, 그리고 '철학'의 외연 확장이나 '철학'의 특수성의 측면을 고려할 때 서양과 중국 모두 각자의 철학이 있다는 동등한 전제의 필요성 등의 문제를 핵심 주제로 다루고 있다.[190] 이 논쟁은 한 번쯤은 짚고 넘어가야 할 중국사상계의 내부 정돈이자 자체 성찰이라는 점에서 의의를 찾을 수는 있겠으나, 서양에서 논란이 제기된 지 수백여 년이나 지난 시점에서 철학과 사상의 구분을 되짚어 보는 등의 논의 자체가 새삼스러운 것일 뿐더러 뚜렷한 결론을 도출하기 어렵다는 한계를 안고 있다. 어디부터가 철학이고 어디까지가 사상인지를 가늠하는 것은 혹자에게는 흥미로운 주제가 될지는 모르나 소모적인 지적 유희로 비쳐질 수도 있다. '철학'이 넓은 의미로 '사상'의 부분집합이라는 대체적인 합의만으로도 '철학'이나 '사상'의 내용적 본질을 훼손하지 않기 때문이다. '문화'로 통칭되는 지성적이고 행위적인 산물 속에는 보편적으로 인간 고유성의 영역이 존재하고, 인간이 체험하는 공통의 세계가 존재한다는 사실은 '사상'과 '철학'을 구분하는 일을 하찮은 것으로 만든다. 그러한 의미에서 '중국철학의 합법성' 논쟁은 사상의 형식을 따져 보는 데 국한될 뿐, 중국사상의 본질에 관한 한 유의미한 결실을 얻어내지는 못한다. 진래의 정의대로 "철학을 초

---

[190] 박영미(2012), 「'중국철학'은 정당한가?」, 『시대와 철학』, 제23권, 3호, 통권60호, 한국철학사상연구회, 175~202쪽.

인간 본성의 역사

월자, 자연, 사회, 그리고 인간에 대한 세계 각 민족의 이론적 사고"[191]로 통칭한다면, 중국사상은 서양의 전통과 별개로 중국 문화가 꽃피운 고유한 철학이다. 앞으로의 "중국철학의 새로운 길은 유물 이상 해석을 하나로 종합하여야 한다'는 장대년張岱年의 견해나, "옛 전통을 미루어 새롭게 만든다는 의미의 '종합창신綜合創新'을 중국 전통 철학의 발전의 중요한 규율로 삼아야 한다"는 방극립方極立의 총결은 이러한 전제 위에서 중국철학의 새로운 활로 모색을 위함이다.[192]

---

191 박영미(2012), 187쪽에서 재인용.
192 田立剛(2006), 「현대 중국사상에 끼친 중국 전통철학의 영향: 전통철학의 계승과 종합적 창조」, 지준호 옮김, 『유교문화연구』, 제10집, 성균관대학교 유교문화연구소, 100쪽.

라파엘로 〈아테네 대학당(부분)〉
플라톤(중앙 좌측)과 아리스토텔레스(중앙 우측)

2부

이성의 발견

설화 혹은 신화

'철학 이전의 시대(The Age of Pre-Philosophy)'에 서양의 고대인들에게 설화說話는 일상생활의 보편관념이었다. 우주의 시원에 관한 이야기에서부터 인간의 탄생, 선악의 뿌리, 사랑과 욕망, 전쟁, 죽음, 그리고 신의 심판 등에 관한 여러 종류의 신화는 의당 사실이 아닌 상상력의 산물이다. 카시러Ernst Cassirer에 따르면, 신화의 특징은 "하나의 인상에 완전히 사로잡혀서 신들린 듯한 현상"이 지배하는 데 있다.[1] 신화에서는 이성적 사유가 작동되지 않는다. 그러나 신화는 출처가 분명하지 않음에도 불구하고 상징의 권위를 갖는다. 신화는 꾸며진 이야기이지만 단순한 환상만은 아니다. 거기

---

[1] Cassirer, Ernst(1953), *Language and Myth*, 『상징형식의 철학. 2: 신화적 사고』, 심철민 옮김, 2012, 33~57쪽.

에는 상징과 은유로 짜인 의미 체계가 들어 있다. 신화는 모종의 이미지와 상징적 인물을 결합시켜 어떠한 사건을 만들어냄으로써 현실세계에 대한 위압적 권위를 행사하기도 한다. 그러나 신화의 진정한 가치는 상징과 은유의 껍질을 벗겨낼 때 드러난다. 허구의 세계가 탈각되고 나면, 그 이야기는 일상적 삶에서 흔히 보는 사건과 별반 다를 게 없는 것이 되곤 한다. 그리하여 신화적 이야기는 결국에는 다양한 이미지와 비유의 형태를 띤 현실의 사고와 긴밀히 연결된다. 고대인들에게 신화화는 인간을 설명하고 자신들의 경험을 지속시키는 방법이었고, 다양한 종류의 신화들이 서로 달라붙어 더 큰 구조를 형성하는 경향을 띠면서, 원시과학적인 문제를 해결하는 주된 도구로 사용되었다.[2]

그리스 신화에 나오는 인류의 기원에 관한 에피소드는 철학 이전의 관념이 어떠한 성격의 것이었는지를 말해준다. 좋은 보기 중의 하나는 인류의 은인으로 등장하는 프로메테우스Prometheus의 이야기이다. 그는 인간에게 불을 건네준 대가로 처참한 최후를 맞는다. 수메르Sumer 신화나 『구약성서』에서도 전해지는 '프로메테우스의 불'은 도구의 발명이나 두뇌의 사용을 상징하든지, 아니면 더 넓은 의미에서 문화의 기원으로 해석되든지 간에, 인간의 지혜가 어디에서 기원했는지에 대한 고대인의 상상력을 전하는 은유이다.

---

2 Snell, Bruno(1955), *Die Entdeckung des Geistes*, 『서구적 사유의 기원: 정신의 발견』, 김재홍 옮김, 까치, 1994, 337쪽.

이 이야기는 으뜸가는 신 제우스Zeus가 '불을 얻게 된 복만큼의 재앙'을 인류에게 내려보냄으로써 극적으로 전환된다. 프로메테우스의 동생 에피메테우스가 아내로 맞아들인 판도라가 상자를 여는 순간 죽음과 질병, 증오와 질투 등과 같은 갖가지 해악이 터져 나와서 인간 세계에 만연하게 되었기 때문이다. 제우스의 지시로 만들어진 판도라는, 대장장이의 신 헤파이스토스와, 지혜와 기술의 여신 아테나, 그리고 사랑과 미와 풍요의 여신 아프로디테가 완벽한 처녀로 꾸미고, 전령의 신 헤르메스가 그녀의 가슴에 거짓, 아첨, 교활함, 호기심을 채워 넣은 '최초의 여자'였다. 신들이 합작해서 맨 처음 창조한 여자는 남자로서는 결코 거절할 수 없는 아름다운 매력덩어리이지만, 그녀 안에는 엄청난 재앙의 불씨가 숨겨져 있다. "판도라에게서 시작된 여성의 계보야말로 남자들에게는 최대의 재앙"이라는 헤시오도스의 한탄은 아름다움에의 도취와 쾌락의 유혹이 불러오는 불길함을 경고한다. 그리스적 은유로 치장된 여성의 이미지는 『구약성서』의 이브와 다르지 않다. 인간은 타고난 욕구로 말미암아 원죄의 족쇄에 묶여 있는 존재와도 같다. 모든 달콤한 유혹에는 삶의 향방을 뒤틀리게 하는 함정이 숨겨져 있다. 판도라의 상자는 인간에게 들씌워진 본유적 특성을 암시하는 고대적 사유의 은유적 표현 방식이다. 이 허무맹랑한 뮈토스Mythos에는 태초의 인간이 선악의 도덕적 굴레에서 자유롭지 못한 존재였을 것이라는 자각적 문제인식이 담겨 있다.

1. 철학의 탄생

B.C.6~7세기를 전후로 자유로운 해상무역이 활발했던 이오니아 지역에서 새로운 사유의 조짐이 나타났다. 밀레토스의 몇몇 사상가들은 신화적 사고에서 벗어나서 만물 생성의 궁극적인 원인과 우주의 운행 원리에 관해서 이성적으로 탐구했던 것으로 전해진다. 고대 그리스적 사유에서 신화나 종교와 철학의 경계를 뚜렷이 구분하는 데는 의견이 분분하지만[3], 통상적인 관점에서 신화적 관념을 원시적 단계의 비

---

3 신화적 사고와 철학적 사유의 연속성 여부와 관련해서는 논란이 있다. 버넷Burnet 은 "탈레스와 더불어 새로운 것이 세계에 들어왔다"고 보지만, 콘포드Cornford는 뮈토스에서 로고스에로의 진입에는 어떤 차이가 있음을 인정하면서도 헤시오도스의 우주론과 아낙시만드로스의 우주론을 동질적인 구조로 이해하고 철학의 신화적 기원을 강조한다. Burnet, John(1920), *Early Greek Philosophers*, Meridian books, 4th edition, 1963; Cornford, F. M.(1912), *From Religion to Philosophy*, 『종교에서 철학으로』, 남경희 옮김, 이화여자대학교 출판부, 1995. 베르낭Vernant과 거스리Guthrie 역시 버넷의 입장과 유사하다. Vernant, Jean-Pierre(1962), *Les Origines de la pensée grecque*, 『그리스 사유의 기원』, 김

이성적·비논리적·종교적 사유의 반영으로 간주한다면, 철학은 합리적·논리적·추론적 사유방식을 추구한다. 따라서 철학은 신비화된 관념을 이성의 근사치로 번안하는 작업이다. 소크라테스가 『테아이테토스』에서 "철학은 놀라워하는 것 이외에 다른 기원을 갖고 있지 않다"(155d)라고 선언했을 때, 그 놀라움은 신적인 것에 대한 느낌을 불러일으키는 데서 멈추는 것이 아니라 이제 인간 정신의 문제로 제시되는 것이다.[4] 즉 철학은 '뮈토스에서 로고스Logos로의 전환'이다. 밀레토스의 철학자들은 미지의 신비를 광장 앞에 펼쳐놓고 누구나 볼 수 있는 탐구의 대상으로 만들었다. 그 작업은, 헤겔의 표현에 빌리면, 인간이 "스스로를 확고하게 견지할 수 없는 사고의 무력함"이나 "미숙한 정신 상태"에서 벗어나기 시작하려는 이성적인 노력이었다.[5] 따라서 서양 철학의 시원은 '신화에서 이성으로' 옮겨가는 어느 지점에 놓여 있다.

뮈토스Mythos에서 로고스Logos로 *(좌측 여백 주석)*

1) '최초의 철학자들'의 생각

전하는 바에 의하면, '최초의 철학자들'의 주된 관심은 인간에 관한 근본적인 물음은 아니었던 것 같다. B.C.7세기 초

재홍 옮김, 아카넷, 1993, 164~167쪽; Guthrie, K. C.(1962), *A History of Greek Philosophy: Volume 1, The Earlier Presocratics and the Pythagoreans*, Cambridge University Press, pp.26~32.

4 Vernant, Jean-Pierre(1969), *Mythe et pensée chez les Grecs*, 『그리스인들의 신화와 사유』, 박희영 옮김, 아카넷, 2005, 467~471쪽.

5 Hegel, Wilhelm(1837), 371쪽.

엽부터 자연철학의 창시자들은 만물이 어디서 생겨났고 자연 세계가 어떻게 작동하는지를 알려고 했다. 아리스토텔레스에 따르면, 이들의 탐구 목표는 "존재하는 모든 것들의 원천, 그리고 그것들이 소멸할 때 결국 되돌아가는 최종적인 것, 즉 여하한 상태의 변화에도 불구하고 그 바탕에 놓여 있는 영속적인 실체"를 발견하는 데 있었다(『형이상학』, A 3 983b 6).

이를테면 엠페도클레스는 만물이 불, 물, 흙, 공기로 이루어져 있고 사랑과 미움의 원리에 따라 사물이 생성하기도 소멸하기도 한다고 생각했다. '아르케Arche'는 가시적인 것만은 아니다. 아낙시만드로스, 아낙사고라스, 레우키포스, 그리고 데모크리토스 등은 실체를 추상적이거나 또는 물리학적인 개념으로 대체했다. 탈레스의 제자였던 아낙시만드로스는 유한자有限者로는 만물의 근원을 설명할 수 없다고 생각했다. 무한자無限者를 뜻하는 '아페이론Apeiron'은 모든 유한자를 산출해내며 모든 사물을 규정한다. 그에 의하면, "영원한 법칙에 따라서 무한자로부터 항상 새로운 세계가 발생하고" 시간의 질서에 따라서 잘못됨을 속죄하면 그것은 다시 무한자로 되돌아간다.[6]

한편 아테네 전성기의 대표적인 사상가 아낙사고라스가 고안한 '스페르마타Spermata'는 질적으로 상이하면서 영원히 존재하는 미세한 물질로, 만물의 종자이다. 만물은 생성하거

---

6 Copleston, F.(1959), *A History of Philosophy Vol.1*, 『그리스 로마 철학사』, 김보현 옮김, 철학과현실사, 1998, 56쪽; *Hirschberger*, J.(1965), *Geschichte der Philosophie Vol.1*, 『서양철학사 상권-고대와 중세』, 강성위 옮김, 이문출판사, 1983, 57~58쪽.

나 소멸하지 않는다. 다만 '스페르마타'의 혼합과 분리만이 있을 뿐이며, 그 변화를 추동하는 힘 또는 원리는 '누스Nous' 이다. '스페르마타'는 각각이 질적으로 상이하면서 무한히 분할될 수 있다는 점에서 데모크리토스의 '원자Atom'와는 다르다. '원자'는 더는 쪼개질 수 없는 것들이다. 원자는 감관에 의해서 지각될 수 없을 만큼 작다. 레우키포스의 단상에서 발전된 데모크리토스의 원자론에서 세계는 '원자'와, 원자가 움직일 수 있는 '공간'으로 구성되며, 유물론적 원리에 의해 작동된다. 데모크리토스는 사물의 생성과 소멸을 원자들 간의 결합과 분리를 통해 설명했다. 그에 따르면, 인간의 육체도 원자들의 결합에 지나지 않는다. 그러므로 영혼이 불멸하는 것이 아니라 오직 원자만이 영원하다.

자연의 관찰자

밀레토스의 철학자들은, 비록 물활론物活論이나 범신론으로부터 완전히 벗어나지는 못했다 하더라도, 자연에 관한 훌륭한 관찰자였다. 그들은 자연을 총체적으로 고찰하고 자연의 법칙성을 합리적으로 인식하는 태도를 보여 줌으로써 훗날 '최초의 자연철학자'라는 칭호를 얻었다. 밀레토스의 철학자들의 위대함은 "원시인의 의식을 사로잡긴 했지만 과거에는 단지 구체적이고 주관적인 형태의 신화로 밖에 표현될 수 없었던 근본적인 진리들을 새로운 형태, 곧 추상적이고 객관적인 방식으로 표현했다는 데 있었다."[7]

---

7 Thomson, George Derwent(1961), *The Study of Ancient Greek Society: The First Philosophers*, 『고대사회와 최초의 철학자들』, 조대호 옮김, 고려원, 1992, 184~185쪽.

만물의 근원에 대한 로고스적 탐색에서 '존재'와 '생성'은 새로운 주제가 된다. 존재와 생성은, 이성과 감성, 일자一者와 다자多者, 불변과 가변, 무한과 유한, 정확하게 확정된 인식의 영역과 부정확하고 유동적인 생각의 영역 등의 범주처럼, 초기 희랍 철학자들이 자주 사용한 이분법의 한 범례였다.[8] 헤라클레이토스는 만물은 항시 유동하는 상태에 있다고 믿었지만, 파르메니데스에게는 존재만이 있으며 비존재는 없다. 존재는 초시간적이어서 시작도 끝도 없고 움직이지 않은 채 고정되어 있다. 플라톤이 파르메니데스에게서 얻어낸 결실은 바로 '존재의 무변화성'이었다. 플라톤은 여기에서 '불멸하는 이데아Idea' 관념의 싹을 찾았다. 아낙사고라스의 '누스'는, 플라톤과 아리스토텔레스가 서로 상이한 평가를 내리기는 하였지만, 두 사람 모두가 승계한 개념이다. 아리스토텔레스는 아낙사고라스가 존재의 생성과 변화를 가능하게 하는 힘을 '누스'로 본 것을 칭송했다. 누스는 만물 가운데 가장 섬세하고 순수한 물질로서, 세계를 지배하고 인간의 마음을 움직인다. 아리스토텔레스에게 아낙사고라스는 '유일하게 깨어 있는 철학자'였다. 플라톤도 처음에는 '누스'에 환호하였지만 '누스'의 기계론적 요소를 발견하고는 실망을 금치 못했다. 아낙사고라스의 '누스'는 정신의 세계와 질료의 세계를 구분하지 않는다. '누스'는 플라톤이 찾고자 한 정신세계의 초월적인 이성이 아니었다. 그럼

---

8 Detienne, Marcel and Vernant, Jean-Pierre(1974), *Les Ruses De L'Intelligence: la mé tis des Grecs*, Paris, Flammarion, p.11.

에도 불구하고 아낙사고라스의 '누스' 발명은 '이성중심주의(Logocentrism)'의 출발을 알리는 최초의 계기였다.

　밀레토스의 관찰자들에게서 인간 본성에 관한 탐구의 기록을 찾기는 어렵다. 이들이 남겨놓은 기록의 흔적은 너무나 단편적이다.[9] 그나마 탈레스가 남겼다는, "세상에서 가장 어려운 일이 '자기 자신을 아는 것'이고 가장 쉬운 일은 '남에게 충고하는 것'이라든지, 신이란 '처음도 끝도 없는 어떤 것'이고 덕이란 남에게 비난하는 일은 스스로 행하지 않는 것"이라는 언명으로 미루어 볼 때, 그가 자연세계에 대한 관찰과 더불어 인간의 존재적 의미와 관련된 물음을 병행하고 있었음을 알 수 있다.[10] 또한 아낙시만드로스는 인간이 물고기로부터 발생하였다는 투박한 진화론적 사고를 보여 주었고, 엠페도클레스는 진일보한 시각에서 생명체의 진화를 하등 유기체에서 고등 유기체로의 발전으로 설명한 흔적을 남겼다. 이 같은 단편적 기록들에 비추어 볼 때, '최초의 철학'을 자연철학으로 특징지을 수밖에 없는 이유 중의 하나는 기록물의 부재 때문일 것이다.

9　단편적인 기록들을 묶은 것으로는 다음의 것들을 참조. Tales 외, 『소크라테스 이전 철학자들의 단편 선집』; 김인곤 옮김, 2005; Läertios, Diogenes, *Vitae Philosophorum*, 『그리스 철학자 열전』, 전양범 옮김, 동서문화사, 2008.
10　정영도(2011), 『그리스 로마 철학』, 이경, 30쪽.

2) 소피스트의 출현 – '인간학적 전회'

'최초의 철학자들'의 시대가 가고 B.C.5세기에 이르러 아테네는 전성기를 맞는다. 페리클레스 시대에 대중민주주의는 만개한다. 선택된 신분이기는 하지만, 시민이 공동체의 주체로 부상하면서 철학의 관심은 자연에서 인간으로 옮겨간다. 소피스트들의 출현과 더불어 인간, 권력, 지식, 진리, 정의, 그리고 올바른 삶 등의 문제가 '철학함'의 새로운 소재가 된다.

통상의 서양 철학사에서 소피스트들은 부정적인 시각에서 묘사된다. 소피스트에 대한 이미지는 오랜 기간 동안 마치 고대 중국의 선진先秦 시대의 출세 지향적 유세객들이나 궤변론자들처럼 좋지 않게 전해져 왔다. 소크라테스가 진리의 화신으로 추앙을 받은 인물이었다면, 소피스트들은 그 맞은편에 선 사이비 철학자들로서 비난의 대상이었다. 소크라테스와 플라톤, 그리고 아리스토텔레스는 한결같이 소피스트들을 부정적으로 평가했다. 그들의 눈에 소피스트는 현학적인 속임수로 사람들을 현혹시키고 거짓 논쟁으로 오도하는 사람이었다. 소피스트들은 '지식을 파는 사람', 다시 말해서 교양이나 수사학 등을 가르치면서 그 대가로 돈을 받고 살아가는 장사치들일 뿐, 그들과 같은 고매한 철학자는 아니었다.

소피스트들에 대한 통상의 인식은 거의 전적으로 소피스

트들에 대한 플라톤의 뿌리 깊은 적대적인 언급에 의존한
다. 플라톤은 『소피스트』, 『테아이테토스』, 『프로타고라스』
등 여러 저서에서 유난히도 소피스트들에 대해 극심한 반
감을 표출했다. 그는 『소피스트』에서 소피스트를 '획득하는
자'로 규정하면서 '부잣집 아이들을 사냥하는 가짜 교육자'
(223b), '말과 배울 수 있는 것들을 다루되 탁월성을 도매술
로 파는 상인'(224c), '말과 배울 수 있는 것들을 다루되 직접
만들어서 파는 소매상'(224c), 그리고 '쟁론적 반박과 말다툼
기술을 통해서 돈벌이를 하는 자'(226a) 등 험한 비난을 쏟아
냈다.[11] 그 주된 이유는 소피스트들의 주장이 자신이 추구한
절대주의적 지식론에 배치되었기 때문이다.

그러나 소피스트들을 온갖 궤변만을 일삼고 철학의 상품
화에 몰두했던 형편없는 사이비들로 규정하는 데는 문제가
있다. 커퍼드G. Kerferd가 지적했듯이, 플라톤이 남긴 기록물
들에만 의존해서 소피스트상을 구축하는 것이 온당한 것인
지에 대해서는 의구심이 생긴다. 더군다나 프로타고라스 등
의 소피스트들이 저술했다고 전해지는 저작들은 하나도 남
아 있지 않음으로 해서, "모호하거나 신뢰할 수 없는 요약과
보잘 것 없는 조각글"에 의존해서 소피스트 사상을 평가한

---

11 커퍼드Kerferd가 열거한 바에 따르면, 그 정의들은 적어도 일곱 가지에 이른다.
Kerferd, G.(1981), *The Sophistic Movement*, 『소피스트 운동』, 김남두 옮김, 아카넷, 2003,
14~15쪽. 플라톤은 소크라테스의 입을 통해 "내가 알기로는 프로타고라스라고 불리는 한
사람이 이러한 지혜를 근거로 유명한 조각품을 만든 피디아스나 다른 10명의 조각가들이
번 돈을 합친 것보다 더 많은 돈을 벌었다"(『메논』, 91d)고까지 비난한다.

다는 것 자체가 무리일 수밖에 없다는 사정도 고려할 필요가 있다.[12] 따라서 커퍼드는 소피스트가 곧 궤변론자라는 통념은 플라톤의 편파적인 평가와 기록물의 부재가 합쳐져 만들어진 참담한 결과로 본다.

소피스트 사상에 대한 왜곡을 바로잡는 데 기여한 젤러 Eduard Zeller의 연구에 따르면, 소피스트들은 대부분 그리스 주변 지역에서 온 사람들이었고, 당시 젊은이들에 대한 체계적인 교육을 주창한 교육기관의 설립자들이었다.[13] 그들은 다방면에서 새로운 철학을 지향하고 있었다. 무엇보다 소피스트들은 문명의 철학을 내세우며 '개별적인 인간'을 탐구대상으로 삼았고, 문화를 향유하는 '사회적 존재로서의 인간'을 조명하는 데 눈을 돌렸다. 그들은 인간과 신의 관계에 관한 본질적인 물음은 물론이고, 경험주의적 귀납의 방법으로 개별적 인간이 마주치는 실천적인 문제, 즉 사회적 윤리와 삶의 방식 등에 관심을 쏟은 것으로 보인다. 전하는 몇몇 단편들은 이들이 전통적인 권위에 도전하는 진지한 사상가들이었고, 나아가서 철학적 탐구를 실천과 직결시킨 계몽정신의 구현자였음을 암시한다. 따라서 젤러는 철학자와 비철학자의 구분은 플라톤이나 아리스토텔레스의 기준에

---

12 Kerferd, G.(1981), 280~282쪽.
13 Zeller, Eduard(1971), 117~118쪽. 브리송Brisson은 소피스트들의 특징을 외국인, 교육 분야에 종사하는 전문 직업인, 수사술을 가르쳤다는 것 등 세 가지를 들고 있다. Brisson, Luc(2011), 「소피스트, 소크라테스, 플라톤: 수사학, 철학적 대화, 변증술」, 김유석 옮김, 『인간·환경·미래』, 제7호, 인제대학교 인간환경미래연구원, 86~90쪽.

따른 것일 뿐이지, 당시 사람들은 플라톤이나 프로타고라스
나 다를 바 없는 소피스트로 여겼거나 오히려 소피스트들이
더 높이 존경받았을 것으로 추정한다.[14] 그러므로 이들에게
'소피스트'라는 추한 이미지의 낙인이 찍히게 된 것은 거의
전적으로 플라톤의 견해에 의존한 결과이며, 플라톤의 유산
을 물려받은 서구 정신사의 편견의 일부일 수 있다.

3) 프로타고라스의 상대주의

소피스트들은 신의 본질과 존재 여부, 인식과 지각의 문
제, 지식의 성질과 진리의 구분, 그리고 사회적 정의 등 인식
론에서 실천윤리에 이르는 철학적 물음을 포괄적으로 다룬
것으로 보인다. 소피스트들 가운데 가장 중요하게 등장하는
인물은 프로타고라스Protagoras이다. 그는 '인간은 만물의 척
도'라는 유명한 명제를 남겼다. 인간은 "존재하는 사물들에
대해서는 그것들이 존재한다는 것의, 존재하지 않는 사물들
에 대해서는 그것들이 존재하지 않는다는 것의 척도이다"
(『테아이테토스』, 166d)라는 명제에서 보듯이, 프로타고라스
는 자연철학자들 이래 최초로 인간을 철학의 주제로 올려놓
는다. 그가 말하는 인간은 보편적 인간 일반이 아니라 하나
의 개체로서 주관적 인간, 즉 '나'이거나 '너'이다. 프로타고

---

14 Zeller, Eduard(1971), 119쪽.

라스에 따르면, 인간은 감각경험이나 지각에 의거해서는 사물의 본질과 그것의 물리적 운동법칙을 분별할 수 없기 때문에 사물에 대한 객관적 지식을 획득할 수가 없다. 따라서 A에게 참인 것은 오로지 A에게만 참이며, B에게 참인 것은 오직 B에게만 참이다. 지식에 대한 상대주의적 관점을 도덕의 영역으로 확장하면, A에게 옳고 그름은 행위 주체의 사적 견해이거나 선택의 문제가 된다. 상대주의적 원리를 사회적 규범이나 법률 등에 적용해도 결과는 마찬가지이다. 사회적 규약이나 규범, 법률과 도덕 등은 인간의 주관적 본성에서 생겨난 사회적 관습이기 때문에 그것들을 만드는 데 관여한 개인들의 집단 안에서만 구속력을 지닐 뿐이며, 결코 모든 사회에 보편적으로 적용될 수 있는 절대적인 법칙이 될 수는 없다. 이처럼 프로타고라스의 인식론적 상대주의는 현상과 실재를 명백하게 구분하지 않는다. 그는 신의 존재에 대해서도 동일한 원리를 적용하여 다음과 같이 말한다.

> "신들에 관하여 말하자면, 나는 그들이 존재하는지 또는 존재하지 않는지도 확실히 알지 못하고, 그들의 형상이 어떠한지도 알지 못한다. 왜냐하면 주제의 모호함과 인생의 짧음 등 확실한 지식을 방해하는 것들이 많기 때문이다."[15]

프로타고라스의 사유방식은 절대적 지식의 발견을 추구

---

15 Copleston, F.(1959), 133쪽.

　　　　　　　　　　　　　　　　　　인간 본성의 역사

하지 않는다. 이 때문에 플라톤은 프로타고라스를 맹공격했다. 그러나 프로타고라스의 상대주의는, 사회적 실천의 장으로 옮겨가면, 모든 인간을 동등한 자격 위에 올려놓고 만인에 대한 동등한 권리를 주장하는 세계시민주의로 진화할 수도 있다. 인간 본성에 관해서 프로타고라스는 생물학적 본성과 학습에 의한 변화 가능성을 모두 수용했던 것 같다.[16] 그는 도덕의 객관성이나 종교의 절대성에 대해서는 철저히 부정하였지만, 인간이 자기 보존의 자연적 법칙을 따르더라도 교육을 통해서 도덕적인 삶을 형성할 수 있는 가능성을 인정하였다. 인간은 자연적 본성에 따라 살아가게끔 되어 있지만, 인성은 교육을 통해서, 특히 어린 시절의 교육에 의해서 자신의 삶을 개선할 수 있다는 것이다. 기록의 부재로 인해 그가 이러한 생각을 얼마나 더 심화시켰는지는 알 길이 없다. 디오게네스 라에르티오스Diogenes Läertios가 전하는 바에 의하면, 프로타고라스는 『여러 가지 덕에 대해서』, 『원초의 상대에 대하여』, 『신에 관하여』 등 10여 권의 저술을 하였으나 모두 소실되어 지금으로서는 그 내용을 전혀 알 수가 없다.[17] 1950년 이집트 멤피스에서 발굴된 조각상들에는 탈레스, 헤라클레이토스, 그리고 플라톤 등과 함께 그의 상이 포함되어 있는 것으로 미루어, 그가 헬레니즘 시대에도 중요한 철학자로 평가되고 있었음을 짐작할 수 있다. 또한 그는 페리클레스와도 긴밀하게 교우하였다는 기록에서

인성은 교육을 통해 개선될 수 있다

---

16 Kerferd, G.(1981), 177~180쪽.
17 Läertios, Diogenes, 613~614쪽.

보듯, 아테네 민주주의의 번성에도 깊이 관여했던 인물이었던 것으로 전해진다.

4) 소피스트적 인간중심주의

여타의 소피스트들도 범상치 않은 생각을 갖고 있었던 것 같다. 이들은 대부분 사회적 관계에서 발생하는 실천적 문제들에 대하여 계몽주의적인 태도를 취했거나, 비판적인 성찰과 숙고를 바탕으로 종종 혁신적인 주장을 내세우기도 하였다. 플라톤에 의해 널리 알려진 고르기아스Gorgias는 지식에 대한 회의주의를 고수했다. 고르기아스는 제논 변증론의 영향을 받아, "존재도 비존재도 존재하지 않으며, 설령 존재한다 해도 인간은 그것을 인식할 수도 없고, 우연히 인식하였다 해도 다른 이에게 전달할 수 없다"는 극단적인 회의주의를 취했다.[18] 고르기아스의 회의주의가 사회적 상황에 대한 비판과 맞물릴 경우 그 결과는 종교 비판이나 평등주의로 발전될 수 있다. 케오스 출신의 소피스트 프로디코스Pródikos는 "신은 결국 실제로 존재하지 않는다"고 단언한 무신론자였고, 플라톤의 삼촌으로 알려진 크리티아스Critias는 인간이 종교를 필요로 하게 된 배경을 '은밀하게 행해지는 惡'의 공포로 설명함으로써 종교적 신비주의의 허구성을 폭

---

18 박규철(2009), 『소크라테스와 소피스트』, 동과서, 168~169쪽.

인간 본성의 역사

로했다. 이 같은 종교 비판은 모든 성찰의 근거를 인간 중심
적 사고에 두었기에 가능할 수 있었다.

인식론적 상대주의의
현실적 표현, 평등주의

　　인식론적 상대주의의 현실적 표현은 평등주의적 세계관
이다. 인간이 만물의 척도라면 사회적 존재로서의 인간은
사회규범의 기준이다. 인간이 모두 본성적으로 동등하다
는 인식은 자연법 사상의 싹을 키운다. 고르기아스의 두 제
자는 사회적 약자가 억압으로부터 벗어날 수 있는 실마리
를 자연법 이론에서 찾았다. 리코프론Lykophron은 "귀족이
란 속이 텅 빈 가짜이며, 인간은 귀족의 선조를 가졌거나 혹
은 아니거나 간에 모두 평등하다"고 주장했고, 알키다마스
Alcídamas는 "신이 모든 이를 자유롭게 했고, 자연은 어떤 이
도 노예로 하지 않았다"[19]고 선언한다. 플라톤의 이복형제인
안티폰Antiphon의 평등주의는 더욱 더 근본에 가까이 다가갔
다. 그는 "인간은 원래 평등해야 함에도 불구하고 현실적으
로는 불평등하기 때문에 자연법과 실정법 사이에는 많은 모
순이 있다"고 주장했다. "모든 인간은 입과 코를 통하여 숨
쉬고 손으로 먹기 때문에 야만인이든지 그리스인이든지 간
에 어떤 관점에서든 자연상으로 평등하다"는 그의 외침은
실제 국가의 법률과 자연의 법칙 간의 현격한 괴리를 고발
한다.[20] 안티폰에게 귀족 대 평민, 그리스인 대 야만인 간의
구별 자체가 야만적인 것이어서, 그의 견해는 '세계시민주

19　Aritoteles, 『수사학 3』, 이종오·김용석 옮김, 리젬, 2008, 1406b.
20　Kerferd, G.(1981), 85~88쪽.

의(Kosmopolitismus)'로도 해석될 수 있을 것이다.

소피스트들의 인식론적 상대주의는 진리의 절대적인 기준을 부정한다. 진리와 도덕에서 절대적인 척도는 없으며, 개개인의 주관적 선택과 이해에 따라서 진리의 상대성과 특수성만이 존재한다. 그렇기에 만약 사회와 국가 안에서 개인들의 상대적 진실과 이해가 서로 달라서 충돌하게 될 때, 이를 조정하고 화해시킬 수 있는 도덕적 판단의 규준은 무엇이며, 규모가 크든 작든 공동체적 삶에서의 공공선은 어떻게 구축되어야 하는가에 대하여 소피스트의 상대주의가 내놓을 답은 별로 없다. 또한 만인이 평등하다고 말할 때 평등의 충돌로 빚어질 수 있는 홉스 류의 '자연상태 딜레마'에 대하여 이들이 어떠한 해결책을 갖고 있었는지는 알 길이 없다. 따라서 '플라톤의 소크라테스'는 "소피스트는 진리가 아니라 모든 사물에 대한 그럴듯한 인식만을 가진다"(『소피스트』, 233c)고 비판하면서, 이를 소피스트 사상의 결정적인 허점으로 포착했다.

그러나 플라톤은 소피스트의 인간중심주의적인 세계관에 내재된 계몽적이고 실용주의적인 효용성에 대해서는 그리 주목하지 않았다. 지식과 행위를 일치시키려고 시도한 점에서 소피스트들은 소크라테스와 다르지 않았다. 오히려 소크라테스와 소피스트들은 여러 면에서 공통점을 찾을 수도 있다. 그들은 우선 단지 전통에 기초를 둔 모든 것에 비판적인

소피스트의 인간중심적 세계관에 내재한 실용주의적 효용성

태도를 취하고 있다는 점에서, 사고의 주요 대상을 인식하고 행동하는 사회적 존재로서의 인간으로 본 점에서, 그리고 철학적 반성은 항상 경험으로부터 출발한다고 인식한 점에서 같았다.[21] 일부 소피스트의 사이비 철학자적 행세나 극단적인 주장을 논외로 한다면, 소피스트의 활동은 전통적 권위에 도전하는 계몽 정신의 발현으로, 때로는 철학을 사회적 실천과 연결하려는 노력으로 평가해도 무방할 것이다. 개별자적 인식의 문제를 사회적 실천과 분리해서 보지 않았던 소피스트 운동은, 현실의 문제에 대해 실질적인 해결책을 찾고자 한 시대적 요청이었다. 따라서 철학을 인간 자신에 관한 연구로 방향을 전환시킨 '인간학적 전회'의 맥락에서 조명한다면, 소피스트 철학은 플라톤의 혹평과는 상반되는 긍정적 의미 부여도 가능할 것이다.[22]

5) 소크라테스의 주지주의

소크라테스는 서양 최초의 도덕철학자로 칭송된다. 그가 불경죄로 법정에 서서 행한 '변명'이나 죽음을 앞두고 친구 크리톤에게 남긴 메시지는 올바른 삶에 관한 것이다. 도덕이론가로서 소크라테스 철학의 주제는 앎과 덕, 지행합일

---

21 Zeller, Eduard(1971), 148~149쪽.
22 박규철(2009), 144~149쪽. 박규철은 소피스트 운동의 공적을 전통적인 종교에 대한 엄격한 비판, 소피스트 이전의 자연철학에 대한 전면적인 거부, 그리고 인간을 세계의 중심으로 새롭게 인식하는 인간 중심의 철학 등으로 요약한다.

의 문제로 알려져 있다. 그러나 우리는 소크라테스가 어떠한 인물이었는가에 대해 자세히 알지 못한다.[23] 우리가 그의 사상에 대해 알고 있는 것은 거의 전적으로 플라톤의『대화』편을 통해서만 확인할 수 있는 것들뿐이다. 플라톤 이외에 소크라테스의 행적을 전하는 기록은 그의 제자 크세노폰 Xenophon이 쓴『소크라테스의 회상』, 희극작가 아리스토파네스Aristophanes가 B.C.5세기 후반에서 B.C.4세기 초반에 쓴 것으로 알려진『구름』, 아리스토텔레스가『형이상학』과『윤리학』에서 짧게 언급한 구절들, 디오게네스 라에르티오스의『철학자 열전』, 그리고 소크라테스 학파에 속했던 인물들이 남긴 일부의 단편들이다. 여러 기록에 나타난 소크라테스에 대한 평가는 엇갈린다. 소크라테스를 가장 부정적으로 기록한 아리스토파네스는 그를 한 명의 소피스트로 간주한다. 그에 따르면, 소크라테스는 청년 시절에는 자연철학에 빠져 전통의 신을 부정하고 궤변을 일삼았던 인물이었다. 크세노폰의 평가는 사실적이거나 또는 중립적이다. 그는 소크라테스를 훌륭한 시민을 만드는 데 힘을 쏟은 대중적인 윤리선생으로 기억한다. 그가 보기에, 소크라테스는 德을 지키려고 했던 우직한 인물이면서 동시에 순박한 공리주의를 신봉하는 선량한 한 시민이었다. 따라서 크세노폰의 회고는 플라톤이 그려낸 '위대한 철인의 형상화'와는 상당한 거리가 있었다.

---

23 어떤 이는 역설적으로 "우리가 소크라테스에 대해 아는 바는 소크라테스에 대해 모른다는 것뿐이다"라고 말한다. Montuori, M.(1988), *Socrates: An Approach*, J. C. Gieben, p.26.

우리가 알고 있는 소크라테스는 거의 전적으로 플라톤의 묘사에 의존하고 있다. 아리스토텔레스도 플라톤을 따라 소크라테스가 "윤리적인 문제들에 몰두해 있었음"(『형이상학』, 987b 1-3.)을 확인해 주고 있다. 플라톤은 거의 모든 저작에서 소크라테스를 주인공으로 등장시켰다. '역사적 소크라테스'와 '플라톤의 『대화』편에 등장하는 주인공으로서의 소크라테스'를 구별하기는 쉽지가 않다.[24] 플라톤 연구가들은 오랜 기간 어디까지가 소크라테스의 것이고 어디부터가 플라톤의 것인지를 놓고 씨름해 왔다. 여러 연구들은 소크라테스의 철학이 플라톤의 초기 『대화』편에 한정되는 것으로 의견을 모으고 있다.[25] 소크라테스 사상의 주된 전거는 「변명」, 「크리톤」, 「고르기아스」, 그리고 「프로타고라스」 등의 초기 『대화』편이다. 그럼에도 불구하고 소크라테스 자신의 기록물 부재와 '역사적 소크라테스'의 판별 문제는 '소크라테스 사상'을 추려내는 데서 커다란 장애가 된다. 흔히 알려진 '소크라테스 철학'이라고 할 만한 것들은 '보편적 정의', 철학하는 방법으로서의 '반어법(Socratic Irony)'과 '변증술(Socratic Dialectic)', '앎'과 德의 개념, 지행합일론知行合一論 등으로 추려진다.

지식의 보편성

플라톤에 의하면, 소크라테스는 소피스트들과는 달리 지식의 보편성을 추구했다. 지식 또는 '앎'은 개인마다 다르게 인식되는 주관적이고 상대적인 것이 아니라, 모든 인간에게

---

24 박규철(2003), 『역사적 소크라테스와 등장인물 소크라테스』, 동과서.
25 Vlastos, G.(1991), *Socrates, Ironist and Moral Philosopher*, Cambridge University Press.

보편타당한 객관성을 갖는다. 아리스토텔레스는 소크라테스의 공헌으로 바로 '귀납 논쟁과 보편적 정의들의 사용'을 꼽았다(『형이상학』, 1078b 17-32). 소크라테스는 '진리가 잠든 채 단지 깨어나기를 기다리는 영혼의 저장소'에서부터 대상에 관한 고정적 개념, 즉 보편적 정의定義를 도출한다. 보편적 정의에 의한 개념의 획득은 지식의 객관성을 담보한다. 소크라테스가 추구하는 보편적 지식은, 자연과 사물에 대한 관찰로부터 얻어지는 자연과학적 객관성이 아니라, 인간 모두에게 적용될 수 있는 가치의 기준이다. 프로타고라스의 명제에서와 마찬가지로 소크라테스의 철학에서도 중심적인 주제는 인간이다. 그러나 그의 인간은 개별화된 주관적인 인간이 아니라 보편적인 인간 일반이다.

소크라테스의 관심은, 인간 사회와 동떨어진 객관적 사실 추구에 있기보다는, 인간의 실천적 행위와 도덕적 태도에 있었다. 따라서 그의 주제는 윤리적 문제들, 즉 올바름, 정의, 그리고 훌륭한 삶에 관한 것이다. 그는 '안다는 것'을 '행한다는 것'과 동일시한다. 소크라테스는 자신을 '잠자는 소를 깨워 귀찮게 하는 등에'에 비유하며 무지의 知를 설명한다. 무지에 대한 자각은 知에 이르는 첫 걸음이다. 무지의 知는 공자가 『논어』「위정」편에서 "아는 것을 안다고 하고 모르는 것을 모른다고 하는 것이 바로 아는 것이다知之爲知之 不知爲不知 是知之"라고 말한 바와 같은 것이다. 그에게 철학은 무지로부터 知에 이르는 사유와 행위의 동시적 과정이다.

소크라테스 철학의 핵심 개념인 '앎'은 德, 탁월성, 능력 및 분별력 등이 포함된 복합적인 개념이다. '앎'은 궁극적으로는 인간이 마땅히 추구해야 할 참된 善을 의미한다. '앎'은 곧 善이요 덕이다. 그는 "'앎'은 아름다운 것이자 사람을 지배할 수 있는 것"으로서, "좋은 것과 아름다운 것을 안다면 앎이 지시하는 것과는 다른 것을 행하지 않을 것"(『프로타고라스』, 352c-d)이라고 말한다. 즉, 참된 '앎'은 최선의 행위로 이끄는 강력한 힘이다.

따라서 그에게 '앎'에서의 사실의 영역과 가치의 영역은 구분되지 않는다. 善에 대해서 아는 것이 善 자체라면, 善을 알지 못하는 것은 善하지 않음, 惡을 의미한다. 그에 의하면, 인간이면 어느 누구도 고의적으로 惡을 행하지는 않는다(『프로타고라스』, 358d). 즉 인간은 자신의 행동이 죄악이라는 것을 알면서도 죄악을 저지르지는 않는다는 것이다. 그는 『고르기아스』에서도 동일한 주장을 반복한다.

> "나쁜 짓을 하는 것에 관해서는 어떤가? 만일 그가 나쁜 짓을 하길 바라지 않는다면, 이것(바라지 않는 것)은 (나쁜 짓을 하지 않는 것에) 충분한가? … 아니면 이에 더해서 어떤 능력과 기술이 또한 마련되어야 하는가? … 어느 누구도 자발적으로 나쁜 짓을 하지 않는다. 나쁜 짓을 하는 모든 자들은 마지 못해 (비자발적으로) 나쁜 짓을 한다"(『고르기아스』, 509d-e).

악행은 전적으로 선악에 대한 무지에서 비롯된 것으로,

무의식적으로 저질러진 결과이다. 인간은 자신의 본성을 손상시키거나 파괴한다는 사실을 알면서도 고의적으로 惡을 행하지는 않는다. 맹자의 성선설에서처럼, 소크라테스에게도 인간 본성에는 악함은 없다. 그러므로 「크리톤」에서 표명된 바, 그의 결론은 "인간에게 가장 중요한 것은 단순히 그저 사는 것이 아니라 善하게 사는 것이며, 또 善하게 사는 것과 아름답게 사는 것, 바르게 사는 것은 같은 것으로, 사람은 그 어떤 경우에도 부정을 저질러서는 안 된다"(49b)는 것이다. 그는 삶의 가장 중요한 관심을 신체나 재산이 아니라 자기 영혼의 지고한 행복으로 돌릴 것(「변명」, 31a)을 권고한다. 인간에게 행복이란 '고상하게 살아감으로써 얻어지는 정신적인 만족 상태'라는 것이다. 소크라테스의 최종 변론은 "인간이 어떻게 살아야 하는가?"에 대한 도덕적 훈계이며, '진리의 첫 시민'으로서 그가 남긴 불멸의 공적으로 간주된다.[26]

「변명」과 「크리톤」 등의 대화편에서 소크라테스는 '바르게 사는 것'의 전형을 보여 주려 했다. 그에 따르면, 올바름에 대한 '앎'에 이른다면 선한 삶을 살아갈 수 있다. 그는 인간을 '도덕의 규범적 근거를 올바로 인식할 수 있는 이성적 존재'로 규정하면서, 참된 '앎'을 실천할 수 있는 도덕적 주체가 될 것을 추동한다. 그러나 善 자체와 善에 대한 선천적 지식을 동일시하는 그의 내재적 주지주의主知主義(Intellectualism)

바르게 사는 것의 전형

---

26 소크라테스의 일대기로는 다음을 참조. Mason, Cora(1953), *Socrates: The Man Who Dared to Ask*, 『소크라테스』, 최명관 옮김, 훈복문화사, 2005; Johnson, Paul(2011), *Socrates: A Man for Our Times*, Viking Press.

는 공자의 상지上知 개념이 야기하는 바와 같은 유사한 문제를 안고 있다. 그의 주장에서 善에 대한 선천적 지식의 인식론적 가능성 여부는 물론이고 어떤 종류의 지식을 德이라고 하는지도 불분명하다. 德 전체가 지식인지 아니면 지식이 덕으로 통합되는 본질적인 하나의 요소인지가 분명치 않다.[27] 惡을 善에 대한 지식의 결여로 보는 견해도 도덕적 사고와 행동이 다르게 나타나는 상황을 설명하지 못한다. 善을 알면서도 惡을 행하는 사례가 현실에서 흔히 발생하는 것으로 볼 때, 그의 견해로는 惡의 기원을 설명할 수 없다.

아리스토텔레스는 소크라테스가 "영혼의 비이성적인 부분인 정념과 성격을 고려하지 않고"(Magna Moralia, 1182a 22)[28] 인간의 본성을 지나치게 단순하게 이해함으로써, 인간의 도덕적 결함과 의지의 역할을 인식하는 데 실패했다고 평가했다. 그 결과 소크라테스의 도덕주의는 대다수 인간의 실제적인 삶을 이해하는 데서 설명적 한계를 가질 수밖에 없다. 『구름』의 작가 아리스토파네스가, 소크라테스가 동시대 사람들의 생각과 동떨어져서 현실을 직시하지 못하고 "구름 위를 떠돌고 있다"고 전하고 있음은 이를 반영한다. 소크라테스는 삶의 목표에 관한 도덕주의적 신념에 의거하여 인간 본성의 善한 부분이 최대한 확장되는 삶을 역설하였으나,

27 Guthrie, K. C.(1969), *A History of Greek Philosophy: Volume III*, *The Fifth-Century Enlightenment*, Cambridge University Press, p.459.

28 Aristotle, *Magna Moralia*, HardPress Publishing, 2012.

그 같은 설교는 제반 목적론을 부정하는 자연주의의 관점에서 보면 신념적 진술의 수준을 벗어나지 못한다. 이는 소크라테스의 주지주의가, 무릇 도덕적 당위론이 봉착하는 문제, 즉 개별 인간 앞에 놓인 善이라는 의무론적 목표와 도덕 실행의 실제적 역량 사이에 존재하는 현격한 괴리를 해소하는 데 별다른 해답을 주지 못했음을 말해 준다.

인간 본성의 역사

2. 플라톤 인간학의 형이상학적 토대

서양 철학의 실질적인 시조로서 플라톤이 누리는 독보적인 위상은 "서양 철학의 전통에서 가장 안전하고 가장 일반적인 묘사는 플라톤에 대한 일련의 주석들로 구성되어 있다"[29]는 화이트헤드Alfred North Whitehead의 평가에서 확인된다. 이 같은 평가는 플라톤 사상이 2,000여 년이 지난 오늘날에도 여전히 지식세계를 지배하는 한 축으로 위세를 떨치고 있는 이유를 설명해 준다. 서양철학에서 통용되는 몇몇 주요한 원리, 규준, 그리고 개념 등은 플라톤이 이루어 낸 업적이다. 플라톤 철학의 목록에는 단순성, 불변성, 반영으로서의 인식, 현상과 실재, 실체와 본질, 우연과 필연, 환원

---

29 Alfred North Whitehead(1979), p.39.

주의와 비환원주의, 도덕적 가치와 규범의 문제, 그리고 우주생성론 등 핵심 개념과 주제들이 망라되어 있다.[30] 따라서 서양 철학의 역사는, 조금 과장해서 말하면, 플라톤의 후예들이 그를 붙잡고 온갖 씨름을 벌여온 과정일 수도 있다.

플라톤적 전통이란 이성 중심의 관념론이다. 플라톤의 관념론은 감각적 현상 세계 저편 너머의 초월적이고 보편적인 실체를 상정하는 '2개의 세계'에 관한 철학이다. 이데아는 객관적으로 실재하는 존재자이며, 이성이 도달할 수 있는 최고의 영역이고, 지식과 가치의 절대적인 기준이다. 이데아론을 기반으로 한 플라톤의 인간론은 인간의 원형을 가멸적인 육체에서 따로 떼어낸 불멸적인 영혼으로, 그리고 육체적 욕구를 통제할 수 있는 이성이 지배하는 존재로 묘사한다. 플라톤의 영혼불멸설은 종교적인 인간학의 면모를 드러내며, 이른바 '심신문제'를 야기하는 정신주의의 진원지로 간주된다.

이성 중심의 관념론

플라톤 철학의 핵심인 이데아론은 그의 여러 저작에 걸쳐 제기된다. 이데아라는 표현은 『에우튀프론』에서 처음 등장하며(5d-6e), 『메논』에서는 "새로운 인식에 도달하는 것이 도대체 어떻게 가능한가?"하는 물음과 관련하여 '상기想起(Anamnêsis)' 개념이 제시된다(81a-86b). 또한 『파이돈』에서는

이데아론

30　남경희(2006), 『플라톤: 서양철학의 기원과 토대』, 아카넷, 20쪽.

이데아론과 결합된 상기설(78b-80b) 및 영혼과 이데아 사이의 유사점(95e-107b)이 논구되며, 『향연』에서는 철학적 에로스를 논의하는 가운데 절대적 아름다움의 형상이 존재함을 강조한다(209e-212a).

그리스어로 에이도스Eidos인 이데아는 본래는 상象이란 뜻이다. 에이도스는 존재의 형식과 속屬, 그리고 일반성으로, 여러 구체적 사례에서 공통적으로 찾아볼 수 있는 본질적 특성이나 사태를 판별할 수 있는 표준을 의미한다.[31] 플라톤에게서 이데아는 여러 가지의 의미로 사용된다. 이데아는 보편 개념, 시공을 초월하여 생성과 소멸을 모르는 영원히 변화하지 않는 것, 그 자체로 존재하는 실체, 영원히 스스로와 동일한 것, 만물의 원인 또는 원형, 모든 것이 추구하는 목표, 그리고 善의 이데아를 정점으로 하는 계층적인 질서이다.[32] 이데아론은 『국가』에서 비유의 형식으로 구체화된다. 『국가』 5권 끝부분에서 처음 제기되고 다음 6~7권으로 이어지는 세 편의 비유, 즉 태양의 비유와 善의 이데아(6권 504e 7-509c 4), 선분의 비유(6권 509c 5-511e 5), 그리고 동굴의 비유(7권 514a 1-518b 5)는 플라톤의 인식론적 토대를 파악하는 중요한 단초가 된다.

---

31 Störig, Hans Joachim(1969). *Kleine Weltgeschichte der Philosophie*, 『세계철학사 상』, 하재창 옮김, 배재서관, 1990. 210쪽.
32 Ross, W. D.(1951), *Plato's Theory of Ideas*, 『플라톤의 이데아론』, 김진성 옮김, 누멘, 2011. 21~30쪽.

1) 동굴의 비유

이데아론을 예시하는 널리 알려진 비유는 '동굴의 비유'이다. 그러나 이 비유는 플라톤의 고유한 창작물은 아니다. 일찍이 헤라클레이토스는 태양과 그림자, 동굴 안과 밖의 유비를 사용한 바 있고, 엠페토클레스도 인간의 세계를 신들의 빛으로 가득 찬 세계와 대비시켜 어두운 하데스의 동굴에 지나지 않다고 설파했다. 파르메니데스는 '속견(Doxa)'에서 '알레테이아Alētheia'[33]에 이르는 과정을 어두움에서 빛으로의 상승으로 묘사함으로써 비유의 줄거리를 제공했다. 동굴의 비유는 이들의 발상에 플라톤이 새로운 철학적 교의를 더해서 그 줄거리를 재구성했다.

동굴의 비유는 세 국면으로 나뉜다. 첫째 장면에서 죄수들은 어두컴컴한 동굴 안에서 사슬에 묶여 있으면서 희미한 그림자만을 보고 있다. 두 번째 국면에서 죄수 중 누군가가 사슬을 풀고 빛줄기를 따라 동굴 밖으로 기어 나와 태양의 빛을 보게 된다. 마지막으로 그는 다시 동굴 속으로 되돌아가 동료들에게 동굴 밖의 상황을 알려 준다. 플라톤은 비유를 통하여 동굴 안과 밖의 두 세계, 현상의 세계와 이데아의 세계를 대비시킨다. 동굴 안에서 죄수들은 그림자만을 볼

---

33 알레테이아Alétheia는 진리를 뜻한다. 알레테이아는 망각을 의미하는 레테이아Létheia 앞에 부정사 A-를 붙인 단어로, 그 진리라는 개념에 '망각으로부터 되돌아 옴'이라는 의미를 포함시켰다. [편집자 주]

수 있을 뿐이고, 동굴 밖으로 나와야 비로소 태양의 빛을 맞이할 수 있다. 동굴 안과 밖, 그림자와 빛 간의 구분은 2개의 서로 다른 세계가 존재함을 상정한다. 하나는 감각적이고 즉시적으로 파악되는 현상의 세계이고, 다른 하나는 동굴의 굴레를 벗어나야만 지각할 수 있는 실체의 세계이다. 동굴 안에서는 빛을 볼 수 없다. 따라서 동굴 안의 죄수들은 그림자의 세계만을 보고, 그것이 세상의 전부라고 믿는다. 그러나 그것은 태양의 빛이 왜곡되어 있는 이미지일 뿐이지 실재는 아니다. 즉 죄수들이 보고 있는 것은 '가시의 영역(Ho Horatos Topos)'일 뿐, '가지의 영역(Ho Neotos Topos)'이 아니다. 동굴 안에서는 볼 수도 알 수도 없는 '진짜의 모습'은 동굴 밖에 있다. 동굴 안이 현상의 세계라면 동굴 밖은 실재의 세계이고, 동굴 안의 그림자가 현상계의 사물을 나타낸다면 동굴 밖의 태양의 빛은 그 사물들의 원형인 이데아이다.

두 세계 사이에는 장애물들이 놓여 있다. 하나의 장애물은 동굴 안 죄수들을 묶고 있는 사슬이다. 사슬은 빛을 볼 수 없게 방해한다. 빛에 이르기 위한 또 다른 난관은 죄수가 사슬을 풀었다 하더라도 동굴 밖으로 나가려고 하는 의지의 문제와 관련된다. 죄수들은 이 두 장애물을 넘어야만 빛의 형상을 볼 수 있다. 통상적인 해석에 의하면, 동굴 안 사슬에 묶인 상태에서 동굴 밖으로 나가 태양의 빛을 보게 되는 과정은『국가』6권의 선분의 비유에서 제시된 인식의 발전단

대상들	가시적인 것들(ta horata) 감각 대상들(ta alsthēta)		지성에 의해서 알 수 있는 것들 (ta noeta)	
선분	상(영상, 모상), 그림자	실물들 (동·식물들 및 일체의 인공물들)	수학적인 것들 (도형들, 홀·짝수 등)	이데아 또는 형상
	A 상상, 짐작 (eikasia)	D 믿음, 확신 (pistis)	C 추론적 사고 (dianoia)	E 지성에 의한 앎, 인식(noēsis, episteme) B
주관의 상태들	의견, 판단(doxa)		지성에 의한 앎 이해(noēsis)	

〈표 2-1〉 선분의 비유(『국가』, 441)

계와 대응적 관계를 갖는다.[34] 즉 네 가지 단계로 차등적으로 구분되는 영혼의 상태는 각각 상상 또는 짐작(Eikasia), 확신 또는 믿음(Pistis), 추론적 사고 또는 지성(Dianoia), 지성적 앎 또는 이성(Noēsis)을 나타낸다.

죄수를 속박하는 사슬은 그림자를 실재인 양 믿게 하는 단계에 머물게 한다. 방해물로서의 사슬은 파르메니데스가 '속견'이라고 부른 것, 즉 "무엇인 것처럼 보이거나 믿어지는 것"이다. 그러므로 사슬에 묶여 있는 상황에서는 상상만이 가능한 가장 낮은 단계의 인식에 머무를 수밖에 없다. 사슬을 풀고 나면 죄수는 그림자와 실물을 구분하는 '믿음의 단계'에 이른다. 그다음에는 동굴 밖으로 나와 자연세계의 사물을 지각하는 '추론적 사고의 단계'를 지나, 궁극적으로 태

---

34 Ross, W. D.(1951), 60쪽.

인간 본성의 역사

양의 빛을 보게 됨으로써 모든 존재의 원인을 깨닫게 되는 경지에 도달한다. 이 최종적 상황에서의 인식이야말로 객관 세계를 직시할 수 있는 '지성적 인식의 단계'이다. 우리는 지성적 인식의 단계에 들어서야만 비로소 이데아의 실체를 마주할 수 있으며, 모든 사물에 관한 지식의 본질에 접근할 수 있다. 지성적 인식은 세계 지성이 부여한 질서를 인간 영혼에 재현 또는 반영함으로써 인간 자신의 존재론적 위치를 상승시키려는 작업이다. 이처럼 플라톤에게 인식이란 존재와 직접적인 관계가 있다. 속견이 무지를 자각하지 못한 저급한 영혼의 상태이고, 믿음이 존재에 이르지 못한 정신의 상태라면, 지성적 인식은 존재의 실체를 확인하게 함은 물론 존재의 원인도 깨닫게 해준다. 왜냐하면 善의 이데아는 만물의 근원이자 원인이며(『국가』, 509b, 511b), 모든 사물에 존재의 근원을 부여하고 발생하게 하며 존재하도록 그 가능성을 제공하는 것(『국가』, 508c-509a, 517c)이기 때문이다.

동굴의 비유는 다양한 해석을 낳는다. 그 가운데 유력한 것의 하나는 하이데거Martin Heidegger의 해석이다. 하이데거는 동굴의 비유를 '진리에 관한 사건'으로 규정하고, ① 지하 동굴에서의 인간의 상황, ② 동굴 안에서의 인간의 해방, ③ 근원적인 빛으로의 인간의 본래적 해방, ④ 해방된 자가 동굴 속으로 귀환함 등 네 단계의 구성으로 풀이했다.[35] 일

---

35 Heideggar, M.(1930~1931), *Vom Wesen der Wahrheit*, 『진리의 본질에 관하여』, 이기상 옮김, 까치, 2004, 제1부. 다음의 것도 참조. 신상희(2009), 「동굴의 비유 속에 결박된 철학

반적으로 인간이 처한 최초의 상황은 동굴 안에서 자신들의 모습을 내보이는 그림자만을 보고 있을 뿐이다. 다음 단계에서 인간은 사슬을 풀고 자기 해방을 시도한다. 그러나 그 해방은 성공할 수 없다. 왜냐하면 그는 동굴 밖에 존재하는 '은폐되지 않은 것', 알레테이아의 특징들을 여전히 파악할 수 없기 때문이다. 인간의 본래적인 해방은 근원적인 빛으로 향해 갈 때 달성될 수 있다. 동굴 밖으로 나와 태양의 빛을 보면서 그는 이데아의 존재를 확인하고 자유의 존재가 된다. 이데아는 동굴 속의 그림자나 동굴 밖의 반사된 모습 등의 개별 사물들을 넘어선, '다른 어떤 것'이다. 그러고 나서 그는 '은폐되지 않은 것'인 진리의 본질에 대한 물음에서 비로소 답을 얻을 수 있다. 그는 은폐성에서 스스로 해방되어 동굴 안으로 다시 내려가 죄수들의 해방자가 되기에 이른다. 곧 플라톤에게 '진리에 이르는 길'은 은폐성에서 비은폐성으로의 존재 이동이다.

그러나 하이데거에 따르면, 플라톤의 "이데아는 오직 통찰하는 자의 통찰 속에서만 존재할 따름이다." 하이데거는 플라톤의 경우에 진리 자체가 최종적인 것이 아닌 善의 이데아의 명에 아래서만 존립할 뿐이라고 비판하며, 존재의 알레테이아야말로 모든 이데아들을 포괄하는 가장 근원적인 것이라고 주장한다. 진리의 본질을 존재자 전체의 존재에서 찾는 하이데거에게는 플라톤은 '서양 철학의 시원을

자, 플라톤: 하이데거가 바라보는 플라톤의 좋음의 이데아 성격과 진리경험의 변화에 관하여」, 『哲學硏究』, 第84輯, 哲學硏究會, 171-196쪽.

은폐하기 시작한 존재 망각의 철학자'였다.[36]

2) 상기론

그렇다면 죄수들은 어떻게 사슬을 풀고 동굴 밖으로 나올 수 있을까? 속견에 빠져 사는 우리는 어떻게 이데아의 세계에 도달할 수 있는가? 죄수가 사슬에서 풀려나와서 무지를 치유하려면 누군가가 그를 강제적으로 일으켜서 그로 하여금 빛을 향하게 돌려놓아야 한다. 소크라테스는 영혼으로의 전향을 위해 대화와 논박이라는 철학적 방법을 사용했다. 철학적 교육은 '무지에 대한 무지'의 상태에 놓인 죄수들로 하여금 절대적인 진리를 추구하게끔 인도한다. 동굴 안의 죄수들은 무교육 상태에 있는 무지의 인간이다. 죄수는 학습의 과정을 통하여 무지를 깨닫는 자신만의 노력이 필요하다.

스스로 깨닫는다는 것은 플라톤이『메논』에서 제시한 이른바 '상기'(86a 이하)를 전제로 한다. 플라톤에 의하면, 인간의 영혼은 원래 이데아의 세계에 거주했다. 그런데 어떤 불행한 이유로 그곳에서 추방되어서 현상의 세계로 오는 도중 '레테의 강'에 이르렀고 거기서 강물을 마시게 된다. 강물을 조금 마심으로써 이데아에 대한 인식을 거의 잊게 되는

---

36 Heideggar, M.(1930~1931), 17쪽.

망각의 과정을 거친다. 그리고 인간의 영혼은 물질적 현상계로 유배되어 육체에 갇히게 되었다. 이 때문에 인간에게는 이데아에 대한 아주 희미한 기억만이 남아 있을 뿐이다. '상기'는 바로 형상에 대한 극미한 실마리로부터 잊힌 기억을 되살리는 일이다. 인간은 '상기'를 통하여 본래적인 상태로의 자각을 회복한다. "학습이란 바로 상기"(『파이돈』, 73a), 즉 일종의 회상에 의한 것이며, 망각된 지식을 되살림으로써 천상계로 되돌아가기 위한 유일한 방법이다. '상기'는 선험적(Apriori)인 형상들을 사용할 수 있는 인간의 능력이다.[37] 플라톤은 '상기' 개념을 통해 인간 정신 안에 존재하는 선험적인 인식 구조를 전제한다. 다시 말해서 이데아에 대한 희미한 기억은 인간의 영혼 내에 본유적으로 존재하는 속성이된다.

'상기'는 영혼 본래의 모습을 되찾는 길이다. 플라톤은 『향연』에서도 같은 이야기를 한 적이 있다. 그는 영혼이 본래의 고향인 이데아의 세계로 돌아가려는 귀소본능 같은 향수를 '에로스Eros'라고 불렀다. 에로스는 영혼이 갖는 본성의 일부이다. 에로스는 페니아와 포로스 사이에서 태어난 자식이다. 페니아Penia는 인간사에서 가난, 결핍 등을 주재하

---

37 통상의 해석에 따르면, 『파이돈』에서의 상기는 모든 사람이 개별자들에 대한 감각지식과 구분되는 일반 개념을 평가할 수 있는 능력이다. 그러나 스콧은 이에 대해 반론을 제기하며, 상기가 일반 개념에 대한 일상적 이해가 아니라 이데아라는 초월적 대상에 대한 고도의 철학적 반성을 위한 것으로, 소수의 철학자들에 의해서만 수행되는 전문적 활동이라는 새로운 해석을 내놓은 바 있다. Scott, D.(1987), "Platonic anamnesis revisited", *Classical Quarterly*, 37, pp.346~366.

는 여신이고, 포로스Poros는 그와는 반대로 풍요, 재주 등 긍정적인 측면을 관장하는 남신이다. 에로스성은 페니아성으로부터 포로스성으로 향하는 본래적 지향성을 의미한다. 에로스는 인간의 영혼 속에 본유적으로 존재하는 아름다움을 향한 갈망이다. 그것은 맹목적이나 멈출 수 없는, 생명 자체의 힘이다. 즉, 여신적 존재의 모사로 은유된 에로스는 '영혼의 되찾음'이거나 되새김으로, 영혼의 운동력인 것이다. 따라서 에로스는 아름다운 대상에서 아름다운 사유로, 아름다운 사유에서 아름다움 자체의 본질로 나아가게 한다(『향연』, 201b, 207a). 사랑의 본질을 다루는 디오티마의 신화(『향연』, 210a~210d)는 아름다움의 절대적 본성이 아름다운 특정한 개별 사물들의 현존과 분리된 고유한 현존을 가짐을 보여 준다. 이처럼 인간이 태어나기 이전부터 '앎'을 갈구하는 본유적 속성을 갖는다는 플라톤의 인식에는 정신의 선험적 기원성이 내재되어 있다.

3. 플라톤의 심신이원론

　이데아론을 형이상학적 기초로 하는 플라톤의 인간학에서 현상계와 이데아계의 대비는 육체와 영혼의 관계로 환원된다. 플라톤은 "영혼은 육체와는 완전히 다른 것으로 인간을 진정한 뜻으로 인간이게 해주는 것은 생명의 영혼이며, 육체는 인간에게 그림자처럼 붙어 다니는 것에 불과하다"(『법률』, 959a~b)고 말한다. 영혼은 실체이고 육체는 허깨비에 지나지 않는다. 그는 『파이돈』에서 영혼과 육체의 속성을 다음과 같이 구별한다.

　　"영혼은 신적이고, 죽지 않고, 사유에 의해 파악되고, 한 가지 모습이고, 해체될 수 없고, 변하지 않는 것을 아주 닮았다. 반면 육체는 인간적이고, 죽고, 여러 가지 모습이고, 사유에 의해 파악되지 않고, 해체될 수 있고, 끊임없이 변하는 것을 아주 닮았다"(『파이돈』, 80 a10-b5).

1) 육체는 영혼의 감옥

플라톤은 육체를 온갖 욕정, 공포, 그리고 불화의 근원으로 본다. 영혼이 육체라는 惡의 감옥에 갇혀 있는 한, 우리는 결코 진리에 완전히 도달할 수는 없다. "육체는 자기의 불가결한 양육(영양 섭취의 필연적인 욕구) 탓에 수없는 수고(동요)를 끼치고", "갖가지의 욕정과 욕망, 공포로써 그리고 갖은 환상과 수많은 어리석음으로 우리를 가득 차게 하고", 또한 "실로 전쟁과 불화, 그리고 싸움을 야기하는"(『파이돈』, 66c) 원인이다. 반면에 영혼은 인간을 인간이게 하는 유일한 실체이다. 영혼의 사전적 의미들, 즉 삶 또는 생명, 비물질적이고 불사의 영혼, 의식적인 자아, 삶과 의식의 원천, 우주의 정신, 그리고 운동과 삶의 비물질적인 원리 등은 모두 플라톤에게서 온 것이다. 그는 『크라틸로스』에서 "영혼(Psychē)은 그것이 몸에 있을 때 숨 쉬는 능력을 가져다주고 원기를 회복시켜 주는 몸에서의 삶의 원인", "온몸의 본성을 지니고, 운반하는 것", "그래서 그 본성을 운반하고 지니는 능력"(『크라틸로스』, 399d-400b)이라고 규정한다. 즉, 영혼은 인간 본성이자 정신의 발원지이면서 또한 생명의 원리라는 것이다.[38]

---

38 플라톤의 영혼 개념은 『국가』에서는 다의적이다. 헬러웰은 '사는 것', '보살피거나 다

따라서 그는 "우리들이 영혼의 활동을 지각할 때 생명이 있다"(『파이드로스』, 245; 『법률』, 895f)고 말한다. 요컨대 그에게 영혼이란 우주의 이성적 생명이자 물질과 시간 안에 있는 영원한 이데아들의 역동적 질서이다.

영혼불멸설, 육체의 유한성과 영혼의 무한성

플라톤은 피타고라스에게서 영혼불멸설을 물려받았다. 그 것은 말 그대로 "육체는 유한하고 사멸하지만, 영혼은 영원하며 불멸한다"는 설이다. 피타고라스에 따르면, 인간의 영혼은 원래 천상계에 살았으나 타락으로 말미암아 지상계의 육체 속에 갇히게 되었다. 『파이드로스』의 신화는 영혼이 지상계로 떨어졌다가 다시 천상계로 복귀함으로써 하늘 너머의 실재를 보게 되는 과정을 묘사한다(248a-249d). 플라톤은 영혼이 본래의 고향으로 되돌아간다는 윤회설, 육체로 태어나기 이전부터 영혼의 존재를 알고 있었다는 상기설, 그리고 영혼과 이데아의 일체성 등을 영혼불멸의 증거로 삼는다. 즉, 영혼의 단일성, 불가분성, 독립성, 비가시성은 불멸의 증거라는 것이다. 그는 "태초에 말씀이 있었느니라"는 『구약성서』의 첫 구절이 쓰이기 훨씬 전부터 "태초에 영혼이 있었다"는 믿음을 인간학의 첫 번째 교의로 삼은 신학자였다.

육체의 유한성과 영혼의 무한성이라는 본원적 소여로 말미암아 둘 간의 결합은 불행을 낳는다. 플라톤에 따르면, 영

스리고 심사숙고하는 것', 그리고 '혼의 어떤 훌륭한 상태 또한 있다'는 표현(353d~e)으로 언급되는 데 대해, 그 각각을 '생명의 원리', '숙고하고 생각하는 힘', 그리고 '올바르고 올바르지 못한 보금자리' 등으로 풀이한다. Halliwell, S(trans. and ed.), *Plato: Republic 10*, *Warminster*, Aris & Philips, 1988, p.157.

인간 본성의 역사

혼과 육체의 결합은 온전히 하나가 되는 완전한 결합이 아니다. 양자의 결합은 육체의 미흡함 때문에 언제든 분리될 수 있고, 설령 결합되어 있다 하더라도 영혼의 활동을 제약한다. 플라톤은 영혼이 육체와 결합된 상태를 영혼이 '육체의 방해를 받아 술에 취한 것 같이 자신을 제대로 가누기도 어려운 상태'(『파이돈』, 79c)라거나, '육체라는 감옥에 갇히거나'(『파이돈』, 82e) 또는 '무덤에 묻혀서'(『크라틸로스』, 339d-400c) 자유롭지 못한 상태, 또는 '영혼이 육체에 마치 못 박힌 것과 같은 상태'(『파이돈』, 83 d-e) 등으로 묘사한다. 육체의 두뇌에 자리 잡은 영혼은 데미우르고스Demiourgos가 직접 창조한 것으로, 둘의 관계에서 육체는 영혼을 위한 일종의 수레에 지나지 않으며(『티마이오스』, 69c), 따라서 영혼에 대해서 우유偶有적일 뿐이다. 영혼이 육체와 결합되어 있는 한, 영혼은 감옥에 갇혀 있는 것처럼 육체 안에 감금되어 있는 상태이고, 육체는 영혼에 대해 무거운 짐이 되고 만다. 곧, 육체는 영혼의 무덤이다. 그러므로 죽음은 "영혼이 육체로부터 해방되는 것"(『파이돈』, 64c, 67d)이다. 플라톤은 "하루살이 영혼들이여! 너희들 죽어야 할 자들을 위한, 하나의 새롭고 죽음으로 나아가는 방랑이 이제 시작 된다"(『국가』, 617d)고 말함으로써, 죽음을 영혼이 자신의 고향을 찾아가게 하는 계기로 본다. 이처럼 그는 육체를 임시적으로만 존재하면서 영혼의 활동을 방해하는 거추장스러운 외피로 간주한다. 따라서 우리가 일상적으로 체험하는 인간을 영혼 하나만의 소유자로 축소시킴으로써 종교적 인간학의 얼개를 완성한다.

죽음은 영혼이 자신의 고향을 찾아가게 하는 계기

2) 영혼 삼분설

플라톤은 『파이돈』에서는 영혼의 단일성을 불멸 논증의 근거로 제시하지만, 『파이드로스』(246a), 『국가』(439d, 588c), 그리고 『티마이오스』에서는 영혼은 단일한 것이 아니라 세 부분의 기능들로 이루어진 복합체라는 영혼삼분설을 제기한다. 『국가』에서는 영혼을 일부는 사자, 일부는 사람, 일부는 머리가 여럿 달린 괴물이 혼합된 존재로 형상화하며 (588c), 『티마이오스』에서는 '혼의 불사하는 원리'로서 뇌에 자리 잡은 이성(Logos) 또는 지성(Nous)으로 불리는 혼과 '사멸하는 부류의 혼'의 두 부분으로서 '용기와 격정에 관여하는 부분'과 '음식물 등에 대해 욕구를 갖는 부분' 등 세 가지의 혼합체로 설명한다(69c-70d). 가장 쉬운 설명은 『파이드로스』의 '쌍두마차 비유'이다.

그는 영혼을 한 사람의 마부가 두 마리의 말을 이끄는 쌍두마차에 비유한다. 마부는 두 마리의 말, 흰 말과 검은 말을 이끈다. 흰 말은 채찍질할 필요도 없이 경고만으로도 마부의 통제에 잘 따른다. 그러나 검은 말은 태생이 미천하여 채찍질을 하여도 마부의 명령에 따르지 않고 이리저리 날뛴다. 흰 말은 용기나 기개 또는 열정을 상징하고, 검은 말은 그칠 줄 모르는 욕구를 의미한다. 영혼의 이성적 부분을 상징하는 마부는 기개와 욕정을 다스리는 역할을 한다. 영혼의 세 요소 가운데 이성과 욕구 간에는 대립적이고 모순적

인간 본성의 역사

인 관계가 설정된다. 이성은 '헤아리는 부분'(『국가』, 439d)이고 '지혜와 배우기를 사랑하는 부분'(581b)이지만, 영혼의 욕구적인 부분은 "사랑하고 배고파하고 목말라하거나 그 밖의 다른 욕구들과 관련해서 흥분 상태에 있게 되는 부분"(439d)이다. 플라톤은 욕구적인 부분에 '음식, 수면, 성욕 등 육체적 욕망'(437b-d)과 '돈과 소유를 사랑하는 부분'(580d-581a)을 모두 포함시킨다. 이성적인 부분과 욕구적인 부분의 대립은 두 가지의 다른 경우, 즉 전자가 후자를 통제할 때와 후자가 전자를 압도할 상황을 연출할 수 있다. 마부가 검은 말을 통제하지 못하면 영혼은 욕정에 이끌려 도덕적 타락의 나락으로 떨어진다. 이 때문에 '플라톤의 소크라테스'는 아테네인들을 향해 영혼의 정화를 권고했고, 이성이 욕망을 통제할 때 도덕적 질서와 마음의 평화를 획득할 수 있다고 역설할 수 있었다. 플라톤의 영혼삼분설은 '인간 본성이 세 기능의 복합적 구성체'임을 지시하며, 그 가운데서 '이성에 해당되는 부분'이 중심이 되는 '복합적 본성의 조화'가 최선의 삶의 형태임을 암시한다.

그러나 이 비유에서 드러나는 몇 가지 문제점도 짚어 볼 필요가 있다. 우선 이성과 욕망 간의 대립이 선명하다면, 흰 말로 상징된 기개의 개념은 모호하다. 즉 이성과 기개, 그리고 기개와 욕망이 어떻게 구분되는지가 불분명하다. 플라톤은 기개에 대하여 '위험을 무릅쓰게 하거나 용기를 보이도록 이끄는 것', '야심에 이끌려 힘, 위신, 영예에 대해 욕망을 갖도록 하는 것', '타인이 잘못을 저지르거나 훼방 놓을 때 화내도록 이끄는 것', 그리고 '우리가 무언가를 잘못 했을 때 스스로 부끄러워하거나 우리 자신에게 화내도록 이끄는 것' 등 여러 표현을 사용했다. 이렇듯 기개는 "얼핏 보아서는 각양각색의 것들을 한 항목 아래 모아놓은 듯한" 인상을 준다.[39] 그는 기개는 아이나 짐승에게도 있지만 이성은 "많은 사람이 늦게서야 지니게 되는 것"(441a)이라고 말함으로써 이성과 기개 간의 구별이 '헤아리는 능력'의 유무 여부에 달려 있음을 시사한다. 그러나 다른 편으로 그는 기개가 '욕구가 잘못된 방향으로 나아갈 때' 이에 분개하면서 이성의 편에 선다고도 말한다. 기개는 "나쁜 양육으로 인해 타락하지만 않는다면 본성상 헤아리는 부분을 보조한다"(441a)는 것이다. 이 경우에 사자의 용맹성과도 같은 기개는 인간 본성의 위계적 구조 속에서 상승하기도 하고 하강하기도 하지만, 이성을 돕고 보조하는 역할을 한다. 그러나 이 같은 여러 설명에도 불구하고 기개는 이성과 욕망 사이 어딘가에서 배회하는 모호한 종류의 심적 에너지로 설정되어 있음으로 해서, 영혼의 구성부분 가운데 가장 불투명한 영역으로 남게 된다.[40]

이성을 인간 본성의 중심적 운용 원리로 보는 것에 대해서도 다른 견해가 있을 수 있다. 쌍두마차의 비유는 인간을

---

39 Field, G. C.(1969), *The Philosophy of Plato*, 『플라톤의 철학』, 양문흠 옮김, 서광사, 1986, 87쪽.
40 Zeller, Eduard(1971), 196쪽.

이성, 기개, 그리고 욕정 사이를 오가지만 궁극적으로 이성에 의해 통제되는 존재로 묘사한다. 어디로 튈지 모르는, 머리가 여러 개 달린 짐승과도 같은 욕구는 인간 본성 가운데 가장 큰 덩어리를 차지하지만 이성에 의해 길들여질 수 있다. 이성은 영혼 가운데서 크기가 가장 작지만 '인간 속의 인간'이요, '인간 속의 성성聖性'이다.[41] 그러나 비유를 되짚어 보면, 영혼의 다른 두 부분인 기개와 욕정도 인간의 물리적 현존을 지탱하는 태생적인 조건이다. 마부가 두 말에 아무리 채찍을 가하더라도 흰 말과 검은 말이 움직이지 않는다면 마차의 이동은 불가능하다. 인간은 생존을 위한 욕망이나 감성적인 열정의 동력이 없이 이성만으로는 삶 자체를 유지할 수 없다. 플라톤은 이에 대해서는 별다른 설명을 하지 않는다. 이것은 그의 의도가 "이성이 인간을 인간이게 하는 속성임을 보여 주려는 데서 그치지 않고, 인간이 반드시 이성적 존재여야 한다"는 윤리적인 신념을 표출하는 데 있었음을 함축한다.[42]

인간이 이성적 존재여야 한다는 윤리적 신념

---

41 Nettleship, R. L.(1962), *Lectures on the Republic of Plato*, 『플라톤 국가론 강의』, 김안중·홍윤경 옮김, 교육과학사, 2010, 323-324쪽.

42 Crombie, I. M.(1962), *An Examination of Plato's Doctrines I*, Routledge & Kegan Paul, p.355.

4. 국가―영혼의 확대판

플라톤에게 국가론은 인간 본성의 문제와 긴밀하게 연관
되어 있다. 국가는 무엇보다도 "인간 본성과 그 욕구 및 그
한계를 근거로 하여 성립한다."[43] 그런 점에서 플라톤의 국
가론은 인간론의 확대판이다. 우선 그는 국가의 기원을 인
간 개개인의 욕구에서 찾는다. 그에 따르면, 국가는 개인이
스스로 충분하지 못하여 다른 많은 사람의 도움을 필요로
하기 때문에 발생한다.

"나라가 생기는 것은 우리 각자가 자족하지 못하고, 여러 가
지의 것이 필요하게 되기 때문일세. … 한 사람이 한 가지 필

---

43 Popper, K.(1966), *The Open Society and Its Enemies*, 『열린사회와 그 적들 1』, 이한구 옮
김, 민음사, 1982, 132쪽.

요 때문에 다른 사람을 맞아들이고, 또 다른 사람이 다른 필
요 때문에 또 다른 사람을 맞아들이는 식으로 … 많은 사람
이 동반자 및 협력자로서 한 거주지에 모이게 되었고, 이 공
동 생활체에다 우리가 '나라(polis)'라는 이름을 붙여 주었네"
(『국가』, 369c).

"나라를 수립하는 것은 우리의 '필요(Chreia)'가 하는 일 같으
이. … 여러 가지 필요 중에서 첫째이며 가장 중요한 것은 생존
을 위한 음식물 마련일세. 그리고 둘째의 것은 주거의 마련 …
세 번째의 것은 의복과 같은 류의 것들 … "(『국가』, 369c-d).

1) 세 계급론

국가는 개인의 기본적 욕구, 즉 의식주의 욕구로부터 만
들어진 공동체이다. 그러나 국가는 본성적 욕구만으로는 성
립할 수 없으며, 그 욕구를 적절하게 제어할 수 있는 장치도
필요하다. 따라서 거기에는 개인에게 있는 것과 "똑같은 원
리와 습관이 있다."[44] 국가는 그 구성과 운용 원리에서 영혼
의 위계적 구조 및 작동 방식과 유사하다. 즉 국가는 인간
영혼의 확대판으로, 영혼의 삼중 구조와 동일한 구조로 구
성된 정치적 유기체이다. "국가는 확대된 인간이며, 인간은

---

44 Robinson, T. M.(1970), *Plato's Psychology*, University of Toronto Press, pp.44~45.

축소된 국가이다."[45] 영혼의 세 구성부분이 갖는 능력들 사이의 관계는 국가를 구성하는 세 계급 간의 관계에 상응한다. 그는 영혼 가운데 '욕망'에 해당되는 농부·장인·상인 등의 생산계급, '기개'에 대응하는 수호자계급, 그리고 '이성'의 역할을 담당하는 최상위층으로서의 통치자 등 세 계급으로 국가의 구성도를 그린다.

플라톤은 피타고라스의 '세 종류의 인간론'[46]을 본떠서, 이 세 계급의 핏줄을 황금, 은, 그리고 쇠나 구리에 비유한다. 그는 『국가』 3권에서 소크라테스의 입을 빌어, 신은 인간을 만들면서 "국가를 다스릴 수 있는 이들에게는 탄생시에 황금을 섞었고, 보조자들에게는 은을 섞었으며, 농부들이나 다른 장인들에게는 쇠와 구리를 섞었다"(415a)고 말함으로써, 세 계급 간의 태생적 구분을 명확히 한다. 플라톤의 세 계급론은 형식상으로는 공자가 말한 상지上知, 중인中人, 하우下愚의 성삼품설과 유사한 구조이다. 타고난 핏줄 자체가 다르기 때문에 본성도 다른 것이다. 플라톤은 이 차등적 계급론을 개별 본성의 차원을 넘어 국가의 차원으로 확대 적용하여 '정의'의 개념을 도출해낸다. 그는 "인간은 저마다 나

---

45 Ricken, Friedo(1988), *Pliilosophie der Antike*, 『고대 그리스 철학』, 김성진 옮김, 서광사, 2000, 160쪽.
46 피타고라스는 삶의 유형에 따라 물건을 팔아 물질적 부를 추구하는 인간들, 경기에서 승리하여 명예를 얻기 위해 노력하는 사람들, 그리고 우주에 대한 탐구를 통해 진리를 얻기 위해 애쓰는 사람들 등 세 부류로 인간을 구분했다. 그가 '철학자'라고 부른 세 번째의 인간형은 영혼의 정화를 통하여 운명과 출생의 굴레로부터 벗어나려고 부단히 노력하는 사람이다. 김내균(1996), 『소크라테스 이전의 그리스 철학』, 교보문고, 90~91쪽. 플라톤은 『파이돈』(68c)에서도 피타고라스와 같은 방식으로 인간을 세 부류로 나누고 있다.

면서부터 서로 다른 것처럼 소질도 다르고 각기 다른 일을 하는 데 적합"하므로 "타고난 대로 각자가 자신의 일을 하지 않으면 안 된다"(453b)는 것을 국가 운용의 원칙으로 삼는다. 즉, 국가는 세 계급의 위계 체계를 지키면서 각각의 역할을 수행하는 분업의 원칙을 따라야 한다. 각 계급이 자신의 위치와 임무에 맞게 행동할 때 국가의 정의가 달성된다. 국가의 정의란 "남(다른 계급)의 일에 참견하지 않고"(433a) "그 자신의 일을 하는 것"(433b, 433d)이다. 영혼의 세 부분이 이성의 지배 아래서 조화와 균형을 이루어야 하는 것처럼, 국가를 구성하는 각 계급의 덕목인 절제, 용기, 그리고 지혜가 조화를 이룰 때 국가의 정의는 실현된다. 즉, 국가의 정의는 계급 간의 불화나 부조화를 제거해서 이미 정해진 계급적 질서를 잘 보존하고 유지할 때 발현된다.

불의는 다름 아니라 정의에 반하는 것이다. 불의는 각 계급이 자신의 일을 하지 않아 계급 간의 역할에서 혼란이 생기거나 기능을 맞바꿀 때 발생한다. 그것은 국가의 최대의 해악이며 바로 불의이다(434c, 434e). 플라톤은 각 계급이 "고유한 직분을 상호 교환하거나, 한 사람이나 소수가 모든 직책을 독점하여 수행할 때 국가는 파멸의 결과를 낳는다"(434b)고 말한다. 즉, 계급 구분이 지켜지지 못할 때 국가는 존립의 위험에 처한다. 그는 국가의 정의가 무너지게 되는 원인과 관련하여 "철과 은, 구리, 그리고 금이 섞임으로써 '닮지 않은 상태(anomoiotes)-변종'과 '조화롭지 못한 불규칙성(anōmalia)-불합리한 잡종'이 생기게 되면, 그곳이 어디이든, 거기에는 늘 전쟁과 적개심이 일어나게 된다"(547a)고 말함으로써, 세 계급 간의 이동과 간섭을 국가 전체를 위협하는 위험요소로 지목한다. 특히 "철이나 동으로 된 자들이 국가를 지키게 되면, 그 국가는 망하고야 만다"(415c). 플라톤의 국가는 사람마다 타고난 본성의 차이를 전제하고, 구성원들 간의 분업과 전문화의 원칙에 따라 운용되는 철두철미한 계급국가이다.

2) '이상국가'인가, '이상한 국가'인가?

플라톤이 구상한 국가의 이상형은 철인왕哲人王이 통치하 철인왕哲人王는 나라이다. 이성이 영혼을 지배하듯이, 철인은 국가를 다스린다. 철인군주는 철학적으로 철저하게 훈련받고 예리한 통찰력을 소유한 통치자이다. 플라톤은 "철학자들이 나라들을 다스리거나, 아니면 현재 통치자들이 진실로 그리고 충분히 철학을 하게 되지 않는 한, 인류에게 있어서도 '나쁜 것들의 종식'은 없다"(『국가』, 473d)고 선언한다. 그가 말하는 철학자란 "선천적으로 기억력이 좋고 쉽게 배우며 고매하고 정중하면서, 진리와 올바름, 용기, 그리고 절제 등의 좋은 자질을 갖춘 자"(487a)들로서 "거의 평생에 걸치는 교육이 더해져야 비로소 될 수 있는 자"(522e-540b)이다.[47] 철인왕 통

---

47 『국가』 5권에서는 철학자와 비철학자를 '이데아들이 존재한다는 진리를 알고 감각적 사물과 이데아를 구별할 수 있는 능력 여부에 따라' 구분한다(476a-d).

치는 최고의 지성이 국가를 지배하는 정치 형태이다. 善의 이데아를 인식하는 철인왕은 훌륭한 나라의 본을 만들어 실현하고(Ⅶ, 592 a-b), 자신을 포함해서 전체 시민을 항상적으로 교육시킨다.

'세 차례의 파도'[48]에 비유되는 이상국가론은 철인왕 통치를 핵심 내용으로 하면서 다른 두 가지 혁신적인 주장을 내세운다(449a-473e). 플라톤은 여성이 남자의 부속물로 여겨지던 시대의 통념을 뒤집어 여성도 통치자가 될 수 있다는 혁명적 발상을 내놓는다. 그러나 그 제안의 진위 여부는 의구심을 낳는다. 그는 다른 여러 곳에서는 '훌륭한 남자가 되고 싶으면 여인을 모방해서는 안 된다'(395d-e)거나 '여성은 약하기 때문에 가벼운 일을 주어야 한다'(457a)거나 '여성은 감정 조절을 못하는 존재'(605d-e)라는 등 여성을 남성보다 열등한 존재로 기술한다. 따라서 여성 통치자에 대한 그의 언급은 현실의 여성에 대한 인식이라기보다는 남성과 동일한 차원에서의 여성의 종적種的 측면에 대한 원론적 입장으로 보는 편이 타당해 보인다.[49] 다음으로 그는 수호자계급에 대해서는 매우 엄격한 삶의 원칙을 적용하면서 '처자妻子 공유'와 '사적 가족의 폐지'라는 극단적인 주장을 펼친다. 수

---

48 Sedley, D.(2007), "Philosophy, the Forms, and the Art of Ruling", in *The Cambridge Companion to Plato's Republic*, Ferrati, G. R. F.(ed.), Cambridge University Press, 2007, pp.256~283.

49 Burnyeat, M. F.(1992), "Utopia and Fantasy: The Practicability of Plato's Ideally Just City", in *Plato*, G. Fine(ed.), Oxford University Press, 2000, p.788.

호자계급은 자신의 자식들이 누구인지도 알아서는 안 되며 그 아이들은 공동으로 양육되어야 하며, 이들에게는 혈통의 순수성을 유지하기 위해서 특별한 조건 하의 교육이 필요하다는 것이다. 덧붙여서 그는 수호자계급의 사적 소유를 이기심에 의한 도덕적 타락의 결과이자 공동체 해체의 결정적 원인으로 보기 때문에 금기사항으로 규정한다.

플라톤이 '훌륭한 나라의 본'으로 제안한 이상국가는 상식적으로 생각하면 별난 나라의 이야기처럼 들린다. 우선 만인의 범견을 뛰어넘는 탁월한 철인이 실재할 수 있는지는 물론이고, 설령 있다고 한들 그가 그토록 인식 능력이 모자라다고 평가한 대중이 어떻게 철인왕의 명령을 이해하고 수행할 수 있을지도 의문이다. 월린S. S. Wolin이 지적한 바, 철인왕이 소유하고 있다는 고도의 초월적 지식이 철학적으로는 의미가 있을지 몰라도 과연 구체적인 인간들에 의해 움직여지는 실제적인 정치사회에서 얼마나 타당성 있고 유용한 것인지도 확증할 방법이 없다.[50] 또한 수호자계급이 처자를 공유해야 한다거나 사적 소유를 금해야 한다는 주장도 공상소설에서나 있을 법한, 실현 가능성이 희박한 발상이다. 이 같은 발상은, 오늘날의 눈으로 보면, 종족의 순수성 보존을 위해서 '우생학적 조치'[51]까지도 정당화하는 국가의 무제한적

---

[50] Wolin, S. S.(1960), *Politics and Vision*, 『정치와 비전 1』, 강정인·공진성·이지윤 옮김, 후마니타스, 2007, 83~97쪽.

[51] 그는 "가장 훌륭한 남자들은 될 수 있는 대로 자주 가장 훌륭한 여자들과 성관계를 가져야 하며, 가장 변변치 않은 남성들은 제일 변변치 않은 여성들과 관계를 가져야 한다"

권력 행사를 방임하거나, 지식과 교육이 실상은 대중 통제의 메커니즘으로 작동하거나, 그리고 국가와 정치권력 구성에서 경제적 기반을 충분히 고려하지 않음으로써, 상부구조와 토대 간의 불가분적 관계를 도외시하는 비현실적인 공상으로 비춰질 수 있다. 따라서 플라톤의 국가는 '현실에서는 실현될 수 없는 순진한 도덕적 열망의 표현'이자 '이론과 실천 사이의 명백한 분열을 담은 수수께끼 상자'처럼 보일 수 있다. 그렇다면 플라톤은 왜 이같이 허무맹랑한 이야기로 '나라의 본'을 만들려고 한 것인가?

이론과 실천의 분열을 담은 수수께끼 상자

철인왕 개념은 플라톤 개인의 정치적 경험을 배경으로 얻은 통치의 '이념형(Ideal Type)'이었다. 그는 젊은 시절부터, 많은 이들이 꿈꾸듯이 "나 자신의 주인이 되면 곧바로 나라의 공적 활동(정치)에 뛰어들겠노라고 생각하고 있었다"(「일곱 번째 편지」, 324b).[52] 청년이 되어 정치에 깊이 관여했지만, 그가 당대의 정치 행태를 혐오하기까지는 오랜 시간이 걸리지 않았다. 그는 아테네가 펠로폰네소스 전쟁에서 패한 이후 등장한 30인 참주정치를 보면서 무엇이 그들을 타락시키고 있는지를 알아차렸다. 그는 폴리스에서 행해진 일련의 정부 형태들인 전제정치, 과두정치, 그리고 민주정치가 너무나 비생산적이고 부도덕함을 절감했다. 그는 새로운 기대를

이상국가의 가능성을 향한 정치 실험

(『국가』, 459d)라고 주장함은 물론, 후자의 자식들은 전자의 자식들과는 달리 양육될 필요도 없다고까지 말한다.

52 Plato, 『편지들』, 강철웅·김주일·이정호 옮김, 이제이북스, 2009, 83쪽.

품고 세 차례에 걸친 시라쿠사 여행을 통해 이상국가의 가능성을 탐색하는 정치 실험에 나섰다. 그러나 그것 역시 실패한다. 그가 현장에서 직접 목격한 것은 시라쿠사의 참주 디오뉘시오스 1세의 쾌락적이고 무절제한 통치였다. 각별했던 친구 디온의 살해를 끝으로 플라톤은 결국 지금 존재하는 모든 국가의 정부체제는 예외 없이 잘못 되었다는 것을 선명하게 깨닫게 되었고, "올바르고 진실되게 철학하는 그런 부류의 사람들이 권좌에 오르거나, 아니면 각 나라의 권력자들이 모종의 신적 도움을 받아 진정 철학을 하기 전에는 인류에게 재앙이 그치지 않을 것"(「일곱 번째 편지」, 326b)이라는 비관적인 결론에 도달한다.[53] 그리고 『국가』 9권 끝부분에서 "이제껏 언급해 온 나라가 이론상En Logō으로나 성립하는 나라"였고, "그 나라는 지상의 그 어디에도 존재하지 않을 것"이고, "다만 그걸 보고 싶어 하는 자들을 위해서 하늘에 '본(Paradeigma)'으로서 바쳐져 있다"(592a-b)고 결론짓는다.

善의 형상이 국가 단위로 확장된 최상의 정체로서 철인왕 통치는, 시간이 지날수록 그의 머릿속에서 퇴색해간다. 『정치가』에서 이 철인왕은 직조술에 비유되는 통치술을 발휘하는 '지성을 배분하는 자'로 변모한다. 물론 『정치가』의 국가는 본질상 이성이 지배하는 지식인·귀족 국가의 범위를 벗어나지 않는다. 『국가』의 입장에서 크게 후퇴한 『법률』에서

---

53 Plato, 『편지들』, 86쪽. 이 같은 결론에 도달하게 된 자세한 과정에 대해서는 다음을 참조. Cornford, F. M.(1950), *The Unwritten Philosophy and Other Essays*, 『쓰여지지 않은 철학』, 이명훈 옮김, 라티오, 2008, 87~106쪽.

도 그는 일관되게 최고의 지성들이 모여 합리적으로 정책을 결정하는 국가를 제시한다. 그러나 『법률』의 국가는 그가 애초에 훌륭한 나라의 본으로서 구상했던 선의 이데아를 인식하는 철인왕의 일인 통치와는 다른 것이다. 그것은 지성이 배분되고 척도의 원리가 적용된 법률에 의해 운용되는 국가이다(『법률』, 713c-714a).[54] 법은 '지성의 배분'으로서, 이성과 철학의 산물이다. 철인 통치는 법치화됨으로써 인치와 법치가 결합되는 형태로 변형된다. 그는 수호자계급이 가족과 재산을 공동으로 소유해야 한다는 극단적인 주장도 되풀이하지 않는다. 재산공유제를 폐기하고 공적 소유와 사적 소유가 혼합된 경제 질서를 모색함으로써 공산제에 대한 동경을 경제적 현실에 맞추는 선에서 타협한다. 그는 「일곱 번째 편지」에서 자신의 심정을 "나도 나이를 먹으면 먹을수록 그만큼 나랏일을 바르게 처리한다는 것이 더욱 어렵다는 생각이 들었습니다"(325c-d)라고 고백한다. 이처럼 '이상국가'는 그의 머릿속에서 점점 멀어지고 있었다.

말년에 이를수록 그의 관심은 현실의 영역에서 벗어나서 우주론적 형이상학으로 옮겨 갔다. 종교적 믿음은 점점 더 보수적으로 굳어지고, 별을 가시적인 신으로, 종교를 인간을 도덕적으로 교육시키는 수단으로 인정하기에 이른다. 그는 말기의 저작인 『티마이오스』에서 지적 창조자인 데미

---

54 젤러는 이러한 변화를 "이성에 기초를 둔 국가 관념은 참으로 거의 신탁에 의한 정치로 되었다"고 표현한다. Zeller, Eduard(1971), 206쪽.

우르고스에 의해 창조된 설계의 흔적들, 이성의 지배를 받는 우주, 그리고 모든 운동의 시초이며 유기체에 있어서 생명의 원리로서 작동하는 세계영혼의 존재에 깊이 빠져든다. 변함없이 이데아의 원형과 이성의 원리가 우주 한가운데 자리 잡고 있지만, 그 초점은 현실세계보다는 종교적이고 신화적인 방향으로 이동한다. 플라톤의 중기에서 말기에 이르는 사상적 궤적을 따라가 보면, 철인왕 이론은 궁극적으로는 善의 이데아라는 중심 테마를 현현하기 위한 정치 기획의 과정적 산물이었지 그의 정치철학이 도달한 '최종 이론'이 아니었음을 알 수 있다.

철인왕은 善의 이데아를 실현하기 위한 과정적 산물이지 최종 이론이 아니다.

5. 플라톤의 종교적 인간학

　　플라톤의 영혼불멸설은 B.C.6세기경에 성행했던 오르페우스 교의에서 기원했다. 교의에 따르면, "삶이란 티탄Titan들의 죄를 대속代贖하기 위해 인간이 받는 형벌이고, 인간의 영생불멸하는 부분인 영혼은 가멸적인 부분인 육체 안에 갇혀 있다."[55] 플라톤이 신비주의적 종교 집단의 영적인 도그마를 우주와 만물에 관한 형이상학적 체계로 세련되게 만들었다 하더라도, 영혼의 본질에 관한 이전의 관념을 그대로 물려받아(『고르기아스』, 492~493), '영혼은 그 권리상 지배자요 주인인 데 반해, 육체는 그의 피지배자요 노예'(『파이돈』, 62b-d)라는 원리를 보존한다.[56] 이 원리는 플라톤의 정신주의에 내함된 비교적秘教的인 근원이 된다.

55　Thomson, George Derwent(1961), 281쪽; 김내균(1996), 32쪽.
56　Grube, G. M. A.(1980), *Plato's Thought*, Hackett Publishing Company, p.121.

1) 신화의 창작자

플라톤 인간학의 종교성은 인간의 조건을 다양한 종류의
신화들을 통해서 살폈다는 데서도 확인할 수 있다. 대부분
의 경우에 신화의 줄거리는 신의 존재와 연관되어 있다. 크
세노파네스와 같은 이는 "사람들이 섬기는 신들이 실재하는
존재가 아니라 인간의 상상력이 만들어 낸 허구일 뿐"이라고
생각하고 있었지만, 헬라스적 사유에서 신의 관념은 뮈토스
와 로고스가 결합된 복합체였다.[57] 플라톤도 예외가 아니어
서 그에게 로고스와 신화의 관계는 상호보완적으로 보존된
다. 신화를 보는 플라톤의 시각은 이중적이다. 그는 신화에
등장하는 터무니없이 많은 신들의 진실성을 의심했고 신화
의 모방적 허구성을 배척하면서도, 영혼의 퍼즐 풀이에서는
신화에 도움을 청한다.[58] 그는 로고스적 탐구가 한계점에 이
르렀을 때 신화를 등장시킨다. 예컨대 『파이돈』의 영혼불멸
논증 뒤에 신화를 등장시키는 방식은 『파이드로스』에서도
재현된다(246a-249d). 플라톤 철학에서 "신화는 집단의 구성
원 전체가 공유하는 지식을 전달하며, 이를 매개로 집단의

---

[57] 다음의 것들을 참조. Hack, Roy Kenneth(1931), *God in Greek Philosophy to The Time of
Socrates*, 『그리스 철학과 신: 소크라테스 이전 철학자들에서 신 개념의 역사』, 이신철 옮김,
도서출판 b, 2011; Vernant, Jean-Pierre(1969), *Mythe et pens e chez les Grecs*, 『그리스인들의
신화와 사유』, 박희영 옮김, 아카넷, 2005; 이재현(2012), 「뮈토스와 로고스: 고대 그리스
철학의 기원에 관한 소고」, 『동서사상』, 제13집, 경북대학교 동서사상연구소, 21~42쪽.
[58] 다음의 글들을 참조. Brisson, Luc(1998), *Plato the Myth Maker*, The University of
Chicago Press; 이상봉(2011), 「플라톤 철학에 있어서 신화의 역할」, 『哲學研究』, 제120집,
대한철학회, 207~228쪽.

동일성을 형성하는 기능을 담당하며,"[59] 사실이 아닌 꾸며 낸 이야기들은 인간에게 삶의 지표와 희망을 제시하는 기능을 한다. 따라서 "신화는 플라톤의 철학 스타일에 있어서 핵심적인 요소이며, 플라톤 철학은 신화 없이는 이해될 수 없다."[60] 그에게는 자신의 논증을 계속 이어나가기 위해서 종종 '고상한 거짓말(Noble Lie)'이 필요했다. 플라톤의 서사가 "소수의 엘리트를 위한 사적이고 비교적秘敎的인 내용을 지니고 있다"는 스트라우스Leo Strauss의 비의론적秘意論的인 해석[61]이나 "최고의 예술가적인 창작력과 같은 정도로 높은 에토스Ethos와 파토스Pathos가 깃들인 신화를 늘어놓았다"는 힐쉬베르거의 평가[62]는 플라톤의 여러 논증이 종종 특정의 사실과 '고상한 거짓말' 사이의 곡예를 통해 작성되었음을 지적하는 것이다.

플라톤의 논증은 다양한 신화와 결부되어 있다. 『국가』의 끝부분에 나오는 에르Er 신화(614b-621d)는 영혼이 어떻게 영원히 환생에서 벗어나게 되는지를 보여 주면서 영혼 불멸의 논증에 힘을 보탠다. 『파이드로스』의 쌍두마차 비유(246a)나 『국가』에서 '신이 시민에게 금, 은, 동, 철이라는 각기 다른 자질을 부여했다는 신화'(415a, 249)는 인간 본성의

59 Brisson, Luc(2010), 「플라톤에게서 신화의 역할과 고대에서 그 역할의 확장」, 김유석 옮김, 『인간·환경·미래』, 제5호, 인제대학교 인간환경미래연구원, 161쪽.

60 Stewart, J. A.(1905), *The Myths of Plato, London*, MacMillan and Co. Limited, 2012, p.3; Plato, *Plato's Myth*, 『플라톤 신화집』, 천병희 옮김, 숲, 2014.

61 Strauss, Leo(1964), *The City and Man*, Chicago University Press, ch. 2.

62 Hirschberger, J.(1965), 『서양철학사 상권』, 172쪽.

차별적 등급 주장을 뒷받침하기 위해 사용된다. 또한『향연』
의 에로스 신화(201d-212c)는 소크라테스의 삶을 되새기며
인간의 중간적인 성격 규정과 중간성의 불완전성에 대한 자
각을 불러일으켜 철학자적 상향의 의지를 고취시킨다. 이밖
에도『프로타고라스』,『정치가』,『법률』에서 플라톤은 몇몇
신화를 삽입하여 국가의 발생 과정 및 신과 인간의 정치적
관계를 보여 주려 한다. 그리고 최후의 저작인『티마이오스』
에서 그는 우주와 인간이 어떻게 탄생하게 되었는가를 보여
주는 우주 창조에 관한 신화로 그럴듯한 이야기를 마무리한
다. 창조 신화에 따르면, 만물의 창조자는 데미우르고스이
다. 조물주 데미우르고스가 이데아를 본떠서 생성·소멸하는
만물의 세계를 만들었다. 데미우르고스는 '善의 이데아'를
우주 창조에 구현시킨 최고의 존재로서, "세계영혼을 만들어
서 스스로 운동하는 영혼이 모든 운동의 시초이며 유기체에
있어서 생명의 원리가 되게 하였다"는 것이다. '태초에 영혼
이 있었고', 인간의 영혼은 그 인근의 어딘가에서 탄생했다.

2) 신학자 플라톤

플라톤은 우주와 인간의 문제를 다루는 주요한 순간마다
신화를 등장시킨다. 플라톤을 철학자라기보다 신학자로 이
해하려는 사람들은 그의 탐구가 세계 질서의 신적 근원을
찾고 그 완전성을 추구하는 것을 궁극적 목표로 삼았다고

본다.[63] 플라톤 철학의 신학적 경향은 특히 『법률』에서 두드
러진다. 『법률』 10권에서 그는 오르페우스교, 피타고라스 사
상, 엘레우시스의 비밀 의식, 그리고 디오니소스적 제식 등
을 모두 엮어서, 신의 세계 지배, 영혼의 환생, 사후 심판, 저
승으로의 먼 이동, 지하 세계 혹은 지복한 곳에서의 죽은 자
들의 삶, 이승의 삶에 대한 보답과 처벌 등 종교적 교의를
구체적으로 제시한다. 이를 통하여 플라톤은 우리로 하여금
"신들이 존재한다는 것뿐만 아니라, 그들이 인간에 대해 초
연하지 않고 인간과 인간사에 관심을 가지고 있다는 것을

인간은 신의 장난감 | 믿어야 한다"는 믿음으로 인도한다.[64] 인간은 신의 장난감으
로 만들어진 존재라는 것이다.

> "고귀하고 진지한 임무는 고상한 마음과 진지함으로 수행되
> 어야 하지만, 아무런 진지함의 가치가 없는 것은 그럴 필요가
> 없다. 본질적으로 신은 모든 지복함과 진지한 노력의 가치가
> 있는 존재이다. 반면 인간은 … 신의 장난감으로서 만들어진
> 존재이며, 바로 이것이 그에게는 최상의 것이다"(『법률』, 803c).

인간이 '만물의 척도'가 아니라 '신이 만물의 척도'(『법률』,
716c)이고, 객관성, 진리, 그리고 올바름의 기준은 신에게서
기원한다. 플라톤에게 '신적인 것'이란 "아름답고, 현명하고,

---

63 예거Jaeger의 두 저작을 참조. Jaeger, W.(1936), *The Theology of the Early Greek Philosophers: the Gifford Lectures*, Oxford Clarendon Press, 1947; Jaeger, W.(1961), *Early Christianity and Greek Paideia*, Harvard University Press.
64 Field, G. C.(1969), 153쪽.

선하며, 이와 같은 것"(『파이드로스』, 246d-e)이다. 헬라스인들에게 신이란 인간 이상의 것이요, 죽게 되어 있지 않는 것이므로 불후의 것이었던 바[65], 그는 모든 표현을 동원하여 신을 찬양한다. 신은 "스스로 운동하는 것이자 모든 운동의 근원"(『법률』, 895a-b), "모든 존재자의 시초와 종말과 중간을 유지하게 하는"(『법률』, 715c-716a) 구심점, "진리로 존재하는 침대의 제작자"(『국가』, 597b-d), 그러므로 "모든 관점에서 최상"(『국가』, 381b)이다. 그는 『필레보스』에서는 '우주의 질서를 세우는 정신 혹은 신성한 이성'이라고도 말하며, 『티마이오스』에서는 세계의 조물주로서 '아버지'라고도 부른다. 『파이드로스』의 말미에 나오는, "오, 사랑하는 판Pan과 여기에 있는 모든 신들이여! 내 마음속을 아름답게 해주옵소서"라는 경건한 기도는 인류 최초의 신학자인 양 신에 대한 고귀한 마음가짐을 드러내 보인다. 그가 철학을 사랑하는 이유도, 그래서 철학을 하는 이유도, '철학함'이 "신적인 것에 가장 가까운 것"(『국가』, 500c-d)이었기 때문이며, 그렇기에 "철학자는 스스로 신적"(『일곱번째 편지』, 340e)이거나 신적일 수 있었기 때문이다. 이는 플라톤의 사유가 본질에 있어 종교적 원리에 바탕을 두고 있음을 말해 준다.[66]

플라톤 철학의 종교성은 또한 기독교적 교리와 대비할 때도 선명하게 드러난다. 창조론에 따르면, 인간은 태초에 신

65 Guthrie, K. C.(1960), *The Greek Philosopers: From Tales to Aritoteles*, 『희랍철학 입문: 탈레스에서 아리스토텔레스까지』, 박종현 옮김, 서광사, 2000, 25쪽.

66 Weischedel, W.(1983), *Der Gott Der Philosophen*, 『철학자들의 신』, 최상욱 옮김, 동문선, 2003, 102~103쪽.

에 의해 창조되었으며, 그에 의해 천부적인 속성을 부여받은 피조물이다. 데미우르고스의 우주 창조 신화, 영혼불멸, 그리고 육체적 욕구의 절제 등은 그리스도교 교리와 부합된다. 플라톤 철학의 최종 목표가 '多의 일자화一者化'로 집약되어 궁극적으로 인간의 구제를 지향한다면, "태초에 말씀 Logos이 있었느니라"는 교의는 그의 후발 명제처럼 들릴 수 있다. 『메논』에서 상기의 신화는 구성 방식에 있어서 「창세기」 2장의 에덴동산 이야기와 유사하다. 두 이야기에서 이데아 세계-에덴동산, 레테의 강-선악과 나무, 강물 마심-열매 먹음, 현상계-지상 세계, 그리고 상기-속죄 등은 이항적 대응관계를 형성한다. 기독교에서 영생을 위해 천상계로 오르는 계단이 원죄에 대한 참회와 하나님의 말씀을 조건 없이 따르는 일이라면, 상기는 영혼불멸의 세계로 되돌아가는 본래적인 자각의 선천적인 회복 수단이다. 플라톤이 구상한 '정의가 지배하는 나라'는 후대의 『성서』 저자들에 의해서 '하나님의 義가 지배하는 나라'로 기술된다. 또한 『구약성서』의 모세는 플라톤의 철인왕과 비슷한 모습으로 등장한다. '여호와의 義'를 성문화한 모세의 율법은, '진리의 모방'이며 '지성의 배분'이며 '척도의 적용'인 플라톤의 법률과 흡사한 구조로 이루어져 있다.[67] 기독교가 하나님의 나라와 피조물의 세계를 상정하듯, 플라톤에게도 천상의 세계와 천하의 세계, 2개의 다른 세계가 존재한다. 여느 종교와 유사

---

67 김윤동(2011), 「플라톤의 철인왕 통치」, 『哲學硏究』, 제117집, 대한철학회, 30-31쪽.

하게도, 플라톤의 철학은 '두 세계에 대한 철학(A Two-World Philosophy)'[68]으로, 인간의 구원을 목표로 삼는다.

플라톤 이후의 플라톤주의

플라톤에게 "육체의 감옥에서 벗어난다"는 것은 영혼이 다시금 본래의 자리로 돌아가서 그 완전성을 회복하기 위한 필요조건이다. '현실세계에는 있지 않는 것'으로서 이데아의 설정은 마치 기독교의 천국을 연상시킨다. 차이가 있다면, 그 '있지 않는 것'은 기독교에서처럼 하나님이 늘 나와 함께하는 것이 아니라, "어떤 유한자에서도 찾을 수 없다"는 것이다. 니체Friedrich Nietzsche가 알아차렸듯이, 플라톤은 그리스도 이전의 최초의 그리스도교적 사상가로서 손색이 없다. 플라톤 이후의 플라톤주의는 결코 그리스도교의 곁을 벗어난 적이 없다. 플라톤주의는 아우구스티누스가 "아무도 플라톤주의자들만큼 우리들에게 가까운 자는 없다"[69]고 확신할 정도로 기독교를 지탱하는 강력한 기둥이었다. 신플라톤주의자들은 플라톤 철학의 주요한 개념들을 명백히 기독교적으로 윤색했음은 물론이고, 포교의 주요한 이론적 수단으로 사용했다. 僞디오뉘시오스가 신비주의자의 신적 상승을 추적했을 때, 플라톤의 이데아는 고스란히 되살아났다. 중세 기독교 철학자들에게 플라톤 사상의 수용은 당대의 교의와 어긋나는 일이 아니었다. 이데아론은 중세의 신비주의자들에게도 정신세계를 조명하는 최고의 이론으로 받아들여졌

---

68 Guthrie, K. C.(1960), 158쪽.
69 Augutinus, 『신국론』, 성염 옮김, 분도출판사, 2004, 8권 5장.

고, 유일신을 믿는 종교적 신학의 철학적 토대로 작용했다. 플라톤의 범주들은 안셀무스적 유신론의 형성에 중요한 역할을 담당하였기에, '하나님은 순일純一, 절대, 무한, 영원, 불변, 전능, 전지, 완전한 善이자 세계에 대해 본질적으로 독립적인 완전한 존재자라는 견해'로 다듬어질 수 있었다.[70] 근대에 들어서 기독교적 세계관이 쇠락의 조짐을 보이면서 플라톤의 영적 사상가로서의 명성이 다소 위축되었는지는 몰라도, 케임브리지의 플라톤주의자들은 플라톤을 우주 창조의 전체적 구조를 최초로 제시한 철학자로 받들면서 유신론적 관념론의 영토를 굳건히 지키려고 했다. 이처럼 기독교의 시대가 지속되는 10여 세기 동안 두 교의의 친화성은 아우구스티누스에서 버클리George Berkeley까지 이어지는 정신주의 전통을 든든히 뒷받침했다.

플라톤과 니체

플라톤의 정신적 신비주의를 의심했던 무신론자들에게는, 19세기가 끝나 갈 무렵이 되어서야 비로소 시원스런 대답을 들을 수 있었다. 니체가 핵심을 짚었다. 니체는 '기독교의 출현 이전에 이미 기독교적인 인물'이 범한 커다란 착각이 서구 문화에서 대중적인 종교의 형태로 확산된 결과를 심히 못마땅해 했다. 그에 따르면, 서양 철학의 역사가 형이상학적·목적론적·도덕적 해석으로 각인된 책임은 전적으로 플라톤에게 있다. 그는 자신의 철학을 '플라톤주의를 뒤집

---

70   Cooper, John W.(2006), *Panentheism: the Other God of the Philosophers*, 『철학자들의 신과 성서의 하나님』, 김재영 옮김, 새물결플러스, 2011, 53~54쪽.

은 것'이라고 공언했다.[71] 니체는 기독교에 대한 극심한 반감을 이기지 못하고, 플라톤을 향해 '관념론의 원조', '고등사기', '도덕을 통한 모든 사실의 날조자', '끔찍한 심리학', '시골 목사가 되고 만 철학자', 그리고 '유럽 최대의 재난' 등 온갖 험담들을 쏟아부으면서, 이데아론의 종교성을 끈질기게 물고 늘어졌다. 그는 "플라톤이 발견한 善의 이데아를 가장 나쁜 독단주의의 오류"라고 규정하며 "그리스 철학의 도덕주의는 플라톤으로부터 병적으로 조건지워졌다"[72]고 비난했다. '형이상학적 이분법과 도덕의 전형적인 결합체'인 플라톤의 이데아론은 '존재하지 않은 것'을 형상화한 허구였고, 반고대(Anti-Antik) 희랍적인 데카당스였다.[73] 그리고 거기에서부터 '허무주의의 원천'이 시작되었다는 것이다.

니체가 보기에, 플라톤의 근본적인 오류는 철학적 사유를 종교적 신념으로 바꾸어 놓은 데 있었다. 플라톤이 말한 '참된 세계'란 공상적 신학을 꿈꾼 데서 비롯된 하나의 우화에 불과했다. "기독교의 출발점인 기적을 행하는 자와 구세주에 관한 조야한 우화"는 이미 플라톤에 의해 만들어졌다. 니체는 플라톤주의와 기독교를 한데 묶어 동종의 존재론적 오류로 간주했다. 그가 보기에, 두 종교 사상에서 빈번하게 사

---

71 Nietzsche, Friedrich, *Sämtliche Werke: Kritische Studienausgabe*, Herausgegeben von G. Colli and M. Montinari, Walter de Gruyter, 1999, Bd. 7, s.199.

72 Nietzsche, Friedrich, *Sämtliche Werke: Kritische Studienausgabe*, Bd. 8, s.92.

73 Nietzsche, Friedrich(1889), 「우상의 황혼」, *Sämtliche Werke: Kritische Studienausgabe*, 『니체전집 15』, 백승영 옮김, 책세상, 2002, 88쪽.

용되는 '영혼', '영혼불멸', '최후의 심판', 그리고 '피안' 등의 용어들은 "인류의 자기 모독 상태를 달성시키는 고안물"에 지나지 않는다.[74] 양자의 본질은 같은 것이다. 다만 차이가 있다면, 플라톤주의가 소수 귀족을 위한 종교사상이었던 데 비해 기독교는 다수 민중의 종교라는 점에서만 다를 뿐이다. 니체가 플라톤 철학의 복합성을 다 읽지 못한 채 플라톤을 한쪽으로만 몰아세웠다는 지적에도 불구하고, 서구 문화를 떠받치는 두 기둥, 곧 그리스적 사유의 기념비적 상징물과 기독교적 세계관이 '불멸의 영혼' 관념을 매개항으로 하는 하나의 기원에 뿌리를 두고 있다는 그의 인식에는 일정한 진실이 담겨 있다. 그러므로 기독교적 신앙이 지배적으로 유포되어 있는 사회에서 플라톤주의의 보급과 확산은 자연스러운 현상일 수밖에 없었으며, 이는 관념론에 경도된 수많은 서양 사상가들이 오랫동안 플라톤을 숭배하게 된 배경과 무관하지 않을 것이다. 영혼만이 실재하는 세계 속에서 떠도는 플라톤적 인간은 오랜 기간 중세인의 의식세계에 머물다가 데카르트에 의해 근대적 언어로 번안된 '자아'로 부활한다.

플라톤의 영혼과
데카르트의 자아

---

74 Nietzsche, Friedrich(1888), 「안티 크리스트」, 『니체전집 15』, 265쪽.

6. 아리스토텔레스의 인간본성론

아리스토텔레스도 플라톤처럼 이성을 인간의 고유한 속성으로 본다. 그러나 그는 스승의 생각과는 달리 초월적 이데아의 실체적 존재를 인정하지 않았으며, 육체를 영혼의 감옥으로 보는 심신이원론도 거부했다. 아리스토텔레스는 "진리도 벗(플라톤)도 모두 사랑해야 되지만, 진리를 먼저 존중하는 것이 겸허한 태도"(『니코마코스 윤리학[이하 EN으로 표기]』, 1096a 17-18)라는 언명으로 자신의 철학이 플라톤의 것과는 다름을 명백히 했다.

1) 목적론적 형이상학

아리스토텔레스의 형이상학은 실재론으로 여러 면에서 플라톤의 이데아론에 대해 대립적이다. 그도 플라톤처럼 보편자의 개념을 사용하지만, 이데아와 개별 사물을 분리하지 않는다. 그가 볼 때, 존재란 항상 그 '어떤 무엇'이기에 모든 존재는 개별적이고 한정적인 실체이다. '보편자는 실체가 아니다'(『형이상학』VII, 13장)라는 말은 "객관적 보편자란 없고, 마음속에 있는 주관적 보편자에 대한 객관적 근거가 사물 속에 있을 뿐임"을 의미한다.[75] 실체는 개별 사물 속에서만 발견될 수 있다. 따라서 그는 플라톤의 이데아에 대하여 "보편적 형상들이 완전히 분리된 채 존재한다는 가정에 의해 무슨 목적이 달성될 수 있단 말인가?"(『형이상학』, 991a 8-18)라고 되물으며, 개별적 사물이 이데아를 분유分有할 뿐이라는 플라톤의 교의를 "시적인 비유이거나 말장난에 지나지 않는 것"(『형이상학』, 991a 19~991b)으로 비판한다. 그는 이데아는 추상적 일자一者로 독존하는 것이 아니라 사물 속에 내재하는 것으로 보고, 보편자를 개별적인 사물들의 본성으로 파악한다. 아리스토텔레스에게는 일반적인 것보다는 특수한 것, 보편보다는 개체가 더욱 중요하다.

보편보다 개체

아리스토텔레스의 형이상학은 현상계를 '사물이 변화하

---

75 Copleston, F.(1959), 411쪽.

고 운동하는 실재의 세계'로 이해하고, 만물에는 자체의 목적(Telos)이 깃들어 있음을 전제한다. 그가 즐겨 사용한, "자연은 아무 것도 헛되이 하지 않는다"(『정치학』, 1253a 9)는 언명은 사물의 생성과 변화가 자체의 목적에 의해서 진행됨을 지시한다. 한 마디로, 피지스Physis는 곧 텔로스Telos이다. 그는 우주 안에서의 모든 변화를 만들어 내는 불변의 원인을 가정한다. 만물의 생성과 변화는 자동적이거나 자체적인 것이 아니다. 그는 "운동 중인 모든 사물은 반드시 다른 것에 의해서 움직여진다"고 말하면서, 만물이 운동하는 근원을 "맨 처음 운동하면서 운동할 수 없는 것"(『형이상학』, 1072a 21이하), 즉 '부동의 원동자(Unmoved Mover)'(『형이상학』, 1073a 27)라고 불렀다. '부동의 원동자'는 '영원하면서도 움직이지 않고 감각적 사물과는 독립적인 존재자'로서 모든 것을 움직이게 하는 궁극적인 원인이다. 아리스토텔레스의 목적론적 세계관은 '부동의 원동자'를 원점으로 사물의 본질과 운동을 인과론적으로 설명한다. 그는 사물 자체는 무엇이고, 무엇으로 그리고 어떠한 목적으로 만들어졌으며, 무엇에 의해 움직이는가의 물음을 통하여 형상인形相因, 질료인質料因, 운동인運動因, 그리고 목적인目的因을 범주화하고, 사물의 본질과 존재 이유를 인과관계로 규정한다. 질료는 모든 사물의 기체로서 '가능태 또는 잠재태(Potentiality)'이며, 형상은 '현실태 또는 완성태(Actuality)'이다. 질료가 형상으로 체현되기 위해서는 본래의 목적을 향해 움직여 나아가도록 어떤 작용이 일어나야 한다. 사물의 변화란 가능태에서 현실태로의 구현이다.

형상과 질료,
운동과 목적

아리스토텔레스는 형이상학의 기본 범주를 그대로 인간학에 적용한다. 그는 인간 역시 자연물의 일부이므로 한 자연세계의 원리에 의해서 설명될 수 있음은 물론이고, 나아가 "인간이 사물에 대한 탐구의 출발점"(『동물지』, 491a 19-22)이라고 말한다. 그는, 자연계의 사물이 자기 운동의 내적 근원인 본성에 의해 움직일 수 있는 힘을 발휘하는 것처럼, 인간 역시 동일한 원리를 따른다고 본다. 존재와 목적, 질료와 형상, 그리고 가능태와 현실태 등의 형이상학적 개념들은 아리스토텔레스의 인간학에서 육체와 영혼의 속성 및 상호관계를 설명하는 주요한 도구로 사용된다.

2) 심신일원론

인간 본성에 관한 아리스토텔레스의 견해는 『영혼론』에 잘 나타나 있다. 아리스토텔레스가 말하는 영혼은 의식이나 마음이나 정신보다 훨씬 더 포괄적인 의미를 갖는다는 점에서 플라톤의 영혼과는 다르다.[76] 그에 따르면, "영혼은 운동을 일으키는 목적인이자 영혼을 가진 물체들의 본질이기 때문에, 생명체의 원인이자 원리이다"(415b 8-10). 따라서 그는 "영혼이 공감한다, 배운다, 또는 생각한다"고 말하는 것

---

76 반즈Barnes에 따르면, '영혼' 또는 '혼'으로 번역되는 그리스어 psuchē는 영어의 soul 과는 달리 '생명을 불러일으키는 것'이 옳은 표현이다. Barnes, Jonathan(1989), *Aristotle: A Very Short Introduction*, 『아리스토텔레스의 哲學』, 문계석 옮김, 서광사, 1989, 122쪽. psuché에 대한 자세한 설명은 Guthrie, K. C.(1960), 184~176쪽을 참조.

보다 인간이 "영혼으로 인해 그렇다고 말하는 것이 더 낫다" 거나 "영혼이 깃들어 있다"는 표현을 선호한다. 그는 영혼을 "생물체의 제일원리"(402a 5-9), "인식하는 것"이자 "움직이는 것"(404b 28), 그리고 "생명을 잠재적으로 가지고 있는 자연적 신체의 형상"(412a 20-21) 등 다양한 수사를 동원하여 정의한다. 요컨대 "영혼은 잠재적으로 살아있는 자연물의 형상"으로서, 생명체의 원리이자 운동의 원천이다.

플라톤의 심신이원론은 서로 분리된 영혼과 육체가 어떻게 상호작용하는지를 설명하지 않는다. 그러나 아리스토텔레스는 영혼이 육체와 동떨어져 존재한다고 생각하지 않는다. 영혼은 육체 안에 있다. 그는 동일한 것을 통해서 동일한 것이 인식된다는 원리가 인식과정을 설명할 수 없는 것처럼, 영혼을 자체적으로 움직이는 것으로 정의할 수 없는 이원론은 영혼과 육체의 합일에 대한 만족스러운 설명을 제공하지 못한다고 비판한다(『영혼론』, 405b 37-407b 32). 영혼은 생물체의 형상이므로 생물체 안에 있는 것이다. 그는 영혼과 육체의 불가분 관계에 대하여 다음과 같이 설명한다.

> 영혼은 육체 안에 있다

> "영혼은 육체 없이는 존재하지 않으며, 그것은 또한 그 자체로 일종의 육체가 아니다. 왜냐하면 영혼은 육체가 아니라 육체에 속하는 어떤 것이기 때문이다. 이 때문에 그것은 육체 안에 그리고 어떠어떠한 종류의 육체 안에 존재한다"(『영혼론』, 414a 20 이하).

아리스토텔레스는 질료와 형상, 가능태와 현실태의 형이 상학적 범주를 가져와서, 육체와 영혼의 관계를 밝히는 데 활용한다. 인간에게 영혼은 육체의 '현실태', 즉 "생명을 잠 재적으로 가지는 자연적 육체의 제일현실태(Entelecheia)" (412a 27-412b 4)이다. 이어서 그는 영혼을 목적인으로서의 '육체의 형상'(412a 20) 또는 '형상들의 자리'(429a 27-28)라고 도 부른다. 영혼은 육체에 목적을 부여하는 기능을 갖는다. 영혼은 육체를 육체이도록 한다는 점에서 육체의 목적인이 고, 육체는 영혼의 도구라는 것이다. 육체는 필연적으로 주 어진 것인 동시에 반드시 필요한 질료로서 영혼의 형성을 가능하게 한다. 그는 육체의 실재성을 인정하는 전제 위에 서 인간의 영혼을 '물질적이지 않은 그 무엇'으로 이해한다. 따라서 육체는 '영혼의 감옥'이 아니라 '영혼의 기관'이다. 영혼은 인간이 생명 활동을 수행할 수 있게 하는 근원적 능 력이다. 영혼을 통하여 인간은 비로소 자신을 인간으로 만 드는 자기의 본질을 실질적으로 획득한다. 그러므로 인간은 '육체화된 영혼'이거나 '영혼화된 육체'이다. 즉, 인간은 '질 료인 육체와 형상인 영혼의 복합적인 단일체'(412a 15-16)이 다.[77]

---

[77] 아리스토텔레스의 일원론에 대한 해설로는 다음을 참조. Hartman, Edwin(1978), *Substance, Body and Soul: Aristotelian Investigations*, Princeton University Press, Reprint edition, 2015.

3) 인간 영혼의 고유성

생물이 영혼을 갖는다는 것은 현실적으로 기능하는 자연적 유기체라는 의미이다. 영혼은 생물을 "바로 그것인 것으로 만들어 주는 것, 즉 존재의 원인이며 그 유기체의 본질"이다(415b 12-14; 412b 11; 414a 13). 따라서 영혼은 인간에게만 있는 것은 아니다. 아리스토텔레스는 식물과 동물에게도 영혼이 깃들어 있다고 말한다. 그는 영혼을 살아 있는 것의 단편이라기보다는 어떠한 힘, 즉 능력과 기능의 집합으로 보고, 그 기능과 능력의 수준에 따라서 다섯 가지 등급, 즉 영양 섭취, 욕구, 감각, 공간 이동, 사고 능력으로 구별한다(414a 31-32).

가장 낮은 형태인 식물의 영혼은 영양분을 흡수하고 소화하고 배설하고 성장하고 생식하는 등의 영양 섭취 능력만을 갖는다. 동물은 식물의 영혼이 갖는 능력 이외에 감각 및 지각 능력도 보유하며, 욕구를 따라서 공간 이동을 자유롭게 할 수도 있다. 동물이 갖지 못한 유일한 능력은 사고 능력이다. 인간의 영혼은 식물과 동물의 본성을 모두 포함하면서도 영혼의 가장 높은 수준의 기능을 갖는다는 점에서 동식물의 영혼과 구분된다. 인간 영혼의 사고 능력이란 추리 능력과 지성 등을 포괄하는 이성을 의미한다. 인간은 이성의 힘으로 본성적으로 삶의 계획을 세우고, 행위의 동기를 가지며, 또한 그 결과를 예측한다. 이성은 인간에게 문제를 합

영혼의 다섯 가지 기능

리적으로 해결할 수 있는 능력과 사물들에 관해 숙고하고 연구할 수 있는 힘을 부여한다. 이성은 인간만이 갖고 있는 신성한 힘이다(『동물생성론』, 737a 10-11).

> "인간의 기능이란 이성을 따르거나 이성을 함축하는 영혼의 활동에 있다. 인간에게 이성에 따르는 삶이 최선이며 즐거운 것이 되는 까닭은, 이성이 오직 인간에게만 있기 때문이다" (EN, 1178a).

지성 개념의 도입에 따른 혼란

아리스토텔레스는 영혼의 다섯 가지 기능을 지성혼 또는 사고혼의 하위 능력으로 보면서, 사고혼을 인간 본성과 동일시한다.[78] 그럼으로써 그는 플라톤과는 달리 영혼과 육체의 일체성을 담보하는 새로운 인간학을 정초한다. 그러나 그는 영혼의 독특성으로서 지성을 도입함으로써 의미론적 혼란을 야기한다. 그는 『영혼론』 Ⅲ권 5장에서 능동적 지성이 육체와 분리되는 영속적인 어떤 것이라고 서술한다. 그는 『동물생성론』에서도 "지성만은 외부에서 들어오고" "어떠한 육체의 활동도 지성의 활동에 연관되지 않기 때문에 오로지 신적"이라는 주장(Ⅱ, 3, 736b 27-28)으로 플라톤의 흔적을 남겨 놓았다. 그러한 흔적은 『영혼론』 Ⅱ권에서 "지성과 숙고 능력에 관해 분명한 것은 아무 것도 없지만, 지성은 어떤 다른 종류의 영혼으로 여겨지며, 영속하는 것들이

---

78 유원기(2004), 「아리스토텔레스의 인간본성론」, 『신학과 철학』, 6호, 서강대학교 신학철학연구소, 264쪽.

사멸하는 것들에서 분리되듯이 그것만이 분리될 수 있다"(413b 25-27)는 주장으로 구체화된다. 그는 지성을 두 종류로 구분한다. 즉 지성은 모든 것을 일으키는 것과 모든 것이 되는 것, '그 본성상 영원한 것'과 '육체와 함께 생성하고 소멸하는 것', 능동적 지성과 수동적 지성, 두 종류라는 것이다. 전자가 '부동의 원동자'와 같은 영원불멸의 지성이라면, 후자는 육체와 함께 소멸하는 인간 개인의 지성이다.

그러나 지성이 영혼이 아니면서도 그 활동에서는 영혼과 불가분의 관계를 갖는다는 아리스토텔레스의 설명은 의미론적 혼란을 야기한다. 영혼의 구체성에 비해서 모호한 지성이 어떻게 영혼과 구별되는 것인지를 알 수 없게 만든다.[79] 더욱이 능동적 지성은 무엇을 가리키는 것인지도 매우 불분명하다. 그리고 "지성이 인간의 본질에 속하면서 어떻게 동시에 '밖에서' 들어올 수 있는지"도 의문이다.[80] 이러한 의문은 그가 경험적인 관찰로 얻어낸 인간의 일체성 개념이 지성 이론과 조화를 이룰 수 없게 만든다. 예거가 지적했듯이, 능동적 지성의 개념은 고대 물활론이나 플라톤적 인간학의 잔재로, 심신일원론과 내적 부조화를 초래한다.[81] 이 때

---

79 박승찬(2011), 「생명의 원리에서 인격의 중심에로: 서양철학적 관점에서 본 영혼론」, 『신학과 사상』, 제67호, 115쪽.

80 Van Peursen, C. A.(1985), *Body, Soul, Spirit: a Survey of the Body-Mind Problem*, 『몸 영혼 정신-철학적 인간학, 입문』, 서광사, 1989, 122쪽. 이와 관련하여 반 퍼슨Van Peursen은 "아리스토텔레스의 이론에도 새로운 이원론, 즉 영혼과 육체를 지성의 반대편에 두는 이원론이 감추어져 있다"고 평가한다.

81 Jaeger, W.(1932), *Aristoteles: Grundlegung einer Geschichte seiner Entwicklung*, 『아리스토텔레스의 형이상학: 주요 본문에 대한 해설 번역 주석』, 조대호 역해, 문예출판사, 2004,

인간 본성의 역사

문에 윌키스K. V. Wilkes는 아리스토텔레스의 영혼론에서 능동 지성에 대한 논의가 차라리 없었더라면 더 좋았을 것이라는 아쉬움을 표한다.[82]

4) 이성의 실천적 영역

아리스토텔레스는 이성의 능력을 사고와 추리 등의 지적 능력에 한정하지 않는다. 이성은 또한 실천적 영역에서 도덕적 기능을 수행한다. 즉, 아리스토텔레스의 이성에는 칸트적 의미의 순수이성과 실천이성이 모두 포함된다. 전자가 객관적인 사고와 추리에 의한 사실 판단 능력으로서 지성적인 것이라면, 후자의 이성은 인간이 실제의 일상생활에서 도덕적 행동을 수행할 수 있는 능력이다. 그러므로 '인간은 이성적 동물'이라는 언명은 이성이 동물적 욕구를 제어할 수 있는 도덕적 기능을 갖추었음을 함의한다. 그는 또한 이성을 善과 동일시한다. 善이라는 말은 실체의 범주로 말하면 이성이 되지만, 성질의 범주로 말하면 덕이 된다(EN, 1096a). 이성과 덕은 범주의 차이일 뿐, 善의 양 측면이다. 플라톤에 따르면, 우리는 현상 세계에서 '좋음' 또는 '善'을 경험할 수 없다. 그에게 '좋음'이란 善의 이데아에 대한 지식을 획득함으로써, 영혼이 가시계可視界에서 가지계可知界로 상승

354~357쪽.

82　Wilkes, K. V.(1978), *Physicalism*, London, Routledge & Kegan Paul, pp. 115~116.

함으로써 도달할 수 있는 경지였다. 그러나 아리스토텔레스에게 善의 원천은 인간 본성 안에 있다. 즉 善이란 德에 일치하는 정신의 활동이다.

> "인간의 기능은 어떤 종류의 生이요, 이 生은 이성적인 원리를 내포하는 정신의 활동 내지 행위이며, 훌륭한 사람의 기능이란 이러한 활동 내지 행위를 훌륭하게 수행하는 것이며, 또 어떠한 행동이나 거기에 알맞은 德을 가지고 수행될 때 잘 수행되는 것이기에, 인간의 善이란 결국 德에 일치하는 정신의 활동이라 하겠다"(EN, 1098a).

삶의 목적은 단순한 일상생활의 영위가 아니다. 인간이 이성적 동물인 까닭은 인간이 갖고 있는 고유한 '그 무엇', 즉 德을 실현하는 영혼의 활동을 할 수 있기 때문이다. 아리스토텔레스는 자연, 관습, 그리고 이성이 인간을 善하고 덕성스러운 존재로 만들 수 있다고 본다. 이 세 가지가 조화를 이루면, 德을 실현하면서 공동체의 이익을 추구할 수 있다. 인간 본성에 대한 숙고에서 중요한 것은 공동체의 존재와 자기 이익에 대한 관심을 연계시켜서 도덕의 기능을 발현해야 한다는 점이다.

德을 실현하는
영혼의 활동

그러나 아리스토텔레스는 德이 결코 자연적으로 실현된다고는 보지 않는다. 왜냐하면 세상에 존재하는 어떤 것도 자연적으로 그것에 대응하는 습관을 형성할 수 없기 때문이

인간 본성의 역사

다. 德은 인위적인 노력, 즉 이성에 의한 윤리적 선택을 통해서 후천적으로 획득되는 것이다. 德은 반복적인 사용을 통해서 강화되고 획득되는 기질이다. 그는 德 또는 영혼의 최고 상태인 탁월성은 "본성적인 것도, 본성에 반대되는 것도 아니며, 그것을 본성적으로 받아들여 습관을 통해 완성한다"(EN, 1103a 23-25)고 말한다. 품성의 탁월성은 올바른 행동을 쌓아감으로써 이룰 수 있다. 다시 말해서 善은 인간 본성의 내부에 이성의 한 부분으로 존재하지만, 그것은 가능태로서 있을 뿐이다. 도덕적 행위는 특정한 목적을 갖고 이성의 선택을 통해 이루어지기 때문에, 德이란 잠재적인 善이 외현된 상태, 즉 선의 가능태에서 현실태로 완성되는 것이다. 따라서 그는, "사람은 알고서는 고의로 惡을 행하지 않는다"는 소크라테스의 견해와는 달리, 자신의 악덕에 대해 도덕적으로 책임이 있음을 명백히 한다. 惡은 단지 무지의 소산이 아니라 "이성에 따라 행동하려고 하더라도 욕구에 의해 그 반대로 행동하기 때문에 생긴다"(EN, 11032b 18-23)는 것이다. 소크라테스의 '아크라시아Akrasia[83] 불가능성 논제'에 대한 아리스토텔레스의 부정은 인간 본성에서 도덕의 규범적 근거를 찾는 소크라테스의 인간관과 의견을 달리하기 때문이다.[84] 그는 도덕적 선험성을 인정하지 않기 때문에 악행이 행해졌다고 한다면 몇몇 예외가 아니고서는 결코 용납될 수

---

[83] '아크라시아Akrasia'는 통상 '의지의 나약'으로 번역되나, 정확한 의미는 "무엇이 옳은지를 알지만 행동으로 옮기지 못하거나 그와 반하게 행동하는 것"을 뜻한다. [편집자 주]
[84] 이에 대한 자세한 논의로는 다음을 참조. 김남식(2010), 「아크라시아 가능성 논쟁: 소크라테스와 아리스토텔레스를 중심으로」, 『철학논총』, 제62집, 새한철학회, 3~33쪽.

없다고 보는 것이다. 그는 도덕적 책임을 면할 수 있는 예외로, 특수한 상황에 대한 무지로 인해 惡을 범했을 경우, 본의와 무관하게 외부 강압으로 악행을 저지른 경우, 그리고 더 큰 죄악을 피하기 위해서 부득이하게 악행을 행했을 경우만을 인정했다(EN, 1150a~1151b).

善에서 德으로
德에서 행복으로

이성과 德을 善의 양면으로 파악하는 아리스토텔레스의 도덕론이 지향하는 최종 목적지는 행복한 삶에 관한 것이다. 그는 善에서 德으로, 德에서 행복으로 이어지는 과정을 동일선상의 절차로 이해한다. 그는 德의 상태를 이성에 의해 결정되는 상태, 심사숙고에 의한 선택을 실행하는 상태, 상대적인 중용 속에 머무는 상태, 그리고 실천적이며 지혜로운 인간이 결정하는 상태 등 여러 방식으로 표현했다. 德은 두 극단 사이의 중용이다. 절제는 과소와 과대의 중용이요, 용기란 공포와 만용 사이의 중용이다. 그리고 정의란 부당하게 행위하는 것과 부당하게 취급되는 것 사이의 중용이다. 절제, 용기, 정의, 그리고 지혜는 德을 구성하는 네 가지 요소이다.

인간은 德의 실현을 통하여 삶의 목표인 행복을 추구할 수 있다. 인간에게 가장 궁극적인 목적은 바로 행복이다. 인간이 본성을 갖는다는 것은 최상의 목적을 갖는다는 것이고, 인간 본성을 실현한다는 것은 곧 행복을 성취한다는 것이다. 따라서 모든 사람이 본성적으로 추구하는 행복은 인간에게 있어서 최상의 목적이자 완전한 어떤 것이다(EN, 1097a 28-30; 1097b 20-21; 1101a 17-18. 1178a 26 이하). 아리스토텔레스는 행복을 인간 본성 즉, '인간만의 독특한 능력'(EN, 1098a 7-18)인 '지성'과 관련시킨다. 그는 인간 본성의 완전한 실현을 '지성적인 삶'과 동일시하고, 그것을 '최고의 삶이며 가장 즐거운 것'(1178a 5-8)이라고 말한다. '지성의 목적은 행복을 위한 것'(1178a 26 이하)이며, 진정한 행복 즉 에우다이모니아Eudaimonia는 "탁월함에 일치하는 영혼의 현실태"로서 최고의 善을 실천하는 삶 속에서 실현될 수 있다(1098a 16). 탁월성은 가능태로서의 감정이나 능력이 아니라, 영혼의 상태이다(1105b 19 이하). 행복은 순수한 관조적 활동 가운데 부수적으로 수반되는 무엇이 아니라 순수한 관조 활동 자체이다. 그러므로 최고의 삶은 쾌락이나 명예를 좇는 삶이 아니라 순수한 진리를 추구하고 향유하는 '관조적인 삶'이다.

5) '폴리스적 동물'

인간 본성에 대한 아리스토텔레스의 세 번째 규정은 '사회적 동물'이다. 그는 『동물지』에서 "사회적 동물은 그 종 모두에게 공통적인 어떤 단일한 행동을 지닌 동물"이라고 정의하며, 인간, 꿀벌, 말벌, 개미, 홍학 등을 그 예로 든다(488a 8-10). 그러나 인간만의 독특성은 다른 동물과 비교할 때, "좋은 것과 나쁜 것, 옳은 것과 옳지 않은 것, 그 밖의 다른 도덕적 성질의 것을 지각할 수 있고" "서로 협력해서 가족과 국가를 만든다"(『정치학』, 1253a 15~18)는 데 있다. 인간은 개인 홀로는 존재할 수 없는 사회적 존재이다.

> "인간 개인은 스스로 존재할 수 없으며, 따라서 자연은 노동과 계급이 분화되어 존재하는 정치체제를 만들어 냈다. 사회에서 살 수 없는 존재는 신과 짐승뿐이다. … 인간은 공동체적 삶을 영위하려는 본능을 가진 점에서 폴리스적 동물이다"(『정치학』, 1253a 27-29).

> "국가가 자연의 산물이라는 것과, 인간은 본성적으로 폴리스적 동물이라는 것은 분명하다. … 그리고 단순히 우연적으로가 아니라 본성적으로 국가를 갖지 않는 자는 인간보다 상위에 있거나 하위에 있는 자이다"(『정치학』, 1253a 1-4).

'인간이 본성적으로 폴리스적 동물'인 것은 '자기들끼리의 공동생활에의 충동'(1253a 15-18) 또는 '공동체적 삶을 영위하려는 본능'을 갖기 때문이다. '폴리스적'이라 함은 '사회적' 또는 '공동체적'의 의미일 뿐, 권력 지향성을 뜻하지 않는다. 개인에게 공동체는 자기 생명의 보존뿐만 아니라 안정된 생활을 영위하기 위해서도 필요하다. 이 같은 필요에서 개인은 서로 자연적으로 결합하여 더 큰 공동체인 국가를 구성한다. 개인은 공동체 생활을 통하여 자신의 정체성을 완성해 가는 존재이다. 그는 '국가는 자연의 산물이며 인간은

공동체적 삶에 대한
본능적 충동

인간 본성의 역사

본성상 정치적 동물'이라는 언명으로 피지스와 노모스nomos, 즉 자연과 규범을 병렬시킨다. 국가가 해야 할 일은 개별 구성원들이 참된 본성을 따라 행위하도록 도와주는 데 있다. 즉 국가란 구성원 개개인들의 목표와 공동의 도덕적 목적을 가진 공동체이기에, 국가의 목적은 도덕적이어야 한다.

국가 구성의
다양성과 개별성

아리스토텔레스는 플라톤의 철인왕 통치론을 부정했을 뿐만 아니라, 세 계급으로 구성된 유기체적 국가론에 대해서도 지나치게 획일적이라고 비판했다.[85] 오히려 그는 국가 구성의 다양성과 개별성을 강조했다. 국가는 공적 활동에 참여할 수 있는 권리를 갖는 자유시민들로 구성된다. 그러나 국가 구성원으로서 시민은 현대적 의미의 모든 성인이 아니라 여성과 노예가 배제된 소수로 국한된다. 당시 아테네의 신분 구성을 고려하면, 자유시민이란 전체 인구의 10분의 1에 불과하며 실제적으로는 귀족 신분에 가깝다.[86] 아리스토텔레스는 시민권의 보편적 평등성을 인정하지 않았으며, 노예제도를 자연과 관습을 따른 필연적 결과로 당연시하였다. 그는 "정신이 육체와 다르고, 또한 동물이 인간과 다른 만큼 모든 사람들은 각기 다르므로" "어떤 사람들은 태어날 때부

---

85 아리스토텔레스는 『정치학』 2권, 「이상국가에 대한 견해」에서 철인 일인에 의한 지배의 위험성, 처자 공유의 비현실성 등 플라톤의 국가론이 갖는 문제점을 조목조목 비판한다. Aritoteles, 『정치학』, 나종일 옮김, 삼성출판사, 1990, 70~113쪽.

86 아테네의 가장 번성했을 때 인구의 신분 구성은 노예는 20만 명, 도시 외부의 피보호민은 약 3만 명, 그리고 자유민은 16여만 명 등 약 40만 명으로 추산된다. 자유민 가운데 공민권을 가진 자는 약 4만 명 수준으로 실제로 자유를 향유한 시민은 전체 인구의 10분의 1에 불과했던 것으로 추정된다. Kitto, H. D. F.(1951), The Greeks, 『고대 그리스 그리스인들』, 박재욱 옮김, 갈라파고스, 2008, 197~198쪽; 楊的(1991), 173쪽. 시민 신분의 권리와 활동에 대해서는 다음을 참조. Mosse, Claude(1993), Le Citoyen dans la Grèce antique, 『고대 그리스의 시민』, 김덕희 옮김, 동문선, 2002.

터 자유로우며, 어떤 사람들은 태어날 때부터 노예가 된다"
(『정치학』, 1255a)고 말하면서 노예의 불평등한 위치를 자연의
결과로 간주했다. 따라서 노예는 자유로운 시민과는 태생의
뿌리가 다른, '주인의 지배를 받아야 하는 존재'이다. 노예는
자유도 권리도 없는 존재로 주인의 재산목록의 하나이다.
노예가 행복한 삶을 누릴 수 있는 기회는 좋은 주인을 만날
때 뿐이다. 다만 그는 "노예들에게는 그들의 봉사의 대가로
서 항상 자유가 보장되어야 한다"고 하면서 제한된 범위 내
에서 노예의 자유를 인정했다(『정치학』Ⅶ, x.13).

　또한 그는 여성을 남성보다 열등한 존재로 간주했다(『정
치학』I, x.1). 그는 "자연적인 상태에서 이상이 있는 경우를 제
외하고는 남성이 여성보다 지배 행위에 더 적합하다"고 보
았고, 여성은 태어날 때부터 남성에 비해 정신적 능력이 부
족하여 이성적인 사고를 하기에는 부적합하기에 출산이나
가사 역할에만 충실해야 한다고 생각했다. 그에 따르면, 남
성과 여성의 관계는 자유시민과 노예의 관계와 마찬가지로
"자연적으로 우월한 자와 열등한 자의 관계, 즉 지배자와 피
지배자의 관계"이다.

　아리스토텔레스는 플라톤과 마찬가지로 귀족 출신으로서
당시의 사회적 조건과 관습을 충실하게 따랐던 인물이다.
그는 신분사회의 시대적 통념을 따라 노예와 여성을 남성의
소유물로 여기는 불평등적 인간관을 당연시했다. 혹자는 당
대의 현실을 고려할 때 아리스토텔레스의 자연노예론을 국

가 운용상의 '지배-예속의 원리'에 부합되는 '개혁된 노예제'로 볼 수 있다는 너그러운 해석을 내놓기도 하지만[87], 다른 이들은 "모든 야만족은 태생적 노예라는 천박하고 모순투성이의 주장일 뿐"[88]이라거나 "단지 귀족의 이익을 대변하는 계급적 이데올로기에 지나지 않는다"[89]는 혹독한 비판을 가한다.

이 같은 비판과 별도로 더욱 중요한 문제는 노예와 여성에 대한 그의 견해가 그의 본질주의적 인간 해석과 상충된다는 점이다. 그는 물론 노예와 여성을 폴리스의 기초단위인 가족의 구성부분으로 다룸으로써 '폴리스적 동물'의 범주에는 포함시켰지만, 남성 자유시민을 제외한 노예와 여성 등 대다수의 사람들을 형이상학적 인간 범주에서는 배제하는 모순적 사고에서 벗어나지 못했다. "노예는 사고 능력이 전혀 없다"(『정치학』, 1260a)거나 "자신은 이성이 결핍되어 있지만 타인이 이성을 갖추고 있다는 것을 알 정도의 이성만 있다면 본질적으로 노예"(『정치학』, 1254b)라는 등의 주장에서 보듯이, 그에게 노예란 영혼의 일부를 소유한 점에서는 인간과 비슷하나 영혼의 다른 일부가 부족하다는 점에서는 동물과 같은 존재였다. 달리 말하면, 노예는 인간과 동물 어느 종에도 속하지 않는 특수한 종이다. 이렇기에 이성, 德,

87   Newman, W. L.(1887), *The Politics of Aristoteles: Vol.1*, Forgotten Books, 2012, pp.138ff.

88   Schlaifer, R.(1936), "Greek Theories of Slavery from Homer to Aristoteles", *Harvard Studies in Classical Philology*, 47, pp.165~204.

89   Wood, E. M.(1978), *Class Ideology and Ancient Political Theory*, Oxford University Press, p.230.

행복, 그리고 관조적인 삶으로 이어지는 인간 본성의 주요 항목은 노예와 여성에게는 해당되지 않는다. 결과적으로 아리스토텔레스의 인간학은, 플라톤에서와 마찬가지로, 현실과 이상 간의 심각한 괴리를 드러내며, 탐구의 범위를 다수의 보편적 인간이 아니라 특권적 지위에 있는 소수의 선별된 인간으로 한정짓는 단점을 드러낸다.

*　　　*　　　*

아리스토텔레스는 형이상학적 원리를 바탕으로 인간학의 체계를 세웠다. 몬딘B. Mondin은 『영혼에 관하여』를 인간학에 관한 최초의 저술로 평가한 바 있다.[90] '질료와 형상의 복합적 단일체' 또는 '육체와 영혼이 분리될 수 없는 하나의 복합적 실체'라는 아리스토텔레스의 인간 규정은, 인간을 자연물의 일부로 보고 자연학의 원리를 인간학에 적용함으로써 얻어낸 결실이었다. 자연물의 본성이 개별 사물이 내부에 갖고 있는 운동의 근원이고, 스스로 운동할 수 있는 성향이나 능력, 즉 특정한 사물을 그 사물이게끔 만드는 무엇이듯이, 인간 본성이란 인간을 인간이게 하는 특성, '인간이 지닌 모든 능력들의 합'과 동일한 것이다.[91] 인간은 영혼의 여러 능력을 지배하는 사고혼을 갖는다는 점에서 이성적 존

90　Mondin, B.(1985), *Philosophical Anthropology: Man: An Impossible Project?*, 『인간: 철학적 인간학 입문』, 허재윤 옮김, 서광사, 1996, 24쪽.
91　유원기(2003), 「인간의 본성과 영혼의 역할」, 『철학사상』, 42집, 서울대학교 철학사상연구소, 42쪽.

재이며, 또한 공동체적 삶을 본능적으로 추구한다는 점에서 사회적 동물이다. 이성과 공동체성은 인간 본성이다. 나아가 아리스토텔레스는 이성을 善의 양면인 실천적인 德과 결부시키고 삶의 목표를 행복 추구에 둠으로써, '이성적인 동물'을 '행복을 추구하는 생명체'로 등식화했다.

아리스토텔레스의 인간학은 이성을 인간 본성의 중심에 위치시키면서도 육체에서 발생하는 물리적 능력을 배제하지 않음으로써, 심신이원론의 딜레마에 빠져들지 않는다. 그리고 이성의 범위를 사고·추리와 판단의 능력에 한정하지 않고 행복한 삶을 영위하기 위한 실천 윤리의 원동력으로 확장시킴으로써, 능동적이고 적극적인 인간상을 지향한다. 그러나 아리스토텔레스에게도 영혼의 본질을 해명하는 것은 힘겨운 작업이었던 것 같다. 그는 인간을 자연의 모든 존재에 적용되는 동일한 형이상학적 원리에 준해서 질료와 형상이 결합하여 가능태에서 현실태로 변화하는 존재로 규정하지만, 하나의 실체로 결합된 영혼과 육체가 어떻게 상호작용하는지에 대해서는 이렇다 할 설명을 하지 않았다. 즉, 그에게 영혼은 육체와의 관계에서 '육체 없이는 존재할 수 없으나 그 자체로는 육체가 아니고 육체에 속하는 어떤 것'이라는 모호한 실체로 남는다. 특히 그가 영혼의 불멸적 부분으로서 도입한 능동지성은 육체와 영혼의 복합적 실체라는 기존의 주장과는 모순되는 개념이다.

또한 아리스토텔레스의 저작 곳곳에는 불가피하게도 플라톤적 잔재가 여전히 남아 있다. 아리스토텔레스는, 플라톤처럼 신화를 끌어들이는 방식을 취하지는 않았지만, '신의 본성으로서 순수 형상'이나 '사유의 사유'(『형이상학』, 1074b 34) 또는 '인간 안에 내재된 신의 활동'(EN, 11784b 21-34) 등과 같은 인간 외적인 제3의 도구가 필요했다. 이는 마르틴 부버Martin Buber가 지적했듯이,[92] 아리스토텔레스의 인간은 자연학적 틀 안에서 3인칭화되어 있으나, 그것만으로는 설명할 수 없는 '1인칭으로서의 자아' 인식에서는 종종 신적 형상의 기준이 필요했었음을 말해 준다.

---

[92] Buber, Martin(1947), *Between Man and Man*, 『사람과 사람 사이』, 남정길 옮김, 전망사, 1980, 213-214쪽.

인간 본성의 역사

플라톤의 국가는
전체주의의 망령인가?

플라톤의 국가론은 다양한 각도에서 비판적으로 조명되어 왔다. 일부 격렬한 비판가들은 그가 불평등한 인간론을 기초로 하여 전체주의적 유토피아를 꿈꾼 몽상가였다고 비난한다. 이를테면 크로스만Richard Crossman은 플라톤의 철학을 "자유사상에 대해 역사가 보여줄 수 있는 가장 야만적이고 가장 의미심장한 공격"이라고 비난하면서, 그를 "전체주의 국가에서 '고상한 거짓말'을 칭찬할 수 있는 인물"이라고 꼬집었다.[93] 그와 유사한 견해로 러셀Bertraud Russell이나 파링톤Benjamin Farrington은 플라톤을 '과두제의 철학자'로 규정했고,[94] 톰슨George Thomson은 마르크스주의적 잣대로 플라톤의 정치 기획을 "지배계급을 보다 확고하게 보장하기 위해, 계산된 거짓말을 널리 퍼뜨려서 사람들의 마음을 편견에 젖도

---

93 Crossman, Richard(1937), *Plato Today*, Routledge Edition, 2014, p.132.
94 Russell, Bertrand(1920), *The Practice and Theory of Bolshevism*, Arc Manor, 2008, p.30; Farrington, Benjamin(1936), *Science and Politics in Ancient World*, George Allen & Unwin Ldt., 1957, p.94.

록 오염시킬 의도로 환상적 교육체계를 이끌어낸 것"[95]이라
고 혹평한 바 있다.

　이런 류의 비판 가운데 플라톤에 대한 가장 집중적인 공
격은 아마도 '열린사회(Open Society)'라는 개념을 자유주의
적 척도로 삼아 포퍼가 들이댄 칼날일 것이다. 그는 '열린사
회'를 "개개인이 자신의 결단을 내릴 수 있는 사회", "전체의
'유기체적 특성'이 없는 자유로운 사회"로 규정하면서, 그 반
대의 특성을 갖는 '닫힌 사회'와 대비시킨다.[96] '닫힌 사회'
는 "마술적 사회나 부족 사회, 혹은 집단적 사회"로서 사회
의 전체성이 개개인의 의사를 지배하고 억압하는 사회이다.
그가 보기에, 플라톤은 '닫힌 사회'로부터 '열린사회'로 나아
가는 인류사적 변화를 거부한 수구적인 보수주의자일 뿐만
아니라 '전체주의적 시스템을 위한 프로그램'을 최초로 주
조한 장본인이다. 플라톤은 자유와 평등의 원칙이 실현되는
사회로의 전환을 가로막은 '열린사회의 원적原敵'이라는 것
이다. 포퍼의 이러한 주장은 과연 얼마나 타당한 것일까?

　흔히 고대 아크로폴리스의 정치는 민주주의의 원형으로
간주된다. 고대 그리스의 폴리스는 소규모적이고, 독립적이
며, 자족적이고, 시민이 스스로 통치하는 정치공동체이다.
현대 자유주의 이론가들에게 아테네 민주정치는 시민이 정

95　Thomson, George Derwent(1941), *Aeschylus and Athens*, Lawrence & Wishart, p.368.
96　Popper, K.(1966), 234~243쪽.

치에 자발적으로 참여하는 폴리스가 도달한 최고의 정점이
었다. 그러나 플라톤은 민주정체에 동의하지 않았다. 오히려
그는 스파르타를 더 좋은 모델의 폴리스로 보았다. 아테네
가 개인주의와 열린사회를 지향한 반면 스파르타의 귀족주
의적 통치 집단은 단일성과 폐쇄적인 사회를 고수했다는 해
석자들의 눈으로 보면, 플라톤은 의당 이상한 사람이다.

　플라톤 비판가들은 그가 민주주의를 명백히 반대했다는
유력한 간접 증거로 절정기의 아테네를 이끌었던 페리클레
스의 전몰자 추도 연설을 상기시킨다. 포퍼도 이 연설의 내
용과 플라톤의 정치 강령을 대조하며 전체주의의 흔적들을
찾아 나선다. 페리클레스는 연설을 통해 아테네 민주주의
가 나아갈 방향을 제시했다. 연설에 따르면, '권력은 소수의
손이 아니라 대다수 인민의 손에 있고 … 만인은 법 앞에서
평등하며 … 공직자의 자격은 계급적 출신 성분이 아닌 오
직 직무 수행 능력에 달려 있으며 … 정책에 관한 결정은 공
적인 토론을 통해 이루어진다.'[97] 페리클레스가 제안한 민주
주의의 주요한 원칙에는 합리적 이성에 의한 판단, 평등주
의적 세계관, 인도주의적 신념, 공평무사한 실행 규칙, 토론
과 합의의 중요성, 그리고 다수에 의한 결정 원칙 등이 포함
된다. 플라톤은 그보다 한 세기 이전의 인물인 페리클레스
의 연설을 익히 알고 있었을 것이다. 그러나 플라톤의 귀족

97　Thucydides, 『펠로폰네소스 전쟁사: 하권』, 박광순 옮김, 범우사, 2011, 37장.

주의적인 취향은 페리클레스의 생각과는 맞지 않았다. 그가 원한 것은 자유로운 개인들로 구성된 민주사회가 아닌 선민 選民(Optimati)이 통치하는 질서 정연한 도시국가였다. 톰슨은, 두 사람은 같은 귀족 출신이면서도 생각이 왜 그렇게 달랐는지를 의아해 한다. 톰슨의 시각으로 보면, 페리클레스가 민주주의의 모범적 사상가이고 실행자였던 데 비한다면, 플라톤은 귀족의 계급적 이해를 충실히 대변했을 뿐인, 역사의 변화에 대한 반감으로 가득찬 복고주의자였다.[98]

플라톤은 민주주의를 명백히 반대했다. 그는 『국가』(543a-588a)에서 잘못된 정체들이 어떻게 퇴락하는가에 대해 자세하게 설명했다. 플라톤이 선호한 최선의 정체는 철인이 지배하는 귀족제였다. 그러나 철인국가는 현실적으로 존재하지 않았다. 그는 차선으로 지배층의 정신에 패기가 넘쳐나고 '명예를 중시하는 정부(Timocracy)'에 관심을 돌렸고, 스파르타의 군부 지배를 그나마 그에 근접한 실례라고 보았다. 그는 명예정이 타락하여 과두제(Oligarchy)가 되면, 극소수 지배층의 정신에는 욕망, 특히 돈에 대한 욕심이 가득 차게 되어 금권정치(Plutocracy)로 타락할 것으로 믿었다. 금권정치로 인해 극소수의 전횡이 극에 달하면 다수의 불만을 야기하고 '모든 사람에게 봇물을 터주는 정권', 이른바 민주정치(Democracy)가 등장한다. 그러나 민주정은 평민들에

---

[98] Thomson, George Derwent(1961), 293~294쪽.

게 조건 없는 평등을 무차별적으로 부여하고 시민권과 관직을 추첨으로 배정함으로써, 무질서, 무례, 무절제가 넘쳐나는 무정부 상태에 봉착하게 된다. 이러한 상황이 지속되면 급기야 폭군을 불러오는 최악의 사태를 맞게 된다. 참주제(Tyranny)에서 부도덕한 참주는 성욕과 음주가무 등의 사적 욕구에 빠져들어 시민을 착취하는 악질적인 폭군으로 전락한다. 플라톤에게 민주정은 여러 정체 가운데 최악 직전의 쇠퇴일로에 있는 정체에 지나지 않았다.

플라톤에게 민주주의란, 다수자의 권리와 평등주의라는 명분 아래 생산자 계급이 자신들이 수행해야 할 고유한 역할과 무관하게 통치 행위에 참견하고 간섭하거나 심지어 통치권을 전복시킬 수도 있는, 위험천만한 정치 양태를 의미한다. 민주정에서의 의사결정은 철인의 이성이 아닌 대중들의 속견에 의해 좌우지되는 까닭에 국가의 정의는 실현될 수 없다. 플라톤은 『법률』에서 시가詩歌 경연의 예를 들어 다중多衆의 천박한 속견이 지배하는 민주주의가 어떠한 폐해를 낳는지에 대해 설명한다(『법률』, 701a-c). 일반 대중들은 무제약적으로 자유를 구가하면서 즐겁기만 하면 된다고 생각한다. 그들은 공연 도중에 휘파람을 불고 교양 없이 고함을 지르고 박수를 친다. 따라서 시가의 우열을 가르는 옳고 그름의 기준은 쓸모없게 되고, 대중은 어떠한 기준도 없이 공연의 우열을 결정할 수 있다고 만용을 부린다. 이렇게 되면, 시가 경연은 최선자의 지배 대신에 고약하게도 무지스런 관람객들의 수중에 놓이게 된다. 이러한 나라는 法의 정당성, 즉 '옳음'을 확보할 수 없으며, 그것은 참된 의미의 공동체도 아니다.

또한 민주정체에서 정치가들이 저지르는 선동이나 모략은 심각한 폐해를 낳는다. 플라톤은 『국가』 6권에서 '배의 비유'를 통해 아테네 민주정치가 겪는 난맥상을 풍자한다 (488b-489d). 배의 주인은 선주이다. 그러나 선주는 덩치만 클 뿐이지 귀가 멀고 눈도 근시인 데다 항해에 관해 아는 게 별로 없다. 선원들은 키의 조종을 놓고 다툰다. 일부는 다른 선원을 죽이거나 배 밖으로 내던진다. 그리고는 선주에게 최면제를 먹이거나 술에 취하게 하여 옴짝달싹 못하게 만든다. 배는 조타술을 다루는 능력과 무관하게 선주를 설득해서든 강제해서든 키를 장악하는 자들에 의해 지배된다. 결국 이런 상황에서 배가 어디로 향해 갈지를 알 수가 없게 된다. 비유에서 선주는 민주정체의 주인인 민중(Demos)에, 키의 조종을 놓고 서로 다투는 선원들은 선동적이고 모략에 밝은 정치가들에, 다른 선원을 죽이거나 배 밖으로 내던지는 악행은 정적의 처형이나 국외 추방에, 그리고 키의 조종은 국가 경영과 통치에 상응한다. 결론적으로 그가 보기에 민주정체란 가치가 전도되고, 새로운 욕구의 유행이 지배하고, 공동체 내의 올바른 권위가 사라짐으로써, 어디로 가야 할지 모른 채 방향을 잃은 배의 상황과 같다. 철학자와 대중의 인식 방법과 내용을 철저히 구별하는 데 준거한 플라톤의 민주정체에 대한 비판은, '속견'이 지배함으로써 발생하

인간 본성의 역사

는 포퓰리즘적 폐해들, 가치의 전도나 무책임한 폭로, 선동 정치 등 오늘날의 대중민주주의에서도 흔히 볼 수 있는 부작용들을 겨냥한다.

요컨대 플라톤이 직접 보고 경험한 아테네 민주정체는 진리의 기준도 없고, 무질서하고 허점투성이의 삼류 국가이다. 민주정체에서는 오만무례함이 교양으로 둔갑하고, 무정부 상태가 마치 자유인 듯 미화되는 가치 전도가 판을 치며(561a), 사람들은 매일 새로운 욕망에 영합하면서 살아갈 뿐이며(561d), 공동체에 꼭 필요한 올바른 권위가 사라지게 된다(562e-563b). 이런 곳에서는 이성에 의한 지배가 실현될 수 없고, 국가의 정의도 바로 세울 수 없다. 따라서 그에게 민주정체는 이상국가와는 거리가 먼, 가장 타락한 정체 직전의 예고편에 지나지 않았다.

포퍼가 플라톤을 향해 퍼붓는 공격은 민주주의를 속견이 지배하는 저급한 정체로 보는 특정한 지점에 국한되지 않는다. 그는 플라톤 정치철학의 핵심적인 전제들과 국가 구성의 기획을 통째로 문제 삼는다. 포퍼에 따르면, 철인왕 발상은 "사회 전체를 대상으로 한 대규모의 인위적인 실험"을 전제로 하고 있다.[99] 플라톤의 기획은 국가와 국민의 특성을 캔버스로 삼고, 우선은 캔버스를 깨끗하게 비우는 데서

99   Popper, K.(1966), 224~226쪽.

시작된다. 그러고 나서는 하얀 캔버스 위에 위험천만한 정치 강령들을 부어 넣는다.[100] 첫 번째 강령은 무엇보다 먼저 인간을 차등적으로 구분하고 그들을 계급으로 나누는 것이다. 플라톤의 국가에서는 태생적으로 "지배자는 지배하고, 노동자는 노동하고, 노예는 평생 노예로서 일을 한다." 이것이 국가의 정의이다. 따라서 국가 정의의 내용에는 통치자로서의 특권과 더불어 생산자계급은 평생 노동해야 한다는 당위론적 의무 사항이 자동적으로 포함된다. 그다음 강령은 국가의 운명이 지배계급의 운명과 같다는 것이다. '옳음'이란 오로지 일인 또는 특정한 특권 집단이나 종족, 그리고 국가의 이익 안에서만 존재한다. "부분이 전체를 위해서 존재하는 것이지, 전체가 부분을 위해서 존재하지는 않는다"(『법률』, 903c)는 플라톤의 언명은 개인의 이익이 국가의 이익에 포섭된다는 것의 다른 표현으로, 국가는 곧 통치자와 동일시된다. 플라톤의 세 번째 정치 강령은 통치자가 모든 영역에 대한 절대적인 독점권을 갖는다는 것이다. '누가 통치해야 하는가?'의 물음이 근본적인 중요성을 갖는다는 플라톤의 믿음은 정치권력이란 본질적으로 거의 무제한적이고 견제 받을 수 없는 것이라는 암묵적인 가정을 내포한다. "국가의 이익을 위해 거짓말을 하고, 그들의 적과 자신들의 국민을 다 속이는 것이—만약 그것이 누군가가 해야 할 일이라면—국가 통치자의 일이며, 다른 어느 누구도 건드릴 수 없

---

100 Popper, K.(1966), 126~127쪽.

인간 본성의 역사

는 특권"(『국가』, 389c)이라는 것이다. 따라서 포퍼가 보기에, 플라톤의 철인지배란 일인 통치자가 어느 누구의 제재도 받지 않는 절대 주권의 이론인 것이다.[101]

포퍼의 견해로는 플라톤의 정치 강령은 철인왕의 독재로 귀결되는 유토피아적 사회공학의 나침반 노릇을 한다. 이 때문에 포퍼는 플라톤을 인류 역사에 어두운 그림자를 드리우면서 음울한 전체주의의 골격을 최초로 제시한 장본인으로 지목한다. 그는 플라톤이 귀족제에서 쇠락과 부패를 거듭해 최악의 참주제에 이르는 과정을 묘사하면서, "역사를 사회 타락의 역사, 마치 어떤 질병의 역사인 것처럼 보고 있다"고 비난한다.[102] 플라톤은 역사를 역류해서 현실상 불가능한 철인왕의 독재를 꿈꾸지만, 그가 국가의 본으로 삼은 세계에서 개인은 국가의 불완전한 복사품으로 전락한다. 플라톤의 이상국가는 "상실된 부족 생활의 공동체를 열망하는 데서 나온 결과"로서 개별 구성원들에게 끊임없이 "너는 전체를 위해 창조된 것이지, 너를 위해 전체가 창조된 것은 아니다"라는 주문을 걸어댄다.[103] 포퍼가 보기에, 그러한 사회는 개인의 자유가 발현될 여지가 없는 사회, 마술적 사회, 집단주의적 사회, 그리고 닫힌 사회이다. 따라서 포퍼는 플라톤을 '열린사회의 주적'이라고 결론 내린다.

---

101   Popper, K.(1966), 172쪽.
102   Popper, K.(1966), 64쪽.
103   Popper, K.(1966), 118쪽.

포퍼와 유사하게 한나 아렌트Hannah Arendt도 플라톤의 철인왕 발상이 20세기 전체주의의 참혹한 재앙을 불러온 데 일정한 책임이 있다고 주장한다. 그녀는 "서양의 철학적 전통이 파르메니데스와 플라톤으로부터 시작되는 한, 그것은 근본적으로 폴리스와 시민 사이의 대립에서 형성되었다"[104]고 말하면서, '정치에 대한 철학의 적대감'이 플라톤에서 비롯되었고 생각한다. 그녀가 말하는 '정치에 대한 철학의 적대감'은 '반정치(Antipolitik)', 즉 정치에 대한 경시 또는 몰이해이거나 그렇지 않다면 그 이상의 '정치에 대한 의식적 거부'이다. 전체주의의 본질을 다원주의에 대한 근본적 부정에서 찾는 그녀는 플라톤의 반다원주의적인 철학적 가정을 문제 삼는다. 즉 철학하는 사람과 그렇지 않은 사람들을 본성적으로 구별하고, 전자의 의견은 지성적 인식 또는 진리인 반면 후자의 의견은 속견으로서 자기 자신의 상황에만 매여 있는 '대중의 어리석음(Torheit der Menge)'으로 간주하는 플라톤의 구분법이 잘못되었다는 것이다. 플라톤은 "알지만 행위 하지 않는 사람과, 행위 하지만 자신이 하는 것을 알지 못하는 사람"을 구분 지음으로써 지식과 행위, 철학과 정치를 대립시킨다.[105] 그녀에 따르면, 진리와 속견을 철저히 구분하려는 플라톤의 철학적 편향성은 "진리는 다수 아래서는 획득되지도 알려지지도 않으며, 진리의 탐구자인 철학자는 단

---

104 Arendt, H.(1961), *Zwischen Vergangenheit und Zukunft*, 『과거와 미래 사이』, 서유경 옮김, 푸른숲, 2005, 215쪽.
105 Arendt, H.(1960), *Vita activa oder Vom tätigen Leben*, München, s.282.

지 탁월한 개별자로서만 존재할 수 있다"는 믿음에 의존한다. 이러한 믿음을 바탕으로 플라톤은 철인왕 지배의 강제력을 철학자만이 아는 '인간 행동의 척도'라는 이데아에서 찾고 이를 지배수단으로 삼는다는 것이다.[106] 그는 주인과 노예, 의사와 환자 사이의 관계에서 발생하는 지배의 원리를 철인왕과 대중 간의 관계에 적용하여 폴리스를 철학자를 위한 '거대한 가정家庭'으로 변형시킨다.[107] 다시 말해서 철학이 극소수의 전유물이라는 플라톤의 편견은 정치의 영역으로 그대로 전이되어 극소수 중심의 지배를 정당화한다. 이로써 그는 정치를 철학에 종속시킨다. 그러나 플라톤이 '속견'이라고 경멸한 대중의 의견은, 좋든 싫든, 실재하는 '대다수의 사유 형식'임을 부인할 수는 없다. 따라서 아렌트는 "인간사 영역 안에서 인간들의 의견과는 아무런 상관이 없다고 주장하는 절대적 진리에 대한 (플라톤의) 요구는 모든 정치와 모든 국가 형태의 정당성의 뿌리에 도끼질을 하는 것"이라고 비난하면서, 플라톤적 진리의 전제주의적 성격을 부각시킨다.[108] 결론적으로 그녀는 플라톤을 '정치 안에 유토피아를 만든 창설자'로 간주하며, 서양 정치철학에서 '근본적으로 반정치적인 (플라톤의) 전통'을 걷어내고 "철학에 의해 흐려지지 않는 눈으로 정치 현상을 볼 것"을 주문한다.

---

106 Arendt, H.(1961), 149~151쪽. 이어서 아렌트는 "철인의 지배는 폴리스나 정치를 위해서라기보다는 철학과 철학자의 안전을 위한 것"이라고 비난한다.
107 Arendt, H.(1958), *The Human Condition*, 『인간의 조건』, 이진우·태정호 옮김, 한길사, 1996, 287쪽.
108 Arendt, H.(1961), 322쪽.

그러나 이 같은 포퍼나 아렌트의 견해는 20세기의 시각으로는 설득력 있게 들릴 수 있을지 몰라도 좀 더 깊이 들여다보면 여러 문제를 안고 있다. 무엇보다 먼저 포퍼는 플라톤의 정치철학이 지향하는 진리 탐구의 순수한 동기나 2,500여 년 전의 시대적 상황을 충분히 고려하지 않았다. 『국가』는 전체주의 기획에서 필수적인 정치공학적 사전 의도를 배면에 깔고 만들어진 지적 산물이 아니다. 철인왕 지배를 포함하여 '세 차례 파도'에 비유되는 플라톤의 혁신적인 제안은 최상의 정체를 모형화하려는 철학적 상상력의 결실일 뿐이지, 여타의 정치적 동기를 갖고 있지 않다. 포퍼의 비판은 어찌 보면 일인 지배를 일상화된 정치 양식으로 믿고 살았던 한 고대인에게 왜 현대적 의미의 건전한 민주주의적 사고를 하지 못했는가라고 따지는 격이다. 포퍼는 "플라톤의 공화국은 당시로서는 결코 공상적인 것이 아니며, (오늘날의) 우리로서는 비현실적인 것으로 보이는 그 여러 가지 조항 가운데 많은 것이 실제로 스파르타에서 실시되고 있었다"[109]는 실제의 사정을 숙고했어야 했다. 더군다나 포퍼는 주로 『국가』에 의존해서 플라톤을 몰아세웠을 뿐이지, 『법률』이나 『정치가』 등 플라톤의 후기 저작에서의 수정된 견해에 대해서는 세밀하게 들여다 보지 않았다. 앞에서 본 바, 『국가』는 플라톤 정치철학의 최종본이 아니다. 후기에도 플라톤은 지식인 중심의 귀족 국가론을 일관되게 견지하지만, 『법률』에

---

109 Russell, Bertrand(1967), *The History of Western Philosophy*, 『서양철학사 상』, 최민홍 옮김, 집문당, 1973, 156쪽.

서는 일인 통치나 공산제와 같은 초기 주장에서 벗어나 현실적으로 수정된 혼합형 국가를 제시한다. 플라톤이 철인왕 통치의 실현 불가능성을 자인하고 차선의 정체를 모색하려는, 『국가』에서 『법률』에 이르는 방향 전환을 감지한다면, 포퍼류의 비판이 지닌 설득력은 현저하게 감소한다.

웰즈H. G. Wells가 지적한 것처럼, "세계의 건설 설계도의 결핍을 바로잡고자 느낀 자들이 『국가』에서 영감을 받아," 혹자는 인류의 미래를 정의의 방향으로 이끌고자 했고, 혹자는 음울하고 어두운 구석으로 몰고 가려 했을지는 모를 일이지만[110], 그 책임의 원천을 플라톤에게 떠넘기는 식의 비난은 정당한 것이 못된다. 슈텐젤J. Stenzel은 "플라톤 사유의 다각도성과 '탄력적인 하모니'를 통찰하지 못한다면 그의 철학의 통일성과 전체적인 의미를 위태롭게 한다"고 지적한 바 있다.[111] 필드도 거듭 지적했듯이, 플라톤 사상의 복합적인 다양성을 고려한다면, 그를 전체주의와 같은 어떤 '~주의~ism' 틀 안에서 분류하려는 시도는 플라톤 텍스트에 대한 명백한 오독의 결과일 수 있다.[112] 플라톤의 『국가』를 읽고 그를 '낡은 시대의 부르주아지'로 치부하는 해석에 동의하는 사람들도 있겠지만, 만약 플라톤이 살아 있다면 변증법적 유물론적 해석에 대해 "틀림없이 인간 본성을 잘못

110 Wells, H. G.(1903), *A Modern Utopia*, Jefferson Publication, 2015, p.55.
111 Stenzel, J.(1931), *Metaphysik des Altertums*, Oldenburg, s.103.
112 Field, G. C.(1969), 196~203쪽.

분석한 토대에 근거한 것으로 보고 거부했을 것이다."[113]

　포퍼와 아렌트에게서 두드러지게 표출된 전체주의에 대한 극심한 혐오는 20세기 인류사적 경험과 밀접한 관련이 있다. 유대인으로서 그들이 사적으로 목격하고 느낀 공포와 분노는 다른 이들에 비할 바 없이 컸을 것이다. 그러나 그러한 삶의 배경이 플라톤을 전체주의의 창시자로 몰아가는 정당한 근거가 될 수는 없다. 포퍼나 러셀은 플라톤의 이상국가가 파시즘이나 스탈린적 공산주의와 동일한 근원을 갖는다고 비난했지만, 플라톤은 그런 류의 국가를 가장 타락한 형태의 정체인 '포악한 참주정치'로 혐오했음을 상기할 필요가 있다. 플라톤도 여타의 인간과 마찬가지로 시대가 낳은 자식이다. 플라톤의 '철인왕 통치론'이 귀족 출신의 철학자로서 사회존재적 위치를 반영하듯이, 포퍼의 사유방식 역시 20세기의 이데올로기적 존재 구속성의 제약에서 자유롭지 못했음을 보여 준다. 그의 지적대로 서양 사상사에서 '플라톤을 이상화하려는 경향의 유물들'에는 동조할 수 없지만, 그렇다고 하여 플라톤을 전체주의를 최초로 기획한 음산한 인물로 그리는 그의 묘사에도 동의할 수 없기는 마찬가지이다.

113　Cornford, Fran is M.(1950), 100쪽.

3부

근대적 인간

서양의 중세는 고대와 근대, 그리고 현대를 다 합친 것만 큼이나 긴 시간이다. 통상적으로 중세는 375년 게르만족이 로마 영토의 방어선을 뚫고 들어온 시점이나 476년 서로마 제국의 멸망에서부터 출발하여 1453년 콘스탄티노플의 정복이나 1517년 종교개혁의 발단에 이르는 기간을 말한다. 중세는 봉건적 생산양식을 물적 토대로 하여 교회의 권위가 국가권력을 능가했던 종교의 시대였다. 중세는 한편으로는 교황의 전횡과 타락, 십자군 전쟁, 마녀 사냥, 그리고 유럽 전역을 휩쓴 흑사병 같은 암울한 이미지를 전해 준다. 그러나 다른 한편으로 그 시기는 기도하는 사람과 싸우는 사람, 그리고 일하는 사람이 신분상 확연히 구분되지만 일상생활에서는 교회나 길드, 농촌공동체 등이 사회 구성의 단위를

형성함으로써, 그 어떤 시기보다 강렬한 공동체적 총체성을 공동체적 총체성
기반으로 했던 시대였다. 교회는 종교적 차원을 넘어 세속적으로도 막강한 영향력을 행사하는 권력의 소재이면서 동시에 공동체의 구심체 역할을 담당함으로써 기독교의 공통 기반 위에서 여러 사회집단 간의 조화와 응집력을 모아내는 동력이기도 했다.

'중세'라는 용어는 1469년 교황청 도서관 사저 지오바니 안드레아Giovanni Andrea가 만들어 낸 말이다. 그는 '오늘날의 근대인들'인 르네상기의 사람들에 대비되는 '고대인들'을 지칭하기 위해 중세라는 용어를 사용했다.[1] 이탈리아의 휴머니스트들이 보기에, 중세는 과학과 예술, 문학에서 찬란한 성과를 거두었던 두 시대 사이에 끼어 있는 어두운 터널의 시기였다. 중세에 담긴 경멸의 의미는 17세기 독일 지식세계에서도 널리 유포되어 있었다. 예컨대 게오르그 호른Georg Horn은 서기 300년에서 1500년까지의 기간을 고대에서 근대의 개화 이전의 막간기로 간주했다. 그 긴 시간을 근대를 돋보이기 위한 준비기 정도로 무시하는 것이 얼마나 타당한 역사인식인지는 의문스러우나, 18세기에 이르러서는 고대-중세-근대라는 역사 시기 구분법이 상식처럼 통용되었다. 이렇듯 중세에 드리워진 어두운 이미지는 그 시대를 살았던 당사자들이 아닌 그 후손들에 의해 굳어지게 되었다.

---

[1] Le Goff, Jacques(1984), *Medieval Civilization 400-1500*, 『서양 중세문명』, 유희수 옮김, 까치, 1992, 11~12쪽.

인간 본성의 역사

중세 철학은 신학인가?

 '암흑의 시대'에 대한 비난은 근대 철학자들에서 쉽게 찾아볼 수 있다. 베이컨이나 데카르트가 스콜라철학에 대해 사용했던 경멸조의 말투에서 보듯, 근대 초기의 사상가들은 이성의 빛이 가려진 신학의 시대를 냉소했다.[2] 그들은 철학이 종교의 틀 안에 갇혀 유물처럼 변한 것은 중세인의 무지몽매함 때문이라고 생각했다. 그 이후로도 중세 철학을 서양 철학의 주요 범주에서 제외시키거나 비하하는 경우는 허다했다. 헤겔은, 중세는 '반동의 시대'이며 중세 철학은 "하나님을 '외적'인 어떤 것으로 표현하는 신앙 내용의 형식적인 반복에 불과하다"고 평하면서 이성의 관점이 결여된 중세적 인간 해석은 확실히 열등하다고 생각했다.[3] 중세의 철학이 자유인의 무기가 아니라 신학의 노예라는 인식은 근대 사상가들에게 널리 퍼져 있던 통념이었다. 이러한 인식은 마치 서구 철학에서 고대와 근대라는 2개의 주요한 시대밖에 없다는 오해를 낳게 했던 주된 원인이었다.

 중세의 사상적 흐름은 세 단계로 구별해 볼 수 있다. 중세 초기는 4세기부터 9세기까지로, 지체된 고대이면서 봉건

---

2 Copleston, F.(1962), *A History of Philosophy Vol.2*, 『중세철학사』, 박영도 옮김, 서광사, 1988, 20~23쪽.
3 Hegel, Wilhelm(1838), 175쪽. 그러나 코플스톤은 "헤겔이 중세 철학에 대한 참된 지식을 가지고 있지 않았다"고 보고 있다. 그는 근대 철학자들이 "중세 사상이 지니고 있는 풍요한 다양성과 그 심오함을 알지도 못한 채, 그들이 보지도 듣지도 아니하고 중세 철학을 비난했다"고 지적하며, 그 비난의 근거가 허약했음을 강조한다. Copleston, F.(1962), 21쪽.

제도가 발아했던 단계이다. 이 시기는 니케아 공의회 전후의 호교가들이 주도했던 교부敎父 철학의 시대였으며, 그 중심에는 성 아우구스티누스가 우뚝 서 있었다. 교부들은 철학자가 아니라 신학자였다. 흔히 "철학이 신학의 시녀로 전락했다"는 비탄의 목소리는 대체로 중세 초기 그리스도교의 호교가들이 범신론이나 물활론의 색채가 강한 그리스 철학을 맹렬하게 공격한 데서 비롯된 것이다. 예컨대 2세기 라틴의 호교가였던 터툴리아누스Tertullianus가 내세운 주장을 보면, 정열적인 그리스도교의 호교가들이 철학에 대하여 어떠한 생각을 갖고 있었는지를 엿볼 수 있다.

> "철학에 관하여 말하자면 그것은 세상의 지혜에 관한 재료이며 … 신의 본성과 질서에 대한 성급한 해석이다. 실로 이교도들 자신은 철학에 의하여 선동되고 있다. … 스토아적, 플라톤적 또는 변증법적인 기독교의 모든 계획을 파괴시켜라! 예수 그리스도를 위하여 우리들은 어떤 미묘한 이론도 원하지 않으며, 복음을 위하여 우리는 어떤 날카로운 탐구도 원하지 않는다."[4]

'그리스도의 철학'을 정립하기 위해서 초기 호교가들은 철학을 성서의 가르침 속에 용해시켜야 했다. 호교가들에게 철학은 하나님으로부터 주어진 계시적 원리를 구현하기 위

---

4 Weinberg, J. R.(1963), *A Short History of Medieval Philosophy*, 『중세철학사』, 강영계 옮김, 민음사, 1984, 12~13쪽.

한 방법론적 도구에 지나지 않았다. 철학은 기독교적 신앙이 무엇이고 왜 필요한지를 설명하는 논리적 수사였고, 신앙에 거슬리는 반대적인 것을 논박하는 수단으로 사용되었다. 초기 호교가들에게 철학은 대체로 '그리스도 안의 완전함'으로 인도하는 길의 포장 수단이었다. 철학이 그러한 기능을 하지 못할 경우에는 유대교나 기독교 저술가들로부터 극심한 공격을 받아야 했다. "철학이 신학의 도구로 전락했다"는 탄식은 이 시기를 설명하는 합당한 주장일 수 있다.

중세의 활황기는 10세기부터 14세기 동안의 기간으로, 이 시기에 신앙의 우위에 짓눌린 이성은 복원된다. 초기 교회의 교부들이 과학적 호기심을 거의 보이지 않았던 것에 비하여 교회 권력이 공고해진 이후에는 철학과 과학에 대한 관심은 점증적으로 고양되고 있었다. 9세기 이후 이슬람교와 유대교 모두에서 과학의 주제를 다루는 저술은 크게 증가했으며, 12세기부터 중세 말에 이르기까지 중요한 과학적 발견은 지속적으로 이루어졌다. 또한 도서관 한편에 수북한 먼지 더미로 덮여 있던 아리스토텔레스의 저작들이 복권된 것도 이 무렵이다. 스콜라철학은 초창기의 대표자 에리우게나Johannes Eriugena와 안셀무스Anselmus를 거쳐 13세기에는 보나벤투라Bonaventura와 토마스 아퀴나스Thomas Aquinas, 그리고 스코투스Johannes Scotus 등에 의해 절정에 다다랐다. 시간이 지나면서 그리스 철학과 기독교의 관계는 대립에서 절충으로 바뀌었고, 이른바 '성 토마스의 종합'으로 이성과 계시의

조화로운 융합을 볼 수 있었다.[5]

성 토마스는 플라톤이나 아우구스티누스처럼 영혼의 독
자성을 고려하는 사유방식에서 탈피했다. 그는 아리스토텔
레스의 형이상학을 받아들여 영혼과 육체의 단일한 결합을
인정했다. 설령 영혼이 '육체의 유일한 형상'일지라도 영혼
은 육체를 통해 현실적으로 존재할 수 있다. 아퀴나스에게
영혼과 육체의 합일은 단순히 우유적인 것이 아니라 필연
적인 것이다.[6] 그는 "인간이 영혼만으로 자신을 완성하는 것
이 아니라, 육체 역시 신의 구원을 통하여 그 완성의 지속성
을 담보하게 된다"고 말하면서 균형 잡힌 영혼관으로의 전
환을 꾀했다. 아퀴나스적 사유에서, 육체의 형상으로서의 영
혼, 영혼과 육체의 합일, 영혼의 불멸성과 사후의 상태, 지성
과 영혼의 분리성 및 지성의 단일성 등의 개념은 인간의 궁
극적 목적, 인식 및 의지 작용의 가능성, 도덕적 원리와 복
합적으로 연관되어 있다.[7] 따라서 아퀴나스의 영혼론이 인
간의 단일성을 강조하는 히브리적 사유에 의존하고 있었을
지라도 플라톤의 이원론적 모순을 스콜라적 방식으로 해소
시키는 방향으로 진전된 것임은 분명하다. 그러나 토마스의

---

5 질송은 중세 철학의 단계를 '신앙의 우위'에서 '이성의 우위'로, 그리고 마지막으로는
'신앙과 이성의 조화'로 특징짓는다. Gilson, E.(1955), *History of Christian Philosophy in the
Middle Ages*, 『중세철학사』, 김기찬 옮김, 현대지성사, 2013; Gilson, E.(1966), *Reason and
Revelation in the Middle Ages*, 『중세철학 입문』, 강영계 옮김, 서광사, 1982.
6 장욱(2003), 『토마스 아퀴나스의 철학』, 동과서, 181~189쪽.
7 박승찬(2011), 「생명의 원리에서 인격의 중심에로: 서양철학적 관점에서 본 영혼론」,
『가톨릭 신학과 사상』, 제67호, 신학과사상학회, 146~147쪽.

종합이 중세적 사유의 정점에 도달하였다 하더라도, 그 바탕에는 인간은 원죄로 인하여 신의 도움 없이는 영혼의 병든 상태에서 벗어날 수 없는 존재라는 기독교적 교의가 부동의 신념으로 자리 잡고 있었다. 중세 철학의 인간 탐구에서 신, 창조, 진리, 실체, 그리고 영혼 등의 용어가 핵심어였듯이, 아퀴나스에게도 예외는 아니었다.

14세기부터 16세기까지의 기간은 중세의 말기이면서 고대 그리스·로마 영광의 부활을 꿈꾸었던 이른바 르네상스 시대이다. 로마에 남겨진 폐허의 장관을 보고 말할 수 없는 감명을 느꼈던 최초의 휴머니스트 페트라르카Francesco Petrarca가 그러했던 것처럼[8], 이탈리아의 인문주의자들은 고대의 부흥을 통해 이교도의 암흑시대와 그리스도의 성육화成肉化로 시작된 기독교 시대 간의 전통적인 대비를 로마 제국으로 상징되는 영광의 시대와 기독교에 포섭된 로마의 암흑시대 간의 대비로 바꾸어 보려는 새로운 역사관에 빠져들었다.[9] 철옹성과 같았던 교회 권력은 장기간의 정체와 부패의 누적으로 거센 도전에 직면했고, 스콜라철학은 어느새 하나님의 세계를 온전히 방어할 수 있는 지적 도구가 되지 못했다. 우리는 이 시기를, 개별적 인간이 다시 자연과 우주의 주체로 도약할 것을 꿈꾸던 인문주의 또는 인본주의 시

---

8 김영한(1989), 『르네상스 휴머니즘과 유토피아적 휴머니즘』, 탐구당, 7~83쪽.
9 Bullock, Alan(1985), *The Humanist Tradition in the West*, 『서양의 휴머니즘 전통』, 홍동선 옮김, 범양사, 1989, 23쪽.

대로 특징짓는다. 그렇다고 하여 르네상스가 중세의 몰락과
근대의 시발을 뚜렷하게 구분케 하는 역사적 단절의 국면이
라는 말은 아니다. 거기에는 '고대로의 복귀라는 가면 뒤에
오랫동안 숨겨왔던 변화'를 드러냄으로써 신에 의한 피조물
이라는 일상의 상식에서 인간 경험의 소중함을 되살리는 자
각이 분출되는 전환의 의미가 담겨져 있을 뿐이다. 중세 말
기의 이러한 양상은 고대와 근대를 연결하는 다리로서의 역
할이 막바지로 치닫고 있었음을 말해 준다.

'근대적 인간'의 출현

근대는 말 그대로 '새 시대(Neuzeit)'로, '새로움'을 부각시
킨다. 물론 그 새로움이란 역사적 연속성 속에서 진행된 일
련의 변화가 누적되면서 나타나는 결과들이다. 새로운 사유
의 양상은 물질적 조건의 변화에서 비롯된다. 역사적으로
근대는 중세의 상·하부구조에 대한 도전의 시작이며, 동시
에 중세의 퇴락이 본격화되는 조짐을 포괄한다. 새로운 시
대에는 신神 중심적 사유체계로는 설명할 수 없는 역사적 현
상들이 분출되면서 그리스도교의 절대적 권위가 도전을 받
게 된다. 동서양 간 국제무역이 활발해지면서 초기적 자본
축적이 이루어지고, 자연법의 사상과 자유의 이념에 힘입어
신민臣民이 시민市民으로 변모한 근대국가의 윤곽이 드러나
고, 우주와 자연에 관한 새로운 발견은 인간에 대한 새로운

해석을 요구하는 과학적 세계관을 필연적으로 창출한다.

'새로움'에 대응하는 방식은 다양했다.[10] 먼저 과거를 그리워하며 고대 그리스의 원형으로 돌아가려 했던 신플라톤주의자들은 복고적이었다. '플라톤을 르네상스의 하늘에 빛나고 있는 하나의 별'로 띄운 게오르기오스 게미스토스 플레톤Geōrgios Gemistos Plēthōn은 그런 부류의 사람이었다. 성 토마스의 사상을 고수했던 데메트리오스 키도네스Dēmētrios Kydōnēs도 아리스토텔레스의 복원이 지난날의 영광을 되찾는 길이라고 여겼다. 두 번째 부류의 사람들은 우선은 종교적 믿음을 간직한 채 옛것을 새로 변조하고 재구성하는 데 안간힘을 쓴 사람들이다. 이들은 변화를 기존의 틀 안에 담아 스콜라철학의 겉치장을 달리 하는 방식으로 신新 스콜라철학을 대변했다. 이들과는 대조적으로 인간과 국가의 새로운 모습을 담대하게 그려내는 데 창조적 상상력을 발휘했던 마키아벨리와 보댕Jean Bodin, 그리고 토머스 모어 등은 새 시대에 적합한 국가 모형을 주조하는 데 관심이 있었다. 새로움을 갈구하는 주력 부대는 과학자 집단이었다. 조르다노 브루노, 요하네스 케플러Johannes Kepler, 그리고 갈릴레오 갈릴레이Galileo Galilei 등은 우주의 운행을 자연과학의 법칙으로 설명함으로써 많은 이들이 믿음의 세계로부터 이탈하게 될 미래를 예고했다. 다른 한편으로 새로운 변화 속에서 불확

과학자 집단

---

10 Hirschberger, J.(1965), *Geschichte der Philosophie Vol.2*, 『서양철학사 하권-근세와 현대』, 강성위 옮김, 이문출판사, 1983. 42~149쪽; Bullock, Alan(1985), 17~64쪽.

실성을 감지하거나 사상적 모험을 감행하는 혁신적 흐름도 가세한다. 몽테뉴Michel De Montaigne는 종교적 진리를 의심하면서 피론Pyrrhōn과는 다른 신종의 회의주의를 제기했고, 피에르 샤론Pierre Charron과 프란시스코 산체시Francisco Sanchez도 유사한 경향에 빠져 들었다.

사유가 언제 어디서나 현실의 대상과 욕구적 지향 사이를 들여다보는 정신적 대응물인 이상, 인간의 본성이 시간과 장소의 변화에 의해서 바뀌지 않는 불변적인 것이라는 일반적인 믿음에도 불구하고 상이한 시대와 공간에서 펼쳐지는 정신의 활동은 본래적 인간의 모습을 이전과는 다른 방식으로 묘사한다. 예를 들어 한 세기의 간격을 두고 '자연상태'에 대하여 다르게 상상했던 홉스와 로크, 흄의 경우에서 보듯, 사유 주체는 각자가 경험한 존재 국면의 차이를 상이한 지적 이해로 응수한다. 근대적 사유가 갖는 중요성의 하나는 원초적 인간의 여러 전형典型들을 만들어 냈다는 데 있다. 오늘날 '기계 속의 유령', '빈 서판', 그리고 '고상한 야만인' 등으로 명명되는 특징적인 인간 모형은 근대적 사유가 빚어낸 시대의 산물이다. 이 전형들은 다양한 방식의 변조 과정을 거쳐 오늘날에도 커다란 반향을 불러일으키고 있다. 로크의 빈 서판론은 존 왓슨 등의 행동주의에서 보듯이 여전히 많은 추종자들을 거느려 왔고, 인간 불평등과 문명 비판에 관한 루소의 담론은 급진주의자들에게 사회변혁의 에너지를 제공하는 사상적 원천의 하나로 기능해 왔다. 그리고 데카

인간 본성의 역사

르트의 코기토 명제는 '사유하는 나'라는 근대적 자아상을 만들어내며 오늘날에도 우리가 자주 찾는 자기 성찰의 변함 없는 메뉴가 되고 있다.

1. 마키아벨리 – 인간 본성과 '국가 이성'

　　근대로 넘어오는 길목에서 마주치게 되는 마키아벨리는
동양의 한비를 연상케 하는 인물이다. 마키아벨리 시대의
이탈리아는 영국이나 프랑스와는 판이하게 5개의 도시국가
로 찢어져 정치적 혼란을 겪고 있었다. 이 도시국가들은 서
로 경쟁하면서도 잦은 외침外侵에 시달리는 약소국의 굴레
에서 벗어나질 못했다. "자신의 영혼보다 조국을 사랑한다"
고 했던 열렬한 애국주의자 마키아벨리, 그는 조국의 정치
적 안정과 평화를 위해서 현실적으로 가능한 해결책을 찾는
데 관심을 쏟았다. 그의 주요 저서들인『군주론』,『정략론』, 국가의 안정성
그리고『로마사 논고』등은 현실 상황에 부합되는 통치를 구
현함으로써 로마의 영광을 되찾아서 국가의 안정성을 확보
하는 데 초점을 맞추고 있다.

마키아벨리는 인간 본성의 문제를 집중적으로 탐구하지는 않았다. 마키아벨리의 주제는 '정치', '정치가' 또는 '군주', 그리고 '공화국'이며, 인간, 도덕, 그리고 종교의 문제는 정치 세계의 영역 안에서 다루어진다. 더군다나 인간 본성에 대한 그의 견해는 여러 저작 속에 군데군데 산발적으로 흩어져 있다. 마키아벨리가 관찰한 대상으로서의 인간은 '역사 속에 실재하는 인간'으로서 고대 과거 로마 시절부터 전해지는 정치가들이나 그가 직접 마주했던 당대의 정치 지도자들과 그들의 통치대상인 인민들이다. 따라서 그가 본 인간은 항시 정치 행위와 결부된 인간에 국한된다.

1) 정치적 현실주의

당시 피렌체 공국이 직면한 혼란의 상황에서 마키아벨리가 채택한 믿음은 정치적 현실주의이다. 그는 『군주론』에서 "많은 사람들은 자기들이 실제로 보지 못하고 알지도 못하는 공화국과 통치를 공상적으로 꿈꾸어 왔다"면서, "그 사람들의 환상을 좇기보다는 사실의 실제적인 진리를 좇는 것이 더 맞는 것 같다"는 입장을 밝힌다(15장).[11] 왜냐하면 '실제로 어떻게 살고 있는가 하는 것과 어떻게 살아가야만 할 것인가 하는 것' 사이에는 커다란 차이가 있기 때문이다. 그는

---

11 Machiavelli, Niccolò(1513), 『군주론』, 강정인·문지영 옮김, 까치, 2003.

당위적으로 '그러해야 할 것'이라는 이상보다는 '있는 그대로의 그러하다'는 현실이 정치 행위의 터전임을 직시한다. 따라서 마키아벨리의 관심은 추상적인 인간이 아니라 현실 속의 인간이고, 구체적으로는 통치자인 군주와 통치의 대상으로서의 인민이다.

그는 한비가 그랬던 것처럼, 인간 본성이 어떠한지를 아는 것을 통치의 선결 조건으로 삼는다. 그는 "인간 본성이란 그 속에 담긴 욕망과 악덕, 약점이나 미덕과 함께 시간의 흐름 속에서도 결코 변하지 않는 것"이라고 말하며 인간 본성을 불변하는 것으로 확신한다. 그는 변하지 않는 인간의 모습을 어둡고 비관적인 시선으로 바라본다. 그가 『군주론』(17~18장)에서 묘사한 인간상은 나쁜 것들만 모아둔 것 같다.

"은혜를 모르고, 변덕스러우며, 위선적이고, 위험을 두려워하고, 탐욕스러운"

"이기적이고 탐욕적이어서 갈등과 충동이 불가피하며"

"사악하고 신의가 없음"으로 "선을 강조하지 않으면 필연적으로 악해지는"

"악하기 때문에 자신의 이익을 취할 기회가 생기면 언제나 그 감사의 상호 관계를 팽개쳐 버리는 … "

인간 본성의 역사

『로마사 논고』[12]에서도 그는 같은 주장을 되풀이하면서, 인간을 "자유로운 재량의 여지가 생기기만 하면 언제나 사악한 정신에 따라 행동하려는"(1권, 3장) 존재라고 규정한다. 그가 인간에 대해 내린 결론은 "인간의 본성은 허영심이 많아 타인의 성공을 질투하고 자기 이익 추구에 끝이 없다"(1권, 29장)는 것이다.

그가 보기에, 탐욕과 위선은 인간이 본성적으로 욕망을 추구하기 때문에 생긴다. 『논고』에서 그는 인간의 욕망이 만족할 줄 모르는 이유에 대해서, "본성에 의해 모든 것을 갈구하도록 창조되었지만 운명에 의해 이 모든 것 가운데 단지 일부만을 얻을 수 있는 상황에 처해 있기 때문"(2권 서문, 264)이라고 말하면서 결정론적 운명론에 의지한다. 그 결과 인간의 마음은 항상 불만족 상태에 놓여 있다. 욕망 추구의 본성으로 인간의 사회적 활동은 도덕적 규칙을 따르기보다는 이해타산에 의해 좌우된다. 이처럼 그에게 인간이란, 본성적으로 탐욕과 이해에만 얽매여 있는 까닭에 일상적으로 '거짓된 의견을 만들어내는 동물(Homo Faber Opinionum Falsarum)'이며, 수시로 "사건의 진상을 은폐하면서 공상과 환상을 엮어내는 존재"이다.[13] 다시 말해서 인간은 자신의 이해에 따라서 카멜레온처럼 때로는 진실로 때로는 거짓으로 행동하

---

12 Machiavelli, Niccolò(1519), 『로마사 논고』(이하 『논고』로 줄임), 강정인·안선재 옮김, 한길사, 2003.
13 Wolin, S. S.(1960), *Politics and Vision*, 『정치와 비전 2』, 강정인·공진성·이지윤 옮김, 후마니타스, 2007, 41쪽.

기 때문에 겉으로 드러내는 태도만으로는 그 본심을 알 수 없는 존재라는 것이다.

마키아벨리는 자신의 이해관계에 따라 두 얼굴로 번갈아 가며 변신하는 인간의 양면성에 대응하기 위해서, 통치자를 위한 맞춤형의 '팃포탯Tit for Tat' 전략을 주문한다.

> "인간들이란 다정하게 안아주거나 아니면 아주 짓밟아 뭉개 버려야 한다는 점이다. 왜냐하면 인간이란 사소한 피해에 대해서는 보복하려고 들지만 엄청난 피해에 대해서는 감히 복수할 엄두도 못 내기 때문이다. 따라서 사람들에게 피해를 입히려면 복수를 두려워할 필요가 없을 정도로 아예 크게 입혀야 한다(『군주론』. 3장, 19).[14]

인간을 한없이 의심하는 마키아벨리의 시선은 앞에 살펴본 한비를 꼭 빼닮았다. 그 때문에 '다정하게 안아주거나' 아니면 '아주 짓밟아 뭉개 버려야 한다'는 그의 대응 방법 역시 한비자의 '이병二柄'과 똑같은 처방이다. 이기적인 인간 본성을 외적 강압을 통해서 순치시켜야 한다는 발상은, 순자나 한비, 그리고 홉스에서와 마찬가지로, 용어는 다르더라도, 절대군주를 중심에 놓고 인민을 그 통제의 대상으로 삼는 논법에서 공통적으로 발견되는 특징이라는 점에서 그다

인간을 한없이 의심하는 시선

---

14 마키아벨리는 『논고』 2권 23장에서도 같은 주장을 되풀이한다.

지 놀라운 주장은 아니다.

2) 통치의 기술

마키아벨리는, 인간 본성을 제대로 파악하는 것은 통치의 선결 조건이기 때문에, 군주가 인간이 본성적으로 탐욕적이고 이기적인 존재라는 인식을 분명히 할 경우 통치 행위의 오류를 줄일 수 있다고 주장한다. 그는 물론 "군주가 무엇보다 인민의 지지를 얻어야 한다"는 통상의 일반론을 부정하지 않는다(『군주론』, 9장). 그러나 그는 군주의 통치 행위가 뚜렷한 목표를 지향하고 있다면, 정치적 행위로서 실행하는 통치의 수단과 방법은 철저히 목표에 종속되어야 한다고 강조한다. 국가의 안위를 위한 법률의 강제력은 인민들 개인의 이기적인 이익보다 공동체의 이익을 우선시하기 위함이다. 따라서 군주는 그가 다스리는 인민이 악한 존재인 점을 분명히 자각하고, 그가 지향하는 통치의 향방에 준해서 경우에 따라서는 수단과 방법을 가리지 않고 악행도 행할 수 있어야 한다. 『논고』에서 마키아벨리는 법질서를 뛰어넘는 개인, 즉 '탁월한 인간(Uomo Virtuoso)'과 제도적 장치에 결부된 대중 간의 차이를 다음과 같이 설명한다.

"그러므로 자신이 아니라 공공의 복지를 높이고 자신의 후손이 아니라 공통의 조국을 유익하게 하려는 의도가 있는, 공화국의 현명한 법제정자는 **권력을 혼자서 소유하도록 노력해야만 한다. 왜냐하면 인간들은 선으로 향하기보다는 훨씬 더 악으로 향하기 때문에** 그의 후계자가, 그가 고귀한 목적에 사용했던 권력을 자신의 권력욕을 위하여 사용할 수 있기 때문이다. **대중은 의견이 서로 달라서 최상을 인식하지 못하기 때문에** 그들은 국가에 (새롭게) 질서를 제공할 능력이 없는 것과 마찬가지로 그들이 한번 최상을 인식했다면 그것을 잃어버리도록 하나가 되지도 않는다"(1권, 9장).

『군주론』은 특출한 능력의 '비루투Virtú'[15]를 갖춘 영웅이 만들어 가는 개인의 정치를 이상적으로 그린다. 여기에서 탁월한 영웅과 대중은, 마치 플라톤의 철인왕과 대중의 관계에서처럼, '최상의 것'을 인식할 수 있는 유일한 존재와 속견이 분분한 다수의 무리들로 대비된다. 그러나 마키아벨리는, 플라톤과는 달리, '탁월한 개인'이 권력을 독점해야 하는 이유를 인간이 악으로 향하는 본성적인 경향을 갖는다는 데서 찾는다. 그는 통치자를 보통 인간과는 다른 차원의 존재로 차별화하고, 통치자로서의 자격과 특별한 능력을 세세하게 주문한다. 그는 통치자의 행위를 최우선적으로 고려하는 한, 그리고 "나라의 생명을 구하고 나라의 자유를 지킬 수 있는 계획"을 통치의 목적으로 규정하는 한, 통치자에게 "절대

비루투Virtú를 갖춘 영웅

---

15 Virtú에 대한 논의로는 다음을 참조. Mansfield, Harvey C.(1998), *Machiavelli's Virtue*, 『마키아벨리의 덕목』, 이태영·조혜진·고솔 옮김, 말 글빛냄, 2008, 1부; 박상섭(1998), 「Virtú의 개념을 중심으로 본 마키아벨리의 『政治思想 研究』, 『國際問題硏究』 22, 서울大學校附設國際問題研究所, 1-41쪽.

적으로 자기 나라의 안전이 걸려 있을 때 정의냐 부정의냐, 자비로운 것이냐 잔인한 것이냐, 칭찬받을 만한 것이냐 수치스러운 것이냐의 문제는 결코 고려 대상이 아니며", 오히려 "양심의 가책을 일체 무시한 채 무엇이든지 최대한 따라야 한다"(『논고』 3권, 41장)고 조언한다. 통치자의 책무가 국가의 보전이라면 "악인이 되는 것과 또한 필요할 때에는 악인으로 행동하는 것을 배워야만 한다"(『군주론』, 15장)는 것이다. 따라서 나라의 안전이 걸린 절박한 상황에서는 악도 행할 수 있다는 정신은 통치자가 갖추어야 할 주요한 자격이다. 그에게 "통치자라는 정치적 인간은 그가 처한 상황에 따라 달라질 수 있는 연기자"[16]이어야 하며, "자신의 뛰어난 역량으로 국가 운명의 불확실성을 통제할 수 있는 자"[17] 이다.

악도 행할 수 있는 정신의 통치자

3) 정치와 도덕의 분리

마키아벨리즘은 흔히 "특정한 정치적 목표의 실현을 위한 무차별적인 수단의 동원이나, 계략적이고 타산적인 이해와 술수 등과 같이 도덕적으로 용납되기 어려운 행위까지도 정당화하는 냉혹한 현실주의'라는 의미로 통용된다. 종종 편의적으로 사용하는 일상적인 용법들, 즉 "공익을 도외시하면서 수단과 방법을 가리지 않고 오직 특정한 개인이나 파당

냉혹한 현실주의

---

16 Wolin, S. S.(1960), 59쪽.
17 Pocock, J. G. A.(1975), *The Machiavellian Moment*, Priceton University Press, p.160.

의 이익만을 추구하는 정치 관행"이나 "정치라는 범주를 떠나 사회의 삶 속에서 자기 자신의 이익을 위해 거리낌 없이 남을 희생시키는 처세 방식"은 마키아벨리의 본래의 주장이 아니다. 마키아벨리즘이라는 용어는, 보다 정확히 사용한다면, "국가 이익을 위해서는 통치 행위의 선악에 관계없이 효율성과 유용성만을 고려하는 정치사상"[18]이다.

마키아벨리즘에 대한 논의에서 주된 쟁점의 하나는 "정치와 도덕을 분리하는 것이 현실적으로 가능한가"의 여부이다.[19] 마키아벨리를 비판하는 사람들은 그가 개인의 가치보다 국가 존립을 우선시하는 태도를 문제 삼는다. 국가의 공적 이익이 개인의 사적 이해에 선행한다는 마키아벨리의 주장은, 국가적 차원의 목표 실현을 위해서라면 개인의 도덕적 가치나 사회적 윤리도 무시해도 된다는 전체주의적 발상으로 간주되기도 한다. 도덕주의자의 눈으로 보면, 마키아벨리에게 "도덕은 정치적인 공리성에 의해 가차없이 제거되고, 언제나 정치적인 합목적성만이 고려되는 것"처럼 보일 수 있다. 이런 이유에서 쇼펜하우어Arthur Schopenhauer는 "마키아벨리는 오직 정치의 기술 자체에만 관심을 가졌지, 윤리적인 문제에는 조금도 관심이 없었다"고 공격했다.[20] 20세기 대표적인 정치철학자 중의 한 사람인 레오 스트라우스

---

18 곽차섭(1994), 「마키아벨리즘」, 김영한·임지연 엮음, 『서양의 지적 운동』, 지식산업사, 216쪽.

19 Olschki, L.(1945), *Machiavelli: the Scientist*, Berkeley, Gillick Press, ch. 5.

20 Hirschberger, J.(1965), 107~108쪽.

Leo Strauss도 마키아벨리를 근대 정치철학의 시조로 인정하지만, "책 속에서 자기의 이름으로 사악한 교리를 입에 담기를 서슴지 않았던" '악설의 대가' 또는 '사악의 교사'였음을 부정하지 않는다.[21] 마키아벨리는 고전철학과의 단절을 꾀한 수사가이거나 '통치 기술의 스승'일 뿐, 결코 근대적 의미의 과학자는 아니라는 것이다. 그를 더욱 신랄하게 비판하는 이들은 "그의 도덕관이 본질적으로 공익이나 국가 사회의 안전이라는 대국적 견지에서 형성된 것이 아니라 인간성에 대한 야비한 이해에서 비롯된 것"[22]이라고까지 혹평한다. 다시 말해서, 마키아벨리는 인간 본성에 관한 그릇된 관념으로 인해서 필연적으로 부도덕을 정당화하는 잘못에 빠져들었다는 것이다.

그러나 그의 삶을 다룬 여러 전기들은 마키아벨리가 의도적으로 도덕을 외면했다는 어떠한 증거도 보여 주지 않는다.[23] 그는 도덕의 파괴자도 악의 교사도 아니었다. 소국의 안정된 통치를 위해서 그가 제안한 책략적 조치들 가운데서 몇몇에 대해 그 냉혹성으로 인해 심한 당혹감을 느낄 수 있을지언정, 그는 도덕의 중요성을 무시한 적이 없다. 오히려

---

21 Stauss, Leo(1958), *Thoughts on Machiavelli*, 『마키아벨리』, 함규진 옮김, 구운몽, 2006, 16쪽.

22 Butterfield, Herbert(1962), *The Statecraft of Machiavelli*, MacMillan Publishing Company, pp.118~119.

23 다음의 것들을 참조. 마키아벨리 Ridolfi, Roberto(1978), *Vita Di Niccolo Machiavelli*, 『마키아벨리 평전』, 곽차섭 옮김, 아카넷, 2000; Skinner, Quentin(1981), *Machiavelli*, 『마키아벨리의 네 얼굴: 군주론 너머 진짜 마키아벨리를 만나다』, 강정인·김현아 옮김, 한겨레출판, 2010.

그는 로마의 규범을 따르는 모범적인 공화국을 건설하기 위해서는 시민들의 행동이 공동체의 필요조건에 맞는 사회적 윤리를 따라야 한다고 강조했다. 다만 그는 정치가 도덕과 얽힘으로써 정치 본연의 기능이 훼손되는 사태의 위험성을 경고했을 뿐이다. 그는 통치자가 공개적인 제도의 운용에서 자기의 책무를 방기하고 대중들의 정치적 풍속에 맞추게 되면 국가적 위험이 초래될 수 있다고 생각했다. 이러한 주장은 정치적 목표를 앞에 두고 "이해타산에 따라서 행동하며, 그것과 동시에 기대될 수 있는 이득을 예상된 비용과 비교·계산하는" '이해환원주의'로 해석될 수도 있다. 가령 매킨타이어A. MacIntyre는 "마키아벨리의 윤리는 행동을 행동 그 자체로서가 아니라 오로지 그 결과에 의해서만 판단하며, '결과는 계산 가능하다'는 입장을 견지한다"[24]고 해석하면서, 그를 "소피스트의 계승자인 동시에 근대 작가들의 선구자"로서 조명한다.

그러나 이해환원주의는 마키아벨리의 최종적인 주장이 아니다. "정치와 도덕이 뒤엉켜서는 안 된다"는 그의 주장은 현실적 당위를 강조하기 위한 것이지, 이성적이고 도덕적인 행위 자체를 배척함을 의미하지 않는다. 그에게 정치적 행위란 "어떤 정해진 시간 동안 안정된 형태로 머물러 있을 수 없는 가변적인 구성요소들로 이루어진 덩어리와 같은 것"이

---

[24] MacIntyre, A.(1966), *A Short History of Ethics*, 『윤리의 역사, 도덕의 이론』, 김민철 옮김, 철학과 현실사, 2004, 231쪽.

었다. 그는 정치의 세계를 "하나의 폐단을 제거하면 반드시 다른 폐단이 등장하며, 명료하고 의문의 여지가 없는 쟁점을 결코 발견할 수 없는" 애매모호한 세계로 여겼다.[25] 그는 정치를 윤리의 족쇄에 채워서 보려는 전통적 방식으로는 복잡한 정치 현실을 있는 그대로 파악할 수 없다고 생각했다.

환상을 갖지 않는 전통 이러한 인식은 '정치적 조건에 대해 전혀 환상을 갖지 않는 독특한 전통'의 시작으로도 볼 수 있다. 그러므로 그에게 '도덕의 보편타당성의 가치를 보지 못한 장님'이라는 불명예의 명패를 붙이는 것은 그의 속내를 다 들여다보고 내린 판단이라고 볼 수는 없다.

국가 이성 부르크하르트Jacob Bruckhardt는 마키아벨리의 시대를 '개성의 탄생'과 더불어 '예술품으로서의 국가'가 처음으로 모습을 드러낸 시기로 묘사했다.[26] 근대국가의 탄생을 탁월한 역량을 갖춘 위대한 영웅이 창조한 결과로 본다면, 마키아벨리아는 그에 부합하는 이론을 제시한 인물이다. 독일의 역사가 마이네케Friedrich Meinecke는 마키아벨리에게서 '국가 이성(Ragione di Stato)'을 발견한다. 국가 이성이란 "국가 행동의 기본 원칙이자 운동 원리"로서 "건전하고 강력한 국가를 유지하는 데 있어서 정치가가 해야 할 일"[27]을 말한다. 국가 이

---

25 Wolin, S. S.(1960), 46~47쪽.
26 Bruckhardt, Jacob(1860), *Die Kultur der Renaissance in Italien*, 『이탈리아 르네상스의 문화』, 이기숙 옮김, 한길사, 2003, 33쪽.
27 Meinecke, Friedrich(1936), *Die Idee der Staatsräson in der neueren Geschichte*, 『국가권력의 이념사』, 이광주 옮김, 한길사, 2013, 31~33쪽. 다음의 것도 참조. 진원숙(1996), 『마키아벨리와 국가 이성』, 신서원.

성의 목표는 고도의 합리성과 합목적성에 입각해서 국가와 공동체의 안전과 복지를 보장하는 데 있다. 마키아벨리는 국가 이성이라는 "공동선의 관념을 공동체 내에 존재하는 여러 이익과 세력 가운데 가장 우월한 것을 표상하는 것"으로 간주했다.

마키아벨리는 이를 위해서 정치와 윤리를 분리할 것을 강력히 주장했다(『군주론』, 15장~19장). 정치적 행위는 기독교적 도덕이나 사적 양심이 아니라 국가 이성에 호소함으로써 결정되어야 한다는 것이다. 그의 이러한 주장은 두 가지 측면에서 해석할 수 있다.[28] 첫째로, 정치영역에서는 윤리적인 요소가 반드시 공공의 도덕으로 전화되지 않으며, 그 역의 방향도 같은 결과로 나타난다. 즉, "대부분의 정치적 상황은 불안정하고 유동적이기 때문에 국가 공동체와 인민은 사적인 개인과는 다른 방법으로 통치되어야 한다"[29]는 것이다. 둘째로, 정치와 윤리를 분리한다고 해서 정치영역에서 도덕의 중요성을 간과하는 것은 아니다. 카시러Ernst Cassirer는 마키아벨리가 일체의 도덕적 고려를 제외한 최선의 정치적 방법을 찾으려고 했거나 전통적 윤리 기준을 새로운 자연적 윤리로 대체하려 하였을 뿐이지 도덕을 무시하지 않았다고 옹호한다.[30] 오히려 그는 정부가 연민, 신뢰, 정직함, 인륜 그

---

28 강정인, 「마키아벨리의 생애와 사상」, Skinner, Quentin 외, 『마키아벨리의 이해』, 강정인 편역, 문학과 지성사, 1993, 11~27쪽.
29 Skinner, Quentin 외, 『마키아벨리의 이해』, 203쪽.
30 Cassirer, E.(1961), *The Myth of the State*, 『국가와 신화』, 최명관 옮김, 창, 2013,

리고 종교와 같은 기존의 덕을 따라야 한다는 점을 강조했다. 이 점에 주목하는 사람들은 그가 정치생활에서 도덕적 부패의 작용을 포괄적으로 연구한 '르네상스 최초의 사상가'라고까지 치켜세운다.[31] 마키아벨리의 강조점은 전통적 윤리를 정치의 영역에 적용시키면 근본적인 결함을 드러낼 수 밖에 없기 때문에 현실 상황에 부합되는 새로운 정치윤리가 요구된다는 데 있었다. 전통적 윤리로는 설명될 수 없는 인간 존재의 두 국면을 단절해서 보는 그의 이해 방식은, 책임의 윤리 막스 베버Max Weber의 용어로 환원하면, '책임의 윤리(Ethics of Responsibility)'[32]를 추구하는 쪽에 가깝다. 책임의 윤리는, 특정의 종교적 신념에 따라 올바로 행동하고 그 결과는 신에게 맡긴다는 식이 아니라, 우리 행동의 예측 가능한 결과에 대해서 책임을 져야 한다는 원칙에 기초한다. 이럴 경우에 인간의 평균적인 결함을 고려하는 것이 중요하며, 행위 동기의 선의나 완전성보다는 그 결과에 대한 책임이 더욱 중요해진다.

마키아벨리가 탐구한 인간은 정치 행위자로서의 인간, 군주와 인민이다. 군주 개인의 행동에 대한 지침을 제공하는 데 치중했던 『군주론』과 달리, 『논고』에서는 시민 전체 집단

201~216쪽.

31 Bonadeo, Alfredo(1973), *Corruption, Conflict, and Power in the Works and Times of Niccolo Machiavelli*, University of California Press, p.1.

32 Weber, Max(1960), *Politik als Beruf*, 『직업으로서의 정치』, 전성우 옮김, 나남, 2013, 121~122쪽.

을 상대로 한 조언을 통해 공화주의와 자유를 돋보이게 하려는 의도가 역력했다. 그가 정치적 행위의 주체로서 활동하는 인간들의 구체적인 모습들을 관찰한 결과는, "인간을 움직이는 주된 정념이 사랑, 증오, 공포"이며, 그 "인간들은 공통적으로 야망, 영광, 부귀를 획득하는 데 몰두한다"(『군주론』, 7장, 17장;『논고』 2권 서문, 3권 21장)는 것이었다. 그에게 인간 본성이란 "누구에게나 동일한 것이지만, 정치적 상황에 따라 행동의 차이로 다르게 표출될 수 있는 것"이다. 이러한 견해는 그가 애초부터 보편적 인간의 속성을 포괄적으로 탐색하려는 인간학적인 작업을 의도하지 않았음을 말해 준다. 그보다 주된 관심은 이기적 개인의 이익 추구 본성을 여하히 국가 이성의 틀 속에서 용해시킬 수 있는가에 맞추어져 있다. 한비나 홉스에서처럼, 그에게도 "인간 본성이 무엇인가보다는 인간이 어떠한 환경에서 자신의 의도를 성취할 수 있느냐가 더욱 중요한 문제"[33]였다. 그는 정치라는 특정 영역에서 반드시 고려해 보지 않으면 안 될 것으로서 인간의 약함과 탐욕이라는 중력을 놓치지 않고 인간 본성에 내재된 악에로의 성향에 대한 경고음을 들려주었다. 위선과 무지에서 비롯되는, 인간 생활 속에서 해소하기 힘든 딜레마를 '있는 그대로' 들추어내 보인 것은 틀림없는 그의 공로이다.[34] 그러나 그의 머릿속에는 온통 국가와 통치의 관념만이 가득

---

33 Duncan, Graeme(1983), "Political Theory and Human Nature", in *Politics and Human Nature*, Ian Forbes and Steve Smith(eds.), New York, St. Martin's, p.6.
34 Berlin, Isaiah(1972), "The Originality of Machiavelli", in *Studies on Machiavelli*, Myron P. Gilmore(ed.), G. C. Sansoni, p.201.

인간 본성의 역사

했으므로, 그가 추려낸 인간 본성이란 그가 직접 경험하였거나 역사 속에 기록된 일부 인간들에게서 추론해서 얻어낸 불완전한 경험적 부산물에 그칠 수밖에 없었다. 이러한 아쉬움은 홉스와 로크를 거치면서 '군주에서 개인으로' 주제 영역이 전환되는 과정을 통하여 부분적으로 해소된다.

2. 데카르트의 '기계 속의 유령'

데카르트의 이름은 오늘날 심신문제를 다루는 과학의 영역에서 자주 등장한다. '인간 본성의 과학'에 동조하는 일부 과학자들은 '근대 철학의 아버지'로 추앙받아온 이 사상가를 매우 못마땅한 눈으로 바라본다. 그 까닭은 데카르트의 마음 이론이 터무니없다고 보기 때문이다. 신경과학자 다마지오Antonio Damasio가 지목하는 '데카르트의 오류'는 탈신체화된 마음의 개념이다.[35] 데카르트의 오류는 마음과 몸을 별개로 구분하면서 우리의 마음이 몸의 구조와 무관하게 움직인다고 보는 데 있다. 인간의 마음을 천억여 개 뉴런들의 다

데카르트의 오류

---

35 Damasio, Antonio(1994), *Descartes' Error: Emotion, Reason, and the Human Brain*, 『데카르트의 오류』, 김린 옮김, 중앙문화사, 1999, 228~229쪽. 그러면서 다마지오는 정신을 "하나의 전체로 작동되는 생화학적 신경 규제 회로라는 복잡한 편성 체계"라고 수정하여 정의한다.

발로 보는 신경과학의 관점에서 보면, 데카르트의 심신이원론은 오류투성이일 수밖에 없다. 이른바 '데카르트의 오류'로 지목되는 문제의 주장은 다음과 같다.

"육체가 본질적으로 언제나 분리가 가능하고, 마음은 전적으로 분리가 불가하다면, 마음과 육체 사이에는 큰 차이가 있다. … 만약 발이나 팔이나 어느 부위가 몸에서 분리된다고 해도 내 마음에서는 어떤 것도 빠져나가지 않았음을 알게 된다. … 그러나 육체적 또는 공간적 물체들의 경우는 정반대이다. 그것들 중에는 내 마음이 여러 부분으로 쉽게 분리할 수 없는 것이 하나도 없기 때문이다. … 만약 내가 다른 근거를 통하여 이 사실을 미리 알지 못했더라도, 이것만으로도 **인간의 마음 또는 정신이 육체와 완전히 다르다는 사실**을 충분히 알 수 있다"(『성찰』 6, 117).[36]

데카르트의 심신이원론은 정신과 육체를 기본 속성이 다른 두 실체로 구별한다. 라일Gilbert Ryle은 『마음의 개념』에서 데카르트를 '정신주의'라는 공식 이론의 주조자라고 몰아세웠다. 라일에 따르면, 데카르트는 인간을 육체라는 기계와 정신이라는 유령의 기묘한 조합으로 짜인 기이한 존재로 둔갑시켰다. 라일은 이를 허무맹랑한 이야기로 보고 '기계 속의 유령 도그마'라고 조롱했다.

---

36 Descartes, R.(1641), 『성찰: 자연의 빛에 의한 진리 탐구, 프로그램에 대한 주석』(이하 『성찰』로 줄임), 이현복 옮김, 문예출판사, 1997.

"오늘날 이론가들뿐 아니라 일반인들 사이에서도 대단히 우세하기 때문에 **공식 이론**이라고 표현해도 손색이 없는 마음의 본질과 위치에 대한 학설이 존재한다. **데카르트가 주요한 출처**인 이 공식적 교의는 다음과 같다. 불확실한 예외로서 바보들과 갓난아이들이 있지만, 어쨌든 모든 인간에게는 육체와 마음이 있다. 인간의 육체와 마음은 대개 함께 사용되지만, **육체가 죽은 후에도 마음은 계속 존재하고 그 기능을 한다.** 인간의 육체는 공간 속에 존재하며, 공간 속에 존재하는 다른 모든 물체를 지배하는 기계적 법칙에 종속된다. 그러나 마음은 공간 속에 존재하지 않고, 그 작용도 기계적 법칙에 종속되지 않는다. 이것이 공식 이론의 개요이다. 나는 종종 이것을 의도적인 독설과 함께 **'기계 속의 유령 도그마'**라고 부를 것이다."[37]

라일이 보기에, 데카르트는 한편으로는 기하학적 증명과 같은 명석판명한 지식을 추구한다면서도 인간 본성에 관해서는 플라톤주의로 회귀하는 딜레마에 빠져들고 말았다. 라일의 견해에 공감하는 스티븐 핑커도 데카르트를 한물간 공상가로 간주한다. 그에 따르면, 데카르트의 형이상학은 허구의 관념들로 구성된 정신주의를 유포한 진원지이고, 데카르트는 인간 본성에 대한 그릇된 해석으로 서구 정신사에서 오랫동안 물의를 빚은 인물이다.[38] 핑커는 심신이원론이 현

37 Ryle, Gilbert(1949), *The Concept of Mind*, London, Penguin, pp.13~14.
38 Pinker, Steven(2002), 34~37쪽.

대 과학적 지식에 부합되지 않는 잘못된 견해임에도 불구하고 마치 유효한 보편관념인 양 유포됨으로써 과학의 존재 가치가 위협받게 되는 상황을 걱정한다. '데카르트의 오류'는 과학계를 중심으로 '굿바이 데카르트' 행렬을 줄 잇게 하는 사태를 낳고 있다.[39] 그러나 이들의 말처럼 데카르트는 과연 '정신 따로 육체 따로'의 공상에 빠졌던 몽상가에 지나지 않았는가? 여기에 동의하지 않는 사람들도 적지 않을 것이다. 그렇다면 이 문제는 차근차근 따져볼 필요가 있다.

1) 인간 본성은 사유

잘 알려진 바, 데카르트는 지식의 절대성을 추구한 사상가이다. 그는 「정신지도를 위한 규칙」에서 여섯 번째 규칙으로 절대적인 것과 상대적인 것을 명백히 구분했다.[40] 절대적인 것은 "그 자체 안에, 문제로 제기되고 있는 순수하고 단순한 본성을 간직하고 있는 모든 것"이다. 즉 '어느 것에도 의존하고 있지 않은 것, (궁극적) 원인, 단순한 것, 보편적인 것, 하나인 것, 같은 것, 비슷한 것, 그리고 똑바른 것' 등은 절대적인 것의 속성이다. 반면에 상대적인 것이란 "우리들이 그 본질에 따라 그것을 절대적인 것으로 환원시킬 수도

---

39 Devlin, Keith(1997), *Goodbye, Descartes: The End of Logic and the Search for a New Cosmology of the Mind*, New York, John Wiley & Sons, Inc.
40 Descartes, R.(1628), 「정신지도를 위한 규칙들」, 『방법서설: 정신지도를 위한 규칙들』, 이현복 옮김, 문예출판사, 1997, 42~43쪽.

있고, 또한 그것을 절대적인 것에서부터 일정한 계열에 따라 이끌어낼 수 있는, 그러한 본성을 가졌거나 또는 적어도 일정한 방법으로 그 본성에 관여하고 있는 그런 것"이다. 상대적인 것은 불확실한 것으로서 절대적인 것에 종속된다.

데카르트 철학은 절대적인 것, 곧 확실성에 대한 탐구를 목표로 한다. 과학적인 탐구는 절대적인 지식에 도달하기 위한 수단이다. 그는 이성을 진리 탐구의 유일무이한 기준으로 삼는다. 이성은 무매개적이고, 직관적인 확실성이며, 곧 자기 인식이다. 그는 『방법서설』에서 진리 탐구의 방법으로 네 가지 규칙을 제시한다.[4] 제1 규칙에서 그는 '명증적으로 참인 것'을 인식하기 전까지는, '조금도 의심의 여지가 없을 정도의' 또는 '참으로 인식되지 않는 어떠한 것도'라는 등의 강한 표현을 사용하며, 모든 것을 의심의 대상으로 삼을 것을 강조한다. 이어서 『성찰』에서 그는 전에 알았던 모든 것을 의심한다고 말한다.

> "내가 경험하는 모든 사물은 환상이나 꿈 이외의 어떠한 것도 아니며 … 내가 전에 참이라고 믿었던 것들 중에서 **의심의 여지가 없는 것은 아무것도 없다**"(『성찰』 1, 39).

철학의 첫 번째 성찰은 "의심할 수 있는 모든 것들에 대

---

[4] Descartes, R.(1637), 『이성을 잘 인도하고, 학문에 있어 진리를 탐구하기 위한 방법서설』(이하 『서설』로 줄임), 이현복 옮김, 문예출판사, 1997, 168~169쪽.

해 의심함으로써 '조금도 의심할 수 없는 것'이 무엇인가를 찾아내는 일"이다. 그러기 위해서는 절대성에 대한 무근거로부터 "확실한 것을 만날 때까지 … 조금이라도 의심의 여지가 있는 것은 모두 제외시켜 놓고" 사유를 시작해야 한다. 그는 사유를 "우리가 의식하는 한에 있어서 우리 자신의 내부에서 발생하는 모든 것"(『철학의 원리』, 1-9)[42]이라고 정의한다. 그리고 그것이 참인지 아닌지에 대해서 '체계적인 회의'가 요구된다고 주장한다. 따라서 회의하는 행위 자체라는 사실 이외에는 모든 것은 회의의 대상이다. 회의적 행위가 사유적 행위의 일부인 한, 사유 자체는 의심의 여지가 없는 유일의 경험이다. 데카르트는 우선 이성적 판단에서 감각적 근거를 제외시키는데, 그 이유는 "나의 감각기관들이 때때로 나를 오도할 수 있다는 사실을 알았기 때문"이며, "깨어 있음과 꿈을 명확하게 구별할 수 있는 확실한 표시가 없기" 때문이다.

나 = '사유하는 자'

모든 관념이 수학적 증명에서처럼 완전한 확실성으로 참으로 입증될 때까지 회의해야 한다면, 그리고 "조금이라도 의심이 가는 모든 것을 절대적으로 거짓이라며 거부해야만 한다"면, 그리하여 절대적 사유의 "토대로부터 새롭게 쌓고 … (그럼으로써) 과학에서 확고한 토대와 영원한 구조를 확립

---

42 Descartes, R.(1644), 『철학의 원리』(이하 『원리』로 줄임), 원석영 옮김, 아카넷, 2012, 1부 9항, 13쪽.

하고자 한다"면, 모든 것 가운데 제일의 확실성은 어떻게 획득되는가? 데카르트는 이 물음을 철학의 출발점으로 삼는다. 그는 자기 자신이 존재한다는 사실 그 자체를 회의하는 것이야말로 자기의 존재를 증명하는 유일한 방법이라고 믿는다. 자기 존재에 대해 '회의하는 것은 사유하는 것'이며, '사유하는 것은 존재하는 것'과 다름이 없다.

> "우리는 회의하는 동안 존재하지 않으면서 우리의 존재를 회의할 수 없다. … 왜냐하면 생각하는 자가 생각하는 동일한 순간에 존재하지 않는다고 상정하는 것은 모순이기 때문이다. 따라서 '나는 생각한다, 그러므로 나는 존재한다(cogito, ergo sum)'는 것은 모든 것들 중에서 최초의 그리고 가장 확실한 인식이다"(『원리』, 1-7).

코기토 명제에서 그가 의심의 여지가 없다고 믿는 진리는 두 가지이다. 하나는 내가 무엇인가를 생각할 때마다, 속았든 속지 않았든, 나는 생각하고 있다는 것이고, 다른 하나는 내가 생각할 때 나는 존재해야 한다는 것이다. 따라서 그는 이 명제를 통하여 나의 존재를 확실한 것으로 정립하고, 진리와 확실성의 보편 기준으로 마련하는 동시에, 그리고 나의 본성을 발견한다.[43] 즉 코기토는 일인칭 자아로부터 자아의 존재를 확인하는 주관성의 발견인 동시에 사물, 참된 관

---

43 Kenny, Anthony(1968), *Descartes: A Study of His Philosophy*, 『데카르트의 철학』, 김성호 옮김, 서광사, 1991, 77~78쪽.

념, 그리고 신에 대한 인식에 이르게 하는 근본원리이다.[44] "나는 누구인가"라는 자아 정체성에 관한 물음은 오래전 아우구스티누스의 주제였고 르네상스의 동기였다. '내가 존재한다는 것'이 확고한 진리로 확립된다면, 나 자신이 무엇인지를 알아야 한다. 나는 나의 존재에서 나의 본성을 찾아야 한다. 데카르트는 '존재'와 '실체'를 동일어로 사용하며, 사유와 존재의 주체인 '나'의 본질에 대하여 묻고 답한다.

> "나는 있다, 나는 현존한다, 이것은 확실하다. 그러나 얼마 동안? 내가 사유하는 동안이다. 왜냐하면 내가 사유하기를 멈추자마자 존재하는 것도 멈출 수 있기 때문이다. 지금 나는 필연적으로 참이 아닌 것은 아무것도 인정하지 않고 있기 때문이다. 그러므로 나는 정확히 말해, 단지 하나의 사유하는 것(Res Cogitans), 즉 정신, 영혼 혹은 이성이다"(『성찰』 2, 46).

> "그러면 나는 무엇인가? **사유하는 것**이다. 사유하는 것이란 무엇인가? **의심하고 이해하며, 긍정하고 부정하며, 의욕하고 의욕하지 않으며, 상상하고 느끼는 것**이다"(『성찰』 2, 48~49).

사유가 존재를 확증하는 필연적인 관계에 있는 한, 사유의 작용은 하나의 사실이기 때문에 사유하는 사물인 사유자가 있어야 한다. 결국 나는 '사유하는 것'이 된다. 사유는 "우

---

44 코기토는 일차적으로 지적·이성적 사유를 의미하지만, 데카르트는 사유라는 이름 아래 이해나 의지, 상상력, 감각도 포함시킨다(『원리』, 1부 9항, 13).

리가 의식하는 한에 있어서 우리 안에서 일어나는 모든 것"(『원리』 1-9, 13)이다. 데카르트는 "내가 필연적으로 나의 본질이나 본성에 속한다고 볼 수 있는 것은 '나는 사고하는 존재'라는 점, 그 점 외에는 아무것도 없다"고 결론지으며, 사유를 인간 본성의 내용으로 규정하고, 인간을 '사유하는 존재'로 정의한다.

코기토는 본유관념

데카르트는 코기토Cogito를 인간이 태어나면서부터 갖는 관념, 즉 본유관념으로 본다. 그는 관념을 "각각의 생각의 형상, 직접 지각을 통해 그 생각을 의식하는 생각의 형상"으로 정의하면서, "관념 가운데 어떤 것은 타고난 것이고, 어떤 것은 외부로부터 온 것이며, 그리고 어떤 것은 내 자신이 만들어낸 것"(『성찰』 3, 60~61) 등으로 구분한다. 우리가 태어날 때부터 갖고 있는 관념, 즉 본유관념은 그 타당성의 기반으로서 감각 경험을 전혀 필요로 하지 않는 관념, 자아의 부분으로서 언제나 내재적이거니와 자기 자신의 본성으로부터 이끌어져 나온 것, 그리고 오직 내 안에 있는 생각하는 능력으로부터만 생겨나는 어떤 종류의 의식의 내용들로서 내 안에 있는 것이다. 데카르트는 본유관념을 마치 라이프니츠의 '이성의 진리'나 칸트가 존재와의 연관하에서 언급하는 '선천적인 것', 그리고 고대인들의 '본질적인 사태'나 현대적 사유의 '본질 직관' 등처럼, 의식 주체의 영역을 넘어서 외부 세계에 대한 투명한 인식에 선천적으로 도달할 수 있는 마음의 장치로 간주한다. 그는 코기토 이외에도 나 자신의 영혼이 그러한 만큼이나 생득적으로 주어져 있는 신, 무로부터는 아무것도 나오지 않는다는 원리, 동일한 사물이 똑같은 한순간에 존재하는 동시에 결코 존재할 수 없다는 원리, 그리고 행해진 것은 그 무엇이든 행하여진 것이 아닐 수 없다는 관념 등을 본유관념으로 꼽는다. 신, 영혼, 물체 등 실체는 모두 본유관념이다.[45]

2) 정신 따로 육체 따로

'나'를 사유하는 주체로 규정한 데카르트 인간학의 두 번째 국면은 심신문제로 옮겨가면서 심화된다. 데카르트는 자신이 '뼈와 살로 이루어진' 육체와 '느끼고 사고하는 모든 행위와 관련되는' 영혼의 복합체라는 사실을 잘 알고 있다. 데카르트는 스콜라적 용법을 이어받아 실체의 개념을 본성, 본질, 그리고 사물의 근거 등과 함께 사용하면서, "존재하기 위해서 다른 어떤 것도 필요로 하지 않는 그런 방법으로 존재하는 것(Res, quae ita exisit, ut nulla alia re indigeat ad existendum), 오직 스스로 존재해야 하는 실존적인 것"(『원리』, 1-51)이라고 정의한다. 이러한 실체는 오직 하나뿐인 신밖에는 없다.[46]

---

45 그는 신의 관념은 인간의 마음에 각인되어 있어서, 신을 인식할 수 있는 능력을 가지고 있지 않은 사람은 아무도 없다고 말한다(성찰』 3, 69~78).
46 그는 신을 "최고로 완전하다고 우리가 알고 있고, 또 우리가 결코 그 안에는 어떠한 결함도 그리고 완전성의 제한도 들어 있지 않다고 생각하는 실체"로 정의한다. Descartes,

이와 동시에 그는 "비록 존재하기 위해서는 신의 협력도 필요로 하지만, 다른 피조물에는 의존하지 않는 것"(『원리』, 1-52)이라는 광의의 실체 개념을 병행하여 사용한다. 광의의 실체 개념에 따르면, 정신과 육체는 인간을 구성하는 2개의 실체이다. 그러나 3개의 실체가 실재한다는 데카르트의 인식은 신과 인간 간의 관계나 정신과 육체의 관계가 어떠한 것인지를 설명하는 데서 여러 가지 문제점을 드러낸다.

그에 따르면, 정신과 육체는 근본적인 속성이 판이하게 다르다. 정신의 속성은 사유인 반면, 물질의 속성은 연장이다. 정신은 비공간적이고 연장되지 않는 사고하는 실체인데 비해, 물질은 공간적이고 사고하지 않는 연장된 실체이다. 육체는 물질 자체로 다른 모든 물체와 마찬가지로 역학의 법칙에 따라 작동하고 마치 기계처럼 움직인다. 따라서 육체는 일종의 기계이다. 데카르트는 동물에 대하여 사람들이 만든 다른 기계들과는 정도의 차이 밖에 없는 '자동기계(Automata)'라고 불렀는데, 그 이유는 동물이 연장의 속성만을 가질 뿐 이성이 전혀 없기 때문이다. 그는 이성과 함께 언어 능력을 인간이 동물과 구별될 수 있는 근본적인 속성으로 본다. "인간은 여러 가지 말을 모아서 배열하여 하나의 이야기를 만들어 자기 생각을 남에게 전할 수 있지만"(『서설』, 214), 동물에게는 그러한 능력이 없다. 그러나 인간의 육

R.(1643), 『성찰: 〈성찰〉에 대한 학자들의 반론과 데카르트의 답변 1』, 원석영 옮김, 나남, 2012, 111쪽.

체는 동물과 다르지 않다. 육체의 대부분의 활동, 즉 호흡, 혈액순환, 소화 등은 동물처럼 기계적이고 자동적인 것으로, 물리적으로 환원 가능한 연장성의 운동에 지나지 않는다. 그는, 정신에 대해서는 영혼의 독립성과 불멸성을 증명하기 위한 기초를 마련하는 것을 과제로 삼았지만, 육체에 대해서는 신체생리적이고 자연역학적으로 해명하는 두 가지의 다른 방법론적 전략을 택함으로써, 육체의 속성을 인간 본성의 영역에서 배제시킨다.[47] 따라서 오로지 사유만이 정신적 실체의 본질일 뿐이며, 그 밖의 다른 모든 것들은 사유에 의존하는 부수적인 속성이 된다. 그러고 나서는 "나의 본질은 정신일 뿐이므로, 정신은 육체가 없어도 존재할 수 있다"는 문제적인 명제를 제기한다."

"정신은 육체가 없어도 존재할 수 있다"

> "우리의 영혼이 신체와 얼마나 다른 것인지를 알게 된다면, 우리 영혼은 본성상 신체와 전적으로 무관한 것이고, 따라서 신체와 더불어 사멸하는 것이 아님을 보여 주는 근거들을 훨씬 잘 이해할 것이며, 아울러 영혼을 파괴할 수 있는 다른 어떤 원인도 발견할 수 없으므로 영혼불멸이라는 결론에 자연스럽게 도달하는 것이다"(『서설』, 217).

> "한편으로 내가 오직 사유하는 것이고 연장된 것이 아닌 한

---

47 Weinberg, J. R(1997), *Ockham, Descartes, and Hume*, The University of Wisconsin Press, p.72. 와인버그는 정신과 육체를 구분한 데카르트의 의도를. 첫째, 영혼의 불멸성을 증명하기 위한 기초를 마련하는 것, 둘째, 인간 신체의 생리에 대한 순수 물리학 또는 역학적 해명을 위한 길을 마련하는 것, 두 측면으로 해석한다.

에서 나는 내 자신에 대한 명석판명한 관념을 갖고 있고, 다른 한편으로, 물체가 오직 연장되고 사유하는 것이 아닌 한에서 물체에 대한 명석판명한 관념을 갖고 있으므로, **나는 나의 육체와는 실제로 다르고, 육체 없이 내가 존재할 수 있다**고 단언하는 것이다"(『성찰』 6, 109).

요컨대 데카르트가 말하는 '있는 그대로의 나'는 영혼 자체이다. 영혼이 나의 육체가 없더라도 존재할 수 있는 나의 본질이라는 언명은 명백히 종교적 교리에 부합한다. 이러한 면에서 데카르트의 영혼은 플라톤으로부터 아우구스티누스를 거쳐 안셀무스로 이어지는 영혼불멸론의 계보 속에 위치한다. "육체에서 독립되어 기계적으로 또는 가시적으로 파악될 수 없고 불멸한다"는 그의 영혼 개념은 '신적이고 불멸하며, 지성적이고 단일하며, 분해할 수 없고 분화하지 않으면서 그 자신과의 관계에 대해 항존적'이라는 『파이돈』의 영혼 개념(80a 10-80b 5)과 구별되지 않는다. 따라서 명석판명한 진리 탐구의 방법을 통하여 그가 우선적으로 얻어낸 인간학적 사실은 신학적 메시지와 다를 바 없다. 그렇다면 영혼과 육체라는 서로 다른 두 실체의 합성체인 인간을 어떻게 설명할 수 있을까? 데카르트의 딜레마는 여기서부터 시작된다.

_{데카르트의 딜레마}

3) 심신이원론의 딜레마

정신과 육체가 각각 독립적인 실체이고 각기 다른 원리에 의해 움직인다는 데카르트의 심신분리론은 양자 간의 관계 및 상호작용을 설명하는 데서 궁지에 몰린다. 데카르트는 고뇌에 빠져들었다. 그가 고심한 흔적은 아르노Antoine Arnauld 의 반박에 대한 답변에서 확인할 수 있다. 그는 아르노에게 보낸 편지에서 "정신과 육체는 독자적으로 존재할 수 없기 때문에 그것들에는 실체로서의 어떤 모순이 있는 것처럼 보인다"고 적었다. 이어서 그는 "정신과 육체는 그것들이 함께 형성하는 합성체인 인간과의 관계에서 본다면 불완전한 실체"라는 사실을 인정한다.[48] 『성찰』에서 데카르트는 '결합'이라는 단어를 정신과 육체 사이의 관계를 지시하기 위해 사용한다. 그는 정신과 육체의 관계는 단순히 배와 선원의 관계가 아니라고 말한다. 자연이 그에게 가르쳐준 사실은, "고통, 배고픔, 갈증 등과 같은 감각을 통하여, 선원이 배 안에 있는 것처럼, 그저 내가 신체 속에 있는 것이 아니라, 신체에 아주 밀접하게 '결합'되어 있고, 거의 혼합되어 있어서 오히려 신체와 일체를 이루고 있다"(『성찰』 6, 112)는 것이다. 그는 인간 본질에 관한 자신의 설명이 불완전한 것임을 잘 알고 있었다.[49]

---

[48] Descartes, R.(1643), 190쪽.
[49] Schacht, Richard(1984), *Classical Modern Philosophers: Descartes to Kant*, 『근대철학사: 데카르트에서 칸트까지』, 정영기·최희봉 옮김, 서광사, 1993, 39쪽.

송과선 모형의 한계

그는 '사유하는 나'의 명제를 고수하기 위해서 '심신문제'를 어떠한 방식으로든 해결하고 싶어 했다. 그는 비록 인간의 영혼이 육체 전체에 어떤 형상을 부여하였다 할지라도, '영혼의 주된 자리'는 바로 우리의 두뇌 안에 있다면서 문제의 실마리를 찾아 나선다. "지성이나 상상력뿐만이 아니라 감각까지도 모두 오직 두뇌 안에서만 이루어진다"면, 아마도 뇌 안에의 어느 곳에서 어떠한 작용이 일어날 것이다. 그는 『성찰』의 끝 무렵에서 다음과 같이 말한다.

> "정신은 육체의 모든 부분으로부터 영향을 받는 것이 아니고 오직 뇌로부터만, 혹은 뇌의 가장 작은 한 부분, 즉 공통감각이라고 불리는 능력이 활동하는 부분으로부터만 직접적인 영향을 받는다"(『성찰』 6, 118).

'뇌의 가장 작은 부분'은 '뇌의 가장 깊은 곳에 있는 조그마한 선'이다. 이 선은 "뇌의 실질의 중앙에 있고, 또한 뇌의 전실의 정기가 후실의 정기와 연락하는 관 위에 걸려 있다." 마음은 다른 부분보다 특히 이 선에서 그 기능을 발휘한다. 그는 "이 선 속에서 일어나는 지극히 미세한 운동이 정기의 흐름을 크게 변화시킬 수 있고, 이와 반대로 정기의 흐름에 생기는 지극히 미세한 변화도 이 선의 운동을 크게 변화시킬 수 있다"고 상상한다. 데카르트는 이 선을 '송과선松果腺'이라고 명명하고 정신과 육체 간의 상호작용이 이루어지는 연계점으로 가정하는 궁여지책을 택한다. '송과선 모형'에 따르면, 정신은 송과선을 통하여 유기체에 미세한 충격을 가해 신경을 자극해서 궁극적으로는 육체적인 움직임을 유발시키고, 이 순간에 미세한 육체적 자극이 정신에 전달된다. 요컨대 "정신은 육체의 각 부분에 영향을 미치는 것이 아니라, 바로 두뇌에 영향을 미치는 그러한 것들에 감각한다"는 것이다.

그러나 '송과선 모형'은 데카르트의 본래 의도대로 심신 문제를 해결한 것이 아니라 또 다른 문제를 낳았다. 우선 신의 존재를 떠받드는 이들이 보기에, 데카르트의 제안은 정신의 형상과 육체의 질료 중에서 어느 한쪽이 결여된 경우를 상상할 수 없다는 스콜라철학적 인간 이해에 부합되지 않았다. 이 때문에 그를 추종했던 괴링크스Arnold Geulincx와 말브랑슈Nicolas de Malebranche는 신의 존재를 보존하면서 데카르트의 딜레마를 보완하려고 했다.[50] 이들의 기회원인론 또는 심신병행설에 따르면, 정신과 육체가 상호작용하는 경우 그때마다 신의 힘이 작용함에 따라서 필연적인 변화가 일어난다. 신의 의지는 사유하는 실체의 작용들을 육체적 변화

---

50 Prist, S.(1994), *Theories of Mind*, 『마음의 이론』, 박찬수 외 옮김, 고려원, 1995, 16쪽. 괴링크스에 따르면, "나의 의지와 나의 행위 간에는 어떤 인과적 관계도 없다. 나의 의지가 나의 발을 움직이는 것이 아니라 이러한 두 병행된 행위는 제3의 힘에 의해 일어나는 것이다. 신이 곧 나의 발을 움직이는 것이다. 나의 정신과 육체는 신의 대리인에 불과할 뿐이며, 신의 의지가 발생하는 그때그때의 현장에 지나지 않는다." 그는 "나의 행위가 일어나는 진정한 원인은 신이고, 나의 의지는 신의 의지에 따라 그때마다 유발되는 일시적인 원인에 지나지 않는다. 신은 이러한 병행설을 태초부터 부여했다"고 말한다. 이광래(1992), 『프랑스 철학사』, 문예출판사, 57쪽. 말브랑슈에 따르면, "신체가 마음에 영향을 미칠 수 없고, 또 마음이 신체에 영향을 미칠 수 없지만, 마음과 신체 둘 다 존재하고, 신체는 마음이 아니고, 마음은 신체가 아니다. 마음과 신체는 신 속에서만 존재한다."

들과 조화하게끔 조절한다. 신은 영혼 안에서 육체적 변화에 대응하는 관념을 산출하게 한다. 이들은 두 실체에서 동시에 일어나는 일련의 두 가지 병행 행위가 신이 태초부터 인간에게 병행성을 부여하였기 때문이라고 믿었다.

그러나 보다 근본적인 비판은 따로 남아 있었다. 데카르트의 말년까지 친교를 나누었던 엘리자베스 공주가 던진 곤혹스러운 질문, 즉 '어떻게 영혼이 육체를 움직일 수 있는가'에 대해 그는 별다른 대답을 하지 못했다. 그는 두 실체가 어떠한 인과성의 규칙에 따라 상호작용하는지를 정확히 설명할 수 없으므로, 다분히 신비스러운 방식의 답변으로 얼버무려야 했다. 더군다나 영혼의 존재를 의문시하는 사람들에게는 그마저도 수용할 수 없는 주장에 불과했다. 홉스는 데카르트의 주장에 의문을 제기했다. 앞에서 본 것처럼, 정신을 운동하는 육체로 환원시켜서 두 실체를 하나의 동일체로 파악하는 홉스로서는 영혼의 실체를 용인할 수 없었다. 홉스에 따르면, 우리는 단지 "우리의 몸 안에 운동을 일으켜서 무엇인가를 느끼게 하고 우리 몸을 움직이게 하는 무언가가 존재한다"고 추론할 수 있을 뿐, '영혼'에 관한 어떤 관념도 지니고 있지 않다.[51] 홉스는 신체적 운동의 원인을 영혼이라고 부르는 것도, 그 관념의 존재도 부정했다. '송과선 모형'은 홉스 이후로도 그에 대한 집중적인 공격을 불

---

51 Descartes, R.(1643), 133~135쪽.

러오는 아킬레스건이 되고 말았다. 그의 심신이원론은 '기계 속의 유령 도그마'라는 라일의 조롱을 넘어 "일련의 심각한 개념적 뒤범벅의 결과물"[52]이라는 혹평을 받기에 이른다.

정념의 역할

그러나 데카르트는 정신과 육체 간의 상호작용적 고리로서 송과선을 제시하는 데서 멈추지는 않았다. 그는 『정념론』[53]에서 정념의 발생, 기능과 역할, 그리고 이성과의 관계 등에 대한 해명을 통하여 마음 이론을 가다듬고, '몸과 마음이 서로 작용하는 경위'(34항)를 살핌으로써 심신의 상호작용을 집중적으로 검토한다. 그 목적은 "비록 영혼이 몸 전체와 결합되어 있을지라도, 다른 모든 부분보다 더 특별하게 영혼이 기능을 실현하는 어떤 부분이 몸에 있다는 것"(31항)을 입증하는 데 있었다. 그는 우선 생각을 영혼의 작용과 영혼의 정념(본래 불어로 '수동'이라는 뜻), 두 종류로 구분한다. 영혼의 작용은 모든 의지인데, 이 의지는 "영혼에서 직접 오고 영혼에만 의존하는 듯이 보이는 것을 경험하기 때문이다"(17항). 반대로 "우리 안에서 발견되는 모든 종류의 지각이나 인식을 '정념'이라고 부를 수 있는 것은 영혼이 정념을 그 자체로 만드는 것이 아니라 정념에 의해 표상되는 것으로부터 정념을 받아들이기 때문이다." 우리의 지각도 역시 영혼을 원인으로 하는 것과 몸을 원인으로 하는 것, 두 가지

---

52 Prist, S.(1994), 70쪽.
53 Descartes, R.(1649), 『정념론』, 김선영 옮김, 문예출판사, 2013.

가 있다. 전자의 것은 우리의 의지에 대한 지각 및 모든 상상 혹은 상상에 의존하는 그 외의 생각에 대한 지각을 포괄한다(19항).

그는 정념을 "영혼의 지각이나 감정 또는 동요"로 보고, "영혼과 특별하게 관계되는 어떤 종류의 정기 운동으로 야기되고, 유지되고, 강화되는 것"(27항)으로 정의한다. 정념은 정신 자체의 힘에 의해서 생겨나는 것이 아니라 외적 대상의 자극에 반응하여 육체 안에 야기되는 동물적 정기의 운동에 의해서 발생한다. 그는 정기에 의해 선 속에서 자극되는 운동을 두 가지로 구별하면서 "하나는 감각을 움직이는 대상물이나 뇌수 안에서 만나는 인상을 마음에 제시하면서도 의지에는 아무런 힘을 주지 않는" 반면에, "또 하나는 의지에 얼마간 힘을 미치는 것, 즉 정념 혹은 정념에 따르는 신체운동을 일으킨다"(47항)고 설명한다. 즉 모든 정념의 최종적 근인은 정기가 뇌 중앙부에 자리 잡은 소선을 움직이는 동요에 의한 것으로, "동물정기, 뇌와 송과선, 신경, 근육과 같은 육체적인 것이 보여 주는 기계적 작동과 그 결과물"이다. 요컨대 데카르트가 말하는 정념이란 마음의 지각·감각 또는 영혼의 정서, 즉 '단지 몸 안에서 느껴진 감각적 인상이 아니라 의식 자체 안에서 생기는 이 감정의 결과'가 된다.[54]

---

54 Rodis-Lewis, G.(1971), *L'oeuvre de Descartes I, II*, Paris, Virin, p.197; 김선영(2012), 「데카르트에서 영혼과 몸의 결합과 그 현상으로서의 정념: 지각, 감정, 동요」, 『철학연구』, 고려대학교 철학연구소, 45집, 192쪽에서 재인용.

다시 말해서, 육체가 원인이 되어 정신 속에서 불러 일으켜 지는 수동으로서의 정념은 의식과 무관한 것이 아니라 의식에 '수동적으로' 주어진 것, 즉 의식에 의해 표상되거나 포착될 수 있는 것이다. 따라서 정념은 마음의 편에서 보면 수동이며, 육체의 편에서 보면 능동이 된다.

정념은 '동물정기', 뇌와 송과선, 신경, 근육과 같은 육체적인 것이 보여 주는 기계적인 작동과 그 결과물이다. 요컨대 정념은 몸이 영혼에 작용한 결과로 생긴 것이다. 『정념론』은 몸에 대한 영혼의 우위라는 데카르트적 원칙을 철저하게 따르지만, 그의 앞선 견해와는 달리, 영혼과 몸이 연결되어 있다는 사실을 보여 주면서 몸이 없는 영혼만을 소유한 인간을 상정하지 않는다.[55] 그는 '감각적으로 부르는 영혼의 하부와 이성적으로 부르는 영혼의 상부 사이에서' 일어나는 모든 투쟁은 "정기에 의한 몸과 의지에 의한 영혼이 어떤 선에서 동시에 불러일으켜지는 경향이 있는 운동들 사이의 대립에서 성립한다"(47항)고 말함으로써 심신의 상호작용적 측면에 주목한다. 마음에는 감각적인 것과 이성적인 것이 모두 깃들어 있고, 그 두 요소인 욕망과 의지는 종종 대립한다. 육체적 동인에 의해 발생되는 정념으로 말미암아 이성적 의지가 헝클어질 수가 있고, 그 반대의 상황도 생길 수 있다. 이러한 설명은 욕망과 의지 또는 감각과 이성

---

55 김선영(2012), 193쪽.

간의 분란이 인간의 태생적인 조건임을 암시한다. 데카르트는 정념의 발생을 정신과 육체의 상호작용과 연관지음으로써 심신분리에 따른 모순을 완화시킨다.『정념론』에서 인간은 '정신 따로 육체 따로'인 존재가 아니다. 그가 영혼의 자리를 몸의 어느 부위에 부여하려 했다는 점은 그의 철학을 유물론적 관점에서 해석하는 것도 허락한다.[56]『정념론』에서의 자아는, 어느새 '코기토 명제'와는 달리 "로고스의 주체가 아니라 파토스의 주체이며, 몸과 하나를 이루는 정신"으로 바뀌어 있다.[57]

4) 철학과 신학 사이에서

역사의 각 시대에는 그 시대가 공유하는 보편관념이 있으며, 따라서 어떠한 사상이든 그 시대의 사회상을 일정하게 반영할 수밖에 없다. 17세기의 데카르트는 21세기의 인물이 아니다. 그는 어디까지나 그가 살았던 시대의 보편관념의 문제를 안에서 사고했던 인물이다. 프랑스의 17세기 전반기는 일부 지식인들을 중심으로 과학적 세계관이 발아 중에 있었다 하더라도, 지배적인 흐름에서는 교권의 헤게모니를 둘러싼 프로테스탄트와 가톨릭, 신·구세력 간의 다툼이 치열했

---

56 Williams, Bernard(1978), *Descartes*, Penguin Books, p.281.
57 김상환(2007),「데카르트의 정념론과 그 이후」, 이재영 외,『개인의 본질: 근대적 개인의 형성』, 한국학술정보, 250~252쪽.

던 종교의 시대였다. 신의 존재 증명이나 종교적 진리에 대한 찬양은 그만의 생각이 아니라 당대 지식인의 일상적인 정서를 반영한다. 데카르트와 같은 시대를 살았던 요하네스 케플러Johannes Kepler나 갈릴레오 갈릴레이Galileo Galilei가 처했던 상황들을 상기한다면, 21세기의 시각으로 데카르트를 들여다보는 데는 여러 제한이 뒤따를 수밖에 없다. 케플러는 지동설의 충격을 무마하기 위해 우주를 그리스도교적인 삼위일체三位一體의 신의 상징으로 표현했다. 케플러의 그림에서 태양은 아버지인 신, 항성천은 아들인 신, 그리고 여러 유성을 넣은 공간은 성령에 해당된다. 케플러는 최초의 우주적 발견으로 명성을 누리기는커녕 브루노처럼 화형당하는 참상을 모면하는 데 급급해야 했다. 갈릴레이의 사정도 마찬가지였다. 1633년 지동설을 옹호했던 갈릴레이는 사법 당국에 끌려가 교황청 법정에서 자신의 죄목을 읊조려야 했다. 이 소식을 전해들은 데카르트는 깊은 충격에 휩싸인 채, 지동설을 담은 『세계』의 집필을 마쳐놓고도 출간을 포기했다.

종교의 절대적 권위가 압도하는 시대에 데카르트의 심신 이원론은 신앙과 이성 간의 불가피한 타협의 산물이다. 가톨릭 신앙으로 충만했던 데카르트로서는 종교적 교리를 옹호하는 것과 과학적 탐구방법에 의존한 철학적 성찰을 수행하는 작업을 양립하기가 힘겨웠기에, 두 갈래의 길 사이에서 오락가락할 수밖에 없었을 것이다. 『성찰』의 원제가 『신의 존재와 영혼의 불멸이 증명되는 제1 철학의 성찰』이었다는

데서 알 수 있듯이, '신의 존재와 영혼의 불멸'의 관념은 신
앙인으로서 그가 평생 동안 간직해야 할 내면 세계의 부동
의 지침이었다. 데카르트는 그와 가깝게 지냈던 지적 동료
들인 지비외G. Gibieuf와 메르센느M. Mersenne 신부 앞으로 보
낸 편지에서 "나는 신을 위해 호교를 시도하고 있는 만큼"이
라는 표현을 거듭하며 항시 가톨릭교도로서의 충실성과 의
무감을 표시했다.[58] 또한 그가 형이상학에 입문할 무렵부터
깊은 영향을 준 베륄르P. Bérulle 추기경은 오라토리오회의 창
시자로서 정통적 신앙을 고수하는 신플라톤주의자였다. 데
카르트에게서 쉽게 발견되는 아우구스티누스적 요소는 그
의 영향을 반영한다. 따라서 데카르트가 수학과 기하학 등
의 과학적 방법으로 철학적 성찰을 계속하는 한, 신앙의 진
리와 이성의 진리가 본래적으로 하나라는 확신을 만들어 내
는 일, 즉 2개의 명백히 대립되는 세계관을 정합적으로 조화
시키는 일은 애초부터 모순을 안은 작업이었을 것이다.

이러한 사정은 그의 철학에 대한 다양한 해석과 평가를
낳게 한다.[59] 파스칼은 "모든 철학 안에서 하나님 없이 하기
를 원했던 데카르트를 용서할 수 없다"(『팡세』, 단장, 1001)고
원망했다. 그가 보기에, 데카르트는 이성을 맹신하면서 하
나님이 필요하지 않은 '자연의 소설'을 쓴 것이다. 앙리 르페

---

[58] 그럼에도 불구하고 그는 메르센느 등의 동료들로부터 "인간 정신의 불멸성에 대해서
전혀 언급하지 않았다"는 지적을 지속적으로 받았다. Descartes, R.(1643), 68쪽.
[59] 伊藤勝彦, 『데카르트의 철학과 사상』, 김문두 옮김, 문조사, 1994, 93~113쪽.

브르Henri Lefebvre 역시 데카르트가 신의 섭리에 반하는 자연 탐구에 몰두하면서도 "항상 자신의 일을 두려워하는 독신瀆神 의식에 사로잡혀 있었을 것"으로 추정했다. 그러나 그 이전 스탕달Stendhal은 "데카르트는 처음에는 이성의 거장으로서 나타나지만, 두 페이지 앞으로 가면 영락없이 가톨릭 사제와 같은 추론을 한다"는 상반된 평가를 내렸다. 그가 보기에, 데카르트에게 철학은 신앙의 도구였다는 것이다. 다른 한편으로 데카르트는 양극 사이를 넘나드는 '교묘한 책략'을 구사했을지도 모른다는 견해도 있다. 그를 과학적 사실과 그리스도교 교리 사이를 조정하는 호교적인 철학자로 보는 구이에Henri Gouhier의 해석이 이를 대변한다.[60] 그러나 데카르트를 '가면의 철학자(Le Philosophe au Masque)'로 묘사하는 르로와Maxime Leroy의 견해에 따른다면, "그가 자신의 철학이 많든 적든 간에 반종교적인 귀결을 내함하고 있음을 몰랐다고 어찌 말할 수 있겠는가?"[61] 당시 위트레흐트 대학의 학장이었던 부티우스G. Voetius가 행정 관리들에게 데카르트를 위험스러운 무신론의 선전자라고 공공연히 고발하였다는 사실은 이 같은 해석을 뒷받침한다.[62] 데카르트는, 정통 신학과 마찰을 일으키는 근거 없고 불합리한 철학이라는 비난에 맞서서, 자신의 철학이 스콜라철학보다는 하나님의 권위에 대한 더 나은 기초를 제공할 수 있다고 줄곧 변호했

---

60 Gouhier, Henri(1961), *La Pensée Métaphysique de Descartes*, Librarie Philosophique J. Vrin, 1999. 유사한 해석으로 다음도 참조. Weischedel, W.(1983), 252~256쪽.
61 伊藤勝彦, 102쪽.
62 Kenny, Anthony(1968), 20쪽.

다.[63] 그러나 당시의 많은 사람들은, "초자연적인 방식으로 비춰 주는 내적인 빛이 모든 자연의 빛보다 확실하다"(『성찰』, 7)는 공식적인 진술이나 '인간은 신의 현세적 대리인'으로서 지상에서 신의 청지기 노릇을 해야 한다는 명시적인 신념을 곧이곧대로 받아주지 않았다.

이처럼 다양한 해석과 추정은 데카르트의 형이상학이 신앙인으로서의 책무와 과학적 탐구 사이에서 만들어진 중간적 산물임을 시사한다. 그는 신의 섭리로 구성된 종교적 교의와 자연과학적 탐구에 의해 발견된 사실의 세계를 하나의 체계로 통합할 수 있다는 포부에서 출발했으나, 신의 계시와 이성의 세계를 정합적으로 통합하는 데서는 심각한 난관에 부딪힐 수밖에 없었다. 베르그송Henri Bergson도 지적했듯이, 데카르트는 고비마다 2개의 길 사이에서 주저했다.[64] 그는 신앙과 이성, 또는 종교와 과학 사이를 넘나들었지만, 어느 한편에 정착하지 못했다. 이 같은 고충은 '나'에 대한 고백 속에도 고스란히 배어있다.

> 그러므로 나는 신과 무, 즉 최고의 존재자와 비존재자의 중간자라는 것을 알게 된다. 따라서 내가 최고 존재자에 의해 창조된 것인 한 나를 속이거나 오류로 유도하는 것은 내 안에

---

63 그는 소르본의 신학자들에게 바치는 헌사를 통해 "신과 영혼에 관한 문제는 신학보다는 철학을 통해 논증되어야 한다고 늘 생각하고 있었습니다"고 호소했다. Descartes, R.(1641), 15쪽.
64 Bergson, Henri.(1907), *L'évolution Créatrice*,, 『창조적 진화』, 황수영 옮김, 아카넷, 2005, 506쪽.

인간 본성의 역사

있을 수 없지만, 나는 무, 즉 비존재자를 어느 정도 분유하고
있기 때문에, 즉 내 자신이 최고 존재자가 아니라 많은 것을
결여하고 있기 때문에 내가 잘못을 저지르는 일이 있다고 해
도 그리 놀라운 일은 아니다(『성찰』 4, 82).

데카르트의 인간은 신과 무 사이에 끼인 중간자적 존재
로 귀결된다. 심신 두 실체의 분리와 영혼불멸, 그리고 '사유
하는 나'로서의 본질 규정은 『성찰』 등에서 '두 실체의 결합'
으로 덧칠되고, 『정념론』에서는 심신 간의 상호작용 및 심신
결합체로 변모한다. '의식'은 새로운 세계관으로 향해 가려
고 하지만, 당대의 에피스테메에 얽매인 '존재'는 다시금 '의
식'을 구속한다. 『굴절광학』, 『기상학』, 『기하학』 등을 저술
한 과학자이기도 했던 이 철학자는, 오늘의 눈으로 보면 명
백한 모순으로 보이겠지만, 자연의 법칙과 양립 불가능한
진술들, 즉 "우리는 자기 자신에 의해서가 아니라 신에 의해
창조되었으므로 신은 존재하며"(『원리』, 1-20) "모든 사물의
본성은 모두 신에 의해 예정되어 있음"(『원리』, 1-40)을 자연
스럽게 주장할 수 있었던 시대를 살았던 인물이다. 당시의
사람들에게는 송과선을 영혼이 자리 잡은 곳으로 보는 데카
르트의 발상이 다소의 비판에도 불구하고 무리 없이 받아들
여졌으며,[65] 동물이 감정과 의식을 지니지 않은 자동장치라
는 주장도 그다지 충격적인 것으로 여겨지지 않았다.[66]

---

[65] Williams, Bernard(1978), pp.281~282.
[66] Kenny, Anthony(2008), 327쪽.

결과적으로 데카르트는 영혼과 육체의 결합에 관한 논증에서 두 실체가 어떻게 결합되어 있는지, 그리고 어떠한 인과적 원리에 의해 상호작용하는지를 설명하지 못했다. 그러나 수백여 년이 지난 지금도 수수께끼로 남겨진 문제를 풀지 못한 것이 그만의 무지이고 그만의 오류일까? 그가 자주 사용한 영혼불멸, 신, 본유관념 등은 중세의 잔재이지만, 그 반면에 '사유하는 주체'로서의 자아 개념은 근대적 사유의 한 형태이며 합리성의 토대이다. 코기토 명제는 '신학의 시대'를 살았던 철학자이자 과학자가 만든 발명품이다. 이 점을 상기한다면, 20세기 철학자 라일의 말처럼 '기계 속의 유령 도그마'가 '범주의 오류(Category-Mistake)'[67]를 범하고 있는 것인지, 아니면 그 도그마의 명명자가 데카르트 철학의 전반에 깔려 있는 '박해의 시대'라는 배경화면을 제대로 읽지 못하고 그저 '정합성의 신화'[68]에 빠져들고 만 것인지를 가리기는 그리 쉬운 일이 아니다. 후자의 경우라면 라일은 데카르트의 의도와 관계없이 데카르트의 철학을 논리적으로 일관성 있고 체계적일 것이라는 가정하에 그가 정해 놓은 기준을 갖고 임의적으로 데카르트를 재단한 셈이 된다. 이 점을 숙고하고 나면, 데카르트의 딜레마는 '기계 속의 유령'이나 '데카르트의 오류'에 있다기보다는 당대의 한정된 지식 체계의 틀 안에서 '마음의 기원에 관한 수수께끼'를 풀

---

67 Ryle, Gilbert(1949), 19~28쪽.
68 Skinner, Q.(1969), "Meaning and Understanding in the History of Ideas", in *History and Theory*, no. 8, pp.32~43.

어보려는 의식의 존재 구속성의 맥락에서 비롯된 것임을 깨닫게 된다. 오늘날의 과학자들도 여전히 모르고 있는 것처럼, 데카르트도 '기계' 속에 왜 '유령'이 존재하고 있는지를 몰랐을 뿐이다. 그렇기 때문에 나는 라일은 물론 다마지오나 핑커의 데카르트 공격에 동의할 수 없다.

3. 토머스 홉스의 '자연상태'

홉스는 데카르트와는 아주 딴판의 인물이다. 맘스버리 Malmesbury의 이 은둔자가 데카르트와는 달리 오늘날의 과학자들로부터 무시당하지 않는 이유는 근대국가의 이론적 토대를 마련한 정치철학적 공로 때문만은 아니다. 홉스는 플라톤이나 데카르트처럼 불멸하는 영혼에 집착하지도 않았고, 토마스 아퀴나스처럼 하나님의 세계를 이성의 빛으로 밝히려고도 하지 않았다. 그는 철학에서 "영원하고, 발생될 수 없으며, 불가해하고, 그 안에 나눌 것도 합성할 것도 없는 신에 대한 교리"인 신학을 배제했다(CW I, 10).[69] 홉스는 영혼 중심의 정신주의 전통에서 벗어나 물질만으로 이루어진 세계를

---

[69] Hobbes, Thomas, *The Collected Works of Thomas Hobbes*(이하 CW로 줄임, 번호는 p. 표시), vol.I, Sir William Molesworth(ed.), London, Routledge, 1992, p.10.

탐구대상으로 삼으면서 신학적 주제를 소거했다. 그에 의하면, "모든 사물의 총합인 우주는 물질적이며, 물체일 뿐이며, 물체가 아닌 것은 우주의 부분도 아니다"(CW III, 672: V, 676). 홉스의 철학은 정신적 실체를 부정하고 물질 이외에는 어느 것도 탐구대상으로 삼지 않는다는 점에서 유물론적이다.

1) 인간은 물질이다

홉스는 철학을 "이미 알려져 있는 원인이나 또는 (무엇을) 생산해 내는 근거에 바탕해서 어떠한 '작용'이나 '현상'을 합리적으로 인식하는 것"(CW I. 3)이라고 정의한다. 여기에서 '작용'과 '현상'은 물질의 소질이나 능력과 관련되어 있다. 따라서 철학의 과제는 물질 간의 관계에서 유발되는 현상의 원인을 인과적으로 발견하는 데 있다. 우리가 철학적 작업을 통하여 얻을 수 있는 것은 "원인이나 생성에 대해서 우리가 먼저 알고 있는 것으로부터 참된 추론을 통해 얻어진 결과 또는 나타난 것에 대한 지식"(Lev, 147)[70]이다. 어떠한 물질이든 그 생성 과정과 특징에 대해 알아낼 수 있는 것이 있다면, 그 모두는 철학의 대상이다.

---

[70] Hobbes, Thomas, *Leviathan*, C. B. Macpherson(ed.), Perican Books, 1981, ch.9, p.147. 번역본으로는 다음을 사용. 『리바이어던1, 2』(이하 Lev로 줄임, 번호는 p. 표시), 진석용 옮김, 나남, 2008.

물질주의

홉스의 물체론에 따르면, 존재하는 모든 것은 움직이는 물질이며, 사물이 놓인 시간과 공간 속에서 겪는 인과적 변화이다. 공간은 "단순히 마음 밖에 존재하는 사물의 환상"이며, 시간은 "운동에 있어서 전후의 환상"이다(CW I, 95~96). 시간과 공간이 모두 환상인 만큼, 유한과 무한의 문제는 단지 우리의 상상력에 의존한다. "물체란 우리 사고에 의존하지 않으며, 공간의 어떤 부분과 일치하는 동연적動延的인 것"(CW I, 102)이다. 홉스는 "모든 물체가 '우연적 성질'을 갖는다"고 말하는데, "우연적 성질이란 물체가 우리 안에 물체 자체의 개념을 갖게 하는 물체의 기능이다"(CW I, 102). 예를 들어 연장과 모양은 우연적 성질이다.

물체는 또한 '운동'을 기본 특성으로 한다. 운동은 어떤 한 장소를 떠나 또 다른 장소를 얻는 계속적인 과정, 즉 장소의 이동이다. 물체는 운동하는 실체이며, 운동하지 않는 것은 물체가 아니다. 따라서 "존재하는 모든 것은 무엇이든지 간에 물질이며, 변화하는 모든 것은 무엇이든지 간에 운동이다"(CW I, 126). 그는 운동을 두 가지로 구분하는데, 인간과 동물에게 공통적인 고유한 운동은 '생명 운동'과 '의지에 의한 운동'이다. 생명 운동이란 피의 순환, 소화, 호흡, 영양 섭취, 배설 등과 같이 어떤 숙고나 의식적인 노력 없이 발생하는 동물 유기체 내의 생명 유지에 필요한 과정들이다. 생명 운동은 아무런 상상력의 도움을 필요로 하지 않는다. 반면에 그가 '동물 운동'이라고 부른 것, 즉 의지에 의한 자발적 운동은 생명 운동과는 다르다. 자발적 운동은 "먼저 우리 마음에서 상상될 때" 일어나므로, "모든 자발적 운동들의 최초의 내적인 시작은 코나투스Conatus(의도[Endeavour]로도 번역)이다"(CW III, 31). 홉스는 코나투스에 대하여, 자발적 운동들인 "걷기, 말하기, 때리기, 그리고 가시적 행동들로 나타나기 전에 인간의 몸속에 있는 운동의 작은 출발점"이며 '보통의 노력'이라고 설명한다(CW III, 31). 그것은 우리가 관찰할 수 없는 짧은 공간과 시간 속에서 일어나는 운동이다.

홉스에게 '코나투스'는 물리적 세계의 운동에 관한 일반 이론을 인간 행위를 기술하도록 만든 연결 개념이다.[71] 그는 인간의 감각, 욕망, 정념, 의지를 모두 코나투스로 설명한다. 욕망은 특정한 대상을 향한 코나투스이며, 이와 반대로 어떤 대상에서 벗어나려는 코나투스는 혐오이다. 그는 "인간의 감각, 욕망, 정념, 의지 등을 외부 대상의 코나투스와 감각기관 또는 주체의 코나투스 사이의 작용으로 환원함으로써" 인간 의지의 능동성을 인정하지 않는다.[72]

물체의 본질, 특성, 그리고 운동에 관한 홉스의 정의는 우주의 만물을 설명하는 기본 개념이 된다. 그는 물체들로 구성된 실재만이 가지적可知的이며 무엇이든 동일한 원리에 의해 파악할 수 있다고 본다. 자연세계를 구성하는 것도 물체

71 Peters, R. S.(1967), *Hobbes*, Penguin Books, p.86.
72 김성환(2002), 「홉스의 물질론」, 『시대와 철학』, 제13권 1호, 한국철학사상연구회, 61~86쪽.

이며, 인간의 육체도 물질로 이루어져 있고, 그리고 그가 '리바이어던'으로 명명한 국가도 물질의 원리에 의해 구성된 유기체이다. 따라서 그의 『물체론』, 『인간론』, 『리바이어던』은 세 종류의 물체, 즉 '자연 물체(Natural Bodies)', '인간 물체(Human Bodies)', '인공 물체(Artificial Bodies)'에 대한 분석이다. 홉스는 물체 개념에 의거하여 인간을 자연 물체, 즉 물질로 이루어진 유기체의 한 유형으로 파악한다.

물체로서의 인간

홉스는 우리의 이성과 오성悟性을 육체의 감각기관에 의존해서 사물을 감지하는 능력으로 보는 경험론자이다. 우리는 외부의 물체에 대한 인식을 감각을 통해서 얻으며, 우리의 이성 안에 존재하는 모든 개념은 최초에는 전체이든 부분이든 감각을 통하여 획득된다는 것이다.

> "모든 사고의 근원은 우리가 '감각'이라고 부르는 것에 있다. 인간의 마음속에 들어 있는 모든 개념은 최초에는 전체적으로든 부분적으로든 감각기관에 의해 얻어지는 것이기 때문이다. … 감각의 원인은 외부의 물체 혹은 대상이다. 이 대상이 각 감각의 고유 기관을 압박한다"(Lev. 1-1, 27~28).

홉스가 인식과정을 물체의 작용 원리로 설명하는 방식은 순전히 심리주의적이다. 우리의 정신은 지각, 상상, 기억 등에서 사유 작용에 이르기까지 여러 가지의 방식으로 활동하는데, 모든 정신적 행위는 감각적 표상을 '합하는 것'과 '빼는 것'에 의해서 실행된다는 것이다. 이를테면 상상력은 대상이 사라진 후에도 우리 내부에 이미지가 계속 남아 있는 상태, 다시 말해서 쇠퇴하는 감각이다. 사고 활동 이외의 행위도 역시 감각의 자극과 그 반작용에 의한 힘이 작용한 결과이다. 그러므로 인간은 자유의지에 따라 마음대로 움직이는 존재가 아니다. 우리의 모든 행위는 육체의 상태에 의하거나 육체에 가해지는 원인과 연관되어 있다. 그러한 의미에서 인간은 동물과 마찬가지로 감각의 기계적인 장치에 의해 움직여지는 유기체이다. 인간은 그가 인지한 환경의 변화에 대해 보편적으로 그리고 주관적으로 반응하는 일종의 자동장치와도 같다(Lev. 21). 인간은 '물리적 존재 형식에 의해 적절하게 기술되는 장치', 또는 '모든 기술적·도덕적 기본 요소와 무관하게 주어진 환경에서 자연스럽게 움직이는 장치'와 다를 바 없다는 것이다.

감각의 기계적인 장치

'자연스럽게 움직이는 장치'라는 점에서는 인간과 동물은 엄격히 구별되지 않으며, 정도의 차이 밖에 나지 않는다. 동물도 인간처럼 체력, 경험, 그리고 정념을 갖고 있다.[73] 그러나 동물은 인간 고유의 기능인 이성의 능력이 없다. 그는 "'왜' 그리고 '어떻게'를 알고자 하는 욕망"(Lev. 1-6, 84)인 호기심도 인간 이외의 동물에게는 없는 특별한 정념으로 꼽

---

73 Hobbes, Thomas(1651), *Man and Citizen*, translated by Charles, T. S. K. Scott-Craig, and Bernard Gert, The Anchor Books edition, 1972. p.109.

는다. 호기심은 '정신의 정욕'으로서, 특정한 지침 없이 활용할 경우 그 어떤 육체적 쾌락의 격렬함보다 강해질 수 있다. 이 호기심으로 인하여 인간은 여타 동물의 지각력을 훨씬 상회하는 이성의 능력을 더욱 고양시킬 수 있었다. 그는 종종 이성이 인간들 간의 상호작용에서 정념의 무기로 활용된다는 암시를 주면서, "정념이 이성보다 강하다"는 점을 누누이 강조한다. 이성의 역할은 사실에 주의를 기울이고, 계산을 해내며, 이해하는 데 국한된다. 이성은 실제로 행위를 이끌어내지는 못한다. 홉스의 정념에서 '이성에 의한 숙고(Deliberation)'는 그저 감정과 행동 사이에서 '연쇄에 있어서의 중간 고리'로서 매개 역할을 할 뿐이며, 인간의 행동은 자신의 감정에 의해서만 추동된다.

이성보다 강한 정념

인간도 다른 물체처럼 다만 움직임 속에 있는 어떤 것일 뿐이므로, 정신활동 역시 물리적 운동 개념으로 설명될 수 있다. 그는 정신을 "얇고 유동적이며, 투명하고 보이지 않는 물체"(CW IV, 309)로 묘사한다. 홉스는 추론이나 계산 능력으로서 이성의 작용을 인정하지만, 그것을 신체기관의 기능과 결부시킨다.[74] 우리의 정신활동은 뇌라는 물체가 신경망을 통해 외부 물체와 상호작용하는 물질의 운동 과정이거나 그 결과이다. 그는 정념도 두뇌의 생리적 반응이면서 동시에 정념들 상호 간의 인과적 결합의 산물로 이해한다. 이처럼 홉

---

[74] *Man and Citizen* 중 *On Man* 부분의 번역본으로는 다음을 참고, 『인간론』(이하 M으로 줄임), 이준호 옮김, 지식을 만드는 지식, 2009, 12쪽.

스는 정신활동을 물체의 정의 속에 포함시킴으로써 인간도 물리적 개념으로 설명될 수 있는 대상으로 간주한다.

따라서 그는 육체를 벗어난 정신이나 영혼의 존재를 인정하지 않는다. 그가 보기에 영혼의 본질이나 실체 개념은 허구이다. 홉스는 파리 망명 시절에 접했던 '코기토 명제'에 대해서 동의하지 않았다.[75] 그는 '코기토'로부터 '나는 생각하는 자'라는 결론은 얻을 수 있으나, "나는 정신이요, 영혼이요, 오성이요, 그리고 이성이다"라는 결론은 나오지 않는다고 비판했다. 인간이 피와 살로 이루어진 물질인 이상 육체 없는 영혼이란 상상력의 산물에 불과하다는 것이다. 그는 사유 활동이나 능력을 사유 주체와 구분하고, 그 주체를 신체로 간주한다. 홉스의 이 같은 정신 개념은 사고를 뇌 활동의 산물로 보는 현대 신경과학적 해석과 부합한다.

육체 없는 영혼은 상상력의 산물

2) '자연상태'와 인간 본성

홉스는 『인간론』과 『리바이어던』에서 인간의 특성에 대하여 폭넓게 논구했다. 그는 최초의 인간이 어떠한 상태에 놓여 있었는지를 추론하는 데서 인간 본성의 단초를 찾는

---

75 Descartes, R.(1643), 125쪽. 홉스와 데카르트의 논쟁에 대해서는 다음을 참조. Tuck, Richard(1988), "Hobbes and Descartes," in *Perspectives on Thomas Hobbes*, G. A. J. Rogers and Alan Ryan(eds.), Oxford, Clarendon Press.

다. 홉스가 도입한 '자연상태'라는 용어가 어디서 연원한 것인지는 분명하지 않으나, 그 흔적은 플라톤의 『법률』에서 찾아볼 수 있다. 플라톤은 평화는 말뿐이고 실제로는 전쟁이 지속되는 상황을 '자연스러운 전쟁상태'(『법률』, 626)라고 표현했다. 이후 일부 사상가들에 의해 '자연상태'라는 표현이 사용된 바는 있으나, 이 용어를 정치철학의 주제로 다룬 최초의 인물은 홉스이다.[76] '자연상태'는 특정한 역사적 시기의 실제 상황이 아니라 최초의 인간 무리들이 처했을 상황을 가상한 논리적 고안물이다.[77] 월린Sheldon Wolin은 자연상태 개념을 17~18세기 정치적 진공 상태의 경험이 잉태한 정치적 사유의 가장 중요한 개념의 하나로 보고, '정치적 무의 상태'로 풀이한다.[78] 홉스의 정치철학에서 자연상태 이론은 두 가지 측면에서 중요성을 갖는데, 먼저 그는 자연상태의 인간을 상정함으로써 인간 본성의 근거를 구하고, 다음으로 그것을 토대로 하여 국가의 기원 및 필요성을 도출한다.

자연상태의 평등

홉스는 "자연은 인간이 육체적으로나 정신적 능력의 면에

---

76 Strauss, Leo(1965), "The Spirit of Hobbes's Political Philosophy", *Hobbes: Studies*, K. C. Brown(ed.), Oxford, Basil Blackwell, p.15.

77 왓킨스는 '자연상태'를 "모든 권위와 조직의 자취가 사라진 것으로 상상되는 관념적이거나 제한적인 경우"라고 설명하며, 맥퍼슨은 "역사적 가설이 아니라 추론에 의해 정념들로부터 나온 논리'로 간주한다. Watkins, J. W. N.(1973), *Hobbes's system of Idea*, London, Huchinson University Library, p.47; MacPherson, C. B.(1962), *The Political Theory of Possessive Individualism: Hobbes to Locke*, 『홉스와 로크의 사회철학: 소유적 개인주의의 정치이론』, 황경식·강유원 옮김, 박영사, 1990, 34쪽.

78 Wolin, S. S.(1960), 『정치와 비전 2』, 87쪽.

서 평등하도록 창조했다"(Lev, 1-13, 168)고 말하면서, 만인의 평등을 자연상태의 기본 조건으로 간주한다. 간혹 육체적 능력이 뛰어난 사람이나 정신적 능력이 뛰어난 사람이 있기는 하지만, 모든 면을 종합해 보면 "인간들 사이에 능력 차이는 거의 없다." 설령 차이가 있다 하더라도 "다른 사람보다 더 많은 이익을 주장할 수 있을 만큼 크지는 않기" 때문에, 만인은 본래적으로 평등하다. '자연상태'에서 '모든 인간이 평등하다는 것'은 어느 누구나 자신의 생존과 자기 보호를 위해 필요하다고 판단되는 것을 취할 수 있고, 그것을 위해서는 자신이 아닌 타인을 해칠 수도 있다'는 의미에서이다. '자연상태'에서 모든 개인은 자기의 안전을 위해서 자신의 힘과 지혜에 의존한다. 따라서 자연상태에서는 모든 사람은 무엇을 갖든 무슨 짓을 하든 나쁠 것이 없다. 자연상태에서는 아무런 도덕적 구별도 없고, 선악은 단지 개인들의 욕망에 관계가 있을 뿐이다. 자연상태에서는 누구나 자기 개인의 이익이 '권리의 척도'가 된다.

자기 개인의 이익이 '권리의 척도'

그러나 이처럼 만인이 평등한 상황이라면, 인간이면 누구나 동일한 수준의 욕구와 기대를 품고 자신의 목적을 달성하려고 하기 때문에, 만인의 개별 이해들은 상호 충돌할 수밖에 없다. 이에 따라 개체들의 이해 대립과 상호 간의 불신은 '전쟁상태'를 발생시킨다. 홉스는 '인간들 사이에 분쟁이 발생하는 원인'을 첫째는 경쟁, 둘째는 불신, 셋째는 공명심으로 꼽는다(Lev, 1-13, 171). 자연상태에서 인간은 '자신의 이

'자신의 이익과 자기의 안전과 자신의 명예를 위해'

익을 위해, 자기의 안전을 위해, 그리고 자신의 명예를 위해' 타인을 공격하게 됨으로써, 전쟁상태로 돌입하게 된다.[79] 그럼으로써 각 개인은 다른 모든 사람과 충돌하게 되는 상황, 즉 '만인에 대한 만인의 투쟁' 국면을 맞게 된다. 만인 간의 전쟁상태에서는 "옳음과 그름의 관념, 정의와 불의의 구별은 없다. 공통의 권력이 없는 곳에는 법도 존재하지 않는다. 법이 없는 곳에서는 불의도 없다. 전쟁에서 요구되는 것은 오로지 폭력과 기만뿐이다"(Lev, 1-13, 174). 그는 인간의 모습이 비참하기 이를 데 없는 자연상태의 삶을 음울하게 묘사한다.

> "전쟁상태에서 벌어지는 모든 일은 만인이 만인에 대해 적敵인 상태, 즉 자기 자신의 힘과 노력 이외에는 어떠한 안전대책도 없는 상태에서도 똑같이 발생할 수 있다. 이러한 상태에서는 성과가 불확실하기 때문에 노동을 위한 여지가 존재하지 않는다. 그 결과 토지의 경작이나, 해상무역, 편리한 건물, 무거운 물건을 운반하는 기계, 지형에 대한 지식, 시간의 계산도 없고, 예술도 없고, 학문도 없고, 사회도 없다. 끊임없는 공포와 생사의 갈림길에서 **인간의 삶은 외롭고, 가난하고, 험악하**

---

79 김용환은 홉스의 자연상태가 갖는 주요한 특징을 네 가지로 요약한다. "첫째 자연상태는 만인에 대한 만인의 끊임없는 전쟁 상황이며, 둘째, 모든 사람은 모든 사물에 대해 동등한 권리를 갖고 있으며, 셋째, 실질적으로 절대적 자유와 자연권이 보장되므로 모든 개인들이 자기 보호를 위해 행사할 수 있는 자유와 권리를 제한할 수 있는 것은 아무것도 없는 상황이고, 넷째, 공통의 통치권이 없는 무정부 상태와 동일한 선상에서 지배와 복종, 통치자와 피통치자의 관계가 아직 설정되지 않은 상태이다." 김용환(1999), 『홉스의 사회정치철학』, 철학과현실사, 153쪽.

고, 잔인하고, 짧다"(Lev, 1-13, 172).

인간 본성 – 욕망과 이기성

자연상태의 인간은 본성적으로 자신의 욕망을 끊임없이 추구하는 이기적 존재이다. 욕망과 이기성은 인간 본성이다. 그는 "모든 사람들에게서 발견되는 일반적 성향은 죽을 때까지 멈추지 않는, '힘'에 대한 끊임없는 욕망"(Lev, 1-11, 104)이라고 말한다. 인간은 오직 자신의 욕망에 복종하며 그 충동에 의해 지배된다. 인간은 자신의 욕망을 내적으로 제한 없이 확장하려 한다는 점에서 만족을 모르는 존재이다. 따라서 인간은 "자기 생명을 보호하기 위해서는 어떤 일도 할 수 있는 준비가 되어 있으며", 때때로 공격적이고 파괴적인 행위도 서슴지 않을 반사회적인 성격을 드러낼 수 있는 존재이다.

자기 보전의 본능

그러나 인간의 욕망이란 본질적으로는 자기 보전을 위한 본능이면서 동시에 삶의 동기이다. 만인은 이중적 충동, 즉 욕구와 혐오를 소유한다. 인간은 자기 보존이 타인에 의해 위협받을 때 이기적인 본성을 드러낸다. 즉 인간은 자기 보존을 위해 자신의 욕구를 선과 동일시하며, 타인의 욕구를 혐오나 악으로 간주한다는 점에서 근본적으로 이기적이다. 우리가 종종 목격하는 인간의 자기중심적 행위들, 이를테면 "남들도 자기 못지않게 현명하다는 사실을 좀처럼 인정하지 않는다"거나 "자기의 지혜는 가까이서 보고 남의 재주는 멀리서 본다"거나 또는 "동일한 물건을 동시에 두 사람이 가지고 싶을 때 서로 향유할 수 없으면 적이 되는" 등의 행동들은 모두 이기적 본성이 밖으로 드러날 때의 모습이다(Lev, 1-13, 169). 모든 인간에게는 자기 자신의 삶과 평안이 타인의 그것보다 중요하다. "경쟁의 연속이며 달리는 경주와 같은" 삶에서 인간의 본질적 관심은 자아를 유지하는 것이며, 그 최종 목표는 자기만족이다. 그러므로 홉스에게 인간이란 전적으로 욕망의 지배를 받는 '본질적인 이기주의자들'이다.

도덕적 상대주의

그러나 홉스는 욕망과 이기성을 악으로 보지는 않는다. 이기성은 자기를 보호하려는 욕구나 감정에서 나오는 것이므로, 그 자체가 악은 아니기 때문이다. 심리적 이기주의를 바탕으로 하는 홉스의 도덕철학에서, 선악은 욕구와 혐오에 따른 주관적인 감정일 뿐이지, 독립적으로 실재하는 절대적 가치의 대립적인 양면이 아니다. 그는 선악의 도덕감정을 상대주의적 관점에서 해석한다.

> "사람이 다르면 덕도 다르다. 좋은 것과 나쁜 것은 누구에게나 동일한 것이 아니므로, '사람도 많고, 그만큼 의견도 많다'는 속담처럼, '사람도 많고 부덕과 덕에 대한 서로 다른 규칙도 많다'고 할 수도 있을 것이다"(M, 88).

인간의 선호와 기피 경향은 사람마다 다르고, 좋은 것과 나쁜 것이라는 것도 상대적으로 해석될 수 있으므로, 주어진 객체 자체가 본질적으로 가지고 있는 선과 악에 대한 보편적 규칙은 존재하지 않는다는 것이다. 곧 홉스에게 '선과 악의 척도는 사적인 요구'이다. 선과 악은 인간의 마음에서 일어나는 정념 운동의 두 종류일 뿐이다. 정념들은 '선과 악의 어떤 결실'인 욕구와 혐오의 서로 다른 형태들이다. 그는 선과 악에 대해서 다음과 같이 정의한다.

> "우리가 욕망하는 모든 사물 공통의 이름은, 우리가 그것을 욕망하는 한, 선이다. 우리가 회피하는 모든 사물 공통의 이름은, 우리가 회피하는 한, 악이다"(M, 47; Lev, 1-6, 79).

> "각자에게 최대의 선은 자기 보존이며, 최대의 악은 본성의 측면에서 자기 파괴다"(M, 50).

홉스는 모든 가치 판단을 "경험을 통해 주관적으로 가치 대상에 대해 내린 평가의 결과"로 설명한다. 그는 동정심도 "타인의 불행을 보면서 자신에게 닥칠지 모르는 미래의 불행에 대한 상상이거나 허구"의 표현으로 보며, "타인에 대한 관심은 자기 자신에 대한 관심의 부산물에 지나지 않는다"고 주장하기까지 한다. 홉스가 보기에 선악의 도덕적 가치는 인간의 의식과 독립해서 실재하는 불변의 것이 아니다. 선과 악을 구별하는 대상들 자체에서 이끌어 낼 수 있는 객관적인 공통 기준이 없으므로, 선과 악은 상대적인 개념일 뿐 절대적인 것이 아니다. 따라서 "단순히 그리고 절대적으로 선하거나 악한 것은 아무것도 없기" 때문에, 인간이 추구해야 할 '궁극목적(Finis Ultimus)'이나 '최고선(Summum Bonum)' 따위는 없다"(Lev, 1-11, 137). 단지 개별 인간들 간의 가치 충돌을 막기 위한 최소한의 황금률만이 필요할 뿐이다.

개별 인간들 간의
가치 충돌을 막기 위한
최소한의 황금률

그렇다고 하여 홉스가 보편적으로 인정되는 도덕적 가치를 무시하는 것은 아니다. 그는 자비, 선의, 그리고 자선을 모두 "다른 사람에게 좋게 하고자 하는 욕망"으로 파악하면서 "모든 사람은 다른 사람을 위해 유용하도록 자신을 바쳐야 한다는 것"은 자연이 내려준 교훈이라고 말한다.[80] 개인의 욕망과 혐오 감정에서 선악의 도덕적 가치가 도출된다는 홉스의 도덕적 상대주의는 도덕 현상을 물체의 운동과 동일한 방식으로 설명한다는 점에서 자연주의적이다.

3) 공룡 국가

홉스의 정치철학은 그가 겪은 험난했던 정치적 경험 속에서 만들어졌다. 17세기 영국은 왕권을 둘러싼 격렬한 다툼으로 내란에 휩싸였고, 특정 정파에 연루된 홉스는 11년 간을 망명지에서 보냈다. 정치적 내분으로 빚어진 극심한 혼란의 상

---

80 Hobbes, Thomas(1651), *De Cive*, CreateSpace, 2013, ch. 3-9, p.41.

황에서 인민의 일차적 목표는 자기 생존이다. 홉스가 바라본 정치 현실과 인민 생활의 참상은 '자연상태'와 다를 바 없는 것이었다. 그는 당시 내란의 원인을 다음과 같이 진단했다.

> "만약 권력들이 (법을 제정하고 집행하며, 세금을 올리고, 학설들을 통제하는 등) 왕, 귀족들, 하원에게 분할되었다는, 영국 대부분에서 받아들여진 견해가 먼저 없었더라면, 국민들은 결코 분열되거나 내란에 빠져들지 않았을 것이다. 첫째는 정치에서 의견을 달리하는 사람들 사이의 내란, 그다음에는 종교의 자유에 관한 반대자들 사이의 내란에 빠져들지 않았을 것이다."[81]

그가 경험한 바로는, 국가권력이 본연의 임무를 수행할 수 없는 지경에 이를 때 권력 다툼이 생기고, 그것이 심화되면 내란으로 치닫게 된다. 홉스는 정치적 혼란의 원인과 결과에 대한 분석을 토대로 통치자와 국민 사이의 권리–의무 관계 설정 및 통치적 권위의 확보 방안을 도출한다. 그는 국가를 더는 나누어지지 않는 구성요소로 분해한 후, 자연상태의 인간이 "왜 그리고 어떻게 국가에 결속되는지, 그 결속 과정에서 어떠한 규범적 구조가 성장하는지, 그리고 왜 하필이면 그러한 구조일 수밖에 없는지를 명확히 설명하는 데"[82] 집중한다. 즉 홉스 논증의 초점은 '무정부 상태의 사

---

81 Oakshott, S. M.(ed.), *Leviathan*, Oxford, Basic Blackwell, 1960. p.119.
82 Kersting, Wolfgang(1992), *Thomas Hobbes zur Einführung*, 『홉스』, 전지선 옮김, 인간사랑, 2006, 78~79쪽.

회', '끝없는 공포와 폭력적인 죽음이 위협하는 상태', 이로 인하여 초래된 '인간의 삶이 외롭고 가난하고 더럽고 짧은 상황'에서 어떻게 평화를 담보해 낼 수 있는 집단체로 전환될 수 있는지를 밝히는 데 놓여 있다. 논증의 주제는 국가이며, 그 국가는 분란을 허용하지 않는 절대적 권능을 행사하는 힘의 총체이다.

홉스는 국가의 기원을 밝히는 데서 이성의 법칙을 도입한다. 인간은 본성적으로 서로에게 늑대처럼 공격적이지만, 동시에 상호 공격성을 극복할 수 있는 내장된 장치로 '이성의 능력'도 갖고 있다. 이성은 '자연상태'를 벗어날 수 있는 인간의 지혜, 즉 '도구적 합리성'이다. 이러한 점에서 인간은 "자연물 가운데 가장 이성적이면서도 합리적인 창작품"(Lev, 21)이다. 그가 '자연법'으로 명명한 이성의 법칙에 따르면, 자기 보존을 향한 이성적 추구는 인간들로 하여금 국가를 형성하도록 이끈다. 그가 자연상태를 '공통의 권력(Commonwealth)'이 부재한 상황으로 전제하고 있는 것은 국가의 성립 조건인 이성의 법칙을 내세우기 위한 사전 기획이다. 그에 따르면, 자연법이란 "우리의 생명과 종족을 우리에게 주어진 그대로 굳건히 지키기 위해서 우리가 해야 할 것과 우리가 해서는 안 될 것을 분별해 주는", "이성이 찾아낸 계율 또는 일반적 원칙"(Lev, 1-14, 135)이다. 홉스는 모든 사람들이 동의할 수 있는 '평화의 편리한 조항들'이자 국가 성립의 기본적 조건으로 모두 19가지의 자연법을 제시한다.

이성이 찾아낸 일반적 원칙

　　　　　　　인간 본성의 역사

제1의 자연법은 "모든 사람은, 달성될 가망이 있는 한, 평화를 얻기 위해 노력을 해야 하며, 평화를 달성하는 일이 불가능할 경우에는 전쟁에서 승리하기 위한 어떤 수단이라도 사용해도 좋다"(Lev, 1-14, 177)는 원칙이다. 즉 모든 인간은 평화를 추구하고 그것을 따라야 한다는 것이며, 평화란 인간의 정념까지도 거역할 수 없는 강력한 권력을 통해 얻어지는 산물이라는 것이다. 그다음 제2의 자연법은 "인간은 평화와 자기 방어가 보장되는 한, 또한 타인들도 다 같이 그렇게 할 경우, 만물에 대한 이러한 권리를 기꺼이 포기하고, 자신이 다른 사람들에게 허락한 만큼의 자유를 타인에 대해 갖는 것으로 만족해야 한다"(Lev, 1-14, 178)는 조건이다. 그리고 "신의信義계약을 맺었으면 지켜야 한다는 것"(Lev, 1-15, 194)은 제3의 자연법이 된다. 홉스는 제3의 자연법이 없다면, "계약들은 헛된 것이며 공허한 낱말들에 불과하다"고 말한다. 왜냐하면 계약이 이행되지 않는다면, "모든 사물들에 대한 모든 사람의 권리는 그냥 남아 있게 되므로," 모든 사람은 여전히 전쟁상태에 있는 것과 다를 바 없기 때문이다. 홉스는 사회의 모든 구성원을 규칙 준수자로서의 역할을 하도록 지도하기 위해 자연법을 도입했다. 곧 자연법은 "계약 체계의 구성원인 사람들에게 적합한 행동의 규칙이나 공리에 대한 일종의 개요"를 구성한다.[83] 그는 자연상태의 평등, 자연권, 개인의 이해, 그리고 만인 간의 투쟁을 이성, 자연

---

83 Wolin, S. S.(1960), 123쪽.

법, 그리고 상호 계약으로 번안함으로써 '공동의 힘'을 도출하기 위한 사전 작업을 마무리한다.

홉스는 자연상태에서 국가로의 전환을 만인 간의 계약을 통해서 이루어지는 합법적 절차로 설명한다. 이러한 설명은 물론 사실들로 구성된 관계망의 논리가 아니라, 그가 상상한 것들에 의한 '확장된 은유(Extended Metaphor)'이다.[84] 계약의 당사자들은 개인이며, 그들은 자신을 다스릴 주권자에게 자신들의 권리를 양도하기로 서로 합의한다. 개인은 그들의 권리를 상호 양도하며, 상대편에서는 이를 '협정' 또는 '서약'으로 인정한다. 사회계약은 주권자와 개인 간의 계약이 아니라 개인들 사이의 계약이다. 홉스에게 사회계약이란 사회생활의 토대로서, 모든 사람이 타고난 자유를 상호 간의 협정을 통해 제한하는 것이다. 홉스는 이를 "타인이 너에게 행하지 않았으면 하는 일을 너 역시 타인에게 행하지 마라"는 황금률이 적용된 결과로 간주한다(Lev, 1-14; 1-15; 3-42). 개인들은 이를 통하여 '이 사람' 또는 '이 집단'의 주권자에게 통치를 위한 절대적 권한을 위임하게 된다. "권리의 양도는 곧 권위의 양도이다."[85] 계약론과 권리 양도를 통해 홉스가 얻어내고자 한 것은 절대적 통치권의 정당화이다. 홉스는 리바이어던의 탄생을 다음과 같이 선언한다.

84　MacIntyre, A.(1966), 244쪽.
85　Hobbes, Thomas(1651), *De Cive*, ch. 8-7, p.98.

"모든 사람의 의지를 다수결에 의해 하나의 의지로 결집하는 것, 즉 그들이 지닌 모든 권력과 힘을 '한 사람(One Man)' 또는 '하나의 합의체(One Assembly)'에 양도하는 것, … 만인이 만인과 상호 신의계약을 체결함으로써 모든 인간이 단 하나의 동일 인격으로 결합되는 것, … 이것은 마치 만인이 만인을 향해 다음과 같이 선언한 것과 같다. '나는 스스로를 다스리는 권리를 이 사람 또는 이 합의체에 완전히 양도할 것을 승인한다. 단, 그대도 그대의 권리를 양도하여 그의 활동을 승인한다는 조건 아래.' 이것이 달성되어 다수의 사람들이 하나의 인격으로 결합되고 통일되었을 때 그것을 코먼웰스 Commonwealth―라틴어로는 키위타스Civitas―라고 부른다. 이리하여 저 위대한 **리바이어던**이 탄생한다. 아니, 좀 더 경건하게 말하자면, '영원불멸의 하느님(Immortal God)'의 가호 아래, 인간에게 평화와 방위를 보장하는 '지상의 신(Mortal God)'이 탄생한 것이다"(Lev. 2-17, 232~233).

국가는, 만인이 모든 권리와 힘을 한 사람 또는 하나의 합의체에 양도하는 상호 신의계약을 체결하여, 모든 인간이 단 하나의 동일한 인격체로 결합되는 과정을 완성함으로써 탄생한다. 모든 권리를 위임받은 주권자의 주권은 그 누구에게도 양도할 수 없는 것이며, "주권자에 대한 국민의 의무는 그가 국민들을 보호할 수 있는 권력을 행사할 때"만 효력을 가진다. 이렇게 성립한 국가는 절대성, 강제성, 그리고 폭력성을 갖는 유일무이한 주권자이다. "주권자의 면전에서 신민의 권력과 명예는 사라진다"(Lev, 2-18, 246). 국민이 주권자에게 복종하려면, 국민에게 의무가 강제되는 절차가 요구된다. 그는 "칼이 없다면 계약은 단지 말에 불과하며, 국민을 안전하게 할 힘을 갖지 못한다"는 언명으로 국가의 강제력과 폭력성을 정당화한다. 인간의 내면에는 자기 이익을 추구하는 가운데 보상에 대한 반응이나 처벌에 대한 공포가 존재하므로,[86] 국가는 국민에 대한 강제력을 행사할 수 있는 효율적 체계가 필요하다는 것이다. 여기에는 국민에 대한 감시와 통제도 포함된다.

홉스의 국가는 공포를 기반으로 성립한다. 법은 공공선을 실현하는 수단이며, 공적 정의란 국법을 준수하는 것이다. 개인들이 사회계약에 동의한 이상 주권자가 법을 제정하고 집행하는 것은 시민들이 법을 제정하고 집행하는 것과 같기 때문이다. 물론 국민에게도 계약에 의한 자유가 허용된다. 원칙적으로 자유는 '외적 방해가 없음' 또는 '반대가 없음'을 뜻하므로, '자신의 판단력과 이성이 지시하는 바에 따라 사용 가능한 힘'(Lev, 1-14, 176)을 의미한다. 하지만 여기서 말하는 "국민의 자유란 단지 주권자가 그들의 행동을 규제함에 있어서 불문에 부쳐온 것들"로서, "사고팔며 계약하는 자유, 주거와 식사 선택의 자유, 생업 선택의 자유, 그리고 그

---

86 Hobbes, Thomas(1651), *De Cive*, ch. 1, p.6. 홉스는 "위대한 그리고 존속하는 모든 사회들의 기원은 인간이 서로에 대해서 갖고 있는 상호 간의 선한 의지가 아니라 서로에 대해서 가지는 상호 공포에 있다"라고 말한다.

인간 본성의 역사

들이 적합하다고 생각하는 바에 따라서 자녀를 양육하는 자유"일 뿐이다(Lev, 2-21, 289).

만인의 신약信約에 따라 성립한 국가는 어느새 공룡과도 같은 거대한 괴물로 나타나서, 만인의 평화를 명분으로 개인을 압도하며 법률과 도덕, 그리고 종교 위에 군림하는 '새로운 신'으로 등장한다. 그러나 평화의 수호신으로 우뚝 세워진 리바이어던은 '새로운 인간'을 만들어 내려고 하지 않으며, 그들의 낡은 본성을 정화할 것을 요구하지도 않는다. "그 대신에 '있는 그대로의 인간'을 이용하되, 인간이 자신의 욕망에 부과된 일정한 한계를 받아들인다고 동의한다면, 그 욕망의 확실한 충족을 약속한다."[87] 따라서 홉스적 정치 질서는, 자발적인 개인들의 집합으로서 공동체성을 대변하지 않는, '공동체성을 결여한 권력'이다. 홉스는 정치적 권위에 대한 기독교 전통을 거꾸로 뒤집어서, 통치자를 하늘에 있는 절대자를 대신하는 '지상의 신'으로 만들어 버렸다. 결과적으로 홉스가 주창한 '평화의 정치학'은 개인의 모든 권리를 억눌러서 통치의 질서를 담보하는 리바이어던의 탄생으로 끝을 맺는다.[88]

월린이 지적하듯이, 리바이어던 기획은 인간을 "본성에

---

87 Wolin, S. S.(1960), 130~133쪽.
88 Trainor, B. T.(1985), "The Politics of Peace: the Role of Political Covenant in Hobbes's Leviathan", *Review of Politics, Vol.XLVII*, No.3.

의해서가 아니라 교육에 의해서 사회에 적합하게 만들어진"
비정치적 존재로 보는 홉스의 개념화에 기초한다. 홉스가
추리한 논리의 연쇄는 '자연상태의 인간'이 '시민사회상태
의 인간'으로 변모하는 과정이다. 그러나 전자의 인간이 악
한 인간이고, 후자의 인간이 선한 방향으로 순치된 인간이
라는 근거는 도대체 어디에 있는가? 우리가 '자연상태'에 관
한 그의 임의적인 규정에 동의하지 않는다면, 홉스의 추론
은 성립할 수 없다. 이와 관련하여, 쉴리크Moritz Schlick는 홉
스의 추론이 '허구적인 인간 본성' 관념에 입각해 있기 때문
에, "인간을 그들의 환경에 자연스럽게 결합시켜 주는 가장
중요한 요소를 설명하지 못했다"고 비판한다.[89] 이 같은 비
판에 대해, 홉스가 살아 있다면 아마도 "혼란과 박해의 시대
가 나로 하여금 그렇게 생각하게 만들었노라"라고 답할지
모르겠다.

4) 인간 오성 너머의 신

홉스 철학의 근대성은 신과 종교를 바라보는 시선에서 두
드러지게 표출된다. 그는 신이 없다고 말하지는 않았다. 그
는 브램홀 주교와의 논쟁에서 '가장 순수하고 가장 단순한
영원한 물질적 정신', '삼위일체', 그리고 '무한하고 보이지

---

[89] Schlick, Moritz(1939), *Problems of Ethics*, Dover Publications, 1962, p.164.

않는 연장' 등의 표현을 사용함으로써, 신의 존재를 인정하는 듯한 태도를 취했다(CW Ⅳ, 309). 그는 『인간론』에서도 "신은 인간을 이성적이도록 창조했으므로, 신 스스로 인간이 법을 따르도록 명령하고, 그것을 모든 인간의 마음에 각인했다"(M, 96)고 적었다. 그러나 그 신은 정통 기독교에서 말하는 신이 아니라 자연을 창조한 추상적 존재이다. 그의 철학에서 존재하는 것은 보이는 것이거나 보이지 않는 것이거나 모두 물체여야 하므로, 신이나 영혼도 물질적 실체로 나타나야 한다. 그렇지 않다면 영적 존재로서의 신은 '둥근 사각형'처럼 인간이 만들어 낸 조어造語에 불과한 것이 된다. 그는 "신에 대해서는 어떤 심상도 생겨나지 않으므로, 신의 관념과 같은 것은 전혀 존재할 수 없다"고 논구한다.

> "이 세계에 있는 가시적인 사물들과 그것들의 놀라운 질서로 인간은 그것들의 원인이 있다고 상상할 것이며, 그것을 '신'이라고 부른다. 그러나 **누구도 자신의 정신 속에 신에 대한 관념이나 이미지를 가지고 있지 않다.** … 그러므로 신은 불가해하기 때문에 '신'이라는 명칭은 우리로 하여금 그를 상상하지 않도록 하기 위해서 사용된다. 우리는 신을 존경할 수 있을 뿐이지, 그의 위대함과 힘을 상상할 수는 없다"(CW Ⅲ, 17).

"신이 만물을 창조하고 다스린다는 것(의 진위 여부)은 인간 본성의 이해력을 초월한 것들에 관한 것"(M, 93)이므로, 인간으로서는 확인할 길이 없다. 신은 인간의 오성 너머에 있는 불가해한 존재이다. 따라서 신의 존재와 본질에 대한 탐구는 자체적으로는 불가능하며, 철학의 주제가 될 수 없다.

홉스의 정의로는, 종교란 '신을 성실히 찬미하는 사람의 외형적인 제의(Cultus)'이다. 신앙인은 "신의 존재를 믿을 뿐만 아니라 신이 전지전능한 창조주이자 만물의 주재자이며, 그의 고유한 의지에 따라 번영과 재앙을 분배하는 자라고 믿는다"(M, 92). 그러나 우리가 종교를 믿게 되는 이유는 우리 마음 안에서 "눈에 보이지 않는 힘에 대한 두려움" 때문이다. 그것은 인간 본성의 일부이다. 종교와 미신의 차이는 두려움에서 비롯된 그 믿음이 공적으로 허용되느냐 그렇지 않느냐에 달려 있다(Lev, 1-6, 84). 사람들은 눈에 보이지 않는 힘에 대한 두려움 때문에 셀 수 없이 많은 신을 만들어 냈으며, 자신들이 경배하고 두려워하는 대상에 대해서는 '종교'라고 이름 붙이고, 다른 사람들의 것에 대해서는 '미신'이라 부른다(Lev, 1-11, 147). 따라서 그가 보기에 종교와 미신은 본질상 차이가 없다. 종교란 인간 내면에 자리 잡고 있는 미래에 대한 걱정과 원인을 알 수 없는 무지에서 오는 두려움 때문에 인간이 만들어 낸 가공물에 지나지 않는다.

홉스는 종교의 세속성에 대해서도 부정적인 입장을 취한다. 그는 "지식이 완성되면 신앙은 내버리게 된다"는 말로 참된 종교의 실체를 부정한다. 따라서 교리를 둘러싼 신학적 논쟁도 무의미한 것이다. 그가 보기에 "신앙이란 말하는

> "지식이 성숙되면 신앙은 버려진다"

사람의 권위에서 발생하는 의견"(M, 93)일 뿐, 특별한 어떤 것이 아니다. 따라서 신에 관하여 논쟁을 벌이는 것은 "신에 대한 신앙이라기보다는 자기 자신에 대한 신앙을 남에게 설득하려는 것"(M, 95)과 같은 것이다.

교회의 세속화, 특히 권력을 추구하려는 경향도 그에게 는 혐오의 대상이다. 교회가 본래의 역할을 벗어나서 권력을 탐하려 한다면 여타의 세속 집단들과 다를 바 없다. 그가 경험한 바로는, 교회가 모종의 명분으로 종교적 이해관계에 따라서 국가의 일에 개입하려 든다면 국가 전체는 내분에 휩싸이게 된다.[90] 따라서 국가의 권위 위에 군림하는 교회 권력은 분쇄되어야 할 우선적 대상이다. 그는 교황권을 로마 제국의 유령에 비유하면서 종교 권력이 결코 정당화될 수 없음을 역설한다.

> "만약 누군가 이 커다란 교회 통치권의 기원에 주의를 기울인다면, 그는 교황권이란 죽은 로마 제국의 무덤 위에 왕관을 쓰고 앉아 있는 유령에 지나지 않음을 쉽게 깨달을 수 있을 것이다. 왜냐하면 교황권은 그 이교도 권력의 폐허로부터 갑자기 그렇게 나타났기 때문이다"(Lev. 4-47).

홉스는 교회의 위상을 국가의 테두리 내로 제한한다. 교

---

90 로이드는 『리바이어던』이 종교적 이해관계를 정치적 공동체의 교란과 무질서를 초래하는 요인으로 지목하고, 그에 따른 국가 와해의 내적 논리를 철학적으로 분석한 최초의 저서라고 주장한다. Lloyd, S. A.(2009), *Morality in the Philosophy of Thomas Hobbes*, Cambridge University Press, pp.11~12.

회는 국가의 권위 아래 종속되어야 한다는 것이다. 교회는 국가의 "주권자 명령에 의해 모이고 그 주권자의 인격 안에 하나가 된 가운데 그리스도를 믿는다고 고백하는 사람들의 집단"(M, 94) 그 이상도 그 이하도 아니다.[91] 그는 만약 종교적인 이유로 "주권자에게 복종할 수 없다면 그러한 사람은 순교한 예수에게로 돌아가야 한다"고 단호하게 말한다. 이처럼 그는 종교와 정치의 경계선을 분명하게 긋고, 이성적인 판단의 신뢰 범위를 벗어나는 기독교를 인정하지 않는다. 그에게 '보편적인 교회' 같은 것은 원래 없는 것이다. 그는 기독교의 독점적 지위를 박탈하고 자연종교와 다를 바 없는 '신비스럽지 않은 기독교'[92]에 만족한다.

홉스는 신의 존재를 의심했고, 무지에 대한 두려움에서 종교의 기원을 찾았다. 또한 교회의 세속화도 격렬하게 반대했다. 그는 신앙의 세계와는 먼 거리를 두고 하느님을 비인격적인 신 또는 자연법칙이나 도덕률과 동일시했다. 그가 설령 신의 존재성에 동의하는 여러 표현을 사용했다 하더라도, 그것은 명목상의 신교도로서 의례적인 태도이었을 뿐이지, 무신론자의 흔적을 곳곳에 남긴 점은 틀림없어 보인다.[93]

---

[91] 덧붙여서 그는 "자연적 경건성에 담긴 것을 초월해 있는 종교가 사적인 인간에게 의존하지 않는다면, 기적은 이제 일어나지 않을 것이므로 종교는 반드시 국가의 법률에 따라야 한다"고 단호하게 말한다. Hobbes, Thomas(1651), 『인간론』, 94쪽.

[92] 이신론자인 John Toland의 *Christianity Not Mysterious*에서 따온 표현. 김용종(2010), 「토머스 홉스와 무신론」, 『역사와 담론』, 제55집, 278쪽.

[93] 홉스가 무신론자이었는가에 대한 상이한 해석이 있을 수 있다. 우선 김용종에 따르면, 홉스를 무신론자로 볼 수도 있고 아닐 수 있다. "신의 존재를 부정하는 사람이라고 정의한다면 홉스는 무신론자가 아니다. 홉스는 신의 존재를 천명했기 때문이다. 그러나 홉스가

인간 본성의 역사

5) 원자적 개인

홉스적 인간은 『물체론』에서 하나의 자연적 물체로 시작하여, 『인간론』에서는 자기 보존을 위해 본래적인 정념인 욕망과 혐오에 따라서 행위하는 개별 주체로 정의되며, 자연상태의 가설을 통하여 각 개인의 평등을 전제한 가운데 이기적 욕망의 대립으로 인해 전쟁상태의 비참함에 놓인 존재로 묘사된다. 그리고 마지막으로 『리바이어던』에서는 만인의 동의와 계약을 통해 평화의 보장책으로 국가를 탄생시키는 권리와 책임의 주체로 등장한다. 그의 인간 이해는 인간을 물질로 구성된 유기체로 보고, 정신의 작용을 두뇌의 생리적 기능의 산물로 설명했다는 점에서 유물론적이고, 개인을 자연권의 평등한 권리를 갖는 국가 구성의 주체로 격상시킨 지점에서 근대성을 담보한다.

홉스의 인간은 그가 경험한 시공 속에 놓인 인간에 대한 관찰과 그의 철학적 신념을 기초로 하고 있다. 그는 개별 문화적 특수성을 초월하는 인간 일반의 공통적 모습에서 인간

살던 시대의 기준을 따른다면, 다시 말해 그가 믿는 신이 교회가 말하는 신과 일치하는가를 기준으로 삼는다면, 그는 무신론자라고도 말할 수 있다." 김용종(2010), 272-273쪽. 이에 반해 김용환은 홉스는 결코 무신론자가 될 수 없다고 본다. 그 이유는 첫째, 영국 성공회에서 세례를 받고 영성체의 전례에 참여했다는 사실, 둘째, 그의 작품 어디에서도 신의 존재를 부정하는 표현을 쓰지 않고 있다는 점, 셋째, 그는 신을 존재 증명의 대상으로 보지 않고 경배와 찬양의 대상으로 보아야 한다고 믿고 있기 때문이다. 따라서 홉스는 신앙의 자리를 위해 최소주의 종교론의 입장을 취한 그리스도인이었다는 게 그의 주장이다. 김용환(2013), 「홉스 종교철학을 위한 변명: 환원주의와 재구성주의의 관점에서」, 『근대철학』, 제8권, 서양근대철학회, 35~69쪽.

의 본질적 특징을 추려내지 않는다. "이 세상에 보편적인 것은 없고, 이름만 존재하며 이름이 붙여진 사물들은 모두 개별적이고 특수한 것들 중의 하나"라는 유명론唯名論적 신념이 드러내는 바처럼, 그에게 '인간 일반'으로 보편화할 수 있는 관념은 존재하지 않는다. 그는 "참과 거짓은 사물의 속성이 아니라 언어의 속성"이라고 보기 때문에, 그에게 있어서 '인간'과 같은 보편 개념은 단지 단어일 뿐이지 어떠한 일반적인 실재를 뜻하지 않는다. 다시 말해서 우리가 '인간'이라고 말할 때, 그것이 지시하는 구체적인 대상은 없으며, '인간'이라는 명칭만 존재한다는 것이다. 따라서 그에게 인간이란 하나의 개체로서 '원자적 인간'일 뿐이다.

원자적 인간은 한 개체가 갑자기 땅 위로 솟아올라 어떠한 사회적 관계도 없이 저절로 성숙해 가는, 마치 양송이 같은 존재이다(CW Ⅱ, 109). 양송이의 비유는 인간의 모든 본질적 특성이 내재적인 것임을, 달리 표현하면, 어떤 대상이 다른 대상과 어떤 형태의 관계도 맺지 않고 저절로 갖추고 있는 그러한 것임을 함축한다.[94] 따라서 원자적 인간은 존재론적으로 어디에도 고정되어 있지 않으며, 오직 자신에게만 의지하는 반사회적이고 자아 중심적인 인간이다. 그 자아란 본질적으로 사적인 행복을 추구하는 개별자이다. 그는 인간이 다른 인간이나 사회와의 관계에서 드러내는 특성을 자연

---

94 Kersting, Wolfgang(1992), 91쪽.

상태의 인간이 가지는 성격으로 간주할 뿐, 사회적 동물로
서의 상호작용이나 상호주체성에는 별다른 관심을 보이지
않는다.[95] 따라서 그에게서는 고립적으로 존재하는 욕망의
주체가 사회 속에서 어떻게 자신의 인성을 형성해가고, 그
과정을 통하여 어떠한 특성을 드러내는지에 대한 설명을 들
을 수 없다.

홉스적 인간이 갖는 협소함은 무엇보다 개인을 리바이어
던의 부속물로서 고려한 데서 비롯된다. 자신이 "공포와 쌍
둥이로 태어났다"고 말하는 이 사람에게 궁극적인 관심사는
권력이었다. 그의 생각으로는, 자기 보존을 본질로 하는 실
제의 인간은 생존의 기본 조건인 평화와 안전이 보장된 국
가의 테두리 안에서만 살아갈 수 있다. '끊임없는 욕망'의 주
체들의 대립과 분열을 무시무시한 공포로 잠재운 데서 평화
의 미래상을 그리려는 홉스의 기획은, 한비자나 마키아벨리
에서 보는 바와 같은, '절대화된 통치자와 순치된 인민'의 이
원적 구도로 짜여져 있다. 홉스가 그들과 다르게 자연법, 평
등, 동의, 그리고 계약 등의 개념을 매개항으로 통치자와 인
민의 관계를 한 단계 격상된 차원에서 재설정하였다 하더라
도, 원자로서의 개인은 오직 절대 권력의 통제하에서만 평
화를 담보할 수 있다는 '갈등의 인류학'을 택한 데서는 그들
과 다르지 않았다.

---

95 Hampton, Jean(1968), *Hobbes and the Social Contract Tradition*, Cambridge University
Press, pp.6~9.

4. 존 로크의 '빈 서판'

존 로크는 국민 주권의 원리에 입각하여 근대 자유주의
의 지침을 제시한 정치철학자이자, "인간의 마음은 빈 서판
과 같아서 타고난 본성은 없다"고 본 마음의 이론가이다.
'빈 서판론'은 사회과학의 여러 영역에 걸친 많은 추종자를
거느려 왔고, 오늘날에도 여전히 도전적인 과제로 남아 있
다. 19세기 이래 사회과학의 선구자들은 '빈 서판론'을 주춧
돌로 삼아 사회와 문화에 관한 윗 그림을 그려 왔다. 그러나
다른 한편에서 일부 과학자들은 일련의 사회이론들이 채택
하고 있는 '표준적 사회과학 모델'이 '과학적 근거가 없는'
빈 서판 개념을 전제하고 있다고 비난한다. '본성 대 양육'을
둘러싼 이들의 논쟁에서 로크의 빈 서판 이론은 아직도 양
육론을 지탱하는 토대로 활용되고 있다.

던John Dunn에 따르면, 로크의 사상은 2개의 거대한 질문, 즉 "인간이 무엇을 알 수 있다는 것은 어떻게 가능한가"와 "인간은 어떻게 살려고 노력해야 하는가"에 대한 탐구로 구성되어 있다.[96] 첫 번째 질문을 통해 로크는 외부 대상, 지각, 그리고 마음의 작용에 의한 인식 절차와 관념의 획득 및 지식의 구성에 관한 경험주의적 인식론을 제시하며, 그다음 질문으로 국가, 사회, 교회, 그리고 교육 등에 관한 실천철학적 탐구를 심화시킨다. 2개의 질문이 어떠한 긴밀한 연관하에서 충분히 해명되었는지에 대해서는 의견이 갈릴 수 있으나, 경험에 전적으로 의존하는 마음에 관한 이론이 로크 사상의 출발점이라는 데는 이론의 여지가 없다. 로크의 '빈 서판론'은 본유관념의 부정에서 시작된다.

1) 본유관념의 부정

로크의 『인간지성론』은 "신념, 의견 그리고 동의의 근거 및 정도와 더불어 인간 지식의 기원, 확실성 그리고 범위를 탐구하는 것"(『인간지성론』, 1-1-2)[97]을 목표로 한다. 로크는 이 책의 머리말에서 이 작업이 "참다운 앎의 길에 떨어져 있

---

[96] Dunn, John(1984), *Locke*, 「로크의 사상」, 『로크의 이해』, 강정인·문지영 옮김, 문학과지성사, 1995, 63쪽.

[97] Locke, John(1690), *An Essay Concerning Human Understanding*, Nidditch, P. H.(ed.), Oxford University Press, 1975. 번역본으로는 『인간지성론 1, 2』(정병훈·이재영·양선숙 옮김, 한길사, 2015)를 사용. 이하 인용 시 머리말을 제외하고는 권, 장, 절만 표시. 예컨대 1-1-1은 1권 1장 1절을 뜻함. 쪽수는 숫자로만 표기.

는 먼지나 쓰레기를 어느 정도 치우는 허드렛일을 하는 것"
(20)이라고 겸양의 자세를 갖춘다. 그가 말하는 '허드렛일'이
란 인간이 애초부터 몇 가지 관념을 갖고 태어난다는 '본유
관념론'이 오류임을 밝히는 작업이다. 로크는 본유관념이라
는 "잘못된 밑바탕을 없애려는 것이 진리의 해가 아니라 이
익이며, 진리는 허위와 섞이거나 허위 위에 세워지는 때만
큼 해를 입거나 위태로워지는 일이 결코 없다"(21)고 말하면
서 '본유관념론'의 폐해를 지적한다. 그가 이처럼 본유관념
론에 대해 적대적인 견해를 개진하는 이유는, 근대적 과학
의 발흥에 조응하여 경험적 관찰과 귀납법 등의 과학적 방
법을 철학에 도입하는 것을 자신의 임무로 생각했기 때문이
며, 또한 본유관념론이 도덕과 정치 등 실천적 영역에서 사 권위주의적
독단의 온상
상의 자유를 위협할 소지가 다분히 있는 반계몽주의적이고
권위주의적 독단의 온상이라고 보았기 때문이다.[98]

허버트 경의 본유관념론

로크가 문제 삼은 것은 당시 대표적인 이신론자였던 허버
트 경Edward Herbert, 1st Baron Herbert of Chebury이 제기한 본유관
념론이었다. 허버트 경은 로크보다 한 세대 위의, 홉스와 동
시대를 살았던 인물로 당시 지식세계에서 유행했던 세계관,
즉 신의 섭리를 이성으로도 이해할 수 있다는 이신론적 믿
음을 전파했던 영향력 있는 문필가였다. 그가 『진리론』에서

---

98 정연교·하종호, 「로크」, 『서양근대철학』, 서양근대철학회 엮음, 창작과 비평사, 2001. 215쪽.

밝힌 '공통 개념' 이론에 따르면, 우리의 오성에는 어떤 본유적인 원리들, 몇몇 원초적인 개념들, 즉 공통 개념들이 있다. 그것들은 "사람의 마음에 새겨진 문자가 있어서, 영혼이 맨 처음 생길 때부터 받아들여서 세상에 가지고 나온다"(1-2-1)는 것이다. 허버트 경은 이 '공통 개념'은 "선험성, 독립성, 보편성, 확실성, 필연성, 그리고 직접성 등을 특징으로 하는 본유적인 진리들"로서, "신에 의해서 마음에 심어지며, 경험의 산물이 아니라 경험의 전제들로서 '자연적인 본능'에 의해서 파악된다"고 주장했다.[99] 그는 본유적인 '공통 개념'의 완전한 목록을 선험적으로 작성할 수는 없으나, 몇몇 '공통 개념'은 모두 기독교적 교리에 부합하는 것으로 보았다. 그가 자연종교의 근본적인 진리로 제시한 몇 가지 '공통 개념'이란 신이 있다는 것, 신은 숭배되어야 한다는 것, 도덕적 삶은 항상 신의 숭배의 주요한 부분이었다는 것, 악덕과 죄는 회개에 의해 속죄되어야 한다는 것, 그리고 지상에서의 우리의 행위는 내세의 삶에서 보상을 받거나 벌을 받는다는 것 등이었다. 그는 이 다섯 가지 '공통 개념'을 신이 인간이 태어날 때부터 부여한, 우리의 마음 안에 각인되어 있는 본유관념으로 간주했다. 그러므로 그가 보기에, '인간의 마음은 백지 상태가 아니라 감각 경험의 표상에 펼쳐지는 덮인 책과 유사'하며, 공통 개념 없이는 경험이 가능하지도 않다. 인간은 '공통 개념'을 인지함으로써 '보편적 동의', 즉 '모든

---

99 Copleston, F.(1959), *A History of Philosophy Vol.5*, Westminster, The Newman Press, 『영국경험론』, 이재영 옮김, 서광사, 1991, 80~81쪽.

사람이 어떤 사변적이며 실천적인 원리들에 동의하는 것'이 가능해진다는 것이다. 따라서 '보편적 동의'는 인지된 '공통 개념'에 대한 표시이다. 본유관념론의 요지는 "몇 가지 '공통 개념'은 사람의 마음에 원래 새겨진 것이고, 이로 인해 만인 은 공통의 사유적·실천적 원리에 공감하며 '보편적 동의'를 획득하게 된다"는 것이다.

보편적 동의

본유관념론 비판

로크는 허버트 경의 본유관념론을 '인간 정신 위에 이미 각인된 어떤 생득적 원리들이 인간의 오성 속에 존재한다는 통상적인 견해'로 이해한다. 그러나 로크가 보기에 이러한 견 해는 명확하게 검증이 되지 않은 통념에 지나지 않는다. 인간 은 어떤 의견이 있을 때 그것을 검증하려고 할 뿐만 아니라 그 검증이 일단 성립되고 나면 그것을 진정한 지식으로 받아 들이게 된다. 로크는 "타고난 관념이나 원리는 없음"의 논증을 통하여 '보편적 동의'를 증명될 수 없는 것으로 판정한다. 그 에 따르면, 첫째, 모든 인간이 동의하는 사물들에 대하여 어 떻게 '보편적 동의'에 이르게 되는가를 다른 식으로 보여 줄 수 있다면, '보편적 동의'가 생득적이 아님을 증명할 수 있다. 둘째, '보편적 동의'는 일종의 신화인데, 그 이유는 "그 명제들 을 전혀 알지 못하는 많은 사람들이 있기" 때문이다. 다시 말 해서 만약 '보편적 동의'가 본유관념들을 전제하지 않고서도 설명될 수 있다면, 본유관념론은 허위라는 것이다.

로크에 따르면, 본유관념론이 보편적이고 합리적인 원리로서 주장하는, "만약 '있는 것은 있다'와 '동일한 사물이 있으면서 동시에 없을 수는 없다'는 두 명제가 자연에 의해 새겨진다면 아이들은 그것을 모를 리 없다"(1-2-5). 그러나 어린이나 백치는 의식을 가지고 있지만 이 명제들을 알지 못한다. 그러므로 우리가 아직까지 결코 알지 못했고 의식하지 못했던 명제는 우리의 마음 안에 있다고 할 수 없다. 실제에서 보면 "대부분의 무식한 사람과 미개인은 심지어 분별할 수 있는 나이가 되어도 이 공준公準이나 그와 비슷한 일반 명제를 생각해 본 적도 없이 여러 해를 보내며"(1-2-12), 사변적 질서의 일반 원리는 "인디언들의 오두막에서는 거의 언급되지 않으며, 어린아이의 생각에서나 바보의 마음에 새겨진 그 명제들의 인상에서 발견되기는 훨씬 어렵다"(1-2-27). 따라서 본유관념으로 여겨지는 도덕규칙이나 신의 관념은 타고나는 것이 아니다. 만약 타고난 실천적 원리가 있다면 모든 인류에게서 발견되어야 하고, 누구에게나 명확하여야 하는데, 사람들은 서로 상반되는 실천적 원리를 갖기도 하며, 어떤 경우에는 종종 서로 상반되는 도덕규칙도 목격된다는 것이다. 그는 이처럼 "많은 사람이 도덕규칙을 모르고 있고, 도덕규칙들을 받아들일 때 다른 사람보다 늦게 동의하는 사람들이 많다는 사실은 이 규칙들이 본유적이지 않고, 구태여 찾지 않아도 저절로 사람들 눈에 띄는 것은 아니라는 명백한 증거"(1-3-1)라고 말한다. 이어서 로크는 도덕규칙과 마찬가지로 신의 관념도 상이한 생활환경에 따

라 사람들이 얼마든지 달리 생각할 수 있는 관념으로 간주
한다. 따라서 본유관념은 신이 내려준 자연 조각의 복제품
이 아니라 우리 마음의 발명품이다. 로크는 "모든 사람이 동
의하는 실천 원리란 없으며, 따라서 본유적인 실천 원리는
단 하나도 없다"(1-3-27)는 것, 즉 '본유관념'이란 없다는 것
은 의심의 여지가 없는 사실이라고 결론짓는다.

본유관념론의 폐해

본유관념론은 검증 자체도 불가능한 오류임은 물론이거
니와 인성의 형성과 발달에 관한 그릇된 생각을 갖게 하는
위험한 도구로 오용될 수 있다는 것이 로크의 생각이다. 로
크는 만일 어떠한 원리가 생득적이라고 사람들에게 확신을
줄 경우, 사람들이 "자신의 이성과 판단력을 사용할 수 없도
록 해서 더 이상의 검토 없이 교설巧說을 믿고 … 맹목적으
로 신뢰하게 되는 상황"이 초래될 수 있음을 우려한다(1-1-7;
1-4-24). 그는 본유관념론이 "게으른 자에게 탐구의 고통을
덜어 주는 것" 같으나 실제로는 인간이 갖는 가장 중요한 지
적인 요구를 외면하게 하는 폐해를 낳는다고 비판한다. 로크
는 자신이 "솔다니아 만에서 태어났다면 아마도 나의 생각과
개념은 거기서 사는 호텐톳인Hottentots이 가진 야만적인 생각
이나 개념을 넘어서지 못했을 것"이고, "버지니아의 왕 아포
칸카나가 영국에서 교육을 받았다면, 아마도 그는 이 나라의
누구에게도 지지 않을 정도로 학식이 풍부한 성직자나 훌륭
한 수학자가 되었을 것"이라고 상상한다(1-4-12). 이러한 예

시는 사람 인격의 형성이나 삶의 내용이 태생적으로 결정되는 것이 아니라 서로 다른 환경, 경험 및 교육에 따라서 얼마든지 달라질 수 있음을 시사한다. 그는 본유관념을 부정함으로써, 인간은 이미 정해진 본성보다는 경험으로 쌓여진 습관이나 지속적인 교육을 통하여 아이들의 마음을 바로 세워 지성에 순종하도록 길들일 수 있다는 신념을 내비친다.

2) 빈 서판론

'타고난 관념'이 없다면, 우리의 관념은 어디에서 어떻게 생겨나는지를 해명하는 것이 로크의 다음 과제이다. 우리가 인식하는 모든 사유의 내용물은 관념이다. 로크는 "관념이란 생각의 대상, 각자의 관찰과 경험에서 얻을 수 있는 것" (2-1-1)이라고 정의한다. 그러나 그는 정신에 의해 지각되지 않는 관념은 결코 우리의 정신 안에 들어 있지 않다고 말한다. 우리는 모든 관념을 경험에서 얻는다.

> "이제 마음이 이른바 백지(White Paper)라고 가정해 보자. 이 백지에는 어떤 글자도 적혀 있지 않으며 어떤 관념도 없다. 그럼 어떻게 하여 이 백지에 어떤 글자나 관념이 있게 되는 것인가? … 마음은 어디에서 이성과 지식의 모든 재료를 갖게 되는가? 이러한 질문들에 대해 나는 한마디로 '경험에서'라고 대답한다"(2-1-2).

관념의 원천

로크에 따르면, 우리의 마음은 '백지'(2-1-2)이거나 '아직
비어 있는 상자'(1-2-15)와 같다. 우리는 경험으로부터 얻은
관념과 지식을 마음의 빈 공간 위에 써넣는다. 최초의 관념
을 습득할 때 오성은 수동적이다. 로크는 경험으로부터 발
생하는 인식적 상황을 외부 대상, 대상에 대한 지각, 그리고
마음의 작용이 합쳐진 결과로 이해한다. 외부 세계는 우리
의 감각기관에 영향을 미침으로써 관념을 생성시키는 소여
所與를 제공한다. 어떠한 관념도 예외없이 특정한 경험을 통
하여 우리에게 들어온 것이다.

우리에게 경험은 두 가지 형태로 나타난다. 먼저 우리는
외부 대상을 신체의 감각기관에 의해 감지함으로써 '감각
(Sensation)'을 느낀다. "개별적 감각 대상과 관계하는 우리의
감관은 사물에 관한 여러 가지 구별되는 지각을 마음에 전
달해주는데, 이는 대상이 감관에 영향을 미치는 다양한 방
식에 따라서 이루어진다"(2-1-3). 다음으로, 경험으로 발현
되는 두 번째의 반응 형태는 '반성(Reflection)'이다. 반성은
사고하거나, 의심하고, 믿으며, 또는 의지의 작용과 같이 마
음의 작용들을 지각하는 것이다. 로크는 반성을 직접적 의
식을 강조하기 위해 사용한다.[100] 그것은 곧 '강화된 자기의
식'이기도 하다. 우리는 '반성'이라는 내적인 감각을 통하
여 '지각', '생각하기', '의심하기', '믿기', '추론하기', '알기'

---

100   Rabb, J. D.(1985), *John Locke on Reflection*, Washington D. C., University Press of
America, p.159.

및 '의지 작용' 등과 같은 정신활동에 대한 관념을 얻는다 (2-1-4). 반성을 통해 얻어지는 관념은 우리의 "마음 안에서 스스로 지각하는 것과, 사고나 오성이 지각하는 것의 직접적인 내용" 모두를 포함한다. 요컨대 '감각'과 '반성'이라는 경험의 두 형태는 우리가 관념을 획득하는 원천이다.

> "우리가 갖고 있는 대부분의 **관념**은 이 커다란 원천에서 오는 것이다. 이 관념들은 전적으로 우리의 감관에 의존하여 감관에 의해 지성에까지 이끌어진다. 이 원천을 나는 '감각'이라고 부른다."

> "경험이 지성에 **관념**을 공급해 주는 다른 출처는 마음이 자신이 얻은 **관념**들에 관해 사용될 때 **우리 안에 있는 우리 자신의 마음의 작용들에 대한 지각**이다. 영혼이 이 작용들을 반성하고 고려하게 됨으로써 이 작용들은 지성에 또 다른 관념의 집합을 제공하는데, 이 관념들은 외부 사물들에서 올 수 없는 것들이다"(2-1-3~4).

관념은 외부 세계와 마음 사이에 걸려 있는 일종의 장막으로, 우리들의 오성 안에 있는 감각과 지각에 지나지 않는다. 그러한 의미에서 관념은 다름 아닌 우리의 능력으로 가능한 이해 내지는 판단이다. 그리고 판단은 곧 관념의 결합이다.

서판의 기능

마음은 빈 서판처럼 감각 경험을 통하여 받아들인 관념들을 새기지만, 그 자체의 작용을 갖고 있다. 로크에 의하면, 우리의 마음은 어떠한 관념을 '붙잡아 놓는 기능(Retention)'을 하거나 그것에 대하여 숙고하고 기억하게끔 한다(2-10-1~2).

> "우리 마음 바깥에 있는 외부 대상으로 우리 감관에 만들어진 인상들, 그리고 마음에 내재적으로 고유한 힘들에서 유래하며 자신에 의해 반성되어 자신에게 관조의 대상이 되는 마음 자체의 작용들이 모든 지식의 기원이다"(2-1-24).

따라서 추상적이거나 일반적인 모든 관념은 우리가 지각에 의해 얻은 다양한 특정한 관념을 추상화한 것에 불과하다. 로크는 마음의 기능이 동물에게도 부분적으로 있다고 인정하였으나, 추상작용은 동물에게는 없는 인간 고유의 능력으로 본다(2-10-10; 2-11-10). 인간의 마음은 빈 서판처럼 관념들을 수동적으로 받아들이는 정신활동의 빈 공간이지만, 다른 편으로는 그 자체의 기능을 갖춘 내장형의 특수한 장치이다. 그 장치에는 분리, 결합, 숙고, 기억, 그리고 추상 같은 마음의 기능이 담겨 있다. 우리가 관념을 생성할 수 있는 것은 타고난 관념이 있어서가 아니라 경험을 매개로 하는 마음의 작용에 따르기 때문이다. 관념의 지각과 마음의 관계는, 운동과 물체의 관계와 마찬가지로, 하나의 작용이다.

우리의 마음은 관념을 생성하는 능력을 갖고 있음은 물론이고, 이 능력을 개발하면 더욱 더 풍부한 잠재력을 발휘할 수 있다. 빈 서판 비유에서, 서판은 비어 있지만 서판 자체는 우리에게 이미 주어져 있는 것이다. 서판은 마음의 여러 기능을 담은 장치이다. 핑커 등 일부 과학자들이 간과하고 있는 것은 바로 이 점이다. 그들이 비판한 것과 달리, 로크는 마음을 아무 기능도 없는 텅 빈 공간으로는 보지 않았다. 서판은 핑커의 '정보 처리 기능을 갖춘 모듈'[101]처럼 여러 기능을 수행한다. 따라서 빈 서판의 비유로 로크가 인간 본성에 아무것도 새겨진 것이 없다고 보았다는 해석은 온당한 비판이 못된다.

로크의 마음 이론에 내재된 문제는 다른 데 있다. 그는 마음과 신체의 상호작용을 분명한 사실로 간주하지만, 그것이 어떻게 이루어지는지에 대해서는 관심을 기울이지 않았다. 그는 자아를 "이성을 갖고 반성을 하며, 자기 자신을 자기 자신이라고 간주할 수 있는 생각하는 지적 존재자"(2-27-9)로 규정하는 데서는 데카르트와 별 차이가 없지만, 인격의 동일성을 하나의 지속하는 비물질적·정신적 실체로서의 영혼에서 찾는 전통적 관념론에 동의하지 않는다. 그는 실체

---

[101] 핑커의 '마음의 모듈 이론'에 따르면, 우리의 마음은 마치 스위스 군용 나이프와 유사하다. 마음에 갖추어져 있는 것은 선천적인 자료가 아니라 선천적인 자료 처리 방법으로, 마음을 구성하는 각각의 모듈은 특수한 정신적 과제에 능통하도록 설계되어 있다. 그는 마음을 여러 개의 모듈의 집합으로 가정한다. Pinker, S.(1997), *How the Mind Works*, 『마음은 어떻게 작동하는가』, 김한영 옮김, 동녘사이언스, 2008, 48쪽. 자세한 논의는 이 책의 7부 3장을 볼 것.

의 개념을 스콜라철학적 의미로 이해하지만, 그에게 그것은 경험 너머에 있는 알려지지 않은 기체基體이므로, 모호하고 불확실한 것이다. 그는 "우리가 하나의 정신이라는 실체에 대해 아무런 개념도 갖고 있지 않음"은 물론이고, "정신적 실체 또는 정신의 관념과 마찬가지로 물질 안에 있는 물질적 실체의 관념도 그것이 무엇인지 생각하거나 파악하기 힘든 것"(2-23-5)이라고 봄으로써, 데카르트의 가설에 의문을 제기한다. 나아가 그는 "우리는 물질 관념과 사유 관념을 갖고 있지만, 어쩌면 어떤 단순한 물질적 존재자가 사유하는지 아니면 사유하지 않는지를 결코 알 수 없을 것"(4-3-6)이라고 덧붙여 설명한다. 그가 보기에, 영혼의 비물질성에 대한 믿음은 지식 밖의 것이다. 그가 영혼의 관념을 인간 오성을 뛰어넘은 불가지한 영역의 것으로 남겨두는 이유는 우리의 몸과 마음의 결합을 "전지한 행위자의 임의의 결정 이외의 것에 귀속시킬 수 없다"(4-3-28)고 보기 때문이다. 이 같은 로크의 입장은, '데카르트나 라이프니츠의 이상한 전제'와 비교하더라도 만족스러운 것은 못되지만[102], 더군다나 이 수수께끼의 궁극적인 원인을 신에게 돌리는 그의 기독교적 환원주의에 동의할 수는 없을지라도, 보는 이에 따라서는 인간 오성의 유한성을 인정하는 솔직한 고백으로 들릴지도 모른다.

---

102 Schacht, Richard(1984), 180쪽.

3) 자유와 평등의 주체

로크는 첫 번째 질문을 통하여 인간은 '이성을 갖고 반성을 하며, 자기 자신을 자기 자신이라고 간주할 수 있는 생각하는 지적 존재자', '각기 다른 시간과 장소에서 같은 생각을 하는 사물'이라는 답을 얻는다(2-27-9). 실천철학으로 이어지는 두 번째 질문을 통하여, 그는 자유와 평등에 기초한 근대적 자아상을 그린다. 그러나 『인간지성론』과 『통치론』이 각기 다른 목적으로 쓰였다 해도, 인간 본성의 두 차원이 어떻게 연결되는 것인지는 명확하지 않다. 이 때문에 일부 해석가들은 그의 사상적 일관성의 결여나 부조화를 지적하기도 한다.[103]

자연상태의 인간

홉스처럼 로크도 자연상태 가설을 통해서 원초적 인간의 조건을 살핀다. 자연상태에 대한 로크의 논의는 '인간의 도덕적 상태'에 대한 주장과 함께 선先정치적인 정부의 기원과 결함을 포함하여 '인간의 역사적 상태'에 대한 추정적 설명을 담고 있다.[104] 그에 따르면, 자연상태에서 만인은 평등하다. 그는 평등의 근거를 "인간이 신의 피조물로서의 동등

---

103 Gough, J. W.(1950), *John Locke's Political Philosophy: Eight Studies*, Clarendon, p.123; Wootton, D, "Introduction", *Political Writings*, Wootton, D(ed.), Penguin Books, 1993, p.110.
104 Ashcraft, R.(1968), "Locke's State of Nature: Historical Fact or Moral Fiction", *American Political Science Review*, LXII, 3, pp.898~915.

한 위상을 갖는다"는 데서 찾는다. 그가 말하는 자연상태란 하느님이 모든 인간들을 세상에 두었다는 조건이다. 로크가 가정한 최초의 인간은 신이 직접 창조한 자율적 인간, 즉 아 담이다.

> "아담은 완전한 인간으로 창조되었고, 그의 몸과 마음은 힘과 이성을 완비하고 있었다. 따라서 그는 처음부터 자신을 부양 하고 이성을 보존할 수 있었으며, 자신의 행위를 신이 그에게 심어 준 이성의 법의 명령에 따라 지배할 수 있었다"(『통치론』, 6-56, 57).[105]

그가 자연상태 가설로 보여 주고자 하는 것은 원초적 인 간이 처한 자연적 상황이라기보다는 인간이 "하느님의 피조 물로서 어떤 권리와 의무를 가지는가"이다.[106] 따라서 로크 의 자연상태는 "인간에 대한 신의 목적이라는 맥락하에 설 정된 순전히 형식적인 기술이다."[107] 자연상태에서 사람들은 누구나 "어떤 타인의 허락을 구하거나 그의 의지에 구애받 지 않고, 자연법의 테두리 안에서 스스로 적당하다고 생각

---

105 Locke, John(1689), *Two Treatise of Government*, Peter Laslett(ed.), 2nd edition, Cambridge University Press, 1967; Locke, John(1689), *The Second Treatise of Government*, T. Peardon(ed.), Indianpolis, Bobbs-Merrrill Education Publishing Co., 1976. *Second Treatise of Government* 번역본으로는 『통치론』(강정인·문지영 옮김, 까치, 1996)를 사용. 이하 인용 시 장, 절, 쪽수만 표기.

106 Dunn, John(1984), 122쪽. 그는 『통치론』 곳곳에서 "하나님께서는"으로 시작되는 문 장을 자주 사용한다.

107 Pateman, Carole(1975), "Sublimation and Reification: Locke, Wolin and the Liberal Democratic Conception of the Political," *Politics and Society*, p.441.

하는 바에 따라서 자신의 행동을 규율하고 자신의 소유물과 인신을 처분할 수 있는 완전한 자유"를 가진다(2-4, 11). 그는 자연상태의 인간이 자신의 노동에 의해 재산을 획득하고 욕망을 만족시킬 수 있는 존재라고 가정한다. 따라서 자연상태에서 "인간은 각자가 자기 자신의 주인이요, 스스로에 대한 재판관이다"(2-13, 19; 7-87, 84). 그리고 이 같은 상황에서 평등을 담보하는 토대는 이성이다.

> "자연상태에는 그것을 지배하는 자연법이 있으며, 그 법은 모든 사람을 구속한다. 그리고 그 법인 이성은 모든 인류에게 인간은 모두 평등하고 독립된 존재이므로 어느 누구도 다른 사람의 생명, 건강, 자유, 그리고 소유물에 위해를 가해서는 안 된다고 가르친다"(2-6, 13).

로크도 홉스처럼 자연법을 이성의 법칙으로 본다. 자연법은 "모든 사람에게 타인의 평등한 권리를 존중하도록 요구하며, 사회 질서의 평화를 증진시키도록 요구하는 이성의 가르침"이다. 그러나 홉스와의 차이는 이성의 법칙을 신이 부여한 것으로 본다는 점이다. 자연상태의 인간에 대한 하나님의 요구는 "자연법에 따라 살아야 한다"는 것이다. 왜냐하면 인간은 하나님의 피조물이자 소유물이며, 인간의 생명은 신의 뜻에 따라 주어진 것이기 때문이다(7-77, 77). 하나님의 뜻을 항시 전제하는 로크는 홉스처럼 자연상태를 전쟁상태로 등식화하지 않는다. 그는 홉스를 겨냥하듯 자연상태와 전쟁상태의 명백한 차이에 대해 다음과 같이 말한다.

> "어떤 사람들은 그 차이를 혼동하기도 했지만, 두 상태는 평
> 화, 선의, 상호 부조 및 보존의 상태와 적의, 악의, 폭력 및
> 상호 파괴의 상태가 서로 다르듯이 현저히 다른 것이다"
> (3-197, 25).

그는 자연상태에서는 인구의 수가 적고 토지는 광활하고
자연의 산물도 풍부했을 것이므로, 전쟁상태로 되는 일이
없이 매우 평화로운 상태였을 것이라고 상상한다. 자연상태
에서는 오로지 자연의 법칙만 존재한다. 그는 자연상태가
아메리카 인디언의 전前정치적 사회와 같았을 것으로 추정
한다.[108] 그러나 자연상태는, 전쟁상태가 아니라고 해서, 루
소에서와 같은 이상향은 아니다.

개인은 국가에 우선한다

로크도 홉스와 마찬가지로 국가의 기원을 자연상태의 해
소에서 찾는다. 그가 보기에, 자연상태에는 세 가지 결함이
있다. 자연상태에서는 우선 "옳고 그름의 표준으로서, 인간
들 사이의 싸움을 판결할 공통의 척도로서 일반의 동의에
의해서 승인되고 확정된 법이 없고", "그 법에 따라 인간들
사이에서 벌어질 수 있는 분쟁을 해결할 권위를 지닌 공정

108　Ashcraft, R.(1968), pp.903~904.

한 재판관이 없으며", 그리고 "재판관의 판결을 집행할 강제력도 없고 집행관도 없다"(9-124~126, 120). 그러므로 자연상태는 겉으로는 평화로워 보이지만 언제든 다툼의 불씨가 잠재된 불안정한 상태이다. 자연상태의 불안정성은 만인의 평화를 위협하는 세 가지 위험 요인을 제거함으로써 해소될 수 있다. 따라서 자연상태의 불안정성이 해소될 수 있는 성문법의 확립, 공평무사한 재판관의 존재, 그리고 공적 집행력의 확보는 곧 정치사회를 성립시키는 조건이 된다.

로크는 자연상태에서 정치사회로 이행되는 과정을 ① 자연상태에서 일정한 수의 사람들이 서로 결합해 하나의 사회를 형성하고, ② 각자 자신이 갖고 있는 자연법의 집행권을 포기하여, ③ 모든 사건에서 공동체가 제정한 법에 따라 보호를 호소할 수 있는 공동체에 양도하는 절차로 설명한다 (8-95~99, 93~96).[109] 로크가 구상한 국가는 무시무시한 공룡과 같은 리바이어던이 아니라 개인의 자율성에 기초하는 근대적 시민국가이다. 개인에 우선하는 국가의 절대적 우위를 강조하는 홉스와는 달리, 로크에게 개인은 국가에 우선한다. 국가는 자율성을 갖는 만인의 동의에 기초한 정치사회이다.

만인의 동의에 기초한 정치사회

"본래 인간은 모두 자유롭고 평등하며 독립적인 존재이므로, 어떤 인간도 자신의 동의 없이 다른 사람의 정치권력에 복종

---

109 문지영(2007), 「존 로크-자유주의의 사상적 토대」, 『서양근대정치사상사』, 강정인·김용민·황태연 엮음, 책세상, 280쪽.

할 수 없다. … 일정한 수의 사람들이 하나의 공동체나 정부를 구성하기로 동의할 때, 그들은 즉시 하나의 정치체를 결성하게 된다"(8-95, 93).

국가는 자연적으로 발생되는 것이 아니라 개인들의 자유의지에 의한 자발적인 동의에 따라 성립될 수 있다. 로크에게는 '동의'만이 통치권에 대한 정당성의 유일한 근거이다. 이렇게 성립된 국가가 존재해야 할 이유, 즉 "인간이 공동체를 결성하고 스스로를 정부의 지배하에 두고자 하는 가장 크고 주된 목적은, 자신의 재산을 보존하기 위함이다"(9-124, 120). 개인의 재산권은 자연법에 근거하기 때문에 국가의 시민법에 우선한다. 그는 인간의 노동을 사유재산권을 정당화하는 근거로 삼는다(5-25~51, 33~54). 그는 "내가 노동을 통하여 나의 것으로 만든 것만이 나의 참된 소유물인 것이다"라고 말한다. 인간의 노동은 개인의 소유이므로, 그가 자신의 노동으로 주어진 조건을 변형시켜서 획득한 성과는 무엇이든 개인의 소유라는 것이다.

개인들의 자유의지에
의한 자발적 동의

그는 당시 지식세계의 권위자로 군림했던 로버트 필머 경 Sir Robert Filmer의 '가부장적 국가'로는 개인의 재산권을 보호할 수 없다고 생각했다.[110] 로크가 말하는 재산은 단지 개인

---

110 필머 경은 『가부장주의(기독교에서는 '주교주의'로도 표현)』에서 "정치적 권위는 민중으로부터 비롯되는 것이 아니라 궁극적으로는 신으로부터 나온 것"이라고 주장했다. 그는 왕의 신적 권위를 옹호하는 토리당의 이념을 대변했다. Thiel, Udo(1990), *John Locke*, 『로크』, 이남석 옮김, 한길사, 1998, 142쪽. 한편 맥퍼슨은 로크가 사적 소유권 보호를 국가의

의 소유물뿐만이 아니라 개인의 생명과 자유도 포괄하는 광의의 개념이다. 그러므로 국가는, 개인들의 자발적인 상호동의와 공동 결정에 기초하는 한, 언제나 시민의 자유와 재산 보호는 물론 공동체의 평화·안전을 목표로 하여 그 구성원들에게 복속되어야 하는 정치 체계이다. 개인의 자유보호와 보편적 복지를 사명으로 하는 국가는 결코 개인 위에 군림하는 공포의 존재가 아니다. 그는 정치권력을 "사형및 그 이하의 모든 처벌을 가할 수 있는 법률을 제정하는 권리이며, 또한 재산을 규제하고 보전할 목적으로 그러한 법률을 집행하기 위해서, 그리고 국가를 외적의 침입으로부터 방어하기 위해서 공동체의 무력을 사용하는 권리이며, 이 모든 것을 오직 공공선을 위해서만 행사하는 권리"(1-3, 9~10)라고 규정한다. 로크는 국가가 불가피하게 행사할 수 있는 '어떠한 강제적인 힘'은 인정하였으나, 홉스가 주장한 국가권력의 절대성이나 그것에 대한 무조건적 복종을 부정했다. 오히려 그는 국가권력의 분산과 균형을 강조했다. 그는 "법이 끝나는 곳에서 폭정이 시작된다"는 인식에 기초해서 행정부를 법 아래 두어야 한다고 역설했다.[111] 입법부는

우선적 임무로 보는 데는 그의 이론이 자본주의 생산의 도덕적 정당성에 대한 하나의 설명으로 의도되었기 때문이라고 해석하나, 이에 대해서는 반론이 많다. 이에 관한 논의들로는 다음을 참조. MacPherson, C. B.(1962), *The Political Theory of Possessive Individualism: Hobbes to Locke*, 『홉스와 로크의 사회철학: 소유적 개인주의의 정치이론』, 황경식·강유원 옮김, 박영사, 1990; Tully, James(1963), *An Approach to Political Philosophy: Locke in Contexts*, Cambridge University Press; 강정인(2004), 『서구중심주의를 넘어서』, 아카넷, 6장.
111 로크에게 입법부는 최고의 권력으로서, 홉스의 리바이어던이나 루소의 일반의지처럼, 개별 시민들에 대한 강력한 통제력을 행사할 수 있다. 로크의 다수결 원칙에 대해서는 다음을 참조. Kendall, Willmoore(1941), *John Locke And The Doctrine Of Majority-Rule*,

최고의 권위를 갖는 기관으로서, 행정부보다 우위의 위치를 점한다. 그러나 그 입법부 권한 역시 만인에 의해 위탁된 권한 이상을 갖는 것은 아니다.

로크의 『통치론』의 「제2론」은 「시민정부의 참된 기원, 범위 및 목적에 관한 시론」이라는 부제에서 알 수 있듯이, "통치를 어떻게 정당하게 만드는가에 대한 설명(동의의 이론), 신민과 통치자가 어떻게 그들 서로간의 관계를 해석해야 하는가에 대한 설명(신뢰의 이론), 그리고 어떻게 인간들이 경제적 재화를 소유할 자격을 갖추게 될 수 있는가에 대한, 그러한 자격의 범위와 한계에 대한 설명(소유권 이론)"등 세 이론의 종합적 구성물이다.[112] 그는 처음부터 절대군주론을 겨냥함으로써 국가권력의 헌법적 한계를 명백히 하는 데 초점을 맞추었다. 로크의 급진적 개인주의는 부당한 국가권력에 대한 시민의 저항권과 혁명권을 옹호하는 데서 절정에 달한다. 『통치론』의 마지막 장에서 '통치의 해체' 문제를 다루면서 그는 부정의한 권력에 대해서는 개인이 저항권은 물론 최후 수단으로서 혁명권의 자유를 가질 수 있음을 논구한다. 국가가 부당한 권력을 행사할 경우 개인은 언제든 물리적 방법을 불사해서라도 자신의 권리를 내세울 수 있다. 다음의 경우, 즉 통치자가 독단적으로 법률을 만들었을 경우, 입법부의 활동을 방해했을 경우, 제멋대로 선거법을 변경시

부당한 국가권력에 대한 시민의 저항권과 혁명권

Kessinger Publishing, 2010.
[112] Dunn, John(1984), 101~102쪽.

인간 본성의 역사

킨 경우, 자국의 국민을 외국의 지배하에 인도하는 경우, 그리고 자신의 책무를 태만히 하거나 포기했을 경우 등은 국가적 통치가 해체된 상황이므로 국가는 내부의 힘에 의해, 시민들이 혁명의 권리를 발동함으로써 해체될 수 있다는 것이다(19-221 이하, 201~229). "만약 혁명이 합법화될 경우 누가 심판할 것인가"라는 물음에 대해서, 로크는 주저 없이 인민이 "스스로 재판관이 된다"(19-241, 228)라고 답한다. 로크가 인정하는 혁명권은 물론 불법적 반란을 선동하기 위한 것은 아니다. 그가 혁명권을 도입한 의도는 법 위에 군림하는 전제주의적 횡포나 부당한 권력 남용을 방지하는 데 있다. 로크의 이러한 견해는 홉스가 주권자의 행위를 '신의 심판'에 맡긴 것과는 대조적으로 '국민들의 심판'으로 대체시켰다는 점에서 급진적이다.

『통치론』에서 표명한 로크의 이론적 급진성은 개인의 자율성에 입각한 정치적 평등과 책임에서 나온다. 로크는, 줄곧 "정치적 권위가 인민에게서가 아니라 궁극적으로 신으로부터 나온다"는 전제 아래서 국왕의 절대적 권한을 정당화한 필머 경의 '가부장주의'를 표적으로 삼았다.[113] 『통치론』「제1론」은, 「로버트 필머 경 및 그 추종자들의 그릇된 원칙

---

[113] Ashcraft, R.(1980), "The English Revolution and Locke's two Treatise of Government", *Political Theory, vol.8*, no.4, pp.429-485. 필머에 대항하여 로크는 난해한 두 가지의 문제, 즉 "정치적 권위에 대한 순전히 인간적인 기원을 『성서』상의 역사의 기록과 조화시키는 문제와 인간들이 어떻게 하느님의 땅에서 또는 그 생산물의 특정한 부분에서 개별적인 소유권을 가지게 될 수 있었는지의 문제"를 설명하는 데 초점을 맞추었다. Dunn, John(1984), 110쪽.

과 근거에 대한 지적과 반박」이라는 부제가 달려 있는 데서 알 수 있듯이, 그는 처음부터 절대군주론을 공격 대상으로 했고, 권력의 헌법적 한계를 명백히 했다. 따라서 로크의 급진주의는 필머 경에 대한 도전이자 로크 자신의 풍부한 상상력의 산물이다. "모든 권력은 인민의 이익을 위한 신탁이며, 인민은 그 신탁의 창조자이자 수혜자"라는 이념은 국민주권론의 근대적 모범을 제시한다.[114] 신생 민주국가의 건국이념을 담은 「미합중국 독립선언문」이 로크 정치이념의 간결한 요약인 것은 결코 우연이 아니다.

> "모든 권력은 인민의 이익을 위한 신탁"

4) 이성과 신앙 – 분리와 조화

자유와 평등의 물결은 종교의 영역을 예외로 남겨두지 않는다. 그는 신앙인 모두에게 '절대적 자유, 바르고 참된 자유, 평등하고 공정한 자유'의 시대가 도래했음을 알린다.[115] 그는 성공회교도로서 경건주의를 추구했지만 기독교적 절대주의를 수용하지 않았다. 그가 『기독교의 합리성』[116]에서 요약한 기독교의 기본 원리는 세 가지이다. 기독교는 만물의 창조자인 최고의 불가시적인 유일한 신을 인정하고 숭배

---

114 Barker, Ernest(1962), "Introduction," *Social Contract: Essays by Locke, Hume, and Rousseau*, Oxford University Press. p.xli.

115 Locke, John(1689), *Epistola de Tolerantia*, Raymond Klibansky(ed.), 『관용에 관한 편지』, 공진성 옮김, 책세상, 2008, 11쪽. 이하 『편지』로 줄임.

116 Locke, John(1695), *The Reasonableness of Christianity*, I. Ramsey(ed.), Stanford University Press, 1958.

인간 본성의 역사

해야 한다는 것, 예수는 구세주라는 것, 그리고 사람들은 자신의 죄를 참회하고 신이 예수를 통하여 내린 율법에 복종해야 한다는 것을 핵심 교리로 삼는다. 그러나 로크는 기독교의 원리를 수용한다고 해서 이성의 영역이 축소되거나 무시된다고 보지 않는다.

> "우리가 어쩔 수 없이 '지식' 대신에 '동의'를 사용하는 경우, 그리고 확실하지 않은데도 명제를 참으로 여겨야 하는 경우, 우리는 그것들의 개연성의 근거를 찾고, 검토하고, 비교할 필요가 있다. 이 두 경우에 수단을 찾고, 지식에서는 확실성을 발견하는 데, 동의에서는 개연성을 발견하는 데 올바로 적용하는 능력, 바로 그것이 우리가 '이성'이라고 부르는 것이다"(『인간지성론』, 4-17-2).

신앙과 이성의 명백한 구분

그는 신앙과 이성을 명백히 구분한다. 신앙은 "이성의 연역을 통해서는 얻을 수 없는 명제에 대한 동의이지만, 마치 신으로부터 온 것처럼 특이한 전달 방식으로 제안자의 신뢰에 기반을 둔 동의"이므로, 기독교 교리에 부합하는 어떤 명제에 동의하는 일이다. 그리고 계시는 그러한 방식으로 "사람들에게 진리를 드러내는 것이다"(『인간지성론』, 4-18-2). 반면에 이성은 "감각이나 반성을 사용해서 획득한 관념으로부터 이루어진 연역을 통해 도달하는 명제나 진리의 확실성 또는 개연성을 발견하는 것"이다. 즉, 이성은 판단의 정확성이나 개연성을 주어진 관념들에 대한 연역을 통하여 논증해서 밝히는 능력이다. 이 같은 구분을 통해서 로크는 "우리의 정신이 자신의 자연적인 기능과 개념을 사용해서 그 진리를 판단할 수 없는 명제가 계시된다면, 그것은 이성을 초월한 순전히 신앙의 문제"이고, "정신의 자연적인 기능에 의해서 자연적으로 획득된 관념으로부터 규정하고 판단할 수 있는 모든 명제는 이성의 영역"으로 구별할 수 있다고 말한다. 따라서 그는 데카르트처럼 신의 관념을 본유관념으로 보지도 않았고, 이성이 신에 의하여 부여된 인식 능력이라는 천부적 인성론도 인정하지 않았다. 오히려 그는 본유관념론이나 천부적 인성론은, 근거 없이 권위를 앞세운 전통적인 이론을 분별없이 수용함으로써 그 권위를 맹목으로 따르게 하는 폐단을 낳는다고 비판한다.

그는 이제 "기독교는 이성의 영역에 대해 올바르게 선을 긋고, 그 영역을 침범해서는 안 된다"고 강조한다. 로크는 종교가 반이성적인 형태로 맹목적이고 광신적인 신앙으로 변질되는 것에 명백히 반대했으며, 그것을 신앙이 아닌 미신으로 간주했다. 광신주의는 "이성과 계시를 모두 없애고, 그 자리를 사람의 두뇌의 근거 없는 환상으로 대체하며, 의견과 품행 모두의 토대로 그 환상을 상정"하는 것이다(『인간지성론』, 4-19-3). 그는 또한 기독교 내부의 특정한 종파들이 내세우는 사변적이고 호전적인 교리들에 대해서도 "전혀 명증될 수 없는 것이기 때문에 어떠한 지지도 받을 수 없다"고 비판했다. 로크는 교파 간의 다툼으로 빚어지는 대립과 갈

인간 본성의 역사

등을 "합리성에 기초한 관용을 통하여 해소되어야 할 과제" 라고 생각한다. 왜냐하면 관용은 "교회 공동체의 조건을 가능한 한 포괄적으로 만듦으로써" 시민적인 질서와 조화를 증진시킬 수 있기 때문이다.

이신론적 견지에서 보면, 기독교 신앙의 핵심 교리들은 자연종교의 한 형식으로도 확립될 수 있다. 이신론자들은 '계시에 대한 믿음, 『성서』가 갖는 절대적 권위에 대한 호소, 기적의 발생, 그리스도의 존재 및 신의 은총에 대한 맹목적인 확신, 그리고 성직자 존재의 불가피성' 등을 의심의 눈초리로 바라보았다. 로크도 암묵적으로는 이들의 견해에 동의했다. 그는 궁극인窮極因으로서 신의 존재를 받아들였지만, 현실세계를 지배하는 신의 개입에 대해서는 부인했다. 그는 "이성에 위배되는 판단을 계시에 근거하여 참으로 받아들여서는 안 된다"고 강조했다. "이성은 자연적 계시"이고, "계시는 확대된 자연적 이성이다"(『인간지성론』, 4-19-4). 이성은 종교의 참다운 근원으로서, "우리의 최후의 심판자요, 모든 것의 안내자"여야 한다는 것이다.

이성은 자연적 계시이고, 계시는 확대된 자연적 이성이다

로크는 '신앙과 이성의 분리' 원칙을 교회와 국가 간의 관계에도 그대로 적용했다. 교회와 국가는 각각 고유한 역할과 기능을 갖는다. 먼저 교회의 존재 목적은 성원들이 하나님을 즐겁게 해 주고 자기들의 구원에 필요하다고 생각하는 의식에 따라 하나님에 대한 숭배를 인도해 주는 데 있다. "교회란 영혼의 구원을 목적으로 신성에 적합하다고 그들이

믿는 방식에 따라 신을 공적으로 섬기기 위해 자발적으로 모인 인간들의 자유로운 사회"(『편지』, 26)이다. 즉, 교회는 같은 종교적 신념을 갖는 개인들의 자유로운 공동체이다. 그러므로 국가는 만일 교회가 그 성원들에게 부도덕을 선동하거나 어떤 이방의 군주에게 충성을 다하게 하는 일만 없다면, 모든 교회를 아무런 제재 없이 내버려 두어야 한다. 그러나 교회는 과거와 같이 시민적 권리 위에 군림하는 자리에 위치해서는 안 된다. "교회 권력은 시민의 권리와 자유에 관해서는 그 어떤 권리도, 그 어떠한 강제력도 가지고 있지는 않다"(『편지』, 86).[117] 따라서 만약 기독교가 시민적 평화에 적대적이고 광적인 분란을 야기한다면, 아무리 통치자가 선호하는 교회라 할지라도, 그 교회는 정당화될 수 없다. 로크는 교회를, 홉스처럼 국가 통치의 한 대상으로 취급하지는 않았지만, 최소한 근대적 시민국가와 더불어 공존하는 자발적인 사회가 되어야 한다고 믿었다. 따라서 그는 '국가'와 '교회'라는 두 영역의 구분을 무시한 억압, 즉 어느 한 교파가 통치자의 힘을 이용하여 다른 교파를 억압하는 것을 평화를 저해하는 해악으로 규정하고 배척했다. 국가는 시민적·공적 측면에 관여하고, 교회는 인간의 종교적·영적 측면에 관여한다. 로크의 자유주의가 호소력을 갖는 데는 이처럼 목적과 기능이 상이한 영역을 구분하는 '분리의 기술(The Art of Separation)'

---

117 이어서 그는 "어느 누구도 그러니까 사사로운 사람들이나 교회 중 그 어느 쪽도 그들과 입장을 달리하는 시민의 권리와 세속적인 재화를 종교적인 요구에 기초하여 강탈할 권리는 갖지 못한다. 어떠한 국가 공동체도 그러한 근원적 권한은 절대로 가질 수 없다"고 말한다.

이 발휘되고 있기 때문일 것이다.[118] 로크는 두 영역의 분리와 조화를 통해 시민사회의 평화가 보장될 수 있음을 강조한다.

＊　　＊　　＊

본유관념의 부정, 지식의 기원, 빈 서판, 마음의 작용, 자유와 평등, 시민국가, 그리고 종교의 합리성 등을 주제로 하는 로크의 철학은 '근대성에 대한 포괄적 기획'으로 근대적 인간의 실천적·규범적 토대를 제공한다.[119] 로크의 '근대적 인간'은 지성과 의지를 갖춘 자유로운 행위자이다. "인간이면 누구나 무엇이 참으로 선한 것인지를 스스로 판단할 능력과 책임을 가져야 한다"는 것이 자유의 요체이다. 우리의 인격은 자아의 다른 이름이며, 자아는 경험을 통해 "쾌락과 고통을 감지하거나 의식하고, 행복하거나 불행할 수 있으며, 나아가 그 의식이 미치는 한 그 자신에 관해 관심을 갖는, 의식하고 생각하는 사물"(『인간지성론』, 2-27-17)이다. 인간은 누구나 '잘못을 저지를 수 있는 유한하고 허약한 존재'이지만, 또한 누구든 이성의 힘으로 능히 자기의 잘못을 수정해 갈 수 있는 존재이다.

---

118 Walzer, Michael(2007), "Liberalism and the Art of Saparation", *Thinking Politically: Essays in Political Theory*, 「자유주의와 분리의 기술」, 『정치철학에세이』, 최홍주 옮김, 모티브북, 2009, 123~124쪽. 왈처는 로크의 경우 '분리의 기술'이 좀 더 극단적이었다고 평가한다.
119 Nicholas, W.(1996), *John Locke and the Ethics of Belief*, Cambridge University Press, ch. 4.

그러나 그 이성은 무제한적이지 않다. 그것은 영원히 존재하는 지적인 하느님으로부터 직접 주어진 선물이기 때문이다. 인간이 하느님의 피조물인 한, 모든 가치평가의 기준은 하느님의 말씀을 기초로 한다. 우리에게는 하느님의 존재를 의심할 권리란 도대체 없으며, 하느님에 대한 믿음은 '모든 도덕의 기초'이다. 이처럼 로크는 이성이 도달할 수 없는 영역을 전제로 한다는 점에서, 자연법 사상으로 표출된 자유와 평등을 향한 사상적 급진성은 제한적이고 보수적이기까지 하다.[120] 그는 신앙에서 이성을 따로 떼어내어서 그것에 상대적 독자성을 부여하더라도, 절대자의 확고한 지위를 결코 넘보지 않는다. 그는 절대적 지식의 가능성을 믿지 않았던 것처럼 절대적 자유도 믿지 않았다. 이로 말미암아 로크에게서는, 자유와 평등을 말하면서도 그 근원을 하나님에서 찾고, 이성의 독립을 주장하면서도 신앙으로 되돌아가는, 사상적 부조화가 자주 나타나게 된다. 이 같은 이성에 관한 로크의 역설은 이성만으로는 해결될 수 없는 예외의 영역을 남겨 두게 되었다.

---

120 Aaron, R. I.(1955), *John Locke*, Oxford University Press, p.300.

인간 본성의 역사

5. 데이비드 흄 – '이성은 정념의 노예'

데이비드 흄은 계몽기에 합리론자들이 열광했던 이성의 능력에 이의를 제기하며 인간 문제를 제일의 탐구대상으로 삼은 '인간 본성의 철학자'이다.[121] 그는 뉴턴Isaac Newton이나 라이프니츠가 모든 사물의 궁극인(Final Cáuse)으로 고려한 신의 존재에 대해 회의했고, 파스칼이 집착했던 '존재하고 있어야 할 것'을 사유의 대상으로 삼지 않았다. 그는 가상의 실체에 매달리는 형이상학을 불유쾌한 눈으로 바라보았다. 흄은 모호하기 짝이 없고 증명해 낼 수 없는 관념들에 매달리는 형이상학은 필시 환상이나 궤변에 그칠 수밖에 없다고

---

[121] 흄에 대한 해설서로는 다음을 참조. Stroud, Barry(1977), *Hume*, Routledge; Fogelin, Robert J.(1985), *Hume's Skepticism in the Treatise of Human Nature*, Routledge; 최희봉(2004), 『흄』, 이룸; 이준호(2005), 『데이비드 흄: 인간 본성에 관한 논고』, 살림출판사.

비판했다. 이 때문에 칸트는 "로크와 라이프니츠가 연구한 이후로, 아니 형이상학이 생긴 이후로, 이 학문의 운명에 관해서 흄이 행했던 공격보다 더 결정적일 수 있었던 사건은 없었다"[122]고 고백한 바 있다. 흄의 철학은 그로 하여금 '독단의 선잠'에서 깨어나게 한 충격이었고, 철학이 인간학에 정초해야 한다는 것을 일깨워 준 계기였다.

흄에 의하면, 형이상학에서 흔하게 사용하는 힘인 영향력, 에너지, 필연적 연관성 등의 추상 관념은 본질상 희미하고 모호한 것이다(『탐구』, 7-1, 96).[123] '존재하고 있어야 할 것'이란 원래 없는 것이거나 우리의 이성으로는 해명될 수 없는 것이다. 그가 보기에, '인간 오성의 범위는 너무나 제한적'이기 때문에 신, 내세, 불멸의 영혼, 실체 등과 같이 인간 오성이 다다를 수 없는 대상에 접근하려는 형이상학적 시도는 인간이 가진 지적 허영심의 부질없는 노력에서 비롯된다. 그것은, 마치 "탁 트인 공간에서는 자신을 지킬 수 없기 때문에 자신의 허약함을 숨기기 위해 엉클어져 있는 가시덩굴 뒤에서 피난처를 찾으려는 대중적 미신의 술책"(『탐구』, 29)과도 같은 것이다. 따라서 그는 영혼의 궁극적 원리를 설명하는 데 쓸데없이 힘을 쏟는 난해한 철학과 형이상학적 허튼 소리를 제거하고

---

[122]   Kant, I(1783), *Prolegomena zu einer jeden kunftigen Metaphysik*, 『프롤레고메나』, 염승준 옮김, 책세상, 2013, 22~23쪽.

[123]   Hume, David(1748), *Enquiries concerning Human Understanding and concerning the Principles of Morals*, L. A. Selby-Bigge and P. H Nidditch(eds.), Oxford, Clarendon Press, 1975. 번역본으로 『인간의 이해력에 관한 탐구』(김혜숙 옮김, 지식을 만드는 지식, 2010)를 사용. 이하 『탐구』로 줄임. 숫자는 절, 항, p 또는 쪽 표시.

참된 형이상학을 발굴해야 한다고 주장한다.

이를 위해서는 무엇보다도 철학은 "초월자가 아닌 인간에 관한 학문"이 되어야 한다. 즉, 철학의 탐구대상은 신과의 관계 속에서 존재하는 인간이나 불가해한 영혼의 문제가 아니라 "오로지 있는 그대로 존재하는 인간 그 자체"라는 것이다. 그는 "인간 오성의 본질을 주의 깊게 탐구하고" "인간 본성이 지니는 힘과 능력을 면밀히 조사함으로써" "인간의 마음을 작용하게 하는 내밀한 원천과 원리들을 발견할 수 있을 것"으로 기대한다(『탐구』, 30~33). 그는 우리의 "정신은 여러 가지 힘과 능력을 갖고 있으며, 이 힘들은 서로 뚜렷하게 구분되고, 직접적인 지각에 실제로 분명하게 주어진 것은 반성과는 다르다는 것"을 의심의 여지없는 사실로 확신한다. 그는 이 "정신의 힘들과 분명한 역할을 묘사하는 것"에 '정신 지리학(Mental Geography)'이라는 이름을 붙인다(『탐구』, 32). 그는 인간 본성을 모든 학문들이 의지해야 할 탐구의 중심으로 규정하고, "인간학은 다른 학문들을 위한 유일하게 견고한 토대"(『논고』, 21)[124]라고 말한다. 인간 본성의 원리들을 바르게 설명해 낼 수 있다면, "결국 여러 학문들이 안전하게 정립할 수 있는, 거의 전적으로 새롭고 유일한 토대 위에 세워진 학문들의 완전한 체계"를 구축할 수 있을 것으로 믿는다.

---

[124] Hume, David(1740), *A Treatise of Human Nature*, L. A. Selby-Bigge and P. H Nidditch(eds.), 2nd edition, 1978. 번역본으로는 『인간 본성에 관한 논고 1, 2, 3』(이준호 옮김, 서광사, 1994~1998)를 사용. 이하 『논고』로 줄임. 숫자는 권-장-절 및 p.와 쪽수를 표시.

그는 상이한 민족과 개인에게 고유한 성격이 있다 하더라도, 모든 인류는 공통적인 성격을 갖는다고 본다. 즉, 인간은 시대나 장소를 초월하여 모두 같다는 것이다. 인간의 행위에는 모든 민족과 세대에 두루 적용되는 제일성齊一性이 있다(『탐구』, 124). 그것은 인간의 변하지 않는 본성이며, 인간 본성은 그 원리들이나 작용들에서 늘 동일하다. 사람들마다 보통 성격이 어느 정도는 일관성이 없고 변덕스럽게 보이더라도, 이것 역시도 어떤 의미에서는 인간 본성의 불변적 특성이다(『탐구』, 130). 그는 인간 본성의 개념을 명확히 정의하지는 않았으나, 『논고』 각 권의 주제인 오성, 정념, 도덕에서 보듯, 인간이 어떻게 사고하고 행동하는지와 관련한 인간의 자연적 능력과 그 내적 원리를 인간 본성으로 간주한 것 같다. 흄의 해석가들에 의해 이름 붙여진 '자연주의 프로그램'이란 "어떻게 왜 이런저런 종류의 사고, 지각, 믿음, 느낌 등이 우리의 마음에 발생하는지를 인간의 자연적 성향에 기초해서 설명하려는 기획"[125]이다.

1) 관념의 기원

영국 경험론의 전통을 이어받은 흄은 모든 탐구의 유일한 기초를 '경험'과 '관찰'에 두었다. 그는 자연과학의 일반 개

---

[125] 최희봉(2004), 131쪽.

념들을 인간에게 확장하려는 실험적인 탐구를 두고서 "물리학의 방법을 인간의 본성의 탐구에 적용하여 새로운 인간학을 만들려는 시도"라고 설명했다. 로크와 마찬가지로 그도 "본유관념이나 그것을 생성하는 원리는 없으며, 의식의 모든 내용들은 감각적인 경험들에서 생겨난다"는 것을 기본 전제로 삼는다. 정신의 모든 내용은 감관이나 경험을 통하여 우리에게 주어지는 것, 곧 '지각(Perception)'이다. 지각은 마음의 모든 내용을 망라한다. 그는 지각을 인상(Impression)과 관념(Ideas)의 두 형태로 나눈다. 지각의 원초적 형태는 인상이며, 관념은 인상의 모사에 불과하다. 인상이 없다면 관념은 있을 수 없다. "모든 관념에는 그것에 정확히 상응하는 인상이 있으므로 모든 단순관념은 그것과 닮은 단순 인상을 갖는다"(『논고』 1, 1-1, 26). 흄은 로크가 '관념'으로 의미하고자 한 바의 것, 즉 의식의 전체적인 내용을 '지각'으로 대신하며, 관념의 범위를 좁혀 지각의 부분집합으로 간주한다.

인상과 관념의 차이는 '생생함'이다. 인상은 생생하고 직접적으로 감각에게 '찍히는 것'이고, 관념은 간접적이고 이를 재생한 내용이다. 거의 모든 경우에 인상만이 실재적이며, 관념은 사유나 추리에서처럼 희미한 심상일 뿐이다. 인상은 관념에 선행하기 때문에 '가장 활발한 사고는 가장 둔한 감각보다도 못하다'(『탐구』, 2-11, 36).

흄에 의하면, 우리의 마음은 인상을 두 가지 방식으로 나타나게 한다. 하나는 인상의 생생함과 관념의 희미함 사이

중간 정도에 속하는 생생함이 다시 나타나는 경우이다. 이 것은 인상을 되풀이하는 기능, 곧 기억이다. 다른 경우로, 인 상의 생생함을 완전히 상실한 채로 인상의 희미한 모사물이 나 유사한 심상으로 재현될 수 있는데, 이것은 상상력이다. 기억은 단순관념들의 내용뿐만 아니라 그것들의 순서와 위 치까지도 보존한다. 반면에 상상력은 관념들을 자유롭게 결 합시킬 수는 있다. 이러한 작용은 일반적으로는 흄이 '연합' 이라고 명명한 원리를 따른다. '연합의 원리'란 서로 연관되 는 관념들을 묶어내는 마음의 작용이다. 연합의 원리는 단 순관념들 사이의 합일과 응집을 가능케 한다. 연합은 우리 마음 안에서 일반적으로 행해지는 '유연한 힘(Gentle Force)' (『논고』 1, 1-4, 33), 즉 일종의 인력引力이 있기 때문에 가능하 다. 그러나 흄은 이 힘이 본질적으로 무엇인지에 대해서는 "거의 알려져 있지 않아서" 우리에게 주어진 '인간 본성의 원 초적 성질'이라고 말할 뿐, 더 자세하게 설명하지는 않는다 (『논고』 1, 1-4, 35).

관념의 연합이 이루어지려면 "하나의 관념에서 다른 관념 으로 나아가게 하는 성질, 즉 어떤 결합의 끈"(『논고』 1, 1-4, 33)이 있어야만 한다. 흄은 이 '결합의 끈'을 '관념들 간의 자 연적 관계'로 규정하고, 유사성, 시공간적 근접성, 그리고 원 인과 결과 등 세 가지로 구별한다. 예컨대 어떤 그림을 보면, 우리의 사고는 원래의 대상에 이끌리게 된다(유사성). 건물 안 에 있는 하나의 방을 보면 자연스럽게 그 건물의 다른 방을 상상하게 된다(근접성). 우리가 어떤 상처에 대해 생각하게 되면, 이 상처 때문에 생길 고통에 대한 생각이 떠오를 수밖에 없다(원인과 결과). 이 세 가지 법칙에 따라서 우리는 단순관념들을 최적의 상태로 결합시켜 복합관념을 형성할 수 있다.

'연합'의 원리   뉴턴의 중력이 자연현상을 설명하는 중심 개념인 것처럼, 흄에게 '연합'은 마음의 작용을 설명하는 핵심 개념이다. 그는 이 원리의 착안으로 자신이 '발명가'라는 영예로운 이름을 얻을 만큼 굉장한 자부심을 갖는다고 자평한다.[126] 그는 연합의 원리를 우리 사유의 유일한 끈이며, 모든 정신 작용을 좌우하는 '우주의 접착제'라고까지 말한다.[127] 이 원리를 통하여 그는 "우리가 어떠한 대상을 정의할 때 하나로 묶어서 생각하는 여러 징표들이 서로 뒤얽혀 있다는 사실을 결정짓는 것은, 사물의 객관적인 존재 형태나 그 본질 또는 그 의미구조가 아니라 생각하는 주체의 심리적인 상태"라는 사실을 알려 주려 한다.

흄은 모든 관념은 개별 인상에서 나오는 것으로 보기 때문에, 인상의 근거를 갖지 못한 추상관념이나 본유관념을 인정하지 않는다. 그는 영혼의 관념처럼 "지금까지 아주 오랫동안 형이상학적 추리들을 점유해 왔던" 추상관념을 형

---

126   Hume, David(1740), "An Abstract of a Book Lately Published", 「최근에 간행된 어떤 책에 대한 초록」, 『도덕에 관하여』, 이준호 옮김, 서광사, 2008, 237쪽.
127   Hume, David(1740), 238쪽.

이상학에 "불명예를 가져다주었던 모든 허튼 소리"(『탐구』, 2-17, 42~43)로 간주한다. 존재하는 모든 것들은 개별적인 것이므로, 모든 인상은 개별적이고 일정하고 명확하다. "마음은 각각의 정도를 가진 정확한 개념을 형성하지 않고서는 양이나 질의 어떤 개념도 형성할 수 없다"(『논고』 1, 1-7, 40). 실체의 관념은 결코 감각이나 반성의 인상들에서 유래하지 않는다. 따라서 그는 그 자체로 개별적이거나 특정한 것이 아닌 추상관념의 실재성을 인정하지 않았다.

그는 또한 로크와 마찬가지로 본유관념을 부정한다. 인상에 선행하는 관념은 있을 수 없으므로 본유관념은 성립할 수 없다. 만약 '본유적'이 '자연적'이라는 의미와 동일하다면, "마음의 모든 지각과 관념은 본유적이거나 자연적이라고 인정되어야 한다." 또는 본유적이라는 것이 어떤 선행하는 지각도 모사하지 않은 것을 의미한다면, "모든 인상은 본유적이지만 관념은 본유적인 것이 아닌 것이 된다"(『탐구』, 2-17, 43~44). 따라서 그는 어떠한 관념이 본유적이냐 아니냐를 따지는 것을 지루하고 쓸데없는 논쟁으로 무시한다. 어떠한 관념이 의미를 갖는가 그렇지 않은가의 여부는 "그 관념이 어떤 인상에서 나온 것인가"만을 확인하면 알 수 있으므로, 인상에서 유래하지 않는 관념은 허구에 불과하다는 것이다.

기존의 형이상학에서 실체란 "존재를 위해서 다른 어떤 것도 필요로 하지 않고 오직 스스로 존재해야 하는 실존적인 사물"로 규정되는 한에서, 그것은 물질적이든 정신적이든 그 사물의 본질이나 근거를 뜻하는 개념이다. 그러나 흄은 일체의 실체 개념을 인정하지 않는다. 그는 사물 자체의 세계와 사물을 모사하는 의식의 세계를 구분하는 로크의 인식을 초월적인 실재를 상정하는 낡은 형이상학의 잔재로 간주한다. 그는 외부 세계가 우리의 의식과 무관하게 독립적으로 실재한다는 전제를 우리의 상상이 인상의 두 가지 특성을 다룰 때 발생하는 산물로 본다. 왜냐하면 우리의 상상은, 인상에서 사물의 불변적인 배합과 변화과정에 대한 정합적인 관계, 즉 사물의 불변성과 정합성을 알아낼 수 있기 때문이다(『논고』 1, 4-2, 206~207). 즉 흄은 로크가 감각 작용의 외적 지각으로 본 실체의 표상을 내적 지각, 즉 오성의 자기반성적 행위에 의해 주어지는 것으로 본다.

흄은 로크가 상정한 '우리가 알 수 없는 어떤 것'으로 물체의 기저를 이루는 실체뿐만 아니라 데카르트나 버클리 George Berkeley가 옹호한 정신적인 실체의 관념도 부정한다. 그는 "비물질적인 실체는 지각의 왼손에 있는가 아니면 오른손에 있는가"(『논고』 1, 4-5, 246)라고 반문하며 실체의 근거를 의심한다. 신학자들이 '단일하고 연장되지 않은 실체'로 보는 영혼의 양태에서 지각과 대상은 구별되지 않는다. 데카르트가 신 안에서 찾은 능동적 원리(『논고』 1, 3-14, 174)나, 사유하는 실체의 비물질성과 불가분성에 관한 스피노자 Baruch Spinoza의 '무시무시한 가설'(『논고』 1, 4-5, 247)은, 우리의 경험이나 지각에서 결코 발견될 수 없을 뿐만 아니라 증명할 수도 없는 것이다. 우리의 정신이 표상 작용을 형성할 수 있는 어떤 대상의 작용이나 그것의 지속에 관한 선험적 결론에는 어떠한 증거도 없다(『논고』 1, 3-5, 255). 왜냐하면 "우리의 경험은, 그 자체에 있어서 아주 불완전하고, 범위에 있어서나 지속성에 있어서나 아주 제한되어 있어서, 사물들 전체에 관한 그럼직한 추측을 우리에게 결코 줄 수 없기 때문"이다.

우리가 직접적으로 지각하는 것은 오직 우리 자신의 관념들뿐이다. 따라서 우리의 직접적 경험과 우리 자신의 정신 작용을 초월한 물체에 관한 한, 다시 말해서 우리의 관념들과 독립해 있는 사물들의 진정한 본질이나 또는 '있는 그대로 있는 그것들'의 존재에 관한 한, 우리는 어떠한 지식도 가질 수 없다. 즉, 감각경험으로부터 분리된 관념들의 타당성은 인정될 수 없다는 것이다. '스콜라철학적인 실체'라는 관념은, 결코 감각의 인상들이나 반성의 인상들로부터 유래하는 것이 아니므로, "우리의 상상력에 의해 결합되어서 그것에 붙여진 특정한 이름을 가진 단순관념들의 한 집합에 불과하다"(『논고』 1, 1-6, 16). 그러므로 흄은 "우리는 특별한 성질들의 집합의 관념과 구별되는 실체의 관념을 갖지 않는다"고 못 박으며, '우리가 알 수 없는' "실체에 관한 모든 시도에 대해서 더 이상 논박할 필요가 없이 기각하는 것이 좋다"(『논고』 1, 4-5, 255)고 단언한다. 요컨대 실체에 관한 논의 자체가 헛된 것이며, 지각들이 물질적 실체에 속하는지 아니면 비물질적 실체에 속하는지를 알아내려는 물음도 무의미

쓸데없는 논쟁

　　　　　인간 본성의 역사

하다는 것이다.

"우주의 기원이나 지적 체계나 정신세계의 섭리와 같이 인간의 능력이 전혀 미치지 않는 영역에 대해 물음을 던지고 논의하려고 시도한다면, 분명 쓸데없는 논쟁으로 계속 헛수고만 하고 어떤 확정적인 결론에도 도달하지 못할 것이다"(『탐구』, 121).

2) 인과성 분석

흄은 일관되게 인간 오성의 작용에 대하여 회의를 품으며, 인간 이성에 대한 과도한 믿음의 토대를 의심한다. 그는 지식의 개연성을 논하면서 무엇보다 이성적 추론의 결과로 당연시되어온 인과율을 부정한다. 사실에 관한 모든 사고는 일반적으로 인과관계에 근거를 둔다. 통상의 철학적 탐구에서 인과성의 개념은 지식의 타당성을 가늠하는 척도였다. 그는 인과율을 "존재하기 시작한 모든 것은 존재의 원인을 가져야만 한다는 원리"로 정의한다. 인과율에 따르면, 원인은 하나의 대상을 뒤따르는 다른 대상으로 이어지게 하고, 만약 전자의 대상이 없었다면 후자의 대상은 결코 존재할 수 없다. 그러나 흄은 하나의 격률로 기술되는 인과율은 직관적으로 확실하지도 않고 논증될 수 있는 것도 아니라고 본다. 그가 볼 때, 우리는 실재를 경험하는 데서 결코 능동적인 원인의 넘쳐나는 힘이나, 원인과 결과 사이에 존재하는 그 어떠한 유대관계도 발견할 수 없다. 왜냐하면 어느 누구도 사물의 본질을 인식하는 데서 이 본질이 어떤 결과를 낳을지를 알 수 없기 때문이다.

모든 결과는 그것의 원인과 구별되는 별개의 사건이다. 우리들이 관찰하는 것은 오직 앞서거니 뒤서거니 잇따라 일어나는 사건들뿐이다. 따라서 우리가 "어떤 대상의 존재를 다른 대상에서 추론할 수 있는 것은 오직 경험에 의해서" 가능할 뿐이다. 이를테면 우리는 '불꽃'을 보면 '열'이 발생할 것을 예상한다. 우리는 불꽃과 열이라는 두 대상이 규칙적으로 반복되는 근접과 연속의 순서로 나타난다는 사실을 경험으로 기억한다(『논고』 1, 3-5, 106). 우리는 더는 격률이 없어도 전자를 '원인'이라고 부르며 후자를 '결과'라고 부르면서, 불꽃의 존재에서 열의 존재를 추론한다. 따라서 원인은 다른 하나의 대상에 선행하는 근접한 하나의 대상이다. 두 대상의 결합에서 전자의 관념은 우리의 마음으로 하여금 후자의 관념을 형성하도록 결정하며, 전자의 인상은 후자의 더 생생한 관념을 형성하게 한다. 이처럼 "어떤 경우에든 인과관계에 대한 지식은, 추론에 의해서 선험적으로 얻어지는 것이 아니라, 우리가 어떤 특정한 대상들이 서로 지속적으로 결합된다는 것을 발견할 때 얻어지는 경험으로부터 생긴다"(『탐구』, 3-23, 51). 결국 '인과율'이란 이성적 추론의 산물이 아니라, 우리의 상상력이 오랜 경험을 통해서 축적한 습관에 준해서 대상들에 부여한 마음의 구성물에 불과하다.

인과율은 반복에 의해 생겨난 마음의 '연상의 습관'에 불과하다

　　　인간 본성의 역사

인과율은 우리가 관찰하는 대상 속의 성질이 아니라 오히려 A와 B의 예들의 반복에 의해서 생겨난 마음의 '연상의 습관(Habit of Association)'이라는 것이다. 우리는 연속적인 사건들을 경험함으로써 마음을 결정하고 행위를 규제하는 기준을 얻는다. 우리가 "지속적이고 독립적인 물체들이 존재한다"거나 "존재하기 시작하는 모든 것은 원인을 가진다"고 믿는 것은 우리 삶에 필수적인 어떤 근본적인 습관적 신념들이다. 이로써 흄은 인과적 신념의 진정한 근원을 우리의 상상력 또는 우리 마음 안에 있는 '어떤 자연적·본능적 경향성'으로 돌린다.

경험에서 중요한 것은 오성의 활동이 아니라 습관과 그 습관에서 비롯되는 느낌이다. 내적 강박이나 필연성에 대한 심리적 직관은 객관성이 없는 습관에 불과한 것이다. 경험에서 얻은 모든 추론은 습관에서 나온 것이다. 경험이란 습관이나 연습 이외에 아무것도 아니다. 우리가 동일한 행위를 되풀이하려는 경향은 습관의 결과이며, 이것은 '보편적으로 인정되는 인간의 본성'이다. 그러므로 흄은 "습관은 '경험으로부터 얻는 결론들의 궁극적 원리'(『탐구』, 5-36, 72)이자 '삶의 위대한 안내자'(75)이므로 우리 삶에서 지배적일뿐만 아니라 지배적이어야 한다"고 말한다.

3) 자아와 인간 본성

흄은 정신현상을 신체의 생리적 반응의 결과로 이해한다. "우리 신체의 어떤 부분을 압박하는 대상은 저항을 받으며, 운동에 의해 신경과 생기에 주어진 저항은 일종의 감각을 정신에게 전달한다"(『논고』 1, 4-5, 250). 물리적 자극은 지각이 발생하는 원인이고, 마음의 구성요소인 지각은 물리적 반응의 결과이다. 따라서 "내가 죽어서 나의 지각이 모두 없어지고, 나의 신체가 해체된 다음부터 나는 생각할 수도 볼 수도 느낄 수도 미워할 수도 없다면, 나는 완전히 사라질 것이다"(『논고』 1, 4-6, 257). 우리는 "지각 없이는 '나 자신'을 잡을 수가 없으며, 지각 이외에는 어떤 것도 관찰할 수 없다."

> "자아 또는 인격은 어떤 하나의 인상이 아니라, 그것에 대해 우리의 여러 인상들과 관념들이 관계하고 있다고 상정하는, 그러한 것이다. 만약 어떤 인상이 자아의 관념을 일으킨다면, 그 인상은 우리 생애의 전 과정을 통하여 항상 동일하게 지속되어야 한다. 자아는 그런 방식으로 존재한다고 여겨지기 때문이다. 그러나 일정하고 불변적인 인상은 없다"(『논고』 1, 4-6, 256).

우리는 자아에 대해 동일하고 불변적인 인상을 가질 수 없으므로 자아의 관념도 가질 수 없다. 달리 말하면, 우리는 지속적인 자기동일성(Self-Identity)을 갖는 존재가 아니다. 우리의 "**마음은** 여러 지각들이 연속해서 나타나는, 즉 지나가고 다시 지나가고 어느덧 사라지는, 사태와 상황의 무한한 변화 속에서 뒤섞이는 **일종의 극장**"(『논고』 1, 4-6, 257)과도 같다. 따라서 우리의 마음은 어느 한 시점에서 단일성도 없으며, 다른 시점에서 동일성도 없다. 극장의 화면이 연속적으로 바뀌고 지나가듯 우리의 마음도 그와 같은 것이다. 마음은 "**서로 다른 지각들의 다발이거나 집합**에 불과한 것이다" (257). 지각들은 마치 물체의 운동처럼 생각할 수 없는 빠른 속도로 서로를 결합시키며, 상호 운동을 하는 항구적인 유동 상태에 있다. 그런 점에서 우리의 마음은 '상상력의 우주'라고도 말할 수 있다. 그 안에서 "지각들은 서로 계기하며 운동하고 사라지고 무한히 다양한 형태와 상황 안에서 혼합된다" (『논고』 1, 2-6, 88). 마음은 지각들의 다발로서 물리적 자극에 반응하여 스스로 운동하며 이합집산하는 단일체이다.[128]

지각들의 다발
혹은 집합

이처럼 흄의 자아는 데카르트에서처럼 사유에 고정된 채 불변적이지 않다. 흄은 데카르트의 '사유하는 나'를 뒷받침할 어떠한 근거도 이성이나 경험 어디에서도 찾을 수 없다고 본다. 흄의 자아는 수시로 이합집산하는 지각 다발들의 움직임으로 인하여 복합적이고 가변적이다. 그렇기에 '나'는 타자들과의 관계에서 다중적으로 나타날 수 있다. '연합의 원리'에 따라서 다양한 지각이나 존재로 구성된 흄의 자

---

128 들뢰즈는 흄이 이해하는 정신을 "관념들의 집합이면서 동시에 성향"으로 해석한다. 이 성향은 지각들이 배열된 결과로 나타난다. Deleuze, Gilles(1991), *Empiricism and Subjectivity*, C. V. Boundas(trs. and Introduction), Columbia University Press, 2001, p.31.

아는 재구성될 수도 있고 해체될 수도 있는 자아이다. 따라서 흄의 자아에서 '복합성과 변화'는 인간 본성의 가장 두드러진 특징이다.[129] 이 같은 흄의 설명은, 데카르트의 '사유하는 나'를 '신체적 자아' 또는 '행동하는 자아'로 바꾸어서, 욕망의 주체인 '자연적 자아'로 전환시킨다.[130]

이성의 축소와 정념의 역할

흄은 오성의 개념을 넓은 의미에서의 이성, 즉 감각기능과 대비되는 정신의 기능으로 사용한다. 오성은 논증이나 개연성을 판단하고 관념의 추상적 관계를 주목하거나 경험을 통해 알게 된 대상의 관계를 주목한다(『논고』 2, 3-3). 이성은 사물을 판단하고 분석하고 계산하는 등의 종합적인 추론능력이다. 그러나 흄은 지식 탐구에서와 마찬가지로 인간행동이나 의지의 실천에 있어서도 이성의 역할이 그다지 크지 않음을 강조한다. 인간 이성이 실재를 파악하는 데서 완전히 믿을 만한 것이라는 '어떤 경험적 보증이나 근거'도 발견할 수 없기 때문에, 그는 이성의 능력에 대해서 회의적일 뿐더러 실천적 행위의 측면에서도 그 역할을 매우 제한적으로 한정한다(『논고』 1, 4-1, 193~199). 이에 반해서 정념은 우리가 느끼는 다양한 감정뿐만 아니라 여러 가지의 욕구 등을 포괄하는 개념이다. 그는 실천철학에서 이성은 아주 협

---

129 Kemp Smith, N.(1995), "The Naturalism of Hume(Ⅰ)", *David Hume: Critical Assessments III*, S. Tweyman(ed.), Routledge, p.209.
130 이준호(2005), 88~89쪽.

소하게, 그러나 정념은 훨씬 더 폭넓게 정의한다. 그는 정념을 매우 넓은 의미로 사용하여, 거기에 '무엇을 하거나 하지 않을 계기를 제공할 수 있는 모든 경향성'을 포함시킨다.[131] 그럼으로써 정념을 특정한 "정의에 의해 제한하지 않고 그 범위를 확대하는" 데 반해, 이성의 역할에 대해서는 그 범위를 좀 더 축소시킨다.

그렇다고 해서 흄이 이성의 기능을 무시하는 것은 물론 아니다. 이성은 두 가지 방식으로 우리의 행동에 영향을 미친다. "이성은 어떤 정념에 어울리는 대상의 존재를 일깨워줌으로써 해당 정념을 유발할 수도 있고", "어떤 정념을 드러낼 계기를 우리에게 제공할 정도로 원인과 결과의 연관을 드러낸다"(『논고』 3, 1-1, 30). 그러나 그는 "이성만으로는 결코 어떠한 의지적 행위의 동기가 될 수 없으며", "의지의 방향을 결정할 때 결코 정념과 상반될 수가 없다"(『논고』 2, 3-3, 158)고 본다. 이성은 인간 행위의 원인이 결코 아니다. 우리의 정념이 거짓 가정에 기초를 두거나 의도적 목적에 불충분한 수단을 선택했을 때가 아니라면, 대부분의 경우에 이성과 정념 간에는 어떠한 대립도 없으며, 오히려 이성은 정념에 순종한다. 이성은 의지의 작용을 막을 수도, 정념보다 우위에 놓일 수도 없다. 이성은 인간의 활동적인 삶에서 유일하고 충분한 원인으로 활약하지 못하고, 정념들의 역학 관계에 따

---

[131] Flew, Antony(1964), *A Critical History of Western Philosophy*, D. J. O'Conner(ed.), ch. 15, 『흄』, 최희봉 옮김, 지성의 샘, 1996, 90쪽.

라서 결정되는 의지의 형성과 실행에서 정념의 도구로서 역할할 뿐이다. 그러므로 흄은 **"이성은 정념의 노예**이며, 그래야만 하고, **정념에 봉사하고 복종하는 것** 이외의 다른 어떤 직무도 탐낼 수 없다"고 결론 내린다(『논고』 2, 3-3, 160).

도덕의 원천 – 이기심과 공감

흄은 '이성은 정념의 노예'라는 명제를 인간의 실천적 행위구조를 해명하는 원리로 삼는다. 도덕적 판단에 있어서 흄의 주요 관심은 "그것이 무엇을 의미하는가가 아니라, 무엇이 우리로 하여금 그렇게 판단하도록 만드는가"에 있다.[132] 그에 따르면, 도덕적 판단은 사실 관계의 파악에 관여하는 이성에서 유래하지 않는다. 참이나 거짓의 구별을 직능으로 하는 이성은 "어떤 행동에 대해 부인하거나 찬동함으로써 직접 그 행동을 중단시키거나 유발할 수 없으므로, 도덕적 선·악을 구별하는 원천이 될 수 없다"(『논고』 3, 1-1, 29). 도덕적 행위에서 정서적 성질(정념)은 이성적 성질(이성)을 압도한다. 도덕적 정서는 고통이나 공포심, 또는 사랑이나 미움과 같은 원초적인 감정으로, 다른 어떤 것으로도 환원될 수 없다. 우리의 도덕적 판단이란 문제의 행위나 성질에 대해서 동조나 비난의 느낌을 표현하는 정서적 반응이다. 도덕은 '보는 이에게 기꺼이 시인하는 느낌을 주는 심적

132　Stroud, Barry(1977), p.183. 스트로드는 흄의 입장을, 그가 도덕적 판단을 우리의 느낌이나 정감이 대상에로 투사된 산물로 본 점에서, '투사 이론(Projection Theory)'이라고 명명한다.

활동이나 성질'이며, '판단된다기보다는 느껴지는 것'이다 (『논고』 3, 1-2, 45). 그는 우리의 삶을 지배하는 윤리적 원리는 어떤 '느낌', 즉 '도덕감'에서 도출된다고 말한다.

인간은 본성적으로 자신에게 이익이 돌아오지 않을 경우 타인을 위한 행동을 쉽게 하지 않는다. 그는 인간 정신 안에는 '개인의 성질 및 우리 자신에 대한 봉사나 관계 등과 무관한' 인류애 자체와 같은 정념은 없다(『논고』 3, 2-1, 58)고 말한다. 따라서 만약 인간이 자연적인 정서만 따른다면, 타인의 이익을 도모하려는 행동은 거의 하지 않을 것이다. 그러나 흄은 홉스가 개인의 이기심이나 개인적 이해 간의 충돌을 지나치게 과장했다고 생각한다. 인간은 이기적 본성을 결코 변화시킬 수는 없지만, 정의로운 행동에도 어느 정도는 자기 이해가 반영되어 있다. 그는 "정의를 실현하려는 사람들이 곧바로 직접적 이익을 얻고, 정의를 어기는 사람은 이익을 얻기 어려운 상황"을 상정할 경우, 정의를 행하는 것이 자기 이해를 만족시켜 주는 데 유용하다는 점을 지적한다. 따라서 정의에는 우리의 생명과 재산을 안전하게 지키려는 이기주의적 단면이 내포되어 있다. 정의는 삶의 조건이나 공공적 유용성과 무관한 '영원한 법칙들'이 아니라 자연이 불충분하게 제공하는 공급과 인간의 욕망 사이의 간격을 메워 주는, 우리의 이기적 욕망을 구제하기 위해 고안된 발명품이자 하나의 책략이라는 점에서 인위적이다(『논고』 3, 2-2, 76~77).

홉스는 인간 본성을 이기성에 묶어두고 이를 제어할 '공포'라는 외적 강제력을 요청하지만, 흄은 우리가 이기심을 스스로 억제할 수 있도록 내면의 힘을 갖고 있다는 낙관적인 입장을 취한다. 우리는 본성적으로 자기 이해에서 자유롭지 못한 존재이지만, 동시에 다른 사람과 아주 닮아서 타인의 경향이나 의견에 자연스럽게 공감하는 본래적 성향을 갖고 있다. "자연은 모든 인간 사이에서 엄청난 유사성을 유지해 왔으며", 공감은 모든 인간에게서 발견되는 보편적 성향이다(『논고』 2, 1-11, 66). 현絃 사이의 운동이 굽이치듯이, "모든 정념은 한 사람에게서 다른 사람에게로 쉽게 옮겨간다"(『논고』 3, 3-1, 177). 우리의 행복은 우리 자신에 국한된 것만이 아니며, 우리의 동의가 다른 것으로 번져 나가는 일은 자주 발생한다. 따라서 타인에 대한 공감이나 타인을 위해 봉사하려는 동정심은 자기 이해에 못지않은 인간의 본질적 속성이다.[133] 흄은 '공감의 원리(The Principle of Sympathy)'를 도입하여, 이를 인간이 이기성을 억제하고 사회적 존재로 존립하게 하는 하나의 원천으로 여긴다. 그는 자기 이해와 공감을 인간 본성의 동렬적同列的 차원에 위치시켜서, "자기 이해는 정의를 확장시키는 원초적인 동기이고, 공공 이익에 대한 공감은 그 덕(정의)에 수반되는 도덕적 승인의 원천"(『논고』 3, 2-2, 81)이라고 규정한다. 공감의 원리로 말미암아 "인간의 마음은 서로에게 거울"(『논고』 2, 2-5, 112)이 된다.

타인에 대한 공감이나 동정심, 자기 이익을 따르는 것에 못지 않은 인간의 본질적 속성

---

133 피트슨은 도덕적 행위자로서 인간의 지위를 흄의 인격이나 자아 개념에서 갖는 중요한 특성으로 이해한다. Pitson, A. E.(1993), "The Nature of Human Animals," *Hume Studies, Vol.XIX*, No.2, p.309.

애덤 스미스Adam Smith가 『도덕감정론』에서 동정과 공동체적 감정을 실천윤리의 기초로 본 것처럼[134], 흄도 '타인에게 기쁜 공감을 주는 정신적 행위나 성질'을 덕으로 보았다. 그는 도덕적 가치가 있는 성질들을 네 부류로 나누어 살펴본다. 먼저 첫 번째 부류의 덕은 호의, 친절, 정의로 사회에 유용한 성질이다. 다음으로 우리 자신에게 유용한 성질에는 의지력, 근면, 절약, 체력, 이해력 등이 해당된다. 셋째로, 우리에게 직접적인 쾌락을 가져다주는 성질은 기쁨, 관대함, 품위, 용기, 평정, 선한 의지이다. 끝으로 타인에게 직접적으로 쾌락을 주는 성질로 겸양, 좋은 행실, 예의, 바름 등을 꼽는다. 이처럼 흄의 경우에 도덕적 가치를 결정하는 주요한 기준은 자신과 타인에게 유용성을 갖는가의 여부이다. 즉, 유용한 것과 해로운 것의 구별은 도덕인가 아닌가를 가늠하는 척도가 된다. 흄이 말하는 유용성이란 "하나의 자연적인 목적을 향하는 경향성"이다. 유용성이 도덕적 감정의 원천이라면, 사회의 행복에 기여하는 모든 것은 우리의 동의와 선한 의지에 달려 있다. 흄에게 유용성과 쾌락은 도덕의 기원을 설명해 주는 원리가 된다. 도덕적 평가의 느낌은 경험에서 나온다. 우리의 경험은 그 고결한 성질들이 우리의 행동을 일으키는 '유용하거나' '마음에 드는' 것들을 공유한다. 경험은 '이런 성질들', 즉 '인간이 소유하는 고결한 성질들'에 부응하여 기쁨과 쾌락의 공감을 불러일으킨다. 도덕적

---

134 Smith, Adam(1759), *The Theory of Moral Sentiments*, 『도덕감정론』, 김광수 옮김, 한길사, 2016.

가치의 기준을 심리적 경향에서 찾는 흄의 윤리학은 철저히 경험주의적이다.

4) '완화된' 회의주의

흄은 캘빈교의 영향 아래서 성장했으나, 아주 어린 나이에 그 교리를 버린 것으로 알려져 있다. 성인이 된 흄은 양식 있는 시민으로서 영국의 관습과 전통을 지키며 적어도 신앙으로서의 종교를 인정하기는 하였지만, 거기에 큰 의미는 두지 않은 비종교적인 인물이었다. 그의 친구 보스웰은 흄이 임종 시 종교에 대한 어떠한 믿음도 결코 마음에 품지 않았다고 고백했다고 전한다.[135] 흄의 불가지론은 앞에서 본 형이상학 무용론, 실체 개념의 부정, 마음의 작용에 대한 경험주의적 해석, 이성의 한계, 그리고 심리주의적 도덕이론 곳곳에 스며들어 있다. 그는 이미 피안의 세계에 대한 어떠한 해명도 우리의 이성으로는 입증하기 어려운, 공상의 결과에 지나지 않음을 되풀이해서 강조했다.

피안의 세계는
공상의 결과

흄의 철학 세계에서 종교는 지식의 영역이 아니라 일정한 느낌과 감정이 지배하는 세계이다. 그가 보기에, 플라톤이 『티마이오스』에서 창조주로 내세운 데미우르고스도, 또는

---

135 Copleston, F.(1959), 『영국경험론』, 405쪽.

'만든 이(Artifex)'와 '기술(Ars)'의 개념으로 구성된 스콜라철학적 신의 관념도 허황된 형이상학적 창작물에 지나지 않는다. 종교적 교리에서 필연적으로 등장하는 모종의 본질적인 사태와 그 안에서의 의미 연관 및 모든 인과관계는 마음의 습성에 따른 산물일 뿐이다. 따라서 인간의 경험을 초월한 신의 존재 증명과 같은 종교적 가설은 '쓸모없는 가설'이다. 신의 존재에 관한 목적론적 증명이 "우주의 질서의 원인은 거의 틀림없이 인간의 지성과 어느 정도 유사성을 갖는다"는 전제를 논거로 삼는다면, 그러한 주장은 증명할 길이 없다. 그는 우리가 우주 질서에 대하여 알아낼 수 있는 방법이라는 것이 전적으로 경험에 의존하는 이상, 우리의 오성 능력으로는 하나님의 존재나 그 본성을 파악할 수 없다고 생각한다.

이성 너머의 피안 세계

흄은 『자연종교에 관한 대화』에서 종교의 형이상학적 토대를 해체시키려 한다.[136] 『대화』 속 세 인물은 각기 다른 관점에서 종교를 논구한다. 클레안테스는 '정교한 철학적 성향'을, 데미아는 '엄격한 정통적인 신앙인의 견해'를, 그리고 필로는 '부주의한 회의주의'를 대변한다.[137] 먼저 데미아는 '인간 오성의 허약함으로 인해서' 신의 본질은 "우리에게 전적으로 이해될 수 없고 알려지지 못한다"고 주장한다. 그러

---

136 Hume, David(1779), *Dialogues concerning Natural Religion*, 『자연종교에 관한 대화』, 탁석산 옮김, 울산대학교출판부, 1998. 이하 『대화』로 줄임.
137 일반적인 해석에 따르면, 필로는 흄의 입장을 대변한다. Copleston, F.(1959), 403쪽; 최희봉(2004), 29쪽.

므로 인간은 최고의 완전무결한 존재인 신에 대하여 오로지 경건하게 그의 무한한 완전함을 숭배할 수 있을 뿐이다. 반면에 클레안테스는 "증거가 스스로 드러날 때는 언제나 그것을 신봉한다"는 필로의 경험론적 원칙에 동의하면서, 신의 본질에 관한 추론을 이끌어 낼 수 있게 해 주는 증거가 있다면 신이 존재한다는 가설은 지지될 수 있다고 믿는다. 경쟁 중인 이 두 논객에 대한 필로의 전략은 종교적 신앙이 어떠한 가시적 근거가 전혀 없음을 보이기 위해 회의적 고찰을 도입하는 것이다.

그러나 필로는 어느 한쪽에 분명한 찬반 표시를 드러내는 방법을 사용하지 않는다. 필로는 다만 "우리는 여기서 우리의 능력의 한계를 훨씬 지나쳐 버렸다"고 말한다. 필로가, 데미아를 제쳐두고 클레안테스가 옹호하는 목적성의 기획에 대해 의구심을 갖는 이유는 세 가지이다. 첫째, "목적인들의 질서, 배치, 계획 내지 조정은, 그 자체로 신의 기획의 증거가 도저히 될 수 없다"는 것이다. 왜냐하면 우주의 질서는 물질에 본래 내재하는 것이지, 정신에 의하여 물질에 부과되는 것은 아니기 때문이다. 둘째, 클레안테스가 말하는 지적인 목적으로서 이성은 '자연의 여기저기'에서 찾아볼 수 있으나, 광범위하게 어디서나 찾아볼 수 있는 것이 아니다. 이성은 제한적이다. 끝으로, 우리는 오직 가설적 추리를 통해서만 "항상 함께 연합해 있는 것으로 관찰되어온" 대상들의 인과관계를 발견한다. 그러나 불행히도 인간은 세계를 만들었던 어떠한 경험도 갖고 있지 않다. 흄은 필로의 입을 빌어 "편견 없는 관찰자의 입장에서 전면적인 판단 유보야 말로 여기서 유일한 버팀목"이라는 메시지를 전한다. 흄은 자연의 질서로부터 신에 관한 우주론적 증명을 시도하거나 또는 신의 관념 자체로부터 신에 대한 존재론적 증명을 도모하려는 데 결코 동의할 수 없었다. 그는 신의 기획과, 그것과 관련된 유비에 의한 증명이 그 목적 달성에 실패함을 보여줌으로써 기독교의 핵심을 정면으로 공격했다.

'자연주의 프로그램'

흄은 정신, 행위, 자아, 도덕, 그리고 종교 등 여러 영역에 걸쳐서 인간의 본질적 특성에 대해 논했다. 그는 인간 본성을 '생각하는 주체' 또는 이성적 존재로 보는 정신주의적 인간학의 방식을 버리고 "인간을 태어날 때부터 행동하는 존재로 규정하는" 새로운 방식의 철학을 택했다(『탐구』, 19~20). 그의 탐구방식에 따르면, "인간은 (자연적) 성향이나 감정에 따라서 좌우되는 존재"이다. 그는 경험, 감각, 인상, 상상력, 습관, 신념, 느낌, 정서, 정념, 그리고 자연적 경향성이나 자연적 본능 등의 용어와 개념을 되풀이해서 사용하며, 이성 중심주의적 인간학의 토대를 뒤흔들었다. 그가 파악한 바로는, 우리의 마음과 의지를 결정하는 인간 본성의 양태에는 한편에는 연합의 결과가 자리를 잡고 있고, 다른 한편에는 정념의 결과가 위치해 있다.[138] 흄이 발견한 인간 본성의 지

---

138 Deleuze, Gilles(1953), *Empirisme et Subjectivité: Essai Sur La Nature Humaine Selon Hume*, 『경험주의와 주체성: 흄에 따른 인간 본성에 관한 시론』, 한정헌·정유경 옮김, 도서

배적 원리란 "느낌과 본능에 대한 이성의 철저한 종속이며, 이러한 원리는 변함없는 실재의 사실이 아니라면 그래야만 옳은 어떤 것이다."[139]

맥납D. C. MacNabb의 흥미로운 비유에 따르면, 흄은 현미경, 면도날, 포크 등 세 가지 도구를 활용하여 인간을 해부한다.[140] 먼저 그는 현미경으로 인간 정신의 모든 내용이 경험에 기초한 원초적 인상에서 비롯됨을 밝힌다. 다음 도구인 면도날은 우리의 마음이 어떻게 작용하는가에 대한 원리와 규칙을 세우는 데 사용된다. '연합의 원리'는 우리가 어떻게 사고하게 되는지를 설명해 준다. 끝으로 흄은 포크를 사용하여 사실이 아니거나 경험적 근거가 없는 쓸모없는 지식을 집어내어 불에 던져 버린다. 여기에는 신에 관한 지식, 형이상학적인 추상 관념, 그리고 사실과 존재의 내용에 대한 실험적 추론에 어긋나는 공상이나 허구의 지식이 해당된다. 이러한 도구들에 하나를 더 보탠다면, 흄은 마치 불순물을 거르는 망과 같은 '회의'라는 도구를 사용하여, 그 어떠한 명제에 대해서도 끊임없이 인간의 오성과 경험을 벗어난 질문인가 아닌가를 따진다.[141] 대부분의 경우 그는 이 도구를

출판 난장, 2012, 42쪽. 들뢰즈는 흄에게 원리는 오직 물리적이고 경험적인 본성만을 갖는다고 파악하면서, 흄의 철학 전체를 일종의 물리주의로 규정한다(240).

139 흄의 철학을 자연주의로 해석한 캠프 스미스는 이성의 정념에의 '종속성 논제'를 '자연적 신념에 관한 이론'으로 간주한다. Kemp Smith, N.(1949), *The Philosophy of David Hume*, Macmillan, pp.84~86.

140 MacNabb, D. C.(1978), *The Encyclopedia of Philosophy vol.4*, Paul Edward(ed.), Macmillan, pp.76~77.

141 포겔린은 흄의 개념적 회의론이 철학적 독단에 대해서만 한정적으로 적용되는 데 반

통해 온갖 추론의 결과를 의심하면서 자연이 허용하는 범위 내에서 그 정당성을 제한하려 했다.

그가 '완화된 회의주의'(『탐구』, 241)로 부른 이 도구는, "우리의 심적인 능력들이 일반적으로 사용되는 호기심을 끄는 사색의 모든 주제들에서" 어떤 믿을 만한 결론을 도출하는 데서 우리의 심적 능력들 중의 신뢰할 수 없는 특성을 발견한 결과였다. 이 같은 회의는 "피론주의적 의심과 망설임에서 생겨난 자연스러운 결과"로서 우리의 탐구를 인간 오성의 좁은 능력에 적절히 들어맞는 주제들로 제한하려는 데 그 목적이 있다. 그는 이렇게 하는 것이 인류에게 많은 도움을 줄 수 있다고 생각한다. 우리가 판단할 때의 근거는, 자연적으로 주어진 감각과 오성의 범위 안에서 경험을 통해 얻은 상식과 반성의 결과물, 그리고 그에 뒤따르는 '일상적인 삶의 행동과 일'이다. 이것들은 독단적인 이성이나 광신적인 믿음에 대한 해독제 역할을 한다. 그는 우리가 "이러한 원리들을 잘 숙지하고 도서관을 뒤져본다면 우리가 무엇을 내다 버려야만 할지"를 따진다. 그리고 "예컨대 신에 관한 어떤 책이나 형이상학에 관한 그 어떤 책을 꺼낼 때는, 그 책이 양이나 수에 관한 그 어떤 추상적인 사고 과정을 내포하고 있는지 또는 사실과 존재에 관해 경험에 바탕하

해, 그의 인식론적 회의론은 무제한적으로 적용된다고 지적한다. Fogelin, Robert J.(1985), pp.5~12. 한편 카팔디는 흄이 회의주의를 그의 인간본성론에서의 문학적 책략으로 이해한다. Capaldi, N.(1975), *David Hume: The Newtonian Philosopher*, Boston, Twayne, pp.200~201.

고 있는 그 어떤 사고 과정을 내포하고 있는지 묻고, 둘 모두에 해당되지 않는다면, 그 책은 불 속에 던져 버리라"(『탐구』, 247)고 권고한다.[142] 왜냐하면 그 책은 환상과 궤변 이외의 아무것도 담고 있지 않기 때문이다. 흄이 말한 '불 속에 던져야 할 책들' 중에는 아마도 플라톤과 데카르트, 라이프니츠, 그리고 스피노자의 대부분의 저술들은 물론이고 그와 유사한 온갖 '난해한 철학' 및 정통 신학의 많은 책들이 포함될 것이다.[143] 이에 동의하든 그렇지 않든, 흄은 철학을 신념과 행위에 대한 하나의 강령, 즉 독단적으로 제의된 기준으로 변질시키는 어떠한 시도에도 전혀 공감하지 않았다. "인간이 다루는 모든 탐구에서 명백하게 논증될 수 있는 성질의 것"이 아닌 많은 경우의 것들은 흄이 제시한 올바르고 유용한 지식의 척도를 만족시키지 못한다.

보는 이에 따라서는 흄의 인간학에 이의를 제기할 수 있다. 이를테면, 자아를 끊임없이 움직이는 지각들의 다발로 보는 흄의 마음 이론은 "오직 부분들만 있고, 때로는 합쳐진 것은 있으나 전체는 없다"는 지적을 받을 수 있다. 또한 '… 이외에는 아무것도 아니다'는 식의 반복적인 논법으로는 우리 의식의 전체적인 내용을 설명해낼 수 없다는 비판도 있

---

142 에이어는 이 구절이 흄의 모든 것을 요약해 주며 그를 논리실증주의의 정신적 아버지로 만드는 것이라고 평한다. Ayer, A. J.(1949), *Language, Truth and Logic*, 『언어, 진리, 논리』, 송하선 옮김, 나남, 2010, 85~86쪽.
143 Schacht, Richard(1984), 236쪽.

을 수 있다.[144] 그러나 전체적으로 흄이 제기한 주요한 논제들이 기존의 인간학적 담론들과는 다른 새로운 흐름을 조성하는 데 기여한 점은 부정할 수 없는 사실이다. 즉, 인간의 정신현상과 사고 행태에 대한 자연주의적 기술은 흄이 이룩한 뚜렷한 공헌이다. 이성은 "우리 영혼 안에 있는 놀랍고도 불가지한 본능"으로도 볼 수 있지만, 이 본능을 따라가는 사고의 과정은 과거의 경험과 관찰에서 생겨난다. 그는 왜 이와 같은 결과를 낳는지, 그리고 그 궁극적 이유가 무엇인지에 대해 생각해 보면, 이 능력을 자연의 덕택으로 여기는 편이 옳다고 말한다(『논고』 1, 191). 그는 줄기차게 본래의 능력을 벗어난 이성의 월권을 고발함으로써 "자연은 항상 원리보다 훨씬 강하다"는 이치를 주입시킨다. 흄의 자연주의는 우리의 기초적인 신념들이 궁극적으로는 인간 본성의 자연적 경향성에 뿌리박고 있음을 누누이 강조한다. 우리로 하여금 독단적 이성의 밑바닥을 의심하게 하고, 자연적 성향과 느낌, 정서와 정념이 지배하는 인간의 모습에 눈을 뜨게 이끈 사람은 다름 아닌 흄이다.

자연적 성향

---

144 Hirschberger, J.(1965), 『서양철학사 하권』, 352쪽.

6. 루소의 '고상한 야만인'

　루소는 학문적 차원에서 체계적인 훈련을 받은 적이 없이 독학으로 자신만의 독특한 세계관을 구축한 낭만적인 사색가였다.[145] 그는 철학자라기보다는 18세기 시민사회가 당면한 사회정치적 이슈들에 대하여 격한 언어로 거침없이 자기 주장을 쏟아낸 문명비평가에 가깝다. 인간 본성에 관한 루소의 견해는 그의 여러 저작에 단편적으로 흩어져 있고, 스스로 인정하듯이 대체로 추론에 의존하고 있다(『인간불평등기

145　루소에 관한 전기나 해설서로 다음의 것들을 참조. Damrosch, Leo(2007), *Jean-Jacques Rousseau: Restless Genius*, 『루소-인간 불평등의 발견자』, 이용철 옮김, 교양인, 2011; 이용철(2006), 『루소: 분열된 영혼』, 태학사; Holmsten, Goerg(1972), *Rousseau*, 『루소』, 한미희 옮김, 한길사, 1997; Wokler, Robert(1995), *Rousseau*, 『루소』, 이종인 옮김, 시공사, 2001; Starobinski, Jean(1971), *Jean-Jacques Rousseau*, 『장 자크 루소 투명성과 장애물』, 이충훈 옮김, 아카넷, 2012.

원론』, 93).[146] 그럼에도 불구하고 루소의 인간관이 많은 이들의 공감을 얻는 것은 소박하면서도 강렬한 이미지의 감성적 인간형이 이끄는 호소력 때문일 것이다.

루소는 "나는 누구인가?"라는 문제에 답하기 전에는 "나는 어떻게 행동해야 하는가?"라는 문제에 대해 답할 수 없다는 사실을 칸트에 앞서서 알아차리고 있었다. 따라서 그는 흄처럼 모든 탐구는 인간 본성에 대한 규명에서 시작되어야 한다고 생각한다. 인간 본성의 규명을 우리 삶의 의무와 목적을 알기 위한 조건으로 보기 때문이다. 그에게는 "자신의 내면으로 돌아가 거기서 인간을 연구하고, 인간의 본성과 의무와 목적을 알아내는 것"이 최우선의 과제이다.

> "인간은 … 모두가 벌거벗은 채 가난하고 불쌍하게 태어났다. 모두가 인생에서 온갖 종류의 불행과 비애와 고통과 궁핍에 빠지기 쉽다. 결국 누구나 죽게 마련이다. 바로 그것이 인간의 진정한 모습이다. 그것이 또한 인간의 피할 수 없는 운명이다. 그러므로 인간의 본성에 관한 것 중 그와 가장 떨어질 수 없는 것, 인간성을 가장 잘 보여 주는 것부터 연구하기 시작하라"(『에밀』, 396).[147]

---

146 Rousseau, J. J.(1755), *A Discourse on Inequality*, 『인간불평등기원론』, 주경복·고봉만 옮김, 책세상, 2003, 93쪽. 이하 인용 시 쪽수만 표시.
147 Rousseau, J. J.(1762), *Émile, ou De l'éducation*, 『에밀』, 김중현 옮김, 한길사, 2003, 396쪽. 이하 『에밀』로 줄임. 숫자는 쪽 표시.

1) '고상한 야만인'의 개념

루소는 "인간을 연구하고, 그 본성·의무·목적을 알려고 하려는 것이야말로 위대하고도 아름다운 광경"[148]이라고 말한다. 그는 "인간에 대한 지식이 모든 지식 가운데서 가장 쓸모 있는 것임에도 불구하고 가장 뒤떨어져 있다"(33)고 지적한다. 그는 인간 본성을 "원초적 인간이 습관이나 편견으로 인해 변질되기 이전의 성향"(『에밀』, 65)으로 파악하고, 어떠한 외적 요인에 의해서도 오염되지 않았던 태초의 인간이 어떠한 모습이었는지를 상상하는 데서 인간 본성을 규명하기 위한 실마리를 찾는다. 그는 원시의 인간이 처한 상태를 다음과 같이 묘사한다.

> "인간에 대한 지식이 모든 지식 가운데서 가장 뒤떨어져 있다"

> "원시의 인간은 일도 언어도 거처도 없고, 싸움도 교제도 없으며, 타인을 해칠 욕구가 없듯이 타인을 필요로 하지 않으며, 어쩌면 동류의 인간을 개인적으로 단 한 번도 만난 적이 없이 그저 숲속을 떠돌아다녔을 것이다. 그는 얼마 안 되는 정념의 지배를 받을 뿐 스스로 자족하면서 자신의 상태에 맞는 감정과 지적 능력만을 갖고 있었다. 원시의 인간은 자신의 진정한 필요만을 느꼈고, 눈으로 보아 흥미롭다고 여겨지는 것만 쳐다보았다. … 교육이란 것은 존재하지 않았으며, 아무런 진보도 없이 세월이 흐름에 따라 세대가 이어질 뿐이었

---

148 Rousseau, J. J.(1749), "Discours sur les Sciences et les Arts", 「학문과 예술에 대하여」, 『학문과 예술에 대하여 외』, 김중현 옮김, 한길사, 2007, 35쪽. 이하 「학예론」으로 줄임.

다. 그리고 각각의 세대는 언제나 똑같은 지점에서 출발했으므로, 최초 시대의 모든 조야함 속에서 수백 년이 되풀이되며 흘러갔다. 종은 이미 늙었으나 **인간 개체는 항상 어린애로 머물러 있었다**"(39).

원시의 인간은 외적 요인에서 어떠한 꾸밈이나 손상도 없는 자연인, '본원적本源的 인간(L'homme Originel)', 즉 본성 그대로의 인간이다. 루소는 '본원적 인간과 그의 참된 욕구 및 의무의 근본적 원리에 대한 연구'야말로 그동안 인간학이 뚜렷하게 밝혀낼 수 없었던 많은 문제들을 해명해 줄 수 있다고 믿는다. 본원적 인간은 문명인에 대비되는 야만인이다. 그 야만인은 어린이의 마음처럼 선한 존재였기에 '고상한 야만인(Noble Savage)'이다. 순진무구함을 징표로 하는 '고상한 야만인'이라는 표현은 17세기 영국의 계관시인 존 드라이든John Dryden이 최초로 사용했다. 그는 『그라나다 정복Conquest of Granada』에서 야만인의 순수성을 찬미했다.

나는 자연이 빚어낸 최초의 인간처럼 자유롭다
예속을 강요하는 비천한 법이 생겨나기 전처럼,
고상한 야만인이 거칠게 숲속을 뛰어다니던 때처럼

숲 속에서 자유롭게 뛰노는 야만인의 목가적인 풍경을 드라이든은 동경한다. 루소가 찾은 인간의 원형도 자연 속에서 노니는 질박한 인간이다. 원시상태의 자연인은 타인과

다투지도 않고 타인을 괴롭히지도 않는 자족적인 인간이다. 루소는 문명화된 현실에서는 볼 수 없는 '순수한 감정의 어린이와 같은 존재'의 원형을 찾기 위해 상상의 세계로 빠져들었다.

2) '본원적 인간'

　루소는 인간의 원형을 추론하기 위해 홉스나 로크처럼 '자연상태'를 논구한다. 근대의 사상가들에게 '자연상태'의 사고실험은 유행과도 같았다. 어느 누구도 자연상태를 본 적이 없음에도 불구하고, 홉스와 로크, 푸펜도르프Samuel Pufendorf는 한결같이 자연상태에서 인간 본성의 뿌리를 찾고 국가의 개념을 도출했다. 루소도 같은 방식을 따랐다. '최초의 인간'은, 『성서』에 따르면 하느님이 흙으로 빚어낸 아담과 이브였고, 오늘날의 생물인류학자들은 '미토콘드리아 이브MitochondriaEve'쯤으로 추정할 테지만, 17~18세기 사상가들은 자연상태를 상정함으로써 그려냈다. '자연상태'가 몇 명의 인간으로 구성된 상황인지도 알 길이 없기 때문에, 실상 '자연상태'는 허구적인 상황이다. 루소도 '자연상태'가 추론에 의한 것이므로, "이제 더 이상 존재하지 않으며, 아마도 절대로 존재한 적도 없었고, 장래에도 결코 존재하지 않을 하나의 상태"(35)라는 점을 인정한다. 그러나 그에게 자연상태는 "우리들의 현재의 상태를 보다 더 잘 판단하는 데 필요한 상태"이기 때문에, 그 상태에 대해 올바른 관념을 갖는 것이 중요하다. 다시 말해서 루소에게도 '자연상태'는 현재의 상태를 파악하기 위해 임의적으로 설정한 준거틀이다.

　루소는 '자연상태'를 인간이 자신의 본성을 그대로 유지하고 있었던 상태로 정의한다(89). 자연상태는 "어떠한 혁명도 필요하지 않았던 상태"이고, "인간에게 가장 좋았던 상태"이다. "만약 만인의 이익을 위해서는 결코 일어나지 말았어야 했던 어떤 치명적인 사건이 아니었다면" 인간은 영원히 그 상태로 남아 있었을 것이므로, 자연상태는 역사의 '진정한 유년 시절'이었다는 것이다. 따라서 루소는 자연상태가 '만인의 만인에 대한 전쟁상태'라는 홉스의 주장에 반대한다. "자연상태에서 인간이 선에 대해 아무런 관념도 갖지 않으므로, 본래 악하다거나 미덕이 무엇인지 몰랐다거나 하는 등의 결론을 내려서는 안 된다"(79)는 것이다. 루소의 자연상태는 또한 로크의 자연상태와도 다르다. 앞에서 본 것처럼, 로크는 자연상태를 "이성에 의해서 만인은 모두 평등하고 자유를 갖기 때문에 누구도 타인의 생명, 건강, 자유, 그리고 사유물을 침해할 수 없는 상태"로 보았지만, 루소의 자연상태는 이성도 존재하기 이전의 원시상태라는 점에서 로크의 생각과 차이가 있다. 로크에게 자연상태는 물질적 조건이 풍부한 평화로운 상태이면서도 언제든 혼란에 빠질 수 있는 불안정한 상태였지만, 루소는 그렇게 생각하지 않았다. 자연상태의 불안전성에서 홉스는 평화의 보장책을, 푸펜도르프는 집단의 안전을, 로크는 개인 재산의 보호를 위한 자연법 단계로의 이행을 강조하였지만, 루소는 그 모두에 동의하지 않았다(79, 125).[149] 그가 보기에는, 자연상태에서는 인간이 싸움을 하지도 않고, 재산을 소유하지도 않고, 남을 지배하겠다는 야망이나 남을 두려워하는 공포도 없기 때문에, 집단의 안전도 필요로 하지 않는다는 것이다. 루소의 자연상태에서는 개인의 자기 보존을 위한 노력이 타인의 보존에 가장 해를 끼치지 않으므로 상대방에 대한 도덕적 관계도, 확정된 의무 사항도 없다. 그에게 자연상태는 인간이 자신의 본성을 손상하지 않음으로써 평화롭게 살아가는 데 가장 적합하며 인류에게 바람직한 상태일 뿐이다. 즉 자연상태는 선한 인간의 원형이 보존된 상태, 인류의 '황금시대'[150]였다는 것이다.

3) 인간 본성은 자기애와 동정심

인간에게 고유한 최초의 언어는 '자연 그대로의 외침'이었다(71). 그것은 자연상태의 인간에게 가장 보편적이고 가장 강력했던 유일한 언어였다. 자연상태의 인간은 사회생활 이전의 존재, 아직 자기반성의 수준에 이르지 못한 존재

---

149 자연상태에 대한 이들의 견해차에 대해서는 Wokler, Robert(1995), 70~80쪽을 참고.
150 Rousseau, J. J.(1781), *Essai Sur L'origine Des Langues, oùll Est ParléDe La Mélodie et De L'imitation Musicale*, 『언어 기원에 관한 시론』, 주경복·고봉만 옮김, 책세상, 1985, 69쪽.

이다. 그러므로 원시의 인간에게는 이성도 필요하지 않았다. 루소는 다만 그들이 동물들과 마찬가지로 두 가지의 원초적인 감정을 가졌을 것으로 추정한다. 하나는 자신의 생명을 지속적으로 보존하려는 충동으로서 자기애이고, 다른 하나는 동종의 구성원이 고통받는 것을 보고서 자기의 고통처럼 느끼는 연민 또는 동정심이다. 루소는 자기애와 동정심을 "이성보다 앞선 2개의 원리"로 파악하고, 이 두 원리가 인간 본성 안에 담겨 있다고 생각한다.

자기애와 동정심은 '이성보다 앞선' 2개의 원리이다

> "하나는 우리의 안락과 자기 보존에 대해 스스로 큰 관심을 갖는다는 원리이며, 다른 하나는 모든 감성적 존재, 주로 우리 동포가 죽거나 고통을 당하는 것을 보면 자연스럽게 혐오감을 느낀다는 원리이다"(38).

인간의 최초의 감정은 자기 존재의 감정이다(96).[151] 인간의 감각이 살아 있다면 자기 존재의 감정은 자기 보존의 욕망, 즉 자기애를 낳는다. 자기애는 인간의 본원적인 정념으로서, 2개의 본질, 즉 지적인 본질과 감각적인 본질을 갖는 정념이다. 자기애는 한편으로는 동정심과 양심으로 향하게 하지만, 다른 편으로는 이기심과 연결되어 있다. 따라서 그는 자기애와 이기심, 이 두 정념이 "그 본성에 있어서나 효

---

151 『에밀』에서는 자기 존재의 감정을 일반적 의미의 이기심과 구별되는 '넓은 의미의 이기심'으로 설명한다. "인간에게 유일한 자연적인 정념은 자기애 또는 광의에서의 이기심이다. … 자기애는 그것의 적용과 그것이 갖는 관계에 의해서만 좋은 것이 되기도 하고 해롭기도 하다." Rousseau, J. J.(1762), 161~162쪽.

과에 있어서나 대단히 다른 것"인 만큼 혼동해서는 안 된다고 말한다. 즉 "자기애는 자연의 감정으로서 모든 동물들로 하여금 자기 보존에 주의를 기울이게 하고, 인간에게 있어서는 이성에 의하여 인도되고 동정에 의해 바뀌어서 인류애와 덕을 낳는 것"인 반면에, 이기심은 상대적이고 인공적인 것으로 사회에서 만들어진 감정이다. "이기심은 우리로 하여금 자신의 일을 다른 어떤 것보다 더 중히 여기게 만들고, 사람들이 서로 간에 행하는 온갖 악을 불러일으킨다"(195). 궁극적으로 이 정념은 타인 또는 타인의 의견에 대한 관심이 있느냐 없느냐에 따라서 자기애와 이기심으로 갈라진다. 자기애가 타인과 무관하게 전적으로 자기에 의존하는 감정이라면, 이기심은 자기 자신을 중심으로 삼으면서 타인과 관계되는 감정이다.

루소가 보기에 이기성을 인간 본성으로 규정한 홉스의 오류는 바로 두 가지 정념 가운데 하나만을 본 데서 비롯된다. 자기애와 이기심을 구별하지 못한 것이 홉스의 첫 번째 오류였다면, 두 번째로 "홉스가 전혀 알아차리지 못한 것"은 동정심의 원리였다. 이 원리는 "어떤 상황에 있어 인간이 갖는 강렬한 자기애(홉스에게는 이기심)가 크게 완화되도록 하거나, 또는 자기애가 생기기 전에 자기 보존의 욕구가 완화되도록 하는, 인류에게 공통적으로 주어진 원리"(80)이다. 따라서 연민은 인간의 모든 반성적 습관에 선행하는, 더욱 보편적이고 인간에게 유익한 미덕이다. 연민은 인간 모두의 심성에 내재하는 자연스러운 감정이며, "각 개체에서 자기애의 작용을 완화하면서 인류종 전체의 상호적 보존에 기여한다"(83).

동정심은 인간이 타인의 고통을 보고 싶지 않다는 선천적인 감정에서 자기만의 행복에 대한 이기적인 욕구를 완화시킨다. 왜냐하면 그것은 다른 인간들이 괴로움을 겪는 것을 본능적으로 혐오하거나 참지 못하는 자연의 감정이기 때문이다. 그런 점에서 그것은 내가 광의의 동료인 남에 대해서 느끼는 일종의 동류의식이기도 하다. 루소는 동류의식을 "모두가 인생에서 온갖 종류의 불행과 비애와 고통과 궁핍에 빠지기 쉽고, 결국 누구나 죽게 마련이라는 공통된 운명을 타고난 존재라는 의식"으로 풀이한다(『에밀』, 396). 그러므로 동정심은 "인간들 사이의 관계에서 생겨나는 최초의 상대적 감정", 달리 표현하면 "자연의 질서에 따라 인간의 마음을 움직이는 최초의 관계적인 감정"이다. 그는 고통과 불행에 관해서 "나와 타인이 공유하는 공통의 감정은 상상력과 반성의 산물"이라고 말한다. 그는 동정심을 "자연적 본성과 사회적 도덕을 잇는 가교이자 도덕의 자연적 토대"로서 모든 미덕의 근원으로 규정하며, 인간에게 동정심이 없었다면 괴물이 되고 말았을 것이라고 말한다. 궁극적으로 루소는 자기애와 동정심을 갖고 태어난 인간은 애초에는 선한 존재였다고 믿는다.

"자연에서 오는 최초의 감정의 움직임은 언제나 곧다. 그 사실을 이론의 여지가 없는 준칙으로 세워놓자. 따라서 인간의 마음에는 선척적으로 사악함이 없다. 인간의 마음속에 어떻게 어디를 통해 들어왔는지 말할 수 없는 악은 하나도 없다"(『에밀』, 161).

4) 평등의 붕괴

이처럼 자연상태에서 인간은 자기애와 동정심을 본성으로 하면서 서로와 형제처럼 지내는, 원래 선한 존재였다. 그러나 얼마 지나지 않아 인간은 점차 자기의 본성을 훼손하며 나락奈落의 길로 접어들게 되었다. "모든 것은 창조자의 수중에서 나올 때는 선한데, 인간의 수중에서 모두 타락한다"(『에밀』, 61)는 루소의 언명은 성서의 한 구절을 연상시킨다. 그는 인간 본성의 타락 원인을 '사람의 손'으로 만들어진 문명의 탓으로 돌린다. 디종 아카데미 현상 논문 공모작이자 그의 데뷔작인 「학문과 예술에 대하여」를 통해서, 그는 인류 문명의 상징인 학문과 예술로 인해 도덕적 타락이 심화되었다는 과격한 주장으로 심사위원들을 당황하게 만든다. 그 요지는 '문명은 인류의 독'이라는 것이다. 이 다혈질의 젊은 사상가는 학문과 예술을 "사람이 속박되어 있는 쇠사슬 위에 펼쳐진 꽃장식"에 비유하면서, "학문은 나태가 빚어낸 악덕에서 비롯된 것"(「학예론」, 49)이고, 예술은 사치와 허영의 산물이라고 주장한다. 이 논문에서 그는 "학문과 예술은 인간의 천성인 근본적인 자유의 감정을 질식시킴으로써 인간들이 처해 있는 노예 상태를 오히려 선호하게 만든다"거나 "천문학은 미신에서, 웅변은 야망과 아첨에서, 기하학은 탐욕에서, 물리학은 게으른 호기심에서, 도덕철학은 제 잘난 생각에서 생긴다"(『학예론』, 52) 등의 거친 표현으로 일관하다가, 끝부분에 가서는 학문과 예술 그 자체가 나쁘다는 것이 아니라 그것의 남용이 인간 불행의 원천이라는 식의, 선후관계가 맞지 않는 결론으로 마무리한다.

이 작품은, 훗날 루소 스스로도 자신의 저서들 가운데 이성적인 논거가 가장 빈약한 글이었다고 고백했듯이,[152] 왕성한 혈기에 젖어 현실세계에 대한 가득 찬 불만을 토해낸 습작이었다. 플루타르코스Ploutarchos의 『수상록』과 몽테뉴의 『수상록』에서 여러 아이디어를 빌려와 어설픈 논리로 도덕적 타락의 원인을 찾으려고 한 데서도 드러나듯, 그는 이 글에서 문명의 발달이 어떻게 인간 본성을 타락시켰다는 것인지를 설득력 있게 설명하지 못했다. 그러나 이 작품은 그에게 인간의 소박한 미덕을 옹호하기 위해 첫발을 딛는 작업이었다는 점에서 의미 있는 것이었다. 그는 이 논문을 통해 '문명은 악덕의 자손'이라는 교의를 자신의 것으로 만들었다. 이후로 그는 문명이 불확실한 지식과 인위적인 가치를 앞세워 인간 본래의 자연적 감정을 훼손시켜 왔다는 논지를 견지하게 된다.

---

152 Holmsten, Goerg(1972), 96쪽.

그로부터 몇 년 뒤 루소는 『인간불평등기원론』에서 "인간이 이룬 진보와 인간이 획득한 지식이 아니라면 무엇이 인간을 타락시켰는가"라는 의미심장한 반문을 다시 제기한다.[153] 『인간불평등기원론』은, 설익은 데뷔작과는 확연히 다르게, 인간 본성의 타락에 관한 체계적인 분석을 보여 준다. 그는 본성 타락의 근원에 대해 '나태'나 '사치'와 같은 일상 용어 대신 '소유권'이나 '평등'과 같은 개념어를 사용하며, 역사철학적 관점에서 도덕적 붕괴의 계기 및 과정을 상세하게 논한다. 그는 도덕적 타락의 최초의 계기를, "자연상태에서는 거의 느낄 수도 없고 그 영향도 거의 없었던" 인위적으로 조성된 사회적 조건에서 찾는다. 그 조건은 평등 상태의 붕괴이다. 그는 "인간 본성이 어떻게 변질되었는가의 문제는 불평등의 기원을 알아내고, 그것이 확대되는 과정을 인간 정신의 지속적인 진보와 연관지음으로써 해명될 수 있다"고 주장한다.

루소에 따르면, "평등의 붕괴, 곧 불평등의 발생은 인간의 본성을 선에서 악으로 바꾸는 최초의 계기"였다. 그는 불평등을 '자연적 또는 신체적 불평등'과 '도덕적 또는 정치적 불평등', 두 가지로 구분한다. 전자의 불평등은 자연에 의해 정해진 나이·건강·체력의 차이와 정신이나 영혼의 자질 차

불평등의 발생은 인간의 본성을 선에서 악으로 바꾸는 최초의 계기이다

---

153 그는 본문에 딸린 긴 주석을 통해 자신의 신념을 재확인한다. "(지금의) 인간은 사악하다. 우리는 계속되는 슬픔의 경험으로 이를 증명하려고 노력하고 싶은 마음도 없다. 나는 인간을 본성적으로 선하다고 밝혔다고 믿는다. 따라서 **인간이 이룬 진보와 인간이 획득한 지식이 아니라면 무엇이 인간을 타락시켰겠는가?**" Rousseau, J. J.(1755), 172쪽.

이에서 비롯되는 불가피한 자연적 현상이라면, 후자의 불평등은 "일부 몇몇 사람들이 다른 사람들에게 손해를 끼쳐 누리는 갖가지 특권들을 가짐에 따라 성립하는 것"(45)이다. 특권이란 어느 누가 다른 사람들보다 더 부유하다거나 더 존경을 받는다거나 권력을 더 가지고 있다거나 또는 타인을 복종하게 만드는 데서 생긴다. 루소가 문제로 삼고 있는 것은 의당 후자의 불평등이다. 그는 이 책의 2부 첫머리에서 사회적 불평등의 기원을 실제처럼 느껴지는 특정한 상황을 설정함으로써 추론한다.

> "인류사상 최초로 한 조각의 땅에 울타리를 둘러치고 '이 땅은 내 것이다'라고 말할 생각이 든 사람, 그리고 순진하게도 그러는 그를 믿는 사람들을 발견한 사람이 바로 시민사회를 처음 세운 사람이다. 만약 누군가 나서서 그 말뚝을 뽑아버리고 이웃들에게 '조심해라. 사기꾼을 믿어서는 안 된다. 당신들은 땅의 산물은 모두의 것이지만 땅은 그 누구의 것도 아니라는 사실을 잊을 때 몰락하게 된다'라고 외쳤더라면, 인류는 그 많은 범죄와 전쟁과 살인을 겪지 않아도 되었을 것이다. 또 그 많은 비참함과 놀라운 일을 겪지 않아도 되었을 것이다"(95).

사회적 불평등은 부자와 빈자를 갈라놓는 소유권의 발생에 근원을 두고 있다. 어느 누가 한 조각의 땅에 말뚝을 박은 이후, "가장 강한 자 또는 가장 궁핍한 자가 그의 힘이나 욕구를 타인의 재산에 대한 일종의 권리로 생각함에 따라서 평등은 깨지고 가장 끔찍한 무질서가 초래되었다." 이리하여 "부유한 자들의 횡령과 약탈, 그리고 이들의 방종적인 정념이 자연적인 연민이나 약한 정의의 목소리를 잠재우면서 인간들을 인색하고 야비하고 악독하게 만들었다"(113). 소유권의 발생은 인간을 악한 존재로 변모시키는 최초의 계기였다. 이렇게 시작된 불평등은 점차 사회경제적·정치적 불평등을 확대 재생산했고, 그럼으로써 인간 본성은 타락의 일로에 들어서게 되었다. 부자들은 횡령과 약탈로 획득된 재산을 보호하기 위해 거짓스러운 외침을 서슴지 않는다.

> "약자를 억압에서 보호하고 야심가를 제지하며 각자에게 소유를 보장하기 위해 단결합시다. 정의와 평화를 가져다주는 규칙을 정합시다. 그것은 모든 사람이 지켜야 하며, 어느 쪽도 차별하지 않고 강자와 약자를 평등하게 보상하려는 규칙입니다. 요컨대 우리의 힘을 우리에게 불리한 방법으로 돌리지 말고 하나의 최고 권력에 집중시킵시다. 현명한 법률에 따라 우리를 다스리고, 사회의 모든 구성원을 보호하고 방위하며, 공동의 적을 물리치고, 영원히 우리를 단합시키는 권력에 집중시킵시다"(115).

순진무구한 사람들이 이 제의에 동의함으로써 국가가 성립됐고 법률이 만들어졌다. 마침내 약자들에게는 '국가'와 '법'이라는 새로운 올가미가 씌워졌고, 부자들은 강탈로 얻

어낸 재산을 당연하게 소유할 수 있는 합법적인 근거를 갖
게 되었다. 그러고 나서 합법적인 지배는 종종 자의적 지배
로 변질됨으로써 인간들의 사회적 불평등은 영구적으로 굳
역사란,
인간 본성 상실의
역사이다
어지게 되었다는 것이다. 이렇듯 루소에게 역사란 본질적으
로 인간 본성의 상실의 역사, 타락의 역사를 의미했다.

　루소가 추론한 불평등의 진행 과정은 세 단계를 거친다
(130). 첫 단계에서는 '어느 땅에 최초로 말뚝 박은 자'에 의
해서 소유권이 발생하고 그것을 보장하는 법이 제정된다.
다음 단계는 부자와 빈자의 위치를 고착시키는 행정 권력의
제도화 과정이고, 그리고 마지막 단계에서 소수가 틀어쥔
합법적인 권력의 독단과 전횡으로 인해 다수자는 거의 노예
상태에 놓이게 된다. 따라서 불평등의 양상은 부자와 빈자
의 불평등 상태에서 강자와 약자의 우열 상황으로, 그리고
마지막으로는 주인과 노예 간의 주종관계로 귀착된다. 그는
불평등이 야기한 최종의 결과를, "어린이가 성인에게 명령
을 하달하고, 우둔한 자가 현명한 자를 거느리며, 한 줌도 안
되는 인간들이 넘치는 풍요에 숨 막혀할 때 대다수 인간들
은 굶주리면서 살아가는 데 꼭 필요한 물품마저 갖추고 있
지 못한 형국"(140)으로 묘사하면서, 이는 명백히 자연의 법
칙에 위배된다고 판결한다. 그리고 몇 년 뒤 루소는「전쟁의
상태」라는 논문의 초안에서 불평등이 고착됨으로써 빚어진
참담한 상황을 마치 계급투쟁을 선동하는 듯이 강렬하게 성
토한다.

"우리는 모든 사람이 쇠사슬 아래에서 신음하는 것을 본다. 소수의 압제자 때문에 인류 전체가 고통을 받고 있다. 어디서나 고통과 기아가 있다. 부자들은 피와 눈물을 느긋하게 마셔 댄다. 전 세계 어디에서나 강자가 법률의 막강한 힘을 등에 업고 약자를 억누르고 있다."[154]

불평등의 기원과 전개, 그 결과에 대한 루소의 담론은, 당대에는 버크에게서는 "미친 소크라테스"라고 비난받고 볼테르로부터는 "부자들이 가난한 사람들에게 약탈을 당하는 것을 보고 싶어 하는 거지의 철학"이라는 혹평에 시달렸지만[155], "부르주아 사회의 인간 문제에 대한 최초의 가장 명백한 묘사"[156]로 부자와 빈자 간의 계급갈등을 인류사의 중심 문제로 부각시킨 결정적 계기였다. 쥬브넬에 따르면, 루소는 엥겔스보다 한 세기나 앞서 인간 사회의 역사적 발전 과정을 체계적으로 묘사한 최초의 해명자였다.[157] 카시러는 루소 사상에 담긴 심오한 의미를, 형이상학적 종교사상가들과는 전혀 다른 방식으로 악의 문제를 신정론神正論(Theodicy)의 영역에서 정치영역으로 옮겨놓은 데서 찾는다.[158] 루소는 악의

---

154 Wokler, Robert(1995), 75~76쪽에서 재인용.
155 18세기와 19세기에 걸쳐서 볼테르의 조롱 섞인 평가는 루소에 우호적인 칸트의 독해보다 우세한 편이었다. Einaudi, Mario(1967), *The Early Rousseau*, Cornell University Press, p.2.
156 Lowith, Karl(953), *Von Hegel Zu Nietzsche*, 『헤겔에서 니체로』, 강학철 옮김, 민음사, 2006, 275쪽.
157 Bertrand de Jouvenel(1962), "Rousseau, the Pessimistic Evolutionist", *Yale French Studies*, p.83.
158 Cassirer, Ernst(1954), *Question of Jean-Jacques Rousseau*, Yale University Press, 1989, pp.75~76. 카시러는 신정론 문제에 대한 루소의 이러한 해결책이, 루소 이전 누구도 찾지 못했던 사실, 즉 본성 타락의 책임 주체를 개인이 아닌 인간 사회로 규정한 것이라고 해석한다.

근원을 신의 뜻과 결부된 원죄에서 찾는 기독교적 형이상학을 부정하고, 인류사회의 역사적 발전 과정에서 심화된 경제적 불평등과 정치권력의 독점으로 인하여 악덕이 번식되어 왔음을 증명하고자 했다. 그에게 악이란 명백히 사회조직의 산물이므로, 악의 제거는 사실상 혁명의 문제와 직결되어 있다. 그 뚜렷한 징표로, "인간은 자유롭게 태어났으나, 어디서나 쇠사슬에 묶여 있다"는 『사회계약론』의 첫 문장은 "만국의 노동자여, 단결하라. 그대들이 잃을 것이라고는 그대들을 묶은 쇠사슬뿐이다"라는 마르크스의 선언문과 너무나 흡사하다. 루소의 요지는 "인간이 쇠사슬에 묶여 있을 이유가 없다는 것"이다.[159] 그는 날이 갈수록 기세가 치솟는 부르주아 사회의 자가동력을 비난하며, 인간 문제에 아무런 주위를 기울이지 않는 '기술정치(Technocracy)'와 경제적 진보를 강하게 질타했다. 문명의 경제적 토대에 깔린 기본적 모순에 대한 루소의 통찰은, 자극적이고 선동적이기도 한 그의 화법까지 더해져, 혁명을 꿈꾸는 후예들에게 인류사의 방향을 왼쪽으로 틀게 하는 가르침으로 작용했다.[160]

---

159 Cranston, Maurice(1991), *The Noble Savage: Jean-Jacques Rousseau, 1754-1762*, University of Chicago Press, p.306.

160 이에 대한 논의로는 다음의 글들을 참조. McDonald, Joan(1965), *Rousseau and French Revolution*, London, Humanities Press; 박윤덕(2014), 「루소와 프랑스혁명」, 『프랑스학연구』, 67집, 299~316쪽; 이혜령(1994), 「루쏘와 사회주의」, 『한국방통대논문집』, 제17권, 113~138쪽.

5) 자연인 대 문명인

루소가 보기에, 사회적 불평등의 심화는 자연의 법칙에 어긋나는 비정상적인 상황을 초래했다. 자연상태는 사회상 태로 변질되었고, 인간은 자연인에서 문명인으로 바뀌었 다. 그는 "현재의 인간의 모습은 흡사 시간과 풍랑과 폭풍우 에 시달려 너무나도 그 모습이 변해서 신神이라기보다는 오 히려 맹수의 꼴을 닮은 글라우코스상像과도 같다"(33)고 한 탄한다. 그리고는 "인간들이여, 더 이상 장본인을 찾지 말 라. 바로 당신들 자신이니까. 당신이 만드는 악, 아니면 당신 이 고통 받고 있는 악 이외의 악은 존재하지 않는다"(『에밀』, 505)라고 부르짖는다. 한마디로 오늘날의 문명인은 사악하 다는 것이다. 원시상태의 인간과 시민사회상태의 인간, 또는 자연인(또는 미개인)과 문명인(또는 사회인)은 질적으로 다른 두 유형이다. 루소는 이 두 인간형의 특성을 다음과 같이 대 비시킨다.

> "미개인과 문명인은 가슴과 성향에 있어 근본적으로 다르다.
> 그래서 한쪽이 최고의 행복으로 여기는 것이 다른 쪽을 절망
> 에 빠뜨릴 수 있다. … 미개인은 평온과 평화를 추구한다. 왜
> 냐하면 그는 그저 살고, 여유를 갖고 싶어할 따름이기 때문이
> 다. … 반면 문명사회의 시민은 언제나 분주하고 계속해서 안
> 정을 찾지 못하며 지칠 때까지 끊임없이 일을 한다. 미개인은
> 자신의 삶을 산다. 반면 사회인은 다른 사람의 견해를 따를

뿐인 삶을 산다. 사회인은 다른 사람의 판단에서만 자기 존재에 대한 감정을 얻는다"(138~139).

루소에게 있어서 자연과 사회의 대비는 인간이 직면해야 하는 모든 문제를 만들어 낸 변증법적 발전의 두 대립항이다.[161] 인간이 창조한 학문과 예술, 정치적 규범과 경제제도 등 모든 인위적인 산물들은 자신들을 악하게 만듦은 물론이거니와, 자신들과 분리된 불투명하고 낯선 세계의 형상들로 꾸며지게 했다. "인간의 제도 속에 있는 것은 모두 망상이며 모순일 뿐이다"(『에밀』, 142). 그 결과 인류가 만들어 낸 문명은 거꾸로 독으로 돌아와 흉악한 냄새를 풍긴다. 루소는 다시금 인간 본래의 자연적인 모습으로 돌아갈 수 있기를 염원한다. "전능하신 하나님이여, 우리로 하여금 조상으로부터 전해오는 지식과 지혜로운 예술에서 벗어나게 해 주소서. 그리하여 우리의 행복을 증진시킬 유일한 자산인 담백하고 솔직하고 가난한 상태로 되돌아가게 해 주소서!"

그러나 루소의 사유는 자연성의 상실을 한탄하거나 그 회복을 염원하는 데서 멈춰진 것이 아니다. 그는 현실의 역사를 피해 가려는 단순한 자연주의자가 아니었다.[162] 그는 "인간 본성은 결코 후퇴하지 않으며", 문명의 타락으로 "한번

---

161 Einaudi, Mario(1967), pp.9~10.
162 Grossman, Lionel(1964), "Time and History in Rousseau", *Studies on Voltaire and the Enlightenment Century*, *Vol.30*, p.348.

잃어버린 순수성은 결코 회복되지 않는다"[163]는 사실을 잘 알고 있었다. 그는 "자연으로 돌아가라"는 외침으로 인류가 지나온 긴 시간을 되돌릴 수 있다고는 생각하지 않았다. 그는 "인류는 지나온 길로 되돌아 갈 수도 없고, 스스로가 자초한 불행한 일들을 떨쳐 버릴 수도 없음"을 인정하면서, 인간 본성의 능력에 다시금 기대를 건다. 그 능력은 동물과 구별되는 '하나의 매우 특수한 성질'(61)이다. 루소는 이 성질을 '자기완성 능력(Perfectibilité)'으로 표현했다.[164] 그에 따르면, 인간은 종의 차원에서는 물론 개인적 차원에서도, 동물에게서 볼 수 없는, "자신을 개량하고 변화시킬 수 있고" "환경의 도움을 얻어 모든 다른 능력을 점차 발전시켜 나갈 수 있는 가능성"을 소유하고 있다(62). 인간은 이 자기완성 능력을 무제한적으로 사용하여 스스로를 '자기 자신과 자연에 대한 폭군'으로 만들었지만, 다른 한편으로 이 능력은 "평온하고 순진무구한 나날이 계속되는 원초적인 상태로부터 시간의 흐름과 더불어 인간을 이끌어 온" 동력이기도 했다.

그는 이 가능성을 되살려, 앞으로 인간이 향해 가야 할 도덕적 이상을 위한 두 모델을 만든다.[165] 하나는 『에밀』이 보

---

163 Rousseau, J. J.(1776), *Rousseau Juge De Jean Jacques: Dialogues*, 『루소 장 자크를 심판하다: 대화』, 진인혜 옮김, 책세상, 2012, 158쪽.

164 루소는 이 용어를 인간 본성에 관한 성찰을 위해 도입했다. Passmore, John(1970), *The Perfectibility of Man*, London, Duckworth, p.179.

165 Charvet, John(1980), "Rousseau and the Ideal of Community", *History of Political Thought, Vol.1*, Issue 1, pp.69~80. 샤르베는 『사회계약론』의 정치공동체가 『에밀』에 묘사된 도덕적 이상의 현실화, 도덕적 의지의 구체적 체현을 형성한다고 주장하며, 두 저작이 하나의 이상을 추구했다고 해석한다. 그러나 워클러는 정치에 관한 것과 교육에 관한 것이 분리된, 두 영역의 이상이라고 반박한다. Wokler, Robert(1980), 「루소와 인간의 완성 능력」, 『루소 사상의 이해』, 박호성 편역, 인간사랑, 2009, 155쪽.

여주듯이, "인간 본성에 맞는 도덕 교육의 계획을 제시하는 것"이다. 그는 어린이의 순박함을 보존할 수 있는 자연주의적 교육을 통해 자기완성 능력이 바르게 고양될 수 있는 길을 찾는다. 두 번째 모델은 "공동체의 집단적 원리가 어떻게 인간 본성을 변형시키는 수단으로 실현될 수 있는가를 보여주는 것"이다. 『사회계약론』은 일반의지를 인민 주권의 징표로 삼음으로써 국가 공동체가 구성원들의 자유의지에 입각해야 한다는 사회계약의 원칙을 천명한다.

그러나 지난 긴 시간에 걸쳐 '동물보다 더 저속한 상태로' 떨어지게 하여 모든 불행의 근원이 되었던 자기완성 능력이 동시에 도덕적 실현의 잠재력으로 작용할 수 있다는 주장에는 불가피하게도 논리적 부조화가 존재한다. 자기완성 능력에 관한 '루소의 역설'[166]은 인간의 세속적 성취에 대한 강력한 비난과 인간 잠재력에 대한 낙관적 관념을 이중적으로 결합한 데서 발생한다.[167] 이러한 자기완성 능력의 양면성은 그가 인간 본성의 뿌리를 자연에서 찾은 데서 기인한다. 말년에 접어들어 그가 인간 타락의 행로 주변을 순회하는 일을 멈추고 '고독한 산책자'로서 자유로운 몽상에 빠져든 것

---

[166] 루소의 역설은 여기에만 국한되는 것은 아니다. 예컨대 그는 사유재산이나 동정심에 대해서도 이중적 의미로 사용한다. 그는 『에밀』에서 "나의 역설을 용서해 주기 바란다. 생각할 때는 역설을 만드는 것이 필요하다'고 양해를 구했고, 『고백록』에서는 그 원인에 대해 "내 속에는 아주 다른 2개의 것이 있어서 … 나의 마음과 지성은 같은 개인에 속하지 않는다'고 술회했다. 따라서 바버는 '루소의 역설'의 의미를 "이분법적이거나 단순히 반대를 의미하는 것이 아니라, 단일한 관념과 그 부산물에서 나오는 반대감정의 병존과 변증법이라고 이해하기를 원할지도 모르는 양면성을 암시한다'고 해석한다. Barber, Benjamin R.(1978), "Rousseau and the Paradoxes of the Dramatic Imagination", *Daedalus, Vol.107,* No.3, pp.79~92.
[167] Wokler, Robert(1980), 166쪽.

은, 인간의 근원적인 비참에서 벗어날 수 있는 길에 관한 그의 마지막 메시지로 남게 되었다.[168]

* * *

칸트에 따르면, "루소는 인간 모습의 다양한 형태들 밑바닥에 숨겨져 있는 인간의 본질과 법칙을 발견한 최초의 인물이었다."[169] 루소의 인간론은 연민을 인간 본성의 기저에 깔린 원초적 감정으로 본 점에서 맹자의 성론과 비교될 수 있다.[170] 루소의 연민이나 맹자의 측은지심은 우리 마음 깊숙이 자리잡고 있음으로 해서 선한 본성의 근원이자 도덕성의 기초가 된다. 맹자와 루소는 공히 인간을 이상주의적이며 낭만주의적인 시각에서 바라보며, 도덕에 의한 욕망의 제어를 의도하는 도덕주의적 윤리관을 내세운다. 그러나 루소의 인간론은 맹자의 그것과는 달리 '고상한 야만인'과 '사악한 문명인'의 대비를 통하여 본성 상실의 이전과 이후를 구분하는 이원론적 구도로 짜여 있다. 루소에게 있어서 인간은 태초에는 선한 본성의 자연인이었으나, 문명의 발생과 더불어 악의 창조자로 변모한다.

---

168 Rousseau, J. J.(1778), *Les rêveries du promeneur solitaire*, 『고독한 산책자의 몽상』, 김중현 옮김, 한길사, 2000.

169 Cassirer, Ernst(1970), *Rousseau, Kant, Goethe*, 『루소, 칸트, 괴테』, 유철 옮김, 서광사, 1996, 18쪽.

170 맹자와 루소의 인간본성론 비교에 대해서는 다음을 참조. 김영인(2006), 『맹자와 루소의 인성론 비교연구』, 한국학술정보; Jullien, François(1996), *Fonder La Morale*, 『맹자와 계몽철학자의 대화: 도덕의 기초를 세우다』, 허경 옮김, 한울, 2004.

줄리앙François Jullien은, 루소가 말하는 '인간 본성의 타락 이전'과 '이후'가 『구약성서』에 적혀 있는 '에덴동산에서의 삶'과 '추방 이후의 고난'과 흡사한 이원론적 구도로 짜여 있음에 주목한다. 이를테면 파스칼이 하나님의 말씀으로 "나는 인간을 '성스럽고, 악의 없고, 완벽하게' 창조했으나, 인간은 자만하여 나로부터 벗어나고자 했으며, 그때부터 나는 인간을 버리게 되었다"[171]고 대변했던 것처럼, 루소에게 인간은 두 가지 본성, 즉 '천부적인 본성'과 본성 상실 이후의 '타락한 본성'의 질곡 속에서 헤매게 되었다. 전자가 신으로부터 부여받은 것으로 '위대함'의 근원인데 비해, 후자는 인간의 타락에서 비롯된 것으로 '비참함'을 야기하는 원천이다. 신이 애초에 창조한 '성스럽고 악의 없고 완벽한 인간'은 루소에게는 질박한 야만인이고, 신의 말씀 중에 '자만'은 불평등의 발생과 문명의 진보에 대응된다. 루소가 본성 회복의 근거를 인간의 자기완성 능력이나 개인의 자율의지에서 찾는다 하더라도, 선악의 대립 구도라는 신화적인 틀에서는 벗어나지 않는다는 것이다. 이 같은 줄리앙의 루소 해석은 "기독교의 3단계 인간학이 원 상태, 죄에 빠져 있는 상태, 은총의 상태로 되어 있듯이, 루소에게도 그와 같은 3단계가 세속의 옷을 다시 입고서 돌아온 것처럼 보인다"는 란트만의 주장[172]이나, "역사에 대한 루소의 관점이 기독교의

---

171 Pascal, Blaise(1670), 480쪽, 507~514쪽.
172 Landman, M.(1969), *Philosophische Anthropologie*, 『철학적 인간학』, 진교훈 옮김, 경문사, 1977, 90쪽.

타락과 구원 개념을 반영한다"는 브룸의 해석[173]과도 맥을 같이 하는 것이다.

그러나 이런 류의 해석들은 루소의 인간학에서 표출되는 자연과 문명 간의 이항적 대립 구도를 중점적으로 포착하려 했다는 점에서는 의미를 갖을지라도, 다른 편으로 루소의 인간학에 내함된 정치경제학적 측면을 소홀히 보는 한계를 갖고 있다. 루소는 순수하고 깊은 신앙적 열정을 지닌 인물이었지만, 기독교가 예수 그리스도의 중재를 통해 영원의 빛을 제시하는 방식으로 인간 구원의 길을 찾지는 않았다. 그는 기독교적 형이상학의 굴레에서 벗어나 원죄 사상을 거부했다. 그는 악의 근원을 인간 본성에 두는 기독교적 교리를 "용서받을 수 없는 위험한 적"으로 간주했다. 그가 보기에, 기독교는 가장 난폭한 전제주의를 확립하여 기독교인을 노예로 만드는 치명적 결함을 노정했다. 따라서 그는 "어떠한 신도 우리를 구원해 줄 수 없음"으로 구원은 이제 종교가 아니라 정치에 위임되어야 한다고 생각한다.[174] 인간 본성의 타락 이전과 이후는 신의 등장 때문이 아니라 불평등의 발생 전후로 갈린다. 루소는 인류의 악을 신의 뜻에 순종함으로써 해소하려는 방식을 버린 대신에, 도덕 교육의 계획을 제시하고(『에밀』), 정치공동체의 공정한 보편 원리를 만들

---

173 Broome, J. H.(1963), *Rousseau: A Study of his Thought*, London, Edward Arnold, pp.48~49.
174 Colletti, Lucio(1972), *From Rousseau to Lenin-Studies in Ideology and Society*, London, Monthly Review Press, p.145.

고(『사회계약론』), '고독한 산책자의 길'에서 마음의 투명성을 깃들이는(『고독한 산책자의 몽상』) 등의 방식으로 본성 회복의 해결책을 모색한다. 인간 본성 및 문명 비판에 관한 루소의 담론은 상이한 여러 영역에 걸친 복합적 구성과 논리적 부조화로 인하여 당대에는 좋은 평가를 받지 못했다. 가령 흄과 달랑베르 등 과거의 동료들도 루소의 이야기를 "이상야릇한 행렬과 불성실한 감각주의의 혼합물"이라는 등으로 혹평했다.[175] 그럼에도 불구하고 오늘날까지도 그가 여전히 많은 독자들을 거느리고 있는 이유는 본원적 감성에 대한 강렬한 호소를 통하여 인간을 조망할 수 있게 하는 여러 가지의 방법을 우리에게 알려 주었기 때문일 것이다.

---

175   Taylor, Samuel S. B.(1963), "Rousseau's Contemporary Reputation in France", *Studies on Voltaire and the Enlightenment Century*, *Vol. 27*, pp.1545~1574.

Niccolò Machiavelli 1469~1527

René Descartes 1596~1650

John Locke 1632~1704

Jean-Jacques Rousseau 1712~1778

Karl Heinrich Marx 1818~1883

Sigmund Freud 1856~1939

4부

역동적 자아

막스 셸러Max Scheler에 따르면, 19세기에 이르러 "인간은 모든 기록된 역사에서 이전의 어떤 시기보다도 더 자기 자신에 대하여 의문을 품게 되었다."[1] 자본주의의 역동성으로 인하여 새롭게 조성된 지구촌의 환경 변화 속에서, 근대적 개념인 '개별자로서의 자아'는 상황의 변화에 따라 다르게 출현하는 '다중적 자아'를 파악하는 데 한계를 드러냈다. 르낭이 일찌감치 감지했듯이, 사회적 역동성에 부응하여 다방면에서 설명틀이 바뀌고 비평적 인식이 크게 발전한 결과, '존재(Être)'의 범주보다는 '생성(Devenir)' 쪽으로 무게중심이 이동하는 경향성이 두드러졌다. 생성 우위의 세계관은 다

존재에서 생성으로

[1] Scheler, Max(1947), *Die Stellung des Menschen im Kosmos*, 『우주에서 인간의 위치』, 이을상 옮김, 지식을만드는지식, 2014, 27~28쪽.

중적 인간의 모습을 다채롭게 묘사했다.[2] 가령 실증주의, 진화하는 세계, 역사주의, 근대 생활의 이상한 질병, 인간 본성의 비합리성, 그리고 전쟁의 상처와 비관주의적 종말론 등은 19세기와 세기말 전후의 동적 양상을 묘사하는 표현들이었다. 인간은 역사 창조의 주체이면서 동시에 그 결과로서 역사적 변화 속에서 변화될 수 있는 양면성을 갖는다(마르크스). 또한 개별 인간은 타자와의 사회적 관계 속에서 자신의 본질을 드러내며, 개인들의 집합체로서 사회는 개개인의 인성 형성에 직접적인 영향을 미친다(뒤르켐). 인류 문화의 보편성으로 단일화될 수 없는 개별 문화들의 상이한 환경에서는 다양한 인성 유형이 창출될 수도 있다(보아스). 또한 쉴 틈 없이 꿈틀거리는 역동적인 자아는, 천상의 세계와 교호하는 신의 조각품이라는 고루한 종교적 관념이나 계몽주의자들이 신봉했던 예리한 이성만으로는 포착될 수 없는, 인간 내면에 '숨겨진 힘'의 발견과 깊은 관련이 있다(프로이트, 파레토). 다른 한편으로 관찰 불가능한 '내부인'을 아예 배제하고 외적 환경과 함수관계에 있는 '외부인'으로부터 인간 행동의 패턴을 예측할 수 있다는 주장은 20세기 상반기 동안 심리학계의 주류 입장을 형성하기도 했다(스키너). 이처럼 '여러 얼굴을 한 인간'은, 철학자의 사유 속에 갇혀진 정적 존재가 아니라 역사와 사회 속에서 살아 움직이는 동적 주체이며, 문화의 창조자인 동시에 수혜자이고, 그리고 심리과정

2 Baumer, Franklin L.(1977), 373~374쪽.

에서 움트는 잠재력이 어떤 양상으로 분출되는가에 따라 달리 나타나는 존재 등으로 조명됨으로써 얻어낸 산물이었다.

그러나 이 같은 다양한 인간 유형이 과거의 것과는 다른 것으로 새롭게 받아들여졌다고 해서 우리의 의심 영역을 벗어난 것은 아니다. 유사 이래 인간의 본질에 대한 정의가 일치된 적이 없었던 것처럼, 모두가 동의할 수 있는 해답을 도출했다고는 보기 어렵다. 인간 본성이 근본적으로 변화된 것이 아니며, 역사적 인간이 처한 존재 상황이 수시로 바뀌어 왔을 뿐이다. 사회과학의 창시자들이 고안한 인간 본성의 모형들은, 오늘날에도 지식세계의 공론장에서 자주 등장하는 현재진행형의 논제들이며, 경쟁 중인 가설들의 일부이다.

현재진행형 논제

1. 마르크스의 휴머니즘

프리드리히 엥겔스는 마르크스의 죽음을 추모하면서 그의 위대함을 과학자와 혁명가, 두 가지의 큰 얼굴로 묘사했다. 엥겔스는 1883년 3월 17일 하이게이트 묘소에서 행한 조사弔辭에서 과학자로서 마르크스의 업적은 "다윈이 생물계의 발전법칙을 발견한 것처럼 인류 역사의 발전법칙을 발견"한 데 있다고 술회했다.[3] 이어서 혁명가로서 마르크스를 "과학을 역사의 추동적이고 혁명적인 하나의 힘"으로 보고 "프롤레타리아의 해방을 평생의 사명"으로 살다가 간 전설적인 인물로 기억되리라 믿으며, "그의 이름도 그의 위업도 영구불멸하리라"라고 칭송했다. 엥겔스의 말처럼, '서구를

---

3 Engels, F(1883), "Speech at the Graveside of Karl Marx", 「마르크스의 묘 앞에서 한 조사」, 『맑스 엥겔스 선집』, 석탑편집부 편역, 석탑, 1990, 370~372쪽.

배회하는 유령'의 원작자의 명성은 전 세계로 퍼져나갔다. 급기야 그를 숭배했던 급진적인 엘리트들은 20세기 역사의 한쪽 면을 지배함으로써, 마르크스 사후 세기를 '프로콘Pro-con 마르크스'의 시대로 만들었다.

마르크스처럼 세계사의 한복판에서 논란의 중심에 섰던 인물도 인류의 역사에서 찾기 어렵다. 그의 사상은 전 방위적이다. 유물론, 과학적 사회주의, 자본, 노동, 상품, 화폐, 물화, 소외, 계급, 계급투쟁, 그리고 혁명 등 다양한 개념들로 구성된 마르크스 이론은 인간, 사회, 그리고 역사에 관한 총체적 분석과 전망을 제공한다. 그런 만큼 '마르크스학(Marxiology)' 내의 수많은 독해법은 그에게 붙여진 수십 가지의 칭호만큼이나 다채롭다. 아울러 지난 세기 세계 도처에서 마르크스의 이름을 내건 수많은 깃발들은 마르크스주의에서 진정 '마르크스의 것'이 무엇인지를 가늠하기 어렵게 만들었다.

마르크스의 인간 본성 개념에 대한 논란도 사정은 마찬가지이다. 마르크스는 서신, 기고문, 팸플릿, 논문, 그리고 저서 등 여러 형식의 글을 통해 인간에 관해 많은 언급을 남겼고, 그런 만큼 해석도 분분하다. 그 가운데 끈질기게 제기되는 논점 중의 하나는 마르크스가 인간 본성의 불변성을 부정하였는지에 대한 것이다. 이 논제는 마르크스의 사상적 연속성 문제와 연관되어 있다. 마르크스를 전기와 후기, '두 얼굴'의 사상가로 보는 해석가들은 인간 본성을 인간종의 고유성, 즉 '유적類的 존재'의 속성으로 설명하는 청년 마르크스(Young Marx)와 자본주의적 계급구조 및 사회변혁과 결부된 역사적 존재로서의 인간 조건에 대해 주로 논구했던 성숙기 마르크스(Mature Marx)를 대비시킨다. '두 얼굴의 마르크스론'에 따르면, 후기 마르크스는 인간 본성을 고정불변한 것으로 보지 않고 역사를 스스로 만들어나갈 수 있는 힘과 의지를 갖춘 존재, 즉 인간 본성을 가변적으로 변형시킬 수 있는 존재로 상정했다고 해석함으로써 논란을 야기한다.

1) 마르크스는 불변적 인간 본성을 부정하였는가?

마르크스가 불변적인 인간 본성 개념을 수용하지 않았다는 주장은 여러 해석가들에 의해 제기되어 왔다. 이를테면, 메스자로스Istvan Meszaros는 "마르크스는 '인간의 본질'이라는 개념을 절대적으로 기각했고 … 하나의 고정된 인간 본성과 같은 것을 받아들이지 않았으며, 아무 것도 인간성에 새기지 않았다"고 주장한다.[4] 마르크스는 인간이 사회적 관계 속에서 자신의 본성을 변화시킬 수 있다고 믿었고, 특정한 목표를 향한 주체적 의지로부터 사회변혁의 필연성을 정당화하는 근거를 찾으려 했다는 것이다. 맥렐런D. McLellan 역시 같은 맥락에서 마르크스가 "인간 본성이 선천적으로 그

---

4 Meszaros, I.(1970), *Marx's Theory of Alienation*, Merlin Press, pp.13~14.

리고 본질적으로 주어져 있다고 믿는 것을 신화라고 규정한 것은 자본주의가 발달함에 따라 인간의 사회적 환경이 근본적으로 변화되고 이에 따라 인간의 근본적인 성격도 변화되는 것을 실증한다"[5]고 본다. 이들과는 달리 "마르크스는 결코 인간 본성이라는 생각을 거부하지 않았다"는 제라스 Norman Geras의 반론은 마르크스 전기에서 후기로의 사상적 전환을 인정하지 않으며, 마르크스의 인간 이해를 총체적으로는 일관성 있는 것으로 바라볼 것을 주문한다.[6] 한편 상반된 두 시각 사이에서, 마르크스가 "불변의 인간 본성 개념을 거부하였으나, 매우 상이한 사회들에서 사는 인류가 어떤 것들을 공통으로 가지고 있다고 믿었다"고 보는 캘리니코스 A. Callinicos는, 마르크스가 인류의 종적種的 속성을 인정하면서도, 우리 내면에는 역사를 바꿀 수 있는 잠재적인 어떤 힘이 있음을 실증하려 했다는 절충적인 해석을 내놓는다.[7]

이러한 해석상의 차이는 마르크스가 인간 본성의 개념을 어떠한 의미로 사용했는가의 문제와도 관련이 있다. 제라스는 개념상의 혼란을 줄이기 위해 마르크스의 인간 본성 개념을 두 가지로 구별해서 볼 것을 요청한다.[8] 하나는 인간

5 McLellan, D.(1972), *The Thought of Karl Marx: An Introduction*, 『칼 마르크스의 사상』, 신오현 옮김, 민음사, 1982, 125쪽
6 Geras, Norman(1982), *Marx and Human Nature: A Refutation of a Legend*, 『마르크스와 인간 본성』, 현신웅 옮김, 백의, 1995, 93쪽.
7 Callinicos, A.(1983), *The Revolutionary Ideas of Karl Marx*, 『칼 맑스의 혁명적 사상』, 정성진·정진상 옮김, 책갈피, 2007, 99쪽.
8 Geras, Norman(1982), 21~22쪽.

본성을 "변하지 않는 실재, 즉 자연의 법칙에 부합하는 보편적인 성질로서 역사적 다양성의 일부분이 아닌 인간의 본질을 지시하는 것"으로 규정하는 것이고, 다른 하나는 "시간과 장소 등 환경의 영향에 따라 달라지는 것 또는 변화하는 실재, 달리 말하면 역사적으로 변화하는 사회-문화적으로 특수한 실재"로 보는 것이다. 전자의 개념이 불변의 실재로서 '인간의 성격에서 영속적인 요소(A Constant Element in The Character of Human Beings)'를 의미한다면, 후자는 어떤 주어진 상황적 조건에서 나타나는 '인간의 전반적인 성격(The All-around Character of Men)'을 가리킨다. 제라스는 전자를 '인간 본성'으로 규정할 수 있다면, 후자는 '인간의 속성'으로 구별하여 사용할 필요가 있다고 주장한다.

제라스의 구분법에 따른다면, 마르크스는 여러 저작들 속에서 '인간의 속성'에 대해서, 즉 역사적 발전단계에 따라 변화하는 인간의 성격에 대해서 논했다. 『1844년 경제학·철학 수고』에서 그가 인간 본성을 '인간 생활 표현의 총체'로서 '사회적 삶의 표현이자 확증'(1844c, 132)[9]이라고 말했을 때, 사회적 관계의 성격에 의해 규정되는 가변적 속성이 강조된다. 인간 개개인의 모든 행위가 본질적으로 사회적 행위로서 타인과의 관계 속에서 이루어진다면, 타인과의 협력적 또는 대립적 관계를 통하여 자기 자신과 자신을 둘러싼 환

---

9 Marx, K.(1844c), *Economic and Philosophical Manuscripts*, 『1844년 경제학·철학 수고』, 강유원 옮김, 이론과실천, 2012, 98쪽. 이하 『수고』로 줄임.

경을 끊임없이 변화시키려고 하는 것이야말로 인간의 고유한 본성이라는 것이다. 인간은 "자신의 본성을 드러냄으로써 (현실적) 개인에 반대되는 추상적인 보편적 힘이 아니고 각 개인의 본질적 속성, 그 자신의 활동, 자신의 삶, 자신의 정신, 자신의 부 등 인간의 공동체와 사회 전체를 창조한다" (CW 3, 182)[10]는 의미에서, 그는 '인간 속성의 표명'이 곧 종적 생활이라고 말한다. 또한 프루동Perre Joseph Proudhon의 『빈곤의 철학』을 겨냥한 『철학의 빈곤』에서 그는 "모든 역사는 인간 본성의 끊임없는 변형과 다름없다"(CW 6, 148)라고 말함으로써, 인간 본성이 역사적 조건에 따라 달라질 수 있음을 시사했다. 이러한 언급은 보는 이에 따라서는 인간 본성이 사회 속에서 만들어지는 인위적인 산물로 읽혀질 수 있다는 점에서 논란의 일단을 제공한다. 예컨대 소퍼Kate Soper는 이 명제를 '인간 본성에 대한 근본주의적 설명에 대한 부정'이자 "현실에서 본성이 예시될 수 없다는 일반적인 믿음의 표명"[11]이라고 해석했고, 코린 섬머Colin Summer도 이를 근거로 마르크스에게는 "인간 본성이라는 것은 없다"[12]고 단정했다.

그렇다면 마르크스는, 이들이 주장한 것처럼, 불변적 인

10 Marx, K. and Engels, F., *The Collected Works of Marx and Engels*, London, Lawrence and Wishart, 1975. 이하 CW로 줄임.

11 Soper, K.(1979), "Marxism, Materialism and Biology", in *Issues in Marxist Philosophy*, *Vol.2*, Mephan, J. Brington and D. H. Ruben(eds.), Harvester Press, p.75; Soper, K.(1976), "On Materialisms", *Radical Philosophy*, No.15, p.15~17.

12 Summer, C.(1979), *Reading Ideologies: Investigation into the Marxist Theory of Ideology and Law*, London, Academic Press, p.48.

간 본성을 부정한 것일까? 혹은 특정한 목적의 역사 기획을 위해서 인간 본성의 불변성을 목적의식적으로 배제하려고 한 것일까? 결론부터 말하자면, 그렇지는 않다. 우선 마르크스는 인간 본성의 불변성을 부정하는 듯한 표현을 여러 저작들에서 사용한 것만큼이나 역으로 인간이 종으로서 영속적으로 갖는 본질적 속성에 대해서도 충분하고도 일관되게 언급했다. 또한 인간 본성의 불변성을 부정하는 근거로 제시되는 '사회적 관계의 총체'라는 명제도 헤겔의 관념론적 철학과 포이어바흐Ludwig Feuerbach의 자연주의적 인간학에 대한 비판을 통해 형성된 것인 만큼, 그 생성 맥락을 고려하지 않을 경우 바르게 독해될 수 없다. 마르크스가 인간 본성을 '사회적 관계의 총체'로 규정했을 때, 그가 부정한 것은 구체적 현실 속에서는 존재하지 않는 추상적 존재로서의 인간이다. 그는 '세계 정신', '자기의식적 인간', '형이상학적 유령'의 활동, 그리고 '자신을 일반화시키는 신비함을 동반한 개인' 등과 같이 현실과 괴리된 초월적 주제로는 인간의 실체적 속성을 설명할 수 없다고 생각했다. 따라서 그가 '사회적 관계의 총체' 명제를 도출하기까지의 논증 과정을 살펴보게 된다면, 소퍼나 섬머 등의 주장은 마르크스 텍스트에 대한 충분한 독해의 결과로 보기는 어렵다.

인간 본성의 역사

2) 추상적 인간에서 '유적 존재'로

마르크스에게 인간 본성을 해명하는 작업은, 흄이나 루소에서처럼, 정치경제적 분석에 선행하는 우선 과제이다. 마르크스는 이 작업을 위해 헤겔에게서 노동과 소외의 개념을 빌려온다. 마르크스는 '헤겔철학의 진정한 탄생지이자 비밀'인 『정신현상학』의 주된 성과를 노동과 소외의 개념으로 꼽는다.

노동과 소외

> "헤겔『정신현상학』의 최종적인 성과는 무엇보다도 인간의 자기 산출을 하나의 과정으로 파악하고, 대상화를 대상의 상실(탈대상화)로서, 소외 및 소외의 초월(외화와 외화의 지양)로서 파악한 데 있다. 따라서 (헤겔의 위대성은) 노동의 본질을 파악하고 객관적(대상적) 인간을 … 그 자신이 행한 고유한 노동의 결실로 파악한 데 있다"(1844c, 192).

헤겔은 노동을 인간의 자기생산적 행위로, 그리고 타자적 존재로서의 자기 자신에 대한 관계로 파악했다. 헤겔에게 "노동은 인간이 즉자적으로 존재하게 되는 과정이다"(1844a, CW 3, 115).[13] 즉 노동과정은 인간이 소외된 가운데 현현되지만 인간이 타자적 존재로서 자신을 드러내는 것은 의식의 발전 안에서이다. 마르크스는 인간의 자기 실현 과정이 오로

---

13 Marx, K.(1844a), "Critique of Hegel's Philosophy of Law: Introduction", CW 3, p.115.

지 정신 속에서만 이루어진다는 헤겔의 관념론을 거부한다.

> "헤겔이 인간을 자기의식과 동등하게 정립했을 때, 소외된 대
> 상—인간이 소외되어 있을 때 나타나는 본질적 현실—은 의
> 식, 즉 소외에 대한 사고에 지나지 않는다. 이것은 추상적이며,
> 그러므로 공허하고 비현실적인 사고의 표현, 즉 부정이다. 따
> 라서 그러한 소외의 부정은 마치 그 공허한 추상체를 추상적
> 이면서 공허하게 부정하는 것일 따름이다. 즉, 부정의 부정일
> 뿐이다"(1844c, 210).

헤겔철학에서는 "오로지 정신만이 인간의 참된 본질이며,
정신의 진정한 형식은 사유하는 정신, 즉 논리적이고 사변
적인 정신이다"(1844c, 190). 헤겔은 '자연의 인간성, 즉 인간
의 산물인 역사에 의해 생산된 자연의 인간성을 그 안에서
추상적 정신의 산물로, 그리고 정신적 요소이자 사유적 존
재'로만 이해함으로써 인간성에 내재된 물질적 토대의 구체
성을 간과했다. 마르크스가 보기에, 헤겔은 "대상의 현실적
실재인 주어와 대상을 분열시킴으로써, 주어가 아닌 술어에
독자적 실재성을 부여함"으로써, 인간의 본질을 자기의식
과 동일시했다(1844c, 209). 즉, 헤겔에게 인간은 정신적일 뿐
이기에 자연과의 생동적인 관계가 단절된 존재가 되어 버린
다. 그러므로 헤겔의 인간은 마치 자기 소외의 상태에서 존
재하다가 다시 자기 자신으로 돌아오는 신과 같다. 결과적
으로 헤겔은 인간의 현실을 논리적이며 비현실적인(정신적

인간 본성의 역사

인) 것에 지나지 않는 이념으로 환원시킴으로써, 인간을 현실의 알맹이가 빠져 있는 허구의 추상적 존재로 만들어 버렸다. 이러한 이유로 마르크스는, 헤겔이 역사의 운동에 대한 추상적이고 논리적이며 사변적인 표현을 발견했을 뿐이지, 이미 전제된 주체로서의 인간의 진정한 역사를 발견하지 못했다고 비판한다.

포이어바흐의 유산

헤겔의 추상적 인간론에 대한 비판은 마르크스의 독창적인 견해가 아니다. 그의 비판은 거의 전적으로 포이어바흐의 유물론에 의존해서 얻은 결론이다. 마르크스는 "포이어바흐야말로 헤겔 변증법에 대해 진지하고 비판적인 태도로 임하고, 이 영역에서 진실을 발견한 유일한 사람"(1844c, 184~185)이라고 칭송한다.[14] 포이어바흐는 헤겔 관념론을 "종교적 교리를 철학적으로 세련화한 세계관에 불과하다"고 비판하면서, 그 대신에 새로운 철학의 양식인 '진정한 유물론'을 제시한다. 그는 헤겔의 '지양(Aufhebung)' 개념에 내함된 추상적 사변성을 폭로하면서 헤겔철학이 감추고 있는 신비주의를 비웃는다. 포이어바흐의 대안은 어떠한 논리적 추론도 필요로 하지 않는, 감각적으로 지각되는 실재를 전제

---

14 마르크스는 포이어바흐의 위업을 ① 철학은 사상에 의해 표현되고 사상에 의해서 해석된 종교, 즉 인간의 본질이 소외된 또 다른 존재 형태이자 존재 방식에 다름 아니라는 것, 따라서 종교와 마찬가지로 동일하게 비난받아야 한다는 것, ② '인간의 인간에 대한'('인간 대 인간')의 사회적 관계를 이론의 근본원리로 삼음으로써 진정한 유물론과 현실적인 과학에 기초를 부여한 점, ③ 헤겔의 '부정의 부정'에 대응하여, 자기 발로 서서 적극적으로 나 자신에 근거를 갖는 긍정적인 것을 대치시킨 점 등으로 요약한다.

로 하는 자연주의적인 '인간학적 전회'를 시도하는 것이다. 그에게 인간이란 모든 의미의 기원이었다.

포이어바흐의 '과학적 인간학'은 종교 비판에서 시작된다. 그는 『기독교의 본질』에서 기독교를 정면으로 공격하며 서구 사회의 사상적 근간을 무너뜨린다. 그의 의도는 인류를 종교라는 환상적인 신화의 세계로부터 자연과 인간이 살아 숨쉬는 실재의 세계로 바르게 인도하는 데 있다. 그에 따르면, 종교는 인간이 만들어 낸 일종의 환상에 불과하다.

> "종교는 인간의 마음이 꾸는 일종의 꿈이다. 그러나 우리는 꿈속에서도 공허한 상태나 천상에 있는 것이 아니라 지상, 즉 현실 속에 존재하는 것이다. 우리는 현실과 필연성이라는 명료한 상태 대신에 상상력과 변덕스러움의 휘황찬란한 상태에서 실제의 사물을 보는 것일 뿐이다."[15]

포이어바흐에 따르면, "종교는 인간을 자기 자신으로부터 분리시키고" "자기 존재를 대상화한다."[16] 인간은 종교를 통하여 자신의 반정립으로서 신을 만들어 낸다. 그러나 그 절대자는 인간 자신의 본질에 지나지 않는다. 따라서 '초월적 신'이란 허구적 환영일 뿐이다. 그는 의식적으로 무신론자이

---

15 Feuerbach, Ludwig(1841), *Das Wesen des Christentum*, 『기독교의 본질』, 박순경 옮김, 종로서적, 1982, 21쪽.
16 Feuerbach, Ludwig(1841), 65쪽.

기를 원했고, 무신론을 '우리의 살이고 피'에 비유했다. 포이어바흐는 이제는 쓸모없게 된 시대착오적인 종교적 미몽 속에서 자기 자신을 상실하는 대신에 진정한 자기 자신에게로 되돌아옴으로써, 본질적으로 인간적인 존재로 복원되는 참된 인간학을 제창한다. 그가 보기에, "신학의 비밀은 인간학이고", "새로운 철학이란 인간학 안에서 신학을 완전하고 절대적이며 모순 없이 해체하는 작업"을 의미했다. 헤겔 이후 획기적인 발상을 전해 준 이 사람은, 마르크스에게는 "기독교적 의식을 지닌 사람들에게는 불유쾌한, 그러나 비판의 진보를 위해서는 아주 중요한, 그리고 헤겔이 신비적인 모호성 속에 내버려 두었던 몇 가지 사실을 밝혀낸" 특별한 사람이었다. 포이어바흐의 선언으로 인해 종교 비판은 종결되는 듯 보였다. 마르크스의 그 유명한 종교 비판 명제는 포이어바흐의 견해를 그대로 따른 것이다.

> **"인간이 종교를 만드는 것이지, 종교가 인간을 만드는 것이 아니다.** 종교는 아직 자기 자신을 찾지 못하거나 또는 이미 자기 자신을 잃어버린 사람들의 자기의식이고 자기 감정이다. … 종교는 곤궁한 피조물의 한숨이며, 무정한 세계의 감정이며, 또 정신없는 상태의 정신이다. **종교는 인민의 아편이다"**
> (1844a, 『선집』 1, 1~2).[17]

---

17 Marx, K., "Critique of Hegel's Philosophy of Right", 「헤겔 법철학의 비판을 위하여: 서설」, 『칼 맑스 프리드리히 엥겔스 저작 선집』, 1권, 김세균 감수, 박종철출판사, 1997, 1~2쪽. 이하, 『선집』으로 줄임.

포이어바흐의 인간 개념

포이어바흐는 종교 비판을 통하여 인류를 종교로부터 해방시키는 것을 자신의 사명으로 여겼다. 그는 '종교생활이 곧 자기 소외의 생활임'을 깨달을 때 인간이 종교의 굴레에서 벗어나 자유로워질 수 있다고 생각했다. 포이어바흐는 종교 비판을 디딤돌로 하여 인간학으로 방향을 돌린다. 그에게 인간학의 과업은 "종교의 정체를 바르게 인식하고 이전의 오류를 제거함으로써, 신에 대한 의식이 곧 인간종에 대한 의식이며, 인간이 찬양하고 있는 것이 인간 자신이라는 것을 보여 주는"[18] 데 있다. 종교 비판은 "인간을 위한 최고의 존재가 바로 인간이라는 가르침으로" 되돌아오게 하려는 사전 작업이다. 그가 "헤겔철학은 '사실(What is)'에 대한 과학인 양 가장하고 있지만, 단지 이념을 내세움으로써 '현실적으로 존재하고 있는 것(What really is)'을 자기에서 소외시키는 데 성공했을 따름"이라고 비판했을 때, 그가 상정한 인간은 헤겔에서처럼 추상적인 존재가 아니라 현실적으로 존재하고 있는, 단지 '살과 피를 가지고 살아가는 인간'이다. 포이어바흐는 자신의 학설을 '인간과 자연' 두 단어로 요약했다. 인간은 유類(species, Gattung)의 자연적 속성을 지닌 존재이다. 자연의 한 종種으로서 유적 존재야말로 '집합적 또는 원형적 의미의 인간'이다. 그것은 인간의 진정한 본성이며, 개별적인 인간은 단지 유적 생활의 특수한 일례일 뿐이

인간과 자연

---

18 Feuerbach, Ludwig(1841), 53쪽.

라는 것이다. 따라서 그에게 유적 존재의 인간은 "모든 사물들과 모든 현실성의 척도"이다. 그는 "인간의 본질은 우주적 본질이고, 세계의 본질이며, 본질의 본질이다"라고 선언하면서, 인간의 본질을 '이성, 의지, 마음'으로 규정한다.

유적 존재 마르크스가 「수고」에서 쓴 '유적 존재' 개념의 원작자는 '정신적인 자연과학자' 포이어바흐이다. 마르크스는 포이어바흐의 자연학적 인간 개념을 계승하여, 인간이 유적 존재인 이유를 다음과 같이 설명한다.

> "(인간이 유적 존재인 것은) 실천적으로도 이론적으로도 자기 자신의 유를 자신의 대상으로 삼을 뿐만 아니라 그가 현재의 생동적인 유로서 자기 자신과 관계한다는 점에서도 그러하다. … 유적 생활의 본질은 물질적으로 우선 인간이 비유기적 자연에 의존해서 살아가는 데 있다. … 인간의 보편성은 실천적으로는 자연이 우선 첫째로는 직접적인 생활수단인 한에 있어서, 둘째로는 인간의 생명 활동의 소재와 대상인 한에 있어서, 자연 전체를 비유기적 육체로 만드는 데 있다"(1844c, 91~92).

마르크스에게도 '인간학은 자연과학의 일부'이다. 인간은 육체적 욕구와 외부에서 그 대상을 갖는다는 점에서, 그리고 감각적 기능을 통해 자연과 교감한다는 점에서 '자연적 존재'이다. '자연적 존재'는 곧 생물학적 본성을 지닌 인간이다. 마르크스는 "인간의 욕구를 육체적 욕구와 동일시함으로써 인간의 능동적 발전과 인간학의 기반으로 삼았던 자연과의 대립 상태를 사실상 제거했다."[19] 따라서 그도 포이어바흐처럼 '견고하고 둥근 대지 위에 굳건하게 서서 자연의 모든 힘을 호흡하는 인간', '살과 피가 섞인 현실적인 인간'에서 출발한다. 청년 마르크스에게 포이어바흐는 "자연주의만이 세계사의 작용을 개념적으로 파악할 수 있다"고 믿게 해 준 스승이었다. 그가 보기에, 포이어바흐는 "헤겔의 관점에서 출발하여 헤겔을 더욱 완성시키고 비판한" 인물이었고, "형이상학적인 절대정신을 '자연을 토대로 하는 실제 인간'으로 환원시키고, 종교 비판을 극치의 상태로 끌어올렸으며, 동시에 헤겔의 형이상학에 대한 비판의 중심 노선을 훌륭하게 구축한" 선각자였다.

그러나 마르크스는 그토록 찬양했던 그의 우상에게서 등을 돌리는 데 오랜 시간이 걸리지 않았다. 마르크스는 포이어바흐적 인간만으로는 만족할 수 없었다. 문제는 포이어바흐의 인간이 '물리적인 모양을 갖추고 심리적으로 반응하고 행동하지만, 특정한 역사적 상황에 따라 달리 나타나지 않는 존재'로 머문다는 데 있었다. 마르크스는 '물리적인 모양을 갖추고 심리적으로 반응하고 행동하는 존재'라는 유물론적 인간학에는 동의했지만, '어떤 역사적 상황에 따라 달리

---

19 Dupré, L.(1966), *The Philosophical Foundations of Marxism*, 『마르크스주의 철학적 기초』, 홍윤기 옮김, 한밭출판사, 1982, 232쪽.

　　　　　　　　　　　　인간 본성의 역사

나타나지 않는 비역사적 존재'라는 데는 동의하지 않았다.
그는 곧바로 포이어바흐의 인간학과 결별한다.

3) '유적 존재'에서 '사회적 관계의 총체'로

「포이어바흐에 관한 테제」(이하 「테제」로 줄임)는 일종의 결
별 선언문이다. 11개의 명제로 구성된 「테제」는 「수고」에
서 『독일이데올로기』로 이행하는 마르크스의 사상적 궤적
을 알려주는 중요한 메모이다. 「테제」는 엥겔스가 마르크스
사후 몇 년 뒤 「루드비히 포이어바흐와 독일 고전철학의 종
말」을 펴내면서 그 부록으로 공개되었다. 「테제」는, 엥겔스
가 "새로운 세계관의 천재적인 맹아를 내포한 최초의 문헌
으로 헤아릴 수 없이 중요한 것"[20]이라고 평했듯이, 「수고」
와 더불어 마르크스 철학의 기본 설계도 역할을 한다. 「테
제」는 포이어바흐를 포함한 과거 유물론에 대한 비판, 포이
어바흐의 종교 비판 및 인간 개념에 내재된 문제, 그리고 새
로운 유물론의 근본개념으로서 '실천'에 대한 강조 등을 주
요한 내용으로 한다.

포이어바흐 인간학의 한계
마르크스는 「테제」에서 포이어바흐의 인간주의적 유물론

---

20 Engels, F.(1886), *Ludwig Feuerbach und der Ausgang der Klassischen Deutschen
Philosophie*, 『포이어바흐와 독일 고전철학의 종말』, 양재혁 옮김, 돌베개, 1987, 12쪽.

을 이른바 '과학적 유물론'으로 대체한다. 「테제」가 제시하
는 새로운 유물론은 역사를 만들어 나가고 세계를 변혁시키
는 주체로서 인간의 '실천'을 중심으로 하는 세계관이다. 그
는 포이어바흐의 유물론적 인간학이 갖는 미흡함을 '사회적
실천'을 인지하지 못하는 데서 찾는다. 첫 번째 테제에서 그
는 포이어바흐 유물론의 한계를 지적한다. 포이어바흐를 포
함한 과거의 모든 유물론이 갖는 결정적인 헛점은 "대상, 현
실, 감각을 다만 객체 또는 지각의 형식으로만 파악하고 인
간의 감각적 행위로서, 실천으로서는 파악하지 않으며 주체
적으로 파악하고 있지 않는다는 데 있다"(『선집』 1, 185).[21] 포
이어바흐는 "사유 대상과 진실로 구별되는 감각적 대상을
추구하였으나, 인간 활동 자체를 '객관적' 행위로 이해하는
데는 실패"함으로써 "'혁명적'이고 '실천적-비판적'인 인간
활동의 의미를 이해하지 못하고 있다." 「테제」에서 마르크스
가 줄곧 내세우는 중심적인 테마는 '실천'이다. 인간의 사유
가 옳은가 그른가의 문제는 '실천'의 문제이지 관념상의 논
란거리가 아니라는 것이다. 그는 인간 사유의 진리성과 현
실성(그리고 그로부터 생기는 힘)은 '실천' 속에서 증명될 수 있
으므로, "실천에서 유리된 사유가 현실적이냐 비현실적이냐
하는 논쟁은 순전히 스콜라철학적인 문제"(「테제」 2)에 지나
지 않는다고 주장한다.

'실천'을 중심으로
하는 세계관

---

21 Marx, K., "Theses on Feuerbach", 「포이어바흐에 관한 테제」, 『칼 맑스 프리드리히 엥
겔스 저작 선집』, 1권, 185쪽.

인간 본성의 역사

마르크스가 보기에, '실천'에 대한 포이어바흐의 몰이해는 그의 종교 비판에서도 드러난다. 포이어바흐의 종교 비판은 "종교적 세계를 그 세속적 기초로 환원"시킨 점에서는 성공적이었다. 그러나 포이어바흐는 '종교적 기질 그 자체가 사회적 산물'이라는 사실을 알지 못했다. 포이어바흐가 신의 유령을 폭로했다고 해서 종교 비판이 끝나는 것은 아니다. 왜냐하면 종교는 그 자체로 존재하는 것이 아니라 국가와 사회와 얽혀 있는 이데올로기 체계의 산물이기 때문이다. 포이어바흐의 종교 비판이 갖는 명백한 한계는 신의 환상을 야기하고 부추기는 전도된 사회적 삶의 관계와, 그것을 실천적으로 변화시켜야 할 필요성을 간과한 데 있다. 이로 인해 사변적 신학에 대한 포이어바흐의 비판은 사회적 관계 속에서 이루어진 관념 체계의 왜곡을 보지 못함으로써 국가와 정치에 대한 비판으로 나아갈 수 없었다. 이 점에 대해서 마르크스는 포이어바흐가 "자연에 대해서는 너무 많이, 그러나 정치에 대해서는 너무 적게 언급했다"(CW 1, 400)[22]고 불평했다. 포이어바흐의 종교 비판이 갖는 이 같은 한계는 궁극적으로는 인간 본성이 현실에서 '사회관계의 총체'로 구현된다는 사실을 인식하지 못한 데서 연유한다. 「테제」의 여섯 번째 명제는 포이어바흐의 종교 비판 속에서 드러난 인간 개념의 문제를 다음과 같이 지적한다.

전도된 사회적 삶의 관계와 실천적으로 변화시켜야 할 필요성

---

22 "Letter to Arnold Ruge", 12 March 1843.

"포이어바흐는 종교의 본질을 인간의 본질로 환원한다. 그러나 인간의 본질이란 개별적 인간 각각에 내재하는 추상물이 아니다. 현실에서 그것은 사회관계의 총체이다. 또한 포이어바흐는 진정한 본질 비판에 깊이 파고 들지 않았기 때문에, 역사과정에서 추상되는 것, 종교적 감성을 그 자체로 정의하는 것, 그리고 추상적인 고립된 인간 개인 등을 전제해야 했다. 따라서 (그에게) 인간의 본질은 '종'으로서만, 즉 자연적인 방법으로 수많은 개인들을 하나로 묶는, 내면적이고 일반적인 특징으로서만 다루어질 수 있다"(「테제」 6, 『선집』 1, 186).

포이어바흐가 "인간의 본성을 단지 자연의 종으로서만 고려하여 유적 속성을 수많은 개인에게 공통적인 보편 특징으로 보았다"는 것은, 인간의 생물학적 속성을 불변의 소여로 간주하고 이를 고정된 실체로 추상했음을 의미한다. 이러한 추상의 결과는 실질상으로는 전체와 연결되지 않는 전체의 부분을 마치 그 자체가 전체인 것처럼 보이게 만든다.[23] 따라서 그는 역사 속에서 발현되는 인간의 사회성, 즉 '실천'을 보지 못하고 고립적으로 주어진 속성만으로 인간을 규정할 수밖에 없었다는 것이다. 마르크스는 『독일이데올로기』에서 "포이어바흐가 유물론자인 한 그에게는 역사가 나타나지 않으며, 그가 역사를 고찰하는 한 그는 유물론자가 아니다"(1845~46, 『선집』 1, 207)라고 비판한다. 인간의 본질이 의

---

23 Rotenstein, N.(1965), *Basic Problems of Marx' Philosophy*, New York, Bobbs' Merrill, 『청년 맑스의 철학』, 정승현 옮김, 미래사, 1985, 76쪽.

식 속에서만 주어지는 속성, 즉 개별적 인간 각각에 내재하는 추상물이 아니라 '현실의 사회관계의 총체'라는 정의는 마르크스 고유의 인간 철학을 탄생시키는 계기가 되었다.

여섯 번째 「테제」를 둘러싼 논쟁

「테제」의 여섯 번째 명제는 여러 주석가들에 의해서 "마르크스가 불변적 인간 본성의 개념을 부정하였다"는 해석의 출처로 사용되는 논쟁의 근원지이다. 그러한 의미에서 여섯 번째 명제는 '마르크스 사상에 끈덕지게 붙어다니는 오래된 하나의 신화'처럼 여겨졌다.[24] 인간의 본질이 개별적 인간 안에는 없고 '사회적 관계의 총체'로 집약된다면(Robert D. Cumming), 그것은 '인간의 부재처럼 보이는 정신세계'(Robert Tucker)이거나 '인간 본성의 부재 그 자체'로 받아들여질 수 있다. 또한 "개인들은 그들의 구체적인 역사적·사회적인 환경에서 실제로 활동하는 것 이상이 될 수는 없기에"(V. Venable), "개인은 그들의 관계의 기초나 구성 토대가 아니라 그러한 관계들의 '담지자'로 간주"(Wal Suchting)될 수도 있다. 나아가서 '인간 본성이 현실에서는 사회적 관계의 총체'로 현현된다는 주장은 "인간 본성이 단지 특정한 시기의 사회관계나 사회제도 속의 개인에게서 표출"(T. Bottomore)되는 것으로 해석될 수도 있다. 이러한 이해를 바탕으로 시드니 훅Sidney Hook은 마르크스에게서는 "어떠한 사회현상

---

24 Geras, Norman(1982), 9쪽.

도 인간 본성의 창조자로서의 개인들에게 전가된 어떤 특성으로 설명될 수 없고, 사람들이 인간의 본질을 말해야 한다면 생물학에서가 아니라 물질적이고 관념적인 인간의 문명에서 찾아야 한다"[25]는 주석을 붙였다. 슈히팅W. Suchting 역시 마르크스가 개인들의 내재적인 속성들을 특징화하는 데서 출발하는 인간, 사회, 역사에 관한 모든 근본주의적 이론들을 거부했다고 단정한다.[26] 베나블V. Venable은 한발 더 나아가서 마르크스가 "인간 본성을 불변적인 것으로 보지 않고 언제든 다르게 변형될 수 있다"고 보는 '무한변형론(The Malleability Principle 혹은 The Plasticity Principle)'[27]의 입장을 취했다고 주장한다. 이런 유의 해석 가운데 강경한 견해는 루이 알뛰세L. Althusser의 것이다. 그에 따르면, "1845년 마르크스가 인간의 본질에 기초한 역사와 정치의 모든 이론과 철저하게 관계를 끊고 초기 철학의 주제인 인간 본성의 문제를 거부함"으로써, 청년 마르크스와 후기 마르크스 사이에는 '인식론적 단절'이 생기게 되었다. 이 단절은 "마르크스의 역사이론에서 인간의 본질이라는 대상이 생산력과 생산관

---

25 Hook, S.(1962), *From Hegel to Marx*, Ann Arbor, pp.297~298.

26 Suchting, W.(1979), "Marx's These on Feuerbach: Notes Towards a Commentary", in John Mephan and David-Hillel Ruben(eds.), *Issues in Marxist Philosophy*, *Vol.2*, Brington, p.19.

27 무한변형론은 "인간은 무한한 방식으로 변화될 수 있고, 어떠한 형태로도 조형 가능한 존재이기 때문에 인간을 결정론적으로 지배하는 생물학적 본성이나 고정된 본질은 존재하지 않는다"는 논리이다. 베나블은 "마르크스의 사회 개념 전체에서 기본적인 것은 인간은 역사를 변화시키며 바로 그 때문에 자신을 변화시킨다는 것, 그리고 그러한 의미에서 모든 역사는 진실로 인간 본성의 끊임없는 변천 이외에 아무 것도 아니라는 점이다"라고 주장하며 마르크스를 인간 본성의 무한변형론자로 규정한다. Venable, V.(1946), *Human Nature: The Marxian View*, Meridian Books, 1966, p.33.

계라는 새로운 개념의 대체"라는 것이다.[28] 이 같은 해석들은 마르크스가, 인간 본성을 기독교에서처럼 초자연적인 언어로 기술하든지 또는 홉스에서처럼 자연주의적 언어로 묘사하든지 간에, 인간에게 불변의 소여로 인정되는 근본적인 전제들을 거부했다는 데로 의견이 모아진다.

그러나 마르크스가 인간 본성을 '사회적 관계의 총체'로 정식화했다고 해서 포이어바흐가 말한 '유적 존재'의 개념을 폐기한 것은 아니었다. 마르크스는 철학에서 정치경제학으로 주제 영역을 이동하면서, 「수고」의 '유적 존재' 개념만으로는 인간 본성을 충분히 설명할 수 없다고 생각했다. 그는 '유적 존재'의 불완전성을 '인간 자체가 지니고 있는 힘'을 담아내지 못한 데서 찾았다. 마르크스는 『독일이데올로기』에서 헤겔주의 신학자 브루노 바우어Bruno Bauer가 '이성과 구별되는 어떤 인간 본성의 힘'을 인식하지 못했다고 비판하면서[29], 인간 밖의 초월적인 힘에 의존하는 환상에서 벗어나 '인간이 갖는 독특한 힘'이 작동하는 현실을 바로 볼 것을 요구한다. 그 힘이란 바로 사회적 관계 속에서 인간 스스로 주체적이고 능동적인 방식으로 대상을 변화시킬 수 있는 힘이며, 사회적·혁명적 '실천'을 가능하게 하는 추동력이

이성과 구별되는
인간 본성의 힘

---

28 Althusser, L.(1969), *For Marx*, 『맑스를 위하여』, 이종영 옮김, 백의, 2007. 알뛰세는 「수고」를 "동트려고 하는 새벽으로부터 가장 멀리 떨어져 있었던 텍스트"로 간주하며, "우리는 '마르크스의 청년기가 마르크스의 일부분'이라고 절대로 말할 수 없다"는 이상한 결론을 내렸다. 39, 159, 253~255쪽.

29 Marx, K. and Engels, F.(1845-1846), *The German Ideology*, 『독일이데올로기 I』, 박재희 옮김, 청년사, 1988 160~169쪽.

다. 그러므로 그가 「테제」와 「수고」에서 제기한 '사회적 관계의 총체' 명제는 불변적 인간 본성을 부정하는 데보다는 인간 본성의 또 다른 영역, 즉 주체적이고 능동적인 '실천'을 강조하는 데 목적이 있다. 이를 뒷받침하듯이 「테제」의 세 번째 명제에서 마르크스는 기존의 유물론이 외부 환경을 변화시킬 수 있는 인간의 '힘'을 망각해왔음을 지적한다.

> "인간은 환경과 양육의 산물이며 따라서 변화된 인간은 다른 환경과 변화된 교육의 산물이라는 유물론적 교의는, 환경을 변화시키는 것이 인간이며 교육자 자신도 교육받아야 한다는 사실을 망각하고 있다. 따라서 이 교의는 필연적으로 사회를 두 부분―그중 하나는 다른 것보다 우월하다―으로 나눌 수밖에 없다"(「테제」 3, 『선집』 1, 185~186).

세 번째 명제는 명백히 인간을 환경과 양육의 산물로 보는 기계적 유물론에 대한 비판이자, 인간을 불변적 실체로 고정시키는 결정론적 인간관에 대한 부정이다. 인간은 자연적 환경이든 역사적 상황이든 외부 세계와의 상호작용하에서 자연을 변화시키고 역사를 만들어 나간다. 즉, 인간과 환경은 불가분의 관계로 동시적인 상호작용을 통하여 서로를 변화시킨다. 그는 『철학의 빈곤』과 『신성가족』에서도 동일한 주장을 반복한다.

기계론적 유물론에 대한 비판이며, 결정론적 인간관에 대한 부정

> "프루동은 인간이 일정한 생산관계 속에서 옷감, 린넨, 그리

고 비단 같은 재료를 만들고 있다는 사실을 분명히 이해하였다. 그러나 그가 이해하지 못한 것은 이러한 일정한 사회관계도 옷감, 린넨 등과 마찬가지로 인간에 의해서 생산된다는 사실이다"(「철학의 빈곤」, 『선집』 1, 273).

"만약 인간이 환경에 의해서 형성된다면, 사람들은 환경을 인간적인 것으로 형성해야 한다. 만약 인간이 천성적으로 사회적 존재라고 한다면, 인간은 그의 참된 본성을 사회 안에서만 계발할 수 있으며, 그의 본성이 갖고 있는 힘은 한 개인의 힘에 의해서가 아니라 사회의 힘에 의해서 측정되어야 한다"(SW I, 47).[30]

그러나 환경을 변화시키고, 사회적 관계 속에서 구현되는 '힘'에 대한 강조는 마르크스가 자신의 생각을 바꾸었다는 증거가 되지 못한다. 「테제」의 세 번째 명제에 표명된 기계적 유물론에 대한 비판은 그에게는 새로운 주장이 아니다. 마르크스는 20대 초반에 작성한 박사 학위 논문에서 이미 데모크리토스의 기계적 결정론보다는 인간 의식이 환경을 변화시킬 수 있는 자유의지를 갖는다고 본 에피쿠로스의 입장을 지지했다.[31] 그러므로 '인간 본성의 어떤 힘'에 대한 믿

---

30 Marx, K. and Engels, F., *Selected Works, vol.I*, Moscow, Foreign Languages Publishing House, 1958, p.47. 이하 SW로 줄임.
31 Marx, K.(1841), *Über die differenz der Demokritischen und Epikureischen Naturphilosophie*, 『데모크리토스와 에피쿠로스 자연철학의 차이』, 고병권 옮김, 그린비, 2001, 116~117쪽.

음은 그가 애초부터 갖고 있었던 생각일 뿐, '인식론적 단절'의 징표가 되지 못한다.

4) 인간 본성의 개념

불변적 인간 본성이란 인간이 태어나면서부터 갖는 고유한 속성이다. 마르크스는 공리주의자 제러미 벤담Jeremy Bentham을 공박하면서 인간 본성의 보편성을 확인한다.

> "개에게 유용한 것을 알기 위해서 사람들은 개의 속성을 조사해야만 한다. 이 속성은 그 자체의 공리의 원리로부터 추론할 수 있는 것은 아니다. 이것을 인간에게 적용하면, 인간의 속성은 인간의 모든 행위, 운동, 그리고 관계 등에서 구할 수 있다. 공리의 원리에 따르려면, **첫째로 인간 본성 일반을 다루어야 하고, 그리고 나서 각 시대에 역사적으로 변용되는 것으로서의 인간 본성을 다루어야 한다.** 벤담은 이 점에 대해 고민하지 않았다. 그는 아주 무미건조하고 단순한 방식으로 근대 프티부르주아, 특히 영국 부르주아가 정상적인 인간인 것처럼 전제하고 있다"(『자본론』 1, 771).[32]

그는 인간 본성을 '인간 본성 일반'과 '각 시대에 역사적

---

32 Marx, K.(1867), *Capital I*, 『자본론 I (下)』, 김수행 옮김, 비봉출판사, 1991, 771쪽.

으로 변용되는 것으로서의 인간 본성', 두 가지로 나누어 보고 있다. 전자가 인간 본성의 불변적 측면이라고 한다면, 후자는 가변적 측면이다. 다시 말해서 그는 인간 본성을 불변적 요소와 가변적 요소의 복합적 구성으로 보고 있다.

인간 본성의 불변적
요소와 가변적 요소

마르크스는, 다윈의 진화론을 열렬히 지지한 데서도 보듯이 자연과학적 탐구에 의한 새로운 사실의 발견에 민감하게 반응했다.[33] 그는 과학적 타당성이 입증된 새로운 사실들을 즉각 수용하는 일관된 태도를 취했다. 그는 다윈이 『종의 기원』에서 밝힌 '인간종의 비천한 기원' 및 인간 감정 표현의 보편성에 관한 생물학적 가설을 존중했고, 인간의 동물적 기원 및 자연적 본성에 공감했다. 마르크스는 『자본론』에서 "사회의 경제적 구성체의 발전은 자연의 전개와 자연의 역사에 비견될 수 있다"고 말하면서, 불변적 인간 본성을 인간의 기본적 욕구를 실현하는 보편적 조건으로 서술한다. 인간은 자신의 자연적·필연적 욕구를 획득하기 위해 '자신의 몸, 팔, 다리, 머리, 손에 있는 힘'으로 노동과정을 시작하며, 그 과정은 그 자체로 필연적이다. 인간의 "노동 능력이란 살아 있는 사람 속에 존재하고 있는, 육체적·정신적 능력의 총체이다"(『자본론』 1, 212). 개별 인간에게 나의 욕구란 '나 자신의 본성, 욕구와 욕망의 종합'이다. 그것은 한편으로는 '자연적 욕구'나 '육체적 욕구', 즉 '육체적으로 필수불가결한 생

---

33 Attali, Jacques(2005), *Karl Marx ou L'esprit du Monde*, 『칼 마르크스 평전』, 이효숙 옮김, 예담, 2006, 362~363쪽.

존 양식'의 동력으로, 다른 한편으로는 '사회적 욕구'라는 다양한 표제로 나타나며, '자연적 욕구'는 불변적인 인간 본성을 구체화한다.

마르크스는 『독일이데올로기』에서 생존적 욕구 충족을 모든 인간적 실존의 전제 조건으로 간주한다(『선집』 1, 197~198). 모든 인간의 실존은 세 가지 전제 위에서 성립한다. 첫 번째 전제는 "역사가 만들어지기 위해서 인간이 우선 살아 있어야 한다"는 것이다. 생명체로서 자기 생존 및 자기 보존은 인간 실존의 최우선적 전제 조건이다. 두 번째 전제는 "최초의 욕구 충족, 즉 충족 행위와 충족 수단이 새로운 욕구를 유도해 낸다"는 사실이다. 이것은 새로운 욕구의 창출, 즉 욕구의 생산과 재생산을 의미하는 것으로 최초의 역사적 행위로 나타난다. 그리고 마지막 전제는 "자신들의 삶을 매일매일 재생산하는 인간은 자신들의 종족을 번식시킨다는 것"이다. 마르크스는 이 세 가지 전제를 인간에 의한 사회적 활동의 세 가지 본질적 측면이라고 설명했다. 요컨대 인간의 자기 생존, 욕구 충족 및 욕구의 재생산, 그리고 종족 번식은 인간 본성을 구성하는 기본적 요소이다.

생산과 노동

인간은 동물과 마찬가지로 자연에 의존해서 살아간다. 그러나 인간과 동물은 유적類的으로 다르다. 마르크스는 인간과 동물 모두 자기 생존을 위한 생명 활동을 하고 있다는 점에서는 다를 바 없지만, 인간의 생명 활동은 의식적이고 의도적이라는 점에서 다르다고 말한다.

> "동물은 자신의 생명 활동과 직접적으로 통합되어 있다. 동물
> 은 그 자체로서 생명 활동과 구별되지 않는다. 동물은 생명
> 활동이다. 인간은 자기 생명 활동 자체를 자기 의지와 의식의
> 대상으로 삼는다. 인간은 의식적인 생명 활동을 가지고 있다.
> … 의식적 생명 활동은 인간을 동물의 생명 활동과 직접 구
> 별되게 한다"(1844c, 93~94).

인간이 유적 존재로서 고유성을 갖는 것은 바로 의식적
생명 활동에 의해서이다. "인간은 바로 유적 존재이기 때문
에 의식적인 존재이며 결국 자기 자신의 생활이 그에게 대
상이 되는 것이다"(1844c, 93). 그는 '의식적인 생명 활동'을
'생산'이라고 규정한다. 생산 활동은 인간종의 능력들 가운
데 가장 우선하는 것이다. 생산은 인간의 능력과 욕구로 표
현되는 보편성이다. 인간이 자신을 동물과 구별하기 시작한
것은 자신의 생존 수단을 생산하면서부터였다. "동물은 일
면적으로 생산하지만, 반면에 인간은 보편적으로 생산하고,
동물은 자기 자신만을 생산하지만, 반면에 인간은 자연 전
체를 재생산한다"(1844c, 94). 생존 수단의 생산은 "인간의 신
체조직에 의해 조건 지어져 있는, (인간다운 인간으로 변화하기
위한) 첫걸음이다." 그러므로 마르크스는 '본성적으로 인간
은 무엇보다 먼저 생산자'라고 규정한다.

생산은 '모든 보통 인간들의 육체에 보유된 노동력'을 통해서 이루어진다. 마르크스는 예술가와 꿀벌을 비교하면서, "인간이 노동도구를 사용하고 만드는 것은, 어떤 동물의 종에서 원시적인 형태로 나타나기는 하지만, 인간 노동의 고유한 특징"(『자본론』 1, 228)이라고 말한다. 인간이 자신의 욕구를 충족하기 위한 자연물을 획득할 수 있는 것은 노동을 통해서이다. 노동은 인간과 자연을 매개한다. "인간이 자연에 의존해 생존한다는 것은 자연이 인간의 몸체이며, 인간이 죽지 않기 위해서는 끊임없이 자연과 교환해야 한다는 것을 의미한다"(1844c, 94). 자연의 일부로서 인간의 육체적·정신적 생활은 자연과 필연적으로 연관되어 있다. 자연은 인간의 기본적 욕구를 충족시키는 대상이며, 인간은 노동을 통하여 자연을 변화시킨다. 인간과 자연 간의 '끊임없는 교환'은 노동을 매개로 이루어지는 이중의 과정이다. 노동과정은 인간 생존의 영원한 자연 조건인 만큼, 인간 생활의 모든 사회 형태들에서 나타나는 공통적인 현상이다. 따라서 노동은 '인간의 육체적 형태로 존재하고 있는 정신적이고 물질적인 가능성의 집합'이며, '살아있는 인간 본성'이다. 의식적 생명 활동의 양면, 생산과 노동을 유적 존재의 본질적 속성으로 규정하는 것은 인간 본성에 대한 마르크스의 일반화이다.

> "인간이 스스로 하나의 유적 존재가 되는 것은 … 바로 인간이 대상 세계를 상대로 노동한다는 사실에 있다. 이 생산은 인간의 활동적인 유적 삶이다. 이 생산을 통해 자연은 인간의

인간 본성의 역사

노동과 현실로 나타난다. 따라서 노동의 대상은 인간의 유적 생활의 대상화이다"(1844c, 95).

'사회적 관계의 총체'

생산과 노동은 물질적이면서 동시에 사회적인 양면의 과정이다. 노동은 우선 자연의 대상을 변화시킴으로써 자신들의 욕구를 충족시키려는 활동이라는 점에서 물질적이다. 이와 동시에 노동은 인간 자신들이 필요로 하는 것을 얻기 위해 타인들과 협동한다는 의미에서 사회적 과정이다. 노동은 기본적으로 협업이며, 그렇기에 사회적이다. 인간이 생산과 노동을 매개로 타인과 협력하면서 자연 및 사회 등 주위 환경은 물론 자기 자신을 끊임없이 발전시키는 것은 인간 고유의 본성이다. 사회적 동물로서의 인간은 자신의 본성을 공동체성으로 발현한다.

> "개인이 삶을 표명하는 것은, 그것이 다른 것들과 혼합되어 수행되는 삶의 공동체적 표명이라는 직접적인 형태로 나타나지 않는다 하더라도, 사회적 삶의 표현이고 확증이다"(1844c, 131~132).

개별 인간은 오로지 공동체 속에서 자신이 인간임을 드러낸다. 인간 본성과 공동체의 속성 간의 상호 교차는 종적 생활의 특성이다. 개인의 행위를 그것이 무엇이든 본질적으로 사회적 행위로 파악하려 하는 한, 다른 사람들의 존재 및 행위를 가정해야 한다. 인간 본성과 '인간의 진정한 공동체' 간의 동일시는 인간 본성이 현실에서는 순수한 형태로 드러나지 않음을 의미한다. 인간의 생물학적 특성을 부정할 수는 없지만, 다른 한편으로 인간은 사회적 결정요인으로부터 존재론적으로 고립될 수 없다. 그것은 항상 사회적으로 조정된다. 이때의 인간 본성은 '인간 본성 일반'이 아닌 '각 시대에 역사적으로 변용되는 것으로서의 인간 본성'이다. 그러므로 '인간 본성의 끊임없는 변형'이란 '인간 본성 일반'의 불변성을 전제로 한 연후에만 성립될 수 있다. "인간에게 있어서 (끊임없는 변형의) 뿌리란 인간 그 자체이기" 때문이다.

5) 소외

인간은 노동하는 동물이고, '노동은 유적 존재의 본질'이다. 그러나 사회적 관계의 성격에 따라 노동의 성격도 바뀐다. 인간을 유적 존재이게 하는 바로 그 노동은 자본주의 아래에서는 인간에게 소외되어서 동물과 같은 노동으로 왜곡되어 나타난다. 마르크스의 소외는 헤겔에서처럼 자기의식 안에서 세계를 왜곡시킴으로써 나타나는 정신현상이 아니라 물질적이고 사회적인 과정이다. 헤겔은 인간을 자기의식으로 투영시켰기 때문에, 인간의 소외된 현실을 소외의 사상만으로 한정했다. 따라서 헤겔의 소외는 "소외의 추상적인, 그렇기 때문에 내용이 없는 비현실적인 표현, 즉 부정에

노동은 유적 존재의 본질

　　　　　　　　인간 본성의 역사

지나지 않는다." 그러나 마르크스는 소외를 근본적으로 형이상학적이거나 종교적인 것이 아니라 사회적이고 경제적인 것으로 현실화한다. 소외의 원인과 양상을 밝히기 위해서는 "하나의 경제학적인 현재의 사실로부터 출발해야 한다." 자본주의 아래에서 '소외된 노동'으로 인한 현실의 상황를 "노동자는 더 많은 부를 생산할수록, 그의 생산이 힘과 범위에서 더 커질수록, 더욱 더 가난해지고 … 더 많은 상품들을 생산할수록 더욱 더 값싼 상품으로 전락하는"(1844c, 85) 양상으로 나타난다. 따라서 소외된 노동은 노동의 본질을 전도시켜서 노동 주체를 객체화한다.

> "노동이 생산하는 대상, 즉 노동의 생산물이 하나의 낯선 존재로, 생산자로부터 독립된 힘으로 대립한다는 것, 노동 생산물은 하나의 대상 속에 체화된, 사물화된 노동으로서, 노동의 대상화이다. **노동의 현실화(실현)는 노동의 대상화이다.** (그런데) 노동의 현실화가 이러한 경제적 조건들 아래에서는 노동자의 현실성의 상실(탈현실화)로서, **대상화는 대상의 상실과 대상에 대한 예속으로서, 전유는 소외로서, 외화로서 나타난다**"
> (1844c, 85).

'외화外化(Äußerung, Externalization)'란 주체가 그 자신을 대상의 형식으로, 자기 활동의 결과로 드러내는 것이다. 인간이 자신의 노동의 산물과 자신의 객관화된 노동을 자신과 무관한 타자적이고 적대적이며 강력한 대상으로 경험한다면, 그는 자신과는 무관한 타자적이고 적대적이며 강력한 또 하나의 다른 인간이 이 대상의 주인이 되는 방식으로 그것을 경험하게 된다. 인간이 자신의 노동을 자유롭지 못한 것으로 경험한다면, 이것은 그가 다른 어떤 인간에게 봉사하고 그의 지배와 강제와 구속을 받는 활동으로 자신의 활동을 경험하게 되는 것을 뜻한다. 따라서 '소외된 노동'은 노동의 주체가 상실되는 것을 의미하며, 노동자를 노동대상의 노예로 전락시키는 계기이다.

소외된 인간이란 '이기적 필요'가 지배하는 생산의 상황에 처한 인간이다. '이기적 필요'는 노동과정의 외화로서 상품과 화폐로 나타난다. 소외된 인간은 자신이 만들어 낸 상품과 그것을 소유할 수 있게 하는 화폐의 지배 아래 놓인다. 화폐는 곧 인간 노동의 소외된 본질이다. 하나의 사물이 노동생산물에서 화폐로 변형되는 '환상적인 관계'를 통하여 인간은 화폐에 굴종하게 되는 전도의 현상에 빠져든다. 화폐는 "그 자신이 상품이며 누구의 사유물로도 될 수 있는 외적인 물건"(『자본론』 1, 164)으로서, "태어날 때부터 금과 은이다"(『자본론』 1, 112). 셰익스피어가 탁월하게 묘사했듯이, 화폐는 '눈에 보이는 신'이다. 자본주의화된 인간은 화폐를 '인류의 객관화된 잠재성'으로 받아들이며, 그것에 무한한 힘을 부여한다. 화폐는 전능의 존재가 되고, 인간은 그것을 숭배한다. 물신숭배라는 종교에 빠져드는 한, 소외된 인간의 경우 자신의 본질이 환상의 타자적 창조물로 변화될 수밖에

화폐는 모든 것을 전도시키는 힘이다

인간 본성의 역사

없다. 화폐는 모든 것을 전도시킨다. 그것은 "모든 인간적 자연 속성의 그 반대의 것으로의 전환이요, 사물의 보편적 혼동의 전도이다." 화폐는 "성실을 불성실로, 사랑을 증오로, 미덕을 죄악으로, 죄악을 미덕으로, 노예를 주인으로, 주인을 노예로, 무지를 지성으로, 지성을 무지로 변형시키는 전적인 힘"(1844c, 180)이 된다.

마르크스는 자본주의 아래에서 '소외된 노동'은 세 측면의 결과로 나타난다고 설명한다(1844c, 67~69). 첫째로는, 노동자는 자신의 노동에 의한 산물인 상품으로부터 소외되어 있다. 상품으로부터의 소외는 사적 소유와의 연관하에서 보면 노동자가 자신이 생산한 상품을 소유하지 못함으로써 자신의 생산물을 낯선 대상으로 마주하게 되는 것이다. 둘째로는, 생산 활동에서의 소외이다. 노동자는 노동력을 자본에 팔게 됨으로써 자신의 생산 활동에 대한 지배권을 상실하게 된다. 자본주의적 분업은 생산 활동의 소외를 고착화한다. '소외된 노동'의 세 번째 측면은 인간의 고유성인 유적 생활을 파괴한다는 것이다. 소외된 노동으로 인하여 "인류의 한 지체肢體로서, 그리고 사회공동체의 일원으로서 인간이 향수하는 인간다운 생활, 인간의 이상을 실현하는 생활"은 온데간데 없이 사라져 버린다. 그러므로 '소외된 노동'은 "인간을 기계적 도구로 바꾸고 정신적·육체적 괴물로 변형시킴"으로써 인류 보편의 '유적 속성'을 억압하게 하는, 자본주의의 특징적인 현상이다.

6) 인간 개조와 본성의 복원

노동의 소외는 인간 본성의 상실이므로, '소외된 노동'의 지양은 유적 존재의 본래성을 회복하는 길이다. 지양의 현실태는 자본주의의 철폐이다. 자본주의 철폐를 위한 마르크스의 역사 기획은 세 단계로 구성되어 있다. 첫 단계는 "현대사회(자본주의)의 경제적 운동법칙을 발견"하고, 그 구조적 모순을 해부하는 것이다. 다음으로 자본주의 폐기를 위한 계급투쟁의 역사적 필연성과 프롤레타리아 혁명의 불가피성을 논증한다.[34] 마지막 단계는 모든 계급이 철폐된 공산주의 사회의 모습을 그려내는 것이다. 이 기획은, 달리 표현하면, 인간 본성의 상실에서 회복에 이르는 과정에 대한 예언사적 서술이다. 마르크스는 프롤레타리아의 존재적 이중성, 의식의 존재 구속성, 즉자적 계급에서 대자적 계급으로의 전화 가능성, 인간 개조의 필요성 등의 서술 절차를 밟아서, 인간 본성의 독특한 '그런 힘'이 어떻게 실현 가능한지를 탐색한다.

---

34 마르크스는 계급투쟁과 혁명의 불가피성에 대해 1852년 3월 요제프 바이데마이어에게 보낸 편지에서 다음과 같이 역설했다. "그리고 이제 나 자신에 대해 말한다면, 현대사회에서 여러 계급의 존재와 그 계급들 사이의 투쟁을 내가 발견한 것으로 여겨서는 안 된다는 것입니다. 나보다 오래전에 부르주아 역사가들은 이러한 계급투쟁의 역사적 전개에 관해 서술했으며, 부르주아 경제학자들은 계급을 경제적으로 해부했습니다. 내가 새롭게 한 것이 있다면, 그것은 몇 가지를 증명한 데 있습니다. 1) 여러 계급의 존재는 오직 생산 발전의 특정한 역사적 국면과 불가분의 관계에 놓여 있다. 2) 계급투쟁은 반드시 프롤레타리아 독재에 이르게 된다. 3) 이와 같은 독재 그 자체는 단지 모든 계급의 폐지, 그리고 무계급사회로 이행하는 과도기를 이룰 뿐이다." Marx, K. and Engels, F., *Selected Correspondence 1846-1895*, New York, International Publishers, 1942, p.69.

프롤레타리아의 개념

마르크스는 자본주의하에서 대다수의 노동하는 개별 인간들을 프롤레타리아로 규정한다. 프롤레타리아는 자본주의적 산업화의 결과로 생겨난 새로운 존재 유형으로 이중적 위상을 갖는다. 우선 현실에서 프롤레타리아는 자본가에 의해 착취당하는 피지배계급이다. 프롤레타리아는 "모든 인간이 공통으로 갖고 있는 욕구조차도 만족시킬 수 없는 위치에 있는 사람이며, 자신의 위치가 자신의 인간 본성으로부터 직접적으로 분출하는 필요를 자신에게 충족시킬 수조차 없는 사람"이다. 그들은 가정생활마저도 상실하고 공창이나 다름없는 한계 상황의 비참함에 시달린다. 다른 한편으로 이들의 존재 상황에 대한 자각은 이들을 스스로를 해방시킬 수 있는 계급으로 인도한다. 마르크스는 이들의 이중적 위치를 다음과 같이 설명한다.

> "그 계급(프롤레타리아)은 근본적으로 질곡에 얽매여 있는 계급이다. 또한 그 계급은 시민사회에서 실존하지 않는 시민사회의 계급이며, 모든 신분을 해체한 계급이다. … 궁극적으로 그 계급은 사회의 다른 모든 영역에서 스스로를 해방시킴으로써 사회의 다른 모든 영역을 해방시키지 않는다면 스스로를 해방시킬 수 없는 계급이다. 한마디로 말해서 그 계급은 완전한 인간 상실이며, 따라서 완전한 인간 회복을 통해서만 스스로를 획득할 수 있는 계급이다. 이렇게 하여 사회를 해체하는 특수한 신분, 그것이 프롤레타리아이다"(『선집』 1, 14).

의식의 존재 구속성

마르크스는 '질곡에 얽매여 있는 계급'이 '사회를 해체하는 특수한 신분'으로 전화될 수 있는 조건을 '존재'와 '의식'의 상관성에서 찾는다. 자본의 핍박 아래에서 '모든 신분을 해체당한 계급'은 자신들이 처한 삶의 물적 조건을 자각하게 됨으로써 계급의식을 고양시킨다. 흔히 '경제 결정론'[35]의 징표로 오인되는 마르크스의 '의식의 존재 구속성' 명제는 프롤레타리아의 존재 상황에서 계급의식의 원천을 설명하는 출처가 된다.

> 인간은 자신의 생활을 사회적으로 생산하는 가운데, 자신의 의지로부터 독립되어 있는 일정한 필연적 관계들, 즉 자신의 물질적 생산력의 일정한 발전단계에 조응하는 생산관계에 들어선다. 이러한 생산관계의 총체성은 사회의 경제구조—그 위에서 법적·정치적 상부구조가 발생되고, 거기에 사회의식이 부합되는, 진정한 토대—를 구성한다. 물질적 생활의 생활양식이 사회적·정치적·정신적 생활 과정의 일반적 성격을 조건 짓는다. **인간의 존재를 결정하는 것은 그들의 의식이 아니다.**

---

35 엥겔스는 마르크스와 자신에게 부과되는 '경제결정론'의 딱지에 대하여 다음과 같이 해명했다. "젊은 사람들이 종종 경제적인 측면에다 분에 넘치는 중요성을 부여하는 사실은 마르크스나 나에게도 일부의 책임이 있다. 우리는 우리의 적들(독일 관념론을 위시한 자유주의 철학과 공상적 사회주의를 추종한 사람들)과 대결함에 있어서 그들이 부정하는 주 원리를 강조하지 않을 수 없었다. 그리고 우리는 상호작용에 관여하는 다른 요인들을 공정하게 다룰 수 있는 시간·장소·기회를 언제나 가지고 있었던 것은 아니었다. 그러나 역사의 한 부분을 제시하는 문제에 있어서는, 즉 실천적인 응용이 문제가 되었을 때는 문제가 전혀 달라졌고, 어떠한 착오도 허용될 수 없는 것이었다." Engels, F., 「정치와 철학에 관한 기본 저서」, pp.399ff. McLellan, D.(1972), 191쪽에서 재인용.

반대로 그들의 존재가 의식을 규정한다(『선집』 2, 477~478).

개별 인간들의 현재적 상태는 생산의 물적 조건, 즉 그들
이 무엇을 생산하고 어떻게 생산하느냐에 달려 있다. 생산관
계의 총체로서의 생산양식은 단순히 물질적인 조건에 그치
는 것이 아니라, 개인들의 삶을 명확하게 표현하는 형태이자
양식이다.[36] 그러므로 계급적 존재로서의 개별 인간은 그가
처한 물질적 조건에 따라 자신의 의식세계를 형성하게 된다.
"의식이 결코 의식된 존재 이외의 어떤 것일 수 없으며, 인간
들의 존재는 그들의 현실적 생활 과정"이라고 한다면, "'인간
성이 전개되어온 역사'는 언제나 산업과 교환의 역사와 관
련시켜 연구되어야 한다"(1845~46, 『선집』 1, 202, 209). 인간의
의식이나 관념은 물질적 조건 및 그것에 의존한 사회관계에
따라 변화한다거나, 인간의 지적 생산은 물질적 생산이 변
화함에 따라 그 성격을 달리하게 된다거나, 그리고 인류사
'고통받는 인간' 의 각 시대에서 지배적인 관념은 언제나 지배계급의 관념이
었다고 하는 서술은 곧 '의식의 존재 구속성' 명제의 동어반
복이다. 따라서 프롤레타리아가 직면하고 있는 물질적 조건
들은 그들의 혁명의식이 발생하게 하는 토대가 된다. 이러한

36 분석적 마르크스주의자 제럴드 코헨은 마르크스가 생산양식의 개념을 세 가지 의미
로 사용했다고 해석한다. 그에 따르면, 마르크스의 생산양식은 첫째, 각종 물질적 생산과
정의 유형, 즉 사람들 사이에서 이루어진 전문화 및 분업 형태들로서의 물질적 양식, 둘
째, 생산과정의 사회적 속성을 함의하는 것으로서의 사회적 양식, 그리고 마지막으로, 생
산이 진행되는 방식의 물질적 속성과 사회적 속성 모두를 포괄하는 것으로서, 생산의 기
술적·사회적 양태 전체를 지칭한다. Cohen, G. A.(1978), *Karl Marx's Theory of History: A
Defence*, 『카를 마르크스의 역사이론』, 박형신·정헌주 옮김, 한길사, 2011, 172~180쪽.

까닭에 '고통받는 인간성'은 '혁명의 주체'로 전화될 수 있다. '혁명의 주체'
요컨대 그에게 프롤레타리아는 핍박받는 피착취계급인 동
시에 혁명적 실천을 주도하는 미래적 계급이라는 이중적 위
상을 갖는 존재이며, 계급투쟁을 통하여 새로운 역사의 주체
로 등장할 수 있는 유일한 계급이다.

인간 개조와 유토피아

'의식의 존재 구속성' 명제는 프롤레타리아가 '즉자적 계
급(Class in Itself)'에서 '대자적 계급(Class for Itself)'으로 전
화될 수 있는 가능성을 담보하는 인식론적 기초이다. 그러
나 마르크스는 그것만으로는 충분하다고 보지 않는다. 그
는 프롤레타리아가 계급 철폐의 주역으로 등장하기 위해서
는, 계급적 존재 상황에 대한 객관적 자기 인식은 물론이거
니와 공산주의적 방식의 인간 개조가 병행되어야 함을 역
설한다. 그는 "공산주의적 의식을 대량으로 산출하고, 이 운
동 자체의 관철을 위해서는" 광범위한 인간 변혁, 대폭적인
인간 개조가 필요하다(1845~46, 『선집』 1, 220)고 역설한다. 인
간 개조는 프롤레타리아에게 있어서 그들의 본성을 변화시
키고자 하는 의도적이고 목적적인 자기 혁신이다. 그는 인
간의 개조는 "오직 실천적인 운동 속에서만, 즉 하나의 혁
명 속에서만 수행될 수 있다"고 주장함으로써, '혁명적 실천
(Revolutionary Praxis)'을 인간 개조의 필요조건으로 삼는다.
왜냐하면 "혁명적 실천 속에서는 인간 자신의 변화가 (계급
적) 환경의 변화와 일치"하기 때문이다. 즉, 혁명적 실천은

인간이 환경을 바꾸는 것과 스스로를 개조하는 것을 동시적으로 가능하게 한다는 것이다.

마르크스가 『공산당 선언』에서 위협적으로 묘사한 '전 유럽을 배회하고 있는 하나의 유령'인 공산주의는 결국 '역사의 수수께끼에 대한 해결책'이다. 공산주의는 인류가 도달해야 할 최종의 역사적 단계이다. 공산주의 사회에서는 계급이라는 것이 아예 없기 때문에, 어떠한 형식의 계급적 억압도 존재하지 않는다. 공산주의 사회에서는 사유재산은 소멸될 것이고, 인간의 노동은 주체적 자아의 활동으로 바뀌게 될 것이다. 분업으로 인해 제약되고 왜곡되었던 사회적 활동 또한 자유로운 인격을 가진 인간들 간의 제한 없는 상호작용으로 바뀌게 될 것이다. 모든 인간은 "능력에 따라 일하고 필요에 따라 분배한다."[37] 모든 인간은 강제적 생산 활동의 압박에서 벗어나서 "사냥꾼이나 어부, 양치기, 학자가 되지 않고서도 마음먹은 대로 오늘 이 일을 하고 내일 저 일을 하면서 아침에는 사냥을, 오후에는 낚시를, 저녁에는 소 먹이는 일을, 저녁 후에는 토론을 할 수 있다"(1845~46, 『선집』 1, 214). 이렇게 하여 이전의 모든 불완전한 사회적 형태는 '개인의 자유로운 발전이 전체의 자유로운 발전을 위한 조건이 되는 공동연합체'로 대체된다.

---

[37] Marx, K.(1875), *Critique of the Gotha Programme*, 「고타강령비판」, 『마르크스·엥겔스 저작선』, 김재기 편역, 거름, 1988, 174쪽.

공산주의는 자본주의적 소외를 완전하게 극복한 사회이므로, 인간은 본래의 모습을 되찾게 된다. 공산주의는 '인간이 자기 자신으로 다시 통합되거나 복귀하는 것, 인간의 자기 소외를 초월하는 것'을 담보한다. 공산주의 사회에서는 '개인의 자유로운 발전'이 '전체의 자유로운 발전'과 일치함으로써 개인은 '완전한 자기의식을 가지고 성숙한 인간적 인간'이 된다. 그러므로 이 유토피아에서는, 인간과 자연은 본질에서 완전한 통일을 이루며, "인간이 관철된 자연주의인 동시에 자연이 관철된 인간주의"(1844c, 130)를 구현하게 된다. 그러나 과연 이러한 유토피아는 실현 가능한 것인가?

7) 인간 본성 논쟁의 결말

마르크스 인간학의 기본 골격은, 「헤겔 법철학 비판 서설」(1844), 「경제철학 수고」(1844), 「포이어바흐에 관한 테제」(1845), 『독일이데올로기』(1845~1846), 그리고 『철학의 빈곤』(1847) 등 1844년에서 1847년 사이에 만들어졌다. 인간 본성에 관한 그의 견해는 유적 존재, 의식적 생명 활동으로서의 생산과 노동, 인간이 본성적으로 갖는 어떤 힘, 사회적 관계의 총체, 소외된 노동, 의식의 존재 구속성, 계급의식의 대자성 획득, 인간 개조의 필요성, 그리고 유토피아적 인간상 묘사에 이르는, 서술적 절차를 통해 드러난다. 또한 이것은 자본주의의 현 단계에 대한 분석과, 그 이후의 역사과정에 관한 전망과 긴밀하게 연관되어 있다. 이러한 맥락에서 그는 인간 본성의 개념을 '인간 본성 일반'과 '각 시대에 따라 역사적으로 변용되는 것으로서의 인간 본성' 등 두 가지로 구분하여 사용했다. 전자가 인간 본성의 불변적 요소로 이해될 수 있다면, 후자는 사회와 역사 속에서 변화될 수 있는 가변적 측면을 지시한다.

마르크스는 우선 인간 본성의 불변적 요소로 자기 생존과 욕구 충족, 그리고 종족 번식 등 세 가지 생물학적 속성을 전제했다. 그리고 나서 그는 '유적 존재'라는 표현을 통하여 동물과 구별되는 인간 고유의 속성을 '의식적 생명 활동'으로 명명하고, 그 활동의 내용을 '생산'과 '노동'으로 규정했다. 이것은 인간의 보편적 속성이다. 그가 말하는 '인간 본성 일반'이란 여기까지이다. 그러나 문제는 생산과 노동이 개인이 고립적으로 수행하는 활동이 아니라는 데 있다. 생산과 노동은 물질적이면서 동시에 타인들과 협동한다는 의미에서 사회적인 양면의 과정이다. 따라서 인간 본성은 공동체와 연관되어 있으며, 사회적 관계를 통하여 현현된다. 그가 노동을 "인간의 육체적 형태로 존재하고 있는 정신적이고 물질적인 가능성의 집합"이라고 말했을 때, 그 '가능성'은 의식적 생명 활동으로서의 노동이 사회적 관계 속에서 이루어지기 때문에 발생한다는 것이다. 이러한 의미에서 마르크스는 인간 본성을 '사회적 관계들의 총체'로 규정했고, 이를 토대로 역사를 '인간 본성의 끊임없는 변형'이라고 표현할 수 있었다. 여기에서 '끊임없는 변형'은, 그가 구분한 인간 본성의 두 범주 중 '인간 본성 일반'이 아니라 '각 시대에 따라 역사적으로 변용되는 것으로서의 인간 본성'에 해당되는 것이다.

모든 인간의 역사에서 최우선적 전제는 살아 있는 인간 개개인들의 물리적 생존이지만, '살아 있는 인간'은 "개개인들의 육체적 구성과 자연과의 필연적인 관계 속에서 자신들의 활동을 통하여 역사과정에서의 변화를 추구"한다. 따라서 인간의 생산 활동은 자신들의 욕구를 충족시켜 주는 행위일 뿐만 아니라 "양이나 개의 경우에서 찾을 수 없는 역사적인 과정"(CW 5, 82)이다. 마르크스는 인간이 역사과정에 개입하게 되는 동력을 '독특하게 인간적인 인간의 그런 힘' 또는 '이성과 구별되는 어떤 인간 본성의 힘'으로 표현했다. '인간 본성의 힘'에 대한 믿음은 마르크스가 인간의 불변적이고 자연적인 본성에 만족하지 않고 인간 본성의 풍부한 확장성을 희망했다는 징표이다. 그는 자연과 구분되는 역사와 사회라는 두 범주의 실존적 조건을 유난히 강조했다. 그럼으로써 그는 인간 본성의 절반 정도를, 불변적인 속성과는 별도로, 항상 '역사 속에서' 또는 '사회적으로' 조정되는 가변적인 구성부분으로 간주했다. 인간 본성이 '사회관계의 총체'로 규정되는 순간부터 인간은 불변적인 본성의 수준을 넘어서는 유동적인 존재로 변화한다. 설령 인간 본연의 기본 활동인 노동이 자본주의 체계 속에서 '소외된 노동'으로 변형되더라도, 물질적 조건에 의해 규정되는 의식상의 전화는 근원적으로는 본성의 '독특한 힘'에 의해 가능해진다. 그리하여 인간은 자신을 둘러싼 환경뿐만 아니라 자기 자신의 변화도 추구할 수 있는 존재가 된다. 자본주의 체계하에서 본성의 상실이 공산주의에 도달해서는 자기 소외를 초월하고 본래의 자기 자신으로 복귀하게 된다는 것은 인간 본성의 복원을 의미한다. 이처럼 인간 본성에 관한 마르크스의 이론은 불변적 요소와 가변적 요소가 결합된 복합적인 구조로 짜여 있다.

그러므로 마르크스의 인간 본성 논란에서 마르크스가 불변적 인간 본성을 부정하였다는 메스자로스 등의 주장이나 불변적 요소의 부재로 마르크스의 인간 본성은 역사 속에서 무한 변형될 수 있다고 주장하는 베나블의 해석은 올바른 설명이 아니다. 마르크스는 불변적 인간 본성을 부정한 바가 없다. 그는 역사가 '세계정신', '자기의식', '형이상학적 유령'의 활동, 그리고 '자신을 일반화시키는 신비함을 동반한 개인' 등과 같은 하나의 초월적인 주제의 작품이라는 생각을 거부했을 뿐이다. 그가 의도한 바는 사회적 관계 속에서 표출될 수 있는 인간의 '독특한 힘'이 현실적인 역사과정과 어떻게 결합될 수 있는지를 보여 주는 것이었다.

또한 인간 본성에 관한 관념에 있어서 '청년 마르크스'와 '후기 마르크스' 간에 인식론적 단절이 있다고 보는 알뛰세의 해석도 피상적 관찰일 수 있다. 『독일이데올로기』를 기점으로 그의 주된 관심이 철학에서 정치경제학으로 전환되었다 하더라도, 그것은 문제틀의 확장이거나 세밀화일 뿐이지, 세계관 자체나 인간 개념상의 본질적 변화를 의미하지 않기 때문이다. 터커Robert Tucker가 바르게 이해했듯이, '후기 마르크스'는 '청년 마르크스'에서 발생한 유기적 생성물로 보는 것이 맞다.[38] 따라서 알뛰세 가설의 정합성을 뒷받침하는 마르크스 사상의 불연속성에 관한 증거들이란 실상은 외양적일 뿐더러, 그마저도 미약한 것에 지나지 않는다.

제라스가 잘 지적했듯이, "결국 불변적 인간 본성 거부의 논의는 하나의 혼동"에 지나지 않는다.[39] 이러한 혼동은, 마르크스의 인간 이해에서 일관성 있게 견지되는 유적 존재의 의식적 생명 활동이라는 전제를 간과한 채 '후기 마르크스'의 계급투쟁 및 사회구성체 이행에 관한 이론에서 부각되는 '실천'의 개념을 따로 분리해서 해석하려는 방법론적 오류에 기인한다. 마르크스는 인간 본성이 현실과 일치된 상태와 그렇지 않은 상태를 구분했고, 무엇이 인간에게 원천적이며 본질적인 것이고, 무엇이 가변적이고 우유적인 것인가를 명백하게 구분했다. 이 같은 구분을 인간 본성에 관한 전체적인 논의 구조 속에서 이해하지 않는 한, 마르크스적 인간은 그릇되게 해석될 가능성이 높다. 베나블의 무한변형론이나 그와 유사한 시각에서의 논의들이 지닌 한계는 인간

---

38 Tucker, R.(1961), *Philosophy and Myth in Karl Marx*, 『칼 마르크스의 철학과 신화』, 김학준·한명화 옮김, 한길사, 1982, 226쪽.
39 Geras, Norman(1983), 120~121쪽.

본성 개념을 검토하면서 마르크스 사상을 하나의 전체로서 바르게 해독하지 못한 데 있다. 베나블이 오해한 것에 대한 마르크스의 확실한 대답은 『신성가족』에 적혀 있는 다음의 문장에서 확인할 수 있다. "인간은 원래 선하며 모두가 동일한 재능을 부여받았다는 것," 그러나 "만약 인간이 생래적으로 사회적인 존재라고 한다면, 진정한 인간 본성은 오직 사회 안에서만 발전시킬 수 있으며, 그의 본성이 행사되는 힘은 고립된 개인의 힘에 의해서가 아니라 사회의 힘에 의해서 측정되어야 한다는 것"[40]이다.

*   *   *

마르크스의 이러한 견해는 인간 본성이 '이미 생물학적으로 주어진 정적인 상태의 인간'에서는 물론이고, '사회적으로 활동하는 동적 상태의 인간'에서도 구현된다는 인식을 함축한다. 마르크스가 불변적 인간 본성을 부정했다는 해석은 기각되어야 하지만, 그가 「수고」 이후 몇 년 동안 인간 본성의 동적 발현에 대해 집중적 관심을 드러냈다는 점은 분명하다. 이 시기에 그의 주된 과제는 인간 본성의 역동성과 가소성을 역사발전의 동력과 연결시킴으로써 역사발전의 합법칙성을 정당화하는 사적 유물론을 정식화하는 데 있었다. 그 결과는 바로 엥겔스와 공동 저자로 1848년 발표한

---

40 Marx, K. and Engels, F.(1845), *The Holy Family: Critique of Critical Critique*, Windham Press, 2013, pp.175~176.

『공산당 선언』을 통해 공표되었다. 그는 "지금까지의 모든 사회의 역사는 계급투쟁의 역사이다"(1848, 『선집』 1, 400)라고 선언하며, 역사발전의 최종 단계를 향한 인류사적 진군을 독려한다.

그러나 그 이후 100여 년 이상의 역사는 그의 기대대로 흘러가지 않았다. 그의 생전에 '프롤레타리아 독재' 개념을 실제에서 실험할 수 있는 절호의 기회였던 '파리코뮌'은 처참하게 실패했고, 다음 세기 후발자본주의 제국에 등장한 공산주의는 그의 역사 기획안에는 없는 전체주의의 기형적 변종에 지나지 않았다. 오늘날 그 모두는 지난 역사의 유물로 남게 되었다. 실제에서 프롤레타리아 계급의 대자성은 상황적 일시성이었을 뿐 그 계급의 지속 가능한 속성이 아니었고, 혁명의 과정에서 솟구칠 것으로 본 '인간 본성의 그런 힘'은 한시적 충동에 머물고 말았다. 이러한 사실은 1840년대 중후반 시절에 그가 입론한 인간학이 지닌 맹점을 드러낸다. 즉 유적 존재, 노동과 생산, 사회적 관계의 총체, 소외된 노동, 본성의 억압과 왜곡은 참에 가깝지만, 계급의식의 대자성, 인간 개조, '인간이 관철된 자연주의'는 참으로 보기 어렵다. 공산주의형 인간은 인위적으로 창출되지도 않았고, 그러한 인간들이 모여 꽃 피울 수 있는 자연주의의 세계는 만들어지지 않았다. '인간이 관철된 자연주의'나 '자연이 관철된 인간주의'는 사적 유물론에 장식물처럼 붙여진 이상화된 신념의 표출에 불과했다. 이러한 의미에서 1840년대 마르크스의 인간학은 냉정과 열정이 뒤섞인 혼합물이 되고 말았다.

냉정과 열정이 뒤섞인 혼합물

그러나 마르크스는 자신의 오류를 잘 알고 있었다. 『공산당 선언』이 출간되고 약 10년 후 그는 『정치경제학비판 요강』에서 '공산주의'라는 용어를 거의 사용하지 않았다. 그의 관심은 사적 유물론에서 자본주의의 현상 및 원리 분석으로 옮겨졌고, 그 결실은 1867년 『자본론 1권』으로 집약되었다. 후기의 마르크스는 인간 본성에 관한 과도한 수사를 하지 않았고, 공산주의 유토피아에 대해서도 거의 언급하지 않았다. 오히려 그는 혁명의 문제를 신중하게 고려할 것을 주문했다. 프랑스 내전을 전후하여 그는 낭만적 혁명주의자들이나 급진적 모험주의자들과 완전히 결별했고, 혁명을 말하지 않았다. 그는 짧은 기간 동안 역사적 예언의 달콤한 유혹에 빠져 있었고, 긴 시간 동안은 경제 분석에 몰두했다. 후대의 많은 해석가들은 그 짧은 기간에 쓰인 수사학에서 마르크스의 형상을 그렸고, 그 형상은 마르크스 자신이 지울 수 없는 덫처럼 남게 되었다. 그러나 이러한 해석들은 마르크스 사상의 전모를 보여 줄 수 없다. 왜냐하면 거기에는 마르크스 진실의 일부 파편만이 담겨 있을 것이기 때문이다.

2. 뒤르켐의 사회실재론

에밀 뒤르켐은, 오귀스트 콩트가 사회물리학을 제창한 이래 카를 마르크스, 막스 베버와 더불어 사회학의 학적 뼈대를 구축한 인물이다. 그가 다룬 탐구대상은 자살, 분업, 교육, 도덕, 종교, 그리고 이데올로기 등 사회현상 전반에 걸쳐 있다.[41] 그는 인간 본성의 문제를 집중적으로 다루지는 않았으나,[42] 사회현상에 관한 연구 곳곳에는 사회 속의 인간을 조망하는 그의 견해가 드러나 있다. 그는 '사회적 사실(Social Fact)'이라는 개념 도구를 통하여 사회를 '개인들의 집

---

[41] 니스벳은 뒤르켐의 연구 분야를 사회, 권위, 종교적이고 신성한 것, 인성, 그리고 발전 등 다섯 가지 주제로 나누어 분석한다. Nisbet, Robert(1965), *Emile Durkheim*, Englewood Cliffs, New Jersey, Prentice-Hall.

[42] 인간 본성을 주제로 한 그의 글은 1914년 *Scienta*라는 학술 잡지에 실렸던 「인간 본성의 이중성과 그 사회적 조건들」뿐이다. 민문홍(2001), 『에밀 뒤르케임의 사회학』, 아카넷, 194쪽.

합 이상이며, 부분들로 환원될 수 없는 하나의 실체'로 파악한다. 즉 전체는 부분의 합 이상이며, 별도의 고유한 속성을 갖는다. 따라서 사회는 개인들의 총합만으로는 설명될 수 없다. 뒤르켐은 사회가 '개인의식이라는 하부 토대 위에 세워진 상부구조물'이라는 통상의 관념론적인 견해를 뒤집고, "우리를 초월해 있는 어떤 것이며, 동시에 우리 속에 내재해 있는 것"[43]이라고 다시 정의한다. 사회가 개인과 별개이면서 개인에게 구속력을 행사하는 외적 실체라는 인식, 즉 사회실재론은 사회학적 탐구의 존립 기반이다. 사회실재론은 인간을 고립적 개체가 아닌 사회적 존재, 즉 사회와의 상호작용을 통하여 인성을 형성해 가는 존재로 파악한다.

1) 뒤르켐은 빈 서판론자인가?

근래 들어 인간 본성에 관한 논의에서 뒤르켐이 종종 등장하는 이유는 바로 표준적 사회과학 모델에 입각한 인간 이해를 거부하는 과학계 일부의 기류 때문이다. 진화심리학자 핑커는 뒤르켐의 사회실재론이 생물학적 본성을 무시하는 빈 서판론의 사회학적 버전에 불과하다고 비난한다. 핑커에 따르면, 뒤르켐은 '인간 본성에 대한 부인'과 '개인의 마음에 대한 사회의 자율성'이라는 두 가지 잘못된 관념으

---

43 Durkheim, Emile, *Sociology and Philosophy*, New York, Free Press, 1953, p.55.

로 표준적 사회과학 모델을 구축했다.[44] 핑커는 비판의 근거로 뒤르켐의 『사회학적 방법의 규칙들』에서 5개의 문장을 뽑아내서 뒤르켐의 인간 본성 개념을 문제 삼는다.

> 사회적 현상이 심리적 현상에 의해 직접적으로 설명될 때마다 우리는 그 설명이 잘못되었음을 분명히 확인하게 된다. … 집단의 사고, 감정, 행동 방식은 고립된 구성원들의 그것과는 아주 다르다. … 만약 현상들에 대한 설명을 개인으로 시작한다면, 집단적 사건은 전혀 이해할 수 없게 될 것이다. … **개인의 본성은 사회적 요소에 의해 형성되고 변형되는 부정형의 재료에 불과하다.** 그것의 영향은 오로지 개인의 전반적인 태도에, 막연하고 따라서 변화 가능한 성향들에만 국한된다.[45]

핑커의 인용문은 뒤르켐 원문의 여러 단락 가운데서 각개의 문장들을 추출해서 작위적으로 조합함으로써 뒤르켐 본래의 의도를 왜곡시킨다. 그는 문맥의 논리적 선후관계를 무시하는 잘못된 인용으로 뒤르켐이 말한 '부정형의 재료'를 "문화에 의해 주조되거나 두드려져서 형태를 갖추게 되

---

44 Pinker, Steven(2002), 59쪽.
45 Pinker, Steven(2002), 59쪽. 핑커의 인용문은 5개 문장은 각기 다른 문단에서 뽑아 엮었다. "① 사회적 현상이 심리적 현상에 의해 직접적으로 설명될 때마다 우리는 그 설명이 잘못되었음을 분명히 확인하게 된다(169). … ② 집단의 사고, 감정, 행동 방식은 고립된 구성원들의 그것과는 아주 다르다(168). … ③ 만약 현상들에 대한 설명을 개인으로 시작한다면, 집단적 사건은 전혀 이해할 수 없게 될 것이다(169). … ④ **개인의 본성은 사회적 요소에 의해 형성되고 변형되는 부정형의 재료에 불과하다.** ⑤ 그것의 영향은 오로지 개인의 전반적인 태도에, 막연하고 따라서 변화 가능한 성향들에만 국한된다(170)." (원문자와 쪽은 필자가 표시)

는 반죽 덩어리 같은 것"[46]으로 풀이하면서, 뒤르켐이 인간 본성을 사회적 요인에 의해 형성되거나 사회 속에서 얼마든지 변화될 수 있는 것으로 보았다고 투덜댄다. 과학저술가로 널리 알려진 매트 리들리Matt Ridley도 핑커의 『빈 서판』보다 1년 늦게 출판된 『본성과 양육』에서 뒤르켐을 "사회학 연구의 기초에 빈 서판이란 개념을 놓은 사람"으로 단정한다.[47] 그들에 따르면, "뒤르켐은 행동주의 창시자 왓슨과 미국 인류학의 선도자 보아스와 함께 인간 본성의 불변성을 부정하고 인간 마음이 외부적 요소에 의해 완벽하게 주조될 수 있다는 빈 서판 이론의 정점에 위치한 인물"이다.

그러나 뒤르켐이 빈 서판론을 사회학적으로 변용하여 유포시켰다는 핑커의 주장은 뒤르켐을 잘못 읽은 데서 비롯된다. 핑커는 "개인으로 시작한다면 집단적 사건은 전혀 이해할 수 없게 될 것"이라는 뒤르켐의 요점은 간과한 채 '부정형의 재료'라는 표현에만 거부반응을 보인다. 뒤르켐이 '사회적 사실'을 개인적 사실과 구별하여 탐구대상으로 삼은 데는, '사회적 사실'에는 개인의 심리로 환원해서 설명될 수 없는 '그 무엇'이 있다고 보았기 때문이다. "집단의 사고, 감정, 행동 방식이 개인의 그것과는 다르다"는 뒤르켐의 인식은 집단 그 자체가 하나의 실체로서 독립적인 탐구대상임을

---

46 Pinker, Steven(2002), 60~61쪽.
47 Ridley, Matt(2003), *Nature Via Nurture*, 『본성과 양육』, 김한영 옮김, 김영사, 2004. 리들리도 핑커의 인용문에 한 문장을 덧붙였으나, 핑커와 똑같은 잘못을 범하고 있다.

지시한다. 뒤르켐의 제안은 사회현상을 철학이나 심리학 등에서처럼 개개인의 정신적·심리적 차원으로 환원시켜서는 그 실상을 제대로 밝혀낼 수 없다는 것이다. 굳이 심리학과 연관짓는다면, 사회학은 개인의 심리학이 아니라 "집합심리학"[48]이다. 따라서 핑커의 비판이 합당한 것이 되려면, 특정한 '사회적 사실'이 개인의 본성만으로는 설명될 수 없다는 뒤르켐의 주장을 뒤집을 수 있는 더 많은 논거를 필요로 한다.

핑커의 주장과는 달리 뒤르켐은 "그것(사회적 요소)의 (개인의 본성에 대한) 영향은 오로지 개인의 전반적인 태도 가운데 변화 가능한 성향들에만 국한된다"는 전제를 명시했다. 더구나 뒤르켐은 인간이 선천적으로 타고나는 생물학적 속성을 부정한 적이 없다. 그는 『자살론』에서 인간이 태어나면서 갖는 상속적 기질로서의 유전적 특성을 명료하게 서술했다.

> "(인간에게) 한 가지 종류의 상속은 언제나 존재한다. 그것은 타고난 재능의 유전이다. 지능, 소질, 과학적 또는 예술적이나 문학적 및 산업적 능력과 용기, 그리고 솜씨 등은 마치 재산의 상속자가 자본을 물려받고 귀족이 작위와 직위를 물려받는 것처럼 출생과 더불어 물려받는 선물이다."[49]

뒤르켐은 생물학적 본성을 보편적 상식의 일부로 받아들

---

48 Durkheim, Emile, *Sociology and Philosophy*, p.31.
49 Durkheim, Emile(1897), *Suicide: A Study in Sociology*, 『자살론』, 황보종우 옮김, 청아출판사, 2008, 262쪽.

였음은 물론이고, 더욱이 당시 선도적인 프랑스 생물학자 끌로드 버나드Claude Bernard의 견해를 수용하면서 생물학으로부터 과학적 방법론에 필요한 도구들을 얻으려고까지 했다.[50] 그러나 뒤르켐이 생물학적·유기체론적 유추에 의존한 방법을 채택하지 않은 이유는 생물현상과 사회현상 간에는 본질적인 차이가 있고, 또한 당대의 생물학이 과학적 정밀도에서 결함이 있다고 보았기 때문이다.[51] 그러므로 뒤르켐을 생물학적 본성을 도외시한 전형적인 빈 서판론자로 분류하려는 핑커의 해석은 뒤르켐에 대한 오독의 결과이다. "사회가 개인에 외재하는 실체로서 실재한다"는 명제와 "인간 본성은 빈 서판과 같다"는 명제 사이에는 등식이 성립하지 않는다. 핑커는 별다른 근거도 없이 두 가지 명제를 하나의 동류항으로 묶고, 뒤르켐에게 '빈 서판론의 사회과학자'라는 딱지를 갖다붙였다. 그러나 뒤르켐은 모든 행위를 경험의 산물로 보는 영국 경험론의 전통을 존중하였다 하더라도, 빈 서판론에 모든 것을 의탁하지는 않았다. 그가 사회실재론을 제창한 데는 다른 이유가 있었다.

---

50 이에 관해서는 다음의 것들을 참고. Durkheim, Emile, *Emile Durkheim on Institutional Analysis*, Mark Traugott(ed.), University Of Chicago Press, 1994, p.111; Talcott Parsons (1973), "Durkheim on Religion Revisited", Charles Y. Glock and Phillip E. Hammond(eds.), *Beyond the Classics? Essays in the Scientific Study of Religion*, New York, Harper and Row, pp.156-180; Talcott Parsons(1975), "Comment on 'Parsons' Interpretation of Durkheim and on Moral Freedom Through Understanding in Durkheim", *American Sociological Review*, *Vol.40*, No.1, pp.106-111.

51 그는 쉐플레Schaeffle의 『사회적 유기체의 구조와 생애』에 대한 서평에서 "사회는 물질적인 끈에 의해서라기보다는 이상에 의해 결합되어 있으므로 사회학은 생물학으로 환원될 수 없으며, 이념적 통합의 근원은 집합의식이다"라고 쓰면서 사회현상의 독립성을 강조했다. Tomson, K.(1982), *Emile Durkheim*, 『에밀 뒤르케임』, 이향순 옮김, 학문과 사상사, 1993, 48~49쪽.

2) '사회적 사실'의 개념

뒤르켐은 사회현상을 과학적으로 분석하기 위한 기초 도구로서 '사회적 사실' 개념을 제안했다. 그에 따르면, 사회적 현상은 '그 자체로(sui generis) 하나의 실체를 이루는 것'으로서 하나의 '사회적 사실'이다. 그는 '사회적 사실'을 다음과 같이 정의한다.

> "(사회적 사실이란) 고정된 것이든 그렇지 않은 것이든 간에 개인에 대하여 외적 구속력을 행사할 수 있는 모든 형태의 행위양식, 다시 말하면 기존의 사회 전반에 걸쳐 일반적이며 동시에 자신의 개별적인 표현과 무관하게 스스로 존재하는 모든 행위양식이다."[52]

사회적 사실은 개인에 외재해 있으면서 동시에 개인에게 강제력을 행사하는 행동, 사고, 그리고 감정의 양식이다. 따라서 개인에 대한 사회적 사실의 속성은 외재성과 구속성이다. 사회적 사실은 사회 전반에 걸쳐 산재해 있으면서 사회의 구성원인 개인들에게 영향력을 행사하며, 개인은 그것을 내면화함으로써 객관적인 실체로 인식하게 된다. 따라서 뒤르켐은 사회현상을 과학적으로 분석하기 위해서는 "사회적

---

[52] Durkheim, Emile(1895), *The Rules of Sociological Method*, 『사회학적 방법의 규칙들』, 윤병철·박창호 옮김, 서울, 새물결, 2001, 65쪽. 뒤르켐이 말하는 '모든 행위양식'에는 사고 양식, 감정 양식, 그리고 존재양식도 포함된다.

인간 본성의 역사

사물을 사물처럼 생각하라"는 규율을 사회학적 방법의 첫 번째 규칙으로 삼는다.[53] 뒤르켐이 말하는 '사물'은 "순전히 정신적 활동에 의해서는 감지될 수 없는 모든 지식의 대상, 그리고 그 개념을 위해서 정신 외부에서의 관찰 및 실험으로부터 얻은 자료들을 필요로 하는 지식, 보다 외부적이며 직접적으로 접근 가능한 특성으로부터 좀 더 심오하고 보이지 않는 것으로서 형성된 지식의 모든 대상을 포함한다."[54]

사회적 사실은 물론 인간의 산물이다.[55] 따라서 그것은 오로지 인간에 의해 실현된다. 그러나 그것은 개인 의지의 산물이 아니기 때문에 심리학적 탐구로는 확인될 수 없다. 사회적 사실은 사실이라는 속성에 있어서는 심리적 사실과 다르지 않지만, 그것과는 다른 토대를 가지며 다른 환경에서 발생하고 다른 조건에 의존한다. 다시 말하면 인간의 사회생활에서 물리적이나 심리적 분석으로는 설명될 수 없는 사실들이 존재한다는 것이다. 그러므로 그는 "하나의 사회적 사실을 결정해 주는 원인은 그것에 선행하는 다른 사회적 사실들 가운데서 찾아야 하며 개인의 의식 상태와 같은 곳에서 찾아서는 안 된다"[56]는 것을 사회분석의 방법적 규준으로 제안한다.

---

53 Durkheim, Emile(1895), 69쪽.
54 Durkheim, Emile(1895), 제2판 서문, 30~31쪽.
55 Durkheim, Emile(1895), 73쪽.
56 Durkheim, Emile(1895), 175쪽.

'사회적 사실'의 예증 — 자살과 종교

그는 자살을 사회적 사실로 규정하고, 자살에 관한 최초의 사회학적 분석을 시도했다. 『자살론』은 자살을 유전적 요인 등에 의한 개인적 사실로 취급하는 통상적인 시각을 뛰어넘어 사회적 현상으로 설명한다. 그는 집단 간의 자살률 차이를 생물학적·심리학적·유전적·지정학적 그리고 기후적 요인으로 설명해온 기존의 설명방식에서 탈피해서 유럽 각국의 통계자료에 근거한 새로운 형태의 경험론적 접근을 시도한다. 그는 우선 유전적 선천성 등 비사회적 요인에 의한 개인적 자살과 사회적 원인에 의한 자살을 구분하고, 후자를 분석대상으로 삼았다. 그에 의하면, 사회적 요인에 의한 자살의 경우에 집단 간의 상이한 자살률은 사회구조의 차이, 즉 사회적 통합의 수준과 정도에 따라 달라질 수 있다. 즉 자살률은 개인이 사회에 어느 정도 통합되어 있는가와 밀접히 관련되어 있다. 예컨대 가톨릭 국가에서는 프로테스탄트 국가에 비해 상대적으로 자살률이 낮으며, 기혼 여성은 같은 연령대의 미혼 여성보다 자살할 가능성이 적다.

그는 사회적 자살을 네 가지 유형으로 구별했다.[57] '이기적 자살(Egoistic Suicide)'은 "사회적 유대의 이완, 즉 일종의 집합적 무력증 내지는 '사회적 불안감'에 의해 야기되는 절망에서 발생"한다. 이기적 자살은 개인주의의 한 결과이다. 이기적 자살과 대비되는 '이타적 자살(Altruistic Suicide)'은 사

---

57 Durkheim, Emile(1897), 제2부.

회통합의 강도가 강한 집단에서 개인이 사회적 의무감의 중압이 심해질 경우 행해질 수 있다. 이타적 자살이 원시사회에서 매우 흔하게 발생하는 이유는 이 때문이다. 세 번째 유형은 근대사회에서 도덕적 규제가 크게 약화됨으로써, 그 직접적 결과로 나타나는 '아노미적 자살(Anomic Suicide)'이다. 이에 반해 과도한 물리적·도덕적 통제와 억압적 규율에 의해 개인의 미래가 무자비하게 봉쇄되고 삶의 열정이 폭력적으로 질식당할 경우 '숙명적 자살(Fatalistic Suicide)'이 행해질 수 있다. 그는 "자살은 개인이 사회집단에 통합되어 있는 정도와 반비례한다"는 사실을 입증하면서, 자살이 사회적 가치, 문화, 교육, 그리고 종교 등의 요인과 밀접한 상관관계에 있는 하나의 '사회적 사실'임을 예증했다. 경험과학적 접근을 통해 사회적 원인에 따른 자살이 하나의 '사회적 사실'임을 입증하는 것이 『자살론』의 주된 목표였지만, 그렇다고 하여 개인의 선천적 특성으로 말미암아 발생하는 자살 유형을 간과하지는 않았다.

종교도 명백한 '사회적 사실'로 다루어진다. 뒤르켐은 종교를 "신성한 것, 즉 구분되거나 금지된 것과 관련된 신념과 행위의 단일화된 체계, 즉 그것을 따르는 모든 사람들을 교회라고 불리는 하나의 도덕적 단체에다 통합시키는 신념과 행위의 체계"[58]로 정의한다. 종교는 개인의 목적을 초월하는

---

58 Durkheim, Emile(1912), *The Elementary Forms of Religious Life: a Study in Religious Sociology*, Joseph Ward Swain(trs.), London, Allen & Unwin, 1954, p.47.

윤리적인 목표를 위해서 공동의 헌신을 요구하는 강한 반개인주의적인 사회적 힘이다. 종교의 힘은 우주와 만물의 원리에 대한 교의의 진위 여부에 따라서 생겨나는 것이 아니라, 상징·의례·숭배·교회·종파 등 개인 안에 내재한 사회적 귀속성에 의존한다. 그러한 점에서 종교는 개인의 감정을 넘어서 집단 구성원들의 정신 상태를 통일시키는 체계이자 '집합적 존재의 독특한 사고방식'으로 신봉자들을 하나의 도덕적 공동체로 결합시키는 역할을 한다. 즉 종교는 사회 그 자체를 인식하는 상징 체계이며, 궁극적으로는 사회적 산물의 일부이다. 뒤르켐이 보기에, 종교에서 말하는 신이란 사회의 권력이 투영된 것에 불과한, 단지 '의인화(Personification)된 사회의 현현(Manifestation)'에 지나지 않는다. 그에게 "신이란 물상화된 사회(God is hypostatized society)"[59]였다.

그는 『종교생활의 원초적 형태』에서 사회집단이 갖는 자체의 성질을 집합표상과 집합의식으로 개념화한다. "집단은 그 구성에서 개인과 다르므로, 집단에 영향을 미치는 것들도 다른 본성을 지닌다."[60] '집합표상'은 사회가 '자신을 의식하는' 수단인 집합적 상징으로 구성되며, '집합적 삶'은 개인과는 독립된 자율적 실재이다. 집합표상은 구성원들에게 외재하며 권위를 갖는 '신성한(Sacred)' 것으로 개인에게 강제력을 행사한다. 그것은 '사회의 일반 구성원들이 공유하는

59 양영진(1993), 「뒤르켐의 宗教儀式理論에 대한 批判的 考察」, 『한국사회학』 26, 2, 129쪽.
60 Durkheim, Emile(1912), p.22.

보편적 신념과 감정의 총체'[61]로서 집합의식으로 내면화된다. 뒤르켐은 집합의식의 속성을 '그 자체의 생명을 갖는 하나의 명확한 체계', '개인들에게서 찾을 수 있는 특별한 조건과는 독립적인 것', 그리고 '세대들을 서로 이어주는 것' 등으로 풀이한다.[62]

뒤르켐이 자살과 종교를 물리적 사물과 같이 '사회적 사실'로서 다룬 것은, 실증과학과 자연과학적 진화를 앞세웠지만 사회의 추상적 개념에서 벗어나지 못했던 콩트와 스펜서의 실패를 뒤로 하고, 사회분석에서 엄밀한 과학적 방법의 규준을 적용한 결과였다. 이 같은 접근법은 오늘날 일부 비판가들에 의해서 그가 사회적 사실을 자연세계의 사실과 동일시함으로써 사회적 행위자의 그 내면으로부터 접근하는 해석학적 차원을 간과했다는 지적을 받기도 하지만,[63] 당시 뒤르켐에게는 사회현상을 분석하는 데서 자연과학적 방법을 도입함으로써 사회학에 과학의 지위를 부여하는 것이 보다 더 중요했다. 그는 자신이 유물론자로 불리는 것을 극구 꺼려했지만,[64] 기계적 유물론의 영향을 받은 것은 사실

61 Durkheim, Emile(1893), *The Division of Labor in Society*, Geroge Simpson(trs.), New York, Free Press, 1964, p.79.

62 뒤르켐은 집합표상에 대하여 네 가지 명제로 설명한다. "① 집합적 표상들은 사회적으로 생성된다. ② 집합적 표상들은 사회적 관심들을 대변한다. ③ 집합적 표상들은 사회 조직과 구조적인 일치성을 갖는다. ④ 집합적 표상들은 일단 형성되고 나면 비교적 자율적이 되며, 그것들 나름의 법칙들을 따라서 결합하고, 결별하고, 또한 변형한다." Tomson, K.(1982), 88쪽.

63 Taylor Steve(1982), *Durkheim and the Study of Suicide*, New York, St. Martin Press.

64 뒤르켐은 자신의 사회학적 방법이 유물론으로 평가되는 것을 아주 잘못된 기술이라고 지적하며 그 이유를 다음과 같이 해명했다. "우리는 사회적 사실을 설명하는 심리학

이다. 뒤르켐은 사회학적 방법의 원칙에서 "존재의 근본적
인 속성에 형이상학적 사고와 개념을 포함시키지는 않을 것
임"을 분명히 한다. 그는 사회학이 철학적 원리에서 파생되
었다는 통념에서 벗어나서 "철학으로부터의 완전한 독립"을
원했다.[65] 그는 "사회과학으로부터 철학을 충분히 제거하지
못하는 한," '사회적 사실'의 실체를 밝혀내지 못할 것임을
잘 알고 있었다. 따라서 그는 사회현상들은 그 나름의 독특
한 실재를 갖기 때문에 엄격하고 객관적인 연구방법에 의해
분석되어야 한다는 원칙을 세워서, 사회학을 독립적인 연구
주제를 가진 학문으로 확립하고자 했다.

사회는 '사회적 사실의 총체'

뒤르켐은 사회는 '사회적 사실의 총체'로서 개인에 외재
하는 객관적인 실체로 규정한다. 뒤르켐은 사회와 개인을
전체와 부분의 관계로 설명한다.

> "**전체는 각 부분들의 합과 같지 않다.** 그것은 다른 것이며 전
> 체의 속성은 그 요소의 부분들의 속성과 다르다. 결합은 종
> 종 생각한 것처럼 쓸모없는 것이 아니다. 이것은 단순히 사실
> 들과 구성요소의 속성들을 나란히 놓은 것이 아니다. 반대로

적 현상의 복잡한 비물질성에 대해 밝히는 것도 거부했다. 우리는 더구나 이탈리아 학파
와 같이 유기적인 물질의 일반적인 속성으로 다시 융합되는 것을 거부했다." Durkheim,
Emile(1895), 213쪽.

65 Durkheim, Emile(1895), 33쪽, 209~211쪽. 『사회학적 방법의 규칙들』은 '사회학이라는
학문의 특수성을 정의하고 보여 주는 것'과 '사회학의 고유한 방법론을 기술하는 것', 두
가지를 목표로 삼았다. 민문홍(2001), 49쪽.

사물의 일반적인 진화의 과정에서 연속적으로 만들어진 모든 혁신의 근원이다."[66]

전체로서의 사회는 (부분으로서의) 개인들의 단순한 총합이 아니라 개인들의 결합으로 형성된 체계로, 그 나름의 특성을 갖는 하나의 구체적 실체를 표상한다. 그러므로 사회의 속성은 그 구성부분인 개인의 속성으로 환원될 수 없다. '복합체(The Complex)'는 '단순한 것(The Simple)'으로 설명될 수 없다. 오히려 사회는 개인의 의식과 행동에 지대한 영향을 미친다. 뒤르켐은 독자적인 '개인의식'이나 '의지의 산물'이라는 관념을 인정하지 않는다. "사회는 그 구성부분인 개인과도 다르며, 사회로부터 파생되는 어떤 집합체와도 질적으로 구분되는 하나의 도덕적 존재이다."[67] 그러므로 모든 사회는 집단의 개인에 대한 도덕적 권위를 함축한다. 개인의식은 온전히 개인 자신의 것이라기보다는 상당한 수준에서 사회의식의 방출에 지나지 않는다. 사회적 사실의 두드러진 특성은 개개인들의 의식과 정서에 대한 우세한 지배력에 있다.[68] 그는 우리 각자가 창출하지 않은, 이미 만들어진 언어를 사용하고 있다는 사실을 상기시키면서 개별의 속성을 넘어서는 사회적 존재로서의 인간상을 부각시킨다.[69]

---

66 Durkheim, Emile(1895), 167쪽.
67 Durkheim, Emile(1912), p.51.
68 Durkheim, Emile, "Sociology", *Essays on Sociology and Philosophy*, Kurt H. Wolff(ed.), Harper Torchbook, 1964, pp.367~368.
69 Durkheim, Emile, *Emile Durkheim on Institutional Analysis*, p.102. "사회의식은 존재하며, 개인의식은 기껏해야 부분적으로만 사회의식으로 방출된다. 온전히 우리 자신의 것에서

"인간의 활동이 모든 제약으로부터 자유로울 수 있다는 것은 진실이 아니다. … 모든 존재는 우주의 한 부분으로서 다른 나머지의 부분들에 대하여 상대적이다. 따라서 그 성격과 표현의 방법은 자신뿐만 아니라 다른 존재에게도 의존하는 것이므로 제약은 불가피하다. 그러므로 생물과 생각하는 인간과의 차이는 정도와 형태의 차이가 있을 뿐이다. 인간의 특권은 그가 받는 제약이 물리적인 것이 아니라 정신적인 것, 사회적인 것이라는 점이다."[70]

뒤르켐의 사회이론을 특징짓는 두 범주 간의 구분에서, 말하자면 사회적으로 결정된 것과 유기적으로 또는 생물학적으로 주어진 것, 특정 사회에 특수한 요인과 추상적이거나 가상적인 인간 본성, 개인 외부로부터 비롯되는 요인들과 개인의 의식 속에서 생성된 요인, 사회적 또는 공공의 대상을 향한 생각이나 행동과, 순전히 개인적이고 사적인 생각이나 행동, 사회적으로 부과된 의무들과 자발적인 욕구나 행동, 이타적 행위와 이기적 행위, 그리고 신성한 것과 세속적인 것 등의 구분에서, 후자의 범주들은 전자의 그것들에 통합됨으로써 의미를 갖는다.[71]

만 얻는 생각과 감정이 도대체 얼마나 되는가? 거의 없다. 우리는 자기 자신이 만든 게 아니라 이미 만들어진 언어를 사용한다."

70 Durkheim, Emile(1897), 268쪽.

71 Lukes, Steve(1975), *Emile Durkheim: His Life and Work*, Harmondsworth, Penguin, pp.20~21.

사회를 개인의 본성에 외재하는 독립적 실체로 보는 뒤르켐의 '강한' 사회실재론은 사회를 마치 하나의 영원한 '어떤 것'처럼 의인화하는 경향이 있다는 지적을 받는다. 이를테면, 레이몽 아롱Raymond Aron은 "뒤르켐은 사회적 사실을 너무 인격화하여 정령신앙에서 만물에 부여하는 힘이 있는 것처럼 부여한다"면서, 사회실재론의 급진성을 지적한다. 아롱이 보기에, "뒤르켐에게 사회가 없이는 인간은 동물이며, 동물인 인간이 인간성에 도달하게 된 것은 사회의 덕이다."[72] 에반스-프리차드E. E. Evans-Pritchard는 한술 더 떠서 "사회를 하나의 신으로 만든 것은 야만인들이 아니라 뒤르켐"[73]이라고 꼬집는다. 그러나 이 같은 비판은 사회현상을 인종, 본능, 열정, 또는 욕구 등 개인의 심리적이거나 생물학적인 특성으로 환원시키는 방법론적 개인주의에 대한 뒤르켐의 격렬한 반발이거나 그에 따른 일부 과장된 표현에서 오는 오해일 수 있다. 뒤르켐은 사회결정론의 관점으로만 개인을 조망하지는 않았으며, 또한 인간 본성의 내적 차원을 간과하지도 않았다.[74] 그는 사회적 사실이 개인에 외재한다 하더라도 개인의 의식 속에 내재화되어 있는 경우에만 개인의 행위를 효율적으로 통제하고 인도할 수 있다는 점을 분명히 한다. 사회적 사실의 구속성은 단순히 개인의 의지에 대한 외부적 강압이라기보다는 집단의 규칙에 복종하려는 일

72 Aron, Raymond(1967), *The Main Currents in Sociological Thought II*, 『사회사상의 흐름』, 이종수 옮김, 홍성사, 1980, 385쪽.

73 Evans-Pritchard, Edward E.(1956), *Nuer Religion*, Oxford University Press, p.313.

74 Tomson, K.(1982), 72쪽.

종의 의무와 같은 것이다. 사회는 "우리를 초월해 있는 어떤 것인 동시에 우리 속에 내재해 있는 것"으로서, 개인과의 상관관계하에 실재한다.[75] 즉 사회는 실재이지만 개인 또한 실재하며, 그 양자는 상호작용 상태에 있다. 요컨대 인간이 자신의 정체성을 만들어 가는 데는 사회도 중요하고 개인도 중요하다.

3) '이중인'

앞에서 본 바와 같이, 뒤르켐은 지능, 소질, 재능과 같이 개인이 선조로부터 물려받는 선천적인 특성을 '출생과 동시에 물려받는 선물'로 표현했다. 인간의 생물학적 특성은 대를 이어 상속된다. 그는 우선 생물학적으로 무한한 욕구를 가진 존재로서 인간의 태생적 조건을 전제한다.

> "… 인간의 본성은 기본적으로 모두 같으며 … 우리들의 욕구 수준의 한계에 차이를 가져오는 것은 인간성의 본질이 아니다. 그러므로 개인에 관한 한, 욕구의 수준은 무한하다. 외적 규제력을 떠나서는, 우리의 감정의 능력은 무한하고 한량이 없다."[76]

---

75 뒤르켐은 "사회는 우리들 안에 있으며 우리들의 집합적 감정은 집합적인 것의 위대한 목소리가 우리들 안에서 메아리치는 것이다"라고 덧붙여서 설명한다. Durkheim, Emile, *Sociology and Philosophy*, p.58, p.132.
76 Durkheim, Emile(1897), 262쪽.

생물학적 인간은 "하나의 만족은 욕구를 충족시켜 주기보다는 또 하나의 자극이 될 뿐"이라는 점에서 "하나를 가지면 또 하나를 더 가지고 싶어 하는" 무한한 욕망을 지닌 존재이다. 뒤르켐에 따르면, "개인에게는 욕구를 억제시킬 만한" 힘이 없으며, 개인의 욕구는 오직 외적 강제력에 의해서만 효과적으로 통제될 수 있다.[77] 사회가 인간의 욕망에 제한을 가함으로써, 다시 말해 "유기체가 육체적 욕구에 대하여 행하는 역할과 동등한 역할을 도덕적 욕구에 대하여 행사하는 하나의 규제력"을 구성함으로써, 개인의 욕구는 억제될 수 있다. 그것은 '전체가 개인에게 행사하는 압력'이다. 그러나 역으로 개인의 욕망에 대한 사회적 통제력이 상실되고 사회적 규제가 붕괴된다면, 인간 개개인은 그들 자신의 욕망에 따라 움직이게 됨으로써 사회 전체는 무규범의 상태에 빠지게 된다. 뒤르켐은 이러한 상태를 아노미Anomie라고 칭했다.[78] 아노미는 개인의 비정상적인 정신 상태가 아니라 무규범 상태에 놓인 사회적 양상을 의미한다. 아노미는 사회의 특정 부분에서 집합적 힘의 결핍, 사회적 삶에 대한 규제의 부족에서 비롯되는 것이다.[79] 규범의 부재는 "사회가 어떤 고통스러운 위기나 돌발적인 이행에 의해 교란되는 경우" 발생되는 상황이다.

규범의 부재

---

77 Durkheim, Emile, *Saint-Simon and Socialism*, London, Routledge and Kegan Paul, 1958, p.200.
78 Durkheim, Emile(1897), 269쪽.
79 Durkheim, Emile(1897), 415쪽.

'생물학적인 본성인 이기주의'와 '사회적 통합의 수단으로서 도덕'을 조화시키는 문제는 뒤르켐에게 지속적으로 나타나는 주제이다. 질서와 무질서를 가르는 요인은 사회적 규제의 유무에 달려 있으며, 생물학적 인간으로부터 사회화된 인간으로 거듭날 수 있는가의 여부는 개인의 욕망을 억누르는 도덕적 행위의 실행 여하에 달려 있다. 도덕은 "가장 불가결하고 철저하게 필요한 일상의 양식으로서, 그것 없이는 사회가 존재할 수 없는," '그런 것'이다. 그가 '유기체 연대의 도덕'이라고 부른 새로운 도덕성은 '기율의 정신(Spirit of Discipline)', '사회집단에의 애착(Attachment to Social Groups)', 그리고 '자율성(Autonomy)'으로 구성된다.[80] 그것은 사회적 연대의 근원이 되며, 인간들이 다른 사람들을 고려할 수 있도록 하며, 이기주의에 따른 행동보다는 다른 (이타적) 행동을 하도록 규제한다. 따라서 도덕적 규제는 건전한 개인주의를 존립하게 하는 조건이다. 뒤르켐은 이처럼 "도덕적 우위를 과학의 언어로 만듦으로써 도덕적 우위에 객관적 권위를 부여한다."[81]

뒤르켐이 조망한 '사회 속의 인간'은 육체적 욕구를 지닌

---

[80] 뒤르켐은 새로운 도덕성의 특징을 네 가지로 요약한다. "첫째는, 일상적 삶 속에서 개인의 존엄성을 강조하는 배려문화의 확산이며, 둘째는, 사회에서 소외되고 있는 계급들에 대한 박애정신의 확산이고, 셋째는 산업화의 결과로 새롭게 나타난 각각의 직업집단에 어울리는 직업윤리의 정착이다. 그리고 마지막으로는 개인주의의 논리적 귀결로서 공정한 사회관계를 정립하기 위해서 분배적 사회정의를 실현하는 것이다." 민문홍(2001), 93~94쪽.
[81] Seidman, Steven(1998), *Contested knowledge: Social Theory in the Postmodern Era*, 『지식논쟁』, 박창호 옮김, 문예출판사, 1999, 107쪽.

인간인 동시에 사회화된 인격으로서의 인간, 즉 '이중적 본성을 가진 존재', '이중인二重人(Homo Duplex)'이다.[82] 인간 안에는 이기주의와 도덕적 행동이 서로 분리되어 대립하는 형태로 공존한다. 인간은 감각적 욕구와 도덕적 행동 사이에서 늘 갈등한다. 이기주의는 생물학적인 반면, 도덕은 거의 전적으로 사회적이다. 인간은 이처럼 아주 이질적인 2개의 속성으로 인하여 이 두 모습이 혼합된 존재로 살아간다. 뒤르켐은 인간 본성의 이중성을 설명하면서 무엇이 우선되어야 하는지를 명시한다.

이기주의는 생물학적인 반면, 도덕은 전적으로 사회적이다

> "세속적 인간에게도 의무, 도덕적 명령은 존엄하고 신성한 것이다. 그리고 도덕적 활동에 불가결한 동맹자인 이성도 당연히 유사한 감정을 불러일으킨다. 우리 본성의 이중성은 그러므로 모든 종교의 토대인 성聖과 속俗으로 사물이 분화된 특수한 경우에 불과하다."[83]

인간이 타고난 이기적 본성에 대응할 수 있는 일정한 이타성이 뒷받침되지 않는다면 사회는 존속될 수 없다. 우리의 이기적 성향은 본성의 한가운데를 차지하지만, 어느 정도의 이타적 성향도 한편에 자리한다. 따라서 뒤르켐에게

---

82 이에 대한 Durkheim의 논문, 「인간 본성의 이중성과 그 사회적 조건들」은 J. C. Filloux가 편집한 *La Science Sociale et L'action* (Paris, PUF, 1970)에 재수록되어 있다. 여기서는 민문홍(2001), 194~195쪽에서 재인용함. 다음의 글도 참조할 것. Coser, Lewis(1971), *Masters of Sociological Thought*, 『사회사상사』, 신용하·박명규 옮김, 일지사, 1978, 209쪽.
83 Durkheim, Emile, *Emile Durkheim: Essays on Sociology and Philosophy*, pp.325~326.

개인의 이해나 이기주의를 인류 역사의 출발점으로 보고 협
동과 사회성 또는 이타주의를 역사적 현상으로 간주하는 진
화론적 가정은 맞지 않는 이야기이다.[84]

요컨대 뒤르켐의 이중인은 (생물학적) 동물성과 (사회적) 인
간성의 결합체이다. 그러나 동물성만으로는 인간성을 설명
할 수 없다. "우리를 진정한 인간으로 만드는 것은 문명이라
불리는 관념, 신념 그리고 행동 계율의 집합을 얼마만큼 소
화하고 이해할 수 있느냐에 달려 있다"[85]는 언명은 인간성
이 동물성과 명백하게 구별되는 속성임을 지시한다. 뒤르켐
은 "사회가 부여한 모든 것을 인간에게서 빼앗아버린다면,
그는 감각에 의존하게 될 것이고, 결국 동물과 구분할 수 없
는 존재가 되어버릴 것"이라고 보기 때문에, 그에게 인간이
란 사실상 '단지 문명화된 정도만큼의 인간성'이다. 이러한
인간 개념은, 맹자의 '성장하는 것'으로서의 성 개념과 유사
하게, 인간을 도덕적으로 사회화되는 과정을 통해서 자신의
본성이 형성되는 존재로 규정하게 한다.

뒤르켐의 이중인은 그가 체험한 19세기 말 근대사회의
양상을 배경화면으로 한다. 뒤르켐은 산업화가 초래한 근대
사회적 변화를 우울하게 진단했다. 그는 근대사회를 '무한
한 고양의 질병', '신기함', '새로운 쾌락과 형언할 수 없는

---

84 Tomson, K.(1982), 108쪽.
85 Durkheim, Emile, *Sociology and Philosophy*, p.55.

인간 본성의 역사

흥분에 대한 갈구', 그리고 '건전한 규율의 부재' 등으로 그렸다. 뒤르켐은 산업화로부터 얻어진 경제적 풍요를 곱지 않은 시선으로 바라보았다. 경제적 풍요는 인간의 욕구를 자극함으로써 아노미 상태를 가져올 위험을 내포한다. 산업화는 근대적 질병을 야기한다. 그 질병은 "자본가의 경우에는 불안하고 고통스러운 동요"의 형태로, "노동자의 경우에는 불만과 초조의 형태"로 나타난다. 따라서 뒤르켐에게 근대사회의 위기는 마르크스와는 달리, 시발은 급격한 사회경제적 변동에 연원하지만, 물질적 이해관계의 위기가 아니라 본질적으로는 도덕적 위기이다. 결국 뒤르켐은 '사회를 도덕적으로 재구성하는 문제'를 천착한다. 애덤 스미스가 인간 본성을 파악하는 데서 (생물학적 측면에서의) 이기주의와 (사회적 또는 도덕적 측면에서의) 이타주의 사이를 넘나드는 이른바 '애덤 스미스의 문제'에 봉착했다면[86], 뒤르켐은 인간의 욕구를 사회적 도덕의식의 통제하에 통합시킴으로써 문제 해결의 돌파구를 찾았다.

이러한 뒤르켐의 해법은 "인간의 이기주의를 갈등 및 무규범성과 동일시하는 철학적이고 보수적인 분석"[87]으로 비쳐질 수 있다. 또한 "개인이든 사회이든 삶에 있어서 모든

---

[86] 스윈지우드의 해석에 따르면, 애덤 스미스는 이기주의와 이타주의를 인간 본성의 두 가지 별개의 구성요소로 파악했다. 그는 『국부론』에서는 이기주의를, 『도덕감정론』에서는 흄의 영향을 받아 이타주의 또는 동정을 강조했는데, 상반된 두 요소에 대한 스미스의 견해를 스윈지우드는 '애덤 스미스의 문제'로 명명한다. Swingewood, Alan(1984), *A Short History of Sociological Thought*, 『사회사상사』, 박성수 옮김, 문예출판사, 1985, 138쪽.
[87] Coser, Lewis(1971), 238쪽.

과학의 중요한 목적은 정상적인 상태를 정의하고 설명하는 것이며, 정상적인 상태를 그 반대의 (비정상적) 상태와 구분하는 것"[88]이라는 뒤르켐의 인식은, 그가 반개인주의적 철학에 과도하게 의존해서 개인의 충동을 길들이고 사회의 목적을 강화하는 데 관심을 쏟은 듯한 오해의 인상을 불러올 수도 있다. 그러나 그는, 사회주의에 대한 냉정한 분석에서 보듯이, 반개인주의자도 아니었고 특정한 목적의 사회를 공학적으로 조성하려는 인위적인 의도도 갖고 있지 않았다. 도덕과 교육의 중요성은, "개인의 집합으로 이루어진 사회 속에서 모든 개인에 적용되는 공통의 토대가 무너진다면 개인도 사회도 존재할 수 없다"는 인식에서 얻어진다. 인간은 언제나 사회 속에 실재하며, 역사 속에서 변화한다. 인간의 자유는 사회적 산물이기 때문에 역사를 떠나서는 분석될 수 없다. 인간에게 "자연법칙과 도덕적 자유는 양립 가능하다는 것"[89]이다. 교육 이념의 역사를 전체적으로 훑어본 다음에, 그가 내린 인간 본성에 관한 결론은 마르크스의 '사회적 관계의 총체' 개념과 유사하다.

자연법칙과 도덕적 자유는 양립 가능하다

> "역사에 드러나 있는 그대로의 인간성은 무엇보다 우선 우리가 경탄할 만한 유연성과 풍부함을 가지고 있다고 믿을 수 있다. … 역사가 가르쳐 주는 것은 인간은 제멋대로 변화하지 않는다는 것이다. … 변화는 오직 필요가 있을 때만 일어난

---

[88] Durkheim, Emile(1895), p.133.
[89] 민문홍(2001), 28쪽.

다. … 그것은 인간의 상황을 결정하는 다양한 인과관계들의
총체적인 망 안에서 변화의 산물이어야 한다."[90]

---

90 Durkheim, Emile, *The Evolution of Educational Thought*, Peter Collins(trs.), London, Routledge and Kegan Paul, 1977, pp.329~330.

3. 파레토의 비논리적 행위 이론

　빌프레도 파레토Vilfredo Pareto는 사회학자로서보다는 경제학자로 널리 알려져 있다. 그가 만들어 낸 '파레토 최적'이나 '20대 80의 법칙'은 오늘날에도 유용하게 활용되고 있다. 파레토는 원래 수리경제학으로 학문적 이력을 시작했다. 왈라스Marie E. L. Walras와 더불어 로잔학파를 형성하기까지 파레토는 정치경제학자로 활동했다. 파레토가 사회학으로 방향을 튼 것은 때늦게도 50대 초반 무렵이었다. 공학기사이자 경제학자로 활동하면서 그가 갖게 된 실망은, 인간 행동은 경제학자들이 말하는 '합리적 동기'에 따라 움직이지 않으며, 경제법칙이 예측하는 대로 정확히 측정되지는 않는다는 것이었다. 그가 경험한 바로는 인간 행위는 대부분 논리적이기보다는 비논리적이다. 인간 행동의 비논리적 동기에 대한 인식은 그로 하여금 경제 분석에서 사회 탐구로 관심을 돌리게 했고,

그 이후 역사 해석으로까지 확대되었다. 사회학 분야의 뚜렷한 업적으로 평가되는 『일반사회학 논집』[91]은 그가 60세가 넘은 시기에 내놓은 노작이다. 사회를 균형 상태에 있는 하나의 체계로 보는 파레토의 사회이론은 탈코프 파슨즈 등의 구조기능주의자들에게 직접적인 영향을 미쳤다.

오늘날에 와서는 파레토의 사회이론을 두드러지게 부각시키려 하거나 추종하려는 움직임은 좀처럼 찾기 어렵다. 사상적 영향력의 측면에서 보면, 파레토는 마르크스나 뒤르켐 또는 막스 베버 등의 고전사회학 이론 주조자들에 비해 훨씬 덜 읽혀지는 '잊혀진' 사회학자 축에 낄지 모른다. 그러나 그보다 조금 앞서 니체가 강렬하게 외쳤던 것처럼, 그리고 동시대 프로이트의 발명품인 무의식 가설에서 보는 것처럼, 그의 잔기이론은 이성적 판단이나 합리적 추론으로는 파악되지 않는, 인간 내부에서 꿈틀대는 어떤 힘을 포착하는 데 초점을 맞춘다. 이 힘에 대한 분석이 과연 객관적 타당성이 있는지에 대해서는 대체로 회의적인 견해가 많지만, 논리적으로만 설명될 수 없는 '인간적 사태에 대한 독특한 하나의 접근법'[92]이라는 데는 이견이 없다.

---

91   Pareto, Vilfredo(1912), *A Treatise On General Sociology*, Dover Publications Inc., 1963; Pareto, Vilfredo, *Vilfredo Pareto: Selections from his* Treatise, Joseph Lopreat(ed.), New York, Thomas Y Crowell Company, 1965. *A Treatise On General Sociology*는 이하 *Treatise*로 줄임.

92   가령 마샬은 파레토 사회학의 독특성을 '심리학적 사회학' 또는 '정치 심리학' 등으로 표현한다. Marshall, Alasdair J.(2007), *Vifredo Pareto's Sociology: A Framework for Political Psychology*, Routledge, pp.41~42.

1) 마키아벨리의 후예

　이탈리아의 지성사적 전통에서 성장한 사상가들에게서 흔히 볼 수 있듯이, 파레토도 인간 본성 문제를 논의의 출발점으로 삼는다. 이탈리아 사상가들에게 "인간은 어떠한 불변의 속성을 지니고 있으며, 이러한 속성이 여러 상이한 환경 속에서 인간 행동을 어떻게 결정하는가를 이해하기 위하여 그 인간 본능을 밝혀내고 면밀히 탐구해야 한다"는 견해는 특별한 것이 아니다.[93] 인간 본성을 사회현상과 연관지우는 경향은 마키아벨리에게로 소급된다. 앞에서 본 것처럼, 마키아벨리는 인간 본성에 관한 비관주의에 기초하여 정치적 현실주의를 모토로 삼았다. 마키아벨리는 인간을 "은혜를 모르고, 변덕스러우며, 위선적이고, 위험을 두려워하고, 탐욕스러운" 피조물로 여겼다. 그에 따르면, 인간 본성을 잘 숙지한 현명한 군주는 이해관계에 따라 갈대처럼 흔들리는 인민을 통제함으로써 국가 통합을 이루어낼 수 있다.

　파레토는 마키아벨리의 후예이다. 그는 마키아벨리에게서 인간 본성의 개념을 빌려오고, 마키아벨리처럼 우울한 시선으로 인간을 바라본다. 그는 인간 본성이 어떻게 인간 사회의 발전을 제한하는가에 대한 성찰을 통하여 인간 내면에 숨겨진 동기를 찾으려 한다.[94] 그에 따르면, 사회적 행위

인간의 마음속에 숨어 있는 비합리성에 대한 관심

93　Coser, Lewis(1971), 596쪽.
94　Femia, Joseph V. and Marshall, Alasdair J.(eds.), *Vilfredo Pareto: Beyond Disciplinary*

는 특정한 개인적 동기에 의해 유발되고, 개인 행위의 동기는 비합리적이고 비논리적이다. 인간의 마음 안에 숨어 있는 비합리성에 대한 관심은 20세기 전후 서구에서 유행했던 사상적 경향이다. 철학과 심리학에서 니체와 프로이트가 비합리성의 담론을 선점하고 있었다면, 사회학에서 그 몫은 파레토의 것이었다.

2) 논리·실험적 방법

파레토는 사회현상을 분석함에 있어서 경험과 관찰에 기초한 논리적이고 실험적인 접근법을 선호했다. 그는 사회분석에서 엄밀한 과학법칙에 의거한 논리적 추론의 방법과 경험적 자료를 토대로 하는 귀납법의 활용을 제안했다. 논리·실험적 과학의 임무는 모든 경험 외적인 요소 또는 경험을 벗어난 형이상학적 관념들을 배제하는 데 있다.[95] 파레토는 관찰되지 않거나 관찰될 수 없는 것들은 사실의 영역에서 제외시킨다. 과학은 항상 사실이나 인과관계에 관한 명제의 집합이다. 파레토의 논리·실험적 과학은 실험을 통한 균일성을 추구함으로써 현상 간의 규칙적 관계를 파악하고 예측하는 것을 목표로 한다.

Boundaries, Burlington, Ashgate Publishing, 2012, p.3.
95 Femia, Joseph V.(2006), *Pareto and Political Theory*, New York, Routledge, pp.13~15.

그에 따르면, 사회는, 물리적·화학적으로 총합적으로 엮어진 혼합적인 물질세계와 마찬가지로, 균형 상태에 있는 하나의 체계이다. 전체로서의 사회는 상호 의존적 부분들로 구성된다. 물리적·화학적 체계가 물질분자들로 구성되어 있듯이, 사회도 이해관계, 충동, 그리고 감정에 의해 움직이는 개인들로 이루어져 있다.[96] 파레토는 사회 체계를 '인간 행위를 결정하는 변수들 간의 상호 의존적 변화 상황을 분석하는 틀'로 삼는다. 파레토의 '체계' 개념은 추상적이고 비역사적이다. 그는 특정한 시기의 사회 체계를, ① 인간 외적인 환경, ② 이전의 사회 체계 상태 등 해당 사회에 외재하는 여타의 요소들, ③ '감정'의 표현물인 사회 체계의 내적 요소 등 세 가지 조건들에 의해서 결정된 상태로 파악한다.[97] 파레토는 세 가지 조건들 가운데서 특히 마지막 것에 관심을 쏟는다. 그는 사회 체계를 구성하는 내적 요소를 관심, 지식, 그리고 '잔기(Residues)'와 '파생체(Derivation)'로 구분한다. '잔기'와 '파생체'는 그가 만들어 낸 개념이다. 사회 체계는 그 구성원인 개인들의 심리 내적인 잔기와 파생체가 분배되는 방식에 따라 균형 상태를 이루게 된다. 그러므로 사회 체계는 우연히 만들어지는 것이 아니라 체계 내의 구조적인 성질에 의해 결정된다. 이처럼 그는 사회변동을 외적인 것이 아니라 사회 체계를 구성하는 요소들에서 출현하는 여러 힘

---

96 Pareto, Vilfredo(1912), *Treatise*, 2080(파레토가 총 2,612개 문단에 붙인 번호로, 2080은 2,080번째의 문단을 뜻함).

97 Timasheff, N. and Theodorson, G.(1976), *Sociological Theory: Its Nature and Growth*, 『사회학사』, 박재묵·이정옥 옮김, 풀빛, 1985, 196~197쪽.

들이 충돌하게 됨으로써 진행되는 과정으로 설명한다.

3) 논리적 행위와 비논리적 행위

파레토가 자주 사용한 '최적', '체계', 그리고 '균형' 등의 용어들이 파슨즈의 사회체계론에 승계된 사회학적 개념들이라면, '잔기'나 '파생체'라는 다소 생소한 고안물은 인간 본성과 연관된 다분히 심리주의적 용어이다. 잔기와 파생체는 인간의 생리심리학적 상태인 감정의 표현이다. 그가 이같은 심리적 용어를 사용하는 이유는 대부분의 사회적 행위가 비논리적이라고 보기 때문이다.

파레토는 인간의 행위를 논리적인 것과 비논리적인 것으로 구분한다. '논리적 행위'는 이성적 추리를 통해 "목표에 적합한 수단을 사용하고 목표와 수단을 논리적으로 연결시키는" 행위이며, 이에 속하지 않는 모든 행위는 비논리적 행위이다.[98] 따라서 논리적 행위에서는 객관적이거나 주관적인 측면 모두에서 수단과 목적 관계가 서로 일치하는 반면, 비논리적 행위에서는 그렇지 않다.[99] 그는 인간 행위의 대부분은 논리적이고 합리적이기보다는 비논리적이고 비합리적이라고 본다. "비논리적 행위는 주로 일정한 심리적 상태, 감

---

[98] Pareto, Vilfredo(1912), *Treatise*, 150.
[99] 파레토는 비논리적 행위를 다시 네 가지 범주로 나누어 설명한다. 이에 대한 자세한 설명으로는 다음을 참고. Aron, Raymond(1967), 395~398쪽.

정, 무의식적 느낌 등과 같은 것에서 발생한다."[100] 달리 말해서, 인간의 대부분 행위는 합리화하거나 논리화하는 데 사용되는 신념 체계에 의해서가 아니라 행위 이전의 마음 상태나 기본적인 인간의 감정으로 설명될 수 있다는 것이다. 따라서 그는 개인들의 행위로 구성되는 사회는 이성과 논리만으로 설명되지 않는다고 주장한다.

> "전적으로 이성에 의해서 결정되는 사회란 존재하지 않으며 존재할 수도 없다. … 왜냐하면 논리적이고 실험적인 이성의 활동으로 해결될 수 있으리라 생각하는 문제의 소재들은 전혀 알려지지 않기 때문이다."[101]

사회 체계의 성격을 밝히는 데서 관건은 "구체적으로 발견되는 행위가 아니라 그것을 구성하고 있는 요소들에 있다."[102] 따라서 문제는 사회 체계를 구성하는 요소로서 '잔기'와 '파생체'가 비논리적 행위로 연결된다면 그 비논리적 행위를 어떻게 논리·실험적 과학의 방법으로 파악할 수 있느냐 하는 것이다. 파레토는 비논리적인 행위들을 어떻게 합리적으로 설명할 수 있는가에 초점을 맞춘다. 파레토의 설명방식은 〈그림 4-1〉과 같다.

---

100 Pareto, Vilfredo(1912), *Treatise*, 161.
101 Pareto, Vilfredo(1912), *Treatise*, 2143.
102 Pareto, Vilfredo(1912), *Treatise*, 148.

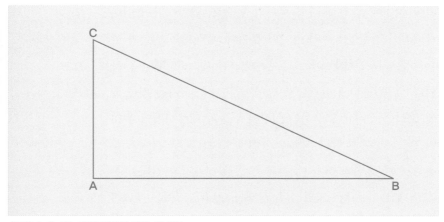

〈그림 4-1〉 비논리적 행위에 대한 설명틀

〈그림 4-1〉에서 C는 행위자의 여러 가지 사상과 감정의 표현들로서 특히 언어 표현을 의미한다. B는 행위자의 행위이다. 우리는 그 행위를 관찰할 수 있으나 그 행위가 왜 그리고 어떻게 행해졌는지에 대해서는 알지 못한다. A는 행위자의 심리적 상태이다. A-B-C의 관계망 속에서 행위 B는 행위자의 사고와 언어, 즉 C만으로 설명되지 않는다. B는 C와 A에 의해 규명될 수 있는데, 여기서 초점은 A가 무엇인지를 알지 못한다면, B와 C는 설명될 수 없다는 데 있다. 그러므로 인간 행위에서 본질적으로 중요한 요소는 A이다.

4) 잔기와 파생체

잔기는 파레토의 행위 이론에서 핵심 개념이다. 잔기는 인간의 감정에서 직접 나온 동기의 힘으로, 인간의 본능이나 생래적인 경향들로부터 야기된 것이다. 파레토는 잔기가 인간의 본능과 연관되어 있으나 본능은 아니며, 모든 본능을 포함하지도 않는다고 말한다. 본능이 우리 내부의 가장 깊은 곳에 자리한 것이라면, 잔기는 인간의 본능과 대응관계에 놓여 있으나 본능과는 달리 개인의 심층에서 비교적 덜 깊숙이 묻혀 있으며, 표면에 더욱 더 가까운 것이다. 잔기는 앞에서 본 〈그림 4-1〉의 A 행위자의 심적 상태가 아니다. 그것은 우리가 직접 알 수 없는, 아마도 간접적으로도 알 수 없는, 행위자의 감정과 표현 C와 행위 B 사이에 있는 중간자이다.[103] 잔기는 우리가 직접 파악할 수 없는 감정들과 직접 알 수도 있고 분석할 수도 있는 신념 체계나 행위 간을 연결하는 매개체이다. 잔기를 심적 상태와 견주어 볼 경우, ① 잔기는 감정보다는 행위에 가깝다. 왜냐하면 그것들은 행위 또는 표현을 분석함으로써 발견되기 때문이다. ② 잔기는 구체적 실재가 아니다. 그것들은 관찰자가 현상을 설명하기 위해 만든 분석적 개념이다. 파레토는 잔기를 언어학자가 찾는 기원에 비유하면서 사회학자가 찾는 기원으로 간주하는데[104], 이 유비에 의거할 경우 잔기는 "수많은 행동 형식 또는 표현의 공통적인 뿌리, 즉 언어학자가 발견하는 어원과 동일한, 추상적 성격의 공통적인 뿌리이다."[105]

---

103 Aron, Raymond(1967), 413쪽.
104 Pareto, Vilfredo(1912), *Treatise*, 879, 883.
105 Aron, Raymond(1967), 415쪽.

반면에 파생체는 잔기에 부속되는, 잔기를 설명하는 정신 활동으로 가변적인 것이다. 파레토는 잔기와 파생체의 관계를 다음과 같이 설명한다.

"요소 a(즉 잔기)는 … 인간의 어떤 본능과 대응된다. … 그리고 아마도 이와 같은 본능과의 대응성 때문에 이것은 실제 사회 현상 속에서 고정적인 것으로 나타난다. 요소 b(즉 파생체)는 a 를 설명하려는 정신활동을 나타낸다. 이 때문에 b는 훨씬 더 가변적이고 상상의 반영일 경우가 많다. 그러나 요소 a가 어떤 본능들과 대응된다 하더라도 그것은 모든 본능을 다 반영하지는 않는다. … 우리는 고정된 요소들에 대한 조망을 토대로 사고의 표본을 분석할 수 있다. 따라서 우리는 오로지 이러한 논리 전개의 밑에 깔려 있는 본능만을 찾아낼 수 있다. 이처럼 논리화되어 있지 않는 본능을 파악할 길은 없다. 아직도 설명되지 않은 것들은 단순한 기호, 취미, 성향 및 중요한 계급의 '이익'이라고 불리는 사회적 관계 등이다."[106]

잔기는 인간 감정들 가운데 기초적이며 비교적 항구적인 요소들인 반면, 파생체는 항상적 요소를 정당화하는 데 사용되는 훨씬 더 가변적인 요소들이다. 잔기가 사회를 유지하기 위해 작용하는 감정과 본능의 표현이라면, 파생체는 사건에 대한 주관적 설명이거나 개인이 자신의 행위와 신

---

106 Pareto, Vilfredo(1912), *Treatise*, 850~851.

넘을 설명하기 위해 사용하는 합리화에 가까운 것이다. 달리 표현하면, "잔기는 인간 의식 속에 가장 빈번하게 존재하는 감정이고, 파생체는 개인들이 자기의 격정을 그럴듯하게 감추고 전혀 합리성이 없는 명제나 행위에 대해서 합리성이 있는 듯 보이게 하려는 데 사용하는 자기정당화의 지적 체계이다."[107] 하나의 잔기는 수많은 다양한 신념 체계나 파생체를 가져올 수도 있고, 파생체는 비과학적 이론이나 신념 체계를 설명하고 있는 항변하는 요소들이다.

파레토는 잔기와 파생체를 여러 부류로 나눈다. 그는 우선 잔기를 여섯 가지로 분류한다.

〈잔기의 여섯 가지 범주〉
① 결합의 본능 – 사물을 결합하는 능력
② 집단의 유지 – 보수적 경향
③ 외부적 행동으로 감정을 표출하고자 하는 욕구 – 행위나 자아 표현
④ 사회성의 잔기 – 사회적 서열, 자기희생, 금욕주의 등
⑤ 개인과 그 부속물의 통합 – 본래 모습을 보존하려는 행위를 낳는 개인적 보전의 잔기
⑥ 성적 잔기

---

107 Aron, Raymond(1967), 393쪽.

잔기이론은 주로 제1 범주인 〈결합의 본능〉과 제2 범주인 〈집단의 유지〉를 중심으로 구성되어 있다. 제1 범주에서 파레토는 '본능'이라는 표현을 사용하는데, 그 이유는 제1 범주의 잔기가 제2 범주에 비해 상대적으로 인간 내면의 더 깊은 곳에 있음을 강조하기 위해서이다. 그러나 파레토는 제1 범주에 대응하는 제2 범주인 '집단의 유지 또는 집합체의 지속'에 대해서는 본능으로 표현하지 않는다. 제2 범주는 단지 이미 창조된 결합을 유지하며, 변화를 배격하며, 정해진 규칙을 수용해 버리는 인간적인 경향을 뜻한다.

파레토는 잔기의 각 범주들을 다시 그 하위의 속屬(Genera)으로 분류하고, 그 속의 일부를 종種(Species)으로 세분한다. 예컨대 잔기의 제1 범주인 '결합의 본능'은 '가장 단순하고 가장 추상적인 것으로서 세목이 명시되지 않는 일반적 결합 본능', '유사한 사실 또는 반대되는 사실의 결합', '어떤 사물 또는 어떤 행위의 신비스러운 힘', '잔기를 결합하려는 욕구', '논리적 전개에 대한 욕구'(논리적 행위도 본능 또는 감정의 표현인 잔기에 의해 일어남을 암시), 그리고 '결합의 효율에 대한 신념' 등 여섯 가지의 속으로 구분될 수 있다. 파레토는 다른 범주들도 같은 방식으로 세분한다.

한편 파생체란 통상 이데올로기, 자기 정당화, 그리고 그러한 목적의 이론 등과 같은 것들이다. 파생체에는 개인(또는 집단)이 실제로는 논리성이 없거나 적어도 그 참여자가 생각하는 만큼의 논리성이 없는 것에 대해 굳이 논리적인 것같이 보이려고 노력하는 데 사용하는 여러 가지 언어적 수단 등도 포함된다. 파레토는 잔기에 대응하는 파생체에 대해서도 네 가지 부류로 나눈다.

〈파생체의 네 가지 부류〉
① 사실과 감정에 대한 긍정을 포함하는 확신의 파생체
② 개인, 집단, 관습, 신성 등과 관련된 권위의 파생체
③ 공통된 감정 및 원칙과 일치하는, 따라서 그것의 유지에 기여하는 파생체
④ 언어적 증명, 예컨대 다양한 비유와 유추 등의 파생체

파생체의 첫 번째 범주인 '확신'은 단순한 단언으로 성립한다. 이에 비해 두 번째 범주는 어떤 일정한 사람들, 전통, 관례나 관습의 권위에 호소하는 형식을 취한다. 그리고 세 번째의 것은 추상적 실체 또는 초자연적 존재의 의지에 의존한다. 끝으로 네 번째 범주인 언어적 증명에는 대부분의 정치적 연설 같은 것이 해당되는데, 언어적 증명의 가장 효과적인 방법은 똑같은 주장을 계속 반복하는 것이다.

잔기이론은 사회적 행위를 숨겨진 동기로 설명한다. "잔기에 부속적인 파생체가 가변적인 것인 데 비해, 잔기의 여러 범주들이 다분히 불변적"이라는 파레토의 설명은, 잔기의 여러 범주의 유형에 따라 행위하는 인간의 속성이 근본

적으로 변하지 않는다는 인식을 전제로 한다. 파레토가 제시한 잔기의 범주들은 대체로 자기 보존이나 성욕처럼 인간의 본능적 요소를 포괄하거나 그와 연관된다. 파레토는 고전에 대한 연구를 토대로 잔기이론의 윤곽을 잡은 것으로 알려져 있으나, 잔기의 범주가 왜 여섯 가지인지, 그리고 인간의 본능과는 구체적으로 어떻게 연관된 것인지에 대해서는 아무런 설명을 하지 않았다. 또한 사회변동을 〈결합의 본능〉과 〈집단의 유지〉의 두 범주만을 사용하여 설명할 뿐, 나머지 4개의 범주가 어떠한 역할을 하는지에 대해서는 알 수가 없다. 더군다나 인간 행위에 대한 설명과 많은 예증들에서 그 범주들이 지나치게 중복 사용되고 있다는 점은 그의 잔기이론이 갖는 결함으로 지적되기도 한다.[108] 이러한 문제점들로 인하여 파레토의 잔기이론은 인간 행위가 지닌 비논리적 측면, 그 이면에 감추어져 있는 동기의 중요성, 그리고 결과적으로 불변적인 인간 본성과 사회적 행위의 연관성 등을 부각시키지만 그 이론적 근거가 무엇인지에 대해서는 의구심을 갖게 만든다.

5) 불변적 인간 본성과 엘리트 순환의 역사

파레토는 잔기이론을 인간의 행위에 관한 이론에서 사회

---

108 Timasheff, N. and Theodorson, G.(1976), 202쪽.

변동을 해석하는 분석틀로 확장시킨다. 잔기이론을 역사적 정치 변동에 적용하면 엘리트순환이론으로 탈바꿈한다. 그에 따르면, 사회변동은 두 범주의 잔기, 즉 제1의 범주인 '결합의 본능'과 제2의 범주인 '집단의 유지'가 교대로 우위를 점하는 순환의 과정을 겪는다. 그는 마키아벨리가 군주의 두 유형으로 삼은 여우형 인간과 사자형 인간 개념을 차용하여, '지배 엘리트'[109]의 두 유형으로 대비시킨다. 즉 전자를 '결합 본능'의 잔기가 우세한 인간형으로, 그리고 후자를 '집단 유지'의 잔기에 의해 지배되는 인간형으로 재구성한다.[110] 여우형의 엘리트는 혁신적이고 조직적인 행동에 능숙하며, 교묘한 선전과 경제적 조작을 사용하는 우회적이고도 교활한 방식으로 권력을 유지하는 유형이다. 여우형 인간형은 일상적인 방식으로부터의 일탈이나 실험 및 혁신을 즐겨하지만, 안정성을 보장해 주는 원칙과 보수적 미덕에 대한 충성에 있어서는 결함을 보이는 경우가 많다. 반면에 사자형의 엘리트에게는 집합체의 유지가 우선이다. 사자형은 집단에 대한 충성심과 전통의 보존을 중심적 가치로 삼는다. 사자형은 우회적이고 비공식적인 행위보다는 직접적이고 공

여우형 인간과 사자형 인간

---

109 파레토가 말하는 엘리트에는 어떠한 도덕적 의미나 존경의 뜻은 전혀 내포되어 있지 않다. Coser, Lewis(1971), 581쪽. 그는 엘리트를 넓은 의미에서 "자신의 활동 분야에서 가장 높은 점수를 따는 일단의 사람들"로 정의한다. Pareto, Vilfredo, *Treatise*, 2031~2032. 지배 엘리트란 그 가운데서 정치제도의 조작에 있어서 직간접적으로 중요한 역할을 담당하는 사람들, 정치적으로나 사회적으로 지배 기능을 행사하는 소수의 개인들이다. 파레토의 엘리트 개념에 대한 분석으로는 다음을 참조. Scott, John(2012), "Pareto and the Elite", *Vilfredo Pareto: Beyond Disciplinary Boundaries*, Joseph V. Femia and Alasdair J. Marshall(eds.), Ashgate Publishing, pp.9~20.

110 Femia, Joseph V.(2012), "Pareto, Machiavelli, and the Critique of Ideal Political Theory", *Vilfredo Pareto: Beyond Disciplinary Boundaries*, pp.73~84.

개적인 힘을 행사함으로써 권력을 유지하려는 경향이 있다. 여우형의 엘리트가 역사적 변화를 추동하고 진보적 방향의 지배를 추구하려 한다면, 사자형은 사회적 관성에 따른 전통적인 동력을 신뢰한다. 그러므로 계급적 연대, 애국심, 그리고 종교적 열정 등은 사자형이 추구하는 가치이다.

파레토는 역사 변동을 이 두 유형의 엘리트에 의해 번갈아 가면서 지배되는 순환과정으로 설명한다. 그가 보기에, "지배 엘리트는 마치 강물처럼 느리게 계속되는 변형의 상태에 놓여 있다."[111] 권력 지배의 측면에서 본 인류의 문명사는 두 가지 유형의 엘리트들이 교대하는 자연적인 경향성을 갖는다. 즉 역사는 사자형의 지배에서 여우형의 지배로, 그리고 다시 그 역으로 순환을 반복한다는 것이다. 따라서 그는 역사의 진보나 발전에 대한 어떠한 신념도 인정하지 않는다. 이상적인 지배 형태는 여우형과 사자형이 혼합된 형태, 즉 한편으로 과단성 있고 강한 행동력이 있으면서 다른 한편으로 상상력이 풍부하고 교묘하면서 혁신적인, 양면을 두루 갖춘 엘리트에 의한 지배이지만, 그러한 유토피아는 역사 속에 존재하지 않았다. 역사는 그저 두 유형의 지배가 번갈아 자리를 바꾸며 반복될 뿐이다.

그는 역사적으로 사회적 균형의 파괴는 시간이 지남에 따

---

111 Pareto, Vilfredo, *Treatise*, 1431.

라 '귀족'이라는 이름과 그 능력 사이에 차이가 점점 커짐으로써 생긴다고 설명한다. 그럼으로써 "귀족들은 수적으로만 감소하는 것만이 아니라 … 자신들의 힘을 잃고 그 힘을 뒷받침해 주던 잔기의 비율도 감소한다는 의미에서 질적으로도 쇠퇴하게 된다."[112] "상층 계급 내에서는 열등한 요소들이 쌓여가는 반면 하층계급 내에서는 우수한 요소들이 축적되는 대조적인 현상"으로 종래의 귀족들은 몰락일로로 들어선다. 그러는 한, "역사는 귀족들의 무덤"[113]이다. 결국 파레토가 볼 때, 모든 사회의 역사는, 귀족이든 하층계급이든 특정한 부류의 엘리트가 출현하여 투쟁을 통해 권력을 잡았다가 퇴락의 늪에 빠져 다른 성질의 소수에 의해 대체되는, 특권적 소수의 통치 엘리트들 간의 교대와 계승이 되풀이되는 역사이다. 그것은 대중이 부재한, 엘리트 중심의 순환의 역사이다. 그에게 역사는 두 부류의 소수 집단이 교대로 주연을 맡는 쇼와 같은 것이다.

파레토는 엘리트순환이론을 실제 역사에 적용하여 B.C.5세기의 아테네와 20세기 초의 프랑스는 제1 범주의 잔기가 가득 찬 사회로 본다. 반면에 스파르타나 18세기 프로이센은 제1 범주의 잔기가 가장 적었던 사회였다. 그는 20세기 초반의 유럽 사회를 여우형의 금권적 엘리트가 득세했지만 몰락의 수순을 밟게 될 사회로 바라보았다. 그가 보기에, 결합의

---

112 Pareto, Vilfredo, *Treatise*, 2053.
113 Pareto, Vilfredo, *Treatise*, 2052.

본능에 과도하게 의존하는 자들이 지배하게 됨으로써 국가는 마땅히 보유하고 있어야 할 합법적 폭력의 능력을 상실해가고 있었다. 그는 당시 서구 전역으로 확산되고 있었던 대중민주주의를 "제2 범주의 잔기가 비참하게도 결여된 데 비하여 제1 범주의 잔기가 과도하게 팽창된" 사회 형태로 진단했다. 그는 대중민주주의가 상품 시장의 독점과 자본 증식을 통해 부상한 소수의 투기꾼들의 공모로 금권정치로 변형될 것을 예견했다. 금권정치는 투기꾼이 득세하여 의회를 그들의 선동 무대로 만드는 순환과정을 되풀이하며 그 기반을 더욱 공고히 하게 될 가능성이 크다.[114] 그로 인하여 부패가 만연하고 개인의 인격이 타락하는 부정적 결과들이 넘쳐흐를 것이다. 그렇게 되면 결국 지배계급의 속박을 벗어나기 위해 폭력을 사용할 의사와 힘을 가진 자들에게 기회가 주어질 것이다. 그는 특정 그룹의 엘리트들이 자기 동력을 상실해 가는 황폐화된 토양에서 또 다른 부류의 엘리트가 새롭게 싹트고 있음을 알아차렸다. 파레토의 역사 공식은 파시즘과 공산주의로 무장한 사자형의 엘리트들이 부상할 것임을 예고했다. 제1차 세계대전 전야에 파레토는 이 강력한 엘리트 집단의 부상과 그들이 관리하게 될 강력한 국가주의적 통제를 내다보고 있었다.

대중민주주의에 대한 파레토의 신랄한 비판은, 니체에게

---

114 Pareto, Vilfredo, "The Transformation of Democracy and the Circle of Plutocracy", *Italian Critics of Capitalism*, Lorella Cedroni(ed.), Lexington Books, 2010, pp.6~7.

서 나치즘의 사상적 근원을 찾는 일부의 해석에서처럼, 그에게 '파시즘의 이데올로기적 원천자'라는 오명이 붙게 하는 빌미를 주었다. 분명 파레토는 정치적 평등주의에 동의하지 않았다. 그는 "개개인은 신체적으로뿐만 아니라 지적이나 도덕적으로도 동등하지 않다"고 믿었다. 그러나 그는 개인의 자유, 특히 표현의 자유를 열렬히 옹호하였고, 만인에게 열려 있는 기회의 균등을 지지했다. 그는 파시스트 정권이 들어설 무렵에는 환영의 의사를 표시하였으나, 무솔리니의 폭압적 통치가 강화되자 격렬하게 저항했다. 그의 눈에 파시스트혁명은 제1 범주의 잔기의 과잉 때문에 생긴 무질서에 대한 폭력적 반작용으로 새로운 균형을 만들어내는 데 성공한 사례였지만, 동시에 상호 의존의 순환이 빚어내는 '또 하나의 역사적 실패'에 불과했다. 그는 대중민주주의의 선동적 측면 및 권력과 대자본의 결탁에 따른 금권정치로의 타락을 강하게 비판했다. 대신에 지적 자유주의를 담보하는 가치 체계를 옹호하면서, 정당한 권위를 확보한 온건한 성향의 권력체제를 지지했다.[115]

6) 인간 본성에 관한 비관주의

파레토의 사회역사이론은 오늘날의 시각으로는 뚜렷한

---

115 페미아는 파레토의 이러한 이중적 성향에 대해 '회의론적 자유주의'로 특징짓는다.
Femia, Joseph V.(2006), pp.123~135.

근거 없이 장황하게 이어지는 '의사(Pseudo) 설명'과 동어반복으로 짜인 것처럼 보인다. 그는 잔기와 파생체 개념을 확증해 주는 어떠한 근거도 제시하지 않았다. 비논리적 행위에 관한 그의 해석은 실제로는 주로 고대 그리스와 로마의 역사적 사례들로부터의 추론에 적잖이 의존하고 있다. 인간 내면에 숨겨진 힘을 해명하는 데서 그가 채택한 '논리·실험적 방법'이 어떻게 적용된 것인지도 분명하지 않다. 또한 엘리트순환이론 역시 정치적 변동을 설명하기에는 지나치게 단순하고 도식적이다. 아롱이 지적했듯이, 파레토의 역사 해석은 마키아벨리의 생각을 지나치게 단순화시켜서, 소수의 엘리트가 두 가지 통치 수단, 즉 채찍과 사탕 또는 힘과 기만을 사용하여 다수를 통치할 수 있다는 주관적인 교설에 의존한다.[116] 이 같은 문제점은 그의 분석이 과학적 기준에 부합된 것이었는지에 대한 논란을 야기한다. 이를 두고 스윈지우드Alan Swingewood는 "사회학적 설명이라기보다는 포괄적인 사변적 역사철학"에 가깝다고 평가절하한다.[117] 노드럽 역시 "파레토는 사실을 얻는 데 있어서 단 한 번도 자신의 서재에 있는 안락의자를 떠난 적이 없이"[118], 상상과 추리만으로 사회와 역사를 임의적으로 재단하려 했다고 평하면서 파레토 이론의 비과학성을 문제 삼는다. 파레토가 제안한 잔기나 파생체와 같은 인간의 심리학적 특징들은 "단지

---

116 Aron, Raymond(1967), 445쪽.
117 Swingewood, Alan(1984), 203쪽.
118 Northrop, F. S. C.(1949), *The Logic of Sciences and the Humanities*, Macmillan, p.270.

그의 상상에서만 존재하는 제2차적 또는 제3차적 특징들"에 지나지 않는다는 것이다. 그의 방대한 저서를 '선구자다운 토대 작업'이나 '인간 정신이 보여 주는 하나의 걸작'[119]으로 보든, 아니면 '인간의 어리석음에 대한 하나의 기념물'[120]로 여기든지 간에, 그 속에는 파레토 자신의 감정과 가치판단이 가득 차 있다는 데는 별 이견이 없다. 이러한 비판들은 파레토 이론의 설득력을 약화시킨다.

그럼에도 불구하고 합리주의 계통에서 벗어나서 인간 내면의 감정적이고 심리적인 요소들을 들추어내는 데서 이룬 사회학적 성과는 파레토의 공헌이다. 그는 "감정을 파괴하려는 헛된 노력에 힘을 낭비하지 말고 감정을 이용하라"[121]는 말로 '이성중심주의'를 거부한 인물이다. 인간 내부에 항존하는 어떠한 잠재력은 이성으로는 통제되지도 설명될 수도 없는 비합리적 동기로 작용한다. 그는 잔기를 불변의 심리 상태로 봄으로써 주의주의적主意主義(Voluntarism)이고 숙명론적인 관점을 택했다. 대중민주주의를 경멸한 데서 드러나듯이, 그는 마키아벨리와 마찬가지로 고상한 인간성을 믿지 않았다. 그는 인간 본성에 관한 한 보수주의자였다. 인간은 정해진 기준 없이 논리적 행위와 비논리적 행위를 오가

---

119 Henderson, Lawrence J.(1935), *Pareto's General Sociology: A Physiologist's Interpretation*. Harvard University Press, 1967, p.58.

120 Bousquet, G. H.(1960), *Pareto(1848-1923): Le Savant et L'homme*, Payot et Cie, p.150; Aron, Raymond(1967), 463쪽에서 재인용.

121 Pareto, Vilfredo(1912), *Treatise*, 1843.

는 이율배반적인 존재이다. "파레토의 사상은 대중들을 위해 구성된 것이 아니라 이 세상사에 염증을 느끼기 시작한 성숙한 사람들에게 가장 큰 의미를 갖는다"[122]는 그의 친구의 전언에서 알 수 있는 것처럼, 파레토는 인간 본성을 비판의 눈으로 바라보면서, 합리주의적 믿음에 빠진 '어리석은 19세기'에 대한 반론反論을 즐겼던 사상가였다. 그가 보기에, 인간은 본능의 지배를 받는 존재들이며, 인류의 역사는 어느 본능이 우세하느냐에 따라 두 유형의 인간이 순번을 바꾸어 가며 차례로 권력의 중심으로 등장하는 사회 체계의 반복에 불과했다.

---

122 Aron, Raymond(1967), 363쪽.

4. 보아스의 문화실재론과 보아스주의

인간 본성의 문제를 심도 있게 다루는 분과 중의 하나는 인류학이다. 인류학은 말 그대로 '인간(Anthropos)에 관한 학문(Logos)'으로, 인류의 물리적·정신적 기원 및 진화는 물론 인간 사회의 문화 등 인간적 활동의 제 현상을 포괄적으로 다룬다. 이 때문에 인류학은 생물학 등 자연과학에서 문화학에 이르기까지 다양한 인접 분과들과 연결되어 있어서, 이른바 '총체적 사회과학(Holistic Social Science)'으로 불리기도 한다. 인류가 지구 상에 처음 출현할 때 인간은 어떠한 존재였으며, 그들이 모여 살던 사회는 어떠한 모습이었는가에 대한 궁금증은 인류학의 전사前史를 구성하는 동기로 작용했다. "왜 인간들은 그와 같은 방식으로 행동하는지," 그리고 "무엇이 인류의 다양성을 야기하게 된 것인지"의 물음은 인간 본성에 관한 여러 차원의 직간접적인 증거들과 결합되어, 인류의 기원과 계통, 원시상태의 생존 양상, 야만인의 개념, 문화의 보편성과 특수성, 인성(Personality), 친족, 종교, 언어, 그리고 가족의 기능과 성(Sex)의 역할 등의 주제 영역으로 확장된다.[123]

인류학이 광범위한 연구 영역을 거느리고 있다 보니 과연 인류학이 하나의 학문 분과로서 통합성을 갖고 있는지에 대한 의문이 종종 제기된다. 이를 반영하듯이, 인류학자들 사이에서도 인간 본성에 관한 보편적 합의는 이루어지지 않으며, 생물학적 특성과 문화적 산물 사이의 '양립하기 어려운 인간의 두 형상'이 대비되기도 한다.[124]

우선 한 가지 접근법은 최초 인류의 출현에서부터 현재에 이르기까지 인류의 생물학적 진화와 변이를 추적함으로써 인간 본성의 출처를 탐색하는 것이다. 이 접근법에 따르면, 인류 역사의 99%에 해당되는 기간 동안 인간은 다른 영장류와 동일한 방식으로 포식 활동을 하며 살아 왔으며, 따라서 인간 본성은 장구한 기간의 진화과정을 통하여 대물림되어 온 적응의 산물이다. 인류의 문화는 침팬지 문화에 비해

---

123 Garbarino, Merwyn S.(1977), *Sociocultural Theory in Anthropology: A Short History*, 『문화인류학의 역사: 사회사상에서 문화의 과학에 이르기까지』, 한경구·임봉길 옮김, 일조각, 2001, 30쪽.

124 Kaplan, David and Manners, Robert(1972), *Cultural Theory*, 『인류학의 문화이론』, 최협 옮김, 나남출판, 1994, 15쪽.

좀 더 세련된 것일 뿐이지, 생물적 욕구와 본능의 속성을 반영한다는 점에서 본질상의 차이로 볼 수 없다. "인류는 가볍게 문화를 걸치고 있을 뿐"이며, 인간 본성의 보편성은 생물학적 원리에서 기원한다는 것이다.

이와 다른 갈래의 인류학은 문화주의를 기반으로 하는 문화인류학이다. 문화인류학은 다윈의 공동조상이론을 부정하지 않지만, 영장류와는 명백하게 구별되는 인류 문화의 특수성을 강조한다. 인류는 공동조상으로부터 개량되지 않은 다른 후손들과는 달리 독자적인 길을 걸어 왔고, 인간종 고유의 문화를 만들어 냈다는 인식은 문화인류학의 존립근거이다. 문화주의 인류학은 "인류의 적응력, 공동체 간의 관습과 제도상의 큰 차이, 문화 발달의 자주적 궤적, 그리고 인류 문화유산의 누적적 가치를 강조한다."[125] 따라서 인간을 '겉으로는 의젓하게 행동하지만 실제로는 면도한 원숭이'에 불과하다거나 침팬지와는 1.6% 밖에 유전자 차이가 나지 않는 '제3의 침팬지'[126]로 묘사하는, 영장류 모델만으로는 인간의 본질에 다가갈 수 없다고 반박한다. 인류 문화의 내막을 세밀하게 들여다보면, 인간은 '털 없는 원숭이'[127]보다 훨씬 그 이상이다. 인간은 학습을 통하여 자신을 완성해 가는

125   Kuper, Adam(1994), *The Chosen Primate: Human Nature and Cultural Diversity*, 『네안데르탈인 지하철 타다』, 유명기 옮김, 한길사, 2000, 46쪽.
126   Diamond, Jared M.(1993), *The Third Chimpanzee: The Evolution and Future of the Human Animal*, 『제3의 침팬지』, 김정흠 옮김, 문학사상, 2015.
127   Morris, Desmond(1967), *The Naked Ape: A Zoologist's Study of the Human Animal*, 『털 없는 원숭이』, 김석희 옮김, 문예춘추사, 2011.

유일한 동물이다. 급진적 문화주의는 인간 의식에 관한 보편과학의 가능성을 부정하며, 문화를 개별 인간에 외재하는 독립적 실재로 고려한다. 문화실재론은 사회실재론과 같은 방식으로 문화를 인성을 형성케 하는 지배적인 요인으로 간주하며, '사회'의 자리에 '문화'를 대입시킨다.

생물인류학과
문화인류학

1950년대 이후 인류학 내의 전문화가 빠르게 진행되면서 생물학주의와 문화주의 간의 거리는 한층 멀어졌다. 이 때문에, "생물인류학에서 문화인류학을 찾기는 어렵고, (문화인류학에서) 인간 행위를 다루면서 생물학을 찾기도 어려운 지경"이 되었다.[128] 이처럼 대조적인 2개의 인류학적 관점은 자연 대 문화, 본성(Nature) 대 양육(Nurture) 간의 전통적인 대립상을 재현한다.

1) '야만인' 논쟁

인간을 '털 없는 원숭이'나 '제3의 침팬지'로 보는 견해는 최근에 와서야 들어보는 새로운 주장이 아니다. 근대 초기 지구 탐험이 활발해지면서 서양인들에 의해 발견된 야만인의 존재는 '인간의 조상이 누구인지'에 대한 관심을 증폭시키는 계기가 되었다. 근대 사상가들에 유행처럼 번진 '자연

---

128 Marks, J.(1995), "Learning to Live with a Trichotomy", *American Journal of Physical Anthropology*, *Vol.98*, p.91.

상태'의 추론도 이와 무관하지 않았다. 이미 본 것처럼, 홉스는 자연상태를 피와 발톱으로 얼룩진 끔찍한 무법천지로 그렸고, 루소는 그 반대로 어떠한 다툼도 없이 평온함만이 존재하는 이상향으로 묘사했다. 홉스의 영향을 받은 독일의 푸펜도르프Samuel Pufendorf는 원시사회와 문명사회를 '거기(There)'와 '여기(Here)'로 대비시켰다.[129] '거기'는 사람들이 분산되어 살고 있는 곳이며, '여기'는 사람들이 국가 통제하에 통합된 곳이었다. '거기'는 격정이 지배하여 전쟁·공포·가난함·초라함·고독·만행·무지·야만이 존재하는 반면에, '여기'에는 이성이 지배하며 평화·안전·부·호화로움·사회·품위·지식·박애가 존재한다. 푸펜도르프가 추론한 '거기'는 존 드라이든이 묘사한 '고상한 야만인'의 자연과는 딴판의 세상이었다.

서양의 근대인들에게 '야만인'의 용어는 다소 투박했을지라도 경멸적인 의미로 사용된 것 같지는 않다. 존 로크와 퍼거슨William Ferguson 같은 이들은 아메리칸 인디언 사회가 서양 세계와는 판이하게 타락하지 않았다는 사실에 감탄했고, 다른 대륙의 야만사회도 그와 같을 것이라고 추정했다. 야만인에 보다 실제적으로 다가설 수 있는 계기는 지구촌 불모지들에 대한 탐험이 본격화됨에 따라 마련되었다. 이 무

---

129 Pufendorf, Samuel(1673), *Pufendorf: On the Duty of Man and Citizen according to Natural Law*, James Tully(ed.), Michael Silverthorne(trs.), Cambridge University Press, 1991, pp.116~118.

럽부터 야만인에 대한 논란은 근대 사상가들의 상상력 대결에서 벗어나 인류학적 방향성을 갖게 되었다. 원시 부족민들을 직접 접한 문명인들은, 자신들이 동물들과 어떻게 구별되는지, 자신들의 조상이 어느 시기 어디에 살고 있었는지, 그리고 인종 간의 차이가 무엇을 의미하는지 등 인류학적 차원의 물음으로 옮겨 갔다. 그 단적 사례는 18세기 말 제임스 버넷James Burnett, Lord Monboddo과 헨리 홈Henry Home, Lord Kames 간의 논쟁이었다.[130] 오랑우탄이 사람인지 아닌지의 문제가 발단이 되어 벌어진 두 사람의 논쟁은, 추론에 의존했던 사상가들에 비한다면, 한층 진전된 경험주의적 접근 방식을 보여 준다. 헨리 홈은, 당시 대부분의 지식인이 그랬던 것처럼, 인종을 종으로 간주한 인종주의자였다. 그는 인종들 간에는 문화적인 차이가 너무나 크기 때문에, 지구 상에 존재하는 다양한 민족 집단들을 독자적인 종으로 보아야 한다고 주장했다. 그는 아메리카 원주민은 유럽인에 비해 생물학적으로 열등하기 때문에 유럽의 문화를 배울 능력이 없다고 생각했고, 인간종의 범위를 서구의 문명인으로 한정 짓는 편을 택했다. 그러나 버넷의 생각은 헨리 홈과는 전혀 달랐다. 그가 보기에, 아메리카 인디언은 서구인과 별다를 바 없이 자신들의 언어를 사용하는 완전한 인간이었다. 그는 한걸음 더 나아가 언어를 구사하지 못하는 사람들은 물론이고, 아프리카의 오랑우탄까지도 인간의 범주에 포함시

---

130 Barnard, Alan(2000), *History and Theory in Anthropology*, 『인류학의 역사와 이론』, 김우영 옮김, 한길사, 2003, 48~50쪽.

킬 수 있다는 '너그러운' 관점을 제시했다. 버넷의 주장에서 인간을 규정할 때 우선적으로 고려한 것은 인간의 속성이었고, 언어는 그다음이었다. 헨리 홈이 통상적으로 서양인 중심의 인간 개념을 갖고 있었다면, 버넷은 인간종의 범위를 넓게 보았다고 할 수 있다.

두 사람의 논쟁에서 실질적인 쟁점은 인종 문제였다. 헨리 홈은 인종을 하나의 종으로 보는 견지에서 '백인의 의무(White Man's Burden)'라는 인종주의 강령을 충실히 대변했다. 이러한 견해는 19세기 인류의 기원을 복수의 종으로 보는 복수기원론 가설로 구체화되었다. 이에 따르면, 인류는 다수의 기원을 가지며, '인종'은 종과 유사하다. 상이한 인종들은 실제로 다른 종이며, 각 인종은 독자적인 기원을 갖는다.[131] 그러나 이것은 잘못된 생각이다. 오늘날 우리는 모든 인류가 생물학적으로 동일한 한 종이라는 사실을 의심하지 않는다. 지구상에 존재하는 인종집단의 다양성을 종적 차이로 보면서 인간 본성의 차등화에 열중했던, 모든 인종주의적 시도들은 단지 억측과 공상에 불과했다. 헨리 홈의 오류에 비하면 버넷의 견해는, 당시로서는 극단적인 견해로 비쳐졌을지라도, 진실에 근접해서 단일기원론의 길을 열어 준 선견에 해당되는 것이었다.

---

[131] 다윈이 정리한 바에 따르면, 19세기 중엽까지 인종을 별개의 종으로 보는 시각은 2개의 종에서 63개의 종으로 분류하자는 다양한 견해가 있었다. Darwin, C.(1871), *The Descent of Man*, 『인간의 유래 1』, 김관선 옮김, 한길사, 2006, 272쪽.

인간 본성의 역사

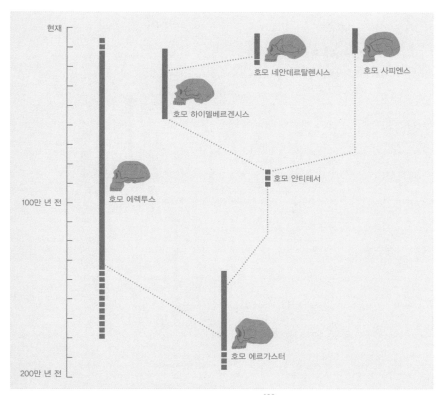

현재

100만 년 전

200만 년 전

호모 네안데르탈렌시스

호모 사피엔스

호모 하이델베르겐시스

호모 에렉투스

호모 안티세서

호모 에르가스터

〈표 4–1〉 아프리카 단일 지역 기원설로 본 호모의 진화 관계[132]

인류의 기원에 관한 논쟁은 다윈의 논증으로 사실상 종
결되었다. 다윈의 결론에 따르면, 인류는 아프리카를 고향으
로 하는 단일한 종이다. 다윈의 논증 이후 인류의 조상을 찾
아 나선 수많은 고생물학적 탐사는 영장류의 한 종으로서 인
간의 동물적 기원을 확증했다. 1820년경 에두아르 라르테Edo-
uard Lartet의 유인원의 화석 발굴로부터 2000년 10월 케냐의

---

132 박선주(2011), 325쪽.

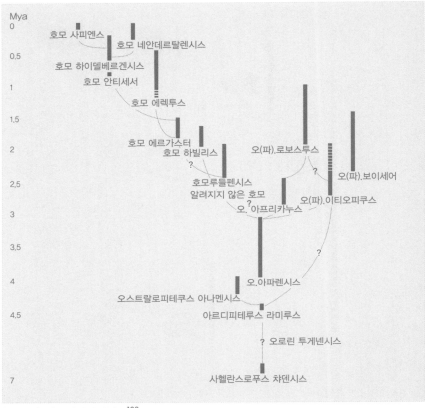

〈표 4-2〉 인류 진화의 가계도 [133]

루케이노 퇴적층에서 발견된 호미니드Hominid 화석 오로린 투
게넨시스Orrorin tugenensis에 이르는 수천 개의 화석 탐사결과
는 인류의 기원을 약 700만 년 전으로 소급시켰다. 그 시기는
인류가 침팬지의 공통 조상으로부터 갈라져 나와 독자적인
길로 진화하기 시작한 시점이다. 이 같은 물리적 증거를 토대

---

133 박선주(2011), 262쪽. '오.'는 오스트랄로피테사인스, '파.'는 파란스로푸스의 줄임.

로 우리는 인류의 진화계통을 어림짐작할 수 있게 되었다.

생물인류학은 영장류의 한 종에서 어떻게 인간이게 되었는지를 설명해 준다. 형태학적인 여러 변화, 이족보행 및 손 기능의 정교화, 턱과 치아의 형태 및 기능상의 변화, 그리고 뇌 용량의 증가 등은 인류 진화상에 나타나는 두드러진 특징이다. 오늘날 인간은 진화과정을 통하여 불의 사용과 도구 제작, 수렵·채집, 언어 능력, 그리고 도덕의 기초가 되는 사회적 본능의 획득 등 인간화에 필수적인 능력을 갖추었다는 사실을 의심 없이 받아들인다.

2) 보아스주의

생물인류학은 수백만 년 전에 살았던 우리 조상의 흔적들을 찾아냄으로써, 장구한 세월에 걸쳐 이어진 원시 인류의 계통도를 그려 낼 수 있었다. 인류의 진화는 적어도 400만 년에 걸쳐 이루어진 적응의 과정이었고, 인간 본성은 '적응'의 결과로 축적된 생물학적 특성들의 조합적 산물로 간주될 수 있다. 다윈의 언명처럼, 인간이 '고도의 지적 능력과 덕성'을 고양시켜 왔다고 할지라도 우리의 신체에 기록되어 있는 '비천한 기원(Lowly Origin)'은 지워질 수 없으며, 영장류의 한 종으로서 동물적 특성은 우리의 신체에 본능으로 새겨져 있을 것이다.

그러나 인간의 조상을 어림짐작하게 되었다고 해서 인간 본성의 전모가 드러나는 것은 아니다. 어느 누군들 인간이 동물의 한 종이라는 것을 부정하겠는가? 대부분의 문화주의자들은, 호모 에렉투스에서 호모 사피엔스로의 진화를 객관적 사실로 수용하지만, 인간 본성을 생물학적 적응에 따른 부산물로 간주하는 단순한 규정에는 만족하지 않는다. 마이어Ernst Mayr도 인정하듯이, 인류의 진화에서 드러난 순전히 형태학적인 근거만으로는 호모Homo 속屬을 정의하거나 그 경계를 정할 수 없다.[134] 인간의 본질적 특성을 규정함에 있어서 형태학적 기준은 결정적인 것이 아니다. 더군다나 그것은 호모의 모든 종을 망라하여 특정할 수 있는 명확한 행위상의 기준도 아니다. 우리는 다윈이 언급한 '고도의 지적 능력과 높은 덕성'을 어떻게 획득하게 되었는지에 대해서 자세히 알지 못한다. 생물학적 인간 모형이 보편적 인간 본성의 함의를 시사한다고 하더라도, 400여만 년에 이르는 호미니드 진화의 역사에서 90% 이상의 시간에 대하여 우리가 알아낼 수 있는 것은 별로 많지 않다. "홍적세의 생활양식은 추론과 사색에 의해서만 알 수 있을 뿐이지, 시간을 거슬러 올라가면 자료도 적으며 생물학적·문화적 차이는 점점 더 커진다."[135] 따라서 홍적세 원시 인류의 생활양식에 관해 건

134　Mayr, E.(2004), *What Makes Biology Unique? Considerations on the Autonomy of a Scientific Discipline*, 『생물학의 고유성은 어디에 있는가』, 박정희 옮김, 철학과현실사, 2005, 235~238쪽.

135　Washburn, S. and Lancaster, C. S.(1968), "The Evolution of Hunting", *Man the Hunter*, Irven Devore and Richard B. Lee(eds.), New York, Alddine, p.296.

져낼 수 있는 것이란 몇 가지의 흔적 정도이다. 그러한 의미에서 호미니드 진화사의 대부분의 시간들은 사실상 인류 이전의 단계로 간주하는 편이 옳을지 모른다. 왜냐하면, "인류의 지향점을 확정한 분명한 기원의 시점은 존재하지 않으며, 많은 측면에서 현재의 우리는 과거의 우리가 아니기" 때문이다.[136]

'긴 역사'와
'사건의 역사'

문화주의적 접근법은 생물학적 진화와 문화적 진화를 뚜렷하게 구분한다. 문화적 진화는 생물학적 진화에 비하면 극히 짧은 기간 동안 이루어진 것으로 빠른 변화를 특징으로 한다. 인류는 동물과는 달리 문화적 적응을 통해 놀라울 정도의 유연성과 가소성을 보여 주었다. 프랑스 역사가 브로델의 견해로는, 인류의 문화사는 '긴 역사'와는 구별되는 '사건의 역사'에 해당된다.[137] '사건의 역사'에는 오늘날의 우리가 어떤 존재인지를 알려 주는 온갖 정보가 담겨져 있다. 문화사는 곧 인간종의 고유한 역사이다.

그렇다면 문화란 무엇인가? 문화를 단일한 정의로 규정하기는 쉽지 않다. 100여 가지가 넘는 문화의 정의에서 보는 것처럼, 문화는 다양한 각도에서 분석될 수 있으며, 그 범

---

136 Kuper, Adam(1994), 166쪽.
137 Braudel, F.(1969), *On History*, University of Chicago Press, 1980, pp.3~4. 브로델은 '긴 역사'를 '사건의 역사'와 구분한다. '사건의 역사'란 특정 공동체의 몇 세대에 걸친 변천을 말하는 것이며, 특히 정치적·경제적 변천에 관한 것이다. 사건의 역사가 시계의 초침으로 측정되는 것이라 한다면, 분침은 장기간에 걸친 문화사와 사회사를 측정하는 것이며, 시침은 종으로서의 우리 운명의 전개를 기록하는 것이 될 것이다.

위도 광활하고 그 경계도 모호하다.[138] 타일러Edward B. Tylor의
고전적 정의에 따르면, 문화란 "지식, 신앙, 예술, 도덕, 법률,
관습, 그리고 사회의 성원으로서 인간이 획득한 모든 능력
과 습성을 포함하는 복합적 총체"[139]이다. 린튼Ralph Linton은
"일련의 사회들에서 나타나는 각각의 문화들에 대한 관찰과
비교를 통해서 일반화된 개념"으로서의 '문화'와 "특정 사회의
성원들에 의해 공유되고 전승되는 지식, 태도, 및 습관적 행위
유형의 총합"으로서의 '하나의 문화'를 구별한다.[140] 문화는 우
리의 일상생활 곳곳에 침투되어 있기 때문에 우리의 행위는
물론 정신세계까지 지배한다. 문화와 인간 간의 불가분성에
초점을 맞추면, 문화는 "역사적으로 창출된 모든 명시적·묵
시적·합리적·비합리적·불합리적 생활 설계"로서, "주어진 모
든 시점에서 인간 행위에 대한 잠재적 지침"으로 작용한다.[141]
문화는 눈으로 관찰할 수 있는 징후, 행위, 그리고 행위의 산
물을 통하여 실체론적으로 파악하든, 개인에게 내재된 사회
문화적 가치와 규범에 대한 의미적 표상으로서 관념론적으로
이해하든, 인간 행위의 설계도이자 정신적인 규칙이다. 요컨
대, 문화는 "환경 중에서 인간에 의해 만들어진 부분"[142]으로

138 Kaplan, David and Manners, Robert(1972), 13쪽.
139 Keesing, Roger M.(1976), *Cultural Anthropology*, 『현대문화인류학』, 전경수 옮김, 현음
사, 1996, 90쪽.
140 Linton, Ralph(1947), *The Cultural Background of Personality*, 『문화와 인성』, 전경수 옮
김, 현음사, 1984, 44~45쪽.
141 Kroeber, A. L. and Kluckhohn, Clyde(1952), *Culture: A Critical Review of Concepts and
Definitions*, Vintage Books, p.12.
142 Herskovits, M. J.(1955), *Cultural Anthropology*, New York, Alfred A. Knopf, p.33.

서, "인류의 누적적이고 집단적인 경험의 총체"[143]를 지칭한다. 그러므로 문화는 문화인류학에서 '초유기체'(Kroeber, A. L.), '양식'(Benedict, R.), 그리고 '심층구조'(Levi-Strauss, C.) 등의 개념에서 보는 바와 같이, '실재하는 그 무엇'으로 해석되며, 동시에 인간 본성을 결정하는 주된 요인으로 간주된다.

보아스의 문화특수주의

문화실재론의 원류는 미국 인류학의 개척자인 프란츠 보아스에게서 비롯되었다. 보아스는 유대계 독일인 가정에서 태어나 1887년 미국으로 이주한 이민자로서 미국 인류학의 초석을 다진 인물이다.[144] 그는 당시 서구 열강의 지구적 분할이 한창이었던 시기에 유행병처럼 번져 나갔던 '진보'나 '발전'의 관념을 믿지 않았다. 보아스는 인류사의 보편적인 진화에 대한 신념, 변질된 진화 개념에 입각한 차등적인 사회분류 방식, 그리고 그에 따른 인종 간의 차별을 거부했다. 보아스는 캐나다 북극 근방의 베핀 섬 연안에 사는 이누이트족과 원시적인 생활을 같이 하면서, 일반인들이 통상 '원시적'이라 여기던 문화들이 풍요롭고 복잡한 측면을 갖는다는 사실을 깨달았다. 그는 사람들이 이 '야만인들'의 삶이 개화된 서구인과 비교했을 때 완전히 무가치하다고 생각하겠

---

143 White, Leslie A.(1973), *The Concept of Culture*, 『문화의 개념』, 이문웅 옮김, 일지사, 1977, 27쪽.
144 보아스 평전으로는 다음의 것들을 참조. Herskovits, M. J.(1953), *Franz Boas, The Science of Man in the Making*, Charkes Scribner's Sons; Cole, Douglas(1999), *Franz Boas: The Early Years* 1858-1906, Vancouver, Douglas & McIntyre; Müller-Wille, Ludger(2014), *The Franz Boas Enigma: Inuit, Arctic, and Sciences*, Baraka Books.

지만, "과연 우리가 똑같은 조건에서 산다면 그들처럼 자발적으로 노동을 하고, 그렇게 유쾌하고 행복하게 살 수 있을까?"라는 의문을 표하며, 인간과 환경 간의 원초적 관계에 주목했다.[145] 그가 보기에, 하나의 문화를 '원시적'이거나 '문명화된' 같은 가치차등적 표현으로 규정하는 것은 별 의미를 갖지 못했다. 그는 "언어는 진화하는 것이고, 언어 변화는 효율이 좋은 방향으로 나아가는 것"이라는 예스페르센Otto Jespersen의 이론을 부정하고, "원시 부족들의 언어가 유럽 언어에 비해 단순한 것이 아니라 단지 다를 뿐"이라는 사실을 입증했다.[146] 그는 북서태평양의 콰키우틀 원주민에게서 '선'과 '동정'과 같은 추상적 개념에 해당하는 새로운 단어 형식들을 유도해 낼 수 있다는 사실을 알아냈다. 그가 만난 원시인들은 "생활형태가 단순하고 일률적이고, 내용과 형식이 빈약하고 지적인 일관성이 없는 문화를 가진 사람들"로 보일 뿐이지, 문명인에 한참 뒤처지는 열등한 하위의 종족이 아니었다. 그는 "원시인과 문명인의 사고방식에 근본적인 차이란 없음"[147]을 확인할 수 있었다.

원시사회에 대한 보아스의 새로운 해석은 20세기 초 지식세계의 주류적 흐름으로 부상한 진화론에 대한 비판으로 이어졌다. 인류의 역사가 지속적으로 발전하여 왔다거나 인

---

145 Müller-Wille, Ludger(2014), pp.23~31.
146 Pinker, S. (2002), 57쪽.
147 Boas, F.(1911), *The Mind of Primitive Man*, revised edition, New York, Free Press, 1961, p.17.

류의 문명이 진보한다는 관념은 근대적 낙관주의의 산물이
다. 가령 몽테스키외Charles De Montesquieu는 인류사의 발전단
계를 수렵 또는 야만, 목축 혹은 미개, 문명 등으로 구분하며
역사의 진보를 기정사실화했다. 18세기 영국의 역사가 윌리
엄 로버트슨William Robertson은 몽테스키외의 견해를 따라, 아
메리칸 인디언이 '사회생활의 유아기'에 놓여 있는 인간들
의 예라고 생각했다. 튀르고A. R. Jacques Turgot도 몽테스키외
의 후예였고, 그의 제자였던 콩도르세Marquis de Condorcet는 역
사발전의 10단계론을 제시하며, 인류가 이룩한 찬란한 업적
들을 찬양했다. 영국의 도덕철학자 애덤 퍼거슨Adam Ferguson
은 "문화의 다양성은 부분적으로 환경적 차이에 기인하는
것일 뿐, 문명사회의 진보는 필연적"이라고 역설했다.

　　인류의 진화에 대한 믿음은 다윈 이후 더욱 견고해졌다.
진화론의 영향을 받은 에드워드 타일러Edward Tylor나 루이
스 모건Lewis Morgan은 문화진화론(Cultural Evolutionism)의 초
석을 다진 인물들이다. 타일러에 따르면, "인류의 특징과 습
관은, '온 세상은 한 나라'라는 이탈리아 속담처럼, 유사성
과 일관성을 동시에 보여 준다."[148] 인간의 사고는 대체로 비
슷하므로, 언제 어디에 살든 모든 사람들에게 일어나는 문
화의 과정은 비슷하다는 것이다. 즉, 모든 문화는 서로 유사

148　Tylor, Edward(1871), *Primitive Culture: Researches into the Development of
Mythology, Philosophy, Religion, Art, and Custom*, Cambridge University Press, 2010,
p.6, p.159.

하며 보편성을 갖는다. 따라서 타일러에게 문화적 유사성은 어떤 기본적 토대가 되는 동일한 원인들의 결과이다. 타일러의 '균일론均一論'은 "문화는 진보에 의해 규정되며, 대부분의 문화는 거의 동일한 통로를 거쳐 발전한다"는 문화적 진화론의 정형화한 형태였다.

모건의 진화론은 더욱 확고했다. 모건의 진화론은 "인류의 역사는 근원도 하나, 경험도 하나, 진보도 하나"[149]라는 명제로 요약된다. 그는 문화를 가장 원시적인 것에서 가장 개화된 것으로의 진화, 예컨대 난혼亂婚에서 단혼單婚에 이르는 연속선상의 진화로 파악했다. 모건은 문화적 성취를 특징짓는 네 가지 기준들, 즉 발명과 발견, 통치의 관념, 가족의 조직, 그리고 재산의 개념 등을 문화적 수준을 측정하는 척도로 삼아, 인류의 문화를 야만, 미개, 문명의 세 가지 단계를 거쳐 발전하는 진화과정으로 설명했다. 타일러와 모건의 문화진화론은 문화가 지닌 유사성과 보편성을 어떠한 기본적인 토대가 되는 동일한 원인들의 결과로 본다는 점에서, "인간의 마음이 유사한 환경적 조건에 부딪히게 되면 유사한 방식으로 반응한다"는 전제 위에서 성립한다. 따라서 그들이 보기에, 역사의 보편성 속에는 인간 본성의 제일성齊一性이 담보되어 있다.

그러나 보아스는 타일러나 모건의 견해에 동의하지 않았다. 그는 모든 문화는 환경적 조건, 심리적 요인, 그리고 그

---

149 Morgan, Lewis(1877), *Ancient Society: Researches in the Lines of Human Progress from Savagery, through Barbarism to Civilization*, 『고대 사회』, 최달곤 외 옮김, 문화문고, 2005, 3쪽.

것과 연계된 고유한 특질들의 복합체로 구성된다고 설명했
다. 모든 문화나 문화적 행위는 해당 사회라는 특수한 맥락
속에서 파악될 수 있는 것이기 때문에, 각 문화는 각각의 고
유한 특성을 가질 뿐이다. 따라서 각 문화에 대하여 임의적
으로 발전단계별 서열을 매기는 것은 인위적인 가정에 지나
지 않는다. 그는 「민속학의 방법」에서 진화론의 기본 전제를
근거 없는 것이라고 반박한다.

> "(진화론은) 인류의 문화생활에서 역사적 변화의 경로는 일정
> 한 법칙―어디에나 적용될 수 있고, 문화적 발달의 주된 방향
> 이 모든 인종과 집단에 동일하게 나타나게 하는―을 따른다
> 고 전제한다. 보편적 진화의 가설이 수용되기 전에, 그보다 먼
> 저 증명되어야 하는 '법칙'의 존재를 인정하는 순간, 이론의
> 전체 구조는 그 기반을 상실한다.[150]

　문화진화론은 여태껏 증명된 바가 없는 하나의 가정일 뿐
이라는 것이다. 그 대신 보아스가 제시한 것은 문화에 대한
'역사적 관점'이다. 그가 보기에, 문화는 특정한 해당 사회의
고유한 역사적 환경과 그 과정의 산물로서 형성되기 때문
에, "보편적 진화 단계의 반영이 아니라 특수한 역사적 과정
에 의해 구성되는 통합적 총체이다."[151] 즉, 문화는 환경적 조
건과 심리적 요인이 역사적으로 연계된 결합물이다. 그러므

150　Boas, F.(1920), *Race, Language, and Culture*, University Of Chicago Press, 1995, p.281.
151　Hatch, Elvin(1973), *Theories of Man and Culture*, Columbia University Press, pp.53~56.

로 개별 문화는 "한 사회집단을 구성하는 개인들의 정신적·육체적인 반응과 그 활동의 복합체"[152]로서, 그 정신을 공유하는 사람들의 주관적인 시각에서만 이해될 수 있다. 인류학이 해야 할 일은 문화양식의 폭넓은 다양성과 다원적 변이를 파악하는 데 있으며, 그 작업을 위해서는 진화론적 접근에서처럼 과거와 현재의 문화들에 대해 짜인 도식에 짜 맞춰서 추측할 것이 아니라 개별 문화들로부터 일차적이고 경험적인 자료를 획득하는 데 힘을 쏟아야 한다. 왜냐하면 "문화란 인과관계나 문화적 차이에 대한 일반화가 불가능할 정도로 많은 조합과 순열을 가진 역사적 우연의 결과"[153]이기 때문이다. 보아스의 역사주의는 '문화적 특수주의(Cultural Particularism)'의 다른 이름이다. 문화적 특수주의는 '보편적 문화(Universal Culture)'보다는 '개별 문화들(Cultures)'에, 문화의 동질성보다는 다양성에 초점을 맞춘다. 보아스의 목표는 문화에 대한 전 지구적인 전체주의적 조망으로부터 각각의 개별 문화들과 그 다양성으로 관심을 이동시키는 데 있었다.[154]

---

152   Boas, F.(1920), p.159.
153   Garbarino, Merwyn S.(1977), 107쪽.
154   스토킹은 "보아스가 문화적 특수주의를 인류학적 총체주의로 삼음으로써 그의 문화 개념에는 이중성을 내포하게 되었다"고 지적한다. 그에 따르면, "보아스의 문화에 대한 사고에서 계속되는 이중성은 다양한 종족들의 신화 해석에서 명백히 드러난다." 보아스에게 문화는 "한편으로는 단순히 개별적인 요소들의 첨가였으나, 다른 편으로는 어떤 식으로든 그것이 포용하고 있는 형태를 결정하는 통합된 정신적 총체성이었다"는 것이다. 스토킹은 보아스가 문화적 요소들과 문화적 총체 사이의 관계를 명백히 밝히지 못했다고 보고 이를 보아스의 연구들에서 해결되지 않은 역설이라고 지적한다. Stocking Jr, George W.(1968), "Franz Boas and the Culture Concept in Historical Perspective", *Race, Culture, and Evolution: Essays in the History of Anthropology*, p.210.

보아스의 인류학은 또한 생물학주의를 배격한다. 원시인에 대한 가치중립적인 정의에서도 드러나듯이, 그는 원시인과 문명인 간에 우열 구분을 하지 않았을 뿐더러, 인종 간의 생물학적 차이도 인정하지 않았다.

> "… 인종 간의 생물학적 차이는 작다. 한 인종이 다른 인종 보다 선천적으로 좀 더 똑똑하고 강한 의지력을 타고나거나 정서적으로 보다 차분하다고 믿을 하등의 이유가 없다."[155]

보아스는 인종 간의 생물학적 차이가 거의 없다고 보고, 개인 간의 인성 차이를 문화적 환경의 차이에 따른 결과로 간주했다. 모든 인종은 평균적으로 거의 동일한 정신적 능력을 갖고 있다. 보아스의 견해는 유전학자 르원틴R. Lewontin이 입증한 "한 인종 내에서 무작위로 선택한 두 개인 간의 유전적 차이는 인종 간의 평균적 차이보다 훨씬 크며," "개인의 편차에만 국한되는 선천적인 차이는 존재하지 않는다"[156]는 사실에 부합된다. 인종적 차이가 입증될 수 없다면, 인간의 모든 활동들은 유전적으로가 아니라 사회적으로 결정된다고 가정해야 하는 편이 옳다. 이에 따라 보아스는 비서양권 여러 민족의 문화가 개화된 서양 문화와 본질적으로 크게 다르지 않다고 보았고, 원시문화도 발전하면 서구 문

---

155 Boas, F.(1920), pp.13~14.
156 Lewontin, R.(1991), *Biology as Ideology: The Doctrine of DNA*, 『DNA 독트린』, 김동광 옮김, 궁리, 2001, 52쪽.

화의 수준에 도달할 수 있을 것이라고 전망했다.

　그는 생물학적 인종 개념을 부정했음은 물론이고, 사회적 인종 개념에도 강하게 반대했다. 그는 IQ 검사의 신뢰성을 의심했으며, 인종에 따른 지능 수준의 차이를 근거 없는 것으로 무시했다. 왜냐하면 인종적 차이란 본래적인 생리적 구조나 정신 체계에 있는 것이 아니라 환경, 문화, 역사, 그리고 경험 등에 기인하기 때문이다. 이러한 견해는, 그가 유대계 독일인 출신으로서 인종차별주의나 반유대주의 또는 광신적 국수주의를 단호하게 배격하는 정치적 신념을 갖고 있었던 점을 감안한다면 자연스러운 귀결이었다.[157] 그는 인류사에서 서구의 득세가 '백색 인종'이 생물학적으로나 지적으로 우월해서가 아니라 다른 인종보다 유리한 조건을 획득했기 때문일 뿐이라고 생각했기 때문에 서구 세계에 만연했던 인종우월주의에 맞설 수 있었다. 그에게 우리의 마음이 문화에 의해 형성된다는 신념은 도덕적 기초로서 인종차별을 막는 보루였고, 누구나 마땅히 선택해야 하는 이론이었다. 문화의 독자성과 인간의 가소성에 대한 믿음은 보아스주의를 특징짓는 징표가 되었다.

인종차별주의나 인종우월주의에 대한 단호한 배격

보아스주의와 문화결정론
　보아스는 인류 문화의 단선적 진화와 차별적 인종 개념

157　Herskovits, M. J.(1953), pp.45~46. 그는 일찍부터 나치즘을 비판하면서, "히틀러와 그의 지지 세력을 정신병동에 감금시켜야 한다"고 주장했던 헌신적이고 대중적인 지식인이었다.

에 의존한 기존의 설명방식을 비판하면서, '문화들'의 특수성을 부각시켰다. 그의 영향력은 지대했다. 보아스의 이론을 계승한 이른바 보아스학파는 20세기 전반기 미국 인류학계를 주름잡았다. 보아스주의는 문화가 문화를 설명한다는 '문화결정론', 특정한 사회의 관습적 행위들은 그 특수한 문화적 맥락에서만 이해될 수 있다는 '문화적 상대주의', 그리고 방법론상의 '역사적 특수주의'로 특징지을 수 있다.[158] 보아스주의 프로그램의 단일한 목표는 "어느 곳에 있는 문화이든지 간에 그 문화들의 각양각색의 이국적이고 복잡한 경제적 관행 및 관습 제도들을 수집하여 완전한 목록을 작성하는 것"[159]이었다. 보아스의 제자들인 앨프리드 크로버 Alfred Kroeber, 루스 베니딕트Ruth Benedict, 그리고 마거릿 미드 Margaret Mead 등은 "문화란 내부자의 주관적 관점에서만 이해될 수 있는, 따라서 힘들더라도 세밀한 현지조사를 통해 경험적으로 연구될 수 있는, 내적 일관성을 지닌 하나의 통합체계"라는 생각을 공유하고 있었다.

문화적 상대주의와
역사적 특수주의

크로버는, 뒤르켐이 사회를 개인에 외재하는 별개의 독립적 실체로 간주했던 방식으로, 문화를 개인과는 구별되는 독립적 현상으로 다루었다. 그에 따르면, 문화는 "비록 유기

158 Moore, Jerry D.(1997), *Vision of Culture: An Introduction to Anthropological Theories and Theorists*, 『인류학의 거장들』, 김우영 옮김, 한길사, 2003, 107쪽.
159 Wilk, Richard R. and Cliggett, Lisa C.(2007), *Economies and Cultures: Foundations of Economic Anthropology*, 『경제 인류학을 생각한다』, 홍성흡·정문영 옮김, 일조각, 2010, 223~227쪽.

체로서의 개인들이 전달하고, 관여하며, 생산하는 것이나, 학습에 의해 습득된다는 점에서 초유기체적이며 초개인적이다."[160] 문화는 여타의 현상들과는 전혀 다른 정신적 구조물이다. 따라서 문화는 그 자체의 분석 차원에 존재하며, 다른 차원의 현상으로 환원될 수 없고, 자체의 특징적 속성에 의해 설명되어야 한다. "문화는 문화로부터 파생하므로," 심리학적이거나 적응주의적인 설명은 옹호될 수 없다. 문화는 유전적 요인과는 아무런 상관이 없으며, 인간의 상호작용에 의해, 즉 그 구성요소들의 상호 조절 작용에 의해 전달된다. 문화는 그 기원에 상관없이 초개인적인 것이 되어 익명성을 띠면서, 유형이나 형태, 스타일, 의미의 규칙성으로 작용한다. 따라서 문화는 "사회적으로 공식화된 관례나 사람들의 몸에 밴 생활 방식에서 드러나는 가치를 구현한다." 크로버의 '초유기적 실체'로서의 문화에는 선천적인 생물학적 특성도, 어떠한 유전적 요소도 들어갈 자리가 없었다.[161]

　　루스 베니딕트 역시 문화실재론의 신봉자이다. 베니딕트에 따르면, 문화는 하나의 전체로서 부분의 합 이상이며 뚜렷한 본질을 갖는 실체이다. "전체는 단지 모든 부분의 총합이 아니라 고유의 배열과 새로운 실체를 가져오는 부분들 간의 상호 관계의 결과"[162]이기 때문이다. 그녀는 개별 문화

160　Kroeber, A. L.(1948), *Anthropology*, New York, Harcourt Brace & World, p.254.
161　이 때문에 핑커는 크로버의 문화는 "실제 인간들의 삶과 피와는 무관하게 그 자신의 우주를 떠다닌다"고 비꼬았다. Pinker, S. (2002), 58쪽.
162　Benedict, Ruth(1934), *Patterns of Culture*, 『문화의 패턴』, 김열규 옮김, 까치글방, 1993, 63쪽.

들을 '유형(Pattern)'으로 구별하는데, 이때 '유형'이란 "문화 현상을 관찰하고 성찰하여 사회 현장에서 살아 움직이는 원리로 파악한 것"을 의미한다.[163] 그녀는 문화가 어떻게 생성되는지보다는 고정된 실체로서 개인에게 어떠한 영향을 미치는지에 대해 더 큰 관심을 기울였다. 베니딕트에 따르면, 모든 문화는 서로 다른 근본적인 존재의 가치에 기초한 형태이며, 우리는 그 핵심적 가치들을 학습을 통하여 습득한다. 베니딕트는 북미 원시 종족에 관한 연구를 통해서 문화와 인성 간의 직접적인 상관관계를 보여 주려고 했다. 『문화의 패턴』에서 그녀는 푸에블로족의 문화와 북미 타 지역의 문화들을 비교하면서, 문화의 차이에 따른 종족들 간의 인성 차이를 설명했다. 베니딕트는 니체에게서 빌려온 두 가지 인간형을 이 종족들에 적용하여, 푸에블로족은 아폴론적인 반면 북미 타 종족들은 디오니소스적 유형에 가깝다고 설명한다. 콰기우틀족과 같은 디오니소스형은 "존재의 일상적인 범위와 한계를 완전히 파괴함으로써" 존재의 가치들을 추구한다. 그들은 "개인적인 체험이나 의식에서 욕망을 한계치까지 몰고 가 어떤 정신적인 극단의 상태에 도달하려는 경향"이 있다.[164] 반면에 아폴론적 인간은 모든 것을 불신하면서, 경험을 이겨내는 방법을 의식적인 생활에서 발견한다. 그들은 오직 하나의 법칙만을 알고 있다. 그들은 중도

---

163 Benedict, Ruth(1934), 62쪽. 그녀에게 pattern과 type은 다른 개념이다. pattern에 비하면 type은 환원주의적인 개념으로, "이미 세워진 기준에 맞추어 한 집단의 문화를 약식화한 것"을 뜻한다.
164 Benedict, Ruth(1934), 95쪽.

를 지키며, 상식적 규범 안에만 머무르고, 파괴적인 정신적 상태에는 쓸데없이 개입하지 않는다. 푸에블로 문화는 중용과 억제된 행동이라는 주제를 철저하게 제도적으로 가다듬어 온 문화이다. 그리고 각 종족의 문화는 각기 독특한 에토스를 갖는다. 이처럼 베니딕트는 심리학적 범주를 동원하여 어떤 사회의 전체적 특징을 특정 카테고리의 정신적 성향으로 귀결시킨다. 각 종족의 고유한 문화는 일상의 생활 감정과 태도에 스며들어서, 그 사회 특유의 인간 유형을 조형하는 데 결정적인 영향을 미친다. 요컨대, 그녀에게 "문화란 '인성의 확대'이다."[165]

베니딕트가 문화와 인성 간의 관계를 게슈탈트 형상 유형 등으로 범주화하는 데는 인성에 대한 문화의 결정성을 보여 주려는 의도가 깔려 있다. 그녀에 따르면, 문화는 통합된 전체이고, 그 구성원들을 바람직한 규범의 틀에 끼워 맞추기 위하여 기능한다. 따라서 문화는 모든 상황에 대해 일정한 규칙과 관습을 제공함으로써, 실로 "인간을 진실로 한 데로 결합시켜 주는 것"이며, 그런 점에서 "그들이 공통적으로 가지고 있는 생각과 기준이다."[166] 문화는 고정된 실체이기 때문에 개인의 의사와 관계없이 이미 주어져 있는 것이다. 모든 사회는 '문화화(Enculturation)'의 과정을 통하여 그 사회의

---

165   Mead, Margaret(1974), *Ruth Benedict: A Humanist in Anthropology*, 『루스 베니딕트』, 이종인 옮김, 연암서가, 2008, 94쪽.
166   Benedict, Ruth(1934), 29쪽.

기준에 부합하는 성인 인성을 만들려고 도모한다. 베니딕트는 개인이 문화의 틀 내에서 다양한 인성으로 주조될 수 있는 이유는 인간의 가소성 때문이라고 말한다.

> "인간은 대자연이 그 안전을 보장해 준 것 가운데서 상실한 부분 대신에 가소성을 보충받는다. … 사회뿐만 아니라 인간 이전의 사회의 지능 발달의 역사를 통해서 이러한 가소성이 인간의 진보 자체를 지속할 수 있도록 한 토양이었다."[167]

이 가소성 때문에 개인은 무한한 다양성을 가질 수 있다. 베니딕트는 인간 본성을 기본적으로 유순하다고 상정한다. "어느 사회라고 할지라도 거기에서 태어난 대다수의 개인은 그 사회의 제도의 특질이 어떤 것이든지 간에 항상 그 사회가 지시하는 행동을 몸에 지니고 있다."[168] 게다가 거의 모든 사회에서 문화가 제시하는 교훈은 명시적이며, 그것에 대한 불복종에 따른 제재가 엄격하다. 이 때문에 대부분의 사람들은 해당 문화의 핵심적 가치를 순순히 받아들일 수밖에 없으며, 그들만의 특수한 제도가 궁극적으로 보편적인 타당성을 반영한다고 가정하게 된다. 사회와 개인은 상호 적대자가 아니며, "문화는 개인이 생활하는 데 필요한 모든 원자재를 제공한다."[169]

167　Benedict, Ruth(1934), 27~28쪽.
168　Benedict, Ruth(1934), 276쪽.
169　Benedict, Ruth(1934), 273쪽.

문화의 상대성에 대한 베니딕트의 믿음은 "개인을 심리적
으로 '정상'과 '비정상'으로 구별하는 방식도 문화에 따라 달
라질 수 있다"는 주장에서도 확인된다. 그녀는 「인류학과 비
정상」(1934)이라는 논문에서 한 사회에서 비정상적이거나 미
친 행위로 받아들여지는 것이 다른 사회에서는 정상적이고
건강한 행위일 수 있거나 심지어 이상적인 모범일 수도 있다
고 주장했다. 이 말은 곧 특정한 문화에서 문화적인 정상성이
보편적인 정상성을 의미하지 않으며, 비정상이란 단지 한 개
인이 그 자신이 속한 문화의 고유한 규범에 따라 행동하지 않
았다는 것을 의미할 뿐이라는 것이다.[170] 그러므로 한 사회 내
에서 개인의 일탈은 본질적으로 개인의 인성과 특정 사회의
가치 사이의 갈등일 뿐이지, 모든 인간에게 적용되는 보편적
차원의 일탈일 수는 없다는 것이다. 개인의 정상·비정상 상
태에 대한 이러한 주장은 해당 사회의 문화의 결정성을 최우
선시하는 문화적 상대주의의 전형적인 단면을 드러낸다.

　마거릿 미드는 보아스의 다른 제자들보다 더욱 강력하
게 문화결정론을 밀고 나간 경우였고, 그로 인하여 지지자
들과 반대자들 사이에서 논란에 휩싸였던 인물이다. 미드는
1928년에 출간된 『사모아의 사춘기』에서 인간이면 누구나
겪게 되는 10대의 방황이 사춘기라는 생물학적 특성에 따른
필연적인 결과가 아니라고 주장했다.[171] 그녀가 사모아에 거

170　Garbarino, Merwyn S.(1977), 139쪽.

171　Mead, Margaret(1928), *Coming of Age in Samoa: A Psychological Study of Primitive Youth*

주하면서 조사한 바에 따르면, 사모아의 소녀들에게는 사춘
기라고 할 만한 이렇다 할 특징들이 없었다. 그녀는 "사모아
사회에서는 전반적으로 스트레스가 없기 때문에 사모아의
사춘기는 소녀들에게 스트레스를 주는 시기가 아니며", "문
화적 조건이 만드는 셈"[172]이라고 적었다. 미드의 조사 결과
는 사춘기의 동요가 인간의 생물학적 특성과 무관함을 보여
주는 것이어서 집중적인 조명을 받았다. 그녀의 연구는 인
성 형성 과정에서 생물학적 차이보다는 문화적 차이가 더
상위적 요인임을 확증하는 듯 보였다. 그러나 40여 년이 지
나서 데릭 프리먼Derek Freeman이 제기한 반론에서 비롯된 사
모아 연구의 진실성에 대한 논란은 문화결정론의 한계를 드
러내는 사건으로 남게 되었다.[173]

미드의 문화결정론은 그녀의 또 다른 중요한 연구인 『세
부족 사이의 성과 기질』에서도 여실히 드러난다. 이 연구는
"세 원시 부족의 성과 기질이 어떠한 사회적 태도의 차이로

for Western Civilization, William Morrow & Company, 1961.

172　Mead, Margaret(1928), p.189, p.229.

173　프리먼은 1983년 출간된 『마거릿 미드와 사모아: 인류학적 신화 만들기와 그 변형』에
서 미드가 미리 정해진 의도를 갖고 현지조사에 임했으며, 조사 결과 자체도 엉터리였다
는 여러 증거들을 나열했다. 프리먼이 재조사한 바에 따르면, 미드는 사춘기에 대한 인간
의 반응을 결정하는 요인이 생물학적 요인이 아니라 문화라는 자신의 신념을 사실인양 보
여주기 위해, 사모아 섬의 일부 소녀들과의 거짓된 인터뷰 결과를 마치 사모아인의 보편적
특성인 양 일반화하는 오류를 범했다는 것이다. 따라서 그는 미드가 사모아인들의 "문화,
사회, 역사, 심리의 복합성을 과소평가하여," 그것들을 "매우 단순한 것"으로 가정했다고
결론 내렸다. Freeman, Derek(1983), *Margaret Mead and Samoa: The Making and Unmaking
of an Anthropological Myth*, Peguin Books, 1986, pp.282ff. 프리먼은 10년 뒤에도 이 문제
를 재론했다. Freeman, Derek(1992), *Paradigms in Collision: The Far-Reaching Controversy
over the Samoan Researches of Margaret Mead and its Significance for the Human Sciences*,
Research School of Pacific Studies, Australian National University.

나타나는가"를 설명함으로써 서로 다른 문화적 차이가 인성 형성에 어떠한 영향을 미쳤는지를 다루고 있다. 그녀에 따르면, "세 부족의 사회들은 문명의 드라마가 축약된 소우주"[174]와 같다. 그녀가 본 바로는, "산에 사는 상냥한 아라페시족, 사납고 야만적인 먼더거머족, 그리고 우아한 머리사냥꾼 챔블리족"에서 양성 간의 관계와 행동 유형은 전혀 달랐다.[175] 미드는 이처럼 대조적인 행동 유형들을 문화적 차이가 그대로 반영된 결과로 해석했다. 미드의 설명방식은 북미의 푸에블로족을 다루면서 베니딕트가 시도한 인성유형화와 매우 흡사하다. 미드 역시 '문화와 인성'을 한 묶음으로 엮는 접근방식을 통하여, 문화가 개인의 확대판일 뿐만이 아니라 개인에 선행하는 압도적인 실체라는 문화결정론의 명제를 재차 강조한다.

베니딕트와 미드가 보여 주듯이, 문화실재론은 인간 본성과 개인의 인격 형성 문제를 문화 속에서 융합시킨다. 보아스주의에서 문화의 고정성과 통합성은 문화적 상대주의를 극단으로 추켜올리는 동력이 된다. 각 사회가 지닌 문화의 고유성과 독창성으로 각 문화들은 다양하게 구별될 수 있다. 문화의 다양성에서는 오직 '다름'만이 있을 뿐이며, 우월의 척도는 존재하지 않는다. 이러한 이유에서 보아스주의

---

174 Mead, Margaret(1935), *Sex and Temperament in Three Primitive Societies*, 『세 부족사회에서의 성과 기질』, 이화여자대학교출판부, 2004, 21쪽.
175 Mead, Margaret(1935), 325~335쪽.

인간 본성의 역사

자들은 원시문화를 서구 문화와 비교하면서, 경멸적 의미의 '미개(Primitive)'라는 용어 대신 '무문자(Nonliterate)'라는 용어로 바꾸어야 한다고 주장한다.[176] 베니딕트는 "우리들 서구인과 원시인, 우리 자신과 야만인, 우리 자신과 이교도들 등의 방식으로, 우리를 다른 사람과 구별하는 것이 우리의 마음을 사로잡는 한, 인류학이라는 정의는 전혀 불가능한 것"[177]이라는 단호한 태도를 취했다.

3) 문화주의 대 생물학주의

보아스주의의 주된 특징은 역사적 특수주의이자 문화적 상대주의이다. 보아스가 문화의 단선적 진화를 부정한 데서 분명하게 알 수 있듯이, 문화적 특수주의는 개별 문화를 환경과의 관계나 경험, 인접한 타문화로부터의 차용 등 나름의 고유한 역사가 쌓여져 형성된 것으로 파악한다. 모든 문화는 역사적 특수성을 띠며, 타문화와의 관계에서 상대적 독자성을 갖는다. 허스코비츠에 따르면, 문화상대주의는 "각 사회가 그 성원의 생활을 이끌기 위해 만들어 낸 가치를 인정하고, 모든 관습에 내재하는 존엄과, 자신의 것과는 다른 전통을 관용할 필요성을 강조하는 철학이다."[178] 따라서 문

---

176 Garbarino, Merwyn S.(1977), 111쪽.
177 Benedict, Ruth(1934), 17쪽.
178 Herskovits, M. J.(1948), *Man and His Works*, Alfred A. Knopf, p.78.

화상대주의는 서로 다른 문화적 차이를 존중하고, 자기와 다른 생활양식에 대하여도 동등한 가치를 부여할 수 있는 태도를 강조함으로써, 자기들의 생활양식이 다른 어떤 것보다도 우월하다고 믿는 '자민족중심주의(Ethno-centrism)'를 항시 경계한다.

보아스주의의 두 번째 특징은 인성의 형성과 관련하여 문화결정론적 관점을 취하는 데 있다. 개인의 판단은 경험에서 비롯되는 것으로 보며, 경험은 그 사람이 받은 문화화, 즉 "인간이 어린 시절부터 자기 문화를 배워 익숙해지는 학습 과정"을 바탕으로 해석된다.[179] "각각의 문화는 단단히 통합된 체계로서 '철완(Iron Grip)'으로 개인의 행위를 결정한다"[180]는 보아스의 교의는 크로버와 베니딕트, 그리고 미드에게로 계승되어 문화결정론의 기본 명제가 되었다. 문화는 감정과 습관을 통해서 행위의 틀을 형성함으로써 인간의 의식과 행위양식을 지배한다. 베니딕트가 "유전은 가계에 속하는 문제"일 뿐이며, "가계를 넘어선 유전은 신화"[181]라고 단정한 데서 보듯이, 개개인이 타고난 기질상의 선천적인 차이는 부정되고, 인간 본성의 보편적 유형을 용인하지 않는다. 다시 말해서 생물학적 요인에 의한 설명방식은 배격되는 반면에, 개인에 대한 문화의 구속성이 강조된다. 특정한 사회에

---

179 Herskovits, M. J.(1948), p.64.
180 Boas, F.(1920), p.259.
181 Benedict, Ruth(1934), 29쪽.

서 성장하는 유아는 문화적 경험을 학습하고 각인함으로써 인성의 대부분을 형성하기 때문에, 개인의 인성이란 단지 문화가 내재화된 결과라는 것이다.

'문화내재화 모형'에 따르면, "문화는 지역에 따라 아주 다양한 방식으로 표현되므로, 각 문화는 어느 정도는 역사적으로 독특한 피조물로서 문화적으로 독특한 인간 본성을 생성한다."[182] 정신분석학자 카디너Abram Kardiner가 발전시킨 '기본 인성 구조(Basic Personality Structure)'[183]나 '기본 인성' 개념에 통계학적 차원을 더해 한 사회에서 통계적으로 가장 많이 발전되는 유형으로서 듀보아Cora Du Bois가 정식화한 '최빈 인성(Modal Personality)',[184] 호니그만John J. Honigman이 항목별로 분류하여 체계적으로 모아 놓은 '사회적 인성',[185] 사회적 인성 개념을 실제 국가에 적용한 마거릿 미드의 '국민성(National Character)'[186] 등의 개념에는 모두 개인의 인성

182 Spiro, M. E.(1978), "Culture and Human Nature", *The Making of Psychological Anthropology*, Spindler, G. D.(ed.), University of California Press, p.353. '문화내재화 모형'에 대한 보다 자세한 논의로는 다음을 참조. Kilborne, Benjamin and Langness, L. L.(eds.), *Culture and Human Nature*, University of Chicago Press, 1987.

183 Kardiner, Abram(1939), *The Individual and His Society: The Psychodynamics of Primitive Social Organization*, Columbia University Press. 카디너는 기본 인성을 육아기의 사회화 과정을 공통적으로 경험한 한 사회의 대부분의 사람들이 공유하고 있는 패턴으로 정의한다.

184 Kardiner, Abram, Linton, Ralph and Du Bois, Cora(1963), *Psychological Frontiers of Society*, Columbia University Press. '최빈 인성'은 사회에서 가장 높은 빈도로 나타나는 특징적 인성이다.

185 Honigman, John J.(1967), *Personality in Culture*, New York, Harper & Row. 사회적 인성은 '그 사회에서 생활한 결과로 개인에게 형성되는 인성의 모든 측면'을 지칭한다.

186 Mead, Margaret(1962), "National Character", *Anthropology Today: Selections*, Sol Tax (ed.), University of Chicago Press, pp.396-421. 국민성에 관한 대표적 사례 연구는 베니딕트의 일본인과 일본 문화에 관한 분석이다. Benedict, Ruth(1946), *The Chrysanthemum and the Sword: Patterns of Japanese Culture*, 『국화와 칼: 일본문화의 틀』, 김윤식·오인석 옮김, 을유문화사, 2008.

이 문화에 의해서 결정된다는 전제가 깔려 있다. 린튼의 표현에 의하면, "문화 유형은 개인에게 기성복과 같은 것"[187]이다. 문화가 "한 사회의 구성요소들이 특정 사회의 성원들에 의해 공유되고, 전달되는 학습적 행위와 그 행위의 결과들의 전체 형상"이라고 한다면, 인성은 "개인적 경험의 결과로서 나타난, 반응들의 통합적 형상"이다.[188] 따라서 인성은 문화가 내재된 것이고, 문화는 인성이 투사된 것이다.

그러나 문화결정론의 단순성을 문제 삼는 이들은 '문화내재화 모형'이 한 사회에서 다양한 인성이 만들어지는 이유를 설명하지 못하는 맹점을 갖고 있다고 지적한다.[189] 어떤 사회에서든 그 구성원들이 상이한 동기와 상이한 세계관을 갖게 되는 경우를 흔히 볼 수 있는데, 이는 동일한 문화가 내재화된 결과로 볼 수는 없다는 것이다. 린튼도 인정하듯이, 사회 내에서 인성의 변이 가능성은 매우 크다.[190] 더군다나 "이제까지 어느 누구도 적절한 표본이나 적합한 심리학적 도구를 사용하여 국가적 단위나 주요 하부 단위의 인구들을 측정해 본 적이 없기 때문에," 알렉스 인켈레스Alex Inkeles는 "주요한 인성적 특질의 국가적·지역적·계급적 차이에 대한 모든 주장이

---

187 Linton, Ralph(1947), 107쪽.
188 Linton, Ralph(1947), 45쪽, 131쪽.
189 Keesing, R. M.(1976), 126~132쪽; Kaplan, David and Manners, Robert(1972), 251~256쪽.
190 린튼은 비서구사회 원주민 조사를 수행한 대부분의 인류학자들이 ① 인성 표준은 사회마다 다르며, ② 어떤 사회에서도 구성원들의 인성은 상당한 개인적 변이를 나타내며, ③ 매우 비슷한 정동의 변이와 매우 유사한 인성 유형들이 모든 사회에서 발견된다는 데 동의하고 있음을 인정한다. Linton, Ralph(1947), 127쪽.

인간 본성의 역사

나 거부는 단지 신념적인 진술일 뿐이다"[191]라고 일축한다. 이에 덧붙여서 '문화내재화 모형'은 생물학적으로 주어진 보편적인 인간 본성을 배격함으로써, 많은 사회들에서 공통적으로 발견되는 '문화적 보편소(Cultural Universals)'의 존재를 무시한다는 지적도 받는다. 매 문화의 다양성과 상대적 독자성을 인정한다 하더라도, 어떠한 사회에서도 인간의 감정 및 행위의 레퍼토리 속에는 인간 본성의 보편적 요소가 중첩되어 드러나며, 그것은 문화의 차이 밑에 깔려 있다. 따라서 모든 문화에서 보편적으로 존재하는 기본적 요소들에 대하여 '보편적인 제도(Bronislay Malinowski)'나 '보편적인 가치(Clyde Kluckhohn)' 등으로 범주화하려는 시도들은 문화가 균일한 심리적·생물학적인 토대 위에서 성립될 수 있다는 명제를 지지한다. 말리노프스키Bronislaw Malinowski의 욕구이론은 이러한 관점을 대변하는 고전적 연구였다.

말리노프스키의 욕구이론

말리노프스키에게 인류학은 "단순히 문명사회의 호기심을 불러일으키는 미개인들의 물품을 수집하거나 그들의 관습을 소개하는 일"이 아니다. 그는 "진정한 인간 과학으로서 인류학의 궁극적인 목표는 우리의 세계관을 넓히고 심화함으로써 우리 자신을 보다 객관적으로 이해하는 데 있다"[192]

---

[191] Inkeles, Alex(1954), "Personality and Social Structure", *Handbook of Social Psychology 2*, G. Lindzey(ed.), Cambridge, Addison-Wesley, pp.267~268.
[192] Malinowski, Bronislay(1922), *Argonauts of the Western Pacific*, Waveland Press, 1984, p.517.

고 말한다. 그는 문화에 관한 보편과학의 필요성을 역설하면서, 모든 문화의 기저에는 생물학적 욕구라는 보편적인 요소가 놓여 있음에 주목한다. 말리노프스키의 욕구이론은 보아스주의의 주요 명제들과 상반된다. 그에 따르면, 모든 문화는 인간의 생물학적 특성을 전제로 성립된다.

> "인간의 문화는 일차적으로 생물학적 욕구에 기초를 두고 있다. 이 단서를 따라가면 인간은 문화라는 수단을 통하여 자신의 일차적인 생물학적 욕구를 만족시키는 과정에서 자신의 행동을 결정하는 새로운 인자를 부과하고, 새로운 욕구를 발전시킨다고 할 수 있다."[193]

그는 샨드A. Shand의 이론을 받아들여서, 인간의 심리를 '본능'과 '정서'로 구분하고, '본능'에 상응하는 동물적 상태의 인간과 '정서'에 기초한 문화적 단계의 인간을 구별했다. 그에 의하면, "문화란 동물적 상태의 인간 본능이 다양한 사회적 기제에 의해 변형된 결과 나타난 심리적 정서"이다.[194] 문화는 개인의 생물학적 욕구에서 유래하여 축적된 사회적 욕구를 충족시키는 기능을 한다는 것이다. 즉, 문화는 개인의 생물학적·심리적·사회적 욕구를 만족시키기 위해 존재한다. "욕구의 개념은 조직화된 인간의 행동을 이해하게 해

---

193 Malinowski, Bronislay(1944), *Magic, Science and Religion and Other Essays*, Waveland Press, 1992, p.202.

194 Malinowski, Bronislay(1927), *Sex and Repression in Savage Society*, 『미개사회의 성과 억압』, 한완상 옮김, 삼성출판사, 1990, 195쪽.

기본적 욕구	문화적 반응
신진대사	식량 공급
생식	친족
신체적 안락	안식처
안전	방어
동작	활동
성장	훈련
건강	위생

〈표 4-3〉 말리노프스키의 욕구이론 – 일곱 가지 기본적 욕구와 반응

주는 최초의 통로이다."[195] 그의 욕구이론은 인간의 일곱 가지 기본 욕구와 그것들 각각에 대응하는 문화적 반응들의 조합으로 구성된다.

　말리노프스키에게 문화적 제도란 인간의 기본 욕구들에 대한 통합적 반응을 의미한다. 욕구이론에서 그가 제시한 '유기체의 연쇄과정'에 관한 모형은 모든 문화를 떠받치는 생물학적 기반을 보여 준다. 유기체의 연쇄과정은 '충동', 그에 반응하는 생리학적 '행위', 그리고 그 '행위'가 초래하는 '충족'의 연쇄로 이루어진다.[196] 그는 인간의 기본적인 충동을, 숨 쉬고자 하는 욕구, 배고픔, 목마름, 성욕, 피로, 무료함, 졸음, 방광의 압박, 결장의 압박, 공포, 그리고 고통 등 열한 가지로 구분

195　Malinowski, Bronislay(1944), *A Scientific Theory of Culture and Other Essays*, 『문화의 과학적 이론』, 한완상 옮김, 삼성출판사, 1990, 280쪽.
196　Malinowski, Bronislay(1944), 279~286쪽.

하고, 그 충동들이 그 각각에 상응하는 행동을 통하여 충족되는 과정을 유기체의 연쇄과정이라고 설명한다. 이 모형에서 인간의 기본 욕구는 문화에 부과되는 최소한의 조건이며, 그에 따른 문화적 반응은 새로운 환경을 규정하고, 그 환경 속에서 파생되는 다른 욕구는 또 다시 새로운 문화적 반응을 끌어낸다. 생물학적 욕구는 일차적인 것이고, 문화는 그것을 재생산하고 유지하기 위한 이차적이고 인위적인 환경이다.

> "인간이나 인종의 유기체적 또는 기본적 욕구의 충족이 각 문화에 부과한 최소한의 조건임은 분명하다. 인간의 영양, 생식, 위생적 욕구에 의해 생긴 문제들은 반드시 해결되어야 한다. 그것들은 이차적이거나 인위적인 환경을 구성함으로써 해결된다. 바로 문화 그 자체인 이러한 환경은 영원히 재생산되고 유지되며 관리되어야 한다."[197]

문화는 인간의 기본적 욕구에 대응하는 반응 체계이다. 말리노프스키는 문화의 기능을 생리적 의미로 파악하고 인간 행동의 기능을 적절한 행위에 의한 유기체적 충동의 충족으로 정의한다. 말리노프스키의 욕구이론은 두 가지 공리로 압축할 수 있는데, 첫째로 모든 문화는 생물학적 욕구 체계를 만족시켜야 한다는 것이다. 둘째로 도구나 상징의 사용을 의미하는 모든 문화적 성취는 인체 해부 구조에 유익한 것이며, 직간접적으로 신체적 욕구를 충족시키는 데 관

---

197 Malinowski, Bronislay(1944), 252쪽.

인간 본성의 역사

런되어 있다.[198] 인간의 생리적 욕구 체계에 의존하는 문화는 적응적 의미를 갖는다. 따라서 "불필요하거나 장식용에 불과한 관습이란 없다"[199]는 것이다. '트로브리안드 군도(Trobriand Islands)의 사례'[200]를 인류 전반으로 확대하여 일반화하려는 말리노프스키의 시도는 인류학적 비교의 방법을 잘못 사용하였다는 비판을 받기는 했지만, 그의 연구들이 생물학적 관점을 끌어들여 인류학적 지평을 넓히는 데 기여했다는 사실을 부정할 수는 없다. 그에게 "가장 중요한 것은 모든 제도의 중심 어딘가에서 살아 꿈틀거리는, 심장이 고동치는 '피와 살을 가진 인간 유기체(Flesh and Blood Organism of Man)'를 잊지 않는 일"이었다.[201] 말리노프스키의 이론은 인류 사회의 모든 문화는 각기 나름대로의 합리성을 갖는 고유한 것들이지만, 그 모두는 생물학적인 욕구라는 공통의 기반 위에서 성립한다는 사실을 분명하게 지적했다. 그에게 '인간 본성이란 곧 문화의 생물학적 기초'였다.

문화의 생물학적 기초

> "'인간 본성'이라는 말 속에는 이미 모든 문화 속에 놓인 모든 개인들이 호흡, 수면, 휴식, 섭취, 배설, 생식 등의 육체적 기능을 어쩔 수 없이 수행하지 않으면 안 된다는 생물학적 결정론이 함축되어 있다."[202]

---

198 Malinowski, Bronislay(1944), 351~354쪽.
199 Malinowski, Bronislay(1944), 244쪽.
200 Malinowski, Bronislay(1916), "Baloma: The Spirits Of The Dead In The Trobriand Islands", *Magic, Science and Religion and Other Essays*, Waveland Press, 1992, pp.149~254.
201 Barnard, Alan(2000), 132쪽.
202 Malinowski, Bronislay(1944), 279~280쪽.

문화의 생물학화

20세기 중반 이후 생물학이 번성함에 따라 보아스주의는 더욱 더 거센 도전에 직면했다. 예컨대 콘라트 로렌츠의 '공격성', 데스몬드 모리스Desmond Morris의 '털 없는 원숭이', 로버트 아드레이Robert Ardrey의 '영토 전쟁', 그리고 재러드 다이아몬드Jared Diamond의 '제3의 침팬지'에서 보는 것처럼, 통속 생물학의 유행은 인간과 동물 간의 경계를 허물고 인간 행동의 생물학적 토대를 부각시킴으로써 문화결정론의 근본적 결함을 추궁했다. 줄을 잇는 생물학주의의 행렬로 말미암아 '사물과 사건의 신체외적이고 초생물학적인 시간적 연속체'의 위상은 상대적으로 약화되었고, "문화가 인간의 생물학적 특징들로부터 독립되어 있다"[203]는 명제는 의심의 대상이 되었다. 생물학주의를 신봉하는 대부분의 과학자들은 문화의 개념이 과학적 토대 위에서 재구성될 필요가 있다고 믿고 있다. 그들이 보기에, 하나의 종으로서 인간이 선천적으로 보지하는 보편적 특성들을 배제해서는 의미 있는 문화이론이 성립될 수 없다. 인류학자 스피로M. E. Spiro의 지적처럼, '문화내재화 모형'의 "개념적으로 단순한 가정은 생물학적으로 형성되는 보편적인 인간 본성을 탐구하려는 노력을 배제시킬" 위험을 안고 있다.[204] '문화내재화 모형'의 결점을 보강하기 위해서는 겉으로 드러나는 문화적 차이를 인간 본성의 생물학적 토대 위에서 조망할 수 있어

생물학주의의 유행

---

203 White, Leslie A.(1959), *The Evolution of Culture*, New York, McGraw-Hill, pp.13~14.
204 Spiro, M. E.(1978), p.353.

야 한다는 것이다. 문화의 차이 밑에 깔려 있는 보편적 요소
란 곧 모든 인간의 감정과 행위양식을 떠받치는 생물학적
기반이다. 모든 문화에서 공통적으로 발견되는 '인간 보편
소(Human Universals)'의 존재는 이를 반영한다. 도널드 브라
운Donald Brown이 여러 민속지학적 조사 자료들을 근거로 제
시한 '보편소'의 목록에는 일상적인 사물에 관한 명칭은 물
론이고 가족, 갈등, 고통, 연합, 육아, 종교의식, 의인화, 그리
고 세계관 등의 추상적 개념들까지 포함하는 200여 가지가
넘는 항목들이 들어 있다.[205] 생물학주의자들은 브라운의 목
록을 문화의 생물학적 토대와 인간 본성의 보편성을 확인하
게 하는 주요한 증거라고 믿고 있다.

　이보다도 훨씬 더 급진적인 생물학적 접근은, 제6부에서
자세히 살펴보겠지만, 윌슨E. O. Wilson의 사회생물학으로 구
체화되었다. 그는 다윈의 자연선택론과 동물행동학의 원리
에 의거해서 문화의 '생물학화'를 제창한다. 그에 따르면, 문
화는 인류가 자연 환경에 적응하는 과정을 통하여 유전적
토대 위에서 획득된 공진화의 부산물에 지나지 않는다. 요
컨대 문화는 유전자 없이는 성립될 수 없다는 것이다. 사회
생물학 대열에 합류한 인류학자 로빈 폭스Robin Fox는 인간
사회가 동물사회와 다를 바 없다는 사회생물학적 관점을 옹
호한다. 그는 그동안 인류학이 생활양식의 다양성에 현혹되

205　Brown, Donald(1991), *Human Universals*, New York, McGraw-Hill.

어 인류의 생물학적 토대를 간과해 왔다고 주장한다. 그에 따르면, "밖으로 드러난 표면적인 표현들의 심층을 파악하게 되면, 우리의 많은 행동과 사회조직은 영장류나 포유동물의 그것과 유사하다."[206] 이를테면 인간 사회의 고유한 것으로 여겨지는 친족 체계도 다른 영장류 집단에서도 볼 수 있는 일반적 특성에 지나지 않는다. 그가 보기에, "문화에 대한 능력뿐 아니라, 문화의 형식, 언어 및 행위의 보편적 문법도 모두 우리의 뇌 속에 이미 들어있는 것"이기 때문에, 문화는 사실상 유전자에 복속되어 있다. 그는 인류 사회에서 자주 발생했던 공격성과 폭력성까지도 생물학적 기원을 갖는 선천적 속성으로 간주한다.[207] 폭스의 견해에 따른다면, 인간은 자연선택의 결과로 공통된 본성을 갖게 되었기 때문에, 문화에 의해 형성되거나 재조정되는 것이 아니라 생물학적으로 '이렇게 하게끔 선택된 존재'이다.

본성과 양육의 상호작용?

윌슨과 폭스가 보여 주는 문화의 '생물학화'는 전통적인 문화실재론의 맹점을 들춰내면서 문화 해석의 새로운 패러다임으로 자리매김하려는 야심찬 시도로 비쳐질 수 있다.

---

206 Fox, Robin(1970), "The Cultural Animal", *Social Science Information, vol 9*, p.11.

207 Fox, Robin(1989), *The Search for Society: Quest for a Biosocial Science and Morality*, Rutgers University Press, p.127. "인간은 사냥하는 잡식성 종으로서 진화했기 때문에 동물과 식물, 심지어는 자기를 위협하는 동료까지도 파괴할 것이다. 그렇게 하는 것이 당연하다. 이런 일들은 모두 전적으로 자연스러우며, 충분히 납득할 수 있는 진화 구도 내의 일이다." 그는 "인류의 역사는 구석기적 규범으로부터 점점 멀어지는 과정이었으며"(p.218), 점점 더 자의식화되는 인류의 문화적 진화는 종국적으로 자기파괴적으로 나아갈 것이라고 주장한다.

특히 다윈의 자연선택 논증에 든든히 기대어 인간과 동물 모두에 통용될 수 있는 보편 법칙을 적용하려는 것은 생물학적 접근의 주요한 특징이다. 이러한 시도에서 흔히 사용되는 방법은 동물 행동에 대한 관찰과 조작적 실험에서 얻은 결과를 인간 행동과 직간접적으로 연관지우는 것이다. 이를테면 거위의 각인 현상에서 본능의 개념을 재정립한 로렌츠의 연구나 인간 사회의 복잡성 구조를 개미 사회로부터 유추하는 윌슨의 접근법, 그리고 침팬지의 집단생활에서 정치의 의미를 되새기는 드 발Frans de Waal의 관찰 연구 등은 잘 알려진 사례들이다. 이러한 연구의 공통 목적은 인간 본성의 생물학적 뿌리를 찾아내는 데 있다. 이들에 따르면, 정치, 경제, 문화, 그리고 종교 등 인간 사회의 모든 영역에서 일어나는 인간의 활동은 진화적 기원을 갖는다.

그러나 문화론자들의 생각은 여전히 다르다. 문화주의에 대한 생물학주의의 반발만큼이나 다른 한쪽에서는 생물학적 접근의 획일성과 단순성을 경계한다. 화이트Leslie A. White의 견해로는, 문화는 "인간의 생물학적 구조에 그 기원과 기반을 두지만, 일단 출현하여 전통으로 성립되고 나면, 마치 비생물학적인 성격을 띠는 것처럼 존재한다."[208] 문화는 인간에 의해서만 생산되고 지속되기 때문에, 문화적 변수는 생물학적 상수로 환원될 수 없다. 따라서 그는 "생물학적 요

---

208 White, Leslie A.(1959), pp.12~14.

소는 문화적 변화와 거의 관련이 없으며, 문화는 인간의 생물학적 특징들로부터 독립되어 있다"는 강경한 주장을 굽히지 않는다. 그의 견해로는, 생물학적 접근은 인간 행동의 생물학적 기원만을 되풀이할 뿐이지 문화의 '숨겨진 차원'에 대해 들려줄 수 있는 이야기가 거의 없다. 인간의 동물성에 대한 반복적인 강조는 누구나 알고 있는 상식에 불과할 뿐이지 인간 자체의 심리적·생물학적 본성에 관한 새로운 지식을 제공하지 않는다. 생물학은 '상징 행위를 하는 동물'[209]로서의 인간을 결코 설명할 수 없다. "문화가 변할 때, 인간 행위도 따라 변한다"는 사실은 "문화가 독립변수이고, 인간 행위는 종속변수"임을 말해 준다.[210] 따라서 화이트에게 인간 본성이란 사실상 문화의 본성과 동일한 것이다.

또한 생물학적 접근에 제기되는 문제점 중의 하나는, 인간의 해부학적 구조가 포유동물적이라 하더라도, 동물 행동과의 비교와 유추 방법으로 인간 행동의 특성을 규명할 수 있는가 하는 점이다. 예컨대 동물의 '공격성' 본능과 인간 사회의 전쟁이 동일한 차원에서 다루어질 수 있다고 믿는 로렌츠나 폭스의 가정은 분석 수준상의 정합성 문제를 안고 있다. 인류학자 바네트S. A. Banett는 이런 유추의 방법이 갖는 오류를 다음과 같이 지적한다.

---

209 White, Leslie A.(1973), 25쪽.
210 White, Leslie A.(1973), 163쪽.

"인간에게 재산 소유 및 사회적 지위가 영토나 지배 체계와는 근본적으로 다른 것처럼, (인간 사회의) 전쟁은 동물들끼리의 갈등과는 다르다. … 한편으로 인간의 공격적이거나 그밖의 다른 사회적 행동들과, 다른 한편으로 다른 동물에서 볼 수 있는 유사한 행동을 단순히 유사하다고 보는 시각에 대한 반대의 근거로 두 가지를 들 수 있다. 첫째로, 그러한 유추는 동물 행동에 대한 엄청난 오해를 일으킬 수 있다. 사실상 어떠한 폭력이 없는데도 우리가 다른 동물에서 폭력을 보았다고 기대하거나 생각하도록 유도되기도 한다. 둘째로 그러한 유추는 다른 동물들의 행동이 판에 박혀서 변화하기 어렵다고 보고, 인간 행동도 고정된 것으로 생각하게 할 수도 있다."[211]

동물 행동으로부터의 유추는 '과잉 일반화의 오류'를 범하고 있음을 물론이고, 나아가 인간의 사회적 행위에 담겨진 섬세한 다양성을 결코 설명해 낼 수 없다. 바네트는 "그렇다면 다른 동물들과 우리 자신을 비교하는 것이 무슨 소용이 있는가?"라고 반문하며, 단순한 유추나 비교보다는 더욱 더 엄밀한 방법론이 필요하다고 지적한다. 다시 말해서, 인간 사회가 동물사회와 유사하다는 단순한 주장만으로는 인간 사회의 다양성은 물론 그 속에 담겨 있는 의미론적 구조를 읽어낼 수 없다. 카플란David Kaplan과 매너스Robert Manners가 잘 지적하듯이, 폭스류의 사회생물학적 접근이 과

---

211 Banett, S. A.(1967), *Instinct and Intelligence*, Prentice-Hall, pp.64~65.

학적 타당성을 획득하기 위해서는, 인간다운 문화를 가지지 못한 "동물들의 사회행동을 통해서 살펴보기보다는 인간 자신을 직접 연구하는, 보다 건전한 절차"를 거치는 것이 합당하다.[212]

인간 본성의 문제를 둘러싼 문화주의와 생물학주의의 긴장 관계는 쉽게 해소될 성질의 것이 아니다. 양 진영의 대립은 '여러 사회와 민족의 사고 체계가 근본적으로 다양하고 문화적으로 형성된다는 관점과, 경험의 문화적 표현 방식이 다르다고 하더라도 그 경험세계는 근본적으로 동일하다는 관점 간의 대립'으로 풀어 볼 수 있다. 여기에서 그럴 법한 중재안은 양 극단으로부터 중간 지점을 택하여 절충점을 찾는 것이다. 타협과 중재는 손쉬운 해결방법이다. 그 해결책이란 개인의 인성 형성 과정을 타고난 생물학적 성향이나 잠재력과 외부 환경 속에서의 경험이 합쳐진 결과로 보는 것이다. 즉 인간 본성은 '본성과 양육' 간의 상호작용을 통해 이루어진다. 상호작용론은 인간종의 보편적 속성을 전제한 가운데 상이한 문화적 환경에 따른 개별 인간의 인성 차이를 용이하게 설명함으로써 문화주의와 생물학주의를 중재하는 데 효과적이다. 여기에서 인간 본성은 단순히 문화가 내재화된 것이 아니라 생물학적 요인과 문화적 요인이 결합된 결과로서, 하나의 체계를 형성하는 심리적·생물학적 세

문화주의와
생물학주의의
긴장 관계

본성이냐
양육이냐

---

212 Kaplan, David and Manners, Robert(1972), 287쪽.

계이다. 우리는 자아와 외부 세계, 사적인 것과 사회적인 것, 그리고 생물학적인 것과 심리적인 것 간의 교호 작용을 통하여 우리의 정체성을 획득한다. 개인의 정체성은 바로 사회의 다른 구성원들 및 그들의 생활양식과 관련된 자아의식을 의미한다. 그렇다면 문화는 "개인의 정신 속에 조직되어 있는 인지 체계, 한 사회의 공유된 체계, 그리고 공적이고 집합적인 의미의 체계"[213]로 다시 정의될 수 있다. '본성'과 '양육' 간의 중재안은 문화주의와 생물학주의 양자의 행동반경을 확장시킬 수 있다는 장점을 갖는다. 그러나 문제는 '본성'이 무엇이고 '양육'은 본성과 어떻게 다른지, 그리고 어디까지가 '본성'이고 어디부터가 '양육'인지를 가늠하기는 쉽지 않다는 것이다. 분명한 사실은 인간에게 본성과 환경을 구분하려는 것은 생물학주의 연구자들이 생각하는 것보다 훨씬 더 엄청난 과제라는 점이다. 이 때문에 지금까지도 여기저기서 '본성 대 양육' 논쟁은 되풀이되는 것이다.

---

213 Keesing, Roger M.(1976), 134쪽.

5. 프로이트의 무의식 가설

프로이트는 인간 본성을 '숨겨진 차원'으로 끌어내린 무의식의 발견자이다. 그는 무의식의 발견을 인류사적 사건으로 자평했다. 인류가 코페르니쿠스와 다윈에 의해 두 차례의 충격을 받았음에도 불구하고, 만일 인간이 여전히 신비로운 존재로 남아 있다면, 마지막으로 남아 있는 하나의 가면을 벗겨내지 못했기 때문이다. 이 작업은 우주적 억압과 생물학적 억압에 이어 심리적 억압의 상태를 올바로 알아내는 일이었다. 프로이트는 자신이 이 마지막 가면의 실체를 밝혀냄으로써 인류에게 세 번째 충격을 던져 준, 인류사의 '거인 삼형제 중의 막내'라고 자랑했다. 그러면서 인간 정신에 관한 과학적 차원의 해명 작업으로 인하여 창조주를 정점으로 하는 종교적 세계관의 시대를 종결짓고 새로운 세계관의 시대

로 집입하게 되었다고 선언했다. [214]

그가 발견한 바에 따르면, 우리의 행동과 사고를 지배하는 동기는 이성이 아닌 인간 내부의 충동적인 힘이다. 인간의 내면을 들여다보면, 무의식의 장막으로 뒤덮여 있다. 프로이트는 무의식을 발견한 최초의 인물은 아니었지만, 이전의 어느 누구보다도 인간 행동의 숨겨진 원인에 대해 우리에게 많은 이야기를 들려주었다. 프로이트는 무의식의 세계로 빠져들기에 앞서 먼저 다윈에 의지했다. 다윈은 프로이트가 가장 좋아했던 학자였다. 인간은 본질에 있어서 동물과 다를 바 없다는 다윈의 통찰은 프로이트에게 생물학적 본능에 대한 확고한 믿음을 심어 주었다. 그는 다윈을 따라 하등동물의 신경계와 고등동물의 신경계 사이에 단순히 양적인 차이가 있을 뿐 질적인 차이가 없다는 사실을 생리학적·해부학적 증거들에 입각해서 입증하고 싶어했다.

초기 프로이트에서 두드러지게 강조되는 성적 동기는 생물학적 종의 영속성을 가능하게 하는 번식 본능에 기초를 두고 있다. 그런 점에서 보면, 프로이트의 이론은 기본적으로 생물학적 결정론의 한 유형이다. 인간의 모든 행위는 원

214 Freud, S.(1933a), *Neue Folge der Vorlesungen zur Einführung in die Psychoanalyse, New Introductory Lectures*, 『새로운 정신분석 강의』, 임홍빈·홍혜경 옮김, 열린책들, 2004, 213~214쪽. 그는 세계관Weltanschauung을 "하나의 지적 구성체로서 우리 존재의 모든 문제들을 고차원의 전제에 의해 통일적으로 해결해 주는 것"이라고 정의하면서, 자신이 세계관의 지각변동을 이끌어냈다고 자화자찬했다.

인을 갖는 만큼, 우리의 사고와 감정은 우연적인 것이 아니다. 합리적인 사고방식으로는 설명되지 않는 수많은 인간의 의식과 행위 들, 예컨대 정신분열, 히스테리, 꿈, 그리고 불안 등은 우리가 미처 알아차리지 못했던 어떠한 원인들에 의해서 결정된다. 프로이트는 정신현상이 생리적인 작용으로서 물리적인 법칙의 지배를 받는다고 생각한 '마음의 생물학자'였다.[215]

1) 마음의 구성도

프로이트가 제안한 새로운 방식의 인간 이해는 우리의 마음이 어떻게 구성되어 있고 어떠한 방식으로 작동하는가에 관한 것이다. 그는 1886년부터 신경질환 전문의로 활동을 개시한 이래 히스테리, 꿈, 불안 등에 대한 지속적인 분석 작업을 통하여 무의식의 심층을 탐색했다. 그가 탐색한 바로는 "무의식은 우리의 심리적인 삶의 본질적 토대"(1900, 704)[216]이다. 그는 『꿈의 해석』에서 우리의 마음이 '무의식-전前의식-의식'으로 구성되어 있다는 생각을 처음으로 내비쳤다.

---

215 설로웨이는 프로이트가 일관되게 다윈의 영향권 아래 있던 생물학자였으면서도 그 사실을 그의 후계자들뿐 아니라 프로이트 자신이 부정하려고 했다는 점을 들어, 그를 '비밀스런 생물학자crypto-biologist'였다고 묘사한다. Sulloway, Frank J.(1979), *Freud, Biologist of the Mind: Beyond the Psychoanalytic Legend*, Basic Books, pp.419~444.
216 Freud, S.(1900), *Die Traumdeutung*, 『꿈의 해석』, 김인순 옮김, 열린책들, 2004, 704쪽. 프로이트의 저작과 논문은 발표년도와 쪽수로 표시.

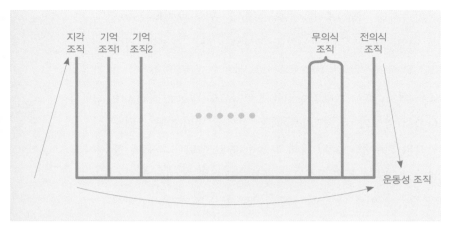

<그림 4-2> 마음의 모형도(1900, 628)

그 후 프로이트는 수차례에 걸쳐 자신의 생각을 다듬고 나서 1915년 「무의식에 관하여」를 통해 체계화된 마음의 구성도를 제시했다. 그리고 7년 뒤 「자아와 이드」에서 기존의 모형을 대폭 수정하여 '이드-자아-초자아'의 세 심급으로 이루어진 새로운 모형을 제시한다. 여기서는 전자를 1차 모형으로, 후자를 2차 모형으로 구분하겠다.

그는 '인간의 정신구조와 과정을 역동적·위상학적·경제적 관계로 해명하는 작업'을 '메타 심리학(Meta Psychology)'이라고 이름 붙였다.[217] 메타 심리학은 '무의식의 과정을 의식적인 과정으로 읽어냄으로써 의식적인 인식에 있어서 간격을 어떻게 메워 나갈 것인가'에 초점을 맞춘다. 그는 임

---

217 Freud, S.(1915e), "The Unconscious", 「무의식에 관하여」, 『무의식에 관하여』, 윤희기 옮김, 열린책들, 1997, 185쪽.

상의학적인 억압 개념을 불러들여서, '무의식(Unbewußte)'을 지형론적 관점에서 인격을 구성하는 다른 부분인 '의식(Bewußtsein)' 및 '전의식前意識(Vorbewußtsein)'과 구별해서 기층적 영역으로 규정한다. 우리가 통상 알고 있는 의식은 우리가 인식하는 모든 대상에 대한 총량을 의미한다. 그러나 인간의 의식은 마음의 극히 표층부에 있는 얇은 부분에 불과하고, 대부분은 무의식으로 구성되어 있다. 무의식은 의식의 숨은 원인에 해당된다. 무의식은 인간 행위와 사고에서 밖으로 드러나지 않고 내면에 잠재되어 있다. 무의식은 의식이 미치지 못하는 정신세계의 영역이다.

　무의식의 영역 안에는 본능적인 충동이 억압되어 있다. '어떤 관념이 의식화되기 전에 존재한 억압 상태'가 곧 무의식의 원형이다.[218] 정신 과정에서의 '억압'은 "어떤 표상의 리비도 집중이 불쾌감을 조장할 가능성이 있는 경우, 그 표상이 의식에 의해 감지되기 전에 표상을 '원 상태 그대로' 억제하는 과정"[219]이다. 억압은 의식의 정신활동과 무의식의 정신활동을 확연히 가르는 방어 기제로, 그 본질은 어떤 표상이 의식으로 진입하지 못하게 하여 의식과 거리를 두게 하는 데 있다. 억압으로 인해 "무의식 조직의 핵심에는 '리비도를 집중 배출하려고 하는' 본능적 대표자들이 자리하고 있다"(1915e, 191). 다양한 강도의 '카텍시스Cathexis'를 보유하는 무의식은

218　Freud, S.(1923b), "The Ego and The Id", 「자아와 이드」, 『정신분석학의 근본개념』, 윤희기·박찬부 옮김, 열린책들, 2004, 350쪽.
219　Freud, S.(1911b), "Formulations on the Two Principles of Mental Functioning", 「정신적 기능의 두 가지 원칙」, 『정신분석학의 근본개념』, 18쪽.

무한대의 충동과 뜨거운 열망으로 가득 찬 정신세계 밑바닥에 존재하는 동굴과 같다. 그러므로 무의식 내부에서는 무언가를 향한 충동의 추진력과 그것을 억압하려는 억제력이 서로 대립한 상태, 즉 '심리 내적 갈등(Endopsychic Conflict)'이 항존한다. 프로이트는 무의식의 내용을 '우리 정신 속에 거주하는 원주민'으로 비유하며, "만일 인간에게 유전으로 물려받은 어떤 정신적인 형성체들—동물의 본능과 흡사한 그 무엇—이 존재한다면, 그것들이 바로 무의식 조직의 핵심을 구성하는 내용들"(1915e, 204)이라고 설명한다.[220]

'검열'의 장벽 　　무의식과 의식 사이에는 '검열'의 장벽이 존재한다(1915e, 171). 즉, 무의식이 의식으로 전환되기 위해서는 일종의 시험 단계인 '검열'을 통과하여야 한다. '검열'을 기준으로 보면, 우리의 정신 과정은 두 단계로 나뉜다. 검열을 통과하지 못한 정신활동은 두 번째 단계로의 진입이 허용되지 않고 억압된 것으로 무의식의 상태에 머무르게 되는 반면, 검열을 통과한 정신활동은 두 번째 단계로 진입하여 의식의 조직에 편재하게 된다. 프로이트는 무의식이 의식으로 전환되는 정신 과정에서 양 조직을 매개하는 중간층이 있다고 상정한다. 그는 의식의 예비적 단계에 해당되는 이 층을 '전의식'이라고 명명한다. 전의식은 우리가 의도적으로 기억을 되살

220　무의식 조직에 속하는 정신 과정들에서 찾아 볼 수 있는 주요한 특징은 '상호 갈등과 충돌 가능성에서 벗어나 있음', '일차적 과정(리비도 집중의 유동성)', '무시간성', 그리고 '외부 현실을 정신적 현실로 대체함' 등이다. Freud, S.(1915e), 193쪽.

릴 수 있다면 언제든지 복원할 수 있는 기억의 저장소로서, 의식층과 맞닿아 있는 기억과 지각의 흐름이다. 따라서 전의식은 의식과 동일한 특성을 공유한다. 검열은 무의식 조직과 전의식 조직 사이에 위치하여 전의식을 포함하는 의식층과 무의식층을 구별하게 할 뿐만 아니라, 전의식 조직과 의식 조직 사이에서도 같은 기능(두 번째 검열)을 수행한다 (1915e, 199).

그러나 전의식은 검열을 통과했다는 점에서는 의식에 가깝지만, 다른 한편으로 의식층의 표면에 드러나지 않는다는 점에서는 여전히 무의식적이다. 즉, 전의식은 이중의 성격을 갖는다는 말이다. 프로이트는 무의식과 전의식, "이 두 종류의 정신적 활동이 동일한 것인지 아니면 본질적으로 같은 근원에서 파생되어 나온 것인지를 알지 못하지만," "이 두 정신적 활동의 구분은 애초부터 이루어지는 것이 아니다"[221]라고 말한다. 다소 모호한 이 같은 특성에 대해 그는 전의식을, 잠재적이면서 직접적으로 의식화될 수 없는 '역동적인(Dynamic)' 무의식에 대비시켜, 잠재적이지만 의식화될 수 있는 '서술적인(Descriptive)' 무의식으로 규정한다(1923b, 351). 따라서 전의식은 무의식보다는 의식 쪽에 훨씬 더 가깝다. 한편 의식은 무의식이 검열을 통과한 것으로, 언어로 표현될 수 있다는 점에서 무의식과 구분된다. 무의식의 표상은 사물 표상 하나만을 포함하고 있는 반면, "의식의 표상

---

[221] Freud, S.(1912g), "A Note on the Unconscious in Psychoanalysis", 「정신분석에서의 무의식에 관한 노트」, 『정신분석학의 근본개념』, 33~34쪽.

은 사물의 표상과 그 사물에 속하는 언어 표상을 다 포괄하고 있다"(1915e, 213)는 점에서 궁극적으로 구별될 수 있다.

2) 2차 모형

프로이트는 1923년 「자아와 이드」에서 '이드-자아-초자아'의 세 심급으로 구성된 모형을 새롭게 제시한다. 1차 모형이 무의식 중심의 구성으로 무의식에서 의식으로 전화되는 과정을 설명하고 있다면, 2차 모형에서는 이드를 중심으로 인간 내면의 충동이 발현되거나 억압되는 과정의 역동적인 메커니즘을 다루고 있다. 1차 모형에서 "신체는 심리적인 체험 안에서 오로지 몰려드는 신체 자극의 형태로만 대리된다"고 한다면, 2차 모형에서는 "정신적 체험이 신체적 요구로부터 발달한다는 것", "정신적 체험이 신체적 존재자인 인간에 연관되어 있다는 것", 그리고 "그 체험 자체가 신체적 체험이라는 것" 등의 더욱 세부적인 해석이 추가된다.[222]

충동과 억압의 역동적 메커니즘

세 심급의 심적 기능

2차 모형의 중심 개념인 '이드Id'는 원래 라틴어의 '그것'에 해당하는 말로, 무의식 자체를 지칭한다.[223] 이드의 내용

---

222 Schöpf, Alfred(1998), *Sigmund Freud die Philosophie der Gegenwart*, 『프로이트와 현대 철학』, 김광명 외 옮김, 열린책들, 2001, 157쪽.

223 프로이트는 '그것'의 용어를 그로텍Groddeck에게서 차용했다. 그로텍은 이 용어를 원래 니체에게서 빌려 왔다. Manoni, Octave(1968), *Freud*, 『프로이트』, 변지현 옮김, 백의,

은 리비도Libido이다. 리비도는 성적 충동의 배후에 놓여 있는 에너지로, 포괄적인 쾌락 추구의 욕망의 양量이다. 리비도는 마치 "부글부글 끓고 있는 흥분으로 가득 찬 주전자"와 같은 것이지만, 억압으로 인해 의식의 표면에 드러나지 않은 채 강박성을 띤 충동 에너지로 잠복해 있다. 리비도로 가득 찬 이드는 우리 몸 안에 있는 본능적인 욕구들의 집합소이자, 온갖 충동이 살아 움직이는 에너지의 원천이다. 따라서 이드의 힘은 인간 유기체가 살아가는 삶의 물리적인 목표, 즉 유기체의 내적 욕구를 충족시킨다. 이드는 본능의 핵심을 구성한다. "이드는 태어날 때부터 물려받은 것으로, 인간의 신체조직에서 비롯되는 본능 속에 이미 각인되어 있다."[224] 이드 안에는 "무수히 많은 자아의 존재적 잔재물들이 숨겨져 있다"(1923b, 351).

반면에 자아는 개인의 정체성을 특징짓는다. "각 개인 속에서 정신 과정을 일관성 있게 조직화하는 것은 자아이며, 의식은 자아에 부착되어 있다"(1923b, 353). 내가 어떤 사람인지의 문제는 내가 어떤 '자아'를 갖고 있는지에 달려 있다. 자아는 이드와 외부 세계 사이에서 중계자 역할을 함으로써 인성의 집행 기관 기능을 수행한다. 자아는 외부의 현실을 파악하고, 이드의 충동적 욕구를 실현시킬 수 있는지를 판단한

1996, 208쪽.

[224] Freud, S.(1940a), *Abriβder Psychoanalyse, An Outline of Psychoanalysis*, 「정신분석학 개요」, 『나의 이력서』, 한승완 옮김, 열린책들, 1997, 148쪽.

다. "이드 속에서 본능에 해당하는 역할은 자아에서는 지각이 담당한다"(1923b, 364). 지각의 임무는 "우선 자극을 인식하고, 자극에 관한 경험을 축적하며(기억), 지나치게 강한 자극을 피하고(도피), 온건한 자극을 취하며(적응), 외부 세계에서 일어나는 그때그때의 변화들을 자신의 이익에 맞게 활용하는 것"(1940a, 148)이다. 그럼으로써 자아는 이드 안의 카덱시스를 때로는 통제하고 때로는 추진하여 현실에 적응케 하는 정신의 기능을 수행한다. 자아는 '이성'과 '사려 깊음(Besonnenheit)'의 활동 양태에 준해서 유기체의 자기 보존 임무를 맡는다. 프로이트는 자아를 1차 모형에서 의식의 위상과는 달리 신체를 가지고 있는, 기능적으로 신체를 전제로 한 현실적인 인격으로 간주한다. 그러한 의미에서 자아는 '육체적'이다(1923b, 365).

마지막으로 초자아는 인간의 정신 기구 가운데 최상위에 위치하는 것으로, 통제와 검열의 기능을 담당한다. 초자아는 자아의 힘이 너무 약하여 이드와 외부 세계의 문제나 욕구에 자발적으로 대처할 수 없을 때 일어나는 '자아의 변형'이다. 프로이트는 초자아를 '오이디푸스 콤플렉스의 상속인'으로도 표현하는데, 그 이유는 초자아를 부모의 도덕적 판단 기준이 어린 아이의 정신세계 속에 내면화된 것으로 보기 때문이다. 따라서 초자아는 개인이 타고난 기질적 요인과 현실적 주변 환경의 영향이 함께 작용하여 형성된 것이다. 초자아는 2개의 하위 체계를 갖는데, 하나는 '자아 이상(Ego-ideal)'[225]이다. '자아 이상'은 부모로부터 학습된 관념 가운데 도덕적으로 선하다고 생각되는 행위를 스스로 깨닫게 하는 역할을 한다. 초자아의 다른 하위 체계인 '양심'은 도덕적으로 나쁘다고 판단되는 행위에 대한 관념이다. 그는 의식적인 '양심'(또는 죄의식)을 "자아와 자아 이상 사이의 긴장에 바탕을 두고 있으며, 자아의 비판 세력에 의해서 자아에 내려진 유죄 판결의 표현"(1923b, 395~396)이라고 묘사한다. 이처럼 초자아는 인간의 정신세계 안에 들어앉아 있는 내적인 도덕률과 같은 것으로, 현실보다는 이상을, 성취나 쾌락보다는 절제나 완전함을 추구하는 최고 심급의 정신적 기능이다.

정신 과정의 작동 원리

프로이트는 우리의 마음을 '억제할 수 없는 정열의 왕국', '이성과 신중함의 제국', 그리고 '자아에 대한 준엄한 심판자가 공존하는 세계'로 묘사한다.[226] 그러나 마음의 세 심급인 이드, 자아, 그리고 초자아가 각각 다른 기능을 수행한다고 해서 이 세 요소가 인간의 육체 안에서 각각 서로 다른 물리적 영역을 갖거나 뚜렷한 경계로 구분되는 것은 아니다. "정신기관이 신체의 어느 곳에 위치해 있든지 간에 (세 요소는) 해부학적인 위치나 국소 부위와는 아무 관련도 없다"(1915e,

---

225 그는 「나르시시즘 서론」에서 이미 '자아이상Ich-ideal'을 초자아와 동의어로 사용한다. Freud, S.(1914c), "On Narcissism: An Introduction", 「나르시시즘 서론」, 『정신분석학의 근본개념』, 74~77쪽, 82~85쪽.
226 Robert, Marthe(1964), *La Révolution Psychanalytique*, 『프로이트』, 이재형 옮김, 문예출판사, 2007, 452쪽.

174). 따라서 이드-자아-초자아의 심적 구성도는 인간의 정신이 어떻게 작동하는가에 대한 조작적 구성, 즉 말 그대로의 모형일 뿐이지 해부학적 위상을 표시하는 것이 아니다.

프로이트는 "이드를 진화과정의 산물이자 인간의 생물학적 유전의 심리적 표상으로, 자아를 객관적인 현실보다는 높은 정신의 상호작용의 산물로, 그리고 초자아는 문화적 전통의 계승을 통한 사회화 과정의 산물"[227]로 이해하고, 우리의 정신이 작동하는 과정을 세 요소 간의 상호작용으로 파악한다. 그는 정신 과정의 작동 원리와 메커니즘을 두 가지의 원리와 두 단계의 정신 과정으로 설명했다. 우선 정신 과정은 일차적 과정과 이차적 과정으로 구분된다. 일차적 과정은 본능적 충동이 실현되지 못할 경우 일어나는 긴장 해소의 과정이다. 프로이트는 일차적 과정을 '인지와 동일성 확인'이라는 개념으로 설명한다. '인지와 동일성 확인'이란, 기억 속에 존재하는 영상과 현재 인지하고 있는 대상을 이드가 동일한 것으로 인식하는 것이다. 이것은 이드의 충동이 실현되지 못함으로써 발생하는 심리적인 긴장에 대한 반응이다. 예를 들어, 사막에서 목마른 여행자가 마치 물이 보이는 듯한 착각을 일으키거나 배고픈 유아가 음식물에 대한 심상을 떠올리는 경우 등에서처럼 심리적 긴장을 해소시켜 주는 사물에 관한 영상을 만들어 내는 '소망 충족(Wish-fulfillment)'은

---

[227] Hall, C. S.(1954), *The Primer of Freudian Psychology*, 『프로이트 심리학의 이해』, 설영환 옮김, 선영사, 1985, 125쪽.

일차적 과정의 특징이다. 반면에 이차적 과정은 이드의 충동을 현실세계에서 찾는 과정이다. 이차적 과정은 주관적 세계와 객관적 세계를 구분하고, 외부 세계에서 추구하고자 하는 마음의 영상과 실제의 대상을 일치시키는 작업이다. 그러므로 이차적 과정에는 행동 계획 등 이성을 토대로 하는 모든 활동이 포괄된다. 그리고 사유, 판단, 추론, 통제 등이 그 메커니즘으로 작용한다. 요컨대 일차적 과정이 가장 빠른 방식으로 충족을 체험하려는 소망의 경향성을 의미한다면, 이차적 과정은 정신의 진행을 조직하는 심리 내적 원리로 현실을 고려하는 정신적 기제인 것이다.[228]

일차적 과정은 공상과 현실을 구별하지 못한다는 점에서 이차적 과정과 근본적으로 구별된다. 프로이트는 일차적 과정을 지배하는 정신세계의 법칙을 '쾌락의 원리(The Pleasure Principle)'로, 그리고 이차적 과정을 관할하는 법칙을 '현실의 원리(The Reality Principle)'라고 칭했다. 쾌락의 원리는 인간의 가장 기본적이고 원시적인 생존을 위해 이드의 움직임을 지배하는 규칙이다. 쾌락이란 음식 섭취나 성행위와 같은 욕구가 만족스럽게 해소된 상태를 의미한다. 그는 "인간의 신경조직은 내부 자극 정도의 비율로 정신적 부담을 최대한 줄이는 방향으로 움직인다"고 보고, '쾌락의 원리'는 불필요하게 과도한 자극을 제거하는 데 목적이 있다고 설명한다.

'쾌락의 원리'와
'현실의 원리'

---

228 Schöpf, Alfred(1998), 143~146쪽.

즉 쾌락의 원리에 따라서 우리는 우리에게 별 소용이 없는 긴장을 제거하거나, 아니면 긴장의 크기를 적절한 수준까지 축소시켜서 가능한 한 평상적인 균형 상태를 유지하게 된다는 것이다. 반면에 현실의 원리는 자아의 기능을 지배하는 심리적 과정으로서, 쾌락의 원리를 변화시키고 억압한다. 그렇지만 "현실의 원리가 쾌락의 원리를 대체한다는 것은, 쾌락의 원리를 완전히 포기했다는 뜻이 아니다"(1911b, 18). 현실의 원리는 합리적인 방식으로 쾌락의 원리가 추구하는 바를 달성한다. 자아는 현실의 원리를 따르면서 이드를 조절하고 통제한다.

에너지 체계로서의 정신

이드-자아-초자아의 이차 모형은 인간의 정신을 하나의 복잡한 에너지 체계로 가정한다. 정신의 활동을 에너지의 생산과 소모라는 경제적 관점에서 보면, "자극(흥분)의 양이 어떻게 변화되는가를 추적하고, 그 양의 규모를 적어도 '상대적'으로나마 평가하려는 노력"(1915e, 184)이 중요해진다. 프로이트는 '모든 에너지는 이드에서 나오는 것'으로 본다. 이드의 에너지는 본능적 욕구를 충족시키는 데 사용된다. 인간의 반사 행동이나 소망 충족은 감정적 흥분과 욕구를 제거하고 안정된 상태로 복귀시키기 위해 본능적 에너지를 최대한 이용하려 한다.

이드가 에너지의 원천인 반면, 자아는 그 자체 에너지를 갖고 있지 않다. 그러므로 이드의 에너지가 자아를 형성하는 잠재적인 과정에 투입되기 전까지는 자아란 존재할 수 없다. 자아는 이드에서 에너지를 가져와서 인식과정 등에 투입함으로써 비로소 발달할 수 있다. 자아는 그 에너지를 본능의 충족이 아닌 다른 용도, 즉 지각, 집중, 학습, 기억, 판단, 분별, 이성, 상상 등에 배분함으로써 심리 작용을 발달시키고 자아 형성을 도모한다. 정신의 활동을 이 같은 에너지 배분 체계로 이해한다면, 특정한 시기의 개인의 성격은 곧 이드, 자아, 초자아 간의 에너지가 각 층별로 분포되어 있는 어떠한 상태를 의미한다. 따라서 어떤 사람이 강한 자아를 가지고 있다면 이드와 초자아는 상대적으로 약하게 될 것이고, 만약 초자아에 많은 에너지를 집중하고 있는 사람이라면 자아와 이드의 에너지는 그만큼 줄어들어 있을 것이다. 이러한 의미에서 본다면, 정신 에너지의 분포 상태는 끊임없이 변화하기 때문에 인간 행동을 정확하게 예측하기란 결코 쉬운 일이 아니다.

자아와 초자아의 기원

자아가 자체의 에너지를 갖지 않는다는 주장이 시사하는 것처럼, 프로이트는 자아의 근원을 이드에서 찾는다. 그는 자아를 '처음부터' 주어진 어떤 것이 아니라 이드에서부터 생성된 것으로 본다. 그는 "자아는 이드로부터 칼로 자르듯이 분리되어 있지 않고, 자아의 하부는 이드와 합병된다"(1923b, 362), "자아의 많은 부분이 그 자체로 무의식이고 특히 자아의 핵이라고 말할 수 있는 부분이 그렇다"(1920g, 286),[229] 그리고 "자아는 이드가 특별하게 분화된 일부분이다"(1923b, 380) 등의 언술을 통하여 자아를 이드에서 기원한, 이드의 '특별하게 수정된' 일부분으로 환원시킨다. 그는 "자아 속에 있는 가장 저급한 것뿐만 아니라 가장 고상한 것까지도 무의식적일 수 있다"(1923b, 366~367)고 말함으로써 자아를 '의식되지 않는 무의식의 일부'(1920g, 292)로 간주한다.

초자아의 기원에 대해서는 자아에 비해 좀 더 복잡한 설명이 필요하다. 초자아는 표면적인 의미에서는 어떤 구체적인 한 자아가 살고 있는 그 사회의 가치와 풍습, 규범이 그 자아 안에서 내면화된 것이다. 그러나 프로이트는 초자아가 무엇으로부터 기원한 것인지를 계통발생적으로 추적하게 된다면, '생물학적 성격을 지닌 요소'와 '역사학적 성격을 지닌 요소', 두 요소의 결과라는 사실을 인식할 수 있다고 말한다(1923b, 376). 그 두 요소란 '인간은 어린 시절에 무력無力과 의존 상태로 지내는 기간이 길다는 것'과 '오이디푸스 콤플렉스적 사건'이다. 초자아는 우선 '자아가 아직 연약할 때' 자신을 부모와 동일시함으로써 만들어진 산물이다. 또한 초자아는 다른 한편으로는 오이디푸스 콤플렉스의 후예이기도 하다. 그가 "인간의 고차원적 측면의 주요한 요소들, 즉 종교, 도덕, 그리고 사회적 감정은 원래 동일한 것이

생물학적 요소와
역사학적 요소

---

229   Freud, S.(1920g), "Beyond the Pleasure Principle", 「쾌락원칙을 넘어서」, 『정신분석학의 근본개념』, 286쪽.

었다"(1923b, 379)라거나 "초자아는 실제로 토템 사상을 낳게
한 경험으로부터 유래했다"(1923b, 380)고 말하는 이유는 여
기에 있다. '자아 이상'은 자아 속에 가장 중대한 대상을 도
입한 결과로 생겨났고, 오이디푸스 콤플렉스가 사라지면서
남긴, 그 경험이 변형된 '심층심리적' 도덕률과 같은 것이 되
었다. 따라서 초자아는, 뒤집어 놓고 보면, "이드의 가장 강
력한 충동과 가장 중요한 리비도적 변화 양상의 표현이기도
하다"(1923b, 377). 그렇기에 "초자아는 항상 이드와 가까이
있고, 자아와 직면해서는 이드의 대변자로서 행동할 수 있
다"(1923b, 393). 초자아는 이드 깊숙이 미치고 있기 때문에,
자아가 그런 것보다는 의식에서 더 멀리 떨어져 있다. 발생
의 기원을 거슬러 올라가다 보면, 결국 자아와 초자아는 궁
극적으로 이드로 되돌아가는 셈이다.

자아의 본질

프로이트는 정신을 일종의 기계와 같은 '정신 장치'로 이
해하면서도 정신 과정은 이드-자아-초자아의 세 요소가
"서로 조장하거나 억제하며, 합쳐지고, 타협을 이끌어내는
힘들의 상호작용의 산물"로 파악한다. 프로이트의 정신 모
형은 플라톤이 '쌍두마차 비유'에서 형상화한 3중 구조의 영
혼론을 연상시킨다. 플라톤의 비유에 나오는 흰말은 자아와
이드 사이의 어중간한 지점에 놓일 것이지만, 검은 말은 이
드에, 마부는 자아나 초자아에 대응한다. 프로이트는 「자아
와 이드」에서 플라톤의 비유에 빗대어 "자아는 이드와의 관

계에서 말을 탄 사람과 같다"(1923b, 364)고 말한다. 그러나 "마부는 말의 넘치는 힘을 제어할 수 있어야 한다. (플라톤의 비유와) 차이가 있다면 (쌍두마차의 마부는) 자신의 힘을 갖고 그렇게 하려고 하지만, 자아는 (이드에게서) 빌려온 힘을 사용한다는 것이다"(1923b, 364). 플라톤의 마부가 독자적인 힘을 가진 이성이라면, 프로이트의 자아는 이성과 유사한 기능을 수행하지만 자체의 힘이 아닌 이드로부터 가져온 에너지를 사용한다. 프로이트 모형이 플라톤의 영혼 구조와 다른, 이 같은 차이는 바로 자아의 이성과 초자아의 양심이 독자적인 근원을 갖지 못한 데 기인한다. 위에서 본 것처럼, 발생의 근원에 있어서 자아와 초자아의 대부분은 무의식적일 수 있으며, 일반적으로 무의식적이다. 도덕적 죄책감이 '자아와 초자아 간의 갈등의 표출'이거나 이성과 양심에 의한 억압이 죄의식의 산물인 이유는 그 모두가 하나의 토템적인 근원에서 비롯되기 때문이다.

그러므로 프로이트의 자아는 '정신이라는 집의 주인'이 아니다. 자아는 '이드의 조력자'일 뿐만 아니라 '주인의 사랑을 구하는 복종적 노예'이기도 하다(1923b, 403). 자아는 이드와 현실 사이의 중간에 위치하면서 "너무나도 자주 아첨꾼이나 기회주의자, 거짓말쟁이가 되려는 유혹에 넘어가는" 존재가 된다. 자아는 또한 '불안의 실질적 소재지'이기도 하다. "세 방향의 위험으로 협박받고 있는 상태에서 자아는 위협적인 지각이나 그것에 비견할 만한 이드 속의 과정에서 자신의 리비도 집중을 철회하고 그것을 불안으로 발산시킴으로써 도피 반사 기제를 작동시킨다"(1923b, 404). 자아는 '세 명의 폭군', 즉 외부 세계, 초자아, 이드의 지배를 받으면서 시달리는 가련한 존재이다(1923b, 402). 이처럼 프로이트의 자아는 결코 독립적인 존재자가 아니다. 그에게서는 데카르트식의 자아가 지닌 확실성과 독립성을 어디에서도 찾아볼 수가 없다. 존재론적 실체로서 나의 중심인 데카르트의 자아는 프로이트에게는 '존재는 하되 숨어 있는 다른 주인의 지배를 받는 꼭두각시'로 전락되고 만다.[230]

3) 본능 대 문명

프로이트는 인간 본성의 불변성을 확신하는 본능론자이다. 그는 인간 본성의 내용을 대부분 '본능'으로 규정한다. 그는 본능을 『새로운 정신분석 강의』에서는 '욕구 에너지의 양'으로, 「정신분석학 개요」에서는 '이드와의 관련하에서 욕구를 야기하는 배후의 힘'으로 정의한다.

"본능은 어떤 근원, 어떤 대상 및 어떤 목적을 가지고 있는 것이라고 할 수도 있을 것이다. 그 근원은 육체 내부의 흥분 상태이고, 그 목적은 그 흥분을 제거하는 데 있다. 그 근원으

---

230 Cavell, Marcia(1993), *The Psychoanalytic Mind: Freud to Philosophy*, Harvard University Press, p.234.

로부터 그 목적을 달성하는 과정에서 본능은 심리적으로 작용하게 된다. **우리는 본능을 어떤 방향으로 분출하는 어떤 종류의 에너지의 양이라고 표현한다**"(1933a, 130).[231]

"이드의 힘은 개별 유기체가 살아가는 삶의 진정한 목적을 표현한다. 그 목적은 유기체의 내적 욕구를 충족시키는 데 있다. … 이드의 욕구가 야기된 긴장의 배후에 존재하는 힘을 가리켜 본능이라고 부른다. 본능은 신체가 정신에 바라는 것을 뜻한다. 본능은 모든 활동의 궁극적인 원인이지만, 보존의 본성을 지닌다"(1940a, 151).

본능이란 인간의 신체 속에 유전적으로 기록되어 있는 일종의 지식으로서, 심리과정의 방향성을 잡아 주는 정신 에너지의 총체이다. 그는 본능의 특징을 세 가지로 꼽는데, 첫째 외부 세계에서 발생하는 자극과 구별되는 신체기관의 내부에서 발생하는 자극이라는 것, 둘째 '순간적인' 충격을 주는 힘으로서가 아니라 늘 '지속적인' 충격을 주는 힘으로서 작용을 한다는 것, 그리고 마지막으로 어떠한 근육운동으로도 그 본능을 회피하는 것이 불가능하다는 것이다.[232] 이처럼 본능은 '신체기관 안에서 발생하여 정신에 도달하는 자

---

231 프로이트는 충동을, 본능과 구별하여, "유기체가 어떤 경향성을 갖도록 추동하는 상태 자체"로서 "유기체의 생명 유지 활동과 중첩되어 본능을 포함한 더 넓은 영역을 포괄하는 것"으로 정의한다. 그러나 그는 종종 본능과 충동을 엄격하게 구분하지 않고 혼용하였다.
232 Freud, S.(1915c), "Instincts and their Vicissitudes", 「본능과 그 변화」, 『정신분석학의 근본개념』, 103~104쪽.

극의 심리적 대표자'로 나타나거나, '정신이 육체와 연관된 결과로 정신에 부과된 일정 수준의 요구'로 표출된다는 점에서, 생물학적으로 '정신과 육체 사이의 경계선에 있는 개념'이다(1915c, 107).

프로이트는 "본능은 그 원천, 압력, 대상, 그리고 목표를 갖는다"고 본다. 본능적 힘은 육체적 욕구와 그에 따른 충동에서 나오며, 신체적 기능을 통해 반사적으로 방출된다. "본능의 근원은 신체의 한 기관이나 한 부분에서 발생하는 육체적 변화를 의미하는 것으로, 그 변화과정에서 생겨나는 자극이 정신적 삶 속에 본능으로 나타나는 것이다"(1915c, 108~109). 그리고 본능의 압력(혹은 열망)이란 본능을 움직이게 하는 동력적인 계기, 즉 본능이 나타내는 힘의 양이나 작업 요구의 정도이다(1915c, 107). 그러므로 본능은 '신체와 연관된 결과로 정신적인 것에 부과된 작업 요청의 척도'이다. 본능은 충동에 의한 흥분 상태에서 긴장 해소로 이어지는 현상을 주기적으로 계속 되풀이하는데, 프로이트는 이 현상을 '반복 강박(Repetition Compulsion)'이라고 불렀다(1920g, 284~291). 본능의 목표는 수없이 반복되는 신체적 욕구를 완전히 충족하는 데 있다. 본능은 그 목표에 도달하는 데 도움을 주거나 수단이 되는 것을 대상으로 해서 어떠한 경우이든 만족을 목표로 한다(1915c, 107).

에로스와 타나토스

프로이트는 정신구조의 모형을 수정했던 것과 같은 방식으로, 본능의 개념틀을 여러 차례에 걸쳐 고치면서 발전시켰다.[233] 초기에 그는 성적 충동을, 자기 보존 충동과 동의어로 사용한 '자아 본능(Ego-instinct)'에 부속된 것으로 보았다. 그러나 전이신경증, 히스테리, 강박신경증에 대한 임상 실험을 거친 후에는 성 본능의 개념을 따로 떼어 내서 독립시켰다.[234] 이로써 그는 본능을 성교 등 제반 성적 욕구 및 소망과 관련된 성 본능과, 생명 유지와 보존에 필수적인 자기 보존 본능, 두 가지의 개념으로 구성했다. 그러나 그는 나르시시즘적인 다른 정신적 질병에서 성 본능으로 볼 수 없는 다른 특징적인 증상을 발견한 후에는 자신의 생각을 수정한다. 그는 「나르시시즘 서론」에서 성적 대상을 외부에서 찾지 않고 자기 자신에게로 움츠러들어 자신을 사랑의 대상으로 삼으려는 소망과 성향은 자기 자신의 리비도와 관련되어 있다고 주장한다(1914c, 48). 그는 대상을 향한 성적 리비도와 자아 리비도를 구분하며, 리비도를 본능의 통일적 원리로 삼는다. "성 본능의 일부는 늘 자아 본능과 결합된 상태로 있으면서 자아 본능에 리비도적 요소들을 제공한다"(1915c, 112). 그럼에도 불구하고 성적으로 규정되지 않는 자기 보존

---

[233] 프로이트의 본능 개념 수정은 패러다임 변화와 관련이 있다. 프로이트의 패러다임 변화를 무의식, 성욕, 나르시시즘, 죽음 충동 등 네 단계를 거친 것으로 보는 시각도 있다. 맹정현(2015), 『프로이트의 패러다임』, 위고, 35쪽.

[234] 신경 질병의 뿌리가 성적 본능이라는 프로이트의 가정은 브로이어와 단교를 포함하여 과학계로부터의 고립을 자초했다. Jones, E.(1953), *The Life and Work of Sigmund Freud 1*, Basic Books, pp.273~276.

본능은 그대로 남아 있다.

세 번째 변화는 1920년 「쾌락 원칙을 넘어서」에서 죽음의 본능에 대해 처음으로 언급하면서 나타난다. 그는 "본능은 이전의 상태를 회복하려는 유기적 생명체 속에 내재한 어떤 충동인 것처럼 보인다"며 '본능이 이전의 상태를 회복하려는 경향이 있다는 가설'을 새롭게 제기한다(1920g, 308). 무생물체가 생물체보다 먼저 존재한 이상, '이전의 상태'란 무기질의 상태, 곧 죽음을 의미한다. 본능이 "일종의 유기적 신축력이고, 다른 말로는 유기적 생명체 속에 내재한 관성의 표현"이라면, 그리고 만약 '이전의 상태'로 돌아가려는 본능이 존재한다면, 생명체를 죽음으로 이끌려고 하는 본능적 힘은 처음부터 원생동물 속에서 작동하고 있을 것이다. 그는 무기질로 회귀하려는 힘이 생명 보존의 힘에 의해서 완벽하게 은폐되어 있어서 그 존재 여부를 확인할 수 있는 직접적인 증거를 찾기란 매우 힘들지만, 그것이 "유기체의 '지연된' 획득형질이라면 생명체가 시작하는 바로 그 순간부터 죽음의 본능이 존재했음"(1920g, 320)을 사실로 받아들일 수밖에 없다고 말한다. 그는 이 가설을 통해 "모든 생명의 궁극적 목표는 죽음"(1920g, 310)이라는 결론에 도달한다.

그는 「본능과 그 변화」와 「나르시시즘 서론」에서 개진한, 리비도를 통일적 원리로 한 '자아 본능과 성적 본능 사이의 최초의 대극성'을 부적합한 것으로 판명한다. 그 대신 '필멸의 체세포와 불멸의 생식질 사이의 구분'을 통하여 살아 있는 것을 죽음으로 이끌려는 본능과 영원히 갱생을 시도하고 성취하는 성적 본능 간의 대극성으로 대치시킨다. 이에 따라 자아 본능은 죽음 본능(타나토스Thanatos)으로, 성적 본능은 생명 본능(에로스)으로 재구성되며, 양자 사이에 거대한 대극성이 존재한다는 관점으로 전환한다.

생명 본능(에로스)과 죽음 본능(타나토스)

> "나는 생물의 기원에 관한 고찰과 생물학적 대비로부터 출발하면서, 생물 개체를 보존하려는 충동과 그것을 점점 더 큰 단위로 결합시키려는 충동 이외에 그것에 대립하는 또 다른 충동, 곧 그 단위를 해체시켜 가장 근원적인 무기를 상대로 삼아 복귀시키려고 하는 충동이 분명히 존재하리라는 결론을 도출했다. 말하자면 에로스 이외에 죽음의 충동도 존재한다. 생명의 현상은 이들 두 충동의 협력 행위와 대립 행위로 설명된다."[235]

생명현상은 상호 대립되는 2개의 본능으로 설명될 수 있다. 그는 죽음의 본능을 통해 살아 있는 존재의 이원론적 구조 안에 인간의 신체적 유한성을 통합한다.[236] 에로스가 리비도를 에너지로 하여 배고픔, 목마름, 그리고 성적 충동과 같이 자기 보존의 삶을 위해 쓰이는 본능이라면, 죽음의 본

---

235 Freud, S.(1930a), *Civilization and Its Discontents*, 『문명 속의 불만』, 김석희 옮김, 열린책들, 2004, 297쪽.
236 Landman, Patrick(1997), *Freud*, 『프로이트 읽기』, 민혜숙 옮김, 동문선, 2005, 156쪽.

능은 파괴적 충동과 죽음으로 회귀하려는 유기체 내적인 관성이다. 타나토스는 '죽음의 소망이라고 하는 심리적 형태'이고 '이전의 상태를 복구하려는 본성에서 공통적으로 맞닥뜨리는 충동'이므로, 우리의 내면에는 죽음을 향한 항시적 경향성이 존재한다. 우리가 자기 보존의 본능을 따라가다 보면 결국 생명의 기원과 목표인 죽음을 맞이할 수밖에 없다. 결국 인간이란 최종적으로는 무기물로 환원되는 존재에 지나지 않으며, 따라서 생명이란 '죽음을 향해 가는 숨바꼭질의 길'이다.

공격 충동과 자기 파괴

프로이트의 '죽음에 대한 형상화'와 '타나토스로의 회귀'는 개인사적 비극과 관련이 있다. 프로이트 자신은 죽음의 본능에 대한 구상이 그 이전에 이미 만들어진 것이라고 주장했지만, 제1차 세계대전으로 빚어진 인류사적 참혹상의 경험과 동시적으로 찾아온 일련의 불행이 그의 생각을 바꾸게 했을 것임을 어렵지 않게 추정할 수 있다.[237] 전쟁 기간 그의 두 아들은 전쟁터에서 삶과 죽음 사이를 오갔고, 딸 소피는 1920년에, 그리고 어린 손자는 1923년에 사망했다. 같은 해 그는 첫 번째 암 수술을 받았다. 그 이후로 프로이트는 인간의 공격 충동과 파괴적 경향이 타고난 본성이라는 견해를 지속적으로 표명했다. 그는 "아마도 죽음은 성적 에

---

237 Gay, Peter(1988), *Freud: A Life for Our Time*, 『프로이트 I, II』, 정영목 옮김, 교양인, 2011, 8장; Robert, Marthe(1964), 441~442쪽; Schöpf, Alfred(1998), 77쪽.

너지인 리비도가 다 소모되어 파괴적인 에너지가 제멋대로 판을 치게 될 때 발생하는 것 같다"고 우울해했다.

프로이트는 후기로 갈수록 죽음의 본능에 대해 자주 언급하며 비관주의로 기운다. 그는 의학과 심리학의 범위를 넘어서 철학의 영역으로 빠져들어, '인간의 개별적·사회적·문화적 실존을 지배하는 마지막 원리'를 찾고 있었다. 그는 인간의 공격 충동은 죽음의 본능에서 비롯된 것 같다고 짐작한다. 삶의 본능이 죽음의 본능과 혼합되어 있는 생존의 상황에서 타나토스는 두 종류의 공격성을 낳을 수 있다. 죽음의 본능은 외부를 향해서는 파괴적 에너지로 분출되고, 내부로 향한 결과는 곧 자기 파괴이다. 그는 "공격 충동은 인간의 영혼 속에 깊이 뿌리내리고 있어" "아마도 인간이 공격적이고 파괴적인 충동을 타고난 것이 틀림없는 것 같다"(1930a, 289)고 거듭 주장했다.

> "공격 성향은 인간의 원초적이고 독립적인 충동 소질이다. 그래서 나는 문화가 자신의 가장 강한 장애를 공격 성향 안에서 발견한다는 입장으로 되돌아간다. … 공격 충동은 에로스와 함께 세계를 지배하는 죽음의 충동의 후예이자 주요 대리자이다"(1930a, 301).

인간이 강한 공격 충동을 갖고 태어났다고 한다면, "인간에게 이웃은 가능한 협력자이며 성적 대상일 뿐 아니라, 자신의 공격 충동을 만족시키고자 하는 대상이다"(1930a, 289).
공격 충동을 원천적으로 보존한 채 외부로 향해 갈 때, "인
간은 인간에게 늑대(Homo Homini Lupus)"가 된다. 그는 인간
이 공격성의 대상을 다른 것으로 돌림으로써 자신이나 개인
적인 관계나 그 자신의 사회성을 보호하는 방향으로 공격성
을 줄일 수 있는 길을 제안하지만, 점점 더 파국으로 빠져드
는 현실의 상황은 그를 낙담하게 만들었다. 프로이트는 마
치 홉스가 된 양 "평소에 공격을 억압하는 정신적 억제력이
작용하지 않을 경우, 공격이 유리한 상황에서 공격은 자발
적으로 표출되며, 같은 종족에 대한 화해에서는 인간이 낯
선 야수로 나타나게 된다"(1930a, 289)고 말하면서, 비관주의
에 빠져들었다.

문명 속의 불만

　제1차 세계대전의 발발로부터 촉발된 20세기 초 유럽의
비극은 프로이트를 죽음, 인간의 연약함, 그리고 문명 내의
불안 요소에 대한 성찰로 이끌었다. 그는 나치즘 시대의 절
망을 공유했던 같은 유대계 유명 인사였던 아인슈타인에게
보낸 편지에서 "전쟁은 파괴 충동이 외부 세계로 빗나간 것
으로, 그것에 반대하는 우리 자신의 태도보다 훨씬 자연스
럽다"[238]고 한탄했다. 그는 전쟁이 끝난다 하더라도 "인류가
분명 다시는 행복한 세계를 되찾지 못할 것"이라는 불길한

---

[238] Freud, S.(1933), *Warum Krieg?*, 「왜 전쟁인가?」, 『문명 속의 불만』, 351쪽.

징후를 예감했다. 인간이 서로에게 공격적이고 파괴적인 본능이 이렇듯 주어진 것이라면, 그리고 그것이 문명 안에 깊숙이 자리 잡고 있는 필연적인 요소라면, 문명의 미래는 결코 밝지 않을 것이기 때문이다. 파괴적인 충동이 언제 폭발할지 모르는 인간 내부의 뇌관으로 자리하고 있는 한, 인류사에서 전쟁은 절대로 사라지지 않을지 모른다. 프로이트는 「왜 전쟁인가?」라는 글에서 대다수 사람들에게 평화가 가져다주는 상대적으로 미약한 만족감이라는 것이 내면의 공격적 충동을 본성에 반하게 억제한 임시적인 상태에 지나지 않는다는 점을 지적하면서, 문명 속에 항존하는 불안을 우려의 눈으로 들여다본다.

인류의 미래에 대한 프로이트의 비관적 전망은 「문명 속의 불만」에서 한층 고조된 형태로 나타난다. '문명 속에서의 불안 요소'란 곧 인간의 타고난 본성과 문명이 충돌하면서 불가피하게 발생하는 원초적인 갈등이다. 그가 보기에, 문명의 발전은 인간의 원시적이고 본능적인 충동들이 건설적이고 생산적인 활동으로 전환되는 승화된 결과물, 즉 이드의 욕구 에너지가 승화된 결과이다. 그럼에도 불구하고 문명사회의 요구와 도덕은 개인 성생활의 유린 등 인간 본성의 자연성을 필연적으로 제약한다. 문명은 지배의 왕관을 쓰고 우리의 충동을 제한한다. 따라서 문화적 인간이란 도덕에 의해 규정된 인간, 본능적 충동을 억제해야만 하는 인간이다. 문명은 인간 본성의 본원적인 산물이 아니라 인간 본성을 구속하는 비자연적인 것이므로 결국에는 인간 본성과 충돌할 수밖에 없다.

"문명이 행사하는 압력은 본능 자제의 요구"이며, 이 때문에 문명에 대한 적의가 생긴다.[239] "본능을 자제하고 열심히 일하도록 강제하는 것은 모든 문명의 존립 기반이다"(1927c, 173). 문명과 본능의 대립은 본질적이므로 인류의 평형 상태는 일시적일 수밖에 없고, 언제든 화해 불가능한 불안정한 상태로 전화될 수 있다. 프로이트는 "완전한 해결책은 인류가 본능의 충족을 공동으로 포기하는 데서 찾을 수 있으나, 그것은 거의 불가능하다"는 판단을 내린다. 따라서 문화의 발전을 위해서 우리가 치러야 할 대가는 막대한 불행이다. 우리는 본능들이 억압되지 못할 경우에 깊은 좌절과 죄책감에 빠져들게 될 것이므로 '행복 상실'이라는 불행한 현실을 마주할 수밖에 없다.

> "만일 문화의 발달이 개인의 발달과 그렇게 광범위한 유사성을 가진다면, 그리고 똑같은 수단을 가지고 움직인다면, 문화적 욕구의 영향 아래에서 여러 문화들이나 아니면 문화의 시대들, 어쩌면 인류 전체가 신경증에 걸렸다고 우리가 당연히 진단 내리는 것이 옳지 않을까?"(1930a, 327)

---

239 Freud, S.(1927c), *The Future of an Illusion*, 「환상의 미래」, 『문명 속의 불만』, 178쪽.

프로이트가 보기에, "인류의 숙명적인 문제는, 문명의 발달이 인간의 공격 충동과 자기파괴적 충동에 의한 인류 공동생활의 방해를 억제하는 데 성공할 것인지, 그리고 성공한다면 어느 정도 성공할 것인지의 문제"(1930a, 329)였다. 전쟁과 자기 파괴로 드러나는 20세기 초반의 인류 문명은 충동의 억압이 실패로 귀결되었음을 여실히 보여 주었다. 이처럼 문명이 지속적으로 인간 본성을 억압하는 기제로 작용하는 한, 인류의 미래는 어둡다. 프로이트는 모든 문명 가운데 가장 진보된 형태임을 자처했던 서구의 문명사회가 오직 '거대한 위선'으로 밖에 간주하지 않을 수 없는 상황에서 인간 본성과 문명 간의 유기적인 조화라는 일말의 희망을 서서히 잃어가고 있었다.

6. 스키너의 행동주의

19세기 말 데카당스에 휩싸인 유럽에서 인간 내면에 '숨겨진 힘'에 대한 관심은 인간 행동을 설명하는 새로운 접근법으로 구체화되었다. 니체는 인간이 이성으로 무장한 존재라는 믿음을 터무니없는 거짓말로 치부했고, 파레토는 비합리성의 원천을 잔기와 파생체로 범주화했다. 프로이트가 인류사의 제3의 혁명으로 자화자찬한 '무의식 가설'은 본능으로 잠재되어 있던 욕구의 분출이 우리의 일상을 지배하고 있음을 보여 주었다. 또한 20세기 초 제1차 세계대전의 발발은 실천이성이 작동하지 않는 세계에서 자기 파괴의 공격성에 노출된 서구적 삶의 형태에 대한 근원적 회의감을 고조시켰다. 프로이트는 인간 내면에 감추어진 욕동欲動의 에너지가 문명과 충돌할 때 참담한 결과가 초래될 수 있다는 메타심리학적 문명 비판을 통하여 인류의 불안한 미래를 걱정했다.

   20세기 초반 유럽이 전쟁의 참혹함 속에서 신음하는 심혼의 충격에 휩싸였다면, 미국은 심신적 피로감을 견디다 못해 도피하려는 유럽인들의 피난처였고 새로움의 활력이 넘쳐흐르는 희망의 땅이었다. 행동주의(Behaviorism)는 당시 유럽의 위축되고 침울한 시대적 분위기와는 판이하게 진취적이고 활기찬 토양 위에서 배양된 미국적인 사상의 한 흐름이었다. 행동주의는 인간의 미래를 낙관했다. 개인의 앞날은 타고난 천성이나 본능에 의해 좌우되는 것이 아니라 주변 환경과 그 속에서의 대응 방식에 따라 얼마든지 달라질 수 있다. 행동주의는 인간 본성이나 본능에 의해 결정되는 운명의 늪에서 헤쳐 나와서, 인간에게 유리한 환경을 조성하거나 적절한 자극을 가할 경우 개선 가능성이 열려 있는 인간의 조건을 탐색했다. 파블로프Ivan Pavlov의 개나 손다이크Edward Thorndike의 고양이 등의 동물 실험에서 확인된 바에 따르면, 인간 행동의 패턴도 주어진 자극과 행위의 결과라는 단순방정식으로 설명될 수 있다. 행동주의의 관점에서 보면, 인간은 불변적 본성에 갇힌 고정체가 아니라 경우에 따라서 변화무쌍한 가소성의 존재였다.

1) 존 왓슨의 행동주의 강령

미국 행동주의의 창시자 존 왓슨John B. Watson은 극단적인
환경론자였다.[240] 그는 고정된 인간 본성을 믿지 않았다. 우
리의 눈으로 직접 볼 수 없는 본성이나 본능은 관찰이 불가
능하다. 왓슨에 따르면, 마음의 내적 상태에 대한 사색에 몰
두한다고 해서 본성의 실체가 파악되는 것은 아니며, 오히
려 주관적인 함정에 빠져들기 십상이다. 그는 당시 미국에
소개되기 시작했던 프로이트 정신분석학이 인간 심리에 관
한 복잡하고 모호한 주제들에 대해서 과학적으로 입증하
기가 어려운 접근방식을 택함으로써 불가피하게 여러 오류
를 저질렀다고 비판했다. 대신에 그는 심리학은 불투명한
정신분석에 매달리는 '마음의 과학'이 아니라 '행동의 과학
(Science of Behavior)'이 되어야 한다고 주장했다. '행동주의
자 선언'으로 널리 알려진 한 논문에서 그는 "심리학은 의식
과의 모든 관계를 끊고" 관찰해야 할 인간 행동으로 초점을
이동시켜야 한다고 선언했다. 즉, 심리학은 인간 행위의 관
찰 가능한 조건을 탐구함으로써 객관성을 확보해야 한다는
것이다. 그는 "감각, 지각, 이미지, 욕망, 그리고 심지어는 생
각과 감정과 같은 모든 주관적 용어들을 중세적 개념으로"
간주했고, 이러한 용어들을 행동주의 과학의 어휘 목록에서

'마음의 과학' 아닌
'행동의 과학'

---

[240] 행동주의 창시자로서 왓슨의 생애를 다룬 평전으로는 다음을 참조. Cohen, David
(1979), *J. B. Watson: The Founder of Behaviorism*, London, Routledge and Kegan
Paul; Buckley, Kerry W.(1989), *Mechanical Man: John B. Watson and the Beginnings of
Behaviorism*, New York, The Guilford Press.

퇴출시켜야 한다고 주장했다.[241] 왓슨은 행동주의 심리학의 기본 입장을 다음과 같이 요약했다.

> "행동주의자의 입장에서 바라보는 심리학은 자연과학의 한 분야로서 완전히 객관적인 실험 영역이다. 그 이론적 목표는 (인간) 행동에 대한 예측과 통제이다. … 행동주의자는 동물 반응에 대한 단일한 도식을 만들어 내고자 노력하는 데 있어서 인간과 동물 간의 구별을 인정하지 않는다."[242]

왓슨은 "인간 행위는 본질적으로 동물 행동과 구별되지 않는다"고 주장한다. 그는 동물 행동의 동기와 양태에 대한 실험에서 얻은 결과를 인간 행위에 적용하는 접근방식을 행동주의 심리학의 기본 방향으로 설정했다. 그는 동료 카르 Harvey A. Carr와의 공동 연구를 통해 쥐가 미로를 학습하는 데에 어떤 감각들이 필요한지, 그리고 조교 레이너Rosalie Rayner와 함께 파블로프의 조건화 원리가 동물적 습관에 어떻게 작용하는지를 실험함으로써, 인간 학습에 적용될 수 있는 유효한 지침을 찾으려 했다. 실험 결과에 따르면, 학습 경험은 그와 유사한 자극 전반에 대해 정서적 반응을 초래할 수 있는 '자극 일반화(Stimulus Generalization)' 현상으로 나타난다. 이에 따라서 왓슨은 "반응이 있으면 자극을 예측할 수

---

241 Watson, John B.(1924), *Behaviorism*, W. W. Norton & Company, 1970, p.3.
242 Watson, John. B.(1913), "Psychology as the Behaviorist Views It", *Psychological Review*, 20, p.158.

있고, 자극이 있으면 반응을 예측할 수 있다"고 준칙을 세우고, 환경적 조건을 인간 행동의 결정요인으로 단정했다.

왓슨의 행동주의는 대중적인 각광을 받으면서 인간 행위에서 유전적 요인을 완전히 무시하는 극단적인 환경주의로 나아갔다. 이 같은 전환은 그가 개인적인 스캔들로 학계에서 추방된 이후 행동주의를 대중화하는 데 몰두한 정황과 관련이 깊다. 당시 「뉴욕타임스」지는 왓슨의 행동주의를 두고 "인간의 지성사에 신기원을 이루었다"고 호평하기까지 했는데, 그는 자신의 주장이 이처럼 커다란 반향을 불러일으키는 상황을 즐긴 듯하다.[243] 그의 유명한 '환경주의' 도그마는 다분히 대중을 의식하는 자극적인 표현으로 짜여 있다.

> "따라서 우리의 결론은 (인간의) 특성이 유전된다는 실질적인 증거를 갖고 있지 않다는 것이다. 나는 어떤 아이가 사기꾼, 살인자, 도둑, 매춘부의 집안에서 태어났더라도 그 아이를 결국은 보기 좋고 건강하게 잘 양육할 수 있다고 확신한다. …
> 이제 나는 한발 더 나아가 '내게 건강한 유아 10여 명과 그 유아들을 키울 수 있는 나의 특정한 세상을 제공해 준다면, 나는 어떤 아이라도 그의 재능, 취향, 버릇, 능력, 천성, 인종에 관계없이 의사, 변호사, 예술가, 기업가, 심지어 거지나 도둑까지도 포함하여, 내가 선택하는 어떤 유형의 전문가로도 만들 수 있다."[244]

243 Buckle, K. W.(1989), p.173.
244 Watson, John B.(1924), pp.103~104.

왓슨의 행동주의는 인간을 환경적 기계 장치로 환원시
킨다. 왓슨은 자신의 발언이 다소 과장된 점은 인정하였으
나, 그가 줄곧 내세워 온 환경결정론에 대한 강한 신념은 확
고하다고 못 박았다. 인간의 마음과 성격을 주조하는 가장
결정적인 요인이 경험과 학습, 외적 자극과 주변 환경이라
는 왓슨의 환경결정론은 빈 서판론의 심리학적 개정판으로,
20세기 전반기 동안 큰 반향을 불러일으켰다.

2) 신행동주의의 주요 지침

행동주의는 20세기 전반기 동안 미국 심리학을 지배했던
주류의 흐름이다. 왓슨의 행동주의에서 톨만Edward C. Tolman,
클라크 헐Clark Hull, 스키너 등으로 이어지는 이른바 '신新행
동주의 운동'은 몇 가지의 강령적 지침을 공유한다. 신행동
주의는 우선 실험심리학의 핵심적인 방법적 도구로서 '조
작주의(Operationalism)'를 채택한다. 원래 '조작주의'는 물리
학자 브릿지먼Percy Bridgman이 1927년 『현대물리학의 논리』
에서 도입한 개념이다. 그에 의하면, "일반적으로 개념은 일
련의 조작에 불과하다."[245] 즉, 개념이란 그것과 상응하는 조
작들의 집합이다. 조작주의는 과학적 개념을 추상적인 용어
로 정의하는 것이 아니라, 그것을 측정하는 데 적용되는 조

---

245 Bridgman, Percy(1927), *The Logic of Modern Physics*, New York, Macmmilan,
1972, p.5.

작의 측면에서 정의한다. 브릿지먼은 과학적 조작을 통해서 답을 할 수 없는 문제를 '사이비 문제(Pseudo Problem)'로 간주한다. 브릿지먼의 물리학적 조작주의를 심리학에 도입한 사람은 스티븐스S. S. Stevens였다. 그는 1935년에 발표한 「개념의 조작적 정의에 대하여」라는 논문에서 '조작적 정의'를 "어떤 실험에서 변인의 측정과 규명에 필요한 절차를 정확하게 기술하는 것을 포함한 정의"라고 규정했다.[246] 행동주의 심리학에서 조작주의의 중요성은 실험 조건의 과학적 정밀성을 확보하는 데 있다. 조작주의는 측정된 결과들을 여타의 영역에 적용할 수 있게 하는 객관성을 담보해 준다. 스키너는 조작적 정의에 의해서 '강화', '강화 계획', '긍정적-부정적 강화' 등의 개념을 고안해 냈다.

다음으로 신행동주의는 자연세계에 존재하는 종들 간의 연속성에 대한 진화론적 가정을 수용한다. 한 종에 적용되는 행동의 양식과 법칙은, 적어도 대응될 수 있는 정도까지는, 다른 종들에도 적용될 수 있다는 것이다. 이 지침은 인간의 행동과 관련된 현상이 동물 실험을 통한 연구에 의해서 검증될 수 있는 길을 열어 준다. 이를테면 에드워드 톨만은 미국심리학회의 한 연설에서 "심리학에서 중요한 모든 것은 본질적으로 미로의 선택 지점에서 쥐의 행동을 결정하는 요인에 대한 지속적인 실험적 분석과 이론적 분석을 통해서

---

246 Goodwin, C. James(1999), *A History of Modern Psychology*, 『현대심리학사』, 박소현 외 옮김, 시그마프레스, 2004, 392쪽.

연구될 수 있다"[247]고 주장한다.

끝으로 신행동주의는 학습이 인간 행동을 이해하는 데서 핵심적 요소라는 신념을 공유한다. 신행동주의는, 왓슨의 극단적인 환경결정론까지는 아니더라도, 인간 행위가 선천적 요인보다는 후천적 요인에 의해 지배된다고 믿는다. 그러므로 인간의 어떤 행동을 이해하기 위해서는 그 행위가 어떠한 학습에 의한 것인지, 또는 학습 방식의 원리가 무엇인지에 대한 분석이 가장 중요한 과제가 된다. 톨만은 1948년에 발표한 「쥐와 인간의 인지도Cognitive Maps in Rats and Man」라는 논문에서 인간 세상을 실험실의 쥐가 경험하는 하나의 커다란 미로에 비유하면서, 어린이의 인성 형성에서 후천적 요인인 환경에 세밀한 주의를 기울일 것을 권고한다.

> "신이 만들어 낸 인간 세상이라는 거대한 미로에 들어가기 전에 언제나 우리는 (인정 많은 실험자가 쥐에게 그랬던 것처럼) 아이들과 우리 자신을 적절한 동기 수준에 있도록, 그리고 불필요한 좌절이 없도록 최적 조건을 구비해야 한다."[248]

---

247 Hilgard, E. R.(1987), *Psychology in America: A Historical Survey*, San Diego, Harcourt Brace Jovanovich, p.364.
248 Goodwin, C. James(1999), 404쪽에서 재인용.

3) 스키너의 환경결정론

20세기 학습론의 번성은 스키너에 이르러 절정에 달했다. 그는 행동주의의 체계를 정교화하여 환경주의를 최고조로 끌어올린 인물이다. 인간의 사고와 행동을 환경의 산물로 보는 환경주의는 물론 스키너 고유의 주장은 아니다. 학습론 또는 양육론과 결부된 환경주의적 발상은 오랜 연원을 갖고 있다. 우리가 익히 알고 있는 '맹모삼천지教母三遷之教'는 환경주의 발상의 일단을 제공한다. 마르크스의 "존재가 의식을 구속한다"는 명제도 환경주의적 발상이다. 이 명제에 따르면, 사회경제적 환경에 의해 촉발되고 심화된 계급의식은 즉자성에서 대자성으로 전환된다. 또한 예술이 해당 시대의 정신과 풍속 안에서 형성된다는 이폴리트 텐느Hippolyte Taine의 역사주의도 환경주의의 한 형태이다. 20세기 들어서 일부 역사가들도 급격한 환경 변화가 사회제도와 인간 관념을 바꾸어 놓았음을 지적했다. 미국의 역사가 크레인 브린톤Crane Brinton은 근대 혁명의 역사를 서술하면서 "인간의 마음을 바꾸는 것은 물론이려니와 상황까지도 변화시키려는 프로그램은 영국, 프랑스, 러시아 등에서 일어난 혁명의 중요한 부분이었다"[249]고 결론지으며, 혁명적 환경에 따른 인간 의식의 변화를 포착했다. 영국의 역사학자 트레블리안G. M. Trevelyan은 "환경이 인간의 성격을 만들며, 그 환

---

249 Brinton, Crane(1938), *The Anatomy of Revolution*, Prentice-Hall. 1965, p.237.

경은 동시에 인간의 통제하에 있다"[250]고 주장하며 인간이 환경과 상호작용적 관계에 놓여 있음을 강조했다. 스키너는 더욱 더 강력한 환경주의의 사례로 동시대의 미국 작가 길버트 쎌디스Gilbert Seldes의 언명을 인용한다.[251] 쎌디스는 "만일 32명의 작은 호텐톳인 아이들과 30명의 영국 귀족의 아이들의 환경을 맞바꾸어 놓으면 영국 귀족 어린이들은 사실상 호텐톳인과 마찬가지로 될 것이며, 호텐톳인 아이들은 작은 보수주의자들이 될 것"이라면서, 인간을 '상황의 산물'로 규정한다. 쎌디스의 비유에서 호텐톳인을 인디언으로 바꾸면 로크의 진술과 같은 것이 된다. 통상적으로 환경주의에서 의식은 고립된 인간에게서 저절로 생길 수 없는, 사회적 산물일 뿐이지 자율적 인간의 점유 분야가 아니다. 스키너는 이 같은 논지에 동의하면서도 자신의 행동주의 이론은 이전의 환경주의와는 질적으로 구별되는 어떤 것이라고 말한다.

과학적 환경주의의 범례

스키너는 쎌디스의 가정에 꼬리를 잇는 질문, 즉 "환경 속의 그 무엇이 호텐톳 사람을 만드는가?"라는 물음을 통해서 자신의 행동주의가 통상적 환경주의와 어떻게 다른지를 설명한다. 그가 보기에, 위의 물음에서 '그 무엇'에 대한 해명

과학적 환경주의와 통상적 환경주의의 차이

---

250 Trevelyan, G. M.(1938), *The English Revolution*: 1688-1689, Oxford University Press, 1965, pp.128~130.
251 Skinner, B. F.(1971), *Beyond Freedom and Dignity*, 『자유와 존엄을 넘어서』, 차재호 옮김, 탐구당, 1982, 170쪽.

이 없다면 환경주의는 그저 통상적 견해에 지나지 않는다. 이를테면 로버트 오언Robert Owen의 엄청난 열정에도 불구하고 '새로운 조화(New Harmony)'라는 이상주의적 실험이 실패로 끝난 것도 바로 이 '무엇'을 알지 못했기 때문이다. 스키너는 '그 무엇'에 대해 "행동의 변화를 목적으로 환경을 변화시키려면, 이에 앞서서 환경이 인간 행동에 어떻게 작용하는지를 알아야 한다"[252]고 풀어서 말한다. 즉, 초점은 행동 변화의 원인과 과정을 과학적으로 해명하는 데 있다는 것이다. 그렇지 않고 그저 사람에서 환경 쪽으로 고개를 돌리는 것만으로는 별다른 의미가 없는 통상의 환경주의와 다를 바가 없는 것이다. 그는 물리학과 생물학 등 자연과학적 전략을 도입함으로써 '원시적 환경주의'와는 대비되는 '과학적 환경주의'를 제창한다.[253] 과학적 환경주의란 과학적 법칙에 근거를 둔 환경주의이다. 과학적 환경주의의 과제는 환경이 인간 행동에 어떻게 작용하는지, 인간 행동이 어떠한 원리에 의해 작동하고 그 메커니즘이 무엇인지, 그리고 환경과 인간 행동 간의 함수관계가 어떠한 경로로 성립하는 것인지를 과학적으로 해명하는 데 있다.

널리 알려진 그의 '강화強化(Reinforcement)이론'은 바로 과학적 환경주의의 이론적 범례이다. 스키너는 1938년에 출간된 『유기체의 행동』을 통해서 강화이론을 선보였다. 그가 인

---

252 Skinner, B. F.(1971), 171쪽.
253 Skinner, B. F.(1971), 170~171쪽.

간을 하나의 유기체로 보고 그 행동의 과학적 법칙을 추구하는 데서 결정적인 영향을 끼친 사람은 파블로프였다. 스키너는 젊은 시절 "조건을 통제하면 … 질서를 발견하게 될 것"이라는 파블로프의 말이 과학적 탐구의 길잡이가 되었다고 회고했다.[254] 그는 파블로프의 '고전적 조건화', 즉 'S형 조건화'와 구별되는 'R형 조건화'를 새롭게 고안했다. S형 조건화가 특정한 자극에 대한 무조건적 반응을 나타내는 반응적 조건화라면, R형 조건화는 특정한 행동이 먼저 일어나고, 이어서 그에 따른 결과가 나타나는 조작적 조건화이다. 파블로프의 조건화가 개에게 먹이를 줄 때 무조건으로 침을 흘리는 반사 행동, 즉 무조건자극無條件刺戟(Unconditioned Stimulus, UCS)에 대한 무조건반사無條件反射(Unconditioned Reflex, UCR)로 나타난다면, 스키너의 조건화는 쥐가 레버를 누를 경우에만 먹이가 나오는 조작적 환경을 전제로 한다. 스키너는 파블로프의 '반응적 행동'을 '조작적 행동'으로 바꾸어 새로운 설명틀을 만든다. 반응적 행동은 특정한 종류의 자극에 의해 인출되는 특정한 종류의 행동이며, 반사적 형태의 반응이다. 따라서 반응적 행동에서는 자극이 행동에 선행한다. 반면에 조작적 행동은 어떠한 결과를 얻어내기 위해서 환경을 조작하는 행동이다. 그것은 인출된 행동이라기보다는 오히려 방출된 행동으로, 능동적인 유기체의 특성이 발현된 결과이다. 눈 깜박임, 무릎 반사, 타액 분비, 그리

---

254 Skinner, B. F.(1956), "A Case History in Scientific Method", *American Psychology, vol 11*(5), p.223.

고 공포 반응 등은 반응적 행동인 반면, 읽기, 쓰기, 악기 연주, 수저로 식사하기, 그리고 운전 등은 조작적 행동이다.

만약 쥐가 레버를 누를 때마다 먹이가 나오게 된다면, 쥐는 먹이를 얻기 위해 레버를 누르는 행동을 계속하게 될 것이다. 스키너는 이 같은 행동을 '강화'라는 용어로 개념화했다. 즉 강화인强化因(예컨대 먹이)이 주어진다면, 유기체는 어떤 행동(쥐가 레버를 누르는 행동)을 강화하게 된다. 즉, 강화는 일정한 효과를 지닌 유사한 행동이 계속 일어나는 것을 의미한다. 그러므로 만일 어떤 행동이 강화된다면, 그 행동은 반복되고 강해진다. 동물 실험의 결과를 인간 행동에 적용할 경우, 예컨대 돈, 학업 성취, 관심, 인정, 애정, 그리고 복종 등은 조건화된 강화인이다. 강화 조건이 조성되면 강화인에 의해 강화된 반응들은 반복되며, 그 빈도는 증가한다. 따라서 강화된 반응은 개인의 행동 목록에 일반적 반응으로 확립되는 경향을 갖는다. 그러나 조건화된 어떠한 행동, 즉 이미 강화된 행동이 더는 강화를 받지 않는다면, 그 행동의 빈도는 점차 감소하게 될 것이다.

스키너는 하나의 행동 결과로서 나타날 수 있는 강화를 두 가지 종류로 구분했다.[255] 먼저 '정적正的 강화(Positive Rein-

---

255 Skinner, B. F.(1953), *Science and Human Behavior*, New York, Free Press, pp.65ff; Skinner, B. F.(1961), *The Analysis of Behavior: A Program for Self-instruction*, New York, MacGraw-Hill, pp.55~59.

forcement)'는 어떤 반응이 일어날 상황에서 긍정적 강화인을 부가하는 것으로, 이를테면 음식물, 물, 성교, 그리고 돈 등은 긍적적 강화인으로 작용할 수 있다. 반면 '부적否的 강화(Negative Reinforcement)'는 쇼크, 추위, 소음, 그리고 위협과 같은 부정적 강화인을 제거하는 것이다. 두 종류의 강화에서 강화인은 상식적인 개념에 의해서가 아니라 그 결과에 의해서 정의된다. 긍정적 강화가 적응적 행동을 촉진한다면, 부정적 강화는 공격적 행동을 증가시키도록 작용한다. 요컨대 인간 행동 대부분은 어떤 것을 얻거나 어떤 것을 피함으로써 조건화된다는 것이다.

스키너는 강화이론을 구성함에 있어서 계속 강화, 간헐 강화, 강화인, 강화 계획, 강화 조건(Contingencies of Reinforcement), 혐오적 통제, 그리고 행동 수정 등 여러 가지 개념 및 그것들에 대한 조작적 정의들로 이론적 개념틀을 고안했다. 예컨대 '계속 강화'란 어떤 행동은 그 행동이 방출될 때마다 강화되는 경우로서, 스키너는 흔히 계속 강화되는 행동은 물리적 환경에 작용하는 행동이라고 설명한다. 반면에 '간헐 강화'는 말 그대로 간헐적으로 일어나는 강화이다. 대부분의 인간 행동은 간헐 강화에 의해 유지된다. 또한 그는 강화 계획을 상이한 복합적 차원의 구별에 의해 고정 계획과 변동 계획, 간격 계획과 시간 계획, 비율 계획, 동시 계획, 그리고 연쇄 계획 등으로 나누어 설명했다. 이 용어들은 모두 그가 인간의 모든 행동이 과학적으로 측정될 수 있고 예측될 수 있음을 입증하려는 개념적 도구로 사용되었다.

스키너의 강화이론에 따르면, 개인의 성격은 강화에 의해 '조형(Shaping)'되며, 개인 특유의 특정한 행동을 결정하고 유지시키는 것은 강화에 따른 결과이다.[256] 스키너는 조작적 조건화가 행동을 조형하는 방식은 마치 조각가가 점토 조각을 조형하는 방식과 유사하다고 비유한다. 인간 행동은 강화조건에 따른 것이므로, 우리의 독특한 성격은 개인에 대한 강화의 역사가 낳은 산물이라는 것이다.

급진적 환경주의

스키너의 행동과학은 인간 행동을 외적 변수를 통해 설명해내고 행동의 법칙성을 발견함으로써 인간 해석에 관한 새로운 관점을 제시하는 것을 목표로 한다. 그는 인간 행동을 폭넓게 정의한다. 행동이란 ① 유기체가 행하는 것(Doing), 좀 더 정확히 말하자면 다른 유기체에 의해서 행하는 것으로 관찰된 것, ② 외부 세계에 대한 행동이나 외부 세계와의 거래에 참여하는 유기체의 기능, 그리고 ③ 다양한 외적인 대상들에 의한 유기체의 움직임 등이다.[257] 그는 복잡한 인간 행동체계를 과학적으로 규명하기 위한 전초 작업으로 '반사' 개념을 도입하여 분석 단위로 삼는다. 따라서 모든 행동은 반사라는 기본단위로 환원될 수 있다.

---

256 Nye, Robert D.(1986), *Three Psychologies: Perspectives from Freud, Skinner, and Rogers*, 『인간 행동의 심리』, 김정규 옮김, 성원사, 1991, 84쪽, 92~93쪽.

257 Skinner, B. F.(1938), *The Behavior of Organisms: An Experimental Analysis*, New York, Appleton-Century-Crofts, 1966, p.6.

$$R = f(S)$$

반응 R과 자극 S는 함수관계이다. 행동에 대한 과학적 탐구는 '자극과 반응의 상관관계', 즉 반사를 관찰하고 확인하는 것이다. 인간 행동은 자극과 반응의 집합이다. 자극은 저절로 생겨나는 것이 아니라 타인과의 관계를 포함하여 유기체 외부의 환경에 의해 조성된다. 따라서 자극과 반응의 관계는 유기체와 환경의 관계로 확장된다. 개인의 인성이 외적 강화에 의해 조형된다면, 인간 행동은 환경에 따라서 얼마든지 달라질 수 있다. 스키너는 인간 행동과 환경적 조건 간의 관계를 함수관계로 표시한다.[258]

$$B = f(O, E)$$

유기체 O의 행동 B는 환경 E와 함수관계에 있다. 행동은 유기체가 주어진 환경 속에서 반응한 결과이다. 환경은 행동을 촉발하는 자극이며, 행동은 자극의 결과로서 반응이다. 환경은 자극을 촉발시키는 '채근질(Prod)'과 '매질(Lash)'을 할 뿐만 아니라 '선택(Select)'도 한다.[259] 스키너는 이 함수관계를 증명하기 위해 학습에 영향을 주는 관찰 가능한 요인들을 상세하게 기술하면서 인간 행동은 객관적으로 명세화될 수 있고 조작될 수 있는 환경에 의해 통제될 수 있다고 주장한다.

---

258 Skinner, B. F.(1953), pp.17~27.
259 Skinner, B. F.(1971), 30쪽.

스키너의 환경주의는 '강한' 결정론이라는 점에서 급진적이다. 환경을 통하여 후천적으로 획득하는 경험이나 학습은 인간 행동을 결정한다. 인간의 목적, 앎, 기분, 그리고 의도는 모두 과거의 경험에 의존한다. 그는 혁명가를 예로 들어 "혁명가로 이름을 날린 사람들조차도 거의 전적으로 그들이 전복시키고자 한 체제의 관습의 산물"이라고 말한다.[260] 그들은 "사회가 부여한 언어를 말하고, (사회가 부여한) 논리와 과학을 사용하고, 많은 논리적·법률적 원칙을 준수하고, 실용적인 기술과 지식을 사용"하기 때문이다. 그러므로 예술가, 정치인, 작가, 그리고 과학자들의 업적도 대부분 환경적인 우발성에 의해 설명될 수 있다.

스키너 환경주의의 독특성은 생물학의 전략을 채택한다는 데 있다. 스키너는 왓슨과는 달리 인간 행동에서 선천적인 유전적 요소 등 생물학적 요인의 중요성을 간과하지 않는다. 그러나 그는 특정한 행동이 본능을 따른다고 보거나 그 행동의 원천을 유전적 요인으로 돌리려는 생물학적 환원주의에 대해서는 반대한다. 생물학적 환원주의는 인간의 행동에서 환경에 의해 수행되는 원인적 역할을 철저히 무시한다고 보기 때문이다. 그는 유전적 요인과 환경적 요인 모두를 충분히 고려해야 한다고 주장한다. 그의 생물학적 전략은 진화론 가설을 수용하는 데서도 드러난다. 인간 유기체

---

260 Skinner, B. F.(1971), 120쪽.

인간 본성의 역사

는 다른 생명체들과 마찬가지로 물리적이고 화학적인 체계 안에서 반응한다. 스키너는 인간 행위의 "상당 부분은 피부 속에서 일어나므로, 결국 생리학은 행위 주체에 대해 더 많은 것을 알려줄 것"으로 믿으면서, "인간은 물리적 유기체이며 진화의 산물이다"[261]라고 말한다.

또한 스키너는 하등동물과 인간 사이의 차이를 양적 복잡도의 차이 정도로 간주하는 다윈의 이론을 받아들인다. 인간은 자연세계 안에서 다른 종들과 구분되는 별도의 종이지만 여타의 종들 위에 군림하는 상위적 존재가 아니다. 인간은 무수히 많은 종들 가운데 하나에 불과하며, 그 이상의 아무 것도 아니다. 관점상의 오류는 인간이 자신을 높여 보려는 '정신주의(Mentalism)'에서 발생한다. "동물이라는 말에 멸시하는 뜻이 담기게 된 것은 동물이 경멸적인 존재이어서가 아니라 인간이 자신을 지나치게 높여 놓았기 때문이다."[262] 인간을 두고 "참으로 신과 같구나!(How like a god!)" 하는 햄릿의 독백과 "참으로 개와 같구나!(How like a dog!)" 하는 파블로프의 탄식은 상반된 두 시각의 극단을 보여 준다. 정신주의는 인간을 실제 이상으로 높여서 '자유와 존엄의 존재'라는 자리에 위치시킨다. 그러나 인간이 비유 대상으로 삼고 있는 신은 "설명적 허구, 기적을 행사하는 마음, 그리고

인간이 자신을 높여 보려는 '정신주의'의 오류

---

261 Skinner, B. F.(1981), "스키너와의 대담", *Walden Two*, 『월든 투』, 이장호 옮김, 심지, 1982, 406쪽.
262 Skinner, B. F.(1971), 185쪽.

형이상학적인 것 등의 원형적인 형태"에 지나지 않는다. 스키너가 보기에, 그 같은 전통적 관념은 거짓이며 시대에 뒤떨어진 낡은 생각이다. 그보다는 오히려 개와 비교함으로써 훨씬 더 실제적인 결과를 얻어낼 수 있다. 왜냐하면 "인간은 개보다는 월등한 존재이긴 하지만, 개와 마찬가지로 인간도 과학적 분석대상이 될 수 있기" 때문이다. 따라서 인간만을 특별한 예외로 취급하는 전통주의적인 전前과학적 편견은 필연적으로 그릇된 인간 해석으로 귀결될 수밖에 없다.[263]

스키너의 생물학적 전략은 또한 동물 행동의 실험 결과가 인간에게 유의미하게 적용될 수 있다는 동물행동학적 지침을 수용한다. 그러나 스키너가 로렌츠나 틴버겐Nikolaas Tinbergen과 다른 점은 동물 행동에서 반복되는 일부의 특성을 생물학적인 본능으로 환원시키지 않는 데 있다. 그는 생물학의 경로를 따르더라도 로렌츠와는 반대로 그러한 행동의 원인을 환경에서 찾으며, 인간 행동은 그가 지금까지 살아오면서 노출된 특정한 상황의 관점에서 더욱 잘 설명될 수 있다고 믿는다. '생존의 조건(Contingencies of Survival)'은 특정한 종에 있어서 유전적인 것이 무엇인지를 결정한다. 만일 환경적 조건이 충분히 오랜 기간 일관되게 유지된다면, 그러한 환경에서 생존할 수 있는 종들은 재생산될 수 있을 것이다. 이처럼 환경은 생존을 위한 행동을 선택하도록

생존의 조건

---

263 Skinner, B. F.(1971), 32쪽.

　　　　　　　　　　　　　인간 본성의 역사

기여한다. 그러므로 무수히 많은 인간 행동이 축적됨으로써 구성되는 환경은 다시금 인간 행동을 결정하며, '환경적 조작'은 인간 행동을 개선하는 열쇠를 제공할 수 있다.

결국 스키너는 생물학적 원리를 따르고 있으면서도 다시 환경으로 회귀한다. 그는 인간 행동에 유전적 요인이 개입할 수 있다는 사실을 수용하지만, 유전적 요인이 인간 행동에 어떠한 작용을 하며, 어떠한 방식으로 영향을 미치는지에 대해서는 별다른 의미를 부여하지 않는다. 스키너가 물리학과 생물학의 전략을 도입하는 의도는 전통적으로 행위의 원인으로 간주되었던 자율의지를 환경, 즉 종이 진화할 수 있도록 조성되어 온 환경, 그럼으로써 개인행동의 형성과 유지에 적절한 환경으로 대체하는 데 있다. 따라서 스키너의 생물학적 전략에서 생물학주의의 본래성은 사실상 상실된다.

4) 정신주의에서 행동주의로

스키너는 인간 행동을 심리학적으로 분석하는 것에 결코 만족하지 않고 철학의 영역으로 뛰어들었다. 그는 전통적 견해를 정신주의로 일괄한다. 그가 보기에, 형이상학과 관념론을 포괄하는 대부분의 철학적 사조들은 물론이고, 프로이트의 정신분석학까지도 정신주의에 해당된다. 전통적 견해에 따르면, 인간은 모든 생명체 가운데 유일하게 자신의 운명을 개척해 나갈 수 있는, 자유의지를 가진 존재이다. 스키너의 이해로는, 정신주의는 인간 내부에 '호문쿨루스Homunculus'와 같은 '인간 속에 있는 또 하나의 인간'인 '내부인內部人(The Inner Man)'이 들어 앉아 있다고 전제한다. 내부인에 의존해서 인간은 주위의 세계를 지각하고, 그 세계에 작용을 가하여 그 세계를 파악한다. "내부인은 세계를 '잡아들여와' 자기 안에 소유한다."[264] 이처럼 정신주의는 인간을 '내부인'에 의해 움직여지는 '자율적 인간(The Autonomous Man)'으로 만든다. 데카르트에서 보듯이, 자율적 인간이란 자신만의 독특한 자아를 갖는 사유하는 존재이며, 자유의지를 갖고서 어떤 행위를 할 것인지를 선택할 수 있는 능력을 갖춘 존재이다. 자율적 인간은 자기 통제와 자기 관리를 통해 자신 앞에 주어진 문제들을 해결한다. 정신주의는 본능, 의식, 자유의지, 그리고 자기 통제 등을 자율적 인간이 원래부터 보유하는 기능 목록으로 간주한다. 그러나 스키너의 견해로는, 그것은 잘못된 생각이다. 왜냐하면 '내부인'도 '자율적 인간'도 모두 사실상 허구이기 때문이다.

내부인은 관찰이 불가능하다

스키너는 정신주의가 인류가 과학적 노력으로 얻은 중요한 것을 빠트리고 있다고 비판한다. 그에 따르면, 전통적 인

---

[264] Skinner, B. F.(1971), 172쪽.

간관은 '전前과학적 직관'에만 의존하므로 '인간 행동의 원인을 밝히려는 태도'가 결여되어 있다.[265] 정신주의에 대한 스키너의 비판은 몇 개의 차원으로 나뉜다. 스키너의 방법론적 행동주의는 공개적으로 관측될 수 있는 것만을 다룬다. 그는 "인간의 정신 과정이 존재할지도 모르지만, 그것들은 과학적 고려의 대상이 될 수 없다"[266]고 단호하게 선을 긋는다. 방법론상으로 '내적 인간'은 관찰이 불가능하다. 관찰이나 실험을 통해 검증되지 않았거나 검증될 수 없는 가상의 원인을 상정하는 방식으로는 인간 행동을 잘못 해석할 가능성이 크다. 왜냐하면 의식이나 본능, 의지와 같은 정신적인 현상은 명백하게 관측될 수 없는 만큼, 그것들에 대한 어떠한 설명에도 추리나 억측이 개입할 여지가 너무 많기 때문이다. 따라서 그는 프로이트의 무의식 이론을 예로 들며 "내적 관찰이나 자기 관찰을 하기 위한 방법에서 정신적인 것에 이르도록 하는 어떠한 특권적 접근도 없기" 때문에 자기기만의 가능성이 너무 크다고 본다.[267]

스키너 이론에서 "인간 행동의 실험적 분석의 목적은 의식을 무시하기보다는 어떤 핵심적인 문제들을 강조"하는 데 있다. 그는 "문제는 인간이 스스로 자신을 알 수 있다고 하는 것이 아니라, 그가 알고 있다고 할 때 무엇을 알고 있는가 하는 것"[268]이라고 말한다. 예를 들어 죄의식이나 불안과

---

265 Skinner, B. F.(1971), 20쪽.
266 Skinner, B. F.(1971), 175쪽.
267 Schöpf, Alfred(1998), 208쪽.
268 Skinner, B. F.(1971), 175쪽.

같은 용어는 인간 행동을 설명할 목적으로 사용되지만, 실제로는 아무 것도 밝혀내지 못하는 '설명적 허구(Explanatory Fictions)'에 지나지 않는다. 그는 '설명적인 목적'으로 마음의 상태나 내적 동기를 가정할 필요성을 인정하지 않는다. '방법론적 행동주의'는 외현적으로 관찰 가능한 행동을 분석할 때와 마찬가지로 '피부 안에서(Inside the Skin)' 일어나는 내적 행동, 즉 감정과 사고 등을 분석하는 데도 동일한 법칙이 적용될 수 있다는 인식에 기초한다. 따라서 개인의 사적인 사건도 과학적 분석대상이 될 수 있다. '방법론적 행동주의'를 적용하면, 인간의 행동은 공적이든 사적이든 본질적으로는 동일한 것이며, 그 모두는 실험적으로 분석될 수 있다.

행동의 결정요인은 본능이 아닌 강화 조건

스키너가 정신주의 전통에 합류할 수 없는 가장 큰 이유는, 인간 내부의 정신적이고 감정적인 요소를 고정된 것으로 보고 그것으로부터 인간 행동의 원인을 찾으려는 발상 자체를 거부하기 때문이다. 스키너는 프로이트나 로렌츠가 인간 본성으로 간주한 공격성, 심리학자들이 인성의 한 특성으로 보는 근면, 그리고 하나의 인지적 활동으로서의 주의력 등을 차례로 예로 들며 그 근거를 의심한다. 가령 공격성이 파괴적 에너지의 외현(프로이트)이라거나 거위의 선천적 공격 행동과 유사한 것(로렌츠)이라는 주장은 모두 근거 없는 이야기이다. 그의 생각으로는, "동물행동학자들이 종의 유전적 소질에 이와 같은 특성을 부여하는 생존 조건을 강

조하고 있지만, 개체의 생존 시 존재하는 강화 조건들도 중
요하다."[269] 인간이 타인을 해치기 위해 공격 행동을 하게 될
경우, 본능적으로 행해지는 것이 아니다. 공격성이 유발되려
면 재산 강탈 등 다른 종류의 강화가 필요하다. 강화 조건은
공격 성향을 내부적 본능으로 귀속시키지 않고서도 잘 설명
할 수 있다. 그러므로 프로이트처럼 어떠한 내적인 본능의
힘이 존재한다는 가정에 의존할 필요는 없다. 스키너는 외
부적 환경이나 강화 조건을 고려할 경우 '본능'이라는 용어
대신에 '습관'으로 바꾸어도 하등의 문제가 없다고 본다.

내부인의 본질은 외부인

전통적 견해에 따르면, 인간은 주위의 세계를 지각함으로
써 지식을 획득한다. 그러나 스키너는 실재하는 세계도 적
절한 강화 조건 없이는 지각되지 않을 것이라고 판단한다.
오히려 그는 지각을 외적 반응에 대한 학습에 뒤따르는 결
과로 이해한다. 즉 "인간은 사물을 포함하는 강화 조건으로
인하여 그 물건에 대하여 특이한 방식으로 반응하는 것을
학습한다는 의미에서 지각 행위를 학습한다"[270]는 것이다.
스키너는 특히 언어적 강화 조건에서 생기는 지각과 지식은
환경의 산물임이 한층 더 분명하다고 말한다. 언어적 강화
조건을 고려하면, "추상적 사고는 특정한 종류의 환경에서

---

269 Skinner, B. F.(1971), 171쪽.
270 Skinner, B. F.(1971), 173쪽.

획득한 산물이지, 어떤 인지적 능력의 산물이 아니다"[271] 라
는 것이다,

스키너는 "개인이 그 자신의 행동 전반에 걸쳐 어떠한 통
제를 할 수 있는가?"라는 물음에 대해 "통제는 궁극적으로
환경이나 개인의 강화 역사에 있어서 변인의 결과일 뿐이
지, '개인에게 책임이 있는' 변인의 결과는 아니다"라고 답한
다. '어떠한 문제를 해결하겠다는 의지나 사고' 또는 '어떠한
행동의 결정'과 같은 의식적 형태는 마음의 자동적 기능에
의한 것이거나 자기발생적인 것이 아니다. 이를테면 피아노
를 잘 치는 사람의 경우, 피아노를 잘 치겠다는 마음의 결심
이나 사전 의도에 의해서 잘 치게 되는 것이 아니다. 피아노
연주 능력은 특정한 강화 조건하에 익숙해진 동작이 선택되
고, 그 행위 뒤에 따라오는 결과인 것이다. 따라서 그는 전통
적 견해가 행위의 내적 동기로 상정하는 의지나 의식은 오
히려 무엇을 설명하는 원인이라기보다는 설명되어야 할 반
응들로 간주한다. 다시 말해서 의지나 의식과 같은 정신적
인 현상은 외적 행동에 영향을 미치는 동일한 환경 요인(강
화조건)에 의해 수반되는 부대적인 산물이라는 것이다. 우리
는 무엇을 선택하고 결정할 때 단순히 행동하고 있을 따름
이라는 것이다. 따라서 의식적 상태를 행동의 원인으로 보
는 것은 원인과 결과 간의 인과관계를 오도한다. 그는 "설명

---

271 Skinner, B. F.(1971), 174쪽.

되어야 할 외부인(Outer Man)의 행동은 그것을 설명하는 것으로 여겨지고 있는 내부인의 행동과 매우 유사한 것처럼 보일 수 있을" 개연성은 인정한다. 그러나 그 같은 이해는 과학적으로 부적절한 설명이다. 왜냐하면 "내부인은 외부인의 이미지에 따라 창조된 것"[272]이기 때문이다. 스키너에게 '내부인의 본질은 외부인'이며, 문제를 해결하는 행동을 만들어내는 것은 언제나 환경이다.

'자유의지'라는 것은 없다

전통적 견해는 인간이 일상에서 마주하는 강화 조건을 개혁하는 데보다는 자율적 인간의 관념을 방어하는 데 더 큰 힘을 쏟는다. 정신주의라는 무대의 한가운데는 항상 '자유와 존엄'이라는 팻말이 세워져 있다. 그러나 스키너는 자유를 향한 행동은, 자유로워지려는 의지 때문에 발생하는 것이 아니라, 인간 유기체의 특징을 이루는 어떤 행동 과정을 통해 만들어지는 것이라고 말한다. 정신주의자들이 임의적으로 설정하는 자유의지란 실상은 환경의 좋은 부분에 정적으로 반응하는 것이거나 환경의 혐오적인 부분들을 회피하는 것일 따름이다. 개인의 행동은 그가 속한 객관세계의 한 부분을 형성하면서 그 안에서 자신의 과거와 현재의 사건들에 의해서 결정되는 것이기 때문에, 인간은 결코 자유의지에 의한 행위자가 아니다.

---

272   Skinner, B. F.(1971), 27쪽.

스키너는 '자율적 인간'이라는 관념이 허구라는 과학적 증거들이 속속 드러나고 있다고 주장한다. 그럼에도 불구하고 자율적 인간관이 쉽게 사라지지 않고 있는 이유는 자연 세계에서 인간만을 특별히 예외로 취급하려는 비과학적인 인간종 중심주의 때문이라는 것이다. 그런 점에서 그가 보기에, '자율적 인간'이란 무지가 빚어낸 소산이다.

> "자율적 인간은 인간의 무지로 만들어진 것이며, 사람의 이해가 증진됨에 따라 자율적 인간을 구성하는 바로 그 바탕이 쓰러져 없어졌다. **과학은** 인간을 비인간화는 것이 아니다. **'내부인(Inner Man)'을 없애려는** 것이며, 과학이 인간종족의 멸종을 방지하려면 반드시 그렇게 해야 하는 것이다. '인간으로서의 인간'에 대해서는 그것이 없어져도, 없어져 속 시원하다고 서슴없이 말할 수 있다. 내부인을 쫓아냄으로써만 우리는 인간 행동의 진정한 원인을 탐구할 수 있는 것이다."[273]

그에 의하면, '내부인'이나 '자유의지'라는 것이 없음에도 불구하고, 있지도 않은 것에 의존하여 인간 행동을 설명하게 되면 필연적으로 오류로 귀결될 수밖에 없다. "왜냐하면 인간의 좌표는 출발자나 시발자이기보다는 주위의 주요한 변수 속의 한 '장소'로 파악되기 때문이다."[274] 그는 "인간을 '안에서 밖으로'가 아니라 '밖에서 안으로' 이해하는" 방식으

---

273 Skinner, B. F.(1971), 184~185쪽.
274 Skinner, B. F.(1981), 403쪽.

로의 전환을 촉구하며, 이것이야말로 인간 이해에 대한 종래의 접근방식을 전도시킨 대변혁이라고 주장한다.

5) 행동공학과 이상향 실험

스키너의 행동주의에 따르면, 인간 행동을 조종하고 통제하는 마음의 기능은 존재하지 않으며, 본능이나 자의식과 같은 내부인도 없다. 외부인은 거의 전적으로 강화 조건 또는 환경의 지배를 받는다. 물론 상식적인 수준에서 인간과 환경 간의 상호작용을 부정할 수는 없다. "인간 자신은 환경의 통제를 받지만, 그 환경은 물리적 환경이든 사회적 환경이든 거의 전적으로 인간이 만들어 놓은 것"이기 때문이다. 환경은 궁극적으로 인간과 인간 간의, 그리고 인간과 환경의 상호작용에 의해서 형성된 문화나 사회의 구성요소들로 짜여 있다. 따라서 사회적 행동이란 "하나의 유기체가 환경의 일부로서 다른 유기체에 대해 중요성을 가질 경우에 발생한다."[275] 스키너는 인간과 환경 간의 상호작용은 동일한 원의 형식으로 되풀이되는 것이 아니라 나선형적인 형태로 발전한다고 본다.[276] 그러나 그는 인간과 환경이 상호작용 및 상호통제의 관계에 있다 하더라도 통제의 상당한 비중은 환경 쪽에 있다. 인지적 과정이든 정서적 반응이든 어떤 것

[275] Skinner, B. F.(1953), p.298.
[276] 임의영(1993), 『스키너의 행동주의적 인간관』, 문학과지성사, 159쪽.

이든 모두 환경적 조건의 통제하에 있다. 문제를 해결하는 모든 행동을 만들어 내는 것은 언제나 환경이다.

스키너는 인간 본성을 불변의 것으로 보지 않는다. 그보다 인간은 상황에 따라 변화할 수 있는 가변적인 유기체이다. 자아란 환경의 영향 아래서 '조직화된 반응의 체계'[277]이며, '일군의 강화 조건에 적합한 행동의 목록을 획득한 유기체'[278]이다. 스키너는 '우리가 가장 이해하지 못했던 대상'인 인간에 대하여 행동주의가 과학적으로 규명했다고 선언한다. 정신주의나 본능론이 왜곡시켰던 그릇된 인간 이해는 행동주의에 의해 바르게 수정되었다는 것이다. 이러한 결론에 도달한 스키너는 머뭇거림 없이 거창한 포부를 밝힌다. 그가 다음으로 착수할 일은 "인간 행동을 대폭적으로 바꾸어 놓는 것"이다. 스키너는 문화설계를 통한 행동공학 (Behavioral Engineering)을 제창한다.

"문화란 창조적 '집단정신'의 산물도 아니고 '보편적 의지'의 표현도 아니다."[279] 그는 "어느 사회도 사회계약을 통해 시작되지 않았고, 어느 경제체제도 물물교환이나 임금이란 개념을 가지고 시작되지도 않았으며, 어떠한 가족구조도 동거의 이점을 깨달음으로써 시작되지는 않았다"고 말한다.

---

277 Skinner, B. F.(1953), p.285.
278 Skinner, B. F.(1974), *About Behaviorism*, p.168.
279 Skinner, B. F.(1971), 127쪽.

문화는 단선적인 경로의 진화나 진보로 설명될 수 없다. 우리가 "어떤 문화를 소위 '진보'된 문화와 비교해서 미개하거나 미숙한 문화라고 부른다"거나 "어떠한 정치나 종교 또는 경제체제가 우월하다고 말하는 것은 조잡한 형태의 '자국제일주의(Jingoism)'에 불과한 것이다."[280] 문화는 '사람들이 관례적으로 행하는 행동', 즉 관행들의 총체이며 강화 조건에 의해서 행동 목록을 형성하는 과정이다. 문화적 관행은 강화 조건의 배열이 달라짐에 따라서 공시적으로도 통시적으로도 변화될 수 있다. 새로운 관행은 우리의 삶을 증진시키는 데 기여하면서 문화를 변화시킨다. 그가 말하는 '설계'란 의도적으로 강화 조건을 새롭게 구성하는 작업을 의미한다. 따라서 그는 '문화설계'를, 우리가 우리 자신의 운명을 설계된 강화 조건에 의해서 스스로 통제하는 과정이라고 말한다.

스키너는 '올바른 환경 조건이 만들어질 수 있다면 더욱 행복한 인간종이 탄생할 것'이라는 신념이 넘쳐서 급기야 문화설계에 의한 행동공학을 실행에 옮겼다. 스키너의 문화설계 논리를 네 가지 조건으로 요약할 수 있다.[281] 첫째, 인간의 복잡한 행동체계 또는 인간 행동을 변화시키기 위해서는 내면성에 대한 호소보다는 환경 혹은 강화 조건을 재배열해야 한다. 둘째, 인류의 진화과정 또는 문명화 과정은 혐오적인 상태에서 정적인 상태로 진행되고 있기 때문에 행동

---

280   Skinner, B. F.(1971), 134쪽.
281   임의영(1993), 187~188쪽.

공학은 그러한 방향을 촉진하기 위해 의도적으로 정적 강화를 이용한 통제를 설계에 포함시켜야 한다. 셋째, 설계자의 독재를 막기 위해서는 통제자와 피통제자 간의 '상호통제'가 확보되어야 한다. 넷째, 공동체는 소규모여야 한다. 이러한 조건을 토대로 하여 쓴 『월든 투』는 문화설계에 의한 이상향 건설을 꿈꾸는 스키너의 야심찬 기획이었다. 그는 주인공 프레이저의 주장을 통해서 행동공학의 필요성을 다음과 같이 역설한다.

> "만일 인간이 자유롭다면 행동공학은 불가능하다. 그러나 나는 당신이 반대 경우를 고려해 보기를 권한다. … 나는 자유란 전혀 존재하지 않는다고 생각한다. 나는 자유를 부정해야 한다. 그렇지 않으면 나의 프로그램은 이치에 맞지 않는 것이다. 종잡을 수 없게 변하는 어떤 대상에 대한 과학이란 있을 수 없다. 아마도 인간이 자유롭지 않다는 것을 결코 증명할 수 없을 것이다. 그것은 하나의 가정이다. 그러나 행동과학이 점차 성공해감에 따라 이 가정이 점점 더 그럴 듯하게 보이고 있다."[282]

스키너에게 있어서 '행동과학의 법칙은 일종의 강화 조건에 대한 서술'이다. 인간의 행동은 강화 조건의 통제하에 있으므로 행동과학적 법칙에 따르며, 언제든 예측이 가능하다.

---

[282] Skinner, B. F.(1948), *Walden Two*, 『월든 투』, 이장호 옮김, 심지, 1982, 241~242쪽.

따라서 선택의 자유란 존재하지 않는 환상이다. 스키너는 개인적 불만을 행동공학적으로 해결하기 위해 '자기 치료'의 동기를 제공하고 그럼으로써 젊은이들에게 이상향 건설의 실험정신을 고취시킬 목적으로 『월든 투』를 집필했다.[283] 그는 우리의 삶을 풍요롭게 하는 긍정적 강화 조건을 부여한다면 이상향 건설은 가능할 수 있다고 믿는다. 그는 "『월든 투』의 근본 취지는 바람직한 인간 사회에 관한 예비실험을 실행할 수 있다는 것"이라고 말하면서, 이 실험이 "새로운 공정의 대단위 공장을 처음부터 짓기 전에 작은 규모의 공장을 먼저 시도해 보는 것과 같다"[284]고 설명했다. 그가 『월든 투』를 통해서 지향하려는 최종의 목적은 인간의 바람직한 삶, 곧 휴머니즘이었다. 『월든 투』에 공감했던 캐슬린 킨케이드Kathleen Kinkade 등 여덟 명의 젊은이들은 1967년 스키너의 이상향을 현실에서 구현하는 실험에 착수했다. 그들은 미국 버지니아 주 루이저에 '트윈 오크스Twin Oaks'라는 소규모 공동체를 건설했다.[285] 초기 멤버들은 반전주의자, 무정부주의자, 반문화주의자, 그리고 페미니스트 등으로 다양한 색채의 사람들이었지만, 특정한 이념이나 종교에 관계없이 생태공동체를 건설하는 데 뜻을 모았다. 트윈 오크스는 스키너의 구상을 현실화한 소규모 공동체이다. 그것은 스키너의 믿음, 즉 "소집단 공동사회가 '본질적으로 선한 인간상'

---

283 Skinner, B. F.(1976), "Walden Two Revisited", 『월든 투』, 385~386쪽.
284 Skinner, B. F.(1981), 411쪽.
285 Kinkade, Kathleen(1973), *A Walden Two Experiment: The First Five Years of Twin Oaks Community*, Forward by B. F. Skinner, New York, Williams Morrow & Company, p.27.

을 (자동적으로) 만들어 내지는 못하지만, 응용 행동 분석의 원리에 따른다면 더욱 효과적인 강화 조건을 적용할 수 있다"[286]는 확신을 현실화한 것이었다. 트윈 오크스는 낮에는 같이 일하고 저녁에는 함께 노는 대안적 삶을 추구한다. 트윈 오크스는 현재에도 100여 명 남짓한 성원들이 함께 모여 살면서 작은 공동체 운동의 산실이 되고 있다. 트윈 오크스의 안내 책자에는 다음과 같이 적혀 있다.

> "이곳이 유토피아라고 주장하지 않습니다. 더 나은 곳으로 만들기 위해 애쓰고 있습니다. 유토피아를 원한다면 다른 곳을 찾으십시오. 당신이 그곳을 찾는다면 우리에게 엽서를 보내 주세요. 우리가 그곳으로 가겠습니다."

6) 인간 본성 부재의 휴머니즘

스키너의 행동주의는 반사, 강화, 유기체, 환경, 내부인이 아닌 외부인, 그리고 '안에서 밖으로'가 아닌 '밖에서 안으로의 인간 이해' 등으로 이어지는 개념의 경로를 따라가다가 결국에는 문화설계에 의한 자율공동체의 실험을 종착지로 택했다. 그는 줄곧 인간을 환경적 조건에 따라 달라질 수 있는 가변적 존재로 상정했다. 인간에게는 생래적인 불변

---

286 Skinner, B. F.(1976), 390쪽.

적 본성은 없으며, 그를 둘러싼 환경의 강화 조건에 따라 자아 정체성은 다양하게 조형될 수 있다. 스키너의 견해로는, 물리적 유기체로서 인간은 외적 환경 변화에 따라 반응하는 행동체계이기 때문에, "한 유기체의 행동을 설명하기 위해서는 하나 이상의 자아가 필요하다."[287] 인간은 타인을 매개로 환경과의 상호작용을 통하여 '문화'와 '사회'를 형성하고, 그것은 다시 인간의 행동을 결정하는 외적 조건이 된다. 결국 스키너의 사회공학은 통제적 강화 조건이 잘 구비된 문화설계를 통하여 가소성의 존재를 이상향으로 인도할 수 있다는 신념을 바탕으로 한다.

인간 본성의 부재와 가변적 인성의 사회공학적 조형이라는 스키너의 담론은 거센 비판에 직면한다. 카타니아A. C. Catania의 표현을 빌리면, 스키너는 "현대의 모든 심리학자들 가운데서 가장 존경을 받으면서 동시에 가장 많은 비판을 받고, 가장 널리 인정을 받으면서도 동시에 가장 많은 오해를 받고 있으며, 가장 많이 인용되고 있으나 가장 잘못 인용되고 있는 사람"[288]이다. 그가 『행동주의에 관하여』에서 밝힌 자신에 대한 비판의 내용만도 20가지에 이른다. 그 비판들의 줄기를 간추려 보면, 크게 세 가지로 압축될 수 있다. 첫째로, 스키너의 행동주의는 인간의 의식과 감정, 마음

---

[287] Skinner, B. F.(1953), p.284.
[288] Catania, A. C.(1984), "The Operant Behaviorism of B. F. Skinner", *Behavioral and Brain Sciences*, *Vol.7*, No.4, p.473.

의 상태, 타고난 자질, 인지과정, 자아의 존재, 그리고 도덕감 등 인간의 내면적 요소들을 과소평가하거나 무시한다는 것이다. 스키너는 내면성의 기원을 환경적 조건에서 찾았다. 그는 '내부인'은 관찰이 불가능하므로 관찰자의 주관적 감정이 개입할 개연성이 높고, 따라서 '밖으로부터 안으로' 들여다보는 방식만이 인간 행동의 동기를 과학적으로 해명할 수 있다고 주장했다. 그의 주장대로라면, "인간 행동의 상당 부분은 피부 속에서 일어나며, 결국 생리학은 행위 주체에 대해 더 많은 것을 알려 줄 것이다."[289] 그러나 인간의 내면적 요소는 관찰이 불가능하다 해서 사라지는 것은 아니다. 스키너의 접근방식에 따른다면, 인간 행동을 유발하는 '밖'의 요인은 밝힐 수 있어도 '안'의 요인은 해독 불가능한 암흑세계로 남게 된다.

둘째, 스키너는 자극-반응 도식에 의해 설명되는 동물 행동의 메커니즘을 인간에게 적용하여 인간 행동을 '강화'에 의한 환경과 유기체 간의 함수관계로 단순화시킨다. 그는 자유의지를 환상으로 간주하며, 인간의 존엄성 기반을 허물어뜨린다. 그럼으로써 동물과 구분되는 인간의 고유성 영역을 대폭 축소시켰다는 비판을 받는다. 그는 정신주의가 과장한 인간종 중심주의를 수정함으로써 보다 과학적인 인간 이해에 도달할 수 있다고 주장하지만, 이는 정신주의로부터

---

[289] Trigger, Roger(1982), 85쪽.

강한 반발에 부딪힐 수밖에 없는 논쟁적인 요소가 된다.[290]

　셋째로 인간을 대상으로 한 인위적인 사회공학적 실험이 현실적으로 가능한 것인지에 대해서는 많은 의문이 제기될 수밖에 없다. 그는 사회공학은 '윤리적으로 중립적'이라고 말하면서도,[291] 다른 한편으로는 행동공학의 오용誤用가능성을 부정하지 않았다. 그는 "그것을 방지하려면 '통제자'라고 하는 사람들을 볼 것이 아니라, 그들의 통제를 통제하고 있는 강화 조건을 살펴야 한다"고 하면서 예방적 장치의 필요성도 역설했다. 심지어 그는 "행동공학이 핵폭탄만큼이나 위험하고" "무서울 정도로 악용될 소지가 있다"고 까지 말했다.[292] 그럼에도 불구하고 그가 제시하는 대안이라고는 "모든 파괴적인 도구들에 대한 통찰력을 갖는 통치 형태의 설계(Governmental Design)에 전력을 다해야 한다"는 것밖에 없었다.[293] 그러나 핑커가 지적한 것처럼, "사회가 하나의 커다란 스키너 상자(Skinner Box)이고 행동이 우연보다는 계획에 따라 조절된다면, 공격성, 인구 과잉, 혼잡, 오염, 그리고 불평등이 사라지고 유토피아가 도래했을 것이다."[294] 굳이 폭

290　그는 이러한 비판을 의식한 듯 훗날 "객관적이고 과학적 접근만으로 인간이 성공적으로 될 수 없다"고 인정하며, 자신의 본래 주장에서 한발 뒤로 물러섰다. Skinner, B. F.(1981), 410쪽.

291　Skinner, B. F.(1971), 141쪽.

292　Evans, Richard(1968), *B. F. Skinner: The Man and His Idea*, New York, E. P. Dutton & Company, p.47. 그는 전기 작가 리처드 에반스와의 인터뷰에서 사회공학적 노력이 파시즘에 연루되어 있으며, 그것이 전체주의적 목적에 이용될 수 있음을 솔직히 시인한다.

293　Evans, Richard(1968), p.54.

294　Pinker, Steven(2002), 54쪽.

압적인 전체주의의 역사적 사례들을 나열하지 않더라도, 새로운 문화를 설계한 그 어떤 자도 그 문화의 한계를 벗어나지 못했다는 사실은 인류 역사가 보여 준 명백한 교훈이다. 거의 모든 '통찰력을 갖는 통치 형태의 설계'도 통치자에 의해 변형되고 왜곡됨으로써 종국에는 파괴적 실험으로 끝난 경우가 허다했다. 따라서 스키너의 공학적 실험은 뜻을 같이하는 소수의 사람들에게는 개방적인 휴머니즘적 지향으로 발전될 수 있겠으나, 크고 작은 다양한 인간 집단에게 보편적으로 적용될 수 있는 현실적인 장치가 될 수는 없다는 데는 이견이 있을 리 없다.

인간 본성의 불변성보다는 가소성에 희망을 걸었던 스키너는 '강한' 환경결정론자이다. 그는 인간의 본성을 경험적인 문제로 볼 때, 올바른 환경 조건이 조성될 수 있는 한, 더욱 행복한 인간종이 만들어질 수도 있을 것으로 생각했을 것이다. 스키너는 자신이 결정론자라는 사실을 인정한다.[295] 그는 인간을 물리적이고 화학적인 체계에서 반응하는 유기체로 간주하며, 긍정적이든 부정적이든, 강화를 통하여 조성된 보다 더 나은 환경이 우리 삶의 선택을 더욱 자유롭게 할 것이라고 확신한다. 현존하는 진리의 기준을 행동의 효과성에서 찾을 수 있다면, 그리고 정적 강화를 가장 확실하게 확보할 수 있는 행동 유형을 유지할 수 있다면, 잘 조정된 사

---

295 Skinner, B. F.(1981), 406쪽.

인간 본성의 역사

회공학적 설계는 우리의 미래를 밝게 바꾸어 줄 수 있을 것
이라는 것이 그의 신조였다. 스키너는 인간의 변화 가능성
을 믿으며 과학의 시대에 조응하는 휴머니즘의 확장 가능성
을 열어 두었지만, 말년에 이르러서는 "세계는 숙명적으로
나빠질 것"이라며 인류의 미래에 대해 비관적인 태도로 돌
아선다.[296] 그는 자신이 살고 있는 미국 사회의 사람들에게
생활양식의 커다란 변화가 필요하다고 경고했고, 특히 미국
정치에 대해 큰 불만을 쏟아내기도 했다. 그는 인간 본성의
이론과 현실에서 어떠한 균열을 발견한 것일까? 좋은 강화
가 주어지면 얼마든지 좋아질 수 있는 인간에 대한 확신은
사라진 것인가? 그렇다면 왜인가? 이에 대한 대답은 스키너
에게서 직접 들을 수 없었다.

---

[296] Fisher, Kathleen(1982), "World's Prognosis Grim", *APA Monitor*, 10, p.25.

마르크스는 죽었는가?

마르크스는 죽었는가? 이 우문愚問을 던지는 이유는 마르크스 사상에 대한 논란이 아직도 끝난 게임이 아니기 때문이다. 마르크스 사후 역사적 평가는 지난 세기 냉전과 맞물려 양극단의 숱한 논란을 낳았다. 한편에서는 공산주의 진영의 몰락과 함께 마르크스 사상의 종언을 고했다. 마르크스의 이론을 용도 폐기된 낡은 유물에 치부하는 서방 세계 주류의 입장에서 보면, 마르크스는 한물간 사상가였다. 그러나 다른 한편에서는 마르크스의 부활을 이야기한다. 소련의 몰락 이후 교조주의가 휩쓸고 간 폐허 위에서 새롭게 소생하는 싹처럼 되살아나는 마르크스에 대한 기억은 어느새 마르크스의 21세기적 재림 담론으로 커져 가고 있다. "마르크스는 죽었는가"라는 물음은 지구적 차원의 자본주의가 한층 강화된 형태로 변모하는 신자유주의적 현실 상황과 깊은 관련이 있다. 이러한 상황을 우려의 눈으로 주시하는 지식세계의 한편에서는 자본주의 체제가 온존되는 한 마르크스 이론의 정당성과 생명력에는 변함이 없다는 믿음을 쉽게 버리지 않는다. 이처럼 마르크스를 바라보는 2개의 서로 다른 시선은 마르크스 논란이 완전히 종식되지 않았음을 말해준다.

1) 과학인가 도덕인가

마르크스에게 '인간 본성의 어떤 힘'은 사회변혁의 원동력이 어디에서 나오는가에 대한 철학적 성찰의 산물이었다. 그러나 냉전기에 서방의 많은 비평가들은 인간 본성의 가변성에 기대를 걸고 역사 변혁의 가능성을 탐색했던 마르크스의 시도를 '진위의 판결이 끝난 실패작'으로 단죄했다. 20세기 지구촌 곳곳에서 실행된 공산주의적 실험이 불미스럽게 막을 내린 이후, 마르크스의 거대 담론에 대한 회의가 더욱 커지는 것은 어쩌면 불가피한 현상일지 모른다. 이를 반영하듯이, 일부 해석가들은 마르크스 이론을 '현실에 부합하지 않는 허구적인 환상'으로 판정했다. 이 가운데 하나의 접근법은 마르크스를 '법칙정립적 역사과학'의 주창자로서보다는 선악의 이분법적 도식에 얽매인 도덕주의자로 평가하는 방법이다. 마르크스를 뿌리 깊은 편견의 눈으로 보는 이들에게, 역사적 유물론은 유토피아적 환상을 꿈꾸는 일종의 신화에 불과했다.

예컨대 포퍼는 마르크스를 전체주의의 현대적 생성 맥락

안으로 끌어들여서 '열린사회의 적'으로 몰아세웠다. 그에 따르면, 마르크스는 도덕주의적인 역사 예언자였고, 그가 실패한 이유는 전적으로 "역사에 대한 거시적인 법칙적 예언을 하려는 역사주의"를 채택하였기 때문이다. 그가 보기에, 마르크스 사상의 근저에는 '역사주의적 도덕이론' 또는 '도덕적 미래주의'가 지배하고 있다.[297] 그는 마르크스의 역사주의를 "과학적인 영역 밖의 시도"로서 "우리의 비판적 이성의 지원을 받아 세계를 변화하려는 평등주의에 대한 하나의 신앙"이라고 깎아 내렸다.[298] 포퍼의 자유주의적 편향을 빼닮은 또 다른 유사한 견해는 터커의 해석이다. 그는 마르크스의 이론을 목적의식적인 도덕적 이데올로기의 성격이 짙은 사상적 구조물로 해석한다. 그에 따르면, 마르크스에게 자본주의는 '도덕적으로 비판된 세계'였다. 마르크스는 자본주의 사회를 존재와 의식, 착취와 핍박, 자본과 노동, 부르주아와 프롤레타리아, 그리고 반혁명과 혁명 등 이항적 범주 간의 대비로 단순화함으로써 마치 선악의 대결과 같은 전장으로 만들어 버렸다는 것이다.

> "한쪽은 무한한 욕심을 가졌고, 전제적이며, 착취적이며, 악의에 찬, 이리처럼 된, 자본의 영혼이고, 다른 쪽은 착취당하고,

[297] Popper, K.(1966), *The Open Society and its Enemies: The High Tide of Prophecy: Hegel, Marx, and the Aftermath Vol.2*, 『열린사회와 그 적들 2: 헤겔과 마르크스』, 이명헌 옮김, 민음사, 1982, 275~292쪽.
[298] Popper, K.(1966), 264~265쪽.

터커가 보기에, 이 같은 대결 구도는 마르크스가 "사실 판단과 가치 판단이 뚜렷이 구분되지 않는 접근법"으로, 도덕적 감정에 의존하여 한 진영만을 일방적으로 옹호한 데 따른 결과이다. 따라서 그는, 『자본론』을 과학적 분석이라기보다는 원시적인 신화 속에서나 있을 법한 '선과 악의 이야기'와 같은 것이라고 조롱한다.[300] 신화의 본질이 그러하듯이, 마르크스의 혁명 신화는 "내적인 도덕적 드라마를 외부 세계에 투영"함으로써 인류 미래에 대한 또 하나의 허상을 만들어냈다는 것이다.

터커의 해석은 마르크스의 자본주의 분석을 과학이 아니라 '하나의 그럴싸한 이야기' 정도의 것으로 끌어내리려는 데 목적이 있다. 벌린Isaiah Berlin도 동의했듯이, 마르크스의 여러 저작들 안에서 이분법적 대비와 가치개입적 묘사가 쉽게 발견되는 것은 사실이다.[301]

　　'과로의 무서움과 고문', '자본의 강탈과 도둑질', '인간에게 맞지 않는 밀집 거주지', '비참함의 축적', '육체적이고 정신적인

299　Tucker, R.(1961), 276쪽.
300　Tucker, R.(1961), 275~288쪽. 그는 "노동과 자본의 전쟁에 관한 신화", "철두철미하게 도덕주의적인 신화", 그리고 "건설적인 힘과 파괴적인 힘이 서로 세계를 차지하려는 싸움의 이야기" 등의 표현을 사용했다.
301　Berlin, I.(1978), *Karl Marx*, 『칼 마르크스: 그의 생애와 시대』, 안규남 옮김, 미다스북스, 2001, 260쪽.

타락', '부끄러움 없는 낭비', '끊임없는 인간 순교', '역겨운 고통', '추악하고 기형적인', '몸과 마음이 손상되고 자신의 삶의 뿌리에서 공격당한', '하나의 특화된 동작에 손과 발이 묶인', '살아 있는 부속품', '인간의 파편' … (『자본론』 1, 164, 233, 246, 258)

그러나 마르크스의 사고 표현은 대단히 복합적이고 다면적이다. 룩스Steven Lukes가 지적했듯이, 마르크스는 "여러 다른 수준에서, 다른 문맥에서, 즉 때로는 논쟁적이고 때로는 저널리스틱하며 때로는 과학적인 문맥에서, 그리고 다른 어조로, 즉 때로는 역설적이고 때로는 선동적이며 때로는 분석적이고 때로는 예언적인 어조로" 자신의 주장을 펼침으로써 종종 해석가들을 혼란에 빠뜨린다.[302] 그러므로 마르크스의 저술 가운데 무엇을 분석대상으로 삼느냐에 따라 마르크스의 모습은 달리 그려질 수 있다. 터커의 치명적인 오류는 과학자로서의 마르크스를 알아보지 못한 데 있다. 그가 어렵게 찾아낸 '감정적인 표현들로 꾸며진 선악의 이야기'는 『자본론』의 핵심 논지가 아니다. 터커는 마르크스가 수백 건의 각종 보고서와 법령, 통계자료 등을 기초자료로 한, 자본주의의 운용 원리 및 실제적 결과에 관한 면밀한 분석에 대해서는 아무런 이유 없이 외면했다. 그는 '울창한 숲에서 몇 개의 나무만을 건지는 방법으로' 방대한 거시경제학에서 간헐적으로 예시되는 철학적 단편만을 찾는 데 몰두했다. 그

---

[302] Lukes, Steven(1985), *Marxism and Morality*, 『마르크스주의와 도덕』, 황경식·강대진 옮김, 서광사, 1977, 22쪽.

결과 그는 마르크스 얼굴의 한 단편만을 보고 '도덕적 성격으로 짙게 물들어 있는 이데올로기적 직조물 제작자'[303]라는 딱지를 붙이는 데 만족해야 했다. 터커류의 이 같은 해석은 냉전기에 서방의 이데올로기 편견에 사로잡힌 많은 주석가들에게서도 흔히 볼 수 있는 일반적 오류였다. 마르크스가 자본주의 비판과 역사발전의 미래적 전망 속에 자신의 윤리적 확신을 담으려 했다는 주장은 비단 터커의 것뿐만이 아니다. 마르크스 사상이 일종의 윤리 체계라는 해석은 지난 세기 서방 비평가들에게 널리 수용되었다.

그러나 정작 마르크스는 도덕이론에 의존한 문제해결 방식, 즉 인간의 도덕성에 호소함으로써 자본주의의 모순적 상황을 개선하려는 모든 노력들을 가차 없이 비판했다. 그는 「공산당 선언」에서 도덕을 "변화하는 물질적 환경에 의존하기 때문에, 상대적일 뿐 아니라 폭로되어야 할 환상이고, 그 뒤에 계급적인 이해관계를 감추고 있는 편견의 다발"(1848, 『선집』 1, 410~411)로 규정했다. 도덕은 역사발전 과정 속에서 변화되어 왔기 때문에, 도덕의 객관적 진리나 영원한 원리란 없다. 다시 말해서 "도덕은 이데올로기의 한 형태이고, 따라서 그 기원은 사회적이며, 그 내용은 환상적이고 계급 이익에 봉사하는 것"이라는 것이다.[304] 프티부르주아적

---

303 Tucker, R.(1961), 37쪽.
304 그는 『독일이데올로기』에서도 다음과 같이 말한다. "도덕과 종교, 형이상학 그리고 그 밖의 모든 이데올로기와 그에 상응하는 의식의 형태들은 이제 더 이상 독자성과 같은 것을 지니고 있지 않다. 이것들에서는 역사도, 발전도 전혀 찾아볼 수 없다. 그러나 자신들의

도덕철학은 자본주의의 모순적 본질을 은폐한다. 이러한 이유에서 마르크스는 '실천'을 통한 현실적 해결을 방기한 채 정의의 이상에 호소하는 프루동의 『빈곤의 철학』을 '철학의 빈곤'이라고 비꼬았고,[305] 같은 이유에서 슈티르너Max Stirner를 '독일 이데올로기'의 목록에 한 가지 추상 개념을 덧붙인 '자아의 설교자'라고 비판했다.[306] 마르크스는 이들이 생각하는 것처럼 한가로운 도덕적인 설교로는 결코 자본주의 사회에 내재한 첨예한 계급적 대립의 상황을 해소할 수 없다고 판단했다.

사실 부르주아적 도덕주의에 대한 마르크스의 명시적인 부정은 19세기 말부터 논란의 대상이 되었다. 좀바르트Werner Sombart는 "마르크스주의의 모든 것 속에는 처음부터 끝까지 한 가닥의 윤리도 없다"고 비난했다.[307] 이에 대응하여 레닌은 "마르크스주의는 이론적으로는 윤리적 입장을 인과율에 종속시키고, 실천적으로는 계급투쟁으로 환원시키기 때문"이라고 반박했다.[308] 그는 "도덕은 프롤레타리아의

물질적 생산과 물질적 교류를 발전시켜 온 인간은 이러한 자신들의 실제 세계와 더불어 자신들의 사고와 사고의 산물을 바꾼다." Marx, K. and Engels, F.(1846), 『선집』 1, 202쪽.
305 엥겔스는 "정의는 단지 어떤 때는 보수적인 각도에서, 또 어떤 때는 혁명적인 각도에서 현존하는 경제 관계를 이데올로기화하고 미화하여 표현한 것에 불과하다"고 말하면서 프루동을 공격했다. Engels, F.(1872~73), "The Housing Question", SW, pp.624~625.
306 마르크스는 『독일이데올로기』에서 슈티르너가 사람들에게 던지는 도덕적 위안을 종교적 환상으로 간주한다. Marx, K. and Engels, F.(1846), 『선집』 1, 226쪽.
307 좀바르트는 1892년 마르크스주의의 이론적인 성격을 다음과 같이 규정했다. "마르크스주의는 그의 반윤리적 경향에 의해 모든 다른 사회주의 체계로부터 구별된다. 마르크스주의의 모든 것 속에는 처음부터 끝까지 한 가닥의 윤리도 없으며, 따라서 한 가닥의 윤리적 진리나 윤리적 판단이 없다." Tucker, R.(1961), 33쪽에서 재인용.
308 Lenin, V. I.(1895), "The Economic Content of Narodism", *Collected Works 1*, Moscow,

계급투쟁의 이해관계에 전적으로 종속되므로, 우리는 영원한 도덕을 믿지 않으며, 도덕에 관한 모든 이야기들이 거짓이라고 하는 것을 폭로한다"[309]고 단호하게 선언했다.

그러나 마르크스가 자본주의의 병폐에 대한 도덕론적 해결 방식을 부정하였다고 해서, 인류의 보편적 가치를 담은 도덕의 기능을 무시한 것은 아니다. 오히려 그 반대로 그는 불의에 대해서는 맹목적으로 증오했음은 물론, 가난에 끈질기게 따라붙는 부도덕한 굴종이나 타락을 혐오했던, 불타는 정의감의 소유자였다.[310] 그가 『철학의 빈곤』에서 "스스로 천민 떼거리로 대접받기를 허용하지 않으려는 프롤레타리아트는 빵보다 용기와 자기 확신, 자존심, 독립심을 더욱 필요로 한다"(1847, CW 6, 231)라고 썼을 때, 물질적 필요에 선행하는 정신적 가치의 중요성이 더함 없이 부각되었다. 그는 거의 모든 경우 정의 원칙에 입각해서 자본의 폭력에 의해 빚어지는 불의와 부도덕에 대한 도덕적 폭로를 멈추지 않았다. 이 같은 태도 때문에 "마르크스의 그 분노와 연민을 본다면, 마르크스는 모든 펜 놀림마다 도덕주의자였다"[311]는 평가를 낳게 한다. 역사가 카E. H. Carr가 마르크스에게 "프롤레타리아의 승리는 폭력의 승리일 뿐 아니라 추상적 정의의

Progress Publishers, 1972, p.421.
309 Lenin, V. I.(1920), "Speech at the 3rd Congress of the KomSoMol", *Collected Works 31*, Moscow, Progress Publishers, 1972, pp.291~294.
310 Berlin, I.(1978), 331쪽.
311 Lukes, Steven(1985), 54쪽.

승리였다"[312]고 서술하고 있는 것이나, 린제이A. D. Lindsay가 그 동력을 '정의를 위한 열정'[313]으로 보는 이유는 바로 여기에 있다. 그가 자본주의하의 모순적 계급 상황을 앞에 두고 도덕 타령을 하는 관념론자들의 태도를 강력히 비난하면서도, 실상 그의 이론 체계는 도덕적 양심에 기초한 것이라는 사실은 하나의 역설이 아닐 수 없다.

2) 다시 살아나는 마르크스의 추억

마르크스에게 철학은 세계를 해석하는 데보다는 변혁하는 데 목적이 있다. 그가 염원한 '변혁의 철학'은 20세기 실험을 통하여 막을 내렸다. 마르크스가 사망한 지 한 세기가 지난 무렵부터 붉은 깃발의 행렬은 세계 도처에서 뒤틀리기 시작했다. 마르크스를 숭배했던 '주의자들(-ists)'의 참혹한 실패로 인하여 마르크스의 철학에는 수많은 의문부호가 달렸다. 개별 인간의 자유로운 발전과 만인이 공평하게 풍요를 누릴 수 있는 유토피아란 기껏해야 삶의 목표를 같이 하는 소규모적 공동체에나 어울릴 법한 대안적 모형에 불과할 뿐이지, 전 지구적 차원의 복잡다단한 현대사회에는 적용될 수 없는 환상이라는 비평도 자연스럽게 수용되었다. 공산주의의 몰락을 코앞에서 지켜본 자본주의 국가들은 앞다투어 노동계급의 중산층화를 주요한 정책 과제로 삼았고, 계급투쟁의 선봉에 설 것이라던 프롤레타리아들의 무리는 뿔뿔이

---

312 Carr, E. H.(1934), *Karl Marx: A Study in Fanaticism*, London, J. M. Dent & Sons, p.83.
313 Lindsay, A. D.(1925), *Karl Marx' Capital*, Oxford University Press, 2007, p.114.

흩어진 채 어디로 갔는지 보이지도 않게 되었다. 혹자는 자유주의의 승리에 환호하며 '공산주의 역사의 종언'[314]을 외쳤다.

그렇다면 마르크스는 자신을 추종하는 후예들이 건설한 이른바 '공산주의체제'를 이상적인 국가 모형으로 상정했을까? 마르크스-레닌주의 국가의 해체는 마르크스의 실패를 의미하고 마르크스의 오류를 반증하는 것인가? 마르크스는 『자본론』 집필에 몰두할 무렵부터 말년에 이르는 기간에 걸쳐 자본주의체제가 곧 사멸할 것이라는 생각에서 점점 더 멀어져 갔다.[315] 파리코뮌의 좌절을 목도한 후 그는 '코뮌의 다수가 그 어떤 의미로든 사회주의적이지 않고 그럴 수도 없었음'을 알아차렸다. 코뮌은 프랑스식 공상적 사회주의의 무덤 그 이상이 아니었다. '청년 마르크스' 시절 공상적 사회주의의 환상에 빠진 자들에게 '과학적 사회주의'로의 전환을 요청했던 것과 같은 방식으로, '후기의 마르크스'는 당대의 속류 사회주의자들이 사회주의가 곧 도래할 것처럼 선동하는 행위를 통렬하게 비판했다. 그는 이들을 향해서 "내가 아는 한 나는 마르크스주의자가 아니다"[316]라고 선을 그었다. 그는 역사발전의 이행 문제를 뒤로 하고, 자본주의 분석에

---

314 Hukuyama, F.(1992), *The End of History and the Last Man*, 『역사의 종말』, 이상훈 옮김, 한마음사, 1992.
315 Desai, M.(2002), *Marx's Revenge*, 『마르크스의 복수』, 김종원 옮김, 아침이슬, 2003, 533쪽.
316 Desai, M.(2002), 25쪽에서 재인용.

집중하는 쪽으로 시야를 좁혔다. 국제노동자협의회의 분열과 프랑스 내전의 실패를 겪은 이후 그에게 자본주의 이후를 내다보는 작업은 더 깊은 숙고를 요하는 일로 여겨졌다.

불행하게도 마르크스 사상은 그를 추종하는 무리들이 생기면서부터 오염되기 시작했다. 그들은 자본주의에 대한 과학적인 분석가로서의 마르크스보다는 '청년 마르크스의 수사修辭'에서 당장에 요긴한 것들을 찾았다. 마르크스 사후 미완성된 원저작은 요약본으로 유통되었고, 그 요약본은 이론적으로 빈약하고 속류화된 설명으로 꾸며져 '비판'을 '이데올로기'로 변질시켰다. 마르크스 사상의 대중화에 앞장선 러시아의 마르크스주의자들은 이데올로기적 체계화를 편의적으로 도모하면서, 마르크스의 속류화 궤적을 그려 나갔다.[317] 마르크스는 살아생전에 자신의 이론이 러시아의 상황에 맞지 않는다고 생각했지만, 플레하노프G. V. Plekhanov는 상부구조의 변형이 물질적 토대의 변화와 동시적으로 진행된다는 매우 단순한 일원론을 마르크스 묘지 위에 그물처럼 덮어씌웠다.[318] 레닌은 유물론을 "객관적인 자연법칙의 인식이자 개인의 머릿속에 이런 법칙을 개략적으로 충실히 반영하는 것에 대한 인식"[319]으로 정의함으로써, 역사의 필연

317 Musto, M.(2007), "The Rediscovery of Karl Marx", 「카를 마르크스의 재발견」, 『마르크스주의 연구』, 7권 3호, 경상대학교 사회과학연구원, 2010, 187~208쪽.
318 Plekhanov, G. V.(1937), *Fundamental Problems of Marxism*, International Publishers Co., 1992, pp.3~4.
319 Lenin, V. I.(1909), "Materialism and Empirio-Criticism", *Collected Works 14*, Moscow, Progress Publishers, 1972, p.154.

성을 혁명적 이념의 받침대로 삼았다. 니콜라이 부하린N. I. Bukharin도 레닌과 같이 "자연과 사회에는 명확한 규칙성, 즉 고정의 자연법칙이 존재하며 이러한 자연법칙의 확인이 과학의 첫 번째 과제"[320]라고 주장하면서, "사회에서 행위가 발생하도록 하는 원인의 다중성(Multiplicity)은 사회 진화라는 단일한 법칙의 존재와 전혀 모순되지 않는다"[321]고 강변했다. 교조주의적 견해에 대해 그람시A. Gramsci가 "세계에 대한 개념을 역사의 모든 것을 좌우하는 듯한 인상을 주는 기계적 공식으로 환원하는 것"[322]이라고 경고했음에도 불구하고, 마르크스의 실천철학을 '조잡한' 사회학으로 끌어내리는 인위적인 가공 작업은 멈춰지지 않았다. 예컨대 레닌주의에서 핵심 개념으로 사용한 '프롤레타리아 독재'는 마르크스가 사용한 개념과 다르다. 마르크스는 그의 저작들에서 '프롤레타리아 독재' 개념을 명백히 정의한 적이 없다. 그는 다만 권력의 공백을 막기 위한 로마 공화정의 한시적인 독재관의 지배를 염두에 두고, 혁명 이행기적 과도체제를 이 용어로 표현했을 뿐이다. 그러나 '프롤레타리아 독재'는 소비에트의 교조주의자들에 의해서 당의 영구적 지배로 둔갑되었다. 당은 어느새 인민의 자리를 빼앗고, 절대 권력의 요새로 포장되었다. 아롱의 표현을 빌리면, 스탈린에 이르러서는

---

320 Bukharin, N. I.(1926), *Historical Materialism*, University of Michigan Press, 1969, p.18.
321 Bukharin, N. I.(1926), p.248.
322 Gramsci, A.(1929~1935), *Prison Notebooks*, 『그람시의 옥중수고 2』, 이상훈 옮김, 거름, 1986, 295쪽.

"마르크스의 이론은 고등 교육의 수준에서 초등 교육의 수준의 것으로 속류화되는" 최악의 상황까지 치달았다.[323]

무스토M. Musto가 잘 지적했듯이, 레닌주의에서 스탈린주의로 개작되는 과정은 곧 마르크스 사상의 부패 과정 그 자체였다. 마르크스의 역사적 유물론은 "무수히 많은 모호한 말, 오해, 괴상한 수정, 이상한 모습, 그리고 근거 없는 날조를 통해서"[324] 마르크스-레닌주의 정당의 세계관으로 탈바꿈하게 되었다. 그것은 '마르크스 없는 마르크스주의'였다. 이런 눈으로 본다면, 20세기 공산주의 국가의 파국은 마르크스주의자를 자칭했던 전제주의적인 소수 엘리트들의 파탄을 의미할 뿐이지, 마르크스의 오류에 기인한 것이 아니다. 결과적으로 마르크스는 "오해를 받은 저자"이며, "심각하고 종종 반복되는 몰이해의 희생양"이 되어 버렸다."[325] 오늘날 마르크스와 마르크스주의는 명백하게 구별되어야 한다는 자성의 목소리가 높다. 마르크스 사상의 이데올로기적 왜곡과 저속한 오용이 빚은 참담한 파국은 마르크스의 이름을 들먹이며 거짓된 마르크스주의를 유포한 독단적 교조주의자들에 대한 '마르크스의 저주'일지 모른다.[326] 그러므로

323 Aron, Raymont(1967), 137쪽.
324 Musto, M.(2011), *Rethinking Marx and Marxisms*, 『마르크스와 마르크스주의들을 다시 생각한다』, 하태규 옮김, 한울아카데미, 2013, 253쪽.
325 Musto, M.(2007), 203쪽.
326 Desai, M.(2002), 30쪽. 데사이는 "21세기 초두에도 계속되고 있는 자본주의의 역동성은 마르크스가 마르크스주의자들에게 내리는 복수이다. 마르크스의 이름으로 기만하고 속이고 살해하고 거짓 희망을 내놓은 사람들 모두에게 내리는 복수인 것이다"라고 말한다.

마르크스-레닌주의적 역사 실험의 실패를 마르크스의 탓으로 돌리려는 역사 이해는 온당한 것이 못된다.

이 같은 인식은, 냉전을 뒤로 하고 새 세기에 접어들면서 양식 있는 일부 지식인 세계에서 일고 있는, 마르크스 사상의 원형을 복원하려는 시도와 맥을 같이 한다. 신자유주의의 물결이 넘실대는 21세기에 들어서면서 마르크스는 다시 부활하고 있다. 세계적 차원의 자본주의 체계가 어떠한 외적 변형을 거듭하든 본질적 변화 없이 존속하는 한, 자본의 운동법칙에 관한 마르크스의 분석은 변함없이 유용하고 유력한 이론적 도구이다. 부자는 대를 이어 부자로 세습되고 가난한 사람은 여전히 빈곤 속에 허덕이는 자본주의적 현실이 지속되는 한, 마르크스가 제기한 자본주의의 근본적인 모순은 소멸되지 않는다. 마르크스가 혐오한 자본주의가 "돈 버는 기계"로만 작동하는 한, 마르크스의 이론은 여전히 유효기간 내에 있을 뿐더러 그의 유령도 사라지지 않는다.[327] 오늘날의 인류는, 지난 세기 급진적인 엘리트들이 저지른 대량 실험의 실패를 교훈삼아 어떤 다른 현실적인 방법을 찾아서라도 마르크스가 제기한 문제를 풀어야 할 처지에 놓여 있다. 이러한 지구적 상황은 마르크스의 망령을 다시 불러오게 만든다. 한편으로는 자본주의 생산양식에 대한 냉철한 분석가로서, 그리고 다른 한편으로는 인류의 자유를 지

---

[327] Callinicos, A.(1983), 254쪽.

상과제로 삼은 강렬한 휴머니스트로서, 마르크스가 남긴 2개의 얼굴은 결코 지워지지 않는다. 이 때문에 데리다J. Derrida는 "마르크스를 읽지 않고 토론하지 않는 것, 그리고 학문적인 '독해'나 '토론'을 넘어서 나아가지 않는 것은 항상 잘못"이며, "마르크스 없이는, 마르크스의 유산 없이는, 그리고 마르크스 정신에 대한 기억과 상속 없이는, 어떤 장래도 없다."[328]고 주장하는 것이다. 마르크스 사상에 담긴 진실성과 풍성함 때문에, 우리는 19세기의 마르크스가 앞으로 어떤 마르크스가 될 것인지를 상상하기 어려운 것이다.

[328] Derrida, J.(1993), *Specters of Marx: The State of the Debt*, 『마르크스의 유령들』, 진태원 옮김, 그린비, 2014, 41쪽.

인간 본성의 역사

정신분석의 과학성 논란

프로이트는 인간 내면에 숨겨져 있는 욕구와 본능을 들추어냄으로써 인간 본성의 억압과 왜곡을 설명했다. 리비도, 오이디푸스 콤플렉스, 집단적 죄책감, 이드-자아-초자아의 심적 구조, 공격 충동, 그리고 에로스와 타나토스 등의 개념으로 연결되는 '무의식 가설'은 정신현상에 대한 색다른 해석으로 20세기 인류 사회에 적지 않은 충격을 던져 주었다. 그의 가설은 생물학적 원리를 따르면서도 수많은 정신질환자들에 대한 임상 실험 결과를 기반으로 하는 신경생리학적 접근방식을 택했다. 그는 영혼의 문제를 무의식의 영역으로 끌어내렸고, 이성으로 용해될 수 없는 비합리의 근원을 파고들었다.

무릇 혁명에 대한 평가는 사후에 이루어진다. 프로이트에 대한 평가는 엇갈렸다. 엘리스Havelock Ellis는 프로이트의 업적을 '매우 가는 실들로 진주를 꿰는 데 성공한' 혁명에 비유하며 그를 찬양했다.[329] '이제는 우리 모두가 프로이트인(Freudians)'이라는 영국의 시인 오든W. H. Auden의 외침도 20세기의 상당 부분이 무의식 혁명으로 지배당한 시간이었음을 고백한다. 그들에게, 프로이트는 누가 뭐래도 지금까지 아무도 밝혀내지 못했던 새로운 세계를 개척한 '20세기의 해몽자'였다. 그러나 다른 편에서는 이와 상반된 평가도 줄을 이었다. 노벨생리학상 수상자 피터 메더워Peter Medawar는 프로이트의 정신분석은 과학적 근거가 결여된 "20세기의 가장 엄청난 지적인 사기이며 터무니없이 빈약하게 설계된 거대한 구조물"[330]에 불과하다고 혹평했다. 많은 페미니스트들은 프로이트가 별다른 근거 없이 여성을 남성에 비해 본능적인 '승화'의 능력을 갖지 못한 존재로 비하했다고 분노한다. 프로이트를 둘러싼 여러 논란들은 그의 지나친 자기과시적 태도에서부터 정신분석의 과학성 문제에 이르기까지 다방면에 걸쳐 있다.

학자로서 프로이트의 자기과시적 행태에 눈살을 찌푸리는 사람들은 '무의식 가설'의 독창성에 의문을 제기한다. 일부 평론가들은 프로이트의 이론이 서구 지성사에 커다란 파장을 불러일으킨 점은 인정하더라도, 그렇다고 그가 자찬하듯이 과연 혁명적인 수준의 것인지에 대해서는 동의하지 않

329 Sulloway, Frank J.(1979), p.500.
330 Sulloway, Frank J.(1979), p.499.

는다.[331] 19세기 중엽 무렵부터 서구 지성세계에서 인간 내면의 잠재적인 심리 상태에 대한 탐구는 낯선 주제가 아니었다. 심리학과 신경생리학의 영역에서 인간 경험과 의식에 선행하는 '이전의 심리 상태'에 관한 연구들은, 하르트만E. V. Hartman의 '어두운 의식'이나 립스Theodor Lipps의 '심리적 무의식'에서 보듯이, 프로이트에 앞서서 상당한 수준으로 진척되고 있었다.[332] 따라서 이미 유포된 관념을 재구성한 것에다가 '혁명적'이라는 수식으로 선전하는 것은 프로이트의 과대포장술에 지나지 않는다는 것이다. 설로웨이Frank J. Sulloway는 프로이트의 자기과시적 행위를 '영웅 신화'로 해석한다.[333] 그에 따르면, 프로이트의 '영웅 신화'는 두 요소로 구성되어 있다. 하나는 매우 어렵고 힘든 환경 속에서 모든 면에 맞서 자신의 생각을 위해 싸운 외로운 영웅으로서의 모습을 보여 주는 것이고, 다음은 프로이트라는 영웅이 세운 이론이 실로 역사상 전례가 없는, 절대적으로 그만의 독창적인 것이라는 환상을 심어 주는 것이다. 프로이트가 '스스로를 영웅 만들기'에 집착했다는 여러 증거는 에리히 프롬Erich Fromm에 의해서도 제기되었다. 프롬은 프로이트가 정신분석 운동 과정에서 독단적 전횡을 일삼는 등의 행위를 지적하면서, 정신분석을 '인간 존재의 해방'으로, 정신분

331 프로이트에 적대적인 평전으로는 다음의 것들을 참조. Onfray, Michel(1990), *Le Crépuscule D'une Idole: L'affabulation Freudienne*, 『우상의 추락-프로이트 비판적 평전』, 전혜영 옮김, 글항아리, 2013; Webster, Richard(1995), *Why Freud Was Wrong: Sin, Science, and Psychoanalysis*, Basic Books.
332 Schöpf, Alfred(1998), 17쪽.
333 Sulloway, Frank J.(1979), pp.476~479.

석가를 '거울' 또는 '교사'로 칭했음은 물론이고, "의식적으로는 단지 과학자이며 치료자일 뿐이었지만, 무의식적으로는 20세기 위대한 문화적 윤리론자이기를 바랐다"[334]고 비판했다. 비판가들은 그에 관한 여러 증거들을 동원하여, 무지한 대중을 이끌고 그들을 더 나은 생활로 인도한 모세와 자신을 동일시하는 영웅 심리에 빠져 있었음을 예증하려 한다. 또한 그를 중심으로 만들어진 국제적 조직이 여섯 명의 비밀위원회에 의해 운영되는, 관료제적 색채가 짙은 운동이었다는 사실은 '정신분석이 과학인지 당파인지'를 알 수 없게 만들었다는 지적도 있다. 이러한 비판들은, 무의식 가설이 다른 학자들과의 교류와 협력에 힘입어 입론된 것임에도 불구하고 그 자신만의 독창적 성과물인 양 과시하려는 태도를 겨냥함으로써, 이 가설의 '발견적 가치(Heuristic Value)'를 약화시킨다. 이와 관련하여 정신분석학이 프로이트의 단독 작품이었는가에 대해서도 의문을 제기하는 비판가들이 많다. 이들에 따르면, 프로이트의 초기 작업들은 때때로 요제프 브로이어Josef Breuer나 빌헬름 플리스Wilhelm Fliess 등 주변 동료들과의 공동 연구로 거둔 결실이었고, 이후에도 카를 융Carl Jung이나 알프레트 아들러Alfred Adler와의 학문적 교류가 그에게 적지 않은 영향을 미쳤다는 것이다.[335] 가령 설로

---

334 Fromm, Erich(1979), *Greatness and Limitation of Freud's Thought*, 『프로이트와 정신분석』, 최혁순 옮김, 홍신문화사, 1994, 18쪽.

335 Bateman, Anthony and Holmes, Jeremy(1995), *Introduction to Psychoanalysis: Contemporary Theory & Practice*, Routledge, pp.5~7. 프로이트는 초창기 브로이어와 함께 최면 기법을 통해 무의식의 실체에 접근하는 공동 작업을 벌였고, 프로이트와 플리스는 "특정한 육체적·정신적 발명이 성적인 근원에 있다는 견해를 공유"한 데서 우정이 싹트기

웨이는 "진화론의 신봉자였던 플리스는 프로이트에게 아버지와 같은 사람이었고, 프로이트의 무의식은 '플리스적 이드의 변형'일 뿐"[336]이라고 지적하면서 프로이트의 위상을 끌어내린다.

프로이트의 핵심 주장과 관련하여 가장 일반적으로 제기되는 비판은 과연 인간의 행동을 단일한 차원의 동기로 환원시킬 수 있는가 하는 점이다. 프로이트는 인간 행위와 의식, 인간의 성장과 발달을 설명함에 있어서 성적 요인을 과도하게 부각시켰다. 그에게 인간 행위의 대부분은 성적 충동과 쾌락의 원리에 관련되어 있다. 성적 본능에서 발원되는 정신적 에너지나 '목적 달성이 금지된 리비도'는 각각 삶의 활력과 성적 충동의 승화로 나타난다. 그러나 비판가들은 성욕이 그렇게 다양한 심리적 보편성을 갖고 있는지에 관해서 의문을 제기한다.[337] 사고하는 주체로서 정신의 일반 개념은 프로이트의 손을 거치고 나면 '성적 무의식의 개념에 가두어둔 죄수'로 전락한다.[338] 이들의 비판에 의하면, 프로이트식 접근법은 이성적 판단이나 사회적 환경 요인 등 행위 결정의 복합적인 수준들을 배제시키는 단순 논리로 환원된다.

시작했다. Schöpf, Alfred(1998), 49~51쪽.
336 Sulloway, Frank J.(1979), p.171.
337 Küng, H.(1979), *Freud and the Problem of God*, 『프로이트와 신의 문제』, 손진욱 옮김, 하나의학사, 1990, 143쪽.
338 Landman, Patrick(1997), 156쪽.

'오이디푸스 콤플렉스'의 존재 여부도 의심의 대상이다. 프로이트는 오이디푸스 콤플렉스를 초자아와 도덕의 근원으로 간주하지만, 그것이 실재하는지는 임상과학적으로나 계통발생적으로 확인할 길이 없다. 레비-스트로스Claude Levi Strauss나 말리노프스키와 같은 인류학자들은 원시사회의 어디에서도 오이디푸스 콤플렉스의 징후를 발견하기 어렵다고 주장한다. 오이디푸스 콤플렉스의 존재가 확인할 길이 없다면, 그것과 연관된 프로이트의 핵심적인 주장들은 신화적 요소가 뒤얽힌 이야기로 읽혀질 수 있다. 한편 이와는 다른 각도에서 푸코, 들뢰즈, 그리고 버틀러 등은 이 '오이디푸스 콤플렉스의 창시자'를 정치적 패러다임의 무대로 끌어올려서 공격한다. 그들이 보기에, 거세 위협은 근친상간 터부를 고착시키려는 음경중심주의의 논리를 대변한다. 프로이트적 치유는 곧 동성애를 거부하는 사회에 적응하게 하는 것이고, 이성애 중심의 이념에 봉사하는 셈이라는 것이다.[339]

프로이트를 향한 가장 치명적 비판은 정신분석을 포함한 그의 이론이 과연 과학적 분석인가 하는 점에 집중된다. 논리실증주의자들은 '과학적 설명' 개념의 기본 특성을 제시하는 '헴펠-오펜하임 모형'에 입각해서 프로이트의 정신분석적 진술들이 경험적 입증 가능성을 결여하고 있다고 비판한다. 논리실증주의는 정신분석의 과학성에 대해 두 가지

---

339 권택영(2010), 「프로이트 비판 논쟁과 패러다임의 변화」, 『영어영문학』제56권 1호, 한국영어영문학회, 158~163쪽.

의 이의를 제기하는데, 첫째는 "정신분석의 자료가 정확하게 관찰할 수 있는 행동에 기초하고 있지 않고, 그래서 자극에 대한 반응으로 서술될 수 없다"는 점, 그리고 둘째는 "정신분석이 관찰 가능한 행동과 다르게 경험적으로 파악할 수 없는 심리 내적 과정을 설정하고 있다는 것"이다.[340] 따라서 정신분석은 보편적으로 타당한 엄격한 인과법칙을 따르지도 않고 정태적인 확률 관계에 의거하지 않기 때문에 과학 이론으로서의 요건을 충족시키지 못한다는 것이다. 요컨대 정신분석적 진술은 과학적 타당성을 담보하는 명백한 확증의 기준이 없고, 미래에 대한 어떠한 예측도 가져다주지 못하기 때문에, 해석학의 표상과 요구에 부응할지는 모르나 과학적 가설의 체계로는 부적합하다는 것이다. 이러한 이유에서 헴펠C. G. Hempel 등 논리실증주의자들은 정신분석을 '거짓인지 아닌지를 문제 삼지 않는 비과학적 지적 시스템(Nonfalsifiable Unscientific Intellectual System)' 또는 '거짓과학(Pseudo-Science)'으로 평가절하한다.

정신분석의 과학성 결여에 대한 비판은 "프로이트가 과연 과학자였는가?" 하는 근본 문제로까지 확대된다.[341] 그가 자신의 주장을 밀고 나가기 위해 한정된 표본 사례에 의존했고, 그로부터 얻은 자료들도 필요에 따라 자신의 취향대

---

340 Schöpf, Alfred(1998), 117~135쪽.
341 Paul, Robinson(1993), *Freud and his Critics, Berkeley*, University of California Press. 이 책에서 로빈슨은 극렬한 반프로이디언으로서 F. Sulloway, J. Masson, 그리고 A. Grunbaum의 비판을 다루고 있다.

로 가공함으로써 과학적 탐구의 원칙을 종종 무시했다는 지적은 그런 유의 비판에 해당된다. 이와 관련하여 프로이트와 교류했던 주변 인물들의 증언은 연구의 과학성과 진실성에 의구심을 갖게 만든다. 정신분석의 기초를 임상과학으로 보는 그런범Adolf Grunbaum은 프로이트가 과학임을 알면서도 의도적으로 증명을 중시하지 않았고, 임상에서 얻은 지식을 실험적 증거로 증명하지 않았다는 점에서 과학자의 본분을 간과했다고 비난한다. 그의 혹평대로라면, '믿을 수 없는 프로이트(Discredited Freud)'는 "의식적 행동을 침범하는 교묘하고 괴기한 힘을 무의식에 부여"함으로써 "무의식에 명예로운 이름을 붙여서 원인의 오류를 성스럽게 만들었다."[342] 크루즈Frederic Crews의 비난은 더욱 거세다. 그는 "유아기에 억압된 상흔이 사회 부적응의 원인이라고 보는 정신분석은 기억을 복원하여 병의 원인을 밝히려고 하지만, 이 원인이 정답임을 증명하지 못한다"[343]고 꼬집는다. 따라서 그는 "꿈과 기억을 통해 유아기 무의식으로 돌아간다"는 프로이트의 가설은 터무니없는 거짓이요, 무책임한 자만이라는 험담을 쏟아붓는다. 현대 생물학이나 신경과학의 입장도 정신분석을 결코 과학으로 인정하지 않는다. 프로이트는 생물학적 원리에 기초하지도 않았고, 생물학적 이론의 발전에 기여한 바도 없다는 것이다. 진화심리학자 트리버스Robert Trivers는

---

342 Grunbaum, Adolf(1984), *The Foundation of Psychoanalysis: A Philosophical Critique*, Berkeley, University of California Press, p.192.
343 Crews, Frederick(1995), *The Memory Wars: Freud's Legacy in Dispute*, A New York Review Book, p.72.

정신분석이 "술자리에서 주고받는 임상 사례 이야기를 기본 자료로 삼음으로써,"[344] 아예 실험을 통한 검증을 배제한 '전면적인 사기'에 불과하다고 완전히 무시하며, 그가 과학 세계에 발을 디디지 못하게 만든다.

정신분석의 과학성에 대한 논란은 프로이트를 과학계의 이방인으로 왜소화시킨다. 오히려 그의 가치를 빛내 줄 진정한 무대는 과학 밖의 세계이다. 과학성 논쟁의 굴레에서 벗어나면 프로이트를 보는 눈은 달라질 수 있다. 프로이트는 인간의 정신적인 삶에 대한 자연과학적 분석의 의도로 출발하였을지라도 실상 그의 정신분석은 '메타 심리학의 과학적 자기 오해'로 이해되고 있다.[345] 하버마스Jürgen Habermas는 정신분석을 과학이라기보다는 인과론적 지식에 얽매이지 않는 '심층해석학'으로 이해한다. 정신분석은 일상적인 언어유희로부터 왜곡된 상징을 탐구하기 때문에 과학보다는 철학, 해석학, 또는 인문학의 주제 영역에 더 잘 어울린다. 프로이트도 정신분석을 계몽의 목적으로 종교, 도덕, 신화, 문명, 그리고 문학과 예술을 설명하는 보편적 도구로 사용했다. 이러한 맥락에서 리쾨르Paul Ricoeur도 "정신분석은 과학이 아니라 언어요, 욕망이 충돌하는 의미론의 영역"으로 바라볼 것을 주문한다.[346] 오늘날에도 프로이트의 정신분석이 현상학에서 언어 분석, 사회

---

344 Trivers, Robert(2011), *The Folly of Fools*, 『우리는 왜 자신을 속이도록 진화했을까?』, 이한음 옮김, 살림, 2013, 476쪽.

345 Habermas, J.(1968), *Knowledge and Human Interests*, Beacon Press, p.309.

346 권택영(2010), 167쪽.

철학과 예술 비평에 이르기까지 거의 모든 인문학의 영역에서 커다란 영향력을 행사하고 있다는 사실은 이를 예증한다. 이러한 현상은 그가 의학과 생리학을 기반으로 한 정신분석에서, 시간이 갈수록 도덕, 문명, 종교, 그리고 삶과 죽음 등 과학의 범위를 뛰어넘는 주제들을 광범위하게 다룸으로써 심층적 차원의 풍부한 소재와 생각할 거리를 제공한다는 면에서 더욱 증폭되고 있다. 프로이트는 과학이 명료하면서도 분명하게 정의된 기본 개념들을 바탕으로 세워져야 하지만, "현실을 보면 그러한 명확한 개념 정의에서 출발하는 과학은 없다"(1915c, 101)고 작업상의 어려움을 토로한 바 있다. 정신현상에 관한 제반 탐구에서 과학과 비과학을 가르는 경계가 모호한 데서 비롯되는 복합적인 문제들을 감안한다면, 과학적 논란 등으로 그만을 탓할 수는 없는 노릇이다. 그렇기에 우리는 "정신분석이 우리에게 방법적인 자기 반성을 유일하게 파악할 수 있는 예를 주장하는 학문으로 중요하다"[347]는 하버마스의 견해에도 귀를 기울이고 있는 것이다.

---

347 Habermas, J.(1968), p.262.

5부

다윈의 '동물로서의 인간'

동물학자 데스먼드 모리스Desmond Morris는 1967년 출간한 책에서 제목 그대로 인간을 '털 없는 원숭이'로 묘사한 바 있다.[1] 그에 따르면, 우리는 "여전히 털 없는 원숭이이고, 숭고한 본능을 새로 얻었지만 옛날부터 갖고 있던 세속적인 본능도 여전히 갖고 있는" 동물에 지나지 않는다. 우리의 조상인 호모 사피엔스는 기원, 짝짓기, 기르기, 모험심, 싸움, 먹기, 몸 손질, 그리고 다른 동물과의 관계 등 모든 면에서 의심의 여지없는 동물의 한 종이다. 모리스의 이야기는 영

1 Morris, D.(1967), *The Naked Ape: A Zoologist's Study of the Human Animal*, 『털없는 원숭이』, 김석희 옮김, 정신세계사, 1992. 모리스는 같은 주제의 대동소이한 글들을 발표했다. ____(1969), *The Human Zoo*, 『인간 동물원』, 김석희 옮김, 한길사, 1994; ____(1971), *Intimate Behavior*, 『친밀행동』, 박성규 옮김, 지성사, 1994; ____(1978), *Man Watching*, 『맨 위칭』, 과학세대 옮김, 까치, 1994.

미권은 물론 전 세계 독자들로부터 열렬한 환호를 받았다. 100여 년 전 빅토리아 시대에 다윈이 겪었던 고충을 떠올린다면, 그야말로 격세지감이다. 19세기 중엽 윌버포스 주교 Bishop S. Wilberforce와 토머스 헉슬리Thomas H. Huxley 사이에 벌어진 원숭이 조상 논쟁에서 일방적으로 한쪽을 지지했던 사람들의 절대 다수가 이제는 반대편으로 돌아서게 된 것이다. 오늘날 우리는 인간이 지구상에 존재하는 무수히 많은 동식물들과 마찬가지로 한 종의 생명체에 불과하다는 생물학적 인간 개념을 스스럼없이 받아들인다. 그러나 19세기 말까지도 인류의 대다수는 자신들이 하나의 생물학적 종이라는 관념을 수용하지 못했다.

'생물학적 종'이라는 관념

　근대 과학이 출현하고 계몽의 시대가 활짝 열렸음에도 불구하고, '신의 손으로 빚어진 인간'과 '절대자가 내린 은총으로서의 자연'이라는 관념은 여전히 서구 세계를 지배했다. 18세기 프랑스의 경우 계몽주의자 볼테르Voltaire와 달랑베르J. d'Alembert는 물론 할러A. Haller와 샤를 보네C. Bonnet와 같은 교회주의 과학자들은 "모든 생물은 신의 창조물이므로 무생물과는 근본적으로 다르다"고 믿고 있었다. 뷔퐁G. de Buffon, 라메트리J. La Mettrie, 돌바흐P. D'Holbach,, 그리고 디드로D. Diderot 등 일부 유물론자들이 '신이 없어도 기계론적으로 운행되는 자연의 원리'를 알아차리고 있었지만, 그들은 주류에서 비켜선 소수파의 인물들이었다. 파스칼이 경고했듯이, 당시로서는 인간의 위대함을 뒤로 한 채 동물과의 친화성을 부각시키려는 사람들은 위험한 인물들이었다. 가령 라메트리는 '인간은 기계'라는 과격한 주장을 굽히지 않다가 네덜란드로 내쫓기는 수모를 당했다. 그다음 세대에서 프랑스 과학계를 호령했던 쿠비에Georges Cuvier에 이르러서도 상황은 호전되지 않았다. 그는 여러 화석 증거들에 대한 예리한 관찰로 멸종의 사건을 밝혀낸 인물이었음에도 불구하고, 종 간의 상호 변환은 원천적으로 불가능하며 자연에 존재하는 다양한 모든 생물들 하나하나가 신이 창조한 결과일 수밖에 없다고 믿고 있었다.

19세기 영국 지식세계의 상황도 마찬가지여서, 생명의 기원에 관한 한, 기독교적 교리는 여전히 중심적인 도그마로 통용되고 있었다. 윌리엄 휴얼William Whewell은 "종은 자연계에서 실제로 존재하는 것으로, 한 종에서 다른 종으로 전이되는 일은 절대로 일어나지 않는다"라고 단호하게 주장했다.[2] 급진적인 자유주의자였던 존 스튜어트 밀도 종 사이에는 넘어설 수 없는 장벽이 존재한다고 믿고 있었다. 다윈과 가까이 지냈던 과학자들은 대부분 성직을 겸한 교회주의자들이었고, 모든 생물종은 신이 만든 작품이라는 믿음을 간직하고 있었다. 종 불변의 관념이 과학 세계를 지배하는 불변의 지도이념이었던 것으로 보아, 종에 관한 플라톤주의는 대체로 19세기 중반까지는 견고한 편이었다고 봐야 한다.

---

2 Mayr, E.(1991), *One Long Argument*, 『진화론 논쟁』, 신현철 옮김, 사이언스북스, 1999, 63쪽.

다윈 사후 한 세기 이상을 훌쩍 넘긴 오늘날, 현대 생물학에는 형이상학적인 종의 개념은 남아 있지 않다. 하루가 멀다 하고 쏟아져 나오는 과학적 발견들은 물리적인 근거가 없는 공상적인 관념들을 하나둘씩 제거해 나갔다. 생물학적 인간은 만물의 척도가 아니라 만물 가운데 겨우 한 종에 지나지 않는다. 자크 모노Jacques Monod는 고대로부터 우주의 중심에 위치했던 인간을 "누구도 그 운명을 알 수 없는 우주의 가장자리에서 떠돌아다니는 집시"와 같은 '이상스러운 존재'로 전락시킨다.[3] 유전자 혁명으로 우리를 흥분시킨 생물학주의는 인간 본성에 대한 새로운 패러다임을 제공할 것이라는 기대를 낳고 있다. 이제는 인간에 대한 어떠한 훌륭한 도그마들도 생물학적 검증의 터널을 통과하여야만 '의미 있는' 주장으로 고려될 수 있다. 어느새 생물학적 원리는 인간 본성에 관한 일종의 표준적 규칙처럼 보급되면서, 인간에 대한 거짓된 진술과 그렇지 않은 명제를 가늠하는 잣대로서의 지위를 높여 가고 있다. 생물학적 원리의 적용 범위는 더욱 넓어져서 인간 본성의 다양한 층위에 걸쳐 독자적인 해석의 손길을 뻗친다. 가령 전통적으로 철학과 여타의 사회과학들이 지배했던 주제 영역들, 즉 의식, 자유의지, 언어, 도덕성과 협동, 사회적 관습, 문화, 예술, 그리고 종교 등에도 생물학자들의 월경 현상이 빈번하게 일어나고 있다. 현대 생물학은 인간 본성의 문제가 철학이나 종교가 아닌 과

생물학의 월경越境

---

3 Monod, J.(1971), *Chance and Necessity: An Essay on the Natural Philosophy of Modern Biology*, 『우연과 필연』, 조현수 옮김, 궁리, 2010, 36~41쪽.

학의 주제라고 당당하게 말하면서 이제 공론장의 중심을 넘보는 위치에까지 올라섰다. 심지어 사회생물학자 윌슨은 '통섭(Consilience)'의 이데올로기를 내세우며 "모든 학문 분과가 생물학 중심으로 통합되어야 한다"고 강변하기도 했다.

이렇듯 짧은 기간 안에 이룬 놀라운 진전은 어디에서 온 것인가? 생물학 혁명은 어떻게 가능했을까? 아마도 대부분의 생물학자들은 혁명의 창시자 찰스 다윈에게 그 공을 돌릴 것이다. 도킨스Richard Dawkins는 다윈을 "인간을 올바르게 설명한 최초의 사람"이었다고 찬양하면서, 인류의 지성사를 다윈을 분기점으로 하는 '다윈 이전의 시대'와 '그 이후의 시대'로 구분한다.

> "지구의 생물체는 30억 년간 자기가 왜 존재하는지 모르고 살았다. 그런데 한 생명체가 마침내 진실을 이해했다. 그가 바로 찰스 다윈이었다. 다른 사람도 이미 낌새를 챘겠지만, 공정하게 말해 보자. 우리가 왜 존재하는지 조리있게 설명한 것을 종합한 첫 번째 사람이 다윈이었다."[4]

---

4 Dawkins, Richard(1976), *The Selfish Gene*, 『이기적 유전자』, 홍영남 옮김, 을유문화사, 2010, 21쪽.

1. 다윈 혁명의 전조

혁명가 다윈은 진지하고 점잖은 인물이었다. 그의 삶을 다룬 여러 전기들은 그를 조용하고 세심하게 주의를 살피는 조심스러운 성격의 신중한 인물로 묘사한다.[5] 그는 요란스럽게 혁명의 구호를 외치지도 않았고, 기존의 세계에 대한 급진적인 전복을 꾀하지도 않았다. 그는 부친에게서 물려받은 넉넉한 재산 덕택에 평생 동안 자신의 관심을 끄는 연구에 몰두할 수 있었다. 다윈의 발견은 단번에 얻어진 것이 아니다. 그는 온갖 생물들에 대한 세밀한 관찰과 실험을 수없이 거듭하며 거기에서 얻은 연구 결과를 수십 년 동안 차곡

---

5 다윈 전기로는 다음의 것들을 참조. Brown, Janet(2002), *Charles Darwin: A Biography*, 『찰스 다윈 평전 1, 2』, 임종기 옮김, 김영사, 2010; Desmond, Adrian and Moore, James(1991) *Darwin: The Life of a Tormented Evolutionist*, 『다윈 평전: 고뇌하는 진화론자의 초상』, 김명주 옮김, 뿌리와 이파리, 2009; Quammen, David(2006), *The Reluctant Mr. Darwin*, 『신중한 다윈씨』, 이한음 옮김, 승산, 2008.

인간 본성의 역사

차곡 쌓아 나갔다. 다윈은 "끈기 있게 버텨야 성공한다(It's dogged as does it)"는 좌우명대로 새롭게 찾아낸 사실들을 하나하나 확인하며 자신의 주장을 줄기차게 밀고 나갔다. 그는 "과학의 진보에 따라 인간의 오성을 점진적으로 계몽하는 것만이 사상의 자유를 가장 효과적으로 북돋을 수 있는 길"이라는 굳은 신념 아래 '하나의 긴 논증(One Long Argument)'[6]에 매달렸다. 다윈의 혁명적 이론은 '진화론' 또는 '자연선택설(Natural Selection Theory)'로 불렸다. 다윈에게 '혁명가'라는 명예로운 호칭이 붙여지고 있는 가장 큰 이유는 자연선택 이론이 서구 사회가 오랜 시간 의지해 온 기독교적 세계관을 뿌리째 뒤흔드는 것이었기 때문이다. 그는 과학에서 아우구스티누스적 흔적을 완전히 제거하면서 '우주의 자연사'와 '구원의 역사'를 명백하게 구분했다.

'우주의 자연사'와 '구원의 역사'의 명백한 구분

과학철학자 데이비드 헐David L. Hull은, 19세기 초의 생물학 사상에 담긴 본질론을 추적한다면 "인류의 사상사에서 진화론과 종의 불변성 교리만큼 과학이론이 형이상학 원리와 그렇게 노골적인 갈등을 보인 사례는 거의 없을 것"[7]이라고 지적한 바 있다. 헐이 말한 '갈등'이란 기독교를 포함하는 온갖 종류의 관념론에 대한 유물론의 도전으로 빚어진 것이

---

6 다윈은 『종의 기원』을 '하나의 긴 논증(One Long Argument)'이라고 표현했다. 1858년 월러스Alfred Russel Wallace의 논문을 받기 전까지 다윈은 20여 년 이상 이 논증을 마무리 짓지 않고 있었다.

7 Hull, David L.(1983), *Darwin and His Critics: The Reception of Darwin's Theory of Evolution by the Scientific Community*, University of Chicago Press, p.472.

다. 그 도전이 '노골적인' 성격을 띨 수밖에 없었던 데는 종교와 과학 간의 본질적인 대립이 자리하기 때문이다. 종의 불변성이나 자연 안에서 차지하는 인간의 중심적 지위에 대한 믿음은 기독교의 교리와 부합한다. 우리가 '근대'라는 시기를 규정하는 방식 중의 하나는 과학이 종교로부터 독립해 온 과정이라고 보는 것이지만, 실제에서 빅토리아 시대 대부분의 사람들은 종교적 신념의 토대 위에서 과학을 수용하고 있었으며, 따라서 '설계(Intelligent Design)'의 개념은 과학계 안에서조차 당연시되고 있었다.

1) 설계론과 인간종 중심주의

신이 창조한 인간이 우주의 중심이라는 기독교적 교의는 서구를 지배했던 오랜 고정관념이다. 서기 313년 콘스탄티누스 1세Constantinus I의 '밀라노 칙령(Edictum Mediolanense)'으로 모든 기독교도가 신앙의 자유를 획득하고, 이어서 테오도시우스 1세Theodosius I가 다른 종교를 금지시키고 기독교의 국교화를 선언한 이후, 기독교의 교리는 고대, 중세, 근대에 이르는 기간 동안 서구를 지배하는 중심적인 세계관이었다. 생물학적 관점에서 볼 때, 기독교적 세계관은 몇 가지 도그마로 구성되어 있다.[8]

---

[8] 여기서는 주로 마이어의 견해에 따른다. Mayr, E.(1991), 59~60쪽.

첫 번째, 세계는 하나님이 창조하였으며 만물은 창조자의 의도에 따라서 설계되었다는 도그마이다. 라이프니츠의 예정조화설(Harmonie Préétablie)에 의하면, 세계의 질서는 신이 자신의 오성 안에서 가능적 단자들의 집합을 구성할 때 단자들 간에 서로 조화되도록 배치함으로써 형성된 것이다.[9] 따라서 세계는 우리의 눈에는 불완전한 것처럼 보이지만 '가장 최선의 작품'이다. 그 이유는 신이 설계했기 때문이다. 윌리엄 페일리William Paley의 설계론은 "설계의 징표는 너무나도 뚜렷하기에, 필시 설계자가 있어야 하며, 그 설계자는 '인격체(Person)'인 신이어야 한다"[10]는 3개의 명제로 짜여 있다. 다윈 시대의 과학자들은, 개별적으로는 신앙심에서 강도 차이는 있었겠으나, 대부분 기독교주의자들로서 신이 창조한 불변의 종 개념을 믿어 의심하지 않았다. 가령 다윈을 적대시한 미국의 생물학자 애거시즈Louis Agassiz는 "세계는 창조주가 한 번의 창조나 반복 창조를 통해 만들었다"고 확신했고, 균일론均一論(Uniformitarianism)의 개척자 라이엘Charles Lyell조차도 신의 섭리에 따라 주조된, 고정된 종 개념의 굴레를 벗어나려고 하지 않았다.

두 번째 도그마는 세계가 불변한다는 믿음으로, 창조가

---

9 Leibniz, Gottfried Wilhelm von(2000), *Discours de Métaphysique* , 『형이상학 논고』, 윤선구 옮김, 아카넷, 2010, 225~298쪽. 라이프니츠는 '자연과 은총의 이성적 원리'라는 관점에서 모나드론을 주장한다.

10 Paley, W.(1802), *Evidences of the Existence and Attributes of the Deity*, London, Faulder, p.473. Rachels, James(1990), *Created from Animal: The Moral Implication of Darwinism*, 『동물에서 유래된 인간: 다윈주의의 도덕적 함의』, 김성한 옮김, 나남, 2007, 34쪽에서 재인용.

이루어진 이래 세계는 물질적으로 변화하지 않았다는 고정 관념이다. 많은 이들은 지구의 탄생을 『성서』의 기록에 의존해서 이해했다. 허튼James Hutton과 라이엘 등이 제시한 지질학적 증거에도 불구하고, 지구가 만들어진 지는 오래되지 않았다는 생각은 빅토리아 시대의 통념이었다. 당시 사람들은 지구가 B.C.4004년에 창조되었다고 믿었는데, "이 연대는 아마Armagh의 대주교 어셔James Ussher가 『성서』 계보를 통해 계산한 것"으로, "그 내용은 공인된 『성서』 속에 1701년부터 줄곧 포함되어 있었다."[11] 『성서』의 짧은 지구사의 관점에서 볼 때, '인간종의 진화적 기원'이란 도저히 이해할 수 없는 괴설에 불과했다.

세 번째 도그마는 신이 내린 자연세계의 질서 속에서 인간만이 독특한 위치를 차지한다는 '인간종 중심주의'이다. 아퀴나스에 의하면, 신의 창조물인 인간이 중심인 이상 동물들은 인간을 위해 존재할 따름이며, 신의 "자비는 이성 능력을 갖추지 못한 존재에게까지는 확대되지 않는다."[12] 세계를 바라보는 데서 기독교 선지자들의 가르침은 오직 인간에게만 유용한 것이다. 아퀴나스가 행한 인간과 동물 간의 엄격한 구별은 인간과 동물 사이에 어떠한 중간 단계도 설정하지 않는다.

인간종 중심

---

11 Rachels, James(1990), 32~33쪽.
12 Aquinas, *Summa Theologica II*, New York, Benziger Brothers, 1947, p.3. Rachels, James(1990), 244쪽에서 재인용.

인간을 만물의 척도로 삼는 인간종 중심주의는 비단 기독교의 교리에서만 힘을 발휘한 것은 아니었다. 프로타고라스의 명제 이래 데카르트의 동물기계론을 거쳐서 칸트에 이르러도 변함이 없었다. 칸트의 인간 중심주의는 본질적으로는 성 아우구스티누스나 성 토마스의 교의와 다르지 않다. 칸트에게 궁극적인 도덕적 원리란 인간을 '목적 자체'로 대해야 한다는 것이다.[13] 그에 따르면, "동물은 목적에 대한 수단으로만 존재할 뿐, 그 목적은 인간이다."[14] 이처럼 '인간이라는 종이 자연세계의 주인'이라는 종교적 관념은 신학은 물론 철학과 과학 등 거의 모든 영역에서 서구 사회를 지탱해 주는 견고한 성벽이었다. 인류의 기원에 관한 고고학적 증거들이 하나둘씩 밝혀지고 있었음에도 플라톤주의적 종 관념은 쉽게 헝클어지지 않았다. 가령 제2 제정기 프랑스 고고학회가 주최한 학술토론장의 모습은 이를 확인해 준다. 토론에 참여한 대다수의 학자들은 "동물계와는 엄연히 구분되는 인류계가 존재하며, 인간은 결코 동물이 아님"을 공인했다. 당시 다수파를 대표했던 자연사 박물관 고고학 교수이자 고고학회 회장이었던 루이 아르망 드 카트르파쥬Louis-Armand de Quatrefages는 회의 참가자들의 공통 의견을 대표하여, "인간만이 선과 악에 대한 개념을 지니고 있고, 내세와 절대자를 믿을 수 있는 능력을 갖고 있으며, 이 능력은 인

---

13 Kant, I.(1785), *Grundlegung zur Metaphysik der Sitten*, 『도덕 형이상학을 위한 기초 놓기』, 이원봉 옮김, 책세상, 2013, 56~57쪽.
14 Kant, I., *Lectures on Ethics*, New York, Harper&Row, 1963, p.239.

간과 동물을 구별하는 명백한 근거"라고 선언했다. 이렇듯 19세기가 저물어갈 무렵에도 서양의 문명 세계는 "유인원 따위가 인간 조상의 일부일 수는 없다"는 극도의 거부감에서 빠져나오지 못하고 있었다.

2) 유물론의 도전과 진화론의 출현

다윈은 물론 기독교주의에 대한 도전장을 던진 최초의 유물론자는 아니다. 다윈 이전부터 일부 과학자들은 '신의 섭리에 따라서 설계된 세계'에 대해 강한 의구심을 품어 왔고, 그 가운데서 몇몇 급진적인 인물들은 기독교주의를 정면으로 공격했다. 18세기 유물론자들은 인간의 자연적 성격을 집중적으로 조명했다. 예컨대 라메트리는 1748년 발간된 『기계 인간L'homme Machine』에서 놀랍게도 고도의 사유를 포함한 인간 정신의 모든 활동을 '조직된 물질'의 속성으로 규정했다. 그는 "인간과 동물이 근본적으로 차이가 없다"고 주장하면서, 본성이 아닌 등급의 차이만을 인정했다. 그는 "인간이 짜여 있는 모양새는 인간의 가장 근원적인 강점"이지만 "이 천성적 소양이 자연으로부터 온 것이 아니라면 도대체 어디서 왔단 말인가"라고 반문하면서,[15] 인간의 동물성의 근

인간의 동물성

15 La Mettrie, Julien Offray de(1747), *Machine Man and Other Writings*, Ann Thomson(ed.), Cambridge University Press, 1996, p.105. 라메트리의 유물론에 대해서는 다음을 참조. Vartanian, Aram(1960), *La Mettrie's L'homme Machine: A Study in Origins of an Idea*, Princeton University Press; 여인석(2009), 「라메트리의 인간기계론과 뇌의 문제」,

거를 자연에서 찾았다. 그가 말한 '천성적 소양'이란 아마도 오늘날의 용어로는 유전자 정도에 해당할 듯하다. 라메트리 외에도 18세기 중엽 "인간의 타고난 이기주의가 문화적이고 도덕적인 삶 전반의 동인이 된다"고 생각한 영국의 의사 맨더빌Bernard Mandeville이나 '기예적 충동(Kunst Impulse)'이라는 용어로 본능을 설명한 함부르크의 신학자 라이마루스Hermann Samuel Reimarus도 인간의 동물성을 폭로하는 데 앞장섰던 인물이었다. 라이마루스는 인간의 동물적인 상태를 "인간이 개념과 숙고에 따라 행동하기보다는 반사적으로 행동하며 단순한 감각에 의지하게 하는" 원인으로 파악했다.[16] 독일 인류학의 아버지 블루멘바흐J. F. Blumenbach가 제시한 '형성충동(Impulse Bildung)' 개념 역시 생물학적 의미에서 인간을 물질로 구성된 유기체로 보는 관점에 따른 것이었다. 그가 말한 형성충동이란 "생명이 지속되는 한 어떤 특정한 형태를 유지하고, 그것이 훼손되는 경우 다시 이를 회복하는 유기체의 충동"이었다. 블루멘바흐는 또한 인간 두개골에 대한 연구를 토대로 자신의 5인종 분류법을 철회하고, 인류의 인종들은 공동조상의 줄기에서 흘러나와서 각기 다른 국지적인 환경 속에서 반응하여 다양하게 분기된 것이라는 획기적인 주장을 펼치기도 했다.[17] 그의 공동조상이론은 다

『의철학연구』, 제7집, 한국의철학회, 81~98쪽.

16 Wuketits, F. M.(1990), *Gene, Kultur und Moral: Soziologie Pro und Contra.* 『사회생물학 논쟁』, 김영철 옮김, 사이언스북스, 1999, 16쪽.

17 Gould, S. J.(1981), *The Mismeasure of Man,* 『인간에 대한 오해』, 김동광 옮김, 사회평론, 2003, 590~591쪽.

원보다 반세기 이상 앞선 것이었다.

　19세기에 들어 영국에서도 기독교적 세계관에 반발하는 새로운 인간 해석의 흐름이 일기 시작했다. 스코틀랜드의 골상학자 조지 콤브George Combe는 1828년 간행된 『인간의 구조에 대하여Of the Constitution of Man』에서 뇌의 물리적 구조를 모든 정신적 기능의 근간으로 설명했고,[18] 엘리엇의 친구이자 진보적인 평론가였던 조지 헨리 루이스George Henry Lewis도 인간의 사유는 신이 준 선물이 아니라 뇌의 생리 활동의 부산물일 뿐이라는 신경학적 결론에 도달했다.[19] 이처럼 다윈 이전의 선구적인 유물론자들은 인간과 동물 간의 경계를 서서히 허물고 있었다. 과거 시대의 에피스테메에 대한 지속적인 공격은 새로운 과학의 등장을 가능케 하는 선행적 여건으로 작용한다. 다윈의 일원론은 느닷없이 솟구친 신비스러운 빛줄기가 아니라 미약하나마 조금씩 누적되어 온 유물론적 토양 속에서 숙성될 수 있었다.

누적되어 온
유물론적 토양

　진화의 논리도 다윈이 최초로 발명한 작품은 아니다.[20] 가령 프랑스 과학계의 지도자 뷔퐁은 계몽적 관점에서 신

18　Bowler, Peter J.(1990), *Charles Darwin: The Man and His Influence*, 『찰스 다윈』, 한국동물학회 옮김, 전파과학사, 1998, 41쪽.

19　Brown, Janet(2006), *Darwin's Origin of Species: A Biography*, 『종의 기원 이펙트』, 이한음 옮김, 세종서적, 2012, 97쪽.

20　다윈 이전에 '진화를 처음 생각한 사람들'에 대해서는 다음을 참조. Ruse, M. (1979), *Darwinian Revolution: Science Red in Tooth and Claw*, 『진화의 탄생』, 류운 옮김, 바다출판사, 2010, 274~282쪽; Sober, E.(2000), *Philosophy of Biology*, 『생물학의 철학』, 민찬홍 옮김, 철학과 현실사, 2004, 31~38쪽. 소버는 다윈의 진화론을 2개의 커다란 사상, 즉 단일 계통수 개념과 자연선택으로 보고, 다윈의 독창성은 두 사상을 결합시킨 데 있다고 본다.

의 직접적인 개입으로 조성된 자연 개념을 부정하며, 종교로부터 과학의 분리를 주장했었다. 그는 한때 유인원, 인간, 말, 그리고 당나귀를 비롯한 모든 동물들이 공통 혈통을 통해 연관되어 있을 수도 있다고 생각하기도 했다. 주지하는 바, 최초의 진화론자는 뷔퐁의 동향 친구였던 라마르크Jean-Baptiste Lamarck였다. 그는 진화를 시간이라는 하나의 차원에서 수직적으로 나타나는 현상으로 이해했고, 인류는 유인원과 유사한 종에서 진화했을 것으로 추정했다. 그에 따르면, 모든 생물 내에는 그 생물을 더욱 복잡하고 완전한 방향으로 향하게 하는 추진력이 있다. 진화란 생물이 단순한 형태에서 복잡한 형태로 발전하려는 본연의 경향이다. 라마르크는 생물의 복잡성 증가 원인으로서 '미묘한 체액', 또한 생물 진화의 원동력으로서 '욕구(Besoins)', 그리고 고등동물이 갖는 모호한 감정을 지칭하는 '내면의 감정(Sentiment Intérieur)' 등의 관념적인 용어를 동원하면서 진화를 확신했다.[21] 잘 알려진 것처럼, 그는 "생물이 자연환경에 적응하면서 새로운 욕구에 따라 사용하는 기관과 능력을 발달시키고, 그것을 후손에게 물려준다"는 이른바 '획득형질 유전설(Inheritance of Acquired Characteristics)'을 제창했다. 라마르크의 진화론은 물론 종의 증가 가능성을 무시한 점, 공동조상을 인정하지 않은 점, 그리고 획득형질의 유전을 주장한 점 등 일정한 오류를 안고 있었으나, 그가 설계론적 세계관에 심대한 타격

---

21 Lamarck, Jean-Baptiste(1809), *Zoological Philosophy: An Exposition With Regard to the Natural History of Animals*, University of Chicago Press, 1984, Part III, ch. IV~V.

을 가하는 선구자로서의 역할을 했다는 사실은 의심의 여
지가 없다.

　라마르크와 비슷한 시기 영국에서 진화론을 주창했던 인
물은 다름 아닌 다윈의 할아버지 이래즈머스Erasmus Darwin였
다. 1794년과 1796년 사이 이래즈머스 다윈은『동물생리학
또는 생물의 법칙Zoonomia or the Laws of Organic Life』이라는 책에서
라마르크의 획득형질 유전설과 유사한 진화 이론을 옹호했
다. 그는 비록 진화적 변화가 일어나는 이유를 조리 있게 설
명해 내지는 못했지만, 설계론이 허구라는 사실을 일찌감치
알아차린 선견지명의 소유자였다. 다윈은 소년 시절에 할아
버지의 책을 읽고 깊은 감명을 받았고, 그 영향으로 청년이
될 무렵에는 이미 진화론자가 되어 있었다.

　다윈이 비글호 탐험을 마치고 얼마 후인 1844년 익명의
저자가 쓴 한 권의 책이 영국 지성계를 뒤흔들어 놓았다. 그
익명의 저자는 에딘버러의 출판인이자 비평가였던 로버트
체임버스Robert Chambers인 것으로 공공연하게 나돌았다. 그
의『창조의 자연사의 흔적들Vestiges of the Natural History of Creation』
(이하『흔적들』로 줄임)은 우주론적 세계가 자연의 법칙을 통
해 진화해 왔듯이 생물도 그 법칙에 따라 진화해 왔다는 요
지의 진화론을 정당화했다.[22] 『흔적들』은 사변적인 요소가

22　Chambers, Robert(1844), *Vestiges of the Natural History of Creation*, CreateSpace
Independent Publishing Platform, 2015.『흔적들』에 따른 영국 지성계의 파장에 관해서는

가득 찬 여러 생각들을 섞어놓은 데다가 과학적으로는 오류 투성이였지만, 배아 발생과 화석 기록 등을 제시하며 사람과 동물을 연관 짓고 진화론을 옹호하는 등 커다란 반향을 불러 일으켰다. 『흔적들』은 미세한 유기물에서 인간에 이르기까지, 생물 세계의 자연발생적인 발달 과정을 서술하면서, 인간의 조상이 에덴동산의 아담과 이브가 아니라 오랑우탄이라고 적었다. 체임버스가 한편으로는 정통 기독교의 교리를 인정하고 페일리의 설계 논증을 완전히 수용하고 있었음에도 불구하고, 주류 지성계는 동물과 인간을 연관시키려는 일련의 시도에 대해서 불쾌하게 반응했고 대부분은 부정적인 평가를 내렸다. 그러나 『흔적들』에서 다룬 주제는 다윈이 생각한 것과 여러 측면에서 흡사한 것이어서 다윈에게도 커다란 충격이 아닐 수 없었다.

체임버스가 몰고 온 소용돌이가 채 가시기도 전에 반反성서주의적 물결이 연이어 거세게 몰아쳤다. 오늘날 『물의 아이들The Water babies』의 작가로 널리 알려진 목사 찰스 킹즐리Charles Kingsley는, 1850년 해파리가 인간으로 변신하는 주인공의 악몽을 다룬 사실주의적 소설 『앨턴 로크Alton Locke』에서 인간과 하등동물 간의 경계를 무너뜨리는 상상력을 펼쳐 보였고,[23] 같은 해 계관시인 앨프리드 테니슨Lord A. Tennyson은, 자연이 신이 인간에게 내려준 선물, 즉 '조화로운 세계'

다음을 참조. Ruse, M.(1979), 172~199쪽.

[23] Kingsley, Charles(1850), *Alton Locke*, BiblioBazaar, 2009.

가 결코 아님을 선언했다. 테니슨은 『인 메모리엄In Memoriam』
에서 자연을 '이빨과 발톱을 붉게 물들인 것'으로 묘사함으
로써 온갖 생물이 생존 투쟁을 하는 전장으로 변모시켰다.[24]

　이처럼 '다윈 혁명'이 임박했음을 알리는 뚜렷한 전조들
은 이곳저곳에서 움트고 있었다. 새로운 과학은 저절로 만
들어지는 것이 아님은 물론이고, 과학자 개인의 비범한 능
력만으로 주조되지 않는다. 하나의 '연구 프로그램'으로 다　　사회적 생성 맥락
윈의 진화론이 정상과학이 되기까지 어떠한 고난의 과정을
거쳤는지는 나중에 자세히 살펴볼 터이지만, 새로운 과학
은 그 자체의 고유한 사회적 생성 맥락을 갖는다. 헐의 분석
이 보여 주듯이, 과학적 지식은 이성, 논증, 증거에 의존하
는 내재적 요인뿐만 아니라 해당 시기 지식세계의 환경 변
화나 과학자들 사이의 협동과 경쟁, 지식 수용자들의 태도
변화 등 다양한 과학 외적인 요인들이 작용함으로써 구성된
다.[25] 1858년 무명의 생물학자 월러스Alfred R. Wallace로부터
날아온 한 통의 편지는 다윈으로 하여금 『종의 기원』을 출
간하는 것 외에는 어떠한 다른 선택의 여지가 없게끔 압박
했다.[26]

24　Tennyson, Lord Alfred(1851), *In Memoriam A. H. H.*, 『인 메모리엄』, 이세순 옮김, 한빛
문화, 2012.

25　Hull, D. L.(1988), *Science as a Process*, 『과정으로서의 과학 1』, 한상기 옮김, 한길사,
2008, 51~113쪽.

26　월러스의 논문을 보고 놀란 다윈의 대응은 서간집에 그대로 나타나 있다. Darwin, C.,
Origins: Selected Letters of Charles Darwin, 1825-1859, 『찰스 다윈 서간집-기원: 진화론을
낳은 위대한 지적 모험 1825-1859』, 김학영 옮김, 살림출판사, 2011, 413~458쪽.

2. 진화론의 이론적 구조

『종의 기원』은, 제목이 말해 주듯이, 자연세계의 종들이 초자연적인 도움 없이 어떻게 자연적으로 발생하는가의 문제를 다룬 저작이다. 다윈이 『종의 기원』에서 밝힌 진화론은 몇 가지 명제로 요약할 수 있을 만큼 매우 명료했다. 개체는 살아남을 수 있는 수 이상의 후손을 남기는 경향이 있으며, 그로 인해 먹을 것이 제한되어 있는 상황에서 개체들 간에게는 필연적으로 생존경쟁이 일어날 수 밖에 없고, 그 과정에서 강한 개체만을 살아남게 하는 '자연선택'이 작용하며, 이러한 진화의 과정은 긴 시간 많은 세대를 거쳐 진행된다는 것이다. 일견 단순해 보이는 이 논리로 자연세계에서 발생하는 모든 생명현상을 인과적으로 설명할 수 있을까? 다윈은 스스로 명명한 '하나의 긴 논증'을 통해 이러한 의구심을 차근차근 잠재워 나갔다.

마이어E. Mayr에 따르면, 다윈의 설명 모델은 세 단계의 생존경쟁의 필연성
추론으로 구성되어 있다.[27] 첫 단계의 추론은 개체들 사이
의 생존경쟁 논리에 의거한다. 다윈은 맬서스Thomas Robert
Malthus를 읽고 나서 "맬서스의 학설은 갖가지 위력을 발휘하
며 모든 동물계와 식물계에 적용될 수 있다"(기원, 42)[28]고 확
신했다. 맬서스 목사의 '인구 증가 가설(Theory of Population
Growth)'은 인구와 식량 증가 비율 간의 현격한 차이로부터
생존경쟁의 필연성을 도출한다. 다윈은 자연상태의 개체군
이 일정 기간 비교적 안정된 상태를 유지한다면, 번식기에
도달할 수 있는 개체보다 더 많은 자손이 태어나는 경향을
인지한 후에 맬서스의 가설을 도입했다. 생존경쟁은 "언제
어디서나 같은 종의 다른 개체들 사이에서, 또는 다른 종의
개체들 사이에서, 생활의 물리적 조건과의 사이에서 생겨
나게 된다"(기원, 101). 여기서 주목할 점은 생존경쟁이 "거의
언제나 동종의 개체 간에서 가장 가혹할 것"이고, "같은 속
에 속하는 종과의 투쟁이 다른 속에 속하는 종과의 투쟁보
다 더 가혹하다"는 데 있다(기원, 112~113). 종 간보다는 종 내 종 간 경쟁과
종 내부 경쟁
부의 경쟁이 더 치열하다는 다윈의 명제는 오늘날 '개체 선
택론'이 의지하는 이론적 토대로 작용한다.

---

27 Mayr, E.(1991), 100쪽.
28 Darwin, C.(1859), *The Origin of Species*, 『종의 기원』, 김관선 옮김, 한길사, 2014, 42쪽.
    이하 '기원'으로 줄이고 번호는 쪽수를 표시.

　　　　　　　　　　인간 본성의 역사

다음 단계의 추론은 생존의 차별화, 즉 자연선택설이다. 자연선택은 자연세계에서의 변화를 설명하는 핵심적 메커니즘이다. 다윈이 자연선택이 발생하는 논거로 우선적으로 제시한 개념은 '변이(Mutation)'였다. 변이는 동일한 부모종으로부터 나왔으면서도 개체들 사이에서 나타나는 다양한 꼴과 수많은 차이를 말한다. 다윈은 『종의 기원』 첫 장과 둘째 장에서 변이에 대하여 자세히 논했다. 그에 따르면, '육종가育種價의 동식물에서 일어나는 변이'가 사람이 인위적으로 휘두르는 선택의 힘에 의한 것이라면, '자연에서 일어나는 변이'는 야생에 흔하고 널리 퍼져 있는 현상이다. 인간을 포함한 모든 생물 개체군에서는 야생이든 육종이든 변이가 일어난다. 개체들 사이의 치열한 생존경쟁에서 특정한 변이는 이득을 줄 수 있다. 자연선택은 '약간의 변이라도 유용하다면' 그것을 보존한다. 그리고 그 개체는 자손에게 그들의 형질과 변이를 물려줄 수 있을 것이다.

자연선택설은 진화의 모든 현상에 적용되는 설명적 틀이다. 자연선택은 우연히 발생한 무수히 많은 변이체들 가운데 그때그때의 생활 조건에 더 잘 적응하는 개체를, 즉 타 개체들과의 경쟁에서 이겨냄으로써 더 많은 후손을 번식할 가능성이 더 높은 개체를 선호한다. 그러므로 자연선택이란 최상급에서의 절대적 선택이라기보다는 비교급에서의 상대적인 선택이다. 다윈에게 자연선택은 생물계의 발생과 변화를 포괄하는 진화의 전 과정을 지배하는 원리이다. 그는, 중력이

행성 운동을 지배하는 힘이듯이, 자연선택을 '자연을 지배하는 능동적인 힘'으로 간주하며, 다음과 같이 정의했다.

"우리는 인간에게 유용한 변이가 반드시 일어나고 있는 상황을 보면서, 위대하고 복잡한 삶의 전투 속에서 생물 상호 간에 유용할 수 있는 변이가 수천 세대를 거치면서 언젠가는 일어날 수 있다고 생각하는 것이 타당하지 않은가? (생존할 수 있는 개체보다 훨씬 더 많이 태어난다는 사실을 상기한다면) 이러한 변이가 일어났을 때, 그 변이가 아무리 사소하더라도 그것이 해당 개체에게 이득을 주기만 한다면 그들이 생존해서 자기와 닮은 후손을 남길 수 있는 아주 좋은 기회가 된다는 사실을 부정해야만 하는가? 바꿔 말한다면 아무리 사소하더라도 개체에게 해로움을 끼치는 변이는 곧 사라질 것이라고 생각할 수 있다. **유리한 변이는 보존되고 해로운 변이가 제거되는 것을 나는 자연선택이라고 부른다**"(기원, 117~118).

마지막 단계의 추론은 "진화가 장구한 시간을 걸쳐서 수많은 세대로 이어지면서 점진적으로 일어난다"는 가설이다. 자연선택의 과정은 지질학적으로 아주 긴 세월을 거치면서 새로운 종의 진화를 야기할 수 있다. 변이에 따른 진화가 오랜 기간을 걸쳐 일어난다는 사실은 종의 불변성 개념에 대한 의구심을 갖게 만든다. 따라서 다윈은 "생물들은 실제로는 연속적인 계열을 이루고 있을 뿐, 종 사이의 구분은 처음부터 뚜렷한 것이 아닐 것"이라고 가정했다. 종, 아종, 변종, 기형, 개체적 차이를 뚜렷이 구분할 수 없는 이유는 실제의 동물과 식물 들이 그런 식으로 고정되어 있지 않기 때문이다. 다윈은 "종이란 서로 비슷한 일련의 개체들에 대해 편의상 임의로 부여된 이름이며, 변종이란 그보다는 덜 특수하고 좀 더 변화가 많은 형태에 대하여 주어진 이름"인 만큼, "양자는 이렇듯 그 본질상 다르지 않다"고 설명한다(기원, 89). 요컨대 종은 고정불변의 실체라기보다는 '상이한 개체들의 잠정적 구성물'이라는 것이다.[29] 따라서 진화의 긴 시간은 하나의 종을 전혀 다른 종으로 변화시킬 수도 있다. 그는 "종이 변한다는 것에 충분한 확신을 품으면서"(기원, 44), 플라톤주의적 종 관념을 폐기하고 나섰다.

진화는 진보가 아니다　　이렇듯 다윈은 세 단계의 추론을 통하여 진화의 논리적 구조를 완성했다. 그가 말하는 진화는 진보가 아니다. 자연선택에 의한 진화는 더 나은 목표나 더 높은 어떤 목적을 향해가는 것은 아니다. 다윈에게 진보는 진화에 우연하게 뒤따라오는 현상일 수도 있고, 역으로 그 반대로 갈 수도 있는 것이다. 다윈이 설명한 진화에는 '신의 의도'와 같은 어떤 '하나로 이어진 계획'이 없다. 진화는 주어진 환경의 조건하에서, 일정한 한계 내에서 전개되는 자연적 과정이다. 그것은 하나의 목적을 향해 가는 닫힌 과정이 아니라, 방향성이 정해지지 않은 '열린 과정'이다. 생물계에서 발생하는 진화의 특성과 관련하여, 다윈은 미국의 식물학자 그레이Asa Gray

---

29　박성관(2010), 『종의 기원, 생명의 다양성과 인간 소멸의 자연학』, 그린비, 135쪽.

에게 보낸 편지에서 "나는 모든 것이 그저 우리가 우연이라고 부를 수 있는, 외부로부터의 작동에 의해 만들어진, 그것이 좋든 나쁘든, 단순히 정해진 법칙의 결과라고 생각하고 싶습니다"[30]라고 적었다. 진화에는 아무런 목적이 없으며, 정해진 방향도 없다. 자연선택은 적자를 보존하고, 변이는 어디에서나 일어나며, 그 방향은 임의적이다.

다윈이 말하는 진화가 라마르크의 형질진화와 근본적으로 구별되는 것은, 바로 진화의 임의성 또는 무목적성 때문이다. 라마르크는 진화의 과정에서 '완전성의 증진을 향한 변화'를 지향하는 내적인 힘을 상정했다.[31] 이 때문에 그는 끊임없이 되풀이되는 자연 발생의 현상을 용인하면서, 존재의 사슬 위쪽으로 쉬지 않고 반복되는 행진을 묘사할 수 있었다. 심지어 그는 진화에서의 '의도'를 중시한 나머지, 같은 논리로 인간의 소망, 의도, 습관, 기억, 지식 등도 다음 세대로 대물림될 수 있다고 믿고 있었다. 라마르크에게 진화는 '존재의 대연쇄' 속에서 이루어지는 과정에 작용하는 원리였지만, 다윈이 보기에 그러한 진화는 존재하지 않는 것이었다. 다윈은 자연선택이 작동할 수 있는 재료들을 제공하는 임의적인 변이만이 존재한다는 점을 분명히 하면서, '덜 완전한 것에서 더 완전한 것으로의 진보와 같은 법칙'의 존

30　Darwin, C., *The Life and Letters of Charles Darwin - Volume 2*, Francis Darwin(ed.), New York, Basic Books, 1959, p.105.

31　Lamarck, Jean-Baptiste(1809), Part III, Ch. IV.

재를 부인했다.[32] 그에게 자연발생이란 존재하지 않는 것이었고, 진화는 반복되는 과정도 아니었다. 다윈에게 보다 근본적인 것은 분화 또는 분기였으며, 자연선택에 의해 작동되는 자연이란 '피로 물든 이빨과 발톱'의 모습을 하고 있으며, 그저 폭력, 우연, 죽음에 의해 제어되는 자연이었다.

이처럼 다윈의 진화론은 생물의 단순한 진화만을 설명하는 단선적인 이론이 아니다. 진화적 변화는 개체군 안에서 꾸준히 단계적으로 이루어지며, 생물들도 시간에 따라 변화한다. 변이와 자연선택에 의해 발생하는 종 내의 변화는 새로운 종을 낳음으로써 종의 수는 증가한다. 자연적 변화의 시간을 역으로 거슬러 올라가면 모든 생물들은 하나의 공동조상에서 유래한다. 요컨대 다윈의 진화론은 진화, 단계주의, 변이, 자연선택, 그리고 하나의 공동조상 등의 개념을 포괄하는 복합적 이론이다.[33]

다윈 이론의 혁명성은 생물학적 원리를 제시하는 데 그치는 것이 아니라, 인류학적 발상의 대전환을 예고하는 동시에 중대한 형이상학적인 함의를 내포한다는 데 있다. 그는 '자연은 비약하지 않는다'(기원, 226)는 자연사의 오랜 법규에 의지하면서, 자연세계에 작용하는 신의 의도를 제거함과

---

32 Mayr, E.(1982), *The Growth of Biological Thought: Diversity, Evolution, and Inheritance*, Cambridge University Press, p.531.
33 Mayr, E.(1991), 57쪽.

동시에 플라톤주의적인 종 불변 관념도 폐기를 요하는 잘못
된 믿음으로 간주했다. 지구의 역사는 『성서』에 기록된 수천
여 년보다는 훨씬 더 긴 장구한 시간을 거쳤으며, 창조주가
빚어낸 장난감 같은 존재로서의 인간이란, 사실은 여타의
동물과 조상을 같이하는 자연의 한 종에 지나지 않는다. '하
나의 공동조상 유래'에 관한 이론은 인간이 존엄하다는 오
랜 믿음의 토대를 침식시키고 자연세계에서 인간만이 누리
는 독특한 지위를 박탈함으로써, 인간종 중심주의의 종말을
선언하는 것과 다름이 없었다.

인간종 중심주의의
종말 선언

그는 '신의 설계'라는 정통적인 경쟁가설보다는 "자연선
택이론이 자연과 세계를 설명하는 데 더욱 합당하다"(기원,
226)고 생각하면서부터, 자신의 이론이 기독교주의와는 양
립될 수 없음을 진작부터 알아차리고 있었다.[34] 그는 『종의
기원』의 마지막 장에서, 자신의 자연선택설에 대해 유신론
자들이 어떻게 반응할 것인지를 내다보면서, 다음과 같이
적었다.

"'창조의 계획', '설계의 통일성' 등과 같은 표현으로 우리의 무
지를 감추고, 한 가지 사실을 다른 표현으로 언급하는 것만
으로 설명을 했다고 생각하기는 쉽다. 밝혀진 사실보다는 밝

---

[34] Brooke, John H.(2009), "Laws Impressed on Matter by the Creator?: The *Origin of Species* and Question of Religion", *The Cambridge Companion to The "Origin of Species"*, Michael Ruse and Robert J. Richards(eds.), Cambridge University Press, pp.256~274.

인간 본성의 역사

혀지기 어려운 사실에 더 큰 무게를 두는 성향이 있는 사람
은 반드시 내 이론을 배척할 것이다"(기원, 496).

그는 "1837년인가 1838년에 종이 변하기 쉬운 산물이라
는 확신이 들자 인간도 같은 법칙에 따를 것이라는 생각을
떨쳐버릴 수 없었지만,"[35] 오랫동안 자신의 속내를 드러내지
않았다. 그는 『종의 기원』에서 애써 인간에 관한 문제의 언
급을 회피했다. 그가 남긴 유일한 언급이라고는 "(자연의) 빛
이 인간의 기원과 역사에 비추어 질 것이다"(기원, 508)라는
것 밖에는 없다. 그는 마지막 문장에서 태고로부터 이어져
온 자연법칙이 지배하는 세계관을 멋지게 서술함으로써 인
간도 결코 예외가 아님을 암시했다.

"자연에서 벌어지는 전투, 기근과 죽음이 있는 곳에서 고등한
동물이 생겨나는 가장 고상한 목적이 바로 뒤따르고 있는 것
이다. 생명의 여러 가지 능력과 함께 처음에는 불과 몇 가지
생물, 어쩌면 단 하나의 생물에게 생기를 불어넣었겠지만, 중
력의 법칙에 따라 이 행성이 회전하는 동안에 너무나 단순했
던 시작이 가장 아름답고 경이로운 무수히 많은 생물들로 과
거에도 현재에도 꾸준히 진화하고 있는 것이다. 생명에 관한
이러한 견해에는 장엄함이 깃들어 있다"(기원, 504).

---

35 Darwin, C.(1887), *The Autobiography of Charles Darwin*, 『찰스 다윈 자서전: 나의 삶은
서서히 진화해 왔다』, 이한중 옮김, 갈라파고스, 2003, 159쪽.

인간의 진화에 관해 언급하지 않으려 했던 다윈의 절제력은 당시의 사회적 환경을 신중하게 고려했던 결과였다. 그는 인간의 문제를 건드릴 경우 감정적인 비난과 격론이 야기될 것을 예상했기 때문에, 불필요하게 문제를 복잡하게 만들기를 원하지 않았다.[36] 이 '신중한 다윈 씨'가 인간의 문제에 관해 자신의 견해를 밝히기까지는 10여 년의 세월이 더 필요했다.

---

36 Depew, David J.(2009), "The Rhetoric of the *Origin of Species*", *The Cambridge Companion to The "Origin of Species"*, pp.237~255.

인간 본성의 역사

3. 다윈의 공동조상 논증

다윈이 살았던 시대에 창조론적 본질주의가 일반 대중은 물론 주류 과학계를 지배했던 통념이었다는 사실을 감안한다면, 다윈의 발상은 지극히 혁명적인 것이다. 시대의 제약을 뛰어넘은 다윈의 혁명적 발상이 어느 누구에게서 어느 정도의 직접적인 영향을 받았는지는 정확히 알 수는 없다. 그러나 앞에서 본 것처럼, "생물이 어떠한 신성한 권위자가 꼼꼼하게 만든 창조물이 아니라 전적으로 자연적 과정의 산물"이라는 확신은 기독교주의의 신화적인 세계관을 해체하려는 유물론자들의 지속적인 도전에 힘입어 다윈에게 서서히 뿌리내리고 있었다는 점은 분명하다. 다윈은 『종의 기원』을 발표하기 훨씬 전부터 지적 설계의 관념을 의심하고 있었다. 그는 이미 1830년대 후반쯤부터 인간의 지적이고 도덕적인 역량이 인간과 동물을 확연히 구별하는 징표라고 생각하지 않았다. 그가 「M노트」에 쓴 "개코 원숭이를 이해하는 사람은 로크보다도 훨씬 더 형이상학에 접근해 있다"[37]는 은유적 표현은, 그가 일찌감치 유물론 쪽으로 기울어 있었음을 보여 준다. 인간과 동물 간의 차이는 자연의 법칙을 벗어날 정도로 크지 않고, 사람은 단지 매우 진보한 동물에 불과하며, 따라서 "인류를 동물계의 한 구성원으로 보는 편이 옳다"는 이 시절의 기록은 그로부터 30년 후의 결론이 오랜 숙고를 거친 확신이었음을 말해 준다. '종의 진화(Transmutation of Species)'에 관한 두 번째 노트(1838)에서 그는 인간종 중심주의에 대한 '좀 더 겸허한 소견'을 요청한다.

> "사육되고 있는 오랑우탄을 관찰하면, 인간은 자신의 탁월함에 자부심을 느낄 것이다. 인간은 오만하게도 자신이 대단히 위대한 신의 작품이어서 자신의 위치를 신과 그 피조물 사이에 놓을 만하다고 생각한다. (그러나) 좀 더 겸허한 소견으로 나는 인간이 동물로부터 만들어져 나왔다고 생각하는 것이 옳다고 믿는다."[38]

요컨대 자연의 법칙이 인간종에게도 예외 없이 적용되어야 한다는 것은 그가 20대 후반부터 30대 초반에 다져 놓은

---

[37] Darwin, C., *Charles Darwin's Notebooks 1836~1844*, Paul H. Barrett et al.(eds.), Ithaca, Cornell University Press, 1987, 「M Note」, p.84. 이어 「N Note」에서도 "항상 해왔던 대로 형이상학을 연구하는 것은 기계론적 법칙을 모른 채 천문학의 수수께끼를 풀려는 것과 마찬가지"라고 적었다. 「N Note」, p.5.
[38] Darwin, C., *Charles Darwin's Notebooks 1836~1844*, p.300.

신념의 일부였다. 그러나 그로부터 20여 년을 보내고 『종의 기원』을 발표할 때까지도 그는 인간에 관한 언급을 자제했다. 그는 다만 그 책의 말미에 "앞으로 심리학은 모든 지적 능력과 재능이 점진적인 과정을 거쳐 획득되었다는 사실에 기초를 두어야 할 것"이며, 그럼으로써 "인간의 기원과 역사에도 한 줄기 빛이 비칠 것"(기원, 502)이라는 언명을 통해서, 향후 인간 본성에 관해 자신이 공개적으로 밝힐 입장을 넌지시 암시했다. 그것이 의미하는 바는 "인간이 지구상에 출현한 방법도 다른 생물과 동일하게 취급되어야 한다"(『인간의 유래』 1, 39)[39]는 것이었다.

『종의 기원』을 둘러싼 거센 소용돌이의 여파가 진정되고 10여 년이 흐른 1871년에 그는 그동안 참아 왔던 '인간의 문제'에 관한 자신의 입장을 본격적으로 밝혔다. 그는 왜 젊은 시절에 품었던 확신을 30여 년이 지나서야 밝히려고 한 것일까? 그는 신중했고, 때를 기다리고 있었다. 그는 이제는 "사정이 완전히 달라졌다"고 판단했다. 다윈은 제네바 국제학회의 회장이었던 박물학자 포크트Karl Vogt가 1869년에 밝힌 "적어도 유럽에서는 어느 누구도 종이 개별적으로 그리고 독립적으로 창조되었다고는 생각하지 않는다"는 견해를 접하고 나서, 이제 더는 인간에 관한 자신의 생각을 숨길 필요가 없다는 확신을 갖게 되었다.

---

39 Darwin, C.(1871), *The Descent of Man and Selection in Relation to Sex*, 『인간의 유래 1』, 김관선 옮김, 한길사, 2006, 39쪽. 이하 '유래'로 줄이고 숫자는 쪽수 표시.

다윈은 『인간의 유래』의 목적이 "인간도 다른 모든 종과 마찬가지로 과거에 살았던 어떤 생명체에서 유래되었는지를 살펴보고 인간의 진화 방식, 그리고 소위 말하는 인종 간의 차이가 갖는 의미에 대해서 고찰"(40)하는 데 있음을 명시했다. 그는 먼저 "옛날에 살다가 지금은 사라진 하등동물과 인간이 동일한 조상에서 갈라져 나온 공동자손이라는 결론이 결코 새로운 것이 아님"(41)을 확인시킨다. 그의 말대로 라마르크, 월러스, 헉슬리, 라이엘, 포크트, 러벅John Lubbock, 뷔흐너Ludwig Büchner, 그리고 헤켈Ernst H. Haeckel 등은 모두 그에 앞서서 공동조상에 관해 언급했고, 헉슬리는 인간과 고등 유인원이 보이는 모든 가시적 특징의 차이는 유인원과 하등 영장류가 보이는 차이보다 더 작다는 것을 결정적으로 증명한 바 있었다. 따라서 이성 능력이나 합리성은, 인간이 보유하는 고유한 특성이기는 하지만, 결코 설명 불가능한 신비스러운 수수께끼가 아니다. 다윈은 『인간의 유래』를 발표하기 오래전에 이미 인간의 사고가 '뇌의 분비 작용'일 따름이라고 주장하면서,[40] 인간과 고등 포유동물 간에 어떠한 근본적인 정신 능력의 차이도 인정하지 않았다. 인간과 '인간 아닌 동물' 사이에는 단지 정도의 차이, 다시 말해서 "단일 종 내 개체들 간의 우연한 변이, 조상이 공통된다는 사실을 반영하는 복잡한 유사성과 차이점의 패턴만이 존재"할 뿐이라는 것이다. 그는 공동조상에 관한 긴 논증

---

40 Darwin, C., *Charles Darwin's Notebooks 1836~1844*, p.291.

인간 본성의 역사

을 그가 직접 수집했거나 확인한 물리적 증거들을 몇 갈래로 나누어 제시하는 방식으로 시작했다.

1) 인간이 하등동물에서 유래되었다는 물리적 증거들

인간은 '옛날에 지구상에 살았던 어떤 생명체의 변형된 후손'인가? 이 물음에 답하기 위해서 다윈이 가장 먼저 제시한 근거는 '인간이 하등동물에서 유래되었다는 물리적 증거들'이었다. 그는 인간이 하등동물에서 유래되었음을 입증하는 증거를 두 가지로 나누어 설명했다. 『인간의 유래』의 첫 장은 그 물리적 증거들로서, 신체구조, 배胚 발생, 그리고 흔적구조(Vestigial Structure) 등을 다루고 있다. 먼저 신체구조의 면에서 볼 때, "인간은 포유동물과 마찬가지로 보편적이고 동일한 모형에 따라 만들어졌으며, 인간의 골격을 이루는 뼈와 원숭이, 박쥐, 물개의 뼈를 비교해 보면 모두 비슷하다"(46). 또한 사람과 원숭이의 손, 말의 발, 물개의 지느러미 발, 박쥐의 날개 등은 모두 비슷한 유형을 보이는데, 이것은 모두가 같은 연원을 갖는 구조임을 말해 준다. 그는 "인간은 여러 동물들과 공수병, 천연두, 비저병, 매독, 콜레라, 수포전과 같은 질병을 주고받는 경우가 있는데, 이것은 인간과 동물의 조직 구조와 혈액 조성이 매우 유사"(47)하기 때문에 발생하는 것으로 파악한다. 요컨대 "인간은 고등동물, 특히 유인원과 일반 구조, 조직의 미세 구조, 화학적 조성 그리고 체질이 매우 비슷하다"(50)는 것이다.

다음으로 인간은 생식 과정의 측면에서도 모든 포유류에서 볼 수 있는 것과 매우 흡사한 경로를 따른다. 독일의 발생학자 폰 베어Karl E. von Baer가 이미 보여 준 것처럼, 사람, 개, 물개, 박쥐, 파충류의 초기 배는 거의 구별되지 않는다. 배의 동일한 구조와 유사성은 겉으로는 아주 달라 보이는 모든 생물이 그들의 공동조상이 갖고 있었던 구조를 거의 완벽한 상태로 여전히 보유하고 있음을 의미한다. 특히 '인간의 기원 양식과 발생의 초기 단계'는 인간의 바로 아래 단계에 있는 동물들의 발생 단계와 동일하다. 따라서 "유인원과 개 사이의 관계보다 인간과 유인원 사이의 관계가 훨씬 더 가깝다는 것은 의심할 여지가 없다"(52~53). 이러한 사실은 헉슬리가 인간이 개, 새, 개구리, 물고기와는 어떻게 다른 경로로 기원되었는지에 대해 추적하면서 얻어 낸 결실이기도 했다. 다윈은 배 발생 초기 단계에서의 유사성을, 신체 기관의 유사성과 마찬가지로, 인간이 다른 모든 척추동물과 같이 동일한 보편적 모형에 따라서 만들어졌음을 보여 주는 확실한 증거로 간주한다.

다윈이 제시한 또 다른 물리적 증거는 흔적기관이었다. 흔적기관은 동물들의 신체구조 가운데서 오랜 과거에는 갖고 있었을 것으로 추정되지만, 현재에는 전혀 쓸모없는 기

초기 배胚

흔적기관

관이거나 신체 작용에 아무런 기여를 하지 못하는 신체기관을 말한다. 가령 네 발 달린 동물의 수컷 유방이나 먹이를 자르는 기능이 없는 반추동물의 앞니 등은 흔적기관의 좋은 예이다. 다윈은 흔적기관이 "전혀 쓸모가 없거나 거의 쓸모가 없기 때문에 더 이상 자연선택의 영향을 받지 않을 것"이며, 불용不用으로 인해 그 기관의 근육을 덜 사용하였음은 물론 해당 부위나 기관으로 흐르는 혈액의 양도 감소하였을 것으로 추정한다. 인간의 신체에도 여러 부위의 근육에서 흔적구조가 발견되는데, 이를테면 "귀를 움직이는 데 사용하는 부가적인 근육들은 사람에게 흔적으로만 남아 있는 경우가 많으며," "신체 부위별로 덮여 있는 털은 하등동물의 고른 털가죽의 흔적기관이며," "문명화된 인종일수록 뒤쪽 어금니와 사랑니가 흔적기관으로 변해 가는 경향이 있으며," "인간의 꼬리뼈는 다른 척추동물에서는 꼬리 역할을 했던" 흔적기관이다(55~67). 또한 생식계에도 여러 가지 흔적기관이 존재하는데, 인간을 포함한 모든 동물의 수컷에게는 흔적 유방이 있다. 다윈은 "홍역에 걸렸을 때 남녀의 유방이 가끔 똑같이 확장되는 사실로 보아 두 성의 유방이 본질적으로 같았을 것"으로 추정한다. 마찬가지로 많은 포유류 수컷에 존재하는 전립선 소낭도 흔적기관으로, 그것은 암컷의 자궁과 이에 연결된 관상 구조의 상동기관이기도 하다. 다윈은 "우리 자신과 주위에 있는 모든 동물들이 '자기만 갖고 있는 것'과 같은 구조는 우리의 판단을 흐리게 하기 위해 놓은 덫에 지나지 않는다"(71)는 언명을 통해 가시적 혼동에 따른 오류를 경계할 것을 요청한다. 그는 위에서 제시한 갖가지 물리적 증거들을 '인간이 하등동물로부터 유래했고 그들과 공동조상을 갖고 있었음'을 입증하는 일차적 근거라고 되풀이해서 강조한다.

둘째 장에서는 인간이 하등동물에서 발생한 방법에 관해서 논한다. 그에 따르면, 인간의 몸과 마음에 나타나는 변이 현상 역시 하등동물에게도 동일하게 나타나는 현상이다. 즉, 변이의 법칙은 인간이나 하등동물에게 동일하게 적용된다. 생활환경의 직접적인 작용, 기관의 용불용用不用에 따른 효과, 발달장애, 복귀돌연변이(Reverse Mutation), 상관변이, 증가율, 개체 증가의 저지, 그리고 자연선택 등은 인간을 포함한 생물계의 모든 생명체에 동일하게 적용된다. 인간에게도 변이가 많이 발생하는데, 가령 "서로 다른 인종의 지능이 크게 다르다는 것은 제쳐두고라도, 같은 인종 내의 사람들도 지능이 다양하다는 것"(74)은 그 한 예이다. 인간과 동물 간의 변이에서 약간의 차이는 있을 수 있으나, 인간이나 하등동물의 변이성은 모두 동일한 원인으로 생겨날 뿐만 아니라 동일한 신체 부위가 매우 비슷한 방법으로 영향을 받을 수 있다. 환경의 변화는 인간을 포함한 모든 생물에게 '어느 정도의, 그리고 때로는 상당한 효과'를 야기하며 변이를 촉진시킨다.

또한 신체의 용불용에 따른 효과 역시 인간과 동물에게 예외 없이 적용된다. 어떠한 근육은 사용할수록 강화되지만,

전혀 사용하지 않거나 그럼으로써 그 근육을 지배하는 신경이 파괴되면 그 근육은 약화된다는 것은 모든 동물의 구조 변화를 설명하는 하나의 이치이다. 그렇다면 인간의 경우 신체의 특정 부분의 퇴화는 언제 왜 일어나게 된 것일까? 다윈의 추정으로는, "인간의 조상이 아주 먼 옛날 네 발 동물에서 두 발 동물로 변하는 과도기 때, 신체 여러 부위의 활동이 증가하거나 감소함에 따라 자연선택이 크게 작용"(84)한 결과일 수 있다.

복귀돌연변이
신체구조상의 변이를 나타내는 다른 현상으로 다윈이 제시한 것은 오랫동안 나타나지 않았던 조상의 형질이 갑자기 출현하는 '복귀돌연변이'였다. 복귀돌연변이는 "신체의 한 부위가 계속해서 성장하면서도 발달이 저해되어 동일 분류군에 속하는 일부 하등동물 성체의 해당 구조와 유사한 특징이 나타난다"(85). '인간의 송곳니는 음식을 씹는 데 매우 효과적'인데, 특히 남성의 큰 송곳니는 유인원과 비슷한 조상으로의 복귀돌연변이를 보여 주는 주요한 사례이다. 송곳니는 그 고유의 기능을 고려한다면 일종의 흔적기관으로 여길 수도 있으나, "유인원은 대부분 수컷의 송곳니만이 잘 발달되어 있는 것"으로 보아, 공동조상으로부터 물려받았을 가능성이 크다는 것이다.

자연선택의 기제
변이방법 중에서 가장 중요한 요인은 물론 자연선택의 기제이다. 다윈은 "현존하는 가장 미개한 인간도 지구 상에 존재했던 그 어떠한 동물보다도 훨씬 더 우세하다"는 사실은 인정하면서, "인간이 손을 사용하지 않았다면 현재 우리 인간이 누리는 우세한 위치를 얻지 못했을 것"(105)임을 강조했다. 두 손으로 물건을 움켜잡는 능력에 완전하게 적응함에 따라 인간의 두 발은 균형적 지지와 거리의 이동에 사용할 수 있게 되었다. 원숭이의 행동을 보게 되면 네 발 동물에서 두 발 동물로 진화하는 방식을 예측할 수 있듯이, 인간이 두 발로 안정되게 서서 손과 팔을 자유롭게 사용할 수 있게 된 것은 우리 조상들에게 적응상의 큰 이점으로 작용했을 것이다. 자연선택에 의하여 인간에게 모든 종류의 유리한 변이는 가끔 또는 늘 보존되었고, 해로운 변이는 사라졌을 것이다. 이 때문에 인간은 고도로 조직화된 상태로 그 어떠한 동물보다도 지구 상에 널리 퍼져 나갈 수 있었을 것이다.

> "모든 동물은 생존할 수 있는 수보다 더 크게 불어나려는 경향이 있듯이, 인간의 조상도 그랬을 것이고 그에 따라서 생존경쟁과 자연선택이 필연적으로 일어났을 것이다. 더욱 많이 사용한 신체기관의 유전 효과가 크게 기여했을 것이고, 두 과정 사이에는 끊임없는 상호작용이 일어났을 것이다"(119).

2) 인간과 하등동물의 정신 능력 비교

전통적 견해에 따르면, 인간이 설령 유인원과 유사한 신체구조를 갖고 있다 하더라도 고도로 발달한 정신활동은 동물과는 구별되는 근본적인 속성이다. 그러나 다윈은 정신능력을 인간만이 가진 고유한 특성으로 보지 않았다. 그의 기본 관점은 "인간을 제외한 어떠한 생물도 정신 능력을 갖고 있지 못하거나 인간의 정신 능력이 동물의 정신 능력과 완전히 다른 것이라면, 인간의 높은 지능이 점진적으로 발달했다고 결코 확신할 수 없기 때문에, 인간과 동물의 정신 능력은 기본적으로 차이가 없다는 것"(124)이다. 다윈은 인간의 정신 능력을 첫째로 감각 및 지적 능력과 둘째로 그가 '사회적 본능'이라고 부른 기초적인 도덕감정 등 두 측면으로 나누어서 살핀다.

전자의 정신 능력에는 본능, 감각, 모방, 기억, 상상, 이성, 추상적 개념 형성 능력, 자의식, 언어, 그리고 종교적 믿음 및 영적 힘 등이 해당된다. 동물도 인간이 가지고 있는 감각과 직관, 그리고 지각을 갖고 있다는 것은 박물학자들의 기존 연구로도 확인된 사실이다. 동물은 인간과 마찬가지로 "열정, 애정, 감정이나 좀 더 복잡한 질투, 의심, 경쟁, 감사, 아량도 있으며", "상대를 속이기도 하고 상대에게 복수하기도 한다. 정도의 차이는 있지만 동물도 인간처럼 놀라움과 호기심을 갖고 있다"(124). 그가 『인간과 동물의 감정 표현』에서 열거한 동물들의 감정 목록에는 '근심, 슬픔, 낙담, 절망, 즐거움, 사랑, 부드러운 느낌, 헌신, 성마름, 부루퉁함, 결단, 증오, 노여움, 경멸, 치욕, 혐오, 죄책감, 자부심, 난감함, 인내, 놀라움, 경악, 두려움, 전율, 부끄러움, 소심함, 그리고 겸손함' 등이 포함된다.[41] 동물들의 다양한 감정 목록은 곧 그들도 인간이 드러내는 매우 복잡한 감정의 대부분을 표현할 수 있다는 사실을 함축한다. 다윈에 따르면, 인간 감정과 표정을 만드는 움직임은 습관의 원리, 상반 감정의 원리, 그리고 신경에너지의 분산 등 세 가지 핵심적 원리에 의해서 결정된다. 인간의 감정을 드러내는 대부분의 주요한 표정들은 "학습에 의해 습득된 것이 아니라 내인적內因的인 것으로, 천성적으로 타고 나거나 계승된 것들이다."[42] 인간의 특정한 표정은 그 시작이 어떤 생명체의 유지와 번식 과정에서 진화적 선택압(Selection Pressure)을 통과한 형질이라는 점에서 진화의 산물이다. 그는 인간과 동물의 감정 표현의 유사성을 인간이 어느 정도까지는 좀 더 하등한 동물에서 유래했다는 주요한 증거의 하나로 간주한다.

다윈은 또한 지능 면에서도 인간과 고등한 포유류는 질적으로 다르지 않음을 강조한다. 그는 동물이 인간에 비해 더 많은 본능을 가진 듯하다고는 생각했지만, "본능과 지능이 서로 반비례한다"는 쿠비에의 주장에는 동의하지 않았다. 오히려 그는 역으로 곤충 중에서도 본능이 매우 뛰어난 곤충의 지능이 가장 높다거나 포유류 가운데 비버처럼 본능이 뛰어난 동물이 지능이 높다는 사실을 예로 들면서, 쿠비

41 Darwin, C.(1890), *The Expression of the Emotions in Man and Animals*, 『인간과 동물의 감정 표현』, 김홍표 옮김, 지식을 만드는 지식, 2014.
42 Darwin, C.(1890), 415쪽.

에의 주장을 근거 없는 것으로 일축했다. 그는 한걸음 더 나아가 원숭이의 모방 능력, 고양이의 주의력, 사람이나 장소에 대한 개코원숭이의 기억력, 일부 고등동물 및 새 들의 꿈꾸는 능력, 그리고 일부 동물의 숙고하는 능력 등을 보기로 들면서, 많은 동물들이 우리의 예상을 뛰어넘는 특별한 정신 능력을 보이고 있음에 놀라워했다. 심지어 그는 자신의 마지막 저술인 『지렁이의 활동에 의한 식물 재배 토양의 형성』에서 저급한 지렁이마저도 본능이 아니라 합리적 능력을 이용하여 의도적인 행동을 할 수 있다는 관찰 결과를 상세하게 설명하기도 했다.

월러스가 자연선택의 원리를 인간의 신체구조에 적용하는 데 국한하고 정신현상에 대해서는 예외로 할 것을 제안한 데 반하여, 다윈은 인간의 신체와 정신 모두에 대하여 자연선택의 원리를 공통적으로 적용했다. 그는 인간의 정신을 설명하는 데는 자연선택이 아닌 모종의 영적인 '높은 지성'이 필요하다는 월러스의 영지주의를 단호하게 반대했다. 왜냐하면 정신 능력의 면에서 "인간과 고등동물의 심리적 차이는 아무리 크다 해도 정도의 차이일 뿐이지 종류의 차이는 아니기" 때문이라는 것이다. 다윈은 감각과 직관, 다양한 감정과 심리적 기능 들, 즉 '사랑, 기억, 주의력, 호기심, 모방, 이성' 등은 "흔히 인간이 자신만의 자랑거리라고 우쭐대지만, 실은 초기의 (때때로 잘 발달된) 형태는 하등동물에게서도 발견된다"(130, 206)고 반박한다. 그가 보기에, 지적 능력

은 인간과 같은 어떤 존재가 완전히 갖추고 있거나 동물들
은 전혀 갖고 있지 않거나 하는 보유 능력의 유무 문제가 아
니라 점진적 발달의 결과에 지나지 않는다. 그는 "자연의 단 점진적 발달의 결과
계상 극히 하층에 위치하는 동물조차도 소량의 판단이나 이
성이 때때로 작용하고 있다"(기원, 207~208)고 주지시킨다.

　사고와 언어 능력은 통상 불가분의 연관을 갖는 것으로
이해되어 왔다. 그렇기에 데카르트와 홉스는 언어 능력을
인간과 동물을 구별하는 핵심적인 기준으로 보았다. 훔볼트
Wilhelm von Humboldt에 따르면, "언어를 사용할 수 있는 동물
은 존재하지 않으며," 오직 인간만이 언어를 통하여 "무한한
활용 방식을 만들어 낸다."[43] 훔볼트의 견해는 정설로 굳어
져 헉슬리도 같은 주장을 펼쳤다. 그러나 다윈의 생각은 조
금 달랐다. 그는 '언어 능력이 인간과 하등동물을 구별해 주
는 가장 중요한 능력' 중의 하나라는 사실을 부정하지는 않
았지만(160), 통상적인 주장에 내함된 두 가지 가정에 대해
서는 다른 견해를 제시했다. 즉 인간의 언어를 원숭이의 비
분절 언어와 근본적인 면에서 다른 차원의 것으로 보기는
어렵다는 것, 그리고 언어 능력을 반드시 이성을 갖추기 위
한 필요조건을 의미하는 것으로 볼 수는 없다는 것이다. "인
간만이 분절 언어를 일상적으로 사용하지만 하등동물들도

43　Humboldt, Wilhelm von, *Humboldt: 'On Language': On the Diversity of Human Language Construction and its Influence on the Mental Development of the Human Species*, Michael Losonsky (ed.), Peter Heath (trs.), Cambridge University Press, 1999, p.33.

자기의 격한 감정을 표현할 때는 비분절적인 소리를 지른 다"(150)는 사실은 인간의 언어 사용 방식이 다른 동물이 사용하는 신호 체계와 질적으로 다르기보다는 정도의 차이에 불과함을 말해 준다는 것이다. 그는 언어 능력을 '어떤 기술을 습득하려는 본능적 경향'으로 볼 경우, 그것은 "인간에게만 고유한 것이 아니라 노래를 배우는 새들을 비롯해 다른 생물종들에서도 발견되는 디자인으로 보는 편이 합당하다"[44]는 입장이다.

다윈은 인간의 언어 능력에 관해 두 가지 주요한 진술을 하였는데, 하나는 인간과 동물의 구분과 관계없이 언어를 일종의 본능으로 본 점이다. 그는 "언어가 반쯤은 기술이고 반쯤은 본능"이라고 말하면서, 언어 능력이 진화과정을 거치면서 완성된 것으로 파악했다. 둘째로 그는 잘 발달된 인간의 뇌와 언어 능력 사이의 긴밀한 연관성을 확신했다. "인간이 하등동물과 비교하여 몸에 대한 뇌의 상대적 비율이 높은 것은 인간이 옛날에 단순한 형태라도 언어를 사용했기 때문"일 것이고, "언어를 지속적으로 사용함으로써 뇌에 작용하고 유전 효과를 불러일으켰을 것이다"(260). 인간의 뇌 크기와 지적 능력 간의 상관관계는 원시인과 현대인의 뇌를 비교하거나 모든 척추동물의 두개골을 비교한 자료를 통해서도 확인된 사실이다. 다윈은 이러한 사실에 미루어, 지적

---

44 Pinker, S. (1995), *The Language Instinct*, 『언어본능』, 김한영 외 옮김, 동녘사이언스, 2007, 26쪽.

능력이 고양됨으로써 분절 언어가 진화하게 되었고, 인류는 그 언어를 통해 놀라운 수준의 발전을 달성할 수 있었을 것으로 추정한다.

3) '사회적 본능'과 도덕성의 진화

다윈은 장구한 시간을 거슬러 올라가다 보면 인간이 고등동물은 물론이고 하등동물과도 동일한 공동조상으로부터 유래하였다는 긴 논증을 시도했다. 그는 인간이 하등동물로부터 유래되었음을 입증하는 물리적 증거들을 제시함으로써, 그리고 인간의 정신 능력이 하등동물과 비교할 때 '질적 차이가 아닌 정도의 차이'임을 보여 줌으로써, '공동조상 논증'의 정합성을 역설했다. 이 논증은 그가 의도한 '별개의 두 가지 목적', 즉 "종이 개별적으로 창조되지 않았다는 것과 자연선택이 변화의 주요한 힘이었다는 것"(117)과 밀접하게 결합되어 있다.

그러나 인간은, 하등동물과 하나의 조상을 같이한다 하더라도, 그냥 동물만은 아닌 것이다. 모든 종이 종 고유의 속성, 종적 특성을 갖고 있는 것처럼, 인간도 종적 특성을 갖는다. 다윈은 물론 이를 부정하지 않는다. 그는 "도덕감과 양심은 하등동물과의 모든 차이 가운데 가장 중요한 특징"이며, "인간의 행동 원칙 중에서 가장 높은 자리를 차지"하며, "인

도덕감과 양심

간의 속성 중에서 가장 고귀한 것"(167)이라고 말한다. 그렇다면 인간의 종적 특성인 도덕감은 어디에서 온 것인가? 그는 도덕성의 기원을 밝히기 위해 우선 '본능'이 무엇인지를 설명하는 데서 논의를 시작했다. 그의 요지는 "인간은 동물과 유사한 본능을 공유하고 있지만, 그것의 일부를 '사회적 본능'으로 진화시킴으로써, 도덕적 감정으로 승화시킬 수 있었다"는 것이다. 그리고 자연적 본능에서 진화한 이 '사회적 본능'을 곧 인간이 자신의 고유한 본성을 갖게끔 한 원천으로 간주했다.

본능이라는 난제

다윈에게 영향을 준 두 사람은 본능에 대해서 상반된 견해를 갖고 있었다. 그의 조부 이래즈머스는 인간이 본능을 갖고 있다고 생각하지 않았다. 그는 감각주의적 관점(Sensationalist View)에서 "동물들조차도 그들의 뇌에 각인된 본능적인 행동양식은 없었으며, 모든 행동은 환경에 대한 지적인 반응에 의한 것"이라고 주장했다.[45] 이에 반해서 라마르크는 본능론자였고, 본능을 "어떠한 습관이 오랜 기간 동안 무수히 반복 강화되고, 그것이 우연히 유전됨으로써 고정된 속성"으로 파악했다. 그에 따르면, 인간이 진화과정을 통하여 획득한 습성은 생물학적으로 각인된 행동양식으로 전환된다. 라마르크에게 본능이란 "특정한 행동양식이 다음 세대

---

45 Richards, Robert(1987), *Darwin and the Emergence of Evolutionary Theories of Mind and Behavior*, University of Chicago Press, pp.31~39; Bowler, Peter J.(1990), 229쪽.

로 대물림되면서 고정된 일종의 무의식적 기억"이다.[46] 다윈은 조부의 견해를 따르지 않고 라마르크의 본능론을 선호했다. 그러나 라마르크가 주장한 것처럼, "습관적 행동이 유전된다고 가정하면, 본래 습성이었던 것과 본능과의 유사성은 구별할 수 없을 만큼 밀접해지게 되기" 때문에, 이 두 가지를 구별하는 데서 혼동의 오류가 발생할 수 있다(기원, 241). 다윈은 동물 행동에서 나타나는 본능 현상이 라마르크가 생각한 것보다 훨씬 더 난해하다고 생각했다. 본능이 '창조주에 의해 주어진 것'도 아니고 '반복된 습관이 쌓이고 대물림됨으로써 굳어진 것'이 아니라면 도대체 무엇이란 말인가? 본능의 문제는 다윈이 맞닥뜨린 이론적 난제 중의 하나였다.

다윈은 『종의 기원』에서 본능의 문제를 설명하는 데 한 장을 할애했다. 그는 우선 본능적 행동이란 "이전의 경험 없이, 그 행동의 목적을 알지 못한 상태에서 대다수의 동물들이 실행하는 행동"이라고 정의한다.

> "인간들은 경험을 통해 행동을 수행할 수 있게 되는 데 반해 동물들, 특히 아주 어린 동물들이 전혀 경험하지 않은 행동을 할 때, 혹은 많은 개체들이 그 행위의 목적을 모르는 상태에서 똑같은 방식으로 행동할 때, 그런 행동을 '본능적'이라

---

46 Lamarck, Jean-Baptiste(1809), 215~216쪽.

할 수 있다"(기원, 239~240).

동물들의 수많은 본능적 행동들을 보면, 매우 경이롭다는 느낌을 받는다. 우리가 뻐꾸기가 본능 때문에 장소를 이동하고 다른 둥지에 알을 낳는다고 말할 때, 본능이라는 말이 어떤 의미를 갖는지를 이해할 수 있다. 본능적 행동이란 '어떠한 목적이나 의도와 관계없이 선천적으로 타고난 듯 보이는 행동'이다. 그는 인간도 동물들처럼 몇 가지 본능을 갖고 있다고 보았다. 인간은 고등동물 특히 영장류와 몇 가지 본능을 공유하고 있는데, 다윈은 인간의 본능적 행위의 사례로 "자기 보존, 성애, 신생아에 대한 모성애, 그리고 젖을 빠는 유아의 욕구 등"(125)을 꼽았다.

본능은 고정불변이 아니라 변화한다

그렇다면 본능적 행위는 어디서 어떻게 생겨난 것일까? 그는 아무리 경이로운 것으로 보이는 본능적 행동일지라도 "같은 강綱에 속하는 다른 동물들의 본능 및 다양한 심리적 성질에서 점진적으로 진화할 수 있는 것이라면, 그 신비는 걷힐 것"이라고 가정한다. 본능에도 자연선택의 원리를 적용한다면, 즉 본능도 오랜 기간을 거치게 되면, 변화하게 될 것이라는 착상은 본능에 얽혀 있는 신비의 꺼풀을 벗겨 내는 실마리였다.

"만약에 본능이 조금이라도 변화 가능하다는 것을 증명할 수 있다면, 나는 자연선택이 본능의 변이를 이익이 되는 한에서 보존하고 끊임없이 축적해 간다는 것에 대해 어떤 곤란도 없다고 생각한다. 지극히 복잡하고도 신기한 본능은 모두 이와 같이 해서 생겨난 것이다"(기원, 241).

그는, "신체적 구조가 어떤 습성의 사용과 불용不用에 의해 변화하기도 하고 감소되거나 상실되는 것처럼", 본능도 똑같은 경로를 따를 것이라고 가정하기는 하지만, "여러 사례들에 비추어 볼 때 본능에 저절로 일어나는 변이에 대해서 습성의 효과는 자연선택이 미치는 효과에 비하면 대체로 부차적"일 것으로 판단한다. 왜냐하면 "본능에 저절로 일어나는 변이라는 것은 신체적 구조의 경미한 편차를 생겨나게 하는 것과 마찬가지로 미지의 원인에 의한 것"이기 때문이다. 따라서 다윈은 "복잡하고 정교한 본능은 (습성의 효과에 의하기보다는) 경미하고 유용한 수많은 변이가 서서히 축적되어 형성되는 것"(기원, 241~242)으로 보는 편이 합당하다고 추론한다. 이 같은 논리로 다윈은 사육되는 동물은 자연 본능을 상실한 대신에 사육 본능을 새로이 획득했다고 설명했다. "사육 동물이 새로운 본능을 획득하고 자연의 본능을 상실하는 현상은 일부는 습성에 의해, 그리고 일부는 세대를 거듭하는 동안 선택과 축적을 수행하는 인간에 의해 일어났다"(기원, 248)는 것이다.

그는 자연상태에서 선택에 의해 본능이 어떻게 변형되는

지를 보여 주는 사례로, 다른 새의 둥지에 알을 낳는 뻐꾸기의 본능, 무사개미들이 다른 개미들을 노예로 만드는 본능, 그리고 꿀벌이 벌집을 만드는 본능 등을 차례로 예시한다. 라마르크식으로 말한다면, 어떤 습성이, 만일 그 종에게 유리한 것이라면, 자연선택을 통하여 새로운 본능을 발생시킬 수도 있다는 것이다. 이 말은 곧 본능은 고정불변의 것이 아니라는 것이다. 본능은 변이를 통하여 변화할 수도 있는 것이다. 또한 어떤 습성이 자연선택에 의해 보존되고 축적된다면, 새로운 본능으로 생겨날 수도 있다는 것이다. 다윈은 "우리가 본능이라고 일컫는 것들은 모두 특별하게 물려받거나 창조된 본능이 아니라, 번식하고 변화가 일어나고 강한 것은 살아남고 약한 것은 죽어서 궁극적으로 모든 개체의 진보에 관한 아주 일반적인 법칙의 작은 결과에 불과하다"(기원, 274)고 결론 내렸다.

다윈은 '변이에 의한 본능의 변화'라는 원리를 인간에게도 동일하게 적용했다. 인간의 마음과 몸에도 지속적인 발달로 향하는 선천적인 경향이 어느 정도 존재한다. "여러 세대에 걸쳐 일어난 인간의 지적 작용도 본능으로 바뀌고 다음 세대로 유전됨"으로써 얻어지는 것이다. 그리고 "인간에게 더욱 복잡한 대다수의 본능은, 그것과는 전적으로 다른 방법, 즉 본능 행위로 일어난 단순한 변이에 자연선택이 작용함으로써 획득된다"(127). 앞에서 본 것처럼, 다윈은 언어에 대해서도 같은 방식으로 설명했다. "아이의 옹알거림에서 보듯이, 인간은 말을 하려는 본능적인 성향이 있기" 때문에, "언어도 절반 정도는 본능적인 것이다"(206).

사회적 본능 – 도덕의 기원

다윈이 인간의 본능들 가운데 가장 높은 자리에 위치시킨 것은 '사회적 본능'이다. 그는 사회적 본능의 개념을 정립함에 앞서서 여러 본능들 사이에 강도의 차이가 있음을 주지시킨다. 그는 같은 종이라고 하더라도 다양한 본능을 보이고 있다는 사실에 주목했다. 본능들은 극히 단순한 것에서부터 극도로 복잡한 것까지 다양한 차원에 걸쳐 있다는 것이다. 그는 "각 개체들이 어떤 경우에는 강하거나 지속적인 본능을, 또 다른 경우에는 강하지도 지속적이지도 않은 본능을 소유하려는 내적인 감각을 갖고 있기 때문에, 어떤 충동을 따르느냐를 둘러싸고 내적인 투쟁이 종종 일어났을 것"(170~171)으로 추정한다. 우리 인간의 다양한 갖가지 본능과 습성 가운데서 어떤 것은 다른 것에 비해 훨씬 강하게 나타날 수 있다. "어떤 본능이 반대 본능에 비해 그 종의 이익에 더 큰 도움이 된다면, 그 본능적 충동은 자연선택을 통해 더 강력한 힘을 발휘할 것이다"(182). 만약 인류에게 사회적 본능이 지속적으로 유지되어 왔다고 한다면, 여러 본능적 충동들 가운데서도 어느 것에 더 강력한 어떤 힘이 뒷받침되었기 때문에 가능했을 것이다. 그는 "인류에게 본능적인 여러 충동의 강도가 서로 다르다는 것은 명백한 사실"이라고 말하면서, 여러 본능 가운데서도 더 높은 수준의 사회적 본능이 발달할 수 있다는 낙관적 견해를 피력한다.

사회적 본능은 침팬지처럼 집단생활을 하는 동물들에서 찾아볼 수 있는, 상호 간의 애정이나 협동, 그리고 봉사와 같은 행동으로 나타난다. "가장 하등한 사회적 동물일지라도 개체군의 다른 구성원을 도우려는 특별한 본능을 철저히 따르며 행동한다"(183). 예컨대 조류의 여러 종들은 경고음을 통해 외부로부터의 위험을 알려 주며, 흡혈박쥐는 동료의 배고픔에 자신의 양식을 몸에서 빼내는 수고를 마다하지 않는다. 이처럼 동물 세계에서 흔히 볼 수 있는 동료에 대한 애정이나 봉사는 일종의 사회적 본능이다. 인간도 비슷하다. "인간도 사회적 동물이기 때문에 동료에게 신의를 지키고 우두머리에게 복종하는 경향이 있다." 이러한 경향은 동물의 집단생활에서 볼 수 있는 사회적 본능과 유사한 것이다. 협동, 동료에 대한 애정, 그리고 집단에 대한 충성 등은 인간과 고등동물에서 공히 나타나는 사회적 본능이다. 따라서 그는 "인간과 하등동물의 사회적 본능이 거의 동일한 과정을 밟아 발달했다는 것은 의심의 여지가 없기" 때문에, 인간 역시 하등동물과 마찬가지로 집단의 이익을 위해 사회적 본능을 획득했을 것"(182)으로 추정한다.

도덕의 진화

다윈에게 사회적 본능은 도덕성을 낳은 근원이라는 점에서 중요하다. 인간 사회의 도덕이 사회적 본능에서 생겨났다면, 그것은 근원적으로는 집단생활을 하는 동물들의 유사 도덕적 행동과 다르지 않을 것이라는 게 그의 추론이다.

> "뚜렷이 식별되는 사회적 본능을 갖춘 동물에게서 인간과 다를 바 없거나 거의 인간에 가깝게 지적인 능력이 발달할 경우, 그러한 동물은 어떠한 동물이라도 즉시 도덕감정 혹은 양심을 획득하게 될 것이다"(71~72).

> "도덕관념은 오랫동안 상존하는 사회적 본능에서 생겨난다(유래, 2, 561). … 도덕감에 대한 원초적 기초는 개체 구성원 간의 공감을 포함한 사회적 본능에 있다"(유래, 2, 563).

다윈은 도덕의 기원을 사회적 본능에서 찾고 나서 그다음 단계로 도덕성 진화의 과정을 설명한다. 사회적 본능은 도덕성을 낳는 뿌리이지만, 그 자체가 도덕성을 의미하지는 않는다. 그는 사회생활을 하는 동물의 지적 능력이 인간의 지적 능력처럼 활동적이며 크게 발달한다고 해서 인간의 것과 똑같은 도덕감을 획득하게 될 것이라고 보지는 않는다. 사회적 본능에서 발달한 인간의 도덕감과 양심은 여타의 동물과 다른 가장 중요한 차이이며, 인간의 가장 고귀한 속성이다. '이 고귀한 속성'은 저절로 형성된 것이 아니다. 그는 도덕의 진화를 사회적 본능에 지능과 기억력 등 고양된 정신 능력이 합쳐진 결과로 파악한다. 즉 인간의 지적 능력이 발달하면서 '사회적 본능'이 '공감'과 '동정심', 그리고 '양심'으로

인간 본성의 역사

향상되는 도덕적 진화의 과정을 상정해 보자는 것이다.

> "(인간은) 사회적 본능이나 공감은 학습과 습관으로 크게 강화되었고, 그 결과 집단의 소망과 판단을 따랐을 것이다(169). 사회적 본능 때문에 처음부터 자신의 동료를 돕고 싶은 소망, 즉 얼마간의 공감을 가졌을 것이다(204). … (그리고) … 우리가 끊임없이 남을 칭찬하고 비난하는 것은 일차적으로 동정심의 본능이 있기 때문이며, 다른 사회적 본능과 마찬가지로 동정심의 본능도 일차적으로 자연선택을 통해 획득되었다"(213).

> "도덕감은 동료의 동의와 비동의를 인식하는 능력에서 비롯되며, 과거에 받았던 매우 강한 감정과 함께 정신 능력이 크게 작용하면서 생겨났다"(2, 561).

공감 또는 동정심의 본능은 사회생활 속에서 동료들의 행위에 대한 칭찬과 비난을 옳게 인식하는 토대를 제공한다. 다윈은 애덤 스미스의 공감 개념에 동의하며, 도덕성과 양심이 발생하는 근원을 탐색한다. 애덤 스미스에 의하면, "공감의 기초는 우리가 과거에 고통스러웠거나 즐거운 상태를 간직하고 있기 때문에 생겨난다."[47] 도덕적인 생물이란 '자신의 과거 행동과 그 동기에 대하여 곰곰이 생각할 수 있는 생물'이므로, 도덕감은 "동료에 대한 동의와 비동의를 인

---

[47] Smith, Adam(1759), *The Theory of Moral Sentiments*, 『도덕감정론』, 김광수 옮김, 한길사, 2016, 87~88쪽.

식하는 능력에서 비롯되며, 과거에 받았던 매우 강한 감정과 함께 정신 능력이 크게 작용하면서 생겨난 것"이다. 일시적으로 강하게 표출된 욕구로 인해 사회적 본능을 간과하고 욕망에 따라 행동한 인간은 욕구를 충족 한 후에는 다시금 사회적 본능에 대해 숙고하게 되고 미래에는 그 같은 방식으로 행동하지 않으리라는 다짐을 하게 되는데, 다윈은 이것을 '양심'이라고 보았다. 따라서 과거의 느낌을 생생하게 회상하는 정신활동이 뒷받침되지 않는다면, 사회적 본능은 양심으로 발전할 수가 없다. 우리의 조상은 사회성을 획득하자마자 모방을 통해 이성과 경험이 증가했을 것이고, 동시에 도덕적 능력도 자연선택을 통해 진보하였고, 그것은 습성으로 굳어져 아마도 유전적으로 고정되었을 것이다 (211). 그는 사회적 본능이 도덕성으로 진화하는 데는 공감, 지적 능력, 그리고 언어 능력이 합성되었기 때문이라고 이해한다.

공감 능력
지적 능력
언어 능력

"그러므로 두드러진 사회적 본능을 천부적으로 부여받았으며 부모와 자식 간에 애정이 있는 동물이라면, 그들의 지적 능력이 인간과 거의 동일한 정도로 발달하자마자 도덕심과 양심을 필연적으로 획득하게 된다. 그 이유는 … 첫째, **사회적 본능 때문에** 동물은 동료들과 함께 살아가는 사회 안에서 즐거움을 얻고, **동료들과 어느 정도의 공감대를 형성하며** 그들을 위해 여러 가지 봉사를 하게 되기에, 봉사는 명확하고 분명한 본능일 것이다. … 둘째, **정신 능력이 크게 발달하자마자** 과거

인간 본성의 역사

의 모든 행동과 동기에 대한 이미지가 각 개체의 두뇌를 통해 끊임없이 지나갔을 것이다. … 셋째, **언어 능력이 갖추어져** 자신들의 소망을 표현할 수 있게 된 후, 각각의 구성원들이 공동의 선을 위해 어떻게 행동해야 하는지에 대한 대중의 견해가 자연스럽게 모든 행동의 지침이 되었을 것이다"(168~169).

사회적 본능에서 도덕성에 이르는 과정은 진화론적이고 단계주의적이다. 다윈은 '낮은 도덕규칙'과 '높은 도덕규칙'을 구별하면서, 도덕성의 단계적 진화를 다음과 같이 설명한다.

"인간은 높은 도덕규칙과 낮은 도덕규칙을 쉽게 구별할 수 있다. 높은 도덕규칙은 사회적 본능에서 나타나며 타인의 복지와 관련되어 있다. 이 규칙은, 동료의 동의와 이성으로 지지된다. 낮은 도덕규칙은, 물론 자기희생이 뒤따르는 경우 그것을 낮은 도덕규칙이라고 말하기 어려운 경우가 있는 것은 사실이지만, 미개한 부족에서 이러한 도덕규칙이 이루어지지 않는 것으로 보아 주로 자기 자신과 관련되어 있고 대중의 견해에서 생겨나 경험과 수련을 통해 성숙된다"(201).

인간의 도덕성 진화에 관한 다윈의 설명은 네 단계로 구분하여 볼 수 있다.[48] 첫 단계에서는 동물 세계와 마찬가지

---

48 Richards, Robert(1987), p.599.

로 사회적 본능이 발달하여 원시 인류가 사회집단으로 결속
하게 된다. 그다음으로 인간은 일시적인 강한 충동으로 인
해 사회적 본능을 따르지 못했던 때를 회상할 수 있을 정도
로 지적 능력이 발달하는 단계를 거친다. 그리고 세 번째 국
면은 사회집단이 언어에 능숙해져서 자신들이 필요로 하는
바를 언어로 구현시킬 수 있고, 이를 통해 서로 간에 쉽게
의사소통을 할 수 있게 된 단계에 이른다. 그리고 마지막 단
계에서 개인들은 사회적으로 승인된 관습과 도덕을 습득하
기에 이른다. 이처럼 낮은 단계에서 높은 단계로 나아가는
도덕적 진화과정은, 다윈이 보기에, 혈연에만 한정된 이타주
의가 타인과 집단으로 확대되는, 도덕적 능력의 확산 과정
이기도 하다.[49]

도덕의 진화에 관한 다윈의 설명에서 드러나는 주된 특
징은 도덕성의 기초를 본능에서 찾았다는 데 있다. 그가 자
주 언급한 사회적 본능, 공감 및 동정심의 본능, 그리고 도덕
감의 습성화 및 유전 등에서 보듯이, 그는 도덕감이 인간 본
성의 일부임을 지속적으로 강조한다. 도덕감을 인간 본성으
로 보는 다윈의 견해는 데이비드 흄의 자연주의적 도덕이론

---

[49] 레이첼스는 다윈이 설명한 도덕적 진화과정을 이타성의 확장의 관점에서 세 단계의
과정으로 풀이한다. "첫 번째 단계에서는, 오직 혈연 이타성만이 존재한다. 두 번째 단계에
서 개체들이 충분한 '합리성과 예측 능력'을 얻게 된다. 그리하여 혈연 아닌 대상들을 돕
는 것이 개체들 자신에게 이익이 되는 훌륭한 전략일 수 있음을 이해할 수 있게 된다. (이
단계에서) 사회적 본능은 혈연을 넘어서 확장된다. 세 번째 단계에서는 이러한 행동패턴
이 더욱 확산되어 관습화된다." Rachels, James(1990), 291~292쪽.

과 맥을 같이 한다.[50] 흄에서처럼 다윈에게서도 도덕적 감정은 여타의 단순한 감정과는 다른 것이다. 도덕감정은 지적 능력의 향상에 따른 의무감이 동반됨으로써 인간에게 동기를 부여하는 기능이 포함되어 있다. 따라서 다윈은, 예컨대 루소의 '고상한 야만인'상을 떠올리게 하는, "인간이 문명화된 이후 많은 지역에서 완전히 타락의 길을 밟고 있다는 견해는 한심스럽게도 인간 본성을 지나치게 과소평가하는 것"(233)이라고 일축할 수 있었다. 도덕성을 인간 본성의 일부로 본다면, 인간의 지성적 능력이 고양될수록 도덕적 범위는 더욱 확장될 것이다. 그는 '인간 본성의 가장 고귀한 부분'은 "직접적이든 간접적이든 자연선택을 통한 것만큼 습관이나 이성적인 능력의 고양 등의 영향에 의해 개선되어 왔고" 앞으로도 계속해서 진전될 것으로 전망했다. 다윈은 도덕적 영역의 끊임없는 확장을 예견했고, 또한 그렇게 되기를 희망했다. 사회적 본능이 이성의 인도를 받게 된다면, 인간의 '공감은 더욱 유연해지고 널리 확산될' 수 있을 것이고, 도덕적 범위도 한층 확대될 것이다. 그는 인간의 도덕성이 자신과 가족을 넘어서 이웃과 동포, 궁극적으로 모든 인류를 포괄하는 열려진 방향으로 확장될 수 있다고 밝게 전망했다.

> "그리하여 (도덕성은) 모든 인종의 사람들, 저능한 사람들, 불구의 사람들, 사회에서 유용한 구실을 하지 못하는 일부 구성원

도덕적 영역의 끊임없는 확장

---

50 Ruse, M.(1986), *Taking Darwinism Seriously*, Basil Blackwell, pp.166~172.

들, 그리고 최종적으로 하등동물에 이르기까지 확장될 것이다. 이러한 방식으로 인간의 도덕 기준은 더욱 고양될 것이다"(103).

다윈은 "하등동물에 대해 자애심을 나타내는 것은 인간이 받은 가장 고귀한 덕목 중의 하나"(101)라고 생각한 사람이다. 그는 도덕감정의 특징을 '지고함'으로 본 버틀러Samuel Butler와 매킨토시James MacIntosh의 견해에 동의를 표하면서, '지고함'에 도달하기 위한 방법으로 '더욱 오래 지속된다'는 원리를 채택한다. 그가 '사회적 본능'을 도덕의 기초로 삼은 것은 바로 사회적 본능이 다른 본능들에 비하여 더 오래 지속될 수 있는 본능이기 때문이었다. 인간은 행위의 순간에 여러 충동 중에서 가장 강한 충동을 따르게 될 것이므로, 영속적인 사회적 본능이 덜 영속적인 본능을 정복한다는 것이다(189). 그는 19세기식 사고방식으로 문명화가 지속될수록 인류의 "고결한 습성이 점점 강해질 것이며, 인간의 충동으로 인한 투쟁은 잦아들어갈 것이고, 결국 인간의 덕성은 승리하게 될 것"(189)으로 낙관했다.

4) '비천한 기원의 흔적'

'인간이 하등동물에서 유래하였음'에 관한 논증에서 다윈이 크게 아쉬워한 부분은 이를 입증할 고생물학적 증거들이 고생물학적 증거

당시로서는 빈약하다는 점이었다. 물론 신체기관의 물리적 증거와 정신 능력 비교를 통해서도 우리 조상의 모습을 어렴풋이 그려 볼 수는 있지만, 그때까지만 해도 '인간과 하등 생물을 연결하는 직접적인 고리'는 발견되지 않았다. 그러나 다윈은 "인간과 그의 가까운 친척 간의 유기적 사슬이 끊어진 큰 틈이 있음"을 인정하면서도, "라이엘이 모든 척추동물에서 화석을 발견하는 일이 매우 더디고 우연히 이루어진다고 밝힌 바 있듯이, 모든 계열에서 단절은 흔히 나타나는 현상이므로"(248), 아직 찾지 못한 고리들 때문에 인간에 대한 계통학적 분류가 뒤집힐 수는 없다고 확신한다. 근거 자료들에 의한 완전한 증명에는 미치지 못하지만, "하나의 조상에서 유래된 생물들을 하나의 집단으로 묶어서 다른 생물에서 유래된 생물의 집단과 구별하는" 분류 방식은 합당하다는 것이다. 가령 연지벌레와 개미, 두 곤충은 동일한 강綱에 속해 있지만, 정신 능력의 면에서는 엄청난 차이를 보인다. 두 곤충 간의 정신 능력 차이는 인간과 고등 포유류가 보이는 정신 능력 차이보다 훨씬 더 크다. 이러한 이유에서 다윈은 일찍이 린네Carl von Linné가 인간과 사수목四手目(Order of the Quadrumana)에 속하는 동물을 합쳐 영장류(Primates)로 묶은 것은 정당했다고 평가했다. 헉슬리 역시 "모든 면에서 인간과 고등 유인원이 보이는 차이는 고등 유인원과 하등 유인원이 보이는 차이보다 적다"[51]고 결론내린 바 있다.

---

[51] Huxley, Thomas(1863), p.70.

따라서 다윈은, "인간과 하등동물 간에는 정도의 차이가 있을 뿐이므로 인간을 개별적인 계로 분류하는 것은, 기존의 밝혀진 사실들만으로도 기각되어 마땅하다"(235)는 관점을 고수했다.

인간의 유연계통

다윈은 "인간종은 유연類緣계통에서 볼 때 원숭이 계열로부터 진화했음"을 믿어 의심치 않았다. 그에 따르면, 두 계열의 원숭이, 즉 광비원류廣鼻猿類(신세계 원숭이)와 협비원류狹鼻猿類(구세계 원숭이)에 속하는 모든 원숭이는 아주 먼 옛날에 살았던 하나의 조상에서 유래한 것이다. 그는 인간의 대다수 형질은 광비원류보다 협비원류와 비슷하므로 "계통학적 관점에서 인간은 협비원류로 분류되는 것"(244)이 맞다고 본다. 그의 판단으로는, 협비원류가 먼저 신세계 원숭이에서 분기되었고, 그 이후 협비원류 줄기에서 인간종이 갈라져 나왔다는 것은 의심의 여지가 없는 사실이다. 이 말은 곧 원숭이가 인간의 조상임을 공인함을 뜻한다. 그러므로 인류의 고향은 원숭이가 살았던 지역이다. 그는 "고릴라와 침팬지는 현재 인간의 가장 가까운 친척이므로, 인간의 초기 조상도 다른 곳이 아닌 바로 아프리카에서 살았을 가능성이 높다"(247)고 추정한다. 아마도 "인간이 최초로 그의 털옷을 벗게 되는 사건이 언제 어디서 일어났는지를 떠나서, 인간은 그 시기에 아마 더운 지방에 살았을 것이다"(247). 그러한 환경 속에서 인간은 다른 근연종에 비하여 엄청나게 많은 변화를

인간 본성의 역사

겪었을 것이고, 특히 뇌의 엄청난 발달과 직립보행으로 우리 조상의 인간화 과정은 가속화될 수 있었다. 인간의 유연계통을 논하면서, 다윈은 '우리의 자존심이 상하더라도' 인간은 영장류의 여러 동물 중의 하나에 지나지 않음을 솔직히 인정할 것을 요청한다. 그가 상상한 '인간의 먼 조상'의 모습(2, 571~572)은 오늘날 대부분 옳은 것으로 판명되고 있다.

태고의 시간을 거슬러 올라가 보면, 인간의 먼 조상은 "한때 털로 덮여 있었고", "남녀 모두 턱수염이 있었을 것"이고, "내장에는 현재보다 더 큰 맹장이 있었고", "산림이 울창한 나무 위에서 생활했으며", "수컷의 커다란 송곳니는 가공할 만한 무기로 작용했고", "자궁은 이중 구조였으며", "수중 생활의 습성도 있었으며", "달의 주기나 일주간으로 일어나는 신체 기능의 주기성으로 볼 때 조수 간만의 영향을 받는 해안에 살았다는 흔적을 여전히 간직하고 있으며", 그리고 "이렇게 시간의 희미한 구석에서 출현한 인간의 초기 조상은 창고기만큼 그 체계가 단순했을 것"이다(253~254).

인류는 단일한 하나의 종

인간의 유연계통에 이어서 다윈이 다룬 주제는 '인종' 문제였다. 당시 '인종을 어떻게 볼 것인가'의 문제는 서구의 오래된 편견과 맞물려 많은 논란을 낳은 주제였다. 오늘날에는 수많은 고생물학적 흔적과 유전적 증거 등에 의해서 인류가 단일한 종이라는 사실이 확증된 상황이지만, 당시의 사정은 크게 달랐다. 다윈이 인류학자 터틀Russell H. Tuttle의 문헌에서 인용한 바에 따르면, 인종을 구분하는 시각은 인류는 단일한 종이라는 견해(다윈)에서부터 2개 인종론(버레이), 3개(재퀴노트), 4개(칸트), 5개(블루멘바흐), 6개(뷔퐁), 7개(헌터), 8개(아가시), 11개(피커링), 15개(성 빈센트), 16개(데몰랭), 22개(모턴), 60개(크로퍼드), 그리고 63개(버크)의 인종론까지 제각각이었다(272). 심지어 극심한 인종차별주의자였던 미국의 생물학자 아가시는 "여러 인종들은 여러 종과 속의 포유류들이 서식하는 것과 동일한 분포를 보인다"는 터무니없는 주장을 내놓기도 했다.

다윈은 각각의 인종이 외양상 서로 크게 다르다는 사실은 인정한다. 그는 각각의 "인종은 머릿결, 인체 여러 부위의 상대적 비율, 허파의 용량, 두개골의 모양과 용량, 심지어는 대뇌 표면의 주름에 이르기까지" 크게 다르며, "인종의 정신적 특징도 서로 크게 다르다"는 사실을 부정하지 않았다. 그리고 인종 간에는 "주로 감정 면에서 큰 차이를 보이지만, 지적인 능력 면에서도 부분적으로는 차이를 보인다"(263)고도 덧붙였다. 그러나 이런 차이보다도 근본적인 사실은 "현존하는 인종들이 피부색, 머리칼, 두개골 모양, 신체 비율 등 많은 면에서 서로 다르더라도, 전체적인 구조를 고려한다면, 그들이 엄청나게 많은 면에서 서로 닮았다는 것"(277)이다. 더군다나 "대부분의 서로 다른 인종들이 갖고 있는 정신능력이 다소의 차이를 보인다고 해도, 전반적으로는 매우 유

인간 본성의 역사

사하다는 점을 고려한다면, 이들이 각자의 정신 능력을 독자적으로 획득했다고 보기는 매우 어려울 것"이다. 따라서 인종의 차이란 "서로 다른 환경에 노출된 직접적인 결과이거나 선택의 간접적인 결과일 뿐이며, 그런 변이는 별로 중요하지 않으며, 자연선택의 작용을 받지 않았음을 보여 주는 것"(282)이다. 다윈은 각각의 인종을 별개의 종으로 분류하려는 모든 시도는 결코 지지될 수 없다고 못 박고, "모든 인종은 하나의 원시적인 줄기에서 갈라져 나왔고," 인류는 단일한 종이라고 결론지었다(304).

'비천한 기원'에 대한 지워지지 않는 흔적

공동조상이론

다윈의 공동조상이론이 갖는 급진성은, 인간종은 오랜 시간을 거슬러 올라가다 보면 '크게 조직화되지 않은 어떤 생물'에서 유래한다는 주장에서 비롯된다. 배 발생에서부터 인간과 하등동물은 매우 비슷하며, 중요한 기능을 하거나 그렇지 않은 신체기관과 흔적기관의 구조와 기질 면에서도 인간과 동물 사이에는 깊은 유사성이 있다. 인간종은 털이 있고 꼬리가 달린 네 발 동물에서 오랜 진화과정을 거쳐서 탄생했고, 협비원류와는 조상을 같이하는 친척 관계이다. 오늘날의 우리는 먼 조상에게서 "느리고 점진적인 과정을 통해 확실하게 집단을 변형시켰고 의식하지 못하는 가운데 새로운 혈통을 형성하게 된 존재"일 따름이다(2, 558). 따라서 "인간이 동물과는 근본적으로 다르다"는 기존의 통념은 '단지 (우리의) 선천적인 편견'에 지나지 않는다. 그리고 그러한 편견은 "우리의 조상이 반신반인半神半人에서 유래되었다고 선언하는 오만불손함이 우리에게 있기 때문"(71)에 생겨나는 것이다. 그는 우리가 "고의로 눈을 감고 주어진 사실을 못 본 체하지만 않는다면," 인간의 혈통을 대략이나마 인식할 수 있다고 힘주어 말한다.

다윈은 우리가 하등동물에서 유래했고 조상도 같다는 사실을 받아들일 경우, 그것이 "유감스럽게도 많은 사람들의 비위를 상하게 할 것"임을, 그리고 자신의 결론이 "상당히 비종교적이라는 이유로 비난받을 것임"을 잘 알고 있었다(260). 그러나 인간의 자존심이 상처받는다고 하더라도, "종의 출현이나 한 개체의 출현은 모두 엄청난 연속적인 사건들의 결과"라는 것이 엄연한 사실인 것을 어찌하겠는가? 그는 우리의 마음이 설령 "이 엄청난 사건이 단지 무계획적인 우연의 결과라는 것을 받아들이기를 거부한다고 해도," 그것이 사실이라면, 이러한 사실을 부끄럽게 생각할 것이 아니라 좀 더 겸손한 마음의 자세가 요구된다고 위로한다.[52]

> "우리가 미개인에게서 유래했다는 사실은 거의 의심할 여지가 없다. 인간은 … **생물계의 가장 높은 정상에 오르게 되었다는 자부심을 버려야 할 것 같다.** … 인간은 고귀한 자질, 가장 비

---

52 다윈의 생명관은 다음의 언명에서 여실히 드러난다. "아무리 하찮은 생물이라도 우리 발밑의 무생물 티끌보다는 훨씬 더 고상"하기 때문에 "편견이 없는 사람이라면 가장 하찮은 생물을 연구할 때도 그 생물의 기묘한 구조와 특성에 큰 감동을 받지 않을 수 없다"(260).

천한 대상에게 느끼는 연민, 다른 사람뿐만 아니라 가장 보잘 것 없는 하등동물에게까지 확장될 수 있는 자비심, 태양계의 운동과 구성을 통찰하고 있는 존엄한 지성 같은 모든 고귀한 능력을 갖추고 있지만 그의 **신체구조 속에는 비천한 기원에 대한 지워지지 않는 흔적이 여전히 남아 있는 것이다**"(2. 572).

5) 다윈의 논증은 왜 중요한가?

『인간의 유래』는 인간이 근연종의 동물들과 하나의 공동 조상을 가짐을 입증하는 논증이다. 그는 인간은 신체구조의 면에서 하등동물로부터 유래된 확실한 증거를 갖고 있으며, 우리의 감각과 지각 등의 정신 능력 또한 우리와 '인간 아닌 동물'을 구별하게 하는 근본적인 차이가 아님을 누누이 강조했다. 그리고 우리 몸에 새겨진 '비천한 기원'의 흔적에 마음이 상할지라도 자연의 장엄함을 겸허한 자세로 받아들일 것을 권고했다. 그는 또한 본능 분석을 통하여 인간의 선천적인 특성을 논구했고, 사회적 본능이라는 개념을 제시하며 도덕성의 진화과정을 추론하면서, 인류의 미래를 낙관적으로 전망했다. 다윈의 논증은 비단 공동조상이론을 정식화한 데 그치는 것이 아니다. 그 논증의 중요성은 기존의 인간학과 구별되는 '새로운 인간학'의 지평을 열어 놓았다는 데서 배가되며, 거기에는 중대한 형이상학적 함의가 담겨 있다.

새로운 인간학

우선 다윈의 논증은 인간의 문제에 관한 이전의 수많은 논변과는 달리 '…이다'와 '…이 아니다'가 주를 이루는 논증이다. 그는 인간의 동물적 기원을 강조하기 위해서 "유사하다", "차이가 없다", "질적 차이가 아니라 정도의 차이다"라는 표현을 지루하게 들릴 정도로 무수히 반복하였지만, 그런 진술들은 (당시로서는) 철저히 확증된 사실을 기초로 하고 있다. 물론 그의 논증에서도 '…일 것이다'의 진술들이 빈번하게 등장하지만, 그 대부분은 '…이다'의 진술에 의거한 의미 있는 추론들이다. 그리고 이러한 진술들은 일정한 규칙에 따라 구성된다. 즉 다윈은 모든 현상을 공통의 요소로 설명하는 일원론을 견지하면서, 자연세계를 "빠져나갈 수 없는 친화성의 그물"[53]이라는 관점에서 조망한다. 데닛Daniel Dennett이 잘 묘사했듯이, '다윈의 위험한 생각'은 "바로 알고리즘의 수준이 영양의 속도, 독수리의 날개, 난초의 모양, 종의 다양성 등 자연세계의 신비로운 사례들을 가장 잘 설명하는 데 맞춰져 있다."[54] 그 알고리즘이란 '기층적 중립성', '내재적 무의식성', 그리고 '보장된 결과' 같은 것들이다.

이러한 까닭에 그가 남긴 인간적 지식들은 순식간에 와해되지도 않으며, 쉽게 잊히지도 않는다. 인간의 물리적 특성 및 생물학적 기원에 관한 다윈의 설명은, 그가 미처 몰랐던 유전 메커니즘이나 뇌에 관한 일부분을 제외한다면, 오늘날

---

53 Beer, Gillian(1983), *Darwin's Plots: Evolutionary Narrative in Darwin, George Eliot and Nineteenth-Century Fiction*, 『다윈의 플롯』, 남경태 옮김, 휴머니스트, 2008, 79쪽.

54 Dennett, D.(1995), *Darwin's Dangerous Idea: Evolution and the Meanings of Life*, New York, Touchstone, Simon & Schuster, pp.50~51.

에 와서도 대부분 옳은 것으로 받아들여지고 있다. 인류의 조상이 살았던 최초의 근거지가 아프리카 지역이었다거나 인류가 단일한 종으로 진화되었다는 견해는, 오늘날 '아프리카 기원설'이나 '인종집단 간의 유전적 거리에 대한 계량분석'[55]에서 확인되듯이, 명백한 사실로 판명되었다. 인간에 관한 우리 지식의 많은 부분은 이미 150년 전에 다윈이 갖고 있었던 지식의 일부이며, 그런 점에서 다윈의 논증은 지금도 매우 중요하다.

자연에서의 인간의 위치를 바라보는 다윈의 시각은 매우 독특하다. 그는 자연계의 모든 종들, 예컨대 고릴라, 뻐꾸기, 꿀벌, 지렁이, 그리고 인간을 균일한 시각에서 조망함으로써, 인간의 특권적 지위를 인정하지 않는다. 쉽게 말하면, 인간은 자연의 한 부분이다. 따라서 그는, 평생의 동료였던 헉슬리처럼 우주사적 과정과 인간화의 과정을 분리해서 보지 않았다. 다윈에게 인간의 윤리적 과정은 자연사의 진화과정에 내포되어 있다. 두 과정은 각각 선과 악으로 규정되는 모순되는 과정이 아니라 선과 악이 공존하는 통일적 과정이다. 헉슬리의 '두 세계의 분리 관점'에 따른다면, 그가 『진화와 윤리』에서 역설했듯이, 인간 본성은 냉혹하고 비정한 자연세계의 산물이기에 본질적으로 악한 것이다.[56] 그러므로

55 Cavali-Sforza, L, Menozzi, Paolo and Piazza, Alberto(1994), *History and Geography of Human Genes*, Princeton University Press; Cavali-Sforza, L.(1996), *Geni, Popoli, e Lingue*, 『유전자, 사람, 그리고 언어』, 이정호 옮김, 지호, 2005.
56 Huxley, Thomas H.(1894), 101~103쪽.

헉슬리에게는, 자연사의 진화과정에서 발생하는 이기적이고 경쟁적인 선천적 경향들을 조절하고 극복하기 위해서, '명시적으로 고안된 인간의 발명품'이 필요했고, 그것은 바로 도덕과 윤리였다. 그러나 다윈이 보기에, 도덕은 자연의 외부에서 인위적으로 만들어진 창작물이 아니라 자연 안에 존재하는 자연의 한 조각이다.

도덕은 자연 안에 존재하는 자연의 한 조각

다윈은 자연 속에서 종 간 또는 종 내부의 가혹한 생존 투쟁과 탐욕으로 얼룩진 어둡고 경쟁적인 측면을 면밀하게 들여다보면서도 상호 협력과 공생에 얽힌 본능의 수많은 양태를 헛되이 지나치지 않았다. 집단생활을 하는 동물들에게서 볼 수 있는 사회적 본능은 인간종에게는 공감과 연민의 도덕감정으로 뿌리내렸다. 도덕의 기원에 관한 다윈의 설명은 흄의 자연주의와 애덤 스미스의 도덕감정이론에 조응한다. 그는 크로포트킨Peter Kropotkin[57]처럼 '선의 생물학'만을 고집하지 않았고, 헉슬리처럼 '악의 생물학'으로 경도되지도 않았다. 그가 들려준 것은 '인간 본성에는 선의 요소와 악의 요소가 모두 스며들어 있다'는 '선과 악이 공존하는 생물학'이었다.

다윈에게도 몇 가지 어려움은 있었다. 그는 도덕성의 진화에 관해, "사회적 본능에 연원한 도덕감이 수천 세대에 걸쳐 대물림됨으로써, 그리고 이성 등 인간의 정신 능력의 고양과 결합됨으로써, 인류의 고결한 습성이 더욱 강해지고 확

---

57 Kropotkin, P.(1902), *Mutual Aid: a Factor of Evolution*, 『상호부조 진화론』, 구자옥 옮김, 한국학술정보, 2008.

인간 본성의 역사

장될 것"이라고 추론했다. 이러한 추론에는 자연세계에 대한 접근법과는 다르게, 개체보다는 집단을 선택의 단위로 삼는 설명방식이 개입되어 있다.[58] 다윈이 어떠한 이유에서 도덕성의 진화에 관해서 만큼은 집단선택의 관점을 적용하려 했는지는 알 수 없다. 그러나 인류의 정신적·사회적 진화과정에 대한 다윈의 낙관론은, 라마르크주의에 가깝게, 진화를 지적이고 도덕적인 진보로 확대해석하려는 경향을 보였음은 분명하다.[59] 이러한 경향성은 인간의 지성과 도덕 문제에 대해서는 자연선택의 작용을 부정하고 영성적인 차원으로 끌어올린 월러스의 초자연적 신비주의나, 인류의 윤리적 발전 과정을 유기체적 진화에서 나타나는 반도덕적 요소를 제거해온 역사로 파악하는 헉슬리의 과학적 캘빈주의와는 확연히 다른 것이기는 하지만, 다윈에게도 자연계의 진화에 관한 객관적인 분석과 인류의 지적·도덕적 진보에 대한 개인적 신념 사이에 일정한 간극이 존재했음을 시사한다.

다윈의 논증은 물론 인간학적 탐구의 종결을 의미하지는 않는다. 도덕성의 확장에 관한 추론에서 감지할 수 있듯이, '심신문제' 등을 포함한 정신현상을 해명하는 일은 그의 능

---

58 Sober, E. and Wilson, D. S.(1998), *Unto Others: The Evolution and Psychology of Unselfish Behavior*, 『타인에게로』, 설선혜·김민우 옮김, 서울대학교출판문화원, 2013, 4쪽. 그러나 루즈는, 소버와는 달리, 도덕성에 관해서 다윈이 집단선택자였는지 개체선택론자였는지 어느 한쪽으로 결론내리기는 쉽지 않다는 입장이다. Ruse, M.(1979), 410~411쪽.

59 Kaye, H. L.(1997), *The Social Meaning of Modern Biology: From Social Darwinism to Sociobiology*, 『현대생물학의 사회적 의미: 사회다윈주의에서 사회생물학까지』, 생물학의 역사와 철학 연구 모임 옮김, 뿌리와 이파리, 2008, 42쪽.

력을 넘어서는 버거운 숙제였다. 또한 다윈의 인간학은 인간이 동물과 '같은 점'에 대해서는 많은 이야기들을 들려주면서도, 인간이 동물과 '다른 점'에 대해서는, 다시 말해서 '인간을 인간이게 하는 속성'에 대해서는 별도의 새로운 지식을 보태지 않았다. 그러나 그가 인간의 감정 표현, 언어, 그리고 도덕 등 정신현상의 물리적 토대를 규명함으로써 새로운 인간학의 기틀이 마련했음은 물론이고, 이를 통하여 우리 모두에게 형이상학적 성찰의 과제를 던져 준 것은 너무나 명백하다.

정신현상의
물리적 토대

4. 다윈 인간학이 남긴 문제들

    토머스 쿤에 따르면, 과학혁명은 과학 세계를 지배했던 기존의 패러다임을 새로운 것으로 대체한다. 다윈 혁명은 미해결의 난제로 남겨졌던 인류 탄생의 비밀에 관한 형이상학적 의문을 해소시킴과 동시에 기독교적 교리에 의거한 창조론적 생명관에 일대 타격을 가했다. "세계는 물질로 구성되어 있으며 창조주의 힘이 아니라 자연의 일반 법칙에 의해 운용된다"는 유물론적 세계관은 '하나의 긴 논증'의 입각점이자 결과물이다. 인간을 포함한 자연세계에 대한 치밀한 관찰과 그 결과로 획득한 각종의 물리적 증거들, 그리고 입증된 사실에 기초한 추론을 통하여 다윈이 다져 놓은 자연주의적 세계관의 토대는 굳건한 듯 보였다.

그러나 과학적 발견은 사회적 수용 과정에서 그 자체로 온전하게 보존되지 않는다. 소로킨Pitirim A. Sorokin이 지적했듯이, "과학적 진리의 가치에 대한 신념은 자연에서 추론해 낸 것이 아니라 특정한 문화의 산물"[60]이다. 과학은 인류의 역사적 맥락과 해당 사회구조 속에서 생성되는 지적 산물의 일부이다. 따라서 과학적 발견은 특정한 역사적 시기의 지배적이고 보편적인 관념들과 불가피하게 충돌하기도 또는 융합되기도 하며, 사회구조적 제반 장치들에 의해 여과와 변용의 과정을 거치기도 한다.[61] 그러한 과정에서 과학은 사회적 변화를 위한 신선한 개념적 도구로 작용하기도 하지만, 종종 특정한 목적을 갖는 이데올로기와 뒤섞여서 변질된 관념으로 덧칠되기도 한다. 과학의 이데올로기화는 과학 본래의 모습을 왜곡시키고, 과학 고유의 용법과 무관하게 과학적 사실을 '사실 이상의 것'으로 남용하거나 오용하는 폐단을 불러오기도 한다. 생물학 역시 예외가 아니며, 다윈의 진화론은 철학과 종교, 그리고 정치 등 과학 외적 영역으로 번져가면서 각종의 파생된 문제를 야기했다.[62] 가령 20세기 초 서구에서 유행병처럼 번져나간 우생학이나 서구 중심의 인종차별주의는 다윈의 인간학을 변용하여 이데올로기

---

60 Sorokin, Pitirim A.(1937), *Social and Cultural Dynamics, Vol.2*, New York, American Book Company, p.42.
61 Merton, Robert K.(1973), *The Sociology of Science*, 『과학사회학 1』, 석현호 외 옮김, 민음사, 1998, 480~501쪽.
62 Alexander, Denis R. and Numbers, Ronald L.(eds.), *Biology and Ideology from Descartes to Dawkins*, University Of Chicago Press, 2010. 이 책은 앞의 1장에서 3장까지를 제외한 10개의 장에서 다윈 이전의 자연신학에서부터 최근의 진화생물학에 이르기까지 생물학의 이데올로기적 오용과 남용 문제를 다루고 있다.

적 극단으로 치달은 경우였다.

1) 신의 문제

사실의 영역과
믿음의 세계 사실의 영역과 믿음의 세계는 역사상 언제 어디서든 충돌
했다. 특히 19세기 지성사는 자연 속 인간의 위치를 묻는 질
문과 관련하여, 과학, 신학, 사회과학, 철학 등 여러 탐구 분
야의 주요한 논제들이 서로 얽혀서 상이한 관념들이 상충
되기도 하고 보완되기도 하는 특징적 양상을 보여 주었다.
18세기 이신론으로부터 다윈 시대를 전후하여 분출된 무신
론의 번성은, 신의 존재는 물론 인간과 자연에 개입한 신의
기능에 대해서 심각한 의구심을 증폭시키는 기폭제 역할을
했다. 과학과 종교 간의 불가피한 충돌에 주목한다면, 근대
사상의 전개 과정은 생명의 기원과 관련하여 그동안 불가해
한 의문들로 여겼던 형이상학적 수수께끼들이 하나둘 풀리
면서 믿음의 영역을 점진적으로 축소시켜 온 과정으로 서술
될 수 있을 것이다.

  정통주의 신학에 따르면, 창조주는 '역사 속의 신'이다. 신
과 인간의 관계는 일련의 역사적 사건에서 계시되었으며,
예컨대 천지창조, 인간의 타락, 그리스도의 속죄, 구원 등의
각각의 사건들은 심원한 영적인 의미를 갖는다. 이 교리에
따르면, 하느님이 창조한 최초의 행위로부터 역사가 시작

되었을 뿐만 아니라, 그 역사는 자체의 목적도 갖는다. 이런 까닭에 윌버포스 주교는 다윈의 진화론이 "신의 말씀에 해당하는 주제인 인간의 저 도덕적·영적 조건에 대한 전체적인 설명과도 완전히 어긋난다"고 주장할 수 있었다. 지나치게 논쟁적이었던 이 주교의 견해로는, "인간의 모든 특징들이 신의 형상에 따라 창조된 이상 인간이 동물에서 유래되었다는, 인간을 격하시키는 개념과 하나님의 본성을 부여받은 영원한 아들에 의해 속죄 받은 인간이라는 개념은 전혀 양립 불가능한 것"이었다.[63]

그러나 다윈은 젊은 시절부터 우리에게 신의 관념이나 하느님의 존재에 대한 믿음은 선천적이거나 본능적인 것이 아니라는 생각을 점점 더 공고하게 다져 갔다. 그는 『인간의 유래』에서 "전지전능한 하느님이 존재한다는 고상한 믿음이 원래부터 인간에게 주어졌다는 증거는 없다"(162)고 적었다. 신이 존재한다는 믿음은 아마도 아주 먼 옛날 미개인들이 "살아 있는 영적 존재가 자연의 사물과 힘에 생명을 불어넣는다고 생각하는 경향", 다시 말해 영적 작용에 대한 확신에서 생겨났을 것이다. 물론 미개인의 영적 작용에 대한 맹신과 기독교적 믿음은 다르다. 다윈이 보기에, 기독교에서 말하는 "종교적 헌신의 감정은 정말로 복잡한 것"으로, "그것은 사랑, 고귀하고 신비스러운 절대자에 대한 절대 순종, 강

---

63   Clark, Ronald W.(1964), *The Survival of Charles Darwin*, Random House, p.145.

768   인간 본성의 역사

한 의존감, 두려움, 존경, 감사, 미래에 대한 희망 그리고 그 외의 여러 가지 요소들로 이루어져 있다"(165). 그러나 이러한 고차원적 종교적 감정은 창조주가 실제로 존재하기 때문에 생기는 것은 아니다. 인간은 진화를 통하여 숭고한 정서와 높은 수준의 정신 능력을 발달시켜 왔다. 미개인들이 믿었던 '보이지 않는 영적인 힘'은 주물 숭배, 다신론을 거쳐서 궁극적으로는 유일신 사상으로 변모하게 되었다. 만약 인간의 추리력이 원시상태에 멈추어 있는 형편없는 수준의 것이었다면, 인간은 미개인과 마찬가지로 이상한 미신과 풍습에 빠졌을 것이다. 다윈은 기독교를 포함한 모든 종교의 기원을 자연사의 과정과 동일한 방식으로 진화론적으로 해석했다. 즉 우리가 갖고 있는 고상한 종교적 믿음은 상당히 진보된 인간의 지성에 상상력, 호기심, 그리고 경외심이 결합되어 생겨난 산물이라는 것이다. 이러한 해석은 다윈의 과학적 일원론과 기독교적 세계관 사이에 존재하는 근본적인 긴장 관계가 미봉적으로 덮을 수 있는 성질의 것이 아니었음을 시사한다.

다윈의 진화론은 우리가 경험하는 현상들과 사건들이 신의 개입과 무관하게 자연세계에 작용하는 일정한 법칙에 의해서 발생한다는 공리에 기초를 둔다. 유물론적 일원론에 의하면, 모든 존재의 기초는 물질이며, 정신이나 영혼 또는 신의 관념도 우리 뇌의 복잡한 신경회로가 만들어 내는 '경이로운' 결과물에 불과한 것이다. 그가 보기에, 물질은 모든 존재의 질료였고, 일체의 영적 현상이란 물질에 의한 작용이거나 그 부수적인 결과이다. 따라서 그는 창조주가 '물질에 부여한 일련의 신화들'을 결코 받아들일 수 없었다. 그는 『종의 기원』 3판 서문에 윌리엄 휴얼의 경구를 인용하면서, '우리가 아는 창조자가 물질에 부여한 법칙들'로는 개체의 생성과 소멸을 설명할 수 없음을 명시했다.

> "내 생각에는 세계의 과거와 현재 거주자들의 생성과 소멸이 개체의 출생과 죽음을 결정하는 원인들과 같은 부차적인 원인들 때문이었다고 보는 것이 우리가 아는 창조자가 물질에 부여한 법칙들보다 사실에 더 잘 부합된다."[64]

그러나 다윈은 일상의 삶에서는 기독교에 대해 신중한 태도를 취했다. 그는 마음이 이미 명백히 한쪽으로 기울었음에도 불구하고 노골적으로 종교를 비난하는 언행을 삼갔다. 그는 자연에서 '설계자이신 신'이라는 개념을 완전히 폐기하였지만, 페일리에게서 읽은 성스러운 경이감을 조소하지 않았다. 그가 일정한 기간 동안에는 기독교에 대해 복합적인 감정을 품고 있었고, 당시의 학문세계를 지배했던 유신론적 분위기를 다분히 의식하고 있었던 것은 사실이다. 그는 '다윈의 불독'처럼 정통적 교리에 공개적으로 도전하는 스타일이 아니었고, 그렇기에 과학의 영역을 벗어나서 종

---

64 http://darwin-online.org.uk/content/frameset?itemID=F377&viewtype=image&page
seq=1

교적이고 이데올로기적인 전장에서 거칠게 싸우기를 원하지 않았다. 다윈의 이러한 태도에 주목하여, 길레스피Neal C. Gillespie는 다윈의 삶을 창조론의 에피스테메와 생물학적 실증주의의 패러다임 사이를 오갔던 행적으로 묘사한다. 그러고 나서 "적어도 다윈을 미약한 유신론자였다거나 철저한 무신론자"로 규정하는 것은 "다윈을 너무 소박하게 해석하는 것"일 수 있다는 의견을 제시한다.[65]

그러나 이러한 견해에는 여러 허점이 있다. 왜냐하면 다윈이 기독교적 믿음을 끊임없이 의구심에 가득찬 눈으로 바라보았다는 많은 증거들이 있기 때문이다. 무엇보다 『종의 기원』과 『인간의 유래』에는 기독교적 세계관을 일관되게 부정하는 많은 진술이 있다. 또한 손녀에 의해 뒤늦게 출간된 『자서전』은 그의 종교적 믿음이 점차 사라지게 되었던 삶의 과정을 자세하게 들려준다. 그가 자연의 진리를 앞에 놓고 과학과 종교 사이에서 고뇌하는 과정이 있었던 것은 사실이지만, 평생 동안 마음을 정하지 못했던 것은 아니다. 그는 유신론적 믿음이 『종의 기원』을 기점으로 "약해져 갔고", 그 "불신은 서서히 스며들더니 마침내 완전히 자리 잡았다"[66]고 분명하게 밝힌 바 있다.

또한 다윈의 가족사적 배경도 그가 종교적 믿음에서 멀

---

65   Gillespie, Neal C.(1979), *Charles Darwin and the Problem of Creation*, University of Chicago Press, pp.22~28.

66   Darwin, C.(1887), 101~111쪽.

어지게 된 요인이기도 했다. 루스Michael Ruse가 지적했듯이, 다윈의 반유신론적 성향은 집안 내력과 관련이 있다.[67] 다윈의 할아버지인 이래즈머즈는 믿음이 아주 약한 사람이었다. 이래즈머즈는 기껏해야 '약한 의미의 이신론자'였을 뿐이기에 자연의 진화 현상을 흔쾌히 받아들일 수 있었다. 콜리지 Samuel T. Coleridge는 이래즈머즈를 아예 무신론자라고 여겼다. 이래즈머즈는 아이들에게 참된 지식은, 『성서』나 고전적인 고대의 문헌에 이미 제시된 것이 아니라, 관찰자와 실제 세계 사이의 활동적인 상호작용에 의해 얻을 수 있는 어떠한 것이라고 가르쳤다. 다윈의 부친인 로버트는 신을 믿지 않았고, 삼촌인 웨지우드는 유니테리언교도였다. 또한 가족 중에서도 다윈에게 가장 가까웠던 친형도 다윈이 비글호 항해에서 돌아온 직후부터 비신자가 되어 있었다. 다윈의 친족 가운데는 독실한 신앙인이 거의 없었고, 이러한 가족적인 배경은 그에게도 적지 않은 영향을 미쳤을 것이다.

또한 그가 겪은 개인사적 불행도 기독교로부터 멀어지게 하는 중요한 요인이었을 것이다. 부친이 세상을 떠난 지 3년 뒤인 1851년 사랑스런 딸 애니가 사망한 사건은 평소에도 신앙과 영성에 거리를 두고 있던 다윈에게 중요한 전환점이었다. 다윈은 딸의 죽음 앞에서 "죄 없고 선한 어떤 사람이 나무 밑에 서 있다가 번개에 맞아 죽는다고 합시다. 당신은

---

67 Ruse, M. (1979), 306쪽; Brown, Janet(2006), 84쪽; Quammen, David(2006), 135쪽.

인간 본성의 역사

신이 이 남자가 죽도록 설계했다고 믿나요? 많은, 아니 대다수의 사람들이 그렇다고 믿습니다만, 나는 믿을 수 없고 믿지도 않습니다"라며 처절하게 절규했다. "애니의 잔인한 죽음은 그가 질질 끌고 가던 도덕적이고 공정한 우주에 대한 넝마 같은 믿음을 산산조각 냈고", 그의 기독교적 믿음에 종언을 고하는 결정적 계기가 되었다.[68] 훗날 그의 여러 고백에서 종교를 버린 시기가 일치하지는 않으나, 분명한 것은, 그에게 기독교에 대한 불신은 느리게 다가왔지만 마침내는 완전히 그를 장악했다는 사실이다. 다만 임종을 앞두고서는 신의 존재를 부정하는 의미에서의 무신론자는 아니었고, 오랜 친구 헉슬리가 만든 용어로 불가지론자(Agnostic)에 만족한다는 것으로 자신의 종교적 입장을 갈음했을 뿐이다.[69] 이러한 견해에는, 종교의 제 문제가 과학적 사실에 의해 지지 또는 기각될 수 없는 성질의 것이라는 사실과 함께 다른 한편으로, 과학의 힘으로 풀 수 없는 문제 영역이 존재한다는 양면적 의미가 담겨 있다.

넝마 같은 믿음

---

68 Desmond, Adrian and Moore, James(1991), 643~647쪽.
69 1879년 다윈은 한 편지에 "나는 신의 존재를 부정하는 의미로 무신론자가 된 것은 결코 아니다. 나의 심경을 정확하게 표현하자면 늙어 가기 때문에 항상 그렇지는 않으나 나는 불가지론자라고 생각한다"라고 썼다. Desmond, Adrian and Moore, James(1991), 1055~1056쪽; Bowler, Peter J.(1990), 260쪽.

2) 진화는 진보인가? – 다윈과 스펜서

다윈의 유물론은 어찌 보면 과학적 사실과 종교적 믿음이 내적으로 충돌하면서 빚어진 형이상학적 산물이다. 스티븐 제이 굴드Stephen Jay Gould는 "과학은 신학적인 관심사와 서로 만나지 않는다"[70]면서 '중복되지 않는 교권'을 주장한 바 있지만, 유물론을 지지하는 많은 증거들은 과학과 종교의 경계선에 걸친 문제들과 깊이 연관되어 있다. "과학자의 것은 과학자에게, 사제의 것은 사제에게"[71]의 방식으로 둘을 따로 나눌 수 있으면 좋겠지만, 과학과 종교는 관심 영역이 다르더라도 상호 중첩되는 어느 지점에서 조우하게 된다면 상호 간에 긍정적이든 부정적이든 영향을 미친다. 따라서 "과학과 신학이 하나의 진실에 대한 두 가지 관점으로 상보적일 수 있다"는 굴드의 견해는, 과학과 신학이 상이한 주제의 관념 공간에서 따로 노닐 때는 들어맞는 얘기일 수 있으나, 공통의 주제 영역에서 마주할 경우에는 궁지에 몰릴 수 있다.

과학과 윤리의 관계도 대동소이하다. '존재'와 '당위' 구분에 관한 '흄의 재단기(Hume's Guillotine)'는 마치 객관논증상

---

70 Gould, S. J.(1987), "Darwinism Defined: The Difference Between Fact and Theory", *Discover*, Jan, p.70.

71 Gould, S. J.(1998), *Leonardo's Mountain of Clams and the Diet of Worms: Essays on Natural History*, 『레오나르도가 조개화석 주운 날』, 김동광·손향구 옮김, 세종서적, 2008, 341쪽. 굴드는 과학과 종교를 다음과 같이 구분한다. "과학이라는 그물은 경험적인 영역을 포괄한다. 우주는 무엇으로 이루어져 있는가(사실), 우주는 왜 그런 방식으로 운행되는가(이론)라는 주제가 그에 해당된다. 종교의 본질이 담당하는 영역은 도덕적인 의미나 가치에 관계되는 문제. 이 두 가지 교권은 중복되지 않으며, 모든 물음을 포괄하지 않는다."

의 계몽적 지표로 수용되기도 하였지만, 그 자체가 절대적인 법칙인 것은 아니다. 무어G. E. Moore가 정식화한 '자연주의적 오류(Naturalistic Fallacy)'[72]는 논리적 추론상에서 정합성을 확보하는 데는 유용한 기준일 수는 있으나, 현실세계에서 발생하는 복합적인 사회현상을 설명하는 데 무차별적으로 적용될 수 있는 보편의 척도는 아닌 것이다. 다윈의 이론을 평가함에 있어서도 과학과 윤리, 사실과 가치 간의 구별은 결코 쉽게 단정할 수 있는 문제가 아니다. 레이첼스James Rachels가 되묻고 있듯이, 기독교 세계관을 포함하여 인간과 자연에 대한 기존의 지배 관념을 송두리째 뒤엎은 다윈의 주장이, 오직 사실의 문제에 관계할 뿐 가치의 영역에 대하여는 어떠한 혼란도 초래하지 않았다고 생각할 수 있을까? 달리 표현해서, 다윈의 진화론이 윤리와는 무관하게, 윤리에 관하여 어떠한 함의도 담고 있지 않다고 장담할 수 있을까? "인간에 관한 생물학적 지식에 전혀 신경 쓰지 않는 윤리학은 하나의 공중누각에 지나지 않을 것"[73]이라는 부케티츠Franz M. Wuketits의 경고에 귀 기울인다면, 과학과 윤리의 경계를 기계적으로 그으려는 어떤 시도이든 '자연주의적 오류'에 버금가는 '반자연주의적 오류'를 범할 가능성이 농후하다. 불가지론, 사회적 진보, 인종, 우생학, 그리고 이데올로기 등과 깊이 연관될 경우, 두 영역을 명료하게 구분하는 것은 매우 어려울 뿐더러 또한 별 의미를 갖지 못한다. 따라서 방법론적 엄격성에 매

과학과 윤리의 경계를 기계적으로 그으려는 시도

---

72 Moore, G. E.(1903), *Principia Ethica*, Dover Publications, 2004, Ch.2, 'Naturalistic Ethics'.
73 Wuketits, F. M.(1990), 161쪽.

달리는 일부 과학자들의 신념에서 표출되는 무어의 '열린 문제 논증(Open Question Argument)'은 다윈의 진화론을 설명하는 데서 근본적인 한계를 드러낼 수밖에 없다.

다윈의 진화론에서 '사실'과 '가치' 사이의 혼동을 초래하는 중요한 문제 중의 하나는 '진화'가 '진보'와 뚜렷하게 구별되는가 하는 것이다. 진화는 진보인가 아닌가의 문제는 다윈 이론의 출생 맥락에서부터 발생한다. 혹자는 "다윈의 혁명적 사고와 사회문화적 진화 개념의 대두는 동일한 빅토리아 시대에 이루어지기는 하였으나, 그것들은 각각의 독립적인 발전의 결과였다"[74]고 주장하지만, 이 같은 주장은 다윈 이전부터 과학과 철학 등 제반 영역에서 광범위하게 전개되었던 유물론적 흐름을 간과하는 동시에 사회적 진보에 대한 시대적인 열망을 과소평가하는 해석이다. 다윈의 지적 성장과 발달 과정에서 볼 수 있듯이, 진화론은 그를 둘러싼 사회적 배경과 지적 토양 위에서 구축된 것이다. 그는 조부와 라마르크의 진화 이론은 물론이고, 맬서스의 생존경쟁 이론, 그리고 라이엘의 동일과정설을 수용하는 등 동시대의 과학자들로부터 차근차근 지적 영양분을 섭취하면서 자신의 이론을 정교화시킬 수 있었다. 다윈의 진화가 곧바로 사회적 의미의 진보를 의미하는 것은 아니었다 하더라도, '진화'와 '진보' 두 용어의 의미를 명확히 구분하는 데는 많은

사실과 가치 사이의
혼동

---

[74]   Bowler, Peter J.(1990), 241쪽.

인간 본성의 역사

어려움이 따른다. 광의의 진화 개념을 염두에 두면서 다윈의 생각과 스펜서Herbert Spencer의 사고를 대비하면, 생물학적 의미의 진화는, 다윈의 의도와 관계없이, 사회적 차원의 진보로 변형될 수 있음을 알 수 있다.

다윈의 진화 개념은 스펜서가 다차원적으로 확장시킨 진화의 개념과 명백히 다른 것이었다. 다윈의 이론이 '사회적 진화'라는 관념으로 번져나간 것은, 물론 다윈의 본의와는 무관한 일이다. 다윈은 진화의 개념을 무정향적이고 무계획적이며 우연적인 자연선택의 결과로 사용하였지만, 스펜서가 유포시킨 진화의 관념은 '정향성의 진보'를 의미했다. 그럼에도 다윈은 종종 스펜서주의자로, 역으로 스펜서는 다윈주의자로 오인되는 상황이 초래되기도 하였다. 스펜서는 물론 진화론자였다. 그는 『종의 기원』이 나오기 7년 전인 1852년에 이미 『발생 가설』을 발표하여, 진화론을 지지하며 라마르크설을 자신의 철학의 주요 기반 중 하나로 사용했다. 스펜서에게 생물학적 진화론은 우주적 진보주의의 중요한 기초였기 때문에, 그는 인류의 발전을 자연세계의 진화적 흐름에서 불가피하게 발생하는 연속적 사건 중 하나로 파악할 수 있었다. 가령 그가 『생물학 원론』에서 펼친 "무작위적 변이에 대한 선택과 획득형질의 보존은 진화과정에서 조화를 이룬다"는 논지의 주장은 단적인 예이다. 스펜서의 견지에서, 라마르크설이나 자연선택설은 둘 다 경쟁 활동의 효과가 축적되어 사회적이고 생물학적인 진화를 발생시킬 수 있는 가능한 방법이라는 점에서 차이가 없었다. 그리하여 스펜서는 생물학적 진화를 사회적 진보와 동일한 계열의 함수관계처럼 인식할 수 있었다.

스펜서의 사회적 다윈주의(Social Darwinism)가 다윈의 진화론과는 독립적인 사회이론인 동시에 하나의 시대적 이데올로기였다는 사실은, 진화와 진보가 실제상으로는 엄격되게 구분될 수 없음을 말해 준다. 스펜서는 생존경쟁의 개념을 사용하는 데서 다윈의 생각과 매우 달랐다. 다윈은 자연선택이 유전적 특성의 무작위적인 변이에 작용한다고 생각한 반면, 스펜서가 보기에 다윈의 자연선택설의 문제는 개체 스스로의 노력에 의해서 개체 자신이 향상될 수 있다는 것에 여지를 두지 않은 데 있었다. 스펜서는 어떠한 개인이든 고통의 위협을 받게 되면 유전된 형질의 한계를 극복할 수 있을 것으로 생각했다. 이에 따라서 스펜서는, "생존적 실패에서 비롯되는 개체적인 불행은 게으른 자를 교육시켜서 장차 더욱 근면하고 진취적이 되도록 하는 게 가장 가능성이 높은 길"이라고 주장할 수 있었다. 스펜서에게 적자適者란 강하고 이기적이고 자손을 많이 낳는 자가 아니라 도덕적으로 적합한 자, 즉 지적이고 협동적이며 이타적인 사람을 뜻했으며, 진화는 자연적이면서도 인위적 방법으로 개체의 형질을 고양시킬 수도 있는, 그러한 것이었다.[75] 따라서

---

75 스펜서는 진화를 "상대적이고 불확정적이고 응집성이 없는 동질성의 상태에서 상대적으로 확정적이고 응집적인 이질성의 상태로의 변동"으로의 보편적인 과정으로 정의한다.

그에게 '상대적으로 더욱 진화된 행위'와 '좋은 행위'는 같은 것이었다. 이러한 스펜서의 주장은 '무엇이 어떠하다'와 '무엇이 어떠해야 한다'의 경계를 넘나드는, 자연주의적 오류의 전형적인 사례이지만, 그가 라마르크식의 사회적 진화론을 신봉하는 한, 그것은 불가피한 귀결이었다.

다른 한편으로 다윈과 스펜서는 '진화'의 개념을 달리 사용했지만, 인류의 미래상을 그리는 데서는 동일한 지향점을 향하고 있었다는 것은 명백한 사실이다.[76] 앞에서 본 바, 다윈도 진화를 통하여 인간이 높은 차원의 정신적 능력을 고양시켜 나간다면, 인류의 도덕적 범위가 한층 더 확장될 수 있다고 전망했다. 다윈에게 있어 인간 사회에 적용되는 자연선택은 도덕성의 근원인 사회적 본능을 향상시키는 압력으로 존재한다. 스펜서는, 다윈과는 설명방식에서 큰 차이를 보였지만, 자연선택이 힘든 노동, 검약, 창의성 등을 자연스러운 인간성의 특징으로 축적하도록 한다고 본 점에서 낙관주의적이었다.

생물학적 진화와 사회적 진보

이렇듯 생물학적 진화와 사회적 진보가 상이한 함의를 갖는 구별되는 개념일지라도, 다윈의 진화에는 어떤 형식으로든 스펜서식의 진보가 자연스럽게 스며들 수 있는 공간이

Spencer, H.(1891), *The Study of Sociology*, London, FB&c Ldt., 2015.

76 그린의 견해에 따르면, 다윈은 스펜서와 비교할 때 차이점보다는 공통점이 많은 사회진화론자에 가까웠다. Greene, J. C.(1977), "Dawin as a Social Evolutionist", *Journal of History of Biology*, 10, pp.1~27.

마련되어 있다. 루즈가 지적하듯이, "생물학적 다윈주의와 사회적 다윈주의 사이는 결코 뚜렷하게 갈라지지 않는다."[77] 스펜서를 위시한 사회적 다윈주의자들은 다윈의 진화론에 공감하고 인류의 도덕적 진화를 반긴 사람들이다. 이래즈머즈 다윈과 라마르크 같은 이들이 열렬한 사회적 진보주의자들이었던 것처럼, 스펜서 또한 다윈의 진화론에서 "인간 사회의 발달을 의미하는 자연적이고 일반적인 진보적 경향"을 찾아내고 싶어 했다. 그에게 진화는 인간 사회에서 발생하는 개체들 간의 끊임없는 생존경쟁에서 비롯되는 불안감으로부터 벗어날 수 있는 집단적 탈출구였다. 스펜서의 해답은 "진보는 우연이 아니라 필연이며, … 인류는 여전히 변이를 겪고 있으며, … 변이는 완전성을 목적으로 하며, … 그러므로 인간은 더 완전해져야 한다"[78]는 것이었다. 그런 점에서 스펜서주의는 물질이나 생명의 진화에 관한 이론이라기보다는 도덕적 진화의 과정에 관한 이론이다. 그가 보기에 빅토리아 시대 상황에 부합하는 해결책은 진화론과 청교도적 윤리를 하나로 묶는 것이었다. 그는 형식적인 종교에 대해 회의하는 것만으로는 인류 진화의 동력을 구할 수 없다고 판단했기에, 일각에서의 거부감을 무릅쓰고 다윈의 물질주의를 과감하게 차용했다. 그는 자연에 적응하지 못한 생물이 도태되는 것처럼, 사회에 적응하지 못한 사람들의 고통을 불행하지만 어쩔 수 없는 현상으로 보고, 부적응자의

---

77 Ruse, M.(1979), 437쪽.

78 Spencer, H.(1851), *Social Statics*, Forgotten Books, 2012, p.65.

속성이 다음 세대로 이어지는 것을 막아야 한다고 역설했다. 이러한 생각에서 그는 빈곤한 자들에 대한 국가의 지원을 맹렬하게 비난했고,[79] 검약, 고된 노동, 근면 등과 같은 청교도적 노동윤리의 중요성을 강조했다. 스펜서의 이론은 전통적인 중산층의 가치에 새로운 지침을 제공했고, 상당수의 신교도들은 그의 진화론 한가운데 자리한 청교도주의를 반겼다. 다윈의 자연선택이 자연스럽게 스펜서의 적자생존으로 번안됨으로써 진화와 진보 간의 구별은 사실상 힘들어졌다. 그런 점에서 "사회가 진보한다는 학설은 생물이 진화한다는 생각이 낳은 아이임에 틀림이 없다."[80] 이를 증명이라도 하듯이, 생물학적 원리를 사회적으로 일반화하려는 경향은 20세기 초반 유럽을 넘어 개척의 땅 미국에서 엉뚱한 방향으로 비뚤어지기 시작했다.

3) 이데올로기로서의 다윈주의

스펜서는 다윈의 진화론을 과학의 울타리에서 빼내어서 '사회적 진화론'이라는 새 이념을 구축하는 데 활용했다. 스펜서는 진화에 진보의 옷을 입혀 인류 사회의 발달 원리를 제시하려는 야심찬 목표를 갖고 있었다. 독학으로 대성한 이

---

79 Spencer, H.(1851), p.323~324. 스펜서는 "국가의 간섭은 '사물의 자연적 질서하에서 사회는 병들고 열등하고 게으르고 우유부단한 신념 없는 자들을 끊임없이 배제시켜 나간다'는 사실을 망각한 데서 비롯된 것"이라고 비난했다.
80 Ruse, M.(1979), 483쪽.

사상가의 생각으로는, 인류 진화의 과정에서 청교도주의적 도덕이 근간을 이룰 수 있다면 진화는 곧 진보 자체였다. 그러나 스펜서식으로 채색된 진화가 한 발을 헛딛어 잘못된 길로 들어설 경우, 예상 밖의 참담한 결과를 불러올 수도 있다.

다윈 이론을 반겼던 사람들은 사회적 다윈주의자들만이 아니다. "진화의 과정을 진보로 동의하기만 하면, 과학이론은 곧 도덕이론과 정치이론으로 변화될 수 있다."[81] 앞에서 본 것처럼, 마르크스는 "다윈의 저서는 매우 중요하며, 그의 자연선택 개념은 계급투쟁의 역사를 매우 훌륭하게 설명해준다"면서, 다윈의 진화론을 유물사관의 자연과학적 기반으로 받아들였다. 일부 유물론자들은 다윈의 이론 중에서 '변이주의(Transmutationism)'를 떼어내서 현존의 지배계급 타파를 위한 혁명적 관념과 암암리에 결부시키려 했다.[82] 다른 한편으로 신흥 대자본가들이 다윈에 열렬히 공감했던 데는 정치적 유물론자들과는 다른 이유가 있었다. 치열한 경쟁 속에서 큰 성공을 거둔 산업자본가들은 다윈에게서 '최적자 생존'이라는 개념을 발견하고는 환호했다. 20세기 초 미국의 석유왕 록펠러John D. Rockefeller와 철도 소유주 제임스 힐 James J. Hill은 '적자생존'을 자신들의 좌우명으로 삼았다. 철

---

81 Burrow, J. W.(1966), *Evolution and Society*, Cambridge University Press, p.99. '종의 기원'이 몰고 온 정치적 파장에 대해서는 다음을 참조. Beck, Naomi(2009), "The *Origin* and Political Thought: From Liberalism to Marxism", *The Cambridge Companion to The "Origin of Species"*, pp.295~313.

82 Zirkle, Conway(1959), *Evolution, Marxian Biology, and the Social Scene*, Philadelphia, University of Pennsylvania Press, p.86.

인간 본성의 역사

강왕 앤드루 카네기Andrew Carnegie는 스펜서와 다윈의 저서
를 읽고서 혹독한 경쟁과 적자생존의 자연법칙에 완전히 매
료되었다. 그는 소수의 자본가가 장악하는 사업, 산업과 상
업의 집중, 그리고 자본들 간의 충돌과 경쟁 등의 자본주의
적 양상을 인류 사회의 자연법칙으로 번안하면서, 이 법칙
이 미래의 인류 발전에 도움이 될 뿐만 아니라 필수적임을
인정해야 한다고 역설했다. 그는, 오직 자본주의만이 적자생
존을 보장할 수 있으며, 그 과정에서 불가피하게 발생하는
"커다란 불평등을 받아들이고 환영하지 않으면 안 된다"고
강변했다.[83] 반다윈주의자 로브트럽Søren Løvtrup은, 이 같은
혼용으로 빚어진 불상사에 분노하면서, 다윈의 진화론을 결
과적으로 물질적인 가치를 우선하는 자본주의 시대의 이데
올로기에 부합하는 유물론적 이론이라고 비난했다.[84]

자본주의
이데올로기에
부합하는
유물론적 이론

다른 한편으로 자연선택이 궁극적으로 최적자생존을 유
도하는 자연법칙적 장치로 여겨진다면, 인간 사회에서 소
수 강자에 의한 다수 약자들에 대한 지배 및 그에 따른 약자
들의 도태는 이미 정해진 수순이라는 결정론적 관념이 득세
할 수 있다. 이럴 경우에 자연선택설은 약육강식의 논리를
생물학적으로 뒷받침하는 근거로 남용될 수 있다. 자연선택
설을 이데올로기적으로 악용한 극단적 사례는 인종차별주

---

83 Carnegi, Andrew(1900), *The Gospel of Wealth*, 『부의 복음』, 박별 옮김, 예림북, 2014, 108~133쪽.
84 Løvtrup, Søren(1987), *Darwinism: The Refutation of a Myth*, Springer, p.453.

의자들에게서 나타났다. 그들이 다윈의 진화론을 반긴 이유
는, 무엇보다도 열등한 인종을 몰아낼 수 있는 과학적 근거
가 마련되었다고 생각했기 때문이다. 이들에게 적자생존 개
념은 생래적인 인종적 편견을 뒷받침하는 유력한 무기였다.
다윈 이론에서 인종차별의 근거를 찾으려는 사람들은, 백인
의 평균 두뇌 용량이 다른 인종보다 크다는 골턴Francis Galton
의 뇌 용량 측정법을 기꺼이 받아들였고, 유럽인들이 여러
인종 가운데 가장 상위의 진화 단계에 있다는 결과를 무엇
보다 마음에 들어 했다.

다윈에게도 허점은 있었다. 다윈은 말년에 쓴 한 편지에
서 "그리 멀지 않은 장래에 수많은 하등 인종이 고도로 개
화한 인종에 의해 멸종될 것이다"라고 적으면서, 그 이유를
자세하게 언급하기도 했다.[85] 또한 『인간의 유래』에는 "남자
는 여자보다 더 용기 있고, 더 잘 싸우고, 더 기운차다. 그리
고 더욱 창의적인 재능을 가지고 있다"거나 "가장 능력 있는
사람이 크게 성공하여 많은 수의 자손을 키우는 것을 법이
나 관습으로 방해해서도 안 된다"(2, 570)는 등 다분히 오해
의 소지가 있는 문장들도 몇몇 발견된다. 백인 남자가 가장
진보한 인류 유형이라는 믿음은 빅토리아 시대의 보편적인
통념이었다. 이러한 인종적 편견은 근대 서구에서 일반인은
물론 과학자들에게도 만연된 현상이다.[86] 예컨대 다윈과 가

---

85   Darwin, C., *The Life and Letters of Charles Darwin - Volume 2*, pp.467~471.
86   Gould, S. J.(1981), 3장과 4장 참조.

까웠던 인류학자 러벅John Lubbock은 "야만인들은 문화적으로 월등히 발달한 백인에 비해 지적 능력이 크게 떨어지는 하위적 수준에 머물러 있기 때문에 원시적인 문화를 가질 수밖에 없다"고 주장했고, 칼 포크트는 심지어 "백인은 침팬지, 흑인은 고릴라, 동양인은 오랑우탄에서 유래했다"는 이론 아닌 이론을 내놓기도 했다. 아가시나 헤켈 등도 인종차별의 굴레에서 벗어나지 못했다.

근거 없는 주장인 '인종구분론'

그렇지만 앞에서 본 것처럼, 다윈은 결코 인종차별론자가 아니었다. 그는 갖가지 인종구분론을 근거 없는 주장으로 간주하고 인류를 단일한 종으로 결론을 내린 바 있다. 그가 내린 결론에 따라서 그는 세속적인 인종 문제에 대해서는 객관적인 태도를 견지했다. 그는 노예제도를 혐오하고 흑인들을 잔인하게 다루는 것에 대해 분명한 반대 입장을 표명하는 등 인류의 보편적 가치를 옹호했다. 그는 갖가지 형태로 횡행했던 인종주의적 편견이나 인종차별적 이데올로기를 초월하는, 그 이상의 것을 내다볼 줄 아는 인물이었다.

그러나 인종주의자들에게 진화론의 '과학성' 문제는 그들의 주된 관심 사항이 아니었다. 인종주의자들의 의도는, 다윈에게서 일부만을 골라내어 서구인의 우월한 위치에서 열등한 인종을 박해하는 생물학적 준거로 활용하는 데 있었다. 인류의 진화에서 한쪽으로 치우친 해석을 선호했던 사람들에게는 인류의 구성에서 '자연의 실패작'으로 여겨지는 열등한 부류의 인간들에 대하여 무자비하고 부도덕한 감정을 그럴 듯하게 포장할 수 있는 명분이 필요했던 것이다. 19세기 인종차별주의를 정당화한 프랑스 외교관 고비노Arthur Gobineau, 우생학의 창시자 골턴을 숭배했던 지지자들, 그리고 20세기 초 미국 이민 정책에 적용되었던 인종 심사 기준 등은 그 같은 흐름을 대변한다. 예컨대 런던의 수리통계학자 칼 피어슨Karl Pearson은 이 흐름의 중심에 섰던 전형적인 인물이었다. 그는 "자신들의 땅을 인류의 최대 이익을 위해 이용할 줄도 모르고 인류 지식의 공동 자산에 자신의 몫을 기여하지도 못하는, 검은 피부의 무지몽매한 종족은 유능하고 건장한 백인종으로 대체되어야 한다"고 목소리를 높였다.[87] 영국에서 미국으로 번져나간 우생학은 인간 생물학의 이론적 울타리에서 벗어나서 반도덕적인 정치운동으로 변질되었다.[88] 미국 우생학의 선도자로서 악명이 높았던 헨리 고더드Henry H. Goddard는 '정신박약', '중간 백치', '바보' 등의 용어를 만들어내며, 미국의 미래를 위해서는 그렇게 분류된 자들을 영구히 격리시켜야 된다고 주장했다. 고더드의 주장을 열렬히 지지했던 우생학 기록국 책임자 데븐포트C. Davenport는 열등한 자들의 혼인 제한, 강제 격리, 강제 불임수술 등의 법제화를 추진했으며, 그 법령들의 일부는 절반 이상의 주에서 통과되었다.

반도덕적
정치운동으로
변질된 우생학

---

[87] Pearson, Karl(1892), *The Grammar Of Science*, New York, Cosimo, 2007, p.369.

[88] 다음을 참조. Pichot, André(1995), *L'eugénisme, ou Les Généticiens Saisis Par La Philanthropie*, 『우생학: 유전학의 숨겨진 역사』, 이정희 옮김, 아침이슬, 2009; 김호연 (2009), 『우생학 유전자 정치의 역사-영국 미국 독일을 중심으로』, 아침이슬.

인간 본성의 역사

더욱 어처구니없는 사태는 히틀러에 이르러 극에 달했다. 그는 다윈의 저작을 숙독하고 나서 엉뚱하게도 자연선택설을 인종 청소의 이론적 도구로 사용함으로써 지구적 차원의 재앙을 야기했다. 20세기 전반을 광란의 세계로 몰아갔던 나치즘은 사회적 다윈주의를 사악하게 바꾸어 놓았다. 나치 경찰의 총책이었던 힘러Heinrich Himmler는 전범재판에서 다윈주의가 '부적절한' 유대인들을 유럽에서 숙청하는 일을 정당화했다고 어처구니없는 변명을 늘어놓았다. 일부의 비평가들은 인종 청소라는 전 지구적 참사에 대한 다윈의 책임을 들먹인다. 가령 바준Jacques Barzun과 힘멜파르프Gertrude Himmelfarb 등은 역사적 견지에서 다윈의 『종의 기원』이 인간으로 하여금 야만적인 본능을 숭배하게 함으로써 20세기의 심각한 사회 문제들을 만들어 냈다고 비난했다.[89]

과학은 과학 그 자체로 보존되지 않고 사회적으로 재구성된다

정작 다윈이 이런 얘기를 듣는다면 너무나 어처구니없는 노릇이겠지만, 여기에는 중요한 함의도 담겨 있다. 과학은 과학 그 자체로만 보존되지 않고, 사회 속에서 활용되고 재구성된다는 점이다. 『종의 기원』 출간 이후 '다윈의 우군과 적군'이 대립하고 진화론을 인종차별론으로 둔갑시키는 사태는 과학이 '과정으로서' 존재하며 사회적 맥락 속에서 변질될 수 있다는 사실을 여실히 보여 준다. 과학적 지식은 사회적 수용 과정을 통해서 재해석될 수 있으며, 경우에 따라

89 Barzun, Jacques(1964), *Science: The Glorious Entertainment*, New York, Harper & Row; Himmelfalb, G.(1967), *Darwin and Darwinism Revolution*, New York, Anchor.

서는 지식 생산자의 의도와 관계없이 별도의 사회적·도덕적 함의가 부여된다. 왜냐하면 과학적 지식은 "특정한 견해를 가지고 특정한 사회에서 살고 있는 과학자 개인에 의해 과학에 덧붙여진 그 무엇"으로 공용화될 수 있음은 물론이고, 해당 사회가 공유하는 형이상학적인 믿음과 사회적 이상에 의거하여 번안될 수도 있기 때문이다.

인간 본성의 역사

다윈의 우군과 적군

『종의 기원』에 대한 당시 영국 지성계의 찬반 논란은 이미 여러 글들에서 널리 소개된 바 있다.[90] 여기서 굳이 이를 재론하는 이유는 하나의 연구 프로그램으로서 진화론이 정상과학으로 정립되기까지 어떠한 과정을 거치게 되었는지를 여실히 보여 주기 때문이다. 데이비드 헐이 논구한 바, 과학은 '하나의 과정'이다. 『종의 기원』에서의 논증이 수용되기까지의 과정을 이 부 4장 「다윈 인간학이 남긴 문제들」과 6부의 「사회생물학 논쟁」과 연관하여 살펴본다면, 과학적 지식의 사회적 생성 맥락에 관한 풍부한 시사점을 얻을 수 있을 것이다.

잘 알려진 바, 『종의 기원』이 출간된 후 다윈의 주장은 동료 과학자들을 포함한 당대의 지성세계로부터 거의 지지를

---

[90] 다음의 것들을 참고. Bowler, Peter J.(1990), 193~221쪽; Hull, David L.(1988), 421~484쪽; Mayr, E.(1991), 71~94쪽; Ruse, M.(1979), 339-386쪽.

받지 못했다. 특히 종교계의 반발은 거셌다.[91] 무엇보다 인간도 별 수 없이 다른 생물들처럼 하나의 종으로서 자연선택의 테두리를 넘어설 수 없다는 진화론적 암시는 극도의 거부감을 불러 일으켰다. 『종의 기원』이 야기한 반향을 보여주는 상징적인 사건은 '윌버포스-헉슬리 논쟁'이었다.[92] 소피 샘Soapy Sam의 별칭을 달고 뛰어난 논쟁가로 활동했던 윌버포스 주교는 "사람은 원숭이인가, 아니면 천사인가? 신이여, 나는 천사의 편입니다"라는 조롱조의 독설로 다윈을 공격했다. 그는 논쟁 중에 헉슬리를 향해 "할아버지 쪽이 원숭이의 후손이었는지, 할머니 쪽이었는지, 아니면 양쪽 모두가 그러했는지"를 물으며 비아냥거렸다. 헉슬리는 "나는 인간으로서 진리를 마주하기를 두려워하기보다는, 차라리 두 원숭이의 후손이 되겠습니다"라고 대답했다. 반론의 근거로 헉슬리는 인간이 동물로부터 진화했다는 발생학적 증거를 제시했다. 헉슬리는 『자연 내에서의 인간의 위치에 대한 증거』에서 "고릴라와 침팬지로부터 인간을 나누는 구조적 차이는 원숭이와 고릴라를 나누는 그것과 다른 바가 없다"[93]고 선언함으로써, 다윈과 뜻을 같이했다. 그러나 '다윈의 불독'

---

91   Roberts, John H.(2010), "Religious Reactions to Darwin", in *The Cambridge Companion to Science and Religion*, Peter Harrison(ed.), Cambridge University Press, pp.80~102.

92   이 논쟁의 평가에 대해서는 다음을 참조. White, Paul(2003), *Thomas Huxley: Making The 'Man of Science'*, 『토마스 헉슬리』, 김기윤 옮김, 사이언스북스, 2006, 114~115쪽; Ruse, M.(2000), *Can a Darwinian be a Christian*, 『다윈주의자가 기독교인이 될 수 있는가?』, 이종록 외 옮김, 청년정신, 2002, 19~20쪽.

93   Huxley, Thomas(1863), *Evidence as to Man's Place in Nature*, Michigan University Press, 1959, p.123.

으로 불릴 만큼 다윈을 적극적으로 옹호했던 헉슬리조차도 자연선택설에 대해서는 온전하게 받아들이지 않았다.[94]

다윈의 몇 안 되는 강력한 지지자 중의 한 사람은 독일 생물학자 헤켈이었다. 헤켈은 사람이 영장류에서 기원했다는 생각을 곧바로 정신과 의식의 기원에 관한 문제로 연결시킨 인물이다. 그는 1874년 『인류의 발생사』에서 인간 의식의 발생도 물질론적으로 설명될 수 있다고 주장함으로써 다윈의 유물론에 동조했다. 그는 "인간은 원숭이처럼 생긴 조상에서 진화한 것이 틀림없기 때문에 동물 계통수의 일부에 소속시키는 것이 합당하다"고 주장했다. 반면에 미국의 생물학자 아사 그레이의 생각은 이들보다는 좀 더 복잡했다. 그는 다윈과 수시로 서신을 교환할 정도로 인간적으로는 친밀한 사이였지만, 자연선택설을 쉽게 받아들일 수 없었다. 그는 다윈의 적응적 진화 개념에 대하여는 공감을 표했으나, 진화는 신이 자연의 환경에서 최적의 형질을 갖도록 종을 변화시킴으로써 일어나는 것이라는 자신의 생각을 바꾸지 않았다. 그는 신이 유익하고 쓸모 있는 변이를 창조했으며, 그다음 자연선택이 집단에서 변이를 보존한다고 주장했다. 그레이는 생물적 종들이 '창조의 쓰레기'라 할 수 있는

---

94 헉슬리는 자연세계의 진화와 인류의 윤리사적 과정을 명백히 구별했다. Huxley, Thomas H.(1894), *Evolution and Ethics*, 『진화와 윤리』, 김기윤 옮김, 지만지, 2009. 그는 "자연선택이 완전하게 증명되지 않았다고 느꼈기 때문에, 언제나 생물이 한 꼴에서 다른 꼴로 '뛰게' 할 큰 변이들로 자연선택을 보완하는 쪽을 선호했다." Ruse, M.(1979), 341~342쪽.

목적 없는 변이들을 생산하지 않을 것이라고 믿고 있었다. 그는 "점진적이고 정연한 자연의 적응 형태들이 미리 정해진 구도를 의미한다면, 또한 적어도 변이를 일으키는 물리적 원인을 아직 모르고 있다면, 변이가 유리한 방향으로 일어날 것"이라는 자신의 견해를 고집하면서, 다윈에게 가설의 수정을 요청했다.[95] 그레이는 모든 종의 진화가 신이 원하는 방향으로 진행하게끔 새로운 변이를 조절한다는 유신론적 관념에서 더 이상은 앞으로 나가는 것을 거부했다.

다윈과 공동으로 자연선택설을 발표했던 월러스는, 출발점은 같았으나 목적지는 달리했던 의외의 인물이었다. 그는 하나의 범주로서 종과 변종 간의 차이가 단지 정도의 차이라는 사실을 공유했지만, 자연선택의 메커니즘을 인간에게도 예외 없이 적용하려는 다윈의 시도에는 반대했다. 1889년 그는 『다윈주의: 자연선택 이론의 해설과 적용 사례들』에서 자연선택설로는 인간의 뇌를 설명할 수 없다고 주장했다.[96] 월러스는 말년에 들어서는 초자연주의에 빠져 들어, 인간의 지능과 도덕적 특질의 발전 과정에서 자연선택의 역할을 부정했다. 오히려 그는 어떤 초자연적 요인의 개입만이 동물과 인간 사이의 넓은 간극을 설명할 수 있다는

---

95 Bowler, Peter J.(1990), 200쪽.
96 Wallace, Alfred R.(1889), *Darwinism*, BiblioBazaar, 2008, ch. XV. 월러스의 영지주의로의 선회에 대해서는 다음을 참조. Richards, Robert(1987), "Wallace and the Challenge of Spiritualism", *Darwin and the Emergence of Evolutionary Theories of Mind and Behavior*, University of Chicago Press, pp.176~184.

인간 본성의 역사

비과학의 세계로 빠져들었다. 그는 인간 정신이야말로 하느님이 생물의 역사에 이바지한 유일한 것이라고 믿었기 때문에 끝내는 진화론을 인간 정신에 적용시킬 수 없는 이론이라고 결론짓고, 다윈의 이론과 명백하게 결별했다.

이렇듯 몇몇 과학자들이 다윈을 옹호했다 하더라도, 결과적으로 보면 이들이 다윈 이론의 모든 요소들을 수용한 것은 아니었다. 그레이는 공개적으로 진화론을 반대했고, 헉슬리는 자연선택론을 받아들이지 않았으며, 그리고 헤켈마저도 그중 일부만을 수용했을 뿐이다. 이들 이외에 대부분의 과학자들은 다윈의 이론에 반대했다. 그들은 거의 모두가 유신론자였다. 빅토리아 시대는 기존의 세계관을 둘러싼 긴장과 투쟁이 진행 중인 '평형의 시대(Age of Equipoise)'였다. 대부분의 "성직자들과 여타의 비평가들은 연단에서 『종의 기원』에 담긴 상스러운 학설을 성토했다."[97] 청년 다윈을 지도했던 시즈윅H. Sidgwick은 신의 자리를 자연의 법칙으로 대체하려는 다윈의 시도에 몹시 분개하며, 『종의 기원』을 '솜씨 좋게 요리되어 나온 계급유물론 한 접시'라고 혹평했다.[98] 그는 놀랍게도 "라이엘보다 훨씬 더 정통적인 기독교의 입장에서 다윈이 말하는 '종 간 변이'란 '미친 꿈이나 다름없는 이론'"이라고 비난했다.[99] 일찌기 라마르크 진화론를 격렬하게 비난했

---

97 Ruse, M.(1979), 340쪽.
98 Quammen, David(2006), 237쪽.
99 Ruse, M.(1979), 153쪽.

던 해부학자 리처드 오언Richard Owen은 다시금 공격의 화살을 다윈에게 돌려서 다윈 반대 운동의 극렬한 대표자가 되었다. 그는 생명의 역사는 신성神性 계획으로서만 비로소 이해할 수 있다는 신념 아래 다윈의 자연선택설과 공동조상 이론을 완강하게 거부했다. 그는 인류와 유인원을 연결시키려는 일체의 시도를 반대했다. 오언은 유인원과 인류의 뇌 구조 사이에는 해부학적으로 커다란 차이가 있다는 증거로 '소해마령(Hippocampus)'이라는 부위를 제시했다. 그는 "'소해마령'은 유인원의 뇌에는 없고 인간에게만 있다"고 강변했다. 1861년 헉슬리와 오언 사이에 벌어진 '히포캄포스 논쟁'의 쟁점은 히포캄포스가 오로지 인간 뇌에만 존재하는지의 여부였다. 해부학자 마이버트G. Jackson Mivart도 "한 종에서 다른 종으로의 물질적 변형을 낳는 것은 무엇이든 간에 인간의 정신과 영혼을 설명할 수 없다"고 주장하면서, 오언의 손을 들어 주었다. 그러나 논쟁의 결말은 헉슬리의 승리로 끝났다. 원숭이의 뇌 구조도 인간과 거의 차이가 나지 않았기 때문이다. 미국의 생물학계의 반응도 부정적이었다. 하버드대 동물학자인 애거시즈는 "다윈 이론이 과학적으로 잘못된 것으로, 진실성이 결여되어 있으며, 방법론이 비과학적이며, 또한 성향도 유해하다"고 맹렬하게 비난했다.[100]

다윈을 반대하는 사람들은 생물학자들만이 아니었다. 대

---

100 Mayr, E.(1991), 20~21쪽.

인간 본성의 역사

부분의 물리학자들도 다윈의 이론이 표준과학 방법과 맞지 않는다는 쪽으로 의견을 모았다. 당시 영국 천문학계를 대표했던 허셜Sir John F. W. Herschel은 『종의 기원』이 '뒤죽박죽' 법칙으로 구성되어 있다고 비난하면서, 자연선택설을 '돼지를 살 때 흥정하는 이론'이라고 깎아내렸다.[101] '켈빈 눈금'의 창안자인 윌리엄 톰슨William Thomson, Lord Kelvin이 주된 표적으로 삼은 것은 찰스 라이엘의 균일론이었지만, 라이엘에 대한 그의 공격은 다윈의 자연선택설을 손상시키는 간접적인 방법이기도 했다. 켈빈 경은 뜨거운 지구 내부가 서서히 식었기 때문에 오랫동안 지구가 안정적인 상태를 유지할 수 없었다고 주장했다. 이러한 주장은 지질학적 과정이 엄청나게 오랜 시간에 걸쳐 느리게 꾸준히 작용한다는 라이엘의 균일설을 정면으로 반박하는 것으로서, 만약 켈빈 경의 주장이 맞다면, 자연선택설의 입각점인 지질학적 단계주의는 허구로 판명났을 것이다. 켈빈 경은 실제로 지구의 나이가 기껏해야 1억 년에 불과하다고 공언했다. 당시의 일반적인 통념으로 인류의 역사는 『성서』의 기록대로 기껏해야 수천 년 밖에 되지 않았다고 모두들 믿고 있었으며, 따라서 멸종한 동물의 뼈와 함께 발견되는 원시 석기의 발굴에 관한 뉴스는 사기꾼의 농간으로 치부하는 분위기였다.

　결과적으로 다윈의 혁명적 이론은 신의 계획이 생물의 진

---

[101]　Ruse, M.(1979), 413쪽.

화과정을 통해서 구현된다는, 이른바 '신성 진화론(Theistic Evolution)'의 거센 반발에 막혀 좌초되는 듯 보였다. 유신론을 신봉하는 과학자들은 여전히 변이가 신이 '예정된 방향'으로 몰고 가는 강력한 힘이라고 믿고 있었다. 즉, 이들에게 변이는 여전히 신이 안내했다는 증거가 될 만큼 뚜렷이 정돈된 계획적인 설계도와 같은 것이었다. 따라서 생물의 진화과정이 무계획적이고 무정향적이고 심지어 우연이라거나 신의 위대한 창조물인 인간이 유인원 등의 하찮은 존재들과 연루되어 있다는 다윈의 이야기는 이들에게는 터무니없는 망상으로 보일 수밖에 없었을 것이다. 다윈은 이러한 사태를 일찌감치 예견하고 있었다. 이미 본 바, 그는 『종의 기원』의 말미에 "밝혀진 사실보다는 밝혀지기 어려운 사실에 더 큰 무게를 두는 성향이 있는 사람은 반드시 내 이론을 배척할 것이다"(기원, 496)라고 적었다. 그는 "'창조의 계획'이나 '설계의 통일성' 등과 같은 표현으로 무지를 감추는," 그런 사람들을 납득시키리라고 기대하지도 않았다. 왜 그랬을까? 쿤Thomas Kuhn의 용어를 빌리면, 이전의 정상과학에서 이후의 정상과학으로 전환되는 혁명의 과정에서는 신구의 두 패러다임 사이에 양립할 수 없는 간극이 존재하기 때문이다.[102] 따라서 다윈의 진화론이 진지하게 수용되기까지는 좀 더 많은 시간을 필요로 했다.

---

[102] Kuhn, T. S.(1962), *The Structure of Scientific Revolutions*, 『과학혁명의 구조』, 홍성욱 옮김, 까치글방, 2013, 135쪽.

인간 본성의 역사

6부

생물학주의

다윈의 논증은 인간의 동물적 기원을 파헤침으로써 세상을 바꾸어 놓았다. 수천 년 동안 믿어 의심치 않았던, '하느님이 설계하고 주관하는 자연'은 '우연에 의해 작동되는 자연'으로 교정되었다. 다윈은 인간의 특권적 지위를 하등동물과 다를 바 없는 수준으로 끌어내림으로써 인간종 중심주의의 종말을 고했다. 다윈 혁명 이래 생물학은 다윈주의자들의 노력으로 획기적인 발전을 거듭해 왔다. 다윈주의자들은 다윈의 자연선택설에 멘델의 유전법칙을 결합시킴으로써 '진화생물학의 현대적 종합'을 달성했다. 연이어 생물학계는 왓슨James D. Watson과 크릭Francis Crick의 DNA 이중나선구조 발견, 윌리엄스George C. Williams의 개체선택(Individual Selection)이론, 해밀턴W. D. Hamilton의 혈연선택(Kin Selection)

가설, 도킨스Richard Dawkins의 이기적 유전자론, 윌슨E. O. Wilson의 사회생물학, 그리고 21세기 초 게놈 프로젝트에 이르기까지 혁신 일로를 걸어 왔다.

이제 생물학의 탐구영역은 자연계의 생명현상에 국한되지 않는다. 현대생물학은 동물행동학, 신경과학, 행동유전학, 진화심리학 등 인접 과학 분과들과 협력하여 인간의 행동, 마음, 의식, 언어, 문화, 도덕, 예술, 종교 등 인문학적 영역에도 과감하게 도전장을 내민다. 이제 우리는 "과학이 인간의 삶의 골치 아픈 형이상학적 질문에 답할 수 없을 것"[1]이라는 과거의 예상과는 달리, 우리의 고정 관념을 뒤집어 볼 수 있는 신선한 관점을 생물학에서 얻기도 한다. 이 같은 변화를 수사학적으로 표현하면, 생물학적 접근은 "인간의 삶과 역사를 자연의 언어로 바꾸어 번역함으로써 인간 자신에 대한 개념을 바꾸고, 이 새로워진 인간의 개념을 통해 삶의 문제들에 대한 우주적 지침을 찾으려는 시도"[2]처럼 보인다.

생물학주의는 생물학적 원리에 입각하여 인간 행동을 해석하려는 모든 시도를 통칭한다. 생물학주의는 생물학적 원리에 어긋나거나 '진화상의 적응'과 배치되는 제반 관념들을 배제한다. 이제는 인간 본성에 대한 탐구에서 철학이 차지했던 자리를 과학에게 넘겨야 할 때가 되었다는 말도 심심찮게 들려온다. 마치 "아무 것도 가르쳐 줄 것이 없는 형

---

1 Barzun, Jacques(1964), p.117.
2 Kaye, H. L.(1997), 18쪽.

인간 본성의 역사

이상학 서적들을 불 속에 처넣으라"는 흄의 가르침을 따르듯이, 생물학주의는 공상과 허구로 짜인 재래의 인간학적 담론들의 폐기 처분을 요청한다. 이러한 의미에서 현대의 생물학주의자들은 전통적인 문화주의를 전복하려는 '문화적 혁명가들'인 셈이다.[3]

현대 생물학주의는 이미 50년쯤 전부터 타 분과에 대한 학문적 우월성을 소리 높여 외쳐왔다. 그 선봉격인 윌슨은 그의 논쟁적인 저서 『사회생물학』의 마지막 장에서, 철학을 포함한 "여러 가지 인문과학들과 마찬가지로 사회학과 기타의 사회과학들은 머지않아 현대적 종합에 포함됨으로써 생물학에서 파생되는 분과들 중 마지막 분과의 하나가 될 것"[4]이라고 호언장담했다. 몇 년 뒤 그는 『인간 본성에 대하여』에서 더욱 공격적인 주장을 들고나왔다. 윌슨은 과학성이 결여된 인문학 등은 '견고한 과학(Hard Science)'에 적대적인 특수한 관계에 놓여 있다고 진단했다. 그가 보기에, 과학에 대한 적대적인 관계는 인문학 내부에서 번성한 문화주의가 "처음부터 각기 자신들의 방법과 생각만을 고집하기 때문에 야기된" 것이다. 그는 생물학에 내포된 과학적 유물론이 정신과 사회적 행동의 토대를 재검토함으로써 반反과학적인 "인문학에 대해 일종의 '반反분야' 역할을 할 것"[5]이라고 선

---

3 Fleming, Donald(1969), "On Living in a Biological Revolution", Atlantic 223, pp.64~70.
4 Wilson, E. O.(1975), 26장.
5 Wilson, E. O.(1978), *On Human Nature*, 『인간 본성에 대하여』, 이한음 옮김, 사이언스북스, 2000, 31~35쪽.

언했다. 그리고 20여 년이 지나서 그는 또 다시 '두 문화'가 마침내 하나로 통합되어야 한다는 이른바 '통섭(Consilience)'을 요구했다. 그가 주장한 통섭론의 요점은, 인간종의 고유한 특성은 자연과학과 인과적인 설명으로 연결될 때에만 온전한 의미를 갖기 때문에 생물학을 중심으로 제반 인문사회과학 분과를 통합하자는 것이다.[6] 이 같은 윌슨의 주장은 '인간 본성의 인문학'을 폐기하는 대신에 '인간 본성의 생물학'으로 무장하자는 선언문처럼 들린다. 윌슨의 바통을 물려받은 핑커도 '인간 본성에 관한 허구적 도그마들'을 제거하는 것이 과학자의 진정한 임무라고 여긴다. 그의 희망은 '인간 본성의 생물학'을 마음, 뇌, 유전자, 그리고 진화의 네 영역을 통합한 '인간 본성의 과학'으로 확장하는 것이다. 그렇다면 이들이 말하는 '인간 본성의 과학'은 어떤 것이고, '인간 본성의 철학'과는 무엇이 다른지, 그리고 도대체 인간에 관한 어떠한 새로운 사실을 발견했다는 것인지가 궁금하지 않을 수 없다.

'인간 본성의 인문학'이 아닌 '인간 본성의 생물학'

6 Wilson, E. O.(1998), *Consilience: The Unity of Knowledge*, 『통섭: 지식의 대통합』, 최재천·장대익 옮김, 사이언스북스, 2005.

1. 유전자선택론

　　생물학적 관점에서 볼 때, 인간 조건의 정신주의적 토대인 이성의 기능과 자유의지의 실재성은 의심의 대상이다. 인간 삶의 기본적인 조건은 정교하고 복잡하게 짜인 신체적 체계, 물질대사, 생식, 자극 감수성(외부적인 환경 변화에 대하여 적절히 반응하는 조절 능력), 그리고 진화 등의 생리적 특성 등으로 형성된다. 정신은 물질과 독립된 실체가 아니라 체내 물질의 생리적 작용에 따른 결과적 산물이다. 우리의 정신을 수십만 년 동안 우리 조상의 뇌가 환경에 적응해 온 유전적 진화의 산물로서, '뇌 신경 장치의 부수적인 현상'이라고 본다면, 플라톤적 영혼이 지배하는 정신현상은 허구일 것이다. 다윈의 유물론이 가르치듯이, "물질은 모든 존재의 기초이고, 정신과 영혼, 그리고 신까지도 복잡한 신경회로의 경이로운 성과를 표현하는 낱말에 지나지 않는다."[7] 굴드 Stephen J. Gould는, 이렇게 생각한다고 해서 우리가 잃을 것은 '낡아빠진 영혼의 개념'뿐이지만, 그 덕택에 '우리들이 자연과 하나라는 한층 겸허하지만 우리들을 고양시키는 비전'을 얻을 수 있다고 믿고 있다.

현대 생물학 주류의 관점인 유전자 선택설에 따르면, "인간 본성을 형성하는 형질들은 인간종이 자연선택을 통해 진화하여 온 기간만큼 적응을 거쳐 왔고, 오늘날에도 특정한 유전자들이 그 종 전체를 구속하고 있다."[8] 인간 본성의 대부분은 구석기 시대 수렵채집인에게서 물려받은 유산이다. 이 유산에는 높은 수준의 정신 능력인 이타주의와 사회적 정의도 포함된다. 인간 본성은 우리 몸 안에 내장되어 있는 장치들이 만들어 내는 속성이다. '유전자 세기' 이전에 '본능'이라는 용어로 설명되어 왔던 이 속성은, 오늘날에는 유전자 조합의 결과로 해석되고 있다. 유전자선택론은 '본성 대 양육' 구도에서 선천론을 뒷받침하는 강력한 토대가 되고 있다.

유전자선택론

---

7 Gould, S. J.(1977), *Ever Since Darwin*, 『다윈 이후』, 홍욱희·홍동선 옮김, 사이언스북스, 2008, 10쪽.
8 Wilson, E. O.(1978), 63쪽, 76쪽.

인간 본성의 역사

1) 생물학적 본능론

19세기 이래 인간의 '동물성(Animality)'은 '본능'이라는 용어로 설명되어 왔다. 본능은 생물학적으로 본유적인 속성, '퍼스트 네이처First Nature'이다. 어원상 본능이라는 용어는 애초에는 '행동 주체에게 어떤 행동을 하도록 자극을 준다는 것'을 뜻한다.[9] 본능은, 인간과 동물을 구분하는 주요한 잣대로서 이성과 대비될 때, 마치 '수동적인 삶을 운명 짓는 쇠고랑'처럼 이해되어 왔다.[10] 그렇다면 과연 본능은 무엇이고, 우리는 어떤 본능을 갖는 존재인가? 이에 관해서는 여러 종류의 논의가 있어 왔고, '본능'이라는 용어의 사용법은 다양했다.

본능의 용법

본능을 하나님의 세계와 연관시킨 설계론의 용법은 예컨대 영국의 곤충학자 윌리엄 커비William Kirby에게서 찾아볼 수 있다.[11] 그에 따르면, 동물의 본능은 단지 하나님의 장엄한 설계도의 하부 계획에 속한 목록의 하나이다. 그에게 본

---

9 Diamond, S.(1974), "Four Hundreds Years of Instinct Controversy", *Behavior Genetics*, 4, pp.237~252. 본능은 '고무하다' 또는 '자극하다'라는 뜻의 라틴어 instinguo로부터 유래되었고, 노새를 길들일 때 쓰던 물건을 뜻하는 'stigmulus'의 축약형 'stimulus'와도 연관이 있다.

10 Blumberg, Mark S.(2005), *Basic Instint: The Genesis of Behavior*, 『본능』, 신순호 옮김, 2010, 37~ 43쪽. 블룸버그는 "본능을 논리적 관점에서 보는 시각에는 목적, 목표점, 설계 등의 개념이 내재해 있다"고 파악하면서, 숙명적인 본능론을 부정한다. 대신에 그는 "본능을 이해하는 보다 유익한 길은 경험에 대한 후성설의 광범위한 정의를 취하고, 발달의 비논리적 과정을 이해하여 성체의 행동이 명백하지 않은 근원에서도 나올 수 있다는 생각을 받아들이는 것"이라고 주장한다.

11 Kirby, William(1818), *An Introduction to Entomology: or Elements of the Natural History of Insects*, Forgotten Books, 2015, pp.466~472.

능은 과학적 탐구를 유신론의 틀 안에 묶어 두려는 설명적 도구였다. 설계론자들과 달리 다윈의 조부 이래즈머스는 본능의 존재 자체를 부정했다. 그는 인간과 동물 간에는 정신적 연속성이 존재한다는 관점을 견지하면서, "동물이든 사람이든 무조건적인 본능을 표출하지는 않는다"고 주장했다. 그는 통상 우리가 본능이라고 여기는, 출생 시에 나타나는 행동을 자궁 내부의 환경에서 겪는 경험에 의해 형성되는 것으로 이해했다.

다윈은 설계론도 믿지 않았고 조부의 생각도 따르지 않았다. 앞에서 본 것처럼, 그는 동물들의 "수많은 본능적 행동들은 매우 경이로워서 … 예컨대 뻐꾸기가 본능 때문에 이동하고 다른 둥지에 알을 낳는다고 말할 때, 그 '본능'이라는 말이 어떤 의미인지를 이해할 수 있다"고 설명하면서, 본능을 선천적으로 주어진 자연적 속성으로 규정했다. 그에 따르면, 본능적 행동이란 "이전의 경험 없이도, 그 행동의 목적을 알지 못한 상태에서, 대다수의 동물들이 실행하는 행동"이다. 그는 본능이 "장구한 기간에 걸친 적응을 통하여 변화될 수도 있지만, 굳어진 습성에 의해서 유전될 수 있다"고 생각한 확고한 본능론자였다.

선천적으로 주어진 자연적 속성

다윈의 본능 개념에 전적으로 동의한 인물은 미국 심리학의 개척자 윌리엄 제임스William James였다. 그는 다윈의 견해를 따라, "정신구조의 원인을 의심할 바 없이 자연적"이라고 믿으며, 본능을 인간이 자연선택을 통해 획득한 선천적 경향으로 간주했다. 그는 본능을 "목표를 미리 예견하지도 않고 또 어떤 행동에 대한 사전 교육도 없이 그 목표에 도달하는 행동 능력"[12]으로 정의했다. 그가 보기에, 우리가 "본능이라고 말하는 모든 행동은 일반화된 반사 유형과 일치"한다. 본능은 신경계가 보내는 가장 기본적인 충동이지만, 일단 표출된 후에는 경험에 의해 수정되면서 본래의 맹목성을 잃게 되고, 그 중요도도 점차 감소한다. 그는 본능과 이성의 관계를 다음과 같이 설명했다.

"이성 그 자체는
어떤 충동도
억제하지 못한다"

"이성 그 자체는 어떤 충동도 억제하지 못한다. 충동을 중화시킬 수 있는 것은 반대 방향을 가진 충동뿐이다. 그렇지만 이성은 반대 방향의 충동을 분출하도록 상상을 자극하는 추론을 할 수 있다. 따라서 이성이 풍부한 동물이라면 본능도 풍부한 동물일 수 있지만, 단지 본능에 의존하는 동물이나 운명에 얽매인 자동기계 같지는 않을 것이다."[13]

제임스는 이성과 본능의 통상적인 이분법으로 인간과 동물을 구별하는 것은 올바른 방법이 아니라고 주장했는데, 그 이유는 인간이 이성적인 동물이라고 해서 여타의 동물보다 적은 수의 본능을 갖는다고 생각하지 않았기 때문이다.

---

12 James, William(1890), *The Principles of Psychology*, 『심리학의 원리 3』, 정양은 옮김, 아카넷, 2005, 1923쪽.
13 James, William(1890), 『심리학의 원리 3』, 1940쪽.

오히려 그는 인간은 이성과는 별도로 "하등동물보다 훨씬 다양한 형태의 충동을 갖고 있으며," "다른 어떤 포유류도 이처럼 다양한 본능의 목록을 가지고 있지 않다"[14]고 주장했다. 그가 제시한 인간 본능의 목록에는 빨기, 울기, 웃기, 기어가기, 서기, 흉내 내기, 놀기, 화내기, 경쟁하기, 동정하기, 훔치기, 만들기, 사냥하기 등의 충동은 물론 수줍음, 숨기기, 청결, 사랑, 질투, 그리고 두려움 등의 감정도 포함된다. 제임스는 파블로프가 반사 작용으로 본 대부분의 행동까지도 본능으로 규정함으로써, '과잉본능론'이라는 비판을 받기도 하였으나, 20세기 초반까지 심리학적 본능론을 대변하는 중심인물이었다.

심리학적 본능론에서 생물학적 본능론으로의 전환은 동물학자 콘라트 로렌츠에 의해 진전되었다. 그는 동물 행동의 적응적 가치와 직접적인 메커니즘에 대한 연구를 통하여 동물들의 '유전되는 행동의 내적 구조'를 찾는 데 관심을 쏟았다. 그에 따르면, 이미 성장한 동물이 정상적인 경험을 통해서 나온 행동과 똑같은 행동을 보이는 한, 그 행동이 어떻게 산출되었는지는 중요한 것이 아니다. 동물의 모든 행동은 자연선택의 결과이기 때문이다. 동물 행동에 관한 초기 연구에서 그가 발견한 것은 '각인(Imprinting) 현상'이었다. 각인(Imprinting) 현상 새끼 거위는 어미든 사람이든 처음으로 본 움직이는 대상을

---

14 James, William(1890), 『심리학의 원리 3』, 2017쪽.

각인한다. 로렌츠는 '각인'이 "사전에 프로그래밍되어 생리적으로 진화된" 구조의 일부임을 입증하면서, 본능을 동물 행동학의 핵심 개념으로 사용했다. 그는 본능을 "엄격하게 조절되고 재현될 수 있으며, 그럼으로써 총체적으로 그 종의 유전 형질이 되는 행동 유형"[15]으로 규정했다. 동물 행동에서 본능은 '행동 표출에 필수적인 선행조건으로 그 어떤 경험도 필요하지 않은 능력', 즉 '실제로 학습에 의해 변화되지 않는 행동'을 의미한다. 로렌츠는 특정한 행동을 학습할 기회가 없는, 격리된 채 사육된 동물들이 종 특유의 행동을 보이는 것은 본능적 선천성을 뒷받침해 주는 강력한 증거라고 주장했다.

로렌츠는 동물 행동에서 발견한 일련의 원칙을 인간 행동의 분석에도 그대로 적용했다. 『공격성에 대하여On Aggression』에서 그는 동물 행동의 공격성을 인간의 공격성과 등치시켰다. '공격성'은 "인간과 동물에 있어서 같은 종의 구성원에게로 향한 싸움 본능"으로, 동물에서처럼 인간에게도 일차적인 본능이다. 따라서 "공격적인 충동은 인간 내면에서 자발적으로 일어난다."[16] 공격성은 인간의 자기 보존을 위해서 필수적인 요소이지만, 프로이트의 타나토스처럼 파괴적인 효과를 지닌다. 그의 논리대로라면 전쟁은 공격성 본능이 집단적으로 분출된 필연적인 결과로서, 인류는 주기적으로

---

15 Lorenz, Konrad(1958), "The Evolution of Behavior", *Scientific American*, 199, p.69.
16 Lorenz, Konrad(1966), *On Aggression*, 『공격성에 대하여』, 송준만 옮김, 이화여대 출판부, 1985, 67쪽.

전쟁을 경험할 수 밖에 없다. 그는 "공격성을 줄이기 위해서는 경쟁적인 스포츠를 통해서 본래적인 충동을 해소시켜야 한다"는 다소 엉뚱한 주장을 펼치기도 했다.

로렌츠의 본능론에 대한 의미 있는 반론은 다니엘 레어만 D. S. Lehrman에게서 나왔는데, 이 두 사람 간의 논쟁은 본성 대 양육의 시각 차이가 어디에서 비롯되는지를 잘 보여 준다. 레어만은 로렌츠가 동물 행동으로 찾은 선천성의 전제를 문제 삼았다. 레어만은, 우선 로렌츠의 본능 또는 선천성 개념은 동물 행동이 어떻게 발달하는지에 대해 잘못 이해함으로써 빚어진 오류임을 지적했다.[17] 레어만은 로렌츠가 선천성의 증거라고 본 '격리된 동물들의 종 특유의 행동'을 행동 발달을 지배하는 결정적 경험 요소들로부터 격리된 것으로 보지 않는다. 왜냐하면 그 동물이 경험하는 환경이란 그 동물이 탄생하기 전의 상황까지도 포함하기 때문이다. 이렇게 본다면, 로렌츠가 '선천적'이라고 본 종 특유의 행동은 동물과 환경 사이에서 일어나는 복잡한 상호작용의 결과이다. 다시 말해서 종 특유의 행동에서 어디부터가 경험 이전의 시기에 만들어진 것이고 어디부터가 경험 이후의 것인지를 구별하기가 사실상 어렵다는 것이다. 두 사람 간의 견해 차이는, 로렌츠가 동물 탄생 이후의 시점을 외적 환경에서 경험이 시작되는 시기로 본 반면, 레어만은 그 이전의 배아 단

---

17 Lehrman, D. S.(1953), "A Critique of Konrad Lorenz's Theory of Instinctive Behavior", *Quarterly Review of Biology*, 28, pp.337~363.

인간 본성의 역사

계도 경험의 시기에 포함시켜야 한다는 데 있었다.

　이 논쟁에서 핵심 쟁점은 동물에게 '경험'이 작용하는 최초의 시기를 언제로 볼 것인가 하는 점이었다. 레어만이 보기에, 경험이란 단순히 형식화된 형태의 학습이 아니라 동물과 그 동물의 행동 발달에 기여하는 환경 사이에서 발생하는 모든 종류의 상호작용을 포함한다. 그가 제기한 "중요한 질문은 동물이 무엇에서 언제 격리되었는가" 하는 것이었다.[18] 이러한 이유에서 그는 산비둘기나 어미시궁쥐 행동에 관한 연구 등을 통해서 본능과 경험 또는 학습 사이의 경계가 너무나 불투명하다는 점을 일관되게 강조했다. 예컨대 비둘기 행동이 자연선택의 결과인 것은 분명하지만, 그렇다고 해서 그 행동을 경험 없이 발생한다는 의미의 '선천적'인 것으로 규정할 수는 없다는 것이다. 로렌츠와 레어만 간의 본능 논쟁은 비단 동물 행동의 선천성에 대한 해석의 차이에 국한된 것은 아니다. 과학자 세계의 경계선을 이탈하여 나치를 추종했던 로렌츠의 정치적 편향이 말해주듯이, 이 논쟁은 과학 문화의 전통을 달리하는 데서 오는 차이를 포함한 이념적인 측면까지도 내포하고 있었다.[19]

18　Lehrman, D. S.(1953), p.343.
19　Rosenblatt, Jay(1995), "Daniel S. Lehrman: June 1, 1919~August 27, 1972", *Biological Memoirs of the National Academy of Science*, 66, pp.227~245.

본능에서 유전자로

본능 용법상의 차이는 본능적 행동의 근거가 불분명한 데 기인한다. 그런 점에서 '본능'이라는 용어는 모호한 개념이었다. 생물학적 본능론을 새로운 국면으로 이끈 결정적 계기는 유전자 실체가 밝혀짐으로써 마련되었다. 유전자 혁명은 동물의 선천적 행동과 관련된 유전적 근거에 의거하여 본능 개념을 다시 정의할 수 있게 함으로써 생물학적 본능론을 튼튼히 뒷받침했다. 유전자선택론은 동물 행동에 대한 직접적인 관찰과 조작적인 실험에 의존한 본능의 개념을 종 특유의 행동을 유발하고 제어하는 관련 유전자와 연계시킴으로써, 행동유전학적 근거를 갖는 실체적 개념으로 격상시켰다.

제임스 굴드James L. Gould와 캐롤 굴드Carol G. Gould가 유전자적 기반 위에서 다시 정의한 본능 개념은 이에 해당하는 사례이다. 그들은 닭, 원숭이, 장수말벌 등의 동물 행동과 인지 메커니즘을 관찰한 결과를 토대로 "선천적 행동이란 타고난 신경회로에 근거한 행동"[20]이라고 규정한다. 동물들의 선천적인 인지 능력은 그들의 유전자 안에 인지적 지식이 암호화된 상태로 내장되어 있기에 생긴다는 것이다. 본능은 "유전자에 의해 특화된 신호 전달 체계를 통해 암호화된 지식"이다. 다시 말해서 본능은 "어떤 생체 기관이나 조직을 분화시키도록 신경 시스템을 구축하기 위한 명령으로 쓰이

---

20 Gould, J. L. and Gould, C. G.(1999), *The Animal Mind*, New York, American Scientific Library, p.13.

는 피동적 지식"으로, "유전적 원인과의 연결을 통해 자연선택에 의한 수정이 가능한 행동 집합 또는 뇌의 구성요소에 의해 생성되는 행동 집합"[21]이라는 것이다. 이 과학자 부부는 동물의 본능을 인간에게 적용하여 "인간을 포함한 모든 동물들은 유전적으로 결정된 선천적 행동 유형을 가지고 있으며, 이 선천적 행동들은 고도로 세분화된 신경조직에 의해 수행되기 때문에, 학습이나 다른 형태의 경험과는 무관하게 나타난다"고 주장한다.

진화심리학자 존 투비John Tooby와 레다 코스미데스Leda Cosmides의 용법도 이와 유사하다. 그들은 유전자의 용도를 "인간의 행동 표현과 직접 관련되는 것이 아니라 행동의 기초를 이루는 심리적 메커니즘과 관련된 것"으로 활용한다.[22] 이들의 설명에 따르면, 우리의 심리적 메커니즘은 과거에 자연선택을 통해 유전자에 영향을 미쳐 형성된 것이고, 오늘날의 우리는 이 메커니즘에 따라 특정한 상황에 대응하여 행동하고 있는 것이다. 이러한 해석은 유전자가 특정한 환경에 적응하도록, 그리고 그 환경을 최대한 이용하도록 설계되어 있음을 전제로 한다.

"한 유전자가 다른 유전자를 물리치고 선택될 때마다 발달

---

21 Gould, J. L. and Gould, C. G.(1999), p.9.
22 Tooby, J. and Cosmides, L.((1992a), "The Psychological Foundations of Culture", *The Adapted Mind: Evolutionary Psychology and the Generation of Culture*, J. H. Barkow et al.(eds.), Harvard University Press, pp.19~136.

프로그램을 위한 설계도 선택된다. 이 발달 프로그램은 환경의 특정 측면들과 상호작용하면서 그 적절한 특징들을 발달의 근거로 삼는다. 따라서 유전자와, 발달에 관여하는 환경은 둘 다 자연선택의 산물이다."[23]

이들이 추정한 바에 따르면, 인간의 두뇌는 수렵채집 시대에 우리 조상들이 직면했던 환경 적응의 문제들을 해결하기 위해 자연선택에 의해 설계된 '컴퓨터 기계들의 조합'과 같은 것이다.[24] 투비와 코스미데스는 특정한 상황에 대처하는 '전문적인 문제해결 능력'을 본능에 포함시키면서, 이 능력은 선천적 성향으로 특정한 신경계 모듈에 의해서 지배된다고 주장한다. "인간 정신의 특징은 더욱 유연해지기 위해 본능을 포기한 것이 아니라, 본능을 확장시켜서 심리적 메커니즘이 더욱 더 총체적인 가능성을 갖도록 했다"[25]는 것이다. 이들은 본능의 유전자적 기반을 확신하면서, 유전자에다가 '환경으로부터 정보를 이끌어내는 장치'라는 기능까지도 부가한다.

자연선택에 의해 설계된 '컴퓨터 기계들의 조합'과 같은 것

23 Tooby, J. and Cosmides, L.(1992a), p.49.
24 Tooby, J. and Cosmides, L.(2001), "Evolutionary Psychology and the Brain", *Current Opinion in Neurobiology*, 11, p.225.
25 Tooby, J. and Cosmides, L.(1992a), p.113.

2) 유전자의 개념

유전자 혁명은 본능의 실체적 단위를 유전자로 바꾸었다. 모호한 본능론은 DNA라는 확증된 근거를 갖는 유전자선택론으로 변모했다. 유전자 이론의 역사는 1853년 모라비아의 수도사 그레고어 멘델Gregor Mendel로 거슬러 올라간다.[26] 그는 완두콩 교배 실험을 통해 유전의 기본법칙을 발견했다. 그러나 멘델의 유전법칙은 1900년 드 브리스Hugo de Vries의 논문이 발표되기 전까지 반세기 동안 세상에 알려지지 않았다. 드 브리스는 멘델의 위대성을 감지하고서, "유기체의 구체적 특징들은 독립적인 단위로 구성되어" 있으며, 유전은 모종의 미립자를 통해 이루어진다는 결론에 도달했다. 그는 다윈의 '제뮬Gemmule'과는 달리, 거의 변화하지 않는 유전단위를 가정하고, 이 유전 입자에 '판겐Pangen'이라는 이름을 붙였다. 1909년 덴마크의 식물학자 빌헬름 요한센Wilhelm L. Johannsen은 드 브리스의 판겐을 '유전자Gene'로 수정했다. 1926년 모건T. H. Morgan은 초파리 실험의 결과를 토대로 '유전자설'을 발표하고, 유전자가 염색체 상에 실재하는 것임을 밝혀냈다. 유전자의 실체는 1953년 제임스 왓슨과 프란시스 크릭이 이중나선 구조의 DNA를 발견함으로써 비로소

---

26 유전자 개념이 어떻게 변천해 왔는지에 대해서는 다음을 참조. Rheinberger, Hans-Jrg, Beurton, Peter J. and Falk, Raphael(eds.)(2008), *The Concept of the Gene in Development and Evolution: Historical and Epistemological Perspectives*, Cambridge University Press; Pichot, André(1999), *Historie de La Notion de Géne*, 『유전자 개념의 역사』, 이정희 옮김, 나남, 2005.

입증되었다.[27] 이로써 "유전자는 사람을 비롯한 동식물의 유전형질을 규정하는 인자로서, 한 세대에서부터 다음 세대로 그 개체의 모든 생물학적 정보를 전달해 주는 물리적이고 기능적인 단위"로 정의할 수 있게 되었다. 유전자는 인체의 세포 속의 염색체에, 염색체 속의 DNA에 있다. DNA는 인산$H3PO4$, 디옥시리보스$C5H10O4$, 염기로 구성되는 뉴클레오티드Nucleotide의 결합체이다. 유전자는 곧 "DNA의 염기배열 중 하나의 단백질 생산에 관여하는 염기쌍들의 배열 조합을 가리키며, 생명현상의 가장 중요한 성분인 단백질을 만드는 데 필요한 유전정보"이다.

인간 본성의 비밀을 푸는 열쇠?

약 반세기의 짧은 기간 동안 유전자의 기능에 대한 기대는 대중이 열광하는 수준까지 치솟았다. 유전자 중심의 생명관을 옹호하는 과학자들은 이제 "인간 행동을 유발하는 유전자를 찾아내고, 그 기능을 해명하는 데서 인간 본성의 수수께끼에 관한 결정적인 단서를 얻을 수 있을 것"이라는 꿈에 부풀어 있다. 유전자의 결핍이나 고장이 언어 장애를 유발하거나 정신병 등 일부 질병의 직접적인 원인이라는 사실은, 임상실험적으로 부분적으로 입증되기도 했다. 과학계 주변의 통속적인 호사가들은 신을 숭배하게 되는 종교적 믿음도 유전자 때문이며, 광기를 유발하는 유전자가 있는가

---

[27] 왓슨은 DNA의 발견 과정을 상세하게 술회했다. Watson, James D.(1968), *The Double Helix*, 『이중나선』, 최돈찬 옮김, 궁리, 2006.

하면, 인류가 저지른 숱한 전쟁의 이면에는 폭력성의 유전자가 숨어 있다는 자극적인 이야기들을 서슴치 않는다. 하지만 일반 대중에게 아무런 여과 장치 없이 전파되는 이러한 얘기들은 과연 사실인가? 유전자는 진정 인간 본성의 비밀을 푸는 만능의 열쇠인가? 왓슨의 대답은 예스이다.

"우리의 운명은 우리의 유전자 안에 있다"

"우리는 늘 우리의 운명이 우리의 별들 안에 있다고 생각했다. 그러나 이제 우리의 운명은 대략 우리 유전자 안에 있다는 것을 알고 있다."[28]

그러나 프랑스의 과학사가 피쇼André Pichot가 지적했듯이, 유전자의 이론과 실천 사이에는 불균형과 왜곡의 간극이 존재한다. 한 세기에 이르는 유전학의 발전 과정에서 유전자 개념은 유전자 기능의 다른 측면이 강조되면서 적어도 6~7가지가 넘는 의미로 사용되어 왔다.[29] 유전자는 이처럼 다양한 용도에서 여러 가지의 의미로 사용되어 왔지만, 지금까지 누구도 유전자를 본 적은 없다.[30] 최초의 발견자 멘델은 유전자를 '유전의 단위', 즉 '진화의 정보를 저장

---

28 Watson, James D. and Berry, Andrew(2003), *DNA: The Secret of Life*, 『DNA: 생명의 비밀』, 이한음 옮김, 까치, 2003, 440쪽.
29 Schwarzt, S.(2008), "The Differential Conceptions of Gene: Past and Present", *The Concept of the Gene in Development and Evolution: Historical and Epistemological Perspectives*, Hans-Jörg Rheinberger, Peter J. Beurton and Raphael Falk(eds.), Cambridge University Press, pp.26~39; Griffiths, Paul. E. and Stotz, K.(2007), "Gene", *The Cambridge Companion to the Philosophy of Biology*, David L. Hull and Michael Ruse(eds.), Cambridge University Press, pp.85~102.
30 Pichot, André(1999), 7~8쪽.

하는 보관소'로 규정했다. 멘델의 법칙을 재발견한 드 브리스에게 유전자는 모든 생명체 간에 '상호 교환될 수 있는 미립자'를 의미했다. 영국 의사 아키볼드 개러드Archibald Garrard는 단일한 유전자의 기능 마비에 의한 최초의 질환인 알캅톤뇨증(Alkaptonuria)이라는 희귀한 질병을 확인하고, 고장난 유전자가 일으키는 질병들에 의해 확립된 공통의 정의를 마련했다. 그가 고안한 유전자의 정의는, '한 유전자에 한 질병, OGOD(One Gene One Disease)'라는 규칙에서 보듯, '질병을 격퇴하는 건강의 수호자'였다. 이들에 이어서 DNA의 최초 발견자들은 유전자가 실제로 하는 일을 표준적으로 정의했는데, 유전자의 임무는 "자기 자신을 복제하는 일과 단백질 합성을 통해 자기 자신을 발현시키는 것"이다. 리들리Matt Ridley는 DNA 발견 단계에서 개러드로부터 왓슨에 이르는 유전자 개념의 변화상을 다음과 같이 요약한다.

> "개러드는 유전자가 효소 즉 화학적 촉매를 만든다고 말했고, 라이너스 폴링Linus C. Pauling은 유전자가 모든 종류의 단백질을 만든다는 개념을 발전시켰다. 그리고 제임스 왓슨은 DNA가 RNA를 만들고 RNA가 단백질을 만든다고 발표했다. 왓슨-크릭의 유전자는 '일종의 요리법'이다."[31]

그다음으로 프랑수아 쟈콥Francois Jacob과 쟈크 모노Jacques

---

31 Ridley, Matt(2003), *Nature Via Nurture*, 『본성과 양육』, 김한영 옮김, 김영사, 2004, 328쪽.

Monod가 발전시킨 유전자의 개념은 '일종의 스위치'로서 '발달의 단위'였다. 그들은 1950년대 락토오스 용액 속의 박테리아가 갑자기 락토오스의 소화 효소를 생산하다가 효소가 충분해지면 생산을 멈춘다는 사실을 발견했다. 유전자는 'DNA를 껐다 켰다 하는 스위치'와 같은 것이었다. 오늘날 '프로모터Promoter'[32]와 '인핸서Enhancer'[33]라 불리는 그 스위치들은 배아의 발달 과정을 이해하는 열쇠로 간주된다. 그리고 도킨스는 윌리엄스의 정의를 따라 유전자를 선택의 단위로 규정했고, 이 개념에 의존해서 '이기적 유전자'라는 은유를 발전시킬 수 있었다. '이기적 유전자'는 진화의 논리와 메커니즘을 용이하게 설명하기 위한 도킨스식 해법이었다.

특정한 맥락에서만 정의되는 유연성이 큰 단어

이처럼 6~7가지에 이르는 유전자 정의는 "유전자가 더이상 하나의 실체가 아니라 특정한 맥락에서만 정의되는 유연성이 큰 단어가 되어 있음"[34]을 시사한다. 라인버거H-J. Rheinberger가 지적했듯이, 유전자 개념은 "유일하고, 포괄적이고, 명확한 적이 한 번도 없었다."[35] 도킨스도 인정하듯이,

---

32 프로모터Promotor: ① DNA 사슬의 유전정보를 mRNA에 전사하는 것은 RNA polymerase의 작용에 의함. 전사의 개시에는 먼저 RNA polymerase가 DNA에 결합할 것이 필요하며 결합은 DNA 사슬의 어느 곳이라도 좋은 것은 아니고 특이적인 것임. 이 특이적인 DNA 염기배열을 promoter라고 함. ② 오페론에서 작동유전자와 제일 구조유전자 사이에 있는 DNA의 부위로서, 오페론이 작동하는 데 필요함. [편집자 주]
33 인핸서Enhancer: 유전자 속에 있으면서 DNA 주형의 구조적 변화를 유발하여 전사가 더욱 활발하게 일어나도록 촉진 작용을 하는 부분. 유전자마다 특유한 염기 배열로 구성되어 있고, 유전자 속에 어떤 위치에 존재하더라도 그 기능을 발휘할 수 있는 특성이 있음. [편집자 주]
34 Keller, Evelyn Fox(2000), *The Century of the Gene*, 『유전자의 세기는 끝났다』, 이한음 옮김, 지호, 2002, 98쪽.
35 Rheinberger, H-J.(1995), "Gene Concepts: Fragments from The Perspective of

"모든 사람이 동의하는 유전자의 정의는 없다."[36] 그럼에도 불구하고 이 분야에 종사하는 사람들은 누구도 유전자가 생명체 내에서 다방면에 걸쳐 행사하는 막대한 역할을 부정하지 않는다. 유전자가 지닌 거의 전능적인 기능에 대해 모든 과학자들이 동의하는 바는 아니지만,[37] 유전자의 설명적 위력은 인간의 동물적 생존과 번식 패턴, 남녀 성별의 차이, 정신질환 등 선천성 질환의 원인, 다양한 개별적 사회적 행동의 동기, 그리고 자유의지의 유무 여부 등에 이르기까지 제한 없이 확대될 것처럼 보인다. 행동유전학 등의 분야에서 거듭해서 내놓고 있는, 우리 행동의 특정한 기능을 관여하는 개별 유전자의 발견은 유전자 중심의 세계관이 실제적이고 경험적 토대 위에서 탄탄하게 구축되고 있음을 말해 준다.

유전자 중심 세계관

윌리엄스의 유전자 정의

도킨스와 윌슨에 의해 대중적으로 널리 유포된 유전자결정론의 출처는 조지 윌리엄스가 1966년에 발표한 『적응과 자연선택』이다. 오늘날 진화생물학의 중추이론으로 간주되는 윌리엄스의 유전자선택론은 다원적 선택의 수준을 집단

Molecular Biology", *The Concept of the Gene in Development and Evolution: Historical and Epistemological Perspectives*, Hans-Jörg Rheinberger, Peter J. Burton and Raphael Falk(eds.), Cambridge University Press, 2008, pp.219~238.

36 Dawkins, R.(1976), *The Selfish Gene*, 『이기적 유전자』, 홍영남·이상임 옮김, 을유문화사, 2010, 60쪽.

37 예컨대, 슬론 윌슨은 유전자가 특별한 지위에 놓일 이유가 없다고 주장한다. "유전자는 유전자, 세포, 개체, 집단, 종으로 이루어지는 선택 단위들의 계층구조에서 단지 맨 아래 놓인 단위일 뿐"이라는 것이다. Wilson, D. S. and Sober, E.(1994), "Reintroducing Group Selection to Human Behavioral Sciences", *Behavioral and Brain Science*, 17, pp.585~654.

에서 개체로 되돌려 놓음으로써 집단선택(Group Selection)설의 폐기를 겨냥했다. 『적응과 자연선택』에서 그는 우선 적응된 개체들이 집단의 차별적 생존과 번식을 통해서 집단의 이익을 향해 진화한다는 집단선택의 개념에 의문을 제기했다. 1960년대 초반까지는 대大를 위해 소小를 희생하는 것이 자연스러운 것이라는 집단선택설이 우세한 위치를 차지하고 있었다. 조류학자 윈-에드워즈V. C. Wynne-Edwards는 겨울철 찌르레기의 집단 비행을 관찰한 결과 개체군(Population)이 환경의 수용 능력 이하로 그 수를 자가 조절한다는 사실을 발견했다.[38] 그는 이 현상을 개체들이 자신의 생식을 조절함으로써 집단의 생존을 강화한다는 의미로 해석했다. 개체가 개체군의 크기를 보고 자손의 수를 축소하는 것은 집단선택이 작용한 결과이며, 이타적 행위로 간주될 수 있다는 것이다. 그가 보기에 "선택은 한 계통 집단에 속하는 단위체로서 둘 또는 그 이상의 구성원에게 작용하는 것"이었다.

그러나 윌리엄스는 선택은 개체의 상대적 생식 성공에 기여하는 변이가 존재하는 상황에서만 작용한다는 사실에 초점을 맞추어, "적응을 설명할 때 자연선택의 가장 단순한 형태, 즉 멘델 개체군 내에서 서로 경쟁하는 대립유전자들 간의 선택만으로 적응을 막힘없이 설명할 수 있다"[39]고 반박했

38 Wynne-Edwards, V. C.(1962), *Animal Dispersion in Relation to Social Behaviour*, Edinburgh, Oliver and Boyd.
39 Williams, G. C.(1966), *Adaptation and Natural Selection*, 『적응과 자연선택』, 전중환 옮김, 나남, 2013, 27쪽.

다. "궁극적으로 분리 불가능한 단편이 있다면, 그것은 바로, 정의상, 개체군 유전학의 추상적 논의에서 다루어지는 유전자"이기 때문이다. 유전자는 '상당히 높은 빈도로 분리되고 재조합되는 실체'로서, 생존하는 데 어떠한 생리적 장벽도 없다는 의미에서 "잠재적으로 불멸한다." 그는 유전자가 자연선택의 기본단위인 이유를 다음과 같이 설명한다.

> "자연선택의 유전학적 이론의 핵심은 대안적인 실체들(유전자, 개체, 기타 등등) 사이에 상대적인 생존율의 통계적 편차이다. … 한 가지 필요조건은 선택되는 실체가 높은 영속성을 지닐 뿐만 아니라 편차의 정도(선택계수[Selection Coefficient]의 차이)에 비해 내성적인 변화율이 아주 낮아야 한다는 것이다."[40]

버스D. M. Buss가 요약한 바, 윌리엄스의 진화생물학적 공헌은 세 가지이다.[41] 우선 윌리엄스는 집단선택이라는 높은 단계의 선택 이론을 버리는 대신 가장 낮은 단계의 유전자를 선택의 단위로 채택함으로써 다윈의 자연선택설의 복원을 꾀했다. 다음으로 윌리엄스는 해밀턴의 '포괄적 적응도(Inclusive Fitness Theory)'를 쉽게 번역해 넘으로써, 해밀턴이 이타주의 문제를 부분적으로 해결해 주었음을 입증했다. 끝으로 윌리엄스의 세 번째 공헌은 적응에 관한 신중한 분석

---

40 Williams, G. C.(1966), 46쪽.
41 Buss, D. M.(2004), *Evolutionary Psychology: The New Science of the Mind*, 『마음의 기원』, 이흥표·권선중·김교헌 옮김, 나노미디어, 2005, 32~34쪽.

결과를 제공했다는 점이다. 그는 적응을 '성공적인 번식에 직접적으로 혹은 간접적으로 기여하는 특정 문제에 대한 진화적 해결책'으로 정의함으로써, 적응에 대한 가설을 '단지 우연에 의해서는 발생할 수 없는, 믿을 만하고 효율적이며 경제적인 설계 모음에 대한 확률적 진술'(투비와 코스미데스) 로 격상시켰다.[42] 이로써 그는 "적응은 과거의 환경에서 적합도를 높이게끔 하는 자연선택에 의해 설계된 증거를 통해서만 판별된다"는 이른바 '적응주의 프로그램(Adaptationistic Approach)'을 확립했다.

도킨스의 '불멸의 코일'

도킨스는 윌리엄스의 개체선택론을 적극적으로 수용하여, 강력하고도 도발적인 '유전자 중심주의'를 제창했다. 1976년 출간된 그의 논쟁적인 저서 『이기적 유전자』는 과학계는 물론 지성세계 전반에 커다란 반향을 불러일으켰다. 이 책에서 도킨스는 다윈의 자연선택이론을 엄밀하게 해석하기 위해서 '자기복제자(Replicator)'라는 개념을 도입하여, 자기복제자의 선택과 '특수한 의미의 이기주의'를 연결시키는 분석을 시도했다. 즉, 유전자가 '자신의 사본을 더 많이 만드는 전략을 수행하는 행위자'라고 상상함으로써 자연선택의 논리를 더 잘 이해할 수 있다는 것이다. 그는 자연선

---

42 윌리엄스의 적응 개념에 모든 생물학자가 동의하는 것은 아니다. 소버 등과의 해석 차이에 대해서는 다음을 참조. Lewens, Tim(2007), "Adaptation", *The Cambridge Companion to the Philosophy of Biology*, pp.1~21.

택이 집단이나 종이 아니라 개체 단위에 작용함으로써 종의 특성을 결정하는 가장 강력한 힘이라는 윌리엄스의 개체선택론에 의지해서, "진화를 바라보는 가장 좋은 방법은 가장 낮은 수준에서 일어나는 선택의 관점에서 바라보는 것"[43]이라고 설명한다. 도킨스는 "유전자보다 큰 단위는 모두 자연선택의 주요 단위로서 자격을 갖춘 유전적 단위가 되기에는 너무 크고 일시적이다"라고 주장함으로써, 윌리엄스의 유전자선택론을 공인했다. 선택의 단위는 유전자이다. 왜냐하면 윌리엄스가 정의한 바, 유전자는 "상당히 높은 빈도로 분리되고 재조합하는 실체"로서 "생존하는 데 어떠한 생리적 장벽도 없다는 의미에서, 잠재적으로 불멸"[44]하기 때문이다. 도킨스는 개체의 본질을 유전자로 환원시킨 다음, "선택의 기본단위는 종도 집단도 개체도 아니고 오로지 유전자"[45]라고 단언한다. "자연선택의 단위 역할을 하기에 충분할 만큼 오랜 세대에 걸쳐 존속할 수 있는 염색체 물질의 일부"인 유전자는, "사본 형태의 잠재적 불멸의 성질을 갖기" 때문에, '불멸의 코일'이고 영원한 자기복제자이다. 유전자의 불멸성을 고려할 때, 유전자의 예상 수명은 10년 단위가 아니라 100만 년 단위로 측정되어야 한다. 생명체의 중심 물질은 유전자이므로, 우리의 몸은 내용물이 없는 텅 빈 수레와 같은, 유전자의 운반체에 지나지 않는다. 도킨스는 인간은 생

우리의 몸은 텅 빈 수레와 같은 유전자의 운반체이다

---

43 Dawkins, R.(1976), 36쪽.
44 Williams, G. C.(1966), 48쪽.
45 Dawkins, R.(1976), 69~70쪽.

존기계일 따름이라고 말한다.

> "이제 그것들은 거대한 군체 속에 떼 지어 마치 뒤뚱거리며
> 걷는 로봇 안에 안전하게 들어 있다. 그것들은 원격 조종으로
> 외계를 교묘하게 다루고 있으며 또한 우리 모두에게도 있다.
> 그것들은 우리의 몸과 마음을 창조했다. 그것들을 보존하는
> 것이 우리의 존재를 알게 해 주는 유일한 이유이다. … 그것
> 들은 유전자라는 이름을 갖고 있으며, 우리는 그것들의 생존
> 기계이다. 인간은 이기적 유전자를 보존하기 위해 맹목적으
> 로 프로그램을 짜 넣은 로봇기계인 것이다."[46]

"인간은 물론 모든 동식물, 박테리아, 그리고 바이러스
를 포함하는" 모든 생명체는 생존기계이며, 인간은 "우주에
서 가장 복잡하면서도 완전하게 설계된 기계"이다. 도킨스
는 유전자의 주요한 특성을 '수명, 산출력(다산성), 복제의 정
확도' 등 세 가지로 압축하며, "유전자 수준에서 이타주의는
열세하고 이기주의는 우세하다"는 문제적인 명제를 꺼내든
다. 이기성은 유전자의 본질적 특성이다. 도킨스가 말하는
'이기성'은 물론 우리가 통상적으로 사용하는 윤리적 차원
의 의미가 아니라 의인화한 은유적 차원의 수사이다. 다시
말해서, 유전자가 이기적인 의식이나 심리 상태를 갖는다는
뜻은 아니다. 그가 의인화한 유전자의 이기성은 "유전자가

---

46 Dawkins, R.(1976), 7~8쪽, 56쪽.

더 많은 복사본을 퍼뜨리는 것 자체를 목표로 삼는다"는 의미에서 이기적이다. '이기적 유전자'는 "세계에 분포되어 있는 하나의 특별한 DNA 조각의 모든 복제들"이며, '이기적 유전자'의 목적은 유전자 풀Pool 속에 그 수를 증대시키고자 하는 데 있다.[47] 유전자는 '자기에게 적합한 것이라면 무엇이든지 무차별하게 실행하도록 만들어진 프로그램'과 같다. 유전자는 "스스로가 직접 인형을 조작하는 것이 아니라 컴퓨터의 프로그램 작성자처럼 간접적인 방식으로 자신의 생존기계의 행동을 제어"한다. 인간에게 "유전자는 일차적 방침 결정자이고, 뇌는 집행자이다."[48] 우리는 유전자의 지시대로 움직이는 허수아비와 같은 존재이며, "인간 뇌의 최우선 순위는 개체의 생존과 번식이다."[49]

최우선 순위는
개체의 생존과
번식이다

　인간이 드러내는 내적 또는 외적 특질은 '유전자의 긴팔'로서, '확장된 표현형'에 불과하다. '이기적 유전자'와 '확장된 표현형'이라는 표현은 도킨스의 생명관 전체를 요약한다. 모든 생명의 근본적인 단위인 운동력은 자기복제자이다. 요컨대 도킨스에게 인간 본성이란 곧 유전자이다. 도킨스의 설명을 듣다 보면, 인간은 모두 기계로서 우리가 우리 자신을 알 수는 없고 오로지 과학만이 우리의 실체를 밝혀 줄 것이라는 느낌을 갖게 만든다.

47　Dawkins, R.(1976), 149쪽.
48　Dawkins, R.(1976), 107쪽.
49　Dawkins, R.(1976), 111쪽.

3) 인간 본성은 유전자에 의해 결정되는가

유전자결정론은 인간의 모든 겉모습, 행동, 질병 및 기질은 유전자에 의해 결정된다는 논리이다. 유전자가 우리 서로를 구분하게 하는 단일하고도 가장 중요한 인자라고 한다면, 우리는 '공장에서 미리 만들어진 기성품'과 같은 존재가 된다. 도킨스의 표현대로, 유전자가 모든 생명체에서 최초의 방침을 결정한다면, 우리는 유전자의 지시대로 살아가는 존재에 지나지 않는다. 유전자선택론은, 내부적으로는 결정론적 강도의 차이가 있기는 하지만, 다윈의 자연선택이론과 조합됨으로써 생명체의 현상을 복제자의 진화 게임으로 보는 진화생물학의 주류 입장을 형성해 왔다. 도킨스의 '이기적 유전자' 이론, 존 메이너드 스미스John Maynard Smith의 ESS(The Evolutionarily Stable Strategy) 가설, 그리고 트리버스Robert Trivers의 호혜적 이타주의(Reciprocal Altruism) 이론은 윌리엄스의 유전자 정의에 기초한 개념틀을 공유한다. 유전자가 마치 살아 있는 인간인 양 생생하게 행위하는 것처럼 묘사하는 도킨스의 의도는, 유전자 중심의 관점에서 진화의 메커니즘이 갖는 중요성을 강조하려는 데 있다. 유전자 중심주의를 신봉하는 과학자들은 그들의 생각을 흔들림 없이 견지한다면, 우리가 풀지 못했던 인간 본성의 딜레마에 얽힌 혼란상을 파헤칠 수 있을 것으로 낙관한다.

그러나 생명현상을 유전자의 메커니즘을 중심으로 하여

해석하려는 시도들은 여러 방면에서 만만치 않은 저항에 직면하고 있다. 이른바 '유전자 만능주의' 또는 '유전자결정론'이라는 비판은 생물학 밖의 영역에서는 물론 내부에서도 심심찮게 제기된다. 유전자 중심주의를 비판하는 과학자들은 생명현상의 본질을 유전자의 활동으로 환원하는 데 반대한다. 유전자만으로는 생명현상을 설명할 수 없을 뿐더러, 유전자는 결코 만능이 아니라는 것이다. 생물학 밖의 문화주의자들에게 인간의 운명을 유전자로 돌리려는 환원주의는 결코 받아들일 수 없는 주장이다. 인간 본성의 출처를 유전자에서 구한다면, 그리하여 성, 권력, 부, 사회적 위계질서 등의 문제를 개인 간 또는 집단 간의 유전적 편차로 번역한다면, 인류가 추구해 온 보편적 가치는 한순간에 무너지고 말 것이기 때문이다.

유전자결정론을 부정하는 일부 생물학자들은 생명체의 활동에서 유전자 자체의 기능보다는 개체와 환경 간의 상호작용을 더욱 중시한다. 유전학자 르원틴R. Lewontin은, 도킨스의 유전자선택론에 대응하여, "모든 생물은 세포의 성장과 분화의 임의적인 가능성에 의해 조절되는 환경적 배열과 유전자 사이의 독특한 상호작용의 결과"[50]라고 사실을 상기시킨다. 유전자는 환경이 존재하지 않는 한 홀로는 아무 것도 할 수 없다. 생명현상에서 유전자와 환경 사이를 명확히

---

[50] Lewontin, R.(1991), *Biology As Ideology: The Doctrine of DNA*, 『DNA 독트린』, 김동광 옮김, 궁리, 2001, 56쪽.

가르는 기준도 존재하지 않는다. 그럼에도 불구하고 우리의 행동이 유전자와 직접적인 대응관계로 연결되는 양 호도하는 유전자선택론은, 일종의 환원주의로서 결정론적 오류를 범하고 있다는 비판을 받는다.

결정론적 오류를
범하고 있는 환원주의

유전자는 독자적으로는 아무것도 못한다

『이기적 유전자』에서 반복적으로 사용된 유전자의 의인화나 '이기성'의 은유는 오해를 불러온다. 도킨스가 의인화한 유전자의 활동을 좇다 보면, 유전자는 생존의 목적을 위해 자신의 의도에 따라 운반체 내에서 자유자재로 움직이는 것처럼 보인다. 그러나 유전자가 실제의 환경 속에서 이기적인 활동만을 한다면, 얻을 수 있는 것은 아무것도 없다. 유전자가 다음 세대로 전달되려면, 다른 유전자들과 협동해야 하는 절차로서 '유전자의 의회'[51]를 통과해야 함은 물론이고, 제반 환경의 도움을 반드시 받아야 한다. 실제의 생명활동에서 유전자는 "유전자 상호 간의, 그리고 외부 환경과 풀지 못할 정도로 복잡하게 뒤얽힌 방식으로, 협력하고 상호작용한다."[52] 그런 의미에서 유전자적 정보는 제한적이다. 블룸버그Mark S. Blumberg는 이러한 사실을 다음과 같이 설명한다.

유전자적 정보는
제한적

51 Leigh, E. G. J.(1977), "How Does Selection Reconcile Individual Advantage with the Good of the Group?", *Proceedings of National Academy of Science USA*, 74, pp.4542~4546.
52 Coming, P. A.(1996), "The Co-operative Gene: On the Role of Synergy in Evolution", *Evolutionary Theory*, 11, pp.183~207.

"유전자 암호가 단백질로 옮겨지는 과정은 나선 모형의 복잡하면서도 상황에 따라 변하는 과정이다. 따라서 단 하나의 유전자가 여러 개의 다른 단백질을 합성하는 데 기여할 수도 있다. 또한 어떤 DNA의 암호와도 관계를 되짚어낼 수 없는 단백질도 있다. 단백질은 유전 암호의 일차원적 직선 형태의 상태로 기능하는 것이 아니라, 일단은 (그것을) 복잡한 삼차원적 형태로 비틀어야 한다. 단백질의 최종 형태는 DNA의 프로그램과 전혀 상관없는 형태가 된다. DNA가 제공하는 정보라는 것은 유전자 발현의 가장 초기 단계에서만 가치를 발휘할 수 있는, 제한적인 것이다."[53]

유전자결정론자들도 인정하듯이, 유전자 혼자서는 아무 것도 하지 못한다.[54] 가령 체온에 따른 헤모글로빈 분자 형태 및 기능의 변이는 유전적 요인과는 상관없이 일어나는 현상의 일례이다. 정상적으로 기능하는 헤모글로빈 분자를 생성하는 과정은, DNA 요인 외에도 온도를 포함한 최적의 환경에 의해 결정되는 후성적 과정이다. 유전자의 정보는 주변 환경으로부터 얻는 여러 화학물질의 도움 없이는 발현될 수 없기 때문이다. DNA 외부의 여러 인자는 유기체의 발달을 조절하는 유전자와 환경 간의 상호작용을 만들어 내며, 세포 내 유전자들이 작동할 화학적 환경을 조성한다. 생

유전자 혼자서는
아무것도 하지 못한다

---

53 Blumberg, Mark S.(2005), 74쪽.
54 Wilson, E. O.(1998), 7장; Alcock, J.(2001), *Triumph of Sociobiology*, 『사회생물학의 승리』, 김산하·최재천 옮김, 동아시아, 2013, 68쪽.

물체의 발달 과정 중 어느 시점에서도 유전자가 발달을 통제하거나 계획하거나 조정하지 않는다. 유전자에는 생각하거나 설계하는 어떠한 기능도 없다. 유전자 홀로는 결코 발달 과정의 모든 이야기를 풀어 갈 수 없다. 따라서 유전자는 유전을 결정하는 유일한 장치도 아니며, 세포를 통제하는 유일한 원천도 아니다. 따라서 르원틴은 "유전자는 독자적으로는 아무 것도 만들 수 없다"[55]고 단언한다.

또한 생명체의 발달과 형성 과정에서 유전자적 요인과 환경적 요인 사이의 경계를 명확하게 가를 수 없다는 난점은 유전자선택론의 논거를 약화시킨다. 특히 생명체의 배아 발달 과정에서는 유전적 요소와 환경적 요인을 구분하는 것 자체가 불가능하다. 예컨대 인간 태아 발달 초기에 성별을 결정하는 핵심 요인은 유전자가 아닌 Y염색체의 존재와 관련된 효소의 생성 여부에 달려 있다. 거북이의 경우는 성을 결정하는 효소를 생성하는 데서 핵심적인 키는 유전자의 역할보다는 알이 부화할 당시의 온도에 달려 있다. 즉, 인간에게 생식선 결정 효소의 생성은 성의 유전적 차이와 연관되어 있지만, 거북이의 경우는 환경적 차이와 연관되어 있다. 따라서 어디까지가 유전자의 기능이고 어디부터가 환경적 요인에 따른 결과인지를 구분하는 것은 사실상 불가능하다. 초파리의 바이코이드 단백질(Bicoid Protein),[56] 사람의 페닐케

---

55 Lewontin, R.(1991), 89쪽.
56 '바이코이드 단백질'은 유전자 활동의 산물일 뿐만 아니라 유전자 활동에 다시 영향을

톤뇨증(PKU, Phenylketonuria), 온도에 따라 성별이 결정되는 파충류, 자궁이 어디에 위치하느냐에 따라 발생 결과가 달라질 수 있는 설치류, 그리고 태아의 메틸화(Methylation) 유형 등의 생명현상은 유전과 환경 간의 이분법이 잘못된 것임을 예증한다. "한 유기체가 갖는 모든 표현형은 유전적 요인들과 환경적 요인들이 상호작용하는 하나의 인과적 과정의 결과이다."[57] 로우즈Steven Rose 등이 주장하듯이, 유전형의 '반응 표준(Norm of Reaction)', 즉 '유전형이 상이한 선택적 환경 안에서 결과적으로 발생하는 표현형들의 목록'을 측정할 수 없음에도 불구하고, 발달과 성장 과정에서 나타나는 표현형을 유전자의 독자적인 결정으로 돌리는 것은 있을 수 없는 일이다.[58] 리처드 알렉산더Richard D. Alexander는 인간의 경우 정자와 난자가 만나서 수정란이 된 순간부터 수정란의 발달은 개체의 DNA와 주변의 화학적 환경 모두에 동등하게 의존한다는 점을 강조한다. 그런 점에서 유전자에 의한 독자적 결정이란 사실상 존재하지 않는다.

"유전자결정론은 개체에게 일어나는 일들과 상관없이 유전자

주어 다른 유전자가 발현되고 다른 유전 물질들이 생산되도록 하는 역할을 한다. [편집자주]

57 Sober, E.(2000), 349~354쪽.

58 Rose, S., Lewontin, R. and Kamin, K.(1984), *Not in Our Genes: Biology, Ideology and Human Nature*, 『우리 유전자 안에 없다』, 이상원 옮김, 한울, 2009, 297~317쪽. "유전자, 환경, 유기체 사이의 관계를 이해하는 데 대한 근본적 개념은 '반응 표준Norm of Reaction' 이다. 유전형의 '반응 표준'은 유전형이 상이한 선택적 환경 안에서 결과적으로 발생하는 표현형들의 목록이다. '반응 표준'은 유기체의 형질이 그 유기체의 환경적 경험의 함수로 어떻게 변하는가를 보여 주는 그래프로 표현할 수 있다. … 아무도 어떠한 인간 유전형에 대한 '반응 표준'을 측정하지 못했다."

가 행동의 일부를 무조건적으로 결정한다는 것을 함축한다. 이러한 주장은 환경(의 역할)을 제거하기 위한 목적으로 쓰이는데, 통상 환경은 유전자가 아닌 모든 것을 의미하기 때문에 무의미한 주장이다."[59]

발생에 관한 두 가지 관점, 전성설前成說과 후성설後成說에 대한 잭 코헨J. Cohen의 현대적 해석에 따르면, 인간 난자의 세포질은 단순히 게놈을 담고 있는 세포핵을 보호하기 위한 것이 아니라, '게놈은 물론 배아에 의해 유전되는 구조 환경'으로 보아야 한다.[60] 다시 말해서 배아가 성체로 되기까지의 발달 과정은 환경적 요인의 영향을 받을 수 있는 후성적 과정이다. 이 과정은 계급적 구분이 없는, 다원적이고 복잡한 경로를 거치는 특성을 가진다. 그러므로 발생 과정은 오로지 유전자에 의한 선택 과정은 아님은 물론이고, 유전자와 환경 간의 단순한 상호작용 그 이상이다. 유전자는 환경의 영향에 의해 변화될 수 있고, 역으로 환경도 모든 유기체들의 활동에 의해 계속적으로 수정될 수 있다. 모든 유기체는 다른 유기체들에 대하여 환경의 일부를 형성한다. 유전학자 도브잔스키Theodosius Dobzhansky와 과학철학자 데이비드 헐David L. Hull은 공히 다음과 같은 모범 답안을 제시한다.

59 Alexander, R. D.(1979), *Darwinism and Human Affairs*, Seattle, Washington University Press, pp.298~299.
60 Cohen, J.(1979), "Maternal Constrains on Development", *Maternal Effects in Development*, D. R. Newth and M. Balls(eds.), Cambridge University Press, pp.1~28.

"유전자가 실제로 결정하는 것은 다소 비슷한 유전자를 가진 개체들이 모든 단계의 가능한 환경 내에서 누릴 수 있는 반응의 범위이다. … 유전 형질은 생식세포 속에 미리 결정되어 있는 것이 아니다. 그것은 유전자에 의해 결정되어 있는 잠재성들이 특정한 환경 속에서 발전 과정을 거치며 실현될 때, 발전이 진행되는 동안 그 모습을 드러내게 되는 것이다. … 유사한 유전자도 상이한 환경에서는 다르게 작용할 수 있고, 상이한 유전자도 유사한 환경에서는 같은 효과를 나타낼 수 있다."[61]

"한 생명체가 나타내는 표현형은 현재의 표현형적 구성인 유전자와 연속적인 환경 사이의 상호작용의 결과이다. … 하나의 특별한 유전자형에 대한 반응 표준은 생명체가 살아남을 수 있는 모든 가능한 환경의 연속이 주어졌을 때 나타날 수 있는 모든 가능한 표현형들이다."[62]

사실 유전자와 환경 간의 상호작용을 명시적으로 무시하는 생물학자는 아무도 없다. 도킨스도 자신에게 향해지는 비판을 의식한 듯 1982년 『확장된 표현형』에서 별도의 장을 할애하여 '단순한 유전자결정론이란 존재할 수 없다'고 명시한다. 그는 "기능론적인 동물학자나 '사회생물학'들이 유

---

61   Dobzhansky, T.(1962), *Mankind Evolving: The Evolution of the Human Species*, New Haven, Yale University Press, p.18.

62   Hull, D. L.(1986), "Biology and Human Nature", *Proceedings of Philosophy of Science Association*, vol.2, p.7.

전적 결정론의 오명을 뒤집어 쓸 만한 언급을 했음에 틀림 없지만,"유전자선택론은 진화를 말하는 한 가지 방법임에 도 불구하고 발생을 논하는 하나의 관점인 유전적 결정론 으로 오해되고 있는" 상황에 아쉬움을 표한다.[63] 진화생물학 의 거장 메이너드 스미스도 "유전자결정론은 전문적인 진화 생물학자라면 누구도 받아들이지 않으므로 신경 쓸 필요 없 다"고 안심시키면서, "만약 '유전적으로 결정된'이라는 말이 환경의 개입이 없는 발생을 의미한다면 단 하나의 어떤 형 질도 유전적으로 결정되지 않는다"고 잘라 말한다.[64] 도킨스 나 메이너드 스미스가 강조하려는 바는, 유전자선택론에서 유전자와 환경 간의 상호작용은 기본 전제라는 것이다.

유전자들 사이의 기능적 관련성이나 유전자와 환경 간의 상호작용이 복합적이라는 데 누구도 이의를 제기하지는 않 지만, 그에 관한 논의의 내막을 좀 더 깊이 들여다보면, 미 세해 보이는 견해의 차이는 더 큰 관점의 차이를 낳는다. 유 전자선택론을 지지하는 사람들은, 환경적 요인과 관계없이 "멘델 개체군 내에서 서로 경쟁하는 대립유전자들 간의 선 택만으로 적응을 막힘없이 설명할 수 있다"[65]는 윌리엄스의 개체 선택 명제에 더 큰 가중치를 부여하려는 경향이 있다.

63 Dawkins, R.(1982), *Extended Phenotype*, 『확장된 표현형』, 홍영남 옮김, 을유문화사, 2004, 51쪽.

64 Maynard Smith, John(1997), "Commentary", *Feminism and Evolutionary Biology*, P. Gowaty(ed.), New York, Chapman & Hall, p.526.

65 Williams, G. C.(1966), 27쪽.

예컨대 발생 현상의 경우, 무척이나 복잡한 과정이긴 하지만, 유전자와 항상 연관되어 있다는 것이다. 유전자선택론은 유전자 1개의 차이만으로도 개체의 유전자와 환경 사이의 상호작용에 변화가 생겨서 발달의 양상이 달라질 수 있으며, 그것에 따른 행동의 차이도 발생할 수 있다는 사실을 부각시킨다. 어떤 환경에서는 유전자의 유무가 신경계의 발달이나 작동의 생화학 경로에 변이를 일으킨다. 신경의 차이는 행동의 차이를 낳는데, 이것은 유전자가 특정 환경에서는 행동 발달에 직접적인 영향을 미치기 때문이다. 예를 들어 ACE라고 불리는 유전자의 특정한 대립유전자 한 쌍을 가진 사람은, 다른 대립유전자를 가진 사람보다 운동으로 신체를 단련하기가 훨씬 어렵다.[66] 즉, 유전자와 인간 행동의 발달은 항상 필연적 연관관계를 갖는다는 것이다. 결과적으로 본다면, '유전자와 환경 사이의 상호작용'에서 선택론자들이 전자에 방점을 찍고 있다면, 그 반대자들은 전자와 후자 간의 구분이 무의미하다는 점을 강조한다. 이러한 관점의 차이와 관련해서, 에블린 폭스 켈러Evelyn Fox Keller는 "구조의 단위든 기능의 단위든 '유전자'라고 지칭했던 개념 자체를 심각한 무질서로 규정해 버리지 않나 하는 두려움을 느낀다"[67]라고 당혹감을 토로한다. 과학철학자 존 뒤프레John Dupré는, 유전자선택론자들이 유전자와 환경과의 상호작용이 지니는 중요성을 인정한다고 말하기는 하지만, 그것

---

66 Alcock, J.(2001), 82쪽.
67 Keller, Evelyn Fox(2000), 95~96쪽.

은 실상은 립서비스에 불과하다고 꼬집는다. 왜냐하면 유전자선택론에서는 다양한 행동을 산출하는 유기체의 내생적 요인을 전제하기 때문에, 거기에서 환경은 단지 이런 행동들 중에서 무엇을 선택할지 결정하는 방아쇠에 불과할 따름이기 때문이다.[68]

유전자와 행동 간의 일대일 대응관계는 성립하지 않는다

유전자선택론의 설명방식에 따르다 보면, 특정 유전자와 개별 행동 사이에는 마치 직접적인 대응관계가 있는 듯한 착각에 빠져든다. 도킨스의 이론에 비판적인 스티븐 제이 굴드는 "인간의 구체적인 사회적 행위를 유전자가 통제한다는 사실을 보여 주는 직접적인 증거는 현재로서는 전혀 없다"[69]고 잘라 말한다. 하나의 DNA 단편은 한 종류의 사회적 행동을 일으키는 직접적인 원인이 아니다. 가령 전쟁이 인간의 타고난 본능에 따른 필연적 귀결이라는 주장이나, 동성애를 야기하는 유전자가 있는 듯한 암시는 허구에 지나지 않는다는 것이다. 굴드가 보기에, "유전자가 인간의 정신과 행동에 직접적인 영향을 미친다"는 식의 주장은 너무도 미약한 증거를 기초로 하고 있다. 따라서 그는 유전자와 표현형 사이에 일대일 대응이 있다는 식의 '콩주머니 유전학'은 틀렸다고 말한다.

---

68 Dupré, J.(2001), *Human Nature and the Limits of Science*, Oxford, Clarendon Press, p.12.
69 Gould, S. J.(1977), 338쪽.

"당신의 왼쪽 슬개골이나 당신의 손톱 같은 형태상의 모든 분명한 조각들에 대해서 그것을 '책임지는' 유전자는 없다. 신체는 부분들로 원자화되고 그 각각은 개별적인 유전자들에 의해서 구축되는 것이 아니다. 대부분의 신체 부분들을 건축하는 데에 수백의 유전자들이 기여하고 그들의 작용은 끊임없이 변화고 있는 환경의 영향들, 태내에서의 영향과 출생 후 영향, 그리고 내적이고 외적인 영향들을 통해서 전달된다."[70]

유전자 정보는 개별 행동과 직접적으로 연결되지 않는다. 분자생물학자 프랑수아 쟈콥이 지적하듯이, "단일 유전자가 여러 특성들을 표출하는 경우는 흔하며, 그 역으로 또한 알 수 없는 수많은 유전자들이 하나의 특성을 통제할 수도 있다."[71] 예컨대 "하등 유기체의 행동은 유전적 프로그램에 의해 엄밀히 결정되지만," 좀 더 복잡한 유기체의 경우 "유전적 프로그램은 유기체에 엄격한 규정을 부과하기보다는 잠재력과 수용력을 제공하기 때문에, 그 구속력은 훨씬 적어진다."[72] 유전자와 한 기관을 이루는 세포나 조직 사이에는 일대일 대응이 성립하지 않기 때문에, 게놈을 생명체의 세세한 면까지 규정짓는 상세한 청사진인 양 설명하는 것은 명백한 잘못이다. 영국의 동물학자 패트릭 베이트슨Patrick Bateson은 유전자의 활동을 생산에 비유하여, "생산의 계획도와 생산

---

70 Gould, S. J.(1980), *The Panda's Thumb*, 『판다의 엄지』, 김동광 옮김, 세종서적, 1998, 91쪽.
71 Jacob, F.(1982), *The Possible and the Actual*, Pantheon Books, p.19.
72 Jacob, F.(1982), p.61.

물 사이의 대응관계를 찾아볼 수 없기 때문에, 유전자를 청사진에 비유하는 생각은 터무니없는 오해"[73]라고 말한다.

따라서, 바르게 말하면, 유전자의 작용은 분자 수준에서 일어나지만, 다세포 생물의 활동은 신경계, 근육계, 그리고 내분비계 등이 함께 작용한 결과이다. 생물학자라면 누구든 유기체 내의 각 체계는 '환경'의 여러 구성요소들과 수천 수백 개의 유전자가 상호작용하여 만든 복잡한 산물이라는 사실을 부정하지 않는다. 일례로 페닐케톤뇨증의 경우, 그 원인이 유전적 요인인지 아니면 환경적 요인인지를 구분하기는 매우 어렵다. 그렇기 때문에 행동유전학자 더글러스 월스틴Douglas Whalsten은 특정한 행동이나 현상이 발생한 경우에 "여러 원인들이 어떤 체계에 의해 작용하는지를 알고 나면 어떤 원인이 몇 %를 작용했는가를 따지는 것은 헛된 일"[74]이라고 지적한다. 『우리 유전자 안에는 없다Not in Our Genes』의 공저자들에 따르면, 지금까지 인간 행동을 "하나의 유전자 혹은 유전자 세트와 연결시킨 사람은 아무도 없었고", 생물학은 "인간 본성의 행태가 나타내는 한계를 아직 잘 모르고 있다."[75] 그럼에도 불구하고 알코올중독 유전자나 정신분열증을 일으키는 특정한 유전자가 있는 양 말하는 것

틀린 이야기일 뿐만 아니라, 도덕적으로 무책임한 주장

---

73 Bateson, P.(2001), "Where Does our Behaviour Come From?", *Journal of Biosciences*, 26(5), pp.561~570.

74 Whalsten, Douglas(2000), "Behavioral Genetics", *Encyclopedia of Psychology*, A. E. Kazdin(ed.), Oxford University Press, pp.378~385.

75 Rose, S., Lewontin, R. and Kamin, K.(1984), 196쪽.

은 틀린 이야기일 뿐만 아니라, 도덕적으로도 무책임한 주장이다. 스탠포드대 생명과학자 에얼릭Paul R. Ehrlich은 유전자결정론의 오류를 다음과 같이 요약한다.

"유전자는 우리에게 행동하라고 명령하지 않는다. 기껏해야 유전자는 제안을 속삭일 뿐이다. 이러한 속삭임의 특성은 초기와 그 이후의 발달 동안에 우리의 내적인 환경(세포내 또는 세포 간)에 의해서 그리고 우리가 성장하고 성인으로 자라게 되는 외부 환경에 의해서 형성된다."[76]

> "유전자는 명령하지 않는다. 기껏해야 유전자는 제안을 속삭일 뿐이다"

논란의 새 국면 — HGP 결과에 대한 해석의 차이

그렇다면 이쯤에서 우리는 유전자선택론의 주요 쟁점들을 둘러싼 논란을 종결할 수 있지 않을까? "DNA는 인간 생명의 '본질'을 구성하지 않으며, '우리가 무엇인지'에 대해서도 말해 주지 않는다"는 문화주의적 진술은 유전자선택론에 대한 의미 있는 반론으로서의 가치를 담고 있는 것은 아닐까? 그러나 강경한 선택론자들은 그렇게 생각하지 않는다. 인간 행동이 유전자에 의해 고정되어 있는지에 대한 해석상의 문제는 여전히 논란거리이다. 사회생물학자 존 올콕John Alcock은 결정론비판가들이 주장하는 '미약한 증거', 즉 "유

---

76 Ehrlich, Paul R.(2001), 22~23쪽. 에얼릭은 유전자적인 선천적 프로그램에 의해서 우리가 통제되지 않는다는 증거를 두 가지로 압축한다. "첫 번째 증거는, 비록 프로그램하는 데 충분한 유전자가 있다고 하더라도 뇌는 이것들을 다루도록 프로그램 될 수가 없다. 두 번째 증거는, 한 사회에서 분리되어 다른 사회에서 양육된 정상적인 아동은 자신이 양육된 사회의 행동과 (언어를 포함하여) 능력을 필연적으로 획득한다는 것이다. 상이한 사회의 상이한 행동이 유전적으로 프로그램되어 있다면 이런 일은 일어날 수가 없다."

전자와 행동의 관계에 관한 구체적인 정보의 부족은 그 관계가 워낙 복잡해서 어떤 유전자가 무슨 역할을 하는지 알기 어렵기 때문이지, 유전자와 행동 발달이 무관하기 때문은 아니다"[77]라고 반박한다. 유전자선택론은, 방어적으로 말한다면, "유전자가 행동에 어느 정도 영향을 미친다고 전제할 뿐이라는 주장"이 되지만, 적극적으로 표현하면, "각 개체가 어떤 존재가 될지를 결정하는 가장 큰 부분이 모든 세포에, 다시 말해 유전자 속에 프로그램 되어 있다는 주장"으로 발전한다. 여기서의 핵심은 "특정한 유전자와 인간 행동 사이에는 상관관계가 있다"는 주장이 곧 "양자 간의 인과성을 담보하는 것은 아니라는 데 있다."[78]

인간 행동을 유전적 요인만으로 설명하기 어렵다는 견해는, '인간게놈 프로젝트(HGP, Human Genome Project)'의 최종 결과 인간 유전자 수가 당초에 예상한 약 10만여 개보다 훨씬 적다는 사실에서 더욱 힘을 얻었다. 인간 유전자의 수는 2만 6,000개~4만 개 이하인 것으로 추정되면서, 초파리 유전자의 겨우 2배 정도에 불과한 것으로 드러났기 때문이다. 굴드와 르원틴은 "인간 유전자의 수가 적다는 것은 거의 모든 생물학적 탐구를 지배하는 환원론에 종식을 고하는 종소리"라고 평가했다. 굴드가 보기에, 인간게놈 프로젝트의 결과는 "예상 밖의 유전적 단순성에 비추어 인간이라는 생물

---

77 Alcock, J.(2001), 81쪽.
78 Sober, E.(2000), 347쪽.

은 단순한 과정을 총합하는 방식으로는 자기 자신을 조금도 이해할 수 없다는 것을 보여 주는 살아있는 증거"였다. 예상에 크게 못 미치는 적은 수의 인간 유전자는 인간 본성이 천성보다 양육 쪽에 있다고 생각하는 사람들을 안심시키는 소재처럼 보였다. 프랜시스 콜린스Francis Collins를 위시한 게놈 프로젝트 참여자들은 "인간 유전자에 대한 지난 10여 년 간의 집중적인 연구 결과, (유전자가 정해진 정보에 따라 인간의 신체와 뇌를 만들어 낸다는 의미에서의) 유전자결정론에 대한 근거가 불충분하다는 증거가 많이 발견되었음"을 실토하면서, "두려워하지 마라, 유전자가 전부는 아니다"라는 다소 장난기 어린 메시지를 남기기도 했다.[79] 비판가들의 입장에서 보면, HGP의 의도가 익명의 소수 개인들의 DNA로부터 개인적 차이를 최대한 제거해서 공통의 서열을 얻어내는 데 있었지만, 그 결과는 실패작이었다는 게 중론이었다.[80]

그러나 비상한 관심을 모았던 인간 유전체 해독 작업이 인간 유전자의 수가 예상보다 턱없이 적다는 의외의 결과를 내놓았다고 해서, 유전자선택론의 입지가 줄어든 것은 아니다. 제임스 왓슨 같은 이는 '게놈의 적은 숫자' 결과에 큰 의

---

79 Collins, F. S., Weiss, L. and Hudson, K.(2001), "Heredity and Humanity", *The View Republic*, June 25, pp.27~29. 특히 유신론적 진화론자인 콜린스는 "인간게놈 서열을 관찰하고 그 놀라운 내용을 밝히는 일은 경이로운 과학적 성취이자 하느님을 향한 경배의 시간"이었다고 술회하면서, "인간게놈은 하느님이 생명을 창조할 때 사용한 DNA 언어"라고 하면서 DNA에 얽힌 미스터리를 '과학이 대답할 수 없는 질문'으로 받아들인다. Collins, F. S.(2006), *The Language of God*, 『신의 언어』, 이창신 옮김, 김영사, 2009, 8~10쪽, 127쪽.
80 Rose, H and Rose, S.(2012), *Genes, Cells and Brains: The Promethean Promises of the New Biology*, 『유전자 세포 뇌』, 김명진·김동광 옮김, 바다출판사, 2015, 57쪽.

미를 부여하지 않으며 종래의 입장을 고수한다. 인간게놈의 숫자가 적다는 사실만으로는 유전자의 역할이 축소되지는 않는다는 것이다. 인간의 뇌세포에서 발현되는 유전자의 수가 2~3만 개에 이른다는 사실 자체는 오히려 인간 행동 발달에 대한 유전자의 기능적 중요성을 의미하는 것일 수 있다는 것이다. 수만 개의 유전자가 뇌의 구조 및 행동의 조정과 연관되어 있다는 것은 명백한 사실인 이상, 유전자들 간의 조합에 의한 경우의 수는 무한대로 확장될 수 있기 때문이다. 뉴욕대의 개리 마커스Gary Marcus는 단순히 유전자의 개수만 따지면 정보량이 축소된 것으로 보일 수 있지만, 하나의 유전자가 여러 개의 조절 영역에 연관되어 여러 가지 기능을 수행할 수 있다는 사실을 감안하면 유전자 부족 현상은 큰 문젯거리가 아니라고 말한다.[81] 이와는 다른 각도에서 왓슨은 '정크Junk DNA'의 존재가 무엇을 의미하는지가 밝혀지지 않은 점도 주목할 필요가 있다고 지적한다. HGP 결과로 확인된 유전체의 약 50%는 '기능이 전혀 없거나 기능을 알 수 없는' 정크와 같은 반복 서열로 이루어져 있다. 왓슨의 견해로는, 인간종의 유전체 크기에서 주목해야 할

---

[81] Marcus, Gary(2004), *The Birth of the Mind: How a Tiny Number of Genes Creates The Complexities of Human Thought*, 『마음이 태어나는 곳』, 김명남 옮김, 해나무, 2005, 209~212쪽. 그는 "적은 수의 유전자가 인간 뇌의 복잡성을 창조해낼 수 있도록 하는 네 가지 요소로서, 첫째, 게놈은 구조를 비트맵으로 암호화하는 것이 아니라 프로세스로 암호화한다는 점, 둘째, 유전자가 고립된 상태가 아니라 협동한다는 사실, 셋째, 간단한 백터 압축 방식은 몇 개의 '함수들' 또는 '원소들'을 활용하여 암호화를 수행한다는 점, 끝으로, 거의 모든 유전자는 수없이 자주 사용된다는 사실 등을 제시한다. 이런 류의 주장은 게놈 프로젝트 결과가 나오기 10년 전부터 제기된 바 있다. Adams, M. D., et al.(1991), "Complementary DNA Sequencing: Expressed Sequence Tags and Human Genome Project", Science 252, pp.1651~1656.

점은 다른 종에 비해서 정크가 더 많이 들어 있다는 사실이다. 왓슨은 정크 DNA가 아주 오래전에 생긴 것으로 추정하면서, 그 실체적 기능이 밝혀진다면 인간 신비의 미스터리가 풀릴 수 있을 것으로 기대한다. 그는 "유전자와 행동 사이에는 직접적인 대응관계가 성립하지 않는다는 비판은 현재로서는 부분적 타당성을 가질지는 모르지만, 인간게놈을 덮고 있는 장막을 하나둘씩 걷어내 간다면 '적은 수의 게놈'에 대한 논란은 무의미한 것일 수 있다"는 생각을 포기하지 않는다.

이처럼 유전체 분석결과에 대한 상이한 해석은 유전자 선택에 대한 견해 차이에 기인한다. 그러나 이 논쟁이 지속될 수밖에 없는 보다 근본적인 이유는, 우리가 아직도 유전자의 실체적 전모를 알고 있지 못하는 데 있다. 단적인 예로 우리는, 인간의 게놈은 침팬지의 게놈과 겨우 1% 남짓 다를 뿐이지만 그 마음은 왜 엄청나게 다른지, 또는 일란성 쌍둥이들의 뇌는 서로 비슷하지만 둘의 인성과 취향에서는 어째서 그리 크게 차이가 나는지, 그 이유를 모른다. 우리는 인간 게놈의 분석결과로부터 새로운 통찰을 끌어내서, 우리의 본성과 양육을 올바로 이해하고 양자가 어떤 식으로 상호작용하여 우리의 마음을 탄생시키는지를 과학적으로 해명할 수 있기를 원하지만, 아직까지는 그 작업에서 뚜렷한 성공을 이루지 못하고 있다.

4) 유전자인가, 환경인가?

유전자선택론은 케케묵은 '본성 대 양육(Nature vs Nurture)' 이분법 논란을 다시금 부추기는 계기가 되고 있다. '본성 대 양육'은 인간의 신체적·행동적 형질과 관련된 개개인의 차이를 유발하거나 결정하는 데 있어서, 개인의 타고난 특성(본성)과 개인적 경험 및 학습(양육)의 상대적 중요성에 대한 논제를 상징적으로 압축하는 표현이다.[82] 아마도 일정한 소양을 갖춘 이들이라면, 진실은 본성과 양육, 양 극단의 중간 어느 지점쯤에 있을 것이라는 데 대체로 수긍할 것이다. 그렇게 보면 어쩌면 해답은 이미 주어져 있는지 모른다. 우리는 모두 본성에 양육이 더해져 만들어진 존재이다. 대다수의 생물학자들은 우리가 유전자와 환경 간의 상호작용을 통하여 우리 자신을 완성한다는 사실에 동의한다.

> "본성은 양육과 구분될 수 없다. 우리가 세계를 이분적으로 보는 것은 상상과 관련된 어떤 면 때문이다. 양육과 같은 복잡한 행동은, 특히 '사랑'과 같이 아주 복잡한 감정과 결부되어 있을 때는, 결코 유전적인 결정이나 환경적 결정 중 어느 하나로만 결정되지 않는다."[83]

---

82 http://en.wikipedia.org/wiki/Nature_versus_nurture.
83 Hrdy, Sarah(2000), *Mother Nature: Maternal Instincts and How They Shape the Human Species*, New York, Ballantine Books, p.540.

"선천이냐 후천이냐라는 식의 이분법 모형은 일반인들의 마음속에 두 개념을 마치 대립적인 것인 양 고착화시키는 오류를 저지른다. 생물학은 피할 수 없는 숙명이 아니다. 또한 교육은 생물학적 한계를 넘기 위한 공격이 아니다."[84]

"한 유기체가 갖는 모든 표현형은 유전적 요인들과 환경적 요인들이 상호작용하는 하나의 인과적 과정의 결과이다. 그러나 한 개인의 개체 발생에서 이 두 종류의 원인들이 역할을 한다고 할 때 어떤 것이 '더 많이 기여하는가' 또는 '더 중요한가'를 어떻게 말할 수 있는가?"[85]

"인간의 본성은 일차적으로 유전자의 명령으로 이루어지지만 사회 문화 환경에 의해서 변형된다. 인간은 환경적 동물이기 때문에 끊임없이 외계 환경과 교신을 통하여 유전자가 변형될 것이며 변형된 유전자를 통하여 끊임없이 환경에 맞게 새롭게 진화할 것이다."[86]

이런 까닭에 오언 존스O. D. Jones는 본성 대 양육 논쟁을 '잘못된 이분법에 따른 오류'의 대표적인 사례로 꼽는다. "이 오류는 '문화 또는 본성, 둘 가운데 하나'의 주창자들이 근접

---

84 Gould, S. J.(1981), *The Mismeasure of Man*, 『인간에 대한 오해』, 김동광 옮김, 사회평론, 2003, 565쪽.

85 Sober, E.(2000), 349쪽.

86 서유헌·홍욱희·이병훈·이상원·황상익(1995), 『인간은 유전자로 결정되는가』, 명경출판사, 42쪽.

원인과 궁극 원인을 구별하지 못하거나, 모든 행동이 진화된 생리적 체계와 더불어 발현하기 위해서는 유전적 자극과 환경적 자극, 둘 다를 필요로 한다는 사실을 모르기 때문이다."[87] 이 오류를 해소하기 위해서 에른스트 마이어Ernst Mayr는 선천적 기질과 후천적 기질을 폐쇄적인 유전 프로그램과 개방적인 유전 프로그램으로 나누어서 생각해 보자고 제안한다.[88] 전자가 "경험을 통해 그 프로그램 안으로 어떤 것도 삽입될 수 없기 때문에" 폐쇄적인 반면, 후자는 경험의 유입을 허용한다는 점에서 개방적이다. 그러나 유전자결정론에 대한 강경한 반대자인 블룸버그는, 유전자학에 치우친 어떠한 이분법에도 동의하지 않는다. 그 이유는 세포 내에서 하드웨어와 소프트웨어를 명확하게 구분하는 것 자체가 가능하지 않기 때문이다. 그는 게놈과 환경 사이의 경계선은 희미할뿐더러, 그 경계도 발달 단계를 거쳐 가면서 점차 사라지기 때문에, 유전자와 환경을 구분하는 이분법의 폐기만이 가장 확실한 방법이라고 믿고 있다.[89] 마커스 역시 같은 입장이다. 그의 견해로는, 선천론자들은 본성과 양육 가운데 어느 쪽이 더 중요한지가 밝혀질 날이 언젠가는 반드시 오리라고 믿고 있지만, 그런 믿음은 애초부터 잘못된 생각이다. 유전자는 환경을 떠나서는 아무 소용이 없고, 어떤 생명

---

87 Jones, O. D.(1999), "Sex, Culture, and the Biology of Rape: Toward Explanation and Prevention", *California Law Review*, 87, pp.827~942.

88 Mayr, E.(1976), *Evolution and the Diversity of Life: Selected Essays*, Harvard University Press, pp.696~697.

89 Blumberg, Mark S.(2005), 197~198쪽.

체도 유전자가 없으면 주위 환경을 이용할 수 없기 때문이다. 따라서 그는 "본성과 양육, 유전자와 환경 중 어느 쪽이 더 중요한지를 묻는 것은, 남성과 여성 중 어느 성이 더 중요한지 묻는 것과 마찬가지"라고 말하면서, "본성이냐 양육이냐"라는 질문은 "본성과 양육이 어떻게 상호작용하고 협력하는가?"로 바뀌어야 한다고 주장한다.[90]

"본성이냐 양육이냐"라는 질문은 "본성과 양육이 어떻게 상호작용하고 협력하는가"로 바뀌어야 한다

단순해 보이는 진실을 앞에 두고 우리는 동일한 방식으로 논쟁을 거듭한다. 인간은 극단적인 대조를 통하여 이분법적 사고를 즐기는 동물이다. 동물과 인간, 본능과 이성, '본유적'과 '학습된', 선천성과 후천성, 유전과 환경, 그리고 '생물학적'과 '문화적' 등의 대립적인 양면을 대비시키는 설명방식은 우리의 오랜 습관이었다. 이러한 이분법은 '아래로부터의 인간학'과 '위로부터의 인간학'을 나누어 주는 '편리한 어구'로 쓰여 왔다. 공교롭게도 우생학의 창시자 골턴Francis Galton은 이러한 사실을 진작부터 알아차리고 있었던 것 같다. 그는 본성을 "어떤 사람이 스스로 세상 속에 지니고 나오는 모든 것"으로, 양육을 "출생 이후 사람에게 미치는 모든 영향"으로 정의하면서, "본성과 양육, 두 단어의 어조가 아주 그럴듯하게 잘 어울리는 단어의 조합"이라고 표현했다.

"본성과 양육은 편리한 어구다. 성격을 구성하는 수많은 요소

---

90   Marcus, Gary(2004), 15쪽.

인간 본성의 역사

들을 정확히 양분해 주기 때문이다."[91]

　유전자와 환경 가운데 어느 한편에 치우친 "논쟁의 결말은 결국 인간상의 분열일 수밖에 없으며, 경험적 연구 결과보다는 이데올로기가 낳은 조급한 결론"으로 귀착될 수도 있다. 인간화의 과정에서 본능이냐 학습이냐, 유전자냐 환경이냐를 따지는 것이 방법적으로 불가능하다면, 양자택일식의 주문은 질문 자체가 잘못된 것이다. 베이트슨Patrick Bateson의 말처럼, 본성이냐 양육이냐 하는 논쟁은 "지겹고", 답이 없는 질문이다.[92] 둘 가운데 한쪽만을 파고드는 생물학주의에 대해 가해지는 충고들은 한결같이 인간 본성의 양면을 모두 고려할 것을 요구한다. 과학철학자 부케티츠Franz M. Wuketits는 "자연과 사회 간의 협약, 인간의 생물학적 진화와 사회문화적 진화 사이에 모순이 없고, 자연과 문화는 서로 대립되는 것이 아니라 동일한 현실성의 양면일 뿐"이라는 확신을 수용하는 것이야말로 진화적 휴머니즘이라고 말한다.[93] 인간은 'DNA의 청사진'이나 단백질 전체에 불과한 것인가? 아니라면 '그 이상의 무엇'임을 어떻게 물리화학적으로 설명할 것인가? 이 물음은 생물학적 인간론에 대해 제기되는 근본적인 문제이다.

91　Galton, Francis(1874), *English Men of Science: Their Nature and Nurture*, HardPress Publishing, 2012, p.12.

92　Bateson, P.(2002), "The Corpse of a Wearisome Debate", *Science, Vol.297*, no.5590, pp.2212~2213.

93　Wuketits, F. M.(1990), Gene, *Kultur und Moral: Soziologie Pro und Contra*, 『사회생물학 논쟁』, 김영철 옮김, 사이언스북스, 1999, 216쪽.

2. 사회생물학과 인간 본성

    에드워드 윌슨이 제창한 사회생물학은 인간 본성의 생물
학적 기원을 밝히려는 야심찬 시도였다. 그는 1975년에 출
간된 『사회생물학』에서 "인간이 왜 '털 없는 원숭이'였는지
가 아직 밝혀지지 않고 있다"(1975, 166)[94]고 운을 떼며, 인간
행동의 진화적 기원에 관한 추적 작업을 시작했다. 이 같은
발상은 그의 오랜 생각이었다. 그는 10여 년 전인 1964년 이
미 동료인 르원틴 등과의 모임에서 인간 사회가 집단인 한
'진사회성 동물(Eusociality Animal)'에서와 마찬가지의 분석
양식을 적용할 수 있고, 그렇게 되면 사회생물학은 집단생
물학의 한 분과가 될 수 있다는 견해를 피력했다(1994, 311).

---

[94] Wilson, E. O.(1975), *Sociobiology: The New Synthesis*, 『사회생물학』, 이병훈·박시룡 옮김,
민음사, 1992, 166쪽. 이하 윌슨의 저서나 논문 인용은 ( ) 안에 발행년도와 쪽수로 표시.

인간 본성의 역사

그로부터 몇 년 후에 출간된 『곤충들의 사회』의 글을 마무리하면서, "사회생물학이 결국 집단 및 행동생물학의 우선적인 원리들로부터 파생될 수 있으며, 단일하고 성숙한 과학으로 발전될 수 있다"(1971, 460)고 전망했다. 그리고 4년 뒤 '사회생물학'의 기치를 내걸고 자신의 전망을 구체화시켰다.

> "이제 자연사의 자유로운 정신 속에서 우리가 마치 지구 상의 사회성 생물종들의 일람표를 작성할 목적으로 다른 별에서 찾아온 동물학자인 양 인간에 대해 생각해 보자. 이렇게 거대 관점에서 본다면, 인문학과 사회과학은 생물학의 특수 분과들로 축소된다. 역사와 전기, 그리고 소설은 인간 동물행동학을 연구하는 방법이 되며, 인류학과 사회학은 함께 한 영장류종의 사회생물학을 이루게 되는 것이다"(1975, 165).

'생물학 중심의 학적 통합' 주장은 과학계 안팎에서 커다란 반향을 불러왔고, 이른바 '사회생물학 논쟁'을 뜨겁게 달구었다. 논란의 와중에서도 그는 『인간 본성에 대하여』(1978)를 통해 생물학적 원리를 인간 본성에 그대로 적용하는 의욕적인 탐구를 선보였고, 그로부터 20년이 지나서는 생물학 중심의 통합적 접근을 재차 역설함으로써(『통섭』, 1998), '두 문화'의 한편으로부터 거센 반발을 야기했다. 그러나 윌슨의 집념은 여기서 끝난 것이 아니었다. 그는 2005년, 수십 년 동안 사회생물학의 이론적 기반으로 삼았던 개체선택론과 결별하고 다수준선택론(Multilevel Selection Theory)으로 전향했다.[95] 그는 인간 본성과 인류 사회의 진화에 관한 자신의 기존 견해를 다수준선택론을 반영하여 일부 수정했고, 2012년 『지구의 정복자』에서 '개정된 사회생물학'을 재구성했다.[96] 스스로를 '자연주의자(Naturalist)'라 칭하는 윌슨은, 누가 뭐라 하던 간에, 지난 50여 년 동안 줄기차게 사회생물학의 정당성을 옹호하고 인간 본성의 생물학적 기원과 토대를 강조한 집념의 과학자이다.

1) 사회생물학의 이론적 토대

사회생물학은 어떠한 발견적 가설이나 특정한 생물학적 원리를 새롭게 제시한 독창적인 이론은 아니다. 사회생물학은 다윈의 자연선택설을 이론적 기반으로 하여, 거기에다 동물행동학적 원리와 유전자이론을 결합시킨 복합적 구성물이다. 윌슨은 사회생물학을 '인간을 포함한 모든 종의 모든 사회적 행동에 내포된 생물학적 토대를 체계적으로 연구하는 학문'으로 정의한다(1975, 22). 사회생물학의 목적은 동물행동학, 생태학, 유전학 등을 총괄하여 "인간 사회 전체의 생물학적 특성에 관한 일반적 원리를 도출하는 데 있다"

95 Wilson, E. O.(2005), "Kin Selection as the Key to Altruism: Its Rise and Fall", *Social Research*, 72, pp.159~166.

96 Wilson, Edward O.(2012), *The Social Conquest of Earth*. 『지구의 정복자: 우리는 어디서 왔는가, 우리는 무엇인가, 우리는 어디로 가는가?』, 이한음 옮김, 사이언스북스, 2013.

(1978, 16). 사회생물학은 심리학과 동물행동학(또는 동물 행동의 자연사) 등의 전통적인 학적 기반으로부터 핵심적인 사실과 아이디어를 뽑아내어서, 유전학과 생태학의 원리에 맞게 새로 짜 맞추는 방식으로 다양한 종류의 동물과 인간 사회를 비교함으로써 인간 본성의 진화적 기원을 밝히고자 한다. 그는 사회생물학이 인간 사회에 대한 하나의 통합적 분과가 되는 이유를 다음과 같이 설명한다.

> "사회생물학의 새로운 점은 기존의 행동학과 심리학 지식 속에서 사회조직에 관련된 주요 사실들을 추출해 내고, 그렇게 추출해 낸 사실들을 개체군 수준에서 탐구되어 온 생태학 및 유전학의 토대 위에 재구성함으로써, 사회집단이 진화를 통해 환경에 어떻게 적응해 왔는지 그 방법을 보여 주고자 한다는 것이다"(1978, 43).

사회생물학의 주요 과제는 모든 인간들의 의사결정에 영향을 미치는 근원적 속박을 파악하고 측정하는 것이며, 인간 정신의 신경생리학적·계통학적 재구성을 통해 그 속박의 의미를 추론하는 것이다. 그는 생태학과 유전학의 최고 원리들 중에서 유전적 진화론에 바탕을 둔 것들을 뽑아서 그것들을 인간의 사회조직에 구체적으로 적용할 수 있다면, 새로운 '인간 본성의 과학'을 구축할 수 있을 것으로 믿는다. 이를 위하여 윌슨은 진화론, 동물행동학, 유전자선택론, 그

리고 방법론적 환원주의를 이론적 토대로 삼는다.[97]

동물행동학의 원리

월슨은 다윈의 가르침에 따라서 인간을 포함한 모든 생명에 하나의 생물학적 원리를 공통적으로 적용할 수 있다고 생각한다. 가령 동물행동학에서 발견한 동물 행동의 선천적 특성들 대부분은 인간 사회에도 그대로 적용될 수 있다. 그는 "사회생물학의 수많은 기초자료들과 일부 핵심 개념들은 생물들의 전반적인 행동양식을 자연상태에서 연구하는 학문인 동물행동학에서 빌려온 것"(1978, 42)이라고 밝힌다. 줄리안 헉슬리Julian Huxley, 카를 폰 프리슈Karl von Frisch, 콘라트 로렌츠, 그리고 니코 틴버겐Niko Tinbergen 등이 개척한 동물행동학은 사회생물학을 존립케 하는 주요한 기반이다. 동물과 인간의 행동에 동일한 척도를 적용해 보겠다는 것은, 사회생물학이 내걸고 있는 중요한 모토이다. 이를테면 월슨은 흰개미의 군집생활이나 칠면조의 형제 관계에서 나타나는 행동에서 인간의 사회행동에 이르기까지, 이 모두를 관통하는 단단한 하나의 가닥을 확립할 수 있다고 생각한다. 이러한 의미에서 사회생물학은 "동물의 사회, 그들의 개체군 구조, 카스트, 의사소통, 그리고 이와 같은 사회적 적응들의 바탕을 이루는 모든 생리학적 현상에 합리적으로 적용되고 있

---

97 바로우는 사회생물학의 배경이론을 진화유전학, 생태학, 그리고 동물행동학으로 본다. Barlow, G. W.(1980), "The Development of Sociobiology: A Biologist's Perspective", *Sociobiology: Beyond Nature and Nurture?*, George W. Barlow and James Silverberg(eds.), Westview Press, p.4.

는 보편적인 생물학 원리들을 인간의 의식과 사회적 행위를 다루는 인문사회과학에까지 확장"하는 작업이다(1975, 158). 그는 인간 행동을 설명하는 데 사용되는 용어들을 동물 행동에 적용함으로써 동물 행동을 의인화한다. 가령 단세포 점균이 집합체를 이루는 활동은 인간의 집합 행동과 유사하며, 여왕개미의 군림은 빅토리아기의 여왕에 비견될 수 있고, 인간 사회의 윤리적 규범은 동물 세계에서 종종 발견되는 이타적 행동과 근원적 차원에서 다르지 않다. 그 이유는 호모 사피엔스가 '진사회성 동물', 즉 "집단 구성원들이 여러 세대로 이루어져 있고 분업의 일부로서 이타적 행동을 하는 경향을 가진 동물"(2012, 27)의 한 종이기 때문이다.

그러나 그의 야심찬 의욕에도 불구하고, 허점은 곳곳에서 발견된다. 가령 그는 도덕의 생물학적 기원을 강조하면서도, 동물의 본능적이고 반사적인 행동에서 비롯되는 이타적인 경향과 인간이 의식적 동기를 갖고 의지적으로 행하는 도덕이 어떻게 구별되는지는 설명하지 않는다. 로우즈 등은 "전적으로 소비만 하고 알을 배태하는 기계인 여왕개미가 엘리자베스 1세나 예카테리나 대제 혹은 심지어 정치적으로는 힘이 없지만 엄청나게 부유한 엘리자베스 2세와는 어떤 점에서 닮았다는 것인지를 알 수 없다"고 의아해 한다.[98] 만일 사회생물학이 인간 충동의 생물학적인 기원을 설명하는 것

---

[98] Rose, S., Lewontin, R. and Kamin, K.(1984), 294쪽.

이상을 이루고자 한다면, 동물적 본능과 인간 본성이 근본적으로 어떻게 다른지를 정당하게 설명할 수 있어야 한다. 그렇지 못하기 때문에 진화생물학자 메이너드 스미스는 인간 사회와 동물 세계를 구별하지 않고 동일한 생물학적 원리를 적용하는 것에 반대한다. 그는 사회생물학이 인간 행동의 연구에는 거의 도움 줄 것이 없다고 평가하면서, 윌슨을 생물학적 이상주의자로 여긴다.[99]

생물학적 이상주의자

유전자선택론의 사회문화적 확장

윌슨의 사회생물학은 유전자선택론을 중추적 기반으로 한다. 그는 윌리엄스의 유전자 개념과 도킨스의 '임시 운반자(Temporary Vehicle)' 용어를 그대로 차용하여, 인간종을 유전자 조합으로 풀이했다.

> "다윈주의의 의미에서 볼 때, 생물은 그 자신을 위해서 살고 있는 것은 아니다. 생물의 주요 기능은 결코 다른 생물을 재생산하는 것이 아니고 단지 유전자를 재생산하는 것이며, 따라서 **생물은 유전자의 임시 운반자로서의 역할을 하고 있다.** 유성생식으로 만들어진 생물은 각기 특유의 존재로서 그 종을 구성한 유전자 조합이라 할 수 있다"(1975, 155).

---

99 Maynard-Smith, John(1980), "The Concept of Sociobiology", *Morality as a Biological Phenomenon: The Presuppositions of Sociobiological Research*, G. S. Stent(ed.), Berkeley, University of California Press, p.87.

그에 따르면, 인간종은 태생적으로 유전자에 속박되어 있다. 그는 인간을 "유전자의 우연과 환경의 필연에 의해 만들어진 존재"(1978, 24)라고 묘사한다. 유전자는 뇌를 지배하므로, 인간 정신은 오로지 생물학적 수단만을 선택할 수 있도록 구성되어 있다는 것이다. 우리의 뇌는 자신의 통합을 지시하는 유전자의 생존과 증식을 촉진하기 위해 존재한다. "인간 정신은 생존과 번식을 위한 장치이며, 이성은 그 장치의 다양한 기능 중 하나일 뿐이며, 지성이라는 것은 원자를 이해하고 더 나아가 자신을 이해하기 위해 구성된 것이 아니라 인간 유전자의 생존을 촉진하기 위해 구성된 것이다"(1978, 25). 뇌란 본질적으로 번식하는 기관이다. 그는 우리가 동물보다 특별하다고 생각하는, 우리의 각종 학습 능력은 "뇌의 구조, 호르몬들의 방출 순서, 그리고 궁극적으로 유전자에 의해 철저하게 프로그램된 것"(1978, 102)으로 추정하는 편이 옳다고 믿는다.

　　윌슨은 문화를 유전자와 대칭되는 광의의 개념으로 사용한다. 그는 인간 문화가 전적으로 유전자에 의해 결정된다고 말하지는 않는다. 그는 유전자결정론의 위험 수위를 조절하려는 듯이, "유전자가 명령하는 것은 특정 행동이 아니라 어떤 행동으로 발전될 수 있는 가능성이며, 더 나아가면 다양하게 주어진 환경 속에서 특정 행동이 발달하는 성향"(1978, 98)이라고 설명함으로써 유전자의 기능적 결정성을 순화시킨다. 또한 그는 겉으로는 "인간 개인은 자신의 문화적 환경과 사회적 행동에 영향을 미치는 유전자 사이의 상호작용을 통해 형성된 존재"라는 통상적 견해를 부정하지는 않는다. 그러나 그는 극단적인 문화결정론에 대해서는 도브잔스키의 반론[100]을 인용하면서 강하게 반발한다. 그는 "인간의 사회적 행동이 유전적으로 결정되는가 하는 문제는 이제 더 이상 질문거리도 되지 않으며, 그것은 이미 결정적"(1978, 46)이라고 단정한다. 이처럼 그는 유전자를 인간 사회에 얽힌 거의 모든 문제를 설명할 수 있는 만능의 열쇠처럼 여기며(1975, 175~176), 유전자결정론자임을 자임한다.

월슨의 유전자결정론에 대해 제기되는 비판은, 앞의 장에서 본 바와 다르지 않다. 비판가들은 사회생물학이 유기체의 생존이나 복제의 최적화 기능을 수행하는 유전자를 유기체의 '보이지 않는 주인'으로 만듦으로써, 유기체를 단순히 유전자에 의해 조종되고 통제되는 기계로 간주하는 것을 못마땅해 한다. 더군다나 인간의 뇌가 유전자의 전파를 목적으로 프로그래밍되어 있다는 가설은, 문화주의자들의 눈에는, '과학이 아닌 형이상학'에서나 가능할법한 공상처럼 보일 수 있다.[101] "인간의 다양한 사회적 양상의 유전적 토대에 대한 직접적인 증거가 전혀 없다"고 주장하는 다른 편

---

[100] 도브잔스키는 과도한 문화주의의 범람을 경계하면서 "인간의 유전자들은 완전히 새롭고, 비생물학적이고, 초유기체적인 요인 즉 문화에 인간 진화의 주도권을 넘겨주었다고 볼 수 있으나, 이 요인이 전적으로 인간의 유전자형에 의존한다는 사실을 잊어서는 안 될 것"이라고 주장한다. Dobzhansky, T.(1962), p.12.
[101] Kaye, H. L.(1997), 220쪽.

의 생물학자들은, 사회생물학이 유전자 선택의 범위, 강도, 그리고 자동성을 극도로 과장하는 "유전자 통제에 대한 단순한 결정론적 모형"[102]이라거나 "진화론의 전형적인 외삽(Extrapolation)에 해당되는 생물학적 결정론"[103]에 불과하다고 비난한다. 이 같은 일도양단식 비판에 대해 마이어는 윌슨을 줄곧 옹호하면서도, "인류 집단—일부 밀접히 연관된 집단도 포함해서—사이의 사회적 행동상의 심대한 차이는 인간 행동의 많은 부분들이 유전적이라기보다는 문화적이라는 사실"[104]을 수용할 것을 권고한 바 있다.

개채선택론에서 다수준선택이론으로 전향

그러나 이러한 비판들은 『사회생물학』 출간 직후의 상황을 반영한 것이기에, 윌슨의 최근 저서인 『지구의 정복자』에도 적용될 수 있는지는 의문이다. 앞에서 언급했듯이, 윌슨은 2005년 이래 개체선택론에서 다수준선택이론으로 전향함으로써, 유전자결정론이라는 비판에서 다소 거리를 둘 수 있게 되었다. 그는 40여 년 동안 지지해 온 혈연선택 가설을 폐기하는 대신 다수준선택설로 개종했다. 다수준선택은 "개별 구성원을 표적으로 삼는 선택압과 집단 전체의 형질을 표적으로 삼는 다른 선택압 사이의 상호작용"에 초점을 맞추기 때문에, 유전적 적합도를 개체선택과 집단선택이 모두

---

102 Allen, E., et al.(1976), "Sociobiology: Another Biological Determinism", *Bioscience*, 26, pp.183~186; Gould, S. J.(1976) "Criminal Man Revived", *Natural History*, 85, pp.16~18.
103 Rose, S.(1997), *Lifelines: Biology Beyond Determinism*, Oxford University Press, pp.1~20.
104 Mayr, E.(1982), p.599.

작용한 결과로 파악한다(2012, 71~73). 그는 여전히 인간 본
성의 유전적 토대에 대한 변함없는 확신을 보이지만, 인간
본성을 곧바로 유전자로 등식화하지는 않는다(2012, 235). 이
제 그에게 '포괄적 적응도'나 '이기적 유전자'는 더 이상 유
용한 개념이 아니다. 따라서 사회생물학의 '유전자 가설'에
대한 비판은 윌슨의 최근 입장을 충분히 고려하는 가운데서
재검토될 필요가 있다.

방법론적 환원주의

사회생물학의 방법론적 도구는 '환원주의(Reductionism)'
이다. 통상적 정의에 따르면, 환원주의는 특정한 복합체 전체
의 성질들을 그 전체를 구성하는 최소 단위의 분자들로 쪼
개어 보려는 시도로서, 물질적 대상의 세계와 인간 사회 모
두에 대한 일반적 방법과 설명 양식의 한 집합이다.[105] 에
른스트 마흐Ernst Mach에 따르면, "과학은 최소한의 사유로
서, 가장 완벽하게 전개된 사실들로 구성된 최소한의 논제"
이다. 윌슨은 마흐의 명제에 준거하여, 환원주의를 '전체의
복잡성을 이해하는 유일한 방법'으로 채택한다. 그에 따르
면, "과학적 방법의 핵심은 인식된 현상을 근본적이고 검증
가능한 원리로 환원시키는 것이다"(1978, 36). 그는 "환원주
의 없이 복잡성을 추구하면 예술이 되지만, 환원주의로 무
장하고 복잡성을 탐구하면 과학이 된다"(1998, 114)고 말한

검증 가능한 원리로
환원시키는 것

---

105 Rose, S., Lewontin, R. and Kamin, K.(1984), 23쪽.

인간 본성의 역사

다. 과학의 세계에서 어떤 가설이 신빙성을 높여가는 과정은 '흥미로운'에서 '그럴듯한'으로, '그럴듯한'에서 '설득력 있는'으로, '설득력 있는'에서 '받아들일 수밖에 없는'으로, 그러다가 충분한 시간이 지나면 드디어 '명백한'이라는 수식어로 변화되는 과정이다(1998, 122). 따라서 환원주의에 의지한다면, 결정론과 자유의지 간의 역설은 이론적으로 해결될 수도 있다는 것이다. 윌슨은 환원주의를 반대하는 이들을 향해서 "환원(주의)을 퇴보의 철학과 같다고 보는 인식은 전적으로 잘못된 것"(1978, 39)이라고 대응한다.

환원주의에 의거하여 인간의 행위를 이해하기 위해서는, 그 행위의 생물학적인 분자 수준으로 내려가야 하고, 거기에서 과학적 법칙을 제시할 수 있는 충분한 토대를 발견해야 한다. 사회생물학이 의지하는 분자유전학의 '중심 가설 (Central Dogma)'에 따르면, "DNA는 RNA를, RNA는 단백질을, 단백질은 우리를 만든다."[106] 윌슨은 생물학적 환원주의의 방법론적 정당성을 옹호하면서, "인간 본성에 관한 충분한 지식, 각 사회의 역사, 그리고 그 사회가 처한 물리적 환경이 주어진다면, 인간 사회의 통제적 행동마저도 거의 알려져 있지 않은 수준까지 예측해 낼 수 있을 것"(1978, 120)으로 낙관한다. 알렉산더 로젠버그Alexander Rosenberg는 윌슨의 환원주의를 '설명적 생물학적 결정론(Explanatory Biological

생물학적 결정론

---

106 Rose, H and Rose, S.(2012), 47쪽.

Determinism)'으로 이해할 수 있다는 입장이다. 즉 '과학적으로 받아들일 만한 인간 행위에 대한 설명은 오직 유전적 성향―인간 행위가 반영하고 있거나 혹은 그런 행위의 기저에 놓여 있는 생리학적 상태―수준에서의 설명이라는 테제'[107]는, 윌슨에게 사회과학을 사회생물학으로 대체할 수 있는 과학적 논거가 된다는 것이다.

그러나 환원주의가 사회현상을 설명하는 주된 방법론으로 사용될 때 문화주의자들이 갖는 거부감은 이만저만한 것이 아니다. 환원주의가 일정한 범위 내에서 방법론적 유용성을 지닌다 하더라도, 그것이 갖는 한계 또한 명백하다고 보기 때문이다. 뒤르켐에게서 보듯이, 사회가 개체의 합 이상이며 따라서 단순한 개체의 속성들로는 전체를 다원적이고 다층적인 수준에서 파악할 수 없다는 견해는 환원주의의 맹점을 겨냥한다. 과학철학자 뒤프레는 인과관계가 단순한 사물에서 보다 복잡한 사물 쪽으로 작용한다는 환원주의적 가정을 근거 없는 도그마라고 비판하면서, 특히 유기체의 창발적 속성은 그 구성요소의 운동의 원인이 될 수 있으므로 양방향의 인과 작용을 인정해야 한다고 주장한다.[108] 이러한 견지에서 보면, 윌슨의 환원주의는 "생명체를 기계화하고 분자를 의인화하는" 위험한 방법이다. 사회학자 케

---

107 Rosenberg, A.(1981), *Sociobiology and the Preemption of Social Sciences*, Johns Hopkins University Press, p.159.
108 Dupré, J.(2001), p.18.

이H. L. Kaye의 표현을 빌리면, 그것은 "인간의 선택을 제한하려는 의도에서, 의지와 지각을 개별 인간으로부터 거대 분자로 옮겨놓음"으로써, 인간 개인을 유전자의 부수 현상으로 파편화하는 곡예와 같은 것이다. 분자생물학의 논법대로라면, "문화는 생물학으로, 생물학은 분자 수준의 물리화학적 법칙으로, 마음은 물질로, 행동은 유전자로, 생명체는 프로그램으로, 종의 기원은 생체 고분자로, 그리고 생명은 생식 과정으로 환원된다."[109] 전일론全一論의 관점에서 생명 시스템을 무수히 다양한 실체로 보고자 한다면, 환원주의로는 생명 시스템의 복잡한 계층구조와 동식물과 인간 사이의 위계질서를 제대로 파헤칠 수 없다고 여길 것이다.

**방법론적
개인주의로의 환원**

'사회에 대해 참인 것을 그 사회를 구성하고 있는 모든 개체들에 대해 참인 것으로 환원하는' 방법론적 개인주의는, 세계가 본질적으로 다원적 구조를 지니고 있고 환원불가능한 복잡성을 갖는다는 존재론적 다원주의와 대립한다.[110] 다원론자들에게 환원주의는 종종 '과학의 정치에서 나쁜 것의 표준'처럼 여겨지지만, 사물의 실체를 파악하기 위해서 쪼갤 수 있는 최소한의 단위로까지 잘라서 보려는 작업은 과학적 분석을 위한 기초이기도 하다. 크릭이 옹호하듯이, 환원주의는 물리학, 화학, 분자 생물학의 발전을 이끈 주된 방

---

109 Kaye, H. L.(1997), 94쪽, 250쪽.
110 김환석(2009), 「생물학적 환원주의와 사회학적 환원주의를 넘어서」, 『사회생물학 대논쟁』, 이음, 49쪽.

법적 도구였다.[111] 물리학자 와인버그Steven Weinberg가 "환원주의는 연구 과제를 위한 지침이 아니라 자연 그 자체를 대하는 하나의 자세"[112]라고 주장하는 이유는 우주의 모든 것을 설명할 수 있는 '최종 법칙'이 있다고 믿고 있기 때문이다. 환원주의적 방법론을 둘러싼 이 같은 논란에 대해 여기에서 길게 다룰 여유는 없지만, 분명한 사실은 인간의 문제를 '유전자적 환원주의'의 시각으로 다룰 때 많은 오해를 불러올 수 있다는 것이다.

2) 인간 본성의 기원

윌슨이 보기에, '인간 본성은 아직은 모호한 개념'이다(1998, 291). 그 이유는, 유전자와 행위가 정확히 어떠한 관계에 있는지가 해명되지 않는 한, 인간 본성의 구조는 모호한 채로 남겨질 것이기 때문이다. 그는 이 문제에 접근하기 위해서 두 가지의 방법을 사용한다. 우선 인간 행위를 사회성 생물들의 행동과 비교하여 공통의 요소들을 찾아내는 작업이다. 그러고 나서 그는 지금까지 밝혀진 유전자의 기능에 자신의 추론을 보태어 인간 본성의 생물학적 기원을 추정한다.

---

111 Crick, Francis(1995), *Astonishing Hypothesis: The Scientific Search for the Soul*, 『놀라운 가설』, 김동광 옮김, 궁리, 2015, 23쪽.
112 Weinberg, S.(1992), *Dreams of a Final Theory: The Scientist's Search for the Ultimate Laws of Nature*, 『최종이론의 꿈』, 이종필 옮김, 사이언스북스, 2007, 78쪽.

개미 사회와 인간 사회의 보편문화 목록

윌슨은 "지구상의 사회성 종들을 나열해 놓은 목록에서 인간을 과연 어느 자리에 끼워 넣어야 적당할지"(1978, 44)를 고심하면서, 인간에 대해 '망원경을 거꾸로 대고 보는 것과 같은 방식'을 제안한다. 인간을 평소보다 먼 거리에 놓고 크기를 줄여서 보면, 인간은 여타의 동물과 동일선상에 놓이게 되고, '인간'과 원숭이에서 반배수성 개미에 이르는 '인간 아닌 동물' 간의 차이는 최소화될 수 있다는 것이다. 이 작업에서 윌슨은 동물 행동과 인간 행동의 직접적 비교, 동물의 의인화, 그리고 동물사회와 인간 공동체 사이의 유사성에 관한 은유를 빈번하게 사용한다. 이 방법은 이미 고대인들이 사용했던 관찰 방식이었다. 로마의 시인 베르길리우스Maro Vergilius는 벌들이 위계질서를 갖춘 집단생활을 하고 있다는 사실을 알아내고는 벌들의 왕국에서 국가의 모형을 찾았고, 스토아학파의 세네카Annaeus Seneca는 군주제를 정당화하는 데 하나의 사례를 사용했다.[113] 물론 윌슨의 개미사회 이론은, 고대인들처럼 인간 사회를 벌들의 세계와 단순 비교하는 데 그치지는 않는다. 윌슨의 의도는 '인간'과 '인간이 아닌 동물' 간의 질적인 구분 없이 양자의 행동 일반에 적용할 수 있는 보편적 법칙을 세우는 데 있다. 그 법칙이란 '자연선택'과 '유전자적 기원'을 토대로 하여, 인간의 고유성을 여타 동물과의 공통성으로 환원시킬 수 있는 법칙이다. 윌

---

113 Wuketits, F. M.(1990), 44쪽.

슨은 자신의 전공을 살려 개미의 사회에서 나타나는 특성들을, 인류학자 머독G. P. Mudock이 제시한, 인류 문화에서 공통적으로 발견되는 '보편문화 목록'과 대조시킨다.

개미 사회의 특징들

연령 구분, 더듬이 의식, 몸 핥기, 달력, 식육 관습, 계급 결정, 계급 규율, 군체 설립 규칙, 군체 조직, 청결 교육, 공동 양육, 협동 노동, 점성술, 귀족제, 분업, 게으름뱅이 통제, 교육, 종말론, 윤리학, 예절, 안락사, 불 피우기, 음식 금기, 선물 주기, 정부, 인사하기, 데릴사위제, 환대, 주택, 위생, 근친상간 금기, 언어, 유충 돌보기, 법, 의약, 변태 의식, 상호 오르내림, 유모 계급, 결혼 비행, 영양란, 인구 정책, 여왕 존중, 주거 규칙, 성 결정, 군대 계급, 자매애, 지위 분화, 불임 노동자, 외과 의사, 공생균류 돌보기, 도구 제작, 거래, 방문, 날씨 관측 등(1978, 51).

인류 문화에 공통으로 기록되어 있는 특징들[114]

연령 구분, 스포츠, 장신구, 달력, 청결 교육, 공동체 조직, 요리, 협동 노동, 점성술, 귀족 제도, 춤, 장식 예술, 신성화, 분업, 해몽, 교육, 종말론, 윤리학, 민족 식물지, 예절, 신앙 치료, 가족 축제, 불 피우기, 민간 전승, 음식 금기, 장례 의식, 놀이, 몸

---

114 이 목록은 미국의 인류학자 조지 머독이 1945년에 작성한 것이다. Mudock, G. P. (1945), "The Common Denominator of Culture", *The Science of Man in the World of Crisis*, Ralph Linton(ed.), New York, Columbia University Press, pp.124~142. 스티븐 핑커도 윌슨과 같은 목적으로 도널드 브라운의 보편문화 목록을 인용했다. Pinker, S.(2002), 761~767쪽. Brown, Donald(1991), *Human Universals*, New York, McGraw-Hill.

인간 본성의 역사

짓, 선물 주기, 정부, 인사하기, 헤어스타일, 환대, 주택, 위생, 근친상간 금기, 상속 관례, 농담, 친족 집단, 친족 명명법, 언어, 법, 행운 미신, 주술, 혼례, 식사 시간, 의약, 조산술, 경범죄 처벌, 개인 이름, 인구 정책, 유복자 양육, 태교, 재산권, 초자연적 존재에 대한 믿음, 사춘기 풍습, 종교 제의, 주거 규칙, 성적 제약, 영혼 개념, 지위 분화, 외과 의사, 도구 제작, 거래, 방문, 천 짜기, 날씨 관측 등.

2개의 목록을 비교하면, 인간 사회는 사회문화적으로 개미 사회에서 발견되는 수많은 특징들을 공유하고 있음을 알 수 있다. 그렇다면 문명은 영장류만이 소유하는 전유물이라고 할 수 없다. 개미 사회와 인간 사회의 근본적인 차이는 인간이 자기중심적인 반면 개미는 상대적으로 이타적이며, 인간이 젊은 아들을 전장에 내보내는 반면 개미는 늙은 딸을 전장으로 보낸다는 것, 그리고 인간이 주로 시각과 청각을 이용해서 의사소통하는 데 비해, 개미는 대부분 미각과 후각을 이용한다는 정도의 차이가 있을 뿐이다(1996, 67). 윌슨은 개미를 의인화하여 "개미들이 우리와 같은 수준까지 자신을 합리화할 수 있는 뇌를 갖고 있다면 그들은 우리의 동료가 될 수 있을 것"이라고 말하는가 하면, 한술 더 떠서 만약 "개미가 군체 간의 경계를 없애고 자연 환경을 보호하도록 프로그램되어 있다면 개미는 인간보다 더 큰 규모의 체제 유지 권력을 지닐 것이고, 넓은 의미에서 인간보다 더 높은 수준의 도덕성을 지닐 것"(1978, 51)이라는 납득하기 어

려운 주장도 불사한다. 그러나 데이비드 프리맥David Premack
이 묻고 있듯이, "100여 미터 떨어진 두 종의 개미 간에는
어떤 차이가 있는지를 정확히 짚어내면서, 어떻게 개미와
인간의 차이는 모를 수가 있는가?"[115] 이 질문에 윌슨은 어떻
게 대답해야 할까?

개미 사회와 인간 사회가 이처럼 유사하다면, 인간과 영
장류 사이의 관련성은 훨씬 더 깊을 수밖에 없다. 그는 수
렵채취 사회에 널리 퍼져 있던 인간종의 특성들을 알아내
는 작업과, 그것들을 인간과 친척 관계에 있는 아프리카 및
아시아의 대형 유인원들과 원숭이들이 보이는 유사 행동들
과 비교하는 작업, 이 두 가지를 조합함으로써, 인간 사회의
가장 원초적이고 동시에 보편적인 특성들을 합리적으로 추
론할 수 있다고 본다. 그는 두 집단에 공히 나타나는 보편적
형질들을 네 가지로 추려낸다(1978, 48~49; 1996, 100~101).

① 친밀한 사회적 모임의 규모는 약 10명에서 약 100명의 성
    인들로 구성된다.
② 수컷은 암컷보다 신체적으로 크며, 어느 정도는 일부다처
    제형 체제이다.
③ 성장기의 청소년은 우선적으로는 어머니와의 친밀한 관계
    아래에서 사회적 훈련을 거쳐 성인 형성 과정을 완성한다.

---

115 Gazzaniga, Michael S.(2008), *Human: The Science Behind What Makes Us Unique*, 『왜
인간인가?』, 박인균 옮김, 추수밭, 2009, 21쪽에서 재인용.

④ 성인이 된 후 실행하는 사회성 놀이에는 역할 연습, 전쟁놀이, 성행위, 모험 등을 빚어내는 개발된 활동이 포함된다.

인간 사회의 원시적 형태는 원숭이 집단과 거의 다를 바가 없다. 윌슨은 인간 사회의 '보편적 형질' 외에, '유전적 기초를 갖는 특별하고 분명한 몇 가지 인간적인 특질들'을 덧붙인다. 그것들은 "어떤 형태로든 진정한 의미 언어(Semantic Language)를 발달시키려고 하는 참을 수 없는 충동, 금기에 의한 철저한 근친상간의 기피, 그리고 과거보다는 약해졌지만 여전히 강하게 남아 있는 성차 및 여성과 남성 간의 노동 역할 분담"(1996, 101) 등이다. 이러한 특질들은 인간 본성의 내용을 구성하며, 그 대부분은 구석기 수렵채집인의 유산이다(1996, 101). 이처럼 인간 사회의 보편적인 특징들은, 여타의 동물들이 근접할 수 없을 만큼의 고도로 추상화된 독특한 것이 아니다. 그것들은 오히려 대체로는 다른 포유동물의 특징, 특히 다른 영장류들을 망라해서 나온 특징들과 유사하다. 윌슨이 보기에, 이러한 포유류적인 특질들은 곧 인간의 행동체계가 지금도 변함없이 '생리학적 토대 위에 서 있는 구조'임을 시사한다.

인간 행동의 수많은 특성들이 포유동물과 거의 동일한 생리적 구조에 기초한 것이라면, 오늘날 우리는 어떻게 동물과 다른 일부의 속성을 갖게 되었을까? 윌슨은 이 문제를 '유전자 가설'로 설명했다. 유전자 가설의 핵심은 "인간 본성을 형성하는 형질들은 인간종이 진화해 온 기간만큼 적응을 거쳐 왔고, 그 결과 유전자들은 그 형질들의 발달 성향을 지닌 운반체 집단을 통해 퍼진다는 명제"(1978, 63)이다. 그는 "인류가 전적으로 문화에 토대를 두는 수준까지 자신의 유전자로부터 탈출해 왔다"는 극단적인 문화주의의 가설보다는 "인간의 행동이 근연 관계에 있는 종들과 공유하고 있는 일부 유전자와 인간종 고유의 유전자로 조직된다는 가설이 훨씬 설득력 있다"고 주장한다. 인류의 진화사를 고려해 볼 때, 전자의 가설보다는 후자의 것이 더욱 적합하다는 것이다. 윌슨은 인간종이 고유한 특성을 갖는다면, 그것은 '유전자 집합의 결과'라고 밖에 달리 설명할 방법이 없다고 단언한다.

유전자-문화 공진화 가설의 겉과 속

통상적인 견해로는 문화는 인간종 고유의 산물이다. 문화가 "인간이 획득한 모든 능력과 습성을 포함하는 복합적 총체"(Edward B. Tylor, 1871)로서 "인류가 누적한 집단적인 경험"(Leslie S. White, 1973)인 한, 인간 본성은 문화 속에 스며들어 있다. 그러한 의미에서 문화는 '인간 본성들'[116]이 상호 침투하고 협력해서 만들어 낸 집합적 산물이다. 윌슨은 '유전자 가설'을 '유전자-문화 공진화共進化(Gene-Culture

---

116 에얼릭은 인간 본성이 하나가 아니라 여럿이라는 의미에서 '인간 본성들'이라는 복수형의 표현을 사용한다. 그에 의하면, "진화의 어느 시점에서 사람들을 묶어 주는 일반 개념이 인간이라면, '본성들natures'이라는 말은 우리의 개성, 우리의 문화적 다양성, 그리고 미래의 유전적·문화적 진화를 위한 우리의 잠재력에 차이가 있다는 점을 강조한다." Ehrlich, Paul R.(2001), 14~15쪽.

인간 본성의 역사

Coevolution) 가설'(이후 '공진화 가설'로 축약)로 변형시켜서, '문화'라는 높은 장벽을 넘어서려 한다. 그는 우선 유전자-문화 공진화에서 다루어야 할 탐구과제를 세 가지로 압축한다.

> "첫째는 공진화의 순환 방식을 가장 접근이 용이한 부분을 통해 탐색해 보는 것이다. 이것은 개인의 마음의 작동 방식에서 문화에 이르기까지를 탐색해 보는 것이다. 둘째는 순환을 따라 문화로부터 유전자와 개인의 마음으로 거슬러 올라가 보는 것이다. 셋째는 오직 인간만이 이러한 순환의 길로 들어서게 된 이유가 무엇인지를 설명하는 것이다."[117]

통상 문화의 진화는 생명체의 진화와는 질적으로 다른 과정으로 구별되어 왔다. 가령 포겔Friedrich Vogel이 '생명발생적 진화'와 '전통발생적 진화'를 구별했을 때, 문화는 생명체의 진화 메커니즘과는 다른 방식으로 진화한다는 인식을 전제로 한다.[118] 생명체의 진화는 DNA 형태의 유전자로 코드화된 정보가 생식 과정을 통해 세대에서 세대로 대물림되는, 따라서 생명발생적 정보가 항상 부모에게서 자식으로 한쪽 방향으로만 전달되는 과정이다. 반면 사회문화적 진화의 경우, 정보는 사상이나 지식의 형태로 개인적으로 수집되어 뇌 속에 저장되거나 또는 토기나 책 등과 같은 어떤 물질적

---

117 Lumsden, C. J and Wilson, E. O.(1983), *Promethean Fire: Reflections on the Origin of the Mind*, 『프로메테우스의 불』, 김성한 옮김, 아카넷, 2010, 67쪽.
118 Wuketits, F. M.(1990), 120~122쪽.

인 전달매체에 기록됨으로써 다른 개인에게 전해진다. 생명 발생적 진화와 전통발생적 진화는 상호작용을 통하여 인류의 진화사를 완성하지만, 양자의 진화과정은 전혀 다른 경로로 진행된다.

그러나 윌슨의 '공진화' 모델에 따르면, 문화의 진화는 유전자의 진화와 불가분의 관계에 있다. 유전자와 문화는, 각각 그 자체로 어느 정도의 융통성을 갖는다 하더라도, 결코 끊어질 수 없는 속박 상태로 결합되어 있다. 그는 표면적으로는 유전자에 대한 문화의 영향력을 부정하지 않는다. "문화 혁신이 주는 압력은 유전자의 생존에 영향을 주며, 궁극적으로 유전적 족쇄의 세기와 '토크Torque'[119]에 변화를 초래할 수도 있다."[120] 하지만 윌슨은 역으로 문화적 진화에도 자연선택에 따른 진화의 방식이 유사하게 적용될 수 있으며, 두 종류의 진화는 어떻게든 연결되어 있다고 주장한다. 그러므로 공진화는 자연선택에 따른 진화과정의 특수한 확장이다. 다만 양자의 진화는 속도와 방식에서 약간의 차이가 있다. "문화적 진화는 라마르크적이고 매우 빠른 반면, 생물학적 진화는 다윈적이고 대체로 매우 느리다"(1978, 121). 결과적으로 인간 사회의 진화는 "유전의 쌍 궤도, 즉 문화적 궤도와 생물학적 궤도를 따라 나아간다." 그는 "인간의 마음을 창조한 것은 인류종의 역사에서 일어난 개별적인 사건이

---

119 힘의 모멘트, 어떤 힘이 가해져 물체를 회전시키는 정도. [편집자 주]
120 Lumsden, C. J. and Wilson, E. O.(1983), 90쪽.

아니라 유전자-문화 공진화라는 인류 역사의 배후를 이루는 과정"이라고 말한다. 다시 말해서 "마음에서 문화로의 이행은 유전자-문화 공진화의 절반에 해당되고, 남은 절반은 근저에 놓여 있는 유전자에 대한 문화의 영향력으로 이루어진 것"[121]이기 때문에, 인간종의 역사는 유전자 진화와 문화진화 간의 상호작용을 통하여 만들어졌다는 것이다.

유전적 진화와
문화적 진화의
상호작용과 공진화

　'공진화 가설'은 외형상으로는 유전자가 문화적 진화에 영향을 주듯이 문화 또한 유전적 진화에 영향을 준다는 상호작용을 인정한다. 그러나 이 같은 유전자-문화 간의 상호작용에 대한 인식은 윌슨의 '공진화 가설'이 의도하는 바의 핵심이 아니다. 윌슨은 "유전자-문화의 공진화는 생물학적 지령에 의해 문화가 탄생하여 모양이 갖추어지고 문화 혁신에 호응하는 유전적 진화를 통해 생물학적 특성의 변화가 일어나는 진화과정"이라고 설명하면서, 다시 '유전자 가설'을 꺼내든다. 문화실재론에서 문화는 자연과 대비되는 독립적 실체로서 '인간에 의해 만들어진 환경의 일부'(Melville J. Herskovits, 1955)로 고려되지만, 윌슨에게 "문화는 자체 동력으로 진화하는 초유기체가 아니다." 그가 보기에, "문화는 공동의 마음에 의해 창조되지만, 이때 개별 마음은 유전적으로 조성된 인간 두뇌의 산물"이다. 따라서 문화는 원천적으로 유전자에 의해 사슬처럼 얽매여 있다. 문화의 기저에는

121　Lumsden, C. J. and Wilson, E. O.(1981), *Genes, Mind and Culture: The Coevolutionary Process*, Harvard University Press; Lumsden, C. J. and Wilson, E. O.(1983), 38~39쪽.

'생물학적 이유라는 굳건하고 환원 불가능하며 완고한 핵심'이 존재한다는 것이다. '그 핵심'이란 우리 마음의 어딘가에 있는, "문화가 다닐 수 없는, 문화를 심판하고 그것에 저항하며 그것을 갱신할, 그리고 즉시 실행 가능한 권리를 지니고 있는, 생물학적 긴급함"[122]과 같은 것이다. 문화의 바탕에 깔려 있는 '생물학적 긴급함'을 알기 위해서는, 그리고 우리가 수렵채집 시대에서 물려받은 본유적 성향을 변화시킬 어떤 공동체나 문화를 구현하고자 한다면, 그것에 관한 충분한 생물학적 지식을 확보해야만 한다. 윌슨이 보기에, 보아스 등의 문화적 상대주의자들이 서로 다르고 독특하다고 구별하는 '문화들(Cultures)'이란 실상은 인간 사회의 동일한 기본적인 충동이 각각의 환경에서 다른 방식으로 표현된 것에 불과하다. "문화적 변화는 사회적 존재가 되기 위해 최선을 다하는 무수한 인간들이 전개하는 독립적인 움직임들의 통계적 산물"(1978, 120)에 지나지 않기 때문에, 문화의 진화를 유전적 지시의 사슬에서 벗어난 것으로 보아서는 안 된다는 것이다. 공진화에서 유전자는 궁극적 원인이고, 유전자와 문화의 상호작용은 그 이후에 발생하는 순환의 과정이다. 요컨대 윌슨에게, 문화란, "문화를 궁극적인 차원에서 설명해 주는 생물학적인 과정이 존재하기 때문에", '생물학적 산물'(1996, 91, 114)이다.

---

122 Trilling, Lionel(1965), *Beyond Culture: Essays on Literature and Learning*, New York, Viking Press, p.198.

인간 본성은 후성규칙

윌슨은 유전자와 문화의 불가분적 관계를 매개하는 장치로 '후성규칙(Epigenetic Rule)'이라는 개념을 고안한다. 그는 후성규칙에 대해 다양한 표현을 사용하여 설명한다(1998, 269~276, 395~398, 400~401 등).[123]

"유전자와 문화를 연결하는 정신 발달의 유전적 규칙성"

"감각 체계와 뇌의 선천적 작용의 집합체"
"해부학적·생리학적·인지적·행동적 특성을 특정한 방향으로 향하게 하는 규칙"

"인간으로 하여금 세상을 특정한 방식으로 보게끔 선천적으로 규정하고 자동적으로 특정시키는 기제"

"유전자가 인간의 마음에 기본적으로 인지 발달의 신경회로를 만들고 그 속에 인간에 특유한 종적인 행동을 할 수 있게끔 새겨 놓은 일종의 어림법"

요컨대 후성규칙은 "머나먼 선사 시대부터 오랜 기간에 걸쳐 진행된 유전적 진화와 문화적 진화의 상호작용을 통해 형성된" '마음 발달상의 규칙적인 속성들'로서, "인간 본성의

---

123 Lumsden, C. J. and Wilson, E. O.(1983), 104~107, 135~145, 249~254쪽.

진정한 핵심"(2013, 236; 1998, 291)이라는 것이다.[124]

　월슨은 후성규칙이 두 단계에 걸쳐 작동한다고 설명한다. 일차적으로 후성규칙은 "감각기관에서 자극들을 거르고 암호화하는 데에서부터 시작하여 두뇌가 그 자극들을 지각하도록 하는 자동 과정"에서 작동한다. 일차 후성규칙은 인간의 감각 체계를 대체로 시청각 정보를 처리하는 것으로 조정하는 데 작용한다. 즉, 일차 후성규칙의 기능은 정보 수집이다. 반면에 "이차 후성규칙은 많은 양의 정보를 통합하는 과정에서 작동되는 규칙성이다. 이 규칙들은 지각, 기억, 감정의 파편들을 끌어들여서 우리의 마음이 특정 모방자는 선택하되 다른 것들은 배척하게끔 만든다"(1998, 270).[125] 그는 얼굴 표정의 보편성을 입증한 폴 에크먼Paul Ekman의 실험 결과를 인용하면서 미소를 이차 후성규칙에 의해 발달된 사례로 꼽는다. 모든 사회의 문화에서 미소 짓는 표정은 '프로그램된 발달'의 결과로서 동일하다는 점에서 환경적 차이와 관계없는 보편적 속성이라는 것이다. 이처럼 이차 후성규칙은 정보 통합을 통해서 대상들을 재배열하고 형상화할 수 있게 해 준다.

124　그는 최근의 저서인 『지구의 정복자』에서 인간 본성은, 그것의 토대를 이루는 유전자나 인류학자들이 제시한 보편문화 목록이 아니라, 후성규칙이라고 규정한다. Wilson, E. O.(2012), 233~237쪽.

125　Lumsden, C. J. and Wilson, E. O.(1981), pp.370~371. 그는 2차 후성규칙을 '폭이 좁은 규칙'과 '넓은 규칙'으로 나누기도 한다. 미소가 전자의 사례라면, 세력권의 행동은 후자가 작용한 결과이다. Wilson, E. O.(1998), 304쪽.

유전적으로 미리 결정된 일련의 후성규칙들은 인간의 감각적·심리적·정신적 사건들을 통제·조정하고 문화 형성의 방식을 결정한다. "유전자들이 정신적 발달과 문화의 모습을 형성해 나가는 것은 바로 인지의 물리적 사건들을 거치면서 이루어지며," 인간은 후성규칙에 따라 사고하고 행동하며 일체의 경험을 거르고 구조화한다. 이처럼 문화는 생물학적 뼈대에 경험적 사건들이 '유전자에 의해 조절되고 선택된 후성규칙을 통하여' 덧붙여진 살이다.[126] 따라서 윌슨의 공진화 가설에서는, 그 겉모양새는 유전자와 문화 간의 상호작용 양상으로 비쳐지지만, 안을 들여다보면 문화는 유전자 중심의 진화사 안에 포섭되어 있다.

'유전자–문화 전달'로 굳어진 '인간 본성들'?

윌슨에게 공진화 모델은 수렵채취의 시기에서부터 대물림되어 현재까지 내려온 인류 사회의 공통적 속성을 발견하는 주요한 도구이다. 그는 공진화가 최초로 시작된 시기를 호모 하빌리스가 출현했을 때로 추정하면서, 그때부터 공진화가 이른바 '유전자-문화 전달(Gene-Culture Transmission)' 방식으로 인류 문화의 토대를 구축해 왔을 것으로 상상한다. '유전자-문화 전달' 방식은 '순수한 유전적 전달(Pure Genetic Transmission)'도 아니고 '순수한 문화적 전달(Pure Cultural Transmission)'도 아닌, 유전자와 문화를 모두 대물림하는 방식

126　Ruse, M.(1986), *Taking Darwinism Seriously*, Basil Blackwell, p.235.

이다.[127] 그는 공진화의 작동에서 후성규칙과 연관하여, '천년 규칙(Thousand-year Rule)'이라는 용어를 임의적으로 만들어 사용하기도 한다. 그는 "천년이라는 시간은 인간의 거의 모든 행동 범주에서 실질적인 공진화 및 어느 정도의 후성적 성향이 확립되는 데 매우 적절한 시간"이라고 추정하면서, 50세대에 걸쳐 특정한 문화적 형질이 한 개체군 내에서 성공적으로 안착하게 된다면 유전적 진화가 일어날 수 있다고 가정한다.[128] 이 같은 추론을 통해서 윌슨은 인류 사회의 보편적 형질들이 '인간 본성의 일부'로 굳어지게 되었고, 그것들은 '유전자-문화 전달' 방식으로 대물림되어 왔다고 주장한다. 그는 이 형질들을 남녀 간 성적 차이, 음경주의와 가부장제, 동성애·이방인 혐오증, 근친상간 금기, 공격성, 그리고 뱀 공포증 등으로 열거하면서, 이를 인간 본성의 목록 안에 들어 있는 것이거나 그에 따른 결과로 간주한다.

윌슨의 말대로 위에서 열거한 특성들은 우리의 본성일지도 모른다. 우리가 이 형질들을, 윌슨이 사용하는 환원주의적 절차에 따라 어떤 가설이 신빙성을 높여가는 과정에서 '흥미로운' 것이 '그럴듯한' 수준의 것으로 받아들인다면, 아무런 문제가 되지 않을 것이다. 그러나 문제는 남녀 간의 성적 차이를 제외한 나머지 특성들은 '그럴듯한'의 것이지 '명백한' 것이 아니라는 데 있다. 그는 남녀 간의 성차에서 '음

---

127 Lumsden, C. J. and Wilson, E. O.(1981), 87쪽, 164쪽.
128 Lumsden, C. J. and Wilson, E. O.(1981), 209쪽.

경중심주의(Phallocentrism)'를, 음경중심주의에서 가부장적
체제를, 그리고 가부장적체제에서 '일부다처제형의 동물'을
임의적으로 도출한다. 그리고 모두를 인간종의 유전자적 역
사과정을 통하여 대물림되어 온 생물학적 유산이라고 뭉뚱
그린다. 그러나 이러한 추정의 논리는, 여러 비판가들이 지
적하고 있듯이, 과학적 진술의 기준에 미달되는 신념적 표
현에 지나지 않는다.[129]

그밖에 나머지 형질들에 대한 설명도 대부분 확증되지 않
은 가설에 의존한다. 가령 동성애 기원에 관해서 그는 '친족
선택 가설'을 적용하여, "동성애자들은 인류의 진귀한 이타
적 충동 중 일부를 운반하는 유전자 담체일지 모른다"(1978,
201)고 상상한다. 그리고 근친상간 금기에 관해서는 핀란드
의 사회학자 에드워드 웨스터마크Edward A. Westermarck가 제
시한 '본능 가설'[130]을 소개한 뒤 "근친상간으로 초래되는 유
전자 적합성의 소실이 금기를 낳게 하는 궁극적 원인이었
을 것"(1978, 70~71)이라는 추정을 덧붙인다. 또한 그는 공격

---

129   예컨대 가부장제가 불변의 생물학적 기반을 갖는다는 진술은 결과적으로 성차별주
의를 암묵적으로 정당화한다는 오해를 낳을 수 있다. 로우즈 등은 윌슨의 주장대로라면
"미래의 가장 자유롭고 가장 평등한 사회에서도 남성은 정치적 생활, 사업, 그리고 과학에
서 (여성과는) 불균등한 역할을 계속 수행하게 될 것"이라고 비판한다. Rose, S., Lewontin,
R. and Kamin, K.(1984), 40쪽. 여성 생물학자 줄레이마 탱 마르티네즈는 윌슨의 "사회생
물학은 생물학적 결정론으로서, 남성 우월주의와 여성에 대한 억압을 인간진화사의 자
연스러운 결과로 확립함으로써 여성에 대한 억압을 정당화하고 강화할 뿐"이라고 격렬
하게 반발한다. Tang-Martinez, Z.(1997), "The Curious Courtship of Sociobiology and
Feminism: A Case of Irreconcilable Differences", *Feminism and Evolutionary Biology*, P. A.
Gowaty(ed.), New York, Chapman & Hall, pp.116~149.
130   Westermarck, Edward A.(1891), *The History of Human Marriage*, BiblioBazaar, 2009.

성을 본능으로 본 로렌츠의 견해는 수용하지 않았지만 "원시 전쟁이라는 문화 전통은 인간이 포괄적인 유전자 적합성을 증가시키는 형질들을 선택적으로 갖고 있기 때문에 진화한 것"이라는 더램W. Durham의 가설[131]을 지지하면서, 공격성과 전쟁을 한데 묶어 생물학적 뿌리를 갖는 적응의 결과로 확대해석한다. 그러나 인류사에서 빈번하게 나타났던 전쟁과 대량 학살이 "우리 종이 성숙하는 과정에서 거치는 성장통의 한 결과도 역사적 일탈 사례도 아닌, 어느 특정한 시대나 장소에 국한되지 않은 보편적이고 영속적인 성향"(2012, 88~89)이라는 진술은, 동료 과학자인 핑커가 최근 역사 분석을 통하여 폭력성의 감소 현상을 입증하려고 한 시도[132]와 대비해서 보더라도, 검증될 수 없을 뿐만 아니라 선뜻 동의하기도 어려운 주장이다. 끝으로 그는 뱀 공포증이 '인간 근연종들이 지닌 선천적인 특징'(1984, 144)이자 '인간 본성의 일부'(1996, 44)라는 주장을 굽히지 않는데, 그 근거 역시 미약하다. 그는 "파충류에 대한 공포나 경외심은 모든 포유류의 유전 인자에 새겨져 있을 것"이라거나 "뱀의 조상들이 우리의 먼 조상인 초기 포유류 동물들에게 가한 치명적인 위협으로 인해서 우리의 뇌 안에 공포 모듈이 만들어졌을 것"

---

131 Durham, William(1991), *Coevolution: Genes, Culture, and Human Diversity*, Stanford University Press, pp.165~170.

132 Pinker, Steven(2011), *The Better Angels of Our Nature*, 『우리 본성의 선한 천사』, 김명남 옮김, 사이언스북스, 2014. 핑커는 이 책에서 갑자기 진화심리학적 접근이 아닌 역사 분석의 방식을 도입하여, 인간 본성의 선한 성향이 역사적으로 강화되어 온 과정을 보여주려고 했다. 그러나 그의 이러한 견해는 이전의 저서인 『빈 서판: 인간은 본성을 타고 나는가』에서 제안한 자신의 여러 주장들과 상충된다.

인간 본성의 역사

이라는 심리학자 수잔 미네카Susan Mineka의 가설[133]에 의지한다. 그러나 뱀 혐오증을 초기 포유동물들이 공룡에 대해 가졌던 공포의 잔류물로 볼 경우, 자연사의 시간대에 부합하지 않는다. 그렇다면 오히려 "동물의 세계에 대한 전반적인 공포심은 근원이 다양할 뿐 아니라, 경험과 변화하는 환경에 따라 계속 수정되고 있다"[134]는 견해가 더욱 설득력 있는 것은 아닐까? 결과적으로 '유전자-문화 전달' 방식에 의해 우리 몸에 새겨진 인간 본성들에 관한 윌슨의 설명은 임의적인 가정들과 검증되지 않은 여러 가설들을 조합해서 만든 추론의 산물이다. 이처럼 빈번하게 사용하는 추론의 방법으로 인하여 『사회생물학』 출간 직후 발발한 '사회생물학 논쟁'에서 윌슨은 혹독한 비판에 직면하게 된다.

3) 인간 본성에 관한 '궁극원인적' 접근

윌슨이 수십 년에 걸쳐 주장해 온 사회생물학(그는 종종 '인간생물학'이라는 표현도 사용한다)의 요지는, 인간이라는 종은 "유전자들이 각 세대로 흘러들어가 혼합되어 만들어진 거대한 번식 체계"이며, "인간 행동의 가장 고유한 특징들은 자연선택을 통해 진화했고 오늘날에도 특정한 유전자들이 그

---

133 Mineka, S. & Ohman, A.(2001), "Phobias and Preparedness: Toward an Evolved Module of Fear and Fear Learning", *Psychological Review*, 108, pp.483~522.
134 Blumberg, Mark S.(2005), 192쪽.

종 전체를 구속하고 있으며"(1978, 76), 인간 본성은 유전자 집합으로 구성되어 있다는 것이다. 이러한 관점에서 인간 행동에 영향을 미치는 유전적 근거, 그 다양성의 특성과 규모를 미루어 볼 때, "호모 사피엔스는 생물학적인 단일한 본성을 갖게 된 하나의 전형적인 동물종"이다. 그는 인간 본성의 개념과 내용을 다음과 같이 요약한다(1994a, 333).

① 원시 인류는 포유동물의 집단생활 속에서 드러나는 특징들을 공유한 후 진화적 절차를 통하여 그러한 특성들을 수천 세대에 걸쳐 유전적으로 대물림함으로써 본능화시켰다. "인간은 행동과 사회구조를 획득하는 성향을 유전에 의해 물려받는데, 이 성향은 말하자면 대개의 사람이 공유하는 이른바 '인간 본성(Human Nature)'을 가리킨다."

② "인간 본성의 대부분이 구석기 수렵채집인의 유산"(1996, 102)이다. "인간의 본성에는 남녀 간의 분업, 부모 자식 간의 유대, 가까운 친척에 대해 나타내는 고도의 이타성, 근친상간 기피, 기타 윤리적 행동들, 이방인에 대한 의심, 부족주의, 집단 내 순위제, 남성 지배, 그리고 제한된 자원을 둘러싼 터 공격이 포함된다." 이 모두는 포유동물적인 것이다.

③ "사람들은 비록 자유의지를 갖고 여러 가지 방향으로 나갈 수 있는 선택을 행사하지만, 여기에 관계되는 심리학적

발달의 경로는 비록 우리 자신이 아무리 다른 길로 가고
자 발버둥 친다 해도 우리의 유전자들에 의해 다른 쪽보
다는 어떤 일정한 방향으로 명확하게 트여져 있다. 따라서
여러 가지 문화가 아무리 다양하다 해도 이러한 특성을
향해 부득이 수렴되는 것이다."

월슨의 결론은 사실 단순하다. 인간 본성은 단지 포유동물
들과 공유하는 생물학적 속성이다. 그러나 '통섭'이라는 원
대한 기치를 내걸고 "생물학과 유전학 등에서 최고 원리들을
뽑아내어" 얻어낸 결론이 기껏해야 '인간은 유전자에 예속된
존재'라는 진술로 요약된다면, 그것은 너무나도 빈약한 소득
이 아닐까? 더군다나 그마저도 생물학적 상상력을 과도하게
사용해서 '아마도 …일 것이다'라거나 '… 추정할 수 있다'는
추론의 방식으로 얻은 결과라면, 사회생물학적 진술의 과
학적 신뢰도는 어떻게 담보될 수 있는가? 또한 사회생물학
은 "인간이 자신의 생물학적 특성을 고찰할 수 있는 자의식
적인 존재로서, 자연종 그 이상"[135]이라고 생각하는 문화주
의적 견해에 대해서 과학적으로 무엇을 어떻게 반증하고 있
는가? 우리의 본성이 초기 인류가 소규모의 수렵채집 공동
체 생활에 적응하는 가운데 획득한 구석기 시대의 산물이라
는 반복적인 주장은 현재적 인간의 의미에 대해 무엇을 말
해 줄 수 있는가?[136] 이러한 문제 제기는 비단 한두 사람만

135 Trigg, Roger(1982), 304~307쪽.
136 Caplan, Arther L(ed.)(1978), *Sociobiology Debate: Readings on Ethical and Scientific Is-*

의 생각은 아닐 것이다.

  이 같은 비판들에 대한 사회생물학적 대응은, 존 올콕에게
서 볼 수 있듯이, 인간 본성에 관한 사회생물학적 접근이 '궁
극원인 연구(Ultimate Research)'의 성격을 갖는다고 변론하는
것이다. 마이어에 따르면, '근접원인 연구(Proximate Research)'
는 인간의 형질에 대한 직접적인 원인을 밝히는 데 초점을
맞추는 데 비해서, '궁극원인 연구'는 행동의 적응적·번식적
가치에 관련된 의문을 푸는 데 목적이 있다.[137] '궁극원인 연
구'에서는 유전자를 생물현상의 직접적 원인으로 고려하기
보다는 유전자 복제를 적응의 측정 단위로 삼는다.[138] 이러
한 구분에 따르면, 사회생물학의 초점은 "사회행동을 조절
하는 유전자를 찾으려고 하는 것이 아니라 어떤 사회적 특
징이 개체의 유전적 성공도를 높이는지를 밝히는 것,"[139] 즉
"사회적 행동의 궁극원인을 찾는 것"에 맞춰진다는 것이다.
따라서 올콕은, 사회생물학이 '유전자와 인간 간의 직접적
인 관계'를 구축하려 한다거나 인간 본성의 진화적 기원에
서 현대적 인간의 정체성을 도출하려 한다는 문제 제기는
근접원인과 궁극원인을 구별하지 못한 데 따른 혼동과 오해   근접원인과
라고 반박한다.   궁극원인의 미구별

sues, Harper & Row, pp.301~313.
137 Mayr, E.(1988), "Cause and Effect in Biology", _Toward a New Philosophy of Biology_,
Harvard University Press, pp.24~37; Wilson, E. O.(1975), 52~53쪽.
138 Daly, M and M. Wilson(1987), "Evolutionary Psychology and Family Violence",
Sociobiology and Psychology, C. Crawford, M. Smith and D. Krebs(eds.), Hillsdale, Erlbaum.
139 Alcock, J.(2001), 66쪽.

그러나 올콕의 변론만으로 사회생물학적 논증의 정합성이 보장되지는 않는다. 윌슨도 인정하듯이, 인간 본성의 생물학적 기원을 안다고 해서 인간 본성의 모호성을 명료화하지는 못하기 때문이다. 수렵채집기부터 포유동물적인 특성이 수천 세대를 거쳐 대물림되어 현재 우리의 유전자 안에 각인되어 있다는 주장은 인간 본성의 진화적 기원을 숙고할 수 있는 계기는 될 수 있겠지만, 그 자체가 인간 본성에 관한 새로운 사실은 아닐뿐더러, 그것을 입증할 증거도 거의 없다. 과학철학자 불러David Buller가 사회생물학과 진화심리학에서 자주 활용하는 제 가설을 비판적으로 검토한 끝에 내린 가설 기각의 사유는 '증거 부족'이다. 홍적세 시기의 적응 문제들이 정신의 설계에 대한 실마리를 제공한다는 여러 가설들은 증거 부족으로 인해 검증이 불가능하다. 당시 인간이 어떤 조건에서 살았고 어떤 사회적 상호작용을 했는지 남아 있는 증거가 별로 없으며, 따라서 우리는 그들이 어떤 적응 문제들을 안고 있었는지도 알 수 없다.[140] 홍적세라는 수렵채집 시대에 인간 본성이 형성되었다는 주장 또한 불확실한 추정에 불과하다. 불러에 따르면, 돌봄, 공포, 분노, 유희 등의 감정이 형성된 시기는 그보다 훨씬 전까지 거슬러 올라가는 반면에, 그 시기보다 훨씬 후에 진행된 농업 혁명과 산업혁명도 인간 심리에 미치는 선택 압력을 크게 변화시켰다. 이 같은 지적은, 궁극원인적 탐구의 필요성과 효용

140　Buller, D. J.(2008), "Evolution of the Mind: 4 Fallacies of Psychology", *Scientific American*, http://www.scientificamerican.article.cfm?id=four~fallacies.

을 백분 인정한다 하더라도, 인간 본성에 관한 사회생물학적 설명이 원천적인 한계를 갖는 것임을 시사한다.

정치, 도덕, 언어, 종교, 예술 등 인류 사회의 제반 현상에 생물학적 원리를 적용하여 그 '진화적 기원'을 밝히려는 사회생물학의 궁극원인적 접근은 기존의 연구에서는 볼 수 없었던 새로운 시도임을 부정할 수는 없다. 특히 사회과학과 자연과학의 간극을 잇는 교량을 만들어 지난 50여 년 동안 학문 분과들 간의 통섭적 가로지르기 작업을 한결같이 지속해 온 윌슨의 노력은 높은 평가를 받아 마땅할 것이다. 그 결과 그가 큰 기대를 걸었던 '이오니아의 마법(Ionian Enchantment)'은 상이한 세계관들 사이의 갈등을 어떻게 해소할 것인가에 대한 성찰의 기회를 던져 주었고, '인간 본성의 과학'이나 '도덕감정의 생물학'과 같은 새로운 실험 분과가 성립할 수 있는지에 대해서도 진지하게 고려하는 계기를 제공했다. 이 모든 것은, 팔십 고령의 나이에도 아직도 끊임없는 과학적 열정으로 다수준선택설로 과감하게 개종할 수 있는, 윌슨의 용기가 이루어 낸 업적이다. 그러나 그가 '아리아드네의 실타래'(1998, 134) 기법을 통해서 인간 본성에 관해 흥미로운 이야기들을 들려주기는 하였지만, 그 대부분은 검증이 불가능한 '그럴듯한' 수준에서 벗어나지 못했다. 또 과도한 상상력의 남용한 그의 말처럼 '과학이 정보에 입각한 상상력의 산물'(1998, 112)이라고 하더라도, 과도한 상상력의 남용은 과학 세계의 내부자들로부터도 지지를 받지 못했다. 그러한 측면에서 보면, 그의 문제작이 출간된 직후부터 벌어진 '사회생물학의 과학성' 논쟁은 윌슨이 피해갈 수 없는 통과의례의 과정이 었을지 모른다.

3. '도덕의 생물학'

도덕은 인간 사회에 나타나는 보편적인 현상이자 인류 사회를 지탱해온 공통의 규칙이다. 도덕은 인류 문명의 발생과 더불어 인간의 행위를 인도하거나 제약하는 일련의 규준으로 작용했고, 따라서 도덕에 관한 탐구는 오랜 연원을 갖는다. 전통 윤리학에서 논의된 도덕의 정의는 도덕의 의식과 행위에 관한 복합적 측면들을 고려한다. 나열하자면, 도덕은 올바름에 대한 지식, 좋음의 이데아, 공동체 유지에 필요한 보편적 규칙, 공동의 선, 근원적 연민, 양심, 합리적 반성, 선과 악의 판단기준, 그리고 모든 인류에게 공통적인 어떤 정서이거나 모든 인류에게까지 확장될 수 있는 정서이다.

도덕에 관한 논의는 오랜 기간 동안 합리주의에 의해 지배되어 왔다. 근대 윤리학은 이성, 보편성, 객관성, 필연성, 인과성 등을 특징으로 한다. 합리주의적 도덕이론에 따르면, 인간은 이성적 판단을 통해서 옳고 그름을 가늠한다. 합리주의는 도덕에 관한 선험적 인식을 강조하며, 도덕적 지식과 도덕적 판단은 추론과 반성적 사고의 과정을 통해서 이루어지는 것으로 간주한다.[14] 정의와 공정성은 이성에 의해 도덕적으로 바른 것을 선택하는 데서 발생하는 개념이다. 칸트주의 윤리학에서는 도덕적으로 올바른 행위를 판단할 수 있는 객관적 원칙의 근거를 인간이면 누구나 공통적으로 소유하고 있다고 가정하는 '실천이성의 보편적 구조'에서 찾는다. 도덕법칙이란 곧 이성적 의지에 의해 자유로이 복종해야 하는 비경험적이고 비사실적인 원칙이다. 칸트의 '실천이성' 담론은, 도덕관념이 이성에 그 근원을 두고 있으며, 개인 윤리이든 사회적 규범이든 이성적 숙고와 사려 깊은 판단의 바탕 위에서 구축된 것임을 강조한다. 그에게 인간은 자율적인 도덕적 행위자이며, 도덕적 당위는 중심의 위치에 그치지 않고 모든 것을 포괄하는 정언명령이다. 인간이 이성적 존재인 한, 도덕은 의당 '~해야 하거나 또는 ~ 하지 말아야 할' 행위의 규준으로서 주어진다고 보는 것이

14| Arrington, Robert L.(1998), *Western Ethics: An Historical Introduction*, 『서양 윤리학사』, 김성호 옮김, 서광사, 2003; MacIntyre, Alasdair C.(1998), *A Short History of Ethics: A History of Moral Philosophy from the Homeric Age to the Twentieth Century*, 『윤리의 역사, 도덕의 이론』, 김민철 옮김, 철학과현실사, 2004. 현대의 합리주의적 도덕론으로는 다음을 참조. Piaget, Jean(1932), *The Moral Judgement of the Child*, New York, Free Press, 1965; Kohlberg, L. et al.(ed.), *Moral Stage: A Current Formulation and A Response to Critics*, 『콜버그의 도덕성 발달 이론』, 문용린 옮김, 아카넷, 2000.

다. 의무론적 윤리학에서 도덕은 만인에게 무겁게 드리워진 공통의 책무이자 '인간됨'을 위한 의무적인 절차이다.

1) 도덕에 관한 생물학적 관점

그렇다면 도덕은 어디에서 온 것인가? 인간을 수백만 년에 걸쳐 오늘날에 이른 진화적 생명체로 본다면, 도덕은 자연의 울타리를 벗어나 있지 않을 것이다. 일부 생물학자들은 도덕이 하늘에서 떨어진 것이 아닌 이상, 자연세계의 여타의 물리적 현상과 분리해서 다룰 필요가 없다고 생각한다. 엄숙한 윤리적 명령이란 사실은 "결코 신비스러운 원천에서 나온 것이 아니라 명백히 자연 속에 근원을 두고 있기" 때문이다. '도덕의 생물학(Biology of Morality)'[142]은, "인류는 문화적 환경이나 사회적 맥락과는 무관하게 어느 정도 보편적인 도덕적 원리를 타고 났다"[143]고 전제하면서, 도덕적 기원의 "단일성을 통해 인간 본성에 관한 일반적이고 비임의적이고 감정적인 강력한 토대를 더욱 잘 인지할 수 있다"[144]는 기대를 숨기지 않는다.

---

142 여기서는 이 용어를 '진화윤리학(Evolutionary Ethics)'을 포함한, 도덕 현상에 대한 생물학적 제 접근을 통칭하는 것으로 사용한다.
143 Hauser, Marc(2006), *Moral Minds: The Nature of Right and Wrong*, HarperCollins, pp.420~421.
144 Wilson, James Q.(1993), *The Moral Sense*, New York, Free Press, p.26.

월슨에 따르면, 도덕은 생물학적 기반 없이는 생겨날 수 없다. 우리의 도덕적 판단은 우리 뇌의 시상하부와 대뇌 변연계에서 이루어지는 물리적 작용의 산물이다. "인간 행동은—그것을 유도하고 지도하는 가장 깊은 감정적 반응 능력들처럼—인간의 유전 물질이 자신을 고스란히 보존해 가는 우회적인 방법"이며, 도덕은 유전 물질 외에 스스로를 설명할 수 있는 다른 어떠한 궁극적 기능도 갖고 있지 않다.[145] 그의 추정으로는, 도덕적 정서의 일부는 원시 인류의 초기 생활방식의 잔재로서, '문화와 유전자의 공진화'를 통하여 후성규칙의 산물로 획득된 것이다. 이 공진화 모델에 따르면, 유전자는 후성규칙을 낳았고, 후성규칙에 의해 도덕감정은 도덕의식과 도덕규범으로 발전했으며, 그것은 다시 다음 세대 유전자로 전달되는 과정을 밟았다. 그 요지는 "도덕은 유전적 토대 위에서 성립되었다"는 것이다. 그는 뇌라는 "기계 장치가 세포의 차원으로 분해될 수 있고, 그것이 다시 조립될 수 있을 때," "유전적 소질에 부합되는, 그리하여 완전하게 공정한 윤리 규율"을 갖게 될 것으로 믿고 있다.

따라서 그가 보기에, 도덕적 판단을 실천이성적 직관을 통해 알게 된 초자연적인 진리로 파악하는 전통적인 견해는 틀렸다. 인류의 진화사를 알게 된다면, 생물학적으로 주어져 있는 조건을 고려하지 않는 윤리학은 관념론자의 독단에 불과하다. 생물학적 인간 본성의 명백한 특징에 반하는 도덕적

---

145 Wilson, E. O.(1978), 232쪽.

규범들은 오래 지탱할 수도 없다. 그는 윤리를 '모든 층위에서' 설명할 수 있는 것은 생물학이지 철학이 아니기 때문에, "도덕철학은 더 이상 과학의 경계를 벗어나 활동해서는 안 되며," 이제 '윤리의 생물학화(Biologicization of Ethics)'를 통하여 현실에 부합하도록 우리의 도덕 판단을 조정할 때가 되었다고 주장한다.[146] 즉, '인간생물학(Human Biology)'은 '윤리생물학(Biology of Ethics)'을 창출할 수 있다는 것이다.

진화생물학자 알렉산더는, 진화생물학과 윤리학의 조화를 모색한다는 점에서, 윌슨의 '윤리의 생물학화' 논제보다는 한결 온건한 입장을 취한다. 그는 특정한 목적을 기대하지 않는 어떠한 선행善行도 '해밀턴의 명제'와 모순되지 않는다면, 도덕의 문제는 상반되는 수많은 이해관계를 가진 개체들 사이의 타협과 계약을 통해서 해결될 수 있었을 것이라고 생각한다.[147] 따라서 그가 보기에는, 도덕 현상을 이해하기 위해서는 진화생물학이 제공하는 원리들을 철학과 역사학과 사회과학에서 얻어진 통찰들에 접목시키는 작업이 필요하다. 알렉산더의 견해는, 생물학적 결정론을 무조건적으로 옹호하기보다는 인간 본성의 밑바닥에 깔린 인과관계

---

146 Wilson, E. O.(1975), p.562. 윌슨은 1975년 사회생물학을 제창한 이래 최근까지 연이은 그의 여러 저서에서 도덕에 관한 별도의 장을 할애하며 동일한 주장을 반복해 왔다. Wilson, E. O.(1975), 26장; Wilson, E. O.(1978), 7장; Wilson, E. O.(1998), 11장; Wilson, E. O.(2012), 24장.

147 Alexander, R. D.(1987), pp.302~307. 알렉산더는 "도덕적 물음은 이해관계의 갈등에서 나온다"고 주장하면서, 도덕체계를 사회조직의 차원에서 이해관계의 융합을 이루기 위한 방식으로 고려한다. 이러한 의미에서 그는 도덕체계를 "간접적 호혜성의 체계"라고 명명한다.

를 더 많이 알아냄으로써 우리의 시야를 더욱 넓힐 필요가 있다는 건설적인 제안을 담고 있다. 알렉산더와 유사한 해석은 마이어의 '인간의 행동 통합에 관한 모형'에서도 찾아볼 수 있다.[148] 그는 인간 행동을 본능적-개인적 차원, 생태적-사회적 차원, 그리고 심리적-문화적 차원 등 세 차원에서 통합적으로 조망함으로써, 복잡한 공동체 내에서의 인간 행위를 다양한 요소들이 얽히고설킨 상호 관계의 그물망으로 파악할 것을 제안한다. 마이어의 모델은, 윌슨의 '강성 프로그램(Hard Program)'에 비하면, '연성 프로그램(Soft Program)'에 가깝다. 하지만 이들의 견해는, 강도에서는 차이가 있지만, 모두 인간 행동의 심층적 기저에 자리 잡은 생물학적 토대를 전제하고, 그로부터 도덕적 정서의 뿌리를 찾는다는 점에서 이른바 '진화윤리학(Evolutionary Ethics)'의 관점을 대변한다.[149]

다윈주의적 메타윤리학의 한 갈래는 진화심리학적 관점이다. 심리학자 조너던 헤이트Jonathan Haidt는 도덕의 진화를 '이성의 확장' 차원보다는 생물학적 기반 위에서의 '정서

148 Mayr, E.(1982), pp.839~843.
149 진화윤리학의 최근 연구들로는 다음의 것들을 참조. Joyce, Richard(2005), *The Evolution of Morality*, MIT Press; Boehm, Christopher(2012), *Moral Origins: The Evolution of Virtue, Altruism, and Shame*, Perseus Books Group; de Waal, Frans(2014), *Evolved Morality: The Biology and Philosophy of Human Conscience*, Brill Academic Publishers; Narvaez, Darcia(2014), *Neurobiology and the Development of Human Morality: Evolution, Culture, and Wisdom*, W. W. Norton & Company; Boniolo, Giovanni and De Anna, Gabriele(eds.), *Evolutionary Ethics and Contemporary Biology*, Cambridge University Press, 2009.

의 고양' 차원에서 조망한다.[150] 그의 '사회적 직관주의 모델'에 따르면, 도덕 판단이 형성되는 과정은 무합리적 과정이며, 이성보다는 정서와 직관이 우선한다.[151] 도덕 판단은 직접적으로는 감정적인 반응을 통해 형성되는데, 감정적 반응의 차이는 사회문화적 영향의 산물이라는 것이다. 인간은 진화과정 속에서 신속한 자동적 평가를 산출하는 도덕적 정서를 점진적으로 발전시켜 왔기 때문이다. 헤이트는 극단적인 두 가지 사례, 오누이 사이인 줄리와 마크가 성관계를 맺은 경우와 차에 치어 죽은 개를 가져다가 개 요리를 해서 먹은 경우를 상정한다.[152] 그리고 그것에 대해 모두가 공감하는 부정적 반응과 도덕적 분노가 어디로부터 온 것인지에 대해 묻는다. 이러한 사고실험을 통해서 그는 인류의 진화과정에서 상대방에 대한 속임수와 사회적 계약의 이반에 대해 사람들이 경험하는 도덕적 분노가 마치 경찰과 같은 기능으로 작용했을 것으로 추정한다. 도덕적 분노는 사람들로 하여금 약속과 의무를 지키게 돕는다. 도덕적 분노와 관련된 여러 감정들도 진화의 산물이다. 예를 들어 뭔가를 위반하거나 실수를 저질렀을 때 갖는 죄책감이 원형적인 정서였다면, 당혹감은 의무와 복종을 위해 진화했을 것이고, 그리고 수치심

---

150 Haidt, J.(2003), "The Moral Emotions", *Handbook of Affective Sciences*, Richard J. Davidson, Klaus R. Sherer, and H. Hill Goldsmith(eds.), Oxford University Press, pp.852~870.

151 Haidt, J.(2001), "The Emotional Dog and Its Rational Tail: A Social Institutional Approach to Moral Judgment", *Psychological Review*, 108, pp.814~816.

152 Haidt, J.(2013), *The Righteous Mind: Why Good People Are Divided by Politics and Religion*, 『바른 마음: 나의 옳음과 그들의 옳음은 왜 다른가』, 왕수민 옮김, 웅진하우스, 2014, 29쪽, 90쪽.

은 위계적 상호작용과 관련되었을 것이다. 따라서 도덕적 정서란 집단 내에서 친사회적인 행위를 조장하고 피해를 회복하며 사기꾼을 처벌하는 '개입 장치'로 작용한다. 그가 보기에, 도덕적 정서란 결국 냉철한 논리적 사고 과정을 거친 결정이라기보다는 '밸이 꼴리는 수준(Gut-Level)'에서 작동하는 자동적인 동기화 메커니즘이다.[153] 헤이트는 사회적·문화적 상황을 배경으로 도덕적 정서와 직관의 중요성을 전제하는 가운데 이성적 추론이 더해지는 통합적 관점을 제안한다. 여기에서 첫 번째 원칙은 "직관이 먼저이고 전략적 추론은 그다음이다"[154]라는 것이다.

독일의 과학철학자 프란츠 부케티츠도 철학적 윤리학이 생물학적 원리에 기초할 것을 요청한다. 그에 따르면, "도덕이란 인간 사회의 유지와 안정화에 기여하는 규범이나 가치 표상 등 모든 규칙의 총체이다."[155] 쉽게 말해서, 도덕 체계는 인간이 사회적 존재로서 함께 사는 것을 가능하게 하기 위해서 사용하는 합의적 도구들이다. 우리가 도덕적 규범이라고 부르는 것들의 근본 형식은 소규모 집단 내에의 삶을 통해 발전되어 안정화된 것이다. 이른바 '우리-의식(Wir-Gefühl)'이라는 집단적 동일성은 인류가 소규모 집단에서 획득된 계통발생학적 성향에 속하는 것으로, 도덕의 진화사를 입증하

---

153 Buss, D. M.(2004), 558~561쪽.
154 Haidt, J.(2013), 555쪽.
155 Wuketits, F. M.(2010), *Wie Viel Moral Verträgt Der Mensch?*, 『도덕의 두 얼굴』, 김성돈 옮김, 사람의 무늬, 2013, 20쪽.

는 도덕의 기본단위이다. 도덕 체계는, 그것이 비록 후발적으로 자가 동력을 개발해서 심지어 인간 본성과 대립하는 방향으로 발전할 수도 있지만, 자연적으로 성장한 것이다. 자연 속에는 숙고, 반성적 성찰, 의도, 계획, 그리고 어떠한 도덕도 존재하지 않는다. "윤리는 인간의 진화의 역사에서 매우 늦은 발명품"으로, "인간이 스스로 사회적 생물이 아니었다면 도덕규범은 발전하지 않았을 것이다."[156] 인류는 생물학적 기반 위에서 도덕규범을 형성해 온 것이므로, 그 기반을 벗어난 '과잉 도덕'을 우리가 실행할 수 있을지 여부가 불투명하다.

이러한 관점에서 부케티츠는 '인간에 관한 생물학적 지식에 전혀 신경 쓰지 않는 윤리학'이나 '가치와 규범의 초자연적 근원에 호소하는 윤리학'을 사상누각으로 간주한다. 반생물학적 윤리학은 일종의 지적 태만임은 물론이고 '반자연주의적 오류'를 야기할 수도 있다. 그는 반자연주의적 윤리학의 전형으로 칸트의 윤리설을 지목하면서 도덕지상주의의 허구성을 문제 삼는다. 칸트에게 정언명령은 모든 상황에서 그 자체로서 목적적인 존재인 인간에 대해서 구속력을 갖는 도덕적 명령이다. 그러나 비판가들이 보기에, "… 해야 한다"는 당위는 타인들이 내가 "… 하도록 원한다"는 바람(M. Schlick)이거나 "개인적인 욕구를 보편화한 것"(B. Russell)에 불과하므로, 정언명령이란 가언적인 것에 지나지 않는다

---

156 Wuketits, F. M.(1999), *Warum uns das Böse Fasziniett*, 『왜 우리는 악에 끌리는가』, 염정용 옮김, 21세기북스, 2009, 39쪽.

(C. D. Broad). 부케티츠는, 칸트의 '최대한의 도덕 이론'은 우리의 진화론적 성향과 맞지 않기 때문에, 평범한 사람들이 이행할 능력도 없고 지킬 수도 없는 이상주의적인 목록집으로 간주한다. 같은 이유에서 『성서』의 "네 자신에게 하듯이 네 이웃을 사랑하라"는 요구도 인간이 실행하기에는 너무나 어려운 명령이다. 대신에 그가 제안하는 것은 '최소한의 도덕' 이론이다. '최소한의 도덕'은 '원거리 윤리의 환상주의'가 아니라 우리가 현실에서 실천할 수 있는 '근거리 도덕'이다. '과잉 도덕'은 생물학적 인간의 한계 용량을 초과한 부담스러운 짐이다.[157] 도덕이 필요하지 않다는 것이 아니라 너무 많은 내용을 담은 도덕이 필요하지 않다는 것이다. 우리는 자연의 한 종으로서 생물학적 속성에 뿌리를 둔 도덕적 행위만을 할 수 있을 뿐이다. 따라서 그는, 인간이 갖는 자연적 능력 이상의 것을 요구하는 도덕 타령은 원천적으로 공허한 외침으로 간주한다.

2) 이타주의 발생에 관한 생물학적 가설

위에서 본 '도덕의 생물학'의 여러 주장에서 중요한 것은 도덕의 생물학적 원천이다. 그렇다면 도덕의 생물학적 원천이란 무엇인가? 그리고 도덕은 어떻게 진화되어 왔는가?

---

157 Wuketits, F. M.(2010), 4장.

최소한의 도덕

생물학적 접근의 여러 가설들은 도덕의 원천을 '이타적 행동' 또는 '이타주의(Altruism)'에서 찾는다. 이타주의는 19세기 실증주의 창시자 콩트가 만든 용어로 타인을 뜻하는 라틴어 'alter'에서 유래한다. 이타적 행동이란 말 그대로 자신이 아닌 타인을 위한 행동이다. 전통 윤리론에서 이타적 행동의 규칙이나 의무의 기준은 '타인을 위해 선을 추구할 때' 성립한다. 그러나 '생물학적 이타주의'는 '윤리적 이타주의'와는 다른 개념이다. 현대 생물학에서 '이타적 행동'은 "다른 개체들의 이익을 위해 행하는 자기-파괴적 행동"[158]으로 정의된다. 이 정의에는 특정 개체의 행동이 타 개체들의 적응도에 미치는 효과만이 고려될 뿐 '원인론적(Etiological)' 개념, 즉 '의도적 원인'으로서 행위의 동기가 내포되어 있지 않다. 예컨대 '아프리카 흰개미(Globitermes Sulfureus)' 등의 사회성 곤충들에서도 찾아볼 수 있는, 의인화된 이타적 자살은 생물학적 의미의 이타적 행동이다. 이타적 행동은 많은 포유동물들에서도 찾아볼 수 있다. 특히 침팬지는 인간 행동에 비견될 만한 목적의식적 협력을 추구하는 이타적 행동을 수시로 행한다. 동물행동학적 관점에서 보면, 자연세계에서 이타주의는 인간만의 전유물이 아니다. 자연계에서 발견되는 수많은 동물 행동의 사례들은, 이타주의의 근저에는 '포유동물적인 양가兩價 감정'이 물들어 있음을 추정하게 한다. 니텍키M. H. Nitecki는, "동물의 마음이 어떻게 작동하는지에 대

---

158 Wilson, E. O.(1975), 578쪽.

해 더 많은 것을 알 때까지는 윤리가 인간만의 전유물이라고 단언할 수 없다"[159]고 주장한다. 진화윤리학은 "인간 사회에서 표출되는 감정들이 유전자를 통해 진화해 온 것이라면, 이타주의 또한 궁극적으로는 수천수만 세대에 걸쳐 (친족들을 편애함으로써 얻게 된) 유전자를 통해 대물림되어 온 특정한 정서에 비롯되었을 것"이라고 가정한다.

진화윤리학은 이타성이 어디서 발생되었고 어떻게 진화되었는가에 대한 일종의 메타윤리학이다. 진화론적 메타윤리학은 생물학적 원리에 입각한 여러 경합 가설들에 의존한다.[160] 이 가설들은 유전자 분석, 동물들(침팬지, 흡혈박쥐, 사회성 곤충 등등)의 이타적 행동에서의 유추, 임의적 추론이나 사고실험, 그리고 게임이론을 통한 해석(R. Axelrod) 등 다양한 방법으로 구성된 것이다. 이것들은 도덕의 기원과 진화에 관한 흥미로운 단초를 제공한다는 긍정적 평가를 받기도 하지만, 다른 한편으로 순수 이타성의 근원에 대해서는 공백으로 남겨 둠으로써 도덕의 본질을 규명하는 데서 근본적인 한계가 있다는 비판적 평가를 받기도 한다.

159 Nitecki, M. H.(1993), "Problematic Worldviews of Evolutionary Ethics", *Evolutionary Ethics*, Matthew H. Nitecki and Doris V. Nitecki(eds.), SUNY Press, p.10.
160 Alcock은 이타주의의 발생과 진화에 관한 경쟁가설들을 포식자 혼란 가설, 포식자 제지 가설, 호혜적 이타주의 가설, 양육투자이론, 그리고 포괄적 적응도이론 등으로 구분한다. Alcock, J.(1993), *Animal Behavior: An Evolutionary Approach*, Sinauer Associates, Inc., 2013, pp.437~464.

해밀턴의 혈연선택 가설

윌리엄 해밀턴의 '혈연선택(Kin Selection)' 가설은 '생물학적 이타주의'를 설명하는 유력한 도구로 간주된다.[16] 그가 정식화한 '포괄적 적응도(Inclusive Fitness)'는 생물학적 원리를 적용하여 도덕의 발생을 추정하는 주요한 근거로 활용된다. 해밀턴에 따르면, 이타성은 생물학적 적응의 결과이다. 그는 우선 '고전적 적응도(Classical Fitness)'의 개념, 즉 '자손의 생산을 통해 유전자를 전달하는 개별적이고 직접적인 번식 성공의 지수'로는 사회적 행위의 진화과정을 설명하기 어렵다고 생각했다. '포괄적 적응도'는 유기체적 속성만이 아니라 그것의 활동이나 그 효과의 속성을 기준으로 삼는다. 그것은 고전적 적응도에다가 개인 활동이나 유전적 친족들의 번식 성공이 미치는 효과를 더한 것이다. 즉 포괄적 적응도는 개별적 번식에 의한 성공의 합, 개체의 적응도에 그것과 유사한 유전자를 갖고 있는 혈연적 친족들의 적응도를 합한 값이다. 친족의 번식 성공에 의한 효과는 대상(Object) 유기체와의 유전적 관련성의 적정 수준에 따른 가중치를 부여하여 산출할 수 있다.

이타주의가 성립할 수 있는 조건은, 자신에게는 비용이 발생하지만 다른 사람에게 이익을 제공할 때, 즉 자기 스스로가 비용을 부담하는 것이 이타적인 유전자의 복제를 수용

---

[16] Hamilton W. D.(1964), "The Genetical Evolution of Social Behavior I, II", *Journal of Theoretical Biology*, 7(1), pp.1~52.

인간 본성의 역사

함으로써 증가하는 이타주의의 수용에 따른 이익보다 적을 때이다. 다시 말해서, 자신의 적응도를 낮춤으로써 혈연의 적응도를 그 이상으로 높일 수 있을 때, 즉 포괄적 적응도가 높아지는 경우에 이타주의는 성립될 수 있다는 것이다. 이를 도식으로 표시하면 다음과 같다.

$$c < rb$$

c는 행위자의 비용, b는 수용의 이익, 그리고 r은 행위자와 수혜자 간의 '유전적 관련성' 정도 즉 친족 계수이다. '유전적 관련성'은 유전자의 평균적인 모집단 빈도를 넘어서 타인과 특정한 유전자를 공유할 확률을 의미한다. 이 공식에 따르면, r이 .50 이고 b>2c 일 때, 또는 r이 .25 이고 b>4c 일 때, 그리고 마지막으로 r이 .125 이고 b>8c 일 때, 이타주의가 성립한다. 이타주의 발생을 충족시키는 경우들은 곧 친족을 돕는 유전자가 진화할 수 있는 조건이 된다. 이 규칙을 근거로 해밀턴은 사회적 행동의 진화 방식에 대하여, "종의 사회적 행동은 각각 구별되는 '행동-유발(Behaviour-Evoking)' 상황에서 그 상황에 적절한 관계성 계수에 따라 자신에게 반하는 이웃의 적응도를 자신에게 불리한 값으로 보는 방식으로 진화한다"[162]고 설명한다.

---

162 Hamilton W. D.(1964), p.23.

포괄적 적응도 가설에 담긴 함의는 "자연은 최대한의 유전자 복제품을 남기는 전략을 선택하며, 생식이란 유전자들이 자신들의 복제품을 퍼뜨리기 위한 수단"이라는 것이다. 모집단의 특성들 가운데 이 규칙에 어긋나는 것들이 있다면, 자연의 무자비한 선택 압력을 받아 소멸될 것이다. 이에 반해 해밀턴의 규칙에 부합하는 유전자는 모집단 전체에 퍼질 수 있고, 종 특유의 레퍼토리의 일부로 진화할 수 있을 것이다.[163] 그러한 점에서 이 규칙의 조건은 '진화 가능성 제약 조건(Evolvability Constraint)'이 된다.

다윈이 그랬던 것처럼, 해밀턴도 개미집이나 사회성 말벌 둥지의 불임 일꾼에서 나타나는 번식적 자기희생의 극단적인 형태를 어떻게 설명할 것인가 하는 문제의 중요성을 인식했다. '포괄적 적응도'는 '다윈적 문제', 즉 '개체가 성공적으로 번식할 기회를 아주 조금이라도 낮추는 데 기여하는 모든 것'에 대한 하나의 해결책이다. 해밀턴의 법칙은 왜 들다람쥐는 약탈자와 마주칠 때 동료에게 위험 신호를 보내는지 또는 왜 누나는 남동생을 살리기 위하여 자신의 신장을 제공하는 희생적인 행위를 하는지에 대한 진화론적 대답이다. '포괄적 적응도'는 유전적 관련성과 정서적 친밀감, 상속의 유형, 그리고 조부모에 의한 투자 등에 대해서도 동일하게 적용될 수 있다. 해밀턴은 양육을 친족 관계의 중요하고

> 번식적 자기희생의
> 극단적 형태

---

163 Buss, D. M.(2004), 327쪽.

도 특별한 사례로 취급하는데, 그 이유는 양육을 단지 개인의 유전자 복제물을 포함하고 있는 '전달 수단'에 투자하는 방식 중의 하나로 보기 때문이다. 그는 친족 관계의 특정한 유형에 대한 심리적 적응이 진화했을 것으로 추정하는데, 이것은 결국 친족과 함께 살지 않는 일부 종에게는 선택이 특정한 친족 메커니즘을 만들어 내지 못했을 것이라는 이야기이다.

해밀턴의 '혈연선택 가설'이 발표된 후 2년 뒤 조지 윌리엄스는 '절약의 원리(Principle of Parsimony)'에 입각하여, 집단선택에 나타나는 이타성도 집단의 적응 양식으로서보다는 개체(정확하게는 개체의 대립유전자對立遺傳子의 '감수분열減數分裂 시 분리되는 유전자') 적응 양식으로 설명될 수 있음을 보여 줌으로써, 포괄적 적응도의 설명력을 뒷받침했다.[164] 윌리엄스의 개체선택론에 따르면, 개체의 이타성으로 보이는 현상도 개체의 잘 계산된 이기성으로 충분히 설명될 수 있다. 그는, 개체에게는 종을 보존하기 위해 선택되는 형질은 매우 드물거나 없을 것이기 때문에, 선택을 개체적응도의 함수로 간주한다. 따라서 집단 차원의 이타성으로 보이는 것의 실체는, 개체의 적응도 최적화 전략에 지나지 않는, 개체의 이기성으로 환원될 수 있다는 것이다. 윌리엄스는 해밀턴의 포괄적 적응도이론을 쉽게 번역해 냄으로써, 해밀턴이 이타주

개체의 이타성은
잘 계산된 이기성

---

164 Williams, G. C.(1966), 5장.

의 문제를 부분적으로 해결하였음을 입증했다. 윌리엄스에 앞서 메이너드 스미스 역시 이타적 집단에 이기적 개체나 유전자가 어떻게 해서든 발생하게 되면 결국에는 이타적 집단을 멸망시키고 만다는 사실을 보여 줌으로써 이타성의 발생을 개체 수준으로 끌어내렸다. 그에 따르면, "이기적 개체들은 자신의 이익과 이타적 개체들이 제공하는 이익 모두를 챙길 수 있으므로 우수한 적응도를 갖을 수 있다. 따라서 집단선택은 이른바 '내부로부터의 전복(Subversion from Inside)' 위험에 노출되어 있다는 것이다."[165]

소버와 윌슨의 다수준선택론

개체선택론에 맞서 집단선택론의 부활을 주도하는 소버 E. Sober와 데이비드 윌슨D. S. Wilson의 '다수준선택론'(또는 '형질 집단선택론[Trait Group Selection Theory]')은 이타주의 발생에 관한 다른 방식의 설명을 제공한다.[166] 소버와 윌슨의 다수준선택론에 따르면, 선택은 유전자 또는 개체의 수준에 국한되지 않는다. 자연선택은 유전자, 염색체, 세포, 기관, 유기체, 지역 동종 집단 등 다층적인 조직화 계층에 걸친 다양한 수준에서 다양한 방식으로 이루어진다. 선택의 단위 문제는 두 가지 논리적 특징을 갖는데, 첫째는 이 문제가 현재의

---

165 Maynard Smith, John(1964), "Group Selection and Kin Selection", *Nature*, 201, pp.1145~1147; Dawkins, R.(1976), 5장.

166 Wilson, D. S. and Sober, E.(1994), pp.585~608; Wilson, D. S. and Sober, E.(1998), *Unto Others: The Evolution and Psychology of Unselfish Behavior*, 『타인에게로』, 설선혜·김민우 옮김, 서울대학교출판문화원, 2013; Sober, E.(2000), *Philosophy of Biology*, 『생물학의 철학』, 민찬홍 옮김, 철학과 현실사, 2004.

인간 본성의 역사

유용성 문제가 아니라 진화의 역사에 관련된 문제라는 점이고, 둘째는 상이한 형질들이 상이한 이유로 진화되었을 가능성도 허용되며 하나의 단일한 형질이 여러 가지 이유로 진화되었을 가능성도 허용한다는 것이다.[167]

소버는 "이타적 형질이란 그것을 소유한 형질에게는 해롭지만, 그것이 나타나는 집단에게는 유리한 형질"이라고 정의한다. 윌슨과 소버는 이타적 행동을 '일차적 행동(Primary Behavior)'으로, 그리고 보상과 징벌을 '이차적 행동(Secondary Behavior)'으로 구분한다. '이차적 행동'도 그것의 형질을 가진 개체의 적응도는 낮추고 집단의 적응도는 높이기 때문에 이타성과 동일한 방식으로 진화할 수 있다. 이차적 행동은 일차적 행동의 효율을 높여 주기 때문에 '이타성의 증폭(Amplification of Altruism)'이기도 하다.[168]

이타주의의 진화   소버는, 다윈이 대부분의 경우 개체선택의 개념을 사용하였지만 인류의 도덕성 진화나 사회적 곤충들 가운데 붙임계층을 논하는 데서는 개체선택보다는 집단선택의 논리를 도입했다는 사실을 상기시킨다. 그는 이타주의의 진화가 성립하기 위한 조건을 다음과 같이 제시한다.[169]

---

167   Sober(2000), 176~177쪽.
168   Wilson, D. S. and Sober, E.(1998), 175쪽.
169   Wilson, D. S. and Sober, E.(1998), 29~30쪽.

① 둘 이상의 집단이 있어야 한다. 즉 '집단군(A Population of Groups)'이 있어야 한다.

② 집단은 이타적 유형의 비율에 있어서 서로 달라야 한다(다원의 변이 조건).

③ 집단 내 이타적 개체의 비율과 집단의 번식 사이에 직접적 관계가 있어야 한다. 즉, 이타주의가 있는 집단은 이타주의가 없는 집단보다 더 적응적이어야(더 많은 자손을 산출해야) 한다.

④ 정의상 비록 각 집단은 서로 고립되어 있지만('집단1'에 있는 이기적 유형은 '집단2'에 있는 이타적 유형으로부터 혜택을 받지 않지만), 그것들은 어떤 의미로는 또한 서로서로 고립되어 있지 않다(각 집단의 자손들은 서로 섞이거나 아니면 새로운 집단을 형성할 때 서로 경쟁해야 한다). – 필요조건

⑤ 집단 간 '**적응도 차이**(differential fitness, 이타주의를 선호하는 힘)'가 집단 내 개체 간 적응도 차이를 상쇄할 정도로 충분히 강해야 한다. – 충분조건

위의 제 조건이 충족된다면, "전체와 부분이 따로 노는" '심슨의 역설(Simpson's Paradox)'의 원리에 의해 이타주의가 진화할 수 있다.[170] 즉 어느 집단에서든 이기적인 개체가 이타적인 개체보다 적응도가 높은 것은 분명하지만, 집단의 경우에는 이타적인 개체가 많은 집단이 그보다는 상대적으

---

170 Sober(2000), 195쪽.

인간 본성의 역사

로 적은 집단에 비해 적응도가 훨씬 더 높기 때문에 이타주의가 진화할 수 있다는 것이다. 소버는 이기주의와 이타주의에 대한 개체와 집단 간의 선호도 차이에 따라 이타주의의 진화가 두 층위의 조건 위에서 진행될 수 있음을 보여 줌으로써, 이타성의 진화에서 "최종 결과는 이 두 상충하는 힘들의 크기에 달려 있음"[171]을 강조한다.

소버는 인간에 적용되는 진화적 선택을 ① 관련 특질의 생물학적 적응도와 유전성에 의한 선택, ② 관련 특질의 생물학적 적응도와 비유전적·문화적 전달성에 의한 선택, 그리고 ③ 관련 특질의 문화적 적응도와 문화적 전달성에 의한 선택 등 세 가지로 구분한다.[172] ①은 생물학적 진화를 나타내는 모델이고, ③은 정신적·문화적 특성이 교육 등과 같은 비유전적 방식으로 선택되는 방식으로, 문화적 변동에서 정신과 문화가 환원 불가능하고 자율적인 방식으로 선택되고 진화할 수 있음을 보여 주기 위한 모델이다. ②는 그 중간 형태로, 정신적·문화적 특성이 유전적 방식으로 선택되는 방식이다. 선택의 세 가지 수준을 모두 고려하는 소버의 방식은, 인간 행동의 진화가 전적으로 유전자에만 의존하는 것은 아님을 강조한다. 다수준선택론은 인간 행동의 진화가 다양한 수준의 선택에 의해 결정되며, '집단의 이익을 위한 것'으로 집약한다.

---

[171] Sober(2000), 192~196쪽.
[172] Sober(2000), 386~399쪽.

개체선택론이 주류를 형성하고 있는 무대에서 소버와 윌슨의 다수준선택론에 대한 회의적인 시각은 여전히 많다.[173] 다수준선택의 관점에서 설명되는 이타주의가 개체주의적 관점에서도 동일하게 잘 설명될 수 있다는 지적[174]이나, 혈연선택론과 다수준선택론이 수학적으로는 동등한 이론이라는 주장은, 다수준선택에 의한 이타성의 진화 역시 '적응도'를 척도로 삼는 한, 혈연 이타성이나 호혜적 이타성으로 환원될 수밖에 없음을 함축한다. 이 때문에 리브H. K. Reeve와 캘러L. Keller는 "다수준선택론은 고전적 개체선택 모델에 비해 선택을 더 많은 구성요소로 좀 더 구획하는 것일 뿐이며, (개체선택론과 다수준선택론 중에서) 어느 접근법이 더 유용한지는 연구의 목적에 달려 있다"[175]고 평가한다.

그러나 이러한 비판에도 불구하고, 다수준선택론은 개체선택론이 갖는 환원주의적 결함이나 결정론적 관점을 벗어나려고 하거나 적어도 완화하려는 이론적 지향성을 갖고 있다. 소버가 주장하듯이, 생물학적 선택이 두뇌를 낳은 것은

---

173 개체선택론자들의 반발은 거세다. 개체선택론의 대표격인 윌리엄스는 데이비드 윌슨이 "온갖 종류의 덧없는 집단에 자연선택의 수단이라는 꼬리표를 다는 현학적 극단주의에 빠져 있다"고 비판하며, 크론크는 집단선택론을 개체선택론에 새 옷을 입힌 것에 불과하다고 평가절하한다. Cronk, L.(1994), "Group Selection's New Clothes", *Behavioral and Brain Science*, 17, pp.615~616. 이들 외에 도킨스나 데닛 같은 이들도 한결같이 다수준선택설에 부정적인 입장이다. Dawkins, R(1994), "Burying the Vehicle", *Behavioral and Brain Science*, 17, p.617; Dennett, D. C.(1994), "E Pluribus unum?", *Behavioral and Brain Science*, 17, p.618.

174 Kerr, B. and Godfrey-Smith, P.(2002), "Individualist and Multi-level Perspectives on Selection in Structured Populations", *Biology and Philosophy*, 17, pp.477~517.

175 Reeve, H. K.(2000), "Book Review of Unto Others", *Evolution and Human Behavior*, 21, pp.65~72.

분명하지만, "두뇌는 생물학적 선택의 압력을 상쇄할 수 있는 강력한 하나의 과정을 만들어 내며, 정신은 생물학적 선택이 선호하는 행동들을 산출하는 장치 이상의 것이다."[176] 다수준선택론에서 정신은 유전자의 조합으로 환원되지 않는다. 다수준선택론에서 이타성은, 해밀턴의 혈연 이타성이나 트리버스의 호혜적 이타성이 본질적으로는 각각 유전자 이기성과 계산된 이기성으로 환원되는 것과는 다르게, 순수 이타성에 근접할 수 있는 여지를 남겨 놓는다. 수십 년 동안 개체선택론에 의존했던 에드워드 윌슨이 다수준선택론으로 전향한 데는 정신이나 윤리 현상을 설명하는 데서 개체선택론의 한계를 절감했기 때문이다.[177] 같은 이유로 데이비드 윌슨은, "(개체)결정론적 연구자들이 협동, 도덕, 여타의 집단 기원 특성들을 극도로 이기적인 개체들의 무수한 속임수로 보는 방법"에 대해 회의적이다. 따라서 다수준선택론은 이타성의 발생에 관한 의미 있는 주장을 담은, 현재진행형의 가설로 유용성을 갖을 수 있을 것이다.

트리버스의 호혜적 이타주의 이론

혈연적 이타성이 아닌 호혜적 이타성

진화심리학자 트리버스의 관심은 혈연적 이타성이 아닌 호혜적 이타성에 있다. 그의 호혜적 이타주의 이론은

---

176 Sober, E.(2000), 399쪽.
177 윌슨은 최근 저서인 『지구의 정복자』의 여러 곳에서 다수준선택론의 정당성을 옹호하면서, "진정한 이타주의는 존재하며, 그것은 집단의 힘과 경쟁력을 강화하고 인류가 진화하는 동안 집단 수준의 자연선택을 통해 선호되어 왔다"고 주장한다. Wilson, Edward O.(2012), 306쪽.

비친족 사이에서 상호 유익한 교환관계가 진화할 수 있는 메커니즘을 찾는 데 주력한다.[178] 그는 '호혜적 이타주의(Reciprocal Altruism)'를 협력, 상호주의, 그리고 사회적 교환 등의 유사 개념으로 사용한다. '거래의 이득(Gain in Trade)'은, 투입한 비용에 비해 획득한 이득이 더 많은 경우, 즉 '이득 > 비용'의 조건일 때 발생한다. 호혜적 이타성은 자신에게는 일시적으로 해가 되지만, 궁극적으로는 상호 거래하는 두 개체 모두에게 이익이 되는 행위 유형이다.

호혜적 이타주의는 인간 사회는 물론이고 동물 세계에서도 흔히 볼 수 있는 현상이다. 호혜적 교환 행위는 인간과는 거리가 먼 다른 종들에서도 쉽게 목격된다. 흡혈박쥐는 이전에 자신에게 피를 준 적이 있는 동료 박쥐들에게 피를 토해 나누어 준다. 침팬지, 비비, 짧은꼬리원숭이 같은 영장류 동물들도 호혜적인 행동을 일상적으로 주고받는다. 비비는 먹이 획득이나 짝짓기 등에서 경쟁으로 인한 갈등이 발생할 경우 동료에게 도움을 요청한다. 긴꼬리원숭이들은 이전에 도움을 준 적이 있는 상대의 털을 손질해 준다. 드 발은 호혜적 이타성을 전제로 한 동맹은 침팬지의 사회적인 삶에서 볼 수 있는 두드러진 특징이라고 보고한다.[179] 이런 경우들에서 도움은 친족이 아닌 관계에서 일어나는 호혜적 이타주의에 가깝다.

[178] Trivers, R. L.(1971). "The Evolution of Reciprocal Altruism", *The Quarterly Review of Biology*, 46, pp.35~57.

[179] de Waal, Frans(1982), *Chimpanzee Politics: Power and Sex among Apes*, 『침팬지 폴리틱스』, 황상익 외 옮김, 바다출판사, 2004.

인간 사회에서 협동은 통상 상호 교환 행위로 나타난다. 우리 조상이 생활했던 조건과 매우 흡사한 수렵-채취기 문화에서도 상호 교환 행위의 증거는 쉽게 발견된다. 몇 가지 조건이 충족된다면, 호혜적 이타성은 빈번하게 나타날 수 있다. 트리버스는 호혜적 이타성이 실현될 수 있는 조건을, ① 수명이 어느 정도 길어야 하고, ② 낮은 분산도의 상호 의존적인 안정된 작은 사회집단에서 생활해야 하며, ③ 오랜 기간 동안 부모의 자식 돌보기가 지속되고, ④ 느슨하면서도 비교적 단선적이지 않은 지배-피지배의 위계질서가 존재하고, 그리고 끝으로 ⑤ 종 내부의 경쟁 중에서도 서로에게 도움을 줄 수 있는 상황이 흔히 생길 경우 등으로 요약한다.[180] 이 같은 조건이 충족된다면, ① 그의 생애 동안에 이타적 행동을 주고받을 상황이 많이 발생하고, ② 이타주의자들이 동일한 목적을 갖는 소규모의 개인들과 반복적으로 상호작용을 할 수 있으며, ③ 미리 대가를 치르면서도 대략적으로 그만큼의 이익을 얻을 수 있다고 상정하는 상황이 나타날 가능성이 높다는 것이다.

호혜적 이타주의가 진화하는 데서 가장 중요한 적응적 난점은, "자신이 투자한 이득을 미래에 되찾을 것이라고 어떻게 보증할 수 있는가?" 하는 것이다. 거래 관계에 있는 상대방의 '속임수 문제'를 극복할 수 있다면, 호혜적 이타성의 행

---

180 Trivers, R. L.(1971), pp.37~38.

위는 확산될 수 있을 것이다. 트리버스는 '속임수 문제'를 해결하기 위해서는 우선 ① 상대가 이익을 주고받을 만한 존재인지 아닌지를 구별할 수 있는 능력, ② 자신이 타인에게 제공한 이익이 어느 정도의 보상으로 되돌아올지를 계산할 수 있는 능력, 그리고 ③ 타인과 의사소통할 수 있는 능력이 전제되어야 한다고 설명한다. 그는 "자연선택은 추잡하게 속이는 개체에 대한 신속한 식별을 유달리 선호할 것"이라는 가정 위에서, '속임수'에 대한 대응이 호혜적 이타주의를 진화시켰을 것으로 추정한다. 그 대응은 사회적 규약의 위반을 지각했을 때의 부정적인 반작용으로, 트리버스는 이를 '도덕주의적 공격(Moralistic Aggression)'으로 명명한다.[181] 그렇다면 호혜적 이타주의에 동참하는 사람들이 이기적으로 행동하는 사람들보다 번식에 성공할 가능성이 더 높았을 것이기 때문에, 호혜적 이타주의의 심리적 메커니즘은 후대에 전달되고 파급될 수 있었다는 게 그의 추론이다. 그러나 그도 인정하듯이, 호혜적 이타주의가 어떻게 이루어졌는지에 대한 직접적인 증거는 없다.

> 호혜적 이타주의의 심리적 메커니즘

> "인간이 진화하는 과정에서 호혜적 이타주의가 어느 정도 이루어졌는지에 대해 직접적 증거나 그 유전적 근거가 전혀 없지만, 오늘날 그것이 사람들 사이에서 거의 보편적으로 나타난다면, 그러한 이타주의가 최근 이루어진 인간 진화의 중요

---

181 Trivers, R. L.(1971), p.49.

한 요소였으며, 이타적 행태에 영향을 주는 기본적 정서에 중
요한 유전적 요소가 있다고 전제하는 것이 타당하다."[182]

트리버스의 '호혜적 이타성'은 혈연관계가 아닌 비혈연관
계 또는 사회적 관계 속에서 통용되는 이타적 행동이다. '호
혜적 이타성'은 본질적으로는 '이기성'에 기반하는, '개체의
적응도'를 최적화하기 위한 행동양식이다. 그것은 자신의 이
익을 최적화하기 위해 합리적으로 선택된 이기적인 적응 전
략의 산물로서 협동성의 수준을 넘지 못한다. 따라서 호혜
적 이타성은 무조건적이고 맹목적인 이타성이 아니라 조건
적이고 목적을 갖는 이타성이다. 이런 까닭에 마셜 셜린즈
Marshall Sahlins는 트리버스의 호혜적 이타주의를 친족이 아닌
자들과의 관계에서 어느 정도의 대가를 기대하는 '균형적
(Balanced) 호혜성'이라고 표현하며, 피터 싱어Peter Singer는 이

교화된 자기-이익

를 진정한 이타주의가 아닌 '교화된 자기-이익(Enlightened
Self-Interest)'으로 간주한다.[183] 트리버스 스스로도 인정하듯
이, "자연선택의 관점에서 이타적 행동들을 설명하려고 시도
하는 모델들은 이타주의를 이타주의 밖으로 끌어내려고 고
안된 모델들이다."[184] 상호 협력이나 호혜적 이타주의가 진
화할 가능성은 '죄수의 딜레마(Prisoner's Dilemma)'에서처럼
유사한 상황이 반복적으로 나타날 수 있는 조건을 전제로

---

182 Trivers, R. L.(1971), p.48.
183 Singer, P.(1981), *The Expanding Circle: Ethics, Evolution, and Moral Progress*, 『사회생물
학과 윤리』, 김성한 옮김, 인간사랑, 1999, 83쪽.
184 Trivers, R. L.(1971), p.35.

할 때 성립될 수 있다. 따라서 트리버스의 가설은 복잡한 현대사회와 같은 비혈연적 대중사회에서 호혜적 이타주의가 번성할 수 있다는 메시지는 줄 수 있으나, 조건 없는 사랑이나 자비심과 같은 순수한 도덕의 기원에 관해서는 알려 주는 것이 별로 없다.

레다 코스미데스와 존 투비의 사회계약이론

진화심리학 분과를 개척해온 레다 코스미데스Leda Cosmides와 존 투비John Tooby의 호혜성 해석은 '가설 꾸러미'로 이루어져 있다. 이들은, 인간 본성을 "홍적세 시기의 환경 속에 인류의 조상이 반복해서 부딪히는 문제들을 푸는 과정에서 진화된 보편적 적응 기제들의 묶음"으로 이해한다.[185] 호혜성은 그 묶음 중의 하나로, 진화의 산물이다. 이들은 트리버스가 호혜적 이타성이 진화하는 데서 장애물로 작용했을 '속임수' 문제에 대해 더욱 깊이 파고들었다. 인간의 협동적 교환을 설명하기 위해서는 인간이 어떻게 속임수의 문제를 해결했는지가 특히 중요하기 때문이다. 속임수의 가능성은 협동이 진화하는 데 항상적인 위협 요인이 된다. 왜냐하면 속임수는 협동에 비하여 진화적인 이점을 갖을 수 있기 때문이다. 속임수는 최소한 어떤 특정한 조건 아래서는 발각

---

185 Tooby, J. and Cosmides, L.(2005), "Conceptual Foundations of Evolutionary Psychology", *The Handbook of Evolutionary Psychology*, D. Buss(ed.), John Wiley & Sons, p.6. 이들은 진화심리학을 "인간종의 진화된 심리 구조에 대한 이해에 기초해서 사회과학을 재편하고 확장하려는 기획"이라고 공언한다. 버스는 진화심리학을 '새로운 모형의 심리 과학'으로 제안한다. Buss, D. M.(1995), "Evolutionary Psychology: A New Paradigm for Psychological Science", *Psychological Inquiry*, 6, pp.1~30.

되지도 처벌받지도 않기 때문에, 그리고 속임수를 쓰는 인간은 대가를 지불하지 않은 채 이득만을 챙길 수 있기 때문에, 다른 경쟁자들에 비해 진화적 우위를 점할 수 있다.

그렇다면 인간은 어떻게 속임수의 문제를 해결하여 왔을까? 코스미데스와 투비는 호혜적 이타주의가 진화하기 위해서는 속임수를 탐지하고 난처한 상황을 피할 수 있는 심리적 메커니즘이 필요했을 것이라고 전제한다. 만일 협동하는 자가 속임수를 미리 탐지하고 동등한 입장의 협동자하고만 교류를 할 수 있다면, 호혜적 이타주의는 가속적으로 진화할 수 있을 것이다. 일단 인간에게서 사기꾼 탐지의 메커니즘이 진화하였다면, 선택은 사기꾼으로 판명된 사람을 피하게 만드는 '공진화된(Co-evolved) 적응'을 선호할 것이다. 코스미데스와 투비는, 인간이 사회적 교환을 형성하고 속임수의 위험을 피하도록 촉진하는 메커니즘을 발전시키기 위해서는 다섯 가지의 인지적 능력을 필요로 했을 것으로 추정한다.[186] 첫 번째는 개개인을 분별하고 인식할 수 있는 능력이다. 일부 인지과학자들의 연구 결과에 따르면, 인간은 이전에 한 번만 보고 35년 동안 본 적이 없는 사람을 90% 이상 정확하게 알아볼 수 있다. 둘째는 다양한 개인과 교류했던 과거의 역사를 기억할 수 있는 능력이다. 이러한 능력을

---

186 Tooby, J. and Cosmides, L.(1992b). "Cognitive Adaptations for Social Exchange", *The Adapted Mind: Evolutionary Psychology and the Generation of Culture*, pp.163~228; Buss, D. M.(2004), 383~385쪽.

갖고 있다면, 우리는 이전에 교류하였던 사람이 협동자인지 아니면 사기꾼인지 또는 언제 누가 누구에게 어떤 은혜를 입었는지를 기억할 수 있다. 셋째는 자신의 가치를 다른 사람에게 표현하고 설득할 수 있는 능력이다. 즉 자신이 상대방에게 어떤 도움을 줄 수 있는지, 그리고 어떤 도움이 필요한지를 표현할 수 있어야 한다. 네 번째로 필요한 능력은 다른 사람의 가치를 모방할 수 있는 능력이다. 여기에는 그가 다른 사람이 추구하는 가치를 파악할 수 있는 능력은 물론 교류하는 다른 사람의 선호도와 욕구, 그리고 행위의 동기를 이해할 수 있는, 일종의 특별한 마케팅 능력도 포함된다. 끝으로 특정한 교환 품목에 상관없이 손해와 이득을 계산할 수 있는 능력이 있어야 한다. 이러한 계산 능력은 몇 가지 특별한 품목에 국한되는 특수한 능력이 아니라 교환의 이득과 손해를 표상할 수 있는 보편적 능력을 의미한다.

속임수를 감지하는 능력들은 논리적 문제를 풀 수 있는 능력과는 다르다. 우리의 뇌는 논리적 문제들에 직면해서는 취약함을 드러낸다. 논리적 문제에 대한 인간의 대응을 다룬 여러 연구들에 의하면, 우리는 추상적 논리의 문제를 푸는 데서 많은 허점을 드러낸다.[187] 이러한 결과는 인간이 추상적인 논리적 문제에 반응하도록 진화되어 왔다기보다는 주어진 문제를 '이득과 손해'라는 사회적 교환으로 구조화

---

[187] Watson, P.(1966), "Reasoning", *New Horizons in Psychology*, B. M. Foss(ed), Penguin; Pinker, Steven(1997), *How the Mind Works*, W. W. Norton & Company, 2009, p.334; Buss, D. M.(2004), 385~386쪽.

인간 본성의 역사

할 때 잘 적응하도록 진화해 왔음을 시사한다. 즉 인간은 조건 규칙의 위반을 탐지해 내는 범용의 보편적인 능력은 발전시키지 못했으나, 인간의 이성은 이런 조건 규칙들이 사회계약에 대한 속임수로 해석될 수 있을 때는 그 규칙들의 위반을 탐지할 수 있는 능력을 훌륭하게 발전시켰을 것이다.[188]

다른 한편 코스미데스와 투비는, 호혜적 이타성의 진화에서 그 걸림돌인 속임수 문제를 해결하는 것과는 다른 각도에서, 협동의 진화를 촉진하는 또 다른 메커니즘이 있다고 생각한다. 그것은 '이타주의적 행위의 진실성을 탐지해 내는 능력', 곧 장래의 이타주의를 탐지할 수 있는 능력이다. 코스미데스와 투비는 이 메커니즘을 우정의 맥락에서 찾는다. 우정은 많은 경우에 호혜적 교환에 의존하지 않을 수도 있다. 우정은 사람들의 직관에 따를 수도 있다. 다시 말해서, 진실한 우정은 호혜적인 교환과는 완전히 다른 정서에 의존한다. 이들이 보기에, 우정은 개인이 감수하는 비용에 관계없이 이득을 베푸는 심리적 메커니즘으로서 호혜적 이타성과는 다른 성운에 위치한다.[189]

우리는 종종, '은행가의 역설'에서처럼, 절실한 도움을 필요로 할 때 정작 도움을 청할 친구가 없는 난관에 봉착한다.

---

188 Tooby, J. and Cosmides, L.(1992b), "Cognitive Adaptations for Social Exchange", p.205.
189 Buss, D. M.(2004), 400쪽.

'은행가의 역설'에 비유되는 난관은 우리 선조들이 부딪혔던 심각한 적응 문제와 유사하다. 코스미데스와 투비는 이러한 난관으로부터 탈출하려는 시도는 우리 조상으로 하여금 다른 사람에게 '누구도 대신할 수 없는 존재가 되기'라는 적응 전략을 진화시켜 왔을 것으로 추정한다. '누구도 대신할 수 없는 존재가 되기' 위해서는 자신만의 특별한 품성과 기술을 개발하고 자신의 평판을 높이는 등의 여러 전략이 필요했을 것이다. 요컨대 코스미데스와 투비의 가설에서, 사기꾼 탐지 능력이 호혜적 이타성을 진화시키는 메커니즘으로 작용한다면, 우정은 호혜적 이타주의와는 다른 차원의 이타주의, 즉 비용과 이득의 계산법을 넘어서는 이타주의를 촉진하는 메커니즘으로 자리매김된다.

'죄수의 딜레마'와 맞대응 전략

생물학적 원리에 무관하게 호혜적 이타주의의 성립 조건을 명료하게 설명하는 접근 방법은 미국의 정치학자 액셀로드Robert Axelrod가 1984년 제안한 '죄수의 딜레마' 게임전략 이론이다.[190] 이 모형은 '죄수의 딜레마'라는 컴퓨터 게임 대회를 수차례 개최한 후 그 결과를 토대로 구조화한 것으로, 액셀로드는 이 모형이 협력이 어떻게 진화할 수 있는가에 관한 단초를 제공한다고 주장한다.

---

190 Axelrod, R. and Hamilton, W. D.(1981), "The Evolution of Cooperation", *Science, vol.211*, pp.1390~1396; Axelrod, R.(1984), *The Evolution of Cooperation*, 『협력의 진화: 이기적 개인의 팃포탯 전략』, 이경식 옮김, 시스테마, 2009.

		A 경기자	
		협력	배반
B 경기자	협력	R=3, R=3 상호 협력에 대한 보상	S=0, T=5 머저리의 빈손, 배반의 유혹
	배반	T=0, S=0 배반의 유혹, 머저리의 빈손	P=1, P=1 상호 배반에 대한 처벌

〈표 6-1〉 죄수의 딜레마[191]

'죄수의 딜레마' 게임 참가자는 죄수 두 명이다. 두 사람은 '협력'과 '배반'이라는 두 가지 선택만을 할 수 있다. 여기에서 딜레마는 한쪽이 협력하고 다른 쪽이 배반할 때 가장 큰 보상이 주어진다는 데서 발생한다. 즉 '죄수의 딜레마 모형'은 "협력하면 둘 다 이득인데도 각자 자신에게 최선의 선택을 하다보면 결국 상호 배반이 일어나는, 매우 흔하고도 극히 흥미로운 여러 상황을 단순하게 모형화한 것"이다.

〈표 6-1〉에서 보듯이, 상호 협력에 대한 보상 R에는 3점, 머저리의 빈손 S에는 0점, 배반에 대한 유혹 T에는 5점, 그리고 상호 배반에 대한 처벌 P에는 1점이 주어진다. 선택에 대한 보수의 크기 $T > R > P > S$ 순이다. 현재 게임에 대한 다음 게임의 가중치는 $w_1 = 1$, $w_2 = 1/2$, $w_3 = 1/4$ 식으로 주

191 Axelrod, R.(1984), 30~31쪽.

어져서, 각 게임은 바로 전 게임에 비해 반만큼 중요하다고 가정한다. 이 게임에서 '전략' 또는 '결정규칙'이란 어떤 상황에서 어떻게 할지에 대한 선택이다. 예컨대 항상 배반의 원칙을 고수하는 '올 디All D' 전략이 있는가 하면, 첫 게임에는 협력하고 그다음부터는 항상 상대가 바로 전에 선택한 대로 하는 맞대응은 '팃포탯Tit for Tat' 전략이다.

대회 결과 팃포탯 전략은 6회 대회 중 5회 우승하고 1회 준우승했다. 최상위 15등에 들어간 프로그램 중 하나만 빼고 모두는 협력의 신사적 태도를 취했다. 배반을 일삼는 비신사적 대응규칙들은 성적이 부진했다. 그 이유 중의 하나는 대부분 용서할 줄 모르기 때문이었다. 팃포탯 전략은 신사적이고 관대하지만, 동시에 보복적인 특징도 갖는다. 팃포탯 전략은 처음에는 협력으로 시작하지만, 상대가 배반을 선택하면 바로 보복한다. 그러나 상대가 다시 협력으로 돌아서면 용서하고 협력의 전략으로 수정한다. 팃포탯 전략의 핵심은 우선 "그대가 상대에게 받기를 바라는 것처럼, 그대가 먼저 상대에게 그렇게 하라"는 것이지만, 만약 "상대방이 당신에게 그렇게 수반적 호혜성 하지 않으면 받은 대로 되돌려 주어라"는 것이다.[192] 트리버스

---

192 액셀로드는 토론토대 아나톨 라포포트Anatol Rapoport 교수가 고안한 팃포탯 전략이 성공한 데 필수적이었던 세 가지 조건을 다음과 같이 요약한다. "첫째, 처음부터 속임수를 쓰지 마라. 항상 협동으로 시작하고 상대방이 협동하는 한 계속하라. 둘째, 상대방이 배신을 했을 때 복수를 하라. 상대방이 호혜적으로 행동하지 않으면 즉각 배반하라. 셋째, 용서하라. 이전에 속임수를 쓴 사람이 다시 협동을 시작하면 다시 협동하는 것이 서로에게 이득이 된다." Axelrod, R.(1984), 4장; Trivers, Robert L.(1985), *Social Evolution*, Benjamin-Cummings Publishing Company, p.392.

가 '수반적 호혜성'이라고 명명한 규칙을 '죄수의 딜레마'의 반복적인 상황에 대입하면, 질투하지 말 것, 먼저 배반하지 말 것, 협력이든 배반이든 그대로 되갚을 것, 그리고 너무 영악하게 굴지 말 것 등의 네 가지 지침으로 풀이된다. 이 지침대로 응한다면, 게임에서 좋은 성과를 얻을 수 있다.

액셀로드에 따르면, 팃포탯 전략은 "협력의 진화는 어떻게 가능한가?"에 대한 몇 가지 시사점을 제공한다.[193] 협동이 촉진되기 위해서는 첫째 미래에 치루어야 할 대가, 즉 "어두운 그림자를 크게 만들라는 것"이다. 상대방이 앞으로도 오랫동안 자주 상호작용을 할 것이라고 생각하게 만든다면, 상대방을 협동으로 유인하는 힘은 더욱 커질 것이다. 두 번째 교훈은 "호혜성을 교육시키라"는 것이다. 호혜성을 연속적으로 촉진시키면, 상대방도 협동을 하게 유도할 뿐 아니라 착취적인 전략을 쓰기 어렵게 만든다. 셋째는 공평성을 강조하는 것이다. '탐욕이 몰락의 원인'이라는 교훈이 세워지면 공평성은 강화된다. 넷째, 도발에는 재빨리 대응하는 것이다. 상대방이 배반을 하면 가장 좋은 전략은 재빨리 복수하는 것이다. 다섯째, 호혜적인 존재로서의 평판을 쌓는 것이다. 평판이 쌓이면 상대방으로 하여금 호혜성을 증진하게 하는 효과를 얻을 수 있다.

---

193 Axelrod, R.(1984), 7장.

액셀로드는 협력이 안정화되는 데 있어서 장기적인 기간에 걸친 상호작용이 얼마나 중요한지를 강조한다. 그는 그 본보기로 제1차 세계대전 기간 중에 극렬한 전투적 대치 상황에서 협력이 진행되었던 특이한 사례를 제시한다.[194] 피아彼我관계의 사병들 사이에서 이른바 '공존공영 시스템'이라고 불리게 된 상황은 일시적으로나마 상대방으로 하여금 공격을 중단하게 하는 결과를 낳았다. 상호 협력이 진화한 사례는 다른 생물에서도 발견된다. 스위스 베른 대학교의 만프레트 밀린스키Manfred Milinski는 큰가시물고기 떼의 움직임을 면밀히 관찰한 결과 맞대응 전략이 진화의 산물이라는 결론을 얻었고, 미시간대 리 듀거킨Lee Dugatkin은 물고기 구피 역시 유사한 패턴을 보여 주고 있음을 보고한 바 있다.[195] 이 같은 결과들이 시사하는 바는, 군집 내 구성원들이 집단 내 다른 구성원들과 한 번 이상 상호작용할 기회를 갖는다면, 협동이 이기주의자 군집에 나타날 수 있다는 것이다. 즉 협력은 조건만 맞는다면, 우정이나 지능 없이도, 진화할 수 있다.

죄수의 딜레마 게임을 통해서 액셀로드가 확인한 '협력'의 메커니즘은 세 단계에 걸쳐 진화할 수 있다.[196] 협력은 무조건적으로 배신만 하는 세계에서도 싹틀 수 있다. 아주 작

194   Axelrod, R.(1984), 4장.
195   Casti, John L.(2000), *Paradigms Regained: A Further Exploration of the Mysteries of Modern Science*, 『현대과학의 6가지 쟁점』, 김희봉·권기호 옮김, 지식의 풍경, 2005, 108~109쪽.
196   Axelrod, R.(1984), 9장.

게나마 대가성을 전제로 한 협력에서 시작해서 서로 상호작용하는 무리가 있다면, 이들로부터 협력이 진화할 수 있다. 둘째로, 호혜주의를 바탕으로 하는 전략은 그것과는 상반되는 수많은 전략들이 난무하는 세상에서도 살아남을 수 있다는 것이다. 끝으로, 호혜주의를 원칙으로 한 협력이 일단 안착되면, 이보다 덜 협력적인 전략들에 맞서서도 스스로를 지켜낼 수 있다는 것이다. 팃포탯은 가장 단순한 전략이다. 그것은 "남에게 대접받고자 한다면, 너희도 남에게 대접하라"는 도덕적 황금률과 유사한 원리이다. 액셀로드는, 이 원리에 입각한 사회 진화의 톱니바퀴는 역회전을 방지하고 앞으로만 돌아가게 하는 '미늘(Ratchet)'이라고 믿고 있다.

진화윤리학적 이타성의 개념

이타주의 발생에 관한 위의 여러 가설들은 전통적 윤리학과는 다른 시각에서 도덕의 원천을 조망한다. 해밀턴의 혈연 선택 가설은 이타성이 유전자의 이기성에 근원을 두고 있음을 강조하며, 진화심리학자 트리버스는 호혜적 이타주의가 상호 교환적 행동의 진화를 통하여 발전했을 것으로 추정한다. 한편 소버에게 이타주의는 개체적 수준에 국한된 문제가 아니라 집단 간의 차이에 따라서 다른 양상으로 변화될 수 있다. 코스미데스와 투비는 호혜적 이타성 진화의 필요조건을 '사기꾼 탐지' 메커니즘에서 찾음과 동시에 '우정'을 조건 없는 이타성의 진화를 가능하게 한 근원적 정서라고 설명했다. 그리고 액셀로드는 팃포탯 전략이 협동의 진화를 낳게 하는 보편적 전략이 될 수 있음을 보여 주었다. 이것들의 공통점은 도덕의 기원을 이타성의 출현에서 찾고, 이타성을 진화의 산물로 여긴다는 점이다. 그러나 제 가설이 제시하는 이타성은 동일한 개념이 아니다. 그것들 간에도 개념적으로 구별되는 뚜렷한 차이가 있다.

위의 제 가설에서 통용되는 이타성 개념은 세 가지로 분류될 수 있다. 첫째는 해밀턴의 포괄적 적응도에서처럼, 혈연 및 친족 관계에 있는 집단 성원들 간에 성립하는 '혈연 이타성'이다. '혈연선택'은 자신의 직접 재생산 기회를 희생하는 대신에 유전자의 일부를 공유한 혈연의 자손 증식을 도움으로써 간접적으로 자신을 재생산하는 진화 방식이다. 따라서 '혈연 이타성'이란 곧 '혈연선택'을 가능하게 하는 형질의 존속, 즉 혈연관계에 있는 타 개체들을 통해 간접적으로 자신을 재생산하는 형질에 의해 발현되는 표현형이거나 그러한 행동의 성향이다. 가령 부모가 자식들에게 맹목적으로 사랑을 베풀고 헌신하는 경우가 이에 해당된다.

다음으로 트리버스의 '호혜적 이타주의', 코스미데스와 투비의 '사회계약이론', 그리고 액셀로드의 팃포탯 전략 모형 등은 '호혜적 이타성'을 다루고 있다. 호혜적 이타성은 혈연관계가 아닌 집단 내 사회적 관계 속에 놓인 개체들 사이에서 성립하는 상호 교환이나 협력을 뜻하며, 그런 점에서 상호 간의 이익과 손실을 주고받는 조건부적 이타성이다.

트리버스에 따르면, 호혜적 이타성은 "동일한 형질을 가진 상대를 통한 간접 재생산을 대가로만 직접 재생산이 가능한 형질에 의해 발현되는 표현형"이다. 호혜적 이타성은, 경우에 따라서는 형질의 간접 재생산에 관여될 수는 있지만, 자신의 이익을 상대의 이익과 맞교환한다는 조건 위에서만 성립한다. 따라서 호혜적 이타성은 '합리적 이기성'의 다른 표현이거나 '협동(Cooperation)' 자체를 의미한다.[197]

'합리적 이기성'

끝으로 코스미데스와 투비가 상정한 '진실한 우정의 특성'은 앞의 것들과는 달리 '순수 이타성'에 가깝다. 진실한 우정은 혈연적 이타성이나 호혜적인 상호 교환에서와는 달리 개체의 이익을 넘어서는 순수한 이타주의를 지향할 수 있다. 순수 이타성은 생물학적으로 번안하면, "집단 내 다른 개체들을 통해 간접적으로 자신을 재생산하는 형질에 의해 발현되는 표현형"이다. 그러나 코스미데스와 투비의 우정 해석은 심리학적 추론에 그칠 뿐, 순수 이타성이 어디서 발생되고 어떻게 진화하였는지를 설명하지 않는다. 그런 점에서 순수 이타성의 생물학적 근원은 여전히 모호하다. 정상모는 생물학적 이타성의 사용법을 〈표 6-2〉와 같이 요약한다.

---

197 슬론 윌슨과 두것킨은 적응도를 척도로 하여, 이타성은 자신의 적응도 감소 및 타자의 적응도 증가, 협동은 자신과 타자 모두의 적응도 증가, 이기성은 자신의 적응도 증가 및 타자의 적응도 감소, 그리고 악의나 악행은 자신과 타자 모두의 적응도 감소 등으로 구별한다. Wilson, D. S. and Dugatkin, L. A.(1992), "Altruism: Contemporary Debates", *Keywords in Evolutionary Biology*, E. F. Keller and E. A. Lloyd(eds.), Harvard University Press, p.30.

	혈연적 이타주의	호혜적 이타주의	순수 이타주의
정의	개체적응도 감소 + 포괄적 적응도 증대	개체적응도 최적화 + 타개체적응도 최적화	개체적응도 감소 + 집단 적응도 증대
선택 단위	유전자(혈연 집단)	개체(호혜 집단)	비혈연-비호혜 집단
행동 결과	희생개체적응도 감소	협력적 개체적응도 최적화	희생 개체 1차 적응도 감소 + 2차 적응도 증가
	혈연집단적응도 증가	비협력적 개체적응도 감소 (호혜 집단 적응도 증가)	집단 적응도 증가
선택 기준	(유전자)의 포괄적 적응도 증가분＞개체적응도 감소분	개체적응도 증가분 = 타개체적응도 증가분	개체의 이기적 형질 압력 (—)과 집단의 이타적 형질 압력(+)의 벡터 합＞0
윤리적 의미	상식 도덕성	합리적 이기주의 도덕성	순수 이타주의 도덕성

〈표 6-2〉 생물학적 이타성의 세 가지 사용법[198]

　　진화생물학적 관점에서 이타적 행동이란 궁극적으로는 유전자의 이기적 속성에서 비롯되는 것이다. 가령 해밀턴의 '적응도'는 유전자의 속성이다. '포괄적 적응도' 규칙에서 이타성이 '한 개체의 적응도 희생을 통한 다른 개체(들)의 적응도 상승'으로 정의된다면, '이타적으로 행동한다'는 것은 '개체적응도 원리를 포기하고 포괄적 적응도 원리에 따라 행동한다'는 것을 의미한다.[199] 이처럼 '진화론적 이

198　정상모(2008), 「진화론적 이타주의-그 비판적 분석」, 『사회생물학, 인간 본성을 말하다』, 민주주의사회연구소 엮음, 산지니, 142쪽.
199　소버는 '이타성'과 '이기성'을 심리적인 개념과 진화론적인 개념의 것으로 구분한다. 진화론적인 의미에서의 '이타적'과 '이기적'이라는 의미는 각각 '결과적으로 다른 개체의 적응적 이익을 증진시키는 것'과 '결과적으로 자신의 포괄적 적응도를 높이는 것'을 일컫는다. Sober, E.(1993), "Evolutionary Altruism, Psychological Egoism, and Moral-

타주의(Evolutionary Altruism)'는 '일상적 이타주의(Vernacular Altruism)'에서 기준이 되는 선행善行이나 행복 같은 추상적 의미의 '이익'을 생물학적 의미의 '적응도'로 대체한다. 그런 점에서 '진화론적 이타주의'는 '일상적 이타주의'와는 달리 상대적인 개념이며,[200] 생물학적 이타성은 윤리적 이타성과는 뚜렷이 구별된다. 이 때문에 보엠Christopher Boehm 같은 이는 진화생물학에서 이타주의가 친족과 비친족 구별 없이 자신을 제외한 모든 대상들에게 발생학적으로 관대함을 뜻하는 기술적 용어로 사용되어 왔음을 지적하면서, '친족에 대한 관용'을 족벌주의(Nepotism)로, '탈가족적 관용(Extrafamilial Generosity)'을 이타주의로 구별할 것을 제안한다.[201] 이럴 경우에 이타적 행동은 자신과 관계없는 이들에게 대가 없이 관용을 베푸는 행동이나, 자신의 이익을 희생해서 공동체의 이익에 기여하는 행동으로 풀이될 수 있다.

그렇다면 진화론적 이타주의는 과연 도덕에 관하여 어떠한 새로운 사실을 알려 주는가? 혈연적 이타성과 호혜적 이타성이 도덕의 생물학적 토대인가? '윤리의 생물학화'는 새로운 윤리학을 창출할 수 있는가? 만약 가능하다면 그 새로운 윤리학의 실질적 내용은 무엇인가? 진화론적 윤리학

---

ity: Disentangling the Phenotypes", *Evolutionary Ethics*, Matthew H. Nitecki and Doris V. Nitecki(eds.), State University of New York Press, p.205.

200 Sober, E.(1998), "What is Evolutionary Altruism?", *The Philosophy of Biology*, D. Hull and M. Ruse(eds.), Oxford University Press, p.460.

201 Boehm, Christopher(2012), p.9.

이 기존 윤리학의 대체재로 기능하기 위해서는 이러한 물음들에 대해 답할 수 있어야 한다. 생물학적 도덕 담론에 대한 주요한 문제 제기는 몇 가지 물음으로 대신할 수 있다. 도덕의 원천을 이타성에서 구한다면 그것은 도덕의 범위를 너무 협소화하는 것이 아닌가? 도덕적 판단에서 이성의 역할은 아예 없는 것인가? 진화생물학이 진화윤리학을 낳는다면, 과학과 윤리는 어떤 관계에 놓이는가?

이타성이 곧 도덕인가?

우선 도덕의 본질을 이타주의와 동일시하는 것은 도덕의 범위를 지나치게 협소화하는 것이라는 지적이 제기될 수 있다.[202] 도덕에 관한 논의에는 공감, 선택, 비판적 숙고, 타인의 이익에 대한 관심, 사회 복리에 대한 관심, 일련의 규범이나 원리, 일련의 제한적 규정들, 『성서』의 「십계명」이나 칸트의 정언명령과 같은 윤리적 원리, 그리고 모든 곳의 모든 사람들에게 적용되는 보편 원리 등 다양한 요소들이 포함되어 있다. 이를 고려한다면, 생물학적 제가설의 설명력은 지극히 제한적일 수 있다. 소버가 지적하듯이, 도덕과 이타주의 사이에는 분명히 어떤 관련성이 존재하지만, 도덕을 단순히 이타주의로 환원하는 데는 많은 문제가 있다. "이타적으로 동기화된 행동이 도덕적으로 옳지 않을 수 있으며, 도덕 원칙

---

202 Rottschaefer, W. A. and Martinsen, D.(1990), "Really Taking Darwin Seriously: An Alternative to Michael Ruse's Darwinism Meta-ethics", *Biology and Philosophy*, 5(2), pp.152~153; Solomon, R. C.(1980), "Discussion of Group Three", *Morality As a Biological Phenomenon: The Presuppositions of Sociobiological Research*, pp.264~269.

에 부합되지 않은 이타적 행동도 있을 수 있다."[203] 또한 도덕과 결부된 복합적인 문제들, 이를테면 원인을 알 수 없는 근원적 연민, 숭고한 미덕에 대한 동경, 덕의 자기 수양, 그리고 사회적 정의 등은 단순히 이타주의로 환원되지 않는다. 다시 말해서, 타 개체의 생존을 돕는 생명현상에서 유사 도덕적 행위의 특성을 발견한다고 해서 도덕의 모든 것이 해명되는 것은 아니다. 본질적으로 이타적이지 않은 개체의 행동이 생물학적으로 이타적인 결과를 낳는다고 해서 그 자체를 도덕의 기원으로 볼 수는 없는 것이다. 더군다나, 앞에서 본 것처럼, '적응도'라는 척도에 의해 정의된 '혈연 이타성'이나 '호혜적 이타성'은 실질적으로는 개체의 유전자적 이기성을 드러내는 표현형에 지나지 않는다. '혈연 이타성'은 본질적으로 '혈연 이기성'이며, '호혜적 이타성'은 혈연 이기성의 계몽된 형식이다.[204] 또한 그 이타성도, 적응도가 특정 행동이 발생한 상태에 상대적이거나 혹은 심지어 우연적일 수가 있다는 점에서, 그리고 유전자결정론에 대한 비판에서 보듯이 적응도와 유전자 간에는 정형화될 수 없는 상당한 미결정성이 존재한다는 점에서, 상당히 유동적이다. 따라서 적응상의 이점이나 유전자적 이기성 등에 의존한 생물학적 이타성 가설은 도덕의 일부 현상을 설명하는 하나의 방식이

---

203 소버와 윌슨은 여러 사례들을 들면서 도덕과 이타성의 등식화가 성립되지 않음을 논증한다. Wilson, D. S. and Sober, E.(1998), 290~294쪽.
204 윌슨은 혈연 이타성을, 향후에 되돌려 받을 것을 고려하지 않고 무상으로 제공하는 '맹목적성hard-core 이타적인 행동'으로, 그리고 호혜적 이타성을, 행위자가 장래에 동일한 방식으로 베푼 만큼 보상을 받을 수 있으리라 기대하면서 행하는 '조건부적soft-core 이타적 행동'으로 구별한다. Wilson, E. O.(1978), 217~218쪽.

될 수는 있으나, 순수한 차원의 이타성이 지배하는 도덕의 중심 영역을 암흑 지대로 남겨 둘 수밖에 없다.

또한 "인간의 도덕적 행위를 동물의 이타적 유사 행동과 동일한 차원에서 다루는 것이 합당한가?"의 문제도 논쟁적일 수 있다. 아직까지 인간이 지닌 이타적이고 의식적인 감정 이입이 어떤 다른 동물에게서 나타났다는 증거는 없다. 드 발과 플랙Jessica C. Flack도 인정하듯이, "인간 도덕성의 몇 가지 요소들이 인간이 아닌 영장류, 특히 대형 원숭이들에 있다고 주장할 수 있지만, 지금으로서는 인간이 아닌 영장류가 우리 자신의 복잡한 도덕 체계와 흡사한 도덕 체계를 가지고 있다고 주장할 증거가 없다."[205] 인간의 도덕적 이타심은 '의도'가 개입된다는 측면에서 동물의 이타성과 다르다. 인간과 동물 모두에게 적용되는 생물학적 이타성이 특정한 '행위의 속성(Property of Behavior)'을 설명하는 것이라면, 인간에게 국한되는 심리적이고 도덕적인 이타성은 특정한 '동기의 속성(Property of Motives)'을 갖는다.[206] 인간은 '자

<hr>

205 Flack, Jessica C. and de Waal, Frans(2000), "'Any Animal Whatever' Darwinian Building Blocks of Morality in Monkeys and Apes", *Evolutionary Origins of Morality: Cross Disciplinary Perspectives*, Leonard D. Katz(ed.), Imprint Academic, p.25.
206 Chandler, John(1990), "Ethical Philosophy", *The Sociobiological Imagination*, Mary Maxwell(ed.), State University of New York Press, p.164; Wolff, P. H.(1980), "The Biology of Morals from a Psychological Perspective", *Morality as a Biological Phenomenon: The Presuppositions of Sociobiological Research*, p.80; 정상모(2009), 「유전자와 도덕 사이: 이타성을 중심으로」, 『人文論叢』 제61집, 서울大學校 人文學硏究院, 53쪽. 정연교는 이타성과 이타적 도덕감을 구별하여, "전자가 단순하고 원초적인 감정이라면 후자는 원초적인 이타심에 이타적 행위의 올바름에 대한 의식이 더해진 것"이라고 설명하면서, "정서적인 성향은 선천적인 성향인 반면 도덕적 성향은 선천적으로 주어진 성향에 올바름에 대한 의식이 가미되어 만들어진 의도적 경향성"으로 파악한다." 정연교(1995), 「진화론의 윤리적 함

기 이익'이나 '적응상의 이점'에 연관되어 있지 않더라도 이타적인 행위를 할 능력을 갖고 있을 뿐더러 생존과 번식과 직결된 동물의 이타적 행동에 비해 훨씬 복잡하고 다양한 동기를 갖고 있다. 인간의 도덕적 행위를 정의하기 위해서는, 추가적으로 "자기 아닌 타인을 이롭게 하고자 하는 순수한 동기에 의해 행위자가 자신의 손해를 감수하는 것"에 대한 납득할 만한 설명이 요구된다. 그러나 생물학적 담론은 동물의 '유사類似 도덕적' 행동과 인간의 도덕적 행동이 동일한 원천에서 유래한다는 입장을 취하면서, 가치 판단의 의도가 없는 동물 행동이 마치 가치판단적 행동을 하는 듯한 인상을 넌지시 암시한다. 그러나 동물의 '유사 도덕적' 행동은, "단지 기능적인 관점에서만 도덕적 행동과 유사할 뿐, 다른 모든 관점에서 보면 진정한 도덕적 행동과는 거리가 먼 행동"[207]이다. 따라서 동물의 '유사 도덕적' 행동과 인간의 도덕적 행동이 동일한 원천을 갖는다는 주장은 도덕적 행동의 순수한 동기가 어디에서 근원하는지에 대해 어떠한 설명도 하지 못한다. 이 때문에 로젠버그Alexander Rosenberg는, "사회적 곤충과 고등동물에게 혈연선택과 혈연 이타성이 중요한 진화의 방식 가운데 하나임에는 틀림없지만, 생물학은 혈연관계를 넘어서는 협동성이나 이타성을 설명하지는 못한다"[208]고 지적한다. 또한 윌리엄 아렌스William Arens도 "우

의」, 『철학적 자연주의』, 철학과 현실사, 269~270쪽.

207 Wuketits, F. M.(1990), 149쪽.

208 Rosenberg, A.(1992), "Altruism: Theoretical Contexts", *Keywords in Evolutionary Biology*, E. F. Keller and E. A. Lloyd(eds.), Harvard University Press, pp.19~28. 챈들러가 "생

리가 통상 윤리적으로 가장 고매한 것으로 보는 '이타적' 행동은 사회생물학자들에게는 단순한 번식 전략으로 전락하고 만다"[209]고 질타한다. 이러한 비판들은 곧 이타주의를 적응도의 척도로 측정하는 한, 순수한 의미의 윤리적 이타주의를 설명할 수 없음을 함축한다.

도덕과 이성은 무관한가?

이타주의 제 가설에서 이성은 도덕성의 기원이 아니다. '도덕의 생물학'에서 이성은 좀처럼 등장하지 않는 용어이며, 도덕과 이성이 어떻게 연결되어 있는지는 주된 관심사가 아니다. 가령 핑커는 이성적 판단에 기초한 도덕관념을 환상으로 간주하며, 이성을 유전자 메커니즘 풀에 귀속시키는 윌슨의 화법으로는 이성은 '정념의 노예'라기보다는 '유전자의 노예'일 뿐이다. 이러한 반이성주의는 합리주의 윤리론자들의 거센 반발을 불러 온다. 합리주의적 윤리론에 따르면, 도덕과 이성은 불가분의 관계이다. 칸트는, 옳고 그름에 대한 우리의 판단을 이성적 활동의 결과로 설명하면서, 도덕성을 이성의 발명품으로 간주했다. 레이첼스James Rachels의 정의에 의하면, 도덕은 "최소한 자기 행위를 이성에 의해 인도하려는 노력, 다시 말해 그렇게 해야만 하는 최

물학적 이론은 진정한 이타성이 신화에 불과함을 입증하지는 않는다"고 말하는 이유도 같은 맥락에서이다. Chandler, John(1990), p.164.

209 Arens, W(1989), "Review of Evolution: Creative Intelligence and Intergroup Competition", *Journal of Human Evolution*, 18, pp.401~407.

이성, 인간다움을
규정짓는 중심적 속성

선의 이유가 있는 행위를 하려는 노력"[210]이다. 이성적 판단에 기초한 도덕은 자기 행위에 의해 영향을 입게 될 타인의 이익에 대하여 동등한 가치를 부여한다. 이성은, 동서양을 불문하고 합리주의자들에게는 인간다움을 규정짓는 중심적 속성이었다. 오스카 와일드의 반의적 묘사, 즉 "인간은 이성의 명령에 따라 행위하기를 요구받으면 항상 화를 내는 이성적 동물"이라는 재치 있는 표현은 인간이 이성의 지배 속에 놓인 존재임을 강조한다.[211] 이성의 실체나 그 기능에 대한 많은 의구심에도 불구하고, 전통적 윤리학에서 '실천이성'은 여전히 도덕의 중추적 기반이었다.

실천윤리학자 피터 싱어는 도덕성의 생물학적 진화를 지지하면서도 이성의 역할을 축소시키는 데는 동의하지 않는다. 그는 도덕을 진화의 산물로 이해하지만, 그 진화는 생물학적 욕구에서 자연적으로 발생한 것이 아니라 "이성의 능력을 갖춘, 수명이 긴 사회적 동물이었기에" 가능했다는 점을 강조한다. 그가 생각하기에, 만약 "이성의 능력과 도덕적 고려 범위의 확장 능력이 별개였다면," 이성은 진화의 과정에서 쉽사리 도태되었을 것이다. 이성은 생물학적 욕구의 한계를 넘어 이타성이 확장해 나아가는데 핵심적인 역할을 했다. 이성적 사고와 도덕적 고려 범위의 확장은 밀접한 관

---

210   Rachels, James(2002), *The Elements of Moral Philosophy*, 『도덕철학의 기초』, 노혜련·
김기덕·박소영 옮김, 나눔의 집, 2006, 48쪽.

211   Wilde, Oscar(1968), *The Critic as Artist*, 「예술가로서의 비평」, 『오스카 와일드 예술평
론』, 이보영 옮김, 예림기획, 2001, 139쪽.

런성이 있고, 이에 대한 역사적·비교문화적 증거들은 너무나 많다는 것이다. 싱어는 인간 사회의 윤리 체계를 "생물학적 근거를 갖는 개인으로서의 인간적 욕구와 집단적인 이성적 사고 간의 긴장에 대처하려는 인간 사회의 산물"[212]로 파악하면서, 도덕의 견고한 토대로서 이성의 역할을 강조한다. 이 같은 관점에서 본다면, 공감이나 협동심 같은 자연적 감정과 도덕성을 구별 없이 동렬에서 파악하려는 생물학주의적 접근은 생물학적 욕구와 이성적 사고 간의 긴장 관계 속에 놓인 인간 본성을 너무 쉽게 생각하는 동시에 도덕 체계의 복합성을 과소평가하는 것일 수도 있다.

싱어의 견해에 동의하는 일부 철학자들은 이성을 배제한 생물학적 도덕이론에서는 얻을 것이 별로 없다고 생각한다. 진화론적 윤리학은 물론 우리가 가진 도덕관념의 기원과 발생사적 과정을 다시금 성찰할 수 있게 하는 계기를 제공할 수는 있지만, 도덕이 무엇인지에 관한 새로운 내용을 거의 찾아 볼 수 없다는 것이다. 인간 사회가 어떻게 도덕규칙을 확립하게 되었는가에 관한 진화론적 추정만으로는 도덕규칙의 구체적인 내용이 어떻게 생성되고 정립되었는지를 알 수가 없기 때문이다.[213] 이 때문에 트리그Roger Trigg는 더욱 노골적으로, 현대생물학이 "우리 자신에 대해 많은 것들을

이성을 배제한
생물학적 도덕이론

---

212 Singer, P.(1981), 240~242쪽.
213 Ayala, Francisco J.(1987), "The Biological Roots of Morality," *Philosophy and Biology*, *Vol.*2, No.3, pp.235~252.

배울 수 있게 하지만, 도덕성에 대해서는 아무 것도 배울 것이 없다"[214]고 말한다.

그러나 '도덕의 생물학'에 대한 이성주의적 비판을 액면 그대로 받아들이는 데는 여러 문제점이 있을 수 있다. 왜냐하면 도덕의 토대를 이성으로 국한하려는 시각에 동의하지 않는 사람들도 많기 때문이다. 흄, 스미스, 다윈, 그리고 웨스터마크Edvard Westermarck가 보여 준 도덕적 행위에 대한 중요한 관찰들은, 도덕성이 우리의 원초적인 정서와 깊이 연관되어 있으며, 합리론자들이 생각하는 것처럼 추상적이고 지적인 어떤 규칙에 의하여 언제나 통제되는 것이 아님을 시사한다. 흄과 스미스에 따르면, 도덕은 이성적 판단이 아닌, '공감'이라는 자연적 정서에 기반한다. 다윈 역시 공감을 원초적 감정으로 여겼고, 사회적 본능에서 도덕의 원천을 찾았다(물론 다윈은, 도덕 범위의 확장이 사회적 본능에 이성을 포함한 정신 능력의 발전이 합쳐진 결과로 해석한 데서 알 수 있듯이, 이성의 기능을 무시하지 않았다). 핀란드 사회학자 웨스터마크는 도덕감정이론을 더욱 체계화했다. 그에 의하면, 도덕감정이란 "사심 없음, 불편부당함, 관대한 태도" 등과 관련되는 것으로, 다른 감정들과는 구분된다.[215] 그가 도덕관념을 분석하면서 얻은 결론은, 도덕적 판단은 객관적 타당성을 갖는 절대적

---

214 Trigg, Roger(1982), 261쪽.
215 Westermarck, Edward(1906), *The Origin and Development of the Moral Ideas*, Forgotten Books, 2012, p.238.

인 것이 아니라 도덕적 감정이 표현하는 상대적인 가치 판단일 뿐이라는 것이다. 즉 도덕적 판단이란 결국 감정에 바탕을 두고 있으며, 도덕 개념은 감정적 성향의 일반화이다. 따라서 그는, '도덕적 판단이 감정적인 기원을 갖는다는 사실은, 곧 우리가 상식적으로나 규범윤리론에 의존해서 도덕적 판단에 부여하는 객관적 타당성을 부인하는 것'이라고 말하며, '윤리적 상대성'을 옹호한다.[216] 윤리의 상대성에 대한 보다 극단적 견해는, 바지니Julian Baggini 등이 '우우 만세! 이론(Boo-hooray Theory)'[217]이라고 재미있게 표현한 에이어 A. J. Ayer의 정서주의이다. 에이어는 "도덕적 판단은 서술적이라기보다 정서적이며, 사실에 대한 진술이 아니라 태도를 설득하기 위한 표현이므로, 참도 거짓도 될 수 없다"[218]고 주장한다. 따라서 그의 견해로는, "옳고 그름의 판단은 단지 개인 자신의 주관적 느낌들을 과장해서 나타낸 것"일 뿐이다.

이러한 견해들은 도덕의 이성적 토대를 강조하는 합리주의론과 상치된다. 도덕의 생물학자들은 대부분 합리주의보다는 정서주의의 시각에 기울어 있다. 예컨대 영장류 학자드 발은 공정성과 정의의 감각을 인류의 오래된 능력이라고

---

216 Westermarck, Edward(1932), *Ethical Relativity*, Routledge, 2010. 오늘날 웨스터마크의 도덕감정이론은 진화생물학자들과 사회인류학자들에 의해 집중적으로 재조명되고 있다. Lagerspetz, Olli, Antfolk, Jan, Gustafsson, Ylva and Kronqvist, Camilla(eds.), *Evolution, Human Behaviour and Morality: The Legacy of Westermarck*, Routledge, 2016.

217 Baggini, Julian and Fols, Peter S.(2007), *The Ethics Toolkit: A Compendium of Ethical Concepts and Methods*, 『윤리학의 연장통』, 강준호 옮김, 서광사, 2009, 182쪽.

218 Ayer, Alfred J.(1946), *Language, Truth and Logic*, Penguin, 1990, p.9.

믿고 있고, 도덕적 능력으로 인하여 인류가 다른 영장류에 앞설 수 있었다고 추정한다. 그의 견해로는, 인간 사회의 도덕 법칙은 "이미 우리가 본능에 의해 도덕적이라고 느끼는 일들을 이후에 합리화하고 체계화한 목록들"이며, 도덕을 통해 "진화된 본성은 우리를 여기까지 오도록 이끌어 준 손이다."[219] '아래로부터의 인간학'은 도덕이 위에서 아래로 온 것이 아니라 아래에서 위로 왔다는 설명방식을 선호한다.

그러나 우리는 도덕의 원천을 이성 또는 감정, 어느 한 쪽으로 확증할 수 있는 증거를 갖고 있지 않다. 신경과학자들의 최근 연구에 따르면, "감정 처리를 할 때 활성화되는 뇌 부위들은 어떤 도덕적 판단을 할 때에는 활성화되지만, 또 다른 도덕적 판단을 할 때에는 활성화되지 않는다."[220] 이러한 뇌 영상 결과는 우리의 뇌가 기본적으로 도덕적 딜레마에 반응한다는 사실만을 보여줄 뿐, 그것이 이성에 의한 것인지 아니면 감정에 따른 결과인지는 알려 주지 않는다. 우리는 도덕의 원천이 무엇인지를 정확히 모른다. 하지만 '도덕의 생물학'과 부합하는 도덕감정이론의 장점 중의 하나는 "본성과 양육의 험난한 바다를 만족스러운 방식으로 통과할 수 있는 능력"[221]을 보여 준다는 점이다. 그러므로 도덕에 관

219 de Waal, Frans(2013), *The Bonobo and the Atheist: In Search of Humanism Among the Primates*, 『착한 인류-도덕은 진화의 산물인가』, 오준호 옮김, 미지북스, 2014, 330~337쪽.
220 Gazzaniga, Michael S.(2008), 217~223쪽. 가자니가는 대부분의 도덕적 판단을 두뇌 도출적 반응으로 이해하면서 도덕 판단의 직관성을 강조한다.
221 Baggini, Julian and Fosl, Peter S.(2007), 113쪽.

한 생물학적 제 가설이 도덕의 이성적 토대를 간과한 해석이라는 문제 제기는, 앞서 지적한, 순수한 이타성을 해명하지 못한다거나 도덕의 범위를 과도하게 협소화시킨다는 비판만큼 설득력을 갖지 못한다. 오래전 파스칼이 말했듯이, "마음은 이유를 댈 수 있지만, 이성은 그 이유에 대해 잘 모르기 때문"이다.

과학과 윤리는 상충되는가?

'도덕의 생물학'에 담긴 중요한 함의 중의 하나는 과학과 윤리의 관계에 관한 성찰적 소재를 제공한다는 점이다. 도덕의 기원에 관한 생물학적 접근과 합리주의 윤리학 간의 대립은 과학과 윤리의 시각 차이에서 기인한다. 싱어에 따르면, 과학은 도덕 현상을 관찰자의 관점에서 조망하지만, 윤리는 참여자의 입장을 중시한다.[222] 따라서 도덕 현상에 관한 관찰자와 도덕적 행위의 주체는 사실과 가치를 구분하는 문제를 놓고 엇갈린 견해를 갖을 수 있다. 윤리적 담론에서 종종 발생하는 이른바 '자연주의적 오류'에 관해서는 서로 다른 견해들이 있을 수 있다.

알버트 아인슈타인은 과학의 법칙과 윤리의 법칙을 구별하면서 "우리는 순수과학이라는 영역 내에서는 '거짓말하지 말라'와 같은 문장과 마주할 기회가 없고 … 사실 및 관계들

---

222 Singer, P.(1981), 112쪽, 150쪽.

　　　　　　　　　　　　　인간 본성의 역사

에 관한 과학적 언명은 … 윤리적 명령을 산출하지 못한다"
고 밝힌 바 있다.[223] 그의 견해로는, 과학은 윤리의 궁극적 원
리를 제공할 수 없다. 생물학자 알렉산더 역시 '자연주의적
오류'의 원리를 존중하는 쪽이다. 그는 "진화적 분석이 인류
의 역사 및 기존 법과 규범 체계에 대해 많은 것들을 들려줄
수는 있지만, 그렇다고 해서 어떠한 목표가 바람직하다든지
또는 어떠어떠한 방식으로 법률과 규범이 수정되어야 한다
든지에 대해서는 말하는 바가 없다"고 주장한다.[224] 생명체
의 진화는 선악의 피안에서 진행되므로 거기에는 가치도 규
범도 존재하지 않는다. 도덕의 생물학적 근원은 악을 정당
화시킬 수도, 선을 보장해 주는 것도 아니다. 생물학적 가설
에서 이타성의 발생을 이끌어 내는 핵심적 개념 도구인 '적
응도'를 엄격하게 사실적인 것으로 파악할 경우, 가치 개념
으로서의 도덕성은 '적응도'에서 도출될 수는 없다. 그럼에
도 불구하고 "'어딘가에' 윤리의 선험적인 체계가 있다든지
혹은 진화적인 윤리의 가치 조합이 있다든지 하는 이야기들
은 신빙성이 없는 주장이다."[225] 즉 도덕이 생물학적 토대를
갖는다고 해서 그로부터 어떠한 윤리적 원리를 획득할 수는
없다는 것이다. 따라서 피터 싱어는 "어떠한 과학도 우리의
생물학적 본성에 내재된 윤리적 전제를 발견할 수 없고, 윤

223 Einstein, Albert(1950), *Out of My Later Years*, 『만년의 회상』, 곽복록 옮김, 민성사,
2000, 269쪽.
224 Alenxander, R. D.(1979), p.220.
225 Ehrlich, Paul R.(2001), 508쪽.

리적 전제는 과학적 탐구를 통해 발견되는 것이 아니다"[226]라는 입장을 취한다. 부케티츠 역시 "도덕적 경험은 인간의 근원적인 경험으로서 인간의 양심을 직접적·절대적·무조건적으로 요구하는 것이기 때문에, 인간의 도덕 현상은 사회생물학적 설명의 범위를 벗어나 있는 것"[227]이라고 말하면서 과학과 윤리 사이에 일정한 선을 긋는다. 요컨대 "도덕적인 것이란 실증적·객관적인 방식으로 확인하고 기술할 수 있는 사실적인 것과는 구별되는 것으로서, 인간이 행하는 가치 판단과 관련된 규범적인 속성을 가진 것"[228]이라는 정의에 따른다면, 진화윤리학은 규범과학이 될 수 없는 것이다.

그렇다면 생물학은 정작 도덕에 관하여 아무 것도 말해 주는 것이 없는 것인가? 다른 견해도 있을 수 있다. 근대 과학의 발전 과정을 되돌아보면, 새로운 과학적 패러다임의 등장은 예외 없이 기존의 가치 체계인 종교적 세계관과의 충돌을 야기했다.[229] 갈릴레이의 지동설은 천상계 관념을 허구로 만들었고, 다윈의 진화론은 본질주의 윤리론의 토대를 무너

---

226 Singer, P.(1981), 144쪽. 그는 "설령 인간 본성에 관한 모든 생물학적 견해를 무비판적으로 받아들여야 한다고 해도, 그와 같은 지식은 피상적으로 윤리에 영향을 미칠 것이고, 윤리에서의 중요한 문제들, 다시 말해 윤리적 가치들의 본질과 정당화의 문제들은 침해받지 않고 그대로 남아 있게 될 것이다"(153)라고 주장한다. 따라서 그는 "진화론·사회생물학·과학 일반 중 그 어느 것도 윤리의 궁극적 전제(또는 윤리 규준)를 제공할 수 없으며, 진화론적으로 설명이 가능한 도덕적 직관을 재고해 보도록 하는 역할을 하는 데 한정될 것"으로 보고 있다.
227 Wuketits, F. M.(1990), 152쪽.
228 Rachels, James(2002), 50쪽.
229 Harrison, Peter(ed.), *The Cambridge Companion to Science and Religion*, Cambridge University Press, 2010, Part I: Historical Interaction, pp.19~123.

인간 본성의 역사

뜨렸다. 이 같은 역사적 경험의 반복은 존재와 당위의 엄격한 영역 구분이 실제에서 가능한 것인지에 대해 회의를 품게 만든다. 논리적 인과관계의 맥락에서 '… 이다'의 진술에서 '… 이어야 한다'의 진술이 도출될 수 없음은 명백하지만, 우리의 실제적 인식과정에서 새로운 사실의 발견은 가치 판단에 영향을 미칠 수 있다. 리처드Robert Richards는 논리학을 포함한 모든 규범적 이론들은 필연적으로 '존재'의 언명에서 도출한 '당위'의 언명을 내함하고 있다고 생각한다. 그는 "자연주의적 오류는 어떠한 오류도 기술하지 않는다"고 말하면서 진화윤리학의 정당성을 옹호한다.[230] 자연주의의 관점에서 윤리의 토대를 생물학적 속성에서 찾는다면, 인간의 정서나 합리성은 생물학적으로 주어진 것의 일부일 것이다. 윌슨은 보다 적극적으로 과학적 발견을 윤리적 변화와 연결시켰다. 그에 따르면, 과학은 새로운 지식을 산출할 수 있기 때문에 기존의 윤리 체계에 변화를 요구할 수 있다. 더욱이 생물학적 본성에 이미 윤리적 전제가 내재되어 있다고 본다면, '생물학이 없는 윤리학'은 허구로 보일 것이고, 기존의 윤리적 신념에 대한 새로운 해석이 필요하기 때문이다.[231] 드 발의 견해로는, '… 이다'와 '… 해야 한다'는 도덕성의 음양과 같다. "그것 둘은 같지 않지만 완전히 분리된 것도 아니며,

---

230 Richards, Robert(1987), *Darwin and the Emergence of Evolutionary Theories of Mind and Behavior*, University of Chicago Press, pp.612~620.
231 윌슨 등은 "생물학적인 검토가 전제되지 않은 상태에서 사상가의 독단적인 생각에 근거해서 도덕적 판단을 제시해서는 안 되며, 마찬가지로 우리에게 주어진 생물학적 경향에 따라 특정한 도덕 판단이 정당하다고 생각해서도 안 된다"고 주장한다. Lumsden, J and Wilson, E. O.(1983), 240쪽.

둘 다 필요하며, 둘은 서로를 보완한다."[232]

이처럼 대조적인 상반된 견해들은 관점상의 차이에서 비롯된다. 우리는 아직까지 도덕성이 어떻게 진화하였는가에 대한 완전한 설명의 단계에 도달하지 못했다. 하지만 도덕이, 사회적 본능에서 진화한 것이든 아니면 선천적으로 주어진 이성적 기능의 일부이든, 아니면 인간종의 집단생활 속에서 관습적으로 획득된 것이든 간에, 인간 본성을 구성하는 주요한 부분이라는 사실을 부인할 수 없다. 흄과 다윈은, 도덕적 감정에 의무감이 동반되면 우리의 행위에 동기를 부여하게 된다는 점에서 도덕성을 전적으로 인간 본성의 기능이라고 생각했다. 물론 "인간은 공통적인 도덕적 이해를 공유하며, 그것은 호모 사피엔스종 모두가 공유하는 유전적 토대가 보증한다"[233]거나 "윤리학은 사람들끼리 협동심을 갖게끔 하기 위해 자연선택에 의해 주어진 일종의 환상"[234]이라는 루즈Michael Ruse의 주장을 액면 그대로 받아들일 수는 없다. 또한 '윤리의 생물학화'라는 과도한 수사만으로 우리의 윤리 체계가 쉽게 붕괴되지도 않을 것이다.

그러나 도덕성에 대한 생물학적 접근이 갖는 한계에도 불

232 de Waal, Frans(2013), 242쪽.
233 Ruse, Michael(1982), *Darwinism Defended*, Addison-Wesley, p.272.
234 Ruse, M. and Wilson, E.(1986), "Moral Philosophy as Applied Science", *Philosophy*, 61, pp.173~192; Ruse, M.(2004), *A Darwinian Evolution's Philosophy*, 『진화론의 철학』, 윤보석 외 옮김, 아카넷, 2004, 53쪽.

구하고, '도덕의 생물학'이 전통 윤리학에서는 볼 수 없었던 또 다른 시각을 제공하는 것도 사실이다. 우리가 유전자 만능주의의 유혹에 빠져들지 않는다면, 진화론적 윤리의 지대로부터 들려오는 다양한 목소리들에 굳이 귀를 막을 필요는 없다. 가령 아얄라Francisco Ayala의 견해로는, "우리가 뛰어난 지적 능력에 의존해서 윤리적으로 판단하고 행위할 수 있는 능력은 진화과정의 산물"이지만, "특정한 사회의 도덕규범은, 그 사회의 언어, 정치적·종교적 제도, 예술, 과학 등의 현상과 동일한 범주에 속하는, 문화적 진화의 산물이지 생물학적 진화의 결과물이 아니다."[235] 이처럼 도덕적 숙고의 능력이 우리에게 주어진 자연의 선물인지의 문제와, 특정한 도덕규범이 진화론적으로 부여된 것인지의 문제를 구별하는 것은, 진화윤리학의 유용성을 살릴 수 있는 하나의 방법일 수 있다. 싱어가 지적하듯이, 인간 본성에 대한 생물학적 접근을 무시한다는 것은 "윤리적 결정과 관련된 가능한 지식의 원천 중 한 가지를 무시하는 처사"[236]일 수 있다. 인간 본성의 딜레마를 해명하는 데서 도움이 될지 모를 하나의 도구로, 굳이 내팽개칠 필요는 없다. 도덕의 원리를 "인간의 임의적 창안물이라기보다는 인간 본성의 진화와 우주 질서

---

235 Ayala, Francisco J.(2014), "Human Evolution: whence and whither?", in *Evolutionary Biology: Conceptual, Ethical, and Religious Issues*, R. Paul Thompson and Denis Walsh(eds.), Cambridge University Press, pp.17~18. 이 때문에 아얄라는 윌슨의 '윤리의 생물학화' 주장을 받아들이지 않는다. 다음의 글도 참조할 것. Ayala, Francisco J.(1987), "The Biological Roots of Morality," *Philosophy and Biology, Vol.2*, No.3, pp.235~252.
236 Singer, P.(1981), 133쪽.

를 관장하는 더 넓은 법칙과 조화를 이루는 원리"[237]로 이해
한다면, 오늘날 '도덕의 생물학'이 발아하는 단계에서 발생
하는 관점의 대립이나 개념적 혼란상은 의당 우리가 거쳐야
할 탐구 과정의 일부일 것이다. '도덕의 생물학'은 적어도 뚜
렷한 근거 없이 남발되어 온 절대주의적 도덕론의 낡은 틀
을 깨는 데서는 분명한 성공을 거두고 있다.

---

237 Kohlberg, L. et al.(ed.), 『콜버그의 도덕성 발달 이론』, 75쪽.

문화의 기원과 진화에 관한
생물학적 제 시각

문화의 유전자적 토대에 대한 강조는 비단 윌슨에게서만
볼 수 있는 생각이 아니다. 문화의 기원과 진화에 관한 생물
학적 제 가설은 여러 갈래로 나뉘어 발전 중에 있다.[238] 그
가운데서 윌슨의 '공진화 가설'과 경쟁 중인 가설은 보이드

---

238 생물학적 문화이론의 여러 갈래에 대해서는 다음을 참조. Janicki, M. and Krebs,
D.(1998), "Evolutionary Approaches to Culture", *Handbook of Evolutionary Psychology:
Ideas, Issues, and Applications*, C. Crawford and D. L. Krebs(eds.), New York, Psychology
Press, pp.163~207; 전중환(2011), 「문화의 진화적 종합을 위하여」, 『사회생물학 대논쟁』,
이음, 147~168쪽. 최근의 여러 흐름에 대한 포괄적인 종합으로는 Mesoudi, A., Whiten, A.
and Laland, K. N.(2006), "Towards a Unified Science of Cultural Evolution", *Behavioral
and Brain Sciences*, 29, pp.329~383; Mesoudi, A.(2009), "How Cultural Evolutionary
Theory Can Inform Social Psychology and vice versa", *Psychological Review*, 116(4),
pp.929~952. 저니키와 크렙스(Janicki and Krebs, 1998)가 분류한 바에 따르면, 최근까
지 제안된 생물학적 문화이론은 리처드 도킨스의 밈학(Memetics), 다윈주의 인류학, 진
화심리학, 윌슨과 럼스덴의 후성학적 접근(Epigenetic Approach), 더럼William Durham의
공진화 모델, 보이드와 리처슨의 이중대물림이론(Dual Inheritance Theory), 그리고 바코
Jerome Barkow의 공진화 모델 등 일곱 가지이다. 생물학적 문화이론은 모두 다윈의 방법,
즉 적응, 자연선택, 그리고 진화의 원칙에 기초한다. 이 가운데 럼스덴과 윌슨, 더럼, 보이드
와 리처슨, 그리고 바코 등의 모델은 강도의 차이는 있으나 문화의 진화는 유전자의 진화
와 상호 영향을 주고받으며 함께 진화한다는 유전자-문화 공진화 이론의 범주에 속한다.
따라서 크게 보아 생물학적 문화이론 안에서는 진화심리학적 관점과 유전자-문화 공진
화 이론이 경합 중에 있다.

R. Boyd와 리처슨P. J. Richerson의 것이다. 『유전자만이 아니다 Not by Genes Alone』의 공저자인 이들은 지난 30여 년 동안 꾸준한 공동 작업을 통해서 '유전자-문화 공진화 가설'을 발전시켜 왔다.[239] 이들의 가설은 다섯 가지 명제로 요약된다.[240]

> ① 문화는 배움이나 모방, 그 밖의 사회적 학습을 통해 타인들로부터 획득한 정보이다.
> ② 문화적 변화는 다윈주의적 진화과정으로 모형화할 수 있다.
> ③ 문화는 인간생물학의 일부이다.
> ④ 문화는 인간의 진화를 다른 유기체의 진화와는 매우 다른 것으로 만든다.
> ⑤ 유전자와 문화는 공진화한다.

보이드와 리처슨의 공진화론은 인간 행동과 문화적 체계를 유전적 조건과 문화적 환경 사이의 상호작용으로 설명하면서, 문화를 학습 능력의 생물학적 적응이라는 관점에서 조망하고 있는 점에서는 윌슨의 그것과 다르지 않다. 그러나 이들은 "유전적 진화를 통해서 인간의 본성을 얻었고, 그 후에야 진화의 부산물로 문화가 등장한 것"이라는 윌슨의 견해에는 동의하지 않는다. 이 같은 견해는 "인간의 심리

---

239 Boyd, R. and Richerson, P. J.(1985), *Culture and The Evolutionary Process*, University of Chicago Press; Boyd, R. and Richerson, P. J.(2005a), *The Origin and Evolution of Cultures*, Oxford University Press; Boyd, R. and Richerson, P. J.(2005b), *Not by Genes Alone: How Culture Transformed Human Evolution*, 『유전자만이 아니다』, 김준홍 옮김, 이음, 2009.
240 Boyd, R. & Richerson, P. J.(2005a), Introduction. 이들에게 문화란 "사람들의 머릿속에 저장된 정보의 풀이다."

와 그 심리 기관이 처리해야 할 사회적 정보 간의 필요 불가결한 되먹임의 작용을 무시하는 것"[241]이기 때문이다. 따라서 이들은 유전자와 문화 양면의 강조점에서 윌슨의 견해와는 차이가 있다. 윌슨은 문화의 유전적 토대를 우선시하지만, 보이드와 리처슨은 문화적 진화의 상대적 독자성을 강조한다. 즉, 이들의 '유전자와 문화의 이중대물림이론(Dual Inheritance Theory)'에서 유전자의 진화와 문화적 진화는 대등한 관계로 설정된다. 문화를 학습하는 능력이 오랜 세월에 걸쳐 자연선택된 심리 기제에서 유래한다고 보면서도, 문화 학습의 기제는 '유전적 대물림(Genetic Inheritance)'과는 다르게 작동되는 새로운 대물림 체계로서의 문화적 진화를 낳았다고 보는 것이다. 이들은 "문화를 생물학에서 분리하지 않고 문화적 진화에 정당한 비중을 부여한다." 유전적 진화는 문화적 진화를 야기하지만, 역으로 문화적 진화도 개체군 내의 유전자 빈도를 변화시키는 선택압으로 작용한다. 따라서 리처슨과 보이드의 '공진화 가설'에서 문화는 유전자에 완전히 종속되지 않는다. 오히려 문화는 유전자를 변형시키기도 하고, 유전자와의 상호작용을 통하여 진화하기도 한다. 이들의 가설에서 "문화는 강력한 현상이며, 문화가 유전자로 '환원될' 실제적인 위험은 없다."[242]

다음으로 진화심리학적 관점에서 문화의 진화를 설명하

241 Boyd, R. and Richerson, P. J.(2005b), 43~44쪽.
242 Boyd, R. and Richerson, P. J.(2005b), 48쪽.

려는 대표적인 시도는 투비와 코스미데스의 작업이다.[243] 이들에 따르면, 인간의 심리는 초기의 조상들이 진화했던 환경에 대한 적응의 결과이며, 우리의 심리 기제는 진화적 환경에서 반복적으로 나타났던 적응상의 문제들을 해결하기 위해 진화했다. 즉, 인간의 마음은, 수백만 년에 걸쳐 지속적으로 봉착했던 문제들을 해결하게끔 자연선택에 의해 설계된 수많은 '영역-특이적(Domain-Specific)'인 심리 기제들의 묶음으로서, "홍적세의 채취자들이 맞닥뜨렸던 일련의 제한적인 문제들을 해결할 수 있는 다소 좁게 전문화된, 유전자에 바탕을 둔, 내용이 풍부한 알고리즘이 모여서 구성된 것"[244]이다. 뇌의 정보 처리 체계는 모든 인류에게 동일한 것이며, 인류의 모든 문화는 보편적으로 존재하는 공통적 항목을 갖고 있다. 투비와 코스미데스는 이것을 '초문화(Meta-Culture)'라고 불렀다. '초문화'는 "모든 인간들이 보편적으로 지니는 진화된 심리 기제가 전 세계 어디서나 동일한 환경적 입력을 처리함으로써 나타난 문화적 보편들의 묶음"이다.[245] 미국의 인류학자 조지 머독은 1945년에 '모든 문화에 공통으로 기록되어 있는 특징'을 제시한 바 있고, 그로부터 약 50년이 지나 인류학자 도널드 브라운은 모든 문화에 보편적으로 존재하는 문화적 규범, 가치, 관습 등에 관한 방

---

243 Tooby, John & Cosmides, Leda(1992a), "The Psychological Foundations of Culture", in *The Adapted Mind: Evolutionary Psychology and the Generation of Culture*, pp.19~136.

244 Tooby, John & Cosmides, Leda(1992a), pp.129~130.

245 Tooby, John & Cosmides, Leda(1992a), p.25.

대한 목록을 다시 작성했다.[246] 윌슨과 핑커는 '공통 문화 목록'을 인간 본성의 선천성을 확인하는 증거로 채택했다. 투비와 코스미데스는 '초문화'의 실재성을 전제한 후, 특정 집단들 간의 가치나 행동양식 등의 차이를 '전달(Transmission)'과 '유발(Evocation)'이라는 요인으로 설명한다. 즉 어떠한 문화적 변이는 사회적 학습이나 모방을 통해 개체군 사이에 혹은 개체군 내의 구성원 사이에 '전달'된다. 둘째로, 어떤 문화적 변이는, 모든 인간이 보편적인 심리 기제를 공유하지만 집단에 따라 사회적·생태적 환경 조건이 각기 다르고, 따라서 이에 반응하여 산출되는 행동도 각기 다르기 때문에 생긴다는 것이다. 다시 말해서 문화적 특수주의들이 주장하는 문화적 독특성이나 문화적 변이는 보편적인 심리 기제에 상이한 환경 정보들이 입력되어 '유발'한 상이한 결과라는 것이다. 투비와 코스미데스는 '유발된 문화(Evoked Culture)'를 만드는 진화된 심리 기제를, 위도와 경도에 반응하여 각기 다른 노래를 틀게끔 설계된 주크박스Juke Box에 비유한다. 이처럼 이들에게 문화적 진화란 '초문화'가 '전달된 문화(Transmitted Culture)'로, 그리고 다시 '유발된 문화'로 세분화되는 과정이다.

홍미를 끄는 또 다른 가설은 도킨스의 밈론(Memetics)이다. 그에 따르면, 문화적 진화는 유전적 진화와 유사한 방

---

246 Brown, Donald(1991), *Human Universals*, New York, McGraw-Hill.

식으로 진행된다.[247] 즉 문화적 형질도 자신의 전파를 촉진하는 형질들의 차등적 증식이 이루어지는 자연선택의 과정을 통해 진화한다는 것이다. '밈Meme'은 '유전자(Gene)'에 상응하는 문화적 대물림의 단위, 즉 문화유전자이다. 밈을 작동시키는 추진력은 각각의 생물이나 거대한 문화가 아니라 복제되려고 안간힘을 쓰는 약간의 정보이다. 도킨스는 밈을 "뇌 속에 살아 있는 정보의 단위"로 규정하며, 그 표현형의 효과를 언어, 음악, 시각적 이미지, 옷 스타일, 얼굴이나 손의 제스처 등으로 예시한다. 그가 보기에 종교도 밈의 전형적인 형태이다.[248] 그는 종교 현상에 복제자 이론을 적용하여 종교를 일종의 '정신 바이러스(Virus of Mind)'로 이해한다. '정신 바이러스'는 컴퓨터 바이러스처럼 자신의 숙주 속에서 자신의 정보를 복제하는 기생자로 작동한다. 이처럼 밈론은 유전자적 메커니즘을 문화 진화에 그대로 옮겨 놓은 유전자선택론의 변형판적 성격을 갖는다. 이 때문에 도킨스의 밈론은 문화를 복제자들의 진화 게임으로 단순화하는 '밈적 환원주의(Memetic Reductionism)'로 비판받기도 하지만,[249] 아직은 발전 과정에 있는 작업 가설이기도 하다.[250]

이 같은 생물학적 문화 담론들은 문화의 기원과 진화에 관한 메타문화이론이다. 즉 현대 생물학의 주된 관심은 문

---

247 Dawkins, R.(1976), 11장.
248 Dawkins, R.(1982), 217쪽.
249 장대익(2011), 「사회생물학과 진화론적 환원주의」, 『사회생물학 대논쟁』, 이음, 87쪽.
250 Aunger, R.(ed.), *Darwinizing Culture*, Oxford University Press, 2000. 대중적인 글로는 Blackmore, S.(1999), *The Meme Machine*, 『문화를 창조하는 새로운 복제자 밈』, 김명남 옮김, 바다출판사, 2010.을 참조.

화가 어디서 발생했고, 어떻게 전승되는지에 있다. 그런 점에서 이것들은 문화의 기원에 관한 가설들의 묶음일 뿐 문화 자체에 대한 이론이 아니다. 따라서 문화가 무엇이고 어떤 내용으로 구성되는지, '문화들'의 다양성의 이면에는 어떤 것들이 있는지, 그리고 그것들 간의 차이가 무엇을 의미하는지에 대해 새롭게 알려 주는 것은 거의 없다.

'사회생물학 논쟁' 재고

윌슨은 과학과 문화, 두 영역을 넘나드는 폭넓은 지식을 바탕으로, 인간 본성의 진화적 기원을 해명하는 새로운 방식의 작업을 시도했다. 윌슨의 강력한 옹호자인 올콕에 따르면, 사회생물학의 핵심 주장은 네 가지 명제로 요약할 수 있다.[251]

① 인간 행동은 자연선택에 의한 진화의 산물이다.

② 인간의 진화과정에서 자연선택은 개체 간의 유전적 차이가 형질의 차이를 낳고, 이로 인한 번식성공도의 차이가 있을 때에만 작용한다.

③ 그에 따라 오랜 시간에 걸쳐 자연선택이 유전적 변이에 작용한 결과, 현대의 개체군은 적응적인 사회행동을 위한 유전자를 갖게 되었다.

---

251 Alcock, J.(2001), 67쪽.

④ 그 유전자들은 대물림되어 고정되어 있으며, 필연적이고 변하지 않는 형질이 되어 인간 일반이 공유하는 본성을 구성하며, 인간의 사고와 행동에 근본적인 요인으로 작용한다.

위에서 ①은 다윈의 명제이고, ②와 ③은 윌리엄스의 유전자선택론의 차용이며, ④는 윌슨 자신의 추론이다. 이렇게 보면, 사회생물학은 다윈의 진화론과 윌리엄스의 유전자선택론의 기반 위에 윌슨의 추론이 더해진 복합적 구성물이다. 동료 과학자들이 문제 삼은 것은 윌슨의 추론이었고, 거기서의 핵심은 그것이 얼마나 과학적으로 타당한 사실들에 기초하고 있는가의 문제였다. 가장 거센 반발은 하버드대 동료인 굴드와 르원틴으로부터 제기되었다. 이들은 과학성의 엄격한 잣대를 들이대며, 사회생물학을 즉각 '사이비과학'으로 규정했다. 이들이 보기에 사회생물학은, 키처 P. Kitcher가 맹렬히 비난한 것처럼, "인간 아닌 동물의 사회적 행동에 대해서는 대단히 주의 깊고 섬세한 관찰을 하는 반면에, 인간 본성에 대해서는 확성기 뒤에 숨어서 요란스럽게 떠들어 대는 두 얼굴을 가진"[252] 사이비과학이었다.

사회생물학 논쟁은 사회생물학의 과학성 문제, 과학적 사실과 도덕적 가치의 관계, 과학자로서 윌슨 개인의 야망 및

---

252 Kitcher, P.(1985), *Vaulting Ambition: Sociobiology and the Quest for Human Nature*, MIT Press, p.435.

학문세계의 분열상, 그리고 과학적 연구 프로그램의 이데올로기적 확장 등 다층적이고 복합적인 문제들을 내포한 논쟁이었다. 사반세기가 지나고서 세저스트레일U. Segersträle은 이 논쟁을 '진리의 격전장'에서 드라마틱하게 벌어진 오페라에 비유하면서, 전장에서 무슨 일이 벌어졌는지, 그 의미가 무엇인지, 그리고 이 과학 논쟁에 어떠한 문화적 함의가 담겨 있는지를 총괄적으로 정리한 바 있다.[253] 그에 따르면, 과학의 본질과 과학자의 책임에 대한 시각을 달리하는 많은 사람들이 이 논쟁에 뛰어들었고, 서로가 서로에게 깊은 상처를 입혔다. 올콕은 20여 년 전의 논쟁을 회고하면서, 동료 과학자들이 윌슨에게는 유독 '더 엄격한 증거의 기준'을 적용하려 했다면서, 평가의 공정성에 이의를 제기했다. 그는 무엇보다 "치밀하게 검증된 과학적 결론이 불완전하게 검증된 가설보다 이데올로기에 이용될 가능성이 낮다"는 사회학적 통설에 기대어서 윌슨을 몰아붙인 굴드의 저의를 의심했다. 올콕은 "자신과 관련 있는 분야의 과학자에게는 매우 엄격하고, 그렇지 않은 덜 중요한 분야의 과학자에게는 다소 유연하게 대하는 과학의 두 가지 잣대에 대한 생각은 논의의 여지가 있는 문제"[254]라고 지적하면서 굴드와 르원틴을 원망했다. 올콕이 불평한 것처럼, 르원틴과 굴드가 집요하게 윌슨을 괴롭힌 것은 사실이다. 세저스트레일도 과학적 가설

---

253 Segersträle, U.(2000), *Defenders of the Truth: The Battle for Science in the Sociobiology Debate and Beyond*, Oxford University Press.
254 Alcock, J.(2001), 277쪽.

의 이론화 과정에서 비판과 수정은 필수 불가결한 절차이지만, 윌슨의 경우에는 유독 가혹할 만큼 비판의 강도와 빈도가 심했다고 평가했다.[255] 윌슨의 입장을 고려한다면, 굴드 등 일부 비판가들의 도를 넘어선 '비판 아닌 비난'에는 눈살을 찌푸리게 하는 대목이 적지 않았다.

그렇다면 윌슨의 애초의 의도와는 달리, 왜 이처럼 험악한 사태가 빚어지게 된 것일까? 먼저 윌슨 스스로 적지 않은 빌미를 제공했다는 사실부터 지적해야 할 것 같다. 윌슨은 여느 생물학자와는 달리 '생물학중심주의'(듣는 이에 따라서는 '유전자 만능주의'로 오인될 수 있는)를 형이상학적 세계관의 수준으로까지 최대한 확대시켜야 한다는 야심을 숨기지 않았다. 그는 인간 본성의 딜레마를 풀 수 있는 고리는 유전자적 메커니즘에 담겨 있다고 장담했음은 물론이고, 의식, 언어, 문화, 도덕, 그리고 종교 등 거의 모든 정신현상과 관련해서 유전자적 대응관계를 임의적으로 추정했다. 렌스키 G. E. Lenski는, 윌슨이 다만 "자신과 같은 사회생물학자와 너무 오랫동안 붙들고 있었던 극단적 환경주의를 벗어나고 싶은 사회과학자들과의 간間의지적 소통을 진지하게 시작하기를 원했던 것"[256]이라고 두둔했지만, 윌슨이 내세운 '통섭'의 모토는 사실상 '두 문화'의 한쪽을 겨냥한 선전포고와 다를

255 Segerstråle, U.(2000), pp.40~51.
256 Lenski, G. E.(1976). "Review of Sociobiology: The New Synthesis", *Journal of Social Forces*, 55, p.530.

바 없는 것이었다. 그는 '정신주의'에 대해 '가장 강력한 반反생물학의 요새'라는 자극적인 표현을 사용하는가 하면, 생물학 이외의 타 연구 영역에 대하여는 '반反분야'라는 등으로 적대시했고, 오로지 생물학 중심의 통합만이 '인간 본성의 과학'에 근접할 수 있는 가장 효과적인 접근법이라고 밀어붙였다(1978, 31~38, 279).

게다가 윌슨의 수사는 지나치게 자극적이고 거칠었다. 그가 생물학적 가설을 인간 사회에 실험적으로 적용하려고 했다면, 인접 분야의 동료 연구가들에게 '정복의 수사학'이 아닌 '협상의 수사학'으로 다가갔어야 했음에도 불구하고, 그는 반대의 길을 택했다.[257] 그는 인종과 성의 문제에 대해서는 신중하게 다룰 필요가 있다는 폴 사무엘슨Paul Samuelson의 권고나 사회생물학이 이데올로기 논란으로 비화될 수도 있다고 내다본 메이너드 스미스의 우려에도 아랑곳하지 않고(1994, 336), '인간 정신의 진화를 인도하는 기초 과정'이 "유전자와 문화 사이에 일어나는 상호작용의 한 특수 형태"(1994, 352)라는 논지를 확장하는 데 몰두하고 있었다.

1) 상상과 추론의 사이비과학?

논쟁은 『사회생물학』이 출간되자마자 불붙었다. 문제의 발단은 책의 마지막 장이었다. 그는 2장에서 25장까지는 개

---

[257] 김동광(2011), 「한국의 통섭현상과 사회생물학」, 『사회생물학 대논쟁』, 김동광 외 엮음, 이음, 249~251쪽.

미만을 다루다가 마지막 26장에서는 '인간: 사회생물학과 사회학까지'라는 색다른 강연으로 마무리했다. 올콕은 "만약 윌슨이 마지막 장을 쓰지 않았다면 결코 질책과 매도의 대상이 되지 않았을 것"이라고 아쉬워했지만,[258] 그 아쉬움은 곧장 비판의 행렬로 이어졌다. 니컬러스 웨이드Nicholas Wade는 탁월한 과학적 업적인 이 책에서 인간의 문제를 다루고 있는 마지막 장만이 유일하게 논란의 소지가 있는 부분이라고 점잖게 평했지만,[259] 인류학자 애슐리 몬터규Ashley Montagu는 『사회생물학』의 546쪽까지는 탁월한 과학이나 나머지 30쪽 분량은 정치적 우파에 특징적으로 나타나는 '생물학주의(Biologism)'에 물든 부분이라고 혹평했다.[260] 철학자 찰스 프랑켈C. Frankel은 『사회생물학』에서 인간을 다룬 첫 장과 마지막 장은 나머지 과학적 내용과 거의 관련이 없는, '논리적으로 독립적'인 사념과 모호한 주장을 담은 글이라고 비난했고,[261] 발생유전학자 와딩턴C. H. Wadington은 그 두 장은 장식장 같은 것에 지나지 않는다면서, 인간 지식과 정신에 대한 윌슨의 '놀랄 만한' 무관심에 의아해했다.[262] 이처럼 많은 비판가들이 『사회생물학』의 첫 장과 마지막 장을 문제 삼는 이유는 사회생물학의 핵심 주장, 즉 "동물에게서

258 Alcock, J.(2001), 33쪽.

259 Wade, Nicholas(1976), "Sociobiology: Troubled Birth for New Discipline", *Science, vol. 191*, pp.1151~1155.

260 Montagu, Ashley(ed.)(1980), *Sociobiology Examined,* Oxford University Press, pp.3~14.

261 Frankel, C.(1979). "Sociobiology and it's Critics", *Commentary*, 68, pp.42~43.

262 Wadington, C. H.(1978), *Sociobiology Debate: Readings on Ethical and Scientific Issues*, Arther L. Caplan(ed.), pp.252~258.

나타나는 특징을 모든 인간 사회에서 보편적으로 나타나는 행동 경향 또는 생물학적 속성이라고 일반화하는 것"에 반대했기 때문이다. 이들보다 더욱 급진적인 일부 해석자들은, 비과학적인 첫 장과 마지막 장 사이에 과학적인 24개의 장을 끼워 넣은 윌슨의 '샌드위치 모델'은 그가 다분히 정치적 의도를 드러낸 것이라고까지 의심하기도 했다.[263]

앞서 언급했듯이 사회생물학의 아킬레스건을 집요하게 추궁한 사람들은 하버드대 동료 굴드와 르원틴이었다. 굴드는, 윌슨의 유전자 가설이 보편성, 계속성, 그리고 적응성을 3대 주요 전략으로 삼으면서 인간 본성의 유전적 근거를 강조했지만, 실제로는 그 같은 증거는 전혀 없다고 반박했다.[264] 그는 「사회생물학─스토리텔링의 기술」이라는 글에서, 윌슨이 어떤 행동 특성의 적응을 설명하려 할 때 단지 '그럴싸한 이야기'의 유혹에 빠져들었다고 비난했다.[265] 그는 윌슨의 설명을 "표범이 점을 갖게 된 연유에 대한 키플링 Rudyard Kipling의 작품 제목만큼이나 창조적인 이야기일 뿐"이라고 비꼬았다. 이어서 그는, "이런 추측성의 이야기들은 이야기꾼의 의도나 정치적 목적과 상관없이 한 사회의 정책에 폭넓은 영향력을 끼친다"는 사실을 윌슨이 전혀 고려하지 않았다고 꾸짖었다. 굴드와 단짝인 르원틴은 스토리텔링

---

263 Segerstråle, U.(2000), p.4.
264 Gould, S. J.(1977), 359~363쪽.
265 Gould, S. J.(1978), "Sociobiology: The art of storytelling", *New Scientist*, 80: pp.530~533.

인간 본성의 역사

의 증거로, 윌슨의 책에서 인간에 관한 근거 없는 진술들만을 뽑아내서 나열했다.[266]

"인간은 터무니없을 만큼 쉽게 동화된다. 더구나 그들은 동화를 추구하기까지 한다."

"인간은 알려고 하기 보다는 믿으려 한다."

"인간이란 자신의 혈통을 예민하게 인식하고, 음모를 꾸미는 데 천부적인 재능을 가진 존재이다."

"인간이 갖고 있는 문제의 일부는 인간들의 집단 간 반응이 문명이 억지로 떠밀어 넣은 세력권 관계를 확장시키기에는 아직도 지나치게 거칠고, 원시적이라는 점이다."

"가장 두드러진 인간의 특성은 부족 간 전쟁과 집단 학살을 통해 발생한 사회적 진화의 국면에서 발현되었다."

"인간의 보편적인 사회적 특성들 중에는 남성의 여성에 대한 공격적인 지배체계가 존재한다."

르원틴이 보기에, 이 같은 기술들은 과학적 증거에 의한

---

266 Lewontin, R.(1991), 161~163쪽.

것이라기보다는, 윌슨이 과학자답지 않게 그만의 철학적 입장과 사회에 대한 주관적인 관념을 펼쳐 놓은 것에 불과했다. 윌슨은, 예컨대 전쟁과 공격성에 대한 추론에서 보듯이, 구체적 대상과 형이상학적 범주를 혼동하는 '구체화의 오류'를 범하는가 하면, 개미 등 각종 동물의 은유를 무분별하게 사용함으로써 종종 대상의 '실재적 정체성(Real Identity)'을 모호하게 만들었다. 르원틴은 윌슨이 "동물의 특성과 인간 사회의 특성을 혼동하는 것은 '상동相同'과 '상사相似'를 혼동하는 것과 같다"[267]고 비난했다. 결론적으로 이들은, "인간의 본성에 대한 사회생물학적 설명은 증거 부족, 인상, 간단한 일반화, 비과학적인 은유, 그리고 애매한 유추에 의존한" '임의적 덩어리(Arbitrary Agglomeration)'에 불과하다는 혹독한 판정을 내렸다.[268] 이들의 험악한 비난은 여기서 멈춘 것이 아니다. 그들은 사회생물학을 엄밀한 과학적 검증 절차 없이 주먹구구식으로 일반화를 도모하려는 '사이비과학'이라고 몰아세운 다음, 윌슨을 이데올로기의 넝쿨로 끌고 갔다.

2) 사회생물학은 우파 이데올로기인가?

일찍이 다윈과 동시에 자연선택설을 주창했던 월러스가 내린 결론 중의 하나는 "인간은 자기 삶의 조건을 스스로 창조해낼 수 있기 때문에 비유전적인 사회문화적 요인이 매우 중요하다는 것"이었다. 그가 인간과 동물 간의 긴 간극을 메

---

[267] Lewontin, R.(1991), 169~170쪽.
[268] Rose, S., Lewontin, R. and Kamin, K.(1984), 291~295쪽.

우기 위해 초자연적 힘에 의탁해서 영지주의(Gnosticism)에 빠져들었던 이유는, 인간의 고유한 특질인 지능과 도덕성을 자연선택의 논리로는 설명할 수 없다고 생각했기 때문이다. 아마도 생물학 밖의 관념론자들 중의 일부는 월러스의 견해에 공감할지도 모른다. 오늘날에도 인간의 속성은 '의식 없는' 유전자로 환원시켜 설명될 수 있는 성질의 것이 아니라고 믿는 사람들은 많다. 가령 독일 철학자 헤르비히J. Herbig는 "인류의 운명은 유전자에 달린 것이 아니라 수천 년 전에 시작되어 아직도 끝나지 않은 '문화적 실험'에 달려 있고, 인간의 '문화 능력'이야말로 오늘날 우리를 위협하는 엄청난 문제들을 해결하기 위한 충분조건"[269]이라고 주장한다. 이들에게 유전자 환원주의란 한마디로 어불성설이다. 왜냐하면 그 속에는 일종의 이데올로기적 함정이 도사리고 있기 때문이다.

스티븐 로우즈와 같은 급진주의 과학자들은 유전자결정론에 내함된 이데올로기성을 끈질기게 물고 늘어졌다.[270] 이들은 생물학적 결정론을 '위험천만한 우파 이데올로기'로 규정했다. 로우즈 등은 생물학적 결정론의 뿌리를 인간의

---

269 Wuketits, F. M.(1990), 34쪽에서 재인용.
270 스티븐 로우즈의 일련의 저서들은 일관되게 생물학의 오용과 남용의 문제를 이데올로기적 맥락 속에서 조명한다. Rose, S., Lewontin, R. and Kamin, K.(1984), *Not in Our Genes: Biology, Ideology and Human Nature*, 『우리 유전자 안에 없다』, 이상원 옮김, 한울, 2009; Rose, S.(1997), *Lifelines: Biology Beyond Determinism*, Oxford University Press; Rose, S. and Rose, H.(eds.), *Alas, Poor Darwin: Arguments against Evolutionary Psychology*, New York, Harmony Books, 2000; Rose, S. and Rose, H.(2014), *Genes, Cells, and Brains: The Promethean Promises of the New Biology*, 『유전자 세포 뇌』, 김명진·김동광 옮김, 바다출판사, 2015.

본성에 대한 경쟁적 모형에서 찾는다. 이들에 따르면, 결정론의 가장 가까운 조상은 토머스 홉스다. 홉스는 사회 안에 있는 개인들에 대한 원자론적 개념에 의거해서 강고한 기계적 유물론을 구축했다. 홉스에게 있어서 인간의 경쟁적인 사회행동은 일차적인 천성적 특징이 아니라 물적 자원이 유한한 세계에서 자신들을 유지하기 위한 유기체의 기계적 행동의 결과였다. 맬더스는 홉스의 세계관을 이어받아서 인구의 증가와 식량 제한을 역함수관계로 이해했다. 로우즈 등에 따르면, 홉스와 맬더스의 경쟁 모델을 자연세계에 적용한 다윈은, 진화론에서 과학의 이름으로 자연적 야만성을 "인간 마음속 가장 깊은 곳에 있는 피에 굶주린 본능"으로 확장시킴으로써 생물학주의의 최대 권위자가 되었다.

로우즈 등은 19세기 롬브로소Cesare Lombroso의 범죄인류학으로부터 골턴의 우생학, 루이 아가시의 백인우월주의, 로렌츠의 전쟁 본능, 그리고 시릴 버트Cyril Burt의 IQ 유전율 연구 조작에 이르기까지 다양한 형태의 생물학적 결정론이 사회적 맥락 속에서 어떻게 나쁜 방향으로 변질되었는지를 차례로 보여 주면서, 생물학적 결정론이 과학이라는 명분을 앞세워 얼마나 편향적인 이데올로기를 대변해 왔는지를 예증한다. 이들이 보기에, 사회생물학은 그 연장선상에 있는 결정론의 한 변종이다. 과학을 "실제의 물질세계에 대한 진리와 지식을 습득하는 방법이라는 내적 논리와 과학외적인 사회적 결정 요소들과 기능들이라는 외적 논리 사이의 끊임없는 연속적 긴장의 산물"로 바라본다면, 사회생물학과 같은 생물학적 결정론은 '나쁜 과학'이거나 '소프트 사이언스Soft Science'에 지나지 않는다는 것이다.[271]

　이 공저자들이 우려하는 것은 유전자 중심주의의 생물학적 결정론이 인간 본성의 불변성을 보편화함으로써 인간 사회의 평등, 계급, 인종, 그리고 성차 등을 이해하는 데서 잘못된 방향으로 오도할 위험성이다. 이들의 시각으로는, 유전자결정론은, 뚜렷한 과학적 증거가 없음에도 불구하고, 인간 본성이 유전자에 새겨져 있음을 가정하고, 개인의 의지와 인성의 성패를 가늠하는 요인들이 마치 유전자 속에 대부분 부호화되어 있음을 우리에게 주입시키려 한다. 개개인의 생물학적 차이가 지위, 부, 권력의 위계들을 형성하는 인간 본성의 일부로 간주된다면, 사회적 평등의 이념은 원천적으로 결정된 불평등의 숙명에 가려서 실현 불가능한 환상으로 전락하고 말 것이다. 로우즈 등은 이것이야말로 생물학적 결정론에 담겨진 총체적 이데올로기라고 주장한다.

　월슨의 비판가들은 사회생물학이 유전자 중심주의의 한 변종에 불과하다고 목소리를 높였다.[272] 『사회생물학』이 출간되자마자 르윈틴은 월슨의 사회생물학에 'DNA 독트린'이

271　Rose, S.(1997), pp.18~20; Rose, S., Lewontin, R. and Kamin, K.(1984), 55~57쪽.
272　Allen, E., et al.(1975), "Against sociobiology", *New York Review of Books*, November 13, 182, pp.184~186. 이들은 사회생물학을 "엄격하게 검증되지 않은, 어쩌면 그렇게 검증될 수 없는, 잘 정리된 이야기를 꾸며냈다"고 비난했다.

라는 정치적 딱지를 붙였고, 굴드는 이 '새로운 생물학적 결정론'이 과학적 성과에 기초한 이론이 아니라 사회적·정치적 세력의 산물이라고 공격했다.[273] 이어서 급진주의적 인류학자 마셜 셜린즈는 사회생물학이 개체들 간의 경쟁을 자연적 필연으로 간주함으로써 서구 사회를 감싸 안고 있는 이데올로기를 대변한다고 비난했다.[274] 이들 모두에게 사회생물학은 자본주의 사회체제를 옹호하기 위한 이념적 도구에 불과했다. 사회생물학에 대한 이데올로기적 공세는 여기서 멈추지 않았다. "진화를 사회적 다원주의식으로 이해하는 경향의 새로운 변형", "반페미니즘 또는 성차별주의의 경향을 명백히 띠고 있는 일종의 보수 우파 이데올로기", 그리고 "망측스럽게 변질되어 버린 합리주의 내지 '경제적 인간(Homo Economicus)'의 이미지에 근거하고 있거나 또는 그 이데올로기의 전통에 편입된 새로운 형태의 관념" 등과 같은 줄 이은 비난은 사회생물학을 이데올로기적 흉물로 만들어 버렸다.

'윌슨 사태'는 독일 등 서구의 신우파(Die Neue Rechte)들이 끼어들면서 더욱 악화되었다.[275] 유럽의 극우파들은 사회생물학의 결론 부분을 빌려 인종적 순혈주의를 옹호하고 평등주의와 정치적 민주주의, 그리고 유대-기독교 문화를 부정하는 데 이용했다. 신우파의 뉴스거리는 일찍이 월러스가

---

273 Gould, S. J.(1977), 32장.
274 Sahlins, M.(1976), *The Use and Abuse of Biology: An Anthropological Critique of Sociobiology*, University of Michigan Press, p.101.
275 Wuketits, F. M.(1990), 175~179쪽; Kaye, H. L.(1997), 249쪽.

우려한 대로 과학으로 포장된 도그마가 인종주의, 제국주의, 그리고 독재주의 등 사악한 이데올로기와 결합되어 쉽게 남용될 수 있다는 사실을 입증하는 사례로 인용되었다. 사회학자 랜덜 콜린스Randall Collins는 이러한 사태를 예의 주시하면서 사회생물학이 정치적으로 보수적이고 반인문학적·반자유주의적인 논조를 띠고 있으며, 정치적으로 우경화되어 가던 1970년대의 일반적인 사회상의 일부, 즉 유럽과 미국에 팽배했던 보수적 경향의 세계관을 대변한다고 결론지었다.[276]

　정치적 공세의 폭풍이 지나간 후에, 윌슨은 다시 입을 열었다. 『자연주의자』에서 그는 자신의 유일한 실수는 정치적인 고지식함뿐이었다고 회고했다. 그는 "인간의 사회생물학적 개념은 결코 자연과학과 사회과학 사이의 관계를 거창하게 표현했던 콩트의 과학적 실증주의에서 나온 것이 아니다"(1994a, 337)라고 말하면서, 그 자신은 어떠한 정치적 의도도 갖고 있지 않았음을 토로했다. 그럼에도 불구하고, "그들(르원틴과 굴드, 로우즈 등)이 과학을 별도의 객관적 지식으로서가 아니고 문화의 일부로서 정치사 및 계급투쟁과 뒤섞인 하나의 사회적 과정으로 본 것"에 대해 적지 않은 실망감을 표시했다(1994a, 342). 윌슨의 입장을 대변한 존 올콕도 이 논쟁을 뒤돌아보며, 윌슨 공격자들의 주된 목적이 사회생물학

276　Collines, R.(1983), "Upheavals in Biological Theory Undermine Sociobiology", *Sociological Theory 1983*, San-francisco, Jessey-Bass, pp.306~318.

을 해체시키는 데보다는 단지 윌슨을 희생양으로 삼아 사회의 정치의식을 고무시키는 데 있었다고 좌파 과학자들을 비난했다.[277]

로우즈나 굴드 등 비판가들이 생물학 밖의 정치 논리로 사회생물학을 재단하려 한 것은 명백한 사실이다. 그들이 사회생물학의 결정론적 이데올로기성을 집중적으로 부각하는 이면에는 마르크스주의에 대한 정치적 신념이 자리하고 있었다. 이러한 뒷배경은 이들의 반론이 과학 세계에서 폭넓은 동의를 얻을 수 없었던 요인이기도 했다. 이 때문에 리처드 알렉산더는 굴드 등을 겨냥하여 "인간의 자기분석을 위한 모든 노력을 수포로 만들기 위한 목적으로 가장 나쁜 과학과 연구의 사례만을 과대포장하는 자들은 그들이 그토록 걱정하는 이데올로기만큼 위험한 자들"이라고 꾸짖었다.[278] 그러나 굴드 등은 윌슨의 '인간 본성의 과학'의 대체재代替財로서 이른바 '인민을 위한 과학(Science for the People)'이라는 명분에서 결코 물러서지 않았다. 왜냐하면 그들에게는 과학도 중요하지만 이데올로기도 중요했기 때문이다. 그들은 과학에 내함된 가치의 문제를 포착하는 것에서 눈을 떼지 않았다.

---

277 Alcock, J.(2001), 34쪽.
278 Alexander, R. D.(1987), p.287. 알렉산더는 "그들(르원틴 등)의 목적은 교육하는 것이 아니라 진화생물학의 접근법이 새롭지만 다소 불편하게 느껴지는 이들의 거북함을 농락하려는 것 같다는 느낌을 떨쳐버릴 수가 없다"고 말하면서, 르원틴과 굴드 등의 저의를 의심한다.

앞에서 본 바, 히틀러가 진화론에 환호하며 나치즘을 부르짖은 데 다윈의 책임은 얼마나 있는가? 독일의 극우파가 사회생물학적 결론 중의 일부를 떼어내서 게르만 우월주의를 부각하려 한 음울한 기도는 윌슨의 탓인가? 이 우문에 대해서 엇갈리는 두 가지의 견해가 있을 수 있다. 먼저 하나의 견해는 "의식적으로든 무의식적으로든 과학을 남용하거나 도용하려는 자들의 과실과 책략에 대한 책임을 과학자에게 돌릴 수는 없다"[279]고 생각하는 것이다. 그러나 이와는 반대로 "사실로부터 가치를, 이론으로부터 실천을, 과학으로부터 사회를 분리하는 언명이 지난 세기 '과학의 진보'에 대한 관점상의 차이를 낳고, 그로 인해 지식세계의 분열을 야기한 원인의 일부였다"[280]는 주장도 틀렸다고 말하기 어렵다. 이러한 관점에서 보면, 사회생물학을 둘러싼 과학 외적 공방은 "과학도 특수한 규범이나 사회적 분쟁 등에 영향을 받는 사회제도의 일부"이기 때문에, 다른 사회제도에서 나타나는 것과 동일한 문제들을 야기할 수 있음을 새삼 상기시킨다. 비록 굴드 등이 특정한 정치적 관점에 치우쳐서 윌슨을 가혹하게 몰아붙인 불명예의 혐의를 의심받기는 했지만, "과학자도 특정한 사회의 구성원이므로 과학은 '문화적 맥락' 속에 있다"[281]는 그의 언명이 잘못된 것은 아니다. 굴드의 언명은, 과학적 탐구에는 그 작업을 수행하는 과학자 개

---

279 Alcock, J.(2001), 281쪽.
280 Rose, S., Lewontin, R. and Kamin, K.(1984), 28쪽.
281 Gould, S. J.(1978). "Sociobiology: The Art of Storytelling", *New Scientist*, 16, pp.530~533.

인이 품고 있는 형이상학적인 믿음과 사회적 이상이 녹아 들어갈 여지가 있음을 경고한다. 특히 인간의 문제를 다룰 때는 그 같은 위험성이 더욱 높아질 것이다. 이런 시각에서 보면, 인간 본성의 문제를 도전적으로 다룬 사회생물학이 저자의 의도와 상관없이 사회적 담론의 전장으로 끌어올려지는 상황은 어쩌면 필연이었을지 모른다. 그 전장은 명백히 "편견이 고개를 쳐드는 곳, 가끔은 이데올로기적 비판이 과학적 비판을 압도하는 곳, 신념이 논증과 혼동되는 곳, 그리고 개념을 놓고 싸움질하다가 문제 자체를 놓쳐 버리기 일쑤인 그런 곳"[282]이었지만, 윌슨은 이 점을 깊이 숙고하지 못했다. 다윈이 『종의 기원』의 출간으로 발생될 혼란을 정확히 예측하고 있던 것과는 달리, 그는 『사회생물학』이 공개됨으로써 빚어질 사태의 심각성을 간과했음은 물론이고, 또한 그에 대한 어떠한 대비책을 준비하지도 못했다. 그는 다윈이 줄곧 견지했던 '신중함'을 보이지 못했다. 윌슨은 누차에 걸쳐 거듭 이데올로기적 결백함을 주장했지만, 그 자신이 애초부터 '그런 곳'에 놓인 존재임을 알지 못했는지 모른다.

---

282 Wuketits, F. M.(1990), 188쪽.

7부

인간 본성의 딜레마

지금까지 살펴 본 공자와 소크라테스에서 현대 과학에 이르는 인간학적 담론들은 의심할 바 없이 놀라운 상상력과 경이로운 발견, 그리고 치밀한 논증에 기초한, 인류가 쌓아 온 위대한 지적 자산이다. 이 많은 지적 유산을 쌓아 놓고도 우리는 우리에 관한 이야기들을 멈추지 않는다. 2,500여 년 전이나 지금이나 인간 본성 문제는 우리의 주된 관심사이다. 『맹자』에 서술된 "우물 안에 빠진 아이를 보고 안타깝고 측은하게 여기는, 어찌할 수 없는 우리의 선한 마음"을 핑커는 역사 분석을 통하여 '우리 본성의 선한 천사'로 강력히 지지하는가 하면, 순자와 한비의 성악설은 생물학적으로 번안되어 '인간 속의 악마'나 '악마 같은 남성'과 같은 은유의 옷을 입고 재현된다. 우리는 왜 같은 이야기를 반복하는 것일까? 오늘날의 이야기는 과거에 비해 얼마나 새로운 것일까? 어째서 인간 본성 논쟁은 종결되지 않는 것일까? 과거의 걸출한 사상가들과 현대 과학자들의 다양한 논변들에도 불구하고, 어느 하나의 견해를 흡족하게 받아들일 수 없는 이유는 무엇일까? 다시 말해서 인간 본성에 관한 갖가지 사고실험과 다양한 모형 제시에도 불구하고, 그 가운데 어느 하나를 집어서 '이것이 답이요'라고 말하기는 어려운 이유는 무엇일까? 눈치 빠른 독자들은 이미 알아챘겠지만, 나는 그 이유가 무엇보다도 모든 논변이 객관적 사실에 기초한 확정적 지식들로 구성된 것이 아니기 때문이라고 생각한다. 특정한 논변을 지칭하지 않더라도 모든 경우에서 정신현상에 관해서는 완전한 설명이 이루어진 바 없다. 그로 인해서 개인적 상상과 사적 추론이 짙게 개입된 논변의 결과는 수용자의 태도에 따라 달리 해석될 수 있는 소지가 크다는 것이다. '사실의 서술'과 '신념의 표현'을 구별한다면, 어느 논변이든 간에 주관주의적 결함을 드러내는 불완전성을 노출할 수밖에 없다. 이러한 결함은 전문 연구자들이 경전처럼 여기는 고대 사상가들의 저술에서는 물론이고, 현대 과학자들의 인간학적 담론에서도 예외 없이 발견된다.

'사실의 서술'과
'신념의 표현'

개인적 신념에 의존한 진술로는 논변의 정합성을 보장할 수 없다. 이를테면 맹자와 순자의 말처럼 사람의 바탕을 잘 살리거나 바르게 고치면 누구나 성인이 될 수 있는가? 지금까지 살았던 수백억 명의 인간 가운데 그러한 방식으로 자신을 완성한 사람이 선뜻 떠오르지 않는다면, 맹·순의 '가이위성인可以爲聖人'의 논변은 현실에서는 실현 불가능한 과장어법에 지나지 않는다. 또한 우리의 영혼을 정화하는 길만이 '온전한 나'의 발견이라는 소크라테스의 가르침은 주지주의에 입각한 도덕적 훈계로서, 받아들이는 이에 따라서는 얼마든지 생각을 달리 할 수 있는 고루한 주장일 수 있다. 우리 영혼의 고향이 원래 현상계 저편 너머 이데아의 세계에 있었다는 플라톤적 신비주의 또한 진술의 진위 여부를 확인할 방법이 없기 때문에 우리를 '믿거나 말거나'의 지대로 끌어들일 가능성이 높다. 1,000여 년의 시간이 흐른 뒤에 플라톤의 관념론을 계승한, 데카르트가 고심 끝에 찾아낸 코기토 명제는 새 시대의 인간 정체성에 대한 자각을 담지하고 있었지만, 그의 '사유하는 나'는 물질로 구성된 '나의 전부'를 설명하지 못했다. 또한 특정한 정치적 환경 속에서 고안된 '원자적 인간'(홉스)이나 '거짓을 은폐하는 동물'(마키아벨리)과 같은 관념은 한쪽에 치우친 불완전한 인간상을 보여 주는 데 그쳤는데, 그 이유는 이들의 주된 관심이 국가권력의 안정화 조건을 입론화하는 데 있었기 때문이다. 17세기 루소는 자기애와 연민을 원형적 인간의 본질적 속성으로 보았지만, 그가 인간 본성의 발생 조건으로 상정한 '자연상태' 개념은 상상력과 추론의 산물일 뿐 최초의 인간에 관한 어떠한 사실에도 기초한 것이 아니었다. 흄이 인간학적 탐구에서 인간 오성의 능력 밖의 세계와 연루시키는 '허튼 소리'를 배제할 것을 요청하였지만, 서양 철학의 오랜 전통 속

에서 형이상학적 인간학의 굴레를 벗어나는 것은 결코 쉬운
일이 아니었다.

　19세기에 들어서면서 사회와 문화, 그리고 역사와 결부시
켜 인간 본성의 조건을 다양한 시점視點에서 조망하려는 여
러 차원의 독창적인 탐색이 있었다 하더라도, 인간에 관해
이전에 알지 못했던 새로운 사실이 밝혀진 바는 없었다. 가
령 마르크스가 인간 본성의 불변성과 가변성 사이를 오락
가락하며 역사 변혁의 가능성을 모색하였지만, 그가 사용한
'인간 본성의 고유한 힘'이란 표현은 사회과학적으로 엄밀
하게 정의할 수 있는 개념도 아니었고, 그마저도 20세기 역
사적 경험 속에서 희미한 흔적만 남긴 채 용해되어 버렸다
고 보는 것이 옳을 것이다. 또한 뒤르켐의 사회실재론과 보
아스의 문화결정론은 사회적 환경 및 문화적 배경의 차이에
따라 언제든 변화할 수 있는 인간 본성의 가소성을 부각시
켰으나, 자연적 본성의 영역을 지나치게 축소시켰다는 비판
을 받았다. 한편 파레토와 프로이트는 우리 내면에 웅크리
고 있는 비합리적인 어떤 힘을 '잔기'나 '무의식' 등으로 형
상화했다는 점에서 한동안 주목을 받았지만, 과학적으로 검
증 가능하지 않다는 점에서 이론적 신뢰성에 심각한 의문을
불러 일으켰다. 다른 한편으로 이들에 반발하여 '내부인'에
대한 접근을 철저히 배제하고 관찰 가능한 '외부인'만을 분
석대상으로 삼을 것을 요청한 스키너의 행동주의는 정신현
상에 대한 설명을 공백으로 남겨 둘 수밖에 없었다.

이상의 것들에 비한다면, '인간의 유래'를 추적하는 가운데 다윈이 내놓은 대답은 물리적 증거들로 뒷받침된 가장 설득력 있는 논증으로 평가될 수 있을 것이다. 그는 동물과 인간 사이의 경계를 허물고 인간 본성을 동물적 본능과 사회적 본능으로 설명함으로써 온갖 종류의 형이상학적 세계관에 심대한 타격을 가했다. 그러나 그에게도 정신현상을 해명하는 일은 난해한 과제여서 이성의 발달과 도덕의식의 고양을 라마르크식 진화의 과정으로 추론할 수밖에 없었다. 오늘날 이른바 '인간 본성의 과학'을 정립하려는 대부분의 과학자들은 자연선택설 등 다윈이론의 주요한 명제들에 의존한다. 윌슨과 핑커에서 보듯이, '인간 본성의 과학'은 다윈의 논증 위에 유전자선택론을 올려놓거나 마음의 모듈이론을 가상화하면서, 그간의 사상적 논변들을 무용지물로 격하시킨다.

그렇다면 이들의 주장처럼 현대 과학은 인간 본성에 얽힌 딜레마를 해소할 수 있는 결정적인 실마리를 제공하는가? 적어도 아직까지는 아닌 것 같다. 왜냐하면 과학 역시 인간학에서 미지의 영역으로 남겨진 핵심적인 문제들에 대해 답을 못하기는 마찬가지이기 때문이다. 과학이 풀지 못한 수수께끼들은 이곳저곳에 셀 수 없이 널려 있다. 가령 하나의 공통 조상으로부터 분기된 '최초의 인간First Man'이 어떠한 계통을 거쳐 현대인이 되었는지를 밝혀 줄 '잃어버린 고리들(Missing Links)'을 우리는 찾지 못하고 있다. 우리는 "유인원과 인간의 최후의 공통 조상이 어떻게 생겼는지를 모르며", "유인원이 어떠한 능력을 갖고 있는지도 잘 모른다."[1] 또한 우리의 마음이 천억여 개의 뉴런 덩어리와 깊은 연관을 맺고 있음은 확실해 보이지만, 우리의 의식과 온갖 감정 표현이 우리 몸 안의 물질들에서 어떻게 생성되는지를 정확히 알고 있지 않다. 에얼릭이 지적하듯이, 현대 신경과학은 "우리의 뇌와 몸이 우리의 마음과 고도의 의식을 만드는 데 어떻게 상호작용하는가 하는 질문에 변죽만 울리고 있는 중"[2]이다. 또한 우리는 인간의 뇌와 언어의 진화에서 어떤 일이 일어났는지 알지 못한다. 언어의 발달이 사고 능력의 고양에 따른 부수적 결과인지, 아니면 거꾸로 인지는 지금도 논쟁거리이다. 신경과학자 가자니가Michael S. Gazzaniga가 비유한 바에 따르면, 뇌과학의 현재의 진전 상태는 100만 킬로미터의 경주에서 겨우 몇 마이크로미터 앞으로 나갔을 뿐이다. 혹자는 '인간 등정의 발자취'[3]를 돌아보면서 인류가 진보의 사다리를 타고 꽤 높은 곳까지 올라섰다고 자평했지만, 우리의 실제 상황은 그렇지 못하다. 새천년을 훌쩍 넘기고도 우리는, 뇌가 정신을 낳는 원천임을 확신하지만 정신현상을 물리화학적으로 설명할 수 없다. 마음이 어떻게 작동하는지에 대한 여러 방식의 설명은 검증되지 않은 가설들에 불과하며, 심신문제를 둘러싸고 지속되는 논란은 우리가 우

1 de Waal, Frans(2013), 96쪽, 219쪽.
2 Ehrlich, Paul R.(2001), 274쪽.
3 Bronowski, Jacob(1956), *The Ascent of Man*, 『인간등정의 발자취』, 김현숙·김은국 옮김, 바다출판사, 2009.

인간 본성의 역사

리의 마음에 대해 알고 있는 것이 빈약한 수준에 그치고 있음을 반증한다. 요컨대 '인간 본성의 과학' 앞에는 '풀리지 않는 의문들'이 수북이 쌓여 있고, 우리는 언제 끝날지 모를 미지의 등정을 계속해야 할 처지에 놓여 있다. 과학이 대중의 종교처럼 널리 보급된 상황에서도 우주, 자연, 신, 사회, 역사, 그리고 인간은 고대에서처럼 여전히 공통의 탐구과제이며, 우리는 '항구적인 물음'의 장벽을 앞에 두고 여전히 힘겨운 도전 중에 있다.

1. 인간 본성 관념사의 핵심 쟁점

인간 본성의 관념사는 몇 가지 쟁점을 놓고 갖가지 논변이 충돌해 온 역사로 기술될 수 있다. 다시 말해서, 우리는 지난 수천 년 동안 이 논변에서 저 논변으로 옮겨가며 그 쟁점들 주변을 맴돌아 왔다고 할 수 있을 것이다. 예나 지금이나 그 논란의 양상은 매우 유사하다. 그 쟁점들이란, 우리 몸 안에 선 또는 악의 씨앗이 뿌리내려 있는 것인지, 인간의 본성은 타고나는 것인지 아니면 외부 환경과의 교호 작용 속에서 만들어지는 것인지, 더 나아가 인간 본성이라는 것이 있기나 한 것인지 등의 문제로 추려 볼 수 있다.

타고난 것인가 만들어진 것인가

인간 본성의 역사

1) 우리는 '선한 천사'인가, '타고난 악마'인가?

인간 본성에서 선악의 근원을 찾으려는 발상은 고대인들이 즐겨 사용했던 사고 패턴이다. 이러한 발상은 인간 행위를 사회 윤리의 틀 안에서 바라보는 계몽적 도덕주의와 연관되어 있다. 이 경우에 인간은 특정한 존재적 상황에서 자신의 본성을 드러내는 존재이고, 필연적으로 스스로의 책임하에 윤리적 선택을 해야 하는 도덕적 주체로 전제된다. 소크라테스와 플라톤, 그리고 맹자는 계몽자적 위치에서 성선의 교리를 전파했다. '플라톤의 소크라테스'에 따르면, "선보다 악을 선호하는 것은 인간 본성에 있지 않기" 때문에 "악이라고 생각하는 것을 고의적으로 행하는 사람은 아무도 없다." 본성적으로 선한 존재인 인간이 부득불 악행을 저지르는 이유는 선의 실체에 대해 무지하기 때문이다. 따라서 그는 무지無知의 각성을 통해 지知의 본질에 도달하는 것을 훌륭한 삶의 본本으로 가르치며, '아는 것'과 '행하는 것'의 일치를 삶의 목표로 삼아야 한다고 주장했다. 맹자 역시 인간이면 누구나 마음의 밑바닥에는 선단善端이 깔려 있다고 생각했다. 그가 보기에 우리는 모두 본래적으로 마음 안에 도덕의 맹아를 갖고 태어난 선한 존재이다. 인간다움의 상실은 금수처럼 생물학적 욕구에서 헤어나지 못하거나 좋지 못한 외부 환경에 휩쓸리는 경우에 발생한다. 소크라테스와 맹자는 공히 악은 고의적으로 행해질 수 없다는 데 견해를 같이 했고, 더 나아가 누구나 자기 수양을 게을리하지 않으면 성인의 반열에 이를 수 있다는 도덕적 이상을 추구했다.

그러나 앞에서 본 것처럼, 악행이 선에 대한 무지나 결핍에서 비롯된다는 성선 논변은 악의 근원을 설명하지 못한다. 함닉陷溺이든 곡망梏亡이든, 본성의 훼손을 초래하게 하는 외부 환경은 악이 발생하는 조건일 뿐이지, 악의 원천은 아니기 때문이다. 또한 누구나 노력하면 성인이 될 수 있다는 교화적 어법은 도덕지상주의에서 흔히 볼 수 있는 과장된 수사에 지나지 않는다. 영혼의 정화를 통하여 절대지絶對知에 도달할 수 있다는 소크라테스의 주지주의나, "사람이면 누구나 다 요·순임금과 같이 될 수 있다人皆可以爲堯舜"(맹자)거나 "거리에 있는 사람도 우임금이 될 수 있다途之人可以爲禹"(순자)는 두 거유의 언사는 그런 류의 수사의 절정이다. 그러나 인류의 역사를 통틀어 보더라도 이들의 말처럼 자기 수양을 통하여 성인의 반열에 오른 사례는 거의 없다. 그보다는 오히려 아무리 노력해도 성인이 되기는 힘들다고 말하는 것이 훨씬 더 진실에 가까울 것이다. 사실 우리들은 "자기가 하기 싫은 것을 남에게 행하지 말라"는 최소한의 황금률마저도 일상에서 지킬 수 있는지가 불투명한, 그런 존재들이다. 그렇다면 보통의 사람들에게 '절대지' 또는 '성인' 운운하는 화려한 수사는 실행 불가능한 정언명령적인 부하負荷일 수 있다. "도덕이 애당초 자연에는 없는, 인간의 진화사에서 매우 늦은 발명품"이라는 사실을 받아들인다면, 개별 인간이 감당할 수 있는 적정 용량 이상의 과잉 도덕을 주

도덕지상주의의
과장된 수사

인간 본성의 역사

입하려는 교화술은, 극소수의 인간을 예외로 제외한다면, 절대 다수의 인간을 대상으로 하는 보편적 담론이 될 수는 없는 것이다.

성선 논변의 또 다른 결함은 인위적으로 특정한 목적을 설정하는 데서 발생한다. 이 논변은 왜 인간이 자연의 이치를 거슬러서, 자연으로부터 품부된 생존의 욕구를 극도로 억제해서, 성인의 경지를 지향해야 되는지에 대해 납득할 만한 설명을 제공하지 못한다. 올바른 삶이 오직 도덕 중심의 하나의 유형이어야만 하는지도 의문이고, 만의 하나 모두가 노력해서 성인이 되었다고 한들 성인들로만 가득 찬 사회가 우리 모두가 꿈꾸는 이상향인지에 대해서 얼마든지 다른 견해가 있을 수 있다. 따라서 소크라테스와 맹자의 도덕주의는 윤리적 삶에 관한 하나의 모범을 제안하는 계몽적 교의로서 기능할 수는 있겠으나, '그러하다'의 사실적 언사와 '그러해야 한다'의 신념적 진술이 뒤섞인 교설일 뿐 인간 본성에 관한 객관적 논증으로 보기 어렵다.

사실과 신념이
뒤섞인 교설

성선 논변과는 상반되게, 악의 근원을 우리의 몸과 마음 안에서 찾는 성악설은 주로 정치적 현실주의자들에게서 볼 수 있는 논변의 방식이다. 사람은 본시 "배고프면 배부르고자 하고, 추우면 따뜻하고자 하고, 힘들면 쉬고자 하는 존재"라는 순자의 언술이나, "득이 되는 것을 좋아하고, 해가 되는 것을 싫어하는好利惡害 사욕덩어리"라는 한비자의 견해는 통치자의 관점에서 인민을 통제와 작위의 대상으로 고려하는 발상의 귀결이다. 이들이 보기에는, 인간은 타고난 이기성을 스스로 억제할 수 있는 능력을 갖지 못했기 때문에 사회적 통제 아래 놓아두어야 할 대상이 된다. 인간을 생긴 그대로 놔두면 '포악한 상태'에서 서로 간에 쟁탈이 일어나 무법천지가 될 것이라는 순자의 성악 논리는 한비자에게 고스란히 전수되어 "안일하면 거칠어지며, 거칠면 다스려지지 않고, 다스리지 못하면 어지러워진다"는 법가적 판결로 굳어졌다. 그러나 성악의 폐해를 줄이는 해법에서는 양자 간에 큰 차이가 있었다. 순자가 자기 수양과 교화를 통하여 예 중심의 사회통합을 추구했다면, 한비자에게는 공공의 물리적 힘에 의한 개인 욕구의 억제, 즉 법法에 의한 사私의 통제만이 유일한 방도였다. 순자는 '사법師法의 교화教化'의 '인위적인 방법偽'으로 성性의 억제와 개조가 가능하다고 믿었지만, 한비는 "성명性命은 사람이 배운다 해도 달라지지 않기" 때문에 "이익 추구 본성은 결코 바뀌지 않는다"고 믿었던 불변적 본성론자였다.

십수 세기가 지난 후에 이탈리아의 소국에서 태어난 마키아벨리는 한비와 놀라울 정도로 유사하게 인간 본성을 정치 논리의 틀 안에서 해석했다. 이 서양의 한비는 다수의 인민을 "은혜를 모르고 변덕스러우며 위선적이고 위험을 두려워하고 탐욕스러운" 존재로 규정했다. 인간 본성을 불변적인 이기성으로 간주하는 데서는 물론이고, 인민에 대한 군주의

타고난 이기성

불변적 이기성

현명한 대응 방법으로서 "다정하게 안아주거나" 아니면 "아주 짓밟아 뭉개 버려야 한다"는 마키아벨리의 권고는 한비자의 '이병二柄'과 너무 닮았다. 이 같은 유형의 논변에서 일차적 강조점은, 인간 본성의 해명보다는 국가권력의 공고성 확보 방안에 놓여 있다. 다시 말해서, 이들에게 성악 논변은 절대군주론을 정당화하는 데서 사전적으로 필요한 전제 조건의 성격을 갖는다. 불변적 이기성의 발생 맥락을 사적 추론(순자)에 의존해서 판단하든 아니면 맬더스적 논리(한비)로 설명하든, 또는 역사적 경험(마키아벨리)에서 찾든 아니면 '자연상태 가설'(홉스)을 상정하든 간에, 그 어느 것도 성악의 출처에 관한 객관적 근거가 될 수는 없다.

인간 본성에서 선악의 씨앗을 찾는 논변들은 사회적 윤리의 틀을 주조하거나 통합적 국가상을 그리기 위한 디딤돌의 기능을 했다. 그러나 문제는 성선이든 성악이든, 그 어느 논변을 확증하는 명백한 증거는 없다는 것이다. 생각하기에 따라서는 맹·순의 논변보다는 오히려 고자가 말한 "인간 본성은 선한 것도 없고 선하지 않은 것도 없다"는 '성무선무불선론性無善無不善論'이나 "본성에는 선과 악의 요소가 모두 있어 사람에 따라 선하게도 될 수도 있고 악하게 않게도 될 수도 있다"는 고대인 세석의 견해가 사실에 더욱 근접한 얘기일지 모른다. 이처럼 엇갈리는 견해들은, 고대 중국인들의 성선·성악 논변들이 언설의 진위 여부와 무관하게 당시 사회에 필요했던 시대적 요청에 따른 '존재구속적' 관념이었음을 말해 준다.

명백한 증거는 없다!

시대적 요청에 따른 '존재구속적' 관념들

한편 서양지성사에서의 사정도 별반 다르지 않다. 앞에서 본 바, '아크라시아' 논제를 놓고 소크라테스와 아리스토텔레스의 견해가 갈렸듯이, 인간 행위에서 선악의 원천에 관한 문제는 이들에게도 주된 관심 사항의 하나였다. 또한 「창세기」 2장 9절에 나오는 선악과善惡果는 기독교적 윤리론의 토대가 되어 서양의 고대인과 중세인의 삶을 지배하는 일상적 관념이었다. 이 같은 신화적 사고가 근대로의 이행 과정에서 약화되었다 하더라도, 이 문제에 대한 관심이 사라진 것은 아니었다. 가령 18세기의 칸트는 이 문제를 다시 선의 '소질'과 악에로의 '성향'으로 논구하는가 하면, 20세기의 에리히 프롬은 "인간은 늑대인가, 양인가?"[4]의 물음으로 다시 끄집어낸다. 오늘날에도 '우리 본성의 선한 천사'[5]와 '인간 속의 악마'[6]의 대비는 아직도 우리의 주요한 관심 사항이다. 요즘의 통속 생물학적 용어로서 '협력 유전자'[7]나 '이타적 유전자'[8]와 '나쁜 유전자'[9]나 '전쟁 유전자'[10] 등은 선과 악의 근원을 암시하는 징표로 유포되고 있다. 이 같은 양상은

---

4 Fromm, E.(1964), *The Heart of Man*, 『인간은 늑대인가 양인가』, 이시하 옮김, 돌베게, 1994.

5 Pinker, S.(2011), *The Better Angels of Our Nature*, 『우리 본성의 선한 천사』, 김명남 옮김, 사이언스북스, 2014.

6 Vincent, Jean-Didier(1996), *La Chair et le Diable*, 『인간 속의 악마』, 류복렬 옮김, 푸른숲, 1997.

7 Bauer, Joachim(2008), *Das Kooperative Gen*, 『협력하는 유전자』, 이미옥 옮김, 생각의나무, 2010.

8 Ridley, Matt(1996), *The Origin of Virtue*, 『이타적 유전자』, 신좌섭 옮김, 사이언스북스, 2001.

9 Oakley, Barbara A.(2007), *Evil Genes*, 『나쁜 유전자』, 이종삼 옮김, 살림, 2008.

10 Potts, Malcolm and Hayden, Thomas(2010), *Sex and War: How Biology Explains Warfare and Terrorism and Offers a Path to a Safer World*, 『전쟁 유전자』, 박경선 옮김, 개마고원, 2011.

인간 본성의 역사

단지 '과학'이라는 옷을 입고 대중의 관심을 끌려는 일부 호사가들의 과시욕 때문만은 아니다.

사실 다윈 이후 생물학자들도 선악의 문제에 대해 상반된 견해를 표명해 왔다. 다윈은 자신의 저서에서 선악의 가치 표현을 직접적으로 사용한 바는 없지만, 인류의 정신 능력이 고양됨에 따라 도덕적 공감의 영역이 확대될 것이라고 밝게 전망함으로써 성악보다는 성선에 가까운 견해를 보였다. 반면에 헉슬리와 크로포트킨은 모두 다윈의 진화론을 지지했지만, 선악의 문제에 대해서는 견해를 달리 했다. '종교의 살해자'라는 명성을 떨친 헉슬리는 기독교 교리의 결함을 인정하면서도 '인간이 선하게 태어난다'는 관념을 부정했다. 그는 성선을 '자유주의의 환상'으로 간주하면서, 오히려 원죄에서 비롯되는 인류의 사악한 운명이 훨씬 더 진실에 가깝다고 생각했다. 그는 선과 미덕을 함양하는 윤리적 발전 과정을 "우주적 생존경쟁의 성공을 이끄는 요인과 모든 측면에서 대항하는 행동 과정"[11]으로 이해했다. 즉, 도덕은 진화과정에서 수시로 발생하는 이기적이고 경쟁적인 경향을 조절하고 극복하기 위하여 인위적으로 고안된 인간의 발명품이라는 것이다. 따라서 헉슬리에게 도덕의 영역은 생물학 밖의 것이다. 그는, 순자처럼, 윤리의 원리를 우주 과정의 원리와 확연하게 구별한, 명백한 성악론자였다. 이에

헉슬리에게 도덕의 영역은 생물학 밖의 것

---

11 Huxley, Thomas H.(1894), 99쪽.

비하면 러시아의 지리학자이자 무정주의자였던 크로포트킨이 묘사한 자연세계의 양상은 헉슬리의 그것과는 판이하게 달랐다. 그에 따르면, 자연계 종들의 생존 투쟁은 피비린내 나는 냉혹한 전투라기보다는 온갖 자연적 조건의 어려움을 이겨내고 극복해 가는 과정을 의미하며, '생존 투쟁의 최상의 무기'는 서로 돕고 함께 모여 살면서 살아남는 것이다. 그가 보기에 자연선택과 상호 부조는 공존 불가능한 상충의 원리가 아니라 상보적 관계의 양면이었다.[12] 크로포트킨은 상호 부조와 협동을 자연계에 적용되는 보편적 원리로 규정하면서, 인간의 진화를 이끌어 온 주된 동력으로 간주했다. 이처럼 인간의 사회성을 강조하며 윤리를 인간 본성의 범위 안에 포함시키는 크로포트킨의 견해는 성선 논변 쪽에 근접해 있다고 할 수 있다.

현대 생물학자들에서도 '선악의 생물학' 행진은 멈추지 않는다. 유전자선택론의 선구자 조지 윌리엄스는, 헉슬리의 '악의 생물학'을 계승하여 "인간 본성은 원래 끔찍하고 역겹고 비도덕적인 것이었으나, 진화의 과정을 통해 우리가 도덕적 존재의 형상을 만들어 왔다"고 주장한다.[13] 도킨스 역시 생물학적 본성으로부터는 도덕성을 함양하는 데 거의 도움을 기대할 수 없다고 생각한다. 우리는 이기적으로 태어

12 Kropotkin, P.(1902), *Mutual Aid: a Factor of Evolution*, 『상호부조 진화론』, 구자옥 옮김, 한국학술정보, 2008.
13 Williams, G. C.(1989), "A Sociobiological Expansion of Evolution and Ethics", *Evolution and Ethics*, J. Paradi and G. C. Williams(eds.), Princeton University Press, pp.179~190.

났기 때문에 관대함과 이타주의를 따로 배워야 하는 존재이다.[14] 따라서 그는 우리가 사회적인 삶을 영위하기 위해서 "우리의 창조자들에게 등을 돌릴 힘"과 "다윈주의를 내버릴 자격"이 있다고 주장한다.[15] 또한 기셀린Michael T. Ghiselin은 "이타주의자를 할퀴어 위선자의 피가 흐르는 것을 보라"[16]는 수사를 통해 우리 안에 웅크리고 있는 악성을 믿어 의심치 않으며, 라이트Robert Wright는 "이타성은 가식에 불과하며, 그러한 가식은 이타성이 존재하지 않는다는 주장만큼이나 인간 본성을 이해하는 데 중요한 부분"[17]이라고 단정한다. 이들 주장의 요지는 '어머니 자연은 사악한 늙은 마녀'이고, 악의 싹은 우리의 본성 안에 있다는 것이다.

그러나 일부 생물학자들은 이들의 견해에 동의하지 않는다. 가령 영장류학자 드 발은, 이타주의는 우리 마음에 새겨진 잠재적 능력의 일부로서 도덕성의 근원이라고 믿고 있다. 그에 따르면, 보노보Bonobo가 보여 주는 공감 능력은 도덕성의 기원에 관한 모종의 암시를 제공한다고 주장한다.[18] 사라 흘디Sara Hrdy는 "양육에는 한마을이 필요하다"는 논거를 들어 인간의 협력 정신이 생물학적 기원을 갖는 것으로

---

14 Dawkins, R.(1976), 24쪽.

15 Dawkins, R.(1997), "Interview", *Human Ethology Bulletin*, 12, (1).

16 Ghiselin, Michael(1997), *Metaphysics and the Origin of Species*, State University of New York Press, p.188.

17 Wright, R.(1994), *The Moral Animal*, 『도덕적 동물』, 박영준 옮김, 사이언스북스, 2003, 391쪽.

18 de Waal, Frans(2013), 122쪽.

추정한다.[19] 또한 앞에서 본 바, 헤이트 역시 사회적 직관주의 모형을 제안하면서 도덕의 원천을 선천적인 공감 능력과 직관에서 찾는다.

하나의 생물학에서 어떻게 2개의 상반된 견해가 나올 수 있는가? 도대체 생물학은 하나의 통합적 분과인가, 아니면 상이한 여러 분과들의 조합인가? 랭험Richard Wrangham처럼 침팬지를 수십 년 동안 관찰하면 성악론자가 되고, 드 발처럼 보노보의 공감 행동을 보면서 성선론에 기운다면, 생물학적 증거란 과연 믿을 만한 것인가? '선의 생물학'과 '악의 생물학'이 대립각을 세우고 있는 현금의 상황을 보노라면, 예나 지금이나 무엇이 달라졌는지를 알 수 없게 만든다. 다시 물어 보자. 인간 본성은 선한가, 악한가? 생물학은 이에 대해 무엇이라고 답할 수 있는가? 생각하기 나름인가?

'선의 생물학'과 '악의 생물학'

2) 본성은 타고나는가, 만들어지는가?

'본성 대 양육'의 대비 또한, 표현 방식이 달라졌다고는 할지라도, 시공의 조건과 상관없이 지속적으로 되풀이되는 쟁점이다. 인간 본성은 타고나는 것인가, 아니면 만들어지는 것인가? 인간다움의 조건은 우리 신체 내에 각인되어 있

---

19 Hrdy, S. B.(1981), *The Woman That Never Evolved*, 『여성은 진화하지 않았다』, 유병선 옮김, 서운관, 1994.

인간 본성의 역사

는 것인가, 아니면 우리는 교육과 문화 등 환경적 변화 속에서 우리의 정체성을 만들어 가는 존재인가? 이 물음을 두고 갈리는 2개의 상반된 입장은 선천론 대 학습론, 불변론 대 변형론, 유물론 대 관념론, 생물학주의 대 정신주의, 그리고 '아래로부터의 인간학' 대 '위로부터의 인간학' 등의 대립쌍을 만들어 왔다.

오랜 전 고자와 맹자 간의 대화에서 표출된 두 가지 인간학의 극명한 대비는, 2,000여 년이 지나서도 다른 언어의 옷을 입고 어김없이 재현되었다. 일례로 자신에게 어떤 어린이를 맡기든 그들의 부모가 원하는 직업의 성인으로 만들어 줄 수 있다고 호언했던 존 왓슨의 행동주의나, '강화'의 조건에 따라 얼마든지 달라질 수 있는 '외부인'만을 분석대상으로 삼았던 스키너의 환경주의는, 양육론의 20세기 심리학적 표본이었다. 다른 한편 인간이 동물보다 더 많은 본능을 갖고 태어난다고 주장한 윌리엄 제임스나, 에로스와 타나토스 간의 영속적 긴장 관계를 인간의 태생적 조건으로 파악한 프로이트는 행동주의의 반대편에서 심리학적 본성론을 대변했다. 그러나 앞(4부 4장 및 6부 1장)에서 본 것처럼, 우리는 본성 쪽이든 양육 편이든 양자택일식 잣대로 가늠해 보려는 어떠한 인간학적 시도도 성공적이지 못했음을 알고 있다.

새롭게 주목받는 오래된 물음

이 진부한 물음이 오늘날에도 새삼스럽게 주목받는 이유는, 유전자 혁명에 고무된 현대 생물학의 문제 제기 때문이다. 도킨스 등의 유전자선택론은 유전자를 인간 본성의 수수께끼를 풀 수 있는 만능의 열쇠처럼 선전한다. 그러나 '본능'을 '유전자'라는 용어로 바꾼다 해서, '본성'이 '양육'을 소거하는 것은 아니다. 유전자는 독자적으로는 아무 것도 하지 못하며, 유전자와 환경 간에는 명백한 경계선이 그어지지 않는다. 개인의 특성을 형성하는 데서 그 최종 결과에 미치는 유전자와 환경 각각의 상대적인 영향력을 측정할 수 없기 때문에, 유전자와 환경의 기여하는 정도를 비교한다는 가정은 성립할 수 없다. 따라서 '본성 대 양육'의 생물학적 버전인 '유전자 대 환경'의 이분법 역시 그다지 의미 있는 결과를 산출하지 못한다. 이 때문에 양육론자들은 물론이고 본성론자들까지도 이구동성으로 '본성-양육 논쟁'이 쓸모없고 무의미하다고 외친다.

에얼릭 : "본성-양육 이분법은 크게 잘못된 것이다. 모든 생물체의 모든 특징들은 그 두 가지가 동시에 영향을 주어 만들어진 산물이다. 본성과 양육으로 이분화하고자 하는 시도는 거의 언제나 실패로 끝난다."[20]

드 발 : "생명체의 형질이 본성 혹은 양육에 의해서 얼마만큼 만들어지는지, 혹은 유전자와 환경에 의해서 얼마만큼 만들어지는지, 측정하려는 시도는 쓸모없는 일이다."[21]

---

20 Ehrlich, Paul R.(2001), 29쪽.
21 De Waal, Frans(2002), *The Ape and the Sushi Master: Cultural Reflections of a Primatolo-*

핑커 : "본성과 양육은 양자택일의 대상이 아니다."[22]

리들리: "현대 유전체학은 본성-양육 논쟁이 무의미한 대립을
전제하고 있다는 사실을 보여 준다."[23]

　그렇다면 이 논쟁 자체가 무의미하다고 결론짓는 것만
이 최선의 해답인가? 이에 관해서는 몇 가지 제안들이 있
다. 한 가지의 대답은 유전적 측면에서 개인의 능력을 확인
하는 것이 불가능하다고 드러난 이상, "본성 대 양육이라는
과거의 공식은 '본성=양육'이라는 새로운 공식으로 대치되
어야 한다는 것"[24]이다. 그러나 이러한 견해는, 선천적 능력
과 환경, 두 요인이 상이하게 결합되면 상이한 결과를 나타
내게 될 것이므로, 결국 인간 본성이란 양육 차원에서 결정
된다는 문화결정론의 명제를 고수하자는 얘기와 다를 바 없
다. 두 번째의 제안은 질문의 방식을 바꿈으로써 이 논쟁을
의미 있는 결과를 도출할 수 있는 차원으로 옮겨 가자는 것
이다.[25] 소버는 "유전자와 환경 중 그 표현형에 더 중요한 원
인이 무엇인지를 묻는 것이 무의미하다는 말인가?"라고 반
문하면서 "그렇지는 않다"고 말한다. 그의 견해로는, 핵심 쟁

---

gist, Basic Books, New York, 『원숭이와 초밥 요리사: 동물행동학자가 다시 쓰는, 문화란
무엇인가?』, 박성규 옮김, 수희재, 2005.

22　Pinker, S.(2004), "The Science of Gender and Science: Pinker vs. Spelke: A Debate",
Edge, 160, May 10.

23　Ridley, Matt(2003), 13쪽.

24　Linton, Ralph(1947), 131쪽.

25　Sober, E.(2000), "Appendix One: The Meaning of Genetic Causation", *From Chance to
Choice*, Allen Buchanan. et al.(eds.), Cambridge University Press, 2001, p.357.

점은 "유기체가 어떤 유전자를 가지고 있느냐가 아니라, 그 유전자들이 어떻게 발현되는가"에 놓여 있다. 소버는 "표현형적인, 환경적인, 그리고 유전적인 변화라는 개념은 옥수수나 소에게 적용되는 것만큼이나 사람에게도 적용되는 것"[26]이기 때문에, 본성과 양육의 차이를 형질 그 자체가 아닌 표현형적 차이로 측정할 경우 두 수준의 상대적 기여도를 추정할 수 있을 것이라는 희망을 버리지 않는다. 소버의 견해는 본성의 존재를 불변의 상수로 놓되, "본성의 실현이 양육에 의존한다"는 쪽으로 방향을 틀자는 리들리의 제안과도 일맥상통한다. 이에 따른다면, '본성 대 양육 논쟁'은 '양육을 통한 본성 논쟁'으로 전환될 수 있다.[27] 마지막으로 세 번째의 해결책은 어디까지가 '본성'이고, 어디부터가 '양육'인지를 판별할 수 없다면, 양 극단 중간의 어느 지점에서 답을 찾자는, 다소 모범적인 답안이다. 아마도 생물학자라면 누구나 형식적으로든 내용적으로든 이에 동의할 것이다. 가령 "인간 본성의 발달을 바라보는 다른 방법은 유전자, 환경, 유전자-환경 간의 상호작용이라는 세 가지 요인의 기여를 고려하는 것"[28]이라는 에얼릭의 지적은 이를 대변한다.

간추려 보면, 첫째가 문화결정론의 전형적 입장이라면,

---

26 Sober, E.(2001), "Separating Nature and Nurture", *Genetics and Criminal Behavior*, David Wasserman and Robert Wachbroit(eds.), Cambridge University Press, 2001, pp.47~48.

27 Ridley, Matt(2003), 13쪽.

28 Ehrlich, Paul R.(2001), 29쪽.

두 번째의 것은 본성론의 수정판이라고 할 수 있고, 그리고 세 번째의 견해는 두 극단 사이에서의 손쉬운 타협책이다. 그렇다면 기존의 본성-양육 논쟁을 새로운 차원으로 옮겨 가자는 제안들에서 그 '새로움'이란 실상은 용어의 변형만을 만들어 낼 뿐 내용상의 진전을 보여 주는 것은 아니다. 왜냐하면 '타고난 것'과 '만들어진 것'은 여전히 확연하게 구별되지 않으며, "유전자와 환경 간의 경계선을 분명하게 그을 수 없는 상황"도 요지부동이기 때문이다. 그렇다면 이 논쟁은 다시 원점으로 회귀하게 된다. 더군다나 우리가 인간 본성의 개념을 한 가지의 통일적 의미로 사용하지 않았다면, 논쟁의 혼란상은 더욱 가중될 것이다.

여전히 확연하게
구별되지 않는
'타고난 것'과
'만들어진 것'

3) 인간 본성 논쟁은 언어 문제인가?

'인간 본성' 관념을 해독하는 데서 큰 골칫거리는 '인간 본성'의 개념적 의미가 하나로 통일되지 않는다는 점이다. 다시 말해서 '인간 본성'의 용어는 명확한 개념 규정 없이 화자에 따라 의미가 달라짐으로써 혼란을 가중시킨다는 것이다. 인간 본성을 '태어나면서부터 갖게 되는 자연적 속성'으로 본다면, 우리의 본성은 주어진 것이므로 변화할 수 없다. 즉, 그것은 인간종에 부여된 생물학적 속성이다. 가령 고자의 생위지성生謂之性은 이 용법의 전형이다. 순자는 이를 더욱 명료하게 '자연적인 재질', '나면서부터 본래 그러한 것

生之所以然者', 그리고 '배우지 않고 행하지 않아도 인간에게
있는 것' 등으로 풀이했다. 고자와 순자에게 性은 생득적인
자연지성自然之性이다. 순자는 그 내용을 '식색食色'의 동물적
욕구에 한정하지 않고, 이기심과 질투와 같은 원초적인 감
정까지도 포함한 '性·情·欲'의 집합으로 설명했다. 이들 외
에도 '이익 추구의 본성'이나 '선천적 이기성'을 불변적 속성
으로 규정한 한비, 마키아벨리, 그리고 홉스 등도 이 용법을
택한 경우에 해당된다.

오늘날 생물학이 채택하고 있는 본성 개념은, 용어상의
차이가 있을 뿐이지 고자류告者流의 자연지성과 다르지 않
다. 생물학주의에 따르면, 인간은 동물과 조상을 같이할 뿐
만 아니라 생존을 위한 생리적 욕구 체계에서 동물과 차이
가 없다. 다윈에 따르면, 인간은 신체구조, 배발생, 그리고
흔적기관 등 물리적 측면에서는 물론 감각과 지적 능력 등
정신 능력의 면에서도 동물과 질적 차이가 나지 않는다. 자
연계의 모든 종과 마찬가지로, 하나의 종으로서 인간도 자
신의 생물학적 본성 외에 그 어떠한 목표도 갖고 있지 않다.
윌슨의 견해로는, 우리의 의식과 정신은 생물학적인 근원적
인 속박에 묶여 있고, 우리가 일상에서 행하는 합리적 결정
이나 도덕적 선택도 생물학적 본성에 내재한 전제들에 의존
한다. 정신의 본거지인 뇌는 유전자의 생존과 증식을 촉진
하기 위해서 존재한다. 즉 "인간의 정신은 생존과 번식을 위

인간 본성의 역사

한 장치이며, 이성은 그 장치의 다양한 기능 중 하나일 뿐"[29]
이다. 따라서 인간의 사회적 행동의 기본 특징들은 대체로
다른 포유동물의 특징들과 유사하다. 이처럼 인간 본성 개
념의 첫 번째 용법은, 생리적인 특성이든 정신적인 능력이
든, '태어나면서부터 갖는 생물학적 속성'이다.

   이와는 다른 두 번째의 용법은, 생물학적 특질을 인정하
더라도 그것만으로는 인간의 본질을 충분히 설명할 수 없다
고 보거나, 또는 생물학적 욕구를 아예 배제한 채 '인간다움'
의 특징만을 인간 본성으로 규정하는 접근 방법이다. 즉 인
간 본성은 '인간을 인간이게 하는 속성', 그럼으로써 동물과
구별되는 인간 고유의 속성이다. 생물학적 性 개념을 철저
히 배격하고 인간종의 고유성만을 性으로 파악한 대표적인
인물은 맹자였다. 그는 고자의 '생위지성生謂之性'과 '식색성
야食色性也'의 논리로는 인간이 왜 금수와 구별되는지에 대한
답을 얻을 수 없다고 비판했고, 이 때문에 인간다움의 고유
성만을 본성으로 보는 '인간종 중심주의'를 고수했다. 맹자
에게 사단四端은 인간다움을 실현해 갈 수 있는 인간종의 고
유한 능력이다. 따라서 맹자의 性은 인간의 '동물성'이 아니
라 금수와 구별되는 '미세한 차이幾希'로서의 '인간성'이다.
맹자 외에도 본원적 인간을 자기애와 연민의 두 가지 원리
로 파악한 루소, '사유=나'라는 등식으로 자동기계인 육체와

'인간종 중심주의'의
인간 본성에 대한 논의

---

29 Wilson, E. O.(1978), 25쪽.

정신의 본산인 영혼을 구별했던 데카르트, 그리고 본유관념을 부정하고 백지상태에서 하나하나의 경험을 통하여 지식의 모든 재료를 차곡차곡 쌓아 가는 존재로 파악한 존 로크 등도 이 두 번째 용법을 택했다.

인간 본성 개념의 두 가지 용법은 기본 전제를 달리하는 2개의 다른 패러다임으로 만들어졌으며, 이로 인하여 인간 본성의 담론적 상황은 교란 상태에 빠져든다. 토머스 쿤에 따르면, 상이한 두 패러다임 사이에는 '공약불가능성(Incommensurability)'이 존재한다.[30] 예컨대 고자와 맹자의 대화는 핵심적 개념어를 다른 의미로 사용할 경우에는 논변상의 호환성을 기대할 수 없음을 보여 준다. 맹자는 고자가 "본성을 타고난 것이다生謂之性"라고 밝혔음에도 불구하고, "타고난 것을 본성이라고 함은, 흰 것을 희다고 말하는 것과 같은가?"라고 되물으면서 논의의 본本맥락을 벗어난다. 그러고는 "개의 본성이 소의 본성과 같은 것과 마찬가지로, 소의 본성과 사람의 본성은 같은가然則犬之性 猶牛之性 牛之性 猶人之性"라고 비틀면서 본래의 논점과는 다른 방향으로 몰고 간다.

개념적 불일치에 따른 논변상의 착오는 비단 맹자와 고자의 경우에 국한되는 특수한 사례가 아니다. 진화심리학자 핑커의 로크 및 뒤르켐 비판도 본성 개념을 달리 해석한 데

개념적 불일치에 따른 논변상의 착오

---

30 Kuhn, T. S.(1962), 66~75쪽.

인간 본성의 역사

서 빚어진 오독의 결과이다. 핑커는 로크의 서판이 텅 비어 있다는 명제만을 문제 삼고 있지만, 서판 자체가 주어진 채로 우리 마음 안에 있다는 사실은 간과한다. 로크의 주된 관심은 빈 서판에 채워 넣는 작업에 있음에도 불구하고, 핑커는 "왜 주어진 것을 건너뛰느냐?"는 공허한 물음을 던진다. 핑커는 동일한 방식으로 뒤르켐도 잘못 해석한다. 뒤르켐의 '무정형의 재료'라는 표현은 '나'라는 존재가 이미 형성된 것이 아니라 '우리들' 속에서 만들어 가는 진행형의 존재임을 강조하는 데 있었지만, 핑커는 이를 알아차리지 못한 채 뒤르켐의 사회실재론을 생득적인 생물학적 속성의 부정으로만 받아들인다. 이처럼 하나의 개념을 한편에서는 A로 규정하는 데 반해, 다른 편에서는 B로 사용한다면, 두 가지 별개의 담론 상황이 조성되며, 이 상황은 곧 인간 본성 개념의 용법을 달리하는 두 패러다임 사이의 소통 장애를 낳는다.

　이 같은 혼란상은 본성의 개념을 현대적 용어인 유전자로 바꾸어 사용한다고 하더라도 크게 개선되지 않는다. 앞에서 본 바, 유전자에 대한 7~8가지 이상의 정의는 유전자가 "더 이상 하나의 실체가 아니라 특정한 맥락에서만 정의되는 유연성이 큰 단어"임을 보여 준다. 만약 유전자에 대한 가장 단순한 정의, 즉 '단백질을 암호화하고 있는 DNA 뉴클레오티드 배열'이라는 기술적 정의로만 통용된다면 의미론적 혼동은 한층 줄어들 것이다. 그러나 가령 '진화의 정보를 저장하는 보관소'로서의 유전자와 'DNA를 껐다 켰다 하는 스위치'로서의 유전자는 전혀 다른 의미이다. 도킨스도 인정하듯이, 유전자 개념이 '유일한 의미를 갖는 어떤 것'으로서 단한 번도 명확하게 정의된 적이 없다. 모든 사람이 동의하는 유전자의 정의가 없다면, 유전자는 다중적 의미를 지닌 모호한 개념이 될 수밖에 없다.

한편 유전자와 대립쌍을 이루는 환경의 개념 역시 모호하기는 마찬가지이다. 로렌츠와의 논쟁에서 레어만이 지적했던 것처럼, 최초의 경험이 시작되는 시기를 생명체 탄생 이전의 배아 단계부터 볼 경우 환경의 범위는 넓게 확장될 수있다. 유전자가 무엇인지, 그리고 어디부터가 환경인지에 대한 명시적인 공약이 존재하지 않는다면, 그와 관련된 논의들에서 실질적인 진전을 기대하기는 어렵다. 켈러가 정확히 지적하듯이, 본성-양육 논쟁을 해결할 수 없는 주요한 이유는 유전자와 환경, 두 용어 모두가 고질적으로 모호하고 불확실하기 때문이다.[31] '본성'의 어법은 시대와 문화에 따라 독특하게 변해 왔고, 이 개념의 모호성은 '본성-양육 논쟁'이라는 신기루를 지속시키는 주된 원인이었다. 레어만이 간파했듯이, 인간 본성에 관한 논쟁에서 "다양한 사람들이 동일한 단어를 사용하는 방식의 내밀한 차이, 혹은 동일한 사

---

[31] Keller, Evelyn Fox(2010), *The Mirage of a Space Between Nature and Nurture*, 『본성과 양육이라는 신기루』, 정세권 옮김, 이음, 2013, 97~127쪽. 켈러는 유전자 개념의 모호성뿐만 아니라 유전체학에서 제각각의 의미로 통용되는 '유전력', '가족력', '측정 가능한 양으로서의 유전적 힘', 그리고 '유전하려는 성향의 힘' 등과 같은 용어들도 논쟁상의 의미적 혼란을 부추기고 있다고 지적한다.

람들이 동일한 언어를 다른 경우에 사용하는 방식의 내밀한 차이에서 비롯되는 의미론적 어려움들이 어떤 역할을 담당하는지를 주목할 필요가 있다."[32] 이러한 측면을 고려한다면, 본성 대 양육 논쟁은 '언어 문제'의 덫에 빠진 채 소모적으로 지속되어 온 셈이다.

4) 인간 본성이라는 게 있기는 하나?

이쯤 되면 과연 "인간 본성 논쟁 자체가 불필요한 것은 아닐까?" 하는 회의가 든다. 그래서일까? 신경과학자 가자니가는 "새로운 과학적·역사적 자료들이 자연과 인간의 과거에 대한 이론을 지지한다고 해도, '과연 인간 본성이란 것이 도대체 있기나 한 것인지'에 대해서는 의견이 모두 다르다"[33]고 불평한다. 그의 말처럼 실제로 인간 본성의 개념을 부정하는 주장들은 끊이지 않고 줄줄이 이어져 왔다. 가령 인간을 '특정한 시간과 공간 속에서 존재하는 실재'로 보는 철학자 알렉산더 로젠버그는 그중 한 사람이다. 그는 호모 사피엔스를 자연의 한 종으로 보지 않고, 시공간적으로 제약된 특정한 실재를 지칭하는 고유명사로 간주할 것을 제안

---

32 Lehrman, D. S.(1970), "Semantic and Conceptual Issues in the Nature-Nurture Pro-blem", *Development and Evolution of Behavior*, L. Aronson et al.(eds.), New York, W. H. Freeman, pp.18~19.

33 Gazzaniga, Michael S.(2005), 213쪽.

한다.[34] 호모 사피엔스가 호모속의 진화과정에서 우연히 특정한 위치를 점해 온 존재라면, 종의 속성은 우연적인 것이고 언제든 뒤바뀔 수도 있기 때문이다. 이와 유사한 견해는 과학철학자 데이비드 헐에게서도 찾아볼 수 있다. 그가 보기에, 일부 인류학자들이 문화적 보편자의 존재를 고집하는 것은, 인류의 "보편성과 타고남(Innateness) 사이에 어떤 연결이 존재하리라는 잘못된 신념"에 얽매여 있기 때문이다. 그러나 이러한 신념은 "인간 보편자를 추구함으로써 우리 인간의 핵심에서 무엇인가를 밝혀낼 수 있을 것이라는 전망에 대한 우리의 열망"[35]일 뿐이다. 이 그릇된 신념에서 벗어나서 보면, 인간은 "어떤 본질적인 특성을 갖지 않는 역사상의 실재들"이며, 인간 본성이란 "오늘날의 호모 사피엔스의 진화 상태에 좌우되는 우연적인 것"에 지나지 않는다. 따라서 그는 "인간 본성과 같은 것은 존재하지 않으며," 다만 "오직 현존하는 모든 인간만이 소유하는 특징이 있을 뿐"이라고 풀이한다.[36] 그럼에도 불구하고 우리가 본성을 가져야 한다는 데 그렇게 매달리는 이유는, 윌슨과 루즈의 시도에서 보는 것처럼, 윤리와 도덕에 관한 생물학적 기초를 제공하려는 과한 의욕 때문이다. 헐은 인간이 왜 본질적으로 같아야 하는지에 대한 답변이 주어지지 않는 한, "인간 본성의 존재

> 보편성과 타고남
> 사이에 연결이
> 존재한다는
> 잘못된 신념

---

34 Rosenberg, A(1981), *Sociobiology and the Preemption Social Sciences*, Johns Hopkins University Press.
35 Gould, S. J.(1986), "Evolution and the Triumph of Homology, or Why History Matters?", *American Scientist*, 74, p.68.
36 Hull, D. L.(1986), pp.3~12.

와 중요성에 대한 지속적인 주장들을 계속 의심할 수밖에 없다"[37]고 말한다.

헐과는 달리 인간 본성의 개념을 부정하지 않으면서도 본성의 범위를 크게 넓히고, 거기에 '가소성'의 여백을 최대한 부여하려는 생물학자 폴 에얼릭의 독특한 견해도 참고할 만한 가치가 있다. 그는 우리가 생물학적 진화의 산물인 것은 분명하지만, "인간 본성이 단일하며 변하지 않는 것이라는 오래된 가정"은 우리 자신을 이해하는 데 주요한 걸림돌이 되고 있다고 주장한다. 우리의 본성을 형성하는 데서 우리 조상에 의해서 전수된 유전학적 정보의 변화가 중요한 역할을 했다는 것은 틀림없는 사실이지만, 우리 종에서 독특한 문화의 변화 역시 그만큼이나 중요했다는 것이다. 유전적 지시는 우리 본성의 형성에 중요하지만, 그 자체가 우리의 운명은 아니기 때문이다.

그는 진화가 유전자 수준에서 인간의 행동을 조절한다는 유전자결정론에 반대하면서, 그 대신에 유전적 진화와 문화적 진화, 양자 간의 '공진화적' 상호작용을 우리의 본성을 형성하게 하는 중심적 요인으로 파악함으로써 본성-양육의 대립 구도에서 벗어난다. 그는 "왜 우리들의 본성은 그처럼 다르며, 왜 그처럼 자주 비슷한가?"라는 물음에 대해, 인간이 생물학적이고 문화적인 진화의 영역 내에 존재하면서

[좌측 여백]
유전자결정론이 아닌 유전적 진화와 문화적 진화의 '공진화'

'그처럼 다르며 그처럼 비슷한'

---

37 Hull, D. L.(1986), p.12.

인류가 유전적·문화적 정보에서 점진적인 차이를 보여 왔다는 배경에서 그 답을 찾는다. 그 답이란 "인간 본성이 하나가 아니라 여럿이라고 생각하는 것이 훨씬 유용할 것"[38]이라는 제안이다. 그가 제안한 복수형의 '인간 본성들(Human Natures)'이란 호모 사피엔스의 행동이자 신념이고 태도로서, 문화적 진화의 힘에 의해 생성된 다양성과 같은 복합적인 '많은 본성들'이다. "오늘날의 인간의 '본성들'이란 오랜 기간 동안의 유전적 그리고 특히 문화적 진화과정에서 일어난 변화의 다양한 산물이다."[39] 우리의 본성들은 모두 우리들의 생물학적이고 문화적인 역사의 산물이기 때문에, 우리는 긴 기간에 걸쳐서 우리의 본성을 바꿀 수도 있다. 그는 "모든 인간 본성들과 모든 인간게놈들에 공통적인 특성이 존재한다고 해도, 단일한 인간게놈이 없듯이 단일한 인간 본성이란 없다"고 결론지으며, "100만 년 후의 미래의 인간 본성들은 오늘날의 인간 본성들과 상상할 수 없을 정도로 다를 것"으로 전망한다. 요컨대 에얼릭에게 인간의 본성은, 사회마다 또는 개인마다 동일한 것은 아니며 호모 사피엔스의 영구적인 특징도 아닌, 복수형의 특성들로서 얼마든지 변화할 수도 있는 실재인 것이다.

헐이나 에얼릭에서처럼 인간 본성의 단일성과 고정성을 부정하는 발상은, 인간이 시간과 공간의 제약 속에서 언제

---

38 Ehrlich, Paul R.(2001), 3~4쪽.
39 Ehrlich, Paul R.(2001), 34쪽.

　　　　　　　　인간 본성의 역사

든 달라질 수 있는 존재라는 양육론의 핵심 명제와 맞닿아 있다. 피터 윈치Peter Winch에 따르면, 우리는 "인간 본성에 귀속시킬 수 있는 내용에서 우리가 이해할 수 있는 것과 이해할 수 없는 것을 구별할 수가 없다."[40] 그렇다면 시공을 초월한 고정불변의 인간 본성에 대한 관념은 확실한 것이 아니다. 사르트르Jean Paul Sartre의 실존주의도 이와 유사한 결론에 도달했다. 실존이 본질에 우선한다면, 인간 본성의 불변적 토대란 실재하는 것이 아니다. 그의 생각으로는 "인간이라는 개념을 부여하는 신이 없기 때문에 인간 본성은 없으며, 인간은 단지 스스로를 만들어 가는 존재일 뿐"이다. 이러한 시각에서 보면, 인간의 실재란 '존재(Being)'가 아니라 '생성(Becoming)'이다. 그러므로 '생성' 중에 있는 인간의 성격을 규정하는 것은 오류로 귀결된다. 프랑스 철학자 베르나르 스티글러Bernard Stiegler는 인간과 동물 간의 단정적인 이분법에 바탕을 둔 과학적 접근의 유효성을 전적으로 부정하면서, '생성'의 의미를 "끊임없이 형성 중인 인간은 계속적으로 정의되어야 하고, 일단 정의되면 그는 이미 더 이상 과거의 그가 아니다"[41]라고 풀이한다. 그의 견해로는, 인류 진화에 관한 모든 시나리오들 가운데서 그 어느 것도 전혀 만족스럽지 못한 이유는, 인간이 자신의 고유한 본성을 가지고 있지 않은 동물이기 때문이다. 이처럼 인간 본성이 실재하지 않는

---

40 Winch, Peter(1972), "Human Nature and Understanding a Primitive Society", *Ethics and Action*, Routledge & Kegan Paul, p.84.

41 Stiegler, Bernard(1994), *Technics and Time 1: The Fault of Epimetheus*, Stanford University Press, 1998, p.117.

다면, 가다머Hans-Georg Gadamer처럼 해석의 문제로 돌리거나 비트겐슈타인Ludwig Wittgenstein처럼 언어 사용의 한 범례로 간주하는 발상법도 틀렸다고 말하기 어렵다.

'초역사적이고 초사회적인 인간 본성' 관념의 부정은 겉으로만 보면 급진적으로 읽혀질 수 있다. 그러나 그 안을 들여다보면, 양육론과 어떻게 다른지를 구별하기가 어려워진다. 가령 "다양한 성향으로 표출되는 인간성이란 특정 시대의 특정 집단에 속해 있기 때문에 나타나는 결과에 불과하다"[42]고 보는 피스크Milton Fisk의 견해는 실상은 문화실재론의 핵심 명제와 다르지 않다. 그에 따르면, 절대적인 인간 본성의 개념은 물리학의 '절대 공간' 개념처럼 임의적인 사고의 산물로서, 자신들이 살고 있는 사회의 고유한 특징을 기준으로 상정한 것에 불과하다. 시대 상황이 변하면 사회질서도 바뀌고 새로운 인간형도 만들어질 수 있기 때문에, 인간 본성은 특정한 사회적 환경의 산물일 뿐이라는 것이다. 이러한 용법은 애슐리 몬터규가 '원래의 잠재적인 인간 본성'과 '2차적인 인간 본성'을 구분하면서, "우리가 인간 본성이라고 알고 있는 것은 후자이며 이러한 인간 본성은 우리 안에서 만들어지는 것이 아니라 양육되는 것"[43]이라고 요약한 문화주의적 명제를 반복하는 것과 다를 바가 없다.

물리학의 '절대 공간' 개념 같은 임의적 사고인 '인간 본성' 개념

---

[42] Fisk, M.(1980), *Ethics and Society: A Marxist Interpretation of Value*, New York University Press, p.30.

[43] Montagu, Ashley(1957), *Anthropology and Human Nature*, Boston, Porter Sargent, p.37.

인간 본성의 역사

　　'인간'이란 용어의 의미 자체에 대해 의구심을 갖는 푸코의 견해는 더욱 극단적이다. 그는 『말과 사물』에서 인간이란 단어는 서구 문화 속에서 탄생한 최신 고안물에 지나지 않는다고 주장한다.[44] 푸코에게 인간의 관념은 인간학에 의해 설정된 지식의 대상을 가리키며, 역사적으로는 18세기 말에 태어나서 19세기 말 니체의 사유와 더불어 사라지는 구체적인 연원을 갖는다. 인간의 개념은 자신과 비슷한 형상으로 인간을 창조한 '신'이라는 관념에 의존하는 부차적인 것으로 남아 있었다. 그러나 신의 죽음과 더불어 인간의 점진적인 소멸을 예고했던 니체의 사유로 인간 개념은 종말을 맞고 말았다. 따라서 푸코에게 '인간'이라는 관념은 마치 해변 모래사장에 그려진 얼굴이 파도에 씻겨 나가듯 흔적 없이 사라지는 것과 같은 것이다. 그는 "인간의 본성, 정의, 인간 본질의 실현이라는 개념들이 우리 문화 안에서, 그리고 우리의 지식 유형과 우리의 철학 형식 속에서 형성되어 그 개념이 우리의 체계의 일부를 형성하는 것"인 한, 인간 본성 개념에 호소하여 사회적 토대를 변화시키려는 일체의 시도를 거부한다.[45] "신의 죽음이 곧 인간의 사라짐과 같은 뜻"이고 "인간의 종말이 철학의 새로운 시작"이므로, "'인간학의

44　Foucault, Michel(1966), 424쪽. 푸코는 다음과 같이 말한다. "18세기 말 이전에는 인간이 존재하지 않았다. … 인간은 지식의 조물주가 고작 200년 전에 손수 만들어 낸 아주 최근의 피조물이다. … 고전주의 시대의 에피스테메는 인간이라는 고유하고 특수한 영역을 결코 떼어서 다루지 않는 선들에 따라 유기적으로 구성된다. … 고전주의 시대의 에피스테메에서는 자연의 기능과 인간의 기능이 일대일로 대립한다는 점에 주목할 필요가 있다."
45　Elders, Fons(ed.), *Reflexive Water: The Basic Concerns of Mankind*, London, Souvenir Press Ltd., 1974, p.187에서 재인용.

잠'에서 깨어나는 것이야말로 새로운 사유의 출발이다"[46]라는 그의 주장에 얼마나 많은 사람이 동의할지는 모를 일이지만, 인간 본성 용어의 전격적 해체자로서 그의 족적은 오늘날에도 많은 추종자를 만들어 가고 있다.

그러나 푸코의 해체주의가 의지하는 문화, 지식 유형, 그리고 철학 형식이 궁극적으로는 인간들에 의해 생산된 정신적인 산물인 한, 인간이 본질적으로 어떠한 존재인지의 문제, 곧 인간 본성을 어떻게 설명할 것인지의 문제는 푸코식의 부정 담론만으로는 해체되지 않는다. 인간 본성을 부정하면서도 생존에 필요한 네 가지 욕구를 전제할 수밖에 없는 피스크의 딜레마에서 보듯이, 본성의 실체나 개념을 부정하는 이들 역시 생물학적 속성과 정신적 구조물 사이의 긴 간극을 어떻게 메울 것인지의 문제를 피해갈 수는 없다. 인간 본성이라는 용어를 물리적 생존을 위해서든 사회적 삶을 위해서든 그것에 필요한 욕구와 반응 과정에서 누구나 공통적으로 갖는 기본적 속성이라는 상식적인 의미로 사용한다면, 인간 본성이 있는지 없는지에 대한 논란은 다시금 그것이 불변적인 것인지 아니면 가변적인 것인지의 문제로 되돌아온다. 결국 이러한 논란은, 우리가 오랫동안 그리고 지금까지도 "모든 민족과 시대를 막론하고 인간 행동은 매우 균일하고 인간 본성은 그 원리와 작용이 항구여일한

---

46 Foucault, Michel(1966), 467~468쪽.

　　　　　　　　　　　인간 본성의 역사

것"[47]이라는 생각과, "현실의 인간은 결코 자연상태로 존재하지 않으며 항상 각 시대에 따라 각기 다른 문화의 옷을 입고 나타나는 존재"[48]라는 인식 사이에서 왔다 갔다하고 있음을 반증한다. 그렇다면 본성과 양육 가운데 어느 한쪽을 양자택일식으로 선택하는 것도, 그 두 선택지를 다 부정하는 것도 최종 결론이 될 수는 없는 것이다. 설령 한쪽으로 기울어지는 시대적 흐름이 일시적으로 우세하더라도, 또 시간이 지나면 그러한 흐름은 언제든 뒤바뀔 수 있기 때문이다.

끝없는 '쟁점의 반복'　　인간 본성의 관념사에서 시공과 관계없이 되풀이되는 이 같은 쟁점의 반복은 관념의 과잉을 불러 왔다. '상지上智', '두 말을 끄는 마부', '사유하는 나', '유적 존재', '초인', '삼중 구조의 자아', 그리고 '이기적 유전자'에 이르기까지 다양한 인간 모형이 창출되었지만, 실제의 인간이 변한 것은 아니다. 인간 본성에 관한 서술이 시대에 따라 다르게 표현되는 것은 사회적 삶의 형식이 변화했기 때문이다. 사유(Cogito)는 존재(Sum)로부터 분리될 수 없다. 우리의 모든 사고의 내용 및 과정은 사회생활과 불가분의 관계를 맺고 있다. 정신의 기원과 구성이 모두 사회적인 것이라 한다면, 지식은, 최소한으로 헤아리더라도 어느 정도는 그리고 어떤 의미에서든, 사회적 구속성의 범위 내에서 존재한다. 즉, **모든 관념은 시간과 공간의 제약 속에 놓인 존재의 반영물이다.** 분명한

모든 관념은 시간과 공간의 제약 속에 놓인 존재의 반영물이다

47　Hume, David(1748), 124쪽.
48　Scotter, John(1975), *Images of Man in Psychological Research*, London, Routledge, p.130.

사실은 인간이 수천여 세대에 걸쳐 존재하여 왔다는 것이다. 우리 삶의 조건이 변해 왔다고 해서 우리가 본성적으로 달라졌다고 주장할 만한 명백한 근거는 없다. '현재의 우리'는 '과거의 우리'처럼 이성과 욕망 사이를 오락가락하며 일상의 패턴을 반복한다. 트릴링L. Trilling이 잘 지적했듯이, 그동안 우리가 변했다고 한다면, 그것은 우리 자체라기보다는 우리 자신을 설명하는 방식, 인간 본성의 표현 방식이다.[49] 그것은 마치 예수가 어제, 오늘 그리고 언제까지나 동일한 인물이지만, 시대에 따라 그를 바라보는 눈에 조금씩 차이가 나는 것과 같은 이치이다. 따라서 인간 본성의 관념사는 동일한 인간에게 시대에 따라 다양한 민속의상을 번갈아 입혀 온 역사로 서술될 수 있을 것이다. 다시 말해서 우리는 "자신의 본질이 무엇인지를 항시 궁금해 하는 호기심 많은 동물"로서, 시공의 조건에 따라 다른 표현법으로 자신을 묘사해 왔을 뿐이다.

자신의 본질이 무엇인지를 항상 궁금해 하는 호기심 많은 동물

---

[49] Trigg, Roger(1982), 47~48쪽에서 재인용.

인간 본성의 역사

2. '인간 본성의 과학'은 새로운 인간학인가?

　서두에서 밝혔듯이, 이 책의 목적 중의 하나는 '인간 본성의 과학'이 얼마나 타당성을 갖는 시론試論인지를 점검하는 데 있다. 앞의 6부에서 '인간 본성의 과학'에서 바탕이 되는 이론적 지침과 방법론적 전략, 인간 본성의 기원에 관한 다양한 가설들, 그리고 인간생물학의 함의와 한계 등을 살펴본 바 있다. '인간 본성의 딜레마'를 풀기 위한 현대 과학의 도전은 '인간 본성의 과학'이라는 수사학적 영역을 개척했다. 사회생물학자 윌슨은 생물학적 원리에 철저히 천착한다면 낡은 정신주의 전통 속에서 만들어진 인간에 관한 허황된 공상의 단편들을 상당 부분 제거할 수 있다고 포문을 열었다. 진화심리학자 핑커도 인간 본성에 대한 형이상학적 공론들을 폐기하고 '인간 본성의 과학'을 새롭게 정립하는 데 힘을 쏟아야 한다고 역설한다. 이들의 견해에 동조하는 '인간 본성의 과학자'들은, 과거의 사상가들처럼 주관적 사변에 의존한 인간 해석을 거부하면서, 오직 과학적 사실에 의해 뒷받침될 때만 올바른 인간 이해가 가능하다고 주장한다. 과학이 관찰과 실험을 토대로 객관적 사실들을 획득하고 그 사실들을 잘 짜인 이론적 그물망으로 엮어내는 작업인 이상, 인간 본성에 관한 과학적 접근을 문제 삼을 하등의 이유는 없으며, 오히려 인간에 관한 확정적 지식을 풍부하게 제공할 수 있을 것이라는 기대를 갖게 한다. 그러나 오늘날의 과학이 인간에 관한 새로운 사실들을 얼마나 많이 밝혀냈는지, 그럼으로써 이 '항구적인 물음'에 대한 얼마나 유용한 해결책을 제시하고 있는지는 별도로 따져 봐야 할 문제이다. '인간 본성의 과학'은 새로운 사실을 밝혀냈는가? '인간 본성의 과학'은 기존의 인간학과 확연히 구별되는 '새로운 인간학'인가? 마음, 뇌, 유전자, 그리고 진화 등 네 영역 간의 경계를 허물어 통합적 인간과학을 정립하려는 열정은 존중되어야 하지만, 지금까지 '인간 본성의 과학'이 내놓은 성과는 뚜렷하지 않으며, 그마저도 여러 결함을 드러내고 있다.

1) 과학은 수사인가?

먼저 지적해야 할 것은, '인간 본성의 과학'이 내세우는 실증적·객관적인 접근방식은 비단 현대 과학에만 고유한 특

인간 본성의 역사

징적 징표가 아니라는 점이다. 고대로부터 많은 사상가들은 인간 문제를 다룸에 있어서 과학적 원리의 적용을 시도해 왔다. 그런 점에서 광의의 과학적 접근 방법은 오랜 연원을 갖는 탐구방식이라고 말할 수 있다. 예컨대 2,000여 년 전에 '하늘 따로 인간 따로' 분리해서 천天의 운행을 자연적 법칙에 의해 풀이했던 순자는 과학적 사고의 소유자였다. 그는 『천론』에서 "하늘의 운행에는 영원히 변하지 않는 법칙이 있다"고 천명하면서, 주술적 사고의 허구성을 간파하고 있었다. 그는 "세상의 안정과 혼란은 하늘에 달린 것이 아니라" 인간 사회의 문제임을 직시했다. 또한 순자가 '性·情·欲'으로 압축한 性 개념은 현대 생물학의 인간 본성 개념과 다르지 않다. 만학의 아버지 아리스토텔레스도 인간학을 오늘날의 과학에 비견되는 자연학의 일부로 다루었다. 그는 인간의 영혼을 동식물의 영혼과 비교함으로써 이성의 기능을 도출해 낼 수 있었다. 순자와 아리스토텔레스 모두 당대에서는 최고 수준의 과학자이자 사상가였고, 당시의 지식수준을 고려할 때 그들이 근거 없는 공론을 남발했다는 근거는 거의 없다.

근대의 서양 철학자들도 대부분 근대 과학의 발전 과정과 궤적을 같이하며 자연과학의 방법적 원리를 인간 탐구에 적극적으로 활용했다. 과학주의(Scientism)의 선전가로서 명성을 떨친 베이컨은 열, 색, 물체의 인력, 무게, 맛, 기억 같은 현상을 물리적 속성 간의 관계로 해석한 실험주의적 과학자였고, 그의 탐구방식을 계승한 홉스나 흄 등은 인간학적 탐구에서 경험과 관찰을 무엇보다 중시했다. 홉스는 우주의 본질을 물질로 파악하고, 물질 간의 관계에서 유발되는 현상의 원인을 인과적으로 발견하려는 노력을 철학의 과제라고 규정했다. "인간은 그가 인지한 환경의 변화에 대해 보편적으로 그리고 주관적으로 반응하는 일종의 자동기계"라는 홉스의 인식은 오늘날의 과학 세계에서 통용되는 유물론적 세계관과 다를 바 없는 것이었다. 또한 현대 과학자들로부터 심신이원론의 원조로 조롱받는 데카르트 역시 과학사의 한 장을 차지할 만큼 기계론적 세계관을 주창했던 과학자였다. 그는 물체의 운동에 관한 제 법칙을 정립함은 물론이고, 말년에 지동설을 담은 『우주론』까지도 집필했던 근대의 천체물리학자였다. 특히 과학적 탐구의 기본 수칙을 제시한 『방법서설』은 수세기 동안 과학적 환원주의의 교본으로 활용되어 왔다.

과학적 환원주의의
교본

19세기 사회과학의 창시자들도 한결같이 과학적 탐구방법을 강조했다. 마르크스는 자본주의의 경제적 운동을 과학적으로 해명하는 데 몰두했던 유물론자였다. 그는 이전의 사회주의가 과학적이지 않다는 이유로 '공상적 사회주의'라고 공격했고, 과거의 유물론과는 구별될 수 있도록 자신의 유물론에 '과학적'이라는 접두어를 빠뜨리지 않았다. 그는 다윈의 『종의 기원』을 즉각 찬미할 정도로 자연과학적 발견에 매우 민감하게 반응했던 사상가였다. 또한 뒤르켐이 지

향하는 사회학의 목표 중의 하나는 사회적 현상을 경험과
학적 방법으로 다루려는 데 있었다. 사회학적 방법의 첫 번
째 규칙으로서 "사회적 사실을 사물처럼 생각하라"는 규율
은 사회과학 방법론의 기초가 되었다. 수리경제학자였던 파
레토 역시 엄격한 과학법칙에 근거한 논리적 추론과 경험
적 자료를 토대로 하는 귀납법의 활용을 강조했다. '논리실
험적 방법'에 의한 인간 탐구에서 출발한 그는, 인간 행위의
비논리적 측면에 주목하고 잔기와 파생체 등의 개념을 고안
해냈다. 과학적 방법론이 만개한 사회과학의 또 다른 영역
은 심리학이었다. 프로이트는 다윈의 생물학적 원리를 신봉
하면서 임상 실험에 기초한 정신분석의 과학성을 줄곧 내세
웠다. 행동주의의 창시자 존 왓슨은 동물 실험에서 얻어 낸
결과를 인간 행동에 적용할 수 있다고 믿은 실험심리학자였
고, 스키너는 관찰 불가능한 심리내적인 요소를 탐구대상에
서 아예 제외시킬 것을 요청한 철저한 경험론적 실험주의자
였다.

도대체 '과학'이 무엇이기에 이들은 한목소리로 인간 탐
구에 과학적 방법의 필요성을 소리 높여 왔을까? 아마도 관

관찰과 실험을 통한
객관적 사실에 근거
하며, 논리적 인과관
계에 의한 법칙정립
적 이론화 작업

찰과 실험을 통해 획득한 객관적 사실들에 근거하여 그것
들 간의 논리적 인과관계에 의한 법칙정립적 이론화 작업을
도모하기 위해서, 그리고 자신들의 논증에 신뢰도를 높이고
논리적 정당성을 부여하기 위해서, 도구로서의 '과학'이 절
실하게 필요했을 것이다. 사정이 이러하다면, 현대 과학의

시각으로 볼 때 형이상학적 공상들로 가득 차 있다고 비난
받는 과거의 인간학적 담론이 당대의 과학자나 과학적 탐구
를 존중하는 사상가에 의해 만들어졌다는 사실은 일종의 아
이러니로 느껴진다.

그럼에도 일부 과학자들이 새삼스럽게 '인간 생물학'이니
'인간 본성의 과학' 등의 구호를 외치는 가장 직접적인 이유
는 아마도 과거의 담론이 오늘날의 과학적 지식 체계에 부
합되지 않는다는 데 있을 것이다. 그러나 현미경은커녕 돋
보기도 없던 시절에 인간의 영혼이 동식물의 영혼과 어떻
게 다른지에 관심을 가졌던 아리스토텔레스는 비과학적 인
물이었을까? 단층촬영기로 뇌의 활동 영상을 훤히 들여다볼
수 있는 현재의 시점에서 데카르트의 송과선 발상에 코웃음
치는 것이 현대 과학의 온당한 대응이라 할 수 있을까? 이러
한 현상은 과거의 과학과 현재의 과학 사이의 시간적 차이,
상이한 역사적 시기에 공유하는 지식 총량의 차이, 그리고
지식 축적에 따른 패러다임의 변화 및 그 결과로서의 관점
차이를 반영하는 것일 뿐이지, 본질적 차원에서 세계관의
우열상의 격차로 해석할 수는 없다. 오늘날 너도나도 과학
을 외친다. 과학이 진술의 신뢰도를 높여 줄 것이라는 믿음
때문이다. 과학은 이제 '우리 시대의 종교'가 되었다. 그러나
과학의 역사가 보여 주듯이, 과학은 인간 문제의 모든 것에
대해 길을 알려 주는 유일한 나침반이 결코 아니다.[50] 그보

과학의 역사가 보여
주듯, 과학은 인간 문
제의 모든 길을 알려
주는 유일한 나침반
이 결코 아니다

50 Dupré, J.(2001), *Human Nature and the Limits of Science*, Oxford, Clarendon Press, p.128.
뒤프레는 과학에 대한 과도한 그리고 때로는 왜곡된 믿음을 '과학주의'라고 명명하면서,

인간 본성의 역사

다는 오히려 방법적 도구로서의 '과학'이라는 용어는 시대를 불문하고 인간 본성의 관념사에서 애용되었던 매혹적인 수사이기도 했다. '인간 본성의 과학'도 예외가 아니다.

2) 사실과 추론의 혼합

과거의 철학적 인간학이 현대 과학자로부터 허구적인 공론으로 조롱받는 이유 중의 하나는, 많은 사고실험 속에 사상가 개인의 신념적 진술이 혼재되어 있었기 때문이다. 그럴 경우 어디까지가 사실이고 어디부터가 주장인지 구분하기 어려워진다. 근대 이래 과학적 탐구방법에 기초한 인간학의 발전이 있었다 하더라도, 특정한 결론을 도출하는 데서 추론과 유추는 어김없이 활용되었다. 이를테면 데카르트가 회의적 성찰의 방법으로 명석판명한 진리로 확신한 '사유하는 나'나, 홉스가 최초의 인간상을 묘사하는 데서 전제한 '자연상태'는 논리적 추론의 결과이다. 또한 마르크스가 포이어바흐를 계승하여 인간학을 자연과학의 일부로 규정하면서도, 다른 한편으로 이성과 구별되는 '인간 본성의 어떤 힘'의 존재를 부각시켰을 때도 '그 힘'이 어떠한 객관적 출처를 갖는 것인지는 알 수가 없었다. 논리실험적 방법에 의한 과학적 분석을 모토로 삼은 파레토의 경우는, 인간 행

과학이 모든 것을 설명할 수 있을 것이라는 믿음을 '제국주의적 과학(Imperialist Science)' 관념이라고 비판한다.

위를 논리실험적 방법으로 접근하는 데서 근본적인 제약이 있음을 알아차리고 일찌감치 과학의 한계를 고백한 경우에 해당된다. 그가 인간의 생리심리학적 제 상태를 묘사하기 위해서 고안한 '잔기'와 '파생체' 개념은 비논리적 행위를 설명하는 데 유용한 수단으로 사용되었지만, 그 개념들은 정작 논리실험적 방법과 거리가 먼 추론의 산물이었다. 또한 인간의 마음이 삼중 구조로 구성된다는 프로이트의 제안은 눈에 보이지 않는 무의식의 내면 세계에 대한 놀라운 통찰을 보여 주었지만, 정신분석학은 과학과 비과학의 경계에서 의심의 대상이 되고 말았다. 이러한 사례들은, 책의 표지에는 '과학'이라고 써져 있지만 본문에는 온갖 추론들이 무성했음을 말해 준다.

그렇다면 기존의 인간학과 뚜렷하게 선을 그으려는 '인간 본성의 과학'의 사정은 얼마나 다른가? 애석하게도 오늘날의 인간생물학이나 진화심리학의 문헌에서도 확증되지 않은 가설에 의존한 불확실한 추정이 허다하게 발견됨은 물론이고, 더군다나 일부의 객관적 사실과 신념적 진술을 뒤섞는 사례들이 적지 않음을 보게 된다. 르윈틴이 조목조목 지적했듯이, 윌슨의 사회생물학에는 각종의 추정과 유추, 그리고 윌슨 개인의 신념이 너무 많이 혼합되어 있다. 윌슨은 '강한 추론법'[51]이라는 접근방식으로 비과학적 요소의 개입

---

51 Wilson, E. O.(1975), 28~29쪽. 그에 따르면, '강한 추론법'이란 한편으로는 여러 개의 경쟁가설을 만들고 이로부터 하나의 올바른 가설을 선택할 수 있도록 결정적인 실험을 고

인간 본성의 역사

을 최소화할 필요성을 역설했지만, 그의 많은 언술에는 가치 개입적인 추정과 기대가 가득 실려 있다. 예컨대 "인간은 터무니없을 만큼 쉽게 동화된다"거나 "인간은 알려고 하기보다는 믿으려 한다" 등의 주장에는 뚜렷한 근거가 없다. 심지어 그는 로렌츠의 공격성 본능을 빌어서 "가장 두드러진 인간의 특성은 부족 간 전쟁과 집단 학살을 통해 발생한 사회적 진화의 국면에서 발현되었다"는 확대 해석도 마다하지 않는다.

구체화의 오류

사회생물학적 설명에서는 구체적 대상과 형이상학적 범주를 혼동하는 '구체화의 오류(The Reification Fallacy)'가 자주 발생되며, 지나친 의인화 은유로 인해 동물 행동을 마치 인간 행동인 양 착각하게 만들기도 한다. 이 때문에 '인간생물학'이라는 거창한 기획은 과학적 증거 부족, 느낌의 서술, 간단한 일반화, 비과학적인 은유, 그리고 애매한 유추에 기초한 '임의적 덩어리'의 사이비과학이라는 혹평에 시달렸다.

진화심리학의 사정도 사회생물학의 처지와 별반 다르지 않다. 앞에서 본 바, 투비와 코스미데스가 "인간종의 진화된 심리 구조에 대한 이해에 기초해서 사회과학을 재편하고 확장하려는 기획"이라고 야심차게 소개한 진화심리학은, "인간 본성을 홍적세 시기의 환경 속에서 인류의 조상이 반복해서 부딪히던 문제들을 푸는 과정에서 진화된 보편적인 심

안 하면서, 다른 한편으로는 결과를 미리 알고 있기 때문에 생길 수 있는 '후건 긍정의 오류(the Fallacy of Affirming the Consequent)'에 빠지지 않도록 경각심을 늦추지 않는 접근방식이다.

리적 적응 기제들의 묶음이라고 보는 접근"이다. 진화심리학은 사회생물학과 거의 유사하게 다윈의 진화론과 동물행동학, 그리고 행동유전학을 이론적 기반으로 한다는 점에서 '광의의 사회생물학'의 심리학적 갈래로 볼 수 있을 것이다. 진화심리학에서 인간 본성의 핵심은 '진화된 심리적 메커니즘(Evolved Psychological Mechanism)'이다. 즉 모든 종이 본성을 갖는 것처럼 인간은 자연 환경에 적응하는 진화과정 속에서 생존에 필수적인 심리적 기제들의 묶음을 우리 마음 안에 새기게 되었다는 것이다. 진화심리학은 '진화된 심리적 메커니즘'을 핵심 개념으로 생존 문제, 성과 짝짓기, 양육과 친족, 그리고 집단적 삶의 제 문제(협동, 공격성, 양성 간 갈등, 지위 등등)를 다룬다. 그러나 새로운 '인간 과학'을 표방하면서 유행 바람을 타고 있는 이 신규 분과에서도 '아마도 … 일 것이다'라는 식의 추론들이 배제된다면, 이 분과의 존립 자체가 위협받을 정도이다. 가령 생존 문제와 관련해서는 수렵 가설, 채집 가설, 그리고 재활용 가설 등이 경합 중이며, 단기적 짝짓기를 통해 여성이 얻을 수 있는 적응적 이익을 놓고도 지원 가설, 유전자 이익 가설, 배우자 교환 가설, 짝짓기 기술 획득 가설, 그리고 배우자 조작 가설 등이 제시된다. 이 모두는 물론 추론의 산물이다. 다루는 주제마다 수십여 가지의 가설들이 댓글처럼 붙어 다니는 진화심리학의 연구 방식 '가설들의 꾸러미' 은 '가설들의 꾸러미'의 이합집산이라고 해도 과언이 아니다.

왜 그럴까? 그 이유는 간단하다. 불러가 정확히 지적했듯이, 진화심리학자들이 표적으로 삼고 있는 홍적세 시기의 인간이 어떤 조건에서 살았는지 그리고 어떤 사회적 상호작용을 했는지에 관해 남아 있는 증거가 거의 없기 때문이다. 따라서 우리의 조상들이 어떤 적응상의 문제들을 안고 있었는지를 알 길이 없기 때문에, 대부분 상상력에 의존한 '가설들의 무대'로 장식되는 것이다.[52] 이 같은 사정을 고려한다면, 진화심리학적 제 가설이 갖는 일정한 유용성과 함의를 인정한다 하더라도, 그것들은 아직까지 인간 본성에 관한 확정적 지식을 제공한 바가 없다고 보는 편이 옳을 것이다.

이렇듯 '인간 본성의 과학'에서도 사고실험과 추론, 은유와 비유는 끊이지 않는다. 근본적인 이유는 인간 본성의 기원을 알지 못하기 때문이다. 우리는 우주의 암흑 물질처럼 우리 안에 암흑 덩어리를 안고 사는 셈이다. 우리는 분자들로 구성된 물질적 신체기관으로부터 이성적 판단의 능력과 복잡한 여러 감정 표현 등의 정신활동이 어떤 메커니즘에 의해 발생하게 되는지를 정확히 알지 못한다. 핑커는 마음, 뇌, 유전자, 진화의 네 영역에서 과학 일꾼들의 선전에 큰 기대를 걸고 있지만, 현재까지는 각각의 영역에서 '아는 것'보다는 '모르는 것'이 훨씬 더 많다. 현대 뇌과학은 신경세포들과 시냅스의 전기적 신호로 만들어진 시공간적 패턴에 의존하여 의식의 흐름을 추정하고 두뇌피질을 통해 생각이 만들

'아는 것'보다
'모르는 것'이
훨씬 더 많다

---

52 Buller, D. J.(2005), *Adapting Minds*, MIT Press, pp.3~8, 420~427. 불러는 진화심리학의 많은 가설이 세부적인 내용에서는 대부분 틀렸기 때문에, 진화심리학을 '거짓과학(pseudoscience)'이라고 규정하는 스티븐 굴드의 견해에 동조한다.

어진다고 확신하지만, 마음과 의식, 생각과 감정 자체가 무엇인지 그리고 그것들이 우리 신체 안에서 어떻게 만들어지는지에 대해서 정확히 알지 못한다. 이 때문에 과학 저술 속에는 '아마도 ~할 것'이라는 추정이 빈번하게 등장하며, 불확실한 경쟁적 가설들의 대립이 반복되고 있다. 그리고 이러한 사태는 우리로 하여금 '인간 본성의 과학'의 과학성을 의심하게 만든다.

3) 궁극원인적 접근의 한계

인간의 '고유성'보다는 동물과의 '공통성'에서 인간 본성의 뿌리를 찾으려는 접근법은, 다윈에게서 물려받은 유산이다. 윌슨은 인간 본성의 대부분은 포유동물적인 수렵채집인의 유산으로 수천 세대에 걸쳐 대물림됨으로써 우리 신체에 고정된 유전자의 속성으로 규정한다. 그에 따르면, 우리의 본성에는 남녀 간의 분업, 부모·자식 간의 유대, 가까운 친척에 대해 나타내는 고도의 이타성, 근친상간 기피, 기타 윤리적 행동들, 이방인에 대한 의심, 부족주의, 집단 내 순위제, 남성 지배, 그리고 제한된 자원을 둘러싼 터 공격이 포함되며, 이 모두는 포유동물적인 것이다. 사회생물학자들은 인간 본성의 진화적 기원, 즉 모든 차원의 인간 행동이 어디에서 유래되었는지에 초점을 맞추는, 궁극원인적窮極原因的 접근의 유용성을 옹호한다.

포유동물적
수렵채집인의 유산

인간 본성의 역사

그렇다면 궁극원인적 탐구를 통하여 획득한 객관적 사실은 무엇인가? 그 결과는 우리의 기대치에 한참 못 미친다. 궁극원인적 탐구가 산출하는 결과는, "정치든 예술이든, 도덕이든 종교든, 무엇이든지 간에 생물학적 기원을 갖는다는 것"이라는 식의 거의 동일한 문구의 반복으로 끝난다. 즉 그 결과물은 항상 기원, 진화, 선택, 적응, 적응상의 이점, 적응의 산물이거나 부산물 등의 용어들을 되풀이하면서, "모든 인간 행위가 진화적 기원을 갖는다"는 단순한 결론으로 끝을 맺는다. "진화적 기원상으로 인간 행위가 동물 행동과 질적으로 다를 바 없고, 인간 본성이 포유동물적인 것"이라는 주장은 앞의 진술에 대한 지루한 동어반복이다. 어느 누가 인간이 동물의 한 종이라는 사실을 부정하겠는가? 그러나 "진화적 기원과 목적을 안다고 해서 어떤 목표를 어떤 수단으로 추구해야 하는지 결정할 수 있는, 도덕적으로나 생물학적으로 강력한 지도 원리를 제공하지는 못한다."[53] 인간 본성이 소규모의 수렵채집 공동체에 적응하게끔 고안된 구석기적인 것이라는 19세기적 진술은, 이제는 진부한 이야기에 지나지 않는다. 다윈의 시대를 "100여 년이 지난 지금에 이르러서도 '인간 본성'이 홍적세에 고정되어 그 이후로 변하지 않았다"고 주장하는 것은 대단히 비다윈적일 수 있다.[54] 21세기를 살아가는 현대인을 보면서 '석기 시대의 마음' 타령만을 할 수는 없는 노릇이다. 그러므로 인간 본성에

무엇이든 생물학적 기원을 갖는다는 문구의 동어 반복

---

53 Kaye, H. L.(1997), 276~277쪽.
54 Rose, H. and Rose, S.(2012), 112쪽.

대한 궁극원인적 접근은 인간종의 기원과 진화에 국한된 주지의 사실만을 반복적으로 공지할 뿐, 현재적 인간의 실존적 의미에 관해 들려줄 수 있는 이야기는 거의 없다.

4) 인간 본성을 왜 '인간이 아닌 동물'에서 찾으려 하는가?

'인간 본성의 과학'은 동물행동학과는 의형제 사이이다. '인간 본성의 과학'은 동물행동학적 원리를 인간에게도 적용함으로써 인간과 동물을 동일한 척도로 측정할 수 있다는 신념에 기초한다. 윌슨은 "흰개미 군집, 칠면조의 형제 관계에서 나타나는 행동으로부터 인간의 사회행동에 이르기까지 이 모두를 관통하는 단단한 하나의 가닥을 확립"할 수 있다고 강변한다. 그는 개미의 집단생활에서 관찰되는 집단 구조, 카스트, 의사 소통, 그리고 분업 등 동물사회의 생물학적 원리들을 인간 사회에 적용해도 손색이 없다고 믿고 있다. 드 발에 따르면, "우리가 유인원 친척들과 공유하는 것들을 살펴보는 가장 쉬운 방법은 수컷 침팬지와 인간 남성을 비교하는 것"[55]이다. 그는 침팬지들의 집단생활에서 관찰되는 정치의 요소들로 공식 승인, 영향력, 연합, 세력 균형, 안정성, 교환과 분배, 술수, 합리적 전략, 특권, 개체들 사이에

---

55 de Waal, Frans(2013), 121쪽.

인간 본성의 역사

인정되는 명백한 서열 구조 등을 꼽으면서, "우리 인간의 정치적 활동은 우리의 털 달린 친척인 침팬지와 공유하는 진화사적 유산의 일부"[56]라고 생각한다. 이밖에도 사회생물학자들은 개똥지빠귀(Dusky Thrush)가 포식자를 발견하면 동료들을 위해 위험 신호를 보낸다거나 흡혈박쥐가 굶주린 동료를 위해 먹은 피를 토해내는 이타적 행동을 하는 것, 그리고 초원들쥐가 산악들쥐와는 달리 일부일처제를 충실히 유지하는 것 등의 관찰 결과를 인간 행동의 기원을 유추할 수 있는 주요한 자료라고 여긴다.

많은 동물 행동들이 낮은 수준으로나마 인간 사회의 다양한 양상들과 유사성을 보인다는 사실을 부정하는 사람은 아무도 없다. 흡협박쥐의 유사도덕적 행동에서 도덕적 범위를 확장하는 발상을 얻을 수 있을 것이고, 큰가시물고기 떼의 움직임을 보고 맞대응 전략이 인간만의 능력이 아님을 알아차릴 수도 있을 것이다. 그리고 '침팬지 폴리틱스' 또한 일부 정치학자들에게 특정한 영감을 제공할 수도 있을 것이다. 그러나 이러한 관찰 결과를 가지고 인간 사회의 운용 원리를 얼마나 잘 설명할 수 있을까? 동물행동학에서 빌려온 몇 가지 핵심 개념으로 인간생물학의 뼈대를 구축하는 것이 타당한 절차인가? 침팬지의 소규모 집단생활이 인간 사회의 정치체제와 작동 기제에 대해 무엇을 얼마나 말해 주는가?

---

56 de Waal, Frans(1982), 269~272쪽.

동물 행동적 유추는 인간 행동의 기원에 관한 참고 사항을 제공할지는 모르겠으나, 그 이상은 아니다. 인류 역사 속에서 행해진 다양한 형태의 정체, 조직, 법적 체계, 이념과 사상, 지도자의 유형과 덕목, 의사결정의 구조, 그리고 국민과 국가 간의 역학 관계 및 세계 질서의 형성 등 정치에 함축된 복합적인 요소들을 제대로 숙지하고 있다면, 영장류 학자들이 말하는 '침팬지의 정치'는 인간 사회의 정치에 비견되는 유추의 근거로서는 매우 빈약한 것이다. 마찬가지로 흡혈박쥐의 동료애를 예시하며 이로부터 이타성의 근원을 헤아려볼 수 있다는 주장도 인류 사회가 누적적으로 쌓아온 윤리체계의 다원성과 복합성을 고려하지 않은, 순진무구한 발상이다. 동물들의 유사도덕적 행동이 인간 사회의 도덕적 기원과 관련이 있을 것이라고 어렴풋이 상상할 수는 있겠지만, 양자 간의 인과성은 증명할 방법이 없다. 사회생물학자들은 늘상 '진화적 기원'이나 '적응상의 이점'이라는 표현을 반복하면서 궁극원인적 탐구라는 방어벽을 둘러치지만, 궁극원인과 근접원인, 또는 궁극원인과 실제 현상 사이에 놓인 긴 공백을 메워 주지 못한다. 따라서 그 같은 유추의 방법은 인간 본성의 주된 탐구방법이 될 수는 없다. 왜냐하면 맹자의 말처럼 인간의 본성은 소나 말의 본성이 아니기 때문이다.

매우 빈약한 유추의 근거

다윈이 인간에게서 특권적 지위를 빼앗고 자연계의 권좌에서 끌어내리는 데 성공했을지라도, "인간이 단순히 동물

에 불과하다"고 말하는 것은 극단주의적 주장이다. 마이어가 정확히 지적했듯이, "동물학적으로 말하면 인간은 물론 분명히 동물이지만, 그렇다고 해서 인간이 동물에 '불과하다'는 주장은 사실이 아니다. 인간은 매우 근본적인 방식으로 다른 동물들과 구별되는, 독특한 동물이다."[57] 인간과 동물이 공동의 조상을 갖고 있음을 의심할 수는 없으나, '동물에서 유래한 인간'은 '동물이 아닌 인간'인 것이다. 인간을 규정함에 있어서 동물 앞에 붙는 이성적·사회적·정치적·경제적 등등의 수많은 수식어들은 인간의 고유성에 대한 표식이다. 인간은 '자신의 충동을 억제하여 만족을 지연시킬 수 있는 유일한 동물'이며, '스스로 행동을 지시할 수 있는 유일한 동물'이고, '관찰 불가능한 힘을 추론할 줄 아는 유일한 동물'이고, 그리고 '자식을 적극적으로 가르치는 유일한 동물'이다.[58] 인간이 갖고 있는 의식적 감정이입의 증거나 순수한 이타적 동기의 증거는 어떤 다른 동물에게서 발견된 바 없으며, '지향성'의 내적 속성과 개체 존중의 윤리는 인간의 독특성을 드러내는 주요한 징표이다. 와딩턴C. H. Waddington이 경고했듯이, "인간의 진화를 동물과 같은 방식으로 고찰하려는 시도가 왜곡된 사회다윈주의를 낳게 했던" 20세기의 추한 역사의 기억을 떠올린다면, 인간의 문화적 문제들을 생물학으로 환원한다거나 동물 행동적 유비를 인간

인간은 분명히 동물이지만, 그렇다고 동물에 '불과하다'는 주장은 사실이 아니다

---

57 마이어는 공동조상이론을 수용하더라도 극단적 생물학주의보다는 '대폭 수정된 인간중심주의'의 정당성을 옹호한다. Mayr, E.(1982), pp.438~439.
58 Gazzaniga, Michael S.(2008), 496~499쪽.

행동과 동일시하려는 시도는 보편적 동의를 얻기 어렵다.[59]

　권고하자면, '인간 본성의 과학'이 성립하기 위해서는 우
선 "동물들의 개별적·집단적 행동을 통해서 인간 본성을 유
추하기보다는, 인간 자신을 직접 연구하는 더욱 건전한 절
차"가 필요하다. 과학적 방법이 관찰, 사실, 가설, 실험, 법칙
화, 그리고 이론화 순의 절차를 거친다면, 맨 처음 관찰 단
계에서부터 동물이 아닌 인간을 탐구대상으로 하여야 한다.
'우리가 누구인지'를 알기 위한 자료들은 무궁무진하다. 인
류 사회의 '보편문화 목록'은, 수천 년의 인류사 과정을 통해
쌓인 기록물에서는 물론이고, 바로 지금 지구촌 각지에서
시시각각 발생하는 뉴스 목록 속에도 가득 담겨 있다. 인간
본성에 관한 넘쳐흐르는 데이터들을 방치한 채 미미한 참고
수준 정도의 제한적인 동물 행동으로부터 무언가를 찾으려
는 작업을 과학이라는 장식으로 과대포장해서는 안될 일이
다. 그것은 마치 태산같이 쌓여 있는 주재료를 사용하지 않
고 일부 보조 재료나 포장재로 완제품을 만들려는 비정상적
인 작업 공정과도 같은 것이다. 왜냐하면 유사 이래 인류 사
상의 역사에서는, 인간 본성에 관한 방대한 주재료로부터
과학적 근거를 마련하는 일이 일부 과학자들이 생각하는 것
보다는 훨씬 더 복잡한 과제였기 때문이다.

59　Waddington, C. H.(1960), *The Ethical Animal*, London, Allen and Unwin.

5) 인간은 DNA가 아니다

유전자 중심주의적
접근법의 보편화 추세

'인간 본성의 과학'이 철학적 인간학을 멸시하면서 큰소리치는 배경에는 유전자의 발견에 힘입은 유전체학의 성장이 자리한다. 유전자 중심주의적 접근법은 보편화되는 추세이고, 그 실용적 적용 범위는 확장 일로를 걷고 있다. 어느새 '유전자'는 일상용어가 되어 우리 생활 전반 곳곳에 스며들어 있다. 유전자학의 급속한 발전으로 많은 질병의 치료법이 개선되고 있고, 앞으로 인류에게 불어닥칠 수 있는 식량 부족 문제에 대한 한 가지 대비책을 갖게 되었다. 인간 본성의 과학자들은 유전자가 우리의 생존과 번식 패턴, 남녀 성별의 차이, 그리고 정신질환 등 선천성 질환의 원인 등은 물론이고 우리의 개별적이고 사회적인 행동이나 자유의지 등의 정신적 문제를 해명하는 데도 결정적인 역할을 할 수 있을 것으로 믿고 있다. 그들이 보기에, 유전자는 개인으로서 '나'의 정체성을 확증하는 물리적 징표로서 인간 본성의 비밀을 풀 수 있는 열쇠이다.

그러나 새로운 유전자들이 발견된다고 해서 인간 본성이 갑자기 달라지는 것은 아니다. 많은 이들이 지적했듯이, 인간 본성은 개별 유전자들의 집합으로 환원될 수도 없다. 더군다나 우리는 우리 몸에 들어 있는 유전자들이 무슨 일을 어떻게 하는지에 대해 다 알고 있지도 않다. 셀레라 지노믹스Celera Genomics사 사장 크레이그 벤터Craig Venter가 인정하듯이, 우리 몸에 있는 3만 개의 유전자들로는 결코 우리 몸과 두뇌의 모든 특성을 다 설명할 수 없다. 우리는 유전자만으로는 아무 것도 할 수 없고, 우리의 생명 활동이 유전자와 환경 간의 상호작용을 통하여 이루어진다는 사실을 알고 있다. 그럼에도 불구하고 알코올 중독이나 정신분열증을 일으키는 특정 유전자가 있다거나, 인류사의 숱한 전쟁이 인간 종이 타고난 유전자 탓이라는 등 통속적 과학의 과대 선전은 멈추지 않는다. 인간 사회의 모든 현상을 유전자와 그것들의 작동기제로 설명될 수 있다고 주장하거나 넌지시 그럴 개연성을 암시하는 일련의 생물학적 추정은, 생물학자들의 직업적인 신념의 표현이고 사실 이상의 과장이다. 에얼릭이 경고하듯이, 우리는 자신이 유인원이라는 것을 알고 있지만, 그렇다고 해서 우리를 '벌거벗은 유인원' 혹은 '킬러 유인원' 혹은 '도덕적인 유인원'이라는 식으로 극단적으로 단순화시켜서는 안 된다. 생물학적 인간학이 과학이 되기 위해서는 증거주의에 따라 객관적으로 입증된 사실들만을 토대로 한 서술에서 멈춰야 한다. 그렇지 않고 그 정지선을 넘어서게 된다면, 그것은 과학의 수사를 빌린 허구적 관념으로 변질될 가능성이 농후하다.

유전자의 궁극적 속성이 자기 보존이라고 해서 인간 본성을 이기적이라고 규정하는 것은, 의인화적 유추에 따른 논리적 비약이다. DNA는 인간 생명의 윤리적 본질과 아무런 관련이 없으며, '우리가 무엇인지'를 말해 주지 않는다. 인

인간 본성의 역사

간은 유전자 그 자체가 아니다. "우리는 사람이지 뇌가 아니다."[60] 인간이 생물학종 그 이상일 수 없다고 단정하려는 시도는, 증거가 불충분할뿐더러 자기반박적이기도 한 것이다. 인간은 물리적인 객체인 동시에 이성적이며 의식적인 주체이다. 인간은 자연의 한 종이지만, 자신의 생물학적 특성을 고찰할 수 있는 자의식적인 존재이다. 그러한 의미에서 "인간은 자신들의 유전적인 특성 이상이고, 환경 이상이다."[61] 인간 본성에서 생물학적으로는 설명될 수 없는, "가장 고귀한 부분은 직접적이든 간접적이든 습관이나 이성적인 능력, 교육, 그리고 종교의 영향에 의해 개선되어 왔고, 지금도 개선되어 가고 있다"[62]고 믿는 사람들이 여전히 많다. 그렇다고 한다면, 인간 본성을 '자연선택에 의해 걸러진 유전자 기능의 집합'으로 보는 견해는 지나치게 단순하고 성급하지 않은가?[63] 생물학적 인간학이 과거의 인간학과 구별되는 '인간 본성의 과학'이 되려면, '인간이 왜 그의 유전자 이상'인지를 과학적으로 해명할 수 있어야 한다. 그렇지 못하다면, '인간 본성의 과학'은 아직 가설적 수준을 넘지 못한다. 따라서 '인간 본성의 과학'이 성립하기 위해서는 인간생물학자들이 생각하는 것보다는 훨씬 더 힘겹고 긴 여정이 필요하다.

60 Gazzaniga, Michael S.(2011), *Who's in Charge?: Free Will and the Science of the Brain*, 『뇌로부터의 자유』, 박인균 옮김, 추수밭, 2012, 325쪽.

61 Trigg, Roger(1982), 27쪽, 307쪽.

62 Kaye, H. L.(1997), 42쪽.

63 Buller, D. J.(2007), "Varieties of Evolutionary Psychology", *The Cambridge Companion to the Philosophy of Biology*, David L. Hull and Michael Ruse(eds.), Cambridge University Press, pp.255~274.

3. 심신문제의 굴레

아리스토텔레스가 묘사한 바, 인간은 육체와 영혼의 복합체이다. 인간의 양면성은 정신과 육체로부터 나온다. 인간은, 한편으로는 동물들과 다를 바 없이 생존에 필요한 본능을 갖고 있으면서도, 다른 편으로는 본능적 삶을 넘어서 이성적으로 사고하고 도덕적 행동 능력을 갖춘 존재이다. 그러한 의미에서 인간 본성은 야누스의 얼굴과 같으며, 애매하고 모호하다.

우리는 인간의 본질을 놓고 2개의 인간학을 만들어 왔다. 스노우가 '두 문화'로 상징적으로 표현한 두 세계관의 대립은 어제오늘의 현상이 아니다. 그것은 오랜 역사 속에서 만들어진 누적적 산물이다. 한쪽이 저 멀리 플라톤에서 출발

인간 본성의 역사

하여 데카르트를 거쳐 근래의 뒤르켐과 보아스로 이어져 온 정신주의 전통의 역사를 갖고 있다면, 다른 한쪽은 근대 과학혁명에서 발원하여 그와 궤를 같이 하며 상대적으로 짧은 기간 동안 숙성된 유물론적 세계관을 바탕으로 한다. 정신주의의 지주 플라톤은 놀라운 상상력에 의존했다. 그는 육체의 현상성을 무시하고 불멸하는 이데아의 세계에 몰입하는 본질주의를 추구함으로써 정신과 물질 간의 복잡한 관계를 아주 쉽게 처리할 수 있었다. 플라톤의 후예 플로티노스Plotinos는 영혼을 우주 도처에 떠도는 영적 존재로서 초이성적인 지적 직관으로 이해했다.[64] 근대 정신주의를 대표했던 데카르트적 사유는 공간적 확장을 속성으로 하는 물질계 질서와는 다른 차원에 존재하는 영혼의 속성이었다. 이후에도 형이상학적 관념론의 행렬은 좀처럼 흐트러지지 않았다. 가령 독일 관념론은, '도덕적 판단의 근거로서의 실천이성'(칸트), '근원적 활동성으로서의 자아'(피히테), 그리고 '객관화된 절대정신'(헤겔) 등의 개념에서 보듯이, '능동적 활동의 주체'로서의 정신 개념을 공통 기반으로 하고 있다. 정신의 속성으로 말미암아, 인간이라는 동물을 묘사할 때 사용되는, '생각하는', '사회적', '문화적', 그리고 '도덕적' 등의 접두어는 '동물성'과 대비되는 '인간성'의 고유한 징표가 된다. 정신의 속성은, 인간만이 누릴 수 있는 특권의 원천이자 종적 고유성으로서 '우주 내에서 인간의 독특한 지위(Max Scheler,

---

64 Plotinos, 「지상세계에 떨어진 영혼에 대하여-Enn. IV 8, 엔네아데스 4권 8번째 작품」, 『영혼 정신 하나: 플로티노스의 중심개념』, 조규홍 옮김, 나남, 2008, 11~31쪽.

1947)'를 확고하게 보장하는 듯 보였다.

　그러나 근대 과학은 고대적 영혼에 담긴 뮈토스를 탈각하는 역할을 도맡으면서, 정신주의의 형이상학적 도그마들을 하나씩 제거해 왔다. 그 결과 정신주의 인간학은 반쪽짜리 것으로 전락했다. 18세기 이래 유물론자들은 정신현상이 영적 신비에 싸인 미스터리가 아니라 뇌의 물리적 활동에 따른 산물이라고 줄기차게 주장해 왔다. 오늘날 정신의 원천이 뇌에 있다는 사실은 기본 상식으로 통용된다. 의식, 마음, 감정 표현, 언어, 도덕감, 그리고 종교적 신념 등은 모두 뇌의 활동과 불가분의 관계를 갖고 있다. DNA의 발견자 프랜시스 크릭의 '놀라운 가설(Astonishing Hypothesis)'에 따르면, "영혼이란 우리가 상상해 낸 것이며, 우리가 '마음'이라고 부르는 것도 단지 우리 뇌의 기능을 표현하는 한 가지 방식일 뿐"이다. "우리는 뉴런 덩어리에 불과"하므로, "우리 자신을 이해하기 위해서는 신경세포가 어떻게 작동하고 어떠한 방식으로 상호작용하는지를 알아야 한다."[65] 그가 보기에, 정신의 모든 활동이 뇌 활동의 결과라는 사실이 분명해진 이상, 정신현상은 더 이상 신비에 쌓인 불모지의 영역이 아니다. 이제 우리는 "정신이 초월적인 것이 아니라는 결론에 도달함에 따라 더 이상의 상위의 세계관이란 존재하지 않는"

65　Crick, Francis(1966), *Of Molecules and Men*, Prometheus Books, 2004, p.10. 크릭은 "놀라운 가설이란 바로 '여러분', 당신의 즐거움, 슬픔, 소중한 기억, 포부, 자기 계발에 대한 인식, 자유의지, 이 모든 것들이 실제로는 신경세포의 거대한 집합이거나 또는 그 신경세포들과 연관된 분자들의 작용에 불과하다는 것이다"라고 말한다. Crick, Francis(1995), 12~13쪽.

　　　　　　　　　　　인간 본성의 역사

세계에 살고 있다.[66] 우리를 설렘 속에 미지의 세계로 이끌었던 영혼의 유혹은 '낡아빠진 개념'으로 전락했고, 형이상학적 영혼론은 쓸모없는 고물이 되었다. 지난 몇 세기 동안 정신현상을 해석하는 관점은 관념론에서 유물론으로, 정신주의에서 물리주의로 옮겨졌다. 그렇다면 물리주의는 인간 정신에 얽힌 수수께끼를 얼마만큼 풀어내고 있는가? 물리주의는 우리의 마음이 어떻게 움직이는지를 물리화학적으로 해명하고 있는가? 마음이란 단지 뇌일 뿐인가?

1) 마음 = 뇌?

많은 신경과학자들은 의식 활동을 뇌의 작용으로 파악하고 있다. 뇌는 우리로 하여금 자신을 되돌아볼 수 있게 하고, 외부 세계를 자기 나름의 방식으로 관찰할 수 있게 하고, 그리고 태어남과 죽음의 의미를 자각할 수 있게 해 준다. 뇌는 모든 유기체의 진화사에서 우리에게 풍부한 정보를 제공해 주는 유일무이한 시스템이고, 추상적 사고나 언어 사용 등 우리의 모든 정신활동을 낳는 진원지이다. 다윈주의 신경과학에 따르면, 뇌는 진화의 산물이고 우리의 정신은 그 과정에서 탄생했다.

---

[66] Edelman, G. M.(1992), *Bright Air, Brilliant Fire: On The Matter Of The Mind*, 『신경과학과 마음의 세계』, 황희숙 옮김, 범양사, 2010, 256~263쪽.

영국의 심리학자 니컬러스 험프리Nicholas Humphrey는 "인간의 뇌는 오로지 어떤 종류의 유용한 생물학적 기능을 하기 때문에 진화했다"[67]고 주장한다. 영장류의 집단생활에서 한 구성원으로서의 개체는 집단 내 생존을 위해 타 개체들의 움직임을 관찰해야 하는 매우 예리한 지적 도전에 직면할 수밖에 없었을 것이다. 초기 인류 집단에서 "자기 종의 다른 구성원의 행동을 이해하고 예측하며 조작하는 능력 없이는, 각 개인은 하루하루 생존하기가 거의 불가능했을 것"이다. 그는 의식의 기원을 사회적 관계망의 형성 과정에서 찾고, 이를 가능하게 할 수 있는 능력을 '내면적인 눈(Inner Eye)'[68]이라고 명명한다. '내면적인 눈'이란 집단 내의 타인에 대한 일종의 감시 능력인 동시에 '자기 반영의 통찰력'이다. 그는 인간이 '내면적인 눈'을 갖게 됨으로써 여타의 동물과 전혀 비교될 수 없는 정신 능력의 '깊이, 복잡성, 생물학적 중요성'을 지니게 되었다고 추정한다.

험프리처럼, 다윈주의 신경과학자들은 우리 마음을 진화의 결과로 생겨난 생물학적 작용으로 여긴다. 다윈이 말한 바, "진화의 적응적 산물인 뇌가 마음을 분비한다." 존 설John Searle은 다윈의 말을 풀어서 "유방의 세포조직이 젖을 만들고, 식물의 세포조직이 당분을 만드는 것처럼, 뇌 조직의 물리화

67　Humphrey, N.(1992), *A History of the Mind: Evolution and the Birth of Consciousness*, New York, Simon & Schuster, pp.37~44.
68　Humphrey, N.(1986), *The Inner Eye: Social Intelligence in Evolution*, Oxford University Press, pp.65~72.

학적 특성들이 마음을 만들어 낸다"[69]고 설명한다. 과학자들은 이구동성으로 의식 또는 마음이 뇌의 생리학적·물리화학적 작용에 의한 결과라고 주장한다.

> "의식이란 몸의 상태, 신경세포의 상태이다. … 정신적 상태나 사건이란 인간 또는 동물의 신체적 상태나 사건의 특별한 하위 범주이다."[70]

> "의식은 하나의 중핵을 중심으로 끊임없이 변화하는, 구체화되지 않은 뉴런 집단들의 창발적 특성이다."[71]

> "의식은 특정한 뉴런들의 활동과 연관되어 있고, 시상과 피질의 연결에 결정적으로 의존한다."[72]

> "의식이란 신경 연결망의 한 속성이다."[73]

> "의식은 몸에 체현되어 있는 것이다. … 의식이라는 과정은 뇌의 여러 영역 속에 있는 뉴런 집합체들의 분산된 활동에서 나오는 기능적 산물이다. … 의식은 개인의 몸과 뇌에 그리고

69 Searle, John(1997), *The Mystery of Consciousness*, The New York Review of Books, p.7.
70 Quine, W. V.(1987), *Quiddities: An Intermittently Philosophical Dictionary*, Cambridge, Belknap Press, pp.132~133.
71 Greenfield, Susan(1998), "How Might the Brain Generate Consciousness", *From Brain to Consciousness*, S. Rose(ed.), Princeton University Press, 1999, p.214.
72 Crick, Francis(1995), 277~278쪽.
73 Gazzaniga, Michael S.(ed.), *The New Cognitive Neurosciences*, 4th edition, MIT Press, 1997, p.1396.

그 개인과 환경이 주고받는 상호작용의 역사에 긴밀히 묶여 있다."[74]

"마음은 뇌에서 비롯되고 … 몸과 뇌와 마음은 하나의 생명체가 각기 다른 형태로 구현된 것이다. … 뇌는 처음부터 선천적인 지식과 자동화된 방식을 가지고 있으며, 몸에 대한 수많은 관념이 미리 결정되어 있다. … 마음의 신체중심적 사고 … 몸에 자리 잡고 있고 몸을 중심으로 사고하는 우리의 마음은 몸 전체의 하인이다."[75]

2) '모듈성 논제'의 사례

그렇다면 우리의 마음은 뇌의 어떠한 활동으로 인하여 어떠한 방식으로 작동하는가? 다윈주의적 신경과학 등 인간생물학 분야에서 폭넓게 활용되고 있는 하나의 가설은 우리의 마음을 신경생리학적 기반 위에서 여러 종류의 '모듈Module' 들의 집합으로 상정하는 것이다. 마음을 '과거의 환경에 적응하면서 특수한 내용과 정보 처리 기능을 갖춘 모듈'로 보려는 착상은, 1980년대 신경철학자 제리 포더J. Fodor에 의해 제기된 바 있다. 이른바 '계산주의(Computationalism)이론'으

모듈Module의 집합

74 Edelman, G. M.(2005), *Wider Than the Sky: The Phenomenal Gift of Consciousness*, 『뇌는 하늘보다 넓다』, 김한영 옮김, 해나무, 2006, 21쪽, 156쪽.
75 Damasio, Antonio(2003), *Looking for Spinoza: Joy, Sorrow, and the Feeling Brain*, 『스피노자의 뇌』, 임지원 옮김, 사이언스북스, 2007, 225~226쪽, 237~239쪽.

로 불리는 포더의 '선천성 가설(Nativism)'은, "마음 활동의 요소인 의미와 의도로 가득 찬 정신세계와 뇌처럼 물질로 구성된 물리적 세계를 연결시킨 것"이다.[76] 그에 따르면, 우리의 믿음과 욕구는 '정보'이고, 정보는 기호들의 배열로 구현된다. 그리고 그 기호들을 구성하는 물질 조각들은 근육과 연결된 물질 조각들과 충동을 일으키면서 행동을 유발한다. 진화심리학자 존 투비와 레다 코스미데스는 포더의 착상에 힘입어 뇌 활동의 내용이 뉴런들의 연결 패턴과 활동 패턴 속에 존재한다는 가설로 발전시켰다. 그들은, 지구상에 존재하는 모든 동물종의 인지 프로그램이 제각기 다르겠지만, 그 프로그램을 실행하는 데는 동일한 뉴런 조직이 동원된다고 가정한다.[77]

이들에 이어서 스티븐 핑커는 『마음은 어떻게 작동하는가How the Mind Works』에서 모듈 이론의 체계화를 시도했다. 그에 따르면, "마음은 연산 기관들로 구성된 하나의 체계이며, 그 연산 기관들은 진화의 과정, 특히 식량 채집 단계에서 인류의 조상이 부딪혔던 문제들을 해결하기 위해 자연선택이 설계한 것"이다.[78] 마음에는 특정의 자료가 아니라 자료 처리 방법이 선천적으로 내장되어 있다. 그는 우리의 마음이 마치 '스위스 군용 나이프'처럼 여러 종류의 모듈들의 집합

---

76 Fodor, J.(1983), *The Modularity of Mind*, MIT Press.

77 Tooby, J. and L. Cosmides(2005), pp.5~67.

78 Pinker, S.(1997), *How the Mind Works*, 『마음은 어떻게 작동하는가』, 김한영 옮김, 소소, 2007, 23쪽.

체이며, 각각의 모듈은 특수한 정신적 과제에 능통하도록 설계되어 있다고 주장한다.

> "마음은 뇌의 활동이다. 엄밀하게 말해 뇌는 정보를 처리하는 기관이고, 사고는 일종의 연산이다. 마음은 여러 개의 모듈, 즉 마음의 기관들로 구성되어 있으며, 각각의 모듈은 이 세계와의 특정한 상호작용을 전담하도록 진화한 특별한 설계를 가지고 있다. 모듈의 기본 논리는 우리의 유전자 프로그램에 의해 지정된다. 이러한 모듈의 작용은 인간의 진화사 대부분을 차지하는 수렵채집 시기에 자연선택이 우리 조상들이 직면했던 문제들을 해결하기 위해서 발전시킨 것이다."[79]

여기에서 핑커가 말하는 "유전적으로 지정하는 프로그램이란 비교, 시험, 가름(Branches), 루프(Loops), '하위 경로로 내장된 하위 경로(Subroutines Embedded in Subroutines)' 등에 의해 규정되어 논리적·계산적 연산을 수행하는 복합적 조리법이다."[80] 핑커는 '역설계(Reverse-Engineering)'의 원리로 마음의 기능을 설명할 수 있다고 믿고 있다. 정상적인 설계는 기계가 특정한 기능을 하도록 설계하는 것이지만, "역설계는 거꾸로 특정한 기계가 어떤 일을 하도록 설계되었는지를

---

79 Pinker, S.(1997), 48쪽.
80 Pinker, S.(1997), 57쪽. 가자니가는 이를 다음과 같이 풀어서 설명한다. "뇌에는 모든 종류의 국소적 의식 체계가 존재하고, 이 체계들이 하나의 무리를 지어 의식을 형성한다. 의식은 하나의 통일적 존재처럼 보이지만, 광범위하게 분산되어 있는 수많은 체계들로 이루어져 있다." Gazzaniga, Michael S.(2011), 104쪽.

인간 본성의 역사

알아낼 수 있다"[81]는 것이다. 우리의 지각 기능들은, '역설계' 의 원리에 따라 역공학을 통해 '잘못 설정된 문제'를 해결했 다는 것이다. 요컨대 우리의 마음은 자연선택에 의해 설계 된 기관이다.

그러나 포더는 2001년 새 저작을 통해서 핑커의 모듈이 론에 제동을 걸었다.[82] 그는 설령 마음을 별개의 연산 모듈 로 쪼개어 보는 것이 현재로서는 가장 훌륭한 이론처럼 보 이더라도, 실제로 마음은 그렇게 작동하지도 않고 그렇게 작동될 수도 없다고 반박한다. 마음은 뇌의 여러 부위를 통 해 공급되는 정보로부터 포괄적인 추론을 얻어내는 능력을 갖고 있다. 우리는 여러 가지의 감각과 연결된 여러 개의 모 듈을 가지고 빗방울을 보고 느끼고 들을 수 있지만, 뇌 속 어딘가에서는 '비가 오고 있다'라는 추론을 발생시킨다. 그 렇다면 우리의 생각이란 시각과 언어와 공감과 그 밖의 다 른 모듈들을 통합하는 포괄적인 활동이다. 이것은 모듈 작 용을 하는 메커니즘이 모듈 작용을 하지 않는 메커니즘을 전제로 한다는 것을 의미한다. 하나의 '모듈'은 특정한 기능 을 수행하기 위해서 그 구성 인자끼리는 긴밀한 상호작용을 하지만, 다른 모듈의 구성요소와는 상대적으로 독립적으로 행동하는 장치다. 언어, 시각, 청각, 미각, 촉각, 그리고 후

모듈 작용을 하는 메커니즘은 모듈 작용을 하지 않는 메커니즘을 전제로 한다

---

81 Pinker, S.(1997), 48쪽.
82 Fodor, J.(2000), *The Mind Doesn't Work That Way: The Scope and Limits of Computational Psychology*, 『마음은 그렇게 작동되지 않는다』, 김한영 옮김, 알마, 2013.

각 등의 입력된 감각을 처리하는 장치들은, 각각 모듈로 구성되어 있다고 상정할 수는 있지만, 그 입력들을 처리하는 중앙 처리 장치는 모듈화되어 있지는 않다는 것이다.[83]

　따라서 포더는, "인지 대부분 또는 전부가 모듈적이라는 이론", 즉 '대량 모듈성(Massive Modularity) 논제'는 경험적 신빙성이 부족할 뿐더러 타당하지도 않다고 반박한다. 유감스럽게도 "우리는 단지 모듈에 대해서만 많이 알고 있을 뿐이지, 인지 기능이 어떻게 작동하는지 그 메커니즘에 대해서는 알지 못하고 있다."[84] 드 발도 "뇌의 모듈이 어떤 것인지 정확하게 아는 사람은 아무도 없으며, 모듈이 존재한다는 구체적인 증거는 본능의 증거보다도 더 확실하게 손에 잡히는 게 없다"[85]고 말한다. 포더의 결론은 "지금까지 인지과학이 마음에 대하여 발견한 것이라고는 대개가 마음이 어떻게 작동하는지를 모른다는 사실 뿐"이다.[86]

마음에 대해
발견한 것은 마음이
어떻게 작동하는지를
모른다는 사실뿐

83　포더는 모듈의 작동에 관해 다음과 같이 설명한다. "인간 본성에 고정된 구조가 존재한다는 인지심리학의 주장은 전통적으로 인지 메커니즘들의 이질성을 강조하고, 그 메커니즘들이 인지 구조에 의해 엄격하게 캡슐화된다는 주장의 형태를 취한다. 여러 능력과 그 능력을 담당하는 여러 모듈이 존재한다면, 모든 모듈이 다른 모든 모듈에 영향을 미치지 않을 것이다. 즉 모든 모듈이 서로에 대해 '성형성(Plastic)'을 갖고 있지는 않다. 전체가 무엇이든 그것은 둘 이상의 합산이다." Pinker, S. (1995), *The Language Instinct*, 『언어본능』, 김한영 외 옮김, 동녘사이언스, 2007, 619쪽에서 재인용.

84　Fodor, J.(2000), 165쪽.

85　de Waal, Frans(2005), *Our Inner Ape: A Leading Primatologist Explains Why We Are Who We Are*, 『내 안의 유인원』, 이충호 옮김, 김영사, 2005, 332쪽.

86　Fodor, J.(2000), 205쪽.

3) '어려운 문제'

우리는 의식이 언제, 왜, 어떻게 발생했는지를 모른다. 아직까지는 어느 누구도 인류의 진화나 영장류 일반의 긴 진화과정에서, 때론 간헐적이기는 하지만, 전체적으로는 일관되게 진행된 두뇌의 확대와 정교화가 왜 일어났는지를 설명하지 못했다. 즉 '의식＝뇌'라는 등식의 일반화에도 불구하고, 우리는 마음의 작용을 물리주의적으로 설명할 수 없다. 우리는 의식의 수수께끼를 풀지 못한 까닭에 지금까지 다양한 추정들만을 내놓을 수밖에 없었다. 가령 영지주의자들은 의식을 합리적 사고나 과학적 수단으로는 파악할 수 없는 물질적인 영혼이거나 그 언저리의 '무엇'으로 이해했다. 그러나 오늘날 이런 생각을 가진 사람은 많지 않다. 우리는 이보다는 의식을 "감각과 밖으로 나타나는 운동이 결탁한 정교한 환상"[87]이라고 묘사하거나, 의식을 설명하기 위해서는 양자중력이론과 같은 새로운 법칙이 필요하다는 주장을 더욱 합당한 것으로 받아들인다. 또한 '뇌가 지각을 제공하는 것은 맞지만, 신경 활동이 의식의 충분조건이 아니며 의식에 관한 감각운동적 설명이 더욱 중요하다'는 주장[88]도 그럴 듯 해 보인다. 그러나 이 역시도 모두 가설 단계의 추론에 불과하다. 많은 신경과학자들이 뉴런의 연합체가 환경과의

87 Dennett, D.(1991), *Consciousness Explained*, 『의식의 수수께끼를 풀다』, 유자화 옮김, 옥당, 2013.
88 Koch, Christof(2004), *The Quest for Consciousness: A Neurobiological Approach*, 『의식의 탐구: 신경생물학적 접근』, 김미선 옮김, 시그마프레스, 2006, 5~13쪽.

상호작용 및 자체의 내부 활동에 주목하여, 의식을 "뇌의 신경적 특성에서 발생하는 특정한 생물 조직의 창발적 성질"로 특징짓지만, 그러한 설명도 확증된 사실은 아니다.

더군다나 우리는 인간의 뇌와 언어의 진화에서 어떤 일이 일어났는지 알지 못한다. 우리는 언어가 우리가 생각하는 바의 내용을 틀로 짜고 기억에 영향을 미치는 방식으로 사고에 영향을 준다는 사실을 알고 있지만, 사고가 언어에 수반된 것인지 역으로 언어가 사고의 부산물인지에 대해서도 판단할 수 없다. 언어의 발생에 관해 여전히 많은 가설들이 경쟁 중인 현금의 상황은, 사고와 언어의 관계를 과학적으로 해명하는 작업이 오리무중임을 반증한다.[89] 요컨대 신경과학적 연구의 지속적인 성과에도 불구하고, 뇌에서 의식이 발생하는 세부적인 메커니즘에 관한 문제는 미궁 속에 있다.

이처럼 인간의 뇌는 "우주에서 알려진 것 중 가장 정교한 구조"로서, 우리에게는 '최후의 개척지'이자 '생물학에 주어진 가장 큰 도전'이다.[90] 듀크대 신경과학자 미겔 니코렐리

---

[89] 마커스가 정리한 바에 따르면, 오늘날 언어 발생에 관한 가설들로는 수생 유인원 가설(E. Morgan, 1995), 몸짓에서 언어가 발생했다는 이론(M. C. Corballis, 1992), 근육을 통제하도록 진화된 신경기제들 중에서 언어가 생겨났다는 이론(P. Lieberman, 1984), 큰 뇌를 갖게 되면서 그야말로 우연히 언어가 생겨났다는 이론(S. J. Gould, 1979), 언어는 공간을 표현하는 능력의 연장선에 있다는 이론(S. Pinker and P. Bloom, 1990), 소문을 얘기할 목적으로 언어가 진화했다는 이론(R. I. M. Dunbar, 1996), 구애와 성적 행위의 일환으로 언어가 진화했다는 이론(G. F. Miller, 2000) 등이 제시되고 있다. Marcus, Gary(2004), 175쪽.
[90] Marcus, Gary(2004), 95쪽.

인간 본성의 역사

스Miguel Nicolelis는 "인간의 뇌가 '우주에서 진화되어 나올 수 있는 가장 경이로운 시뮬레이터'[91]처럼 느껴진다"고 말하면서, 우리의 뇌에 우주적 신비가 담겨 있다고 믿고 있다. 신경과학자 라마찬드란V. S. Ramachandran은 이 우주적 신비를 다음의 물음으로 풀어서 설명한다. "왜 언제나, '나는 빨간색을 본다'라는 1인칭 설명과 '두뇌의 특정 회로가 600나노미터 파장과 만나면 그는 빨간색을 본다고 말한다'라는 3인칭 설명, 이 두 가지 평행하는 기술이 있는가? 어떻게 이 두 가지 설명은 서로 완전히 다르면서도 동시에 상보적일 수 있는가?"[92] 지금 우리는 이 물음에 답할 수 없다. 우리는 객관적인 뇌로부터 주관적인 마음이 창발되는 원리를 찾지 못했고, 뇌가 '의식'이라고 칭하는 성질을 어떻게 생성하는지를 모른다. 이 분야에 종사하는 과학자들은 한결같이 우리가 본질적으로는 뇌의 모든 것을 이해하고 있지 못하다고 고백한다.

> "의식과 관련된 것으로 보이는 뇌의 핵심적 과정은 전혀 이해되지 않고 있다. … 그것은 우리의 이해가 닿지 않는 저 너머에 존재하므로, 내가 아는 한 그 누구도 감히 뇌의 본질을 상상하지 못한다."[93]

---

91 Nicolelis, Miguel(2011), *Beyond Boundaries: The New Neuroscience of Connecting Brains with Machines - and How It Will Change*, 『뇌의 미래』, 김성훈 옮김, 김영사, 2012, 47쪽.

92 Ramachandran, V. S.(1999), *Phantoms in the Brain: Probing the Mysteries of the Human Mind*, 『두뇌 실험실: 우리의 두뇌 속에는 무엇이 들어 있는가?』, 신상규 옮김, 바다출판사, 2015, 420쪽.

93 노벨상 수상자 로저 스페리Roger Wolcott Sperry가 한 대담에서 밝힌 견해. Gazzaniga, Michael S.(2008), 323쪽.

"물질적인 것이 어떻게 의식적인 것이 될 수 있는지에 대해서
는 그 누구도 알지 못하고 있다. … 인지과학의 현 상황은 '만
족할 만한 수준으로부터 몇 광년이나 떨어져 있다.' … 언젠가
는 누군가가 답보 상태를 깰 테지만, 가장 가까운 장래에 현
재 우리에게 주어진 장비로는 불가능하다."[94]

"아직 우리는 마음과 두뇌에 관한 거대 통합이론을 제시할
수 있는 단계에 이르지 못했다."[95]

한마디로 말해서, 우리는 정신현상을 물리화학적으로 설명
할 수 없다. 그래서 뇌과학자들은 두뇌피질을 통해 생각이 만
들어질 것이라고 확신하지만, 아직까지 생각 자체가 무엇이며
육체와 정신이 어떻게 서로 영향을 미치는지를 설명하지 못한
다. 물질의 집합체로부터 어떻게 고도의 추상적 사고가 산출
될 수 있는지, 우리가 심미적 탐구에 몰두하거나 집단 강박에
빠져들 때 우리의 뇌에서는 어떤 일들이 일어나는지, 동물에
게서는 볼 수 없는 인간의 높은 덕성이나 그와는 반대로 '자
기 자신까지도 속일 수 있는 비범한 능력'이 어떤 신경 회로를
거쳐 만들어지는 것인지를 우리는 알지 못한다.

정신현상을 물리화학
적으로 설명하는 것이
가능한가?

94 Fodor, J.(2000), 27쪽. 이들에 비하면 크릭의 공동 연구자이자 신경생물학자 코흐는 보
다 낙관적이다. 그는 의식의 수수께끼가 과학 기술이 손닿은 곳에 있다고 믿으며, "의식의
1인칭 관점에 관한 모든 측면들을 규명된 신경 세포들의 활동, 그것들 간의 상호 연결, 뉴
런 연합체의 동역학들을 가지고 설명하는 것, 그럼으로써 의식 주위에 있는 모든 개념들
을 시냅스, 활동전위, 뉴런과 그것들의 연합체들이 가지는 성질로 대응시키는 것을 궁극
적 목표로 삼고 있다." Koch, Christof(2004), 331쪽.
95 Ramachandran, V. S.(1999), 37쪽.

인간 본성의 역사

우리가 마음이 무엇인지를 알지 못하고 있다면, 마음과 몸 또는 '정신적인 것'과 '물질적인 것'의 관계 및 그것들 간의 상호작용을 올바로 서술하는 작업도 쉬운 일이 아니다. 찰머스David Chalmers의 표현대로 물리적 입자, DNA, 유전자, 그리고 세포 덩어리 등에서 의식, 감정, 그리고 이성이 어떻게 발현되는지의 물음은 우리에게는 '어려운 문제(Hard Problem)'[96]이다. 이 '어려운 문제'를 물리화학적으로 설명하는 데서 난관에 봉착할 때, 과학자들이 사용할 수 있는 유일한 방법은 뇌 활동과 관련된 일부의 근거에 의존해서 다음 단계의 양상을 추정하고, 가설적 수준의 설명틀을 구성해 보는 것이다. 영국의 철학자 프리스트Stephen Priest는 이 문제를 여러 개의 물음들로 쪼개어 열거한다.

"우리 인간은 곧 복합적인 물리적 대상이라고 할 수 있는가? 만일 물리적 대상이 아니라면, 정신활동의 주체로서 우리는 마음으로만 이루어진 것인가? 만일 그렇다면, 마음이란 무엇인가? 마음과 육체의 관계는 또한 정확히 무엇인가? 우리는 하나의 육체를 가진 마음인가, 아니면 하나의 마음을 가진 육체라고 할 수 있는가? 우리는 육체의 죽음 후에도 생존할 수 있는 비물질적 영혼이라고 할 수 있는가? 우리를 구성하는 것은 오로지 뇌뿐이라고 할 수 있는가? 만일 그렇다면, 이 회

---

[96] Chalmers, David J.(1996), Introduction, xiii~xx. 찰머스는 "의식의 본성은 뇌를 연구함으로써 밝혀질 수 없으며, 그 문제는 '어려운 문제'이며, 의식은 질량과 전하처럼, 우주의 기초적 특징이다"라고 말한다. 이 말은 우리가 의식의 본성인 1인칭 주관성을 제대로 해명하고 있지 못함을 뜻한다.

색빛의 물질은 어떻게 우리의 내밀한 생각과 감정에 연결되는 걸까?"[97]

프리스트는 '심신문제(Mind-Body Problem)'가 우리의 본성을 탐구하는 데서 직면하는 가장 근본적인 문제라고 주장하며, 이는 곧 우리가 우리의 본성을 모르고 있음을 반증한다고 믿는다. 이른바 '심신문제'는 달리 표현하면 "어떻게 개별적으로는 무감각한 수백만 개의 신경 세포들의 집합체가 주관적인 의식을 발생시키는가?"[98]라는 질문으로 요약할 수 있다. 심신문제는 플라톤의 이원론 이래 인간 본성의 딜레마를 단적으로 드러내는 징표처럼 여겨졌다. 가장 널리 알려진 견해는 '마음의 이론'이나 '심리철학'에서 첫 장에 등장하는 데카르트의 '심신분리 및 상호작용 이론'이다. 그러나 오늘날 마음과 몸을 독립적인 두 실체로 구별하고 송과선을 통하여 양자가 상호작용을 한다는 데카르트의 추리를 받아들이는 사람들은 거의 없다.

신경과학을 기반으로 삼는 현대 심리철학자들은 대부분 실체이원론을 내버리고 물리주의를 지지한다.[99] 물리주의

---

97 Priest, S.(1994), 3쪽.
98 McGinn, C.(1991), *The Problem of Consciousness*, Oxford, Blackwell, p.1.
99 심신문제에 관한 논의로는 다음의 것들을 참조. Westphal, Jonathan(2016), *The Mind-Body Problem*, MIT Press; 백도형(2014), 『심신문제: 인간과 자연의 형이상학』, 아카넷; Bennett, M. R. and Hacker, P. M. S.(2003), *Philosophical Foundations of Neuroscience*, 『신경 과학의 철학 – 신경 과학의 철학적 문제와 분석』, 이을상 외 옮김, 사이언스북스, 2013; Churchland, Paul M.(1989), *Matter and Consciousness - A Contemporary Introduction to the Philosophy of Mind*, 『물질과 의식』, 석봉래 옮김, 서광사, 1992; Churchland, Patricia(1989),

인간 본성의 역사

는 정신적인 것을 물리적인 것으로 환원할 수 있다는 입장이다. 여기에는 결정, 환원, 창발, 동치, 동일성, 개념적 치환, 인과성, 소거, 선택, 수반, 그리고 상호작용 등의 용어와 개념 등이 동원된다. 가령 헴펠C. G. Hempel은 "정신적 현상이나 사건은 물리적 현상이나 사건을 기술하는 언어로 번역될 수 있다"[100]고 주장한다. 그가 보기에, '심신문제'는 처음부터 잘못된 언어 사용으로 빚어진 '거짓문제(Pseudo-Problem)'이다. 그는 "심리적 사건과 물리적 사건 간의 관계에 연관된 문제는 심리적 개념들의 논리적 기능에 관한 같은 혼동에 기초해 있기 때문에, 우리로 하여금 심리-물리 문제가 과학적 개념들을 허용하기 어려운 방식으로 사용하게 함으로써 나타난 가짜 문제임을 보여 준다"[101]고 말한다.

한편 물리주의만을 온전하게 고수하는 견해는 정신적 사건을 물리적 사건과 동일시하는 것이다. 스마트J. J. C. Smart나 플레이스U. T. Place의 동일론에 따르면, "나의 심리 상태는 나의 두뇌 상태와 같다." 심신동일론은 "물리주의의 강한 형태를 옹호하는 형이상학적 입장"[102]으로, "이 세계 안에서 물리학에 의해 요청된 실재 이외에는 다른 아무 것도 존재하지

Neurophilosophy: Toward a Unified Science of the Mind-Brain, 『뇌과학과 철학: 마음 뇌 통합 과학을 위하여』, 박제윤 옮김, 철학과 현실사, 2006.

100 Hempel, C. G.(1980), "The Logical Analysis of Psychology", *Reading in Philosophy of Psychology 1*, Ned Block(ed.), Harvard University Press, p.18.

101 Hempel, C. G.(1980), p.20.

102 Place, U. T.(1956), "Is Consciousness a Brain Process?", *Mind and Cognition*, W. Lycan(ed.), Blackwell, 1990; Smart, J. J. C.(1959), "Sensations and Brain Processes", *The Nature of Mind*, David M. Rosenthal(ed.), Oxford University Press, 1991.

않는다"[103]는 견해를 고수한다. 이보다 극단적인 물리주의는 심리적 실재를 아예 부정하는 것이다. 처칠랜드Paul Churchland 등의 소거주의는 심리적 실재를 심리적 언어가 만들어 낸 가상의 실재로 간주하며, 그 존재 자체를 부정한다. 다른 한 편으로 심리 현상을 유기체의 기능적 상태로 보는 견해도 있다. 퍼트남R. D. Putnam 등의 기능주의에 따르면, 특정한 심리 상태는 신체에 미치는 환경의 영향, 다른 유형의 심리 상태, 그리고 신체적 행동 등이 합쳐진 결과이다. 또한 존재론적 물리주의를 유지하면서도 심리적 속성이 물리적 속성과 구별된다고 보는 수반물리주의는 앞선 견해들과 구분된다. 수반론에 따르면, 심신 관계는 수반 관계이다. 즉 심적 상태와 물리적 상태는 상관관계를 맺고 있기 때문에, 심적 상태는 물리적 상태에 의해 변화될 수 있다. 이처럼 다양한 해석들은, 정신적 속성을 전적으로 물리적 속성으로 환원할 수 있는가에 대해서는 견해 차이가 있으나, 심신문제를 물리주의의 관점에서 조망하려 한다는 점에서 공통적이다.

　　그러나 심신문제에 관한 이러한 제 논변은, 신경과학에 의해 발견된 사실들을 기초로 한 심신 간의 논리적 인과관계를 추려 내려는 과학철학적 논변일 뿐, 마음에 관한 새로운 사실을 밝혀내는 탐구가 아니다. 그런 점에서 마음의 이론이나 심리철학은 신경생리학이나 신경해부학 등 신경과

103　Smart, J. J. C.(1963). "Materialism", *The Journal of Philosophy, Vol.60*, No.22, American Philosophical Association, pp.651~652.

학 제 분야의 연구 결과에 전적으로 의존하는, 후속적이고 이차적인 작업의 성격을 갖는다. 아울러 이 논변들이 어느 하나의 것으로 확증되지 않고 여러 유형의 것들이 경쟁적으로 제기되는 상황은, '정신적인 것'이 무엇인지 그리고 '정신적인 것'과 '물리적인 것'의 관계가 어떠한지를 증명하고 있지 못함을 반증한다. 요컨대 정신적 활동의 존재론적 근거를 부정하는 물리주의적 접근법 역시 불활성적인 물질로부터 어떻게 생명현상이 발생하는지, 유기체로부터 의식이 어떻게 출현하는지, 그리고 의식을 지닌 주체가 능동적으로 자유의지를 실천하는지를 해명하지 못한다.

우리는 정신현상의 진원지가 뇌이고, 의식이 두뇌 활동의 상관물이거나 신경 연결망의 한 속성일 것이라고 확신한다. 그리고 이에 관한 많은 증거들이 있는 것도 사실이다. 그러나 우리가 알고 있는 것은 여기까지이다. 우리가 반듯한 도덕적 판단을 내리거나 혹은 연인에 대해 종종 야릇한 애증의 감정을 갖게 되는 경우에 천억 개의 뉴런 다발에서 어떠한 변화가 일어났는지를 알지 못한다. 우리의 몸은 탄소, 수소, 산소, 인, 칼륨, 질소, 황, 칼슘 그리고 철 등의 원소들로 구성되어 있지만, 생화학자들이 'C. HOPKiNS CaFe'로 외우곤 하는 이 물체에서 어떻게 마음이 만들어지는지를 모른다.[104] 일언하면, 우리는 우주를 지배하는 물리법칙으로 의식적 경험을 설명할 수 있는 방법을 알지 못한다.

---

[104] Marcus, Gary(2004), 96~97쪽.

4) 맺음말

윌슨의 말처럼, 인간 본성은 여전히 모호한 개념이다.[105] 커다란 정신적 딜레마
그는 사회생물학 논쟁이 한창이던 지난 시절, 인간 본성의
문제를 '커다란 정신적 딜레마'로 묘사한 바 있다.[106] 그에 따
르면, "자연세계의 어떠한 종도 자신의 유전적 역사가 부과
한 의무를 초월하는 다른 어떠한 목적도 갖고 있지 않기 때
문에," 우리 인간도 물질적 환경 속에서 자신을 구성하는 분
자 구조가 자동적으로 지시하는 데로 따라가는 존재이다.
그러나 다른 한편으로 우리는 "생물학적 본성에 내재한 윤
리적 전제들을 놓고 '선택'을 해야 하는" 딜레마에 빠져든
다. 그 윤리적 전제는 생득적으로 주어진 것이면서 대대로
'물려받은 다양한 감정적 지침들'이다. '물리적 분자 구조'와
'타고난 정신적 성향' 간에 인과성이 있을 것이라고 어림짐
작하지만, 양자의 관계를 명확하게 설명할 수 없다. 인간 본
성의 딜레마는 인간이 분자적 물질로 구성되어 있으면서도
물리화학적 원리로는 해명되지 않는 정신세계를 가진 양면
적 존재라는 데서 발생한다.

80세를 훌쩍 넘긴 고령의 나이에도 지칠 줄 모르는 탐구
열을 과시하는 이 열정의 과학자에게 인간 본성은, '그것이

---

105 Wilson, E. O.((2012), 233쪽. 그는 20년 전에(1998, 291), 그 이전 40년 전에(1978, 23
이하) 했던 이야기를 변함없이 반복한다.
106 Wilson, E. O.(1978), 24~39쪽.

인간 본성의 역사

무엇이고, 어떤 모습인지'를 종잡을 수가 없는, "대중 담론이라는 열띤 논쟁 속에서 살아가는 괴물"[107]처럼 느껴진다. 그가 보기에, 이 '괴물'을 앞에 두고, 경제학자들은 주변을 맴돌고, 철학자들은 갈 길을 잃고 헤매고, 신학자들은 신과 악마에게 내맡기고, 정치 이데올로그들은 자신에게 유리한 쪽으로 해석한다. 또한 많은 사회과학자들은 이 '괴물'의 존재 자체를 부정했고, 보수적인 종교지도자들은 아직도 신이 내려준 고정자산이라고 믿고 있다. 이 같은 견해들을 배격하는 윌슨은 또 다시 '괴물'의 정체를 밝히려고 도전해 보지만, 40여 년 전과 다를 바 없이 후성규칙, 공진화, 웨스터마크 효과, 더램의 가설, 그리고 색깔 지각의 유전적 토대 등의 이야기를 되풀이할 뿐 별 소득 없이 빈손으로 물러선다.

왜 윌슨은 더 이상 앞으로 나가지 못한 것일까? 그가 고백하듯이, 이 '괴물'의 정체를 모르기 때문이다. 우리는 이 '괴물' 한가운데 자리하고 있는 '우리의 마음'이 무엇인지를 모른다. 인간 본성의 관념사에서 영혼, 이데아, 사단四端, 자기의식, 도덕, 이기심, 탐욕, 사유, 공감, 연민, 사회적 본능, 문화적 집적물, 잔기, 이드, 진화된 심리적 메커니즘, 유전자 집합, 그리고 뉴런 덩어리의 상관물 등등의 다양한 용어들은, 우리의 마음을 이해하는 데 큰 도움을 주었던 유용한 개념적 도구들이지만, 유감스럽게 그 어느 것도 이 '괴물'의

---

107   Wilson, E. O.(2012), 234쪽.

정체에 대한 만족스러운 답변이 아니다. 이 '괴물'의 정체를 밝히지 않는 한, 즉 인간 본성의 핵심을 구성하는 '정신적인 것'의 전모에 관한 무지의 상황이 지속되는 한, 진실의 근사치에 가깝든 멀든 새로운 말들은 계속 나올 것이고, 이 딜레마는 좀처럼 해소되지 않을 것이다.

일부 과학자들은 이 같은 나의 견해에 동의하지 않을지도 모르겠다. 모름지기 현대 과학은 이 딜레마에서 벗어나려는 작업을 포기하지 않을 것이다. 가령 신경철학자 퍼트리샤 처칠랜드Patricia Churchland는 "의식이 너무 헤아리기 어려운 미스터리이므로 과학이 풀지 못할 것이라는 (불가지론적) 주장에 대해 과학주의의 무책임한 포기 선언"[108]이라고 비판한다. 백분 수긍할 만한 주장이다. 그녀의 말처럼, 정신현상에 관한 과학적 탐구는 지난 세기 이래 놀라운 성과를 거두어 왔고, 앞으로도 뇌에 관한 새로운 사실들을 많이 들려줄 것이다. 그러나 누차 지적한 바, 지금까지 그것에 대해 우리가 알고 있는 사실은 얼마 되지 않는다. 그렇다고 한다면 '정신적인 것'에 대해서 우리가 알고 있는 것과 모르는 것을 명백히 구분하는 일도 의당 과학이 담당해야 할 몫일 것이다. 그럼에도 불구하고 이 일을 제쳐두고 '아주 조금'의 사실을 한층 부풀려서, 마치 미지로 남아 있는 나머지 큰 영역의 것에 대해 알 수 있는 것처럼 온갖 추정을 남발하고, 그것을 확증

---

108 Churchland, Patricia(2013), *Touching a Nerve: The Self As Brain*, 『신경건드려보기』, 박제윤 옮김, 철학과 현실사, 2014, 80쪽.

된 지식인 양 유포하는 행위는 과학이 할 일은 아닌 것이다. 예컨대 "옥시토신과 바소프레신은 뇌로 하여금 사회성을 갖게 하고, 도덕성을 갖게 할 기반이 되도록 작용한다"[109]는 류의 진술은 검증되지도 않았고 검증하기도 어려운 주장이다. 만약 과학이 인간 본성의 딜레마를 풀기 위해 무언가를 기여하기를 원한다면, '정신적인 것'에 관해 이미 확증된 지식에서 출발하여 미지의 영역을 차근차근 줄여나가는 보다 진지한 노력이 필요할 것이다.

*   *   *

북한산 꼭대기에 올라 서울 시내의 한복판을 내려다보면, 촘촘하게 올려진 고층 빌딩들과 그 사이로 조그만 직사각형 모양의 도로들이 눈에 들어온다. 발밑에서는 작은 개미들이 분주하게 오고 가건만, 이 대도시의 그 수많은 사람들이 무엇을 하고 있는지는 흔적조차 찾기 어렵다. 자연의 눈으로 보면, 인간은 먼지와도 같은 작은 점이다. 그 작은 점의 생명체는 자기만의 본성을 갖고 있다. 그것은 자연이 내려준 소여所與이다. 우리는 우리 자신에 대하여 어느 정도는 알고 어느 정도는 모른다. 그 이유는 우리가 우리의 소여를 부여한 자가 아니기 때문이다. 우리가 우리 자신에 대해 확실히 알고 있는 사실은 약칭하여 2F(Food and Fuck)를 기본적 동력

먼지와도 같은 점

---

109 Churchland, Patricia(2013), 139쪽.

으로 하여 생명 활동을 하는 존재들이고, 우리가 잘 알지 못하는 경이로운 정신 능력 덕택에 2H(Helping and not Hunting)와 관련된 규칙의 토대 위에서 모여 살고 있다는 것이다. 한편으로 우리는 어찌할 수 없는 식색食色의 생존과 번식 본능을 타고난 유기체이면서, 그 유기체를 구성하는 세포들의 자연사自然死라는 숙명에서 벗어날 수 없는 유한한 존재들이다. 그러나 다른 한편으로 우리는 뉴런 다발의 물리화학적 작용을 통해서 보고 듣고 느끼고 생각하고 판단하고 행위하는 삶의 자율적 주체로서 살아갈 수 있는 능력도 갖고 있다. 다윈이 말한 것처럼, 우리의 신체에는 '비천한 기원의 흔적'에서부터 가장 고상한 높은 덕성까지 온갖 잡동사니의 것들이 들어 있다. 그런 점에서 우리의 본성은 '야누스적' 이상으로 '다면적'이다. 우리의 본성은 자연의 산물이면서 동시에 자연을 구성하는 일부이다. 그러나 우리는 자연에 대해서 조금만 알고 많이는 모른다.

우리는 조금만 알고 많이는 모른다

아마도 인간은 호기심이 많을 뿐더러 말을 많이 하는 동물인 것 같다. 자연으로부터 주어진 소여물인 우리 본성의 핵심이 수수께끼로 남아 있는 한, 인간은 그것을 알아내려는 노력을 멈추지 않을 것이다. 그리고 그 소여에 대한 무지로 인해 한편으로는 전지전능한 창조자를 숭배하고 그에게 모든 것을 의탁하려는 사람들은, 변함없이 원인 없는 용서를 구하고 속죄의 기도를 올릴 것이다. 다른 한편으로 우주 만물의 생성과 운동에 관한 최종 법칙을 찾아 나서려는 이

들은, 과학이 이 수수께끼에 다가가는 최선의 방법임을 확신하고 있을 것이다. 종교와 과학은 지금까지 그래왔던 것처럼 앞으로도 이 수수께끼에 관한 더 많은 말들을 쏟아낼 것이다. 그러나 인류가 쌓아 온 지식의 역사를 돌이켜 보면, 이에 관해서 얼마나 더 새로운 사실이 나올 수 있는지에 대해서는 의문이 든다. 일찍이 고대인 양주가 가르쳐 주었고 다윈이 긴 논증으로 풀이했듯이, 그리고 흄이 말로 거들었듯이, 우리가 알고 있지 못한 것들에 대한 대부분의 답은 아마도 자연 속에 있을 것이다. 나는 인간의 사유와 행위의 역사에서 이 이상의 진실을 발견하지 못했다. 나는 자연의 이치에 부합하지 않거나 명백하게 확증될 수 없는 수많은 모든 교설들을 의심한다. 나는 알지 못하는 것들에 대해서는 '모른다'라고 말하는 것이 옳다고 믿는다.

알지 못하는 것들에 대해서 '모른다'라고 말하는 것이 옳다

참고문헌

프롤로그 | 왜 다시 '인간 본성'인가?

Baumer, Franklin L.(1977), *Modern European Thought*, 『유럽근현대지성사』, 조호연 옮김, 현대지성사, 1999.

Bennett, M. R. and Hacker, P. M. S.(2003), *Philosophical Foundations of Neuroscience*, 『신경 과학의 철학-신경 과학의 철학적 문제와 분석』, 이을상 외 옮김, 사이언스 북스, 2013.

Black, Max(1964), "The Gap between Is and Should", *The Philosophical Review, Vol.73*, no.2, pp.165~181.

Buber, Martin(1948), *Das Problem des Menschen*, 『인간의 문제』, 윤석빈 옮김, 길, 2007.

Cachin, Françoise(1989), *Gauguin; "Ce malgré moi de Sauvage"*, 『고갱: 고귀한 야만 인』, 이희재 옮김, 시공사, 1996.

Churchland, Patricia(1989), *Neurophilosophy: Toward a Unified Science of the Mind-Brain*, 『뇌과학과 철학: 마음 뇌 통합 과학을 위하여』, 박제윤 옮김, 철학과 현실 사, 2006.

Churchland, Paul M.(1989), *Matter and Consciousness - A Contemporary Introduction to the Philosophy of Mind*, 『물질과 의식』, 석봉래 옮김, 서광사, 1992.

Ehrlich, Paul R.(2001), *Human Natures: Genes, Cultures and the Human Prospect*, 『인간의 본성들: 인간의 본성을 만드는 것은 유전자인가 문화인가?』, 전방욱 옮김, 이마고, 2008.

Foucault, Michel(1966), *Les Mots et les Choses: Une Achéologie des Sciences Humaines*, 『말과 사물』, 이규현 옮김, 민음사, 2012.

Gazzaniga, Michael S.(2005), *The Ethical Brain: The Science of Our Moral Dilemmas*, 『윤리적 뇌』, 김효은 옮김, 바다출판사, 2008.

Hume, David, *A Treatise of Human Nature*, Lewis A. Selby-Bigge and Peter H. Nidditch (eds.), 『오성에 관하여』, 이준호 옮김, 서광사, 1994.

Jaspers, Karl(1953), *The Origin and Goal of History*, 『역사의 기원과 목표』, 백승균 옮김, 이화여자대학교 출판부, 1986.

Kahneman, D. and Tversky, A.(1982), "On the Study of Statistical Intuitions", *Judgment Under Uncertainty: Heuristics and Biases*, D. Kahneman, P. Slovic and A. Tversky (eds.), 『불확실한 상황에서의 판단』, 이영애 옮김, 아카넷, 2010.

Kupperman, Joel J.(2010), *Theories of Human Nature*, Hackett Publishing Company, Inc..

Laurent, John(ed.), *Evolutionary Economics and Human Nature*, Northampton, Edward Elgar Publishing, 2003.

Mannheim, Karl(1936), *Ideology and Utopia: An Introduction to the Sociology of Knowledge*, 『이데올로기와 유토피아』, 황성모 옮김, 삼성출판사, 1982.

Moore, Burness E. and Fine, Bernard D.(eds.)(1994), *Psychoanalytic Terms and Concepts*, 『정신분석용어사전』, 이재훈 외 옮김, 한국심리치료연구소, 2002.

Ottaviani, Didier(2008), *L'humanisme de Michel Foucault*, 『미셸 푸코의 휴머니즘』, 심세광 옮김, 열린책들, 2010.

Palmer, Richard E.(1969), *Hermeneutics: Interpretation Theory in Schleiermacher, Dilthey, Heidegger, and Gadamer*, 『해석학이란 무엇인가』, 이한우 옮김, 문예출판사, 2011.

Pinker, Steven(2002), *Blank Slate*, 『빈 서판: 인간은 본성을 타고 나는가』, 김한영 옮

김, 사이언스북스, 2004.

Prinz, Jesse J.(2012), *Beyond Human Nature*, New York, W.W. Norton & Company Ldt..

Read, Herbert(1955), *Icon and Idea*, 『도상과 사상』, 김병익 옮김, 열화당, 2002.

Ricoeur, Paul(1981), *Hermeneutics and the Human Sciences: Essays on Language, Action and Interpretation*, 『해석학과 인문사회과학』, 윤철호 옮김, 서광사, 2004.

Rifkin, Jeremy(2009), *The Empathic Civilization: The Race to Global Consciousness in a World in Crisis*, 『공감의 시대』, 이경남 옮김, 민음사, 2010.

Rousseau, J. J.(1762), *Émile*, 『에밀』, 김중현 옮김, 한길사, 2003.

Sandal, Michael(1982), *Liberalism and the Limits of Justice*, Cambridge University Press.

Simpson, George G.(1966), "The Biological Nature of Man", *Science, vol.152*, no.3721, pp.472~478.

Snow, C. P.(1959), *The Two Cultures and the Scientific Revolution*, 『두 문화』, 오영환 옮김, 사이언스북스, 2001.

Somit, Albert and Peterson, Steven A.(eds.), *Human Nature and Public Policy: An Evolutionary Approach*, New York, Macmillan, 2003.

Stark, Werner(1958), *The Sociology of Knowledge: Toward a Deeper Understanding of the History of Ideas*, 『지식사회학』, 임영일 옮김, 한길사, 1987.

Trigg, Roger(1982), *The Shaping of Man*, 『인간 본성과 사회생물학』, 김성한 옮김, 궁리, 2007.

Westphal, Jonathan(2016), *The Mind-Body Problem*, The MIT Press.

Whitehead, Alfred North(1979), *Process and Reality*, Free Press.

Wilson, E. O.(1971), *The Insect Societies*, Cambridge, Harvard University Press.

Wilson, E. O.(1975), *Sociobiology: The New Synthesis*, 『사회생물학』, 이병훈·박시룡 옮김, 민음사, 1992.

백도형(2014), 『심신문제: 인간과 자연의 형이상학』, 아카넷.

인간 본성의 역사

1부 | 선악의 문제

『詩經』

『論語』

『孟子』

『荀子』

『韓非子』

『墨子』

『莊子』

『老子』

『列子』

『呂氏春秋』

『淮南子』

『四書集註』

『朱子語類』

朱子, 『朱子語類考文解義』, 이의철·이영호·정선모 주해, 성균관대학교출판부, 2013.

郭末若(1986), 『十批判書』, 『중국고대사상사』, 조성을 옮김, 까치, 1991.

唐君毅(1974), 『中國哲學原論』, 原性篇, 新亞書籍研究所.

勞思光(1967), 『中國哲學史』, 『中國哲學史: 古代편』, 정인재 옮김, 탐구당, 1986.

牟宗三(1974), 『中國哲學的特質』, 『중국철학 강의』, 김병채 외 옮김, 예문서원, 2011.

_____(1989), 『心體與性體』, 『심체와 성체』, 양승무·천병돈 옮김, 예문서원, 1998.

蒙培元(1990), 『中國心性論』, 臺灣學生書局.

_____(1993), 『中國哲學的主體的思惟』, 『중국철학과 중국인의 사유방식』, 김용섭 옮김, 철학과 현실사, 2005.

_____, 「中國古代心性論的特徵」, 「중국 고대 심성론의 특징」, 이강대 엮음, 『유가철학의 이해』, 이문출판사, 1999.

方立天(1990), 『중국철학과 인성의 문제』, 박경환 옮김, 예문서원, 1998.

_____(1990), 『中國古代哲學問題發展史』, 『중국철학과 지행의 문제』, 김학재 옮김, 예문서원, 1998.

方東美(1999), 『원시 유가 도가 철학』, 남상호 옮김, 서광사.

徐復觀(1963), 『中國人性論史: 先秦篇』, 『中國人性論史: 도가 법가 인성론』, 유일환 옮김, 을유문화사, 1995.

蕭公權(1980), 『中國政治思想史』, 최명·손문호 옮김, 서울대출판부, 1998.

楊的(1991), 『동서인간론의 충돌: 문화비교와 소외론』, 노승현 옮김, 백의, 1997.

劉澤華(1987), 『中國傳統政治思想反思』, 『중국고대정치사상』, 노승현 옮김, 예문서원, 1994.

李澤厚(1986), 『中國古代思想史論』, 人民出版社.

張岱年(1982), 『國哲學大綱』, 『中國哲學大綱: 中國哲學問題史 上·下』, 김백희 옮김, 까치글방, 1998.

_____(1983), 『中國哲學史方法論發凡』, 『중국철학사 방법론』, 양재혁·조현숙·최윤수 옮김, 이론과 실천, 1988.

_____(2011), *Studies on Chinese Ethical Thought*, 『중국윤리사상 연구』, 박영진 옮김, 소명출판, 2012.

張其昀, 『中國思想의 根源』, 중국문화연구소 옮김, 문조사, 1984.

張起鈞·吳怡(1964), 『中國哲學史話』, 『중국철학사』, 송하경·오종일 옮김, 일지사, 1984.

張君勱, 『한유에서 주희까지: 중국 근세유가철학』, 김용섭·장윤수 옮김, 형설출판사, 1991.

張立文(2009), 『中國哲學范疇發展史: 人道篇. 上·下』, 한국학술정보.

錢遜(1991), 『先秦儒學』, 배종석 옮김, 학고방, 2008.

田立剛(2006), 「현대 중국사상에 끼친 중국 전통철학의 영향: 전통철학의 계승과 종합적 창조」, 지준호 역, 『유교문화연구』, 제10집, 성균관대학교 유교문화연구소, 9-103쪽.

陈来, 『중국고대사상문화의 세계』, 진성수·고재석 옮김, 성균관대학교출판부, 2008.

인간 본성의 역사

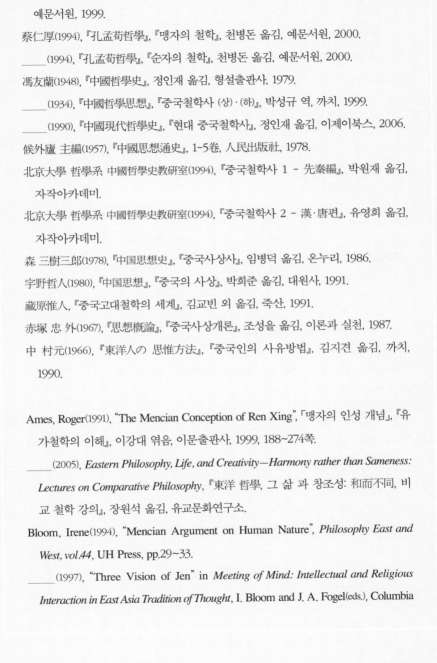

陳衛平(1999), 『일곱 주제로 만나는 동서비교철학』, 고재욱·김철운·유성선 옮김, 예문서원, 1999.

蔡仁厚(1994), 『孔孟荀哲學』, 『맹자의 철학』, 천병돈 옮김, 예문서원, 2000.

_____(1994), 『孔孟荀哲學』, 『순자의 철학』, 천병돈 옮김, 예문서원, 2000.

馮友蘭(1948), 『中國哲學史』, 정인재 옮김, 형설출판사, 1979.

_____(1934), 『中國哲學思想』, 『중국철학사 (상)·(하)』, 박성규 역, 까치, 1999.

_____(1990), 『中國現代哲學史』, 『현대 중국철학사』, 정인재 옮김, 이제이북스, 2006.

候外廬 主編(1957), 『中國思想通史』, 1-5卷, 人民出版社, 1978.

北京大學 哲學系 中國哲學史教研室(1994), 『중국철학사 1 - 先秦編』, 박원재 옮김, 자작아카데미.

北京大學 哲學系 中國哲學史教研室(1994), 『중국철학사 2 - 漢·唐편』, 유영희 옮김, 자작아카데미.

森 三樹三郎(1978), 『中国思想史』, 『중국사상사』, 임병덕 옮김, 온누리, 1986.

宇野哲人(1980), 『中国思想』, 『중국의 사상』, 박희준 옮김, 대원사, 1991.

藏原惟人, 『중국고대철학의 세계』, 김교빈 외 옮김, 죽산, 1991.

赤塚 忠 外(1967), 『思想槪論』, 『중국사상개론』, 조성을 옮김, 이론과 실천, 1987.

中 村元(1966), 『東洋人の 思惟方法』, 『중국인의 사유방법』, 김지견 옮김, 까치, 1990.

Ames, Roger(1991), "The Mencian Conception of Ren Xing", 「맹자의 인성 개념」, 『유가철학의 이해』, 이강대 엮음, 이문출판사, 1999, 188~274쪽.

_____(2005), *Eastern Philosophy, Life, and Creativity—Harmony rather than Sameness: Lectures on Comparative Philosophy*, 『東洋 哲學, 그 삶 과 창조성: 和而不同, 비교 철학 강의』, 장원석 옮김, 유교문화연구소.

Bloom, Irene(1994), "Mencian Argument on Human Nature", *Philosophy East and West, vol.44*, UH Press, pp.29~33.

_____(1997), "Three Vision of Jen" in *Meeting of Mind: Intellectual and Religious Interaction in East Asia Tradition of Thought*, I. Bloom and J. A. Fogel(eds.), Columbia

University Press.

_____(2002), "Biology and Culture in the Mencian View of Human Nature" in *Mencius: Contexts and Interpretations*, Alan K. L. Chan(ed.), University of Hawaii Press.

Creel, H. G.(1953), *Chinese Thought from Confucius to Mao Tse-tung*, University of Chicago Press.

Dubs, Homer H.(1956), "Mencius and Sun-dz on Human nature", *Philosophy East and West*, 6, pp.213~222.

Forke, Alfred(1901), *The Chinese Sophists*, Kelly and Walsh, 2016.

_____(1927), *Geschichte der Alten Chinesischen Philosophie*, 『중국고대철학사』, 양재혁·최혜숙 옮김, 소명출판, 2004.

Graham, A. C.(1986), "The Background of the Mencius Theory of Human Nature" in *Studies in Chinese Philosophy and Literature*, Singapore, The institute of East Asian Philosophies.

_____(1989), *Disputers of the TAO-Philosopyical Argument in Ancient China*, 『도의 논쟁자들』, 나성 옮김, 새물결, 2001.

_____(2001), *Yin-Yang and the Nature and Correlative Thinking*, 『음양과 상관적 사유』, 이창일 역, 청계출판사.

Granet, Marcel(1999), *La Pensée Chinoise*, 『중국사유』, 유병태 옮김, 한길사, 2010.

Hall, David L. and Ames, Roger T.(1987), *Thinking Through Confucius*, State University of New York Press.

Hansen, Chad(2004), "Classical Chinese Ethics" in *Companion to Ethics*, Peter Singer(ed.), 「중국 고전 윤리」, 『윤리의 기원과 역사』, 김미영 외 옮김, 철학과 현실사.

Hegel, Wilhelm(1837), *Vorlesungen Über Philosophie der Weltgeschichte*, 『역사철학 강의』, 김종호 옮김, 삼성출판사, 1982.

Humboldt, Wilhelm von(1836), *Humboldt: 'On Language': On the Diversity of Human Language Construction and its Influence on the Mental Development of the Human Species*, Michael Losonsky(ed.), Peter Heath(trs.), Cambridge University Press, 1999.

Hutten. Eric(1999), "Does Xunzi Have a Consistent Theory of Human Nature?" in

인간 본성의 역사

Virtue, Nature, and Moral Agency in the Xunzi, T. C. Kline Ⅲ and P. Ivanhoe(eds.),
Hakett Publishing Company, pp.220~236.

James, Behuniak(2005), *Mencius on Becoming Human*, State University of New York
Press.

Lau, D. C.(1953), "Theories of human nature in Mencius and Shyuntzyy", *Bullein of
the School of Oriental and African Studies*, 15, pp.548~550.

_____(1984), *Mencius Vol.1*, Chinese University of Hong Kong Press.

Leibniz, G. Wilhelm, 『라이프니츠가 만난 중국』, 이동희 옮김, 이학사, 2003.

Munro, Donald J.(1979), *Concept of Man in Contemporary China*, University of Michigan
Press.

_____(2002), "Mencius and an Ethics of the New Century" in *Mencius: Contexts and
Interpretations*, University of Hawaii Press.

Nivision, David S.(1996), "Philosophical Voluntarism in Fourth Century China" in
The Ways of Confucianism: Investigations in Chinese Philosophy, Chicago, Open
Court Publishing Company, pp.110~130.

Norden, Bryan W. Van(1999), "Mengzi and Xunzi: Two views of human agency" in
Virtue, Nature, and Moral Agency in the Xunzi, T. C. Kline Ⅲ and P. Ivanhoe(eds.),
Hackett Publishing Company, pp.125~134.

Richards, I. A.(1932), *Mencius on Mind*, Kessinger Publishing, 2010.

Rosemont, Henry(1974), "On Representing Abstractions in Archaic Chinese",
Philosophy East and West, vol.24, no.1.

Said, Edward(1979), *Orientalism*, 『오리엔탈리즘』, 박홍규 옮김, 교보문고, 2008.

Schwartz, Benjamin(1985), *The World of Thought in Ancient China*, 『중국 고대 사상의
세계』, 나성 옮김, 살림, 1996.

Shu-hsien, Liu(1996), "Some Reflections on Mencius's View of Mind-Heart and
Human Nature", *Philosophy East and West, vol.46*, no.2, UH Press, pp.58~60.

Shun, Kwong-Loi(1997), *Mencius and early Chinese Thought*, Stanford University Press.

_____(1997), "Mencius on Jen-Hsing", *Philosophy East and West, Vol.47*, UK Press,

참고문헌

pp.1~20.

Tang Junyi(1968), *Zhongguo Zhexue Yuanlun: Yuanxingpian*, New Asia Press.

Wallerstein, Immanuel(2006), *European Universalism: The Rhetoric of Power*, 『유럽적 보편주의: 권력의 레토릭』, 김재오 옮김, 창비, 2008.

Watson, John B.(1924), *Behaviorism*, W. W. Norton & Company, 1970.

Wei-ming, Tu(1979), *Humanity and Self-Cultivation: Essays in Confucian Thought*, Asian Humanities Press.

_____ (1979), "On the Mencian Perception of Moral Self-Development", *Human and Self-Cultivation: Essays in Confucian Thought*, Asian Humanities Press.

_____ (1989), Way, *Learning and Politics; Essays in Confucian Intellectual*, The Institute of East Asian Philosophies.

Whitney, Paul(1997), *Psychology of Language*, 『언어심리학』, 이승복·한기선 옮김, 시그마프레스, 1999.

Whorf, Benjamin(1941), "Language and Logic" in *Language Thought and Reality: Seleted Writings of Benjamin Whorf*, J. Carroll(ed.), MIT Press, 1943.

Wundt, Wilhelm Max(1912), *Elements of Folk Psychology Outline of a Psychological History of the Development of Mankind*, Hardpress Publishing, 2016.

Zeller, Eduard(1971), *Grundriss der Geschichte der Griechischen Philosophie*, 『희랍철학사』, 이창대 옮김, 이론과 실천, 1991.

강지연(2010), 「중국 선진시대 인간본성론의 윤리학적 탐구 1」, 『人文科學論叢』, 제27집, 순천향대학교 인문과학연구소, 301-327쪽.

김득만, 장윤수(2000), 『중국 철학의 이해』, 예문서원.

김승혜(1990), 『원시유교』, 민음사.

김원렬(2008), 『중국철학의 인간 개념 연구』, 한국학술정보.

김예호(2007), 『고대중국의 사상문화와 법치철학』, 한국학술정보.

김충열(1994), 『중국철학사 1 - 중국철학의 원류』, 예문서원.

나성(1999), 「중국철학 연구에 관한 구미학계의 최근 추세 및 그 방법론 연구: 중국

고대 철학에 대한 세 가지 시각」, 『大同哲學』, 3, 대동철학회, 35-54쪽.

남상호(1997), 『중국철학 방법사』, 강원대학교 출판부.

박상환(1996), 「근대유럽의 중국철학」, 『人文科學』, 26, 成均館大學校 人文科學硏究所, 1-15쪽.

박영미(2012), 「'중국철학'은 정당한가?: '중국철학 합법성' 논쟁의 전개를 중심으로」, 『시대와 철학』, 제23권 3호, 한국철학사상연구회, 175-202쪽.

박원재(2001), 「맹孟·순荀 철학 분기의 사상사적 맥락」, 『中國哲學』, 제8집, 중국철학회, 5-32쪽.

송영배(1986), 『중국사회사상사』, 한길사.

송영배(1994), 『諸子百家의 思想: 原典 자료로 본 중국철학사-고대편』, 玄音社.

송영배(2004), 『동서 철학의 교섭과 동서양 사유 방식의 차이』, 논형.

안종수(1998), 「라이프니츠와 중국철학」, 『인문사회과학논총』, 5(1), 인제대학교 인문사회과학연구소, 25-42쪽.

양재혁(1986), 「역사적 근거에서 본 중국철학과 서양철학의 차이점」, 『人文科學』, 15집, 成均館大學校 人文科學硏究所, 25-42쪽.

양재혁(1987), 『동양사상과 마르크시즘』, 일월서각.

양재혁(1998), 『동양철학, 서양철학과 어떻게 다른가』, 소나무.

유명종(1976), 「양주의 생명철학」, 『철학연구』, 23집, 형설출판사, 47-70쪽.

윤무학(2004), 『순자』, 성균관대출판부.

윤천근(1990), 『양주의 생명철학』, 외계.

이동희(2005), 「라이프니츠를 중심으로 본 유럽 계몽주의 시대에 있어 중국철학 수용 문제」, 『哲學論集』, 제10집, 서강대학교 철학연구소, 5-47쪽.

이승환(1998), 『유가사상의 사회철학적 조명』, 고려대학교 출판부.

이운구(1989), 『中國의 批判思想』, 형설출판사.

이운구(2004), 『동아시아 비판사상의 뿌리』, 길.

이장희(2002), 「중국철학사의 순자평가에 대한 연구」, 『東西哲學硏究: 한국동서철학연구회논문집』, 제23호, 韓國東西哲學會, 57-73쪽.

임헌규(1999), 「맹자의 인성론」, 이강대 엮음, 『유가철학의 이해』, 이문출판사, 1999.

정영수(2010), 「선진유학의 인간본성론:『성자명출(性自命出)』을 중심으로」, 『汎韓哲學』, 제57집, 汎韓哲學會, 61-84쪽.

조남호(2005), 『朱熹』, 태학사.

한경덕(1993), 「楊朱의 대안」, 『泰東古典硏究』, 9輯, 翰林大學校 泰東古典硏究所, 185-219쪽.

한형조(1996), 『주희에서 정약용으로』, 세계사.

홍원식(1994), 「인간의 본성에 관한 논쟁-고자와 맹자, 맹자와 순자간의 논쟁」, 중국철학연구회 엮음, 『논쟁으로 보는 중국철학』, 예문서원.

황준연(2010), 『중국철학과 종교의 탐구』, 學古房.

2부 | 이성의 발견

Plato, 『고르기아스』, 김인곤 옮김, 이제이북스, 2014.

____, 『국가』, 박종현 역주, 서광사, 1997.

____, 『뤼시스』, 강철웅 옮김, 이제이북스, 2007.

____, 『메논』, 이상인 옮김, 이제이북스, 2008.

____, 『법률』, 박종현 역주, 서광사, 2009.

____, 『변명』, 강철웅 옮김, 이제이북스, 2013.

____, 『소피스테스』, 김태경 옮김, 한길사, 2000.

____, 『알키비아데스』, 김주일·정준영 옮김, 이제이북스, 2007.

____, 『에우튀데모스』, 김주일 옮김, 이제이북스, 2008.

____, 『정치가』, 김태경 옮김, 한길사, 2000.

____, 『크라튈로스』, 김인곤·이기백 옮김, 이제이북스, 2007.

____, 『크리톤』, 이기백 옮김, 이제이북스, 2009.

____, 『테아이테토스』, 정준영 옮김, 이제이북스, 2013.

____, 『티마이오스』, 박종현·김영균 공역, 서광사, 2000.

____, 『파이돈』, 전현상 옮김, 이제이북스, 2013.

_____,『파이드로스』, 김주일 옮김, 이제이북스, 2008.

_____,『편지들』, 강철웅·김주일·이정호 옮김, 이제이북스, 2009.

_____,『프로타고라스』, 강성운 옮김, 이제이북스, 2011.

_____,『프로타고라스·라케스·메논』, 박종현 역주, 서광사, 2010.

_____,『플라톤 신화집』, 천병희 옮김, 숲, 2014.

_____,『플라톤의 네 대화편-에우티프론, 소크라테스의 변론, 크리톤, 파이돈』, 박
종현 역주, 서광사, 2008.

_____,『필레보스』, 박종현 역주, 서광사, 2004.

_____,『향연』, 강철웅 옮김, 이제이북스, 2014.

Aristoteles, *Magna Moralia*, HardPress Publishing, 2012.

_____, *Parva Naturalia*,『자연학 소론집』, 김진성 옮김, 이제이북스, 2015.

_____, *Physica*, Ross, W. D.(ed. and comm.), Oxford University Press, 1936.

_____,『니코마코스 윤리학』, 이창우·김재홍·강상진 옮김, 이제이북스, 2006.

_____,『변증론』, 김재홍 옮김, 길, 2008.

_____,『소피스트적 논박』, 김재홍 옮김, 한길사, 2008.

_____,『수사학 1』, 이종오 옮김, 리젬, 2007.

_____,『수사학 2』, 이종오 옮김, 리젬, 2007.

_____,『수사학 3』, 이종오·김용석 옮김, 리젬, 2008.

_____,『시학』, 이상섭 옮김, 문학과지성사, 2005.

_____,『에우데모스 윤리학』, 송유레 옮김, 한길사, 2012.

_____,『정치학』, 나종일 옮김, 삼성출판사, 1990.

_____,『영혼에 대하여』, 유원기 옮김, 궁리, 2001.

_____,『오르가논-범주들·명제에 관하여』, 김진성 옮김, 이제이북스, 2008.

_____,『형이상학』, 김진성 역주, 이제이북스, 2007.

_____,『형이상학 1-2』, 조대호 옮김, 나남, 2012.

Ackrill, J. L.(1981), *Aristotle the Philosopher*,『철학자 아리스토텔레스』, 한석환 옮김,

서광사, 1992.

Albert, Karl(1980), *Griechische Religion und platonische Philosophie*, 『플라톤 철학과 헬라스 종교』, 이강서 옮김, 아카넷, 2011.

Arendt, H.(1958), *The Human Condition*, 『인간의 조건』, 이진우·태정호 옮김, 한길사, 1996.

＿＿(1960), *Vita activa oder Vom tätigen Leben*, München.

＿＿(1961), *Zwischen Vergangenheit und Zukunft*, 『과거와 미래 사이』, 서유경 옮김, 푸른숲, 2005.

Arrington, Robert(1998), *Western Ethics: An Historical Introduction*, 『서양윤리학사』, 김성호 옮김, 서광사, 2006.

Augutinus, 『신국론』, 성염 옮김, 분도출판사, 2004.

Barnes, Jonathan(1981), *Aristotle: A Very Short Introduction*, 『아리스토텔레스의 哲學』, 문계석 옮김, 서광사, 1989.

Bostock, David(2000), *Aristotle's Ethics*, Oxford University Press.

Brisson, Luc(1998), *Plato the Myth Maker*, The University of Chicago Press.

＿＿(2010), 「플라톤에게서 신화의 역할과 고대에서 그 역할의 확장」, 김유석 옮김, 『인간·환경·미래』, 제5호, 인제대학교 인간환경미래연구원, 159-194쪽.

＿＿(2011), 「소피스트, 소크라테스, 플라톤: 수사학, 철학적 대화, 변증술」, 김유석 옮김, 『인간·환경·미래』, 제7호, 인제대학교 인간환경미래연구원, 85-113쪽.

Buber, Martin(1947), *Between Man and Man*, 『사람과 사람 사이』, 남정길 옮김, 전망사, 1980.

Burnet, John(1920), *Early Greek Philosophers*, Meridian books, 1963.

Burnyeat, M. F.(1992), "Utopia and Fantasy: The Practicabbility of Plato's Ideally Just City", in *Plato*, G. Fine(ed.), Oxford University Press, 2000.

Cassirer, E.(1953), *Language and Myth*, 『상징형식의 철학 2: 신화적 사고』, 심철민 옮김, 2012.

＿＿(1961), *The Myth of the State*, 『국가와 신화』, 최명관 옮김, 서광사, 1988.

＿＿(1981), *Symbol, Myth, and Culture: Essays and Lectures of Ernst Cassirer*, 1935-

인간 본성의 역사

1945, 『상징 신화 문화: 에른스트 카시러의 1935-45년 에세이 및 강의』, 심철민 옮김, 아카넷, 2012.

Clark, Stephen R. L.(1975), *Aristotle's Man*, Oxford University Press.

Cooper, John W.(2006), *Panentheism: the other God of the Philosophers*, 『철학자들의 신과 성서의 하나님』, 김재영 옮김, 새물결플러스, 2011.

Cornford. F. M.(1912), *From Religion to Philosophy*, 『종교에서 철학으로』, 남경희 옮김, 이화여자대학교 출판부, 1995.

_____(1950), *The Unwritten Philosophy and Other Essays*, 『쓰여지지 않은 철학』, 이명훈 옮김, 라티오, 2008.

_____(1957), *Plato's Theory of Knowledge*, New York, The Liberal Arts Press.

Copleston, F.(1959), *A History of Philosophy Vol.1*, 『그리스 로마 철학사』, 김보현 옮김, 철학과현실사, 1998.

Coreth, Emerich(1968), *Grundriss der Metaphysik*, 『철학적 인간학』, 진교훈 옮김, 종로서적, 1986.

Cropsey, Joseph(1995), *Plato's World*, The University of Chicago Press.

Crombie, I. M.(1962), *An Examination of Plato's Doctrines I*, Routledge & Kegan Paul.

Crossman, Richard(1937), *Plato Today*, Routledge, 2014.

Detienne, Marcel and Vernant, Jean-Pierre(1974), *Les Ruses De L'Intelligence: la métis des Grecs*, Paris, Flammarion.

Dodds, Eric R.(1951), *The Greeks and the Irrational*, 『그리스인들과 비이성적인 것』, 주은영·양호영 옮김, 까치, 2002.

Farrington, Benjamin(1936), *Science and Politics in Ancient World*, George Allen & Unwin Ldt., 1965.

Ferrati, G. R. F.(ed.), *The Cambridge Companion to Plato's Republic*, Cambridge University Press.

Field, G. C.(1969), *The Philosophy of Plato*, 『플라톤의 철학』, 양문흠 옮김, 서광사, 1986.

Grube, G. M. A.(1980), *Plato's Thought*, Hackett Publishing Company.

Kerferd, G.(1981), *The Sophistic Movement*, 『소피스트 운동』, 김남두 옮김, 아카넷, 2003.

Guthrie, K. C.(1960), *The Greek Philosophers: From Thales to Aristoteles*, 『희랍철학 입문: 탈레스에서 아리스토텔레스까지』, 박종현 옮김, 서광사, 2000.

_____(1962), *A History of Greek Philosophy: Volume 1, The Earlier Presocratics and the Pythagoreans*, Cambridge University Press.

_____(1969), *A History of Greek Philosophy: Volume III, The Fifth-Century Enlightenment*, Cambridge University Press.

Hack, Roy Kenneth(1931), *God in Greek Philosophy to The Time of Socrates*, 『그리스 철학과 신: 소크라테스 이전 철학자들에서 신 개념의 역사』, 이신철 옮김, 도서 출판 b, 2011.

Halliwell, S.(trans. and ed.), *Plato: Republic 10*, Warminster, Aris & Philips, 1988.

Hare, R. M.(1983), *Plato*, 『플라톤』, 강정인·김성환 옮김, 문학과지성사, 1991.

Hartman, Edwin(1978), *Substance, Body and Soul: Aristotelian Investigations*, Princeton University Press, 2015.

Heideggar, M.(1930), *Vom Wesen der Wahrheit*, 『진리의 본질에 관하여』, 이기상 옮김, 까치, 2004.

Hirschberger, J.(1965), *Geschichte der Philosophie Vol.1*, 『서양철학사 상권-고대와 중세』, 강성위 옮김, 이문출판사, 1983.

Jaeger, W.(1932), *Aristoteles: Grundlegung einer Geschichte seiner Entwicklung*, 『아리스토텔레스의 형이상학: 주요 본문에 대한 해설·번역·주석』, 조대호 역해, 문예출판사, 2004.

_____(1936), *The Theology of the Early Greek Philosophers: the Gifford Lectures*, Oxford Clarendon Press, 1947.

_____(1961), *Early Christianity and Greek Paideia*, Harvard University Press.

Johnson, Paul(2011), *Socrates: A Man for Our Times*, Viking Press.

Kahn, C.(1996), *Plato and the Socratic Dialogue: The Philosophical Use of a Literary Form*, Cambridge University Press.

인간 본성의 역사

Kitto, H. D. F.(1951), *The Greeks*, 『고대 그리스 그리스인들』, 박재욱 옮김, 갈라파고스, 2008.

Läertios, Diogenes, *Vitae Philosophorum*, 『그리스철학자 열전』, 전양범 옮김, 동서문화사, 2008.

Liddel, H. G. and Scott, Robert(1996), *Greek-English Lexicon*, Clarendon Press.

Mason, Cora(1953), *Socrates: The Man Who Dared to Ask*, 『소크라테스』, 최명관 옮김, 훈복문화사, 2005.

Mondin, B.(1985), *Philosophical Anthropology: Man: An Impossible Project?*, 『인간: 철학적 인간학 입문』, 허재윤 옮김, 서광사, 1996.

Montuori, M.(1988), *Socrates: An Approach*, J. C. Gieben.

Mosse, Claude(1993), *Le Citoyen dans la Grèce Antique*, 『고대 그리스의 시민』, 김덕희 옮김, 동문선, 2002.

Nettleship, R. L.(1962), *Lectures on the Republic of Plato*, 『플라톤 국가론 강의』, 김안중·홍윤경 옮김, 교육과학사, 2010.

Newman, W. L.(1887), *The Politics of Aristoteles: Vol.I*, Forgotten Books, 2012.

Nietzsche, Friedrich, *Sämtliche Werke: Kritische Studienausgabe in 15 Bänden*, G. Colli and M. Montinari(eds.), Dtv, 1999.

Popper, K.(1966), *The Open Society and Its Enemies*, 『열린사회와 그 적들 1』, 이한구 옮김, 민음사, 1982.

Ricken, Friedo(1988), *Plilosophie der Antike*, 『고대 그리스 철학』, 김성진 옮김, 서광사, 2000.

Robinson, T. M.(1995), *Plato's Psychology*, University of Toronto Press.

Ross, W. D.(1949), *Aritoteles*, 『아리스토텔레스: 그의 저술과 사상에 관한 총설』, 김진성 옮김, 누멘, 2011.

_____(1951), *Plato's Theory of Ideas*, 『플라톤의 이데아론』, 김진성 옮김, 누멘, 2011.

Russell, Bertrand(1920), *The Practice and Theory of Bolshevism*, Arc Manor, 2008.

_____(1967), *The History of Western Philosophy*, 『서양철학사 상』, 최민홍 옮김, 집문당, 1973.

Sabine, G. H.(1949), *A History of Political Theory*, 『정치사상사』, 민병태 옮김, 을유문화사, 1963.

Schlaifer, R.(1936), "Greek Theories of Slavery from Homer to Aristoteles", *Harvard Studies in Classical Philology*, 47, pp.165~204.

Schofield, M.(2006), *Plato: Political Philosophy*, Oxford University Press.

Scott, D.(1987), "Platonic Anamnesis Revisited", *Classical Quarterly*, 37, pp.346~366.

Sedley, D.(2007), "Philosophy, the Forms, and the Art of Ruling" in *The Cambridge Companion to Plato's Republic*, G. R. F. Ferrari(ed.), Cambridge University Press, 2007, pp.256~283.

Snell, Bruno(1955), *Die Entdeckung des Geistes*, 『서구적 사유의 기원: 정신의 발견』, 김재홍 옮김, 까치, 1994.

Stenzel, J.(1931), *Metaphysik des Altertums*, Oldenburg.

Stewart, J. A.(1905), *The Myths of Plato*, London, MacMillan, 2012.

_____(1909), *Plato's Doctrine of Ideas: vol.1*, 『미적 경험과 플라톤의 이데아론』, 양태범 옮김, 누멘, 2011.

Störig, Hans Joachim(1969), *Kleine Weltgeschichte der Philosophie*, 『세계철학사 상』, 하재창 옮김, 배재서관, 1990.

Strauss, Leo(1964), *The City and Man*, Chicago University Press.

Thales 외, 『소크라테스 이전 철학자들의 단편 선집』, 김인곤 옮김, 2005.

Thomson, George Derwent(1941), *Aeschylus and Athens*, Lawrence & Wishart.

_____(1961), *The Study of Ancient Greek Society: The First Philosophers*, 『고대사회와 최초의 철학자들』, 조대호 옮김, 고려원, 1992.

Van Peursen, C. A.(1985), *Body, Soul, Spirit: a Survey of the Body-Mind Problem*, 『몸·영혼·정신-철학적 인간학, 입문』, 서광사, 1989.

Vernant, Jean-Pierre(1962), *Les Origines de la Pensée Grecque*, 『그리스 사유의 기원』, 김재홍 옮김, 아카넷, 1993.

_____(1969), *Mythe et pensée chez les Grecs*, 『그리스인들의 신화와 사유』, 박희영 옮김, 아카넷, 2005.

Veyne, Paul(1992), *Les Grecs ont-ils cru àleurs mythes?*, 『그리스인들은 신화를 믿었는 가』, 김운비 옮김, 미학사, 2002.

Vlastos, G.(1975), *Plato's Universe*, 『플라톤의 우주』, 이경직 옮김, 서광사, 1998.

_____(1991), *Socrates, Ironist and Moral Plilosopher*, Cambridge University Press.

Warne, Christopher(2006), *Aristotle's Nicomachean Ethics*, 『아리스토텔레스의 니코마 코스 윤리학 입문』, 김요한 옮김, 서광사, 2011.

Weischedel, W.(1983), *Der Gott Der Philosophen*, 『철학자들의 신』, 최상욱 옮김, 동 문선, 2003.

Wells, H. G.(1903), *A Modern Utopia*, Jefferson Publication, 2015.

Wilkes, K. V.(1978), *Physicalism*, London, Routledge & Kegan Paul.

Wolin, S. S.(1960), *Politics and Vision*, 『정치와 비전 1』, 강정인·공진성·이지윤 옮김, 후마니타스, 2007.

Wood, E. M.(1978), *Class Ideology and Ancient Political Theory*, Oxford University Press.

牟宗三, 『동양철학과 아리스토텔레스』, 정병석 옮김, 小康, 2001.

강대석(1987), 『그리스 哲學의 理解』, 한길사.

강성훈(2008), 「플라톤의 『국가』에서 선분 비유와 동굴 비유」, 『철학사상』, 제27호, 서울대학교철학사상연구소, 165-200쪽.

강철웅(2016), 『설득과 비판: 초기 희랍의 철학 담론 전통』, 후마니타스.

김남식(2010), 「아크라시아 가능성 논쟁: 소크라테스와 아리스토텔레스를 중심으 로」, 『철학논총』, 제62집, 새한철학회, 3~33쪽.

김내균(1996), 『소크라테스 이전의 그리스 철학』, 교보문고.

김영균(2008), 『국가』, 살림출판사.

김영균(2010), 「플라톤의 철인정치론」, 『東西哲學硏究』, 제58호, 韓國東西哲學會, 341-362쪽.

김용민(2004), 「플라톤의 세계에서 신화의 의미: 정치적 신화를 중심으로」, 『정치사 상연구』, 10집 1호, 한국정치사상학회, 111-128쪽.

김윤동(2007), 「플라톤의 〈파이드로스〉편에 나타난 영혼의 문제」, 『哲學硏究』, 제 103집, 대한철학회, 77-93쪽.

김윤동(2011), 「플라톤의 철인왕 통치」, 『哲學硏究』, 제117집, 대한철학회, 1~33쪽.

김태경(2006), 『플라톤의 정치가』, 성균관대학교 출판부.

남경희(2006), 『플라톤: 서양철학의 기원과 토대』, 아카넷.

문성학(2002), 「플라톤 『국가론』에 있어 '이상국가'의 애매성」, 『哲學會誌』, 제25집, 영남대학교철학연구회, 199-235쪽.

박규철(2003), 『역사적 소크라테스와 등장인물 소크라테스』, 동과서.

박규철(2009), 『소크라테스와 소피스트』, 동과서.

박동천(2012), 『플라톤 정치철학의 해체』, 모티브북.

박병준(2003), 「아리스토텔레스의 인간학 이해」, 『신학전망』, 140호, 광주카톨릭대학교, 66-87쪽.

박성우(2014), 『영혼 돌봄의 정치: 플라톤 정치철학의 기원과 전개』, 인간사랑.

박승찬(2011), 「생명의 원리에서 인격의 중심에로: 서양철학적 관점에서 본 영혼론」, 『신학과 사상』, 제67호, 신학과사상학회, 59-157쪽.

박혁(2009), 「플라톤과 서구 정치철학 전통의 성립: 서구 정치철학 전통 안에 있는 반다원적 요소들에 대한 한나 아렌트의 비판」, 『철학사상』, 제33호, 서울대학교 철학사상연구소, 237-274쪽.

박희영 외(2001), 『플라톤 철학과 그 영향』, 서광사.

백승영(2005), 『니체, 디오니소스적 긍정의 철학』, 책세상.

신상희(2009), 「동굴의 비유 속에 결박된 철학자, 플라톤: 하이데거가 바라보는 플라톤의 좋음의 이데아 성격과 진리경험의 변화에 관하여」, 『哲學硏究』, 제84집, 철학연구회, 171-196쪽.

유원기(2003), 「인간의 본성과 영혼의 역할」, 『철학사상』, 42집, 서울대학교철학사상 연구소, 29-52쪽.

유원기(2004), 「아리스토텔레스의 인간본성론」, 『신학과 철학』, 6호, 서강대학교 신학·철학연구소, 255-275쪽.

유원기(2009), 『자연은 헛된 일을 하지 않는다: 아리스토텔레스의 자연철학』, 서광사.

인간 본성의 역사

이병담(1998), 「플라톤에 있어서 '*θεολογία*'(신학)는 존재하는가?」, 『범한철학』, 제16집, 147-166쪽.

이상인(2006), 『플라톤과 유럽의 전통』, 이제이북스.

이상봉(2011), 「플라톤 철학에 있어서 신화의 역할」, 『哲學研究』, 제120집, 대한철학회, 207-228쪽.

이재현(2012), 「뮈토스와 로고스: 고대 그리스 철학의 기원에 관한 소고」, 『동서사상』, 제13집, 경북대학교 동서사상연구소, 21~42쪽.

이창대(2012), 『플라톤의 형이상학』, 인천대학교 출판부.

장영란(2000), 『아리스토텔레스의 인식론』, 서광사.

전재원(2012), 『아리스토텔레스 철학』, 역락.

전헌상(2012), 「플라톤의『파이돈』에서의 상기 논증과 이데아」, 『哲學』, 제113집, 1-25쪽.

정영도(2011), 『그리스 로마 철학』, 이경.

3부 | 근대적 인간

Bullock, Alan(1985), *The Humanist Tradition in the West*, 『서양의 휴머니즘 전통』, 홍동선 옮김, 범양사, 1989.

Copleston, F.(1962), *A History of Philosophy Vol.2*, 『중세철학사』, 박영도 옮김, 서광사, 1988.

Gilson, E.(1955), *History of Christian Philosophy in the Middle Ages*, 『중세철학사』, 김기찬 옮김, 현대지성사, 2013.

_____(1966), *Reason and Revelation in the Middle Ages*, 『중세철학 입문』, 강영계 옮김, 서광사, 1982.

Hirschberger, J.(1965), *Geschichte der Pliosophie Vol.2*, 『서양철학사 하권-근세와 현대』, 강성위 옮김, 이문출판사, 1983.

Le Goff, Jacques(1984), *Medieval Civilization 400-1500*, 『서양 중세문명』, 유희수 옮

김, 까치, 1992.

McMullin, E.(ed.)(1978), *The Concept of Matter in Modern Philosophy*, University of Notre Dame Press.

Weinberg, J. R.(1963), *A Short History of Medieval Philosophy*, 『중세철학사』, 강영계 옮김, 민음사, 1984.

김영한(1989), 『르네상스 휴머니즘과 유토피아적 휴머니즘』, 탐구당.

박승찬(2011), 「생명의 원리에서 인격의 중심에로: 서양철학적 관점에서 본 영혼론」, 『가톨릭 신학과 사상』, 제67호, 신학과사상학회, 59-157쪽.

장욱(2003), 『토마스 아퀴나스의 철학』, 동과서.

1. 마키아벨리 – 인간 본성과 '국가 이성'

_____(1513), 『군주론』, 강정인·문지영 옮김, 까치, 2003.

_____(1519), 『로마사 논고』, 강정인·안선재 옮김, 한길사, 2003.

Althusser, Louis(2001), *Machiavel et nous*, 『마키아벨리의 가면』, 오덕근·김정한 옮김, 이후, 2001.

_____(2012), *Solitude de Machiavel*, 『마키아벨리의 고독』, 김석민 옮김, 중원문화, 2012.

Bonadeo, Alfredo(1973), *Corruption, Conflict, and Power in the Works and Times of Niccolo Machiavelli*, University of California Press.

Berlin, Isaiah(1972), "The Originality of Machiavelli" in *Studies on Machiavelli*, Myron P. Gilmore(ed.), G. C. Sansoni.

Bobbitt, Philip(2013), *Garments of Court and Palace: Machiavelli and the World That He Made*, 『군주론 이펙트: 근대 국가의 탄생을 꿰뚫어본 선지자에 대한 오해와 진실』, 이종인 옮김, 세종서적, 2014.

Bruckhardt, Jacob(1860), *Die Kultur der Renaissance in Italien*, 『이탈리아 르네상스의 문화』, 이기숙 옮김, 한길사, 2003.

인간 본성의 역사

Butterfield, Herbert(1962), *The Statecraft of Machiavelli*, MacMillan.

Cassirer, E.(1961), *The Myth of the State*, 『국가와 신화』, 최명관 옮김, 창, 2013.

Duncan, Graeme(1983), "Political Theory and Human Nature" in *Politics and Human Nature*, Ian Forbes and Steve Smith(eds.), New York, St. Martin's.

Graham, Gordon(1988), *Contemporary Social Philosophy*, 『사회철학이란 무엇인가: 마키아벨리·로크·밀·마르크스·노직·롤스의 사회사상을 중심으로』, 한승홍 옮김, 성지출판사, 1990.

MacIntyre, A.(1966), *A Short History of Ethnics*, 『윤리의 역사, 도덕의 이론』, 김민철 옮김, 철학과현실사, 2004.

Mansfield, Harvey C.(1998), *Machiavelli's Virtue*, 『마키아벨리의 덕목』, 이태영·조혜진·고솔 옮김, 말·글빛냄, 2008.

Meinecke, Friedrich, *Die Idee der Staatsräson in der neueren Geschichte*, 『국가권력의 이념사』, 이광주 옮김, 한길사, 2013.

Olschki, L.(1945), *Machiavelli: the Scientist*, Berkeley, Gillick Press.

Pocock, J. G. A.(1975), *Tne Machiavellian Moment*, Princeton University Press.

Redhead, Brian(1988), *Political thought from Plato to NATO*, 『서양 정치사상』, 황주홍 옮김, 서울: 문학과지성사, 1993.

Ridolfi, Roberto(1978), *Vita Di Niccolo Machiavelli*, 『마키아벨리 평전』, 곽차섭 옮김, 아카넷, 2000.

Skinner, Quentin(1979), *The Foundations of Modern Political Thought*, 『근대 정치사상의 토대1』, 박동천 옮김, 한길사, 2004.

_____(1981), *Machiavelli: A Very Short Introduction*, 『마키아벨리의 네 얼굴: 군주론 너머 진짜 마키아벨리를 만나다』, 강정인·김현아 옮김, 한겨레출판, 2010.

_____(2001), *Machiavelli*, 『마키아벨리: 강권 정치론을 주창한 인문주의자』, 신현승 옮김, 시공사, 2001.

Skinner, Quentin 외, 『마키아벨리의 이해』, 강정인 편역, 문학과 지성사, 1993.

Strauss, Leo and Cropsey, Joseph(1987), *History of Political Thought*, 『서양정치철학사 I』, 김영수 외 옮김, 인간사랑, 2010.

Strauss, Leo(1958), *Thoughts on Machiavelli*, 『마키아벨리』, 함규진 옮김, 구운몽, 2006.

Viroli, Maurizio(1998), *Machiavelli*, Oxford University Press.

Weber, Max(1960), *Politik als Beruf*, 『직업으로서의 정치』, 전성우 옮김, 나남, 2013.

White, Michael(2004), *Machiavelli: A Man Misunderstood*, 『평전 마키아벨리』, 김우열 옮김, 이룸, 2006.

Wolin, S. S.(1960), *Politics and Vision*, 『정치와 비전 2』, 강정인·공진성·이지윤 옮김, 후마니타스, 2007.

강정인, 「마키아벨리의 생애와 사상」, Skinner, Quentin 외, 『마키아벨리의 이해』, 강정인 편역, 문학과 지성사, 1993.

곽준혁(2013), 『지배와 비지배: 마키아벨리의 『군주』 읽기』, 민음사.

곽준혁(2014), 『마키아벨리 다시 읽기: 비지배를 꿈꾸는 현실주의자』, 민음사.

곽차섭(1994), 「마키아벨리즘」, 김영한·임지연 엮음, 『서양의 지적 운동』, 지식산업사.

김경희(2013), 『공존의 정치: 마키아벨리 『군주론』의 새로운 이해』, 서강대학교 출판부.

박상섭(1998), 「Virtú의 개념을 중심으로 본 마키아벨리의 政治思想 硏究」, 『國際問題硏究』 22, 서울대학교 국제문제연구소, 1-41쪽.

박상섭(2002), 『국가와 폭력: 마키아벨리의 정치사상 연구』, 서울대학교출판부.

진원숙(1996), 『마키아벨리와 국가이성』, 신서원.

2. 데카르트의 '기계 속의 유령'

Descartes, R., *The Philosophical Works of Descartes*, E. S. Haldane and G. R. T. Ross (trans.), Cambridge University Press, 1931.

_____(1628), 「정신지도를 위한 규칙들」, 『방법서설: 정신지도를 위한 규칙들』, 이현복 옮김, 문예출판사, 1997.

_____(1636), 『방법서설: 정신지도를 위한 규칙들』, 이현복 옮김, 문예출판사, 1997.

_____, 『방법서설·성찰, 데카르트 연구』, 최명관 옮김, 서울, 창, 2010.

_____(1637), 『이성을 잘 인도하고, 학문에 있어 진리를 탐구하기 위한 방법서설』, 이현복 옮김, 문예출판사, 1997.

_____(1641), 『성찰: 자연의 빛에 의한 진리 탐구, 프로그램에 대한 주석』, 이현복 옮김, 서울, 문예출판사, 1997.

_____(1643), 『성찰: 〈성찰〉에 대한 학자들의 반론과 데카르트의 답변 1, 2』, 원석영 옮김, 나남, 2012.

_____(1644), 『철학의 원리』, 원석영 옮김, 아카넷, 2012.

_____(1649), 『정념론』, 김선영 옮김, 문예출판사, 2013.

Bergson, Henri.(1907), *L'evolution creatrice*, 『창조적 진화』, 황수영 옮김, 아카넷, 2005.

Collins, James(1967), *The Continental Rationalists: Descartes, Spinoza, Leibniz*, 『합리론: 데카르트, 스피노자, 라이프니츠』, 이성환·박은옥 옮김, 백의, 1999.

Copleston, Frederick C.(1996), *History of Philosophy: Descartes to Leibniz*, 『합리론: 데카르트에서 라이프니츠까지』, 김성호 옮김, 서광사, 1998.

Cottingham, John Graham(1986), *Descartes*, Wiley-Blackwell.

_____(ed.)(1992), *The Cambridge Companion to Descartes*, Cambridge University Press.

Curley, E. M.(1993), *Descartes Against the Skeptics*, 『데카르트와 회의주의』, 문성학 옮김, 고려원, 1993.

Damasio, Antonio(1994), *Descartes' Error: Emotion, Reason, and the Human Brain*, 『데카르트의 오류』, 김린 옮김, 중앙문화사, 1999.

Devlin, Keith(1997), *Goodbye, Descartes: The End of Logic and the Search for a New Cosmology of the Mind*, New York, John Wiley & Sons, Inc.

Gouhier, Henri(1961), *La pensée métaphysique de Descartes*, Librairie Philosophique J. Vrin, 1999.

Hatfield, Gary(2002), *Routledge Philosophy Guidebook to Descartes and the Meditations*, Routledge.

Kenny, Anthony(1968), *Descartes: A Study of His Philosophy*, 『데카르트의 철학』, 김성호 옮김, 서광사, 1991.

_____(2008), *The Rise of Modern Philosophy: A New History of Western Philosophy*

Vol.3, 『근대철학』, 김성호 옮김, 서광사, 2014.

Losse, John(1993), *A Historical Introduction to the Philosophy of Science*, 『과학철학의 역사』, 정병훈·최종덕 옮김, 동연, 1999.

Malcolm, Norman(1972), *Problems of Mind: Descartes to Wittgenstein*, 『마음의 문제: 데카르트에서 비트겐슈타인까지』, 류의근 옮김, 서광사, 1987.

Pascal, Blaise, *Pensées*, 『팡세』, 김형길 옮김, 서울대 출판문화원, 2015.

Priest. S.(1994), *Theories of Mind*, 『마음의 이론』, 박찬수 외 옮김, 고려원, 1995.

Ryle, Gilbert(1949), *The Concept of Mind*, London, Penguin.

Rodis-Lewis, G.(1971), *L'oeuvre de Descartes* Ⅰ, Ⅱ, Paris, Virin.

Schacht, Richard(1984), *Classical Modern Philosophers: Descartes to Kant*, 『근대철학사: 데카르트에서 칸트까지』, 정영기·최희봉 옮김, 서광사, 1993.

Skinner, Q.(1969), "Meaning and Understanding in the History of Ideas", *History and Theory*, no.8, pp.32~43.

Sorell, Tom(1999), *Descartes*, 『데카르트』, 문창옥 옮김, 시공사, 1999.

Spinoza, Benedictus De(1663), *Renati des Cartes Principiorum Philosophiae*, 『데카르트 철학의 원리』, 양진호 옮김, 책세상, 2010.

Weinberg, J. R(1997), *Ockham, Descartes, and Hume*, The University of Wisconsin Press.

Williams, Bernard(1978), *Descartes*, Penguin Books.

Wozniak, Robert H.(2011), *Mind and Body*, 『마음·뇌·심리: 데카르트에서 제임스까지』, 진영선·한일조 옮김, 학지사, 2011.

伊藤勝彦(1967), 『デカルト』, 『데카르트의 철학과 사상』, 김문두 옮김, 문조사, 1994.

강영안(1999), 「현대 철학의 반데카르트적 경향」, 『철학과현실』, 8, 철학문화연구소, 232-240쪽.

김상환(2007), 「데카르트의 정념론과 그 이후」, 이재영 외, 『개인의 본질: 근대적 개인의 형성』, 한국학술정보, 250~252쪽.

김선영(2012), 「데카르트에서 영혼과 몸의 결합과 그 현상으로서의 정념: 지각, 감정, 동요」, 『哲學研究』, 제45집, 고려대학교 철학연구소, 167-197쪽.

김성환(1995), 「데카르트의 물질론」, 『哲學研究』, 제36집, 철학연구회, 137-151쪽.

김용환(2008), 「홉스의 서간문에 나타난 철학적 논쟁들: 홉스와 데카르트」, 『哲學研究』, 제81집, 철학연구회, 21-43쪽.

문장수(2011), 『데카르트의 역설: 코기토와 근대성』, 역락.

소병일(2009), 「생리학적 욕망과 기하학적 이성 간의 갈등:『정념론』을 중심으로 본 데카르트의 욕망관」, 『汎韓哲學』, 제55집, 범한철학회, 473-502쪽.

이광래(1992), 『프랑스 철학사』, 문예출판사.

3. 토머스 홉스의 '자연상태'

Hobbes, Thomas, *The Collected Works of Thomas Hobbes*, Sir William Molesworth (ed.), Routledge, 1997.

_____, *The English Works of Thomas Hobbes*, 12 volumes, Sir William Molesworth (ed.), Routledge, 1992.

_____, *Leviathan*, 『리바이어던1, 2』, 진석용 옮김, 나남, 2008.

_____(1651), *Man and Citizen*, Charles T. Wood, S. K. Scott-Craig and Bernard Gert (trs.), The Anchor Books edition, 1972.

_____(1651), *On Man in Man and Citizen*, Charles T. Wood, S. K. Scott-Craig and Bernard Gert(trs.), 『인간론』, 이준호 옮김, 지식을만드는지식, 2009.

_____(1651), *De Cive*, CreateSpace, 2013.

Bowle, J.(1951), *Hobbes and his Critics: A Study in Seventeenth-Century Constitutionalism*, Routledge.

Crane, Tim(2003), *The Mechanical Mind: A Philosophical Introduction to Minds*, Machines and Mental Representation, Routledge.

Fred, Alford C.(1991), *The Self in Social Theory*, Yale University Press.

Gauthier, D. P.(1969), *The Logic of Leviathan: The Moral and Political Theory of Thomas Hobbes*, Oxford University Press.

Gert, Bernard(1996), "Hobbes' psychology" in *The Cambridge Companion to Hobbes*, T. Sorell(ed.), Cambridge University Press.

Hampton, Jean(1968), *Hobbes and the Social Contract Tradition*, Cambridge University Press.

Hinnant, Charles H.(1977), *Thomas Hobbes*, Boston, Twayne Publishers.

Johnston, D.(1986), *The Rhetoric of Leviathan: Thomas Hobbes and the Politics of Cultural Transformation*, Princeton University Press.

Kavka, Gregory S.(1993), "Hobbes's War of All against All" in *Thomas Hobbes: Critical Assessments Vol.III*, P. King(ed.), Routledge.

Kersting, Wolfgang(1992), *Thomas Hobbes zur Einführung*, 『홉스』, 전지선 옮김, 인간사랑, 2006.

King, Preston(ed.)(1993), *Thomas Hobbes: Critical Assessments*, I~IV, Routledge.

Lloyd, S. A.(2009), *Morality in the Philosophy of Thomas Hobbes*, Cambridge University Press.

Lubienski, Z.(1993), "Hobbes' Philosophy and Its Historical Background" in *Thomas Hobbes: Critical Assessments Vol.I*, P. King(ed.), Routledge.

MacNeilly, F. S.(1968), *Anatomy of Leviathan*, New York, Macmillan.

MacPherson, C. B.(1962), *The Political Theory of Possessive Individualism: Hobbes to Locke*, 『홉스와 로크의 사회철학: 소유적 개인주의의 정치이론』, 황경식·강유원 옮김, 박영사, 1990.

Martinich, A. P.(1999), *Hobbes: A Biography*, Cambridge University Press.

Minogue. K. R.(1966), "Thomas Hobbes" in *Conceptions of Liberty in Political Philosophy*, Zbigniew Pelczynski and John Gray(eds.), The Athlone Press.

Oakshott, S. M.(ed.)(1960), *Leviathan*, Oxford, Basic Blackwell.

Peters, R. S.(1967), *Hobbes*, Penguin Books.

Ryan, A.(1996), "Hobbes's political philosophy" in *The Cambridge Companion to Hobbes*, T. Sorell(ed.), Cambridge University Press.

Sabine G. H.(1949), *A History of Political Theory*, 『정치사상사 1, 2』, 성유보·차남희

인간 본성의 역사

옮김, 한길사, 1983.

Schmitt, Carl(1932), *Der Begriff des Politischen*, 『정치적인 것의 개념』, 김효전 옮김, 법문사, 1995.

Schlick, Moritz(1939), *Problems of Ethics*, Dover Publications, 1962.

Skinner, Q.(1993), "Hobbes's 'Leviathan'" in *Thomas Hobbes: Critical Assessments Vol.I*, P. King(ed.), Routledge.

Strauss, Leo(1963), *The Political Philosophy of Hobbes. Its Basis and Its Genesis*, The University of Chicago Press.

_____(1965), "The Spirit of Hobbes's Political Philosophy" in *Hobbes: Studies*, K. C. Brown(ed.), Oxford, Basil Blackwell.

_____(1988), *What is political philosophy?*, 『정치철학이란 무엇인가』, 양승태 옮김, 아카넷, 2002.

Trainor, B. T.(1985), "The Politics of Peace: the Role of Political Covenant in Hobbes's Leviathan", *Review of Politics, Vol.XLVII*, No.3, pp.347-369.

Tuck, Richard(1969), *Hobbes*, 『홉스의 이해』, 강정인 편역, 문학과지성사, 1993.

_____(1988), "Hobbes and Descartes" in *Perspectives on Thomas Hobbes*, G. A. J. Rogers and A. Ryan(eds.), Oxford, Clarendon Press.

_____(1996), "Hobbes's Moral Philosophy," in *The Cambridge Companion to Hobbes*, T. Sorell(ed.), Cambridge University Press.

Watkins, J. W. N.(1955), "Philosophy and Politics in Hobbes", *The Philosophical Quarterly, vol.5(19)*, pp.125-146.

Watkins, J. W. N.(1973), *Hobbes's system of Idea*, London, Huchinson University Library.

Wolin, S. S.(1960), *Politics and Vision*, 『정치와 비전 2』, 강정인·공진성·이지윤 옮김, 후마니타스, 2007.

김성환(2002),「홉스의 물질론」,『시대와 철학』, 제13권 1호, 한국철학사상연구회, 61~86쪽.

김용환(1999),『홉스의 사회·정치철학-『리바이어던』읽기-』, 철학과현실사.

김용환(2005), 『리바이어던: 국가라는 이름의 괴물』, 살림출판사.

김용환(2013), 「홉스 종교철학을 위한 변명: 환원주의와 재구성주의의 관점에서」, 『근대철학』, 제8권, 서양근대철학회, 35~69쪽.

김응종(2010), 「토마스 홉스와 무신론」, 『역사와 담론』, 제55집, 호서사학회, 269~293쪽.

김효명(2002), 『영국 경험론』, 아카넷.

이준호(2007), 「홉스의 인간론에서 정념과 이성」, 『哲學硏究』, 제101집, 철학연구회, 253~272쪽.

4. 존 로크의 '빈 서판'

Locke, John, *The Second Treatise of Government*, 『통치론』, 이극찬 옮김, 삼성출판사, 1982.

_____, *The Second Treatise of Government*, 『통치론』, 강정인·문지영 옮김, 까치, 1996.

_____, *Essays on the Law of Nature*, 『자연법론』, 이문조·정달현 옮김, 이문출판사, 1988.

_____(1667), *Epistola de Tolerantia*, Raymond Klibansky(ed.), 『관용에 관한 편지』, 공진성 옮김, 책세상, 2008.

_____, *A Letter Concerning Toleration, in John Locke: A Letter Concerning Toleration in Focus*, S. Mendus and J. Horton(eds.), Routledge, 1991.

_____(1689), *Two Treatise of Government*, Peter Laslett(ed.), Cambridge University Press, 1967.

_____(1689), *The Second Treatise of Government*, T. Peardon(ed.), Indianpolis, Bobbs-Merrrill Education Publishing Co., 1976.

_____(1690), *An Essay Concerning Human Understanding*, P. H. Nidditch(ed.), Oxford University Press, 1975.

_____, *An Essay concerning Human Understanding*, 『인간지성론 1, 2』, 정병훈·이재영·양선숙 옮김, 한길사, 2015.

_____(1695), *The Reasonableness of Christianity*, I. Ramsey(ed.), Stanford University

인간 본성의 역사

Press, 1958.

____, *Political Writings*, Wootton, D.(ed.), Penguin Books, 1993.

Aaron, R. I.(1955), *John Locke*, Oxford University Press.

Ashcraft, R.(1968), "Locke's State of Nature: Historical Fact or Moral Fiction", *American Political Science Review*, LXII, 3, pp.898~915.

____(1980), "The English Revolution and Locke's two Treatise of Government", *Political Theory*, vol.8, no.4, pp.429-485.

____(ed.)(1986), *Revolutionary Politics and Locke's "Two Treatises of Government"*, Princeton University Press.

____(ed.)(1991), *John Locke: Critical Assessments*, Routledge.

Ayers, Michael(1997), *The Great Philosophers: Locke*, 『로크』, 강유원 옮김, 궁리, 2003.

Barker, Ernest 외, 『로크의 이해』, 강정인·문지영 편역, 문학과지성사, 1995.

Barker, Ernest(1962), "Introduction" in *Social Contract: Essays by Locke, Hume, and Rousseau*, Oxford University Press.

Copleston, F.(1959), *A History of Philosophy Vol.5*, 『영국경험론』, 이재영 옮김, 서광사, 1991.

Dunn, John(1984), *Locke*, 「로크의 사상」, 『로크의 이해』, 강정인·문지영 편역, 문학과지성사, 1995.

Gough, J. W.(1950), *John Locke's Political Philosophy: Eight Studies*, Clarendon Press.

____(1976), "Introduction" in *Locke, John, The Second Treatise of Government and a Letter Concerning Toleration*, 「로크의 정치사상」, 『로크의 이해』, 강정인·문지영 편역, 문학과 지성사, 1995.

Harris, Ian(1994), *The Mind of John Locke: A Study of Political Theory in Its Intellectual Setting*, Cambridge University Press.

Kendall, Willmoore(1941), *John Locke And The Doctrine Of Majority-Rule*, Kessinger Publishing, 2010.

King, Peter(1830), *Life of John Locke Vol 1, 2*. Palala Press, 2016.

Lowe, E. J.(1995), *Locke on Human Understanding*, Routledge.

Mackie, J. L.(1976), *Problems From Locke*, Clarendon Press.

MacPherson, C. B.(1962), *The Political Theory of Possessive Individualism: Hobbes to Locke*, 『홉스와 로크의 사회철학: 소유적 개인주의의 정치이론』, 황경식·강유원 옮김, 박영사, 1990.

Nicholas, W.(1996), *John Locke and the Ethics of Belief*, Cambridge University Press.

O'Connor, D. J.(1952), *John Locke*, Penguin Books.

Odegard, Douglas(1991), "Locke as an Empiricist" in *John Locke critical Assessments*, R. Ashcraft(ed.), Routledge.

Pateman, Carole(1975), "Sublimation and Reification: Locke, Wolin and the Liberal Democratic Conception of the Political", *Politics and Society, vol.5*, no.4, pp.441~467.

Pinker, S.(1997), *How the Mind Works*, 『마음은 어떻게 작동하는가』, 김한영 옮김, 동녘사이언스, 2008.

Rabb, J. D.(1985), *John Locke on Reflection*, Washington D. C., University Press of America.

Thiel, Udo(1990), *John Locke*, 『로크』, 이남석 옮김, 한길사, 1998.

Tully, James(1963), *An Approach to Political Philosophy: Locke in Contexts*, Cambridge University Press.

Walzer, Michael(1999), *On Toleration*, 『관용에 대하여』, 송재우 옮김, 미토, 2004.

_____(2007), "Liberalism and the Art of Saparation" in *Thinking Politically: Essays in Political Theory*, 「자유주의와 분리의 기술」, 『정치철학에세이』, 최홍주 옮김, 모티브북, 2009.

Woolhouse, R. S.(1984), *Locke*, University of Minnesota Press.

_____(1988), *The Empiricists*, Oxford University Press.

Yolton, J. W.(1970), *Locke and The Compass of Human Understanding*, Cambridge University Press.

강정인·문지영 편역(1995), 『로크의 이해』, 문학과지성사.

강정인(1998), 「로크사상의 현대적 재조명: 로크의 재산권 이론에 대한 유럽중심주의적 해석을 중심으로」, 『한국정치학회보』, 32집 3호, 한국정치학회, 53~75쪽.

강정인(2004), 『서구중심주의를 넘어서』, 아카넷.

공진성(2011), 「존 로크와 복종의 영역들: 로크의 자유주의에 대한 재해석」, 『인문과학연구논총』, 32호, 명지대학교 인문과학연구소, 161~204쪽.

김성우(2006), 『로크의 지성과 윤리』, 한국학술정보.

김용민(2006), 「로크: 자유와 소유 지향의 자유주의」, 『자유주의: 시장과 정치』, 김한원·정진영 엮음, 부키, 37~71쪽.

문지영(2007), 「존 로크-자유주의의 사상적 토대」, 『서양근대정치사상사』, 강정인·김용민·황태연 엮음, 책세상, 266~300쪽.

서병훈(2003), 「로크의 정치사상: 자유와 관용」, 『자유주의의 원류: 18세기 이전의 자유주의』, 이근식·황경식 엮음, 철학과 현실사, 5장.

서양근대철학회 엮음, 『서양근대철학』, 창작과 비평사, 2001.

이재영 외(2007), 『개인의 본질』, 한국학술정보(주).

5. 데이비드 흄 – '이성은 정념의 노예'

Hume, David(1740), *A Treatise of Human Nature*, L. A. Selby-Bigge and P. H Nidditch (eds.), 『인간 본성에 관한 논고』 전 3권, 이준호 옮김, 서광사, 1994~1998.

_____(1740), *An Abstract of a Treatise of Human Nature: A Pamphlet hitherto unknown by David Hume*, 『데이빗 흄의 철학』, 황필호 편역, 철학과 현실사, 2003.

_____(1740), *An Abstract of a book lately published*, 「최근에 간행된 어떤 책에 대한 초록」, 『도덕에 관하여』, 이준호 옮김, 서광사, 2008.

_____(1748), *An Enquiries concerning Human Understanding and concerning the Principles of morals*, L. A. Selby-Bigge and P. H Nidditch(eds.), Clarendon Press, 1975.

_____(1748), *An Enquiries concerning Human Understanding*, 『인간의 이해력의 탐구』, 김혜숙 옮김, 지만지, 2010.

_____(1757), *The Natural History of Religion*, 『종교의 자연사』, 이태하 옮김, 아카넷, 2004.

_____(1779), *Dialogues concerning Natural Religion*, 『자연종교에 관한 대화』, 탁석산 옮김, 울산대학교출판부, 1998.

_____, *The Letters of David Hume 1, 2*, J. Y. T. Greig(ed.), Clarendon Press, 1969.

Ayer, A. J.(1949), *Language, Truth and Logic*, 『언어, 진리, 논리』, 송하선 옮김, 나남, 2010.

_____(1980), *Hume*, 『흄의 철학』, 서정선 옮김, 서광사, 1987.

Capaldi, N.(1975), *David Hume: The Newtonian Philosopher*, Boston, Twayne.

Copleston, F.(1959), *A History of Philosophy Vol.5: The British Philosophers from Hobbes to Hume*, 『영국경험론』, 이재영 옮김, 서광사, 1991.

Deleuze, Gilles(1953), *Empirisme et Subjectivité: Essai sur la nature humaine selon Hume*, 『경험주의와 주체성: 흄에 따른 인간본성에 관한 시론』, 한정헌·정유경 옮김, 도서출판 난장, 2012.

_____(1991), *Empiricism and Subjectivity*, C. V. Boundas(trs. and Intro.), Columbia University Press, 2001.

Flew, Antony(1964), *A Critical History of Western Philosophy*, D. J. O'Conner(ed.), 『흄』, 최희봉 옮김, 지성의 샘, 1996.

Fogelin, Robert J.(1985), *Hume's Skepticism in the Treatise of Human Nature*, Routledge.

Kant, I.(1783), *Prolegomena zu einer jeden kunftigen Metaphysik*, 『프롤레고메나』, 염승준 옮김, 책세상, 2013.

Kemp Smith, N.(1949), *The Philosophy of David Hume*, Macmillan.

_____(1995), "The Naturalism of Hume(Ⅰ)" in *David Hume: Critical Assessments III*, S. Tweyman(ed.), Routledge.

Mackie, J. L.(1980), *Hume's Moral Theory*, Routledge.

Mossner, Campbell(1954), *The Life of David Hume*, Oxford University Press.

Norton, D. F.(1982), *David Hume: Common-Sense Moralist*, Sceptical Metaphysician, Princeton University Press.

Smith, Adam, *The Theory of Moral Sentiments*, 『도덕감정론』, 김광수 옮김, 한길사, 2016.

인간 본성의 역사

Stroud, Barry(1977), *Hume*, Routledge.

Tweyman, Stanley(ed.)(1994), *David Hume: Critical Assessments*, Routledge.

Henderson, R.(1990), "Personal Identity and The Indirect Passions", *Hume Studies*, *Vol.XVI*, No.1, pp.33-44.

Lynch, M. P.(1996), "Hume and Limits of Reason", *Hume Studies*, *Vol.XXII*, No.1, pp.89-104.

Pitson, A. E.(1993), "The Nature of Humean Animals", *Hume Studies*, *Vol.XIX*, No.2, pp.301-316.

이준호(1999), 『흄의 자연주의와 자아』, 울산대출판부.

이준호(2005), 『데이비드 흄: 인간 본성에 관한 논고』, 살림출판사.

최희봉(2004), 『흄』, 이룸.

6. 루소의 '고상한 야만인'

Rousseau, J. J.(1749), "Discours sur les Sciences et les Arts", 「학문과 예술에 대하여」, 김중현 옮김, 『학문과 예술에 대하여 외』, 한길사, 2007.

_____(1755), *Le Discours sur l'origine et les fondements de l'inegalite parmi les homm*, 『인간불평등기원론』, 주경복·고봉만 옮김, 책세상, 2003.

_____(1758), *De l'économie politique*, 「정치경제론」, 『장 자크 루소와 국제정치』, 김용구 옮김, 원, 2004.

_____(1762), *Émile ou de i'education*, 『에밀』, 김중현 옮김, 한길사, 2003.

_____(1762), *Du contrat social*, 『사회계약론』, 김중현 옮김, 펭귄클래식코리아, 2012.

_____(1770). *Les Confessions*, 『고백록 1, 2』, 김중현 옮김, 나남, 2012.

_____(1776), *Rousseau Juge De Jean Jacques Dialogues*, 『루소 장 자크를 심판하다: 대화』, 진인혜 옮김, 책세상, 2012.

_____(1778), *Les rêveries du promeneur solitaire*, 『고독한 산책자의 몽상』, 김중현 옮김, 한길사, 2000.

_____(1781), *Essai sur l'origine des langues, oùil est parléde la mélodie et de l'imitation musicale*, 『언어 기원에 관한 시론』, 주경복·고봉만 옮김, 책세상, 1985.

Barber, Benjamin R.(1978), "Rousseau and the Paradoxes of the Dramatic Imagination", *Daedalus, Vol.107*, No.3, pp.79~92.

Broome, J. H.(1963), *Rousseau: A Study of his Thought*, Edward Arnold.

Cassirer, Ernst(1951), *The Philosophy of the Enlightenment*, Fritz C. A. Koelln and James P. Pettegrove(trs.), Princeton University Press.

_____(1954), *Question of Jean-Jacques Rousseau*, Yale University Press, 1989.

_____(1970), *Rousseau, Kant and Goethe*, 『루소, 칸트, 괴테』, 유철 옮김, 서광사, 1996.

Charvet, John(1980), "Rousseau and the Ideal of Community", *History of Political Thought, Vol.1*, Issue 1, pp.69~80.

Colletti, Lucio(1972), *From Rousseau to Lenin-Studies in Ideology and Society*, Monthly Review Press.

Cranston, Maurice(1991), *The Noble Savage: Jean-Jacques Rousseau*, 1754-1762, University of Chicago Press.

Damrosch, Leo(2007), *Jean-Jacques Rousseau: Restless Genius*, 『루소-인간 불평등의 발견자』, 이용철 옮김, 교양인, 2011.

de Jouvenel, Bertrand(1961), "Rousseau, the Pessimistic Evolutionist", *Yale French Studies*, No.28, pp.83-96.

Einaudi, Mario(1967), *The Early Rousseau*, Cornell University Press.

Grossman, Lionel(1964), "Time and History in Rousseau", *Studies on Voltaire and the Enlightenment Century, Vol.30*, pp.311-349.

Holmsten, Goerg(1972), *Rousseau*, 『루소』, 한미희 옮김, 한길사, 1997.

Jullien, François(1996), *Fonder la Morale*, 『맹자와 계몽철학자의 대화: 도덕의 기초를 세우다』, 허경 옮김, 한울, 2004.

Landman, M.(1969), *Philosophische Anthropologie*, 『철학적 인간학』, 진교훈 옮김, 경문사, 1977.

Lowith, Karl(953), *Von Hegel Zu Nietzsche*, 『헤겔에서 니체로』, 강학철 옮김, 민음사, 2006.

McDonald, Joan(1965), *Rousseau and French Revolution*, Humanities Press.

Melzer, Arthur M.(1980), "Rousseau and the Problem of Bourgois Society", *American Political Science Review, Vol.74*, pp.1018~1033.

Plamenatz, John(1963), *Man and Society: A Critical Examination of Some Important Social and Political Theories from Machiavelli to Marx*, Longman Group.

_____(1970), *The Perfectibility of Man*, London, Duckworth.

Strauss, Leo and Cropsey, Joseph(1981), *History of Political Philosophy*, 『서양정치철학사 II』, 이동수 외 옮김, 인간사랑, 2007.

Starobinski, Jean(1971), *Jean-Jacques Rousseau*, 『장 자크 루소 투명성과 장애물』, 이충훈 옮김, 아카넷, 2012.

Taylor, Samuel S. B.(1963), "Rousseau's Contemporary Reputation in France", *Studies on Voltaire and the Enlightenment Century, Vol.27*, pp.1545~1574.

Wokler, Robert(1980), "A Reply to Charvet: Rousseau and the Perfectibility of Man", 「루소와 인간의 완성능력」, 『루소 사상의 이해』, 박호성 편역, 인간사랑, 2009.

_____(1984), "Jean-Jacques Rousseau: moral decadence and the pursuit of liberty" in *Political thought from Plato to NATO*, Brian Redhead(ed.), 「장 자크 루소: 도덕의 타락과 자유의 추구」, 『서양정치사상』, 황주홍 옮김, 문학과 지성사, 1993.

_____(1995), *Rousseau*, 『루소』, 이종인 옮김, 시공사, 2001.

박윤덕(2014), 「루소와 프랑스혁명」, 『프랑스학연구』, 67집, 299~316쪽.

이혜령(1994), 「루쏘와 사회주의」, 『한국방통대논문집』, 제17권, 113~138쪽.

김영인(2006), 『맹자와 루소의 인성론 비교연구』, 한국학술정보.

김용민(2004), 『루소의 정치철학』, 고양: 인간사랑.

박호성(편역)(2009), 『루소 사상의 이해』, 인간사랑.

이용철(2006), 『루소: 분열된 영혼』, 태학사.

4부 | 역동적 자아

1. 마르크스의 휴머니즘

Marx, Karl, *The Collected Works of Marx and Engels*(CW), London, Lawrence and Wishart, 1975.

_____, *Selected Works*(SW), *vol.I~II*, Moscow, Foreign Languages Publishing House, 1951~1958.

_____, *The Selected Correspondence*(SC), Moscow, Foreign Languages Publishing House,

_____, *Die Ausgewählte Werke von Marx und Engels in sechs Bänden*,『칼 맑스 프리드리히 엥겔스 저작 선집』, 1~6권, 김세균 감수, 박종철출판사, 1997.

_____, *Early Writings*, T. Bottomore(trs.), Mcgraw-Hill, 1963.

_____, *Writings of the Young Marx on Philosophy and Society*, E. Easton and K. Gudat (trs. and eds.), New York, Anchor Books, 1967.

_____, *Seleted Writings in Sociology and Social Philosophy*, T. Bottomore(trs. and ed.), London, Watt, 1956.

Marx, Karl(1841), *Über die Differenz der Demokritischen und Epikureischen Naturphilosophie*, 『데모크리토스와 에피쿠로스 자연철학의 차이』, 고병권 옮김, 그린비, 2001.

_____(1844a), "Critique of Hegel's Philosophy of Law: Introduction", CW 3.

_____(1844c), *Economic and Philosophical Manuscripts*, CW 3.

_____(1844c), *Economic and Philosophical Manuscripts*,『1844년의 경제학 철학 수고』, 강유원 옮김, 이론과실천, 2012.

_____(1845), *Theses on Feuerbach*, CW 5.

_____(1845), "Theses on Feuerbach",「포이에르바하에 관한 테제」,『칼 맑스 프리드리히 엥겔스 저작 선집』, 1권.

Marx, K. and Engels, F.(1845), *The Holy Family*, CW 4.

_____(1845-1846), *The German Ideology*, CW 5.

_____(1845-1846), *The German Ideology*, 『독일이데올로기 I』, 박재희 옮김, 청년사, 1988.

_____(1848), *Manifesto of the Communist Party*, CW 6.

_____(1848), *Manifest Der Kommunitischen Partei*, 『공산당선언』, 강유원 옮김, 이론 과실천, 2008.

Marx, Karl(1847a), *The Poverty of Philosophy*, CW 6.

_____(1857-1858), *Grundrisse der Kritik der Politischen Ökonomie*, 『정치경제학비판 요강 1-3』, 김호균 옮김, 그린비, 2007.

_____(1867~), *Capital*, Vol I, II, III, Moscow, Foreign Languages Publishing House.

_____(1867~), *Capital*, 『자본론』, 1-3권, 김수행 옮김, 비봉출판사, 1997.

_____(1871a), *The Civil War in France*, SW 1.

_____(1871a), *The Civil War in France: The Paris Commune*, 『프랑스 내전』, 허교진 옮 김, 소나무, 1987.

_____(1871b), *The Class Struggles in France*, 『프랑스에서의 계급투쟁』, 허교진 옮김, 소나무, 1987.

_____(1871c), *The Eighteenth Brumaire of Louis Bonaparte*, 『루이 보나빠르뜨의 브뤼 메르 18일』, 허교진 옮김, 소나무, 1987.

_____(1875), *Critique of the Gotha Programme*, SW 2.

_____(1875), *Critique of the Gotha Programme*, 「고타강령비판」, 『마르크스·엥겔스 저 작선』, 김재기 편역, 거름, 1988.

Althusser, L.(1969), *For Marx*, 『맑스를 위하여』, 이종영 옮김, 백의, 2007.

Aron, Raymont(1967), *The Main Currents in Sociological Thought II*, 『사회사상의 흐 름』, 이종수 옮김, 홍성사, 1980.

Attali, Jacques(2005), *Karl Marx ou l'esprit du monde*, 『칼 마르크스 평전』, 이효숙 옮 김, 예담, 2006.

Berlin, I.(1978), *Karl Marx*, 『칼 마르크스: 그의 생애와 시대』, 안규남 옮김, 미다스 북스, 2001.

Bottomore, T.(ed.)(1971), *Karl Marx*, New York.

_____(1973), "Is There a Totalitarian View of Human Nature?", *Socialist Research, Vol.40*, No.3, pp.429-442.

Bottomore, T. and Rubel, M.(eds.)(1963), *Karl Marx: Selected Writings on Sociology and Social Philosophy*, Harmondsworth.

Bukharin, N. I.(1926), *Historical Materialism*, University of Michigan Press, 1969.

Callinicos, A.(1976), *Althusser's Marxism*, London, Longwood Press.

_____(1983), *The Revolutionary Ideas of Karl Marx*, 『칼 맑스의 혁명적 사상』, 정성진·정진상 옮김, 책갈피, 2007.

Carr, E. H.(1934), *Karl Marx: A Study in Fanaticism*, London, J.M. Dent & Sons.

Cohen, G. A.(1978), *Karl Marx's Theory of History: A Defence*, 『카를 마르크스의 역사이론』, 박형신·정헌주 옮김, 한길사, 2011.

Collier, A.(1979), "Materialism and Explanation in the Human Sciences" in *Issues in Marxist Philosophy Vol.2*, J. Mephan and D. H. Ruben(eds.), Brington.

Cumming, R. D.(1973), "Is Man Still Man?", *Social Research, Vol.40*, No.3, pp.481-510.

Derrida, J.(1993), *Specters of Marx: The State of the Debt*, 『마르크스의 유령들』, 진태원 옮김, 그린비, 2014.

Desai, M.(2002), *Marx's Revenge*, 『마르크스의 복수』, 김종원 옮김, 아침이슬, 2003.

Dupré, L.(1966), *The Philosophical Foundations of Marxism*, 『마르크스주의 철학적 기초』, 홍윤기 옮김, 한밭출판사, 1982.

Engels, F(1883), "Speech at the Graveside of Karl Marx", 「마르크스의 묘 앞에서 한 조사」, 『맑스·엥겔스 선집』, 석탑편집부 편역, 석탑, 1990.

_____(1886), *Ludwig Feuerbach und der Ausgang der Klassischen deutschen Philosophie*, 『포이에르바하와 독일 고전철학의 종말』, 양재혁 옮김, 돌베게, 1987.

Feuerbach, Ludwig(1841), *The Essence of Christianity*, New York, Harper & Bros., 1957.

_____(1841), *Das Wesen des Christentum*, 『기독교의 본질』, 박순경 옮김, 종로서적, 1982.

Geras, Norman(1983), *Marx & Human Nature: A Refutation of a Legend*, 『맑스와 인간 본성』, 현신웅 옮김, 백의, 1995.

Gramsci, A.(1929~1935), *Prison Notebooks*, 『그람시의 옥중수고 2』, 이상훈 옮김, 거름, 1986.

Hukuyama, F.(1992), *The End of History and the Last Man*, 『역사의 종말』, 이상훈 옮김, 한마음사, 1992.

Hegel, G. W. F., *The Phenomenology of Mind*, J. B. Baillie(trs.), London, George Allen & Unwin, 1931.

Hook, S.(1962), *From Hegel to Marx*, Ann Arbor.

Kamenka, E.(1969), *Marxism and Ethics*, New York, St. Martin's Press.

_____(1971), *Marx*, London.

_____(1972), *The Ethical Foundations of Marxism*, Routledge and Kegan Paul.

Lichtheim, G.(1971), *From Marx to Hegel*, New York, The Seabury Press.

Löwith, K.(1967), *From Hegel to Nietzsche*, Columbia University Press.

Lukes, Steven(1985), *Marxism and Morality*, 『마르크스주의와 도덕』, 황경식·강대진 옮김, 서광사, 1977.

Lenin, V. I., *Selected Works II*, Moscow, Foreign Languages Publishing House, 1947.

_____(1895), "The Economic Content of Narodism", *Collected Works 1*, Moscow, Progress Publishers, 1972.

_____(1909), "Materialism and Empirio-Criticism", *Collected Works 14*, Moscow, Progress Publishers, 1972.

_____(1920), "Speech at 3rd Komsomol Congress", *Collected Works 31*, Moscow, Progress Publishers, 1972.

Lindsay, A. D.(1925), *Karl Marx's Capital*, Oxford University Press, 2007.

_____(1947), *Karl Marx's Capital: An Introductory Essay*, London, Geoffrey Cumberlege.

McBride, W. L.(1977), *The Philosophy of Marx*, St. Martin's Press.

McLellan, D.(1970), *Marx before Marxism*, Macmillan.

_____(1971), *Marx's Grundrisse*, Macmillan.

_____(1972), *The Thought of Karl Marx: An Introduction*,『칼 마르크스의 사상』, 신우현 옮김, 민음사, 1982.

_____(1973), *Karl Marx: His Life and Thought*, New York, Harper & Row.

Meszaros, I.(1970), *Marx's Theory of Alienation*, Merlin Press.

Miller, R.(1984), *Analyzing Marx*, Princeton University Press.

Musto, M.(2007), "The Rediscovery of Karl Marx",「카를 마르크스의 재발견」,『마르크스주의 연구』, 7권 3호, 경상대학교 사회과학연구원, 2010, 187~208쪽.

_____(2011), *Rethinking Marx and Marxisms*,『마르크스와 마르크스주의들을 다시 생각한다』, 하태규 옮김, 한울아카데미, 2013.

Ollman, B.(1971), *Alienation: Marx's Conception of Man in Capitalist Society*, Cambridge University Press.

Petrovic, G.(1967), *Marx in the Mid-Twentieth Century*, Anchor DoubleDay.

Plekhanov, G. V.(1937), *Fundamental Problems of Marxism*, International Publishers Company, 1992.

Popper, K.(1945), *The Open Society and its Enemies: The High Tide of Prophecy: Hegel, Marx, and the Aftermath Vol.2*,『열린사회와 그 적들 2: 헤겔과 마르크스』, 이명현 옮김, 민음사, 1982.

Rotenstein, N.(1965), *Basic Problems of Marx's Philosophy*,『청년 맑스의 철학』, 정승현 옮김, 미래사, 1985.

Scheler, Max(1947), *Die Stellung des Menschen im Kosmos*,『우주에서 인간의 위치』, 이을상 옮김, 지식을만드는지식, 2014.

Schmidt, A.(1971), *The Concept of Nature in Marx*, London, Verso.

Schmitt, Carl(1932), *Der Begriff des Politischen*,『정치적인 것의 개념』, 김효전 옮김, 법문사, 1995.

Soper, K.(1976), "On Materialisms", *Radical Philosophy*, No.15.

_____(1979), "Marxism, Materialism and Biology" in *Issues in Marxist Philosophy Vol.2*, J. Mephan and D. H. Ruben(eds.), Brington.

Suchting, W. A.(1986), *Marx and Philosophy: Three Studies*, New York, Macmillan.

_____ (1979), "Marx's Theses on Feuerbach: Notes Towards a Commentary" in *Issues in Marxist Philosophy Vol.2*, J. Mephan and D. H. Ruben(eds.), Brington.

Summer, C.(1979), *Reading Ideologies: Investigation into the Marxist Theory of Ideology and Law*, London, Academic Press.

Timparano, S.(1975), *On Materialism*, London, NLB.

Tucker, R.(1961), *Philosophy and Myth in Karl Marx*, 『칼 마르크스의 철학과 신화』, 김학준·한명화 옮김, 한길사, 1982.

Venable, V.(1946), *Human Nature: The Marxian View*, Meridian Books, 1966.

Wolfe, B.(1967), *Marxism: 100 Years in the Life of a Doctrine*, Westview Press.

Zeitlin, I.(1967), *Marxism: A Re-examination*, New York, Van Nostrand.

2. 뒤르켐의 사회실재론

Durkheim, Emile, (1893), *The Division of Labor in Society*, Geroge Simpson(trs.), Free Press, 1964.

_____ (1895), *The Rules of Sociological Method*, 『사회학적 방법의 규칙들』, 윤병철·박창호 옮김, 새물결, 2001.

_____ (1897), *Suicide: A Study in Sociology*, A. Spaulding and Geroge Simpson(trs.), Free Press, 1951.

_____ (1897), *Suicide: A Study in Sociology*, 『자살론』, 황보종우 옮김, 청아출판사, 2008.

_____ (1912), *The Elementary Forms of Religious Life: a Study in Religios Sociology*, Joseph Ward Swain(trs.), Allen & Unwin, 1954.

_____ (1924), *Sociology and Philosophy*, Free Press, 1953.

_____ (1928), *Saint-Simon and Socialism*, Routledge and Kegan Paul, 1958.

_____ (1938), *The Evolution of Educational Thought*, Peter Collins(trs.), Routledge and Kegan Paul, 1977.

_____ , *Emile Durkheim on Institutional Analysis*, Mark Traugott(ed.), University Of Chicago Press, 1994.

_____ , "Sociology" in *Essays on Sociology and Philosophy*, Kurt H. Wolff(ed.), Harper

Torchbook, 1964.

_____, *Emile Durkheim: Essays on Sociology and Philosophy*.

Alpert, Harry(1939), *Emile Durkheim and His Sociology*, Columbia University Press.

Aron, Raymond(1967), *The Main Currents in Sociological Thought II*, 『사회사상의 흐름』, 이종수 옮김, 홍성사, 1980.

Callinicos, Alex(1999), *Sociological Theory: A Historical Introduction*, 『사회이론의 역사』, 박형신 외 옮김, 한울, 2010.

Collins, Randall(1982), *Sociological Insight: An Introduction to Non-Obvious Sociology*, Oxford University Press.

Coser, Lewis(1971), *Masters of Sociological Thought*, 『사회사상사』, 신용하·박명규 옮김, 일지사, 1978.

Cuzzort, Ray P. and King, Edith W.(1980), *Twentieth-Century Social Thought*, 『20세기 사회사상』, 한승홍 옮김, 나눔사, 1991.

Evans-Pritchard, Edward E.(1956), *Nuer Religion*, Oxford University Press.

Hirst, Paul Q.(1975), *Durkheim, Bernard and Epistemology*, Routledge and Kegan Paul.

Kurt, Lewin(1936), *Principles of Topological Psychology*, New York, McGraw-Hill.

Lockwood, D.(1992), *Solidarity and Schism: The Problem of Disorder in Durkheimian and Marxist Sociology*, Clarendon Press.

Lukes, Steve(1975), *Emile Durkheim: His Life and Work*, Penguin.

Nisbet, Robert(1965), *Emile Durkheim*, Englewood Cliffs, New Jersey, Prentice-Hall.

Rideley, Matt(2003), *Nature Via Nurture*, 『본성과 양육』, 김한영 옮김, 김영사, 2004.

Seidman, Steven(1998), *Contested knowledge: Social Theory in the Postmodern Era*, 『지식논쟁』, 박창호 옮김, 문예출판사, 1999.

Swingewood, Alan(1984), *A Short History of Sociological Thought*, 『사회사상사』, 박성수 옮김, 문예출판사, 1985.

Talcott Parsons(1973), "Durkheim on Religion Revisited" in *Beyond the Classics? Essays in the Scientific Study of Relligion*, Charles Y. Glock and Phillip E. Hammond(eds.),

인간 본성의 역사

Harper and Row, pp.156-180.

Talcott Parsons(1975), "Comment on 'Parsons' Interpretation of Durkheim and on Moral Freedom Through Understanding in Durkheim", *American Sociological Review, Vol.40*, No.1, pp.106-111..

Taylor Steve(1982), *Durkheim and the Study of Suicide*, St. Martin Press.

Tomson, K.(1982), *Emile Durkheim*, 『에밀 뒤르케임』, 이향순 옮김, 학문과 사상사, 1993.

Traugott, Mark(ed.)(1978), *Emile Durkheim on Institution-al Analysis*, University of Chicago Press.

민문홍(2001), 『에밀 뒤르케임의 사회학』, 아카넷.
양영진(1993), 「뒤르켐의 宗敎儀式理論에 대한 批判的 考察」, 『한국사회학』 26, 2, 한국사회학회, 121-144쪽.

3. 파레토의 비논리적 행위 이론

Pareto, Vilfredo(1912), *A Treatise On General Sociology*, Dover Publications Inc., 1963.

_____ (1912), *Compendium of General Sociology*, Giulio Farina(ed.), University of Minnesota Press, 1980.

_____, *The Mind and Society*, 4 volumes, Arthur Livingston(ed.), A. Bongiorno and A. Livingstone(trs.), New York, Harcourt, Brace, 1935. Reprinted in 2 volumes, New York, Dover, 1963.

_____, *Vilfredo Pareto: Selections from his Treatise*, Joseph Lopreat(ed.), New York, Thomas Y Crowell Company, 1965.

_____, *Vilfredo Pareto: Sociological Writings*, S. E. Finer(ed.) and Derick Mirfin(trs.), New York, Praeger, 1966.

_____, *The Rise and Fall of Elites: An Application of Theoretical Sociology*, New Brunswick Transaction Publisher, 1991.

_____, "The Transformation of Democracy and the Circle of Plutocracy" in *Italian*

Critics of Capitalism, Lorella Cedroni(ed.), Lexington Books, 2010.

Abraham, Francis, John H. Morgan(1989), *Sociological thought: from Comte to Sorokin, Marx, Spencer, Pareto, Durkheim, Simmel, Weber, Mannheim, Bristol*, Wyndham Hall Press.

Aron, Raymont(1967), *The Main Currents in Sociological Thought II*, 『사회사상의 흐름』, 이종수 옮김, 홍성사, 1980.

Bellamy, Richard(1987), *Modern Italian Social Theory: Ideology and Politics from Pareto to the Present*, Stanford University Press.

Berger, Brigitte(1967), "Vilfredo Pereto and the Sociology of Knowledge", *Social Research*, 34, pp.265~281.

Bousquet, G. H.(1960), *Pareto(1848-1923): le savant et l'homme*, Payot et Cie.

Coser, Lewis(1971), *Masters of Sociological Thought*, 『사회사상사』, 신용하·박명규 옮김, 일지사, 1978.

Femia, Joseph V.(2006), *Pareto and Political Theory*, New York, Routledge.

_____(2012), "Pareto, Machiavelli, and the Critique of Ideal Political Theory" in *Vilfredo Pareto: Beyond Disciplinary Boundaries*, Joseph V. Femia and Alasdair J. Marshall(eds.), Ashgate Publishing, pp.73~84.

Femia, Joseph V. and Marshall, Alasdair J.(eds.), *Vilfredo Pareto: Beyond Disciplinary Boundaries*, Burlington, Ashgate Publishing, 2012.

Ferrarotti, Franco(2003), *An Invitation to Classical Sociology: Meditations on Some Great Social Thinkers*, Lexington Books.

Finer, S. E.(1966), "Introduction" in *Vifredo Pereto: Sociological Writings*, S. E. Finer (ed.) and Derick Mirfin(trs.), New York, Praeger, 1966.

Henderson, Lawrence J.(1935), *Pareto's General Sociology: A Physiologist's Interpretation*, Harvard University Press, 1967.

Lopreato, Joseph(1973), "Notes on the Work of Vilfredo Pareto", *Social Science Quarterly*, 54, pp.451~468.

인간 본성의 역사

Marshall, Alasdair J.(2007), *Vifredo Pareto's Sociology: A Framework for Political Psychology*, Routledge.

McLure, Michael(2001), *Pareto, Economics and Society: The Mechanical Analogy*, Routledge.

Meisel, James H.(1965), *Pareto & Mosca*, Prentice-Hall.

Northrop, F. S. C.(1949), *The Logic of Sciences and the Humanities*, Macmillan.

Scott, John(2012), "Pareto and the Elite" in *Vilfredo Pareto: Beyond Disciplinary Bound aries*, Joseph V. Femia and Alasdair J. Marshall(eds.), Ashgate Publishing, pp.9~20.

Talcott, Parsons(1949), *The structure of Social Action*, Free Press.

＿＿＿(1965), "Pareto's Central Analytical Scheme" in *Pareto and Mosca*, James E. Meisel(ed.), Prentice-Hall, pp.71-88

＿＿＿(1968), "Vilfredo Pareto" in *The International Encyclopedia of the Social Sciences*, Macmillan.

Thompson, Kenneth(ed.)(2003), *The Early Sociology of Culture*, Routledge.

Timasheff, N. and Theodorson, G.(1976), *Sociological Theory: Its Nature and Growth*, 『사회학사』, 박재묵·이정옥 옮김, 풀빛, 1985.

Winch, Peter(1958), *The Idea of a Social Science and Its Relation to Philosophy*, 『사회 과학과 철학』, 김기현 옮김, 서광사, 1988.

Wood, John Cunningham and McLure, Michael(ed.)(1999), *Vilfredo Pareto: Critical Assessments of Leading Economists, volume1~4*, Routledge.

Zeitlin, I.(1994), *Ideology and the Development of Sociological Theory*, 5th edition, Prentice-Hall.

4. 보아스의 문화실재론과 보아스주의

Boas, F.(1911), *The Mind of Primitive Man*, Free Press, 1961.

Boas, F.(1920), *Race, Language, and Culture*, University Of Chicago Press, 1995.

Boas, F.(1932), *Anthropology and Modern Life*, New Brunswick, Transaction Publishers, 2003.

Anderson, Benedict(1991), *Imagined Communities: Reflections on the Origin and Spread of Nationalism*, 『상상의 공동체: 민족주의의 기원과 전파에 관한 성찰』, 윤형숙 옮김, 나남, 2004.

Banett, S. A.(1967), *Instinct and Intelligence*, Prentice-Hall.

Barnard, Alan(2000), *History and Theory in Anthropology*, 『인류학의 역사와 이론』, 김우영 옮김, 한길사, 2003.

Barnow, Victor(1979), *Culture and Personality, 3rd edition, Homewood*, The Dorsey Press.

Bateson, Gregory(1958), *Naven: A Survey of the Problems Suggested by a Composite Picture of the Culture of a New Guinea Tribe drawn from Three Points of View*, 『네이븐』, 김주희 옮김, 아카넷, 2002.

Beattie, John(1964), *Other Cultures: Aims, Methods and Achievements in Social Anthropology*, 『사회인류학』, 최재석 옮김, 일지사, 1978/1995.

Benedict, Ruth(1934), *Patterns of Culture*, 『문화의 패턴』, 김열규 옮김, 까치글방, 1993.

_____ (1946), *The Chrysanthemum and the Sword: Patterns of Japanese Culture*, 『국화와 칼: 일본문화의 틀』, 김윤식·오인석 옮김, 을유문화사, 2008.

Best, S. and D. Kellner(1991), *Postmodern Theory*, 『탈현대의 사회이론』, 정일준 옮김, 현대미학사, 1995.

Brace, C. Loring(1967), *The Stages of Human Evolution: Human and Cultural Original*, 『인류의 진화단계』, 권이구 옮김, 탐구당, 1982.

Braudel, F.(1969), *On History, University of Chicago Press*, 1980.

Brown, Donald(1991), *Human Universals*, McGraw-Hill.

Butler, Judith(1990), *Gender Trouble: feminism and the subversion of identity*, 『젠더 트러블: 페미니즘과 정체성의 전복』, 조현준 옮김, 문학동네, 2008.

Clastres, Pierre(1974), *La Sociétécontre l'Etat: recherches d'anthropologie politique*, 『국가에 대항하는 사회: 정치인류학 논고』, 홍성흡 옮김, 이학사, 2005.

Clifford, James and George Marcus(eds.)(1986), *Writing Culture*, 『문화를 쓴다』, 이기

인간 본성의 역사

우 옮김, 한국문화사, 2000.

Cohen, Abner(1974), *Two Dimensional Man*, Routlege and Kegan Paul.

Cole, Douglas(1999), *Franz Boas: The Early Years 1858-1906*, Vancouver, Douglas & McIntyre.

Darwin, C.(1871), *The Decent of Man*, 『인간의 유래 1』, 김관선 옮김, 한길사, 2006.

Diamond, Jared M.(1993), *The Third Chimpanzee: The Evolution and Future of the Human Animal*, 『제3의 침팬지』, 김정흠 옮김, 문학사상, 2015.

Degler, Carl N.(1991), *In Search of Human Nature: The Decline and Revival of Darwinism in American Social Thought*, Oxford University Press.

Douglas, Mary(1966), *Purity and Danger an Analysis of Concepts of Pollution and Taboo*, 『순수와 위험: 오염과 금기 개념의 분석』, 유제분·이훈상 옮김, 현대미학사, 1997.

Engels, F.(1884), *The Origin of the Family, Private Property, and the State*, International Publishers, 1942.

Evans-Pritchard, Edward Evan(1956), *Nuer Religion*, Oxford University Press.

_____(1962), *Social Anthropology and Other Essays*, 『사회인류학의 이해』, 최석영 옮김, 서경문화사, 1998.

_____(1965), *Theories of Primitive Religion*, 『원시종교론』, 김두진 옮김, 탐구당, 1977.

Faucault, Michel(1976), *Histoire de la sexualite I: La volonte de savoir*, 『성의 역사: 제1권 앎의 의지』, 이규현 옮김, 나남출판, 2004.

Fernández, Oscar(2012), *Towards a Scientific Theory of Culture: The Writings of Bronislaw Malinowski*, Trafford.

Fox, Robin(1970), "The Cultural Animal", *Social Science Information*, *vol.9*, pp.8~23.

_____(1989), *The Search for Society: Quest for a Biosocial Science and Morality*, Rutgers University Press.

_____(2011), *The Tribal Imagination: Civilization and the Savage Mind*, Harvard University Press.

Freeman, Derek(1983), *Margaret Mead and Samoa: The Making and Unmaking of an Anthropological Myth*, Peguin Books, 1986.

_____(1992), *Paradigms in Collision: The Far-Reaching Controversy over the Samoan Researches of Margaret Mead and its Significance for the Human Sciences*, Research School of Pacific Studies, Australian National University.

Garbarino, Merwyn S.(1977), *Sociocultural Theory in Anthropology: A Short History*, 『문화인류학의 역사: 사회사상에서 문화의 과학에 이르기까지』, 한경구·임봉길 옮김, 일조각, 2001.

Geertz, Clifford(1965), "The Impact of the Concept of Culture on the Concept of Man" in *New Views of the Nature of Man*, J. R. Platt(ed.), University of Chicago Press.

Geertz, Clifford(1973), *The Interpretation of Cultures: Selected Essays*, 『문화의 해석』, 문옥표 옮김, 까치, 2009.

Godelier, Maurice(1972), *Rationality and Irrationality in Economics*, New York, Monthly Review Press.

Graeber, David(2001), *Toward an Anthropological Theory of Value: The False Coin of our own Dreams*, 『가치이론에 대한 인류학적 접근: 교환과 가치, 사회의 재구성』, 서정은 옮김, 그린비, 2009.

Harris, Marvin(1966), "The Cultural Ecology of India's Sacred Cattle", *Current Anthropology*, 7, pp.51-66.

_____(1968), *The Rise of Anthropological Theory*, Thomas Y. Crowell.

_____(1975), Cow, Pigs, *Wars and Witches: The Riddles of Culture*, 『문화의 수수께끼』, 박종열 옮김, 한길사, 2004.

Harris, Marvin(1979), *Cultural Materialism*, 『문화유물론』, 유명기 옮김, 민음사, 1995.

Hatch, Elvin(1973), *Theories of Man and Culture*, Columbia University Press.

Herskovits, M. J.(1948), *Man and His Works*, Alfred A. Knopf.

_____(1953), *Franz Boas, The Science of Man in the Making*, Charkes Scribner's Sons.

_____(1955), *Cultural Anthropology*, Alfred A. Knopf.

_____(1973), *Cultural Relativism: Perspective in Cultural Pluralism*, New York, Vintage Books.

Honigman, John J.(1967), *Personality in Culture*, Harper & Row.

인간 본성의 역사

Inkeles, Alex(1954), "Personality and Social Structure" in *Handbook of Social Psychology* 2, G. Lindzey(ed.), Cambridge, Addison-Wesley.

Kaplan, David and Manners, Robert(1972), *Cultural Theory*, 『인류학의 문화이론』, 최협 옮김, 나남출판, 1994.

Kardiner, Abram(1939), *The Individual and His Society: The Psychodynamics of Primitive Social Organization*, Columbia University Press.

Kardiner, Abram, Linton, Ralph and Du Bois, Cora(1963), *Psychological Frontiers of Society*, Columbia University Press.

Keesing, Roger M.(1976), *Cultural Anthropology*, 『현대문화인류학』, 전경수 옮김, 현음사, 1996.

Kilborne, Benjamin and Langness, L. L.(eds.), *Culture and Human Nature*, University of Chicago Press, 1987.

Kleinman, A., et al.(eds.)(1999), *Social Suffering*, 『사회적 고통: 인간의 고통에 대한 사회학적, 의학적, 문화인류학적 접근』, 안종설 옮김, 그린비, 2002.

Kroeber, A. L.(1917), "The Superorganic", *American Anthropologisti*, 19, pp.163-213.

_____(1948), Anthropology, New York, Harcourt Brace & World.

Kroeber, A. L. and Kluckhohn, Clyde(1952), *Culture: A Critical Review of Concepts and Definitions*, Vintage Books.

Kuper, Adam(1994), *The Chosen Primate: Human Nature and Cultural Diversity*, 『네안데르탈인 지하철 타다』, 유명기 옮김, 한길사, 2000.

_____(1996), Anthropology and Anthropologists: The Modern British School, 『인류학과 인류학자들: 영국 사회인류학의 전통과 발전』, 박자영·박순영 옮김, 한길사, 2005.

Leakey, Richard E. and Roger Lewin(1977), *Origins: What the New Discoveries Reveal About the Emergence of Our Species and Its Possible Future*, 『오리진』, 김광억 옮김, 학원사, 1987.

Lévi-Strauss, Claude(1955), *Tristes Tropiques*, 『슬픈열대』, 박옥줄 옮김, 중앙신서, 2004.

_____(1958), Anthropologie Structurale, 『구조인류학』, 김진욱 옮김, 종로서적, 1987.

_____(1963), Structural Anthropology, Basic Books.

_____(1964), *Le Cru et le cuit*,『신화학 1: 날것과 익힌 것』, 임봉길 옮김, 한길사, 2005.

_____(1966), *The Savage Mind*,『야생의 사고』, 안정남 옮김, 한길사, 1996.

Lewellen, Ted C.(1983), *Political Anthropology: An Introduction*,『정치인류학』, 한경구·임봉길 옮김, 일조각, 1998.

Lewontin, R.(1991), *Biology As Ideology: The Doctrine of DNA*,『DNA 독트린』, 김동광 옮김, 궁리, 2001.

Linton, Ralph(1947), *The Cultural Background of Personality*,『문화와 인성』, 전경수 옮김, 현음사, 1984.

Malinowski, Bronislay(1916), "Baloma: The Spirits Of The Dead In The Trobriand Islands" in *Magic, Science and Religion and Other Essays*, Waveland Press, 1992, pp.149~254.

_____(1922), *Argonauts of the Western Pacific*, Waveland Press, 1984.

_____(1927), *Sex and Repression in Savage Society*,『미개사회의 성과 억압』, 한완상 옮김, 삼성출판사, 1990.

_____(1944), *A Scientific Theory of Culture and Other Essays*,『문화의 과학적 이론』, 한완상 옮김, 삼성출판사, 1990.

_____(1944), *Magic, Science and Religion and Other Essays*, Waveland Press, 1992.

Mauss, Marcel(1925), *Essai sur le don*,『증여론』, 이상률 옮김, 한길사, 2002.

Mead, Margaret(1928), *Coming of Age in Samoa: A Psychological Study of Primitive Youth for Western Civilisation*, William Morrow & Company, 1961.

_____(1935), *Sex and Temperament in Three Primitive Societies*,『세 부족사회에서의 성과 기질』, 이화여자대학교출판부, 2004.

_____(1949), *Male and Female*,『남성과 여성』, 이경식 옮김, 범조사, 1980.

_____(1962), "National Character" in *Anthropology Today: Selections*, Sol Tax(ed.), University of Chicago Press, pp.396-421.

_____(1972), *Blackberry Winter: My Earlier Years*,『누구를 위하여 그리고 무엇 때문에: 마가렛 미드, 나의 인류학적 자서전』, 강신표·김봉영 옮김, 문음사, 1980.

_____(1974), *Ruth Benedict: A Humanist in Anthropology*,『루스 베네딕트』, 이종인 옮

김, 연암서가, 2008.

Meillassoux, Claude(1975), *Femmes, Greniers et Capitaux*, 『자본주의와 가족제공동체』, 김봉률 옮김, 까치, 1989.

Moore, Jerry D.(1997), *Vision of Culture: An Introduction to Anthropological Theories and Theorists*, 『인류학의 거장들: 인물로 읽는 인류학의 역사와 이론』, 김우영 옮김, 한길사, 2003.

Morgan, L. H.(1877), *Ancient Society: Researches in the Lines of Human Progress from Savagery, through Barbarism to Civilization*, 『고대 사회』, 최달곤·정동호 옮김, 문화문고, 2000.

Morris, Desmond(1967), *The Naked Ape: A Zoologist's Study of the Human Animal*, 『털 없는 원숭이』, 김석희 옮김, 문예춘추사, 2011.

Müller-Wille, Ludger(2014), *The Franz Boas Enigma: Inuit, Arctic, and Sciences*, Baraka Books.

Murdock, George P.(1949), *Social Structure*, 『사회구조: 친족 인류학의 이해』, 조승연 옮김, 서경문화사, 2004.

Mayr, E.(2004), *What Makes Biology Unique? Considerations on the Autonomy of a Scientific Discipline*, 『생물학의 고유성은 어디에 있는가』, 박정희 옮김, 철학과현실사, 2005.

Prinz, Jesse J.(2014), *Beyond Human Nature: How Culture and Experience Shape the Human Mind*, W.W. Norton & Company.

Pufendorf, Samuel(1673), *Pufendorf: On the Duty of Man and Citizen according to Natural Law*, James Tully(ed.), Michael Silverthorne(trs.), Cambridge University Press, 1991.

Radcliffe-Brown, A. R.(1952), *Structure and Function in Primitive Society: essay and addresses*, 『원시사회의 구조와 기능』, 김용환 옮김, 종로서적, 1986.

Richerson, Peter J. and Robert Boyd(2005), *Not by Genes Alone: How Culture Transformed Human Evolution*, 『유전자만이 아니다: 문화가 어떻게 인간 진화의 경로를 바꾸었는가』, 김준홍 옮김, 이음, 2009.

Smith, Philip(2001), *Cultural Theory: An Introduction*, 『문화 이론-사회학적 접근』, 한

국문화사회학회 옮김, 이학사, 2008.

Spiro, M. E.(1978), "Culture and Human Nature" in *The Making of Psychological Anthropology*, G. D. Spindler(ed.), University of California Press.

Steward, J. H.(1955), *Theory of Culture Change*, 『줄리안 스튜어드의 문화변동론: 문화생태학과 다선진화 방법론』, 조승연 옮김, 민속원, 2007.

Stocking Jr, George W.(1968), *Race, Culture, and Evolution: Essays in the History of Anthropology*, University Of Chicago Press, 1982.

_____(1968), "Franz Boas and the Culture Concept in Historical Perspective" in *Race, Culture, and Evolution: Essays in the History of Anthropology*, University Of Chicago Press, 1982.

Turner, Victor Witter(1969), *The Ritual Process: Structure and Anti-structure*, 『의례의 과정』, 박근원 옮김, 한국심리치료연구소, 2005.

Tylor, Edward(1871), *Primitive Culture: Researches into the Development of Mythology, Philosophy, Religion, Art, and Custom*, Cambridge University Press, 2010.

Van Gennep, Arnold(1909), *Les rites de passage: étude systématique des cérémonies*, 『통과의례』, 전경수 옮김, 을유문화사, 2000.

Vincent, Joan(ed.)(2002), *The Anthropology of Politics: A Reader in Ethnography, Theory, and Critique*, Blackwell Publishers.

Washburn, S. and Lancaster, C. S.(1968), "The Evolution of Hunting" in *Man the Hunter*, Irven Devore and Richard B. Lee(eds.), New York, Alddine.

White, Leslie A.(1959), *The Evolution of Culture*, McGraw-Hill.

_____(1973), *The Concept of Culture*, 『문화의 개념』, 이문웅 옮김, 일지사, 1977.

Wilk, Richard R. and Cliggett, Lisa C.(2007), *Economies and Cultures: Foundations of Economic Anthropology*, 『경제 인류학을 생각한다』, 홍성흡·정문영 옮김, 일조각, 2010.

綾部恒雄(2006), 『文化人類學 20の理論』, 『문화인류학의 20가지 이론』, 유명기 옮김, 일조각, 2009.

인간 본성의 역사

山口昌男(1975), 『文化と兩義性』, 『문화의 두 얼굴』, 김무곤 옮김, 민음사, 2003.

김광억 외(1998), 『문화의 다학문적 접근』, 서울대 출판부.

박선주(2011), 『생물인류학』, 충북대 출판부.

한상복·이문웅·김광억(2011), 『문화인류학』, 서울대 출판문화원.

5. 프로이트의 무의식 가설

Freud, S. and Breuer, J.(1895d), *Studies on Hysteria*, 『히스테리 연구』, 김미리혜 옮김, 열린책들, 2004.

Freud, S.(1900a), *The Interpretation Of Dreams*, 『꿈의 해석』, 김인순 옮김, 열린책들, 2004.

_____(1901b), *The Psychopathology Of Everyday Life*, 『일상생활의 정신 병리학』, 이한우 옮김, 열린책들, 2004.

_____(1905c), *Jokes and their Relation to the Unconscious*, 『농담과 무의식의 관계』, 임인주 옮김, 열린책들, 2004.

_____(1905d), *Three Essays on the Theory of Sexuality*, 『성욕에 관한 세 편의 에세이』, 김정일 옮김, 열린책들, 1997.

_____(1911b), "Formulations on the Two Principles of Mental Functioning", 「정신적 기능의 두 가지 원칙」, 『정신분석학의 근본 개념』, 윤희기·박찬부 옮김, 열린책들, 2004.

_____(1912g), "A Note on the Unconscious in Psycho-Analysis", 「정신분석에서의 무의식에 관한 노트」, 『정신분석학의 근본 개념』, 윤희기·박찬부 옮김, 열린책들, 2004.

_____(1914c), "On Narcissism: An Introduction", 「나르시시즘 서론」, 『정신분석학의 근본 개념』, 윤희기·박찬부 옮김, 열린책들, 2004.

_____(1915c), "Instints and their Vicissitudes", 「본능과 그 변화」, 『정신분석학의 근본 개념』, 윤희기·박찬부 옮김, 열린책들, 2004.

_____(1915e), "The Unconscious", 「무의식에 관하여」, 『무의식에 관하여』, 윤희기 옮

김, 열린책들, 1997.

_____(1916-17), *Introductory Lectures on Psycho-Analysis*, 『정신분석 강의』, 임홍빈·홍혜경 옮김, 열린책들, 2004.

_____(1920g), "Beyond the Pleasure Principle", 「쾌락원칙을 넘어서」, 『정신분석학의 근본 개념』, 『정신분석학의 근본 개념』, 윤희기·박찬부 옮김, 열린책들, 2004.

_____(1923b), "The Ego and The Id", 「자아와 이드」, 『정신분석학의 근본 개념』, 윤희기·박찬부 옮김, 열린책들, 2004.

_____(1927c), *The Future of an Illusion*, 「환상의 미래」, 『문명 속의 불만』, 김석희 옮김, 열린책들, 2004.

_____(1930a), *Civilization And Its Discontents*, 『문명 속의 불만』, 김석희 옮김, 열린책들, 2004.

_____(1933a), *New Introductory Lectures on Psycho-Analysis*, 『새로운 정신분석 강의』, 임홍빈·홍혜경 옮김, 열린책들, 2004.

_____(1933), *Warum Krieg?*, 「왜 전쟁인가?」, 『문명 속의 불만』, 김석희 옮김, 열린책들, 2004.

_____(1940a), *Abriß der Psychoanalyse*, An Outline of Psycho-Analysis, 「정신분석학 개요」, 『나의 이력서』, 한승완 옮김, 열린책들, 1997.

_____(1940a), *An Outline of Psycho-Analysis*, 『정신분석학 개요』, 박성수·한승완 옮김, 열린책들, 2004.

Bateman, Anthony and Holmes, Jeremy(1995), *Introduction to Psychoanalysis: Contemporary Theory & Practice*, Routledge.

Bettelheim, Bruno(1983), *Freud and Man's Soul: An Important Re-Interpretation of Freudian Theory*, 『프로이트와 인간의 영혼』, 김종주 외 옮김, 하나의학사, 2001.

Caplan, Arthur L.(ed.)(1984), *Darwin, Marx, and Freud: their Influence on Moral Theory*, Plenum Press.

Cavell, Marcia(1993), *The Psychoanalytic Mind: Freud to Philosophy*, Harvard University Press.

Crews, Frederick(1995), *The Memory Wars: Freud's Legacy in Dispute*, A New York Review Book.

Fromm, Erich(1979), *Greatness and Limitation of Freud's Thought*, 『프로이트와 정신분석』, 최혁순 옮김, 홍신문화사, 1994.

Gay, Peter(1988), *Freud: A Life for Our Time*, 『프로이트 I, II』, 정영목 옮김, 교양인, 2011.

Grunbaum, Adolf(1984), *The Foundation of Psychoanalysis: A Philosophical Critique*, *Berkeley*, University of California Press.

Hall. C. S.(1954), *The Primer of Freudian Psychology*, 『프로이트 심리학의 이해』, 설영환 옮김, 선영사, 1985.

Habermas, J.(1968), *Knowledge and Human Interest*, Beacon Press.

Jones, E.(1953), *The Life and Work of Sigmund Freud 1*, Basic Books.

_____(1953), *The Life and Work of Sigmund Freud 3*, Basic Books.

Kramer, Peter D.(2006), *Freud: Inventor of the Modern Mind*, New York, HarperCollins.

Küng, H.(1979), *Freud and the Problem of God*, 『프로이트와 신의 문제』, 손진욱 옮김, 하나의학사, 1990.

Landman, Patrick(1997), *Freud*, 『프로이트 읽기』, 민혜숙 옮김, 동문선, 2005.

LaPiere, R. T.(1974), *The Freudian Ethic: An Analysis of the Subversion of Western Character*, Greenwood Press.

MacDonald, K.(2002), *The Culture of Critique: An Evolutionary Analysis of Jewish Involvement in Twentieth-Century Intellectual and Political Movements*, Authorhouse.

Macmillan, Malcolm(1996), *Freud Evaluated: The Completed Arc*, MIT Press.

Manoni, Octave(1968), *Freud*, 『프로이트』, 변지현 옮김, 백의, 1996.

Onfray, Michel(1990), *Le Crepuscule D'une Idole: L'affabulation Freudienne*, 『우상의 추락-프로이트 비판적 평전』, 전혜영 옮김, 글항아리, 2013.

Paul, Robinson(1993), *Freud and his Critics*, University of California Press.

Robert, Marthe(1964), *La revolution Psychoanalytique*, 『프로이트』, 이재형 옮김, 문예출판사, 2007.

Rieff, Philip(1979), *Freud: The Mind of the Moralist*, University of Chicago Press.

Rizzuto, A.(1998), *Why Did Freud Reject God?*, Yale University Press.

Schöpf, Alfred(1998), *Sigmund Freud die Philosophie der Gegenwart*, 『프로이트와 현대철학』, 김광명 외 옮김, 열린책들, 2001.

Stannard, D. E.(1980), *Shrinking History: On Freud and the Failure of Psychohistory*, Oxford University Press.

Strachey, J.(1953), "Sigmund Freud: A Sketch of His Life and Ideas", 「프로이트의 삶과 생각」, 『무의식에 관하여』, 윤희기 옮김, 열린책들, 1997.

Sulloway, Frank J.(1979), *Freud, Biologist of the Mind: Beyond the Psychoanalytic Legend*, Basic Books.

Thornton, E. M(1983). *Freud and Cocaine: The Freudian Fallacy*, London, Blond & Briggs.

Trivers, Robert(2011), *The Folly of Fools*, 『우리는 왜 자신을 속이도록 진화했을까?』, 이한음 옮김, 살림, 2013.

Webster, Richard(1995), *Why Freud Was Wrong: Sin, Science, and Psychoanalysis*, Basic Books.

권택영(2010), 「프로이트 비판 논쟁과 패러다임의 변화」, 『영어영문학』, 제56권 1호, 한국영어영문학회, 157-178쪽.

맹정현(2015), 『프로이트의 패러다임』, 위고.

배우순(2009), 「프로이트의 인격이론」, 『철학연구』, 112집, 대한철학회, 53-77쪽.

손진욱(2007), 「프로이트의 종교론」, 『의학행동과학』, 제6권 제1호, 연세대학교의과대학 의학행동과학연구소, 67-85쪽.

이창재(2004), 『프로이트와의 대화』, 학지사.

6. 스키너의 행동주의

Skinner, B. F.(1938), *The Behavior of Organisms: An Experimental Analysis*, New York, Appleton-Century-Crofts, 1966.

인간 본성의 역사

_____(1948), *Walden Two*, 『월든 투』, 이장호 옮김, 심지, 1982.

_____(1953), *Science and Human Behavior*, Free Press.

_____(1954), "A Critique of Psychoanalytic Concepts and Theories", *Scientific Monthly*, *vol.79*, pp.300-305.

_____(1955), "The Control of Human Behavior(Abstract)", *Transactions of the New York Academy of Sciences*, *vol.17*, No.7, Series II, pp.547-551.

_____(1956), "A Case History in Scientific Method", *American Psychology*, *vol.11(5)*, pp.221-233.

_____(1957), *Schedules of Reinforcement*, Appleton-Century-Crofts.

_____(1961), *The Analysis of Behavior: A Program for Self Instruction*, MacGraw-Hill.

_____(1964), "Man," *Proceedings of the American Philosophical Society*, *vol.108*, pp.482-485.

_____(1969), *Contingencies of Reinforcement*, Appleton-Century-Crofts.

_____(1971), *Beyond Freedom and Dignity*, 『자유와 존엄을 넘어서』, 차재호 옮김, 탐구당, 1982.

_____(1973), "Walden (One) and Walden Two", *The Thoreau Society Bulletin*, *vol.122*, pp.1-3.

_____(1974), *About Behaviorism*, 『행동주의』, 김영채 옮김, 교육과학사, 1978.

_____(1976), "Walden Two Revised", 『월든 투』, 이장호 옮김, 심지, 1982.

Bridgman, Percy(1927), *The Logic of Modern Physics*, Macmmilan, 1972.

Brinton, Crane(1938), *The Anatomy of Revolution*, Prentice-Hall, 1965.

Buckley, Kerry W.(1989), *Mechanical Man: John B. Watson and the Beginnings of Behaviorism*, New York, The Guilford Press.

Carpenter, F.(1974), *The Skinner Primer: Behind Freedom and Dignity*, Free Press.

Catania, A. C.(1984), "The Operant Behaviorism of B. F. Skinner", *Behavioral and Brain Sciences*, *Vol.7*, No.4, pp.473-475.

Cohen, David(1979), *J. B. Watson: The Founder of Behaviourism*, Routledge and Kegan

Paul.

Denhardt, R. B.(1981), *In the Shadow of Organization*, 『조직의 시대와 인간-새로운 조직 이론의 형성을 위하여』, 임의영 옮김, 태진출판사, 1991.

Elms, Alan C.(1981), "Skinner's Dark Year and Walden Two," *American Psychologist, vol.36*, No.5, pp.471-479.

Evans, Richard(1968), *B. F. Skinner: The Man and His Idea*, New York, E. P. Dutton & Company.

Fisher, Kathleen(1982), "World's Prognosis Grim", *APA Monitor*, 10.

Forbes, Ian and Steve Smith(eds.)(1984), *Politics and Human Nature*, Frances Printer.

Goodwin, C. James(1999), *A History of Modern Psychology*, 『현대심리학사』, 박소현 외 옮김, 시그마프레스, 2004.

Gray, Jeffrey A.(1979), *Pavlov*, 『파블로프와 조건 반사』, 이현수 옮김, 우성문화사, 1986.

Hilgard, E. R.(1987), *Psychology in America: A Historical Survey*, San Dieg, Harcourt.

Hirst, Eliot(ed.)(1978), *The First Century of Experimental Psychology*, 『현대심리학사-실험심리학 일세기』, 원호택 외 옮김, 교육과학사, 1994.

Kinkade, Kethleen(1973), *A Walden Two Experiment: The First Five Years of Twin Oaks Community*, B. F. Skinner(forward), New York, Williams Morrow & Company.

Margolis, Joseph(1984), *Philosophy of Psychology*, 『심리학의 철학』, 박주용·박창호 옮김, 성원사, 1990.

Nye, Robert D.(1986), *Three Psychologies: Perspectives from Freud, Skinner, and Rogers*, 『인간행동의 심리』, 김정규 옮김, 성원사, 1991.

Schwarts, B. F.(1988), *Psychology of Learning and Behavior*, 『학습 심리』, 신현정 옮김, 성원사, 1992.

Schultz, Duane P. and Schultz, S. Ellen(1975), *A History of Modern Psychology*, 11th Edition, Wadsworth Publishing, 2015.

Trevelyan, G. M.(1938), *The English Revolution: 1688-1689*, Oxford University Press, 1965.

Watson, John. B.(1913), "Psychology as the Behaviorist Views It", *Psychological Review*, 20, pp.158~177.

_____(1924), *Behaviorism*, W.W. Norton & Company, 1970.

Zuriff, G. E.(1985), *Behaviorism: A Conceptual Reconstruction*, Columbia University Press.

임의영(1993) 『스키너의 행동주의적 인간관』, 문학과지성사.

5부 | 다윈의 '동물로서의 인간'

Darwin, C.(1859), *The Origin of Species*, 『종의 기원』, 김관선 옮김, 한길사, 2014.

_____(1871), *The Decent of Man*, 『인간의 유래 1』, 김관선 옮김, 한길사, 2006.

_____(1887), *The Auto biography of Charles Darwin*, 『찰스 다윈 자서전: 나의 삶은 서서히 진화해 왔다』, 이한중 옮김, 갈라파고스, 2003.

_____(1890), *The Expression of the Emotions in Man and Animals*, 『인간과 동물의 감정표현』, 김홍표 옮김, 지식을 만드는지식, 2014.

_____, *Charles Darwin's Notebooks 1836~1844*, Paul H. Barrett et al.(eds.), Ithaca, Cornell University Press, 1987.

_____, *The Collected Papers of Charles Darwin*, 2 volumes, Paul H. Barrett(ed.), University of Chicago Press, 1977

_____, *The Life and Letters of Charles Darwin - Volume 2*, Francis Darwin(ed.), Basic Books, 1959.

_____, *Origins: Selected Letters of Charles Darwin, 1825-1859*, 『찰스 다윈 서간집-기원: 진화론을 낳은 위대한 지적 모험 1825-1859』, 김학영 옮김, 살림출판사, 2011.

_____, *Evolution: Selected letters of Charles Darwin 1860-1870*, 『찰스 다윈 서간집-진화: 진화론이 던진 거대한 충격 1860~1870』, 김학영 옮김, 살림출판사, 2011.

Alexander, Denis R. and Numbers, Ronald L.(eds.), *Biology and Ideology from Descartes to Dawkins*, University Of Chicago Press, 2010.

Aquinas, *Summa Theologica II*, New York, Benziger Brothers, 1947.

Barzun, Jacques(1964), *Science: The Glorious Entertainment*, Harper & Row.

Beck, Naomi(2009), "The Origin and Political Thought: From Liberalism to Marxism" in *The Cambridge Companion to The "Origin of Species"*, Michael Ruse and Robert J. Richards(eds.), Cambridge University Press, pp.295~313.

Beer, Gillian(1983), *Darwin's Plots: Evolutionary Narrative in Darwin, George Eliot and Nineteenth-Century Fiction*, 『다윈의 플롯』, 남경태 옮김, 휴머니스트, 2008.

_____(1996), *Open Fields: Science in Cultural Encounter*, Clarendon Press.

Behe, Michael J.(1998), *Darwin's Black Box: The Biochemical Challenge to Evolution*, 『다윈의 블랙박스』, 김창환 외 옮김, 풀빛, 2001.

Brooke, John H.(2009), "Laws impressed on matter by the Creator?: The Origin of Species and Question of Religion" in *The Cambridge Companion to The "Origin of Species"*, Michael Ruse and Robert J. Richards(eds.), Cambridge University Press, pp.256~274.

Bowler, Peter J.(1990), *Charles Darwin: The Man and His Infulence*, 『찰스 다윈』, 한국동물학회 옮김, 전파과학사, 1998.

Brown, Janet(2002), *Charles Darwin: A Biography*, 『찰스 다윈 평전 1, 2』, 임종기 옮김, 김영사, 2010.

_____(2006), *Darwin's Origin of Species: A Biography*, 『종의 기원 이펙트』, 이한음 옮김, 세종서적, 2012.

Burrow, J. W.(1966), *Evolution and Society*, Cambridge University Press.

Carlyle, Thomas(1836), *Sartor Resartus: The Life and Opinions of Herr Teufelsdrockh*, 『의상철학』, 박상익 옮김, 한길사, 2008.

Cavali-Sforza, L, Menozzi, Paolo and Piazza, Alberto(1994), *History and Geography of Human Genes*, Princeton University Press.

Cavali-Sforza, L.(1996), *Geni, Popoli, e Lingue*, 『유전자, 사람, 그리고 언어』, 이정호

인간 본성의 역사

옮김, 지호, 2005.

Chambers, Robert(1844), *Vestiges of the Natural History of Creation*, CreateSpace Independent Publishing Platform, 2015.

Clark, Ronald W.(1964), *The Survival of Charles Darwin*, Random House.

Cunningham, Cono(2010), *Darwin's Pious Idea: Why the Ultra-Darwinists and Creationists Both Get It Wrong*, 『다윈의 경건한 생각: 다윈은 정말 신을 죽였는가?』, 배성민 옮김, 새물결플러스, 2012.

Davies, Merryl Wyn(2001), *Darwin and fundamentalism*, 『다윈과 근본주의』, 이한음 옮김, 이제이북스, 2002.

Dawkins, Richard(1976), *The Selfish Gene*, 『이기적 유전자』, 홍영남 옮김, 을유문화사, 2010.

Dennett, D.(1995), *Darwin's Dangerous Idea: Evolution and the Meanings of Life*, New York, Touchstone, Simon & Schuster.

Depew, David J.(2009), "The Rhetoric of the Origin of Species" in *The Cambridge Companion to The "Origin of Species"*, Michael Ruse and Robert J. Richards(eds.), Cambridge University Press, pp.237~255.

Desmond, Adrian and Moore, James(1991) *Darwin: The Life of a Tormented Evolutionist*, 『다윈 평전: 고뇌하는 진화론자의 초상』, 김명주 옮김, 뿌리와 이파리, 2009.

Filler, Aaron G.(2007), *The Upright Ape: A New Origin of the Species*, 『허리 세운 유인원: 돌연변이가 밝히는 새로운 종의 기원』, 김요한 옮김, 프로네시스, 2009.

Foster, John Bellamy, Clark, Brett and York, Richard(2008), *Critique of Intelligent Design: Materialism Versus Creationism from Antiquity to the Present*, 『다윈주의와 지적 설계론-유물주의와 창조주의의 논쟁: 고대에서 현대까지』, 박종일 옮김, 인간사랑, 2009.

Ghiselin, Michael T.(1993), *The Triumph of the Darwinian Method*, Dover Publications, 2003.

Gillespie, Neal C.(1979), *Charles Darwin and the Problem of Creation*, University of Chicago Press.

Gould, S. J.(1977), *Ever Since Darwin*, 『다윈 이후』, 홍욱희·홍동선 옮김, 사이언스 북스, 2008.

_____(1987), "Darwinism Defined: The Difference Between Fact and Theory", *Discover, vol.8*, no.1, pp.64~70.

_____(1996), *The Mismeasure of Man*, 『인간에 대한 오해』, 김동광 옮김, 사회평론, 2003.

_____(1998), *Leonardo's Mountain of Clams and the Diet of Worms: Essays on Natural History*, 『레오나르도가 조개화석 주운 날』, 김동광·손향구 옮김, 세종서적, 2008.

Greene, J. C.(1977), "Darwin as a Social Evolutionist", *Journal of History of Biology*, 10, pp.1~27.

Himmelfalb, G.(1967), *Darwin and Darwinism Revolution*, Anchor.

Hofstadter, R.(1948), *The American Political Tradition*, 『미국의 정치적 전통 상, 하』, 이춘란 옮김, 탐구당, 1983.

_____(1959), *Social Darwinism in American Thought*, Braziller.

Hull, David L.(1983), *Darwin and His Critics: The Reception of Darwin's Theory of Evolution by the Scientific Community*, University of Chicago Press.

_____(1988), *Science as a Process*, 『과정으로서의 과학 1』, 한상기 옮김, 한길사, 2008.

Humboldt, Wilhelm von, *Humboldt: 'On Language': On the Diversity of Human Language Construction and its Influence on the Mental Development of the Human Species*, Michael Losonsky(ed.), Peter Heath(trs.), Cambridge University Press, 1999.

Huxley, Thomas(1863), *Evidence as to Man's Place in Nature*, Michigan University Press, 1959.

_____(1894), *Evolution and Ethics*, 『진화와 윤리』, 김기윤 옮김, 지만지, 2009.

Johnson, Phillip E.(1993), *Darwin on Trial*, 『심판대의 다윈: 지적 설계 논쟁』, 이승엽·이수현 옮김, 까치, 2006.

Kant, I., *Lectures on Ethics*, Harper and Row, 1963.

_____, *Foundations of the Metaphysics of Morals*, 『도덕 형이상학을 위한 기초 놓기』,

이원봉 옮김, 책세상, 2013.

Kaye, H. L.(1997), *The Social Meaning of Modern Biology: From Social Darwinism to Sociobiology*, 『현대생물학의 사회적 의미: 사회다원주의에서 사회생물학까지』, 생물학의 역사와 철학 연구 모임 옮김, 뿌리와 이파리, 2008.

Kingsley, Charles(1850), *Alton Locke*, BiblioBazaar, 2009.

Kirby, William(1865), *An Introduction to Entomology: Or Elements of the Natural History of Insects*, 4 volumes, Forgotten Books, 2015.

Kropotkin, P.(1902), *Mutual Aid: a Factor of Evolution*, 『상호부조 진화론』, 구자옥 옮김, 한국학술정보, 2008.

Kuhn, T. S.(1962), *The Structure of Scientific Revolutions*, 『과학혁명의 구조』, 홍성욱 옮김, 까치글방, 2013.

La Mettrie, Julien Offray de(1747), *Machine Man and Other Writings*, Ann Thomson (ed.), Cambridge University Press, 1996.

Lamarck, J. Baptiste(1809), *Zoological Philosophy: An Exposition With Regard to the Natural History of Animals*, University of Chicago Press, 1984.

_____(1809), *Zoological Philosophy: An Exposition With Regard to the Natural History of Animals*, 『동물철학』, 이정희 옮김, 지식을만드는지식, 2009.

Leibniz, Gottfried Wilhelm von(2000), *Discours de Metaphysique*, 『형이상학 논고』, 윤선구 옮김, 아카넷, 2010.

Lovtrup, Soren(1987), *Darwinism: The Refutation of a Myth*, Springer.

Mayr, E.(1982), *The Growth of Biological Thought: Diversity, Evolution, and Inheritance*, Cambridge University Press.

_____(1991), *One Long Argument*, 『진화론 논쟁』, 신현철 옮김, 사이언스북스, 1999.

_____(2004), *What Makes Biology Unique?: Considerations on the Autonomy of a Scientific Discipline*, 『생물학의 고유성은 어디에 있는가』, 박정희 옮김, 철학과현실사, 2005.

Merton, Robert K.(1973), *The Sociology of Science*, 『과학사회학 1』, 석현호 외 옮김, 민음사, 1998.

Monod, J.(1971), *Chance and Necessity: An Essay on the Natural Philosophy of Modern Biology*, 『우연과 필연』, 조현수 옮김, 궁리, 2010.

Morris, D.(1967), *The Naked Ape: A Zoologist's Study of the Human Animal*, 『털없는 원숭이』, 김석희 옮김, 정신세계사, 1992.

____(1969), *The Human Zoo*, 『인간 동물원』, 김석희 옮김, 한길사, 1994.

____(1971), *Intimate Behavior*, 『친밀행동』, 박성규 옮김, 지성사, 1994.

____(1978), *Man Watching*, 『맨워칭』, 과학세대 옮김, 까치, 1994.

Moore, G. E.(1903), *Principia Ethica-Principles of Ethics*, Dover Publications, 2004.

Paley, W.(1802), *Evidences of the Existence and Attributes of the Deity*, London, Faulder.

Paley, W.(1802), *Natural Theology or Evidences of the Existence and Attributes of the Deity*, Classworks, 1986.

Pearson, Karl(1892), *The Grammar Of Science*, New York, Cosimo, 2007.

Pinker, S. (1995), *The Language Instinct*, 『언어본능』, 김한영 외 옮김, 동녘사이언스, 2007.

Pichot, André(1995), *L'Eugénisme, ou les généticiens saisis par la philanthropie*, 『우생학: 유전학의 숨겨진 역사』, 이정희 옮김, 아침이슬, 2009.

Quammen, David(2006), *The Reluctant Mr. Darwin*, 『신중한 다윈씨』, 이한음 옮김, 승산, 2008.

Rachels, James(1990), *Created From Animal: The Moral Implication of Darwinism*, 『동물에서 유래된 인간: 다윈주의의 도덕적 함의』, 김성한 옮김, 나남, 2007.

Richards, Robert(1987), *Darwin and the Emergence of Evolutionary Theories of Mind and Behavior*, University of Chicago Press.

____(1987), "Wallace and the Challenge of Spiritualism" in *Darwin and the Emergence of Evolutionary Theories of Mind and Behavior*, University of Chicago Press, pp.176~184.

____(2009), "4 Darwin's Theory of Natural Selection and Its Moral Purpose" in *The Cambridge Companion to The "Origin of Species"*, Michael Ruse and Robert J. Richards(eds.), Cambridge University Press.

인간 본성의 역사

Roberts, John H.(2010), "Religious Reactions to Darwin" in *The Cambridge Companion to Science and Religion*, Peter Harrison(ed.), Cambridge University Press, pp.80~102.

Ruse, M.(1979), *Darwinian Revolution: Science Red in Tooth and Claw*, 『진화의 탄생』, 류운 옮김, 바다출판사, 2010.

_____(1982), *Darwinism Defended*, Addison-Wesley.

_____(1986), *Taking Darwinism Seriously*, Basil Blackwell.

_____(2000), *Can a Darwinian be a Christian*, 『다윈주의자가 기독교인이 될 수 있는 가?』, 이종록 외 옮김, 청년정신, 2002.

Ruse, M. & Richards, Robert J.(eds.)(2009), *The Cambridge Companion to The "Origin of Species"*, Cambridge University Press.

Sardar, Ziauddin(2000), *Thomas Kuhn and the Science Wars*, 『토마스 쿤과 과학전쟁』, 김환석·김명진 옮김, 이제이북스, 2002.

Smith, Adam(1759), *The Theory of Moral Sentiments*, 『도덕감정론』, 김광수 옮김, 한길사, 2016.

Sober, E.(2000), *Philosophy of Biology*, 『생물학의 철학』, 민찬홍 옮김, 철학과 현실사, 2004.

Sober, E. and Wilson, D. S.(1998), *Unto Others: The Evolution and Psychology of Unselfish Behavior*, 『타인에게로』, 설선혜·김민우 옮김, 서울대학교출판문화원, 2013.

Sorokin, Pitirim A.(1937), *Social and Cultural Dynamics vol.2*, New York, American Book Company.

Spencer, H.(1851), *Social Statics*, Forgotten Books, 2012.

_____(1891), *The Study of Sociology*, London, FB&c Ldt., 2015.

Tennyson, Lord Alfred(1851), *In Memoriam*, CreateSpace Independent Publishing Platform, 2012.

_____(1851), *In Memoriam*, 『인 메모리엄』, 이세순 옮김, 한빛문화, 2012.

Vartanian, Aram(1960), *LaMettrie's L'Homme Machine: A Study in Origins of an Idea*, Princeton University Press.

Wallace, Alfred R.(1889), *Darwinism*, BiblioBazaar, 2008.

White, Paul(2003), *Thomas Huxley: "Making The Man of Science"*, 『토마스 헉슬리』, 김기윤 옮김, 사이언스북스, 2006.

Wuketits, F. M.(1990), *Gene, Kultur and Moral: Soziologie-Pro und Contra*. 『사회생물학 논쟁』, 김영철 옮김, 사이언스북스, 1999.

Zirkle, Conway(1959), *Evolution, Marxian Biology, and the Social Scene*, Philadelphia, University of Pennsylvania Press.

池田淸彦(1997), 『さよならダーウィニズム: 構造主義進化論講義』, 『굿바이 다윈?: 신다윈주의, 비판적으로 읽기』, 박성관 옮김, 그린비, 2009.

川田将門 外 4人(2009), 『ダーウィン進化論─生誕200周年,『種の起源』150周年』, 『다윈 진화론: 종의 기원과 진화의 메커니즘』, 강금희 옮김, 뉴턴코리아, 2009.

김호연(2009), 『우생학 유전자 정치의 역사─영국 미국 독일을 중심으로』, 아침이슬.

박성관(2010), 『종의 기원, 생명의 다양성과 인간 소멸의 자연학』, 그린비.

여인석(2009), 「라메트리의 인간기계론과 뇌의 문제」, 『의철학연구』, 제7집, 한국의철학회, 81-98쪽.

이성준(2007), 『인간과 언어의 정신활동, 빌헬름 폰 훔볼트』, 푸른사상.

6부 | 생물학주의

Abbot, P., et al.(2011), "Inclusive Fitness Theory and Eusociality", *Nature, vol.471*, no.7339, E1~E4.

Adams, M. D., et al.(1991), "Complementary DNA Sequencing: Expressed Sequence Tags and Human Genome Project", *Science, vol.252*, no.5013, pp.1651~1656.

Alcock, J.(1993), *Animal Behavior: An Evolutionary Approach*, Sinauer Associates, Inc., 2013.

_____(2001), *Triumph of Sociobiology*, 『사회생물학의 승리』, 김산하·최재천 옮김, 동

아시아, 2013.

Allen, Benjamin, Nowak, Martin A. and Wilson, Edward O.(2013), "Limitations of Inclusive Fitness", *Proceedings of the National Academy of Sciences of the United States of America, vol.110*, no.50, pp.20135~20139.

Allen, E., et al.(1975), "Against sociobiology", *New York Review of Books*, November 13, 182, pp.184~186.

_____(1976), "Sociobiology: Another Biological Determinism", *Bioscience*, 26, pp.183~186.

Alexander, R. D.(1979), *Darwinism and Human Affairs,* Seattle, Washington University Press.

_____(1987), *The Biology of Moral System*, Aldine Transactionde.

Alexander, Denis R. and Numbers, Ronald L.(eds.), *Biology and Ideology from Descartes to Dawkins*, University Of Chicago Press, 2010.

Ann Arbor Science for the People Editorial Collective(ed.)(1977), *Biology as a Social Weapon*, Burgess Pub. Co.,

Arens, W(1989), "Review of Evolution: Creative Intelligence and Intergroup Competition", *Journal of Human Evolution*, 18, pp.401~407.

Arrington, Robert L.(1998), *Western Ethics: An Historical Introduction*, 『서양 윤리학사』, 김성호 옮김, 서광사, 2003.

Aunger, R.(ed.)(2000), *Darwinizing Culture*, Oxford University Press.

_____(2006), "What's the Matter with Memes?" in *Richard Dawkins: How a Scientist Changed the Way We Think*, A. Grafen and M. Ridley(eds.), 『리처드 도킨스』, 이한음 옮김, 을유문화사, 2007.

Augros, R. and G. Stanciu(1987), *The New Biology*, 『새로운 생물학』, 오인혜·김희백 옮김, 범양사 출판부, 1994.

Axelrod, R.(1984), *The Evolution of Cooperation*, 『협력의 진화: 이기적 개인의 팃포탯 전략』, 이경식 옮김, 시스테마, 2009.

Axelrod, R. and Hamilton, W. D.(1981), "The Evolution of Cooperation", *Science*, *vol.211*, pp.1390~1396.

Ayala, Francisco J.(1973), "Man in Evolution", in *The Problem of Evolution*, R. J. Nogar at al.(eds.), Appleton-Century-Crofts, pp.237~250.

_____(1982), "The Evolutionary Concept of Progress", in *Progress and Its Discontents*, G. A. Almond at al.(eds.), Berkeley, University of California Press, pp.106~124.

_____(1987), "The Biological Roots of Morality," *Philosophy and Biology, Vol.2*, No.3, pp.235-252.

_____(2014), "Human Evolution: Whence and Whither?" in *Evolutionary Biology: Conceptual, Ethical, and Religious Issues*, R. Paul Thompson and Denis Walsh(eds.), Cambridge University Press, pp.13~27.

Ayer, Alfred J.(1946), *Language, Truth and Logic*, Penguin, 1990.

Arrington, Robert L.(1998), *Western Ethics: An Historical Introduction*, 『서양 윤리학 사』, 김성호 옮김, 서광사, 2003.

Baggini, Julian and Fosl, Peter S.(2007), *The Ethics Toolkit: A Compendium of Ethical Concepts and Methods*, 『윤리학의 연장통』, 강준호 옮김, 서광사, 2009.

Barash, D. P.(1982), *Sociobiology and Behavior*, Ellsevier Science Ltd.

Barkow, J., Cosmides, L. and Tooby, J.(1992), *The Adapted Mind: Evolutionary Psychology and the Generation of Culture*, Oxford University Press.

Barlow, G. W.(1980), "The Development of Sociobiology: A Biologist's Perspective" in *Sociobiology: Beyond Nature and Nurture?*, George W. Barlow and James Silverberg(eds.), Westview Press.

Bateson, P.(2001), "Where Does our Behaviour Come From?", *Journal of Biosciences*, 26(5), pp.561~570.

_____(2002), "The Corpse of a Wearisome Debate", *Science, vol.297*, no.5590, pp.2212~2213.

Bauer, Joachim(2008), *Das Kooperative Gen*, 『협력하는 유전자』, 이미옥 옮김, 생각의 나무, 2010.

Beckwith, J.(2002), *Making Genes, Making Waves*, 『과학과 사회운동 사이에서』, 이영

희 외 옮김, 그린비, 2009.

Behe, Michael J.(1998), *Darwin's Black Box: The Biochemical Challenge to Evolution*, 『다윈의 블랙박스』, 김창환 외 옮김, 풀빛, 2001.

Berry, W.(2000), *Life is a Miracle*, 『삶은 기적이다』, 박미경 옮김, 녹색평론사, 2006.

Betzig, L.(ed.)(1997), *Human Nature: A Critical Reader*, Oxford University Press.

Birkhead, T.(2000), *Promiscuity: An Evolutionary History of Sperm Competition*, Harvard University Press.

Blackmore, S.(1999), *The Meme Machine*, 『문화를 창조하는 새로운 복제자 밈』, 김명남 옮김, 바다출판사, 2010.

Bloomberg, Mark S.(2005), *Basic Instinct: The Genesis of Behavior*, 『본능』, 신순호 옮김, 루덴스. 2010.

Boehm, Christopher(2012), *Moral Origins: The Evolution of Virtue, Altruism, and Shame*, Perseus Books Group.

Boniolo, Giovanni and De Anna, Gabriele(eds.)(2009), *Evolutionary Ethics and Contemporary Biology*, Cambridge University Press.

Boyd, R. and Richerson, P. J.(1985), *Culture and The Evolutionary Process*, University of Chicago Press.

Boyd, R., Gasper, Philip and Trout, J. D.(1991), *The Philosophy of Science*, A Bradford Book.

Boyd, R. and Richerson, P. J.(2000), "Memes: Universal acid or a better mousetrap?" in *Dawinizing Culture*, R. Aunger(ed.), Oxford University Press, pp.143~162.

_____(2005a), *The Origin and Evolution of Cultures*, Oxford University Press.

_____(2005b), *Not by Genes Alone: How Culture Transformed Human Evolution*, 『유전자만이 아니다』, 김준홍 옮김, 이음, 2009.

Bradie, M.(1986), "Assessing Evolutionary Epistemology", *Biology and Philosophy*, 1, pp.401~459.

Breuer, G.(1982), *Sociobiology and the Human Dimension*, Cambridge University Press.

Brockman, John(ed.)(2006), *Intelligent Thought: Science versus the Intelligent Design*

Movement,『왜 종교는 과학이 되려 하는가: 창조론이 과학이 될 수 없는 16가지 이유』, 김명주 옮김, 바다출판사, 2011.

Brown, Donald(1991), *Human Universals*, McGraw-Hill.

Browne, Kingsley(1999), *Divided Labours: An Evolutionary View of Women at Work*,『다윈의 대답 3: 남자 일과 여자 일은 따로 있는가』, 강호정 옮김, 이음, 2007.

Buller, D. J.(2005), *Adapting Minds*, MIT Press.

_____(2007), "Varieties of Evolutionary Psychology" in *The Cambridge Companion to the Philosophy of Biology*, David L. Hull and Michael Ruse(eds.), Cambridge University Press, pp.255~274.

_____(2008), "Evolution of the Mind: 4 Fallacies of Psychology", *Scientific American*, http://www.scientificamerican.article.cfm?id=four~fallacies.

Burrow, J. W.(1966), *Evolution and Society*, Cambridge University Press.

Buss, D. M.(1994), *The Evolution of Desire: Strategies of Human Mating*,『욕망의 진화』, 김용석·민현경 옮김, 백년도서, 1995.

_____(1995), "Evolutionary Psychology: A New Paradigm for Psychological Science", *Psychological Inquiry*, 6, pp.1~30.

_____(2004), *Evolutionary Psychology: The New Science of the Mind*,『마음의 기원: 진화심리학』, 이홍표·권선중·김교헌 옮김, 나노미디어, 2005.

Campbell, D.(1987), "Evolutionary epistemology" in *Evolutionary Epistemology, Theory of Rationality and the Sociology of Knowledge*, G. Radnitsky and W. W. Bartely(eds.), Open Court Publishing Company, pp.47~89.

Caplan, Arther L.(ed.)(1978), *Sociobiology Debate: Readings on Ethical and Scientific Issues*, Harper & Row.

Casti, John L.(2000), *Paradigms Regained: A Further Exploration of the Mysteries of Modern Science*,『현대과학의 6가지 쟁점』, 김희봉·권기호 옮김, 지식의 풍경, 2005.

Cavali-Sforza, L.(1996), *Geni, Popoli, E Lingue*,『유전자, 사람, 그리고 언어』, 이정호 옮김, 지호, 2005.

Cavali-Sforza, L and Feldman, M.(1981), *Cultural Transmission and Evolution: A*

인간 본성의 역사

Quantitative Approach, Princeton, Princeton University Press.

Cavali-Sforza, L, Menozzi, Paolo and Piazza, Alberto(1994), *History and Geography of Human Genes,* Princeton University Press.

Ceccarelli, Leah(2001), *Shaping Science with Rhetoric: The Case of Dobzhansky, Schrödinger and Wilson,* Chicago, The University of Chicago Press.

Chandler, John(1990), "Ethical Philosophy" in *The Sociobiological Imagination,* Mary Maxwell(ed.), State University of New York Press, pp.157~170.

Chomsky, Noam, et al.(2010), *Science is Culture,* 『사이언스이즈컬쳐』, 이창희 옮김, 동아시아, 2013.

Cohen, J.(1979), "Meternal Constrains on Development" in *Maternal Effects in Development,* D. R. Newth and M. Balls(eds.), Cambridge University Press, pp.1~28.

Coll, Cynthia Garcia and Bearer, Elaine L.(eds.), *Nature and Nurture: The Complex Interplay of Genetic and Environmental Influences on Human Behavior and Development,* Psychology Press, 2003.

Collines, F. S.(2006), *The Language of God,* 『신의 언어』, 이창신 옮김, 김영사, 2009.

Collines, F. S., Weiss, L. and Hudson, K.(2001), "Heredity and Humanity", *The New Republic,* June 25, pp.27~29.

Collines, R.(1983), "Upheavals in Biological Theory Undermine Sociobiology", *Sociological Theory 1983,* San-francisco, Jessey-Bass, pp.306~318.

Coming, P. A.(1996), "The Co-operative Gene: On the Role of Synergy in Evolution", *Evolutionary Theory,* 11, pp.183~207.

Cosmides, L.(1989), "The Logic of Social Exchange: Has Natural Selection Shaped How Human Reason? Studies with the Wason Selection Task", *Cognition,* 31, pp.187~276.

Cosmides, L. and Tooby, J.(1992a), "The Psychological Foundations of Culture" in *The Adapted Mind: Evolutionary Psychology and the Generation of Culture,* Barkow, J., Cosmides, L. and Tooby, J.(eds.), Oxford University Press, pp.19~136.

Cosmides, L. and Tooby, J.(1992b), "Cognitive Adaptations for Social Exchange", in

The Adapted Mind: Evolutionary Psychology and the Generation of Culture, Barkow, J., Cosmides, L. and Tooby, J.(eds.), Oxford University Press, pp.163~228.

Crawford, C. and D. L. Krebs.(eds.)(1998), *Handbook of Evolutionary Psychology*, Lawrence Erlbaum.

Crick, Francis(1966), *Of Molecules and Men*, Prometheus Books, 2004.

_____(1995), *Astonishing Hypothesis: The Scientific Search for the Soul*, 『놀라운 가설』, 김동광 옮김, 궁리, 2015.

Cronk, L.(1994), "Group Selection's new clothes", *Behavioral and Brain Science*, 17, pp.615~617.

Cuisin, M.(1973), *Le comportement animal, Bordas*, 『동물의 행동』, 이병훈 옮김, 전파과학사, 1985.

Cunningham, Cono(2010), *Darwin's Pious Idea: Why the Ultra-Darwinists and Creationists Both Get It Wrong*, 『다윈의 경건한 생각: 다윈은 정말 신을 죽였는가?』, 배성민 옮김, 새물결플러스, 2012.

Daly, Martin(1986), "Sociobiology: Compromised Critique", *BioScience, vol.36*, no.9, pp.626~628.

Daly, M. and Wilson, M.(1987), "Evolutionary Psychology and Family Violence" in *Sociobiology and Psychology*, C. Crawford, M. Smith and D. Krebs(eds.), Hillsdale, Erlbaum.

_____(1998), *The Truth about Cinderella: A Darwinian View of Parental Love*, 『낳은 정과 기른 정은 다른가?』, 주일우 옮김, 이음, 2007.

Dawkins, Kristin(2002), *Gene Wars: The Politics of Biotechnology*, 『유전자 전쟁: 생명공학의 정치학』, 박수철 옮김, 모색, 2004.

Dawkins, R.(1976), *The Selfish Gene*, 『이기적 유전자』, 홍영남·이상임 옮김, 을유문화사, 2010.

_____(1982), *Extended Phenotype*, 『확장된 표현형』, 홍영남 옮김, 을유문화사, 2004.

_____(1986), *The Blind Watchmaker: Why the Evidence of Evolution Reveals a Universe without Design*, 『눈먼 시계공: 진화론은 시계가 설계되지 않았음을 어떻게 밝혀

내는가』, 이용철 옮김, 사이언스북스, 2004.

_____(1994), "Burying the vehicle", *Behavioral and Brain Sciences*, 17, p.617.

_____(1996), *River Out of Eden: A Darwinian View of Life*, 『에덴 밖의 강: 리처드 도킨스가 들려주는 유전자와 진화의 진실』, 이용철 옮김, 사이언스북스, 2005.

_____(1997), "Interview", *Human Ethology Bulletin*, 12, (1).

_____(1998), *Unweaving the Rainbow: Science, Delusion and the Appetite for Wonder*, 『무지개를 풀며: 리처드 도킨스가 선사하는 세상 모든 과학의 경이로움』, 최재천·김선하 옮김, 바다출판사, 2008.

_____(2004), *A Devil's Chaplain: Reflections on Hope, Lies, Science, and Love*, 『악마의 사도: 도킨스가 들려주는 종교, 철학 그리고 과학 이야기』, 이한음 옮김, 바다출판사, 2005.

_____(2006b), *The God Delusion*, 『만들어진 신』, 이한음 옮김, 김영사, 2007.

_____(2010), *The Ancestor's Tale: A Pilgrimage to the Dawn of Life*, 『조상 이야기: 생명의 기원을 찾아서』, 이한음 옮김, 까치글방, 2005.

de Waal, Frans(1982), *Chimpanzee Politics: Power and Sex among Apes*, 『침팬지 폴리틱스』, 황상익 외 옮김, 바다출판사, 2004.

_____(1997), *Good Natured: The Origins of Right and Wrong in Humans and Other Animals*, Harvard University Press.

_____(2013), *The Bonobo and the Atheist: In Search of Humanism Among the Primates*, 『착한 인류-도덕은 진화의 산물인가』, 오준호 옮김, 미지북스, 2014.

_____(2014), *Evolved Morality: The Biology and Philosophy of Human Conscience*, Brill Academic Publishers.

Dennett, D. C.(1994), "E Pluribus unum?", *Behavioral and Brain Science*, 17, pp.617~618.

_____(2001), "The evolution of culture", *The Monist*, 84, pp.305~324.

_____(2006), *Breaking the Spell: Religion as a Natural Phenomenon*, 『주문을 깨다』, 김한영 옮김, 동녘사이언스, 2010.

Derry, Gregory Neil(1999), *What Science Is and How It Works*, 『그렇다면 과학이란 무

엇인가』, 김윤택 옮김, 에코리브르, 2011.

Diamond, J.(1998), *Guns, Germs, and Steel: The Fates of Human Societies*, 『총, 균, 쇠』, 김진준 옮김, 문학사상사, 2005.

Diamond, S.(1973), "Gestation of the Instinct Concept" in *Historical Conceptions of Psychology*, M. Henle et al.(ed.), New York, Springer.

_____(1974), "Four Hundreds Years of Instinct Controversy", *Behavior Genetics*, 4, pp.237~252.

Dobzhansky, T.(1962), *Mankind Evolving: The Evolution of the Human Species*, Yale University Press.

Dunbar, Robin(1998), *Grooming, Gossip, and the Evolution of Language*, Harvard University Press.

_____(2004), "Beyond the Culture Shock", *Nature*, *vol.432*, pp.951~952.

_____(2010), *How Many Friends Does One Person Need?: Dunbar's Number and Other Evolutionary Quirks*, 『발칙한 진화론: 인간 행동에 숨겨진 도발적 진화 코드』, 김정희 옮김, 21세기북스, 2011.

Dunbar, Robin and Barrett, L.(eds.)(2007), *The Oxford Handbook of Evolutionary Psychology*, Oxford University Press.

Dunbar, Robin, Gamble, Clive and Gowlett, John(2014), *Thinking Big: How the Evolution of Social Life Shaped the Human Mind*, 『사회성: 두뇌 진화의 비밀을 푸는 열쇠』, 이달리 옮김, 처음북스, 2016.

Durham, William(1991), *Coevolution: Genes, Culture, and Human Diversity*, Stanford University Press.

Dupre, J.(1993), *The Disorder of Things*, Harvard University Press.

_____(2001), *Human Nature and the Limits of Science*, Oxford, Clarendon Press.

Ehrlich, Paul R.(2001), *Human Natures: Genes, Cultures and the Human Prospect*, 『인간의 본성들: 인간의 본성을 만드는 것은 유전자인가 문화인가?』, 전방욱 옮김, 이마고, 2008.

Einstein, Albert(1950), *Out of My Later Years*, 『만년의 회상』, 곽복록 옮김, 민성사, 2000.

Fehr, E. and Gächter, S.(2002), "Altruistic Punishment in Humans", *Nature, vol.415*, no.6868, pp.137~140.

Figueredo, A. J.(2007), "Sociobiology: The Old Synthesis", *Human Ethology Bulletin, vol.22*, no.4, pp.3~5.

Fisher, R.(1930), *The Genetical Theory of Natural Selection*, 2nd edition, Dover Book, 1957.

Flack, Jessica C. and de Waal, Frans(2000), "'Any Animal Whatever' Darwinian Building Blocks of Morality in Monkeys and Apes" in *Evolutionary Origins of Morality: Cross Disciplinary Perspectives*, Leonard D. Katz(ed.), Imprint Academic.

Fleming, Donald(1969), "On Living in a Biological Revolution", *Atlantic*, 223, pp.64~70.

Flanagan, O. J.(1981), "Is Marality Epiphenomenal? The Failure of the Sociobiologial Reduction of Ethics", *Philosophical Forum*, 13(2-3):207~225.

Frankel, C.(1979). "Sociobiology and it's Critics", *Commentary*, 68, pp.39~47.

Freeman, D. G.(1979), *Human Sociobiology*, New York, Free Press.

Freeman, Walter J.(2000), *How Brains Make Up Their Minds*, 『뇌의 마음: 당신의 마음은 어떻게 태어날까?』, 진성록 옮김, 부글북스, 2007.

Freese, J., Li, J. A. and Wade, L. D.(2003), "The Potential Relevance of Biology to Social Inquiry", *Annual Review of Sociology* 29, pp.233~256.

Gadagkar, R.(1997), *Survival Strategies: Cooperation and Conflict in Animal Societies*, 『동물사회의 생존 전략』, 전주호·강동호 옮김, 푸른미디어, 2001.

Galton, Francis(1869), *Hereditary Genius: An Inquiry Into Its Laws and Consequences*, HardPress Publishing, 2013.

_____(1874), *English Men of Science: Their Nature and Nurture*, HardPress Publishing, 2012.

Gangestad, Steve and Simpson, Jerrfey(2007), "An introduction to the evolution of mind: Why we developed this book" in *The evolution of mind: Fundamental questions and controversies*, S. Gangestad and J. Simpson(eds.), Guilford.

Gibard, Allan(1982), "Human Evolution and the Sense of Justice" in Midwest Studies in *Philosophy Vol. VII: Social and Political Philosophy*, University of Minnesoto Press, pp.31~46.

Godfrey-Smith, Peter(2014), *Philosophy of Biology*, Princeton University Press.

Gottlieb, Agnes H., Bowers, Brent, Gottlieb, Henryand Barbara Bowers(1998), *1,000 Years, 1,000 People: Ranking the Men and Women Who Shaped the Millennium*, Kodansha America.

Gould, J. L. and Gould, C. G.(1999), *The Animal Mind*, New York, American Scientific Library.

Gould, S. J.(1976) "Criminal Man Revived", *Natural History*, 85, pp.16~18.

_____(1977), *Ever Since Darwin*, 『다윈 이후』, 홍욱희·홍동선 옮김, 사이언스북스, 2008.

_____(1978). "Sociobiology: The Art of Storytelling", *New Scientist*, 16, pp.530-533.

_____(1980), *The Panda's Thumb*, 『판다의 엄지』, 김동광 옮김, 세종서적, 1998.

_____(1980), "Sociobiology and Natural Selection" in *Sociobiology: Beyond Nature and Nurture?*, George W. Barlow and James Silverberg(eds.), Westview Press.

_____(1981), *The Mismeasure of Man*, 『인간에 대한 오해』, 김동광 옮김, 사회평론, 2003.

_____(1987), "Darwinism Defined: The Difference Between Fact and Theory", *Discover*, Jan 1987.

_____(1998), *Leonardo's Mountain of Clams and the Diet of Worms: Essays on Natural History*, 『레오나르도가 조개화석 주운 날』, 김동광·손향구 옮김, 세종서적, 2008.

Griffiths, Paul. E. and Stotz, K.(2007), "Gene", *The Cambridge Companion to the Philosophy of Biology*, David L. Hull and Michael Ruse(eds.), Cambridge University Press, pp.85~102.

Gross, Alan G.(1990), *The Rhetoric of Science*, 『과학의 수사학』, 오철우 옮김, 궁리, 2007.

인간 본성의 역사

Haidt, J.(2001), "The Emotional Dog and Its Rational Tail: A Social Institutional Approach to Moral Judgment", *Psychological Review*, 108, pp.814~834.

_____(2001), *The Emotional Dog and Its Rational Tail: A Social Intuitionist Approach to Moral Judgment*, 『도덕적 판단에 관한 사회적 직관주의 모델』, 강인구 옮김, 서현사, 2003.

_____(2003), "The Moral Emotions" in *Handbook of Affective Sciences*, Richard J Davidson, Klaus R Sherer, and H. Hill Goldsmith(eds.), Oxford University Press, pp.852~870.

_____(2013), *The Righteous Mind: Why Good People Are Divided by Politics and Religion*, Random House.

Hamilton W. D.(1963), "The Evolution of Altruistic Behavior", *American Naturalist*, 97, pp.354~356.

_____(1964), "The Genetical Evolution of Social Behavior Ⅰ, Ⅱ", *Journal of Theoretical Biology*, 7(1), pp.1~52.

Hamilton, W. D. and Axelrod, R.(1981), "The Evolution of Cooperation", *Science*, vol.11, pp.1390~1396.

Hardin, Garrett James(1977), *The Limits of Altruism: An Ecologist's View of Survival*, Indiana University Press.

Harrison, Peter(ed.)(2010), *The Cambridge Companion to Science and Religion*, Cambridge University Press.

Hauser, Marc(2006), *Moral Minds: The Nature of Right and Wrong*, HarperCollins.

Hill, Matthew Nelson and Falk, Darrel R.(2016), *Evolution and Holiness: Sociobiology, Altruism and the Quest for Wesleyan Perfection*, IVP Academic.

Hrdy, S. B.(1981), *The Woman That Never Evolved*, 『여성은 진화하지 않았다』, 유병선 옮김, 서운관, 1994.

Hughes, D. P.(2011), "Recent Development in Sociobiology and the Scientific Method", *Trends in Ecology and Evolution*, vol.26, No.2, pp.57~58.

Hull, D. L.(1974), *Philosophy of Biological Science*, 『생명과학 철학』. 하두봉 외 옮김,

민음사, 1994.

_____(1986), "Biology and Human Nature", *Proceedings of Philosophy of Science Association*, vol.2, pp.3~12.

Hull, David L. and Ruse, Michael(1998), *The Philosophy of Biology*, Oxford University Press.

_____(2007), *The Cambridge Companion to the Philosophy of Biology*, Cambridge University Press.

Jacob, F.(1970), *La Logique du Vivant*, 『생명의 논리: 유전의 역사』, 이정우 옮김, 민음사, 1994.

_____(1977), "Evolution and Tinkering", *Science, vol.196*, pp.1161~1166.

_____(1982), *The Possible and the Actual*, Pantheon Books.

_____(1987), *La Statue Intérieure*, 『내 마음의 초상』, 박재환 옮김, 맑은소리, 1997.

_____(1997), *La Souris, la Mouche et L'homme*, 『파리 생쥐 그리고 인간』, 이정희 옮김, 궁리, 1999.

James, William(1890), *The Principles of Psychology*, 『심리학의 원리 3』, 정양은 옮김, 아카넷, 2005.

Janicki, M. and Krebs, D.(1998), "Evolutionary Approaches to Culture" in *Handbook of Evolutionary Psychology: Ideas, Issues, and Applications*, C. Crawford and D. L. Krebs(eds.), New York, Psychology Press, pp.163~207.

Jerison, Harry J.(1973), *Evolution of the Brain and Intelligence*, New york, Academic Press.

Jones, O. D.(1999), "Sex, Culture, and the Biology of Rape: Toward Explanation and Prevention", *California Law Review*, 87, pp.827~942.

Joyce, Richard(2005), *The Evolution of Morality*, MIT Press.

Katz, Leonard D.(ed.)(2000), *Evolutionary Origins of Morality*, 『윤리의 진화론적 기원』, 김성동 옮김, 철학과현실사, 2007.

Keller, Evelyn Fox(2000), *The Century of the Gene*, 『유전자의 세기는 끝났다』, 이한음 옮김, 지호, 2002.

인간 본성의 역사

_____(2005), "DDS: Dynamics of Developmental System", *Biology and Philosophy* 20, pp.409~416.

_____(2010), *The Mirage of a Space Between Nature and Nurture*, 『본성과 양육이라는 신기루』, 정세권 옮김, 이음, 2013.

Keller, Evelyn Fox and Lloyd, Elisabeth A.(1992), *Keywords in Evolutionary Biology*, Harvard University Press.

Kerr, B. and Godfley-Smith, P.(2002), "Individualist and Multi-level Perspectives on Seletion in Structured Populations", *Biology and Philosophy*, 17, pp.477~517.

Kim, J.(1996), *Philosophy of Mind*, 『심리철학』, 하종호·김선희 옮김, 철학과현실사, 1997.

Kings's College Sociobiology Group(1982), *Current Problem in Sociobiology*, Cambridge University Press.

Kirby, William(1818), *An Introduction to Entomology: Or Elements of the Natural History of Insects*, Forgotten Books, 2015.

Kitcher, P.(1985), *Vaulting Ambition: Sociobiology and the Quest for Human Nature*. Cambridge, MIT Press.

Kohlberg, L. et al.(ed.), *Moral stage: A Current Formulation and A Response to Critics*, 『콜버그의 도덕성 발달 이론』, 문용린 옮김, 아카넷, 2000.

Kropotkin, P.(1902), *Mutual Aid: a Factor of Evolution*, 『상호부조 진화론』, 구자옥 옮김, 한국학술정보, 2008.

Lagerspetz, Olli, Antfolk, Jan, Gustafsson, Ylva and Kronqvist, Camilla(eds.), *Evolution, Human Behaviour and Morality: The Legacy of Westermarck*, Routledge, 2016.

Latour, B.(1993), *We Have Never Been Modern*, 『우리는 결코 근대인이었던 적이 없다』, 홍철기 옮김, 갈무리, 2009.

_____(2004), *Politics of Nature: How to Bring the Sciences into Democracy*, Harvard University Press.

Laland, K. N.(2004), '"Extending the Extended Phenotype", *Biology and Philosophy* 19, pp.313~325.

Laland, K. N., Kumm, J., and Feldman, M. W.(1995), "Gene-Culture Coevolutionary Theory: A Test-Case", *Current Anthropology*, 36, pp.131~156.

Leakey, Richard(1994), *The Origin Of Humankind*, 『인류의 기원』, 황현숙 옮김, 사이언스북스, 1994.

Lee, Richard(1969), *Man and Hunter*, Aldine Publishing Company.

Lehrman, D. S.(1953), "A Critique of Konrad Lorenz's Theory of Instinctive Behavior", *Quarterly Review of Biology*, 28, pp.337~363.

_____(1970), "Semantic and Conceptual Issues in the Nature-Nurture Problem", in *Development and Evolution of Behavior*, L. Aronson et al(eds.), W. H. Freeman, pp.17~52.

Leigh, E. G. J.(1977), "How Does Selection Reconcile Individual Advantage with the Good of the Group?", *Proceedings of National Academy of Science USA*, 74, pp.4542~4546.

Lenski, G. E.(1976), "Review of Sociobiology: The New Synthesis", *Journal of Social Forces*, 55, pp.530-531.

Lewens, Tim(2007), "Adaptation" in *The Cambridge Companion to the Philosophy of Biology*, David L. Hull and Michael Ruse(eds.), Cambridge University Press, pp.1~21.

Lewontin, R.(1970), "The units of selection", *Annual Review of Ecology and Systematics* 1, pp.1~18.

Lewontin, R.(1983/2001), "Gene, organism and environment", in S. Oyama, P. E. Griffiths, and R. D. Gray (eds.), *Cycles of Contingency: Developmental Systems and Evolution*. MIT Press, pp.59~66.

Lewontin, R.(1991), *Biology As Ideology: The Doctrine of DNA*, 『DNA 독트린』, 김동광 옮김, 궁리, 2001.

_____(2000), *The Triple Helix: Gene, Organism and Environment*, 『3중 나선』, 김병수 옮김, 일걸, 2001.

Lorenz, Konrad(1958), "The Evolution of Behavior", *Scientific American*, 199, pp.67~83.

_____(1966), *On Aggression*, 『공격성에 대하여』, 송준만 옮김, 이화여대 출판부, 1985.

Lovtrup, Soren(1987), *Darwinism: The Refutation of a Myth*, Springer.

Lumsden, J. and E. O. Wilson(1981), *Genes, Mind and Culture-The Coevolutionary Process*, Harvard University Press.

Lumsden, J and Wilson, E. O.(1983), *Promethean Fire: Reflection on the Origin of the Mind*, 『프로메테우스의 불』, 김성한 옮김, 아카넷, 2010.

Mackie, J. L.(1978), "The Law of the Jungle", *Philosophy*, 40:18~34.

MacIntyre, Alasdair C.(1998), *A Short History of Ethics: A History of Moral Philosophy from the Homeric Age to the Twentieth Century*, 『윤리의 역사, 도덕의 이론』, 김민철 옮김, 철학과현실사, 2004.

Marcus, Gary(2004), *The Birth of the Mind: How a Tiny Number of Genes Creates The Complexities of Human Thought*, 『마음이 태어나는 곳』, 김명남 옮김, 해나무, 2005.

Maxwell, Mary(ed.)(1990), *The Sociobiological Imagination*, State University of New York Press.

Maynard Smith, John(1964), "Group Selection and Kin Selection", *Nature*, 201, pp.1145~1147.

_____(1980), "The Concept of Sociobiology", *Morality as a Biological Phenomenon: The Presuppositions of Sociobiological Research*, G. S. Stent(ed.), Berkeley, University of California Press.

_____(1982), *Evolution and the Theory of Game*, Cambridge University Press.

_____(1997), "Commentary" in *Feminism and Evolutionary Biology*, P. Gowaty(ed.), Chapman & Hall, pp.522~526.

Mayr, E.(1961), "Cause and Effect in Biology", Science 134: 1501~1506. Reprinted in E. Mayr, *Toward a New Philosophy of Biology*, Harvard University Press, 1988.

_____(1976), *Evolution and the Diversity of Life: Selected Essays*, Harvard University Press.

_____(1988), "Cause and Effect in Biology", *Toward a New Philosophy of Biology*, Harvard University Press, pp.24~37.

_____(1991), *One Long Argument*, 『진화론 논쟁』, 신현철 옮김, 사이언스북스, 1999.

_____(1997), *This is Biology*, 『이것이 생물학이다』, 최재천 외 옮김, 몸과마음, 2002.

McGrath, Alister E. and Mcgrath, Joanna Collicutt(2007), *The Dawkins Delusion?: Atheist Fundamentalism and the Denial of the Divine*, 『도킨스의 망상: 만들어진 신이 외면한 진리』, 전성민 옮김, 살림, 2008.

McKinnon, Susan and Silverman, Sydel(eds.)(2005), *Complexities: Beyond Nature and Nurture*, University Of Chicago Press.

Merton, R. K.(1936), "The Unintended Consequences of Purposive Social Action", *American Sociological Review*, 1(6), pp.894~904.

Mesoudi, A.(2009), "How Cultural Evolutionary Theory Can Inform Social Psychology and vice versa", *Psychological Review*, 116(4), pp.929~952.

Mesoudi, A., Whiten, A. and Laland, K. N.(2006), "Towards a Unified Science of Cultural Evolution", *Behavioral and Brain Sciences*, 29, pp.329~383.

Midgley, M.(1979), "Gene-Juggling", *Philosophy*, 54:439~458.

Miller, Alan S. & Satoshi Kanazawa(2007), *Why Beautiful People Have More Daughters*, 『처음 읽는 진화심리학』, 박완신 옮김, 웅진지식하우스, 2008.

Miller, G.(2000, 2001), *The Mating Mind: How Sexual Choice Shaped the Evolution of Human Nature*, 『메이팅 마인드: 섹스는 어떻게 인간 본성을 만들었는가?』, 김명주 옮김, 소소, 2004.

Monod, J.(1971), *Chance and Necessity: An Essay on the Natural Philosophy of Modern Biology*, 『우연과 필연』, 조현수 옮김, 궁리, 2010.

Montagu, Ashley(ed.)(1980), *Sociobiology Examined*, Oxford University Press.

Morange, Michel(1994), *Histoire de La Biologie Moléculaire*, 『분자생물학–실험과 사유의 역사』, 이병훈·이정희·김광일 옮김, 몸과 마음, 2002.

Morris, Desmond(1967), *The Naked Ape: A Zoologist's Study of the Human Animal*, 『털 없는 원숭이』, 김석희 옮김, 정신세계사, 1992.

인간 본성의 역사

_____ (1969), *The Human Zoo*, 『인간 동물원』, 김석희 옮김, 한길사, 1994.

_____ (1971), *Intimate Behavior*, 『접촉』, 박성규 옮김, 지성사, 1994; 『인간의 친밀 행동』, 박성규 옮김, 지성사, 2003.

_____ (1978), *Man Watching*, 『맨워칭』, 과학세대 옮김, 까치, 1994.

Moore, G. E.(1903), *Principia Ethica-Principles of Ethics*, Dover Publications, 2004.

Mudock, G. P.(1945), "The Common Denominator of Culture" in *The Science of Man in the World of Crisis*, Ralph Linton(ed.), Columbia University Press, pp.124~142.

Murphy, J. G.(1982), *Evolution, Morality, and the Meaning of Life*, Totowa, Rowmann and Littlefield.

Narvaez, Darcia(2014), *Neurobiology and the Development of Human Morality: Evolution, Culture, and Wisdom*, W.W. Norton & Company.

Neilson, F.(1994), "Sociobiology and Sociology", *Annual Review of Sociology*, 20, pp.267~303.

Nitecki, M. H.(1993), "Problematic Worldviews of Evolutionary Ethics", *Evolutionary Ethics*, Matthew H. Nitecki and Doris V. Nitecki(eds.), SUNY Press.

Nitecki, Matthew H. & Nitecki, Doris V.(eds.), *Evolutionary Ethics*, SUNY Press, 1993.

Nowak, M. and K. Sigmund(1998), "Evolution of indirect reciprocity by image scoring", *Nature*, vol.393, pp.573~577.

Nowak, M.(2006), "Five Rules for the Evolution of Cooperation", *Science, vol.314*, no.5805, pp.1560~1563.

Nowak, Martin A., Corina E. Tarnita and Edward O. Wilson(2010), "The Evolution of Eusociality", *Nature, vol.466*, no 7310.

O'Brien, Michael J. and Lyman, R. Lee(2007), *Archaeology as a Process: Processualism and Its Progeny*, 『다윈 진화고고학』, 성춘택 옮김, 나남, 2009.

Oyama, S.(2000), *Evolution's Eyes: A Systems View of the Biology-Culture Divide*, Duke University Press.

Parker, G.(1978), "Search for Mate" in *Behavioral Ecology: An Evolutionary Approach*, J. Krebs and N. Davies(eds.), Blackwell.

Pearson, Karl(1892), *The Grammar Of Science*, Cosimo Inc. 2007.

Pennisi, E.(2009), "On the Origin of Cooperation", *Science, vol.325*, no.5945, pp.1196~1199.

Piaget, Jean(1932), *The Moral Judgement of the Child*, Free Press, 1965.

Pichot, André(1999), *Historie de La Notion de Gène*, 『유전자 개념의 역사』, 이정희 옮김, 나남, 2005.

Pinker, S.(1997), *How the Mind Works*, 『마음은 어떻게 작동하는가?』, 김한영 옮김, 소소, 2007.

_____(1997), *How the Mind Works*, W. W. Norton & Company, 2009.

_____(1999), *Words and Rules: The Ingredients Of Language*, 『단어와 규칙』, 김한영 옮김, 사이언스북스, 2009.

_____(2002), *Blank Slate*, 『빈 서판: 인간은 본성을 타고 나는가』, 김한영 옮김, 사이언스북스, 2004.

_____(2003), "'The Blank Slate': An Exchange", *New York Review of Books, vol.50*, no.7, pp.48~49.

_____(2004), "Why Nature & Nurture Won't Go Away", *Daedalus, vol.133*, no.4, p.5~17.

_____(2007), "A History of Violence", *New Republic, vol.236*, no.12, pp.18~21.

_____(2007), "STRANGLED BY ROOTS", *New Republic, vol.237*, no.3, pp.32~35.

_____(2011), "Taming the Devil within Us", *Nature, vol.478*, no.7369, pp.309~313.

_____(2011), *The Better Angels of Our Nature*, 『우리 본성의 선한 천사』, 김명남 옮김, 사이언스북스, 2014.

_____(2012), "Why the World is More Peaceful", *CURRENT HISTORY, vol.111* no.741, pp.34~39.

Rachels, James(1990), *Created From Animal: The Moral Implication of Darwinism*, 『동물에서 유래된 인간: 다윈주의의 도덕적 함의』, 김성한 옮김, 나남, 2007.

Rachels, James(2002), *The Elements of Moral Philosophy*, 『도덕철학의 기초』, 노혜련 · 김기덕 · 박소영 옮김, 나눔의 집, 2006.

Reeve, H. K.(2000), "Book Review of Unto Other", *Evolution and Human Behavior*, 21, pp.65~72.

Relethford, John H.(2003), *Reflections of Our Past*, 『유전자 인류학』, 이경식 옮김, 휴먼앤북스, 2003.

Richards, Robert(1987), *Darwin and the Emergence of Evolutionary Theories of Mind and Behavior*, University of Chicago Press.

Reinberger, H-J.(1995), "Gene Concepts: Fragments from Perspective of Molcular Biology" in *The Concept of the Gene in Development and Evolution: Historical and Epistemological Perspectives*, Hans-Jörg Rheinberger, Peter J. Beurton and Raphael Falk(eds.), Cambridge University Press, 2008, pp.219~238.

Rheinberger, Hans-Jörg, Beurton, Peter J. and Falk, Raphael(eds.)(2008), *The Concept of the Gene in Development and Evolution: Historical and Epistemological Perspectives*, Cambridge University Press.

Richerson, P. J. and Boyd, R.(2005), *Not by Genes Alone: How Culture Transformed Human Evolution*, 『유전자만이 아니다』, 김준홍 옮김, 이음, 2009.

Rideley, Matt(1996), *The Origin of Virture*, 『이타적 유전자』, 신좌섭 옮김, 사이언스북스, 2001.

_____(2003), *Nature Via Nurture*, 『본성과 양육』, 김한영 옮김, 김영사, 2004.

Rideley, Mark and Grafen, Alan(eds.)(2006), *Richard Dawkins*, 『리처드 도킨스』, 을유문화사, 이한음 옮김, 2007.

Rose, H.(2000), "Colonizing the Social Sciences?" in *Alas, Poor Darwin: Arguments against Evolutionary Psychology*, H. Rose and S. Rose(eds.), Harmony Books.

Rose, S.(1997), *Lifelines, Biology Beyond Determinism*, Oxford University Press.

Rose, S., Lewontin, R. and Kamin, K.(1984), *Not in Our Genes: Biology, Ideology and Human Nature*, 『우리 유전자 안에 없다』, 이상원 옮김, 한울, 2009.

Rose, S. and Rose, H.(eds.)(2000), *Alas, Poor Darwin: Arguments against Evolutionary Psychology*, Harmony Books.

Rose, S. and Rose, H.(2012), *Genes, Cells and Brains: The Promethean Promises of the*

New Biology, 『유전자 세포 뇌』, 김명진·김동광 옮김, 바다출판사, 2015.

Rosenberg, A.(1981), *Sociobiology and the Preemption Social Sciences*, Johns Hopkins University Press.

_____(1992), "Altruism: Theoretical Contexts" in *Keywords in Evolutionary Biology*, E. F. Keller and E. A. Lloyd(eds.), Harvard University Press, pp.19~28.

Rosenblatt, Jay(1995), "Daniel S. Lehrman: June 1, 1919–August 27, 1972", *Biological Memoirs of the National Academy of Science*, 66, pp.227~245.

Rottschaefer, W. A. and Martinsen, D.(1990), "Really Taking Darwin Seriously: An Alternative to Michael Ruse's Darwinism Metaethics", *Biology and Philosophy*, 5(2), pp.149~173.

Ruse, M.(1978), "The Sociobiology Debate", in *Sociobiology Debate: Readings on Ethical and Scientific Issues*, Arther L. Caplan(ed.), 「사회 생물학: 철학적 분석」, 이경직 옮김, 『과학사상』, 11호, 1994, 87~106쪽.

_____(1982), *Darwinism Defended*, Addison–Wesley.

_____(1986), *Taking Darwinism Seriously*, Basil Blackwell.

_____(1988), *Philosophy of Biology Today*, 『생물학의 철학적 문제들』, 박은진 옮김, 이화여대 출판부, 2003.

_____(1995), "The View From Somewhere" in *Evolutionary Naturalism: Selected Essays*, M. Ruse(ed.), Routledge, pp.154~196.

_____(2000), "On E. O. Wilson and His Religious Vision, A book review of Life as a Miracle: An Essay Against Modern Superstition", *Science, vol.290*, no.5493.

_____(2004), *A Darwinian Evolution's Philosophy*, 『진화론의 철학』, 윤보석 외 옮김, 아카넷, 2004.

_____(2004), 「다윈주의 윤리학: 그 옹호」, 최종덕 옮김, 『과학과 철학』 제15집, 과학사상연구회, 1~21쪽.

_____(2012), *The Philosophy of Human Evolution*, Cambridge University Press.

Ruse, M.(ed.)(2010), *The Oxford Handbook of Philosophy of Biology*, Oxford University Press.

Ruse, M. and Wilson, E.(1986), "Moral Philosophy as Applied Science", *Philosophy*, 61, pp.173~192.

Sahlins, M.(1976), *The Use and Abuse of Biology: An Anthropological Critique of Sociobiology*, University of Michigan Press.

Sarkar S.(1998), *Genetics and Reductionism*, Cambridge University Press.

Schwarzt, S.(2008), "The Differential Conceptionsof Gene: Past and Present" in *The Concept of the Gene in Development and Evolution: Historical and Epistemological Perspectives*, Hans-Jörg Rheinberger, Peter J. Beurton and Raphael Falk(eds.), Cambridge University Press, pp.26~39.

Segerstråle, U.(2000), *Defenders of the Truth: The Battle for Science in the Sociobiology Debate and Beyond*, Oxford University Press.

Sesardic, N.(1993), "Heritability and Causality", *Philosophy of Science*, 60, pp.396~418.

_____(1995), "Recent Work on Human Altruism and Evolution", *Ethics*, 106, pp.126~157.

_____(2003), "Heritability and Indirect Causation", *Philosophy of Science*, 70, pp.1002~1014.

_____(2005), *Making Sense of Heritability*, Cambridge University Press, 2011.

Singer, P.(1975), *Animal Liberation*, 『동물 해방』, 김성한 옮김, 인간사랑, 1999.

_____(1981), *The Expanding Circle: Ethics, Evolution, and Moral Progress*, 『사회생물학과 윤리』, 김성한 옮김, 인간사랑, 1999.

_____(1995), *How Are We to Live?: Ethics in an Age of Self-Interest*, 『이렇게 살아도 괜찮은가』, 정연교 옮김, 세종서적, 1996.

_____(2000), *A Darwinian Left: Politics, Evolution, and Cooperation*, 『다윈주의 좌파: 변하지 않는 인간의 본성은 있는가?』, 최정규 옮김, 이음, 2011.

Smith, Adam, *The Theory of Moral Sentiments*, 『도덕감정론』, 박세일·민경국 옮김, 비봉출판사, 2009.

Sober, E.(1993), "Evolutionary Altruism, Psychological Egoism, and Morality: Disentangling the Phenotypes" in *Evolutionary Ethics*, Matthew H. Nitecki and

Doris V. Nitecki(eds.), State University of New York Press, pp.199~216.

_____(1998), "What is Evolutionary Altruism?" in *The Philosophy of Biology*, D. Hull and M. Ruse(eds.), Oxford University Press, pp.459~478.

_____(2000), *Philosophy of Biology*, 『생물학의 철학』, 민찬홍 옮김, 철학과 현실사, 2004.

Sober, E. and Wilson, D. S.(1998), *Unto Others: The Evolution and Psychology of Unselfish Behavior*, 『타인에게로』, 설선혜·김민우 옮김, 서울대학교출판문화원, 2013.

Solomon, R. C.(1980), "Discussion of Group Three" in *Morality as a Biological Phenomenon: The Presuppositions of Sociobiological Research*, G. S. Stent(ed.), Berkeley, University of California Press.

Stent, Gunther(ed.)(1980), *Morality as a Biological Phenomenon: The Presuppositions of Sociobiological Research*, University of California Press.

Sterelny, K. and P. E. Griffiths(1999), *Sex and Death: An Introduction of Philosophy of Biology*, University of Chicago Press.

Sterelny, Kim(2001), *Dawkins vs. Gould: Survival of the Fittest*, 『유전자와 생명의 역사』, 장대익 옮김, 몸과 마음, 2002.

Stevens, Robert(2015), *Eco Ethics: What can Biology Tell Us about How We Should Live?*, Moshpit Publishing.

Tang-Martinez, Z.(1997), "The Curious Courtship of Sociobiology and Feminism: A Case of Irreconcilable Differences" in *Feminism and Evolutionary Biology*, P. A. Gowaty(ed.), Chapman & Hall, pp.116~149.

Tattersall, Ian(1998), *Becoming Human: Evolution and Human Uniqueness*, 『인간되기』, 전성수 옮김, 해나무, 2007.

Teilhard de Chardin, Pierre(1959), *The Phenomenon of Man*, 『인간현상』, 양명수 옮김, 한길사, 1997.

Tennyson, Lord Alfred(1851), *In Memoriam*, CreateSpace Independent Publishing Platform, 2012.

인간 본성의 역사

Thelen, E.(1995), "Time-Scale Dynamics and the Development of an Embodied Cognition" in *Mind as Motion: Explorations in the Dyamics of Cognition*, R. F. Port and T. van Gelder (eds.), MIT Press, pp.68~100.

Thompson, Paul(1995), *Issues in Evolutionary Ethics*, State University of NewYork Press, Reprint edition, 2007.

Thompson, R. Paul and Walsh, Denis(2014), *Evolutionary Biology: Conceptual, Ethical, and Religious Issues*, Cambridge University Press.

Trilling, Lionel(2008), *The Moral Obligation to Be Intelligent: Selected Essays*, Northwestern University Press.

Tudge, Colin(1999), *Neanderthals, Bandits and Farmers: How Agriculture Really Began*, 『다윈의 대답 2: 왜 인간은 농부가 되었는가』, 김상인 옮김, 이음, 2007.

Tinbergen, N.(1966), *Social Behavior in Animals*, 『동물의 사회행동』, 박시룡 옮김, 전파과학사, 1991.

Tooby, J. and Cosmides, L.(2005), "Conceptual Foundations of Evolutionary Psychology", *The Handbook of Evolutionary Psychology*, D. Buss(ed.), John Wiley & Sons, pp.5~67.

Trigg, Roger(1988), *Ideas of Human Nature*, 『인간 본성에 관한 10가지 철학적 성찰』, 최용철 옮김, 자작나무, 2000.

_____(2005), *Morality Matters*, 『도덕성이란 무엇인가』, 박정희 옮김, 철학과현실사, 2006.

_____(2015), *Beyond Matter: Why Science Needs Metaphysics*, West Conshohocken, Templeton Press.

Trilling, Lionel(1955), *Beyond Culture: Essays on Literature and Learning*, New York, Viking Press.

Trivers, R. L.(1971), "The Evolution of Reciprocal Altruism", *Quarterly Review of Biology*, 46, pp.35~57.

_____(1978), "The Evolution of Reciprocal Altruism" in *The Sociobiology Debate: Readings on Ethical and Scientific Issues*, Arthur Caplan(ed.), Harper & Row Publishers.

_____(1985), *Social Evolution*, Benjamin-Cummings Publishing Company.

_____(2011), *The Folly of Fools*, 『우리는 왜 자신을 속이도록 진화했을까?』, 이한음 옮김, 살림, 2013.

Urdy, J. R.(1995), "Sociology and Biology: What Biology Do Sociologists Need to Know?", *Social Forces*, 73(4), pp.1267~1278.

Vartanian, Aram(1960), *LaMettrie's L'Homme Machine: A Study in Origins of an Idea*, Princeton University Press.

Vincent, Jean-Didier(1996), *La Chair et Le Diable*, 『인간 속의 악마』, 류복렬 옮김, 푸른숲, 1997.

Wade, Nicholas(1976), "Sociobiology: Troubled Birth for New Discipline", *Science*, *vol.191*, pp.1151~1155.

Watson, James D.(1968), *The Doulble Helix*, 『이중나선』, 최돈찬 옮김, 궁리, 2006.

Watson, James D. and Berry, Andrew(2003), *DNA: the secret of life*, 『DNA: 생명의 비밀』, 이한음 옮김, 까치, 2003.

Watson, P.(1966), "Reasoning", *New Horizons in Psychology*, B. M. Foss(ed.), Penguin.

Weinberg, S.(1992), *Dreams of a Final Theory: The Scientist's Search for the Ultimate Laws of Nature*, 『최종이론의 꿈』, 이종필 옮김, 사이언스북스, 2007.

Westermarck, Edward A.(1891), *The History of Human Marriage*, BiblioBazaar, 2009.

_____(1906), *The Origin and Development of the Moral Ideas*, Forgotten Books, 2012.

_____(1932), *Ethical Relativity*, Routledge, 2010.

Whalsten, Douglas(2000), "Behavioral Genetics" in *Encyclopedia of Psychology*, A. E. Kazdin(ed.), Oxford University Press, pp.378~385.

Wilde, Oscar(1968), *The Critic as Artist*, 「예술가로서의 비평」, 『오스카 와일드 예술평론』, 이보영 옮김, 예림기획, 2001.

Williams, G. C.(1966), *Adaptation and Natural Selection*, 『적응과 자연선택』, 전중환 옮김, 나남, 2013.

_____(1992), *Nature Selection: Domains, Levels, and Challenges*, Oxford University Press.

인간 본성의 역사

Williams, G. C. and Nesse, R.(1996), *Why We Get Sick: The New Science of Darwinian Medicine*, 『인간은 왜 병에 걸리는가: 다윈 의학의 새로운 세계』, 최재천 옮김, 사이언스북스, 1999.

Wilson, D. S. and Dugatkin, L. A.(1992), "Altruism: Contemporary Debates" in *Keywords in Evolutionary Biology*, E. F. Keller and E. A. Lloyd(eds.), Harvard University Press, pp.29~33.

Wilson, D. S. and Sober, E.(1994), "Reintroducing group selection to human behavioral sciences", *Behavioral and Brain Science*, 17, pp.585~654.

_____(1998), *Unto Others: The Evolution and Psychology of Unselfish Behavior*, Harvard University Press.

_____(1998), *Unto Others: The Evolution and Psychology of Unselfish Behavior*, 『타인에게로』, 설선혜·김민우 옮김, 서울대학교출판문화원, 2013.

Wilson, E. O.(1971), *The Insect Societies*, Harvard University Press.

_____(1978), *On Human Nature*, 『인간 본성에 대하여』, 이한음 옮김, 사이언스북스, 2000.

_____(1986), *Biophilia*, 『바이오필리아: 우리 유전자에는 생명 사랑의 본능이 새겨져 있다』, 안소연 옮김, 사이언스북스, 2010.

_____(1994), *Naturalist*, 『자연주의자: 에드워드 윌슨 자서전』, 이병훈·김희백 옮김, 민음사, 1996.

_____(1996), *In Search of Nature*, 『우리는 지금도 야생을 산다: 인간 본성의 근원을 찾아서』, 최재천·김경원 옮김, 바다출판사, 2005.

_____(1998), *Consilience: The Unity of Knowledge*, 『통섭: 지식의 대통합』, 최재천·장대익 옮김, 사이언스북스, 2005.

_____(2002), *The Future of Life*, 『생명의 미래』, 전방욱 옮김, 사이언스북스, 2005.

_____(2005), "Kin Selection as the Key to Altruism: its Rise and Fall", *Social Research*, 72, pp.159~166.

_____(2010), *Anthill: a novel*, 『개미언덕: 에드워드 윌슨 장편 소설』, 임지원 옮김, 사이언스북스, 2013.

참고문헌

_____(2012), *The Social Conquest of Earth*,『지구의 정복자: 우리는 어디서 왔는가, 우리는 무엇인가, 우리는 어디로 가는가?』, 이한음 옮김, 사이언스북스, 2013.

Wilson, E. O. and Lumsden, J(1983), *Promethean Fire: Reflection on the Origin of the Mind*,『프로메테우스의 불』, 김성한 옮김, 아카넷, 2010.

Wilson, E. O. and Wilson, D. S.(2007), "Rethinking the Theoretical Foundation of Sociobiology", *The Quarterly Review of Biology*, 82(4), pp.327~348.

Wilson, James Q.(1993), *The Moral Sense*, Free Press.

Wolff, P. H.(1980), "The Biology of Morals from a Psychological Perspective" in *Morality as a Biological Phenomenon: The Presuppositions of Sociobiological Research*, Gunther Stent(ed.), University of California Press.

Wrangham, R.(2009), *Catching Fire: How Cooking Made Us Human*, Basic books.

Wuketits, F. M.(1990), *Gene, Kultur und Moral: Soziologie-Pro und Contra*,『사회생물학 논쟁』, 김영철 옮김, 사이언스북스, 1999.

_____(1999), *Warum uns das Böse Fasziniett*,『왜 우리는 악에 끌리는가』, 염정용 옮김, 21세기북스, 2009.

_____(2005), *Evolution*,『진화는 진화한다: 다윈에서 리처드 도킨스까지』, 이은희 옮김, 도솔출판사, 2007.

_____(2007), *Der Freie Wille*,『자유의지, 그 환상의 진화』, 원석영 옮김, 열음사, 2009

_____(2010), *Wie Viel Moral Verträgt Der Mensch?*,『도덕의 두 얼굴』, 김성돈옮김, 사람의 무늬, 2013.

Wynne-Edwards, V. C.(1962), *Animal Dispersion in Relation to Social Behaviour*, Edinburgh, Oliver and Boyd.

Yoshida, K.(2007), "Defending Scientific Study of the Social: Against Clifford Geertz(and His Critics)", *Philosophy of the Social Sciences*, 37(3), pp.289~314.

Zirkle, Conway(1959), *Evolution, Marxian Biology, and the Social Scene*, University of Pennsylvania Press.

인간 본성의 역사

김동광(2009), 「한국의 통섭현상과 사회생물학」, 『부분과 전체: 다윈, 사회생물학, 그리고 한국』, 서울대 사회과학연구원·이화여대 통섭원·한국과학기술학회, 119~129쪽.

김동광 외(2011), 『사회생물학 대논쟁』, 이음.

김호연(2009), 『우생학 유전자 정치의 역사-영국 미국 독일을 중심으로』, 아침이슬.

김환석 (2009), 「생물학적 환원주의와 사회학적 환원주의를 넘어서」, 『사회생물학 대논쟁』, 이음, 31~64쪽.

박성관(2010), 『종의 기원, 생명의 다양성과 인간 소멸의 자연학』, 그린비

백도형(1999), 「사회생물학에 관한 형이상학적 분석: 거시 과학과 미시 과학의 관계에 관한 한 사례 분석」, 『哲學 :韓國哲學會』, 58, 한국철학회, 361~380쪽.

서유헌·홍욱희·이병훈·이상원·황상익(1995), 『인간은 유전자로 결정되는가』, 명경출판사.

이병훈(1994c), 『유전자들의 전쟁』, 민음사.

_____ (2000), 「다위니즘의 혁명과 충격: 종의 기원에서 도덕의 기원까지」, 『과학사상』, 34호, 범양사, 2~23쪽.

이상원(2007), 『이기적 유전자와 사회생물학』, 한울.

이정모(2001), 『인지심리학: 형성사, 개념적 기초, 조망』, 아카넷.

이정희(2000), 「다원주의 개념의 다양성」, 『과학사상』, 34호, 범양사, 82~98쪽.

장대익(2008), 「일반 복제자 이론: 유전자, 밈, 그리고 지향계」, 『과학철학』, 11권 1호, 1~33쪽.

_____ (2011), 「사회생물학과 진화론적 환원주의」, 『사회생물학 대논쟁』, 이음.

전중환(2011), 「문화의 진화적 종합을 위하여」, 『사회생물학 대논쟁』, 이음, 147~168쪽.

정상모(2003), 「유전자 개념의 발견법적 특성: 유전자는 있는가?」, 『대동철학』 23집, 429~453쪽.

_____ (2006), 「이타주의 논의에서 적응도 개념의 다의성」, 『대동철학』 37집, 93~118쪽.

_____ (2008), 「진화론적 이타주의-그 비판적 분석」, 『사회생물학, 인간 본성을 말하다』, 민주주의사회연구소 엮음, 산지니, 123~158쪽.

_____(2009), 「유전자와 도덕 사이: 이타성을 중심으로」, 『人文論叢』, 제61집, 서울大
學校人文學研究院, 49~81쪽.

_____(2012), 「진화론적 윤리학과 자연주의적 오류」, 『과학철학』, 제15권 제1호,
1~24쪽.

정연교(1995), 「진화론의 윤리적 함의」, 『철학적 자연주의』, 철학과 현실사, 252~295쪽.

_____(2002), 「사회생물학적 도덕철학은 어떻게 가능한가?」, 『과학과 철학』, 제13집,
과학사상연구회, 115~137쪽.

_____(2002), 「진화생물학과 윤리의 자연화」, 『진화론과 철학』, 철학연구회 엮음, 철
학과현실사, 2003, 278~304쪽.

정연보(2004), 『인간의 사회생물학』, 철학과현실사.

추종길(1991), 『곤충의 사회행동』, 민음사.

[뇌 과학과 심신문제]

Bennett, M. R. and Hacker, P. M. S.(2003), *Philosophical Foundations of Neuroscience*,
『신경 과학의 철학–신경 과학의 철학적 문제와 분석』, 이을상 외 옮김, 사이언스
북스, 2013.

Brockman, John(ed.)(2011), *The Mind: Leading Scientists Explore the Brain, Memory,
Personality, and Happiness*, 『마음의 과학: 위대한 석학 16인이 말하는 뇌, 기억,
성격, 그리고 행복의 비밀』, 이한음 옮김, 와이즈베리, 2012.

Chalmers, D. J.(1996), *The Conscious Mind: In Search of a Fundamental Theory*,
Oxford University Press,

Churchland, Patricia(1989), *Neurophilosophy: Toward a Unified Science of the Mind-Brain*,
『뇌과학과 철학: 마음 뇌 통합 과학을 위하여』, 박제윤 옮김, 철학과 현실사, 2006.

_____(2002), *Brain-Wise: Studies in Neurophilosophy*, 『뇌처럼 현명하게: 신경철학 연
구』, 박제윤 옮김, 철학과 현실사, 2015.

_____(2013), *Touching A Nerve: The Self As Brain*, 『신경건드려보기』, 박제윤 옮김, 철
학과 현실사, 2014.

Churchland, Paul M.(1989), *Matter and Consciousness - Revised Edition: A Contemporary*

Introduction to the Philosophy of Mind, 『물질과 의식』, 석봉래 옮김, 서광사, 1992.

Damasio, Antonio(1994), *Descartes' Error: Emotion, Reason, and the Human Brain*, 『데카르트의 오류』, 김린 옮김, 중앙문화사, 1999.

＿＿(2003), *Looking for Spinoza: Joy, Sorrow, and the Feeling Brain*, 『스피노자의 뇌』, 임지원 옮김, 사이언스북스, 2007.

Edelman, G. M.(1992), *Bright Air, Brilliant Fire: On The Matter Of The Mind*, 『신경과학과 마음의 세계』, 황희숙 옮김, 범양사, 2010.

＿＿(2004), *Wider Than the Sky: The Phenomenal Gift of Consciousness*, 『뇌는 하늘보다 넓다』, 김한영 옮김, 해나무, 2006.

＿＿(2006), *Second Nature: Brain Science and Human Knowledge*, 『세컨드 네이처』, 김창대 옮김, 이음, 2009.

Fodor, J.(1983), *The Modularity of Mind*, MIT Press.

＿＿(2000), *The Mind Doesn't Work That Way: The Scope and Limits of Computational Psychology*, 『마음은 그렇게 작동되지 않는다』, 김한영 옮김, 알마, 2013.

＿＿(2014), *Minds without Meanings: An Essay on the Content of Concepts*, MIT Press.

Freeman, Walter J.(2000), *How Brains Make Up Their Minds*, 『뇌의 마음: 당신의 마음은 어떻게 태어날까?』, 진성록 옮김, 부글북스, 2007.

Gazzaniga, Michael S.(2005), *The Ethical Brain: The Science of Our Moral Dilemmas*, 『윤리적 뇌』, 김효은 옮김, 바다출판사, 2008.

＿＿(2008), *Human: The Science Behind What Makes Us Unique*, 『왜 인간인가?』, 박인균 옮김, 추수밭, 2009.

＿＿(2011), *Who's in Charge?: Free Will and the Science of the Brain*, 『뇌로부터의 자유』, 박인균 옮김, 추수밭, 2012.

Gazzaniga, Michael S.(ed.)(2014), *The Cognitive Neurosciences*, 5th edition, A Bradford Book.

Greenfield, Susan(1998), "How Might the Brain Generate Consciousness" in *From Brain to Consciousness*, S. Rose(ed.), Princeton University Press, 1999.

Griffiths, Paul. E. and Gray, R. D.(2005), "Discussion: Three Ways to Misunderstand

Evelopmental Systems Theory", *Biology and Philosophy*, 20, pp.417~425.

Griffiths, Paul. E. and Stotz, K.(2000), "How the Mind Grows: A Developmental Perspective on the Biology of Cognition", *Synthses*, 122, pp.29~51.

Hacking, I.(1983), *Representing and Intervening*, 『표상하기와 개입하기』, 이상원 옮김, 한울, 2005.

Hendriks-Janson, H.(1996), *Catching Ourselves in the Act: Situated Activity, Interactive Emergence, Evolution and Human Thought*, MIT Press.

Humphrey, N.(1986), *The Inner Eye: Social Intelligence in Evolution*, 『감정의 도서관』, 김은정 옮김, 이제이북스, 2003.

Humphrey, N.(1992), *A History of the Mind: Evolution and the Birth of Consciousness*, Simon & Schuster.

Kim, J.(1996), *Philosophy of Mind*, 『심리철학』, 하종호·김선희 옮김, 철학과현실사, 1997.

Koch, Christof(2004), *The Quest for Consciousness: A Neurobiological Approach*, 『의식의 탐구: 신경생물학걱 접근』, 김미선 옮김, 시그마프레스, 2006.

_____ (2012), *Consciousness: Confessions of a Romantic Reductionist*, 『의식: 현대과학의 최전선에서 탐구한 의식의 기원과 본질』, 이정진 옮김, 알마, 2014.

Levy, Niel(2007), *Neuroethics: Challenges for the 21st Century*, 『신경윤리학이란 무엇인가』, 신경인문학연구회 옮김, 바다출판사, 2011.

Nicolelis, Miguel(2011), *Beyond Boundaries: The New Neuroscience of Connecting Brains with Machines - and How It Will Change*, 『뇌의 미래』, 김성훈 옮김, 김영사, 2012.

Quine, W. V.(1987), *Quiddities: An Intermittently Philosophical Dictionary*, Cambridge, Belknap Press.

Ramachandran, V. S.(1999), *Phantoms in the Brain: Probing the Mysteries of the Human Mind*, 『두뇌 실험실-우리의 두뇌 속에는 무엇이 들어 있는가?』, 신상규 옮김, 바다출판사, 2015.

Searle, John(1983), *Intentionality: An Essay in the Philosophy of Mind*, 『지향성』, 심철호 옮김, 나남, 2009.

_____(1984), *Minds, Brains and Science*, 『심리철학과 과학』, 김용관 옮김, 소나무, 1987.

_____(1991), "Minds, Brains, and Programs" in *The Nature of Mind*, David M. Rosenthal(ed.), Oxford University Press.

_____(1997), *The Mystery of Consciousness*, The New York Review of Books.

_____(2004), *Mind: A Brief Introduction*, 『마인드』, 정승현 옮김, 까치, 2007.

_____(2010), *Making the Social World: The Structure of Human Civilization*, Oxford University Press.

[윤리학 관련]

Arrington, Robert L.(1998), *Western Ethics: An Historical Introduction*, 『서양 윤리학사』, 김성호 옮김, 서광사, 2003.

Baggini, Julian and Fosl, Peter S.(2007), *The Ethics Toolkit: A Compendium of Ethical Concepts and Methods*, 『윤리학의 연장통』, 강준호 옮김, 서광사, 2009.

Bowie, N.(1999), *Business Ethics: A Kantian Perspective*, Blackwell Publishers.

Broad, C. D.(1930), *Five Types of Ethical Theory*, 『윤리학의 다섯 가지 유형: 스피노자, 버틀러, 흄, 칸트, 시즈워크』, 박찬구 옮김, 철학과현실사, 2000.

Ginsburg, Herbert(1987), *Piaget's Theory of Intellectual Development*, 『피아제의 인지 발달 이론』. 김정민 옮김, 학지사, 2006.

Kohlberg, L., et al(eds.), *Moral Stages: A Current Formulation and a Response to Critics*, 『콜버그의 도덕성 발달 이론』, 문용린 옮김, 아카넷, 2000.

Kant, I., *Lectures on Ethics*, Harper and Row, 1963.

_____, *Foundations of the Metaphysics of Morals*, 『도덕 형이상학을 위한 기초 놓기』, 이원봉 옮김, 책세상, 2013.

MacIntyre, Alasdair C.(1998), *A Short History of Ethics: A History of Moral Philosophy from the Homeric Age to the Twentieth Century*, 『윤리의 역사 도덕의 이론』, 김민철 옮김, 철학과현실사, 2004.

Rachels, James(2002), *The Elements of Moral Philosophy*, 『도덕철학의 기초』, 노혜련·

김기덕·박소영 옮김, 나눔의 집, 2006.

Sahakian, William S.(1974), *Ethics: An Introduction to Theories and Problems*, 『윤리학
의 이론과 역사』, 송휘철·황경식 옮김, 박영사, 2009.

Schlick, Moritz(1939), *Problems of Ethics*, Dover Publications, 1962.

Singer, P.(1995), *Companion to Ethics*, 『윤리의 기원과 역사』, 김미영 외 옮김, 철학과
현실사, 2004.

Trigg, Roger(2004), *Morality Matters*, 『도덕성이란 무엇인가』, 박정희 옮김, 철학과현
실사, 2006.

7부 | 인간 본성의 딜레마

Bauer, Joachim(2008), *Das Kooperative Gen*, 『협력하는 유전자』, 이미옥 옮김, 생각
의 나무, 2010.

Barzun, Jacques(1964), *Science: The Glorious Entertainment*, Harper & Row.

Bronowski, Jacob(1956), *The Ascent of Man*, 『인간등정의 발자취』, 김현숙·김은국 옮
김, 바다출판사 2009.

Buller, D. J.(2005), *Adapting Minds*, MIT Press.

_____(2007), "Varieties of Evolutionary Psychology" in *The Cambridge Companion
to the Philosophy of Biology*, David L. Hull, and Michael Ruse(eds.), Cambridge
University Press, pp.255~274.

Bennett, M. R. and Hacker, P. M. S.(2003), *Philosophical Foundations of Neuroscience*,
『신경 과학의 철학-신경 과학의 철학적 문제와 분석』, 이을상 외 옮김, 사이언스
북스, 2013

Churchland, Patricia(1989), *Neurophilosophy: Toward a Unified Science of the Mind-
Brain*, 『뇌과학과 철학: 마음 뇌 통합 과학을 위하여』, 박제윤 옮김, 철학과 현실
사, 2006.

_____(2013), *Touching A Nerve: The Self As Brain*, 『신경건드려보기』, 박제윤 옮김, 철

학과 현실사, 2014.

Churchland, Paul M.(1989), *Matter and Consciousness - A Contemporary Introduction to the Philosophy of Mind*, 『물질과 의식』, 석봉래 옮김, 서광사, 1992.

Crick, Francis(1966), *Of Molecules and Men*, Prometheus Books, 2004

Damasio, Antonio(2003), *Looking for Spinoza: Joy, Sorrow, and the Feeling Brain*, 『스피노자의 뇌』, 임지원 옮김, 사이언스북스, 2007.

Dawkins, R.(1997), "Interview", *Human Ethology Bulletin*, 12(1).

de Waal, Frans(2002), *The Ape and the Sushi Master: Cultural Reflections of a Primatologist*, 『원숭이와 초밥 요리사: 동물행동학자가 다시 쓰는, 문화란 무엇인가?』, 박성규 옮김, 수희재, 2005.

_____(2005), *Our Inner Ape: A Leading Primatologist Explains Why We Are Who We Are*, 『내 안의 유인원』, 이충호 옮김, 김영사, 2005.

Dennett, D.(1991), *Consciousness Explained*, 『의식의 수수께끼를 풀다』, 유자화 옮김, 옥당, 2013.

Edelman, G. M.(1992), *Bright Air, Brilliant Fire: On The Matter Of The Mind*, 『신경과학과 마음의 세계』, 황희숙 옮김, 범양사, 2010.

_____(2005), *Wider Than the Sky: The Phenomenal Gift of Consciousness*, 『뇌는 하늘보다 넓다』, 김한영 옮김, 해나무, 2006.

Elders, Fons(ed.), *Reflexive Water: The Basic Concerns of Mankind*, London, Souvenir Press Ltd., 1974.

Fisk, M.(1980), *Ethics and Society: A Marxist Interpretation of Value*, New York University Press.

Fodor, J.(1983), *The Modularity of Mind*, MIT Press.

_____(2000), *The Mind Doesn't Work That Way: The Scope and Limits of Computational Psychology*, 『마음은 그렇게 작동되지 않는다』, 김한영 옮김, 알마, 2013.

Foucault, Michel(1966), *The Order of Things: An Archaeology of the Human Sciences*, Random House, 1970.

Gadamer, Hans-Georg(1976), *Vernunft Im Zeitalter Der Wissenschaft*, 『과학 시대의 이

성』, 박남희 옮김, 책세상, 2009.

____(1990), *Hermeneutik. I, Wahrheit und Methode: Grundzuge einer philosophischen Hermeneutik*, 『진리와 방법 1: 철학적 해석학의 기본 특징들』, 이길우·이선관·임호일 옮김, 문학동네, 2012.

Gazzaniga, Michael S.(ed.)(1997), *The New Cognitive Neurosciences*, 4th edition, MIT Press.

Gazzaniga, Michael S.(2011), *Who's in Charge?: Free Will and the Science of the Brain*, 『뇌로부터의 자유』, 박인균 옮김, 추수밭, 2012.

Gehlen, Arnold(1961), *Anthropologische Forschung*, 『인간학적 탐구』, 이을상 옮김, 이문출판사, 1998.

Ghiselin, Michael(1997), *Metaphysics and the Origin of Species*, State University of New York Press.

Ghiglieri, Michael and Bilmes, Joshua(2000), *The Dark Side of Man*, Basic Books.

Gould S. J.(1986), "Evolution anf Triumph of Homology, or Why History Matters?", American Scientist, 74, pp.60~69.

Greenfield, Susan(1998), "How Might the Brain Generate Consciousness" in *From Brain to Consciousness*, S. Rose(ed.), Princeton University Press, 1999.

Hempel, C. G.(1980), "The Logical Analysis of Psychology" in *Reading in Philosophy of Psychology* 1, Ned Block(ed.), Harvard University Press, pp.14-23.

Hrdy, S. B.(1981), *The Woman That Never Evolved*, 『여성은 진화하지 않았다』, 유병선 옮김, 서운관, 1994.

Humphrey, N.(1986), *The Inner Eye: Social Intelligence in Evolution*, Oxford University Press.

____(1992), *A History of the Mind: Evolution and the Birth of Consciousness*, Simon & Schuster.

Keller, Evelyn Fox(2010), *The Mirage of a Space Between Nature and Nurture*, 『본성과 양육이라는 신기루』, 정세권 옮김, 이음, 2013.

Koch, Christof(2004), *The Quest for Consciousness: A Neurobiological Approach*, 『의

인간 본성의 역사

식의 탐구: 신경생물학적 접근』, 김미선 옮김, 시그마프레스, 2006.

Kropotkin, P.(1902), *Mutual Aid: a Factor of Evolution*, 『상호부조 진화론』, 구자옥 옮 김, 한국학술정보, 2008.

Lehrman, D. S.(1970), "Semantic and Conceptual Issues in the Nature-Nurture Problem" in *Development and Evolution of Behavior*, L. Aronson, et al.(eds.), W. H. Freeman, pp.17~52.

Lestel, Dominique(1996), *L'Animalite: Essai sur le Statut de L'humain*, 『동물성』, 김승 철 옮김, 동문선, 2001.

McGinn, C.(1991), *The Problem of Consciusness*, Blackwell.

Montagu, Ashley(1957), *Anthropology and Human Nature*, Boston, Porter Sargent.

Nicolelis, Miguel(2011), *Beyond Boundaries: The New Neuroscience of Connecting Brains with Machines - and How It Will Change*, 『뇌의 미래』, 김성훈 옮김, 김영사, 2012.

Oakley, Barbara A.(2007), *Evil Genes*, 『나쁜 유전자』, 이종삼 옮김, 살림, 2008.

Peursen, Cornelis Anthonie Van(1966), *Body, Soul, Spirit: A survey of the Body-Mind Problem*, 『몸·영혼·정신 - 철학적 인간학 입문 -』, 손봉호 옮김, 서광사, 1985.

Pinker, S.(1995), *The Language Instinct*, 『언어본능』, 김한영 외 옮김, 동녘사이언스, 2007.

_____(1997), *How the Mind Works*, 『마음은 어떻게 작동하는가?』, 김한영 옮김, 소소, 2007.

_____(2004), "The Science of Gender and Science: Pinker vs. Spelke: A Debate", *Edge*, 160.

_____(2011), *The Better Angels of Our Nature*, 『우리 본성의 선한 천사』, 김명남 옮김, 사이언스북스, 2014.

Place, U. T.(1956), "Is Consciousness a Brain Process?" in *Mind and Cognition*, W. Lycan(ed.), Blackwell, 1990.

Plotinos, 「지상세계에 떨어진 영혼에 대하여-Enn. IV 8, 엔네아데스 4권 8번째 작 품」, 『영혼 정신 하나: 플로티노스의 중심개념』, 조규홍 옮김, 나남, 2008.

Potts, Malcolm and Hayden, Thomas(2010), *Sex and War: How Biology Explains Warfare and Terrorism and Offers a Path to a Safer World*, 『전쟁 유전자』, 박경선 옮김, 개마 고원, 2011.

Polanyi, Michael(1959), *The Study of Man*, University of Chicago Press.

_____(1962), *Personal Knowledge: Toward a Post-Critical Philosophy*, University of Chicago Press.

_____(1964), *Science, Faith and Society*, University of Chicago Press.

_____(1969), *Knowing and Being*, University of Chicago Press.

Quine, W. V.(1987), *Quiddities: An Intermittently Philosophical Dictionary*, Belknap Press.

Ramachandran, V. S.(1999), *Phantoms in the Brain: Probing the Mysteries of the Human Mind*, 『두뇌 실험실: 우리의 두뇌 속에는 무엇이 들어 있는가?』, 신상규 옮김, 바다출판사, 2015.

Rideley, Matt(1996), *The Origin of Virture*, 『이타적 유전자』, 신좌섭 옮김, 사이언스북스, 2001.

Rosenberg, A(1981), *Sociobiology and the Preemption Social Sciences*, Johns Hopkins University Press.

Scheler, Max(1947), *Die Stellung des Menschen im Kosmos*, 『우주에서 인간의 위치』, 이을상 옮김, 지식을만드는지식, 2014.

Scotter, John(1975), *Images of Man in Psychological Research*, Routledge.

Searle, John(1997), *The Mystery of Consciousness*, The New York Review of Books.

Smart, J. J. C.(1959), "Sensations and Brain Processes" in *The Nature of Mind*, David M. Rosenthal(ed.), Oxford University Press, 1991.

_____(1963), "Materialism", *The Journal of Philosophy, vol.60*, vo. 22, American Philosophical Association, pp.651~662.

Snow, C. P.(1959), *The Two Cultures and the Scientific Revolution*, 『두 문화』, 오영환 옮김, 사이언스북스, 2001.

Sober, E.(2000), "Appendix One: The Meaning of Genetic Causation" in *From Chance to Choice*, Allen Buchanan et al.(eds.), Cambridge University Press, 2001,

인간 본성의 역사

pp.347~370.

_____(2001), "Separating Nature and Nurture" in *Genetics and Criminal Behavior*, David Wasserman and Robert Wachbroit(eds.), Cambridge University Press, 2001, pp.47~78.

Stiegler, Bernard(1994), *Technics and Time 1: The Fault of Epimetheus*, Stanford University Press, 1998.

Tiger, Lionel and Fox, Robin(1997), *The Imperial Animal*, Transaction Publishers.

Tooby, J. and Cosmides, L.(2005), "Conceptual Foundations of Evolutionary Psychology" in *The Handbook of Evolutionary Psychology*, D. Buss(ed.), Hoboken, N. J., John Wiley & Sons.

Trilling, Lionel(1955), *Beyond Culture: Essays on Literature and Leaning*, Viking Press.

Vincent, Jean-Didier(1996), *La Chair et le Diable*, 『인간 속의 악마』, 류복렬 옮김, 푸른숲, 1997.

Waddington, C. H.(1960), *The Ethical Animal*, Allen and Unwin.

Westphal, Jonathan(2016), *The Mind-Body Problem*, MIT Press.

Williams, G. C.(1989), "A Sociobiological Expansion of Evolution and Ethics" in *Evolution and Ethics*, J. Paradi, and G. C. Williams(eds.), Princeton University Press, pp.179~214.

Winch, Peter(1972), "Human Nature and Understanding a Primitive Society" in *Ethics and Action*, Routledge & Kegan Paul.

Wright, R.(1994), *The Moral Animal*, 『도덕적 동물』, 박영준 옮김, 사이언스북스, 2003.

백도형(2014), 『심신문제: 인간과 자연의 형이상학』, 아카넷.

인간 본성의 역사

인간 본성의 역사

736

푸코Foucault, Michel 39, 688, 1005~1006

푸펜도르프Pufendorf, Samuel 432, 433, 558

풍우란馮友蘭 174, 175

프랑켈C. Frankel 957

프로디코스Pródikos 196

프로이트Freud, Sigmund 41~42, 58, 458, 533, 535, 600~603, 605~607, 609~621, 623~630, 632, 649, 651~692, 809, 974, 989, 1013, 1016

프로타고라스Protagoras 36, 191, 193, 194~195, 201~203, 240, 705

프롬Fromm, Erich 685, 984

프루동Proudhon, Perre Joseph 465, 482, 674

프리맥Premack, David 868

프리먼Freeman, Derek 581

프리스트Priest, Stephen 1045, 1046

플라톤Plato 35, 37, 48~54, 78, 188, 190~193, 195~201, 207~210, 213~226, 228~234, 236~249, 251~252, 255~257, 263~264, 266, 268~282, 288, 290, 293, 302, 314, 324, 334, 340, 348, 420, 426, 616~617, 697, 705, 717, 720, 803, 973, 979, 1030~1031, 1046

플랙Flack, Jessica C. 930

플레이스Place, U. T. 1047

플레톤Plēthō, Geōgios Gemistos 293

플레하노프Plekhanov, G. V. 678

플로티노스Plotinos 1031

플루타르코스Ploutarchos 439

플리스Fliess, Wilhelm 686, 687

피론Pyrrhō 294, 425

피쇼Pichot, André 817

피스크Fisk, Milton 1004, 1006

피어슨Pearson, Karl 786

피타고라스Pythagoras 220, 228, 241

필머Filmer, Sir Robert 388, 391, 392

핑커Pinker, Steven 43~47, 53, 314, 339, 381, 509~513, 576, 665, 802, 866, 880, 932, 949, 971, 975, 991, 996, 997, 1009, 1019, 1037~1039

ㅎ

하르트만Hartman, E. V. 685

하버마스Habermas, Jürgen 691~692

하이데거Heidegger, Martin 213~214

한비자韓非子 70, 80, 83, 86, 92, 155~158, 300, 369, 981~983

한유韓愈 78~80

할러Haller, A. 696

해밀턴Hamilton, W. D. 799, 822, 892, 900~903, 909, 923~924, 926

허버트Herbert, Edward 372~374

인간 본성의 역사

인간 본성의 역사

인간 본성의 역사

안드레아 만테냐 〈지혜의 정원에서 야만과 무지를 쫓아내는 아테나〉

인간 본성의 역사

2017년 1월 10일 1판 1쇄 박음 / 2017년 9월 1일 1판 3쇄 펴냄

지은이 홍일립
펴낸이 김철종, 박정욱
책임편집 장웅진 **디자인** 김정호 **마케팅** 오영일
인쇄제작 정민문화사

펴낸곳 에피파니
출판등록 1983년 9월 30일 제1 - 128호
주소 110 - 310 서울시 종로구 삼일대로 453(경운동) KAFFE빌딩 2층
전화번호 02)701 - 6911 **팩스번호** 02)701 - 4449
전자우편 haneon@haneon.com **홈페이지** www.haneon.com

ISBN 978-89-5596-780-7 93130

이 도서의 국립중앙도서관 출판예정도서목록(CIP)은 서지정보유통지원시스템 홈페이지
(http://seoji.nl.go.kr)와 국가자료공동목록시스템(http://www.nl.go.kr/kolisnet)에서 이용하실
수 있습니다(CIP제어번호: CIP2017000262).